영업의 새로운 생각

개인·법인·해외영업을 위한

고객가치영업 전략과 실전방법

한영도 | 이용형 공저

도서출판 시대가치

프롤로그

오늘날 치열한 시장 경쟁 속에서 영업 활동은 기업의 생존과 성장에 있어 매우 중요한 역할을 하고 있습니다. 소비자들이 다양한 제품과 서비스를 선택할 수 있게 되면서, 기업들은 고객의 요구사항을 정확히 파악하고 이를 만족시킬 수 있는 맞춤형 솔루션을 제공해야 합니다. 이를 위해서는 전문적으로 훈련된 영업인력이 필수적입니다.

안타깝게도 대학에서는 실제 영업 현장에 필요한 교육과정을 이수한 인력을 배출하고 있지 않고 있습니다. 그러나 기업들이 가장 많이 인력을 채용하는 부문이 영업분야이지만, 대학에서 제대로 교육받은 지원자는 거의 없습니다. 극히 일부 대학에서 영업 관련 과정이 개설되어 있지만, 실제 영업 현장의 문제와 요구사항을 반영한 전문적이고 실용적인 교재가 없는 상황입니다.

이러한 영업인력의 양성과정상의 여러 가지 문제들을 대기업의 경우, 자체적으로 체계적인 영업 교육 프로그램을 운영하거나 외부 전문가를 초빙하여 현장 경험을 제공함으로써 이러한 문제를 해결하고 있습니다. 하지만 중소기업들은 영업 전문 인력 부족으로 인해 많은 어려움을 겪고 있습니다.

이 책의 저자들은 이러한 산업계와 학계의 현실적 문제를 깊이 인식하고 이를 풀어가는 하나의 수단으로 우선 학계와 산업계 현장에서 필요한 영업의 이론과 실무를 겸비한 『고객가치영업 전략과 실전방법』 책을 집필하기로 결심했습니다.

본 저자들은 다양한 영업 현장에서 수십 년간 쌓아온 풍부한 실무 경험과 전문성을 바탕으로 영업에 대한 편견과 선입견을 해소하고 새로운 지평을 열고자 합니다. 오랜 시간 동안 개인영업, 법인영업, 해외영업 등 다양한 영업 분야의 실무를 직접 경험하며 쌓아온 깊이 있는 전문성을 잘 정리하여 이 책에 담아냈습니다.

이 책은 영업 현장에서 즉시 활용할 수 있는 구체적이고 실전적인 노하우와 전략들을 상세히 소개하여, 영업 종사자들에게 실질적이고 실용적인 지식을 제공하는 것을 목적으로 합니다. 특히 영업 이론과 실무를 유기적으로 연계하여, 영업에 대한 이해와 지식을 폭넓게 가질 수 있도록 돕고 있습니다. 이를 통해 단순히 이론적인 지식을 습득하는 것을 넘어서, 실제 영업 현장에서 활용할 수 있는 실전 기술과 전략을 익힐 수 있습니다. 또한 이론과 실무의 균형 있는 접근은 영업 분야의 학문적 발전에도 기여할 것으로 기대하고 있습니다.

이 책은 영업 초보자에서부터 경험이 풍부한 영업 전문가까지, 다양한 영업 종사자들의 요구사항을 반영하여 구성되었습니다. 따라서 개인의 경험 수준과 상관없이 누구나 쉽게 이해하고 활용할 수 있는 내용으로 구성되어 있습니다. 또한 저자들은 오랜 기간 동안 영업 현장에서 쌓아온 실무 경험을 바탕으로, 실제 사례와 구체적인 팁들을 제공하고 있습니다. 이를 통해 독자들은 현장에서 바로 적용할 수 있는 실용적인 지식을 얻을 수 있을 것입니다.

본 저서는 고객을 개인, 법인, 해외로 구분하여 각 고객층의 특성을 심도 있게 다루고 있습니다. 개인고객의 경우, 감성적 요소를 고려한 맞춤형 영업 전략과 효과적인 소통 방법을 상세히 설명하고 있습니다. 고객 개개인의 니즈와 선호를 정확히 파악하여 고객 만족도를 높일 수 있는 실용적인 접근 방식을 제시하고 있습니다. 법인고객의 경우, 의사결정 과정 분석과 맞춤형 솔루션 전략에 초점을 맞추고 있습니다. 복잡한 의사결정 체계와 구매 프로세스를 깊이 있게 분석하여, 기업 간 협력 관계를 공고히 다지고 장기적인 관점에서 비즈니스를 확장할 수 있는 방안을 제시하고 있습니다. 해외고객의 경우, 현지화 전략을 중심으로 다루고 있습니다. 해외 시장의 문화적 차이와 고객 성향을 면밀히 파악하여, 이를 반영한 차별화된 마케팅 및 판매 전략을 수립할 수 있도록 기술하고 있습니다. 이를 통해 해외 시장에서의 성공적인 진출과 효과적인 고객관리를 도모할 수 있을 것입니다.

이처럼 본 저서는 고객별 특성을 깊이 있게 분석하고, 이에 최적화된 접근 방식을 상세히 제시함으로써, 영업인력이 고객의 니즈를 정확히 파악하고 맞춤형 고객가치를 제공할 수 있도록 돕고 있습니다. 이를 통해 영업 성공률의 제고와 지속가능한 성장을 도모할 수 있을 것으로 기대됩니다.

이 저서는 단순히 영업 기술을 전달하는 것에 그치지 않고, 고객지향적 마인드와 전략적 사고, 실무 역량을 두루 갖춘 영업 전문가를 육성하는 데 그 목적이 있습니다. 단순히 이론적인 개념이나 원리를 제시하는 것에 그치지 않고 다양한 실전 사례와 방법론을 통해 독자들이 배운 내용을 실제 상황에 효과적으로 적용할 수 있도록 상세히 안내하고 있습니다. 저자들은 이론과 실무를 균형 있게 다루면서, 독자들이 학습한 지식을 실제 업무나 생활에서 즉시 활용할 수 있도록 했습니다. 실제 방법과 구체적인 실행 방안을 제공함으로써, 독자들이 배운 내용을 현실 속에서 손쉽게 적용할 수 있게 해줍니다.

또한 이 저서는 단순한 설명에 그치지 않고, 문제 해결을 위한 실전 노하우와 전략을 제시하고 있습니다. 영업인력들에게 고객 중심 사고방식의 확립과 차별화된 영업 전략 수립, 실무적 역량 강화 등 다양한 기회를 제공할 것입니다. 구체적으로는 고객의 니즈와 요구사항을 깊이 있게 이해하고 이를 중심으로 의사결정을 내리는 고객가치지향적 마인드셋을 갖출 수 있습니다. 이와 더불어 경쟁사와의 차별화를 위한 독창적이고 혁신적인 영업 솔루션을 개발할 수 있는 역량을 기를 수 있습니다. 실제 영업 현장에서 직면하게 되는 다양한 상황과 과제에 효과적으로 대응할 수 있는 실무적 지식과 기술을 습득할 수 있을 것입니다. 이를 통해 영업사원들은 고객만족도 제고와 기업의 전반적인 영업 성과 향상에 기여할 수 있게 될 것입니다.

경쟁 환경은 급변하고 있으며, 고객의 요구사항 또한 끊임없이 변화하고 있습니다. 이러한 시장 환경의 변화는 기업에게 큰 도전과제로 작용하고 있습니다. 본 저서는 이러한 변화하는 시장 상황에 대한 심도 있는 이해를 제공하고, 최신 영업 트렌드와 기법들을 소개함으로써 영업인력들이 변화에 효과적으로 대응하고 미래 경쟁력을 확보할 수 있도록 도움을 줄 것입니다. 특히, 본 저서는 고객의 니즈 분석, 시장 동향 파악, 고객가치 영업 전략 수립, 효율적인 영업 프로세스 구축 등 다양한 주제들을 다루면서, 실무에 바로 적용 가능한 실용적인 정보와 사례들을 제공할 것입니다. 이를 통해 영업인력들은 급변하는 환경 속에서도 고객의 요구사항을 정확히 파악하고, 효과적인 솔루션을 제시할 수 있게 될 것입니다.

또한 본 저서는 디지털 기술의 발전이 영업 분야에 미치는 영향과 AI, 빅데이터 등 최신 기술을 활용한 혁신적인 영업 기법들을 소개함으로써, 독자들이 미래지향적인 관점에서 영업 경쟁력을 키워나갈 수 있도록 도움을 줄 것입니다. 이를 통해 영업인력들은 시대의 변화에 능동적으로 대응하며, 지속가능한 성장을 달성할 수 있을 것입니다.

본 저서의 구성은 4부문으로 구조화되고 체계화되어 있습니다. 제1부 영업환경과 고객가치영업의 이해, 제2부 개인고객가치영업 전략과 실전방법, 제3부 법인고객가치영업 전략과 실전방법, 제4부 해외고객가치영업 전략과 실전방법으로 구성되어 있습니다.

제1부에서는 영업환경과 고객가치영업에 대한 전반적인 이해를 돕고 있습니다. 고객의 요구사항과 시장 트렌드를 파악하고, 이를 바탕으로 고객에게 실질적인 가치를 제공하는 영업전략을 소개합니다. 세부적으로는 영업환경과 영업의 미래, 고객가치영업의 이해, 고객가치영업 관리, 고객가치영업 역량의 개발에 대해 내용을 담아 변화하는 영업환경하에서 고객가치영업 개념과 고객가치영업 방법을 제시하고 있습니다.

제2부에서는 개인고객을 대상으로 한 가치영업 전략과 실전방법을 다룹니다. 고객의 니즈를 깊이 있게 파악하고, 맞춤형 솔루션을 제공하는 방법을 설명합니다. 또한 고객과의 지속적인 관계관리를 통해 고객 충성도를 높이는 노하우도 기술합니다. 세부적으로는 개인고객의 특성, 개인구매 프로세스 및 고객관계관리 등 개인고객영업의 전반에 대해 이해하도록 구성하였습니다. 이러한 이해를 바탕으로 매장소매영업, 방문판매영업, 디지털채널영업, 옴니채널영업 등 실제 현장에서의 영업전략과 실전방법을 기술하고 있습니다.

제3부에서는 법인고객을 대상으로 한 가치영업 전략과 실전방법을 소개합니다. 법인고객의 의사결정 프로세스와 구매행동을 이해하고, 이를 바탕으로 효과적인 영업 활동을 펼칠 수 있는 기법을 제시합니다. 세부적으로는 법인고객영업의 특성 및 영업영역, 법인고객의 특성 및 구매의사결정 프로세스, 구매요인 등 영업의 전반에 대해서 이해하도록 구성하였습니다. 이를 바탕으로 법인고객의 영업전략, 영업 프로세스, 영업관리, 영업 실전방법을 기술하고 있습니다.

제4부에서는 해외고객을 대상으로 한 가치영업 전략과 실전방법을 다룹니다. 국가와 문화의 차이를 고려하여 글로벌 시장에서 성공적으로 영업할 수 있는 전략을 모색합니다. 세부적으로는 해외영업의 이해를 바탕으로 해외시장조사, 해외 바이어 발굴, 계약 체결, 해외영업 실전방법을 담고 있습니다.

이 책의 구성은 개인고객, 법인고객, 해외고객의 실제 영업 현장에서 고객가치영업방법을 어떻게 적용할 수 있는지 구체적으로 보여줍니다. 이를 통해 독자들은 고객에게 가치를 제공하고 성공적인 영업을 이루는 데 필요한 실질적인 지식과 전략을 습득할 수 있을 것입니다. 지금 바로 책을 읽고, 고객가치영업을 통해 고객과의 관계를 강화하고, 매출을 증대시키는 데 필요한 지식과 기술을 습득할 수 있습니다. 이 책을 통해 고객에게 가치를 제공하는 영업의 핵심을 이해하고, 실제 영업현장에서의 실전방법을 익힘으로써 성과를 극대화하고, 지속적으로 성장하는 영업인이 되기를 기대합니다.

본 책의 집필에 도움을 주신 상명대학교 홍성태 총장님, 권기환 부총장님, 글로벌경영학과 교수님들께 깊이 감사드리며, 이 책 출간에 동의해 주시고 출판을 지원해 주신 도서출판 시대가치 김광범 대표님께도 감사의 인사를 드립니다. 끝으로 본 저자들이 국내에서 처음으로 시도하는『고객가치영업 전략과 실전방법』의 체계와 내용 등에 대하여 더 나은 서적으로 발전할 수 있도록 학계 교수님들과 산업계의 전문가분들, 그리고 독자들의 기탄없는 의견과 조언을 부탁드립니다. 감사합니다.

2024년 8월 북한산 기슭 연구실
저자 한영도 · 이용형

차 례

PART 1 영업환경과 고객가치영업의 이해

PART 3 법인고객가치영업 전략과 실전방법

PART 4 해외고객가치영업 전략과 실전방법

PART

1

영업환경과 고객가치영업의 이해

Chapter 1

영업환경과 영업의 미래

인류의 상거래 활동부터 시작된 영업은 시대 변화와 함께 지속적으로 발전해왔다. 산업화 이후 대량생산이 가능해지면서 영업의 중요성이 부각되었고, 고객 니즈 파악과 적극적인 판매가 주요 역할이 되었다. 오늘날 영업(Sales & Marketing, S&M)은 제품이나 서비스의 판매를 넘어서 고객가치를 창출하고 혁신하는 기업의 핵심 기능으로 자리잡았고, 기술 발전과 소비자 변화에 따라 계속해서 진화하고 있다. 최근에는 디지털 기술을 활용한 온라인 마케팅, AI 데이터 분석 등 새로운 방식이 도입되고 있다. 앞으로 영업 분야는 기술 혁신과 고객 경험 향상을 통해 더욱 중요해질 것으로 예상되며, 이를 위해 영업 인재 육성과 영업 문화 혁신이 필요할 것이다.

미래 영업의 핵심은 '고객 중심'과 '디지털 혁신'이다. 빅데이터와 인공지능을 활용해 고객 행동 패턴을 분석하고, 개인화된 솔루션을 제공할 수 있게 된다. 또한 영업 프로세스의 자동화와 효율화를 통해 전략적 활동에 집중할 수 있게 될 것이다. 영업은 기업 경쟁력의 핵심으로, 지속적인 혁신과 발전이 필요하다. 기업은 영업인력 역량 강화와 디지털 기술 도입에 힘써야 하며, 영업인력 또한 자기계발을 통해 미래 영업의 주역이 될 수 있을 것이다.

1. 영업의 유래와 발전

영업은 인류 역사와 함께 오래전부터 있어 왔던 활동이다. 초기에는 단순히 물물교환 형태로 시작되었지만, 화폐가 등장하면서 더욱 체계화되었다. 중세시대에는 상인들이 장터와 시장을 중심으로 활동했으며, 근대로 접어들면서 점포 판매와 같은 형태로 발전하게 되었다. 산업혁명 이후 대량생산이 가능해지면서 영업활동도 크게 변화했다. 대기업들은 자신들의 제품을 효과적으로 판매하기 위해 전문 영업사원을 고용하기 시작했다. 이들은 고객의 니즈를 파악하고, 제품의 장점을 효과적으로 전달하는 역할을 담당했다. 최근에는 온라인 및 모바일 기술의 발달로 인해 영업 방식이 더욱 다양해지고 있다. 소셜미디어, 이메일, 화상회의 등 다양한 채널을 통해 고객과 소통하며, 빅데이터 분석을 활용해 고객 맞춤형 영업 전략을 수립하는 등 영업 방식이 점점 진화하고 있다. 이처럼 영업은 시대와 기술의 변화에 맞춰 지속적으로 발전해 왔다.

1.1 고대부터 산업혁명 이전

초기 영업활동은 고대부터 산업혁명 이전까지 이어져 왔다. 이 시기에는 물물교환과 직거래가 주된 거래 방식이었다. 사람들은 필요한 물건을 얻기 위해 자신이 가진 다른 물건과 교환하거나, 필요한 물건을 직접 만들어 사용했다. 농민들은 자신이 기른 농작물을 가지고 장에 가서 다른 물건과 교환했다. 장인들은 직접 만든 생활용품이나 도구를 팔아 생계를 유지했다. 또한 원거리 무역의 경우, 상인들은 말이나 낙타 등의 운송 수단을 이용해 물건을 운반하고 각 지역의 특산품을 교환했다. 이러한 초기 영업활동은 사회적 상호작용과 협력을 통해 이루어졌다. 사람들은 서로의 필요를 충족시키며 물물교환과 직거래를 통해 물품을 구매하고 판매했다. 이는 오늘날의 복잡한 금전 거래 체계를 발전시키는 토대가 되었다.

(1) 물물교환 및 직거래

영업활동은 인류의 역사와 함께했다. 상인 및 행상들이 등장하면서 영업활동은 더욱 발전하게 되었다. 상인들은 다양한 지역에서 물건을 수입하여 판매하며, 행상들은 다양한 지역을 돌아다니며 물건을 파는 일을 했다. 이렇게 상인과 행상들은 물물교환 및 직거래보다 더욱 효율적인 영업 방식을 제공하게 되었다. 이어서, 시장 및 상점의 발달이 이루어졌다. 시장은 상인들이 모여 판매하는 장소로, 다양한 물건들이 집적되어 있어 소비자들이 필요한 물건을 한 번에 구매할 수 있었다. 또한 상점은 물건을 판매하는 전문적인 공간으로, 소비자들이 필요한 물건을 더욱 쉽게 얻을 수 있게 되었다.

이러한 초기 영업활동의 발전은 물론 현재의 영업활동에도 큰 영향을 주었다. 상인들과 행상들의 등장으로부터 시작된 영업 방식은 지금까지 이어져 왔으며, 시장과 상점은 현재에도 계속해서 발전하고 있다. 고대 사회에서는 물물교환과 시장거래를 통해 무역과 상거래가 이루어졌다. 이 시기에는 오늘날과 같은 전문적인 비즈니스 활동이 존재하지 않았다. 상인들은 행상을 하거나 작은 상점을 운영하며 상품을 판매했다. 하지만 현대의 영업담당자처럼 전략적인 영업활동은 하지 않았다.

고대 상인들은 개인적인 교류와 관계에 의존하여 비즈니스를 구축했다. 그들은 마을을 돌아다니며 물건을 팔았고, 자신의 평판과 개인적인 카리스마에 의존하여 고객을 유치했다. 어떤 경우에는 특정 지역에 거점을 마련하고 작은 상점이나 가판대를 설치하여 상품을 판매하기도 했다. 공식적인 비즈니스 관행이 없었음에도 불구하고 고대 상인들은 노력과 독창성을 통해 성공적인 비즈니스를 구축할 수 있었다.

전반적으로 고대 상업의 역사는 현대 비즈니스 관행의 기원에 대한 귀중한 통찰력을 제공하고 있다. 고대 상인들이 사용한 전략과 기술을 연구함으로써 오늘날 성공적인 비즈니스 운영을 뒷받침하는 기본 원칙에 대해 더 깊이 이해할 수 있다. 중세 시대에는 떠돌이 상인들이 시장에서 수레나 가판대에서 물건을 팔았다. 이러한 상인들은 종종 흥정, 시연과 같은 설득 기술을 활용하여 제품을 판매했다.

(2) 상인 및 행상의 등장

고대부터 시작된 영업활동은 시간이 흐를수록 발전하며 전 세계적인 규모로 이어졌다. 특히 산업혁명 이전까지는 제품 생산이 수작업으로 이루어졌기 때문에 상인과 행상들이 중심적인 역할을 담당했다. 산업혁명이 일어남으로써 기계화가 시작되었고, 이는 대량생산과 함께 상업 분야에서도 큰 변화를 가져왔다. 생산품의 유통과 판매 방식이 변화하면서 대규모 상업 거래가 이루어지기 시작했다. 예를 들어,

과거에는 소규모 가게에서 수작업으로 제작된 제품들이 소비자에게 판매되었지만, 기계화가 도입되면서 대량생산이 가능해졌고, 이에 따라 상업 거래도 대규모로 이루어지게 되었다. 초기 영업활동이 시작된 고대부터 현재에 이르러서도 영업활동은 계속해서 발전하고 변화하며 인류의 생활과 밀접한 관련을 가지고 있다.

고대부터 상인은 다양한 물품을 거래하며 사람들의 생활에 큰 영향을 미쳤다. 상인들은 무역을 하기 위해 다른 지역으로 여행을 떠나기도 했다. 그들은 지리적인 장애물과 언어적인 장벽을 극복하며 다른 문화권에서 상품을 구매하고 판매하여 수익을 얻었다. 또한 그들은 서로 다른 지역 간의 문화 교류를 촉진하고, 새로운 상품 및 기술을 소개하는 역할도 했다. 물물교환을 통해 다른 지역에서 얻은 상품을 판매하고, 그 대가로 필요한 물건을 얻는 것은 상인들의 전통적인 거래 방식이다.

행상은 고대부터 존재해온 상인의 한 형태로 상인과는 다르게 물건을 팔기 위해 다니는 사람들을 말한다. 행상들은 대개 거리를 돌아다니면서 필요한 물건을 파는 일을 하는데, 이를 통해 사람들이 더욱 편리하게 필요한 물건을 구매할 수 있게 해주었다. 행상들은 상인들과 마찬가지로 상품을 판매하지만, 그들은 더 자주 다니면서 더 많은 사람들과 소통할 수 있었다. 특히, 고대의 행상들은 여러 지역을 돌아다니면서 다양한 물건을 팔았다. 그들은 상인들보다 유동적이며, 시장의 변화에 더욱 빠르게 대처할 수 있었다.

(3) 시장 및 상점의 발달

시장과 상점의 발달은 사회와 경제에 큰 영향을 미쳤다. 시장은 농작물, 가축 및 철제 제품 등 다양한 상품을 거래하는 곳으로, 고대 로마 시대부터 중세 시대까지 발전하면서 상인들과 구매자들의 만남의 장소가 되었다. 이러한 시장은 도시의 중심지에 자리 잡았으며, 그 지역의 경제를 살릴 뿐만 아니라, 상인들 간의 교류와 문화의 교류를 촉진하였다.

중세 시대에는 상인들이 모여 상점을 열어 교역을 하였다. 이러한 상점은 다양한 상품을 판매하며, 상인들이 그 지역의 경제를 이끌어 나가는 중요한 역할을 했다. 이 시기에는 길거리에서 판매하는 이색적인 상인들도 등장하였다. 그들은 다양한 상품을 판매하며, 도시의 거리에서 쉽게 볼 수 있었다. 이들은 도시의 경제를 활성화시키는 한편, 도시의 문화와 다양성을 더욱 풍부하게 만들어 주었다. 상인들이 모여 상점가를 형성하면서, 소비자들은 다양한 상품을 구매할 수 있게 되었고, 이는 지역의 생산성을 높이는 데에도 큰 도움이 되었다. 또한 상인들은 지역의 생산물을 다른 지역으로 판매하면서 지역 간의 교류를 촉진시키는 역할을 하기도 했다.

한편, 한국에서는 조선 후기 **개성상인**들은 전국적인 행상활동뿐만 아니라, 청나라와 일본을 연결하는 국제무역에 참여하며 사업 영역을 확대해 나갔다. 이러한 노력으로 인해 개성상인들은 오늘날 상인정신을 대표하는 집단으로 인식되고 있다. 개성상인들은 상업경영에서 복식부기, 상업사용인제도 등의 독특한 금융제도를 운영하여 합리적인 경영을 이끌어내었다. 이러한 변화는 국내 경제의 성장과 발전에 큰 역할을 했다. 예전에는 농업 생산물과 수공예품 등이 바로 현장에서 거래되었지만, 시간이 지나 상점이 발달하면서 구매자와 판매자 간의 거래를 원활하게 할 수 있게 되었다. 상점의 발달은 소비자들의 삶의 질을 향상시켰다. 예전에는 상품의 다양성이 적어서, 구매자들이 원하는 상품을 찾기가 어려웠지만, 상점이 발달하면서 다양한 상품을 구매할 수 있게 되었다. 이는 소비자들의 선택의 폭을 넓히고, 경제활동에 참여하는 인구의 증가를 이끌었다.

1.2 산업혁명 이후 영업의 변화

산업혁명 이후 근대 시기에 영업 방식은 근본적으로 변화하였다. 이전에는 소규모 생산체제 하에서 생산자가 직접 소비자에게 제품을 판매하는 방식이 일반적이었다. 그러나 산업혁명을 통해 대량생산과 **대량유통체계**가 구축되면서 영업 환경이 크게 달라졌다. 대량생산이 가능해짐에 따라 기업들은 더 많은 제품을 생산할 수 있게 되었고, 이에 따라 소비자층도 크게 확대되었다. 이에 발맞춰 기업들은 보다 효율적인 유통체계를 구축하고 적극적인 영업 전략을 펼치게 되었다. 대규모 소매점, 백화점, 유통업체 등이 등장하면서 생산자와 소비자 사이의 거리가 멀어졌고, 중간 유통 단계가 늘어나게 되었다.

(1) 대량생산체제의 도입

산업혁명 이후 기업들은 급격한 변화를 겪었다. 수작업 중심의 제품 생산 방식에서 기계화된 대량생산체제로 전환된 것이다. 이로 인해 생산성이 크게 향상되었다. 대량생산체제가 도입되면서 기업들은 제품 생산 방식을 혁신하게 되었다. 수공업 시대에는 숙련된 장인이 직접 제품을 만들었지만, 공장 기계화가 진행되면서 생산량을 획기적으로 늘릴 수 있게 되었다. 제품 가격을 낮출 수 있게 되어 일반 대중들의 구매력이 높아졌고, 이는 다시 대량생산과 대량판매로 이어지는 선순환을 만들어냈다.

기계화된 생산 방식은 수작업에 비해 훨씬 효율적이었고, 이를 통해 기업들은 더 많은 제품을 보다 빠르게 생산할 수 있게 되었다. 이와 함께 대량판매체제의 도입도 중요한 변화였다. 낮아진 제품 가격과 생산량 증대로 인해 기업들은 더 많은 고객을 확보할 수 있게 되었고, 이는 매출 증대로 이어졌다. 이를 통해 기업들은 규모의 경제 효과를 극대화할 수 있었고, 더 많은 투자와 혁신을 할 수 있게 되었다.

특히, 두 차례의 세계대전 이후 군수산업 시설이 소비재 산업 시설로 전환되면서 기업의 생산과 판매에 혁신적인 변화를 가져왔다. 이는 전쟁의 폐해를 극복하고 평화로운 경제 발전을 모색하는 과정에서 나타난 것이다. 대량생산방식의 도입은 제품 개발과 생산 공정을 보다 체계적이고 표준화된 방식으로 이루어지게 하였다. 이를 통해 품질관리와 공정 효율성이 향상되었고, 기업들은 생산성 증대, 비용 절감, 매출 증대 등의 성과를 거두었다. 이는 기업들이 규모의 경제를 달성하고 시장 지배력을 확보하는 데 도움이 되었다.

또한 대량생산에 맞추어 대량판매체제의 도입은 기업들이 더 많은 소비자들에게 접근할 수 있게 해주었다. 이를 통해 기업들은 다양한 영업 전략을 펼치며 소비자의 욕구를 충족시킬 수 있게 되었다. 이는 기업의 성장을 가속화하고, 더 나아가 경제 전반의 성장을 이끌어내는 데 기여했다고 볼 수 있다. 특히 대량 광고와 유통 채널 확대를 통해 기업들은 자사 제품에 대한 인지도와 선호도를 높일 수 있었다. 이처럼 대량생산과 대량판매체제의 도입은 생산과 유통 분야에서 기업의 혁신을 이끌어냈고, 이는 경제 성장으로 이어졌다. 이는 산업화와 근대화 과정에서 기업의 역할이 중요했음을 보여준다.

(2) 마케팅 및 판매전략의 발달

산업혁명 이후, 기술의 발전으로 인해 제품 생산과 유통의 규모가 더욱 커졌다. 이에 따라 기업들은 경쟁력을 확보하기 위해 더욱 다양한 마케팅 및 판매전략을 발전시켜 왔다. 과거에는 제품의 수요가 공급을 압도했기 때문에 단순히 제품을 생산만 해도 판매에 큰 문제가 없었다. 하지만 산업혁명을 거치면서 대량생산체계가 구축되었고, 이에 따라 제품 공급이 크게 늘어나게 되었다.

공급이 수요를 크게 초과하는 시장 환경이 되었기 때문에, 기업들은 단순히 생산에만 집중해서는 더 이상 성공할 수 없다. 기업들은 이제 소비자의 니즈와 선호도를 정확히 파악하고 이를 반영한 효과적인 마케팅과 판매전략을 수립해야 했다. 이를 위해 기업들은 다양한 노력을 기울였다. 먼저 시장 조사를 하고 제품 개발 단계부터 고객의 의견을 적극적으로 반영하고, 다양한 채널을 통해 고객과 지속적으로 소통하면서 그들의 니즈를 파악해야 했다. 이처럼 기업들은 제품 생산 능력 강화와 더불어 판매전략의 집중은 단순히 기업의 성장을 위한 것뿐만 아니라, 기업의 생존을 위해서도 필수적인 변화라고 할 수 있다. 기업들이 이러한 변화에 적극적으로 대응하지 않으면 치열한 시장 경쟁에서 도태될 수밖에 없기 때문이다. 고객의 니즈와 선호도를 파악하는 것은 기업들에게 매우 중요한 일이 되었다. 고객이 원하는 제품을 제대로 만들어내지 못한다면, 경쟁사들과의 경쟁에서 큰 어려움을 겪게 될 것이다. 뿐만 아니라, 제품 개발과 생산, 마케팅 등 전반적인 비즈니스 활동에서 낭비가 발생하여 기업의 수익성과 경쟁력을 크게 떨어뜨릴 수 있다. 고객 중심의 제품 개발은 기업의 생존과 성장을 위해 필수적이다. 철저한 시장 조사와 고객 니즈 분석을 통해 고객이 진정으로 원하는 제품을 파악하고, 이를 신속하고 효과적으로 제공할 수 있는 역량을 갖추는 것이 중요하다.

(3) 소비사회의 등장

20세기 후반기에 접어들면서 소비 중심의 사회가 대두되었다. 과거에는 제품의 생산과 판매에 초점을 맞추었지만, 이제는 소비자의 욕구와 기대를 충족시키는 것이 기업에게 매우 중요해졌다. 소비자들은 단순한 제품 구매를 넘어 브랜드 이미지, 가격 대비 품질, 그리고 뛰어난 성능과 내구성을 함께 고려하게 되었다. 이에 기업들은 소비자 니즈에 적극적으로 대응하기 위해 다양한 전략을 펼치고 있다. 우선 제품의 디자인, 기능, 성능을 지속적으로 개선하고 있다. 또한 브랜드 이미지 강화를 위해 광고, 프로모션, 고객 서비스 등 다양한 마케팅 활동을 전개하고 있다. 특히 소비자의 요구사항을 면밀히 분석하고 고객 만족도를 높이기 위한 시도들이 두드러지고 있다. 이러한 소비사회의 발전은 현재에 이르러서도 계속해서 진행되고 있으며, 기업들은 소비자들의 니즈와 요구를 파악하여 최적의 제품과 서비스를 제공하기 위해 끊임없이 노력하고 있다.

소비자 중심 경영 전략의 도입으로 인해 소비자들은 다양하고 풍부한 선택권을 갖게 되었다. 이전보다 소비자들의 니즈를 더 잘 반영한 제품과 서비스를 쉽게 이용할 수 있게 된 것이다. 하지만 이러한 소비사회의 발전은 자원 소모와 환경오염 등의 문제를 야기할 수 있다. 생산과 소비가 지속적으로 증가하면서 천연자원 고갈, 폐기물 증가, 대기오염 등의 환경 문제가 발생할 수 있기 때문이다. 이에 따라 기업과 정부, 소비자 모두가 지속가능한 소비문화를 만들어나가는 것이 중요해지고 있다.

1.3 현대의 고객 중심 영업

현대의 고객 중심 영업은 과거와는 사뭇 다른 모습을 보이고 있다. 과거에는 공급자 중심의 영업 방식이 지배적이었지만, 오늘날에는 정보통신기술의 발달로 인해 고객의 요구사항과 구매 패턴이 빠르게 변화하고 있다. 이에 따라 기업들은 고객의 니즈를 신속하게 파악하고 대응할 수 있어야 한다.

특히, 소비자 중심의 영업 전략과 글로벌 영업 체계는 이제 선택이 아닌 필수가 되었다. 고객의 다양한 요구사항과 선호도를 정확히 파악하고, 이를 바탕으로 맞춤형 상품과 서비스를 제공하는 것이 기업의 생존과 성장을 위한 핵심 요소가 되었기 때문이다. 또한 온라인 플랫폼의 발달로 고객들은 전 세계 어디에서나 실시간으로 정보를 교환하고 구매를 진행할 수 있게 되었다. 이에 따라 기업들은 글로벌 시장에서 경쟁력을 갖추고, 고객의 국적과 언어, 문화적 차이를 고려한 맞춤형 대응 전략을 수립해야 한다. 이처럼 현대의 고객 중심 영업은 빠르게 변화하는 시장 환경 속에서 고객의 요구사항에 신속하게 대응하고, 글로벌 경쟁력을 확보하는 것이 핵심 과제가 되고 있다.

(1) 정보통신기술의 발달과 영업

정보통신기술의 발전은 비즈니스 환경을 크게 변화시켰다. 예전에는 고객과의 상호작용이 주로 오프라인에서 이루어졌었지만, 인터넷과 모바일 기술의 발전으로 인해 이제는 온라인에서도 쉽게 상호작용이 가능해졌다. 이러한 변화는 기업들에게 많은 이점을 제공하고 있다.

기업은 웹사이트와 앱을 통해 제품과 서비스에 대한 정보를 고객들에게 쉽게 제공할 수 있다. 이를 통해 고객들은 필요한 정보를 언제 어디서든지 쉽게 얻을 수 있다. 또한 기업은 고객들의 피드백을 빠르게 수집하여 이를 바탕으로 제품 및 서비스를 개선할 수 있다. 이를 통해 기업은 고객들의 만족도를 높일 수 있고, 이는 장기적인 관점에서 매출 증대와 이익 증대로 이어질 수 있다. 뿐만 아니라, 정보통신기술의 발전은 기업들이 경쟁력을 유지하고 강화하는데도 큰 역할을 한다. 소비자들의 쇼핑 습관이 변화하면서, 온라인 쇼핑몰이 점점 더 인기를 끌고 있다. 온라인 쇼핑몰에서는 물론 제품의 정보와 가격을 비교할 수 있지만, 소비자들은 더욱 편리한 구매 환경을 원하고 있다. 그래서 온라인 쇼핑몰들은 다양한 할인 혜택과 이벤트를 제공하여 소비자들의 구매욕구를 자극하고 있다. 온라인 쇼핑몰에서는 실제 매장에서 볼 수 없는 다양한 제품들을 쉽게 구매할 수 있다. 하지만, 온라인 쇼핑몰에서 제품을 구매할 때는 주의해야 할 점들도 있다. 제품의 실제 크기나 색상 등은 사진과 다를 수 있으므로, 구매 전에 충분한 정보를 수집하고 확인하는 것이 중요하다. 신뢰할 수 있는 쇼핑몰에서 구매를 해야만 제품 불량이나 배송 문제 등의 문제를 예방할 수 있다.

최근 기업은 빅데이터 분석과 인공지능 기술을 활용하는 것이 더욱 중요해졌다. 이는 기업이 고객들의 욕구와 선호도를 더욱 정확하게 파악하여 제품과 서비스를 개발하는 것이 가능하기 때문이다. 이러한 기술을 활용하면 고객들의 검색어나 구매 기록 등을 분석하여 고객들이 원하는 제품이나 서비스를 더욱 정확하게 파악할 수 있다. 이전에는 고객들의 욕구를 파악하는 것이 어려웠지만, 이제는 빅데이터 분석을 통해 이를 해결할 수 있게 되었다. 인공지능 기술을 활용하여 기업은 고객들에게 맞춤형 서비스를 제공할 수 있다. 또한 소셜미디어의 등장은 기업들에게 새로운 마케팅 방식을 제공하고 있다.

이전에는 기업들이 광고를 하기 위해서는 영상, 라디오, 신문 등 다양한 매체를 활용해야 했다. 그러나 소셜미디어의 등장으로 인해 기업들은 더욱 쉽게 고객들에게 마케팅을 할 수 있게 되었다. 소셜미디어를 이용하여 기업은 고객들에게 직접적으로 광고를 전달할 수 있으며, 이는 기존의 광고 방식보다 더욱 효과적이다. 소셜미디어를 이용하여 기업은 고객들과 소통할 수 있는 기회를 가지게 되며, 고객들은 소셜미디어를 통해 기업과 소통하고, 기업들은 이를 통해 고객들의 의견을 수집하고 개선점을 찾을 수 있다.

이전에는 광고를 하기 위해서는 매체를 구매하고, 제작비용을 지불해야 했으나 소셜미디어를 이용한 마케팅은 비교적 적은 비용으로 광고를 전달할 수 있다. 이러한 이유로 소셜미디어는 현재 기업들의 필수적인 마케팅 도구가 되어가고 있다. 더 나아가 소셜미디어를 적극적으로 활용하는 기업들은 경쟁력을 강화하고, 고객들의 인식도 향상시킬 수 있다. 소셜미디어가 부상하면서 기업들은 더 많은 잠재고객에게 다가가기 위해 Facebook, Instagram, Twitter와 같은 플랫폼을 많이 활용하고 있다. 매력적인 콘텐츠를 제작하고 타깃팅(targeting) 광고를 실행함으로써 기업은 보다 개인적이고 효과적인 방식으로 잠재고객과 소통할 수 있다. 시장 경쟁이 점점 더 치열해지면서 기업들은 재구매를 유도하기 위해 고객과의 관계 구축에 집중하기 시작했다. 이에 따라 기업은 데이터 분석을 통해 고객의 요구와 선호도를 더 잘 이해할 수 있는 **고객관계관리**(Customer Relationship Management, CRM) 시스템을 구축 운영하고 있다.

(2) 고객 중심의 영업 전략

고객 중심의 영업 전략은 기업이 성장하고 발전하기 위해 필수적인 전략 중 하나이다. 이는 고객과의 긴밀한 관계를 유지하고, 고객의 만족도와 충성도를 높이는 것으로 이루어지며, 이를 통해 기업의 이미지를 개선하고 장기적인 성장을 이루어낼 수 있다. 고객과의 긴밀한 관계를 유지하는 것은 기업이 고객의 요구와 필요에 대해 깊이 이해하고, 그에 맞게 제품 및 서비스를 개발하고 제공하는 것을 의미한다. **고객 만족도**와 **충성도**를 높이기 위해서는 고객의 다양한 데이터, 즉 고객의 구매 이력, 만족도 조사 결과, 고객과의 상호작용 내용 등을 분석하여 고객의 니즈와 요구를 파악하고 이를 만족시키는 제품과 서비스를 개발하는 것이 필수적이다. 기업은 고객 중심의 전략 수립에 최선을 다하고, 고객과의 소통과 다양한 데이터 분석을 통해 고객의 니즈와 요구를 파악하고 만족시키는 제품과 서비스를 제공해야 한다. 이를 통해 고객은 제품 및 서비스에 대한 만족도를 높이게 되며, 이에 따라 기업의 이미지도 향상된다. 고객에게 최상의 경험을 제공하는 것이 고객의 만족도와 충성도를 높이는 것이다. 이는 제품 및 서비스의 품질을 향상시키고, 고객의 의견에 귀를 기울이며, 문제가 발생했을 때 신속하게 대처하는 것 등 다양한 방법으로 이루어진다.

기업들은 경쟁이 치열한 시장에서 살아남기 위해 고객들에게 더 좋은 제품과 서비스를 제공해야 한다. 이를 통해 더 많은 고객을 유치하고, 시장점유율을 높일 수 있다. 이러한 고객 중심의 영업 전략은 기업의 경쟁력을 강화하는 데에도 큰 역할을 한다. 고객들은 제품의 품질뿐만 아니라 서비스의 질에도 큰 관심을 가지고 있기 때문에, 기업들은 이를 고려하여 고객의 요구와 필요에 부응하는 제품과 서비스를 제공해야 한다. 이를 통해 고객들의 만족도를 높이고, 재구매를 유도할 수 있다.

(3) 글로벌 영업

현대적인 영업 환경에서는 더 이상 국내 시장만을 대상으로 하는 전략은 불충분하다. 글로벌 시대에서는 다양한 문화, 언어, 국가 간 경제적 연결 등으로 인해 기업은 해외에서도 경쟁해야 하기 때문이다. 이러한 글로벌 경쟁에서 기업이 생존하고 성장하기 위해서는 글로벌 시장을 이해하고 전략적인 접근을 할 필요가 있다. 글로벌 시장에 대한 이해는 다양한 문화와 언어, 국가 간 경제적 연결을 포함한다. 각각의 국가에서는 고유한 문화와 언어가 존재하기 때문에 이를 이해하고 적절한 전략을 수립해야 한다. 또한 국가 간 경제적 연결도 중요하다. 글로벌 시장에서는 수입과 수출이 이루어지며, 이를 통해 국가 간 경제적 관계가 형성된다. 따라서 기업은 글로벌 시장의 경제적 환경과 동향을 파악하고 이를 바탕으로 전략을 수립해야 한다.

글로벌 시장에 대한 전략적인 접근은 기업의 성장을 위해 중요하다. 글로벌 시장에서 경쟁력을 유지하고 성장하기 위해서는 기업의 제품이나 서비스가 글로벌 시장에서 수요를 끌어내야 한다. 이를 위해서는 제품이나 서비스의 품질과 가격, 마케팅 전략 등을 고려해야 한다. 또한 글로벌 시장에서 성공하기 위해서는 현지화된 제품이나 서비스를 제공하는 것이 중요하다. 이를 위해서는 현지 문화와 언어, 법적 규제 등을 고려해야 한다.

글로벌 시대는 인터넷과 모바일 기술의 발달로 인해 더욱 가속화되고 있다. 이러한 환경에서 기업은 전 세계적으로 경쟁 상황을 파악하고, 다양한 문화와 언어를 이해하고 존중하는 능력과 더불어 그에 맞는 마케팅 전략을 수립해야 한다. 글로벌 시대에서는 다양한 나라의 법률과 제도를 이해하는 것이 중요하다. 글로벌 시장에서 경쟁을 하는 기업들은 단순히 자신의 제품 또는 서비스의 품질과 가격으로만 경쟁하지 않는다. 경쟁자들은 다양한 특성과 경쟁 전략을 가지고 있기 때문에, 이를 파악하고 자신의 경쟁력을 강화하는 것이 매우 중요하다. 또한 글로벌 시대에서는 기업들이 지속적인 혁신과 개발을 추구해야 한다. 이는 기업이 경쟁에서 성공하기 위해서는 새로운 기술과 제품을 개발하고, 고객의 요구에 맞게 제품을 개선해야 함을 의미한다. 글로벌 경제 시대에서는 기업의 경쟁력을 유지하고 발전시키기 위해서는 기술 혁신과 품질 개선이 필수적이다. 기술 혁신은 기업이 새로운 기술을 도입하거나 기존 기술을 개선하여 제품 및 서비스의 질을 향상시키는 것을 의미한다. 이를 통해 기업은 제품 및 서비스의 차별화와 고객의 만족도를 높일 수 있다.

글로벌 시대에서 기업들은 더욱 높아진 기대와 책임을 받고 있다. **기업의 사회적 책임**(Corporate Social Responsibility, CSR)과 지속가능한 경영은 더 이상 선택 사항이 아니라 필수적인 요소로 자리 잡았다. CSR은 기업이 이익 창출뿐만 아니라 사회와 환경에 대한 책임을 다하고, 그들의 활동이 공동체에 긍정적인 영향을 미치도록 하는 것이다. 이러한 책임은 기업의 이익 창출과 함께 더 높은 수준의 사회적 책임을 요구하며, 이를 충족시키는 노력이 필요하다. 지속가능한 경영은 기업이 장기적인 성장을 추구하면서도 사회와 환경을 고려하는 것이다. 이는 기업이 단기적인 목표보다는 장기적인 비전과 가치를 중시하고, 사회적, 경제적, 환경적 측면에서 모든 이해 관계자들과 함께 협력하여 지속가능한 성장을 추구하는 것이다. 이러한 노력은 기업의 지속적인 성장과 이익 창출을 보장하는 동시에, 환경보호와 사회적 공헌을 통해 더 나은 세상을 만들어 나갈 수 있는 가능성을 제공할 것이다. 따라서 기업은 CSR과 ESG(Environmental, Social, Governance) 경영을 중요한 경영 전략으로 채택하고, 이를 실천하는 것이 더욱 중요해졌다. 이는 기업의 가치와 목적을 재정립하고, 이를 통해 더 나은 세상을 만들어 나가는 과정에서 새로운 기회를 창출할 수 있는 기반이 될 것이다.

2. 영업환경의 이해

국내외 영업활동은 다양한 환경적 요인들에 의해 큰 영향을 받고 있다. 지정학적 환경은 지역의 지리적 특성과 자원, 정치체제, 기후 등의 영향을 받으며, 이는 제품 및 서비스의 생산, 유통, 판매 등 전반적인 영업활동에 영향을 미친다. 경제환경은 국가의 경제성장, 산업구조의 변화, 유통체계 등의 영향을 받으며, 이는 영업활동의 수익성과 안정성에 직접적인 영향을 끼친다. 시장환경은 시장의 규모, 경쟁구도, 소비자 선호도 등의 영향을 받으며, 기업의 제품 및 서비스 개발과 영업 전략 수립에 큰 영향을 미친다. 기술환경은 기술의 발전 속도와 적용 수준 등의 영향을 받으며, 이는 기업의 기술개발 및 혁신에 대한 중요한 요소이다. 사회문화적 환경은 문화, 생활양식, 가치관 등의 영향을 받으며, 제품 및 서비스의 디자인, 마케팅 및 판매전략, 고객 서비스 등에 영향을 미친다.

이러한 다양한 환경적 요인들을 고려하여 영업활동을 전개하는 것이 중요하다. 비즈니스 환경은 기업이 운영되는 외부적인 요인들의 집합을 의미한다. 이는 기업의 활동과 의사결정에 직간접적으로 영향을 미치는 요소들로 구성된다. 비즈니스 환경의 주요 요소로는 지정학적 환경, 경제, 사회, 기술, 법적, 그리고 국제적 환경 등을 들 수 있다. 이러한 요소들은 끊임없이 변화하며, 기업은 이러한 변화에 능동적으로 대응해야 한다.

2.1 거시적 영업환경

산업분야에서 외부에서 발생하는 요인들은 기업의 영업활동에 많은 영향을 미친다. 이러한 환경적 요소들은 기업이 직접 통제할 수는 없지만, 장기적으로 기업 경영에 큰 영향을 준다. 거시적 환경요소로는 지정학적 환경, 경제적 환경, 기술적 환경, 사회문화 환경, 경쟁환경 등이 있다.

(1) 지정학적 환경

지정학적 환경은 국가들의 정치, 경제, 사회, 문화, 군사 등 다양한 영역이 서로 얽혀 형성하는 국제 무대의 상황을 의미한다. 이는 오직 지리적 위치만을 의미하는 것이 아니라, 국가 간의 관계, 국제 질서, 글로벌 이슈 등을 포함하는 광범위한 개념이다. 이러한 환경은 글로벌 영업에 매우 중요한 영향을 미친다. 이는 국가간 경제적, 정치적, 문화적 차이가 글로벌 비즈니스에 영향을 미치기 때문이다.

지정학적 환경은 글로벌 기업이나 다국적 기업이 활동할 때 매우 중요한 요소 중 하나이다. 이에 따라, 기업들은 각 국가의 법과 제도, 문화, 정치 등을 잘 파악하고, 이에 따른 전략을 수립해야 한다. 그렇지 않으면, 글로벌 환경에서 경쟁우위를 유지할 수 없을 뿐만 아니라, 국내에서도 문제가 발생할 수 있다. 따라서 기업은 지정학적 환경을 잘 파악하고, 그에 따른 대응 전략을 수립하는 것이 필요하다. 국가의 정치 체제와 이념은 국제 사회와의 상호작용을 통해 국제정치의 흐름을 결정한다. 미국과 중국 사이의 경쟁은 전 세계적인 정치적 불안을 촉발시키고, 북한의 핵문제는 국제적으로 중요한 이슈로 떠오르고 있다. 또한 국가의 정책도 국제정치의 흐름에 영향을 미친다. 예를 들어, 환경 문제와 관련된 정책은 국제적으로 협력이 필요한 문제이며, 이를 해결하는 것은 국제사회의 공동의 책임이다. 국가의 경제정책도 국제경제에 영향을 미치며, 이는 국제정치의 흐름을 결정하는 중요한 요소 중 하나이다.

따라서 국가는 자신의 정치 체제와 이념을 고려하며, 국제사회와 협력하여 국제정치의 흐름을 조절할 필요가 있다. 전 세계적으로 경쟁적 관계가 형성되어 국가들은 서로의 경제적 이익을 고려하며 상호 협력하거나 경쟁한다. 최근 몇 년간 중국은 경제적으로 놀라운 성장을 보여주고 있어, 전 세계에서 중요한 역할을 하고 있다. 특히 중국은 미국과의 무역전쟁 등 경제적 갈등으로 인해, 중요한 이슈로 떠오르고 있다. 이러한 상황에서 중국 정부는 대규모 인프라 구축 노력과 외국인 투자 유치 등을 통해 경제적 발전을 지속하고 있다. 세계에서 가장 많은 인구를 보유한 나라로, 인구의 대규모와 높은 수준 인력 자원을 활용하면서 국내 경제를 더욱 발전시키고 있다. 중국의 기술력도 전 세계적으로 높은 평가를 받고 있어, 세계 시장에서 중요한 경쟁자로 자리 잡았다. 중국 경제의 성장은 일부 국가들과의 경제적 갈등을 유발하고 있다. 미국과의 무역전쟁 이외에도, 일본과의 경제적 갈등, 인도와의 국경 분쟁 등이 있으며, 이러한 갈등은 중국의 경제적 위상과 더불어 세계 경제 전반에도 영향을 미치고 있다.

또한 국가의 지리적 위치는 글로벌 생산, 물류, 무역에 미치는 영향을 막론하고,

국가가 경제적으로 발전하고 성장하는 데 중요한 역할을 하며 국가가 다른 국가와의 경쟁에서 어떤 장점을 가지는 지를 결정하며, 국가의 경쟁력을 좌우하는 요소 중 하나이다. 한국의 지리적 위치는 중국과 일본, 미국과 같은 경제 대국들과 가까운 위치에 있어서, 물류 및 무역 분야에서 큰 이점을 가지고 있다. 한국은 세계에서 가장 큰 경제 대국 중 하나인 중국과 일본 사이에 위치하여, 이들 국가와의 무역 및 경제적 교류가 쉽게 이루어질 수 있다. 이와 같이, 국가의 지리적 위치는 국가의 경제적 발전과 성장에 큰 영향을 미치기 때문에, 국가는 지리적 위치를 고려하여 적극적으로 경제 발전 전략을 수립해야 한다.

이와 함께 **녹색전환**(Green Transformation)은 영업활동과 밀접한 관련이 있다. 기업은 녹색전환을 통해 생산 과정에서 발생하는 환경오염을 줄일 수 있으며, 에너지 효율성을 높여 비용을 절감할 수 있다. 이를 통해 기업은 더욱 경쟁력 있는 제품과 서비스를 제공할 수 있어 고객들의 만족도를 높일 수 있다. 또한 녹색전환은 기업의 이미지를 향상시키고, 지속가능한 미래를 위해 보다 긍정적인 영향을 미친다. 따라서 기업은 영업활동과 녹색전환을 함께 고려하여 보다 지속가능한 비즈니스를 추구해야 한다. 특히 유럽연합은 환경문제와 기후변화에 대한 심각성을 인식하고, 이를 해결하기 위해 녹색전환에 대한 법규제를 강화하고 있다. 이를 위해 탄소국경조정제와 공급망 실사 등의 다양한 정책을 시행하고 있는데, 이러한 노력은 전 세계적으로도 큰 관심을 받고 있다.

(2) 경제환경

경제환경은 항상 변화하고 있으며, 이러한 변화는 기업들에게 큰 영향을 미친다. 경제 침체가 일어날 경우, 기업들은 생산량을 줄이고 비용을 절감하는 등의 대응책을 마련해야 한다. 이는 기업의 생존과 성장을 위해 매우 중요하다. 경쟁환경이 치열해질 경우, 기업들은 새로운 제품이나 서비스를 개발하여 경쟁력을 유지해야 한다. 이를 위해 기업들은 연구 개발에 많은 자원을 투자하고, 새로운 아이디어와 기술을 도입해야 한다. 그러나 경제환경의 변화는 단순히 외부적인 요인뿐만이 아니라 기업 내부에서도 변화가 필요하다.

기업들은 경제환경의 변화를 예측하고 대응책을 마련하는 데 매우 민감해야 한다. 내부적인 변화도 동시에 이루어져야 하며, 이를 위해 지속적인 개선과 혁신을 추구해야 한다. 이러한 노력이 기업의 성장과 발전에 큰 기여를 할 것이다. 경제 성장 및 침체, 소득 수준 및 소비 패턴 변화, 경쟁환경 변화 등으로 경제환경이 변화하게 된다. 경제 성장과 침체는 여러 요인에 영향을 받는다. 그 중에서도 가장 큰 영향을 미치는 것은 경제의 산업 구조와 정책이다.

경제의 산업 구조는 경제 성장과 침체에 큰 영향을 미치는데, 제조업 위주이고 수출에 의존하는 경우, 세계 경제 상황에 민감하게 반응하게 된다. 또한 산업 구조는 국가의 경제 역량과 경쟁력을 대표하는 중요한 인자이다. 경제 성장을 추구하는 국가들은 산업 구조를 미래 지향적으로 개조해야 한다. 기존의 산업 구조가 경제 성장의 한계에 부딪히면, 새로운 산업 분야로의 진입과 기존 산업의 구조조정이 필요하다. 이를 위해서는 정부의 적극적인 정책 지원과 민간 부문의 참여가 필수적이다. 국제 경제 상황의 불확실성이 증가하는 시대에서는 산업 구조의 다각화도 중요하다. 어떤 한 분야에만 의존하는 것이 아니라, 다양한 산업 분야를 발전시키는 것이 경제 안정성을 높이는 방법이다. 이를 위해서는 산업 간의 유기적인 연결성을 높이고, 협력을 강화하는 것이 필요하다. 경제 성장과 침체를 예측하고 대응하기 위해서는 경제의 산업 구조와 정책을 적극적으로 고려해야 한다는 것을 의미한다. 정부의 경제 정책이 경기 부양을 위한 지출 중심인 경우, 경제 성장률이 높아지는 경우도 있지만, 장기적으로는 경제 구조의 변화와 불균형을 야기할 수 있다. 이러한 문제는 적극적인 대응이 필요하며, 이를 위해서는 경제의 산업 구조와 정책의 조정이 필요하다.

소득 수준과 소비 패턴은 경제 상황에 크게 영향을 받는다. 경제가 성장하고 일자리가 늘어날 때, 소득 수준도 상승하고 이에 따라 소비 패턴도 변화한다. 예를 들어, 고급 상품이나 여행, 레저 활동 등을 더 많이 소비하는 경향이 있다. 이는 경제적 안정성이 높아지면서 소비자들의 구매력이 증가하기 때문이다. 반대로, 경제가 축소되고 일자리가 감소할 때는 소득 수준이 하락하고 소비 패턴도 변화한다. 이 경우에는 생필품 등 필수재 중심으로 소비하는 경향이 높아진다. 이러한 상황에서는 경제적 어려움을 겪는 소비자들이 늘어나기 때문에 기업들은 저가 제품이나 할인 이벤트 등을 통해 소비자들의 구매욕구를 자극하려고 노력한다. 경제 상황을 예측하고 이에 대응하는 소비 전략을 수립하는 것이 중요하다. 기업들은 경쟁이 치열해지면서, 더욱 높은 수준의 제품과 서비스를 제공하기 위해 노력하고 있다. 이러한 노력은 시장 구조에도 영향을 미치며, 소비자들의 선택권을 확장시킨다. 소비자들은 다양한 제품과 서비스 중에서 선택할 수 있기 때문에, 기업들은 경쟁력을 유지하기 위해 지속적인 혁신과 개선을 추구해야 한다. 소비자들의 요구에 부응하기 위해 고객 서비스를 개선하고, 제품과 서비스의 질을 높이는 노력도 필요하다.

(3) 기술환경

기술환경은 시대에 따라 변화하고, 이에 따라 기업은 적극적으로 대처해야 한다. 최근에는 인공지능, 빅데이터, 클라우드 등의 기술이 급속도로 발전하고 있다. 이러한 기술들은 기업의 영업 전략과 방법에 큰 영향을 미치고 있다. 인공지능 기술을 활용하면 고객의 선호도를 분석하고, 이를 바탕으로 맞춤형 상품을 제공할 수 있다. 빅데이터 기술을 활용하면 고객의 구매 이력을 분석하여 마케팅 전략을 세울 수 있다. 클라우드 기술을 활용하면 기업은 시간과 비용을 줄이며, 보다 빠르고 간편하게 데이터를 관리할 수 있다. 기술환경은 기업의 제품 및 서비스 개발에도 영향을 미친다. 새로운 기술을 활용하면 기업은 제품 및 서비스의 품질을 향상시킬 수 있다.

예를 들어, 의료 분야에서는 인공지능 기술을 활용하여 질병 진단과 치료 방법을 개발하고 있다. 스마트홈 분야에서는 인공지능 기술을 활용하여 보다 편리하고 안전한 생활을 제공하는 제품들이 출시되고 있다. 인공지능과 빅데이터 등의 혁신적인 기술들은 우리의 일상생활을 혁신적으로 변화시키고 있다. 우리는 이전보다 더욱 효율적으로 일상생활을 할 수 있게 되었다. 스마트폰은 우리가 필요로 하는 정보를 언제든지 검색할 수 있도록 해주며, 인공지능 기술은 우리의 취향과 선호도를 분석하여 맞춤형 추천 서비스를 제공한다. 빅데이터 분석 기술은 중요한 정보를 효과적으로 수집하고 분석하여 우리의 삶을 더욱 편리하게 만들어 준다. 자율주행 자동차와 같은 기술은 운전자의 부주의한 실수를 방지하고, 교통 체증을 줄이며, 교통사고를 예방하는 데 큰 도움이 된다.

한편, 최근 정보통신기술이 발전하면서, e-커머스 시장과 플랫폼 사업자들의 성장도 더욱 빠르게 이루어지고 있다. 이러한 기술적 발전은 전자상거래 시장에서 온라인 쇼핑몰과 소비자 간의 거래를 원활하게 하며, 더욱 적극적인 마케팅 활동을 할 수 있게 해준다. 플랫폼 사업자들은 더욱 다양한 상품과 서비스를 제공하며, 전 세계적인 시장을 대상으로 더욱 활발한 경쟁을 이루어내고 있다. 이러한 트렌드는 미래에도 계속될 것으로 예상되며, 기술적인 발전을 통해 더욱 새로운 비즈니스 모델과 창조적인 아이디어를 발굴해 나갈 것이다. 최근 몇 년간 인터넷과 모바일 기술의 발전으로 인해 e-커머스 시장은 급격히 성장하였다. 이에 따라 온라인 쇼핑을 편리하게 이용할 수 있는 플랫폼 사업자들도 늘어나고 있다. 특히, 모바일 기술의 발전으로 인해 스마트폰을 이용하여 언제 어디서든 쉽게 쇼핑을 할 수 있게 되었다. 이는 e-커머스 시장과 플랫폼 사업자들의 성장을 한층 더 촉진시키는 원동력이 되고 있다. 현재 인공지능과 빅데이터 기술의 발전으로 인해 전 세계적으로 쇼핑 시장은 큰 변화를 겪고 있다. 구매자들의 쇼핑 패턴을 분석하고 이를 바탕으로 맞춤형 서비스를 제공하는 등 새로운 비즈니스 모델이 등장하고 있어, 기존의 쇼핑 방식과는 매우 다른 혁신적인 시장이 형성되고 있다. 이러한 변화는 특히 e-커머스 시장과 플랫폼 사업자들에게 매우 큰 영향을 미치고 있다. 기존의 쇼핑 방식은 대부분 구매자들이 직접 가게를 방문하여 제품을 선택하고 구매하는 방식이었다. 그러나 인공지능과 빅데이터 기술의 발전으로 인해 이제는 검색 엔진이나 모바일 앱을 통해 언제 어디서든 쉽게 제품을 검색하고 구매할 수 있게 되었다. 개인 맞춤형 추천 서비스를 통해 구매자들은 자신에게 맞는 제품을 더욱 쉽게 찾을 수 있게 되었다.

이러한 변화는 e-커머스 시장과 플랫폼 사업자들에게 상당한 기회를 제공하고 있다. 예를 들어, 인공지능 기술을 이용하여 구매자들의 쇼핑 패턴을 분석하고 이를 바탕으로 개인 맞춤형 서비스를 제공하는 전문 업체들이 등장하고 있으며, 이를 통해 구매자들은 보다 쉽고 편리한 쇼핑 경험을 누릴 수 있게 되었다.

(4) 사회문화적 환경

한국의 사회문화적 환경은 영업활동에 큰 영향을 미치며, 이는 영업활동을 성공적으로 수행하기 위해 이해할 필요가 있는 중요한 요소 중 하나이다. 한국 사회에서는 대인관계가 매우 중요하다. 사람들은 서로에게 예의를 갖추며, 상대방의 입장을 이해하고 존중하는 것이 필수적이다. 이러한 대인관계는 영업활동에서 더욱 중요한 역할을 한다. 영업활동에서는 고객과의 대화와 상호작용이 매우 중요하며, 상대방과의 인연이 매우 중요하다. 이는 영업활동에서 신뢰성을 높이는 데 큰 역할을 한다.

영업활동에서는 고객과의 대화와 상호작용도 매우 중요하다. 영업담당자는 고객의 요구를 이해하고 효과적인 대처방안을 제시해야 한다. 고객과의 대화에서 상대방의 입장도 이해하고 존중해야 한다. 이러한 대화와 상호작용은 고객과의 신뢰를 쌓는 데 매우 중요한 역할을 한다.

한국 사회에서는 상대방과의 인연이 중요하다. 이는 영업활동에서도 마찬가지이다. 영업담당자는 고객과의 관계를 유지하고 발전시키기 위해 노력해야 한다. 이를 위해서는 고객과의 대화에서 상대방의 관심사나 욕구를 파악하고, 그에 맞게 대처해야 한다. 이러한 노력은 고객과의 인연을 유지하고, 영업활동에서 성공을 이루는 데 큰 역할을 할뿐만 아니라, 한국 사회에서는 문화적인 특성으로 인해 서비스와 제품에 대한 기대치가 높다. 따라서 영업활동에서는 고객의 요구사항을 충족시키기 위한 노력이 필요하며 고객과의 관계를 장기적으로 유지하는 것이 중요한데, 이는 고객 만족도를 높이는 데 큰 역할을 한다.

한편, 인구 구조 변화가 영업에 미치는 영향은 크다. 인구 구조 변화는 인구의 연령, 성비, 인구 밀도, 출생률, 사망률 등의 변화를 의미한다. 특히 최근 몇 년간 인구 고령화가 진행되면서 노령인구의 비율이 증가하는 추세를 보이고 있다. 이러한 변화는 다양한 영향을 미치며, 그 가운데 하나는 소비 패턴의 변화이다.

고령화가 진행되는 만큼, 노인들의 소비력이 높아지고 있다. 그렇기 때문에 노인들의 소비 취향을 파악하고 그에 맞는 제품과 서비스를 제공하는 것이 중요하다. 노인들은 건강 관리나 여가 활동에 많은 비용을 투자하고 있다. 이에 맞춰서 노인들의 소비 취향을 파악하고, 건강 관련 제품이나 여가 활동을 위한 서비스, 디지털 기술을 활용한 쇼핑 플랫폼 등을 제공하는 것이 필요하다.

요즘에는 개인주의적인 가치관이 강조되면서 가족 구성원 간의 연결성이 약해지고, 독립적인 생활 방식이 증가하는 추세를 보이고 있다. 이러한 변화는 가족 관계 및 사회적 관계에도 큰 변화를 가져올 수 있다. 예를 들어, 가족 구성원 간의 소통이 부족해지고, 사람들이 서로를 돕는 것보다는 개인적인 이익을 추구하는 경향이 커지는 것이 그 예이다. 이러한 가치관 및 라이프스타일 변화는 영업활동에도 많은 영향을 미친다. 기업들은 소비자들의 가치관이 변화하는 것을 인지하고, 이에 맞춰 제품 및 서비스를 제공해야 한다. 예를 들어, 가족 구성원 간의 연결성이 약해지는 추세에 따라, 가족 단위로 구매하는 제품이 줄어들고, 개인적인 욕구를 충족시키는 제품이 늘어나고 있다. 독립적인 생활 방식이 증가하는 추세에 따라, 싱글 가구를 대상으로 한 제품이나 서비스가 늘어나고 있다.

이러한 변화에 대응하기 위해서는 기업들은 소비자들의 변화하는 가치관과 라이프스타일을 파악하고, 그에 맞는 제품 및 서비스를 제공해야 한다. 가족 구성원 간의 연결성을 강화하는 제품이나 서비스를 개발하여, 사회적 문제를 해결할 수도 있다.

영업활동을 성공적으로 수행하기 위해서는 사회문화적 환경을 제대로 이해하고 대처하는 능력이 중요하다. 기업이나 개인 모두가 다양한 문화적 배경을 가진 고객들과 상호작용하면서 문화적 갈등이나 오해로 인한 문제를 예방하고 해결할 수 있어야 한다. 특히, 글로벌 시장에서 경쟁력을 확보하기 위해서는 다양한 문화와 가치관을 이해하고 존중하는 태도가 필요하다. 글로벌 시장에서는 다양한 문화적 배경을 가진 고객들과 경쟁하게 되므로, 이에 대한 이해도와 대처 능력이 기업의 경쟁력을 결정짓는 요소가 된다. 다양한 문화적 배경을 가진 직원들을 적극적으로 채용하고 다양성을 존중하는 조직문화를 구축하는 것도 중요하다.

따라서 영업활동을 수행하는 기업이나 개인은 사회문화적 환경에 대한 이해와 대처 능력을 갖추는 것이 필수적이며, 이를 통해 고객과의 관계를 강화하고 글로벌 시장에서 경쟁력을 확보할 수 있다.

2.2 미시적 영업환경

미시적 환경은 기업이 경영 활동을 하는 데 있어 직접적인 영향을 미치는 다양한 요소로 구성되어 있다. 이러한 요소들은 기업의 경쟁력과 성장에 매우 중요한 역할을 한다. 고객, 공급업체, 경쟁업체, 시장 동향 등이 미시적 환경을 구성하는 주요 요소이다. 고객의 수요와 선호도는 기업의 제품 및 서비스 개발 방향에 직접적인 영향을 미치며, 공급업체와의 관계는 원자재 및 부품의 안정적인 공급을 통해 생산 활동에 기여한다. 또한 경쟁업체의 동향은 기업의 가격 및 마케팅 전략에 변화를 야기하여 기업의 시장 지위에 변화를 주기도 한다.

(1) 고객과 시장 환경

고객과 시장 환경에 대한 깊이 있는 이해는 현대 기업에 필수적이다. 고객은 기업의 존재 이유이자 핵심 이해관계자로, 기업은 고객의 요구와 니즈를 정확하게 파악하고 이를 충족시킬 수 있는 제품과 서비스를 제공해야 한다. 시장 환경은 기업이 운영되는 거시적인 맥락을 구성한다. 경쟁사의 동향, 산업 전반의 추세, 정부 정책의 변화, 기술 혁신 등 다양한 외부 요인들이 기업의 의사결정과 전략 수립에 큰 영향을 미친다. 따라서 기업은 시장 환경을 면밀히 분석하고 이에 능동적으로 대응할 수 있어야 한다.

고객과 시장 환경에 대한 깊이 있는 이해를 바탕으로, 기업은 자사의 경쟁력을 강화하고 지속가능한 성장을 이룰 수 있다. 이를 위해 기업은 혁신적인 제품 개발, 고객 중심의 마케팅, 유연한 대응 체계 구축 등 다각도의 노력을 기울여야 한다.

현재의 비즈니스 환경에서는 시장 환경의 변화가 매우 빠르고 미세한 변화도 큰 영향을 미친다. 시장에서의 경쟁이 치열해지면서 제품과 서비스의 개발과 마케팅 전략을 적극적으로 조정해야 한다. 더욱 경쟁력 있는 제품과 서비스를 제공하기 위해서는 기업 내부에서도 적극적인 변화와 혁신이 이루어져야 한다. 이를 위해 기업 전략과 구조를 조정하고, 제품과 서비스의 개발 및 마케팅 전략 등을 지속적으로 검토하고 변화시켜야 한다. 시장 환경의 변화에 대한 대응이 늦어지면 기업의 경쟁력이 약화될 뿐만 아니라 생존조차도 어려워질 수 있으므로, 기업은 시장 환경의 변화를 지속적으로 관찰하고 분석하여 대응하는 것이 중요하다. 이를 통해 기업은 더욱 경쟁우위를 유지하고, 성장할 수 있다. 시장 환경의 변화는 고객 니즈와 선호도, 기술 발전, 신제품 출시, 경쟁사의 활동 등의 다양한 요인으로 인해 발생한다. 이러한 변화는 기업들에게 매우 중요한 의미를 가지며, 이에 대처하기 위해서는 빠른 대응과 유연한 전략 수립이 필요하다.

최근 소비자들의 소비 패턴이 크게 변화하고 있다. 과거에는 단순히 물건을 소유하는 것에 초점을 맞추었지만, 이제는 제품이나 서비스가 전달하는 가치와 의미에 더 큰 관심을 가지고 있으며 친환경 제품, 윤리적 가치를 가진 제품, 자신의 라이프스타일을 반영하는 제품 등을 선호하는 경향이 늘어나고 있다. 또한 개인의 취향과 스타일에 맞는 맞춤형 제품을 선호하는 소비자들이 늘어나고 있다. 이들은 자신만의 개성과 개별적인 니즈를 반영할 수 있는 제품을 찾으며, 대량생산된 표준화된 제품보다는 자신의 스타일에 맞는 제품을 원한다. 이에 기업들은 고객 맞춤형 제품 개발을 통해 이러한 소비자 요구에 부응하고자 노력하고 있다.

기업들은 고객들의 변화하는 니즈와 선호도를 정기적으로 파악하고 이를 반영하여 제품이나 서비스를 개선하거나 새로운 제품이나 서비스를 출시하는 등 적극적인 대처가 필요하다. 고객의 삶의 변화에 따라 니즈와 선호도도 변화한다. 최근에는 건강과 안전에 대한 관심이 높아지면서 건강한 식생활을 선호하는 고객들이 늘어나고 있다. 코로나19로 인해 비대면 생활이 늘어나면서 온라인 쇼핑이 선호되는 추세였다. 이러한 변화에 대응하여 기업들은 고객들의 니즈와 선호도를 파악하고 이에 맞춰 제품이나 서비스를 개선하거나 새로운 제품이나 서비스를 출시하여 고객들의 만족도를 높여야 한다.

(2) 경쟁환경

경쟁환경이 기업에 미치는 영향은 상당히 크다. 경쟁사의 움직임에 따라 시장환경이 급격하게 변화할 수 있기 때문이다. 예를 들어, 경쟁사가 새로운 기술을 도입하거나 새로운 시장을 개척하게 되면, 이에 대응하기 위해 기업들은 상당한 노력을 기울여야 한다. 이를 위해 기업들은 경쟁사의 기술적 우위와 시장의 변화를 면밀히 분석하고, 이에 맞춰 자사의 제품과 서비스를 개선해 나가야 한다. 경쟁사와의 경쟁을 통해 기업들은 제품 개발과 가격 경쟁력 강화를 도모할 수 있다. 이를 위해 기업들은 경쟁사 제품과의 비교를 통해 개선할 점을 파악하고, 새로운 아이디어를 창출해 내야 한다. 또한 시장 환경의 변화를 신속하게 예측하고 대응할 수 있는 민첩성과 유연성을 갖추어야 한다. 특정 기업이 혁신적인 신제품을 출시하는 경우, 다른 기업들은 가격 조정, 제품 혁신, 마케팅 강화 등 다양한 대응 전략을 마련해야 한다. 또한 새로운 기업이 시장에 진출하여 기존 질서를 뒤흔든다면, 기존 기업들은 이에 대한 대비책을 세워야 할 것이다. 이처럼 변화하는 경쟁환경 속에서 기업들은 지속적으로 경쟁력을 강화하고, 새로운 기회를 창출해나가야 한다.

기업의 경쟁력은 단순히 제품이나 서비스의 품질만으로 결정되는 것이 아니다. 급변하는 시장 환경에 능동적으로 대응하는 능력이 매우 중요하다. 기업들은 소비자 수요, 기술 변화, 경쟁사 동향 등 시장 정보를 신속히 파악하고, 이에 기반하여 전략을 신속히 수립하고 실행해야 한다. 또한 기업 간 경쟁은 혁신을 이끌어내는 핵심 동력이 된다. 경쟁사와의 기술 경쟁, 마케팅 경쟁 등을 통해 새로운 제품과 서비스가 끊임없이 출시되며, 이는 소비자에게 더 나은 선택권과 혜택을 제공한다. 따라서 기업들은 경쟁사와의 경쟁에서 우위를 점하기 위해 끊임없이 변화하고 혁신해야 한다.

(3) 공급자

기업의 성공을 위해서는 공급자와의 긍정적이고 강력한 파트너십 구축이 중요하다. 공급자는 기업에 필수적인 원료, 부품, 장비 등을 제공하는 핵심적인 역할을 하므로, 공급자의 능력, 신뢰성, 가격 등의 요소는 기업의 생산성과 경쟁력에 직접적인 영향을 미치게 된다. 따라서 기업은 공급자 선정 시 엄격한 평가 기준을 적용하고, 상호 이익이 되는 상생계약조건을 협상해야 한다. 이를 통해 기업은 공급자와의 강력한 파트너십을 구축할 수 있다. 또한 원활한 자재 공급 관리와 품질관리를 통해 생산 과정의 안정성과 효율성을 높일 수 있다. 나아가 기업은 공급 네트워크 전반의 효율성 제고를 위해 노력해야 한다. 공급업체 간 협력과 정보 공유를 강화하고, 공급 리스크 관리체계를 구축함으로써 예기치 못한 상황에 대비할 수 있다. 이를 통해 기업은 안정적이고 경쟁력 있는 생산 기반을 확보할 수 있으며, 나아가 시장에서의 지속가능한 성장을 이룰 수 있다.

또한 기업은 공급자와의 협력을 통해 제품의 품질 향상, 생산 비용 절감, 신속한 배송 등의 효과를 얻을 수 있다. 이는 기업의 경쟁력 제고에 직결되며, 결과적으로 기업의 성공과 성장에 크게 기여할 것이다. 더 나아가 기업과 공급자 간의 긍정적인 관계 구축은 상호 신뢰와 이해를 바탕으로 한 장기적인 협력으로 이어질 수 있다. 이를 통해 기업은 공급망 전반에 걸친 혁신과 지속가능성을 추구할 수 있다.

2.3 내부환경

기업의 내부환경은 기업이 직접 통제하고 변화시킬 수 있는 요인들로 구성된다. 이는 기업 운영에 있어 매우 핵심적인 역할을 한다. 기업의 내부환경에는 조직 구조, 기업 문화, 경영 자원, 경영 전략, 의사결정 구조와 같은 주요 요소들이 포함된다.

(1) 비전 및 전략

기업의 비전과 장기적인 목표는 기업의 성공과 지속가능성을 위해 매우 중요한 요소이다. 이는 기업이 미래에 도달하고자 하는 이상적인 상태를 나타내며, 기업의 정체성과 가치관을 드러낸다. 이러한 비전은 기업이 어떤 방향으로 나아가야 할지 제시하고, 구성원들에게 동기와 열정을 부여하는 역할을 한다. 비전은 기업의 성장과 발전을 위한 지침이 되며, 구성원들에게 공동의 목표를 제시함으로써 협력과 팀워크를 향상시킬 수 있다. 또한 고객, 주주, 지역사회 등 다양한 이해관계자들에게 기업의 장기적인 비전을 제시함으로써 신뢰와 지지를 얻을 수 있다. 장기적인 관점에서 볼 때, 기업의 비전은 기업 가치를 높이고 지속가능한 경쟁우위를 확보하는 데 기여할 수 있다. 이를 바탕으로 수립된 경영 전략은 기업의 방향성과 의사결정 전반에 걸쳐 큰 영향을 미친다.

전략은 기업의 핵심역량과 외부 환경 분석을 통해 수립되며, 기업이 처해있는 상황과 산업 특성에 따라 다양한 형태로 나타날 수 있다. 예를 들어, 원가 우위 전략, 차별화 전략, 집중 전략 등이 있다. 또한 전략은 기업의 자원과 역량을 효과적으로 활용하여 경쟁우위를 확보하고, 시장 기회를 포착하여 지속가능한 성장을 달성하는 데 핵심적인 역할을 하며 기업의 의사결정 프로세스와 조직 구조, 업무 프로세스 등에 영향을 미치며, 구성원들의 행동과 태도에도 변화를 가져올 수 있다. 이처럼 기업의 비전과 전략은 상호보완적인 관계를 가지며, 경영 의사결정 과정에서 핵심적인 역할을 담당한다. 비전은 기업이 어디로 나아가고자 하는지를 보여주고, 전략은 그 비전을 실현하기 위한 실천적인 방안이 된다. 기업은 이를 통해 지속적인 성장과 경쟁우위를 확보할 수 있다. 특히 오늘날과 같이 빠르게 변화하는 기술 혁신, 고객 needs 변화, 규제 환경 변화 등에 신속하게 대응할 수 있도록 비전과 전략을 끊임없이 재정립해야 한다.

(2) 조직 구조

조직 구조는 기업의 성과와 운영에 매우 중요한 역할을 한다. 조직 구조는 기업의 경영전략에 따라 다양한 형태로 구성되는데, 이는 부서, 팀, 보고 체계, 의사결정 과정 등 내부 구성요소들의 유기적인 연결 방식을 의미한다. 예를 들어, 기업이 수직적 계층구조를 갖추고 있다면 명확한 권한과 책임 체계를 가지게 될 것이며, 이는 의사결정이 신속하고 효율적으로 이루어질 수 있도록 한다. 반면에 유연한 조직 구조를 가진 기업은 신속한 대응력과 창의성 향상이 가능하지만, 의사결정 과정이 복잡해질 수 있다.

기업은 자신의 경영전략과 목표에 맞는 최적의 조직 구조를 설계하고 운영해야 하며 이를 통해 부서 간 업무 협력, 효율적인 의사결정, 그리고 전반적인 조직 성과 향상을 도모할 수 있다. 효율적인 조직 구조는 구성원의 역할과 책임을 명확히 정의하여 의사소통을 원활히 하고, 신속하고 효과적인 의사결정을 가능하게 한다. 또한 업무의 효율적인 배분과 부서 간 협업을 촉진하여 전체적인 생산성 향상에 기여할 수 있다. 부서별 업무와 권한을 명확히 규정하여 중복되거나 누락되는 업무가 없도록 하며, 의사결정 프로세스를 간소화하여 신속한 대응이 가능하도록 한다. 반면 복잡하고 비효율적인 조직 구조는 의사소통 장애, 책임 소재의 불분명, 의사결정 지연 등의 문제를 발생시킬 수 있다. 이는 업무 효율성 저하, 생산성 하락, 고객 응대 지연 등으로 이어져 기업의 경쟁력을 약화시킬 수 있다. 따라서 기업은 끊임없이 조직 구조를 검토하고 개선하여 빠르게 변화하는 경영 환경에 신속하게 대응할 수 있어야 한다.

이처럼 조직 구조는 기업 운영의 근간이 되며, 기업의 성공을 좌우하는 핵심 요인이라고 할 수 있다. 적절한 조직 구조 설계와 지속적인 개선을 통해 기업은 경쟁우위를 확보하고 지속가능한 성장을 이룰 수 있다.

(3) 경영 자원과 역량

경영 자원과 역량은 기업이 지속적으로 경쟁력을 유지할 수 있는 핵심적인 요소이다. 기업이 보유하고 있는 유형 및 무형의 자원과 조직 구성원들의 역량은 기업이 시장에서 경쟁우위를 확보하고 차별화된 성과를 달성하는 데 결정적인 영향을 미친다. 기업이 보유하고 있는 다양한 유형과 무형의 자원들을 효과적으로 활용하는 것이 기업의 장기적인 성과를 좌우하게 된다. 자본은 기업 운영의 근간이 되는 자원이다. 기업은 자본을 시설 및 설비 투자, 연구개발, 마케팅 등 다양한 활동에 활용하여 경쟁력을 강화할 수 있다. 특히 최근에는 무형 자산인 지적 재산권, 브랜드 가치, 정보자원 등의 중요성이 높아지고 있다. 이러한 자산들은 기업의 가치를 높이고 지속가능한 경쟁우위를 확보하는 데 기여할 수 있다.

인력 또한 기업의 핵심적인 자원이다. 우수한 인재를 확보하고 체계적으로 관리하는 것은 기업의 성과 제고에 매우 중요하다. 기업은 교육, 성과 관리, 보상체계 등을 통해 인력의 역량과 동기를 높여 나가야 한다. 특히 AI전환 시대에는 창의성과 혁신 역량을 갖춘 인재의 확보가 더욱 중요해지고 있다.

기술자는 기업의 핵심 경쟁력을 좌우한다. 기업은 지속적인 기술 혁신을 통해 제품과 서비스의 경쟁력을 높일 수 있다. 최근에는 빅데이터, 인공지능 등 첨단 기술을 활용하여 정보의 가치를 극대화하는 것이 중요해지고 있다. 이를 통해 기업은 새로운 시장 기회를 발굴하고 경쟁우위를 확보할 수 있다. 이처럼 경영 자원은 기업의 지속가능한 성장을 위한 핵심 요소이다. 경영진은 이러한 자원들을 효과적으로 통합하고 활용함으로써 기업의 경쟁력을 높이고 장기적인 성과를 달성할 수 있다. 이를 위해서는 자원 배분의 우선순위 설정, 자원 간 시너지 효과 창출, 그리고 변화하는 환경에 대한 신속한 대응 등이 필요할 것이다.

(4) 거버넌스

거버넌스는 기업의 장기적인 성장과 발전에 필수적인 개념이다. 기업 내부의 거버넌스는 의사결정 과정과 절차, 그리고 이해관계자들의 역할과 책임을 포함한다. 이러한 의사결정 구조는 기업의 경영 전략, 리스크 관리, 성과 평가 등 전반에 걸쳐 영향을 미친다. 효과적인 거버넌스를 위해서는 이사회의 독립성과 전문성, 경영진의 역량과 보상체계, 주주와 경영진 간의 견제와 균형이 중요하다. 이러한 요소들이 제대로 작동하면 기업은 투명성과 책임성을 확보할 수 있고, 장기적 관점에서 지속가능한 성장을 달성할 수 있다. 하지만 급변하는 경영 환경 속에서 기업은 끊임없이 거버넌스 체계를 개선하고 혁신해야 한다. 이를 통해 이해관계자들의 신뢰를 얻고, 경쟁력을 강화할 수 있다. 특히 최근에는 ESG(환경 · 사회 · 지배구조) 요소가 거버넌스 개선에 있어 중요한 부분으로 부각되고 있다. 기업은 단기적인 성과만을 추구하는 것이 아니라, 장기적인 관점에서 지속가능한 성장을 위해 노력해야 한다. 이를 위해서는 기업 내부의 견제와 균형, 책임성 있는 의사결정 체계가 필수적이다. 따라서 기업은 끊임없이 거버넌스 체계를 혁신하고 개선함으로써 지속가능한 성장을 이루어나가야 할 것이다.

(5) 기업 문화

기업 문화는 기업의 정체성과 구성원들의 정서적 유대감을 형성하는 핵심적인 요소이다. 이는 기업이 오랜 기간 동안 축적해온 가치관, 행동양식, 업무 방식 등이 응결된 것으로, 구성원들의 사기와 협조도에 큰 영향을 미치게 된다. 기업 문화는 창업자의 철학, 기업의 역사와 전통, 리더십의 스타일, 미션과 비전, 조직 구조, 업무 프로세스 등 다양한 요인들이 상호작용하면서 형성된다. 예를 들어, 혁신과 창의성을 장려하는 문화는 구성원들의 자발성과 참여도를 높일 수 있지만, 위계질서와 절차를 중요시하는 문화는 의사결정의 지연과 경직성을 야기할 수 있다. 이처럼 기업 문화는 기업의 운영과 성과에 지대한 영향을 미치지만, 한번 형성되면 변화하기 어려운 특성이 있다. 그러나 기업 문화를 적절히 관리하고 개선한다면, 구성원들의 동기 부여와 업무 효율성 향상, 기업의 경쟁력 강화로 이어질 수 있다.

따라서 기업은 자사의 고유한 문화적 특성을 깊이 있게 이해하고, 이를 전략적으로 활용할 필요가 있다. 구성원들의 가치관과 행동양식을 면밀히 파악하고, 이를 기업의 목표와 부합시키는 노력이 필요할 것이다. 이를 통해 기업 문화가 기업 경영의 핵심 동력이 될 수 있을 것이다. 이러한 내부환경 요소들은 상호 밀접한 관련성을 가지며, 기업은 이를 전략적으로 관리하여 경쟁우위를 확보할 수 있다. 기업 문화와 경영 자원을 효과적으로 활용하여 혁신적인 제품과 서비스를 개발할 수 있고, 유기적인 조직 구조와 의사결정 체계를 통해 신속하고 효율적인 대응이 가능할 것이다. 이처럼 기업의 내부환경은 종합적으로 관리되어야 하며, 이를 통해 기업은 지속가능한 경쟁력을 확보할 수 있다.

3. 영업의 위상과 미래

사실 비즈니스 업계에서 영업의 중요성은 아무리 강조해도 지나치지 않다. 영업은 수익을 창출하고 비즈니스를 계속 지속시키기 때문에 모든 비즈니스의 생명선이다. 영업이 없다면 비즈니스의 기획 노력은 무용지물이 될 것이다. 영업담당자는 궁극적으로 거래를 성사시키고 수익을 창출하고 잠재고객을 충성도 높은 고객으로 전환하는 중요한 역할을 한다. 영업담당자는 더 이상 고객에게 제품이나 서비스만 강요하지 않으며 고객과의 관계를 구축하고, 고객의 요구와 선호도를 파악하여 맞춤형 솔루션을 제공해야 하는 책임도 있다. 이를 위해서는 시장에 대한 깊은 이해와 변화하는 소비자 트렌드에 적응할 수 있는 능력이 필요하다. 영업은 성공적인 비즈니스의 근간이며 고유한 기술과 전문성을 필요로 하며 영업의 성장과 발전을 위한 기업의 지속가능한 성장을 견인할 수 있다.

3.1 영업의 위상

영업이라고도 불리는 판매는 인류가 자급자족 경제에서 벗어나기 시작한 고대부터 진화하고 발전해 왔다. 영업은 기업의 매출과 이익을 창출하는 데 필수적인 활동이지만, 국내에서는 영업을 단순히 제품이나 서비스를 판매하는 것으로 보는 경향이 있다. 영업을 고객의 니즈를 이해하고 충족시켜 고객 만족도를 높이는 활동으로 보는 인식은 아직 부족한 편이다. 한국에서 영업직에 대한 인식은 항상 부정적이었다.

(1) 해외 주요 국가의 영업 위상

미국, 유럽, 일본 등 해외 선진국가에서는 영업을 기업의 매출과 수익을 창출하는 중요한 활동으로 인식하고 있다. 영업담당자는 기업의 핵심 인재로 인정받고 있으며, 높은 처우와 대우를 받고 있다. 미국 등 여러 국가에서는 영업담당자를 양성하기 위한 다양한 교육 프로그램이 운영되고 있으며, 영업담당자들의 역량 강화를 위한 투자가 활발히 이루어지고 있다. 해외 선진국가에서는 영업의 위상을 높이기 위한 다양한 노력이 이루어지고 있다. 이러한 노력은 기업의 경쟁력을 강화하고, 경제 성장을 촉진하는 데 기여하고 있다. 해외 선진국가에서는 영업에 대한 인식과 위상이 한국에 비해 높다. 영업은 기업의 매출과 수익을 창출하는 중요한 활동으로 인식되고 있으며, 영업담당자는 기업의 중요한 자산으로 인식되고 있다.

영업활동에 대한 이해가 높다는 것이 영업에 대한 인식과 위상이 높은 이유 중 하나이다. 해외 선진국에서는 영업은 단순히 제품이나 서비스를 판매하는 활동이 아니라, 고객의 니즈를 파악하고 이를 충족시킴으로써 고객의 가치를 창출하는 활동이라는 점을 이해하고 있다. 이러한 이해를 바탕으로, 영업담당자는 고객의 니즈를 파악하고 이를 충족시키기 위한 노력을 기울인다.

또한 영업담당자의 처우가 개선되어 있다는 것도 영업에 대한 인식과 위상이 높은 이유이다. 해외 선진국에서는 영업담당자의 성과를 정당하게 평가하고, 영업담당자의 업무환경을 개선하기 위한 노력을 하고 있다. 이러한 노력은 영업담장자의 사기를 높이고, 영업에 대한 긍정적인 인식을 심어줄 수 있다. 영업담당자의 전문성이 높다는 것도 영업에 대한 인식과 위상이 높은 이유이다. 해외 선진국에서는 영업담당자를 위한 체계적인 교육과 훈련 프로그램을 운영하고 있다. 이러한 프로그램은 영업담당자가 전문적인 지식과 기술을 갖추고, 고객과의 관계를 구축하고 유지할 수 있는 능력을 키우는 데 도움이 된다. 미국, 유럽, 일본 등 해외 선진국가에서는 영업에 대한 인식과 위상이 한국에 비해 높다. 이러한 인식과 위상을 바탕으로, 해외 선진국에서는 영업활동을 효과적으로 수행하기 위한 노력을 강화하고 있다.

(2) 한국에서의 영업 위상

한국 사회에서 영업직이 차별받아 온 것은 유교적 전통 영향을 크게 받았다고 볼 수 있다. 유교에서는 상업 활동을 천시하였고, 이에 따라 사회적 위계질서에서 상인 계층이 가장 낮게 평가되었다. 특히 상업은 과도한 이윤을 추구한다는 부정적인 인식이 자리 잡았다. 이러한 인식은 여전히 지속되고 있다. 영업직이나 판매 관련 종사자들은 직장 내에서 차별을 경험하는 일이 많으며, 다른 직원들도 이 분야에 근무하기를 꺼려한다. 영업직이 단순히 제품이나 서비스를 판매하는 직업으로 치부되기 때문에, 영업담당자들에 대한 태도 또한 우호적이지 않다. 이처럼 영업직에 대한 부정적 인식으로 인해 한국 사회에서는 이 분야에 대한 관심과 지원이 부족한 편이다. 그 결과 숙련된 영업담당자가 부족한 상황이 지속되고 있다.

그러나 영업직은 기업의 성과와 성장을 좌우하는 매우 중요한 역할을 담당하고 있다. 새로운 제품이 하루가 멀다 하고 쏟아져 나오는 오늘날, 제품이 판매되지 않고 창고에 재고로 남아 있다면 기업은 생산활동이 중지되고 현금흐름이 정체되어 결국에는 파산되는 상황을 맞을 수 있다. 영업은 단순히 제품이나 서비스를 팔아 수익을 내는 것뿐만 아니라, 고객의 니즈를 정확히 파악하고 이해하여 고객 맞춤형 솔루션을 제공하는 역할을 한다. 또한 기존 고객과의 긍정적인 관계를 지속적으로 유지하고 발전시키는 것은 물론, 새로운 잠재고객을 발굴하고 이들을 효과적으로 설득하여 구매로 이어지게 하는 것이 영업직의 핵심적인 역할이라고 할 수 있다. 이처럼 영업직은 단순한 판매 행위를 넘어서 고객의 문제를 해결하고 고객 만족도를 높여 기업의 수익 창출과 성장에 결정적인 기여를 하고 있다. 따라서 기업에서는 우수한 영업 인력을 확보하고 이들의 역량을 지속적으로 개발하는 것이 매우 중요한 과제라고 할 수 있다.

한국 사회에서 영업직의 중요성과 위상을 높이는 것은 시급한 과제이다. 영업직은 기업의 성과와 생존에 직접적인 영향을 미치는 핵심적인 역할을 담당하고 있음에도 불구하고, 여전히 부정적인 인식이 존재하고 있다. 이를 개선하기 위해서는 다각적인 노력이 필요하다. 우선 기업 차원에서 영업직에 대한 대우와 복지 수준을 높이고, 체계적인 교육 및 경력 개발 프로그램을 마련해야 한다. 이를 통해 영업직에 대한 사회적 인식을 개선하고, 우수한 인재들이 이 분야에 관심을 갖고 유입될 수 있도록 해야 한다. 동시에 정부 차원에서도 영업직 종사자들에 대한 다양한 지원 정책을 시행해야 한다. 직무 교육 지원 등을 통해 영업직의 근무 여건을 개선하고 경쟁력을 높일 수 있도록 해야 한다. 나아가 대학교육에서도 영업직에 대한 긍정적인 인식 전환이 필요하다. 영업 관련 교과목을 개설하고, 현장 체험 기회를 제공하는 등 학생들이 영업직의 전문성과 중요성을 이해할 수 있도록 해야 한다. 또한 개인고객, 법인고객, 해외고객 등 다양한 고객 유형에 대한 효과적인 영업 기법 등에 대한 연구도 활성화되어야 할 것이다.

이와 같은 기업, 정부, 교육 기관의 종합적인 노력을 통해 한국 사회에서 영업직의 위상과 가치를 제고하고, 역량 있는 인력이 이 분야로 유입될 수 있도록 해야 할 것이다. 이러한 다각적인 노력을 통해 한국 사회 전반에서 영업직에 대한 인식이 개선되고, 역량 있는 인재들이 이 분야로 유입될 수 있을 것이다. 이는 곧 한국 기업들의 경쟁력 향상으로 이어질 것이며, 국가 경제 발전에도 기여할 수 있을 것으로 기대된다.

3.2 영업의 미래

영업 분야는 인공지능과 자동화 기술의 발전으로 큰 변화를 겪게 될 것이다. 이러한 혁신적인 기술이 도입됨에 따라 영업담당자들의 역할과 업무 방식이 크게 달라질 것이다. 우선, 반복적이고 단순한 업무들이 인공지능(Artificial Intelligence, AI)와 자동화 기술을 통해 효율적으로 처리되면서, 영업담당자들은 보다 전략적이고 창의적인 업무에 집중할 수 있게 될 것이다. 예를 들어, 고객 데이터 분석, 구매 패턴 예측, 맞춤형 솔루션 제안 등의 고부가가치 업무에 힘쓸 수 있다. 이를 통해 영업담당자들은 단순한 판매 활동을 넘어 고객에게 한층 더 높은 가치를 제공할 수 있게 될 것이다.

또한 AI는 방대한 고객 데이터를 심층 분석하여 개별 고객의 니즈와 구매 행동을 더욱 정확하게 파악할 수 있게 해줄 것이다. 이를 바탕으로 영업담당자들은 고객 특성을 세밀하게 고려하여 최적의 제품과 서비스를 제안할 수 있게 될 것이다. 이는 고객 만족도 향상과 더불어 매출 증대로 이어질 것으로 기대된다. 한편 일부 영업담당자들은 이러한 기술 변화를 불안해하고 두려워할 수 있다. 하지만 이를 적극적으로 받아들이고 활용하는 사람들이 결국 영업 분야에서 두각을 나타낼 것이다. 따라서 영업담당자들은 이러한 혁신적 기술에 대한 깊이 있는 이해와 적극적인 활용 능력을 키워나가는 것이 중요할 것이다. 이를 통해 고객에게 한층 더 높은 가치를 제공하고 자신의 경쟁력을 강화할 수 있을 것이다.

기업 차원에서도 인공지능과 자동화 기술에 대한 투자와 직원 교육이 필요할 것이다. 이를 통해 기업은 새로운 기술을 효과적으로 활용하여 경쟁력을 강화하고, 영업 분야의 혁신을 이끌어낼 수 있을 것이다. 결국 영업 분야의 미래를 위해서는 기업과 영업담당자 모두가 협력하여 노력해야 할 것이다. AI 기술이 더욱 발전하면서, 영업 분야에서도 많은 변화는 AI를 활용한 고객 데이터 분석이 더욱 정교해질 것이다. 이를 통해 기업은 고객의 니즈를 보다 정확하게 파악하고, 이를 바탕으로 맞춤형 영업 전략을 수립할 수 있다. 또한 AI 기술을 활용하여 고객과 더욱 빠르고 효율적으로 소통할 수 있을 것이다. 예를 들어, 챗봇을 활용한 고객 상담 서비스가 발전하여, 고객의 문의에 더욱 빠르게 대응할 수 있을 것이다.

AI 기술은 영업활동의 자동화를 가능하게 할 것이다. 판매 예측 모델을 구축하여, 제품의 재고 수요를 파악하고, 이에 맞춰 생산 계획을 수립할 수 있을 것이다. 이를 통해 기업은 생산성을 높이고, 비용을 절감할 수 있을 것이다. AI기술을 활용하여 영업 전략의 효과성을 검증할 수 있을 것이다. 마케팅 캠페인의 효과를 측정하여, 효율적인 마케팅 전략을 수립할 수 있을 것이다. AI가 보다 발전하면서, 영업 분야에서는 이러한 변화들이 예상되고 있다. 이에 따라, 기업은 AI 기술을 적극적으로 도입하여, 경쟁력을 유지하고, 성장할 수 있을 것이다.

(1) 인공지능(AI) 영업

판매 및 마케팅의 미래는 AI, 증강현실(Augmented Reality, AR), 가상현실(Virtual Reality, VR), 메타버스, 대체불가능한 토큰(Non-Fungible Token, NFT), 암호화폐와 같은 기술의 발전으로 빠르게 형성되고 있다. 기업은 AI, AR/VR, 메타버스, NFT, 암호화폐와 같은 최신 기술 혁신을 활용하여 오늘날 소비자의 진화하는 요구를 충족하는 탁월한 고객 경험을 창출할 수 있다. 기업은 AI를 사용하여 이전에 수동으로 수행하던 많은 작업을 자동화함으로써 보다 비용 효율적인 운영을 할 수 있다. AI는 고객의 행동과 선호도를 분석하고 그에 따라 맞춤형 서비스를 제공함으로써 기업이 고객에게 보다 개인화된 경험을 제공할 수 있도록 도와준다.

AI를 활용하여 이러한 판매 작업을 자동화함으로써 기업은 국내외에서 워크플로우를 간소화하고 효율성을 개선하며 전반적인 판매 프로세스를 개선할 수 있다. AI 및 빅 데이터 분석은 영업 전문가가 업무에 접근하는 방식을 혁신하고 있다. 영업조직은 방대한 양의 데이터에 액세스하여 고객 선호도, 행동 및 구매 패턴에 대한 심층적인 통찰력을 얻을 수 있다. AI 알고리즘은 이 데이터를 분석하여 고객 요구사항을 예측하고 잠재적인 리드를 식별하며 판매전략을 개인화할 수 있다. 영업담당자들은 영업 프로세스를 최적화하고 결과를 개선하기 위해 점점 더 데이터 기반 의사결정에 의존하게 될 것이다.

AI는 영업 상호작용에서 초개인화를 가능하게 한다. AI 알고리즘은 고객 데이터를 분석하여 개인의 선호도와 요구 사항에 맞게 제품 추천, 메시징, 가격 책정 전략을 맞춤화할 수 있다. 이러한 개인화된 접근 방식은 고객 참여와 만족도를 향상시켜 전환율과 고객 충성도를 높인다. 리드 선별, 이메일 지원, 후속 커뮤니케이션과 같은 일상적인 영업 작업을 AI 기반 영업 자동화 도구를 사용하여 자동화할 수 있다. 이를 통해 영업 전문가는 관계 구축, 전략적 지침 제공, 거래 성사 등 더 높은 가치의 활동에 집중할 수 있다. AI 기반 예측 분석은 판매 추세를 예측하고 시장 수요를 예측하며 성장 기회를 식별할 수 있다. 영업팀은 이러한 통찰력을 활용하여 영업 전략을 최적화하고 리소스를 효과적으로 할당하며 경쟁사보다 앞서 나갈 수 있다. 예측 분석을 통해 영업 전문가는 정보에 입각한 결정을 내리고 변화하는 시장 상황에 신속하게 적응할 수 있다.

가상현실(VR) 및 증강현실(AR) 기술의 발전으로 가상 판매 경험은 점점 더 몰입감 있고 대화형으로 변하고 있다. 영업담당자는 가상 환경에서 제품과 서비스를 선보이고, 가상 데모와 프레젠테이션을 진행하고, 원격으로 고객과 소통할 수 있다. 가상 판매를 통해 영업팀은 전 세계 고객에게 다가가고, 지리적 장벽을 극복하고, 매력적인 영업 경험을 제공할 수 있다. AI 기반 협업 플랫폼은 영업팀 간의 실시간 커뮤니케이션과 협업을 촉진하여 보다 효과적으로 협력할 수 있도록 해준다. 영업 전문가는 통찰력을 공유하고, 거래에 대해 협업하고, 집단적 전문 지식을 활용하여 영업 성공을 촉진할 수 있다. 협업 판매는 판매 조직 내에서 팀워크, 지식 공유 및 지속적인 개선의 문화를 조성한다. 이처럼 영업의 미래는 데이터 중심 의사결정, 초개인화, 자동화, 예측 분석, 가상 판매 경험 및 협력적 판매 접근 방식으로 특징지어질 것이다. AI와 디지털 전환 기술을 수용하는 영업 전문가는 점점 더 경쟁적이고 역동적인 영업 환경에서 성공할 수 있는 역량을 더욱 갖추게 될 것이다.

(2) 고객맞춤형 체험중심영업

고객맞춤형 체험중심영업은 기업이 고객의 니즈와 요구에 부합하는 제품과 서비스를 제공함으로써 고객 만족도를 높이고, 이에 따라 고객 충성도를 향상시키는 것이다. 이를 위해서는 고객여정을 철저히 관리하고, 고객의 니즈와 요구를 파악하여 맞춤형 경험을 제공하는 것이 필요하다.

고객여정은 기업이 제품이나 서비스를 고객에게 제공하기 위해 거치는 모든 과정을 말한다. 이 과정은 고객이 제품이나 서비스를 이용하기 위해 시작부터 끝까지 거치는 모든 단계를 포함된다. 고객이 제품을 구매하기 위해 웹사이트를 방문하고 제품을 선택하며 결제하는 과정부터 제품을 배송받고 사용하는 과정까지 모두를 포함한다. 기업은 이 과정에서 고객이 어떤 니즈와 요구사항을 가지고 있는지 파악하고, 그에 맞게 제품과 서비스를 제공해야 한다. 고객이 특정한 기능이나 디자인을 원한다면 그에 맞게 제품을 제공하고, 고객이 원하는 서비스를 제공하기 위해 빠른 응대와 친절한 서비스를 제공해야 한다. 기업은 고객에게 만족할 수 있는 최상의 경험을 제공하기 위하여 고객의 피드백을 수집하고 이를 바탕으로 제품과 서비스를 개선해야 하고 고객이 언제나 쉽게 문의할 수 있도록 고객센터를 운영하고, 고객의 문제를 신속하게 해결해야 할 것이다.

고객여정 관리는 기업이 고객의 니즈와 요구사항을 파악하고, 이를 바탕으로 제품과 서비스를 제공하여 고객의 만족도와 충성도를 높이는 데 큰 역할을 한다. 이는 기업이 성공적인 비즈니스를 영위하는 데 매우 중요한 요소 중 하나이다. 고객이 만족하지 않으면, 그들은 제품이나 서비스를 떠나 다른 기업으로 이동할 가능성이 높아지기 때문이다.

이러한 고객여정 관리는 고객과의 관계를 유지하고 강화하는 데 매우 중요하다. 고객과의 긴밀한 관계를 유지하면, 기업은 고객의 니즈와 요구사항을 더 잘 파악할 수 있으며, 이를 바탕으로 제품과 서비스를 개선할 수 있다. 또한 고객이 기업에 대해 긍정적인 인식을 갖게 되면, 이는 기업의 이미지와 브랜드 가치를 높이는 데 큰 도움이 된다.

또한 현대 비즈니스에서는 고객 만족을 위해서 맞춤형 경험 제공이 중요한 요소 중 하나이다. 고객은 제품과 서비스를 구매할 때 자신의 니즈와 요구를 충족시키는 것을 원한다. 이를 위해서는 기업이 고객의 특성을 파악하고, 그에 따른 맞춤형 제품과 서비스를 제공해야 한다. 예를 들어, 고객의 연령, 성별, 취미, 관심사 등을 파악하여 제품 디자인, 마케팅 전략, 서비스 방식 등을 조정하는 것이 필요하다. 또한 고객의 피드백을 수집하고 분석하여 제품과 서비스의 개선점을 파악하고 개선하는 것도 중요하다. 이렇게 맞춤형 경험 제공을 통해 고객 만족도를 높이면, 기업의 판매 실적과 브랜드 이미지 향상에도 큰 도움이 된다. 따라서 기업은 고객의 니즈와 요구를 충족시키기 위해 맞춤형 경험 제공을 철저히 고려해야 한다.

맞춤형 경험 제공은 고객에게 더 많은 가치를 제공하는 것을 의미한다. 고객은 자신에게 맞는 제품과 서비스를 제공받을 때 더욱 만족하며, 이는 장기적인 관계를 유지하는 데 중요한 역할을 한다. 이를 통해 기업은 고객 충성도를 높이고, 경쟁우위를 확보할 수 있다. 맞춤형 경험 제공은 고객과 기업 간의 상호작용을 개선하고, 서로의 요구와 니즈를 충족시키는 중요한 전략이다. 이를 통해 기업은 고객 만족도를 높이고, 경쟁우위를 유지하며, 장기적인 성장과 발전을 이룰 수 있다. 그러나 맞춤형 경험 제공은 단순히 고객의 요구를 파악하는 것만으로는 충분하지 않다. 기업은 고객의 니즈를 파악하고 이를 충족시키는 제품과 서비스를 제공하는 것뿐만 아니라, 고객과의 소통을 통해 고객과의 관계를 더욱 개선하고 발전시켜야 한다.

(3) ESG가치와 진정성의 실현

현대 기업들은 더 이상 단순한 제품 및 서비스 판매에 그치지 않고, 지속가능한 가치 창출과 사회적 책임 실천에 중점을 두고 있다. ESG(환경, 사회, 지배구조) 경영은 기업의 미래 성공을 위한 핵심적인 요소로 자리 잡고 있다. 변화하는 소비자 트렌드와 치열한 시장 경쟁 속에서 기업은 고객의 다양한 요구와 기대에 부합하는

ESG 경영 가치를 실천해야 한다. 이를 통해 단순히 제품과 서비스를 판매하는 것을 넘어, 고객에게 보다 나은 가치를 제공하고 기업의 장기적인 지속가능성과 경쟁력을 확보할 수 있다. ESG 경영은 기업의 다양한 역할과 책임을 강조하는 새로운 경영 패러다임이다. 기업은 사회적 영향력을 고려하며 환경 보호, 사회적 가치 창출, 건전한 지배구조 구축 등을 통해 지속가능한 성장을 추구해야 한다. 이는 고객과의 신뢰관계 구축, 브랜드 이미지 제고, 장기적인 경쟁력 확보에 기여할 것이다. 예를 들어, 기업은 친환경 제품 개발, 생산 공정 개선, 지역사회와의 협력과 일자리 창출, 투명하고 윤리적인 지배구조 구축 등 다양한 ESG 활동을 통해 환경 보호, 사회적 가치 창출, 기업의 신뢰도 및 투명성 제고에 힘쓸 수 있다.

영업담당자들은 단순한 제품 판매를 넘어, ESG 경영 가치를 고객사 영업에 반영하고 지속가능한 협력 관계를 구축해야 한다. 이를 통해 기업은 장기적인 성장과 발전을 이루고, 고객과 사회 모두에게 긍정적인 영향을 미칠 수 있다. 결국, 미래 영업의 성공은 ESG가치의 실천에 달려 있다. 단순한 수익 창출을 넘어 사회와의 균형 있는 발전을 도모하는 기업들이 시장에서 장기적으로 경쟁우위를 확보할 수 있을 것이다. 이는 고객 신뢰 제고, 브랜드 가치 향상, 지속가능한 성장을 이끌어 낼 것이다. 기업이 ESG가치를 성공적으로 실행하려면 다음과 같은 노력이 필요할 것이다.

첫째, ESG가치를 단순한 트렌드가 아닌 전략의 핵심으로 삼아야 한다. 기업의 미션, 비전, 가치 등에 ESG 요소를 반영하고, 이를 바탕으로 중장기 경영 계획을 수립해야 한다. 단순한 선언이 아닌 실질적인 ESG 성과 목표를 세우고, 이를 달성하기 위한 구체적인 실행 계획을 마련해야 할 것이다.

둘째, ESG 경영을 단지 경영진의 책임이 아닌 전 직원이 참여하는 문화를 만들어 나가야 한다. 영업 현장을 비롯한 모든 부서에서 ESG 관점에서 의사결정을 내리고, 실행에 옮길 수 있도록 교육과 소통이 필요하다. 또한 ESG 성과에 대한 인센티브 체계를 마련하여 직원들이 자발적으로 참여하도록 유도해야 한다.

셋째, ESG 경영을 단순한 외부 평가 대응이 아닌 지속가능한 기업 가치 제고의 수단으로 활용해야 한다. 이를 위해서는 ESG 데이터 관리체계를 구축하고, 정기적인 모니터링과 개선 활동이 필요할 것이다. 또한 ESG 관련 리스크를 선제적으로 파악하고 대응할 수 있는 시스템을 마련해야 한다. 이와 같은 노력을 통해 기업은 ESG 경영을 단순한 트렌드가 아닌 지속가능한 성장을 위한 필수 요소로 자리매김할 수 있을 것이다. 최근 디지털 기술의 발달로 소비자들의 정보 습득 능력과 의사결정 역량이 크게 향상되었다. 이에 따라 소비자들은 기업의 진정성, 윤리성, 사회적 책임 등 비기능적인 측면을 더욱 중요하게 여기게 되었다. 특히 MZ세대와 같은 젊은층은 기업의 가치와 행동이 구매 결정에 큰 영향을 미치고 있다. 이들은 기업이 단순히 이윤 추구에만 몰두하는 것이 아니라 이해관계자와 사회에 대한 관심과 책임을 가져야 한다고 생각한다. 과거에는 제품의 가격, 품질, 서비스 등 기능적인 측면이 고객 선택의 주요 기준이었다. 그러나 최근에는 기업의 사회적 책임, 윤리적 경영, 지속가능성 등 비기능적인 측면이 점점 더 중요해지고 있다.

특히 친환경, 사회공헌, 공정거래 등 기업의 사회적 가치 실천이 고객 선호도와 브랜드 신뢰도 향상에 큰 영향을 미치고 있다. 이러한 변화는 기업에게 새로운 기회와 과제를 제시하고 있다. 기업은 단기적인 실적 향상에만 급급하기보다는 장기적인 관점에서 고객과의 신뢰와 유대감을 형성하는 것이 중요하다. 이를 위해서는 고객 중심의 가치와 비전을 명확히 제시하고, 이를 실천하기 위한 구체적인 전략과 행동을 보여줄 필요가 있다. 또한 기업의 윤리적 문화와 리더십을 강화하여 지속가능한 성장과 발전을 도모해야 할 것이다. 더 나아가 기업은 이해관계자와의 적극적인 소통과 협력을 통해 사회적 가치 창출에 힘써야 한다. 이를 통해 기업은 고객과 지역사회의 신뢰를 얻고, 장기적인 성장을 달성할 수 있을 것이다. 이러한 노력은 기업의 지속가능성을 높이고, 궁극적으로는 기업과 사회 전체의 발전으로 이어질 것이다.

사회적 책임 이행은 지속가능한 발전을 위한 필수적인 요소라 할 수 있다. 기업과 개인이 사회적 가치 창출에 힘쓴다면, 사회 구성원 모두가 혜택을 받을 수 있다. 기업은 경제적 가치 창출뿐만 아니라 환경보호, 사회공헌, 윤리경영 등 다각도로 사회적 책임을 이행해야 한다. 개인 역시 자신의 일상생활과 소비 패턴에서 사회적 책임을 다해야 한다. 이를 통해 우리 사회가 더욱 지속가능한 방향으로 나아갈 수 있을 것이다. 사회적 책임 이행은 단순히 기업이나 개인의 의무가 아닌, 우리 모두가 함께 이루어나가야 할 과제라고 할 수 있다.

3.3 영업담당자의 역할 변화

기업의 경영관점에서 생산시대, 판매시대, 마케팅시대, 고객가치 창조시대 등으로 시대가 변화함에 따라 기업의 영업 환경과 요구 사항이 변화하고 있다. 이러한 변화에 따라 영업인(영업담당자와 영업관리자)의 역할도 변화하고 있다. 생산시대의 영업인은 제품이나 서비스의 생산량을 늘리는 것을 목표로 했다. 따라서 영업인은 제품이나 서비스의 품질과 가격을 강조하여 고객을 설득하는 데 집중했다. 영업인은 고객의 니즈를 파악하는 데 소홀히 할 수 있었다. 판매시대의 영업인은 제품이나 서비스의 판매량을 늘리는 것을 목표로 했다. 따라서 영업인은 제품이나 서비스의 특징과 장점을 강조하여 고객의 구매욕구를 자극하는 데 집중했다. 영업인은 고객과 관계를 구축하는 데 소홀히 할 수 있었다. 마케팅시대의 영업인은 제품이나 서비스의 가치를 고객에게 전달하는 것을 목표로 했다. 따라서 영업인은 제품이나 서비스의 고객가치를 분석하고, 이를 고객에게 효과적으로 전달하는 데 집중했다. 영업인은 고객의 니즈를 보다 세밀하게 파악하는 데 노력했다. 고객가치 창조시대의 영업인은 고객과 함께 가치를 창출하는 것을 목표로 한다. 따라서 영업인은 고객의 니즈를 파악하고, 이를 충족시킬 수 있는 제품이나 서비스를 개발하고, 고객과 협력하여 새로운 가치를 창출하는 데 집중해야 한다. 영업인은 고객과 장기적인 관계를 구축하는 데 노력해야 한다.

인공지능이 널리 도입됨에 따라 영업담당자의 역할도 크게 변화할 것으로 예상된다. 인공지능이 영업 업무의 많은 부분을 자동화함에 따라 영업담당자는 고객과의 관계 구축 및 유지에 더 집중해야 할 것이다. 또한 AI를 활용해 고객의 니즈를 정확하게 파악하고 개인화된 서비스를 제공할 수 있는 능력을 개발해야 한다. 영업 분야에서 AI의 중요한 장점 중 하나는 방대한 양의 데이터를 실시간으로 분석하여 영업담당자에게 고객 행동과 선호도에 대한 귀중한 인사이트를 제공한다는 점이다. 영업담당자는 AI 도구를 활용하여 고객의 이력과 선호도에 따라 어떤 제품이나 서비스를 제공할지 정보에 기반한 결정을 내릴 수 있다. 이러한 개인화된 접근 방식은 고객 경험을 향상시키고 더 강력한 관계를 구축하는 데 도움이 될 수 있다.

AI가 영업담당자를 지원하는 또 다른 방법은 데이터 입력이나 리드 생성과 같은 일상적인 작업을 자동화하는 것이다. 이를 통해 영업담당자는 고객과의 관계를 발전시키고 새로운 성장 기회를 파악하는 데 더 많은 시간을 할애할 수 있다. 영업에서 AI가 제공하는 많은 이점에도 불구하고 AI가 인간과의 상호작용을 대체해서는 안 된다는 점을 기억하는 것이 중요하다. AI는 귀중한 인사이트를 제공하고 일상적인 업무를 자동화할 수 있지만, 궁극적으로 고객과의 신뢰와 관계를 구축하는 것은 영업담당자의 책임이다. 영업담당자는 AI의 강점과 공감 및 커뮤니케이션과 같은 인간의 기술을 결합하여 고객에게 진정으로 개인화되고 효과적인 고객 경험을 제공할 수 있다. AI 기반 도구와 분석의 도움으로 영업담당자는 더 열심히 일하는 것이 아니라 더 똑똑하게 일할 수 있게 되어 인공지능(AI)이 영업 프로세스에 혁명을 거듭함에 따라 영업직의 역할은 다음과 같은 몇 가지 중요한 변화를 겪을 것으로 예상된다.

(1) 전략적 조언자

인공지능 기술의 발전으로 인해 일상적인 작업과 데이터 분석이 더욱 정확하고 빠르게 이루어진다. 이러한 기술의 발전은 영업 분야에서도 큰 변화를 가져오고 있다. 예전에는 영업담당자들이 대부분 거래 판매자로서 일을 수행했지만, 이제는 인공지능 기술을 활용하여 전략적인 조언자로서 일을 수행하는 경우가 많아질 것이다. 영업담당자들이 인공지능 기술을 활용하여 전략적인 조언을 제공하면, 기업의 경영 전략과 성장 방향을 결정하는 데 매우 중요한 역할을 수행할 수 있다. 인공지능 기술을 활용하여 고객의 구매 패턴과 선호도를 분석하면, 기업은 더욱 정확한 마케팅 전략을 수립할 수 있다. 또한 인공지능 기술을 활용하여 거래 과정에서 발생하는 문제를 예측하고 대처할 수 있기 때문에, 고객과의 만족도를 높이는 데에도 큰 도움이 된다.

하지만, 이러한 기술의 활용은 영업담당자들에게 높은 수준의 기술 역량과 전문성을 요구한다. 따라서 기업은 영업담당자들의 기술 역량을 강화하고, 적극적으로 인공지능 기술을 도입하여 영업 업무의 효율성과 정확성을 높이는 데에 주력해야 한다. 이를 통해, 기업은 경쟁력을 강화하고, 더욱 효과적인 영업 전략을 수립할 수 있다. 과거의 영업 방식은 주로 고객과의 거래 중심으로 이루어졌다. 그러나 현재는 인간적인 접근 방식이 더욱 필요하다. 이는 고객과의 관계를 구축하고 고객의 요구를 심층적으로 이해하며, 그들에게 가치를 추가하는 맞춤형 솔루션을 제공함으로써 이루어진다. 영업담당자들은 이전보다 더욱 고객 중심으로 일해야 한다. 이는 고객들과의 소통이 중요하며, 고객들의 요구사항에 대해 세심하게 적극적으로 대응해야 한다. 이를 위해서는 영업담당자들은 고객들과의 관계를 유지하고 발전시키는 데에 최선을 다해야 한다. 또한 영업담당자들은 고객들의 요구를 이해하고 그들에게 적합한 솔루션을 제공하는 것이 중요하다. 이를 위해서는 영업담당자들은 고객들과의 대화를 통해 그들의 요구사항에 대해 자세히 파악하고, 이를 바탕으로 최적의 솔루션을 제공해야 한다.

(2) 데이터 활용 전문가

영업담당자가 인공지능 기술과 데이터 분석을 활용하는 것은 현재 경제시장에서 중요한 역할을 할 수 있다. 이를 위해서는 데이터 활용 전문가의 역할이 중요하다. 데이터 활용 전문가는 다양한 데이터를 수집하고 분석하여 트렌드를 파악하고, 고객의 행동을 예측하는 능력을 가지고 있어야 한다. 이를 통해 판매전략을 효과적으로 개인화하고, 고객에게 맞춤형 서비스를 제공할 수 있다. 데이터 활용 전문가는 다양한 데이터 수집 방법과 분석 기술을 숙지하고 있어야 한다. 예를 들어, 소셜미디어, 웹사이트, 앱, 온라인 쇼핑몰 등에서 발생하는 데이터를 수집하여 분석하는 기술이 필요하다. 이러한 데이터는 고객들의 구매 패턴, 선호도, 요구사항 등을 파악하는 데 유용하다. 또한 데이터 활용 전문가는 이러한 데이터를 분석하여 예측 모델을 만들 수 있으며, 이를 통해 판매전략을 개발할 수 있다. 데이터 활용 전문가는 고객 분석 능력도 필요하다. 고객을 분석하는 것은 고객의 성격, 행동, 선호도, 요구사항 등을 파악하여 이를 바탕으로 맞춤형 서비스를 제공하는 것이다. 이를 위해서는 데이터 분석 능력뿐만 아니라, 고객과의 소통 능력도 필요하다.

데이터를 분석하여 비즈니스 의사결정에 활용하는 것 외에도, 인공지능 기술과 데이터 분석 기술을 활용하여 고객의 행동을 예측하고, 이를 바탕으로 개인화된 판매전략을 수립할 수 있다. 이는 고객에게 더 나은 서비스를 제공하고, 비즈니스 성과를 높이는 데 큰 도움이 된다. 하지만 데이터 활용 전문가가 되기 위해서는 지속적인 학습과 발전이 필요하다. 데이터 분석 기술이 빠르게 발전하고 있기 때문에, 새로운 기술과 도구를 학습하고 적용하는 능력이 필수적이다. 다양한 분야의 지식과 경험을 보유하여, 데이터를 다양한 관점에서 해석하고 활용할 수 있어야 한다.

데이터 활용 전문가는 데이터 보안과 개인정보 보호에 대한 이해와 책임감이 필요하다. 데이터는 매우 민감한 정보이기 때문에, 이를 적절하게 보호하고 관리하는 능력이 있어야 한다. 이를 위해서는 데이터 보안과 개인정보 보호에 대한 법률과 규정을 잘 숙지하고, 이를 준수하는 것이 필수적이다.

(3) 기술에 정통한 전문가

영업직의 역할은 기업의 제품이나 서비스를 고객에게 판매하는 것이었으나 현대적인 영업환경에서는 단순히 제품을 판매하는 것만으로는 성과를 높이기 어렵다. 따라서 영업담당자는 기술적인 지식과 역량이 필수적이다. 특히 인공지능 기반 도구와 기술을 사용하는 능력은 더욱 중요하다. 인공지능 기술은 고객 데이터를 분석하고 이를 기반으로 맞춤형 서비스를 제공할 수 있다. 또한 판매 과정에서 생기는 문제를 인공지능 기술을 활용하여 신속하고 정확하게 처리할 수 있다. 하지만 인공지능 기술을 사용하기 위해서는 그에 대한 이해와 학습이 필요하다. 영업담당자들은 자신이 판매하는 제품이나 서비스에 대한 기술적인 지식을 충분히 습득하고, 인공지능 기술을 활용하는 방법을 학습해야 한다.

영업직은 고객과의 소통 능력도 중요하다. 인공지능 기술을 사용하더라도 고객의 요구사항을 이해하고, 그에 맞는 서비스를 제공할 수 있어야 한다. 따라서 영업담당자는 고객과의 소통 능력도 함께 강화해야 한다. 항상 최신 기술과 트렌드를 파악하고, 이를 적용할 수 있는 능력을 갖추어야 한다. 기술이 빠르게 발전하는 현대에서는 영업담당자의 기술 역량 유지와 개선이 중요하다. 영업직은 업무 효율성을 높이기 위해 새로운 소프트웨어, CRM 시스템 및 자동화된 프로세스에 대한 이해와 적응력이 필요하다. 이를 통해 워크플로우를 간소화하고 업무의 생산성을 높일 수 있으며, 고객에 대한 서비스 품질 또한 향상시킬 수 있다. 특히, 최근에는 디지털 기술의 발전으로 인해 영업담당자의 업무 환경은 크게 변화하고 있다. 기존에는 영업담당자가 고객을 만나면서 제품이나 서비스를 직접 소개하고 설명해야 했지만, 이제는 온라인으로 제품이나 서비스를 소개하고 판매할 수 있다. 따라서 영업담당자는 이에 대한 적극적인 대응과 새로운 디지털 마케팅 전략에 대한 이해가 필요하다.

(4) 고객 경험 전문가

AI 기술의 발전은 기업들이 고객 경험을 개선하고 더욱 효율적인 업무를 수행할 수 있도록 도와주고 있다. 영업담당자들은 고객과의 상호작용에서 더 많은 시간을 투자할 수 있으며, 이를 통해 고객에게 더욱 개인화된 서비스를 제공할 수 있다. AI는 또한 영업담당자들이 수행해야 할 반복적인 작업을 처리함으로써 시간과 비용을 절약할 수 있도록 도와준다. 이는 영업담당자들이 더욱 전문적인 업무에 집중할 수 있도록 해주고, 기업의 생산성을 높일 수 있다. 또한 AI 기술은 고객 데이터를 분석하고 인사이트를 도출하는 데에도 큰 도움을 준다. 이를 통해 기업은 고객의 니즈와 선호도를 파악하고, 이를 반영한 맞춤형 서비스를 제공할 수 있다.

고객 경험은 기업의 성장에 매우 중요한 역할을 한다. 고객과의 상호작용이 크게 개선되면 고객은 더 많은 구매를 하게 되고, 기업은 더 많은 수익을 얻을 수 있게 된다. 그러나 이러한 상호작용은 단순히 제품이나 서비스를 판매하는 것만으로는 이루어질 수 없다. 고객과의 참여와 개인화된 상호작용이 필요하다. 고객과의 참여와 개인화된 상호작용은 고객 경험을 좌우하는 중요한 요소이다. 기업은 영업담당자들에게 이러한 능력을 갖추도록 교육을 제공하고, 최적의 서비스를 제공하는 것을 목표로 해야 한다. 이를 통해 고객은 더욱 만족하게 되고, 기업은 더 많은 수익을 얻을 수 있다. AI 기술은 매우 발전하고 있지만, 아직까지는 복잡한 질문이나 문제를 해결하는 데에는 제한적이다. 특히, 고객 서비스 산업에서는 인간적인 감각과 전문성이 필요한 경우가 많다. 이는 고객의 요구를 완벽히 이해하고, 문제를 해결할 수 있는 능력을 가진 영업담당자들이 필요하다는 것을 의미한다.

따라서 영업담당자들은 AI 기술과 함께 협업하여 최상의 서비스를 제공하는 것이 중요하다. AI는 영업담당자들이 처리하기 어려운 대량의 데이터를 처리하고, 기본적인 문제를 해결하는 데에 도움을 줄 수 있다. 그러나 복잡한 문제를 해결하고, 고객의 요구에 맞는 최적의 솔루션을 제공하기 위해서는 영업담당자들이 갖추어야 할 전문성과 경험이 필요하다. 고객 경험 전문가들의 노력은 기업의 경쟁력을 높이는 중요한 역할을 한다. AI 기술을 활용하여 고객과 더욱 가깝게 소통하고 최적의 서비스를 제공하는 영업담당자들은 고객의 만족도를 높일 수 있다. 이는 장기적으로 기업의 매출 증대와 이익 증가에 기여할 것이다.

영업실전 사례 1-1

미래의 영업 트렌드

최근의 고객은 소셜 네트워크상에서 다양하고 정확한 맞춤형 정보를 얻고 있다. 기대치가 높아진 고객을 만족시키기 위해 이제 영업 직원은 변화를 일구어 내야 한다. 고객과 산업의 변화가 영업 전략과 영업 역량을 진화시키도록 만들고 있는 것이다. 기술의 발전과 사회적 환경 변화로 인해 고객은 보다 많은 정보를 쉽게 획득하고 이를 기반으로 의사결정을 하기 시작했다. 소셜 네트워크에 익숙한 세대가 주요 소비자가 되었고 기업에서는 구매부서의 의사결정자의 위치에 왔다. 이에 따라 영업 직원은 더 의미 있는 고객가치를 제안해야 하고 이를 위해 강력한 협업을 이끌어내야 한다. 모든 고객과 일대일 관계를 맺고 고객을 감동시켜야 한다. 이러한 변화는 더욱 크고 빠르게 미래의 영업에 영향을 줄 것으로 보인다. 그렇다면 미래 영업은 어떻게 바뀌게 될까? 미래 영업의 트렌드에 관해 생각해보자.

소셜 셀링의 시대

소비자 마케팅에서 입증된 소셜미디어 마케팅을 시작으로 외국계 B2B기업들은 이미 소셜미디어를 영업에 이용하고 있다. 디지털 세일즈라는 이름으로 가망 고객을 발굴하고 매출까지 이르는 소셜 셀링의 시대가 열리고 있다. 여전히 영업에서 고객과의 관계와 고객가치는 매우 중요하다. 페이스북과 링크드인 등 소셜미디어를 사용한다고 관계가 중요시되지 않는 것이 아니다. 고객관계가 면대면 소통만이 아닌 소셜 네트워크상에서의 소통도 중요하게 된 것이다. 사회와 고객이 변했기 때문이다. 차를 함께 마시고 식사를 같이 하는 것뿐만 아니라 디지털의 시대에 온라인 네트워크상에서 정보를 교환하고 고객가치를 제공하는 소셜 셀링의 시대가 오고 있다. 불과 얼마 전까지도 소셜 마케팅이 이렇듯 마케팅의 중심으로 급격하게 발전하리라고 예측하지 못했다. 소셜 셀링의 시대도 생각보다 빠른 속도로 우리 곁에 다가올지 모른다.

영업의 빅데이터 분석 시대

디지털 경제의 확산으로 우리 주변에는 규모를 가늠할 수 없을 정도로 많은 정보와 데이터가 생산되고 있다. 우리는 '빅데이터(Big Data)' 환경에 살게 된 것이다. 빅데이터란 과거 아날로그 환경에서 생성되던 데이터에 텍스트, 팩스, 영상 데이터 등 모든 데이터를 포함하는 대규모 데이터를 말하는데 IT기술의 발전으로 이 데이터를 분석하고 이를 실생활에 쉽게 이용할 수 있게 되었다. 이제는 고객이 무엇을 원할까에 대한 생각과 추측이 아닌, 고객이 실제로 원하는 것이 무엇인지를 알게 된 세상에 우리는 살고 있는 것이다. 빅데이터 덕택이다. 빅데이터 분석을 통해 기업은 영업을 활성화하고 더 나은 가망 고객을 찾고 더 효율적으로 영업 조직을 운영하는 세상으로 갈 것이다. 고객 개개인의 니즈를 만족시키는 양방향 콘텐츠를 만들고, 이를 전달해 마케팅과 영업이 일체가 되는 시대를 만들 수 있을 것으로 보인다.

고객가치 제일의 시대

다양한 정보를 획득할 수 있는 고객, 빅데이터 분석을 통해 고객의 니즈를 정확히 아는 기업, 이를 실시간으로 소통하는 콘텐츠로, 고객의 니즈는 계속 진화할 것이 확실하다. 만족된 니즈는 고객으로 하여금 더욱 높은 레벨의 고객 니즈를 요구하도록 할 것이고, 기업과 영업 직원은 고객의 고차원적인 니즈를 채워주는, 아니 고객이 생각해보지도 못한 가치를 고민하고 제공해야 하는 시대에 살게 되었다. 적당한 고객가치는 가격으로서 고객에게 의미가 없다. 기업가 정신, 주인정신으로 결합된 역량 있는 영업 직원과 모든 부서 직원이 세상에 없는 탁월한 고객가치를 고민하고 제공해야 하는 세상이 오고 있다.

협업의 시대

이러한 고객가치를 제공하기 위해서는 전 부서가 협업해야 한다. 경쟁 체제는 무한 가치의 협업을 요구할 것이다. 무한 고객가치를 만들어 내기 위해 영업과 마케팅은 한몸이 되어야 하며, 각 부서는 영업을 중심으로 고객을 바라봐야 한다. 기업의 전 부서가 고객가치를 만들기 위해 협업을 통해 기업 전략을 짜고, 영업주도 조직의 문화를 만들고 오케스트라 지휘자인 영업 직원을 중심으로 고객 감동을 이루어내야 한다.

미래의 영업은 지금과 같은 고객을 대상으로 한다. 단 기술과 사회적인 변화로 진화한 영업의 모습이 나타날 뿐이다. 업종 및 영업의 형태에 따라 진화의 속도는 조금씩 차이가 나겠지만 모든 산업의 영역에서 미래 영업은 올 것으로 예상된다. 그런데 지금과 같은 고객이다. 소셜 셀링, 빅데이터, 고객가치, 협업이 모두 동일하다면 고객은 누구의 물건을 사겠는가? 시장의 변화와 기술의 변화, 영업 접근 방식의 변화에도 변치 않는 것은 고객은 믿을 수 있는 사람의 설득과 가치를 존중한다는 것이다. 경쟁사 모두가 새로운 시대를 슬기롭게 극복한다면 그 다음 고객이 느낄 수 있는 차별화는 신뢰관계다. 고객은 효과를 기대하고 구매를 한다. 믿을 수 없는 사람의 설득과 가치는 고객에게 예전이나 지금이나, 미래에도 아무 의미가 없다. 미래의 영업 트렌드에 맞는 준비는 당연히 해야 한다. 그러나 미래의 영업 트렌드에도 불구하고 기본은 신뢰관계다.

[출처] 이코노미리뷰, 2018.6.18, 임진환 교수의 영업 이야기

≫ 영업의 새로운 생각

1. 고객은 어떤 가치를 추구하는가?
2. 미래영업에서 영업담당자의 역할은 어떻게 변화될 것인가?
3. 현재와 미래영업에서 변화되지 않는 본질은 무엇인가?

Chapter 2

고객가치영업의 이해

고객가치영업은 제품 판매를 넘어선 개념으로, 고객의 실질적인 니즈를 정확히 파악하고, 이를 해결할 수 있는 맞춤형 솔루션을 제공하는 것을 의미한다. 이를 위해서는 단순히 제품을 추천하는 것을 넘어서, 고객의 핵심문제(pain point)를 깊이 있게 이해하고 분석하여 고객가치를 제공해야 한다. 고객의 의견을 경청하고, 맞춤형 솔루션 제공 후에도 고객 만족도를 지속적으로 모니터링하여 개선해나가는 노력이 필요하다. 이를 통해 고객의 신뢰를 얻고, 장기적인 관계를 구축할 수 있다.

이를 위하여 마케팅 부서와 영업 부서 간의 긴밀한 협력이 고객가치영업의 핵심이 된다. 두 부서가 정보와 목표를 공유하고, 상호 피드백을 나누면서 고객에게 일관되고 차별화된 경험을 제공해야 한다. 이는 고객 만족도 제고는 물론, 기업의 경쟁력 강화에도 기여할 수 있다.

1. 고객가치영업 개요

고객가치영업은 고객관점에서 고객의 욕구, 니즈, 문제를 깊이 이해하고 이에 맞는 맞춤형 솔루션을 제공하며 장기적 신뢰관계를 구축하는 영업 전략이다. 고객에게 단순히 제품이나 서비스를 판매하는 것이 아니라, 구체적인 혜택과 해결책을 제시하여 지속적인 관계를 구축하는 데 초점을 맞춘다.

기업이 생존과 지속가능한 성장을 위해서는 제공하는 제품이나 서비스 등의 솔루션의 원가보다 가격이 높아야 하고 가격보다는 고객에게 제공되는 가치가 높아야 한다. 이는 제품이나 서비스에 대한 적절한 가격 책정이 매우 중요하나 단순히 제품의 원가보다 높은 가격으로 책정하는 것만으로는 부족하며 고객이 인지하는 가치가 가격보다 높아야 한다. 이를 위해서는 고객의 니즈와 요구사항을 깊이 있게 이해하고, 이를 만족시킬 수 있는 차별화된 솔루션을 제공해야 한다. 단순히 제품의 기능과 성능만을 강조하는 것이 아니라, 고객의 문제를 해결하고 가치를 창출할 수 있는 토탈 솔루션을 개발해야 한다. 또한 지속적인 혁신을 통해 경쟁사와 차별화된 솔루션을 제공함으로써 고객에게 더 큰 가치를 전달해야 한다. 이를 통해 고객의 충성도와 신뢰를 얻을 수 있으며, 결과적으로 기업의 수익성과 지속가능성을 확보할 수 있다.

【기업 생존부등식】

가치 〉 가격 〉 원가

궁극적으로 기업의 생존과 성장을 위해서는 위 부등식에서 의미하는 대로 가격은 원가보다는 높아야 하고 고객에게 제공되는 가치는 가격보다 높아야 한다는 것이다. 이를 위해서는 고객 중심의 사고와 차별화된 솔루션 개발, 그리고 지속적인 혁신이 필수적이다. 고객가치영업은 고객의 요구, 선호 및 문제점을 파악하고 고객의 기대에 부합하거나 초과하는 맞춤형 솔루션을 제공함으로써 고객에게 가치를 제공하는 데 중점을 둔 영업 방식이다. 이 영업방식은 고객과 판매자 모두를 위해 관계를 구축하고 고객 문제를 해결하며 상호 가치를 창출하는 데 우선 순위를 둔다.

최근 몇 년 동안 기업들이 제품의 기능, 가격 또는 브랜드 평판에만 초점을 맞추는 전통적인 판매 접근 방식의 한계를 깨닫게 되면서 고객가치영업의 개념이 점점 더 중요해지고 있다. 시장 경쟁이 더욱 치열해지고 고객의 개인화된 솔루션에 대한 요구가 증가함에 따라 기업들은 이러한 변화하는 기대치를 충족하기 위해 영업 전략을 조정해야 할 필요성을 인식하고 있다. 고객가치영업은 고객을 모든 비즈니스 활동의 중심에 두는 고객 중심이라는 광범위한 개념에 뿌리를 두고 있다. 이 접근 방식은 단순히 거래를 성사시키는 것이 아니라 고객과 장기적인 관계를 구축하고 고객에게 지속적인 가치를 제공하는 것이 중요하다는 점을 강조한다.

성공적인 고객가치영업 전략을 실행하려면 기업은 먼저 고객의 요구와 기대치를 이해해야 한다. 이를 위해서는 고객의 산업, 비즈니스 과제와 고충, 목표와 목적에 대한 깊은 이해가 필요하다. 이러한 지식으로 무장한 영업 전문가는 각 고객에 대한 접근 방식을 맞춤화하여 실질적인 가치를 제공하는 맞춤형 솔루션을 제공할 수 있다. 고객가치영업 접근법의 핵심 요소 중 하나는 데이터와 분석을 활용하여 영업 전략을 수립하는 것이다. 고객의 행동과 선호도를 분석함으로써 기업은 고객의 구매 결정을 유도하는 요인과 고객의 요구를 가장 잘 충족시킬 수 있는 방법에 대한 인사이트를 얻을 수 있다. 이러한 데이터 기반 접근 방식은 영업 전문가가 제품 및 서비스를 상향 판매하거나 교차 판매할 수 있는 기회를 파악하고 고객의 요구를 예측하여 선제적으로 솔루션을 제공하는 데 도움이 될 수 있다.

고객가치영업은 개인화된 솔루션과 데이터 기반 인사이트 외에도 고객과의 강력한 관계 구축에 중점을 둬야 한다. 즉, 시간을 들여 고객의 요구와 우려를 이해하고, 탁월한 서비스와 지원을 제공하며, 고객의 피드백과 우려에 신속하게 대응해야 한다. 궁극적으로 고객가치영업의 목표는 고객과 장기적이고 상호 이익이 되는 관계를 구축하여 지속적인 가치를 제공하는 것이다. 고객에게 집중하고 고객의 고유한 요구와 선호도에 맞는 솔루션을 맞춤화함으로써 기업은 경쟁이 치열한 시장에서 차별화되고 장기적으로 성장과 성공을 견인할 충성도 높은 고객 기반을 구축할 수 있다.

1.1 개인고객의 가치소비

소비자들은 단순히 제품이나 서비스의 기능이나 가격만으로 구매 결정을 내리기보다는, 제품이나 서비스가 제공하는 가치와 의미를 중요시하는 **가치소비** 트렌드를 보이고 있다. 소비자들의 가치 지향 변화는 기업들에게 새로운 과제이자 기회이다. 다양한 가치를 추구하는 소비자들의 니즈를 충족시키고 지속가능한 경영을 통해 성공적인 기업으로 성장하기 위해서는 소비자들의 가치 지향에 대한 심층적인 이해와 적극적인 대응 전략이 필요하다.

(1) 경제적 가치

소비자들의 경제적 가치 추구는 구매의사결정 과정에서 중요한 역할을 한다. 소비자들은 재화와 서비스를 구매할 때 가격, 품질, 성능 등 다양한 요소를 고려하여 최대의 효용을 얻고자 한다. 즉, 제품이나 서비스를 구매함으로써 얻게 되는 혜택이 그 비용을 초과할 때 구매가 이루어진다. 소비자들은 자신의 예산 범위 내에서 최대의 경제적 가치를 확보하기 위해 다양한 정보를 수집하고 비교 분석하여 합리적인 선택을 하게 된다. 또한 소비자들의 경제적 가치 추구 양상은 개인의 가치관, 취향, 생활 방식 등에 따라 변화할 수 있다. 이러한 소비자들의 경제적 가치 추구 행동은 시장 환경의 변화와 밀접하게 연관된다. 예를 들어, 경기 침체 시기에는 가격 민감도가 높아져 저렴한 제품 구매에 더 집중하게 되고, 경기 호황 시기에는 품질과 성능에 더 큰 비중을 두게 된다.

이처럼 소비자들의 경제적 가치 추구 행동은 역동적으로 변화하며, 이는 기업들의 제품 및 서비스 개발, 마케팅 전략 수립에 중요한 시사점을 제공한다. 과거에는 경제적 가치가 소비자들의 구매 결정에 절대적인 기준이었지만, 최근에는 다른 요인들도 점점 더 중요해지고 있다. 소비자들은 여전히 합리적인 가격에 만족스러운 품질의 제품이나 서비스를 구매하려는 가치관을 가지고 있지만, 동시에 브랜드 이미지, 사회적 책임, 친환경성 등의 요소에도 관심을 기울이고 있다. 따라서 기업들은 다양한 소비자 요구사항을 균형 있게 고려하여 최적의 제품 및 서비스를 제공해야 할 것이다.

(2) 감성적 가치

과거에는 소비자들이 제품이나 서비스의 단순한 기능성에만 주목했지만, 최근에는 그를 통해 얻을 수 있는 감정적 경험과 만족감에 더 큰 가치를 두고 있다. 이에 따라 기업들은 소비자의 감성을 자극할 수 있는 독창적이고 차별화된 디자인을 개발하고, 브랜드의 철학과 가치를 효과적으로 전달하는 스토리텔링 기법을 활용해야 한다. 예를 들어, 제품 디자인에 있어서 기업들은 단순한 외관의 아름다움을 넘어 고객의 감정을 자극할 수 있는 요소를 적극 활용하고 있다. 최근 출시된 스마트폰의 경우, 고객의 감성을 자극하는 귀여운 캐릭터 디자인이나 따듯한 색감 등을 통해 소비자들에게 큰 호응을 얻고 있다. 또한 브랜드 스토리텔링을 통해 제품이나 서비스의 기능적 특성뿐만 아니라, 그 이면에 담긴 철학과 가치관을 전달함으로써 고객과의 유대감을 형성할 수 있다.

또한 고객과의 긍정적인 상호작용과 소통을 강화하고, 개인의 특성과 니즈에 맞춘 맞춤형 서비스를 제공함으로써 차별화된 고객 경험을 제공해야 한다. 예를 들어, 체험형 매장, 고객 참여형 이벤트, 개인화된 멤버십 혜택 등을 통해 소비자에게 특별하고 감동적인 경험을 선사할 수 있다. 이를 통해 고객과의 진정한 공감대를 형성하고, 장기적인 고객 충성도와 브랜드 선호도를 확보할 수 있다. 이처럼 기업은 제품과 서비스의 기능적 우수성과 더불어 소비자의 감성을 충족시킬 수 있는 전략적 접근이 필요하다. 단순한 거래 관계를 넘어 고객과의 진정한 유대감을 쌓아나가며, 차별화된 경험을 제공함으로써 고객에게 지속적인 가치를 제공할 수 있을 것이다.

(3) 개인적 가치

현대 소비자들은 단순히 필요한 제품이나 서비스를 구매하는 것을 넘어, 자신의 개성과 가치관을 반영할 수 있는 제품과 서비스를 선호하게 되었다. 이에 따라 기업들은 소비자와의 상호작용을 강화해야 한다. 먼저 기업은 면밀한 소비자 분석을 통해 개인화된 맞춤형 제품 및 서비스를 제공해야 할 것이다. 소비자의 개인적 취향과 가치관을 반영한 제품 개발이 일례가 된다. 예를 들어, 스마트폰의 경우 이용자 개인의 스타일과 선호도에 따라 다양한 케이스와 배경화면을 선택할 수 있게 하는 등 개인화된 옵션을 제공하고 있다.

또한 마케팅 전략에서도 소비자의 참여를 유도해야 한다. 소비자들이 직접 제품 디자인에 참여하거나, 브랜드 이미지 구축 과정에 의견을 제시할 수 있는 기회를 제공함으로써 다양한 소비자층의 가치관과 문화를 존중하는 방향으로 나아가고 있다. 이를 통해 기업은 소비자의 개성과 취향을 보다 잘 이해할 수 있게 된다. 이처럼 기업은 소비자 개개인의 가치를 존중하고 반영하는 제품과 서비스를 개발함으로써, 소비자에게 보다 큰 만족감을 제공할 수 있게 된다. 이는 소비자와 기업 간의 긍정적인 관계 형성으로 이어지며, 장기적으로 기업의 경쟁력 강화에도 기여하게 될 것이다.

(4) 사회적 가치

현대 소비자들은 기업의 사회적 책임에 점점 더 관심을 가지고 있다. 이제는 단순히 제품의 기능이나 가격뿐만 아니라, 기업이 환경 보호와 지역사회 발전을 위해 어떤 노력을 하고 있는지에 주목하고 있다. 공정한 노동 환경 조성, 소비자 권익 보호, 사회적 약자 지원, 자선 활동 등이 소비자들의 구매 결정에 영향을 미치고 있다. 특히 최근에는 기업의 지속가능성이 더욱 중요해졌다. 환경 문제에 대한 관심이 커지면서 소비자들은 친환경 제품을 개발하고 지속가능한 자원을 사용하는 기업의 제품이나 서비스를 더 선호하게 되었다. 이는 기업들에게 단순한 이윤 추구를 넘어 사회적 가치 창출과 지속가능한 경영을 요구하는 중요한 신호가 되고 있다. 이처럼 현대 소비자들은 기업의 사회적 책임과 지속가능성에 대해 높은 기대를 가지고 있다. 소비자들은 기업이 자사의 사회적 기여와 환경 보호 활동을 적극적으로 알리고, 지속가능한 경영 전략을 수립해 줄 것을 요구하고 있다. 이를 통해 기업은 소비자들의 신뢰를 얻고, 장기적으로 지속가능한 성장을 이룰 수 있을 것이다. 나아가 기업들은 이러한 소비자 요구에 부응하기 위해 기업 경영의 전반적인 부분에 사회적 책임과 지속가능성을 반영해야 한다. 예를 들어, 공급망 관리, 제품 개발, 생산 공정 등 모든 부문에서 환경과 사회적 영향을 고려하고, 이해관계자들과의 소통을 강화해야 한다. 또한 기업의 사회적 책임과 지속가능성에 대한 정보를 적극적으로 공개하고, 이를 통해 소비자들의 신뢰와 지지를 얻는 것이 중요할 것이다.

(5) 경험적 가치

경험적 가치의 중요성이 날로 증가하고 있는 현대 소비 시장에서 기업들은 소비자들의 구매 경험을 향상시키기 위해 다양한 노력을 기울이고 있다. 예를 들어, 기업들은 소비자들이 직접 참여하고 체험할 수 있는 이벤트와 체험 마케팅을 개최함으로써 단순한 구매를 넘어 그 과정 자체를 즐겁고 기억에 남는 경험으로 만들고 있다. 이를 통해 소비자들은 제품이나 서비스에 대해 보다 긍정적인 감정을 가질 수 있게 된다. 또한 매장 디자인 개선을 통해 매장 내부를 보다 아름답고 편안한 공간으로 조성하여 소비자들이 쇼핑을 하면서 긍정적인 감정을 느낄 수 있도록 하고 있다. 이는 단순히 제품을 구매하는 것을 넘어 소비 경험 자체에 가치를 부여하는 것이다.

이와 더불어 온라인이나 오프라인에서 고객들끼리 소통하고 교류할 수 있는 커뮤니티를 구축함으로써, 소비자들은 다른 소비자들과 정보를 공유하고 의견을 교환하며 소속감과 유대감을 느낄 수 있다. 이는 단순한 거래를 넘어 소비자와 기업 간의 유의미한 관계를 형성하는 데 기여할 것이다. 이처럼 기업들은 소비자들의 경험적 가치를 높이기 위해 다양한 전략을 마련하고 있다. 이는 단순한 제품 판매를 넘어 소비자와의 긍정적인 관계 형성을 통해 기업의 경쟁력을 높이는 데 중요한 역할을 할 것으로 보인다.

(6) 정보적 가치

현대 소비자들은 단순히 제품이나 서비스의 기능적인 면에만 관심을 두는 것이 아니라, 제품과 관련된 다양한 정보에 관심을 가지고 있다. 이들은 제품의 생산 과정, 원재료, 성분, 친환경성 등 제품에 대한 정보를 바탕으로 구매 결정을 하는 경향이 강해지고 있다. 이러한 소비자들의 요구에 부응하기 위해 기업들은 제품 및 서비스에 대한 정보 공개를 더욱 투명하게 해야 한다. 예를 들어, 제품의 성분과 생산 공정에 대한 자세한 정보를 제공하거나, 실제 이용자들의 리뷰와 평가를 공개함으로써 소비자들이 보다 신뢰할 수 있는 구매 정보를 얻을 수 있도록 해야 한다. 또한 전문가의 조언이나 사용 가이드라인 등을 함께 제공하여 소비자가 구매 전에 충분한 정보를 바탕으로 합리적인 선택을 할 수 있도록 지원할 수도 있을 것이다. 이처럼 기업은 소비자에게 단순한 제품 정보뿐만 아니라 제품에 대한 다양한 부가 정보를 투명하게 제공함으로써, 소비자의 가치 있는 소비 활동을 지원하는 것이 필요하다. 이를 통해 소비자의 신뢰를 얻고 장기적인 관계를 구축할 수 있게 된다.

더 나아가, 기업들은 소비자에게 제품 정보뿐만 아니라 지속가능성, 사회적 책임, 윤리성 등의 정보도 함께 제공할 필요도 있다. 이를 통해 소비자들은 제품의 기능적 가치와 더불어 제품이 갖고 있는 사회적, 환경적 가치까지 고려하여 구매 결정을 할 수 있게 된다. 이는 소비자와 기업이 함께 윤리적이고 지속가능한 소비문화를 만들어가는 데 기여하고 있다. 소비자들의 가치소비 트렌드에 발맞춰 기업들은 단순히 제품이나 서비스를 판매하는 것이 아니라, 소비자들에게 의미 있는 가치를 제공하는 데 집중해야 한다. 사회적 가치, 감성적 가치, 개인적 가치, 경험적 가치, 정보적 가치 등 다양한 가치를 제공함으로써 소비자들의 만족도를 높이고 지속가능한 성장을 이루어낼 수 있다.

1.2 고객가치영업의 중요성

고객가치영업의 중요성은 결코 과소평가할 수 없다. 경쟁이 치열한 오늘날의 시장에서 고객은 더욱 안목 있고 까다로워지고 있으며, 선택할 수 있는 옵션도 다양해졌다. 따라서 기업은 경쟁에서 돋보이고 충성도 높은 고객 기반을 구축하기 위해 고객에게 가치를 제공하는 데 집중해야 한다. 고객가치영업은 고객의 요구와 욕구를 이해하고 이를 충족하는 제품이나 서비스를 제공하고 우수한 고객 서비스를 제공하고 고객과 강력한 관계를 구축하는 것이다. 고객이 비즈니스가 자신에게 가치를 제공한다고 느끼면 재방문하고 다른 사람에게 추천할 가능성이 높아진다. 고객가치영업은 단순히 제품이나 서비스를 판매하는 것이 아니라 고객에게 가치를 제공하는 데 초점을 맞춘 비즈니스 전략이며 고객의 필요와 욕구를 파악하고 맞춤형 솔루션을 제공하여 고객 만족도를 높이고 지속적인 관계를 구축하는 것이다.

(1) 고객 만족도 향상

고객 만족도를 높이는 것은 모든 비즈니스의 성공을 위해 중요하다. 이를 달성하는 한 가지 방법은 고객가치영업에 집중하는 것이다. 이 접근 방식은 고객의 니즈를 파악하고 이러한 니즈를 충족하는 맞춤형 솔루션을 제공하는 것이다. 이를 통해 기업은 고객이 받은 제품이나 서비스에 만족할 수 있으며, 이는 재구매와 긍정적인 입소문이나 추천으로 이어질 수 있다. 고객에게 가치를 제공하려면 기업은 먼저 고객의 요구와 선호도를 이해해야 한다. 이를 위해서는 고객 행동에 대한 데이터를 수집하고 이를 활용하여 타깃팅 마케팅 캠페인을 만들어야 한다. 고객이 기업이 자신의 니즈를 이해하고 있다고 느끼면 기업을 신뢰하고 참여할 가능성이 높아진다. 이는 충성도와 재구매율 증가로 이어질 수 있다.

비즈니스가 고객의 니즈를 파악한 후에는 이러한 니즈를 충족하는 맞춤형 솔루션을 제공할 수 있다. 여기에는 개인화된 추천, 유연한 결제 옵션 제공, 탁월한 고객 서비스 제공 등이 포함될 수 있다. 긍정적인 경험을 제공함으로써 기업은 고객 만족도를 높이고 고객과 장기적인 관계를 구축할 수 있다. 고객가치 판매의 목표는 비즈니스와 고객 모두가 윈윈할 수 있는 상황을 만드는 것이다. 고객의 니즈를 충족하는 맞춤형 솔루션을 제공함으로써 기업은 매출과 수익성을 높일 수 있다. 동시에 고객은 자신의 특정 요구와 선호도를 충족하는 제품이나 서비스를 제공받음으로써 혜택을 누릴 수 있다. 오늘날과 같이 경쟁이 치열한 시장에서는 고객가치영업을 우선시하는 기업이 성공할 가능성이 더 높다. 고객 만족에 집중하고 맞춤형 솔루션을 제공함으로써 충성도 높은 고객 기반을 구축하고 경쟁업체와 차별화할 수 있다.

(2) 고객 유지율 증가

기업은 장기적인 고객 유지를 위해 고객과 강력한 관계를 구축하는 데 집중해야 한다. 이를 달성하는 효과적인 방법 중 하나는 고객가치영업 전략을 구현하는 것이다. 이는 각 고객의 고유한 요구를 이해하고 충족하는 것이다. 기업은 고객에 대한 깊은 이해를 바탕으로 고객의 특정 니즈에 맞는 제품과 서비스를 제공할 수 있고 고객 만족도를 높일 뿐만 아니라 충성도와 신뢰도 향상에도 도움이 된다. 고객가치영업은 기업이 고객과의 관계를 단순한 거래 관계가 아닌, 상호적인 협력 관계로 발전시키는 데 매우 중요한 역할을 한다. 고객가치영업을 통해 기업은 고객의 니즈와 요구에 대한 이해를 높이고, 그에 맞는 맞춤형 서비스를 제공함으로써 고객의 만족도를 높일 수 있다. 이를 통해 기업은 고객들로부터 더 많은 신뢰와 충성도를 얻을 수 있으며 장기적인 관계 구축을 위한 중요한 요소이다. 기업이 고객들과 지속적인 소통을 유지하고, 고객들의 요구와 니즈를 파악하며 이를 해결해 나가는 과정에서 상호적인 신뢰와 이해관계가 형성된다. 이를 통해 기업은 단순한 공급업체가 아닌, 신뢰할 수 있는 파트너로 자리매김하게 된다. 고객가치영업은 기업의 경쟁력을 높이는 데에도 큰 역할을 한다. 고객들의 만족도가 높아짐으로써, 기업은 더 많은 고객들을 유치하고, 이들의 충성도를 높일 수 있으며 이를 통해 기업은 시장에서의 경쟁자들과 차별화된 경쟁력을 확보할 수 있게 된다. 기업이 가치 있는 고객의 니즈를 충족하는 데 집중함으로써 신규 고객 확보 및 기존 고객 유지와 관련된 비용을 절감할 수 있다. 이는 장기적으로 더 높은 수익률과 더 지속가능한 비즈니스 모델로 이어질 수 있다. 따라서 고객가치영업은 고객 유지율을 높이고 비즈니스 성공을 이끄는 강력한 전략이다. 고객의 니즈를 우선시하고 고객과 강력하고 장기적인 관계를 구축함으로써 기업은 향후 수년간 성장과 성공을 뒷받침할 충성도 높은 고객 기반을 구축할 수 있다.

(3) 수익성 개선

고객가치영업에 의한 수익성 개선은 매우 중요한 전략이다. 고객 만족도와 유지율이 높으면 매출이 증대되고 상대적으로 비용도 감소된다. 고객가치영업 핵심은 고객 경험에 집중하는 것이다. 고객의 요구사항을 적극적으로 파악하고, 이를 바탕으로 맞춤형 서비스와 제품을 제공해야 한다. 또한 사후관리와 고객 피드백 청취를 통해 지속적으로 개선해나가는 노력이 필요하다. 이를 통해 고객과의 신뢰관계를 구축하고, 고객 충성도를 높일 수 있다. 이는 결국 매출 증대와 비용 절감으로 이어져 기업의 수익성 개선에 기여하게 된다.

즉, 고객이 제품이나 서비스에 만족하고 개인으로서 가치를 인정받는다는 느낌을 받을 수 있도록 해야 한다. 만족한 고객은 재방문 및 반복 구매를 할 가능성이 높으며, 다른 사람에게 비즈니스를 추천할 가능성도 높다. 높은 수준의 고객 만족도를 달성하려면 기업은 먼저 고객을 이해해야 한다. 시장 조사를 수행하고 피드백을 수집함으로써 기업은 타깃(target) 고객의 요구와 선호도를 파악할 수 있다. 그런 다음 이 정보를 사용하여 이러한 요구를 충족하고 고객의 기대를 뛰어넘는 제품과 서비스를 맞춤화할 수 있다. 기업은 양질의 제품과 서비스를 제공하는 것 외에도 고객 서비스를 우선시해야 한다. 이는 전화, 이메일, 대면 등 어떤 방식으로든 고객에게 신속한 지원을 제공하는 것이다. 고객 서비스를 우선시함으로써 기업은 고객과 강력한 관계를 구축하고 충성도를 높일 수 있다. 매출 증대를 위해서는 마케팅이 또한 중요하며 적절한 대상에게 제품이나 서비스를 효과적으로 홍보함으로써 기존 고객들은 물론, 신규 고객을 유치하고 재구매를 유도할 수 있다.

(4) 경쟁우위

오늘날과 같이 경쟁이 치열한 시장에서 기업이 성공하기 위해서는 경쟁우위를 확보해야 한다. 즉, 기업은 눈에 띄기 위해 경쟁사와 차별화해야 한다. 이를 달성하기 위한 가장 효과적인 전략 중 하나는 고객가치를 판매하는 것이다. 경쟁사와 차별화되는 고유한 가치 제안을 제공함으로써 기업은 고객을 유치하고 유지하여 궁극적으로 매출과 수익성을 높일 수 있다. 고객가치를 통해 경쟁우위를 확보하려면 기업은 타깃 고객의 니즈와 선호도를 이해해야 한다. 이를 위해서는 시장 조사를 통해 고객의 불만 사항, 선호도, 기대치를 파악해야 한다. 이러한 정보로 무장한 기업은 고객의 요구에 맞게 제품과 서비스를 맞춤화하여 다른 곳에서는 찾아볼 수 없는 고유한 가치 제안을 제공할 수 있다.

고객의 니즈를 이해하는 것 외에도 기업은 탁월한 고객 경험을 제공하는 데 집중해야 한다. 이는 우수한 고객 서비스를 제공하고, 고객의 문의와 불만에 신속하게 대응하며, 고객의 기대에 부응하기 위해 그 이상으로 나아가야 함을 의미한다. 긍정적인 고객 경험을 제공함으로써 기업은 고객과 강력한 관계를 구축하여 고객 충성도를 높이고 궁극적으로 매출 성장을 촉진할 수 있다. 기업은 경쟁우위를 유지하기 위해 혁신에도 집중해야 한다. 이는 제품과 서비스를 개선할 수 있는 방법을 끊임없이 모색하고 새로운 시장과 기회를 모색하는 것을 의미한다. 시대를 앞서 나가고 지속적으로 혁신함으로써 기업은 경쟁사보다 앞서 나가고 끊임없이 변화하는 시장에서 관련성을 유지할 수 있다. 따라서 오늘날의 시장에서 경쟁우위를 확보하려면 고객가치, 탁월한 고객 경험, 혁신에 집중해야 한다. 이러한 핵심 영역에 우선순위를 둠으로써 기업은 경쟁업체와 차별화하고 고객을 유치 및 유지하며 궁극적으로 매출 성장과 수익성을 높일 수 있다.

(5) 기업 이미지 개선

기업 이미지 개선은 모든 비즈니스에서 중요한 요소이다. 기업 이미지를 향상시키는 가장 효과적인 방법 중 하나는 고객가치 중심의 영업이다. 고객 중심 문화를 조성하면 회사에 대한 긍정적인 이미지를 구축하여 더 많은 고객을 유치하고 우수한 인재를 유치하는 데 도움이 될 수 있다. 기업이 갖는 긍정적인 이미지는 고객과의 장기적인 관계 구축, 브랜드 평판 강화뿐만 아니라 기업의 경쟁력을 높이는 데에도 큰 역할을 한다. 이는 기업의 제품과 서비스를 이용하는 고객들의 입장에서, 기업이 고품질의 제품과 서비스를 제공하고 있기 때문에 신뢰할 수 있는 기업으로 인식되기 때문이다. 기업이 이미지를 개선하기 위해서는 고객의 요구와 기대를 충족시키는 제품과 서비스를 제공하는 것이 필수적이다. 또한 기업이 갖는 이미지는 그 기업의 사회적 책임도 함께 반영한다. 기업이 사회적 책임을 다하고, 고객들의 요구와 기대를 충족시키는 제품과 서비스를 제공하는 모습은 고객들에게 더욱 긍정적인 이미지를 제공할 수 있다. 게다가, 기업의 긍정적인 이미지는 새로운 고객을 유치하고, 기존 고객들을 유지하는 데에도 큰 역할을 한다. 이는 고객과의 효과적인 커뮤니케이션과 참여를 통해 탁월한 고객 서비스를 제공함으로써 달성할 수 있다. 약속을 일관되게 이행하고 원활한 고객 경험을 제공함으로써 기업은 긍정적인 기업 이미지를 유지하는 데 필수적인 고객과의 신뢰와 믿음을 구축할 수 있다. 기업은 고품질의 제품과 서비스를 제공하는 것 외에도 직원을 소중히 여기고 존중하는 긍정적인 직장 문화를 조성하는 데 주력해야 한다. 직원 개발에 투자하고 지원적인 업무 환경을 제공함으로써 기업은 최고의 인재를 유치하고 유지할 수 있으며, 이는 오늘날 시장에서 경쟁우위를 유지하는 데 필수적인 요소이다. 긍정적인 직장 문화는 혁신과 창의성을 촉진하여 변화하는 고객의 요구를 충족하는 새로운 제품과 서비스 개발로 이어질 수 있다.

1.3 고객가치영업 유형

고객가치영업 모델은 고객에게 최고의 가치를 창출하고 제공하는 것을 목표로 하는 비즈니스 전략이다. 즉, 기업은 수익 창출뿐만 아니라 우수한 고객 서비스와 만족을 제공하는 데에도 집중해야 한다. 이 모델의 궁극적인 목표는 고객과 오래 지속되는 관계를 구축하고 충성도 높은 고객 기반을 구축하는 것이다. 고객가치영업의 핵심은 고객 중심이다. 고객의 요구와 상황을 최우선으로 고려하고 이를 충족시키기 위해 모든 노력을 기울인다. 이러한 접근 방식은 각 고객에게 맞춤형 솔루션을 제공하여 최대의 가치를 전달함으로써 달성된다. 단기적인 판매에 집중하는 대신 고객과의 장기적인 관계 구축이 우선시된다. 영업담당자는 단순히 제품을 판매하는 것이 아니라 고객의 문제에 대한 해결책을 제시하는 컨설턴트의 역할도 수행한다. 고객의 업종과 니즈에 대한 전문 지식을 갖추고 있으며, 고객 데이터를 활용해 고객의 니즈를 정확하게 파악하고 맞춤형 솔루션을 제시한다. 영업담당자는 제공한 솔루션에 대한 피드백을 적극적으로 구하고 이를 지속적으로 개선한다. 이러한 접근 방식을 통해 고객의 변화하는 니즈를 충족하고 영업담당자가 고객과 지속적인 관계를 유지할 수 있다. 고객가치영업은 다양한 유형으로 분류할 수 있으며, 모두 고객에게 최상의 경험을 제공하는 것을 목표로 하고 있다.

(1) 솔루션 영업

고객가치영업의 가장 효과 있는 유형 중 하나는 **솔루션 영업**이다. 여기에는 고객의 문제를 해결하는 데 도움이 될 수 있는 솔루션을 제공하는 것이다. 솔루션은 기업이나 고객이 직면한 문제를 해결하기 위해 제공되는 맞춤화된 제품이나 서비스를 말한다. 이러한 솔루션은 고객의 요구와 고충을 이해하고 그에 맞게 제공되어야 한다. 따라서 솔루션 영업에서는 고객의 요구 사항을 파악하고 분석하는 것이 중요하다. 이를 위해서는 고객의 비즈니스와 산업, 그리고 고객의 목표와 과제에 대한 깊은 이해가 필요하다. 고객의 요구 사항을 파악하는 것은 솔루션을 제공하는 기업에게 큰 이점을 준다. 고객이 직면한 문제를 정확하게 파악하고 그에 맞는 솔루션을 제공하면 고객은 더욱 만족스러운 결과를 얻을 수 있다. 기업은 고객의 요구 사항을 충족시키는 솔루션을 제공하여 더 많은 고객을 유치하고 이익을 창출할 수 있다. 이에 따라 솔루션 영업에서는 고객과의 긴밀한 소통이 요구된다. 이를 통해 고객의 비즈니스와 산업, 목표와 과제에 대한 이해도를 높일 수 있다. 솔루션 영업의 또 다른 핵심 요소는 고객과의 관계 구축이다. 여기에는 고객과의 신뢰와 친밀감을 쌓고 고객의 요구와 우려에 대응하는 것이다. 강력한 관계를 구축하면 향후에도 계속 거래할 가능성이 높은 충성 고객을 만들 수 있다. 성공적인 솔루션 영업을 위해서는 고객의 니즈를 이해하고 관계를 구축하는 것 외에도 효과적인 커뮤니케이션과 프레젠테이션 기술이 필요하다. 솔루션의 이점을 명확하게 설명하고 고객이 우려하거나 반대할 수 있는 사항을 해결하는 것이다.

(2) 컨설팅 영업

컨설팅 영업은 고객가치영업의 또 다른 유형이다. 이 유형의 영업에는 고객이 정보를 바탕으로 의사결정을 내릴 수 있도록 전문적인 컨설팅 서비스를 제공하는 것이다. 컨설팅 서비스는 기업의 당면한 복잡한 경영상의 문제에 대하여 다양한 형태로 제공될 수 있다. 컨설팅 영업은 고객에게 가치 있는 조언과 지침을 제공함으로써 고객과 장기적인 관계를 구축하는 데 중점을 둔 전략적 영업유형이다. 컨설팅 영업의 목표는 제품이나 서비스를 판매하는 것뿐만 아니라 고객의 문제에 대한 해결책을 제공하고 목표를 달성할 수 있도록 돕는 것이다.

고객의 필요와 욕구를 이해하고 이를 충족할 수 있도록 맞춤형 제품이나 서비스를 고객의 기대를 뛰어넘는 가치를 제공하는 데 중점을 두는 고객 중심 접근 방식이다. 이를 통해 기업은 고객과 강력한 관계를 구축하고 고품질의 가치 중심 제품 및 서비스를 제공한다는 평판을 쌓을 수 있다. 컨설팅 영업을 성공적으로 구현하기 위해서는 먼저 사전 컨설팅을 통해 경쟁사와 차별화되는 고유한 기능과 이점을 파악하여 제품과 서비스의 가치 제안을 하고 이러한 가치 제안을 고객에게 명확하게 전달해야 한다. 컨설팅 영업에서 영업담당자는 고객의 요구사항을 충족시키기 위해 전문적인 서비스를 제공해야 한다. 이를 위해서는 해당 분야에 대한 전문 지식을 갖춘 전문가들로 이루어진 팀을 구성하여 고객의 문제를 해결할 수 있어야 한다. 이러한 팀은 문제해결에 필요한 데이터를 분석하고 해석하여 인사이트와 권장 사항을 제시하며, 그 결과를 고객에게 효과적으로 전달할 수 있는 능력을 갖추어야 한다. 영업담당자는 고객의 비즈니스 모델과 전략을 이해하고 분석하여 적절한 컨설팅 서비스를 제공하며, 고객의 성공을 위해 최선을 다해야 한다. 컨설팅 영업에서는 고객의 신뢰를 얻기 위해서는 전문성과 신뢰성이 매우 중요하다. 따라서 영업담당자는 항상 최신 정보와 기술 동향을 파악하고, 지속적인 자기 개발과 교육을 통해 전문성을 유지해야 한다. 고객과의 긴밀한 협력과 후속 관리를 통해 신뢰성을 유지해야 하며, 고객의 만족도를 높이는 것이 중요하다.

(3) 관계 영업

관계 영업은 기업이 고객과의 장기적인 관계를 구축하는 데에 중점을 둔 전략적인 영업 방식이다. 이는 고객에게 최상의 서비스를 제공하고, 고객의 요구와 필요를 충족시키기 위해 노력하며, 고객과의 긴밀한 소통을 통해 상호적인 신뢰관계를 형성한다. 우수한 고객 서비스를 제공하고, 로열티 프로그램을 제공하며, 개인적인 차원에서 고객을 참여시킴으로써 달성할 수 있다. 이처럼 단순히 고객에게 제품이나 서비스를 판매하는 것이 아니라 거래를 넘어 고객과의 관계를 형성하는 것이다. 이러한 유형의 관계영업은 단순히 제품이나 서비스를 판매하는 것이 아니라, 고객과의 신뢰를 기반으로 한 파트너십을 구축하는 것이다. 이를 위해서는 고객의 요구사항을 정확히 파악하고, 그에 맞는 제품이나 서비스를 제공해야 한다. 고객이 제품이나 서비스를 사용하면서 발생하는 문제나 불편을 최대한 빠르고 정확하게 해결해 주어야 한다. 이렇게 신뢰를 쌓으면서 고객과의 관계는 더욱 깊어지고, 장기적인 비즈니스 파트너십을 유지할 수 있다. 따라서 관계영업은 단기적인 성과보다는 장기적인 성장을 위한 중요한 전략이다. 이를 통해 기업은 단기적인 성과보다는 장기적인 성장을 위한 기반을 마련할 수 있다. 이는 고객과의 소통과 상호작용을 통해 더 나은 제품과 서비스를 제공하고 고객의 요구사항을 파악하며 이를 만족시키기 위한 노력을 기울인다. 이러한 노력은 고객의 충성도를 높이고, 기업의 이미지와 신뢰도를 향상시켜 브랜드 가치를 증대시킨다. 장기적인 관계를 유지하면서 이전 고객들의 재방문을 유도하고 새로운 고객들을 유치하는 것은 개인화된 마케팅 캠페인, 소셜미디어 상호 작용, 고객과의 정기적인 커뮤니케이션을 통해 달성할 수 있다. 관계영업에 집중함으로써 기업은 향후 수년간 지속적으로 거래할 수 있는 충성도 높은 고객 기반을 구축할 수 있다.

(4) 파트너십 영업

파트너십 영업은 기업이 고객과 파트너 간의 관계를 구축하여 공동의 목표를 달성하는 고객가치영업의 한 유형이다. 이는 기업이 자사 제품이나 서비스를 더욱 많은 고객에게 홍보하고, 브랜드 인지도를 높이며, 판매를 촉진하기 위한 전략적인 접근 방식이다.

파트너십 영업은 기업이 다른 기업이나 개인과 협력하여 공동의 이익을 추구하는 것이다. 이를 통해 기업은 자사 제품이나 서비스를 더 많은 고객에게 소개하고, 브랜드 인지도를 향상시키며, 고객과의 관계를 강화할 수 있다. 파트너십을 통해 기업은 새로운 시장을 개척하고, 제품 라인을 확장하며, 경쟁업체와의 경쟁력을 강화할 수 있다. 기업 간 협력, 제휴, 딜러쉽, 프랜차이즈 등 다양한 형태로 파트너십 영업이 이루어질 수 있다. 이러한 형태들은 기업의 목적과 상황에 따라 달라질 수 있다.

파트너십 영업의 주요 이점 중 하나는 기업이 새로운 시장과 고객 세그먼트를 공략할 수 있다는 것이다. 상호 보완적인 제품을 보유한 회사와 제휴함으로써 기업은 도달 범위를 확장하고 이전에 제품이나 서비스를 알지 못했던 새로운 고객에게 접근할 수 있다. 파트너십 판매의 또 다른 장점은 경쟁업체와 차별화할 수 있다는 점이다. 파트너와의 협업을 통해 기업은 시장에서 눈에 띄는 독특하고 혁신적인 솔루션을 만들 수 있다. 이를 통해 신규 고객을 유치하고 기존 고객을 유지하는 데 도움이 될 수 있다. 파트너십 영업에서 성공하려면 기업은 파트너와 강력한 관계를 구축해야 한다. 효과적으로 소통하고, 명확한 목표를 설정하고, 목표를 달성하기 위해 긴밀하게 협력해야 한다. 이를 위해서는 높은 수준의 신뢰와 공동의 목표를 향해 함께 노력하려는 의지가 필요하다. 이처럼 파트너십 영업은 기업이 성장을 촉진하고 도달 범위를 확장하며 경쟁업체와 차별화하기 위해 사용할 수 있는 강력한 전략이다. 파트너와 강력한 관계를 구축함으로써 기업은 공동의 목표를 달성하고 고객을 위한 가치를 창출할 수 있다.

영업실전 사례 2–1

저자는 KT의 개인고객영업책임자(Individual Customer Sales Director)로 매년 신규가입자를 100만가입자 이상을 모집하고 비슷한 수의 가입자가 해지되어 소폭 증가하는 시장경쟁구조에서 매년 수천억 원의 신규가입자 유치비용을 쏟아붓는 현재와 같은 영업방식을 적합하지 않다고 인식하고 영업예산은 지출해야겠지만 현장 유통망의 소모적 출혈경쟁으로 인한 발생하는 비용 등을 줄이고 고객가치를 생각하는 영업, 해지정보 등의 분석에 전략적인 영업방안을 마련하도록 관련부서에 요구했다.

1. 시장상황

초고속 인터넷 시장은 2007년 9.5%의 성장률을 보였지만, 2008년에는 성장률이 5.1%로 급락하고 매출도 3% 하락할 것으로 예상되었다. 이는 가구당 보급률이 포화 수에 도달하고 사업자 간 요금경쟁으로 마케팅 비용이 증가하면서 수익구조가 개선되지 않았기 때문이다. 또한 사업자들의 신규 투자가 늘어날 것으로 보여 영업이익률 감소 가능성이 있었다.

(단위 : 만가입자)

구분	KT	SKB	LGU+	CCTV사업자	계
2006	635	361	120	233	1,350
2007	655	366	172	268	1,461
시장점유율	44.1%	24.6%	11.6%	18.0%	100%

2. 지역별 맞춤형 컨설팅 영업 모델 제안

ㅇ 맞춤형 컨설팅 영업 모델의 개요
- 초고속 인터넷 서비스 시장은 KT, SKT, LGU+ 등 4개 사업자가 경쟁하는 포화 시장으로 매년 100만 명 이상의 신규 가입자가 발생하는 반면, 해지율도 높아 “다산다사 영업” 문제가 심각
- 이 문제를 해결하기 위해 담당부서의 실무자는 해지 원인 정보, 지역별 경쟁 유통업체 정보, 지역별 영업 상황 정보 등을 분석하여 지역별 맞춤형 컨설팅 영업 모델을 제안하고, 그 효과를 검증함.

ㅇ 문제점
- 다산다사 영업 : 매년 많은 신규 가입자가 발생하지만, 해지율 또한 높아 지속가능한 성장이 어려움.
- 고객 만족도 저하 : 해지 원인을 파악하지 못하고 획일적인 영업 전략으로 인해 고객 만족도가 낮아짐.
- 지역별 차별성 부족 : 지역별 특성을 고려하지 않은 영업 전략으로 인해 지역별 가입률 및 해지율 차이가 발생

ㅇ 지역별 데이터 분석
- 해지 원인 정보 분석 : 고객 해지 이유를 분석하여 지역별 해지 패턴을 파악
- 지역별 경쟁 유통업체 정보 분석 : 지역별 주요 경쟁 유통업체의 영업 전략 및 강점/약점을 파악
- 지역별 영업 상황 정보 분석 : 지역별 가입률, 해지율, ARPU 등을 분석하여 지역별 시장 상황을 파악

ㅇ 맞춤형 컨설팅 내용
- 지역별 해지 패턴 분석 : 지역별 주요 해지 원인을 파악하고 해결 방안을 제시
- 경쟁 유통업체 분석 : 경쟁 유통업체의 강점/약점을 분석하고 차별화 전략을 수립
- 영업 전략 수립 : 지역별 시장 상황 및 고객 특성을 고려한 맞춤형 영업 전략 수립

ㅇ 컨설팅 수행 방식
- 본사 전문가 팀 : 지역별 특성을 파악하고 맞춤형 컨설팅 모델 및 내용을 개발
- 지역 영업팀 : 본사 전문가 팀과 협력하여 지역별 컨설팅 수행
- 지역별 워크숍 : 지역 영업팀 및 유통업체 대상 맞춤형 컨설팅 워크숍 개최

3. 지역별 맞춤형 컨설팅 영업 모델의 효과 검증

- 컨설팅 미수행 지역 대비 가입자 유지율 15% 증가, 신규가입자 10% 증가한 반면 컨설팅 미수행 지역은 지속적인 가입자 감소 추세
- 컨설팅 지역은 컨설팅 미수행 지역 대비 해지율 15% 감소한 반면, 컨설팅 미수행 지역은 지속적인 해지율 증가 추세
- 영업비용 감소는 컨설팅 미수행 지역 대비 영업비용 10% 감소한 반면 컨설팅 미수행 지역은 지속적인 영업비용 증가 추세
- 컨설팅 지역은 고객 만족도 설문조사 결과, 컨설팅 미수행 지역 대비 10% 높은 만족도

4. 결론 및 시사점

지역별 맞춤형 컨설팅 영업 모델은 초고속인터넷 시장에서의 중요한 혁신 기법이었다. 이 모델은 과거 많은 통신사들이 겪었던 "다산다사 영업" 문제를 해결하는 데 큰 기여를 했다. "다산다사 영업"이란 고객 유치에만 몰두하고 실제 고객 관리와 유지에는 소홀했던 관행을 말한다. 이로 인해 고객 이탈률이 높고, 영업비용 증가, 고객 만족도 저하 등의 문제가 발생했다.

하지만 지역별 맞춤형 컨설팅 영업 모델은 이러한 고질적인 문제를 결할 수 있었다. 고객의 특성과 요구사항을 깊이 있게 파악하고, 이를 반영한 고객가치영업을 전개했기 때문이다. 그 결과 가입률 증대, 해지율 감소, 영업비용 감소, 고객 만족도 향상 등의 긍정적인 성과를 거둘 수 있었다.

본서의 『고객가치영업 전략과 실전방법』은 이러한 지역별 맞춤형 컨설팅 영업 모델의 전략과 경험을 집필의 구상에 참고하였다. 저자는 당시 개인고객영업책임자로 있으면서 직접 실무자들과 함께 이 모델을 개발하고 적용했던 산 증인이다. 따라서 이 책은 이론과 실무를 견고히 접목한 실전적인 영업 전략과 기법을 제시하고 있다고 할 수 있다.

≫ 영업의 새로운 생각

1. 지역별 맞춤형 컨설팅 영업 모델의 성공요인이 무엇인가?

2. 본사와 현장영업조직 간의 지역맞춤형 컨설팅 영업을 위해 해야 하는 각각의 역할은?

3. 지역별 맞춤형 컨설팅 영업 모델을 통신산업 외 다른 산업에 적용이 가능한가?

2. 고객가치영업 모델과 프로세스

고객가치영업 모델은 기업이 고객에게 제공하는 가치를 중심으로 비즈니스를 구성하는 방식이며 기업이 고객의 요구와 만족을 충족시켜 최종적으로 기업의 이익을 극대화할 수 있는 방법이다. 이는 단순히 제품이나 서비스를 판매하는 것이 아니라, 고객이 필요로 하는 가치를 파악하고 이를 제공함으로써 기업과 고객 간의 유대감을 형성한다. 이 같은 모델은 기업이 경쟁적인 시장에서 생존하고 성장하기 위해서 필수적으로 기업이 고객의 요구와 만족을 충족시키는 제품과 서비스를 포함한 솔루션을 제공함으로써, 고객들은 해당 기업을 선호하게 되고 브랜드 충성도가 높아짐으로써 기업의 매출과 이익을 증대시키는 데에 큰 역할을 한다.

2.1 고객가치영업 모델

고객가치영업 모델은 기업이 고객에게 제공하는 가치가 무엇인지를 파악하고, 그 가치를 통해 수익을 창출하는 비즈니스 모델이다. 이 모델은 건축 설계도와 같이 기업의 영업 전략과 활동 방향을 명확하게 제시하며, 기업이 가진 자원과 능력을 최대한 활용하여 고객의 요구에 부응하는 제품이나 서비스를 제공하는 것이 핵심이다. 이는 고객과 기업 간의 상호작용을 중심으로 고객의 요구와 욕구를 파악하고, 이를 기반으로 제품 및 서비스를 개발하며, 이를 고객에게 제공함으로써 기업의 수익을 창출한다.

(1) 특성

성공적인 고객가치영업 모델은 고객 중심적인 접근과 차별화된 가치 제공, 지속 가능성, 실행 가능성 등을 충족시켜야 한다. 이를 통해 기업은 고객 만족도와 충성도를 향상시키고, 장기적인 성장을 이룰 수 있다.

① 고객 중심적인 접근 : 기업이 고객의 요구와 욕구를 파악하고, 그에 맞게 제품 또는 서비스를 제공하는 것을 말한다. 이는 기업이 고객과의 관계를 유지하고 더 나은 서비스를 제공하기 위해 필수적인 요소이다. 고객의 요구와 욕구

를 파악하는 것은 기업에게 매우 중요한 일이다. 이를 통해 기업은 고객들에게 맞춤형 서비스를 제공할 수 있으며, 이는 고객들의 만족도를 높일 수 있는 좋은 방법이다. 또한 고객 중심적인 접근은 고객들과의 긴밀한 관계를 구축하고 유지하는 데 도움을 주며 기업이 고객들의 요구와 욕구를 파악하는 것으로 시작한다. 이를 위해서는 고객들과의 소통이 중요하다. 기업은 고객들과의 소통을 통해 고객들이 원하는 서비스를 파악하고, 그에 맞게 제품 또는 서비스를 제공할 수 있다. 기업은 고객 중심적인 접근을 통해 제공하는 제품 또는 서비스가 고객들의 요구와 욕구를 충족시키고 고객들의 만족도를 높일 수 있다. 고객들이 만족하는 제품이나 서비스를 제공하면, 기업은 더 많은 고객들을 유치할 수 있으며, 충성도를 유지할 수 있다.

② 차별화된 가치 제공 : 경쟁업체와의 차이를 만들어내는 것이다. 차별화된 가치 제공은 기업이 경쟁우위를 확보하는 핵심적인 전략이다. 단순히 유사한 수준의 제품이나 서비스를 제공하는 것으로는 고객의 관심을 끌기 어렵다. 대신 고객에게 특별하고 차별화된 경험을 제공함으로써 기업은 경쟁력을 높일 수 있다. 차별화된 가치 제공은 기업의 장기적인 성공에 필수적인 요소이다. 이를 통해 기업은 경쟁업체와 구별되는 독특한 입지를 구축하고, 고객의 호감을 얻을 수 있다. 결국 이는 기업의 수익 증대와 지속적인 성장으로 이어지게 된다. 특히 치열한 시장 경쟁 속에서 차별화된 가치 제공은 기업의 생존과 번영을 위해 매우 중요하다. 고객들은 단순히 유사한 제품이나 서비스가 아닌, 특별한 가치를 찾고 있다. 따라서 기업은 지속적으로 혁신과 창의성을 발휘하여 고객에게 독특하고 차별화된 경험을 제공함으로써 경쟁력을 강화해나가야 한다. 이를 위해 기업은 고객의 니즈와 선호도를 깊이 있게 분석하고, 이를 반영한 새로운 가치를 창출해내야 한다. 기업 내부의 역량과 자원을 효과적으로 활용하여 차별화된 제품과 서비스를 개발하는 것이 중요하다. 이를 통해 기업은 고객의 마음을 사로잡고, 장기적인 성장과 발전을 이룰 수 있다.

③ 지속가능성 : 기업이 환경, 사회, 경제 등 다양한 요소를 종합적으로 고려하여 사업을 운영해야 한다. 이는 기업의 장기적인 성장과 발전을 위해 중요한 요소이다. 지속가능성을 고려하는 기업은 경제적인 이익을 추구하면서도 사회적 책임을 다할 수 있다. 환경적인 측면에서는 기업이 생산과 소비의 과정에

서 발생하는 환경오염과 자원의 낭비를 최소화하기 위해 노력해야 한다. 이를 위해서는 친환경적인 제품과 서비스를 개발하고, 생산과 소비과정에서 발생하는 폐기물을 적극적으로 재활용하거나 처리해야 한다. 사회적인 측면에서는 기업이 사회적 경제적 이슈에 민감하게 대처해야 한다. 이를 위해서는 고용 창출, 지역사회 발전, 소외된 계층 지원 등의 다양한 사회 공헌 활동을 추진해야 한다. 고객과의 소통을 통해 고객의 다양한 요구사항을 반영하고, 고객들의 건강과 안전에 대한 책임을 다해야 한다. 경제적인 측면에서는 기업이 장기적인 성장을 위해 적극적인 투자와 혁신적인 제품과 서비스 개발을 추진해야 한다. 이를 위해서는 기존의 비즈니스 모델을 고민하고, 새로운 시장과 기회를 발견해야 한다. 또한 고객들이 만족할 수 있는 제품과 서비스를 제공하고, 이를 통해 수익을 창출해야 한다.

④ 실행 가능성: 기업이 그들의 비전과 영업 전략 등을 실제로 구현하고 달성할 수 있는 능력을 말한다. 이는 기업이 자신들이 설정한 목표를 달성하고, 성장과 발전을 이룰 수 있도록 돕는 중요한 역할을 한다. 실행 가능성은 단순히 계획을 세우는 것뿐만 아니라, 그것을 실제로 구현하는 것에 대한 능력을 말한다. 이는 기업이 시장의 변화에 대응하고, 경쟁자들과 경쟁할 수 있는 역량을 갖추는 데 필수적이다. 실행 가능성을 높이기 위해서는 기업은 다양한 전략과 방법을 고려해야 한다. 우선, 영업조직 내부의 구성원들은 목표를 이해하고, 이를 실제로 달성하기 위해 노력해야 한다. 또한 외부적인 환경 변화에 민첩하게 대응할 수 있는 유연성과 적극적인 대처능력도 필요하다. 이를 위해 기업은 지속적인 혁신과 개선을 추구하고, 새로운 아이디어를 수용하며, 실패를 인정하고 배우는 문화를 조성해야 한다. 실행 가능성은 기업의 성장과 발전을 위해 필수적인 요소이다. 기업은 자신들의 비전과 목표를 달성하기 위해 실행 가능성을 높이는 노력을 계속해야 하며, 이를 위해 조직 내부의 구성원들과 외부 환경을 모두 고려해야 한다. 이를 통해 기업은 경쟁력을 유지하고, 성장과 발전을 이룰 수 있다.

〈그림 2-1〉 고객가치영업 모델

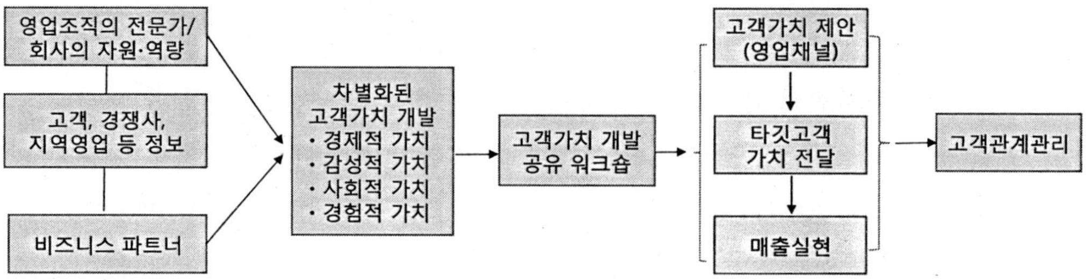

(2) 고객가치영업 모델

고객가치영업 모델은 기업의 경쟁력을 강화하는 데 큰 역할을 한다. 고객이 만족하는 제품이나 서비스를 제공하면서, 기업은 경쟁업체와 차별화되는 요소를 만들어 내고, 이를 바탕으로 시장에서 성장해 나갈 수 있다. 이 같은 모델의 핵심요소는 **고객가치 개발, 수익창출 방식, 핵심역량, 파트너십**이다. 고객가치영업 모델은 기업이 경쟁력을 유지하고 성장하기 위해 매우 중요한 역할을 한다. 〈그림 2-1〉의 모델은 기업이 고객의 만족을 도모하는 제품과 서비스를 제공하면서, 경쟁업체와 차별화되는 요소를 만들어내고 이를 바탕으로 시장에서 더욱더 성장해 나갈 수 있도록 돕는 것이다.

고객가치영업 모델의 핵심요소 중 첫 번째는 차별화된 **고객가치의 개발**이다. 고객가치영업 모델은 영업스탭조직과 현장영업담당자가 협업하여 고객, 경쟁사, 지역영업 등의 정보를 분석한 후 고객가치를 개발하여 제안하는 영업을 하는 전략이다. 고객가치 제안은 기업이 제공하는 제품과 서비스가 고객의 니즈와 요구사항에 부합하면서도 경쟁업체와 차별화되는 요소를 가지고 있어야 한다. 이는 기업이 고객의 문제를 해결하고, 가치를 창출하는 제품과 서비스 등을 포함한 맞춤형 솔루션을 제공하는 것이다. 이를 위해서는 고객의 니즈와 요구사항을 이해하고, 그에 맞는 제품과 서비스를 개발해야 한다. 또한 기업은 경쟁업체와 차별화되는 제품과 서비스를 제공해야 한다. 이를 통해 기업은 고객의 만족도를 높이고, 경쟁업체와의 경쟁에서 이길 수 있는 기반을 마련할 수 있고 성장과 발전을 이룰 수 있으며, 고객과의 긴밀한 관계를 유지할 수 있다.

두 번째 핵심요소는 **수익창출 방식**이다. 기업이 고객가치를 제공하는 것뿐만 아니라 이를 수익으로 전환하는 것이 중요하다. 이를 위해서는 기업은 수익창출 방식을 세밀하게 분석하고, 고객이 원하는 것을 어떻게 제공할 수 있는지를 신중하게 고민해야 한다. 수익창출 방식은 다양한 방법으로 이루어질 수 있다. 예를 들어, 제품 판매, 서비스 제공, 광고 수익 등이 있다. 기업은 이러한 수익창출 방식을 분석하여 자사에 적합한 방식을 선택해야 하며 제품이나 서비스를 고객이 원하는 방식으로 제공할 수 있도록 연구하고 개발해야 한다. 고객이 원하는 것은 시간이 지남에 따라 변화할 수 있으며 고객과의 소통을 유지하며, 고객의 요구 사항을 파악하고 이를 반영하는 것이 중요하다. 이를 통해 기업은 고객에게 더 나은 가치를 제공하면서 수익 창출을 동시에 이룰 수 있다.

또한 기업은 경쟁사와의 차별화를 고려해야 한다. 경쟁이 치열한 시장에서는 고객에게 더 나은 가치를 제공하는 것이 경쟁력을 확보하는 중요한 요소이다. 따라서 기업은 경쟁사와의 차별화를 위해 수익창출 방식을 고민해야 한다. 세 번째 핵심요소는 **핵심역량**이다. 기업이 자신의 강점을 파악하고 이를 바탕으로 고객에게 가치를 제공할 수 있는 이유는 바로 핵심역량에 대한 강화와 개발을 통해 가능하다. 핵심역량은 기업이 경쟁업체와 차별화되는 요소를 만들어내고, 더욱 높은 수익을 창출할 수 있도록 돕는 중요한 요소 중 하나이다. 기업이 자신의 강점과 능력을 파악하고, 이를 적극적으로 개발하고 강화하는 것을 의미한다. 이러한 노력을 통해 기업은 경쟁업체와 차별화되는 요소를 만들어내고, 고객에게 더욱 가치 있는 제품과 서비스를 제공할 수 있게 된다. 또한 핵심역량을 강화함으로써 기업은 더욱 효율적이고 경제적인 운영을 할 수 있게 되어 더욱 높은 수익을 창출할 수 있다. 핵심역량을 강화하는 방법은 다양하다. 기업은 자신의 강점과 역량을 파악하고, 이를 조직의 전략과 목표에 맞게 활용할 수 있도록 계획을 세워야 한다. 또한 적극적인 연구개발과 혁신적인 아이디어를 수용하고, 이를 실제 제품과 서비스로 구현할 수 있는 능력을 강화해야 한다.

마지막 핵심요소는 **파트너십**이다. 파트너십은 서로 다른 개체가 함께 일할 때 발생하는 협력적인 관계이다. 이러한 관계는 종종 상호 유익한 결과를 초래한다. 기업이 고객가치 제안을 실현하고 수익 모델을 구축하기 위해서는 파트너십이 필수적이다. 파트너십은 다양한 형태로 구성될 수 있으며, 서로의 강점을 활용하고 경쟁력을 강화하기 위한 상호협력의 과정이다. 파트너십은 제품을 공동 개발하거나 서비스를 공유하는 등 다양한 방법으로 구축될 수 있다. 이를 통해 기업은 새로운 아이디어와 기술적인 전문성을 얻고, 서로의 경쟁력을 강화할 수 있다. 뿐만 아니라, 파트너십을 통해 새로운 시장 진출을 시도하거나 기존 시장에서의 지위를 강화하는 것도 가능하다. 예를 들어, 한 기업이 해외시장에 진출하고자 할 때, 현지 파트너와의 협력을 통해 현지 시장에 대한 이해도를 높이고, 성공적인 진출을 이룰 수 있다. 이 모델은 영업 프로세스 전반에 걸쳐 고객과의 관계를 유지하고, 고객에게 가치를 제공하기 위한 체계적인 접근 방식을 제공한다. 이를 통해 고객은 제품이나 서비스를 구매할 때 더 나은 경험을 얻을 수 있게 된다. 이를 통해 영업전문가들은 고객의 욕구와 요구사항을 파악하고, 그에 맞는 제품이나 서비스 등의 솔루션을 제공함으로써 고객의 만족도를 높이고, 장기적인 관계를 유지할 수 있게 되면서 매출과 이익을 증가시킬 수 있게 된다.

2.2 고객가치영업 프로세스

고객가치영업 프로세스는 고객에게 가치를 제공하는 데 중점을 둔다. 단순히 제품이나 서비스를 판매하는 것을 넘어, 고객의 니즈를 파악하고 이를 해결할 수 있는 맞춤형 솔루션을 제시하며, 지속적인 관계를 구축하는 데 초점을 맞춘다.

(1) 고객 요구사항 이해

고객가치영업을 성공적으로 구현하기 위해서는 먼저 고객의 요구와 필요를 이해하는 것이 중요하다. 이를 위해서는 고객의 비즈니스, 산업, 과제 및 목표를 이해하기 위한 철저한 조사와 발견이 필요하다. 시장 조사, 고객 인터뷰, 데이터 분석은 관련 정보를 수집하는 데 사용할 수 있는 방법이다. 시장 조사는 기업이 성공적으로 사업을 수행하기 위해 필수적인 요소 중 하나이다. 시장 조사는 시장 동향 조사, 경쟁사 분석, 잠재고객 파악, 제품 또는 서비스에 대한 수요 파악 등으로 구성된다. 시장 동향 조사는 시장의 변화를 파악하는 과정이다. 기업은 시장 동향을 파악하여 제품이나 서비스를 개선하거나 새로운 제품이나 서비스를 출시함으로써 경쟁력을 강화할 수 있다. 경쟁사 분석은 경쟁사의 제품이나 서비스, 마케팅 전략 등을 파악하는 과정이다. 경쟁사 분석을 통해 기업은 경쟁사의 강점과 약점을 파악하여 자사 제품이나 서비스를 개선하거나 마케팅 전략을 조정할 수 있다. 잠재고객 파악은 기업이 제품이나 서비스를 출시하기 전에 소비자의 요구사항을 파악하는 과정이다. 잠재고객의 요구사항을 파악하면 기업은 제품이나 서비스를 소비자의 요구에 맞게 개선하거나 새로운 제품이나 서비스를 개발할 수 있다.

제품 또는 서비스에 대한 수요 파악은 소비자들이 원하는 제품이나 서비스를 파악하는 과정이다. 제품이나 서비스에 대한 수요를 파악하면 기업은 제품이나 서비스의 특성을 파악하여 소비자가 원하는 제품이나 서비스를 출시할 수 있다. 고객 인터뷰는 고객의 요구, 선호도 및 피드백을 이해하기 위해 고객과 소통하는 것이다. 이를 통해 고객의 관점에 대한 귀중한 인사이트를 얻을 수 있으며, 이는 고객의 기대에 부합하는 제품이나 서비스를 개발하는 데 사용될 수 있다. 데이터 분석은 데이터를 수집하고 분석하여 패턴과 추세를 파악하는 작업이다. 이를 통해 기업은 제품이나 서비스를 개선할 수 있는 영역을 파악하고 고객의 피드백을 바탕으로 정보에 입각한 의사결정을 내릴 수 있다. 고객의 필요와 요구사항을 이해함으로써 기업은 고객에게 가치를 제공하는 데 중점을 둔 고객 중심 영업 접근 방식을 개발할 수 있다. 이러한 접근 방식은 기업이 고객과 장기적인 관계를 구축하고, 고객 만족도를 높이며, 궁극적으로 비즈니스 성장을 촉진하는 데 도움이 될 수 있다.

(2) 고객가치 창출

오늘날의 비즈니스 환경에서 고객가치 창출은 성공적인 기업의 중요한 요소가 되었다. 기업은 고객의 요구를 해결하고 고객의 목표 달성을 지원할 수 있는 맞춤형 솔루션을 개발해야 한다. 이를 위해서는 고객의 요구, 선호도, 기대에 대한 깊은 이해가 필요하다. 제품이나 서비스의 기능과 특징도 중요하지만, 고객에게 제공할 수 있는 실질적인 가치를 전달하는 것도 그에 못지않게 중요하다. 이러한 가치 제안은 명확하고 간결해야 하며, 고객이 제품이나 서비스를 사용함으로써 기대할 수 있는 이점을 강조해야 한다. 경쟁이 치열한 시장에서 돋보이려면 기업은 경쟁사와 차별화된 가치 제안을 제공해야 한다. 이는 고유한 혜택을 제공하거나 시장의 다른 플레이어가 해결하지 못한 문제점을 해결함으로써 달성할 수 있다. 이를 통해 기업은 틈새시장을 개척하고 충성도 높은 고객 기반을 구축할 수 있다. 고객가치 창출은 기업의 핵심 가치 중 하나로, 일회성 노력이 아니라 지속적인 혁신과 개선이 필요하다. 고객의 니즈를 충족시키기 위해서는 기업은 고객의 요구에 맞는 제품과 서비스를 제공해야 한다. 이를 위해서는 연구 개발에 대한 투자가 필요하며, 기업은 새로운 기술과 솔루션을 개발하여 고객에게 제공해야 한다. 또한 기업은 고객의 요구를 파악하고 이를 바탕으로 제품과 서비스를 개선해야 한다. 고객의 만족도를 높이기 위해서는 기업은 고객의 의견을 수집하고 이를 반영하여 제품과 서비스를 개선해야 한다. 또한 기업은 고객의 사용 경험을 분석하여 문제점을 파악하고 이를 개선해야 한다. 이를 통해 고객은 기업의 제품과 서비스에 대한 신뢰도를 높이고, 기업은 고객의 충성도를 유지할 수 있다. 기업은 고객의 요구를 해결하고 경쟁사와 차별화되는 실질적인 혜택을 제공하는 맞춤형 솔루션을 개발하는 데 집중해야 한다. 이를 통해 충성도 높은 고객 기반을 구축하고 각 업계의 리더로 자리매김할 수 있다.

(3) 고객가치 제안 및 입증

영업담당자들은 회사의 제품이나 솔루션을 경쟁사와 차별화 시켜야 하며, 이를 위해서는 고객이 원하는 특정 목표와 목적에 부합하는 고유한 기능, 혜택 및 가치를 제안하고 입증해야 한다. 이러한 역할을 수행하기 위해서는 영업담당자들은 타깃 고객의 요구 사항과 고충을 이해하는 전문가로서, 이러한 문제를 효과적으로 해결하기 위해 메시지를 맞춤화할 수 있어야 한다. 영업담당자들은 고객의 입장에서 생각하며, 고객이 가진 문제점과 고민을 이해하고 그에 맞는 해결책을 제시해야 한다. 제품이나 솔루션의 기능과 특징을 정확하게 파악하고, 이를 고객이 이해하기 쉽도록 설명할 수 있어야 한다. 이러한 능력은 물론 제품 개발팀과 긴밀한 협조를 통해 구현될 수 있다. 영업담당자들은 고객과의 소통이 중요하다. 고객은 제품이나 서비스를 구매하기 전에 자신이 가진 문제점과 고민을 상세히 설명하며, 이를 해결할 수 있는 제품이나 서비스를 찾고 있다. 이때 영업담당자들이 고객의 입장에서 생각하며, 고객의 문제점과 고민을 정확히 파악하고 그에 맞는 해결책을 제시해야 한다.

영업담당자들은 제품이나 서비스의 기능과 특징을 정확하게 파악하고, 이를 고객이 이해하기 쉽도록 설명할 수 있어야 한다. 제품이나 서비스를 구매하는 고객들은 그 제품이나 서비스가 어떻게 동작하는지, 어떤 기능과 특징을 가지고 있는지를 자세히 알고 싶어 한다. 제품 개발팀과 긴밀한 협조를 통해 고객이 원하는 제품이나 서비스를 구현할 수 있도록 노력해야 한다. 제품 개발팀과의 협조를 통해 제품이나 서비스의 기능과 특징을 더욱 개선할 수 있으며, 이는 고객의 만족도를 높일 수 있는 좋은 방법이다. 제품의 가치를 효과적으로 전달하기 위해 영업담당자는 시장, 경쟁사, 타깃 고객에 대한 철저한 조사를 수행하며 이를 통해 제품의 주요 차별화 요소를 파악하고 잠재고객의 문제를 어떻게 해결할 수 있는지 이해할 수 있다. 그런 다음 이 정보를 사용하여 타깃 고객의 니즈에 직접적으로 부합하는 맞춤형 가치 제안을 작성한다.

또한 영업담당자는 제품의 가치를 증명하기 위해 증거와 시연을 제공한다. 여기에는 다른 고객이 달성한 실제 결과와 성공 사례를 강조하는 사례 연구, 추천사, 제품 데모 또는 테스트 경험이 포함될 수 있다. 이러한 방법은 제품의 잠재적 이점을 보여주고 잠재고객에게 제품의 유용성을 설득하는 데 사용된다. 영업담당자는 데이터와 통계를 사용하여 제품이 다른 회사나 개인의 성과를 어떻게 개선했는지 보여주는 등 자신의 주장을 뒷받침할 수 있다. 자사 제품의 고유한 장점을 강조하기 위해 시장에 출시된 유사 제품과의 비교를 제공할 수도 있다.

(4) 고객관계 구축

영업담당자는 고객과 강력한 관계를 구축하기 위해 전문성, 정직성, 공감 능력을 입증하는 데 주력하며, 신뢰와 신용을 쌓는 것은 영업 직업의 중요한 측면이다. 영업담당자는 신뢰와 신용이 성공적인 비즈니스 관계의 토대임을 잘 알고 있으며, 고객의 신뢰를 얻고 유지하기 위해 열심히 노력한다. 영업담당자는 고객이 정보에 입각한 결정을 내리고 원하는 결과를 달성할 수 있도록 정직한 지침과 전략적 통찰력을 제공하는 신뢰할 수 있는 조언자 역할을 한다. 시간을 들여 고객의 고유한 요구와 과제를 파악하고, 이러한 특정 문제를 해결하기 위해 맞춤형 접근 방식을 제공하며 고객의 비즈니스와 산업에 대한 깊은 이해를 바탕으로 고객이 목표를 달성하는 데 도움이 되는 귀중한 인사이트와 권장 사항을 제공할 수 있다.

영업담당자는 고객과의 상호 작용에서 투명성과 정직성을 항상 우선시한다. 이는 단순히 제품이나 서비스를 판매하는 것뿐만 아니라, 고객과의 관계를 구축하고 유지하기 위해 매우 중요하며 고객이 언제나 정확하고 충분한 정보를 받을 수 있도록 최선을 다하며, 고객의 최선의 이익을 위해 노력해야 한다.

고객에게 제품이나 서비스를 제공하기 전에, 담당자들은 항상 고객의 요구사항을 철저히 파악하고, 그들이 원하는 것을 최대한 충족시키기 위해 노력함으로써 고객들은 영업담당자들에게 믿음과 신뢰를 가지게 된다.

또한 영업담당자들은 제품, 서비스 및 가격에 대한 정보를 투명하게 공개함으로써 고객들과의 신뢰와 믿음을 쌓아 나갈 수 있다. 제품이나 서비스의 장단점, 가격 등에 대한 정보를 충분히 제공함으로써, 고객들은 영업담당자들에게 더욱 높은 신뢰를 가지게 되며, 장기적으로는 상호 이익이 되는 관계를 구축할 수 있다. 궁극적으로 영업담당자는 신뢰와 신용은 하루아침에 얻을 수 있는 것이 아니라는 것을 잘 알고 일관되고 윤리적인 행동과 탁월한 서비스 제공을 위한 헌신을 통해 오랜 시간에 걸쳐 구축해 나가야 한다.

(5) 지속적인 개선

영업담당자는 고객과의 소통을 통해 고객의 니즈와 요구사항을 파악하고, 그에 따른 제품 및 서비스의 개선을 위한 방안을 모색해야 한다. 이를 위해 영업담당자는 고객으로부터 불만사항이나 개선사항 등 다양한 정보를 수집하게 된다. 이 정보는 고객의 경험을 더욱 개선하고, 불필요한 비용을 줄이며, 더 나은 서비스를 제공하기 위한 중요한 자원으로 활용된다.

또한 영업담당자는 고객과의 대화를 통해 제품 또는 서비스의 문제점을 파악하고, 이를 해결하기 위한 방안을 제시한다. 이를 통해 고객은 더욱 만족스러운 서비스를 받을 수 있으며, 기업은 더욱 효율적인 비즈니스 운영을 할 수 있다. 고객과의 소통을 통해 고객에게 제공되는 서비스의 가치를 높이는 방안을 모색하고 이를 통해 기업은 고객의 니즈와 요구사항을 충족시키는 동시에, 더 많은 고객을 유치하고 이들의 만족도를 높이는 데에 성공할 수 있다. 고객의 요구와 피드백에 지속적으로 대응함으로써 고객과 더욱 강력한 관계를 구축하고 충성도 높은 고객 기반을 구축할 수 있다. 이러한 프로세스는 고객 만족도를 유지하고 개선함으로써 고객 유치와 재구매를 유도할 수 있으며, 이를 통해 기업의 매출 증대와 이익 증가를 이룰 수 있다.

영업실전 사례 2-2

맹목적인 가치 전달보다는 고객의 이익에서 접근하라.

고객이 상품이나 서비스를 구매할 때는, 본인에게 필요한 가치를 소유하기 위한 구매 활동을 진행한다. 그럼 고객들이 찾고 있는 가치들은 어떠한 것들이 있는가? 미래의 사고나 재난을 예방하기 위해 발생 가능한 불행적 요소를 미연에 막아주는 가치를 보유하고 있는 상품들이 있을 수 있다. 또는 현재 보유하고 있는 한계적 수량을 추가적으로 2배 또는 3배로 증식 시키는 가치를 보유하고 있는 상품들도 있을 수 있겠다. 또는 현재 존재하지 않는 즐거움이나 행복 요소들을 추가하여 고객이 그 가치들을 누릴 수 있도록 해 주는 상품들도 있을 수 있을 것이고, 과거에 이미 발생한 문제에 대한 솔루션을 제공해 줄 수 있는 가치적 활동에 관련된 상품들도 있을 수 있겠다.

이렇게 사건적 그리고 현상적인 가치에 대한 소유적인 부분도 있지만 제품의 우수한 성능적 가치를 추구하는 방식도 있어 그 형태들은 매우 다양하다. 어떠한 제품은 빠른 속도를 자랑하고, 또 어떠한 제품은 성능이 우수하여 많은 양의 결과물을 쏟아 내는 가치를 고객에게 선사하기도 한다. 이렇게 기능적인 부분에서도 가치의 소유방식도 찾아 볼 수 있다. 일반적으로 영업담당자들은 팀장님에게 또는 선배들에게 교육받은 내용 그대로 영업담당자 본인이 판매해야 하는 상품의 가치를 고객에게 소개하고 판매를 유도한다. 하지만 우리 상품의 내적 가치가 아무리 훌륭하고 유용하다고 하더라도 판매에 있어서는 추가적인 영업적 접근은 필요하다. 어떠한 부분을 추가적으로 고객에게 전달해 주어야 판매가 보다 쉽게 이루어질 수 있는지 자세히 살펴보도록 하자.

영업부 1팀 강대리는 골밀도측정기라는 의료기기를 판매하는 영업담당자다. 인체의 골밀도를 측정하는 의료기기 골밀도 장비는 뼈의 밀도를 측정하여 골절의 위험을 환자에게 알리고, 미래에 발생할 수 있는 골절을 사전에 예측하여 예방하는 가치를 지니고 있다. 이는 골절이 발생하기 이전에 약재처방, 운동, 식단관리 등 다양한 활동을 통해 환자들의 뼈의 밀도를 높여 미래에 발생 가능한 골절을 사전에 예방하는 것이다. 병원의 원장님을 찾아간 강대리는 골밀도 장비의 본연의 가치를 정확하게 전달해 나간다.

"원장님 저희 ABC 골밀도 장비는 환자의 현재의 뼈의 건강 상태를 측정하여 미래에 발생 가능한 골절을 예측할 수 있습니다. 그렇게 확인된 저밀도의 환자의 뼈를 사전에 발견하여 치료 및 관리를 함으로써 환자에게 골절이라는 질병 및 사고를 피할 수 있습니다. 저희 ABC 모델을 사용하시면 이 병원에 방문하는 모든 환자들에게 보다 나은 삶을 지속하게 해 줄 것입니다. 이번에 구매 계획이 있으시다면 검토 진행 부탁드리겠습니다."

이렇게 이야기를 풀어 나갈 것이다. 하지만 원장님의 반응은 강대리의 제안에 그리 흥미를 보이지 않는다. 영업부 2팀 박과장은 좀 더 섬세하게 접근을 시도해 나간다. 박과장은 신제품의 기능적 강점을 집중적으로 파고 들어간다.

"원장님 이번에 새로 출시된 ABC 골밀도 장비는 기존 타사 제품들에 비해서 무려 5초나 스캔 속도가 빠릅니다. 이는 한국에서 경쟁하고 있는 전체 제품들 중에서 가장 빠른 모델로 좀 더 신속한 측정이 가능합니다. 또한 장비 외관도 새롭게 디자인되어, 구동 패널 조작 스위치들도 터치로 구성되어 있고 LED 라이팅 디자인은 제품의 그 수려함을 더하고 있습니다. 이번에 구매 결정에 있어 제가 많은 도움을 드리면 좋겠습니다."

2팀 박과장은 제품의 기능적 강점을 집중해서 어필하였지만 최종 판매를 이끌어 내지 못하고 있다. 영업부 3팀 최차장의 영업방식도 한번 살펴보자.

"원장님 해당 골밀도 장비는 기존 그 어떠한 모델에 비해 속도가 빠릅니다. 하루에 50명의 환자를 측정할 수 있고 수익은 한 달에 얼마를 가져가실 수 있습니다. 한 달에 20일 그리고 일 년에 12개월을 진료일로 계산하였을 때 장비 구매 가격은 1.5년 안에 원금 회수가 가능하십니다. 10년 장비 수명을 고려하였을 때, 8.5년의 추가 수익 금액을 가져가실 수 있으시고, 그 이익금의 총 금액은 얼마가 됩니다. 이는 기존 모델의 수입구조의 3~4배 정도로 생각하시면 될 것 같습니다. 또한 10년의 골절 예방 환자의 수를 따져 보면 기존 사용하신 모델에 비해 1.5배의 골절 환자를 더 예방하실 수 있습니다. 한국 보건 활동 기여부분에 있어서도 그 의미가 매우 크다고 보입니다."

이렇게 최차장은 장비의 기능적 가치를 시작으로 그 가치가 발휘하는 경제적 이익을 정확하게 계산하여 원장님에게 이익을 눈으로 볼 수 있게 해 주었고 또한 그로 인하여 사회적 공헌의 가치 또한 함께 설명하고 있다.

이는 병원이나 의원을 운영하는 원장님의 가장 근원적 욕구, 즉 돈을 벌고자 하는 가치를 자극하였고 또한 그 활동으로 인해 대의적 가치, 즉 국가와 국민의 보건 활동에도 기여하는 의미적 가치 또한 전달해 줌으로써 상당한 설득력을 보여 주고 있음을 우리는 확인할 수 있다.

이렇게 영업담당자들은 다양한 방법과 시도를 통해서 영업을 펼쳐 나갈 수 있다. 우선 판매하는 상품의 가장 근본적인 가치를 정확하게 파악하고, 고객이 원하는 원초적이고 궁극적인 이익을 자극하는 것이 매우 중요하다. 하지만 그 원초적인 가치가 대부분 물리적 이익인 경우가 많기 때문에 영업담당자는 그 이익적인 부분이 사회적 공헌적인 부분과 연결되어 그 가치를 증폭해 나갈 수 있음을 또한 설명해 나가야 한다. 그렇게 고객이 우리 상품을 구매하는 데 있어 그 의미적 가치를 느낄 수 있도록 해준다면 그 설득력은 좀 더 강해질 것이다.

고객이 해당 제품의 구매를 통해서 고객의 직접적인 이익도 챙기고 그 행위 과정에서 의미적 가치 또한 동시에 발현할 수 있다면, 그 어떤 고객이 해당 제품의 구매를 미루거나 마다하겠는가? 고수 영역에 있는 영업담당자들은 고객의 요구 사항을 정확히 파악하여 단계적으로 접근 방식을 선택하고 조정 실행하여 고객이 모든 가치를 직관적으로 확인하고 획득할 수 있도록 도움을 주는 것이다. 이것이 바로 가치 기반 영업 방식이라고 한다. 기치 기반 판매 기술은 제품의 본연의 가치를 전달하는 것을 넘어서 고객의 이익을 우선적으로 만들어 주는 것에 중점을 둔다.

[출처] 한국강사신문, 2022.12.26.

≫ **영업의 새로운 생각**

1. 영업담당자가 병원 원장과 환자에게 제공해 주는 가치는 무엇인가?
2. 영업 1팀, 2팀, 3팀의 영업담당자가 접근한 고객가치는 어떻게 차이가 있는가?

3. 판매와 마케팅의 협력

영업(Sales & Marketing, S&M)은 판매와 마케팅을 포괄하는 개념으로 기업이 고객의 니즈나 요구사항을 파악하고, 그에 맞는 제품이나 서비스를 제공하는 것을 중심으로 전략을 수립하고 실행하는 것이다. 이를 통해 고객의 만족도와 충성도를 높이고, 기업의 수익성을 향상시키는 것이 목표이다. 마케팅은 고객가치를 창출하여 기획하고 고객의 인지도를 높여 판매활동의 기반을 구축하는 역할을 수행하고, 판매는 마케팅의 기반 위에서 고객과의 신뢰관계를 구축하여 구매로 전환하고 고객관계를 유지하는 일련의 과정이다. 이 두 분야는 고객가치를 중심으로 생각하며, 고객이 원하는 것을 파악하고 그에 맞는 제품이나 서비스를 제공함으로써 고객 만족도를 높이고 고객 충성도를 유지하는 것이다. 이를 위해서는 고객 중심의 접근이 필요하며, 고객의 니즈와 가치를 파악하는 것이 중요하다. 또한 일관된 고객 경험을 제공하고, 고객과의 소통을 통해 문제를 해결하며 이를 통해 기업은 고객 만족도와 충성도를 높이며, 경쟁력을 강화하고 지속가능한 성장을 이룰 수 있다.

3.1 판매와 마케팅의 관계

영업은 판매와 마케팅이 결합되어 고객에게 가치 있는 솔루션을 제공하는 모든 활동과정을 의미한다. 우선 잠재고객을 발굴하고 그들의 요구사항을 파악하는 것이 중요하며 이를 통해 고객 맞춤형 제품이나 서비스를 개발할 수 있다. 그리고 고객과의 지속적인 관계 관리를 통해 신뢰를 쌓아 계약으로 이어질 수 있도록 한다. 계약 체결 이후에도 사후관리 서비스를 제공하여 고객 만족도를 높이며 고객의 피드백을 수렴하여 제품이나 서비스를 지속적으로 개선한다. 판매는 이러한 영업활동의 핵심적인 부분을 차지한다. 고객의 니즈를 파악하고 설득력 있게 제품을 제안하며, 고객과의 협상을 통해 거래를 성사시키는 과정이다. 마케팅은 고객에게 제품과 서비스의 가치를 기획하고 효과적으로 알리고 고객의 제품이나 브랜드의 인지도와 선호도를 높이는 일련의 활동과정이다. 시장 조사, 경쟁 분석, 상품기획, 가격 책정, 광고, 프로모션 등 다양한 마케팅 전략이 포함된다.

일반적으로 산업계에서 사업조직이 대규모로 확장되기 전까지는 판매와 마케팅을 통합한 영업조직을 구성하여 판매와 마케팅, 고객서비스 활동을 통합적으로 운영, 관리하나 사업이 크게 성장해 대규모 조직으로 발전했을 경우에는 판매, 마케팅, 고객서비스 조직으로 별도 분리하여 전문화된 조직으로 운영하게 된다.

(1) 마케팅활동

마케팅은 제품, 서비스, 아이디어, 경험 등을 창출하고, 가격 책정하고, 홍보하고, 유통하며, 교환을 통해 고객, 클라이언트, 파트너, 사회 전체에 가치를 창출하는 조직적 기능, 과정 및 활동이다. 이는 고객의 요구와 선호도를 깊이 있게 이해하고, 이를 충족시킬 수 있는 차별화된 가치를 제공하는 것을 목표로 한다.

마케팅의 핵심 요소는 고객 중심 사고, 가치 제안, 타깃 고객 설정, 4P 마케팅 믹스, 즉 제품(Product), 가격(Price), 촉진(Promotion), 유통(Place) 등의 최적조합이다. 우선, 고객 중심 사고는 고객의 관점에서 생각하며, 고객의 숨겨진 니즈와 요구사항을 깊이 있게 파악하는 것이다. 이를 위해 고객 인터뷰, 설문조사, 행동 관찰 등 다양한 방법을 활용하여 고객의 입장에서 그들이 진정으로 필요로 하는 것이 무엇인지 이해하는 것이 중요하다. 이를 통해 고객에게 진정 필요한 제품과 서비스를 개발하고 제공할 수 있다.

다음으로, 가치 제안은 경쟁사와 차별화된 고객가치를 제시함으로써 고객의 선택을 유도하는 것이다. 이는 고객의 문제를 해결하고 욕구를 충족시킬 수 있는 독특하고 차별화된 혜택을 의미한다. 이를 위해 경쟁사 분석, 고객 조사, 시장 트렌드 분석 등을 통해 고객이 진정으로 원하는 가치를 파악하고, 이를 효과적으로 전달할 수 있는 차별화된 메시지와 전략을 수립해야 한다. 타깃 고객 설정은 명확한 타깃 고객층을 선정하고, 이들의 특성을 심도 있게 이해하여 이에 맞는 마케팅 전략을 수립하는 것이어야 한다. 이를 통해 한정된 자원을 효과적으로 활용하여 타깃 고객의 요구에 정확히 부합하는 맞춤형 마케팅 활동을 전개할 수 있다. 이를 위해 인구통계학적, 심리적, 행동적 특성 등을 종합적으로 분석하여 타깃 고객의 프로필을 구체적으로 정의하는 것이 필요하다. 4P 마케팅 믹스는 타깃 고객을 대상으로 제품(Product), 가격(price), 유통(Place), 촉진(Promotion) 등 4가지 요소를 전략적으로 조합하여 고객에게 최적의 마케팅 솔루션을 제공하는 것이다. 이 4가지 요소는 서로 유기적으로 연결되어 있으므로, 각 요소들이 균형 있게 활용되어야 한다. 예를 들어, 제품 전략과 가격 전략이 맞지 않으면 고객 만족도가 낮아질 수 있다. 4P 요소들 간의 상호 영향을 면밀히 검토하여 고객 니즈에 최적화된 마케팅 믹스를 구현해야 한다.

마지막으로, 데이터 기반 의사결정은 고객 데이터를 체계적으로 수집하고 분석하여 효과적인 마케팅 전략을 수립하고 실행하는 것이다. 이를 통해 고객의 행동 패턴, 선호도, 구매 여정 등에 대한 풍부한 정보를 확보할 수 있다. 이를 바탕으로 고객의 니즈와 행동을 깊이 있게 이해하고, 이에 최적화된 마케팅 활동을 전개할 수 있다. 또한 데이터 분석을 통해 마케팅 성과를 지속적으로 모니터링하고 개선할 수 있어, 보다 효과적이고 지속가능한 마케팅 활동이 가능해진다. 성공적인 마케팅을 위해서는 이 다섯 가지 핵심 요소를 균형 있게 활용하여, 고객의 니즈와 행동을 깊이 있게 이해하고 이에 최적화된 솔루션을 제공하는 것이 중요하다.

(2) 판매활동

판매는 기업의 핵심적인 활동 중 하나이며, 기업의 성장과 발전에 필수적인 요소라고 할 수 있다. 이는 고객과의 상호작용을 통해 이루어지는데, 효과적인 판매를 위해서는 고객의 니즈를 깊이 있게 이해하고, 이를 충족시킬 수 있는 최적의 솔루션을 제시하는 것이 중요하다. 판매 과정에는 고객을 설득하고, 거래 조건을 협상하며, 마지막으로 계약을 체결하는 다양한 단계가 포함된다. 이 과정에서 영업사원의 전문성과 탁월한 커뮤니케이션 능력이 판매 성과에 큰 영향을 미친다. 영업사원은 고객의 요구사항을 정확히 파악하고, 이에 부합하는 맞춤형 제안을 통해 고객과의 신뢰를 쌓아야 한다.

또한 판매는 기업의 수익 창출에 핵심적인 역할을 한다. 고객과의 긍정적인 관계를 구축하고, 지속적인 거래를 유지함으로써 기업은 안정적인 매출과 수익을 확보할 수 있다. 이는 기업이 지속적으로 성장하고 발전하는 데 필수적인 요소이다.

기업은 판매 역량 강화를 통해 고객 만족도를 높이고, 시장점유율을 확대함으로써 경쟁력을 강화할 수 있다. 판매는 기업의 핵심적인 기능이자, 고객과의 관계 형성과 수익 창출에 핵심적인 역할을 하므로, 기업은 이를 위한 다양한 전략과 투자를 지속적으로 추진해야 할 것이다.

(3) 마케팅과 판매의 역할

마케팅과 판매의 긴밀한 협력은 기업의 장기적인 성장에도 중요한 역할을 한다. 고객과의 지속적인 관계 유지와 고객 만족도 제고를 통해 기업은 안정적인 수익 기반을 확보할 수 있으며, 이를 바탕으로 지속가능한 발전을 달성할 수 있다. 고객의 니즈와 선호도에 대한 깊이 있는 이해를 바탕으로 새로운 시장 기회를 발굴하고, 혁신적인 제품과 서비스를 개발할 수 있다. 기업은 마케팅과 판매 간의 긍정적인 상호작용을 강화하고, 이를 통해 고객가치 제공을 극대화함으로써 장기적인 성공을 거둘 수 있다. 이를 위해서는 부서 간 정기적인 회의와 교육, 성과 공유, 보상체계 등 다양한 협력 방안을 마련해야 할 것이다.

판매와 마케팅은 기업의 매출과 수익을 창출하는 핵심 활동이지만, 그 역할과 목표는 다르다. 현대 사회에서는 판매와 마케팅이 유기적으로 연결되어 있다. 판매는 마케팅의 대상인 고객을 대상으로 이루어지며, 마케팅은 판매를 지원하는 역할을 한다. 따라서 판매와 마케팅은 기업의 경쟁력 강화를 위해 긴밀하게 협력해야 한다. 판매는 마케팅의 결과물을 고객에게 전달하는 역할을 하며, 마케팅은 판매활동을 지원하는 역할을 한다는 의미이다. 기업이 판매와 마케팅을 효과적으로 수행한다면, 고객의 욕구를 충족시켜 기업의 경쟁력을 강화하고, 매출과 수익을 증대시킬 수 있을 것이다. 많은 기업의 판매 및 마케팅 부서는 종종 논쟁적인 관계를 맺기 때문에 조정력이 떨어지고 부정적인 결과를 초래한다. 협업을 개선하려면 판매 및 마케팅 팀이 올바른 수준의 상호 연결을 통해 새로운 관계를 구축해야 한다. 이는 자주 소통하고 공동 프로젝트를 수행하며 성과지표와 보상을 공유함으로써 달성할 수 있다. 필요하다면 상호 연결을 강화하고 판매와 마케팅 간의 기존 관계를 평가해야 한다. 상호 연결을 강화하면 판매 주기가 단축되고 시장 진입 비용이 절감되며 판매 비용이 절감될 수 있다.

많은 소규모 기업들은 처음에 공식적인 마케팅 부서를 가지고 있지 않고 마케팅 아이디어를 관리자, 판매담당자, 광고 대행사에 의존한다. 사업이 성장함에 따라 연구를 수행하고 외부 기관과 협력하며 고객을 유치하기 위해 다양한 마케팅 전략을 사용하는 마케팅 담당자를 고용할 수도 있다. 그러나 회사가 점점 커지고 성공함에 따라 경영진은 세분화, 타깃팅 및 포지셔닝에 집중할 수 있는 숙련된 마케터의 필요성을 인식한다.

많은 조직에서 판매 기능과 마케팅 기능의 충돌로 자원 경쟁과 노력의 중복이 발생하고 있다. 이러한 문제를 해결하려면 정기적인 회의를 통해 의사 소통을 개선하는 것이 좋다. 판매담당자와 마케터는 커뮤니케이션을 위한 체계적인 프로세스와 지침을 마련하여 판매 팀과 마케팅 팀 간의 협력을 장려해야 한다. 마케터는 판매 상담과 계정 계획 세션에 참여하고, 판매담당자는 마케팅 계획에 기여해야 한다. 공동으로 최고 계정을 가진 사업 확장 전략을 수립하고 이벤트와 회의를 함께 계획해야 한다. 판매담당자에게 효과적인 마케팅을 하기 위해서는 두 그룹 모두가 신뢰할 수 있는 정보와 지식을 공유하는 것이 중요하다. 마케팅 담당자와 판매담당자를 같은 물리적 공간에 배치하면 협업과 생산성을 향상시킬 수 있다. 많은 회사가 마케팅 기능을 집중화하지만, 판매 그룹이 지리적으로 분산되어 있는 것은 단점이 될 수 있다. 판매담당자들은 마케팅과 함께 고객 정보를 공유할 동기나 시간이 없는 경우가 많다. 대부분의 조직은 판매와 마케팅이 일치할 때 잘 작동하지만 복잡한 상황에서는 통합된 관계가 필요하다. 판매와 마케팅을 통합하려면 계획, 목표 설정, 고객 평가, 가치 제안 개발 등의 활동을 조정해야 한다. 여기에는 별도의 프로세스와 시스템을 공통 프로세스로 대체하고, 공유 데이터베이스를 개발하고, 통합을 지원하는 문화를 바꾸는 작업도 포함된다. 통합의 가장 좋은 예는 공유 책임, 규율 있는 계획, 지표 중심 접근 방식, 결과에 대한 보상을 연결하는 회사에서 볼 수 있다. 제품 계획, 가치 제안 생성, 고객 요구 평가, 광고 자료 검토 등 다양한 작업에 세일즈 팀과 마케팅 팀을 참여시켜야 한다.

구매자의 의사결정 순서에 의한 〈그림 2-2〉의 **구매 퍼널**(The Buying Funnel)의 단계에 따라 마케팅과 판매의 역할분담이 이루어진다. 마케팅은 마케팅 계획을 수립하고 영업을 위한 리드를 생성한 후 실행 및 후속 작업을 영업팀에 넘긴다. 마케팅과 세일즈는 구매 퍼널에서 서로 다른 책임을 지고 있다. 마케팅은 구매 유입경로, 브랜드 인지도와 선호도를 포함한 처음 네 단계에 초점을 맞추고, 세일즈는 구매 의

〈그림 2-2〉 구매 퍼널

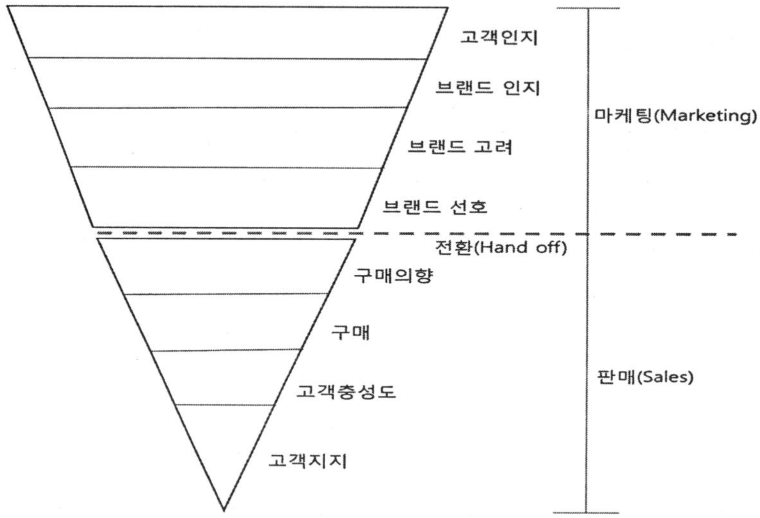

출처 : Harvard Business Review, Ending the War Between Sales and Marketing, Philip Kotler, Neil Rackham, and Suj Krishnaswamy, July-august 2006.

도와 고객 지지와 같은 마지막 네 단계를 다룬다. 이러한 경우, 판매는 마케팅이 약하다고 비난할 수 있고, 마케팅은 판매가 제대로 작동하지 않는다고 비난할 수 있다.

3.2 판매와 마케팅의 협업

판매와 마케팅의 협업은 고객 만족도를 높이고 매출을 증가시키는데 중요한 역할을 한다. 두 분야의 협업은 고객의 니즈와 요구를 파악하여 그에 맞게 제품이나 서비스를 개발하고, 이를 소비자에게 홍보하고 판매함으로써 고객 만족도를 높이고 매출을 증가시키는데 기여한다. 이를 위해서는 정보 공유, 공동 계획 및 실행, 성과 측정 및 평가가 필요하다.

(1) 고객시장 정보 공유

마케팅과 판매는 고객 데이터 및 분석, 시장 트렌드 및 경쟁 정보, 캠페인 결과 및 성과 등의 정보를 공유하는 것은 더욱 중요하다. 이를 통해 두 부서가 공통적인 이해를 가지고 협력할 수 있으며, 더 나은 전략을 수립할 수 있다. 고객 데이터와 분석은 현대 기업이 성장하기 위해 꼭 필요한 요소이다. 고객 데이터를 수집하고 분석하여 고객의 니즈와 요구를 파악할 수 있다. 이는 기업이 제품 및 서비스를 개발하고 마케팅 및 판매전략을 수립하는 데 매우 중요한 역할을 하게 된다. 온라인 쇼핑몰이라면 고객의 구매 이력을 분석하거나, 고객이 방문한 페이지를 추적하여 그들이 관심을 가지는 상품이나 서비스를 파악할 수 있으며 고객 설문조사를 통해 고객의 만족도와 요구사항을 파악할 수도 있다. 이렇게 수집된 고객 데이터를 분석하여 기업은 고객의 니즈와 요구를 파악할 수 있다. 이를 통해 기업은 제품 및 서비스 개발의 방향성을 잡을 수 있으며, 마케팅 및 판매전략을 수립할 수 있다.

기업들은 경쟁 상황을 파악하고 경쟁업체에 대응하는 전략을 수립하기 위해 시장 트렌드와 경쟁 정보를 공유하는 것도 중요하다. 이를 통해 기업은 시장 동향과 경쟁업체의 동향을 파악하고, 자사 제품이나 서비스의 경쟁력을 높일 수 있는 방안을 모색할 수 있다. 또한 경쟁업체의 강점과 약점을 파악하여 자사의 경쟁 전략을 수립할 수 있으며, 이를 통해 시장에서의 경쟁우위를 확보할 수 있다. 시장 트렌드와 경쟁 정보를 공유함으로써 새로운 기회를 발견하고, 새로운 시장 진출 전략을 수립할 수 있다. 마케팅 캠페인을 성공적으로 수행하기 위해서는, 캠페인 결과와 성과를 분석하고 공유하는 것이 매우 중요하다. 캠페인 결과와 성과를 공유함으로써, 기업은 자사의 강점과 약점을 파악하고, 이를 개선할 수 있는 방안을 모색할 수 있으며 성과 분석을 통해 기업은 새로운 시장 동향과 소비자의 니즈를 파악하고, 이를 바탕으로 마케팅 전략을 보완할 수 있다. 정보 공유는 또한 기업 내부의 협력과 효율성을 높이는 데에도 큰 역할을 한다. 마케팅 부서와 영업 부서가 서로 정보를 공유하고 협력하여, 더 나은 결과를 도출할 수 있다.

(2) 공동 계획 및 실행

판매와 마케팅의 공동 계획 및 실행은 다양한 분야에서 이루어지는데, 이에는 고객여정(customer journey) 공동 설계, 마케팅 캠페인 공동 기획 및 실행, 그리고 고객 유치 및 유지 전략을 공동 수립하는 것이다. 고객여정 공동 설계는 기업이 제공하는 제품이나 서비스를 이용하는 고객의 경험을 고려하여, 이를 더욱 원활하게 만들기 위한 계획을 함께 수립하는 것이다. 이를 통해 고객은 제품이나 서비스를 이용하는 과정에서 불편함 없이 원활하게 이용할 수 있게 되며 고객의 만족도를 높여 브랜드 로열티를 강화할 수 있게 된다. 고객은 제품을 구매하기 전부터 제품에 대한 정보를 수집하고, 제품을 선택한 후에는 구매 및 사용하는 과정에서 다양한 경험을 하게 된다. 이러한 경험을 바탕으로 기업은 고객의 니즈와 요구를 파악하고, 이를 반영한 서비스를 제공할 수 있다.

마케팅 캠페인 공동 기획 및 실행은 제품이나 서비스의 브랜드 이미지와 인지도를 높이기 위한 필수적인 작업이다. 이를 위해서는 마케팅 전략을 함께 계획하고 실행하는 것이 중요하며 이를 통해 브랜드의 인지도와 판매량을 높일 수 있다. 고객 유치 및 유지 전략은 기업이 성장하는 데 매우 중요한 역할을 한다. 이전에는 고객을 유치하는 것만이 중요하다고 여겨졌지만, 최근에는 이들을 유지하는 것이 더욱 중요하게 여겨지고 있다. 따라서 기업은 고객을 유치하기 위한 전략과 이들을 유지하기 위한 전략을 함께 수립하는 것이 필수적이다. 이를 위해서는 먼저 고객을 유치하는 전략을 수립해야 한다. 이는 기업이 어떤 제품이나 서비스를 제공하느냐에 따라 다르게 결정된다. 예를 들어, 제품의 특징이나 가격, 배송 방법 등을 고객에게 알리는 마케팅 및 판매전략을 수립할 수 있다. 고객이 제품을 구매한 후에도 만족도를 높이는 서비스를 제공하는 것도 중요하다. 그 다음으로는 고객을 유지하기 위한 전략을 수립해야 한다. 고객 만족도를 높이기 위해서는 고객의 요구사항을 충족시키는 서비스를 제공하는 것이 중요하며 고객과의 소통을 통해 문제가 발생했을 때 빠르게 대처하는 것도 중요하다. 이렇게 고객을 유지하는 전략을 수립하면, 기업은 고객과의 관계를 더욱 깊게 유지할 수 있다.

(3) 성과 측정 및 평가

판매와 마케팅의 성과 측정 및 평가는 기업이 비즈니스 성공을 달성하는 데 있어서 매우 중요한 요소이다. 이는 기업이 자신의 목표를 달성하고 목표를 달성하기 위한 전략을 수립하는 데 필요한 정보를 제공해주기 때문이다. 특히, 두 부서가 함께 협력할 때 성과 측정 및 평가의 중요성이 더욱 높아진다. 마케팅 부서와 판매 부서의 협력 관계는 새로운 제품의 시장 출시 및 성공적인 비즈니스 운영에 중요한 역할을 한다. 이를 위해 두 부서는 정기적으로 성과 측정 및 평가를 실시하여 제품 개선과 시장 반응 파악, 그리고 직원들의 업무 수행 능력 향상에 힘써야 한다. 성과 측정 및 평가 과정에서는 공통된 목표와 지표를 설정하여 협력 결과를 정량적으로 측정하고 분석해야 한다. 이를 통해 두 부서 간의 협력 관계를 지속적으로 개선하고 발전시킬 수 있다. 성과 측정 및 평가는 단순한 성과 확인이 아니라, 문제점 파악과 해결책 도출을 위한 중요한 단계이다. 예를 들어, 제품 출시 후 마케팅 부서와 판매 부서가 협력하여 제품의 판매 실적, 고객 반응, 시장점유율 등을 면밀히 분석하고 평가한다. 이를 통해 제품의 강점과 약점을 파악하고, 개선 사항을 도출할 수 있다. 또한 직원들의 업무 수행 능력 평가를 통해 보상과 승진, 교육 훈련 등을 결정함으로써 조직의 생산성과 경쟁력을 높일 수 있다.

이와 같은 성과 측정 및 평가 활동은 마케팅 부서와 판매 부서 간의 원활한 의사소통과 상호 이해를 바탕으로 이루어져야 한다. 두 부서가 긍정적인 협력 관계를 유지하며, 지속적인 개선과 발전을 이루어 나갈 때 기업은 보다 경쟁력 있는 제품을 시장에 제공할 수 있을 것이다.

Chapter 3

고객가치영업의 실전관리

기업은 급변하는 시장 환경과 고객의 다양한 요구사항에 신속하게 대응하여 영업 목표와 전략을 개발해야 한다. 이러한 목표과 전략의 구현은 체계적인 영업성과 관리를 통해 영업활동의 효율성과 효과성을 지속적으로 모니터링하고 개선해 나가는 것이다. 이를 위하여 영업자원과 인력역량의 강화에 힘써야 한다. 영업인력의 전문성과 고객지향성을 높이기 위한 체계적인 교육 및 훈련 프로그램을 운영하고, 이들에게 적절한 보상과 동기부여를 제공함으로써 고객가치 창출에 더욱 집중할 수 있도록 해야 한다.

이러한 고객가치영업 노력을 통해 기업은 고객 중심의 영업 경쟁력을 확보할 수 있다. 고객의 요구사항을 신속하게 파악하고, 이를 충족시킬 수 있는 최적의 솔루션을 제공함으로써 고객과의 장기적인 관계를 구축하고 지속적인 성장을 이룰 수 있다.

1. 영업목표 및 전략관리

고객가치영업 관리는 기업의 영업목표와 전략 개발에서 시작한다. 이는 기업이 고객의 니즈와 요구사항을 파악하고 그에 맞추어 개발된 제품과 서비스를 고객에게 제공함으로써 고객의 만족도를 높이는 것을 목표로 한다. 기업은 이를 통해 고객의 니즈와 요구사항을 파악하고, 이를 바탕으로 제품과 서비스를 개발하고 제공함으로써 고객의 만족도를 높이며, 이를 통해 기업의 영업성과를 향상시킬 수 있다.

영업목표와 전략을 설정하는 것은 기업이 성장하고 발전하는 데 있어서 매우 중요하다. 영업목표와 전략이 결정되면 기업은 영업활동을 수행하는 방향을 설정하고 성과를 측정할 수 있다. 이를 통해 기업은 영업활동을 계획하고 실행하는 데 있어서 더욱 효과적인 방식을 찾아낼 수 있다. 기업의 목표는 매출 증대, 이익 증대, 시장점유율 증대 등 다양한 것이 있을 수 있다. 이에 따라 영업목표와 전략을 설정해야 한다. 시장과 경쟁 상황을 분석하여 기업의 강점과 약점을 파악해야 한다. 이를 바탕으로 경쟁력을 강화하는 전략을 수립할 수 있다.

영업목표와 전략을 설정할 때는 현실성, 구체성, 측정 가능성, 시간제한 등의 요소를 고려해야 한다. 목표가 현실적이고 구체적이며 측정 가능하다면, 영업활동의 성과를 더욱 정확하게 파악할 수 있으며, 시간제한을 고려하여 목표를 분해하고 단기적인 목표를 설정하는 것도 중요하다. 효과적인 영업목표와 전략을 설정하면 기업은 영업활동을 더욱 효율적으로 계획하고 실행할 수 있다. 이를 통해 영업활동의 성과를 증대시키고 기업의 성장과 발전을 이끌어낼 수 있다.

1.1 영업목표의 설정

영업목표 설정은 회사의 성장과 발전에 매우 중요한 역할을 한다. 이를 위해서는 회사의 우선순위와 중점 분야를 파악하는 것이 매우 중요하다. 이를 위해 시장동향 분석을 통해 시장의 동향을 파악하고, 회사의 강점과 약점을 평가하여 경쟁력을 강화할 수 있다. 또한 잠재적 위험과 기회 평가를 통해 비즈니스 리스크를 최소화하고, 새로운 기회를 발굴하여 회사의 성장을 이끌어 나갈 수 있다. 이러한 요소를 이해하는 것은 영업 부서가 목표를 달성하기 위해 어떤 단계를 거쳐야 하는지를 파악해야 한다. 이는 전략 계획을 개발하여 목표 달성을 위한 구체적인 방안을 수립하는 것이 필수적이다. 이를 통해 영업 부서는 목표를 달성하기 위해 필요한 인력, 자원, 예산 등을 계획하고, 이를 효율적으로 활용하여 성과를 창출할 수 있다.

영업 부서는 목표를 달성하기 위해 다양한 전략을 시도할 수 있다. 예를 들어, 마케팅 전략을 통해 제품 또는 서비스의 인지도를 높이고, 고객들의 관심을 끌어들일 수 있다. 또한 새로운 시장을 개척하거나, 기존 시장에서 경쟁 핵심요소를 확보하여 경쟁력을 강화할 수도 있다. 회사의 전략과 목표를 이루기 위해서는 명확한 판매 목표를 설정하는 것이 매우 중요하다. 판매 목표는 매출, 시장점유율, 고객 확보 등 다양한 요소를 고려하여 설정된다. 이러한 목표를 설정함으로써, 회사는 영업 노력을 효과적으로 계획하고, 회사의 성공과 성장을 극대화 할 수 있다. 판매 목표를 설정할 때 고려해야 할 몇 가지 요소가 있다. 여기에는 경제 상황, 경쟁, 고객의 요구, 회사의 자원과 역량 등이 포함된다.

첫째, 경제 상황은 기업이 판매 목표를 설정하는 데 있어 매우 중요한 고려요소이다. 현재의 경제 상태와 미래의 경제 전망을 고려하여 판매 목표를 설정함으로써 기업은 경쟁력을 유지하고 성장할 수 있다. 경제 상황을 파악하는 것은 인플레이션율, 이자율, 전반적인 경제 성장률과 같은 요소를 고려하는 것을 의미한다. 인플레이션율은 기업이 제품의 가격을 설정할 때 고려해야 할 중요한 요소로 인플레이션율이 높아질 경우 제품의 가격을 인상해야 할 수도 있기 때문이다. 이자율은 기업이 대출을 받거나 투자를 할 때 고려해야 할 요소로 이자율이 높아질 경우 기업은 대출금리가 상승하게 되며, 이는 기업의 경쟁력을 약화시킬 수 있다. 전반적인 경제 성장률을 고려하는 것도 중요하다. 경제가 성장할 경우 기업은 더 많은 기회를 얻을 수 있으며, 판매 목표를 높일 수 있지만 경제가 축소할 경우 기업은 판매 목표를 낮춰야 할 수도 있다. 따라서 경제 상황을 이해하는 것은 기업이 현실적이고 달성 가능한 판매 목표를 설정하는 데 있어 매우 중요한 역할을 한다.

둘째, 경쟁은 기업이 매출 목표를 설정할 때 고려해야 할 중요한 요소이다. 경쟁 환경에서 경쟁사들이 어떤 강점과 약점을 가지고 있는지를 이해하는 것이 필요하다. 이를 통해 기업은 경쟁력을 확보하고 시장점유율을 유지할 수 있도록 판매 목표를 조정할 수 있다. 경쟁이 치열한 산업에서는 경쟁사들이 기업의 시장점유율을 빼앗으려는 의도가 있기 때문에, 기업은 경쟁사들의 제품이나 서비스, 마케팅 전략 등을 분석하여 자사의 경쟁력을 강화할 수 있는 방안을 모색해야 한다. 경쟁사들의 시장점유율이 높은 경우에는 기업이 새로운 시장 진출이나 제품 개발을 통해 경쟁사들과 경쟁력을 겨루어야 한다. 경쟁사들의 약점을 파악하여 그들이 제공하지 못하는 서비스나 제품을 개발하거나, 경쟁사들이 가지고 있지 않은 고객층을 발굴하여 시장점유율을 높일 수 있다. 경쟁사들의 가격 경쟁력이 높은 경우에는 서비스나 제품의 차별화를 통해 고객들의 더 많은 관심을 끌어야 한다. 이렇게 경쟁사들의 강점과 약점을 분석하여 자사의 경쟁력을 확보하고 시장점유율을 높이는 것이 중요하다.

셋째, 고객의 니즈를 이해하는 것이 중요하다. 기업은 자사의 제품이나 서비스를 필요로 하는 타깃 고객들의 요구와 니즈를 깊이 이해하고, 이를 바탕으로 판매 목표가 이러한 요구와 일치하는지 확인해야 한다. 이를 위해서는 시장 조사를 실시하여 고객들의 선호도와 행동에 대한 통찰력을 얻어내야 한다. 이는 기업이 타깃 고객들에게 더욱 효과적으로 제품이나 서비스를 마케팅하고, 그에 맞는 판매전략을 수립할 수 있도록 도와준다. 이러한 시장 조사는 기업이 제품이나 서비스를 개발하거나 개선하는 데에도 큰 도움을 준다. 고객들의 니즈와 요구사항을 파악하고, 이에 맞는 제품이나 서비스를 개발하면 기업은 더욱 성공적인 비즈니스를 운영할 수 있다.

기업이 판매 목표를 설정할 때 고려해야 할 또 다른 요소는 회사의 자원과 역량이다. 이는 회사의 강점과 약점, 그리고 재무적, 인적, 기술적 자원과 같은 가용 자원을 포함된다. 회사의 강점과 약점은 기업이 추구하는 판매 목표를 달성하는 데 있어서 큰 영향을 미친다. 기업은 강점을 살려서 경쟁우위를 유지하고, 약점을 보완하여 경쟁력을 강화해야 한다. 재무적 자원은 기업이 판매 활동을 수행하는 데 필요한 자금을 제공하며 인적 자원은 기업이 판매 목표를 달성하기 위해 필요한 인력을 제공한다. 기술적 자원은 기업이 판매를 위해 사용하는 기술과 시스템을 제공한다. 이러한 자원들은 기업이 판매 목표를 달성하는 데 있어서 중요한 역할을 한다. 판매 목표를 설정하는 것은 영업팀에게도 매우 중요하다. 판매 목표가 명확하게 설정되면, 영업팀은 해당 목표를 달성하기 위해 필요한 노력과 전략을 구체적으로 계획할 수 있다. 이를 통해 영업팀은 회사의 목표와 일치하는 방향으로 노력하게 되며, 이는 회사 전체의 성공과 성장에 큰 기여를 할 것이다. 고객을 중심으로 생각하며, 고객의 요구와 선호를 고려하여 판매 목표를 설정함으로써, 회사는 고객과의 관계를 강화할 수 있으며 장기적으로 회사의 성장을 이루는 데 큰 역할을 할 수 있다.

1.2 고객가치영업 전략의 고려요소

영업 전략은 기업이 제품이나 서비스를 판매하는 방법에 대한 계획적인 접근 방식이다. 이는 기업이 목표시장에서 경쟁우위를 확보하고 지속가능한 성장을 이루기 위해 필수적이다. 영업 전략은 기업이 제품이나 서비스를 어떻게 마케팅하고 판매할 것인지 결정하는 것을 의미한다. 이 결정은 기업의 목표시장, 경쟁환경, 고객 요구 사항, 제품 또는 서비스의 특징 등을 고려하여 이루어져야 한다. 효과적인 영업 전략은 다양한 요소들을 고려해야 한다. 이 전략에는 시장 분석, 제품 및 서비스 분석, 고객 분석, 경쟁 전략, 판매전략이 포함된다. 시장 분석에는 시장의 규모, 성장률, 경쟁사 분석이 포함되며, 제품 및 서비스 분석에는 회사가 제공하는 제품의 경쟁력과 차별화가 고려된다. 고객 분석에는 고객의 니즈와 구매 행동을 파악하는 것이 포함되며, 경쟁 전략은 회사가 경쟁사보다 경쟁우위를 점할 수 있는 방법을 개발해야 한다. 판매전략에는 제품별, 영업채널별, 지역별 판매목표와 전략계획을 수립하는 것을 의미한다.

(1) 목표시장 정의

효과적인 영업 전략을 구상하려면 먼저 목표시장을 정의하는 것이 중요하다. 목표시장을 정의하면 해당 시장에서 가장 큰 수요를 보이는 고객층을 파악할 수 있다. 고객 그룹을 선별하는 것은 제품이나 서비스를 영업할 때 중요한 단계이다. 이를 통해 영업활동을 집중할 고객 그룹을 선별하고 그들의 요구사항을 파악하여 제품이나 서비스를 개선하거나 새로운 제품이나 서비스를 개발할 수 있다.

목표시장을 정의하는 것은 경쟁사와의 경쟁력을 강화하는 데도 도움이 된다. 경쟁사와 비교하여 해당 시장에서 우리 제품이나 서비스가 차별화된 장점을 가지고 있는지 파악할 수 있다. 목표시장을 정의하면 해당 시장의 특징과 동향을 파악할 수 있어 시장에 대한 이해도를 높일 수 있다. 이를 통해 적절한 마케팅 전략을 수립하고 제품이나 서비스의 가격, 판매 채널, 프로모션 등을 결정할 수 있다. 이를 위해서는 해당 시장에서 고객들이 가장 많이 필요로 하는 제품이나 서비스를 분석해야 한다. 그들의 욕구와 니즈를 파악하고 이를 통해 고객들이 원하는 것을 제공하고, 그들의 요구에 맞는 제품이나 서비스를 제공함으로써 새로운 고객을 유치하고, 고객들의 만족도와 기존 고객들의 충성도를 높일 수 있다. 기업들이 목표시장의 고객에 대한 선호도와 취향을 파악하는 것은 그저 제품이나 서비스를 판매하는 데에만 중요한 것은 아니다. 이는 고객들과의 긴밀한 소통과 상호작용을 통해 더 나은 제품이나 서비스를 개발하고 제공하는 데에도 큰 도움이 된다. 고객들의 선호도와 취향을 파악하면 기업은 그들이 어떤 제품이나 서비스를 찾고 있는지, 그리고 어떤 기능이나 디자인을 선호하는지를 알 수 있다. 이는 제품 개발 전략에 큰 영향을 미치며, 심지어는 새로운 시장을 개척하는 데에도 도움이 된다. 게다가, 고객들의 선호도와 취향을 파악하는 것은 영업 전략을 수립하는 데에도 중요하다. 기업은 그들의 제품이나 서비스가 어떤 고객들에게 가장 인기가 있고, 어떤 영업채널을 통해 이들에게 접근할 수 있는지를 파악할 수 있다. 이를 통해 기업은 더욱 효율적인 마케팅 전략을 수립하고, 비용을 절감하며, 더 많은 고객들을 유치할 수 있다.

하지만, 고객의 선호도와 취향을 파악하는 것은 쉽지 않은 일이다. 이를 위해서는 고객들과의 소통을 통해 그들의 생각과 의견을 듣고, 이를 바탕으로 제품이나 서비스를 개선해 나가야 한다. 기업은 고객들과 소통하며 그들의 선호도와 취향을 파악하고, 고객 그룹을 정의하여 그들에게 맞는 제품이나 서비스를 제공하는 영업 전략을 구성해야 한다.

(2) 가치 제안

기업이 고객들에게 제공하는 제품이나 서비스는 그들의 삶을 향상시키는 가치가 있어야 한다. 이를 위해서는 기업이 제공하는 제품이나 서비스가 어떠한 가치를 제공하는지 명확히 제시해야 한다. 고객들은 어떤 제품이나 서비스를 선택할 때, 그것이 자신의 삶을 어떻게 개선시킬 수 있는지를 고려한다. 따라서 기업은 제품이나 서비스를 차별화할 수 있는 요소를 찾아 더 나은 제품이나 서비스를 만들기 위해 노력해야 할 것이다. 예를 들어, 제품의 편리성, 신뢰성, 안전성, 성능 등은 고객들이 제품을 선택할 때 중요한 요소이다. 또한 제품이나 서비스의 가격, 디자인, 기능, 브랜드 이미지 등도 고객들이 고려하는 요소 중 하나이다. 이러한 요소들을 고려하여 기업은 고객들의 니즈와 요구에 맞는 제품이나 서비스를 제공해야 한다. 경쟁사와 차이를 만들어 고객들의 선택을 유도할 수 있으며, 이는 매출과 이익을 증대시키는 데에 큰 도움이 된다. 고객들은 제품이나 서비스를 선택할 때, 다양한 옵션들 중에서 가장 적합한 것을 선택하고자 한다. 이때 기업의 제품이나 서비스가 다른 경쟁업체들과 차별화되어 있는 것을 인지하게 되면, 해당 제품이나 서비스의 가치가 높아지고, 고객들의 선택 기준에 더욱 부합하게 된다. 경쟁업체들과 비교했을 때, 우수한 제품이나 서비스를 제공하는 기업은 고객들의 인식에서 더욱 강한 이미지를 형성하게 되며 기업의 브랜드 가치를 높이고, 장기적인 성장에 큰 도움을 줄 수 있다.

이를 위해서는 기업이 고객들의 요구와 선호에 대한 충분한 이해와 분석이 필요하며 경쟁업체들과의 차별화를 위해서는 지속적인 연구개발과 혁신적인 아이디어가 필요하다. 기업은 시장동향을 파악함으로써 경쟁업체들과 차별화된 가치를 제공할 수 있게 되며 고객들의 피드백을 수집하여 기업의 제품과 서비스를 개선하고 발전시키는 것도 중요하다. 이러한 노력을 통해 기업은 고객들의 만족도를 높이고, 브랜드 이미지를 개선하며, 더 많은 고객들을 유치할 수 있다. 또한 새로운 제품이나 서비스를 출시하여 시장에서 선도적인 역할을 수행할 수도 있다. 이를 통해 기업은 경쟁업체들과 차별화된 가치를 제공하고, 더욱 발전하는 길을 걷을 수 있게 된다.

(3) 경쟁우위

자사가 경쟁우위를 유지하고 성장하기 위해서는 경쟁사들과의 비교 분석을 철저히 해야 한다. 이를 통해 자사의 강점과 약점을 파악하고, 강점은 더욱 강화하며 약점은 보완해 나가야 한다. 특히, 제품 라인업을 구성하는 데 있어서는 고객의 니즈와 시장 동향을 파악하는 것이 중요하다. 고객의 니즈를 파악하고 이에 맞는 제품을 개발하면 고객의 만족도를 높일 수 있으며, 시장 동향을 파악하고 이를 반영한 제품을 출시하면 시장에서 더욱 경쟁력을 갖출 수 있다. 또한 혁신적인 기술 개발과 연구는 기업이 시장에서 성공적으로 경쟁하기 위해 필수적인 요소이다. 이를 통해 기업은 차별화된 기술력을 보유하게 되며, 이는 고객들에게 더 많은 가치를 제공할 수 있는 기회를 제공하며 경쟁사들과의 격차를 넓혀 나가게 되어 시장에서 더욱 성공적인 경쟁을 할 수 있게 된다. 기업은 혁신적인 기술 개발과 연구에 충분한 자원을 투입해야 한다. 이를 통해 기술력을 강화하고, 고객들에게 더욱 많은 가치를 제공할 수 있는 제품과 서비스를 개발해 나가야 한다. 기존 기술을 개선하고, 새로운 기술을 도입함으로써 기업은 시장에서 성공적으로 경쟁하고, 더욱 발전해 나갈 수 있다. 이뿐만 아니라, 우수한 고객 지원 및 서비스를 제공하는 것도 중요하다. 고객들이 제품을 구매하고 사용하는 과정에서 생길 수 있는 문제점을 빠르게 해결하고, 고객의 요구사항에 부합하는 서비스를 제공함으로써 고객들의 신뢰를 얻을 수 있다. 고객들의 문의나 불만 사항에 빠르게 대응하고, 친절하고 전문적인 서비스를 제공함으로써 고객들의 만족도를 높일 수 있다. 철저한 품질관리 시스템을 구축하여 제품의 품질과 안정성을 보장함으로써 고객들의 신뢰를 얻을 수 있다. 자사의 강점을 바탕으로 다양한 제품과 서비스를 제공함으로써 고객들의 다양한 니즈를 충족시키고, 경쟁사들과의 경쟁에서 이길 수 있도록 노력해야 한다.

(4) 영업채널

기업이 고객에게 효과적으로 도달하기 위해서는 영업채널의 선택이 중요하다. 고객들은 다양한 채널을 통해 상품 및 서비스를 접할 수 있기 때문에, 기업은 고객의 선호도와 구매 패턴을 파악하고 이를 기반으로 다양한 영업채널을 선택해야 한다. 온라인 채널은 인터넷을 통해 제공되는 서비스로, 기업은 웹사이트, 모바일 애플리케이션, 소셜미디어 등 다양한 온라인 채널을 활용할 수 있다. 특히, 최근에는 모바일 기술의 발전으로 인해 모바일 앱을 통한 영업채널이 중요해졌다. 오프라인 채널은 온라인 채널 외에 실제 공간을 이용하는 영업 방식으로, 기업은 매장, 전시회, 판매 대리점 등 다양한 오프라인 채널을 활용할 수 있다. 하지만, 기업은 단순히 온라인과 오프라인 채널 중 하나를 선택하는 것이 아니라, 고객의 선호도와 구매 패턴을 분석하여 각 채널의 특성을 파악하고, 이를 유연하게 조합하여 최적의 영업채널을 구성해야 한다. 또한 적극적인 영업 전략과 함께 영업채널의 효율성을 높이기 위한 다양한 방법들도 고려해야 한다.

온라인 채널 중에서는 소셜미디어, 검색광고, 이메일 마케팅 등 다양한 디지털 마케팅 채널을 활용하면 고객에게 직접적으로 접근할 수 있다. 최근에는 모바일 앱과 모바일 웹사이트도 중요한 온라인 채널로 자리 잡고 있다. 오프라인 매장을 운영하는 기업은 온라인 쇼핑몰과는 다른 장점을 가지고 있다. 먼저, 제품을 직접 보고 살 수 있는 것이 큰 장점이다. 이는 고객들이 제품의 실물 크기, 색상, 질감 등을 직접 확인할 수 있기 때문이다. 매장에서는 전문적인 상담을 받을 수 있는 기회가 있고 고객들은 제품에 대한 궁금증이나 문의사항이 있다면 매장 직원들에게 직접 물어볼 수 있어 더욱 믿음직한 구매 경험을 할 수 있다. 뿐만 아니라, 오프라인 매장을 운영하는 기업은 브로슈어, 광고판 등을 활용하여 고객들의 눈에 띄기 쉬운 위치에 광고를 전시할 수 있다. 이는 고객들이 매장을 쉽게 찾을 수 있도록 도와주며, 제품 정보를 전달함으로써 구매 유도 효과도 기대할 수 있다. 매장에서는 이벤트나 프로모션 등을 통해 고객들에게 다양한 혜택을 제공할 수 있다. 이를 통해 고객들은 더욱 매력적인 가격으로 제품을 구매할 수 있으며, 기업은 이를 통해 매출 증대를 이룰 수 있다.

(5) 영업 프로세스

영업 프로세스는 기업이 고객과 상호작용하는 과정 중 가장 중요한 부분이다. 이 과정은 고객 발굴부터 시작하여, 계약 체결, 제품이나 서비스 제공, 그리고 사후 고객관리까지 이어진다. 이러한 과정은 기업이 고객의 니즈와 관심사를 파악하고, 그에 따라 최적의 제품과 서비스를 제공함으로써 고객의 만족도와 로열티를 높이는 것을 목표로 한다. 고객 발굴은 기업이 새로운 고객을 발굴하고, 이들과의 관계를 유지하는 데 매우 중요하다. 이를 위해서는 기업이 고객의 니즈와 요구사항을 파악하고, 이를 충족시키는 제품과 서비스를 개발해야 한다. 고객과의 소통을 통해 더 나은 제품과 서비스를 개발하고, 고객의 피드백을 적극적으로 수용해야 한다. 계약 체결은 기업과 고객 간의 합의를 이루는 과정이다. 이를 위해서는 기업이 고객의 요구사항을 파악하고, 이를 충족시키는 제품과 서비스를 제공해야 한다. 계약서 작성과 협상 등의 과정에서는 높은 전문성과 커뮤니케이션 능력이 요구된다. 제품이나 서비스 제공은 고객이 기업의 제품과 서비스를 이용하는 과정이다. 이를 위해서는 기업이 고객의 요구사항을 충족시키는 제품과 서비스를 제공하고, 고객의 만족도를 높이는 데 최선을 다해야 한다.

영업 프로세스를 효율적으로 관리하기 위해, 고객 데이터를 체계적으로 수집하고 분석하여, 고객의 니즈와 요구사항을 파악하고, 이를 반영한 영업 전략을 수립하고 실행한다. 고객과의 원활한 소통도 기업의 성장과 발전에 있어서 필요한 요소이다. 이에 따라 많은 기업들은 다양한 커뮤니케이션 도구를 활용하여 고객과의 소통을 강화하고 있다. 이러한 도구들은 전화, 이메일, 메신저, 소셜미디어 등이 있으며, 이러한 도구들을 적극적으로 활용하여 고객의 문제나 요구사항에 신속하고 정확하게 대응할 수 있다. 고객의 관심을 유발하기 위해서는 마케팅 전략을 수립하는 것이 필수적이다. 이를 위해 기업들은 다양한 마케팅 채널을 활용하여 고객들에게 제품이나 서비스 정보를 제공하고, 브랜드 인지도를 높이는 데 주력하고 있다. 이러한 마케팅 활동은 기업의 판매 실적을 높이는 데 큰 도움을 줄 뿐만 아니라, 고객들의 관심을 끌어내어 기업의 브랜드 이미지를 향상시키는 데 기여한다. 이러한 방법들을 통해 영업 프로세스를 최적화하여 고객 만족도를 높이는 것은 물론, 기업의 성장과 발전에도 큰 기여를 한다.

1.3 영업 전략의 유형

영업 전략은 기업이 경쟁력을 확보하고 성장을 이루기 위해 수립하는 중요한 계획이다. 이러한 영업 전략은 다양한 기준에 따라 분류될 수 있다. 기업의 특성에 따라 B2B 전략, B2C 전략, 온라인 영업 전략, 오프라인 영업 전략 등으로도 분류될 수 있다. 이러한 전략들은 기업의 목표와 경쟁 상황에 따라 선택되어야 하며, 전략의 효과를 높이기 위해서는 철저한 분석과 실행이 필요하다. 따라서 기업은 전략 수립에 충분한 시간과 노력을 투자해야 한다.

(1) 고객 특성 기반 영업 전략

고객 특성 기반 영업 전략은 기업이 제품이나 서비스를 판매하기 위해 고객의 특성에 따라 다양한 전략을 수립하는 것이다. 이 중에서도 가장 일반적인 전략으로는 소비자(B2C) 영업, 기업(B2B) 영업, 정부(B2G) 영업이 있다.

소비자 영업은 개인 고객에게 제품이나 서비스를 판매하는 것이다. 개인 고객의 소비 성향, 취향, 선호도 등을 파악하는 것이 중요하다. 이를 위해 조사나 설문 등을 통해 고객의 의견을 수집하고 분석하는 과정을 거쳐야 한다. 이 영업은 단순히 제품을 판매하는 것이 아니라, 소비자의 만족도와 충성도를 높이는 것을 목표로 한다. 이를 위해 고객 서비스와 관리를 철저히 하여 고객의 불만이나 문제를 최대한 해결해야 한다. 소비자의 의견을 수용하여 제품이나 서비스를 개선하는 것도 중요한 역할을 한다. 마케팅 전략은 소비자 영업에서 매우 중요한 역할을 한다. 제품이나 서비스를 소비자에게 알리기 위해서는 광고나 프로모션 등의 마케팅 전략이 필요하다. 이를 위해 소비자의 필요와 요구를 파악하여 제품의 가치를 강조하고, 브랜드 이미지를 구축하는 것이 필요하다. 고객의 만족도와 충성도를 높이기 위해서는 소비자의 의견을 수용하고, 제품이나 서비스를 개선하며, 마케팅 전략과 연계한 영업 전략을 구성하는 것이 필요하다.

기업 영업은 기업고객에게 제품이나 서비스를 판매하는 전략으로 소비자와는 달리 다양한 요구사항을 가지고 있는 기업고객을 대상으로 하기 때문에, 그들의 요구사항을 파악하고 그에 맞는 제품이나 서비스를 제공해야 한다. 이를 위해서는 기업고객의 산업, 규모, 매출액 등을 파악하는 것이 중요하다. 특히, 기업고객의 산업을 파악하는 것은 제품이나 서비스를 제공하는데 있어서 매우 중요하다. 예를 들어, IT 기업고객에게는 소프트웨어나 클라우드 서비스와 같은 IT 제품이나 서비스를 제공해야 하고, 제조업 기업고객에게는 공정 자동화 솔루션과 같은 제조업 관련 제품이나 서비스를 제공해야 한다. 기업고객의 규모와 매출액 파악은 기업이 제품이나 서비스를 판매할 때 중요한 역할을 한다. 기업고객의 규모와 매출액을 파악하면 그들이 구매할 수 있는 제품이나 서비스의 가격대를 설정할 수 있다. 이는 기업의 매출 증대에 직결될 수 있으며, 더 나아가 기업의 경쟁력을 높일 수 있다. 이러한 전략적 판매 방식을 통해 기업 영업은 기업고객들의 요구사항을 충족시키고, 그들의 비즈니스 성공을 돕는 역할을 한다.

정부 영업은 정부 기관에 제품이나 서비스를 제공하여 수익을 창출하는 전략이다. 이는 정부 기관이 다양한 분야에서 제품이나 서비스를 필요로 하기 때문에 이를 파악하고 그에 맞는 제품이나 서비스를 제공하는 것이다. 정부 기관은 국가의 핵심 기관으로서, 국민의 안전과 복지를 위한 다양한 사업을 수행하고 있다. 이에 따라 정부 영업은 국가 경제 발전에도 큰 영향을 미치고 있다. 이는 정부 기관의 사업 분야, 예산, 입찰 등을 파악하여 이를 기반으로 제품이나 서비스를 제공한다. 예를 들어, 국방부는 국가 안보를 위해 다양한 무기체계를 도입하고 유지보수를 필요로 하다. 국방부에는 군수업체들의 제품이나 서비스가 필요하며, 이를 공급하는 기업들은 정부 영업을 통해 수익을 창출할 수 있다. 보건복지부는 국민의 건강과 복지를 위한 다양한 사업을 수행하고 있다. 이에 따라 의료기기, 의약품 등의 제품이나 서비스를 필요로 하며, 이를 공급하는 기업들도 정부 영업을 통해 수익을 창출할 수 있다. 이러한 정부 영업은 기업과 정부 기관 간의 상호 협력과 경쟁을 유발하며, 이를 통해 더 나은 제품이나 서비스를 제공할 수 있다.

(2) 제품 특성 기반 영업 전략

제품 특성 기반 영업 전략은 제품의 유형과 가격대에 따라 차별화되어야 한다. 제품의 유형에 따른 영업 전략을 수립하는 것은 제품의 특성과 소비자의 니즈에 따라 달라진다.

유형제품은 소비자들이 구입하여 사용할 수 있는 물리적인 제품으로, 다양한 종류의 제품이 존재한다. 예를 들면, 가전제품, 의류, 신발, 가방, 화장품 등이 있다. 이러한 제품들은 제품의 디자인, 기능, 가격 등을 고려하여 소비자에게 효과적으로 홍보하고 판매해야 한다. 제품 디자인은 제품의 외관, 색상, 크기, 무게 등을 포함하며, 소비자들은 제품의 디자인이 마음에 들면 더욱 구매를 원할 것이다. 제품의 기능은 소비자들이 제품에서 원하는 기능들을 충족시켜야 하며, 이는 제품의 성능을 향상시키는 것이 중요하다.

무형제품은 실제로 손으로 만질 수는 없지만, 소비자에게 제공되는 가치가 매우 큰 상품들이다. 이러한 무형상품은 다양한 종류가 있다. 예를 들면, 보험 상품은 사고나 질병 등의 예상치 못한 상황에서 대비할 수 있는 안전망을 제공해 준다. 컨설팅 서비스는 기업이나 개인이 어려운 문제를 해결할 수 있도록 전문적인 조언을 제공해 준다. 무형상품은 상품의 가치를 강조하는 것이 매우 중요하다. 이는 소비자가 제품을 선택할 때, 그 제품이 가지고 있는 가치와 이점을 충분히 이해할 수 있도록 해주기 때문이다. 소비자가 무형상품에 대한 신뢰감을 가지게 된다면, 그 상품을 선택하는 확률도 높아지기 때문이다.

서비스상품은 소비자에게 서비스를 제공하는 것으로서, 예를 들어 호텔 서비스나 음식점 서비스와 같은 것들이 있다. 이러한 상품들은 제공되는 서비스의 품질과 만족도가 중요하다는 것은 매우 중요한 사실이다. 서비스상품의 품질과 만족도는 곧 소비자들의 경험과 인식을 결정하게 된다. 만약 서비스상품이 좋지 않다면, 소비자들은 다시 그 곳을 방문하지 않을 것이고, 이로 인해 기업은 매출 감소와 고객 유지율 하락 등의 문제를 겪을 수 있다. 기업은 서비스상품의 품질과 만족도를 높이기 위해 지속적인 개선과 투자가 필요하다. 이를 통해 고객들의 만족도를 높이고, 기업의 경쟁력을 강화할 수 있다. 또한 서비스상품은 소비자들의 삶의 질에도 큰 영향을 미친다. 만약 소비자들이 좋은 서비스를 경험하면, 그들의 삶의 질은 더욱 향상될 것이다. 따라서 기업은 서비스상품의 품질과 만족도를 높이는 것이 더 나은 소비자 경험과 삶의 질 향상에 기여할 수 있다는 것을 명심해야 한다.

제품을 소비자에게 효과적으로 홍보하고 판매하기 위해서는 제품의 유형에 따라 적절한 마케팅 및 판매전략을 수립할 수 있다. 이를 통해 제품의 가치를 높이고, 소비자의 만족도를 높일 수 있다. 예를 들어, 유형제품은 제품의 외형, 기능, 특징 등을 강조하여 마케팅 전략을 수립해야 하고, 무형제품은 소비자에게 제품의 가치와 이점을 설명하는 마케팅 전략을 채택해야 한다. 제품의 가격대에 따라 영업 전략을 세우는 것은 중요하다. 저가 제품을 판매하는 경우, 대량 구매를 유도하는 영업 전략을 사용해야 한다. 이를 위해서는 할인 행사나 번들 패키지와 같은 다양한 이벤트를 진행하여 고객들의 구매욕구를 자극할 필요가 있다. 가격이 높은 제품을 판매하는 경우, 고객의 욕구와 선호도를 반영하여 특별한 서비스와 혜택을 제공하는 영업 전략을 사용해야 한다. 이를 위해서는 고객의 요구사항을 이해하고, 제품의 가치를 강조하여 고객들의 구매 결정을 돕는 것이 필요하다.

(3) 시장점유율 목표 기반 영업 전략

시장점유율 목표 기반 영업 전략은 기업이 경쟁력을 유지하고 발전시키기 위해 중요한 전략이다. 이러한 전략은 크게 세 가지로 나눌 수 있다.

첫 번째는 시장지배전략이다. 이 전략은 기업이 시장에서 가장 큰 점유율을 확보하는 것을 목표로 한다. 시장지배전략은 기업이 시장에서 가장 큰 점유율을 확보하는 것을 목표로 하는 전략이다. 이를 위해서는 경쟁업체와 경쟁하는 현대 비즈니스 환경에서는 더 나은 제품과 서비스를 제공하는 것이 중요하다. 고객들은 제품의 품질, 가격, 서비스 등 여러 가지 요소를 고려하여 구매 결정을 내리기 때문에, 경쟁업체보다 더 나은 제품과 서비스를 제공하는 것이 필수적이다. 기업은 제품의 품질을 지속적으로 개선하고, 고객들의 요구와 선호도를 파악하여 제품과 서비스를 개발하는 것도 중요하다. 이를 위해 기업은 고객들의 의견을 수집하고 분석하여 제품 개발에 반영해야 한다. 가격 경쟁력을 강화하여 고객들의 신뢰를 얻는 것도 중요하다. 가격 경쟁력을 강화하는 방법으로는 생산 공정의 효율성을 높이고, 비용을 절감하는 등의 방법이 있다. 기술 혁신을 통해 새로운 제품과 서비스를 개발하고, 기존 제품과 서비스를 개선함으로써 경쟁업체와의 차별화를 꾀할 수 있다. 이를 위해서는 연구 개발 투자를 적극적으로 추진하고, 기술 혁신을 중심으로 사업 전략을 수립해야 한다.

두 번째 전략은 경쟁이 적은 특정 시장 영역에서 성장하는 **시장틈새전략**이다. 경쟁이 적은 특정 시장 영역에서 성장하는 시장틈새전략은 기업이 경쟁업체보다 우수한 제품과 서비스를 제공하는 것을 중요시하는 전략이다. 이를 위해 기업은 차별화된 제품과 서비스를 개발하고 고객들의 요구사항을 충족시켜야 한다. 이 전략은 기업이 경쟁업체와 견줄만한 제품과 서비스를 제공하는 것이 어려운 시장에서 유용하며 경쟁이 치열한 시장에서는 새로운 시장틈새를 찾아 성장할 수 있는 기회가 있다.

이러한 전략을 성공적으로 수행하기 위해서는, 기업은 시장 조사를 통해 경쟁업체보다 우수한 제품과 서비스를 개발할 수 있어야 한다. 고객들의 요구사항을 충족시키기 위해 기업은 고객들과의 소통을 통해 피드백을 수집하고, 이를 바탕으로 제품과 서비스를 개선해야 한다. 이 전략을 수행하는 기업은 경쟁업체보다 높은 품질과 더 나은 서비스를 제공함으로써, 고객들의 충성도를 높일 수 있다. 시장 틈새 전략은 경쟁이 치열한 시장에서는 어려울 수 있지만, 경쟁업체들이 진입하지 않은 새로운 시장 영역을 발견하고 점유율을 확대할 수 있는 기회를 제공한다. 하지만, 시장 틈새 전략을 추진할 때에는 해당 시장 영역의 특성을 잘 파악하고 고객들의 요구사항을 정확하게 파악하는 것이 중요하다. 또한 경쟁업체들이 진입하기 쉬운 시장이라면, 기존 고객들을 유지하고 새로운 고객들을 유치하기 위한 마케팅 전략도 함께 고려해야 한다.

세 번째 전략인 **특화 전략**은 기업이 특정 고객 그룹이나 제품에 집중하여 경쟁우위를 확보하는 전략이다. 이는 고객 중심의 전략으로, 고객들이 원하는 제품과 서비스를 제공하여 고객 만족도를 높이는 것이 핵심이다. 이를 위해 기업은 고객들의 요구사항을 정확히 파악하고, 고객들이 필요로 하는 제품과 서비스를 제공해야 한다. 특화 전략은 기업이 특정 고객 그룹이나 제품에 집중함으로써 차별화된 경쟁우위를 확보할 수 있다. 예를 들어, 대형 커피 체인점에서는 각종 커피 메뉴를 제공하면서도 특정 고객 그룹에게는 다양한 음료와 함께 무료 와이파이를 제공하여 고객들의 만족도를 높이고 있다. 모바일 앱을 통해 주문하면 할인 혜택을 제공하거나, 고객들의 선호도에 맞게 메뉴를 구성하는 등의 차별화 전략을 통해 경쟁우위를 확보하고 있다. 기업이 적극적으로 고객들의 요구사항을 파악하고 그에 맞는 제품과 서비스를 제공하면, 고객들은 기업을 더욱 신뢰하게 되고, 기업의 경쟁우위가 높아진다. 특화 전략을 구현하기 위해서는 기업이 고객들의 요구사항과 선호도를 정확히 파악해야 한다. 이를 위해 기업은 고객들과의 소통을 적극적으로 시도하고, 고객들의 피드백을 수집하여 분석해야 하며 이를 토대로 고객들이 원하는 제품과 서비스를 개발하고, 경쟁우위를 확보할 수 있다.

또한 특화 전략을 구현하기 위해서는 기업의 내부 구조와 인력도 중요하다. 기업은 특정 제품이나 고객 그룹에 집중하기 위해 내부적으로도 조직을 재구성하고, 전문가들을 자문을 받아야 한다. 이를 통해 기업은 고객들의 요구에 더욱 빠르고 정확하게 대응할 수 있다.

(4) 온 · 오프라인 영업 전략

최근에는 온라인 영업이 가장 효율적인 전략 중 하나이다. 인터넷을 통해 제품이나 서비스를 판매하는 것으로, 많은 고객들이 편리함을 느끼고 이용하고 있다. 온라인 영업을 활용한 기업들은 고객들의 손쉬운 접근성과 더불어 온라인 마케팅을 통해 더 많은 고객들에게 이르고 있다. 이를 위해 기업들은 SNS, 블로그, 검색 엔진 최적화 등 다양한 온라인 마케팅 방법을 활용하고 있다. 고객들이 제품이나 서비스를 더 쉽게 찾을 수 있도록 카테고리화된 제품 목록과 검색 기능 등의 기능을 제공하고 있다. 온라인 영업은 기업의 비용 절감에도 큰 역할을 한다. 오프라인 영업에 비해 매장 임대료나 인건비 등의 비용이 절감되기 때문이다. 이에 따라, 기업들은 온라인 영업을 통해 더 많은 이익을 창출할 수 있게 되었다. 하지만, 온라인 영업을 활용한 기업들은 경쟁이 치열하다는 단점도 있다. 온라인으로 제공되는 제품이나 서비스는 가격, 품질 등 다양한 요소로 경쟁이 이루어지기 때문이다. 이에 따라, 기업들은 더욱 창의적인 마케팅 전략을 수립하여 경쟁력을 높이는 노력이 필요하다.

오프라인 영업은 디지털 마케팅과는 달리 직접적으로 고객과 접촉이 가능한 전략이다. 고객이 직접 상품을 보고, 만져보고, 시도해볼 수 있기 때문에 온라인 쇼핑몰에서는 제공하기 어려운 경험을 제공할 수 있다. 전시회 참가를 통해 대규모의 고객층에게 노출되어 브랜드 인지도를 높일 수 있다. 매장 운영을 통해 고객과 더 가까운 관계를 형성할 수 있으며, 고객의 니즈를 직접 파악하여 제품 라인업을 조정할 수 있다. 매장에서 제공되는 서비스를 통해 고객의 만족도를 높일 수 있다. 이러한 이유로 오프라인 영업은 여전히 많은 기업들이 선택하는 전략 중 하나이다.

계정 기반 영업(Account-Based Selling, ABS)은 기업 간의 B2B 영업 전략 중 하나로, 대규모 영업 방식과는 다르게 특정 기업을 목표로 하여 맞춤형 마케팅 및 판매전략을 수립하고 실행한다. 이는 기업 간의 경쟁이 치열한 현대사회에서 경쟁우위를 확보하기 위한 전략 중 하나이다. ABS는 잠재고객을 개인 또는 소규모 그룹으로 구분하여 각 그룹에 맞는 맞춤형 메시지를 전달하며, 장기적인 관계 형성에 집중한다. 이를 통해 고객의 니즈를 파악하고, 그에 맞는 제품이나 서비스를 제공하여 고객 만족도를 높이고, 장기적인 관계를 형성함으로써 기업의 성장을 이루는 것이 목표이다.

이전에는 새로운 고객을 발굴하는 것이 우선이었지만, 계정 기반 영업에서는 기존 고객들을 대상으로 매출을 확대하는 것이 중요하다. 고객은 기업의 중요한 자산 중 하나이다. 따라서 고객 만족도를 높이는 것은 매우 중요하다. 기업은 고객들의 요구사항을 파악하고 이를 충족시키는 제품이나 서비스를 개발하여 고객들의 만족도를 더욱 높일 수 있다. 고객의 니즈를 파악하고, 그에 맞는 제품이나 서비스를 제공하는 것을 중요시하며, 이를 위해 고객과의 소통과 신뢰를 바탕으로 한 인적 네트워크가 필요하다. 이를 위해 높은 커뮤니케이션 능력과 문제해결 능력, 인간적인 관계 구축 능력 등이 필요하다.

또한 계정 기반 영업에서는 고객들의 경험에 대한 피드백을 수집하고 분석하는 것이 필요하다. 이를 통해 기업은 고객들의 요구사항에 더욱 부합하는 서비스를 제공할 수 있다. 더 나아가, 기업은 이러한 피드백을 토대로 제품 또는 서비스의 개선과 발전을 이끌어낼 수 있다. 이와 더불어 고객들과의 관계를 유지하는 것이 중요하다. 이를 위해서는 고객들과의 소통을 유지하고, 고객들의 문제를 신속하게 대처하는 것이 필요하다. 이러한 노력은 고객들의 신뢰를 유지하고, 장기적인 관계를 유지하는 데 큰 도움이 된다.

영업실전 사례 3-1

세일즈전략 수립의 7가지 원칙

영업 전략은 영업목표 달성을 위한 사고와 행동의 방향을 설정하는 도구이다. 영업 전략이 필요한 2가지 근본적인 이유는 '달성해야 하는 목표'가 있기 때문이다. 또 하나는 '활용 가능한 자원이 제한' 되어 있기 때문이다.

따라서 제한된 자원을 가장 효과적이고 효율적으로 활용해 바라는 목표를 달성하기 위한 영업활동의 청사진을 그리는 것이 영업 전략이다. B2B 영업조직과 영업실무자들이 영업 전략을 수립할 때 활용할 지침은 다음과 같다.

1. 전략의 중심은 고객이다

B2B 영업 전략의 지향점은 경쟁사에 포커스를 맞추는 것이 아니고, 고객과 시장에 포커스를 맞추고 고객을 확보하는 것에 맞춰져야 한다. 경쟁과 경쟁사에만 집중한 영업 전략은 지속적인 성장과 실행이 어렵다. 경쟁사에 집중한 전략은 가격전략이나 품질전략이 대부분으로 이는 쉽게 복제가 가능해 지속적인 차별화가 어렵다.

가장 효과적인 전략은 고객이 스스로 선택을 하고, 절대로 떠나지 않는 고객과의 거래특유의 자산을 확보하는 것이다. 기존 고객은 더 나은 대안을 발견하지 못하고 있는 고객이다. 가망고객은 자사의 가치를 인식하고 있지 못하는 고객이다. 그래서 고객이 거래하고 싶고, 만나고 싶은 영업력을 갖추는 전략으로 고객의 마음속에 확고한 자리를 잡는 것이 중요하다.

2. 구매패턴에 맞추어야 한다

영업의 패러다임에 따라 영업 전략은 달라진다. 영업은 제품과 서비스를 파는 것인가? 고객이 구매하도록 설득하는 것인가? 판매를 위한 전략과 구매를 유도하는 전략은 다르다. 판매에 집중한 전략은 빨리, 비싸게, 누구에게나, 많이, 좋은 조건을 파는 것이다. 고객의 구매패턴은 필요한 제품과 서비스를 필요할 때, 필요한 만큼, 자신이 원하는 방법으로, 그리고 유리한 조건으로 구매를 한다. 효과적인 영업 전략은 고객의 구매패턴에 맞춘 전략이다.

3. 영업조직의 문화가 전략에 영향을 준다

고객은 공급사가 유연한 영업/세일즈리더십을 발휘하기를 바란다. 이는 고객이 원하는 솔루션 개발을 위해 공급사가 자신들의 경쟁사와도 협력을 해 주기를 바란다. 이러한 영업리더십을 발휘할 수 있는 조직 문화가 형성되어 있어야 한다. 그리고 "을"의 문화를 극복하고, 고객의 비즈니스 파트너로서 활동을 하는 영업문화에 기반을 둔 전략수립이 필요하다. 고객의 "하인"이라는 영업조직의 문화에서 나오는 영업 전략은 "하인의 전략"이 되어 고객에게 매력적으로 보여지지 않는다.

4. 고객의 단계 중 초기에 개입할 수 있어야 한다

B2B고객은 자신들의 구매사이클과 구매프로세스에 기반을 두고 구매를 한다. 따라서 영업 전략은 고객의 구매과정에 영향을 미쳐야 하고, 구매과정 초기에 개입을 할 수 있는 전략이 필요하다. 고객의 구매 단계에 일찍 개입할수록 수주의 가능성이 높아지기 때문이다.

5. 고객의 비즈니스 확장에 기여할 수 있는 전략이 필요하다

영업 전략은 핵심은 누구에게 어떤 가치를 어떻게 팔 것인가이다. 고객의 구매목적은 자신의 비즈니스 목표를 달성하는 것이다. 고객이 생각하는 최고의 공급사는 자신들의 비즈니스 목표달성의 가능성을 강화시켜주거나, 내부의 비용 절감이 가능한 새로운 방법을 제안하는 공급사이다. 따라서 B2B 영업 전략의 내용에는 이 두 가지 중 최소한 하나의 솔루션이 포함되어야 한다.

6. 고객의 역할에 따른 전략을 수립하라

B2B고객의 구매의사결정 과정에는 구매를 결정하는 의사결정자와 구매업무를 수행하는 실무자들이 있다. 이들은 자신의 역할에 따라 영업조직과 영업실무자로부터 기대하는 바가 다르다. 특히 구매실무자들에게는 구매의 정당성을 제공해야 하고, 구매로 인한 내부평가에 부정적인 영향을 주지 않아야 한다. 구매의 정당성이 확보된 제안은 구매실무자가 내부 상사 또는 의사결정권자에게 구매의 필요성을 알리는 중요한 역할을 하며, 실무자의 내부 평가에 긍정적인 영향을 미치는 제안은 내부 보고뿐 아니라 영업실무자와의 장기적인 관계구축까지 보장해 준다.

7. 영업 전략을 현장에 맡겨라

영업 전략은 영업현장에서 수립되고 실행되어야 한다. 영업의 환경과 상황은 급격하고 변한다. 따라서 효과적인 영업 전략의 조건은 유연성이 있어야 함과 동시에 영업 전략을 수립하는 권한과 기회를 현장에 위임해야 한다. 현장, 즉 시장과 가장 가깝고 시장의 트렌드와 요구를 가장 잘 알면서, 현장에서 매일 고객과 접촉하는 영업조직과 영업실무자들에게 영업 전략을 수립하고 실행할 수 있는 권한을 주어야 한다. 현장에서 떨어진 곳에서 수립되는 전략으로 영업실무자들의 활동을 제약해서는 안 된다.

결론적으로 잘 수립된 B2B 영업 전략은 고객으로 하여금 자사가 최적의 비즈니스 파트너라는 것을 인식하도록 해 장단기적인 비즈니스 거래관계를 구축하도록 한다.

[출처] 조세일보, 2017.8.17.

≫ 영업의 새로운 생각

1. 스타벅스의 B2B 온 · 오프라인 영업을 한다면 그 전략은 어떻게 해야 할까?

2. 삼성전자와 LG전자의 가전분야의 B2B 영업 전략은 어떻게 해야 하나?

2. 영업성과관리

영업성과관리는 기업이 영업활동을 수행하면서 얻는 성과를 측정하고 분석하여 개선하는 일련의 과정을 말한다. 이를 위해서는 먼저 명확한 목표와 전략이 수립되어야 한다. 목표가 뚜렷하지 않으면 어떠한 성과도 측정할 수 없기 때문이다. 성과 측정을 위해서는 정량적인 지표와 정성적인 지표를 모두 고려해야 한다. 매출액, 순이익, 고객 만족도 등의 정량적 지표와 같은 내부 지표와 시장점유율, 경쟁사와의 비교 등의 외부 지표를 모두 고려하여 종합적인 성과 측정을 해야 한다. 또한 성과 분석을 통해 문제점을 파악하고 개선 방안을 도출해야 한다. 이를 위해서는 데이터의 정확성과 신뢰성이 매우 중요하다. 데이터를 정확하게 수집하고 분석하여 문제점을 파악하고, 그 문제점을 해결하기 위한 대책을 마련해야 한다. 성과 개선을 위해서는 이를 위한 전략과 실행 계획이 수립되어야 한다. 이때 전략과 실행 계획은 명확하고 구체적이어야 한다. 이를 실행하기 위해서는 모든 조직원이 함께 노력해야 한다. 성과 개선은 단기적으로 이루어지는 것이 아니라, 지속적으로 관리되어야 한다.

2.1 영업성과지표 설정

영업성과관리는 기업이 성장하고 수익을 올리는 데에 있어 중요하다. 이를 위해 기업은 매출액, 이익률, 고객 만족도 등 다양한 성과지표를 설정하고 이를 측정해야 한다. 성과지표는 기업의 경영전략과 목표에 따라 다양하게 설정될 수 있으며, 이를 통해 기업은 자신의 성과를 파악하고 개선할 수 있다. 성과지표를 설정하는 방법에는 기업 자체적으로 설정하는 방법과 산업평균 등 외부 기준을 활용하는 방법이 있다. 기업이 자체적으로 성과지표를 설정하는 경우, 기업이 추구하는 목표와 전략을 고려하여 맞춤형 성과지표를 설정할 수 있다. 반면 산업평균 등 외부 기준을 활용하는 경우, 기업은 자신의 성과와 비교하여 경쟁력 있는 성과지표를 설정할 수 있다.

(1) 매출액과 이익률

성과지표는 기업의 성과를 측정하는 데 사용되는 다양한 요소들이 있다. 이러한 요소들 중 가장 대표적인 것은 매출액과 이익률이다. 매출액과 이익률은 기업의 성장과 생존을 위해 중요한 지표이다. 매출액은 기업의 생존과 발전에 큰 영향을 미치는 중요한 지표이다. 매출액이 높다는 것은 기업이 충분한 제품 또는 서비스를 제공하고 많은 고객들에게 인기가 있다는 것을 의미한다. 이는 기업의 경쟁력과 성장 가능성을 높여주며, 투자자들에게도 긍정적인 인상을 준다. 하지만 매출액만으로 기업의 성공을 판단하는 것은 적절하지 않다. 매출액은 실제 수익과는 다르기 때문에 기업이 지출한 비용과 수익을 고려해야 한다. 매출액은 기업의 경영상황을 파악하는 중요한 지표이지만, 그 자체로는 성공을 보장하지 않는다. 기업은 매출액을 높이는 노력과 함께 경영 전반에 걸친 전략적인 노력이 필요하다. 이익률은 기업의 경영 성과를 평가하는 중요한 지표 중 하나이다. 이는 기업이 판매한 제품이나 서비스를 생산하는 데 들인 비용과 수익 사이의 관계를 나타내는 지표로, 이익률이 높을수록 기업이 효율적으로 수익을 창출하고 있다는 것을 의미한다.

기업은 매출액과 이익률을 적절하게 관리하여 경쟁력을 유지하고 발전해야 한다. 이를 위해서는 제품이나 서비스의 품질과 가격, 마케팅 전략, 비용 관리 등을 효율적으로 수행해야 하며, 이를 위해서는 많은 노력과 전략이 필요하다. 마케팅 및 판매전략의 성공과 비용 관리의 효율성은 매출액과 이익률에 직접적인 영향을 미치므로, 기업은 이러한 요소를 적절히 조절하여 경쟁력을 유지하고 성장해야 한다.

(2) 고객재구매 및 고객유지

영업성과지표 중에서 가장 중요한 것은 고객재구매율과 고객유지율이다. 고객재구매율은 기업이 고객을 유지하고 발전하는 데 매우 중요한 지표 중 하나이다. 이는 기존 고객이 회사의 제품이나 서비스에 대한 만족도가 높고 신뢰도가 높아서 다시 구매를 결정하는 비율을 의미한다. 높은 고객재구매율은 기업의 안정적인 수익을 보장할 수 있으며, 브랜드 로열티를 증진시키고, 새로운 고객을 유치하는 데에도 도움이 된다. 그러나 고객재구매율을 높이기 위해서는 기업은 고객의 요구와 욕구를 충족시키는 제품이나 서비스를 제공하는 것이 중요하다. 고객과의 소통과 상호작용을 강화하여 고객 만족도를 높이는 것이 필수적이다. 이를 위해 기업은 고객 만족도 조사를 실시하고, 고객 피드백을 수집하여 제품이나 서비스 개선을 위한 노력을 기울여야 한다. 이러한 노력을 통해 기업은 고객의 신뢰를 유지하고, 브랜드의 가치를 증대시킬 수 있다.

고객유지율은 기업이 고객을 유지하는 능력을 나타내는 중요한 지표이다. 이는 기업이 고객을 끌어들이는 것만큼 중요하다. 고객이 기업 제품이나 서비스에 만족하고 충성도가 높다면, 기업은 경쟁업체보다 더 많은 수익을 기대할 수 있다. 기업은 고객 유지를 통해 브랜드 이미지와 신뢰도를 유지하고, 마케팅 비용을 절감하고, 새로운 고객을 유치하는 데 더 많은 자원을 할애할 수 있다. 기업은 고객유지율을 높이기 위해 끊임없이 노력해야 한다. 고객 만족도를 높이기 위해 제품이나 서비스 품질을 개선하거나, 고객 요구사항에 대한 빠른 대응을 실시하거나, 고객의 의견을 수렴하는 것이 중요하다. 고객과의 대화를 통해 서비스 경험을 개선하고, 고객이 불만족을 느낄 때마다 신속하게 대처하는 것이 필요하다.

(3) 업세일링(Up selling)과 크로스세일링(Cross selling)

영업성과지표 중에서 업세일링과 크로스세일링은 중요한 지표 중 하나이다. 업세일링은 기존 고객을 대상으로 하는 전략으로, 이미 구매한 상품과 관련된 부가적인 제품이나 서비스를 제공하여 매출을 높이는 것을 의미한다. 이는 기업이 새로운 상품을 개발하고 출시하는 비용보다 기존 고객에게 추가 상품을 판매하는 것이 더 경제적이며, 마케팅 비용도 절감할 수 있다는 장점이 있다.

업세일링은 기존 고객의 만족도를 높이며, 장기적인 관계를 유지할 수 있는 방법 중 하나이다. 고객이 추가 상품이나 서비스를 구매할 때, 그들의 요구사항이나 선호도를 파악하고 이에 맞는 맞춤형 제품을 제공할 수 있다. 이는 고객이 기업에 대한 신뢰도를 높이고, 고객 경험을 개선하는 데 도움이 된다. 기업은 기존 고객을 대상으로 업세일링 전략을 수행함으로써, 새로운 고객을 유치하는 데 드는 비용보다 저비용으로 매출을 높일 수 있다. 이는 기업의 경쟁력을 높이는 데에도 도움이 되며, 장기적인 성장을 이룰 수 있도록 한다.

크로스세일링은 기존 고객이 이미 구매한 상품과 연관된 상품을 함께 추천함으로써 매출을 늘리는 전략이다. 이는 고객들이 이미 구매한 상품에 대한 관심과 만족도를 고려하여, 추가적인 상품 구매를 유도하는 효과가 있다. 예를 들어, 고객이 스마트폰을 구매하였다면, 크로스세일링 전략에 따라 고객에게 스마트폰 액세서리, 보호필름, 케이스 등과 같은 상품을 함께 추천할 수 있다. 이렇게 함께 추천함으로써 고객은 이미 구매한 상품에 대한 만족도를 높이면서, 추가적인 구매를 유도받게 된다.

또한 크로스세일링은 고객의 구매 패턴을 파악하여 상품 추천을 할 수 있는 데이터 분석 기술과도 연관되어 있다. 고객이 구매한 상품의 카테고리, 브랜드, 가격대 등을 분석하여, 이와 연관된 상품을 추천함으로써 고객의 구매 만족도를 높일 수 있다.

고객들이 이미 구매한 상품과 연관된 상품을 추천하는 것은 기업에게 중요하다. 이는 고객들의 쇼핑 경험을 개선해주기 때문이다. 고객들이 이미 구매한 상품과 연관된 다른 상품을 추천을 받으면, 이는 고객들이 제품을 더 잘 이해하고, 제품의 다른 측면을 알게 되어 더 만족스러운 쇼핑 경험을 할 수 있게 된다. 더 나아가, 이러한 추천은 기업의 매출 증대와 고객 충성도 향상에도 큰 역할을 한다. 고객들이 더 많은 제품을 구매하면, 기업의 매출이 증가하게 된다.

(4) 시장점유율

시장점유율은 기업이 해당 시장에서 차지하는 비중을 의미하는 지표로, 매출액, 수익률, 경쟁우위 등과 함께 영업성과지표의 하나로 평가된다. 이는 기업이 제공하는 제품이나 서비스가 시장에서 얼마나 많은 고객들에게 선택되고 있는지를 나타내는 중요한 지표이다. 시장점유율이 높다는 것은 기업이 경쟁사보다 더 많은 고객들의 선호를 받고 있으며, 더 많은 매출과 이익을 얻을 수 있다는 것을 의미한다. 시장점유율이 높은 기업은 브랜드 인지도가 높아지고, 시장 지배력을 강화할 수 있어 경쟁우위를 유지할 수 있다.

기업은 경쟁적인 시장에서 살아남기 위해 시장점유율을 높이는 것이 중요하다. 이를 위해서는 제품과 서비스의 질을 높이는 것은 물론이고, 마케팅 전략과 영업 전략, 고객서비스 등 다양한 측면에서 노력해야 한다. 제품과 서비스의 질을 높이기 위해서는 연구개발에 대한 투자가 필요하며 제조 공정을 개선하여 생산성을 높이고 제품의 품질을 개선하는 것도 중요하다. 마케팅 전략과 영업 전략을 통해 제품과 서비스의 가치를 강조하고, 고객에게 제품과 서비스를 알리는 것도 중요하다.

또한 고객서비스를 강화하여 고객 만족도를 높이는 것은 기업의 장기적인 성장을 위해서 필수적이다. 기업은 다양한 측면에서 노력하여 시장점유율을 높이는 데 최선을 다해야 한다. 높은 시장점유율은 기업이 경쟁력을 강화하고 안정적인 수익을 보장할 수 있는 중요한 요소이다. 기업은 새로운 시장을 발견하고 이를 개척하여 시장점유율을 높일 수 있다. 시장에서 선두를 달리기 위해 새로운 제품 및 서비스를 출시하는 것도 중요하다. 이를 통해 기존 고객들의 만족도를 높이고 새로운 고객을 유치할 수 있다.

지속적인 연구 및 개발을 통해 혁신적인 제품 및 서비스를 개발하여 시장에서의 경쟁력을 강화할 수 있다. 이러한 노력들은 기업의 성장과 발전을 이루는 데 큰 역할을 할 것이다. 이는 혁신적인 아이디어를 발굴하고 적극적으로 연구 개발을 수행하는 것에 따라 가능하다. 이러한 노력은 기업의 차별화 전략을 구축하고 경쟁우위를 확보하는 데 큰 역할을 한다.

(5) 고객 만족도

고객 만족도는 기업이 제공하는 제품이나 서비스가 고객의 요구와 기대를 얼마나 충족시켰는지를 나타내는 지표이다. 고객 만족도는 기업이 고객 중심의 경영 철학을 따르며, 고객의 니즈를 파악하고 충족시키는 데에 주력하는 경우에 높아진다. 고객 만족도를 높이기 위해서는 기업은 고객과의 소통을 원활하게 하고, 고객의 피드백을 적극적으로 수용하며, 그에 따른 개선을 지속적으로 시행해야 하며 제품이나 서비스의 품질을 유지하고 개선하는 것도 중요하다. 고객은 제품이나 서비스의 품질에 매우 민감하기 때문에, 품질이 떨어지는 경우에는 고객의 만족도가 급격히 저하될 수 있다.

고객 만족도가 높을수록 기업의 이미지와 브랜드 가치를 높여줄 뿐만 아니라, 고객들의 추천과 재구매를 유도하여 매출 증가에도 큰 도움이 된다. 반면에, 고객 만족도가 낮을 경우 기업의 이미지가 손상되어 고객들의 신뢰를 잃을 수 있다. 이는 매출 감소로 이어질 가능성이 높다. 또한 고객들의 불만이 많아지면 기업의 평판이 나쁘게 알려지게 되어 새로운 고객 유치에도 어려움을 겪을 수 있다.

또한 기업이 고객 만족도를 높이는 것은 단순히 매출을 늘리는 것뿐만 아니라, 장기적인 관점에서도 중요하다. 만족도가 높은 고객들은 기업의 제품이나 서비스를 계속해서 이용하고, 더불어 추천을 통해 새로운 고객을 유입시키는 역할을 하며 기업의 제품에 대한 가격감수성이 낮아지기 때문에, 가격 인상 등의 마케팅 전략에 대해 덜 민감해지는 특성을 가지고 있다. 기업은 고객 만족도를 높이기 위한 노력을 게을리하지 않고, 지속적으로 고객들과 소통하며, 그들의 의견을 수렴하고 반영하는 과정을 거쳐야 한다. 이를 통해 고객과의 긴밀한 관계를 유지하고, 성공적인 기업으로 성장할 수 있다.

2.2 영업성과 측정

기업의 성공적인 경영을 위해서는 반드시 성과 측정이 필요하다. 성과 측정을 할 때는 매출액과 이익만을 기준으로 삼으면 안 된다. 왜냐하면 매출액과 이익은 단기적인 성과에 초점을 맞추고 있기 때문이다. 기업의 장기적인 성장을 위해서는 정량적인 지표뿐만 아니라 정성적인 지표도 함께 고려해야 한다.

정성적인 지표는 매출액과 이익과 같은 수치적으로 측정할 수 없는 기업의 성과를 의미한다. 기업의 브랜드 인지도, 고객 만족도, 사회적 책임 수행 등이 여기에 해당한다. 이러한 정성적인 지표는 기업의 장기적인 성장과 지속가능한 경영에 매우 중요한 역할을 한다. 이러한 지표들은 기업의 경쟁력과 이미지를 형성하는 데에도 큰 영향을 미치게 된다.

(1) 성과 측정과 분석

기존의 영업성과 측정방식은 단순히 매출액, 수익률, 시장점유율과 같은 **재무적 지표**에만 그치는 경우가 많다. 하지만 오늘날 기업들은 고객 만족도, 신규고객 창출 수, 재방문율 등의 **비재무적 지표**를 함께 고려하여 영업성과를 종합적으로 평가하고 있다. 이는 단순히 재무적 성과만으로는 영업조직의 실질적인 생산성과 효율성을 정확히 파악하기 어렵기 때문이다. 고객 만족도와 충성도 지표를 통해 고객의 니즈와 요구사항을 더 정확히 파악할 수 있고, 이를 바탕으로 보다 효과적인 영업 전략을 수립할 수 있다.

또한 신규고객 창출과 재방문율 지표는 영업팀의 영업 능력과 고객 관리 역량을 가늠할 수 있는 유용한 척도가 된다. 이를 통해 영업조직의 생산성과 효율성을 종합적으로 평가하고, 개선점을 도출할 수 있다.

오늘날 기업들은 재무적 지표와 비재무적 지표를 균형 있게 고려하여 영업성과를 측정함으로써, 고객지향적이고 전략적인 영업활동을 펼칠 수 있게 되었다. 이는 장기적인 관점에서 기업의 지속가능한 성장과 발전에 기여할 것으로 기대된다. 더불어 영업성과 분석은 시장 동향과 경쟁사의 움직임을 파악하는 데 활용될 수 있다. 이를 통해 새로운 기회를 발굴하고, 제품, 가격, 유통, 프로모션 등의 영업 전략을 수립할 수 있다. 특히 마케팅 믹스 전략의 효과성을 진단하여 개선점을 도출할 수 있다. 이처럼 체계적인 영업성과 측정과 분석은 단순한 실적 향상을 넘어 기업의 핵심 경쟁력을 제고하고 미래 성장을 위한 기반을 마련하는 데 있어 필수적인 과정이다. 단순히 재무지표만을 고려하는 것이 아니라, 고객 중심의 종합적인 성과관리가 이루어져야 한다. 이를 통해 기업은 지속가능한 성장을 달성할 수 있을 것이다.

기업이나 조직에서 성과 분석은 조직의 업무를 수행하면서 발생하는 문제점을 파악하고, 그 문제점을 해결하기 위한 개선 방안을 도출하는 과정이다. 성과 분석을 통해 조직은 자신의 업무를 분석하고, 성과를 측정하여 성과를 개선하는 방향으로 나아갈 수 있다. 성과 분석을 통해 조직의 강점과 약점을 파악하고, 강점을 더욱 강화하고 약점을 보완하는 방향으로 조직의 성장과 발전을 이룰 수 있다.

또한 성과 분석은 조직 내에서 일어나는 문제점을 파악하는 것뿐만 아니라, 외부 환경 변화에 대응하기 위한 중요한 도구로도 활용된다. 경쟁력 있는 기업은 항상 변화하는 시장 환경과 경쟁 상황을 분석하고, 그에 따른 대응 방안을 세우는 데 성과 분석을 활용한다. 조직은 성과 분석을 통해 자신의 일을 잘 수행하고, 효과적인 의사결정을 할 수 있으며, 이를 통해 조직의 성공을 이룰 수 있다.

(2) 개선방안 도출

영업성과를 면밀하게 분석한 후 현재의 영업활동들이 얼마나 효과적이었는지, 어떤 부분에서 개선이 필요한지를 파악할 수 있다. 우선, 매출, 고객 만족도, 신규 고객 유치율 등 다양한 지표를 세부적으로 검토해야 한다. 이를 바탕으로 실제 목표 대비 달성 수준을 분석하고, 긍정적인 성과와 부족한 부분을 종합적으로 진단해야 한다. 이를 통해 영업활동의 강점과 약점을 명확하게 파악할 수 있다.

그 다음으로는 도출된 문제점들에 대한 실질적인 해결책을 마련해야 한다. 단순히 문제를 지적하는 것이 아니라, 구체적인 개선 방안을 수립해야 한다. 이를 위해 영업 프로세스 재설계, 직원 교육 강화, 마케팅 전략 수정 등 다양한 대안들을 검토해볼 필요가 있다. 이러한 대안들은 상황에 맞게 종합적으로 고려되어야 하며, 실행

가능성과 효과성을 충분히 검토해야 한다. 특히 직원 교육 강화는 중요한 요소이다. 영업사원들의 전문성과 역량을 높이기 위해 지속적인 교육 프로그램을 운영하고, 이를 통해 고객 서비스 향상과 효과적인 영업 전략 수립을 도모해야 한다. 이와 함께 마케팅 전략의 수정도 필요할 수 있다. 고객 니즈와 시장 트렌드를 면밀히 분석하여, 보다 효과적인 마케팅 활동을 전개해야 한다. 이를 통해 신규 고객 유치와 기존 고객 관리를 강화할 수 있다.

궁극적으로는 이러한 노력을 통해 영업활동의 전반적인 효율성과 생산성을 높일 수 있다. 이는 곧 기업의 수익 증대와 경쟁력 강화로 이어질 수 있으며, 장기적으로 지속가능한 성장을 달성할 수 있게 될 것이다.

(3) 성과개선계획 수립

조직의 성과 개선을 위해서는 전략과 실행 계획을 수립하는 것이 필요하다. 이를 위해서는 조직 내에서 명확하고 구체적인 계획을 수립하여야 한다. 이러한 계획 수립 과정에서는 조직 내부의 각 구성원들이 참여하여 목표를 공유하고 함께 노력할 수 있는 환경을 조성해야 한다. 성과 개선을 위한 전략과 실행 계획은 조직의 비전과 미션을 고려하여 수립되어야 한다. 비전과 미션을 명확히 정의하고 이를 바탕으로 전략과 실행 계획을 수립하면 조직 내부의 구성원들은 목표를 이해하고 이를 실현하기 위해 노력할 수 있다. 뿐만 아니라, 전략과 실행 계획의 수립에는 조직 내부의 리더십과 커뮤니케이션 능력도 중요하다.

리더십은 조직 내부의 구성원들을 이끌어 나가는 역할을 수행하며, 커뮤니케이션 능력은 목표와 계획을 전달하고 이를 이해하고 수행할 수 있도록 돕는 역할을 수행한다. 따라서 조직의 성과 개선을 위해서는 전략과 실행 계획을 수립하는 것뿐만 아니라, 이를 수립하는 과정에서 조직 내부의 구성원들의 참여와 리더십, 커뮤니케이션 능력 등도 함께 고려하여야 한다. 이를 통해 조직 내부의 구성원들이 목표를 이해하고 함께 노력하는 환경을 조성하여 성과 개선을 이룰 수 있다.

성과 개선은 단순히 결과를 개선하는 것이 아니라, 그 과정에서 조직 내부에서 일어나는 변화를 통해 조직의 생산성과 효율성을 높이는 것이다. 이러한 변화는 단기적인 목표를 달성하는 것뿐만 아니라, 장기적으로 조직의 경쟁력을 향상시키는 데 큰 역할을 한다.

따라서 성과 개선은 단순한 업무 개선만을 위한 것이 아니라, 조직 내에서 지속적으로 관리되어야 한다. 조직 내에서 성과 개선에 대한 문화를 확립하는 것은 이러한 지속적인 관리를 위한 필수적인 요소 중 하나이다. 이를 위해서는 조직 구성원들에 대한 교육과 함께, 성과 개선을 위한 목표와 방법을 명확하게 설정하고, 이를 지속적으로 평가하고 개선해 나가야 한다.

리더는 조직 내에서 성과 개선 문화를 지속적으로 유지하고 발전시키기 위해 노력해야 한다. 이를 위해서는 구성원들의 의견을 수렴하고, 문제점을 파악하며 개선 방안을 모색해야 한다. 구성원들에게 성과 개선에 대한 교육과 훈련을 제공하고, 조직 내에서 성과 개선을 위한 문화를 확산시켜야 하며 이러한 노력이 조직 내에서 성과 개선 문화를 확립하고, 지속적인 발전을 이루는 데 큰 역할을 할 것이다. 또한 성과 개선을 위해서는 개선 방안의 실행과 결과를 지속적으로 모니터링해야 한다. 이를 통해 문제가 발생하면 즉각적으로 대처할 수 있으며, 성과 개선의 효과를 확인할 수 있다.

영업실전 사례 3-2

영업의 성과를 올리고 싶으면 과정관리를 하라

영업조직과 영업담당자는 영업활동 자체에 목적을 두어서는 안 된다. 영업담당자의 활동 하나 하나, 고객과 상담을 하는 활동 하나 하나는 곧 영업조직의 성과를 결정한다. 물론 영업담당자 개인의 성과를 결정하기도 한다.

다양한 활동을 해야 하는 영업의 생산성향상을 위해서는 필요할 때 필요한 영업활동(효과적인 영업)을 제대로(효율적인 영업) 해야 한다. 이를 통해 영업활동의 효율성과 효과성을 올려야 한다. 4차산업혁명이 비즈니스의 모든 분야에 영향을 미치고, 앞으로의 성패를 결정하는 오늘날 영업업무 역시 혁신하지 않으면 영업의 생산성은 향상되지 않고 그것은 결국 기업의 존폐에 영향을 미친다.

영업활동의 효과성과 효율성을 올리기 위해서는 영업 프로세스를 구축해 각 프로세스의 수행능력을 향상(영업 효과성 증진)시키면서, 각 프로세스의 성과를 향상(영업 효율성 증진)시켜야 한다. 다음 그림은 어느 기업의 영업 프로세스(진척도)와 각 단계의 성과다. 이 기업의 영업핵심은 3, 4단계이고 4단계의 효과적이고 효율적인 활동이 계약으로 이어진다. 그런데 3단계에서 4단계로의 진척률은 80%인 반면 4단계에서 5단계로의 진척률(계약률)은 절반인 41%밖에 되지 않는다.

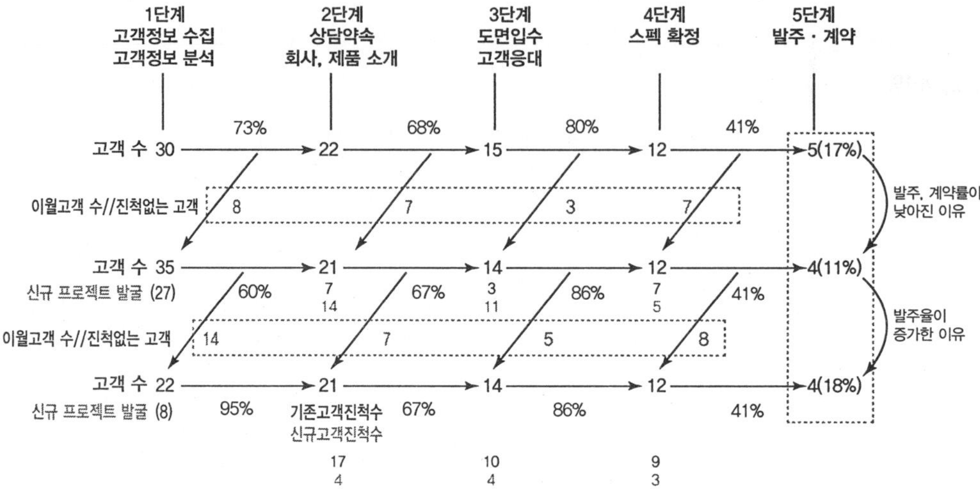

따라서 이 기업의 영업생산성을 올리기 위해서는 4단계에서 5단계로의 진척률을 향상시키는 방법을 찾아야 한다. 그리고 영업담당자에 따라 각 단계의 고객 수와 다음 단계로의 진척률이 다르다. 이것은 영업담당자 개개인의 역량과 영업활동 수준에 차이가 난다는 것이다. 이 원인은 아마도 영업업무의 표준화된 매뉴얼이 없고, 각자의 역량 중심으로 영업활동을 하기 때문인 것으로 추측된다.

물론 영업조직과 영업담당자의 업무생산성을 위 진척도 하나로 판단할 수는 없지만, 진척도의 데이터는 영업조직의 활동 생산성을 보여주는 객관적인 사실이다. 이것을 어떻게 해석하는가는 별도로 하더라도 데이터는 팩트이다. 이 팩트 속에는 상당히 많은 정보(이러한 데이터가 발생한 원인들)가 숨겨져 있다. 따라서 이 정보들을 정확하게 파악하고 분석하지 않으면 업무에서의 개선은 이루어지지 않는다. 즉, 데이터를 무시해서는 안 된다는 것이다. 영업활동 관련 데이터를 관리하지 않으면 영업활동 관리를 할 수가 없다.

영업활동의 생산성을 올리기 위해서는 매출이라는 데이터 외 영업활동 과정의 데이터 관리가 필요하다. 마케팅과는 달리 영업/판매성과는 영업담당자와 고객 간의 직접적인 관계에서 일어나기 때문에 영업활동의 과정을 관리하는 것은 영업성과가 일어나는 현장을 관리하는 것과 같다. 영업과정을 잘 갖추고 적절하게 관리하는 것이 영업결과인 매출을 결정한다. 영업활동 과정의 데이터 관리를 위한 가장 쉽고 효과적인 방법은 기업의 영업 프로세스(진척도)를 구축하고, 각 단계를 실행하는 수행능력을 명확하게 정의하여 영업담당자들의 역량으로 만들어야 한다. 이는 가장 기초적인 역량으로 이 역량이 잘 갖추어져 있어야 영업현장의 다양한 변화에 적절하게 대응할 수 있다. 그리고 이 과정을 통해 경험학습의 시간과 비용을 줄일 수도 있다.

4차산업혁명을 이끄는 기술이 비즈니스 전반에 영향을 미치는 상황에서 영업활동 역시 과학적이고 분석적으로 이루어져야 한다. 매장 판매의 경우에도 매장의 판매데이터를 통해 고객들의 구매패턴과 구매프로세스 등을 파악해 적절한 판매방법을 개발-적용해야 한다. 몇몇 판매매장에서 4차산업혁명의 기술(AR, VR, IOT, AI 등)을 활용해 판매방식을 바꾸고 있다. B2B 영업, B2C 영업 그리고 B2G 영업 역시 데이터 분석을 통한 영업의 혁신을 실행해야 한다.

[출처] 조세일보, 2019.8.12.

≫ 영업의 새로운 생각

1. 영업의 생산성 향상을 위하여 무엇을 해야 하나?
2. 고객의 구매프로세스에 대응한 영업활동은 어떻게 해야 하나?

3. 영업자원 및 역량관리

기업이 영업 자원과 역량을 체계적이고 전략적으로 관리하면 고객가치 중심의 영업을 효과적으로 수행할 수 있다. 이를 위해서는 먼저 기업이 보유한 영업 자원을 면밀히 파악하고, 이를 최대한 활용할 수 있는 전략을 수립해야 한다. 이때 단순히 자원을 나열하는 수준이 아니라, 각 자원의 특성과 강점, 약점을 면밀히 분석하여 균형 잡힌 포트폴리오를 구축해야 한다. 또한 현재 보유한 역량 외에도 미래에 필요한 역량을 예측하고, 지속적인 역량 강화 노력을 기울여야 한다. 이렇게 영업 자원을 효과적으로 활용하여 고객가치를 창출할 수 있는 역량을 갖추면, 기업은 보다 전략적이고 차별화된 영업활동을 전개할 수 있다. 예를 들어, 고객 세분화를 통해 각 고객층의 니즈를 깊이 있게 파악하고, 이에 맞춤화된 솔루션을 제공할 수 있다. 또한 데이터 분석을 활용하여 고객의 구매패턴과 선호도를 예측하고, 이를 바탕으로 선제적이고 공격적인 영업 전략을 수립할 수 있다.

이러한 노력은 고객가치 향상과 기업의 경쟁력 강화로 이어져, 지속가능한 성장을 달성하는 데 기여할 것이다. 단순히 매출 증대에 그치지 않고, 고객과의 신뢰관계 구축과 기업의 브랜드 가치 제고로까지 이어질 수 있다. 이는 곧 기업의 장기적 생존과 발전의 밑거름이 될 것이다.

3.1 영업자원의 관리

기업은 영업활동을 효율적으로 수행할 수 있도록 다양한 자원을 활용하고 있다. 이는 인력, 자원, 정보, 시스템 등이 해당된다. 인력적인 측면에서는 영업인력을 충분히 배치하여 고객과의 소통을 원활히 하며, 영업 전략을 수립하고 실행하는 데 필요한 인력을 확보한다. 또한 영업활동에 필요한 자원을 확보하기 위해 예산을 배분하고, 필요한 자원을 조달한다. 정보적인 측면에서는 고객 데이터를 수집하고 분석하여 마케팅 전략을 수립하고, 경쟁업체의 동향을 파악하여 대응한다. 시스템적인 측면에서는 영업 관리 시스템을 구축하여 영업 일정과 고객 정보를 체계적으로 관리한다. 이러한 다양한 지원 수단을 통해 기업은 영업활동을 효율적으로 수행하며, 더 나은 성과를 이룰 수 있다.

(1) 인적자원

우수한 영업 직원을 확보하고 육성하는 것은 중요하다. 이를 위해서는 우선 적절한 인재를 채용해야 하고 이후에는 적극적인 교육 및 훈련 계획이 필요하다. 이를 위해 영업담당자들이 영업 전반에 걸쳐 필요한 역량을 갖추도록 다양한 교육과 훈련 프로그램을 제공한다. 예를 들어, 제품에 대한 전문 지식을 습득하고, 영업 전략을 수립하며, 고객과의 커뮤니케이션 능력을 향상시키는 등의 다양한 프로그램을 운영한다. 실제 현장에서의 경험은 실제 상황에서의 훈련과 멘토링 프로그램을 운영하는 것이 좋다. 영업담당자는 고객과의 소통 능력을 향상시고 영업 기술을 개선하며 고객의 요구를 이해하고 대응함으로써, 회사의 성장과 발전에 큰 기여를 할 수 있다. 영업담당자는 고객과의 대화를 통해 제품과 서비스에 대한 정보를 전달하고, 고객의 요구 사항에 대해 적극적으로 대응한다. 이러한 노력으로 인해, 고객의 요구에 더욱 빠르고 정확하게 대응할 수 있으며, 경쟁력 있는 제품과 서비스를 제공할 수 있게 된다. 영업 직원이 능동적으로 고객과 소통하면서 고객과의 관계를 유지하고 발전시키는 것은 매우 중요하며 고객의 니즈와 요구 사항을 파악하여 제품과 서비스를 개선하는데 기여할 수 있다. 이러한 노력을 통해 회사는 더욱 성장하고 발전할 수 있으며, 고객과의 관계를 더욱 강화할 수 있게 된다.

(2) 물적자원

영업지원활동의 물적자원관리는 중요하다. 영업조직은 고객과의 소통을 위해 다양한 장비와 자료를 사용한다. 이러한 자원들을 효율적으로 관리함으로써 영업팀은 더욱 원활하게 업무를 수행할 수 있다. 영업 장비는 영업활동에 필수적이다. 컴퓨터, 휴대폰, 프린터, 스캐너 등을 관리함으로써 영업팀은 고객과의 연락을 쉽게 할 수 있다. 영업 자료도 중요하다. 제품 브로슈어, 계약서, 프레젠테이션 자료 등을 관리함으로써 영업조직은 고객에게 자신들의 제품과 서비스를 소개할 수 있다. 영업조직은 데모 제품도 관리한다. 고객에게 제품을 직접 시연할 수 있도록 데모 제품을 관리함으로써 제품의 가치를 더욱 잘 전달할 수 하며 업무를 수행하는 사무 공간도 관리한다. 영업조직은 서비스 차량도 관리한다. 고객을 방문하는 데 사용하는 차량을 관리함으로써 영업조직은 고객과의 만남을 더욱 원활하게 할 수 있다. 이러한 물적자원관리는 영업조직의 업무 효율성을 높일 뿐만 아니라 고객과의 만남에서도 좋은 인상을 남길 수 있다.

(3) 정보 자원

고객 정보, 시장 정보, 경쟁 정보 등을 제공하여 영업 전략 수립에 도움을 주는 것이다. 이를 통해 시장 동향을 예측하고, 경쟁업체와의 경쟁력을 강화할 수 있다. 이러한 정보는 고객의 요구와 선호를 파악할 수 있도록 도와주며, 이를 통해 제품, 서비스, 마케팅 전략 등을 개선할 수 있다.

시장 정보는 기업이 경쟁력을 유지하고 발전하기 위해 꼭 필요한 요소 중 하나이다. 시장 정보를 제공받으면 기업은 새로운 시장 동향, 소비자 선호도 및 경쟁업체의 움직임을 파악할 수 있다. 이를 토대로 기업은 새로운 시장 기회를 발견하고, 이를 활용하여 제품 및 서비스의 수익성을 높일 수 있다. 시장 정보를 바탕으로 기업은 경쟁업체와 차별화된 전략을 수립하고 이를 통해 시장에서 성공할 수 있다.

경쟁 정보 파악은 기업이 경쟁업체들의 강점과 약점을 파악하고, 그에 따라 자사의 경쟁력을 강화할 수 있는 중요한 전략적 요소이다. 이를 통해 기업은 시장에서 더욱 높은 점유율을 확보할 수 있으며, 경쟁업체들과의 경쟁에서 더욱 유리한 위치에 서게 된다. 경쟁 정보 파악을 위해서는 경쟁업체들의 제품, 서비스, 마케팅 전략 등을 철저히 조사해야 한다. 이를 통해 경쟁업체들의 강점과 약점을 파악하고, 이를 분석하여 자사의 제품, 서비스, 마케팅 전략 등을 개선할 수 있다. 또한 경쟁 정보 파악은 기업의 현재 상황 및 추후 전략 수립에도 큰 도움을 준다. 경쟁업체들의 동향을 파악하고, 이를 분석하여 자사의 전략을 수립하면 경쟁업체들보다 더욱 빠르고 효과적으로 시장의 변화에 대응할 수 있다. 경쟁업체의 전략과 행동을 파악하여 미리 대응할 수 있기 때문에, 기업의 위기 상황을 최소화할 수 있다. 이러한 정보를 분석하고 활용함으로써 기업은 더욱 효율적인 영업 전략을 수립할 수 있으며, 성장과 발전에 큰 도움이 된다.

(4) 시스템 자원

영업활동을 성공적으로 수행하기 위해서는 효율적인 시스템 구축과 운영이 필수적이다. 이러한 시스템은 고객관리, 판매관리, 재고관리 등의 업무를 효율적으로 처리함으로써 영업성과를 개선할 수 있다.

고객관리 시스템은 기업이 고객과의 상호작용을 보다 효율적으로 관리하고, 고객들의 요구 사항을 파악하여 그에 맞게 대처할 수 있도록 돕는 중요한 도구이다. 이 시스템은 고객들의 정보를 체계적으로 관리하고, 이를 토대로 고객들에게 맞춤형 서비스를 제공함으로써 고객 만족도를 높일 수 있다. 또한 고객관리 시스템은 기업의 경영 전략에 있어서도 중요한 역할을 담당한다. 이 시스템을 통해 기업은 고객들의 행동 패턴, 선호도, 구매력 등의 정보를 파악할 수 있어서 이를 기반으로 비즈니스 모델을 조정하고 개선할 수 있다.

판매관리 시스템은 판매자들이 제품 또는 서비스를 판매하고 관리하는 데 중요한 역할을 한다. 이 시스템은 판매자들이 고객 정보와 주문 정보를 쉽게 추적하고 관리할 수 있도록 도와주며 판매자들은 이 시스템을 통해 재고관리와 배송 관리를 더욱 효율적으로 처리할 수 있다. 영업담당자들은 고객들의 구매 패턴과 선호도를 파악하고, 이를 기반으로 영업 전략을 수립할 수 있으며 이 시스템을 사용하여 신제품 출시 및 할인 행사 등을 계획하고 이를 고객들에게 제공함으로써 매출을 높일 수 있다.

영업관리 시스템은 판매자들의 업무를 자동화하여 인력과 시간을 절약할 수 있는 장점이 있다. 이 시스템이 제공하는 다양한 기능을 활용하면 판매자들은 더욱 빠르고 정확하게 업무를 처리할 수 있다. 이를 통해 판매자들은 더 많은 시간과 노력을 제품 개발과 고객 서비스에 집중할 수 있으며, 이는 결국 더욱 효율적인 비즈니스 운영으로 이어질 것이다.

재고관리 시스템은 기업이 보유한 재고 수량을 효율적으로 관리할 수 있는 체계적인 방법이다. 이를 통해 기업은 불필요한 재고 비용을 줄일 수 있으며, 고객들에게 빠른 배송 서비스를 제공할 수 있다. 제품의 재고 수량과 원가, 판매량 등을 실시간으로 모니터링하여 기업의 판매 계획을 세우는 데 도움을 주며 이를 통해 기업은 효율적인 재고관리를 통해 고객 만족도를 높일 수 있으며, 경영 전략의 성공적인 실행에도 도움을 준다. 또한 재고관리 시스템은 기업의 자금 흐름을 관리하는 데에도 큰 역할을 하며 적정한 재고 수량을 유지함으로써 기업은 현금 유동성을 보장하고, 자금 운용에 대한 부담을 줄일 수 있다. 이러한 효율적인 시스템 구축과 운영은 영업성과 향상뿐만 아니라, 기업의 경쟁력을 높이는 데에도 중요한 역할을 한다. 따라서 기업은 영업활동을 지원하는 시스템 구축과 운영에 적극적으로 투자하여, 지속적인 성장과 발전을 이끌어 내야 한다.

3.2 고객가치영업의 필요역량

고객가치영업은 기업이 고객 중심의 전략을 적용하여 고객이 원하는 제품, 서비스, 경험을 제공하는 것이다. 이를 통해 기업은 고객 만족도를 높이고, 이로 인해 매출과 이익을 증대시킬 수 있다. 이는 기업과 고객 간의 상호작용을 중심으로 하며, 고객의 니즈와 요구를 파악하고 이에 맞는 제품과 서비스를 개발하는 것이 중요하다. 고객가치영업에는 다양한 영업 역량이 필요하다. 이는 고객이해능력, 고객가치개발능력, 고객과의 소통과 관계능력, 협상과 설득능력, 상황에 따른 문제 해결 능력, 제품 및 서비스에 대한 전문 지식 등이 있다. 고객가치영업 역량은 기업이 고객에게 차별화된 가치를 제공하기 위한 필수적인 요소들로 이루어져 있다. 이는 고객의 니즈와 요구사항을 깊이 있게 이해하고, 이를 충족시킬 수 있는 제품과 서비스를 개발하는 능력을 포함한다. 고객과의 긍정적인 관계를 구축하여 신뢰를 형성하는 것도 중요한 부분이다. 이를 위해서는 영업인력의 전문성과 고객 응대 스킬이 필요하다. 고객의 문제를 정확히 파악하고 해결책을 제시할 수 있는 기술적 역량이 요구되며, 고객의 입장에서 생각하고 공감할 수 있는 역량 또한 중요하다.

이와 함께 기업 내부적으로도 고객가치 창출을 위한 체계적인 프로세스와 지원 시스템이 마련되어야 한다. 제품 개발, 마케팅, 서비스 등 전사적인 노력과 협업이 필요하며, 고객 데이터 분석을 통한 인사이트 도출 및 활용 능력도 갖추어야 한다. 결과적으로 고객가치영업역량은 고객 중심의 사고와 실행력, 그리고 이를 뒷받침하는 기업 역량이 종합적으로 반영된 체계라고 할 수 있다. 이를 통해 기업은 고객에게 지속적인 가치를 제공하고 경쟁력을 확보할 수 있을 것이다.

(1) 고객 이해 및 니즈 파악 능력

고객 이해와 니즈 파악은 기업 성공의 핵심 요소이다. 기업이 고객의 요구사항을 정확히 파악하지 못한다면, 경쟁사에게 고객을 빼앗기기 쉽다. 따라서 기업은 고객 이해와 니즈 파악에 지속적으로 힘써야 한다. 고객과의 소통은 고객 이해와 니즈 파악을 위한 가장 중요한 방법이다. 기업은 고객과의 다양한 채널을 통해 적극적인 대화를 나누어야 한다. 단순히 고객 의견을 수집하는 것에서 나아가, 고객의 행동 패턴과 구매 동기 등을 심층적으로 분석해야 한다. 이를 위해 기업은 고객 데이터 관리 및 분석 역량을 강화해야 한다. 고객의 구매 이력, 선호도, 만족도 등 다양한 데이터를 체계적으로 수집하고 분석할 수 있어야 한다. 또한 데이터 기반의 고객 세분화와 개인화 마케팅 전략을 수립해야 한다. 고객 이해와 니즈 파악이 높은 기업은 고객의 요구에 맞는 차별화된 제품과 서비스를 제공할 수 있다. 이를 통해 고객 만족도와 충성도를 높일 수 있으며, 결국 기업의 경쟁력과 수익성 향상으로 이어질 것이다. 따라서 기업은 고객 중심 경영을 위해 지속적으로 고객 이해와 니즈 파악을 강화해야 한다.

(2) 차별화된 가치 제안 개발능력

최근 들어 시장 경쟁이 더욱 치열해지면서 기업들은 차별화된 가치 제안을 개발하는 것이 매우 중요해졌다. 이를 위해서는 고객들의 니즈를 정확하게 파악하고, 경쟁업체들과 차별화된 제품이나 서비스를 개발해야 한다. 이러한 노력을 통해 기업은 기존 고객들의 만족도를 높일 뿐만 아니라 새로운 고객들의 관심을 끌어낼 수 있으며 경쟁업체들과의 경쟁에서 이길 수 있도록 시장에서의 경쟁력을 높여나갈 수 있다. 이러한 과정에서 기업은 고객 중심의 경영 철학을 적용하고, 지속적인 혁신과 발전을 추구해야 한다. 차별화된 가치 제안은 기업의 경쟁력을 높이는 중요한 요소이다. 고객들은 제품이나 서비스를 구매할 때, 그것이 다른 제품이나 서비스와 어떤 차이점이 있는지를 비교하고 선택한다. 기업은 차별화된 가치 제안을 통해 고객들이 선호하는 제품이나 서비스를 제공하고, 경쟁업체와의 경쟁에서 우위를 점해야 한다.

또한 차별화된 가치 제안은 기업의 브랜드 이미지와도 밀접한 관련이 있다. 고객들은 브랜드 이미지가 좋은 기업의 제품이나 서비스를 더욱 신뢰하고 선호한다. 따라서 기업은 차별화된 가치 제안을 통해 브랜드 이미지를 강화하고, 고객들에게 더욱 많은 가치를 제공해야 한다. 경쟁업체와 차별화된 가치 제안을 통해 기업은 새로운 시장을 개척하고, 새로운 고객층을 확보할 수 있다. 이는 기업의 제품이나 서비스의 가격 결정에도 영향을 미치므로, 기업은 이를 통해 수익성을 높일 수 있다.

(3) 효과적인 소통 및 관계관리 능력

상호 간의 소통과 관계 관리는 무엇보다도 비즈니스 운영에 있어서 가장 중요한 요소 중 하나이다. 왜냐하면 고객과의 관계를 유지하고 관리하기 위해서는 상호 간의 원활한 소통이 필수적이기 때문이다. 특히나 현대 사회에서는 고객들이 제품 또는 서비스를 선택하는 과정에서 소통과 관계에 대한 중요성을 더욱 강조하고 있다. 효과적인 소통과 관계 관리 능력은 고객과의 신뢰를 구축하고 유지하는 데에 중요하다. 고객들은 제품 또는 서비스를 선택할 때, 그것이 자신들의 필요와 목적에 부합하는지를 중요하게 생각한다. 기업들은 그 제품 또는 서비스를 구매한 이후에도 원활한 소통과 지속적인 관계 관리를 바탕으로 만족도를 유지해 나가야 한다.

특히나 제품 또는 서비스에 대한 문제가 발생했을 때, 신속하게 해결할 수 있는 능력이 중요하다. 이를 위해서는 고객들과의 원활한 소통 채널을 확보하고, 고객들의 의견을 수용하며, 그것을 바탕으로 개선 및 발전을 지속적으로 추진해 나가야 한다. 고객과의 관계 유지와 발전은 고객의 요구사항을 이해하고 그에 맞게 서비스를 제공하는 것이 필수적이다. 고객이 만족하지 못하면, 그들은 다른 기업으로 이동할 수 있다. 고객과의 관계를 유지하면, 그들은 다른 사람들에게 추천할 수 있다. 이는 비즈니스에 새로운 고객을 끌어들이는데 큰 도움이 된다. 따라서 고객과의 관계를 유지하는 것은 비즈니스 성공에 있어서 매우 중요한 역할을 한다.

(4) 협상 및 설득능력

영업에서 협상 및 설득능력은 중요한 역할을 한다. 협상 과정에서는 양측 모두가 만족할 수 있는 결과를 도출하기 위해, 상대방의 입장을 이해하고 존중하는 것이 필수적이다. 따라서 협상 과정에서는 상대방의 요구사항과 욕구를 파악하고 이를 수용할 수 있는 방안을 찾아내는 것이 첫 번째로 중요하다. 이를 위해서는 상대방과의 대화를 통해 상대방의 입장을 파악하고, 상대방의 이야기에 귀를 기울이며 상대방의 의견을 존중하는 자세가 필요하다. 또한 상대방과의 신뢰관계를 구축하기 위해서는 상대방의 입장을 이해하고 존중하는 것이 중요하다. 상대방이 어떤 것을 원하는지 파악하고, 그에 대한 대처 방안을 제시하는 것이 상대방과의 신뢰관계를 높이는 데 도움이 된다. 이러한 신뢰관계를 구축하면, 협상 과정에서 상대방의 요구사항을 수용하고 자신의 입장을 효과적으로 전달할 수 있다. 상대방이 원하는 것에 대한 충분한 정보를 수집하고 이를 바탕으로 전략적으로 대처하는 것이 협상의 성공적인 시작이다.

따라서 협상 전에는 상대방의 기업 정보나 시장 동향 등에 대한 충분한 정보 수집이 필요하다. 고객을 유도하는 능력 또한 중요하다. 이는 고객이 제품이나 서비스를 선택하는 과정에서 큰 역할을 한다. 따라서 기업은 고객의 요구를 정확히 파악하고, 그것이 고객의 목표와 어떻게 관련이 있는지 세심하게 설명해야 한다. 또한 고객이 가지고 있는 우려나 걱정을 이해하고 그에 대한 해결책을 제시하는 것도 중요하다.

이러한 과정에서 기업은 고객과의 소통을 통해 상호적인 신뢰관계를 구축할 수 있다. 고객의 요구를 충족시키기 위해 기업은 제품이나 서비스를 지속적으로 개선하고, 고객의 의견을 수렴하여 더 나은 제품과 서비스를 제공할 수 있도록 노력해야 한다. 이러한 노력은 고객 만족도와 충성도를 높이는 데 큰 역할을 한다.

(5) 문제해결 및 의사결정 능력

영업을 수행하면서 가장 중요한 능력 중 하나는 문제해결과 의사결정 능력이다. 어떤 업무에서든 문제는 늘 예상치 못한 상황으로 발생할 수 있으며, 이를 해결하기 위해서는 빠르게 판단하고 적절한 대처 방안을 찾아내는 능력이 필요하다. 이는 모든 직업에서 필수적인 능력 중 하나로, 일을 할 때마다 매우 중요한 역할을 한다.

특히, 고객과의 상호작용이 필요한 직업에서는 문제해결과 의사결정 능력이 더욱 중요하다. 고객은 궁극적으로 제품이나 서비스를 이용하는 사람이기 때문에, 그들이 만족할 수 있는 해결책을 제공해야 한다. 이를 위해서는 문제를 파악하고 적극적으로 대처하는 능력이 필요하다. 문제해결과 의사결정 능력을 갖춘 사람들은 어떤 상황에서도 냉철하고 빠르게 대처할 수 있으며, 팀 내에서도 효과적으로 역할을 수행할 수 있다. 이러한 능력은 일의 성공과 진보에 매우 중요한 역할을 한다. 이는 단순히 문제가 발생하면 그것을 해결하는 것만을 의미하는 것은 아니다. 오히려, 문제가 발생하기 전에 미리 예방할 수 있는 방법을 찾아내는 것도 중요하다. 문제상황을 분석하고, 원인을 파악하여 그것을 해결하는 방법을 찾아내는 것이 필요하다.

더불어, 영업 분야에서는 의사결정의 속도 역시 중요하다. 때로는 빠른 의사결정이 기회를 놓치지 않도록 도와주기도 한다. 그러나 빠른 의사결정이 항상 최선의 선택이 되는 것은 아니다. 그렇기 때문에, 의사결정을 내릴 때에는 적절한 시간을 가지고 충분히 고민하고, 다양한 시나리오를 고려하는 것이 좋다. 또한 의사결정에 대한 책임감이 크다. 만약 잘못된 의사결정을 내려 회사나 조직에 큰 손실을 입힌다면, 그 책임은 의사결정을 내린 사람에게 돌아간다. 따라서 의사결정을 내릴 때에는 책임감을 가지고, 가능한 모든 상황을 고려하며 최선의 선택을 내리는 것이 중요하다.

(6) 시장 및 경쟁 분석 능력

시장 및 경쟁 분석 능력은 현대 영업에서 중요한 역할을 한다. 왜냐하면 이를 통해 기업은 시장 동향을 파악하고 경쟁업체의 움직임을 적극적으로 파악하여 경쟁력을 유지하고 성장할 수 있기 때문이다. 이는 기업이 자신의 강점과 약점을 파악하여 성장할 수 있는 기회를 제공한다.

시장 분석은 기업이 경쟁적인 시장에서 살아남기 위해 필요한 중요한 전략적 도구이다. 시장 분석은 기업이 시장에서의 위치를 파악하고, 시장 동향, 소비자 선호도, 경쟁업체의 제품 및 서비스, 정책 등의 정보를 수집하여 분석하는 과정이다. 이를 통해 기업은 자신의 제품 또는 서비스가 시장에서 어떻게 평가되는지, 경쟁업체와 비교하여 자신의 강점과 약점을 파악할 수 있다. 시장 분석을 통해 기업은 시장에서의 경쟁력을 높이기 위한 전략을 수립할 수 있다. 예를 들어, 시장 분석을 통해 기업이 자신의 제품이나 서비스가 타깃 소비자층에게 인기가 높다는 것을 알게 되면, 이를 바탕으로 타깃 소비자층에게 집중적으로 마케팅을 전개하거나 제품 또는 서비스를 개선하여 경쟁업체와 차별화를 할 수 있다. 이는 기업이 시장에서의 성장을 이룰 수 있는 중요한 전략적 도구이다.

기업은 시장에서의 성장 가능성이 높은 새로운 시장을 발굴하거나, 기존 시장에서의 점유율을 높일 수 있는 전략을 수립할 수 있다. 이를 통해 기업은 시장에서의 성장을 이룰 수 있으며, 긍정적인 경제적 결과를 얻을 수 있다. 경쟁 분석은 경쟁업체가 제공하는 제품 및 서비스, 가격, 마케팅 전략 등을 조사하여 경쟁업체와 비교할 수 있다. 이를 통해 기업은 자신의 강점과 약점을 파악하고 해당 분야에서 경쟁력을 유지할 수 있는 전략을 수립할 수 있다. 경쟁업체들의 전략을 파악하고 분석하는 것은 기업이 자신의 전략을 수정하거나 보완할 수 있는 기회를 제공한다. 이는 기업의 경쟁력을 향상시키고, 시장에서 더 많은 고객을 확보할 수 있도록 도와준다. 뿐만 아니라, 경쟁업체들의 동향을 파악하는 것은 기업이 미래를 예측하고 대응하는 데 도움이 된다. 이를 통해 기업은 시장의 변화에 대처할 수 있으며, 경쟁업체들의 동향을 파악하여 적극적인 대응을 할 수 있다.

(7) 시간관리 및 자기관리 능력

영업 분야에서 일을 하는 것은 매우 바쁜 업무를 수행하는 것을 의미한다. 이러한 업무를 수행하기 위해서는 시간관리 및 자기관리 능력이 필수적이다. 영업 현장에서는 일의 우선순위를 파악하고 효율적으로 일정을 계획하는 것이 매우 중요하다. 이를 위해서는 업무 계획서나 일정표를 작성하고, 각 작업에 대한 예상 시간을 추정해야 한다. 이렇게 하면 일을 할 때 시간을 효율적으로 사용할 수 있으며, 일의 진행 상황을 파악할 수 있다. 그러나 불가피한 상황이 발생할 경우를 대비하여 여유 시간을 만들어 두는 것이 좋다. 예를 들어, 예상치 못한 상황이 발생할 경우를 대비하여 일정의 20% 정도는 여유 시간으로 두는 것이 좋다. 이러한 여유 시간을 두면 예상치 못한 일이 발생해도 일정을 유지할 수 있으며, 일의 진행 상황을 파악하기 쉬워진다.

또한 일의 우선순위를 파악하는 것이 매우 중요하다. 일을 할 때 어떤 일이 먼저 처리되어야 하는지를 파악하면 일의 진행 상황을 파악하기 쉬워지고, 일정을 계획하는 것이 쉬워진다. 예를 들어, 중요한 고객과의 회의가 있는 경우, 이 회의를 우선으로 처리하고 다른 일을 처리하는 것이 좋다. 이렇게 하면 고객과의 관계를 유지할 수 있으며, 이후 일정을 계획하는 것이 쉬워진다.

영업 분야에서 일하는 사람들은 매우 바쁘고 스트레스가 많이 발생한다. 그래서 자기관리 능력이 중요하다. 일을 할 때, 감정이 조절되지 않으면 상사나 동료들과 갈등이 발생할 수 있다. 고객과의 원활한 소통이 이루어지지 않을 수도 있다. 이러한 갈등을 최소화하려면 자신의 감정을 조절할 수 있어야 하며, 타인과의 원활한 소통이 필요하다.

영업 분야에서는 불확실성이 많기 때문에 자기관리 능력이 더욱 중요해진다. 일정이 갑자기 바뀌거나 예상치 못한 상황이 발생할 때, 자신의 감정을 잘 조절하고 유연하게 대처할 수 있는 능력이 필요하다. 이를 위해서는 일상적으로 정신적인 안정을 유지하고, 스트레스를 해소하는 방법을 찾아서 실천해야 한다. 일의 효율성을 높이기 위해서는 시간관리와 자기관리 능력을 함께 갖추는 것이 중요하나 이를 위해서는 자신의 역량과 한계를 잘 파악하고, 역량을 더 키우기 위한 노력을 기울이는 것도 필수적이다. 자기개발을 통해 시간관리와 자기관리 능력을 강화한 영업 직원은 조직 내에서 성과를 거두는 데 큰 역할을 할 것이다. 더불어, 이러한 역량을 갖춘 영업담당자는 고객과의 의사소통에서도 더욱 효과적이며, 높은 만족도를 얻을 수 있다.

3.3 고객가치영업의 역량개발관리

성공적인 고객가치영업을 위해서는 영업담당자의 역량개발이 필수적이다. 영업담당자의 전문성, 커뮤니케이션 능력, 문제 해결 능력 등 다양한 역량을 체계적으로 평가하고 개선해 나가는 것이 중요하다. 이를 통해 영업담당자는 고객의 요구사항을 깊이 있게 이해하고, 최적의 솔루션을 제시할 수 있게 된다. 나아가 조직 차원에서도 영업담당자의 역량 향상을 위한 교육 프로그램, 코칭 및 멘토링 제도, 성과 관리 시스템 등을 마련해야 한다. 이를 통해 영업담당자의 전문성을 높이고 조직 경쟁력을 강화하여, 기업의 지속가능한 성장을 이루어 낼 수 있다.

(1) 고객가치영업 역량평가

고객가치영업 역량평가 및 분석은 기업이 성공적인 비즈니스를 유지하기 위해 중요한 역할을 한다. 이 과정은 기업이 제공하는 제품 및 서비스가 고객에게 어떤 가치를 제공하고 있는지를 평가하고 분석하는 것을 말한다. 이를 통해 기업은 고객의 니즈와 요구사항을 파악하고, 이를 충족시키는 제품 및 서비스를 개발할 수 있다. 고객가치영업 역량평가 및 분석의 과정은 영업직원 개인별 역량평가, 영업조직별 역량평가, 영업역량 차이 분석과 개발로 이루어진다. 개인별 역량평가는 각 영업직원의 역량을 평가하여 그들이 얼마나 고객가치를 제공할 수 있는지를 판단한다. 영업조직별 역량평가는 영업조직 전체의 역량을 평가하여 조직 전체의 고객가치 제공 능력을 향상시키는 것을 목표로 한다. 영업역량 차이 분석과 개발은 각 영업직원이나 영업조직의 역량 차이를 분석하고, 부족한 역량을 보완하며 개발하는 것이다.

① 영업직원의 개인별 역량평가 : 단순히 영업성과를 높이기 위한 것이 아니다. 이는 영업직원의 성장과 발전에도 큰 역할을 한다. 개인별 역량평가를 통해 영업직원은 자신이 가진 강점과 약점을 인식하고, 이를 바탕으로 개인의 역량을 높이기 위해 노력할 수 있다. 이러한 평가를 통해 영업팀 전체의 역량을 높이고, 함께 성장할 수 있는 기회를 만들 수 있다. 기업에서는 영업직원의 역량평가를 통해 개인의 성과를 측정하고, 이를 토대로 보상체계를 운영하기도 한다. 이는 영업직원들이 자신의 노력과 성과에 대한 보상을 받을 수 있도록 도와주며, 동시에 성과를 높이기 위한 동기부여를 제공한다. 또한 개인별 역량평가를 통해 기업은 영업직원들의 역량을 파악하고, 이를 바탕으로 인재 발굴과 보유를 위한 전략을 수립할 수 있다. 영업담당자의 역량평가는 기업의 경쟁력을 높이는 데 있어서 중요한 요소 중 하나이며 조직의 성과와 인력 관리에 중요한 역할을 한다. 이는 각 영업직원의 역량을 정확하게 파악하고, 그들의 능력과 경험을 최대한 활용할 수 있는 방안을 모색하는 것을 의미한다. 이를 통해 조직은 보다 효율적으로 인력을 배치하고, 역량을 보유한 인력들에게 더욱 적극적인 역할을 부여할 수 있다.

또한 개인별 역량평가를 통해 역량이 높은 인력들에게 적절한 업무를 맡기면서, 역량이 부족한 인력들에게는 보다 세밀한 교육과 지도를 제공함으로써, 전체적인 영업성과를 높일 수 있다. 이를 통해 조직은 경쟁력을 유지하면서도, 인력 개발과 성장을 동시에 추진할 수 있는 기반을 마련할 수 있다. 개인별 역량평가는 조직 내에서 성과 우수자에 대한 보상과 인센티브 제도를 구축하는 데에도 중요한 역할을 한다. 성과 우수자에게는 보다 적극적인 보상과 인센티브를 제공함으로써, 그들의 열정과 노력을 보다 적극적으로 인정함과 동시에, 조직의 성과를 높일 수 있다. 이는 영업직원들의 열정과 동기부여를 높이는 데에도 큰 역할을 한다.

② 영업조직의 역량평가 : 기업 내부의 문제점을 찾아내고, 이를 개선하는 과정에서 매우 중요한 역할을 한다. 이 과정을 통해 영업팀의 역량을 파악하고, 그에 따른 개선 방안을 제시할 수 있다. 이는 고객 서비스 개선, 제품 개발 등을 통해 기업의 경쟁력을 높이는 데 큰 도움이 된다. 또한 역량평가는 조직 구성원들의 역량을 개선하는 데 있어서도 중요한 역할을 한다. 조직 구성원들이 자신의 역량을 인식하고, 필요한 개선 방안을 찾아 실천할 수 있도록 지원하는 것이 필요하다. 이를 통해 조직 구성원들이 더 나은 성과를 내고, 조직 전반의 성장과 발전에 기여할 수 있다.

③ 영업역량 차이분석 및 개발 : 기업 내부에서 매우 중요한 역할을 한다. 영업직원 개인별 역량평가와 영업조직별 역량평가를 비교하여 분석하는 과정을 통해, 각 개인과 조직 전체의 역량 간에 존재하는 간극을 파악할 수 있다. 이를 통해 업무 수행에 필요한 역량이 부족한 직원들을 발견하고, 이에 대한 보완 방안을 모색할 수 있다. 특히, 영업역량은 기업의 성장과 직결된 요소이기 때문에, 이를 개발하고 강화하는 것은 매우 중요하다. 역량개발을 통해 영업직원들의 성과를 높이고, 고객 만족도를 향상시키는 것은 물론 기업의 경쟁력을 강화하는 데에도 큰 도움이 된다. 따라서 영업역량 차이분석 및 개발은 기업 내부에서 꼭 필요한 활동이며, 이를 통해 업무 효율성과 성과를 극대화할 수 있다. 이를 위해 기업은 역량개발에 충분한 리소스를 투입하고, 전문적인 역량개발 프로그램을 도입해야 한다.

(2) 고객가치영업 역량개발

고객의 니즈가 날로 다양화되고 개인화되어 가고 있는 가운데, 기술의 발전과 글로벌 경쟁의 심화로 인해 기업들은 차별화된 경쟁력을 확보하고 새로운 기회를 잡기 위해 끊임없이 노력해야 한다. 이를 위해서는 고객가치 중심의 영업역량을 개발하고 강화하는 것이 필수적이다. 영업직군은 기업의 매출 증대에 핵심적인 역할을 담당하고 있다. 고객가치를 깊이 있게 이해하고, 고객의 니즈를 정확히 파악하며, 차별화된 솔루션을 제공할 수 있는 전문성과 경험을 갖춘 영업담당자들이 필요하다. 하지만 이러한 고객가치영업 역량을 갖춘 인재를 채용하거나 육성하는 것은 쉽지 않은 과제이다.

고객가치영업 역량은 단기간에 습득할 수 있는 것이 아니다. 오랜 기간 동안 영업현장에서의 실전 경험을 통해 쌓인 노하우와 체계적인 교육훈련을 통해 길러질 수 있다. 따라서 기업은 우수한 영업인재를 지속적으로 발굴하고 육성하기 위한 장기적인 투자와 다양한 형식의 교육이 필요하다. 이를 통해 고객가치 중심의 영업역량을 강화하고, 기업의 경쟁력과 성과 향상에 기여할 수 있을 것이다.

① 온라인 영업교육 : 온라인 영업교육은 시간과 장소에 구애받지 않고 학습할 수 있어 매우 효율적이다. 회사 업무로 바쁜 영업담당자들도 온라인 강의를 통해 자유롭게 학습할 수 있다. e-러닝(e-learning) 시스템을 활용하면 언제 어디서든 접속하여 필요한 내용을 학습할 수 있다. 이는 전통적인 집합 교육에 비해 훨씬 더 유연성이 높다. 영업담당자들은 출퇴근 시간이나 점심시간 등 틈틈이 온라인 강의를 들으며 지속적으로 역량을 개발할 수 있다. 한편, 온라인 영업교육은 자기주도적 학습 방식이기 때문에 학습자 개인의 흥미와 열정, 자발적인 참여와 집중이 필수적이다. 온라인 교육에 적합한 영업교육 프로그램은 실습이나 역할연습 등의 교육보다는 고객, 제품 및 서비스, 기본 영업 회화 등 기초영업역량이나 신규고객 발굴, 우수 영업사례, 고객관리 실전영업 전략과 노하우 등과 같이 실무에 바로 적용할 수 있는 내용이다. 온라인 교육에서는 교수자의 면대면 지도와 피드백이 부족할 수 있기 때문에, 학습자 스스로 학습 계획을 수립하고 학습 내용을 충분히 숙지해야 한다. 따라서 온라인 영업교육에는 자기주도성과 집중력이 중요하다. 온라인 영업교육 및 교육내용은 점점 더 발전하고 있다. 과거에는 실습이 어려웠지만, 최근 디지털 기술의 발전으로 새로운 돌파구가 마련되고 있다.

특히 증강현실(AR)과 가상현실(VR) 기술은 온라인 교육 분야에서 큰 변화를 가져오고 있다. 이를 통해 실제와 유사한 환경을 구현할 수 있어, 기존에는 온라인으로 구현하기 어려웠던 실습 교육이 가능해지고 있다. 이러한 기술의 발전은 학습자들에게 더욱 몰입감 있고 현장감 넘치는 교육 경험을 제공할 수 있다. 나아가 교육 콘텐츠의 다양화와 더불어 효과적인 학습 성과를 거둘 수 있을 것으로 기대된다. 앞으로 온라인 영업교육 분야에서는 AR, VR 등 첨단 기술을 활용한 교육 모델이 지속적으로 발전할 것으로 전망된다. 이를 통해 장소와 시간에 구애받지 않는 유연한 교육 환경이 조성될 것으로 기대된다. 이처럼 온라인 영업교육은 시간과 장소의 제약을 극복하고 영업담당자들의 역량 향상을 지원할 수 있지만, 학습자의 자발성과 집중력이 필요한 방식이라는 점에서 장단점이 공존한다.

② 오프라인 영업교육 : 오프라인 교육은 온라인 교육과는 달리, 전문강사와 참여자 간의 직접적인 상호 작용과 실제 경험을 통해 효과적인 학습이 가능하다. 대면 교육방식을 통해 실시되며, 다양한 장점을 가지고 있다.

첫째, 전문 강사가 실시간으로 교육을 진행하기 때문에 영업담당자들의 구체적인 요구사항과 필요에 맞는 맞춤형 교육 프로그램을 구성할 수 있다. 이를 통해 교육생들의 실질적인 업무 능력 향상에 도움을 줄 수 있다.

둘째, 실습이나 역할연습과 같은 실제적인 교육활동을 진행할 수 있어 이론 교육만으로는 부족한 부분을 보완할 수 있다. 예를 들어, 영업 상담 시뮬레이션, 고객 응대 방법 연습 등을 통해 영업 기술과 태도를 직접 체험하고 익힐 수 있어 교육의 실효성이 높다.

셋째, 강사와 교육생 간의 긴밀한 상호작용이 가능하여 실시간 질의응답과 피드백이 가능하다. 이를 통해 교육생들의 이해도와 만족도를 높일 수 있다. 특히 교육생들이 어려워하는 부분에 대해 즉각적인 도움을 받을 수 있어 효과적인 학습이 가능하다.

넷째, 동료 교육생들과의 협력학습 기회가 주어져 팀워크와 네트워크 형성에도 도움이 된다. 이는 향후 영업 현장에서 필요한 협업 능력과 인적 네트워크 구축에 유용하게 활용될 수 있는 역량이 된다.

이처럼 오프라인 영업교육은 교육생 개개인의 필요와 상황을 고려한 맞춤형 교육 프로그램 제공, 실습 중심의 실무 역량 향상, 강사-학생 간 상호작용, 동료 간 협력학습 등 다양한 방식으로 보다 효과적인 교육 성과를 거둘 수 있다.

③ 영업멘토링 및 영업 코칭: 멘토링은 개인이 목표를 달성하고 기술을 개발할 수 있도록 안내하고 지원하는 과정이다. 교육, 비즈니스, 자기계발 등 다양한 분야에서 널리 인정받고 있는 개념이다. 멘토링은 일대일 코칭, 그룹 멘토링, 온라인 멘토링 등 다양한 형태로 이루어질 수 있다. 멘토링에는 전통적인 멘토링, 동료 멘토링 등 여러 가지 유형이 있다.

전통적인 멘토링은 경험이 많은 사람이 경험이 적은 사람에게 지도와 조언을 제공하는 위계적 관계이다. 동료 멘토링은 비슷한 경험과 기술 수준을 가진 사람들이 서로를 지원하는 것이다. 누군가를 효과적으로 멘토링하기 위해 사용할 수 있는 구체적인 방법에는 여러 가지가 있다. 여기에는 명확한 목표와 목적 설정, 건설적인 피드백 제공, 지원과 격려 제공, 지식과 경험 공유 등이 포함된다. 또한 멘티와 좋은 관계를 형성하고 멘티의 고유한 요구와 어려움을 이해하는 것도 중요하다.

멘토링은 개인적, 직업적 성장을 위한 귀중한 도구가 될 수 있다. 멘토링을 통해 개인은 자신이 이루고자 하는 것을 이미 달성한 사람으로부터 배울 수 있다. 멘토는 멘티가 일반적인 함정을 피하고 발전을 가속화하는 데 도움이 되는 인사이트와 조언을 제공할 수 있다. 멘토는 지도와 지원을 제공함으로써 멘티가 자신의 기술을 개발하고 자신감을 키우며 목표를 달성하도록 도울 수 있다. 물론 영업 분야의 멘토링은 다양한 형태로 이루어질 수 있지만, 한 가지 일반적인 예는 노련한 영업 전문가가 신입 영업담당자를 멘티로 삼아 업계에서 성공하는 데 필요한 기술과 기법을 개발하도록 도와주는 경우이다. 이러한 유형의 멘토링에는 효과적인 커뮤니케이션과 협상의 기본을 가르치는 것부터 업계별 지식과 모범 사례를 공유하는 것까지 모든 것이 포함될 수 있다.

특히 효과적인 접근 방식 중 하나는 멘토가 멘티와 특정 영업 거래에 대해 긴밀하게 협력하는 것이다. 여기에는 고객 미팅에 참석하고, 제안서 및 프레젠테이션 작성을 돕고, 성과에 대한 피드백을 제공하는 것이 포함될 수 있다. 실제 영업 시나리오를 함께 작업함으로써 멘티는 혼자서는 얻을 수 없었을 귀중한 인사이트와 경험을 얻을 수 있다. 영업 멘토링의 또 다른 측면은 멘티가 개인 브랜드를 개발하고 전문적인 네트워크를 구축할 수 있도록 돕는 것이다. 여기에는 업계 주요 인맥을 소개하고, 소셜미디어 및 기타 도구를 사용하여 개인 브랜드를 구축하는 방법에 대한 지침을 제공하며, 영업 업계의 경쟁환경을 탐색하는 방법에 대한 조언을 제공하는 것이 포함될 수 있다.

한편, 영업 코칭은 영업 전문가가 성과를 개선하고 더 나은 결과를 달성할 수 있도록 안내하고 지원하므로 일대일 코칭, 그룹 코칭, 가상 코칭 등 다양한 유형의 영업 코칭을 활용할 수 있다. 영업 코칭은 워크숍, 세미나 등을 통해서도 제공할 수 있다. 이러한 교육 세션은 영업 전문가에게 새로운 기술을 배우고 경험을 공유하며 최신 업계 동향을 파악할 수 있는 기회를 제공한다. 영업성과를 개선하고자 하는 모든 조직은 영업담당자에게 적절한 코칭과 지원을 제공함으로써 영업조직은 영업기술, 자신감, 영업생산성을 향상시킬 수 있다.

④ 영업사례 연구 : 기업의 영업 전략과 현장영업에 대한 연구이다. 이러한 연구는 영업담당자들이 성공적인 현장영업과 전략을 습득할 수 있도록 돕는다. 이를 위해서는 기업의 영업성공 사례나 실패 사례를 분석하여 학습자들이 이를 통해 실제 업무에서 적용할 수 있는 노하우를 습득할 수 있도록 지원해야 한다. 영업사례 연구를 통해 기업은 자사의 영업 전략을 분석하고 개선할 수 있으며 다른 기업의 영업사례를 분석하여 성공한 전략을 참고하거나 실패한 전략을 회피할 수 있다. 이러한 연구는 기업의 경쟁력을 높이는 데 큰 역할을 한다. 영업담당자들은 영업사례 연구를 통해 실제 현장에서 적용할 수 있는 노하우를 습득할 수 있다. 이를 통해 영업성과를 높이고, 기업의 목표를 달성하는 데 도움이 된다. 영업사례 연구는 영업담당자들의 전문성과 역량을 향상시키는 데도 큰 도움을 준다. 기업의 영업 우수 사례를 수집하고 분석하는 것은 다른 기업들의 성공 사례를 이해하고, 이를 자사에 적용하여 경쟁력을 강화할 수 있다. 이러한 연구를 통해 새로운 아이디어를 발굴하고 혁신적인 전략을 수립할 수 있다. 기업은 영업사례 연구를 통해 기업은 시장 동향을 파악하고 경쟁업체들의 움직임을 예측할 수 있으며 고객의 니즈를 파악하고 이

를 만족시키는 제품과 서비스를 개발할 수 있다.

⑤ 영업직에서의 역할극(role playing) : 영업직에서의 역할극은 중요한 학습 방법 중 하나이다. 이 방법은 영업 업무 상황을 실제로 모방하여 학습자들이 실제 업무에서 어떻게 대처해야 할지 경험을 쌓을 수 있도록 도와준다. 이는 학습자들이 업무에 대해 더욱 전문적인 지식을 습득하고, 역량을 향상시킬 수 있도록 돕는 역할을 한다. 영업직에서 역할극을 활용하면, 학습자들은 실제 상황에서 마주칠 수 있는 문제를 시뮬레이션하는 것을 통해, 문제를 해결하는 방법을 배울 수 있다. 이렇게 배운 것은 실제 업무에서 적용될 수 있기 때문에, 학습 효과가 더욱 높아진다.

또한 역할극은 학습자들이 업무 상황을 더욱 실감나게 체험할 수 있도록 도와준다. 이를 통해 학습자들은 업무 상황에서의 감정적인 면, 인간관계, 의사소통 등을 더욱 명확하게 이해할 수 있다. 역할극을 통해 학습자들은 자신의 역량을 검증하고, 보완할 부분을 찾을 수 있다. 이를 통해 학습자들은 자신의 역량을 높일 수 있으며, 이는 업무 성과를 높이는 데에도 큰 도움이 된다. 영업직에서의 역할극은 학습자들이 실제 업무에서 경험할 수 있는 상황을 최대한 재현하여 학습 효과를 극대화시켜야 한다. 이를 위해서는 역할극 시나리오를 작성하는 것이 필요하다. 시나리오 작성 시에는 업무 상황을 명확하게 파악하고, 학습자들이 실제 업무에서 직면할 수 있는 다양한 상황들을 고려하여 작성하는 것이 좋다. 영업담당자들이 역할극 시나리오에 참여하면, 실제 업무 상황에서 어떻게 대처해야 할지 경험을 쌓을 수 있다. 이러한 훈련을 통해 영업담당자들은 더 나은 업무 수행 능력을 갖출 수 있다. 역할극은 영업담당자들에게 다양한 업무 상황에서 대처하는 방법을 습득할 수 있는 기회를 제공한다. 따라서 역할극 훈련을 통해 영업담당자들이 업무에 대한 이해도를 높이고 더 나은 업무 수행 능력을 갖출 수 있도록 지원하는 것은 매우 중요하다. 이러한 훈련은 영업조직의 성과 향상에 큰 기여를 할 것이다.

영업실전 사례 3-3

교육의 중요성… 영업의 깊이는 어디까지 파고들어야 하는가?

우리에겐 좋은 상품과 서비스가 있다. 심혈을 기울여 상품을 기획하고 열과 성을 다하여 제품을 개발하였다. 이제는 우리 손 안에 있는 가치 있는 상품을 고객에게 잘 소개하고 그대로 전달해 주어야 하는 가장 중요한 임무가 남아 있다. 하지만 영업이라는 마지막 마무리 작업은 그리 쉽게 이루어지지 않는다.

왜냐하면 처음 상품을 기획한 자도, 그 기획된 상품을 제품화했던 개발자도 아닌, 영업담당자라는 전혀 다른 조직에서 제품을 판매해야 하기 때문이다. 영업담당자는 본인 스스로가 판매할 상품을 기획하거나 개발하지 않았기 때문에 이 상품이 왜? 기획되었고 또 어떠한 특장점을 가지고 있는지 100% 정확히 이해하기가 쉽지 않다.

시장에는 복잡한 기술력이 포함되어 있는 상품들이 많다. 이렇게 상당한 이해를 요구하는 특성을 가지고 있는 제품이라면, 소비자들은 제품을 구매하기 이전에 영업담당자로부터 소개받은 상품의 특장점을 정확히 이해하려고 할 것이다. 상품에 대한 충분한 사전적 이해가 이루어지지 않는다면, 고객들은 쉽게 마음을 결정하고 해당 상품을 구매하려 들려 하지 않기 때문이다.

기술적으로 복잡한 제품도 그러하겠지만, 포스트잇이나 볼펜처럼 아주 단순한 상품의 경우에도 그 상품들이 보유하고 있는 가치와 특장점들을 영업담당자는 고객에게 잘 설명해 주어야 한다. 고객에게 판매 상품에 대한 이해를 완벽하게 만들어 내는 것. 그것을 이루어내기 위해서 우선적으로 영업담당자 본인이 판매 상품에 대해서 정확히 알고 이해하는 것. 이것이 영업의 기본 중 기본이며 우선적으로 선행되어야 하는 매우 중요한 일이다.

그렇다면 어떻게 해야, 우리 제품의 특장점을 고객에게 잘 설명하고 전달할 수 있을까? 모든 상품이나 제품들은 그들이 탄생한 이유와 본질적 가치를 가지고 있다. 영업담당자는 최우선적으로 본인이 그 상품들의 본연의 가치를 분명하게 알고 있는지 확인해 보아야 한다. 어떤 배경과 이유로 이 제품이 기획되었는지 최초 상품 기획자를 통해서 이 부분을 이해해야 한다.

그리고 그 기획 의도를 전달받아 제품을 개발한 연구소를 통해서 해당 제품이 가지고 있는 특장점을 하나에서 열까지 모두 학습해 놓아야 한다. 우리 상품이 가지고 있는 수많은 기능이나 장점들을 영업담당자가 스스로 모두 알고 있어야만, 다양한 구매 환경이나 구매자들의 요구사항에 맞춰 시의적절하게 상품을 고객에게 제안하고 판매할 수 있기 때문이다.

영업이 쉽지 않는 이유는, 영업담당자 본인은 제품에 대한 이해와 학습이 100% 이루어졌다 하더라도 그 지식을 고객에게 100% 전달하지 못한다면 구매는 이루어지지 않는다. 영업담당자와 최종소비자가 직접 만나 1:1 상담을 통해서 제품 설명이 이루어지는 경우에도 상품에 대한 이해도를 높이는 것은 쉬운 일이 아니다. 하지만 중간에 한 명의 영업 대리인 또는 두 명 이상의 중간 판매인들이 끼어 있는 경우라면 그 어려움은 더할 것이다.

만약 그 상대가 해외시장에 있는 고객이라면 이야기는 더욱 어려워질 수 있다. 수출의 경우는 어떠하겠는가? 우리 상품의 가치 전달의 이동 경로는 아래와 같다.

상품 기획자 - 연구소 개발자 - 본사 마케팅 담당자 - 본사 영업담당자 - 국가별 대리점 사장 - 대리점 마케팅 매니저 - 대리점 영업담당자 - 해당 국가 대리점 서브 딜러 - 최종 고객

이렇게 길게는 9단계 또는 10단계까지 중간 영업채널이 있을 수 있다. 이런 경우라면 최종 고객까지 우리 제품의 본연의 가치와 특장점이 몇 %나 전달될지 한번 생각해 보자. 아마도 문자로 또는 문서로 전달되는 경우라면 7%를 넘지 못할 것이다.

그렇기 때문에 특히 해외시장을 타깃으로 하는 영업담당자들 경우에는 이 모든 유통 라인과 모든 영업 주체자들까지도 모두 파악하고 있어야 한다. 그리고 그 주체와 단계에 맞게 우리 상품을 100% 설명해 내기 위해 최대한 고민과 노력을 쏟아 부어야 한다. 해당 수출국 대리점 사장에게 본사 영업담당자가 상품의 가치를 100% 전달하였더라도 안심하면 위험하다.

왜냐하면 우리 상품을 수입하는 대리점에는 사장 이외에도 마케팅 매니저, 기술관련 매니저, 영업담당자 등 넘어야 할 산들이 아직 많이 남아 있기 때문이다. 영업담당자는 이 모든 영업 관련 주체자들에게도 대리점 사장에게 교육한 것과 동일한 집중도의 교육을 진행해 나가야 한다.

하지만 6개월이라는 시간이 지나면 그렇게 힘들게 전달했던 100% 이해도는 또 다시 70~60% 아래로 떨어진다. 대리점 사장도 그렇고 대리점 직원들도 그렇고 우리 상품 이외에도 많은 아이템들을 판매하고 있기 때문에 시간이 흐르면 흐를수록 우리 제품에 대한 집중도는 자연스럽게 분산되고 교육 때 전달받았던 수많은 우리 상품에 대한 가치와 특장점들은 그들의 기억에서 점점 사라져 간다.

그렇기 때문에 주기적으로 방문을 해서 교육을 지속해 주어야 한다. 만약 비용적인 부분이 부담이 되는 경우라면 온라인 화상 회의 또는 웹비나(웹으로 진행되는 세미나)를 통해서라도 주기적으로 교육을 시행해 주어야 한다.

영업담당자의 집중력은 여기에서 멈추어서는 안 된다. 시장의 마지막 종착역은 대리점 직원들이 아닌 최종 이용자들이다. 우리 제품을 구매하고 사용하는 최종 구매자들이 아직 남아 있다. 영업담당자는 우리 상품의 가치와 특장점들을 어떻게 해야 최종 구매자들에게 100% 전달할 수 있을지 대리점 영업 주체자들과 지속적으로 고민하고 방법을 찾아 나가야 한다. 최종 구매자 또는 최종 이용자가 우리 상품의 가치와 특장점을 100% 이해하는 그 순간까지 이 과정과 노력은 멈추어 서면 안 된다.

영업의 기본은 우리 상품의 가치를 최종 이용자에게 전달하는 것에 있다. 영업담당자는 우선 상품의 본연의 가치를 200% 이해하고, 중간 영업채널의 담당자들이 150% 이해할 수 있도록 주기적으로 우리 제품의 특장점을 교육해야 하고, 그렇게 100%가 최종 고객에게 전달될 수 있도록 언제나 고민하고 시장에 맞는 방법을 찾아 시행해 나가야 한다. 그렇게 해야만 연구소 개발팀에서 힘들게 만들어 놓은 우리 제품의 특장점이 최종 소비자에게 100% 전달되기 때문이다. 뇌에서 엄지발가락 끝

까지 신경이 전달되어야만 한 발짝 걸음을 떼어낼 수 있듯이. 그 영업의 깊이도 최종 구매자 끝단까지 파고들어 가야 한다.

[출처] 한국강사신문, 2023.6.11.

≫ 영업의 새로운 생각

1. 삼성이나 애플의 스마트폰이 고객에게 주는 가치와 특장점은 무엇인가?
2. 삼성이나 애플의 스마트폰의 영업담당자 교육은 어떤 방식이 적합할까?

⑥ 정보 공유 및 학습 커뮤니티 구축: 영업담당자들은 매일 새로운 도전과 고객과의 상호작용을 경험하며, 이러한 경험들은 많은 정보와 지식을 얻을 수 있는 좋은 기회이다. 그러나 이러한 정보와 지식들은 각각의 영업담당자가 가지고 있는 것이기 때문에, 다른 영업담당자와 공유하거나 학습할 기회가 부족하다. 이러한 상황에서 정보 공유 및 학습 커뮤니티를 구축하는 것이 매우 중요하다. 영업담당자들이 가지고 있는 정보와 지식을 공유하고 학습하는 것은 조직 전체의 성장과 발전에 큰 도움이 된다. 각각의 영업담당자들은 서로 다른 고객과 다양한 시장 상황을 경험하고 있기 때문에, 그들이 가진 정보와 지식은 매우 중요한 가치를 지니고 있다. 이러한 정보와 지식을 공유하면, 조직 내에서 더 나은 의사결정을 내릴 수 있고, 영업성과를 높일 수 있다.

또한 정보 공유 및 학습 커뮤니티를 구축하는 것은 영업담당자들 간의 협업을 촉진할 수 있다. 서로 다른 영업담당자들이 공유하는 정보와 지식을 기반으로 함께 문제를 해결하고, 새로운 아이디어를 개발할 수 있다. 이러한 협업은 팀의 동기부여와 업무 효율성을 높일 수 있다. 따라서 조직 내에서 정보 공유 및 학습 커뮤니티를 구축하는 것은 매우 중요하다.

이를 위해서는 영업담당자들 간의 소통 채널을 마련하고, 정보 공유를 장려하는 문화를 만들어야 한다. 이러한 영업 커뮤니티는 단순히 지식과 경험을 공유하는 곳이 아니라, 영업 업무에 대한 이해도를 높이고 협업 능력을 향상시키는 데에도 큰 도움이 된다. 또한 이러한 커뮤니티를 통해 영업 직원들은 서로의 업무를 이해하고 협력하여 고객 만족도를 높일 수 있다. 영업 커뮤니티는 단순히 지식과 경험을 공유하는 곳이 아니라, 영업 부서의 성과를 높이고 영업 직원들의 역량개발에도 큰 도움이 되는 중요한 장소이다. 영업담당자들은 항상 변화하는 영업 환경에 대응하기 위해 지속적으로 새로운 지식과 기술을 습득해야 한다. 이를 위해 기업은 영업담당자들이 학습 커뮤니티를 통해 지속적으로 업데이트된 정보와 교육을 제공받을 수 있도록 지원해야 한다.

PART 2

개인고객가치영업 전략과 실전방법

Chapter 4

개인고객가치영업의 이해

개인고객가치영업은 기업이 개인고객에게 장기적으로 가치를 제공하여 고객의 만족도와 충성도를 높일 수 있는 핵심적인 영업 전략이다. 이를 위해서는 고객의 구체적인 요구사항과 니즈를 깊이 있게 파악하고, 고객의 구매 과정을 이해하는 것이 중요하다.

고객에 대한 이해를 바탕으로 그들의 니즈를 충족시킬 수 있는 최적의 제품, 서비스 등으로 맞춤형 영업 전략을 개발해야 한다.

고객은 구매 프로세스 단계별로 다양한 행태를 보이므로, 각 단계별 세부적인 접근법이 필요하다. 고객의 구매 여정을 면밀히 관찰하고 분석하여 고객 경험을 최적화하는 것이 핵심이다. 특히 고객 세그먼트별 차별화된 영업 전략을 수립하는 것이 중요하다. 고객의 특성, 선호도, 구매 행태 등을 면밀히 분석하여 각 세그먼트에 맞는 맞춤형 솔루션을 제공해야 한다. 이를 통해 고객과의 지속적이고 긍정적인 관계 관리가 가능해져, 고객 충성도를 높이고 장기적인 관점에서 고객가치를 증대시킬 수 있다.

1. 개인고객시장의 이해
2. 개인고객의 구매 프로세스
3. 개인고객가치영업의 실전관리

1. 개인고객시장의 이해

개인고객시장을 파악하기 위해서는 다양한 측면을 고려해야 한다. 그 중에서도 가장 중요한 것은 개인고객의 특성이다. 개인고객은 기업과 달리 개인적인 욕구와 필요에 따라 제품과 서비스를 선택한다. 그렇기 때문에 기업은 개인고객의 욕구와 필요에 맞는 제품과 서비스를 제공해야 한다.

개인고객시장은 다양한 소비 패턴을 보인다. 각각의 개인고객은 그들만의 생활 방식과 가치관을 가지고 있기 때문에, 제품을 선택하는 기준도 각기 다르다. 저렴한 제품을 선호하는 개인고객도 있지만, 고품질 제품을 선호하는 개인고객도 있다. 제품의 디자인에 민감한 개인고객도 있고, 제품의 기능에 민감한 개인고객도 있다. 또한 현재의 개인고객시장은 기존의 단순한 제품 구매에 그치지 않고, 제품 이외의 다양한 서비스를 요구하는 경향이 있다. 예를 들어, 제품 구매와 함께 설치와 유지 보수, 교육 및 훈련, 컨설팅 등의 서비스를 제공하는 기업이 더욱 경쟁력을 갖추고 있다.

1.1 개인고객시장의 개요

개인고객시장은 기업이 제공하는 제품이나 서비스를 구매하는 개별 소비자 집단을 의미한다. 이러한 고객은 기업의 수익 창출에 매우 중요한 역할을 하므로, 기업은 이들의 다양한 니즈와 특성을 정확히 파악하고 이를 충족시키기 위해 노력하는 것이 필수적이다.

개인고객들은 연령, 성별, 소득 수준, 가치관, **라이프스타일** 등에 따라 매우 다양한 특성을 가지고 있다. 이러한 특성들은 소비 행태와 패턴에 직접적인 영향을 미치게 된다. 예를 들어, 젊은층은 최신 트렌드에 민감하고 가격에 덜 민감한 반면, 중장년층은 실용성과 내구성을 더 중시하는 경향이 있다. 고소득층은 프리미엄 브랜드를 선호하는 반면, 저소득층은 가성비에 더 주목하게 된다. 따라서 기업은 이처럼 다양한 개인 고객들의 상이한 니즈와 특성을 면밀히 분석하고 이해하여, 각 세그먼트에 특화된 맞춤형 제품 및 서비스를 제공함으로써 고객 만족도를 높이고 궁극적으로 기업의 수익 창출에 기여할 수 있게 된다. 이를 위해서는 지속적인 시장 조사

〈표 4-1〉 개인고객시장의 특성

구분	세부내용
고객특성	불특정다수의 고객이 넓은 지역에 분포
구매목적	개인적 소비, 만족, 즐거움
의사결정과정	감정, 개인적 선호, 가격
구매형태	다양한 브랜드 비교, 가격 민감
구매금액/횟수	1회 구매금액이 적고 반복구매가 빈번
영업 전략	감성적 어필, 개인 맞춤형 영업

와 고객 데이터 분석, 그리고 이를 바탕으로 한 전략적 영업활동을 해야 한다. 개인고객시장의 특성은 〈표 4-1〉과 같다.

개별 고객시장의 이해하기 위해서는 고객 인구 통계, 선호도, 행동 패턴 등의 정보를 분석해야 한다. 고객 개개인의 선호도, 행동, 구매력이 다르기 때문에 개별 고객의 니즈를 이해하는 것은 복잡한 과정이다. 따라서 기업은 시장 조사를 실시하고 고객에 대한 데이터를 수집하여 고객 프로필을 만들어야 한다. 여기에는 고객의 인구통계, 심리학적 특성, 구매 이력을 분석하여 고객의 요구와 선호도를 파악하는 것이 포함된다. 이러한 정보를 바탕으로 기업은 개별 고객의 특정 요구 사항을 충족하도록 제품과 서비스를 맞춤화할 수 있다. 개인고객시장은 인구통계, 심리요소, 행동 패턴과 같은 다양한 요소를 분석하여 고객을 이해하고 그들의 니즈를 파악할 수 있다.

(1) 인구통계적 요소

개인의 연령, 성별, 소득, 직업, 교육 수준, 결혼 여부와 같은 인구통계적 요인은 제품과 서비스에 대한 수요에 큰 영향을 미친다. 제품과 서비스를 선택하고 사용하는 방법은 연령에 따라 다르게 결정된다. 예를 들어, 젊은 세대는 최신 기술을 활용한 제품과 서비스를 선호하고, 나이가 많은 세대는 보다 안정적이고 실용적인 제품과 서비스를 선호한다. 성별은 또한 제품과 서비스의 선호도와 구매력에서 차이를 보인다. 소비자가 마케팅 메시지를 인식하고 반응하는 방식에도 영향을 미칠 수 있다. 젊은 소비자는 소셜미디어 광고에 더 반응하는 반면, 고령 소비자는 텔레비전이나 인쇄 매체와 같은 전통적인 광고 채널을 선호하는 등 연령대별로 선호하는 커뮤니케이션 방식이 다를 수 있다. 여성은 보다 실용적이고 디자인적으로 매력적인 제품을 선호하고, 남성은 성능적으로 우수한 제품을 더욱 선호한다.

소득과 직업은 제품과 서비스의 가격에 따른 구매력과 선호도를 결정하는 데 중요한 역할을 한다. 높은 소득층은 고가의 제품과 서비스를 구매할 수 있으며, 저소득층은 저렴한 제품과 서비스를 선호한다. 직업은 또한 제품과 서비스의 선택과 사용 방법에 영향을 미친다. 예를 들어, 사무직 종사자는 컴퓨터와 인터넷을 자주 사용하므로, 이와 관련된 제품과 서비스를 더욱 선호한다.

교육 수준은 제품과 서비스의 정보 수집과 이해에 영향을 미치며, 결혼 여부는 가족 구성원의 수와 선호도를 결정하는 데 영향을 미친다. 교육 수준은 제품과 서비스의 정보 수집과 이해에 큰 영향을 미친다. 높은 교육 수준을 가진 사람들은 보다 깊이 있는 정보를 수집하고 분석할 수 있으며, 이를 토대로 더 나은 결정을 내릴 수 있다. 또한 교육 수준이 높은 사람들은 새로운 기술과 제품에 대한 이해도가 높아지기 때문에, 더욱 빠르게 새로운 제품과 서비스를 습득하고 활용할 수 있다. 결혼 여부는 가족 구성원의 수와 선호도를 결정하는 데 큰 영향을 미친다. 결혼을 하면 가족 구성원이 늘어나기 때문에, 가족 구성원 수의 증가와 관련된 여러 가지 문제들이 발생할 수 있다.

현재 한국 사회는 저출산과 고령화 현상이 진행되고 있다. 이러한 인구구조 변화는 제품과 서비스의 수요에도 큰 영향을 미칠 것으로 예상된다. 저출산 현상은 가족 구성원의 수를 줄여가는 추세를 보이고 있다. 이러한 추세는 가족 단위로 제품과 서비스를 구매하는 경우가 줄어들고, 대신 개인 단위로 구매하는 경우가 많아질 것으로 예상된다. 이는 가족 구성원들의 수입이 줄어들어 가족 단위로 구매하는 것이 어려워지기 때문이다. 기업들은 이러한 변화에 대응하여 제품과 서비스를 개인 단위로 제공하는 전략을 세워야 한다. 고령화 현상도 이러한 추세를 더욱 가속화시킬 것으로 예상된다. 고령화로 인해 건강 관련 제품과 서비스의 수요가 증가할 것으로 보인다. 이는 고령층의 건강 관리에 대한 관심이 높아지기 때문이다.

(2) 심리적 요인

심리적 요인은 소비자의 의사결정 과정에서 중요한 역할을 한다. 이러한 요인에는 성격 특성, 가치관, 태도, 라이프스타일, 관심사 등이 있다. 이러한 심리적 요인은 효과적인 영업 전략을 개발하고 타깃 소비자의 필요와 욕구를 충족하는 제품이나 서비스를 제공하는데 영업담당자가 이해해야 한다. 성격 특성은 소비자 행동에 영향을 미친다. 성격 유형이 다른 소비자들은 서로 다른 선호도와 니즈를 가질 수 있다. 외향적인 소비자는 사회적 경험을 추구할 가능성이 높은 반면, 내성적인 소비자는 혼자만의 활동을 선호할 수 있다. 가치관과 태도 또한 소비자 행동에 영향을 미치는 중요한 심리적 요소이다. 가치관이 강한 소비자는 사회적 책임과 지속가능성 등 윤리적 고려 사항을 바탕으로 구매 결정을 내릴 가능성이 더 높다. 브랜드와 제품에 대한 태도 또한 소비자 행동에 영향을 미칠 수 있다. 브랜드에 대해 긍정적인 태도를 가진 소비자는 해당 제품을 구매하고 충성도가 높은 고객이 될 가능성이 높다.

소비자들의 행동을 결정하는 요인 중에서 라이프스타일과 관심사는 중요한 역할을 한다. 이러한 유형을 가진 소비자는 고유한 니즈와 선호도를 가지고 있을 수 있다. 예를 들어, 피트니스 애호가는 건강 식품과 보충제를 구매할 가능성이 높고, 패션 애호가는 고급 의류와 액세서리에 더 관심이 많을 수 있다. 관심사도 소비자 행동에 큰 영향을 미친다. 개인의 관심사는 주로 개인의 취미, 업종, 문화적 기호 등에 따라 형성된다. 이에 따라, 취미가 요리인 사람은 주방용품이나 식재료에 더 관심을 가지게 되며, 업종이 디자인인 사람은 예술 작품이나 가구에 관심을 가지게 된다. 따라서 기업은 소비자의 라이프스타일과 관심사를 분석하고 이를 바탕으로 제품과 마케팅 및 판매전략을 세워야 한다. 이를 통해 소비자들의 니즈를 파악하고 만족시키는 제품을 출시하고, 소비자들의 행동을 유도할 수 있다.

(3) 행동 패턴

소비자 행동 패턴은 기업이 잠재고객의 구매 결정을 이해하고, 그들에게 적합한 영업 전략을 수립하는 데 매우 중요한 역할을 한다. 소비자 행동 패턴은 소비자가 브랜드에 대한 충성도를 가지는 정도, 제품의 구매 빈도, 쇼핑 습관, 구매 결정을 내리는 과정 등 다양한 요소로 구성된다. 기업이 소비자 행동 패턴을 심도 있게 분석하면, 타깃 고객의 선호도와 행동 특성을 더욱 정확하게 파악할 수 있다. 이를 통해 기업은 고객의 니즈와 구매 습관을 깊이 있게 이해할 수 있게 되며, 그에 따라 보다 효과적인 마케팅 전략과 맞춤형 제품 및 서비스를 개발할 수 있게 된다. 예를 들어, 기업이 고객의 온라인 행동 데이터를 분석하여 구매 패턴과 선호도를 파악한다면, 개인화된 추천 시스템을 통해 고객에게 맞춤형 상품을 제안할 수 있다. 또한 SNS

활동 분석을 통해 고객의 관심사와 구전효과를 파악하여, 타깃 고객층에 효과적으로 도달할 수 있는 마케팅 채널과 메시지를 개발할 수 있다. 이처럼 기업은 소비자 행동 데이터의 심층적 분석을 통해 고객에 대한 이해도를 높이고, 이를 바탕으로 고객 니즈에 정확하게 부합하는 상품과 서비스를 제공함으로써 경쟁력을 확보할 수 있다.

또한 경제 상황, 사회적 트렌드, 기술 발전과 같은 외부 요인에 의해서도 소비자 행동 패턴이 영향을 받을 수 있다. 경기 불황기에는 소비자들이 가격에 더 민감하게 반응하여 더 저렴한 대안을 선택할 수 있다. 반면에 친환경이나 건강에 대한 관심 같은 사회적 트렌드는 친환경적이거나 건강에 좋은 제품을 구매하려는 소비자 행동에 영향을 미칠 수 있다. 따라서 기업은 소비자들의 행동 패턴을 이해하는 데 많은 노력을 기울여야 한다. 이를 통해 더 나은 영업 전략을 수립하고, 더 나은 제품과 서비스를 개발할 수 있으며, 최종적으로는 소비자 만족도를 높이고 기업의 성장을 이룰 수 있다.

1.2 개인고객의 구매동기

상품이나 서비스를 구매하려는 욕구는 다양한 요인에 의해 영향을 받는 복잡한 심리적 현상이다. 이러한 요인 중에는 음식, 의복, 주거에 대한 욕구 등 기본적인 생리적 욕구도 포함된다. 그러나 이러한 기본적인 욕구 외에도 우리에게는 삶의 필수품 그 이상을 추구하게 만드는 욕구와 갈망이 있다. 이러한 욕구는 마케팅 및 판매 활동, 사회적 영향, 개인적 요인, 경제적 상황 등 다양한 요인에 의해 영향을 받을 수 있다. 광고, 프로모션, 홍보와 같은 마케팅 활동은 우리의 욕구와 구매 습관에 큰 영향을 미칠 수 있다. 기업은 이러한 기법을 사용하여 제품이나 서비스에 대한 흥분과 긴박감을 조성하여 우리 생활에 꼭 필요한 것처럼 느끼게 한다. 이는 특히 소셜 미디어 및 기타 디지털 마케팅 채널과 결합하여 기업이 맞춤형 메시지와 제안으로 특정 소비자 그룹을 타깃팅할 수 있을 때 효과적일 수 있다.

사회적 영향력 또한 우리의 구매 행동에 중요한 역할을 한다. 친구, 가족, 동료는 모두 우리가 구매하는 제품과 구매처에 영향을 미칠 수 있다. 이는 사회적 규범, 또래의 압력 또는 특정 그룹이나 커뮤니티에 어울리고 싶은 욕구의 영향 때문일 수 있다. 트렌드와 유행 또한 현재 인기 있거나 유행하는 것에 영향을 받을 수 있기 때문에 구매 행동에 큰 영향을 미칠 수 있다. 성격 특성, 가치관, 라이프스타일 선택과 같은 개인적인 요인도 구매 행동에 영향을 미칠 수 있다. 예를 들어, 지속가능성과 환경주의를 중시하는 사람은 친환경적이거나 재활용 소재로 만든 제품을 구매할 가능성이 더 높다. 마찬가지로 활동적인 라이프스타일을 추구하는 사람은 피트니스 장비나 스포츠 용품을 구매할 가능성이 더 높을 수 있다. 소득 수준, 직업 안정성, 생활비 등 경제적 여건도 구매 행동에 영향을 미칠 수 있다. 예를 들어, 경제적으로 어려운 시기에는 지출에 더 신중을 기하고 사치품 구매를 피할 수 있다. 반대로 경제의 번영기에는 고가의 상품을 과시하거나 더 호화로운 경험에 빠져들고 싶어질 수 있다.

상품이나 서비스를 구매하려는 욕구는 다양한 요인에 의해 영향을 받는다. 소비자의 구매동기는 제품이나 서비스를 구매하는 이유를 나타내는 것으로 개인의 욕구, 니즈, 감정, 인지 등에 의해 영향을 받는다. 이러한 요인을 이해하면 기업은 보다 효과적인 마케팅 전략을 수립하는 데 도움이 되고, 개인은 보다 현명한 구매 결정을 내리는 데 도움이 될 수 있다.

(1) 기능적 동기

기능적 동기는 제품 또는 서비스의 실용적이고 실질적인 가치를 만족시키기 위해 구매하는 동기이다. 이는 우리 일상생활에서 가장 일반적으로 나타나는 구매동기 중 하나이다. 우리는 특정 제품이나 서비스를 선택할 때 그것이 우리에게 어떤 실용적인 혜택과 기능을 제공할 수 있는지에 주목하게 된다. 예를 들어, 세탁기를 구매할 때는 그 세탁기가 얼마나 효과적으로 옷을 깨끗이 세탁할 수 있는지, 얼마나 에너지 효율적인지 등의 실질적인 성능 요소들을 고려하게 된다. 마찬가지로, 노트북 구매 시에는 처리 속도, 메모리, 저장 용량 등의 기능적 사양을 중요하게 평가하게 된다. 이처럼 기능적 동기는 제품이나 서비스가 제공하는 실제적이고 실용적인 효용성에 근거하여 작용한다. 기업들은 자사 제품과 서비스의 기능적 특성을 부각시키고, 이를 통해 고객의 실질적인 필요를 충족시킬 수 있도록 노력해야 한다. 단순히 감성적이거나 상징적인 가치만을 강조하기보다는 제품의 실용성과 실제적인 혜택을 강조함으로써 기능적 동기를 자극할 수 있다.

기능적 동기는 제품이나 서비스의 실용성과 성능에 대한 고객의 니즈를 반영하는 것이다. 이러한 기능적 동기를 잘 충족시키는 기업은 고객의 만족도를 높일 수 있고, 결과적으로 시장에서 경쟁력을 확보할 수 있게 된다. 기업은 고객의 기능적 동기를 면밀히 분석하고 이해해야 한다. 시장조사와 고객 피드백 등을 통해 고객이 원하는 핵심 기능과 성능 요소를 파악해야 하며 이를 바탕으로 제품이나 서비스의 개발 및 개선 방향을 설정해야 한다. 나아가 기업은 끊임없이 고객의 기능적 요구사항이 변화하는 것을 모니터링하여 기술발전, 라이프스타일 변화 등에 따라 고객의 기능적 동기도 지속적으로 진화시켜 나가야 한다. 이에 발 맞춰 제품과 서비스를 혁신적으로 업그레이드해 나가는 것이 기업의 지속가능한 경쟁력 확보를 위한 핵심 과제라고 할 수 있다.

(2) 심리적 동기

심리적 동기는 개인이 제품이나 서비스를 구매하는 핵심적인 원동력이다. 이는 단순히 실용적인 측면을 넘어서 개인의 내면에 자리 잡고 있는 다양한 심리적 요구와 욕구를 충족시키는 데 중요한 역할을 한다. 어떤 사람은 자신의 자존감을 높이기 위해 특정 브랜드의 제품을 구매할 수 있다. 다른 사람은 자신의 사회적 지위를 드러내기 위해 고급 제품을 선택할 수 있다. 또한 어떤 이는 구매를 통해 심리적인 안정과 만족감을 얻고자 할 수도 있다. 이처럼 개인의 내적 동기가 구매 행동에 큰 영향을 미치기 때문에, 기업들은 소비자의 심리적 욕구를 정확히 파악하고 이를 충족시킬 수 있는 제품과 서비스를 개발하는 것이 중요하다. 이를 통해 고객과의 강력한 유대감을 형성하고, 장기적인 관계를 구축할 수 있을 것이다. 예를 들어, 명품 브랜드의 의류를 구매하는 경우, 제품의 품질보다는 자신의 사회적 지위를 과시하기 위해 구매하는 것이 심리적 동기이다. 이를 통해 소비자는 다른 사람들에게 자신의 성취감과 사회적 지위를 나타낼 수 있다. 또한 제품이나 서비스의 브랜드 이미지나 스토리텔링, 마케팅 전략 등이 소비자의 심리적 동기에 영향을 미칠 수 있다. 소비자는 자신의 욕구와 요구를 충족시키는 제품이나 서비스를 선택함으로써, 자신의 인격을 표출하고 타인에게 자신의 이미지를 전달할 수 있다. 따라서 제조업체나 서비스 제공자는 소비자의 심리적 동기를 파악하고 이에 맞는 제품이나 서비스를 제공함으로써, 소비자의 만족도와 충성도를 높일 수 있다.

(3) 사회적 동기

사회적 동기는 개인이 자신의 행동이 주변 사람들에게 어떤 인상을 줄지, 그리고 다른 사람들로부터 인정받을 수 있는지를 고려하여 구매를 결정하는 경우를 말한다. 사람들은 소비를 통해 자신의 지위나 사회적 지위를 상승시킬 수 있다는 생각을 가지고 있다. 특정 상품을 소유하거나 사용함으로써, 다른 사람들에게 자신의 경제적 능력과 사회적 지위를 알리고자 하며, 이는 자신의 자아존중감을 높이는 데에도 도움이 된다. 이러한 소비는 어떤 면에서는 사회적 압력으로 인한 것일 수도 있다. 예를 들어, 어떤 사람들은 특정 브랜드의 제품을 구매함으로써 그 브랜드의 선호도와 함께 자신의 인기도를 높이고자 할 수 있다. 이러한 소비문화는 현대 사회에서 중요한 역할을 하고 있으며, 이를 통해 우리는 서로를 평가하고, 대화하며, 연결될 수 있다.

사람들은 제품을 구매할 때 자신이 속한 집단이나 커뮤니티에서 인정받을 수 있는 제품을 선택하는 경향이 있다. 예를 들어, 특정 브랜드의 제품을 사용하면 그 제품을 사용하는 집단의 일원으로 인식받을 수 있기 때문이다. 이러한 사회적 동기는 사람들 간의 상호작용과 소속감 등의 요인에 크게 영향을 받는다. 예를 들어, 환경보호에 대한 관심이 높은 사람들은 친환경 제품을 구매하거나 재활용이 가능한 제품을 선택한다. 따라서 기업은 제품이나 서비스를 영업할 때 사회적 동기를 고려하여 소비자들의 구매 경향을 파악하고 이에 맞게 전략을 수립해야 한다.

(4) 경제적 동기

경제적 동기는 소비자가 상품이나 서비스를 구매할 때 가격이 저렴하거나 할인행사를 활용하여 이득을 얻기 위해 구매하는 동기를 말한다. 이러한 경제적 동기는 소비자가 구매 결정을 내리는 중요한 요소 중 하나이다. 소비자들은 가격이 적정하거나 할인 혜택이 있는 제품을 찾아 구매하려고 한다. 이는 소비자의 예산과 비용절감에 큰 영향을 미치기 때문이다. 동일한 기능의 제품이라도 가격이 저렴한 것을 선택하거나, 세일 기간에 구매하여 추가적인 혜택을 받고자 한다. 또한 소비자들은 인터넷이나 모바일 앱을 통해 가격 비교와 할인 정보를 손쉽게 찾아볼 수 있게 되면서, 경제적 이득을 얻을 수 있는 제품이나 서비스를 보다 적극적으로 탐색하게 되었다. 이는 소비자의 구매 행동에 큰 영향을 미치고 있다. 기업들은 소비자의 경제적 동기와 구매력을 면밀히 파악하고 이를 바탕으로 합리적이고 경쟁력 있는 가격 책정 전략을 수립해야 한다. 단순히 저렴한 가격만을 내세우기보다는 다양한 할인 혜택과 결제 옵션을 제공하여 소비자의 구매 동기를 자극할 수 있다.

계절별, 시기별 수요 변화에 능동적으로 대응하여 적절한 가격 조정과 프로모션을 실시함으로써 고객 만족도를 높이고 매출 향상을 도모해야 한다. 이를 통해 소비자의 구매 욕구를 자극하고 더 많은 소비를 유도할 수 있을 것이다. 예를 들어, 의류를 구매할 때 할인된 가격으로 구매하는 것은 경제적 동기이다. 할인쿠폰을 활용하여 제품을 구매하는 것도 경제적 동기이다. 소비자들은 제품이나 서비스를 구매할 때 항상 경제적인 이득을 고려하며, 이를 통해 예산을 절약하거나 더 많은 제품을 구매할 수 있다.

(5) 지각적 동기

지각적 동기는 제품이나 서비스를 구매하는 동기 중 하나로, 소비자들이 제품이나 서비스에 대해 긍정적인 인식이나 태도를 가지고 있을 때 발생한다. 이러한 긍정적인 인식이나 태도는 다양한 요인에 의해 형성된다. 예를 들어, 제품의 디자인이 매우 매력적이거나, 브랜드 이미지가 좋다는 인식이 있을 경우, 소비자들은 해당 제품을 구매하게 된다. 또한 제품이나 서비스의 품질이 우수하다는 인식이나 소비자들의 선호도에 따라 구매 동기가 발생할 수 있다. 기업들은 제품이나 서비스의 디자인, 브랜드 이미지, 품질 등을 향상시킴으로써 소비자들에게 긍정적인 인식과 태도를 형성하며 소비자들의 선호도를 파악하고 이를 반영하는 제품이나 서비스를 개발함으로써 지각적 동기를 유발할 수 있다. 이러한 노력은 기업의 판매량과 이익을 증가시키는 데에 큰 역할을 할 것이다.

또한 제품이나 서비스의 품질이 뛰어나면 소비자들은 해당 제품이나 서비스를 선호하게 되는데, 이는 지각적 동기가 작용하는 결과이다. 이러한 지각적 동기는 소비자들이 제품이나 서비스를 실제로 사용하면서 느끼는 만족도와 경험에 기반하여 형성된다. 예를 들어, 제품의 디자인이 세련되고 기능이 우수하며 내구성이 뛰어나면 소비자들은 해당 제품을 더욱 선호하게 된다. 고객 서비스가 친절하고 빠르며 문제를 해결하는 데 능숙하다면, 이러한 경험으로 인해 소비자들은 해당 서비스를 더욱 선호하게 된다. 따라서 기업이 제품이나 서비스를 출시할 때, 디자인, 브랜드 이미지, 품질, 이용자 경험 등 다양한 측면에서 소비자들의 긍정적인 인식을 유도할 수 있도록 노력해야 한다. 이를 통해 기업은 고객들의 구매의사결정을 유도하고, 시장 경쟁력을 강화할 수 있다.

2. 개인고객의 구매 프로세스

기업은 변화하는 고객의 구매 행동과 프로세스를 이해하여 고객가치영업 전략을 지속적으로 업데이트해야 한다. 빠르게 진화하는 오늘날의 시장에서 소비자들은 더욱 정교해지고 까다로워졌다. 소비자들은 기업이 자신만의 고유한 요구와 선호도에 맞는 개인화된 경험과 솔루션을 제공해주기를 기대한다. 이러한 기대에 부응하기 위해 기업은 고객을 위한 가치 창출에 초점을 맞춘 고객 중심 접근 방식을 채택해야 한다. 여기에는 데이터와 분석을 활용하여 고객의 행동, 선호도, 불만 사항에 대한 인사이트를 확보하는 것이 포함된다. 이를 통해 기업은 고객의 요구를 더 잘 충족할 수 있도록 제품과 영업 전략을 맞춤화할 수 있다.

개인고객 구매 프로세스는 기업이 제품이나 서비스를 구매하기 위해 거치는 일련의 단계를 말한다. 소비자 의사결정 과정이라고도 알려진 소비자 구매 과정은 개인이 구매 결정을 내릴 때 거치는 과정을 의미한다. 이 프로세스에는 일반적으로 제품이나 서비스에 대한 필요성이나 욕구를 인식하는 것부터 대안을 평가하고 최종 구매 결정을 내리는 것까지 여러 단계가 있다.

2.1 구매 전 단계

구매 전 단계는 소비자의 구매 결정 과정에서 중요한 부분을 차지한다. 이 단계에서 소비자는 자신의 욕구와 필요를 인식하고, 관련 정보를 수집하고 분석한다. 예를 들어, 소비자는 인터넷이나 주변 사람들을 통해 원하는 제품이나 서비스에 대한 정보를 찾아보고, 가격, 성능, 품질 등을 세심하게 비교 검토한다. 최근에는 소셜미디어와 블로그 등을 통한 구전 정보 수집이 구매 전 단계에서 중요한 활동으로 자리 잡고 있다. 소비자들은 다른 소비자들의 생생한 경험담과 솔직한 후기를 적극적으로 탐색하여 구매의사결정에 반영하고 있다. 이러한 정보 수집과 분석 활동은 소비자의 구매 만족도를 높이는 데 큰 도움을 주고 있다.

더 나아가 소비자들은 구매 전 단계에서 자신의 가치관과 라이프스타일에 부합하는 제품을 찾기 위해 노력한다. 이를 위해 다양한 정보원을 활용하여 제품의 특성과 장단점을 꼼꼼히 살펴보고, 자신에게 가장 적합한 선택을 하고자 한다. 이러한 노력은 소비자 만족도 향상뿐만 아니라 장기적인 관점에서의 브랜드 충성도 제고에도 기여하고 있다.

(1) 필요성의 인식

이 단계에서는 소비자의 구매 행동을 이해하기 위해 내부적 요인과 외부적 요인을 살펴보아야 한다. 내부적 요인으로는 생리적 요구와 심리적 요구가 있다. **생리적 요구**에는 배고픔, 목마름, 피로감 등이 있으며, 이러한 기본적인 욕구가 충족되지 않으면 소비자는 관련 제품을 구매하게 된다. 또한 소비자의 성격, 가치관, 성향 등의 심리적 요인도 구매 행동에 큰 영향을 미치는데, 예를 들어 개성이 강한 소비자는 새로운 트렌드를 선도하는 제품을 선호하고, 실용성을 중시하는 소비자는 기능성 위주의 제품을 구매하는 경향이 있다.

외부적 요인으로는 사회, 문화, 경제, 기술 등의 환경적 요인이 있다. 이러한 요인들은 소비자의 구매 욕구와 선호도에 영향을 줄 수 있는데, 예를 들어 친환경 제품에 대한 사회적 관심이 증가하면 소비자들의 친환경 제품 구매 욕구가 높아질 수 있고, 새로운 기술의 발달은 소비자들의 구매 행동 패턴을 변화시키기도 한다. 따라서 기업은 소비자의 구매 행동을 이해하기 위해 내부적 요인과 외부적 요인을 모두 고려해야 한다. 이를 통해 소비자의 다양한 욕구를 충족시킬 수 있는 혁신적인 제품과 서비스를 개발할 수 있을 것이다. 예를 들어, 기업은 소비자의 건강 및 안전에 대한 욕구를 반영하여 친환경적이고 기능성이 뛰어난 제품을 출시하거나, 새로운 기술을 활용하여 소비자의 편의성을 높이는 서비스를 제공할 수 있다.

이러한 인식 단계는 소비자의 구매 행동에 중요한 역할을 한다. 소비자는 제품에 대한 정보를 얻고, 제품을 인식함으로써, 구매 결정을 내리게 된다. 따라서 기업들은 소비자의 인식 단계를 파악하고, 이를 효과적으로 관리하여 제품의 판매량을 늘리는 전략을 세워야 한다. 만약 소비자가 제품이나 서비스에 대한 필요성이나 욕구를 인식하지 못하면, 그들은 실제로 해당 제품이나 서비스를 구매하지 않을 가능성이 매우 높다. 이러한 상황에서는 제품이나 서비스 제공업체가 다양한 마케팅 전략을 사용하여 소비자의 관심과 관심을 끌어내고 제품이나 서비스의 가치를 보여줄 필요가 있다.

(2) 정보 검색

소비자들이 제품이나 서비스를 구매하기 위해서는 먼저 자신의 필요를 인지하고 정보를 수집하는 과정이 필수적이다. 이를 위해 소비자들은 다양한 경로를 통해 정보를 얻을 수 있다. 개인적인 경험은 소비자가 직접 제품이나 서비스를 사용해본 후 느낀 점을 나타내며, 이는 소비자들끼리 공유되어 입소문으로 전달되면서 해당 제품이나 서비스의 평판을 형성하는 데 큰 영향을 미친다. 특히 신뢰할 수 있는 지인이나 주변인들의 추천은 구매 결정에 중요한 요인으로 작용한다. 뿐만 아니라 온라인 리뷰 역시 소비자들에게 제품이나 서비스의 장단점을 파악하는 데 큰 도움을 준다. 온라인상에서 다른 이용자들이 남긴 후기와 평가를 통해 소비자들은 보다 객관적이고 종합적인 정보를 얻을 수 있다.

한편 온라인 광고는 제품이나 서비스를 적극적으로 홍보하는 수단이 되며, 소비자들의 인지도와 구매 결정에 영향을 미치게 된다. 이처럼 소비자들은 다양한 정보 원천을 활용하여 자신의 필요에 부합하는 최적의 선택을 하고자 한다. 또한 소비자의 관여도에 따른 구매 행동의 차이가 있다. 관여도가 높은 소비자들은 제품을 선택할 때 보다 적극적으로 정보를 탐색하고 비교 분석하는 경향이 있는 반면, 관여도가 낮은 소비자들은 구매 결정 과정에서 정보 탐색을 최소화하고 간단한 기준으로 제품을 선택하는 경우가 많다.

① 고관여 제품 : 관여도가 높은 제품을 구매할 때, 소비자들은 매우 신중한 의사 결정 과정을 거치게 된다. 이러한 제품들은 일반적으로 높은 가격과 중요도로 인해 구매 전 광범위한 조사가 필수적이다. 소비자들은 제품의 다양한 특성들, 예를 들어 브랜드, 성능, 가격, 사용성 등을 면밀히 비교 분석한다. 자동차나 가전제품과 같은 내구재의 경우, 소비자 개개인의 라이프스타일과 요구사항을 고려하여 최적의 제품을 선택하게 된다. 이를 위해 인터넷 검색, 제품

리뷰 확인, 오프라인 매장 방문 등 다양한 채널을 활용하여 정보를 수집하고 비교한다.

특히 최근에는 소셜미디어를 통해 다른 소비자들의 구매 후기와 실제 사용 경험을 공유받는 경우가 늘어나고 있다. 이는 소비자가 제품에 대한 보다 생생한 정보를 얻을 수 있게 해줌으로써, 더욱 만족스러운 구매 결정을 내릴 수 있도록 도와준다. 예를 들어, 자동차 구매 시 SNS에서 다른 구매자들의 실제 주행 경험과 만족도를 확인하거나, 가전제품 구매 시 온라인 리뷰를 통해 실제 사용 후기를 살펴볼 수 있다. 이처럼 관여도가 높은 제품을 구매할 때, 소비자들은 자신의 필요와 선호를 명확히 파악하고, 다양한 정보 채널을 통해 비교 검토하는 등 매우 신중한 의사결정 과정을 거치게 된다. 이는 구매 만족도를 높이고, 잘못된 선택으로 인한 큰 문제를 예방할 수 있는 중요한 과정이라고 할 수 있다. 또한 소비자들은 이러한 과정을 통해 자신에게 가장 적합한 제품을 찾아 구매함으로써, 소비 생활의 질을 높일 수 있게 된다.

② 저관여 제품 : 저관여 제품은 일반적으로 일상생활에서 자주 접하고 구매하는 제품들을 말한다. 이러한 제품들은 소비자의 낮은 관심과 관여도를 특징으로 한다. 소비자들은 이러한 저관여 제품을 구매할 때 많은 정보 탐색이나 대안 검토 없이 습관적으로 구매하는 경향이 있다. 가격이나 품질에 대한 민감도가 낮으며, 브랜드 충성도가 상대적으로 약한 편이다. 또한 저관여 제품에 대한 구매 결정 시간이 짧고, 구매 후 만족도나 불만족에 대한 반응 또한 크지 않다. 이는 이러한 제품들이 소비자의 일상생활에 큰 영향을 미치지 않기 때문이다. 그러나 최근 건강과 환경에 대한 관심이 높아지면서, 저관여 제품 시장에서도 이러한 가치를 강조하는 제품들이 등장하고 있다. 이에 따라 소비자들의 구매 행태 또한 변화하고 있는 추세이다. 이러한 제품에 대한 소비자의 구매 행동은 다음과 같은 특징을 가진다.

첫째, 제품 선택 시 소비자들은 제품 정보나 브랜드 이미지보다는 습관이나 편리성을 더 중요하게 고려한다. 즉, 평소 자주 구매하던 제품이나 구매하기 편리한 제품을 선호하는 경향이 있다.

둘째, 저관여 제품의 구매 과정에서는 적극적인 정보탐색이나 비교 검토가 이루어지지 않는다. 소비자들은 일상적으로 반복되는 구매 상황에서 신속하고 편리한 구매를 선호하기 때문이다.

셋째, 저관여 제품의 구매 후 행동에서도 특징이 나타난다. 소비자들은 구매한 제품에 대해 깊이 있는 애착이나 충성도를 보이지 않으며, 다음 구매 시에도 별다른 선호도 변화가 없는 경향을 보인다.

이처럼 저관여 제품에 대한 소비자의 구매 행동은 습관적이고 반복적인 특징을 가지며, 제품 선택 시 정보탐색이나 비교 검토보다는 편리성과 익숙함을 더 중요하게 여기는 것이 특징이다.

(3) 대안 평가

수집한 정보를 바탕으로 소비자가 제품을 선택할 때는 다양한 요소를 고려한다. 먼저, 자신의 필요와 선호도에 따라 사용 가능한 대안들을 평가한다. 이때 가격, 성능, 디자인, 브랜드 이미지 등 다양한 기준을 종합적으로 검토하게 된다. 가격의 경우, 자신의 예산과 구매 능력에 맞는 제품을 찾고자 한다. 성능이나 기능도 자신의 사용 목적과 용도에 부합하는지 꼼꼼히 살펴본다. 디자인과 외관도 개인의 취향과 스타일에 따라 중요하게 여겨진다. 아울러 제품의 브랜드 인지도와 이미지도 신뢰도 있는 구매 결정에 영향을 미친다. 이 외에도 제품의 사용 편의성, 사후 서비스, 구매 경험, 지인들의 추천 등 다양한 요인들을 종합적으로 고려하여 최종적인 선택을 하게 된다. 이처럼 소비자들은 복잡한 의사결정 과정을 거치면서 자신에게 가장 적합한 제품을 선별하고자 한다. 예를 들어, 휴대폰을 구매할 때는 단순히 브랜드, 용량, 디자인, 기능뿐만 아니라 다양한 요소들을 고려해야 한다. 먼저 이용자의 필요와 선호도를 파악하는 것이 중요하다. 예를 들어, 어떤 이용자는 카메라 기능이 강화된 모델을 원하고, 다른 이용자는 배터리 수명이 긴 모델을 선호할 수 있다.

이와 더불어 제품의 성능과 가격 비교도 필수적이다. 같은 브랜드라도 모델에 따라 사양과 가격이 다르므로, 이용자의 예산과 필요에 맞는 모델을 찾아야 한다. 또한 A/S 서비스와 보증 기간 등 구매 후 관리 측면도 고려해야 한다. 구매 결정 시에는 제품의 다양한 특성들을 종합적으로 평가해야 한다. 가령 외관이 마음에 들더라도 배터리 수명이나 카메라 성능이 만족스럽지 않다면 다른 모델을 선택해야 할 수도 있다. 이처럼 복합적인 요인들을 균형 있게 고려하는 것이 현명한 휴대폰 구매 방법이라고 할 수 있다. 이러한 평가를 수행하면서 소비자는 자신의 요구사항과 선호도를 더욱 명확하게 인식하게 된다. 자신이 사용하는 제품이 어떤 기능을 제공해야만 효율적으로 사용할 수 있는지, 어떤 디자인이 자신의 취향에 맞는지 등을 파악할 수 있다. 이를 토대로 소비자는 제품을 선택하고 구매 결정을 내리게 된다.

제품을 선택하고 구매 결정을 내리는 과정은 소비자에게 매우 중요하다. 잘못된 제품을 선택하게 되면 돈과 시간을 낭비할 뿐만 아니라, 실망스러운 사용 경험을 하게 된다. 하지만, 평가를 충분히 수행하고 자신의 요구사항과 선호도를 고려하여 제품을 선택하게 되면, 보다 나은 제품을 선택할 수 있으며, 돈과 시간을 절약할 수 있다. 따라서 소비자는 제품을 선택할 때 평가와 리뷰를 충분히 참고하고, 자신의 요구사항과 선호도를 고려하여 구매 결정을 내린다.

2.2 구매 단계

개인고객의 구매 단계는 기업에게 중요한 단계이다. 이 단계에서 소비자들은 상품이나 서비스에 대한 필요성을 인식하고, 정보를 수집하며, 최종적으로 구매 결정을 내리게 된다. 기업 입장에서 이 단계는 소비자의 마음을 사로잡을 수 있는 중요한 기회가 된다. 먼저 소비자들이 무엇을 필요로 하는지 잘 파악하고, 그에 맞는 상품이나 서비스를 제공해야 한다. 또한 다양한 마케팅 활동을 통해 소비자들에게 정확한 정보를 제공하여 구매 결정을 도와주어야 한다. 특히 온라인 환경에서는 소비자들이 보다 많은 정보를 쉽게 접할 수 있기 때문에, 기업들은 웹사이트나 SNS 등 다양한 채널을 통해 적극적으로 소통하며 소비자와의 신뢰를 쌓아나가야 한다. 이를 통해 소비자들이 만족스러운 구매 경험을 할 수 있도록 하는 것이 중요하다.

제품이나 서비스를 구매하기 위해서는 소비자는 먼저 자신의 요구와 욕구를 분석해야 한다. 각종 대안들의 정보를 평가하고 그 중에서 가장 적합한 대안을 선택해야 한다. 소비자들은 인터넷이나 소셜미디어를 통해 다양한 제품이나 서비스 정보를 쉽게 얻을 수 있게 되었다. 그러나 이러한 정보들은 그들이 실제로 구매를 결정하는 데 있어서 결정적인 역할을 하지는 않는다. 왜냐하면 구매 결정에는 제품이나 서비스의 가격, 품질, 브랜드 이미지 등 여러 가지 요소를 고려해야 하기 때문이다. 또한 소비자들은 자신의 개인적인 취향과 욕구를 고려해야 하며, 그들이 어떤 제품이나 서비스를 선호하는지, 그 제품이나 서비스가 그들의 삶의 질을 향상시킬 수 있는지 등을 고려해야 한다. 따라서 소비자들이 수집한 정보를 분석하더라도, 구매 결정 단계에서는 여전히 많은 고민이 필요하다. 이러한 고민들은 소비자들이 제품이나 서비스를 구매하기 전에 잘 생각해보고 신중하게 결정하도록 유도하는 역할을 한다.

구매 결정 단계에서는 가격, 품질, 브랜드 이미지, 편의성 등 다양한 요인들을 고려하여 최종적으로 결정을 내리게 된다. 이 과정에서는 소비자의 경험, 선입견, 문화적인 영향 등도 영향을 미칠 수 있다. 소비자들은 대안이 제시될 때, 자신의 필요와 선호도에 가장 맞는 제품이나 브랜드를 선택하여 구매 결정을 내린다. 선택의 기준은 다양한 요인에 따라 결정된다. 제품 가용성, 가격 프로모션, 개인 선호도 등이 그러한 요인이다. 제품 가용성은 소비자에게 중요한 요소이다. 소비자가 원하는 제품을 얻을 수 없다면, 그 제품을 구매하거나 사용할 수 없기 때문이다. 특히 수요가 많은 제품의 경우, 재고가 빨리 소진될 수 있으므로, 소비자는 그 제품을 구매하려면 빠르게 움직여야 한다.

하지만 모든 제품이 항상 가용하지는 않다. 때로는 생산량이 제한되거나, 수입이 어려운 제품이 있기도 한다. 소비자가 원하는 제품이 매장에서 판매되지 않는 경우도 있다. 이러한 경우에는 소비자는 다른 대안을 찾아야 한다. 가격 프로모션은 소비자의 구매 결정에 큰 영향을 미치며, 가격 할인, 쿠폰, 이벤트 등의 프로모션을 통해 소비자들은 제품을 더욱 쉽게 접근할 수 있게 되며, 제품을 더욱 많이 구매하게 만들어 매출 증가에도 큰 역할을 한다. 그러나 가격 프로모션을 너무 많이 진행할 경우, 제품의 가치가 하락하게 될 수 있으며, 이는 다시 제품의 이미지를 손상시키는 결과를 초래할 수 있다. 개인 선호도는 소비자의 취향과 스타일을 반영하며, 제품을 선택하는 주요한 요소이다. 어떤 소비자는 브랜드에 대한 충성도가 높아서, 항상 동일한 브랜드의 제품을 구매하려는 경향이 있다. 이러한 소비자들은 브랜드의 이미지나 평판에 큰 영향을 받는다. 반면에 다른 소비자들은 제품의 디자인, 색상, 기능 등을 고려하여 선택한다. 이러한 소비자들은 제품의 기능성이나 디자인적 요소가 중요하다. 예를 들어, 핸드폰을 구매하는 소비자는 카메라의 화소수, 배터리 수명, 디자인 등을 고려하여 선택한다. 따라서 기업은 소비자들의 선호도와 취향을 파악하여 제품을 출시하고 마케팅 및 판매전략을 세우는 것이 중요하다. 개인 선호도를 고려하는 제품과 영업 전략은 소비자들의 구매의사결정을 돕고, 기업의 성장에 큰 역할을 한다.

(1) 고관여 제품

고관여 제품 구매 시 의사결정 과정은 일반 제품 구매와 다르게 매우 복잡하고 심도 있다. 소비자는 제품에 대한 깊이 있는 고민과 다양한 대안 검토, 그리고 구매 후 발생할 수 있는 후회 등을 모두 고려해야 한다. 이러한 긴 의사결정 과정은 소비자에게 불안감과 부담감을 줄 수 있다. 특히 고관여 제품은 가격이 비싸고 장기적으로 사용해야 하는 제품들이 많기 때문에 구매 결정이 더욱 신중해져야 한다. 소비자는 제품의 성능, 기능, 디자인, AS 서비스, 브랜드 이미지 등 다양한 기준을 종합적으로 평가해야 한다. 이를 위해 온라인과 오프라인에서 충분한 정보를 수집하고 비교 검토하는 과정이 필요하다.

이러한 노력에도 불구하고 소비자는 여러 번의 검토와 고민 끝에 구매 결정을 내리게 된다. 하지만 이 과정을 통해 소비자는 후회 없이 만족스러운 구매를 할 수 있다. 고관여 제품 구매에는 많은 시간과 노력이 소요되지만, 이는 결과적으로 소비자의 만족도를 높이고 구매 후 후회를 방지할 수 있는 중요한 요소라고 할 수 있다.

따라서 소비자는 고관여 제품 구매 시 충분한 시간과 노력을 투자하여 깊이 있는 의사결정 과정을 거치는 것이 중요하다. 이를 통해 소비자는 자신에게 가장 적합한 제품을 선택할 수 있고, 구매 후에도 만족스러운 결과를 얻을 수 있을 것이다.

(2) 저관여 제품

저관여 제품은 일반적으로 소비자들에게 큰 매력과 유혹을 불러일으키는 경우가 많다. 이는 이러한 제품들이 눈에 띄는 광고와 세련된 포장 디자인 등을 통해 소비자의 관심을 끌어들이기 때문이다. 이로 인해 소비자들은 깊이 있는 고민 없이 충동적이거나 습관적으로 구매 결정을 내리게 된다. 이러한 현상은 저관여 제품의 특성에서 기인한다. 이런 제품들은 구매 결정에 큰 위험이나 노력이 수반되지 않기 때문에, 소비자들은 제품에 대한 깊이 있는 고려 없이 구매를 결정하게 된다. 또한 광고나 디자인 등을 통한 마케팅 전략이 소비자의 감성을 자극하여, 이성적인 판단보다는 감정적인 반응에 의해 구매가 이루어지기도 한다. 이와 같은 저관여 제품의 특성은 소비자의 충동적이고 습관적인 구매 행태를 유발하는 경향이 있다. 기업들은 이를 이용하여 보다 효과적인 마케팅 전략을 펼치고 있다. 예를 들어, 반복적인 광고 노출을 통해 소비자의 구매 습관을 형성하거나, 저렴한 가격과 편리한 구매 경험을 제공하여 충동구매를 유발하는 등의 전략을 활용한다.

그러나 소비자 입장에서는 이러한 전략에 의해 무분별한 소비로 이어질 수 있다는 점에 유의할 필요가 있다. 따라서 소비자들은 의식적으로 구매 결정 과정을 점검하고, 필요성과 합리성을 고려하여 신중하게 구매 행동을 실천해야 할 것이다. 이를 통해 소비자들은 자신의 가치관과 니즈에 부합하는 구매 선택을 할 수 있을 것이다.

2.3 구매 후 단계

소비자의 구매 결정 과정은 단순히 제품이나 서비스를 구매하는 것으로 끝나지 않는다. 구매 후에도 제품 사용, 평가, 의견 공유, 재구매 여부 결정 등의 구매 후 단계를 거친다. 이 구매 후 단계는 단순한 거래 관계를 넘어 고객과의 장기적인 관계 형성의 기회가 된다. 영업담당자에게 있어 구매 후 단계는 중요하다. 고객의 제품 사용 경험을 파악하고, 고객의 피드백을 듣는 것은 향후 제품 개선과 마케팅 전략 수립에 도움이 된다. 고객과의 지속가능한 관계를 구축함으로써 향후 재구매와 추천 등으로 이어질 수 있다. 이를 통해 영업담당자는 단순한 일회성 거래를 넘어 고객생애가치를 높이고 장기적으로 안정적인 매출을 확보할 수 있다. 따라서 영업담당자는 구매 후 단계에 세심한 관심과 노력을 기울여야 한다. 고객과의 지속가능한 관계를 구축하기 위해 고객의 의견을 경청하고, 적극적인 사후관리 및 소통을 통해 고객 만족도를 높여나가야 할 것이다.

(1) 구매 후 평가 및 리뷰

구매 후 평가와 리뷰는 고객과 기업 간의 유의미한 소통 채널로 작용한다. 고객들은 제품/서비스 사용 경험을 바탕으로 자세한 평가를 내리며, 이를 온라인과 오프라인에서 적극적으로 공유한다. 긍정적인 리뷰는 다른 잠재고객들의 구매 결정에 도움을 주며, 제품의 장점과 사용 경험을 상세히 소개함으로써 구매에 대한 확신을 높일 수 있다. 반면 부정적인 리뷰는 브랜드 이미지에 부정적인 영향을 미칠 수 있지만, 기업에게는 제품/서비스 품질 향상의 기회가 된다. 고객들이 제품의 문제점과 불편한 사용 경험을 구체적으로 전달하면, 기업은 이를 바탕으로 개선 방안을 모색할 수 있다. 이처럼 구매 후 평가와 리뷰는 고객과 기업 간의 상호작용을 활성화하고, 서로의 요구사항을 효과적으로 전달할 수 있는 중요한 채널이다. 고객들은 리뷰를 통해 구매 결정을 내리고, 기업은 이를 통해 제품과 서비스 개선의 방향을 설정할 수 있다. 이러한 지속적인 상호작용은 궁극적으로 고객 만족도 향상과 기업 경쟁력 강화로 이어질 것이다. 특히 최근에는 온라인 리뷰가 구매의사결정에 더욱 큰 영향을 미치고 있다. 잠재고객들은 기존 이용자들의 리뷰를 면밀히 살펴보고, 이를 토대로 구매 여부를 결정하는 경우가 많다. 따라서 기업은 온라인상에서의 고객 의견 관리에 각별한 주의를 기울일 필요가 있다. 긍정적인 리뷰를 적극적으로 활용하고, 부정적인 리뷰에 대해서는 신속하고 적절한 대응 전략을 수립해야 한다.

(2) 재구매

제품 또는 서비스에 대한 고객 만족도가 높은 것은 단순히 재구매 가능성을 높이는 것뿐만 아니라, 기업의 장기적인 성장에 큰 영향을 미친다. 고객의 재구매는 기업의 성장과 수익성에 매우 중요한 요인이다. 만족스러운 제품과 서비스를 경험한 고객은 지속적으로 해당 기업의 제품을 구매하게 되며, 이는 안정적인 수익원으로 작용한다. 또한 재구매 고객은 긍정적인 구전효과를 통해 새로운 고객 유치에도 기여할 수 있다. 뿐만 아니라, 고객 만족을 통한 재구매는 기업의 장기적인 성장에도 큰 영향을 미친다. 안정적인 수익과 새로운 고객 유치는 기업의 투자와 혁신을 가능하게 하며, 이는 결국 기업의 지속가능한 성장으로 이어질 수 있다. 따라서 기업은 고객 만족도 제고를 통한 재구매 증진에 지속적인 관심과 투자를 기울여야 할 것이다. 고객 만족도가 높으면 고객의 브랜드에 대한 선호도와 충성도가 증가하게 된다. 이는 곧 고객들이 해당 제품이나 서비스를 지속적으로 구매하게 되며, 이를 통해 기업은 안정적인 매출 기반을 확보할 수 있다.

특히 재구매율 증가는 장기적으로 고객 유지율 향상과 매출 증대에 큰 영향을 미치게 된다. 기존 고객을 유지하는 것이 신규 고객을 유치하는 것보다 비용 효율적이며, 지속적인 구매를 통해 기업의 수익성을 개선할 수 있다. 기업은 고객 만족도를 높이고 재구매율을 향상시키기 위해 다양한 전략을 수립해야 한다. 이를 위해 기업은 고객의 니즈와 선호도를 면밀히 분석하고, 이를 바탕으로 고객 중심의 제품 및 서비스를 개발해야 한다. 또한 고객과의 지속적인 소통과 관계 관리를 통해 고객에 대한 이해도를 높이고, 고객 만족도를 지속적으로 모니터링해야 한다. 이와 함께 마케팅, 서비스 품질 향상, 고객 보상 프로그램 등 다양한 전략적 방안을 통해 고객의 재구매를 유도하고 브랜드 충성도를 높일 수 있다.

(3) 추천

추천은 기업에게 중요한 영업 방법이다. 고객들이 자발적으로 제품이나 서비스에 대해 긍정적인 추천을 하게 되면, 잠재고객들에게 큰 영향력을 발휘할 수 있다. 실제 사용 경험을 바탕으로 한 추천은 광고나 홍보물보다 더 신뢰할 수 있는 정보가 된다. 추천의 중요성은 단순히 고객 확보에만 국한되지 않는다. 고객들이 제품이나 서비스에 대해 호의적으로 말하게 되면, 기업의 브랜드 이미지도 크게 향상될 수 있다. 브랜드에 대한 긍정적인 인식은 기업의 장기적인 성장에도 큰 도움이 된다. 또한 고객들의 추천은 기업에 중요한 피드백 역할을 하기도 한다. 고객들이 실제로 경험한 바를 기반으로 한 의견은 제품 개선이나 서비스 향상을 위한 귀중한 정보가 될 수 있다.

이러한 이유로 많은 기업들은 고객 추천 프로그램을 운영하거나, 고객들의 후기와 리뷰를 적극적으로 수집하고 관리하고 있다. 고객들이 자발적으로 기업에 대한 좋은 이야기를 전해 줄 수 있도록 장려하고, 이를 통해 기업의 성장과 발전에 활용하고자 하는 것이다. 기업은 고객 만족도를 높이고 자발적인 추천을 유도하는 것이 중요하다. 만족스러운 제품과 서비스를 제공하여 고객들이 자신의 경험을 기꺼이 주변 사람들과 공유하도록 해야 한다. 이를 통해 긍정적인 구전효과를 기대할 수 있다. 추천은 기업의 브랜드 이미지 향상에도 도움이 된다. 긍정적인 입소문은 브랜드 인지도와 신뢰도를 높일 수 있으며, 이는 장기적으로 브랜드의 가치와 경쟁력을 강화시킬 수 있다.

특히 SNS 등 온라인상에서의 긍정적인 구전은 기업에 큰 도움이 될 것이다. 온라인 환경에서 고객들은 제품이나 서비스에 대한 자신의 경험을 더욱 자유롭게 공유할 수 있다. 이러한 온라인상의 추천 활동을 활성화시키기 위해서는 기업과 고객 간의 긍정적인 관계 형성과 지속적인 소통이 필요하다. 기업은 고객 만족 제고와 자발적인 추천 유도에 힘써야 한다. 이를 통해 더욱 효과적인 마케팅을 펼치고 브랜드

가치를 높일 수 있다. 특히 온라인 환경에서의 긍정적인 구전 활동을 활성화하기 위해서는 기업과 고객 간의 긍정적인 관계 형성과 소통이 중요할 것이다.

(4) 불만 제기 및 A/S 이용

고객들은 제품이나 서비스에 대한 불만족을 느낄 때 이를 제기하거나 A/S 서비스를 요청하게 된다. 이는 기업에게 중요한 피드백이 되며, 고객과의 소통을 통해 문제를 개선할 수 있는 기회가 된다. 기업은 이러한 고객의 불만을 적극적으로 경청하고 해결책을 찾아야 한다. 단순히 불만만 듣는 것이 아니라 고객의 요구사항과 니즈를 정확히 파악하여 맞춤형 대응 방안을 마련해야 한다. 그리고 이러한 과정을 통해 고객과의 신뢰를 쌓고, 기업 입장에서도 제품 및 서비스 개선의 기회를 얻을 수 있다.

또한 기업은 고객의 불만 접수 및 처리 프로세스를 체계적으로 구축하고, 신속하고 적극적인 대응을 통해 고객 만족도를 높여야 한다. 이를 통해 기업은 고객과의 상호작용을 강화하고, 장기적인 관계를 유지할 수 있게 된다. 고객의 불만을 신속하고 효과적으로 해결하는 것은 고객 만족도를 회복시키고 브랜드 이미지를 제고하는 데 매우 중요하다. 기업은 고객의 목소리에 귀 기울이고, 문제의 근본 원인을 파악하여 지속적으로 개선해 나가야 한다. 이를 통해 고객과의 신뢰관계를 구축할 수 있다.

고객의 불만이 어떻게 해결되는지에 따라 향후 고객의 재구매 의사결정에 큰 영향을 미치게 된다. 불만이 효과적으로 해결되고 고객이 만족스러운 경험을 하게 되면 긍정적인 구전을 통해 신규 고객 유치로 이어질 수 있다. 반면, 불만 해결 과정에서 고객이 불편함을 느끼거나 만족스럽지 않은 결과를 얻게 되면 재구매를 포기하고 경쟁사로 이탈할 수 있다. 따라서 기업은 고객의 불만을 적극적으로 경청하고, 신속하고 효과적인 해결책을 제시하여 고객 만족도를 높이고 브랜드 충성도를 강화해 나가야 할 것이다.

(5) 제품 처분

제품의 수명을 연장하고 폐기물 발생을 줄이는 방법으로, 사용하지 않는 제품을 재사용하거나 수리하는 것이 중요하다. 예를 들어, 유휴 가전제품을 다른 사람에게 기증하거나, 노후된 가구를 리폼하여 재사용할 수 있다. 이를 통해 새로운 제품 생산에 따른 환경 부담을 줄일 수 있다. 제품 설계 단계부터 재활용성과 분해성을 고려하는 것도 중요하다. 제품을 처음부터 환경친화적으로 설계하면 사용 후에도 쉽게 분리되어 재활용될 수 있기 때문이다. 예를 들어, 전자제품의 경우 제품을 분해하기 쉽도록 설계하고 재활용 가능한 소재를 사용하면 전자 폐기물의 처리와 재활용이 용이해진다.

또한 플라스틱 제품의 경우에도 생분해성 소재나 재활용이 가능한 플라스틱 소재를 사용하면 제품 폐기 후 환경오염을 줄일 수 있다. 이처럼 제품의 전 생애주기를 고려하여 환경 영향을 최소화하는 설계와 제조 방식이 필요하다. 단순히 사용 후 폐기되는 제품이 아니라, 지속가능한 순환 자원으로 활용될 수 있도록 제품 설계와 생산 과정에서부터 재활용성과 분해성을 고려하는 것이 중요하다. 이를 통해 제품의 환경 부하를 낮출 수 있으며, 나아가 자원 재활용 체계를 강화할 수 있다.

소비자 측면에서도 지속가능한 소비 습관을 기르는 것이 중요하다. 필요한 물건만 구매하고, 제품의 사용 기한을 최대한 활용하는 것이 필요하다. 또한 제품 폐기 시에는 분리 배출과 재활용에 적극적으로 참여하는 것이 중요하다. 일회용품 사용을 줄이고, 중고품 구매나 대여 서비스 활용 등 다양한 방식으로 지속가능한 소비를 실천할 수 있다. 정부와 기업, 소비자가 각자의 역할을 다하며 협력한다면, 진정한 자원 순환과 환경 보호를 실현하는 지속가능한 소비문화를 만들어갈 수 있을 것이다. 이를 위해서는 관련 법제도 및 인프라 구축, 기업의 친환경 경영, 소비자의 의식 개선 등 다각적인 노력이 필요할 것이다.

영업실전 사례 4-1

구매의사결정과 마케팅전략 소비자행동분석이 선결조건

소비자가 자동차를 구매하는 경우 여러 가지 의사결정과정을 거치면서 많은 시간과 노력을 경주한 끝에 까다롭고 어려운 절차를 밟게 된다. 무엇보다도 거액의 지출이 소요되므로 순간적인 결정은 어렵고 다년간에 걸쳐 사용할 제품이며 구매빈도가 낮은 구매행위이므로 신중을 기하게 된다. 뿐만 아니라 많은 모델과 스타일 중에서 선택해야 하며 가격에 있어서 고가이면서도 신축성이 있어 고정가격이 아니라는 점에서 이것저것 비교 검토해야 하며 구매 후 후회할 위험은 항상 도사리고 있어 문제해결이 단순치만은 않다.

새 자동차를 사는 소비자는 여러 취급상을 돌아보고 세일즈맨과 얘기로 나누며 정보를 수집하고 여러 가지 다른 모델을 시운전도 하게 된다. 흔히 소비자는 광고 문안을 읽기도 하며 소비자보고(Consumer Report)의 자동차편을 살펴보기도 한다. 그런가 하면 친구들과 토의하기도 한다.

이 과정에서 소비자는 방대한 정보를 입수하게 되는데 그 정보도 서로 엇갈리는 모순을 빚어내기도 하여 대안을 검토하고 자료를 평가하기도 전에 구매결정을 내리게 되는 경우도 많다. 결정을 내린 뒤 얼마 안 가서 인지상 불협화(구매 후 불만감)를 경험하게 될 가능성도 높은 것이다.

결혼선물을 구매하는 것도 꽤 신경 쓰이는 쇼핑이지만 자동차를 구매하는 경우처럼 많은 시간이나 노력이 소요되지는 않는다. 그러나 이 경우에도 대안은 여러 가지가 있는 것이다. 선물이란 눈에 띄는 것이며 구매자에게 어떤 형태로든 커뮤니케이션을 하는 것이므로 그 선물은 기호에 맞는 것이 아니면 안 된다. 더욱이 이 선물이 친밀한 친구에게 줄 것이라면 친밀한 감정을 표현하는 것이어야 하는 것이다. 또 선물에 지출할 예산의 한계가 있으므로 그 금액에 알맞고 특이하고 적당한 것을 찾기 위하여 여러 점포를 돌아다니며 물색하게 된다. 그러나 모든 대안을 샅샅이 뒤지기 전에 결정을 내리는 것이 일반적이다.

위에서 살펴본 두 가지 구매 행동의 사례는 여러 국면에서 다른 점이 있음을 알 수 있다. 두 가지 사례의 경우 다 같이 선택할 대안이 많고 각 대안마다 특이한 특징을 갖고 있으며 금전적 한계가 있으며 소비자가 투입하고자 하는 시간과 노력에도 한계가 있다.

그러나 의사결정을 내리는 방법에 있어서는 차이가 있는바 그 이유는 자동차의 경우에는 구매의 중요성과 위험이 따르게 되지만, 선물의 경우는 중요성도 그렇거니와 위험도 크지 않기 때문이다. 다만, 비상례적인 의사결정이라는 점에서는 같다고 볼 수 있다.

소비자의 의사결정과정은 하나의 문제해결의 형태로 볼 수 있으며 문제란 기존상태와 바람직한 상황과의 차이를 지각하는 것으로 정의할 수 있다. 또한 소비자는 제품이나 서비스가 좋든 나쁘든 문제에 대한 해결책으로 지각하기 때문에 구매한다고 할 수 있다.

존 · 듀이가 주장한 5단계 의사결정 과정을 소비자행동과 관련시켜 보면 ① 문제의 인식(욕구의 인식) ② 정보 및 대안의 탐색 ③ 대안의 평가(제품평가) ④ 구매결정 ⑤ 구매후행동으로 분류할 수 있다.

특정 마케팅활동과 전략은 어느 단계에서 보다 타당성이 있다는 점에서 문제해결 과정의 각 단계는 마케팅에 대하여 상이한 의미를 가져다주게 된다. 여기서 우리가 인식해야 할 것은 결정과정의 각각 다른 단계에 있는 다른 소비자가 언제나 존재하고 있으므로 균형된 마케팅 프로그램은 각 단계마다 여러 가지 다른 활동을 요구하게 되며 각 단계에서 구매를 촉구, 유도하도록 하지 않으면 안 되는 것이다. 첫째 문제인식이란 개인의 욕구와 이 욕구가 상품과 서비스의 구매를 통해서 충족될 수 있다는 신념에 바탕하고 있는 것이다. 이때 필요한 마케팅활동은 문제인식을 창출하는 데 비교적 대수롭지 않은 역할을 할 뿐이다.

물론 광고, 인적판매, 상품전시 등의 마케팅활동으로 현재 소비자가 소유하고 있는 것과 새로운 상품과의 차이를 강조함으로써(예 : 아직도 XX를 사용하고 계신 분이 계신지요?) 문제인식을 촉구하거나 가속화하는 일이 필요하다.

둘째로 만족스러운 해결방안의 탐색은 대체적 상품과 상표에 관한 정보입수의 형태로 나타나는데, 체계적인 절차를 밟는 경우도 있으나 닥치는 대로 알아보는 경우도 있다. 이 단계가 마케팅으로서는 가장 중요한 단계가 된다. 이때 효과적인 마케팅활동으로는 광고, 점포 내 광고물의 제시, 취급상 안내, 포장에 관한 정보, 소매상 점원의 교육 및 훈련, 견품제공과 상품설명 등이 가장 효과적인 수단이 되는 것이다.

셋째로 대안평가란 곧 제품평가를 뜻하는바 이 평가는 탐색과정과 동시적으로 수행하기 때문에 구분하기가 어렵다.

그러므로 2단계에서 실시하던 마케팅활동이 계속 전개된다. 그러나 일반적으로 제품평가가 구매의사결정단계에 이르게 되면 소비자의 주의는 광고와 진열 등의 일반적 정보원에서 구체적인 특정상품에 관한 정보, 즉 기술적인 내용이 담긴 브로슈어 소매점 점원의 설명, 또는 시용 등으로 전환되는 것이므로 마케팅활동은 다소 수정, 보완이 필요하다.

넷째 구매결정단계는 때로는 쉽게 넘어가기도 하나 대체적 상품이 심리적으로 중요하고 상이한 특성과 매력이 있을 때에는 더욱 어려워진다. 마케팅으로서는 소비자가 자사제품을 쉽게 구매하도록 하는 데 온갖 노력을 다해야 한다. 즉, 집중적 유통으로 자사상표를 쉽게 입수할 수 있고 눈에 띄게 하는 일이다. 또한 할부판매, 외상판매정책, 융자, 보증과 책임, 서비스의 제공 및 반품정책이 효과적인 전략이라고 할 수 있다.

다섯째 단계는 구매후평가단계로서 중요한 단계이다. 이 과정이야말로 미래의 소비자 행동의 중요한 변수로 작용하기 때문이다. 상품의 성능에 대하여 실망한 소비자는 다른 대안의 상품이 있을 때에는 그 상품을 다시는 구매할 이가 없으며 타인에게 추천할 가능성도 없어지기 때문이다. 표면적으로는 소비자의 만족의 표시가 단순한 현상으로 보일지는 모르나 만족의 정도가 절대적인, 제품의 성능에 관련되는 것이 아니고 소비자의 기대수준에 직결되는 것이므로 복잡한 것이다.

지금까지 살펴본 구매의사결정과정과 각 단계별 중요변수와 마케팅 요건은 제품마다 달라질 수 있으며, 특히 상표 충성도가 높은 경우에는 2단계와 3단계는 생략되는 경우가 많다.

마케팅은 자사제품의 구매의사결정과정의 특징과 중요한 변수를 이해하여 적절한 마케팅 전략적인 계획에 바탕한 합목적인 프로그램 입안과 실천에 전력투구해야 할 것이다. 소비자는 어리석은듯하나 실은 까다로운 존재임을 인식하자.

[출처] 매일경제, 1982.2.19.

≫ 영업의 새로운 생각

1. 자동차를 구매한다면 소비자의 구매 행동을 어떨까?
2. 여러분이 스마트폰을 구매할 경우, 구매결정기준이 무엇인가?
3. 소비재 제품을 구매한 후 소비자의 인지부조화상황을 대비해 영업담당자는 무엇을 해야 하나?

3. 개인고객가치영업의 실전관리

개인고객가치영업(Personal Customer Value Sales, PCV)은 고객 중심의 영업 전략으로, 고객 개개인의 고유한 가치와 니즈를 파악하여 맞춤형 가치 제안을 제공하는 것이다. 이는 단순히 제품이나 서비스의 기능과 특징을 소개하는 것이 아니라, 고객이 직면한 문제점을 해결하고, 원하는 목표를 달성하도록 돕는 데 초점을 맞춘다. 고객과의 장기적인 관계 형성과 고객 만족도 향상을 목표로 고객 충성도를 높이고 반복 구매를 유도하며, 긍정적인 입소문을 통해 매출 증대에도 기여한다. 또한 고객 경험(Customer Experience, CX)을 향상시키는 데에도 중요한 역할을 하는데 이는 고객이 제품이나 서비스를 이용하면서 느끼는 전반적인 인식과 감정으로, 이를 개선하면 고객 만족도가 높아지는 결과를 가져온다.

PCV를 적용하려면 고객과의 소통을 하고 고객의 요구사항과 니즈를 파악하고, 이를 바탕으로 맞춤형 가치 제안을 제공해야 한다. 이를 위해 고객과의 대화나 설문조사 등을 활용할 수 있다. 고객이 원하는 기능이나 서비스를 제공하지 못한다면, 이를 개선하여 고객 만족도를 높이는 노력이 필요하다. 개인고객가치영업은 기업이 개인고객을 대상으로 하는 영업활동으로, 고객의 다양한 요구에 대응하며, 제품이나 서비스를 판매하여 수익을 증가시키는 데에 기여한다.

3.1 개인고객가치영업의 목표 및 전략개발

개인고객가치영업 목표 및 전략개발은 기업의 지속가능한 성장을 위한 핵심 요소이다. 오늘날 치열한 경쟁환경에서 기업들은 고객 만족을 최우선 과제로 삼고 있다. 고객 중심의 가치 창출을 통해 기업은 고객의 니즈를 정확히 파악하고, 이에 부합하는 맞춤형 상품과 서비스를 제공할 수 있다. 기업은 고객의 인구통계학적 특성, 구매 선호도, 구매 행동 패턴 등을 심층적으로 분석하여 타깃 고객을 선정해야 한다. 그리고 이들의 다양한 요구사항을 충족시킬 수 있는 상품 및 서비스 개발 계획을 수립해야 한다. 더 나아가 기업은 고객과의 지속적인 관계 관리를 통해 고객 충성도를 높이고, 긍정적인 구전효과를 창출할 수 있다. 고객 데이터 분석을 통해 고객의 구매 패턴과 선호도 변화를 실시간으로 파악하고, 개인화된 마케팅과 서비스를 제공함으로써 고객 만족도를 지속적으로 제고할 수 있다. 이처럼 체계적인 고객 가치창출 전략을 수립하고 실행하는 것은 기업이 경쟁력을 확보하고 지속적인 성장을 이루어내는 데 필수적이다. 고객 중심의 접근법을 통해 기업은 시장점유율을 높이고, 수익성 제고와 브랜드 가치 향상이라는 긍정적인 성과를 거둘 수 있다. 더 나아가 고객 피드백을 기반으로 한 지속적인 혁신을 통해 기업은 고객의 니즈를 선도하고, 차별화된 경쟁력을 확보할 수 있다.

(1) 개인고객영업 목표 설정

개인고객영업 목표 설정은 개인고객영업의 성공을 위한 필수적인 요소이다. 명확하고 달성 가능한 목표를 설정함으로써 영업활동에 방향성을 제시하고 동기를 부여하며, 성과를 측정하고 개선할 수 있다. 목표 설정 시 중요한 것은 구체적이고 측정 가능한 목표를 수립하는 것이다. 예를 들어, "월간 신규고객 2만 명 유치"와 같이 수치화된 목표를 세우면 진척 상황을 파악하고 성과를 관리할 수 있다. 또한 목표 달성을 위한 전략과 세부 실행 계획을 수립하여 실행력을 높이는 것도 중요하다. 나아가 목표 달성을 위해 영업사원의 역량 강화, 고객 관리 프로세스 개선, 제품/서비스 개발 등 다양한 방면에서 지원이 필요하다. 경영진의 관심과 투자를 이끌어내어 영업활동을 효과적으로 뒷받침해야 한다. 목표 설정과 실행은 지속적인 모니터링과 피드백을 통해 조정되어야 한다. 시장 변화와 고객 니즈에 맞춰 유연하게 대응하고, 실제 성과를 바탕으로 목표를 재수립하는 노력이 필요하다. 이를 통해 개인고객영업의 지속적인 성장을 이뤄낼 수 있다. 개인고객영업목표 설정을 위한 단계적 접근 방식을 좀 더 자세히 살펴보면 다음과 같다.

① 영업채널 진단 : 기업의 다양한 영업채널에 대한 면밀한 분석이 필요하다. 온라인 채널, 오프라인 채널, 콜센터 등 각 채널의 특성과 장단점을 면밀히 파악해야 한다. 이를 바탕으로 기업의 상황과 목표에 맞는 적합한 채널 전략을 수립해야 한다. 예를 들어, 온라인 채널에서는 웹사이트 접속자 수, 모바일 앱 다운로드 현황, SNS 팔로워 수 등을 면밀히 분석하여 각 채널의 성과와 잠재력을 평가할 수 있다. 오프라인 채널에서는 매장 방문객 수, 상담 건수, 전시회 참가 성과 등을 종합적으로 검토해야 한다. 이를 통해 각 채널의 장단점을

파악하고, 핵심 영업채널을 선정할 수 있다. 또한 채널 간 연계성을 고려하여 옴니채널(omni-channel) 전략을 수립할 필요가 있다. 예를 들어, 온라인 채널에서 상품을 검색하고 오프라인 매장에서 구매하는 등 채널 간 고객 경험을 연계할 수 있는 전략을 마련해야 한다. 이를 통해 고객의 편의성을 높이고, 각 채널의 장점을 최대한 활용할 수 있을 것이다.

② 고객 세분화: 기업이 효과적인 영업을 펼치기 위해서는 고객층을 세분화하는 작업이 필수적이다. 고객을 연령, 성별, 소득 수준, 거주 지역, 관심사 등 다양한 기준에 따라 나누어 각 세분 시장의 특성을 면밀히 분석해야 한다. 이를 통해 기업은 고객의 니즈와 구매 행동 패턴을 깊이 있게 이해할 수 있다. 예를 들어, 20대 여성 고객과 50대 남성 고객은 제품을 구매하는 동기, 선호하는 마케팅 채널, 가격에 대한 민감도 등이 크게 다를 것이다. 따라서 이러한 세분화 작업은 기업이 각 고객층의 특성에 맞는 차별화된 마케팅 전략을 수립하는데 필수적이다. 단순히 전체 고객을 대상으로 한 획일적인 마케팅 방식으로는 한계가 있다. 예를 들어, 20대 여성 고객을 대상으로 한 SNS 마케팅과 50대 남성 고객을 대상으로 한 TV 광고는 전혀 다른 효과를 거둘 것이다. 따라서 기업은 고객 세분화를 통해 얻은 깊이 있는 고객 이해를 바탕으로, 각 고객층의 니즈와 특성에 맞는 맞춤형 마케팅 전략을 수립해야 한다. 이렇게 함으로써 기업은 보다 효과적이고 효율적인 마케팅 활동을 펼칠 수 있게 된다. 목표 고객층을 정확히 파악하고 그들의 특성을 깊이 있게 이해한다면, 한정된 영업 자원을 보다 효과적으로 활용할 수 있다. 이를 통해 기업은 고객의 관심과 구매를 이끌어내는 동시에 마케팅 비용도 절감할 수 있을 것이다.

③ 측정가능한 목표 설정: SMART(Specific, Measurable, Achievable, Relevant, Time- bound) 원칙에 근거하여 채널별 구체적이고 측정 가능한 영업 목표를 설정해야 한다. 단순히 매출액이나 고객 수 증대에 그치지 않고, 각 채널의 특성과 세분화된 고객군의 니즈를 고려하여 보다 세부적이고 현실적인 목표를 수립해야 한다. 예를 들어, 온라인 채널에서는 월별 웹사이트 방문자 수, 모바일 앱 다운로드 건수, SNS 상호작용 지수 등을, 오프라인 채널에서는 매장 고객 유치율, 상담 전환율, 전시회 참가 만족도 등을 구체적인 목표로 설정할 수 있다. 개인고객 영업목표 설정에 대한 예시는 〈표 4-2〉와 같다.

〈표 4-2〉 개인고객 영업목표(예시) (단위 : 억 원)

구분	전년도	당해 연도	증감
1. 매출액 (유지고객수 : 천 명)	1,000 (20,000)	1,200 (22,000)	200(20%) 2,000(20%)
2. 채널별 매출액 - 온라인채널 (년 방문자 수 : 천 명) - 소매매장 - 영업담당자	 500 (10,000) 400 100	 600 (12,000) 490 110	 100(20%) 2,000(20%) 90(23%) 10(10%)

이와 같이 단계적이고 체계적인 접근을 통해 개인고객 영업활동을 효과적으로 계획하고 실행할 수 있다. 각 단계에서 수집한 정보와 분석 결과를 바탕으로 채널별 특성을 고려한 맞춤형 영업 전략을 수립하고, 이를 실행하면서 지속적으로 피드백을 반영하는 것이 중요하다.

(2) 개인고객가치영업 전략 개발

고객 중심의 가치 창출을 통한 지속가능한 성장 실현을 위해 개인고객가치영업 전략 개발은 중요하며 이를 위해서는 철저한 고객 분석이 선행되어야 한다. 먼저, 세분화된 고객 데이터를 면밀히 분석하여 고객의 특성, 선호도, 구매 행동 등을 파악해야 한다. 이를 통해 각 고객 세그먼트의 니즈와 가치를 정확히 이해할 수 있다. 예를 들어, 연령대별, 지역별, 소득 수준별 등으로 고객을 분류하고 각 세그먼트의 관심사와 구매 패턴을 파악하는 것이 중요다. 이러한 깊이 있는 고객 이해를 바탕으로 보다 정교한 마케팅 전략을 수립할 수 있다.

다음으로, 고객 세그먼트별로 차별화된 가치 제안을 개발해야 한다. 단순히 제품이나 서비스를 판매하는 것이 아니라, 고객의 입장에서 실질적인 문제 해결과 가치 창출을 지원하는 솔루션을 제공해야 한다. 이를 위해 디지털 기술을 활용한 맞춤형 서비스, 고객 경험 향상 등 다양한 접근방식을 모색해야 한다. 예를 들어, 온라인 고객 상담 채널을 구축하거나 AI 기반 개인화 상품 추천 서비스를 제공하는 등의 노력이 필요하다.

더불어 고객과의 지속적인 관계 관리를 통해 고객의 니즈 변화에 민첩하게 대응하고, 고객 충성도를 높여나가는 것이 중요하다. 이를 위해 정기적인 고객 만족도 조사, 맞춤형 이벤트 및 프로모션 실시, 고객 피드백 청취 등의 활동을 전개할 수 있다. 이를 통해 장기적인 관점에서 지속가능한 성장을 이루어낼 수 있을 것이다. 또한 기업 내부적으로도 고객 중심의 문화를 조성하고, 전 부서가 협력하여 고객가치 창출에 힘써야 한다. 이를 위해 고객관리 시스템 구축, 고객 데이터 분석 전문 인력 확보, 직원 교육 등 다각적인 노력이 필요할 것이다.

① 고객 세분화 및 타깃팅 : 고객 세분화 및 타깃팅은 기업의 성장과 발전을 위해 중요한 전략이다. 다양한 기준을 활용하여 세분화된 고객 군을 파악하고, 각 군의 특성과 니즈에 맞춘 차별화된 접근이 필요하다. 우선, 고객 데이터 분석을 통해 연령, 성별, 지역, 소득수준, 구매 행동 등 다양한 변수를 고려하여 고객을 세분화할 수 있다. 예를 들어, 20대 여성과 60대 남성은 선호하는 제품, 구매 채널, 마케팅 메시지가 크게 다를 수 있다. 이러한 세분화를 통해 각 고객층의 니즈와 특성을 심층적으로 파악할 수 있다.

다음으로, 파악된 고객 세분화 정보를 바탕으로 맞춤형 제품, 서비스, 마케팅 전략을 수립해야 한다. 20대 여성 고객에게는 SNS와 온라인 채널을 활용한 마케팅을, 60대 남성 고객에게는 전통적인 오프라인 채널과 TV 광고를 제공할 수 있다. 이처럼 세분화된 접근을 통해 고객에게 더욱 높은 가치를 제공할 수 있다. 이러한 고객 세분화 및 타깃팅 전략은 기업이 제한된 자원을 최대한 효율적으로 활용할 수 있게 해준다. 또한 고객의 다양한 요구사항을 보다 정확히 반영할 수 있어, 고객 만족도 제고와 기업의 수익성 향상에 기여할 수 있다. 결과적으로 고객 세분화와 타깃팅은 기업의 경쟁우위 확보와 지속가능한 성장을 위한 핵심 전략이라고 할 수 있다.

② 개인고객의 솔루션 옵션 제시 : 단순히 선택 가능한 옵션을 제공하는 것을 넘어서, 고객의 상황과 요구사항을 깊이 있게 이해하고 이를 토대로 최적의 솔루션을 제안해야 한다. 이를 위해서는 개인고객의 다양한 특성을 세부적으로 파악해야 한다. 연령대, 생활패턴, 재무상황, 가족구성 등 고객의 전반적인 환경을 면밀히 분석해야 한다. 이를 토대로 고객의 니즈와 선호도를 정확히 파악할 수 있다. 그리고 이러한 분석 결과를 바탕으로 다양한 솔루션 옵션을 구

체화할 수 있다. 각 옵션의 장단점을 자세히 설명하여 고객이 자신에게 가장 적합한 솔루션을 선택할 수 있도록 도와준다. 이처럼 고객 맞춤형 솔루션을 제공하면 고객의 만족도를 크게 높일 수 있다. 뿐만 아니라 장기적인 관점에서 고객과의 신뢰관계 형성에도 기여할 수 있다. 이는 기업의 성장과 발전에도 중요한 역할을 할 것이다. 따라서 개인고객의 니즈를 깊이 있게 파악하고 이를 반영한 최적화된 솔루션 제안은 중요한 과제라고 할 수 있다. 이를 통해 고객에게 더욱 만족스러운 서비스를 제공할 수 있을 것이다.

③ 고객관계 구축 및 강화 : 고객관계 구축 및 강화는 기업이 지속가능한 성장을 이루어내기 위해 필요하다. 기업은 고객과의 신뢰관계 형성, 상호 소통 강화, 지속적인 고객 관리 활동 등 다각적인 노력을 기울여야 한다.

첫째, 고객과의 신뢰관계 형성이 핵심이다. 기업은 고객의 니즈와 요구사항을 깊이 있게 파악하고, 이에 맞춘 맞춤형 서비스를 제공함으로써 고객 만족도를 높여나가야 한다. 이를 통해 고객과의 유대감이 강화되고 장기적인 관계가 구축될 수 있다. 또한 기업은 진정성 있는 자세로 고객의 의견을 경청하고, 이를 기업의 의사결정 과정에 적극적으로 반영하는 자세를 견지해야 한다.

둘째, 기업은 고객과의 지속적이고 활발한 소통을 통해 상호신뢰를 강화해야 한다. 단순한 마케팅 활동을 넘어 고객과의 양방향 커뮤니케이션을 활성화하고, 고객의 의견과 피드백을 적극적으로 경청하여 기업의 정책과 서비스에 반영해야 한다. 이를 통해 고객과의 관계를 더욱 돈독히 할 수 있으며, 고객의 니즈에 더욱 부합하는 맞춤형 솔루션을 제공할 수 있다.

셋째, 기업은 VIP 고객 프로그램 운영, 다양한 고객 이벤트 개최 등 지속적인 고객 관리 활동을 펼쳐야 한다. 이를 통해 고객의 충성도와 만족도를 지속적으로 높여나가고, 고객과의 유대감을 강화할 수 있다. 또한 이러한 노력은 고객의 긍정적인 반응을 이끌어내고, 기업의 안정적인 매출 창출과 지속가능한 성장을 뒷받침할 수 있다. 기업이 이와 같은 다각적인 노력을 통해 고객과의 긍정적이고 지속가능한 관계를 구축한다면, 기업은 고객 중심의 경영체계를 구축할 수 있을 것이다. 이는 기업 성장의 토대가 되며, 나아가 기업이 시장에서 차별화된 경쟁력을 확보하는 데에도 기여할 수 있을 것이다.

④ 고객 경험 개선: 고객 경험 개선은 기업 성장을 위한 핵심 요소이다. 고객이 기업의 제품 및 서비스를 구매하고 사용하는 전 과정에서 긍정적이고 만족스러운 경험을 제공하는 것은 중요하다. 기업은 고객 중심적인 관점에서 다각적인 고객 경험 개선을 위한 노력을 기울여야 한다. 먼저 온·오프라인 채널의 접근성과 편의성을 높이는 것이 중요하다. 매장 위치와 동선, 주변 환경 개선, 온라인 쇼핑몰의 사용성 최적화 등을 통해 고객의 편의성을 증진시킬 수 있다. 또한 구매 및 결제 프로세스를 간소화하여 고객의 불편함을 해소하고, A/S 서비스를 강화하여 사후관리 만족도를 높일 필요가 있다. 이를 통해 고객이 제품과 서비스 이용 전반에 걸쳐 만족스러운 경험을 할 수 있도록 해야 한다. 정기적인 고객 만족도 조사와 의견 수렴은 고객 중심적 서비스 개선의 핵심 요소이다. 고객의 목소리를 경청하고 이를 실제 서비스에 반영함으로써 지속적으로 고객 경험을 향상시켜 나가야 한다.

이러한 노력을 통해 기업은 고객과의 신뢰와 유대감을 강화할 수 있다. 고객 만족도 제고와 긍정적 브랜드 이미지 구축은 기업 성장의 근간이 되며, 장기적인 관점에서 기업의 지속가능성 확보에도 기여할 것이다. 결국, 고객 경험 개선은 기업이 핵심적으로 고려해야 할 전략적 과제라고 할 수 있다. 기업은 고객 중심 마인드를 바탕으로 다양한 실행 방안을 모색하고 실천함으로써 고객과의 신뢰와 유대를 강화하고, 장기적인 성장 발판을 마련해야 할 것이다.

⑤ 데이터 기반 분석 및 활용: 데이터 기반 분석과 활용은 현대 기업에서 필수적인 전략이 되고 있다. 기업은 고객 데이터를 체계적으로 수집하고 분석하여 고객의 특성과 니즈를 깊이 있게 이해할 수 있다. 이를 통해 고객 중심의 맞춤형 제품과 서비스를 개발하고, 효과적인 마케팅 활동을 펼칠 수 있다. 데이터 분석 기술의 발달로 CRM 시스템, 웹 분석 도구, 소셜미디어 분석 등 다양한 데이터 수집 및 분석 도구를 활용할 수 있게 되었다. 이를 통해 고객의 구매 패턴, 선호도, 반응 등 세분화된 데이터를 확보할 수 있다. 기업은 이러한 데이터 기반 고객 분석을 바탕으로 타깃 고객을 세분화하고, 개인화된 마케팅 전략을 수립할 수 있다. 데이터 기반 의사결정은 불확실성을 줄이고 리스크를 관리하는 데 도움이 된다. 데이터에 기반한 분석과 예측을 통해 투자 의

사를 결정할 수 있으므로, 투자수익률을 높일 수 있다. 또한 데이터 기반 경영은 고객 중심 전략 수립, 마케팅 최적화, 리스크 관리 등 기업 전반의 의사결정 과정을 개선하는 데 기여한다. 더 나아가 데이터 기반 경영은 기업의 업무 효율성과 생산성 향상에도 도움이 된다. 데이터 분석을 통해 업무 프로세스를 개선하고, 의사결정 속도를 높일 수 있다. 또한 데이터 기반 예측 분석을 통해 공급망 관리, 재고관리 등 운영상의 문제를 선제적으로 해결할 수 있다.

이처럼 데이터 기반 경영은 기업의 다양한 측면에서 혁신을 가져오고 있다. 고객 중심의 전략 수립, 마케팅 최적화, 리스크 관리, 업무 효율성 향상 등 기업의 전반적인 의사결정과 운영 과정을 개선하는 데 기여하고 있다. 향후 데이터 기반 기술의 발전과 더불어 기업들의 데이터 활용 역량이 강화될수록, 데이터 기반 경영의 영향력은 더욱 확대될 것으로 예상된다.

⑥ 옴니채널 전략 구축 : 옴니채널 전략 구축은 기업이 장기적으로 성공하기 위한 핵심적인 요소이다. 고객들은 점점 더 다양한 채널을 통해 기업과 소통하기를 원하고 있기 때문에, 기업은 이에 발맞추어 유기적으로 연계된 옴니채널 전략을 수립해야 한다. 우선, 온라인 쇼핑몰, 모바일 앱, SNS, 오프라인 매장 등 다양한 채널을 효과적으로 연계하여 고객들에게 통합된 쇼핑 경험을 제공해야 한다. 각 채널의 특성을 면밀히 분석하고, 이를 반영한 맞춤형 콘텐츠와 마케팅 전략을 개발해야 한다. 예를 들어, 오프라인 매장에서는 실물 제품을 직접 경험할 수 있는 기회를 제공하고, SNS에서는 유튜브 채널이나 인플루언서와의 콜라보레이션을 통해 고객 참여도를 높일 수 있다.

이러한 옴니채널 전략을 통해 기업은 고객 접점을 확대하고, 고객 만족도를 제고할 수 있다. 또한 채널 간 데이터 통합 및 분석을 통해 고객 행동 패턴을 심도 있게 파악할 수 있으며, 이를 바탕으로 더욱 타깃화된 마케팅 활동을 펼칠 수 있다. 결과적으로 이는 매출 증대로 이어질 것이다. 아울러 옴니채널 전략을 성공적으로 실행하기 위해서는 조직 내부의 체계적인 협력과 지원이 필요하다. 각 부서 간 원활한 정보 공유와 의사소통이 이루어져야 하며, 이를 위한 전담 조직 구축 및 인력 확보 등이 요구된다. 또한 지속적인 모니터링과 개선 활동을 통해 옴니채널 전략을 고도화해 나가는 것이 중요하다.

3.2 개인고객가치영업 관리

개인고객은 대개 지역적으로 분산되어 있으며, 이들은 통상적으로 1회 구매 금액이 적고, 반복적으로 구매를 하는 경향이 있다. 이러한 흐름 속에서 개인고객을 유치하고 유지시키기 위해서는 각 지역에 맞는 영업 전략을 수립해야 한다. 개인고객가치영업은 기업이 제공하는 제품이나 서비스가 아닌, 고객 개개인의 가치와 니즈에 초점을 맞춘 맞춤형 영업 전략이다. 이는 단순히 제품이나 서비스를 판매하는 것을 넘어, 고객과의 지속적인 관계를 구축하고 고객 만족도를 높이는 데 중점을 두어야 한다. 이러한 전략은 고객과의 긴밀한 소통과 이해가 필요하며, 이를 위해 기업은 고객의 니즈와 선호도를 파악하고 그에 맞는 제품이나 서비스를 제공해야 한다.

(1) 영업채널 관리

현대 비즈니스 환경에서는 기업의 성공에 있어서 고객과의 소통이 중요하다. 기존에는 고객과의 소통이 주로 오프라인에서 이루어졌지만, 디지털 기술의 발전으로 인해 이제는 다양한 온라인 채널을 통해 소통이 가능해졌다. 개인고객은 제품이나 서비스를 구매할 수 있는 온라인과 오프라인 등 다양한 옵션을 가지고 있으며, 기업은 고객의 요구를 충족시키기 위해 고객 중심적인 접근 방식을 채택해야 한다. **개인고객영업채널은** 〈그림 4-1〉과 같이 소매매장 등 대면영업채널과 소셜미디어, 웹사이트 등 디지털채널 및 고객 서비스 센터 등 비대면영업채널을 통해 고객과 적극적으로 소통하며 개인고객을 대상으로 영업활동을 하고 있다.

페이스북, 트위터, 인스타그램과 같은 소셜미디어 플랫폼은 기업이 고객과 직접

〈그림 4-1〉 개인고객영업채널

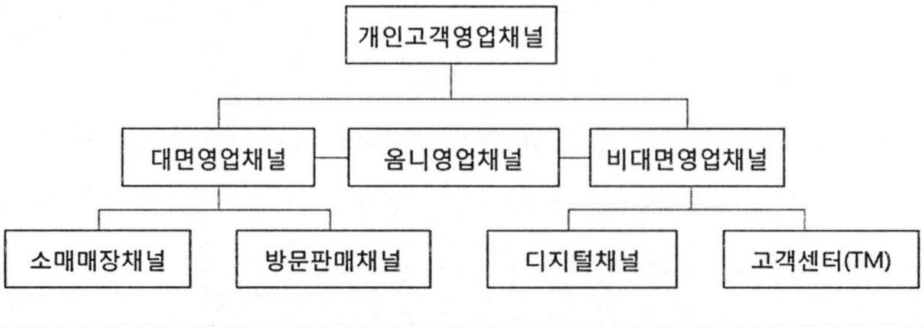

소통할 수 있는 기회를 제공한다. 소셜미디어 피드를 모니터링함으로써 기업은 고객의 피드백, 의견, 불만 사항을 실시간으로 추적할 수 있다. 이를 통해 문제를 즉시 해결하고 고객 만족도를 향상시킬 수 있다. 마찬가지로 잘 디자인된 웹사이트도 기업과 고객 간의 효과적인 커뮤니케이션 채널 역할을 할 수 있다. 기업은 챗봇, 이메일, 전화 지원을 활용하여 고객의 문의를 신속하고 효율적으로 해결할 수 있다. 또한 고객의 리뷰와 피드백은 고객의 선호도와 기대에 대한 귀중한 인사이트를 제공하여 기업이 제품이나 서비스를 개선하는 데 도움이 될 수 있다.

하지만, 온라인 소통은 오프라인 소통과는 달리 언제든지 고객의 의견이 공개되고, 다수의 사람들이 열람할 수 있기 때문에 기업이 적극적으로 대응해야 한다. 또한 소통 채널을 너무 많이 분산시키면 고객들의 혼란을 야기할 수 있으므로 적절한 채널 관리가 필요하다. 온라인 채널 외에도 오프라인에서 고객과의 효과적인 커뮤니케이션을 유지해야 한다. 특히 고객 서비스 센터에서는 개인적인 접촉을 통해 고객들과의 관계를 유지하고, 문제를 해결하며, 만족도를 높일 수 있다. 이를 위해서는 센터 직원들이 고객들과 친절하게 대화하며, 문제 해결 능력과 상황 대처 능력을 갖추어야 한다. 또한 고객들의 의견을 수렴하고 개선점을 파악하여 서비스의 질을 높이는 것도 중요하다. 이러한 노력들이 고객들의 신뢰를 얻고, 장기적인 이익을 가져올 수 있는 기반이 될 것이다.

또한 고객 서비스 팀은 고객들과 가까운 위치에 있으며, 이를 통해 복잡한 문제를 해결하는 데 도움을 줄 수 있다. 잘 훈련된 고객 서비스 팀은 고객들과의 원활한 소통을 돕고, 고객들이 기업에 대한 신뢰를 가지게 하는 데 큰 역할을 한다. 이러한 고객 서비스 팀은 기업이 고객들과의 관계를 유지하는 데 매우 중요하며 기업은 고객 서비스 팀에 충분한 자원을 투입하여 고객들과의 소통을 원활하게 유지할 필요가 있다.

따라서 기업은 고객과의 소통을 효과적으로 이루어내기 위해 온라인 및 오프라인 채널을 소통과 영업에 적절히 활용하고, 고객의 의견에 대해 적극적으로 대응해야 한다. 이를 통해 기업의 고객 만족도를 높이고, 성공적인 비즈니스를 이룰 수 있다.

(2) 브랜드 관리

개인고객영업에서 브랜드 이미지와 선호도는 중요한 역할을 한다. 과거에는 제품의 특성이나 가격 경쟁력만으로도 고객들을 끌어들일 수 있었지만, 점점 더 치열해지는 시장 환경 속에서 이와 같은 요소만으로는 부족해졌다. 오늘날 고객들은 단순한 제품 구매를 넘어 브랜드에 대한 신뢰와 애착을 가지고 있어야 실제 구매로 이어지는 경우가 많다. 따라서 기업들은 다양한 마케팅 활동을 통해 고객들의 마음을 사로잡아 브랜드 선호도를 높일 필요가 있다. 브랜드 이미지 및 선호도 구축을 위해서는 단순한 광고나 프로모션을 넘어 고객과의 지속적인 상호작용이 중요하다. 온/오프라인 채널을 통한 고객 체험 프로그램, 고객 커뮤니티 운영, 고객 니즈에 맞춘 제품/서비스 개발 등 다양한 전략을 활용할 수 있다.

기업은 브랜드의 핵심 가치와 정체성을 명확히 정립하고, 이를 일관되게 전달함으로써 고객들의 신뢰와 애착을 얻을 수 있다. 이를 통해 단순한 매출 증대를 넘어 장기적인 관점에서 기업의 지속가능한 성장을 도모할 수 있을 것이다. 기업은 브랜드 인지도와 선호도를 높이기 위해 다양한 마케팅 활동을 진행해야 한다. 예를 들어, 인터넷 검색 엔진을 활용한 검색 마케팅, 소셜미디어를 활용한 소셜 마케팅, 블로그나 SNS를 활용한 콘텐츠 마케팅, 광고를 활용한 온라인 광고 마케팅 등 다양한 방법을 활용할 수 있다. 이 외에도 이메일 마케팅, 이벤트 마케팅, 프로모션 마케팅 등 다양한 마케팅 전략을 활용하여 브랜드 인지도와 선호도를 높일 수 있다. 브랜드 인지도와 선호도를 높이는 것은 기업에게 중요하지만 이것만으로는 충분하지 않다. 기업은 브랜드 인지도와 선호도를 높이는 노력과 함께 제품이나 서비스의 품질을 개선하고 고객의 만족도를 높이는 노력도 같이 해야 한다. 제품이나 서비스의 품질이 낮다면 브랜드 인지도와 선호도를 높이는 것만으로는 장기적인 비즈니스 성장에는 한계가 있을 수 있다. 따라서 기업은 고객의 니즈와 요구에 맞춰 제품이나 서비스의 개선을 지속적으로 추진해야 한다. 이를 통해 고객의 만족도를 높이고, 브랜드 인지도와 선호도를 높이는 데 성공할 수 있다.

또한 고객의 불만을 적극적으로 수용하고, 이를 해결하는 노력도 함께 해야 한다. 이렇게 함께 노력하면 브랜드 인지도와 선호도를 높이는 것뿐만 아니라, 고객의 신뢰도를 얻을 수 있다. 결국, 기업은 고객의 만족도와 신뢰도를 바탕으로 장기적인 비즈니스 성장을 이룰 수 있다. 마케팅 활동은 단순히 제품과 서비스를 홍보하는 것뿐만 아니라, 고객들과의 소통과 상호작용을 통해 브랜드 이미지와 고객 만족도를 향상시키는 중요한 역할을 한다.

(3) 고객관계관리

기업이 고객 만족을 보장하고 재구매를 유도하기 위해서는 고객관계관리 프로그램을 지속적으로 시행하여야 한다. 이러한 프로그램은 다양한 혜택을 제공하고, 고객들의 필요와 선호를 파악하여 최적의 서비스를 제공할 수 있도록 지원한다. 예를 들어, 마일리지 프로그램은 고객들이 구매한 상품에 대해 일정한 마일리지를 적립하여, 이를 나중에 현금처럼 사용할 수 있도록 하는 것이다. 이를 통해 고객들은 더 많은 혜택을 누리고, 기업은 고객들의 재구매를 유도할 수 있다.

또한 고객관계관리 프로그램은 고객들의 의견을 수집하고, 이를 토대로 서비스나 제품을 개선할 수 있는 기회를 제공한다. 이를 통해 기업은 고객들의 요구에 부합하는 서비스를 제공하고, 고객들은 더욱 만족스러운 서비스를 누릴 수 있다. 이러한 프로그램은 고객들과의 소통을 강화하고, 고객들에게 더 많은 가치를 제공하는 데 큰 도움이 된다.

따라서 기업은 고객관계관리 프로그램을 지속적으로 시행하여, 고객들의 만족도를 높이고, 재구매를 유도할 수 있도록 노력해야 한다. 이를 통해 기업은 고객들과의 긴밀한 관계를 유지하고, 지속적인 성장을 이룰 수 있다. 개인고객은 제품이나 서비스를 구매할 때 높은 만족도를 경험하는 것이 중요하다. 만족도가 높다면 고객은 해당 제품이나 서비스를 다시 구매할 가능성이 높아지며, 브랜드 로열티도 형성된다. 따라서 기업은 고객의 니즈와 요구사항을 파악하고, 그에 맞는 제품과 서비스를 제공해야 한다.

기업들은 고객관계관리 프로그램을 활용하여 고객과의 소통을 강화하고 서비스 품질 개선에 반영하여야 한다. 이를 위해 고객과의 대화를 기록하고 분석하여 문제점을 파악하고 개선하는 것이 필요하다. 이러한 방법들을 통해 기업들은 고객의 니즈에 더욱 민감하게 대응하고 고객과의 긴밀한 소통을 유지함으로써 고객 만족도를 높이고 충성도를 유지하는 것이 가능하다.

오늘날과 같이 경쟁이 치열한 시장에서는 고객 만족을 최우선 과제로 삼고 효과적인 고객관계관리전략을 실행하는 것이 시장에서 강력한 입지를 유지하는 데 중요하다. 고객과의 강력한 관계를 구축하고 유지하기 위해서 고객 만족에 초점을 맞추어 다양한 프로그램과 전략을 활용해야 한다. 예를 들어, 고객 만족도 조사를 통해 고객들의 요구사항과 불만사항을 파악하고 이를 개선하는 노력을 해야 한다. 고객들에게 맞춤형 서비스를 제공하고, 고객의 피드백에 대한 신속한 대응과 개선을 할 수 있는 시스템을 구축해야 한다.

이렇게 고객과의 강력한 관계를 구축하면 고객들은 기업을 더욱 신뢰하게 되며, 이는 재구매로 이어질 수 있으며 고객들이 긍정적인 경험을 느끼게 되면, 이를 공유하여 기업의 이미지와 브랜드 가치를 높일 수 있다. 따라서 기업은 고객관계관리를 철저히 하여 고객과의 강력한 관계를 유지하고, 긍정적인 경험을 창출하여 충성도 높은 고객 기반을 구축하는 것이 필수적이다.

3.3 개인고객 영업채널별 성과관리

개인고객 영업성과를 체계적으로 관리하는 것이 필수적이다. 영업담당자의 역량과 활동을 면밀히 모니터링하고, 실적 평가와 보상체계를 합리적으로 수립하여 동기부여와 성과 향상을 도모해야 한다. 또한 고객 데이터와 시장 정보를 종합적으로 분석하여 최적의 영업 전략을 수립하고, 이를 실행하는 과정에서 발생하는 문제점을 지속적으로 개선해 나가는 노력이 필요하다. 특히 최근 들어 디지털 기술의 발달로 인해 개인고객과의 상호작용 방식이 크게 변화하면서, 이에 대한 대응력 또한 기업의 핵심 경쟁력으로 부상하고 있다. 온라인 채널과 모바일 기기를 활용한 고객 관리, 빅데이터 분석을 통한 맞춤형 마케팅, AI 기반의 자동화 시스템 도입 등 다양한 혁신적 방안들이 개인고객 영업성과 향상을 위해 활용되고 있다. 이처럼 개인고객 영업성과관리의 체계화와 디지털 전환은 기업이 치열한 시장 경쟁 속에서 지속적으로 성장하고 발전하기 위한 필수 요소라고 할 수 있다. 기업은 이 부분에 대한 전략적 투자와 관심을 집중함으로써 고객가치 창출과 기업 경쟁력 강화를 이루어 나가야 할 것이다.

(1) 영업성과지표 설정

영업활동을 정확하게 측정하고 객관적으로 평가할 수 있는 지표를 수립하는 것은 매우 중요한 작업이다. 이를 통해 기업은 각 영업채널과 영업담당자들의 실적을 명확하게 파악할 수 있게 된다. 이러한 데이터를 토대로 기업은 효과적인 영업 전략을 수립할 수 있다. 예를 들어, 채널별 판매 실적, 고객 응대 성공률, 계약 체결률 등의 지표를 설정하고 이를 지속적으로 모니터링할 수 있다. 이를 통해 특정 채널이나 영업담당자의 약점을 발견하고, 이를 보완하기 위한 대책을 마련할 수 있다. 또한 우수한 성과를 내는 영업담당자의 사례를 분석하여 다른 직원들에게 벤치마킹할 수 있는 기회를 제공할 수도 있다. 이처럼 영업활동에 대한 체계적인 측정과 평가는 기업의 영업 역량 강화와 지속가능한 성장을 위한 필수적인 요소라고 할 수 있다. 기업은 이를 통해 영업 조직 전반의 성과를 높이고, 현장 영업의 효율성을 제고할 수 있을 것이다.

① 다양한 성과지표의 개발 및 활용 : 각 직무와 역할의 특성을 고려하여 다양한 성과지표를 개발하고 적용해야 한다. 단순한 매출이나 신규고객 유치 등의 정량적 지표뿐만 아니라 고객 만족도, 고객 유지율 등의 정성적 지표도 함께 활용해야 한다. 이를 통해 영업사원의 다양한 역량과 노력을 종합적으로 평가할 수 있다. 성과관리에 있어서는 단순히 정량적 지표만으로는 한계가 있다. 기업은 직무와 역할에 따라 다양한 성과지표를 개발하고 활용해야 한다. 예를 들어, 영업사원의 경우 매출액, 신규고객 유치 등의 정량지표와 더불어 고객 만족도, 고객 유지율 등의 정성지표를 통해 종합적으로 평가할 수 있다.

이러한 다각적인 성과관리체계를 통해 영업담당자의 영업력, 고객관리 능력, 문제해결 역량 등 다양한 측면을 균형 있게 평가할 수 있다. 단순히 성과 달성 여부뿐만 아니라 과정에서의 노력과 역량 향상 등도 함께 고려할 수 있다. 이처럼 성과지표의 다양화와 균형화는 조직 구성원의 동기 부여와 지속적인 역량개발을 촉진할 수 있다. 기업은 이를 통해 장기적으로 지속가능한 성과 창출이 가능할 것이다.

② 성과지표의 지속적인 검토와 보완 : 성과지표는 개인의 역량과 노력을 정확하게 반영할 수 있도록 계속해서 검토하고 개선해 나가야 한다. 이를 통해 영업담당자들이 자신의 실적을 정확하게 파악하고 동기부여를 받을 수 있다. 성과지표는 영업담당자들의 실제 업무 성과를 정확하게 측정할 수 있어야 한

다. 따라서 정기적으로 성과지표의 적절성을 검토하고, 필요한 경우 지표를 수정 및 보완해야 한다. 이는 기업의 변화하는 환경과 직원들의 업무 현실을 반영하기 위함이다. 예를 들어, 단순히 매출액만을 성과지표로 삼는 것이 아니라 고객 만족도, 신규 고객 유치 실적, 업무 효율성 향상, 비용 절감 등 다양한 지표를 종합적으로 고려해야 한다. 또한 영업담당자들의 의견을 수렴하여 실효성 있는 지표를 수립하는 것도 중요하다. 이를 통해 직원들이 자신의 업무 성과를 보다 공정하게 평가받고 적절한 보상을 받을 수 있다. 나아가 성과지표의 지속적인 개선은 직원들의 동기부여와 업무 효율성 향상에도 도움이 된다. 직원들이 자신의 노력이 적절하게 평가되고 보상받고 있다고 느낄 때, 업무에 대한 몰입도와 주인의식이 높아지게 된다. 이는 결과적으로 기업의 전반적인 경쟁력 향상으로 이어질 수 있다. 따라서 기업은 성과지표 관리에 지속적으로 관심을 가지고, 직원들의 의견을 충분히 수렴하며, 끊임없이 지표 개선을 위해 노력해야 할 것이다. 이를 통해 공정하고 효과적인 성과평가 체계를 확립함으로써 기업과 직원 모두가 윈윈(win-win)할 수 있는 기반을 마련할 수 있을 것이다.

③ 종합적이고 공정한 성과평가 : 성과평가는 단순한 정량적 지표만으로는 부족하며, 다양한 요소를 종합적으로 고려해야 한다. 이를 통해 평가의 객관성과 공정성을 높일 수 있다. 매출액만으로 평가하면 단기적인 실적 향상에만 초점을 맞출 수 있지만, 고객 만족도, 업무 프로세스 개선, 직원 역량 강화 등의 요소를 함께 평가하면 장기적인 관점에서 고객과의 관계 강화, 조직 내부의 체계적인 운영, 그리고 직원들의 역량 향상을 도모할 수 있다. 이는 궁극적으로 영업력 및 조직 성과 제고로 이어질 수 있다. 나아가 성과평가 시 이러한 다양한 요소를 공정하게 적용하는 것이 중요하다. 예를 들어, 영업담당자의 고객 관리 능력, 신규 고객 창출 실적, 제품 및 서비스 개선 제안 등을 종합적으로 평가하고, 직원들의 업무 만족도, 팀워크, 리더십 역량 등도 함께 고려하여 공정한 평가가 이루어지도록 해야 한다. 이러한 공정성 있는 평가는 단기적인 성과 달성뿐만 아니라 장기적인 조직 발전을 위한 기반이 될 수 있다.

이와 같은 다각적인 성과평가 접근은 구성원들의 동기부여와 함께 조직의 지속가능성 제고에도 기여할 수 있다. 특히 이를 통해 구성원들이 단순한 단기적인 성과 달성에 몰두하는 것이 아니라 장기적인 관점에서 조직의 성장과 발전을 위한 노력을 기울이게 될 것이다. 결과적으로 이는 조직의 경쟁력 강화와 지속가능한 발전으로 이어질 수 있을 것이다.

(2) 성과 분석 및 피드백

영업성과 분석과 피드백은 기업의 성장과 발전을 위해 중요한 요소이다. 체계적인 영업성과 분석을 통해 기업은 영업활동의 강점과 약점, 그리고 개선해야 할 점을 파악할 수 있다. 이를 바탕으로 영업 전략과 방법을 수정하고 보완할 수 있다. 또한 영업담당자에 대한 정기적인 피드백 제공은 업무 역량 향상과 동기 부여에도 큰 도움이 된다. 영업담당자는 피드백을 통해 자신의 강점과 약점을 파악하고, 필요한 교육과 훈련을 받을 수 있다. 이를 통해 영업 실적 향상은 물론 장기적인 경력 개발에도 도움을 받을 수 있다.

① 성과 데이터의 다각적인 분석과 활용 : 단순한 실적 달성 현황 파악을 넘어, 지역별/제품별/고객별 등 다양한 관점에서의 심층 분석을 수행한다. 이를 통해 영업 현장에서의 다양한 요인들이 실적에 미치는 영향을 면밀히 분석할 수 있다. 예를 들어, 특정 지역의 경제 상황, 제품의 시장 경쟁력, 주요 고객의 구매 패턴 등 다양한 요소를 고려하여 실적 데이터를 분석함으로써, 실적 향상을 위한 구체적인 전략을 수립할 수 있다. 분석 결과를 토대로 영업활동의 문제점을 파악하고, 세부 개선 과제를 도출하여 체계적인 실행 계획을 수립한다. 이는 단순한 실적 관리를 넘어 지속가능한 성과 향상을 위한 실질적인 대책 마련으로 이어진다. 예를 들어, 특정 지역에서의 낮은 실적 원인을 분석하여 해당 지역의 마케팅 전략이나 영업인력 배치 등을 재점검하고, 이를 개선하기 위한 실행 계획을 수립할 수 있다. 이에 따라 전략 수립, 인력 배치, 보상체계 구축 등 다양한 의사결정에 활용하여 조직 전반의 성과 향상을 도모한다. 이를 통해 데이터 기반의 객관적이고 체계적인 의사결정이 가능해지며, 조직 전체의 경쟁력 강화로 이어질 것이다.

② 개인별 맞춤형 성장 지원 강화 : 개인별 맞춤형 성장 지원 강화는 영업담당자

들의 개인적인 성장과 발전을 도모하는 중요한 전략이다. 이를 위해서는 다음과 같은 세부적인 실행 방안이 필요하다. 첫째, 정기적이고 상시적인 역량 진단 및 피드백 채널을 구축해야 한다. 단순히 정기 평가에만 그치는 것이 아니라, 일상적인 대화와 의견 교환을 통해 개인의 성장 욕구와 필요사항을 지속적으로 파악해야 한다.

둘째, 개인별 성장 목표와 실행 계획을 수립하고, 이를 달성하기 위한 다양한 지원 프로그램을 제공해야 한다. 멘토링, 교육, 관리자 코칭 등의 프로그램을 통해 체계적이고 종합적인 지원을 해야 한다.

셋째, 개인의 성과와 역량 향상 정도를 정기적으로 모니터링하고 피드백해야 한다. 이를 통해 개인의 성장 경로를 최적화하고, 필요에 따라 지원 방식을 보완·조정할 수 있다.

이와 같은 맞춤형 성장 지원 전략은 직원들의 능력과 잠재력을 최대한 발휘할 수 있도록 돕고, 조직 전체의 경쟁력 제고에도 기여할 수 있다.

③ 조직 문화 및 분위기 조성 : 영업성과 창출에 기여한 우수 사례를 적극적으로 공유하고 구성원을 격려하는 것은 긍정적이고 협력적인 분위기를 만들어낼 수 있다. 이를 통해 구성원들이 자부심과 소속감을 느끼게 되어 자발적으로 참여하게 된다. 특히 정기적인 포상이나 시상식 등을 통해 우수 사례를 공유하는 것이 효과적일 수 있다. 전 구성원들이 영업성과 관리 프로세스를 깊이 있게 이해하고 참여할 수 있도록 교육과 커뮤니케이션을 강화하는 것은 목표 달성을 위한 협력 체계를 더욱 견고히 하는데 도움이 된다. 이를 위해 정기적인 교육 프로그램을 운영하고, 각 부서 간 정보를 활발히 공유하는 것이 중요하다.

영업성과 관리 프로세스의 공정성과 신뢰성을 높이기 위해서는 지속적인 모니터링과 개선 활동이 필요하다. 성과 평가 기준의 객관성을 높이고, 피드백 채널을 다양화하는 등의 노력을 통해 구성원들의 만족도와 자긍심을 제고할 수 있다. 영업성과 분석 및 피드백 체계를 고도화하면 조직 전반의 생산성과 경쟁력 제고에 기여할 수 있다. 구체적인 데이터를 바탕으로 맞춤형 개선 방향을 제시함으로써 실질적인 성과 향상으로 이어질 수 있다. 우수 영업사원에 대한 인센티브와 승진 기회 확대는 동기부여를 높이고 선순환적인 조직

문화를 정착시키는 데 도움이 된다. 개인의 노력과 성과를 공정하게 평가하고 보상하는 것은 구성원들의 참여와 헌신도를 높이는 핵심 요소라고 볼 수 있다. 이처럼 다양한 방식으로 조직 문화와 분위기를 조성함으로써 영업성과 관리 프로세스의 효과성을 극대화할 수 있다.

(3) 보상 및 인센티브 제공

조직은 구성원들의 업무 성과와 기여도를 면밀히 모니터링하고 평가해야 한다. 이를 통해 개인의 노력과 역량에 걸맞은 공정한 보상체계를 마련할 수 있다. 단순히 연공서열이나 직급에 따른 보상이 아니라, 실제 성과와 기여도를 기준으로 한 차별적인 보상이 필요하다. 보상과 인센티브는 단순히 금전적인 것뿐만 아니라 승진, 교육 기회, 자율성 부여 등 다양한 형태로 제공될 수 있다. 이를 통해 구성원들이 자신의 노력이 인정받고 있다고 느낄 수 있으며, 업무에 대한 자부심과 소속감을 높일 수 있다. 나아가 이러한 공정하고 적절한 보상체계는 구성원들의 업무 몰입도와 생산성을 높여 조직 전체의 경쟁력 강화로 이어질 수 있다. 조직은 이를 위해 보상 정책을 지속적으로 검토하고 개선해나가야 한다.

① 영업성과 보상 : 기본급여, 실적에 따른 성과급, 승진기회, 공로표창 등이 포함된다. 이를 통해 구성원들의 업무 성과와 역량 향상을 인정하고 보상함으로써 그들의 자부심과 자긍심을 높일 수 있다. 특히 성과급은 개인의 목표 달성도와 팀 단위의 실적에 따라 차등 지급되어, 구성원들이 자신의 노력과 기여도에 대한 공정한 평가를 받는다고 느끼게 해준다. 또한 승진은 장기적인 관점에서 개인의 역량개발을 독려하고 조직 내 지위와 보상을 향상시킬 수 있는 기회를 제공한다. 이와 더불어 우수한 성과를 보인 구성원에게 수여되는 공로표창은 그들의 업적을 널리 알리고 동료들에게 롤모델이 되게 함으로써, 조직 전체의 사기 증진과 경쟁력 향상에 기여한다. 이처럼 다양한 영업성과 보상 제도를 통해 기업은 구성원들의 동기부여와 역량개발을 효과적으로 지원할 수 있다.

② 기본 급여 외에도 다양한 인센티브 제공 : 인센티브에는 교육 및 연수 기회 제공, 업무 관련 자격증 취득 지원, 사내 동호회 활동 지원 등이 있다. 이를 통

해 구성원들의 전문성을 높이고 업무 외 활동을 지원함으로써 조직에 대한 애착과 소속감을 높일 수 있다. 영업 실적, 고객 만족도, 목표 달성도 등을 고려한 성과급, 상여금, 승진 기회 등을 통해 영업담당자들의 노력과 성과를 공정하게 평가하고 보상해야 한다.

인센티브 제도는 시장 동향, 경쟁사 동향, 회사의 경영 목표 등을 지속적으로 분석하여 개선해 나가야 한다. 이를 통해 영업담당자들의 동기부여와 업무 몰입도를 높이고, 회사의 장기적인 성장과 발전으로 이어질 수 있도록 노력하고 있다. 특히 우수 영업담당자에 대한 보상 및 인센티브 제도는 회사의 중요한 투자 전략 중 하나이다. 영업담당자들이 자신의 노력과 실력을 인정받고 발전할 수 있는 기회를 제공함으로써, 회사는 장기적으로 우수한 인재를 확보하고 유지할 수 있다. 이를 통해 회사와 영업담당자 모두가 상호 상생할 수 있는 선순환 구조를 만들어갈 수 있다. 회사는 영업성과 향상과 인재 확보에 도움을 받고, 영업 사원들은 보람과 동기부여를 얻으며 자신의 역량을 발휘할 수 있게 된다. 보상과 인센티브 제도는 공정성과 투명성을 갖추어야 한다. 구성원들이 공정한 대우를 받고 있다고 인식할 때 더 높은 업무 의욕을 가질 수 있다. 이를 위해 객관적이고 합리적인 기준을 수립하고, 이를 구성원들에게 충분히 공개하고 설명해야 한다.

영업실전 사례 4-2

KT그룹의 유통혁신 : 유무선 체험형 매장 “다락(多樂)”

필자가 2006년 KT유통영업책임자(Distribution Sales Director)를 맡고 있을 당시 KT그룹에서는 유무선서비스가 KT(유선)와 KTF(무선)의 대리점과 직영점에서 유통되고 있었다. 디지털컨버전스의 기술혁신에 맞추어 사업과 유통도 컨버전스될 것이라는 인사이트와 미래비전을 갖고 고객 중심으로 컨버전스 유통으로 전환하는 KT그룹 유통혁신의 PM(Project Manager)으로 직접 책임을 맡고 수행한 바 있다. 고객에게 유무선통신서비스와 콘텐츠 등의 많은 즐거운 체험을 주는 유무선복합매장 다락(DAROCK)이 세상에 처음 태어났다. 현재는 모든 통신사업자들이 유무선서비스를 통합하여 유통하고 있다. 최고경영진에게 보고되어 실행된 KT그룹의 유통혁신전략 보고서의 주요 내용은 아래와 같다.

1. **KT그룹의 유통혁신의 비전**: Ubiquitous & Multi-Media world의 신 유통의 리더로 Quantum Jump할 수 있도록 경쟁력 있는 신유통 인프라를 새롭게 구축하겠습니다.

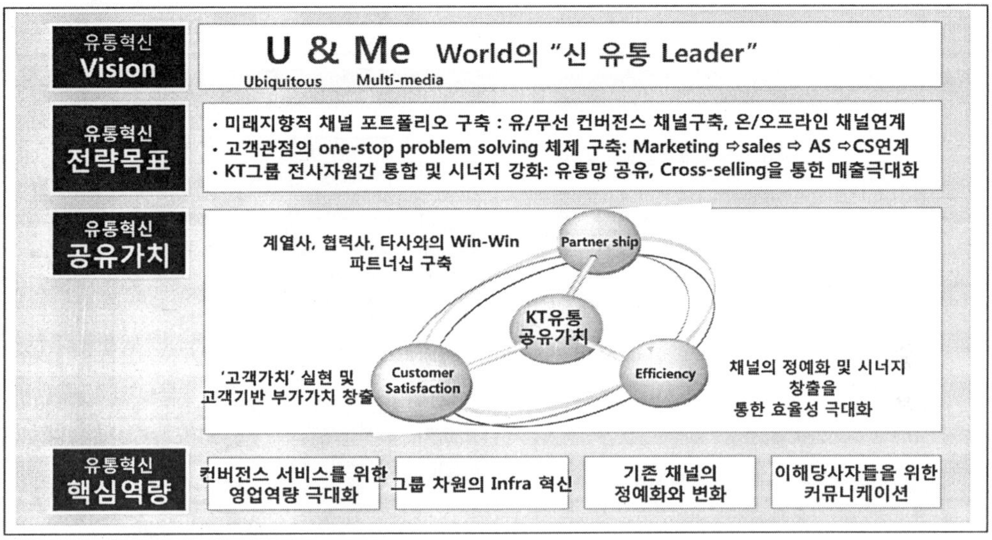

2. **유통채널혁신의 방향**: KT그룹 유통혁신은 고객지향적, Convergence, Synergy 제고를 기본방향으로 KT 기존 유통 채널의 혁신과 New Concept 채널을 선 구축한 후, 그룹유통 혁신과 전문운영체제로의 전환을 추진해야 합니다.

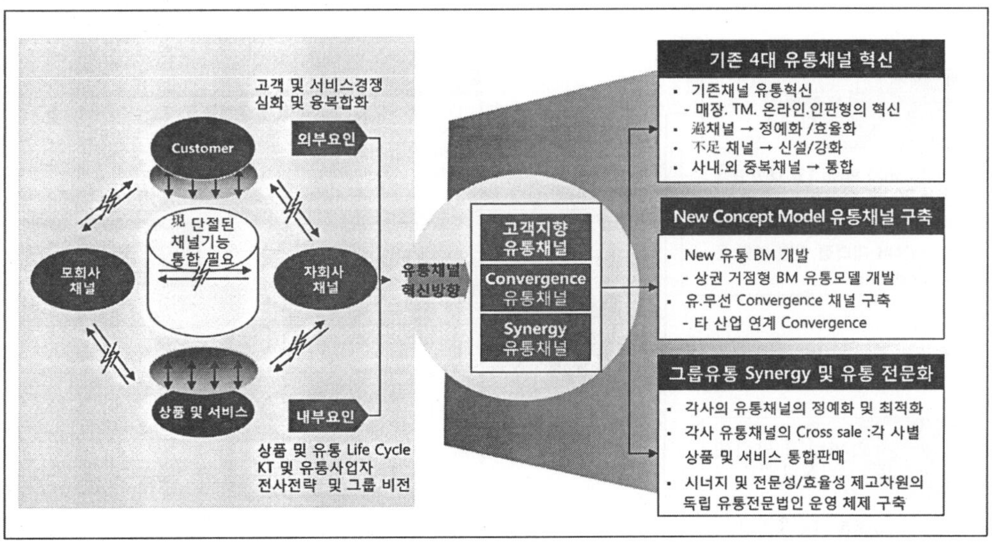

3. **유통혁신전략** : 내/외부 환경변화와 고객 및 서비스의 변화에 뒤떨어진 KT 유통의 4대 채널에 대한 전면적 혁신을 통하여 유통의 효율성과 효과성을 향상시키고 유통의 경쟁력/시장지배력을 높이겠습니다.

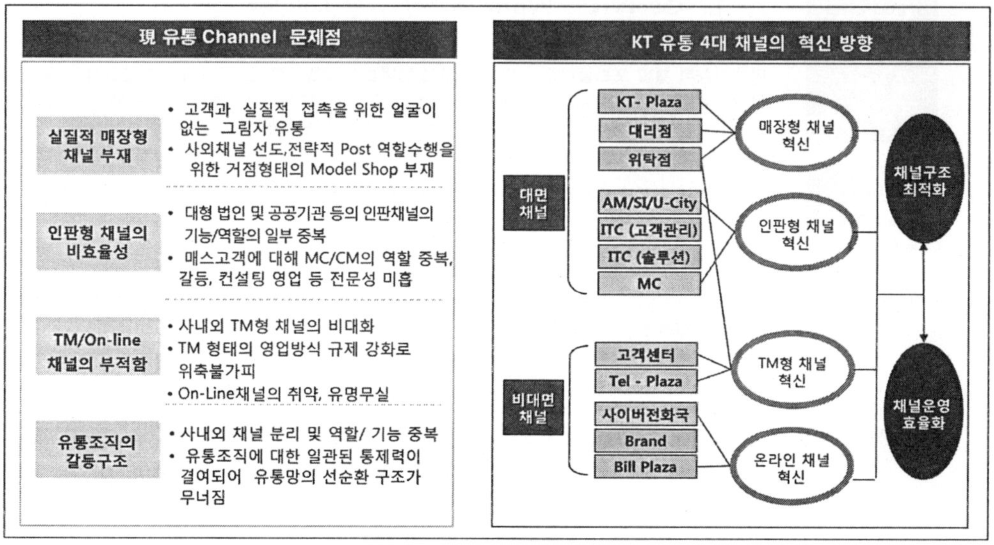

4. **매장형 채널의 혁신 – New 유통 Model 개발** : 성숙기 시장, Convergence 환경 등을 고려할 때, 현 통신사업자 유통모델은 유선과 무선 시장으로 분리 유통되어 고객/경쟁 및 서비스 진화 측면에서 효과성이 낮아, 기존 사내/외 채널의 신 유통모델로의 Remodeling이 필요합니다.

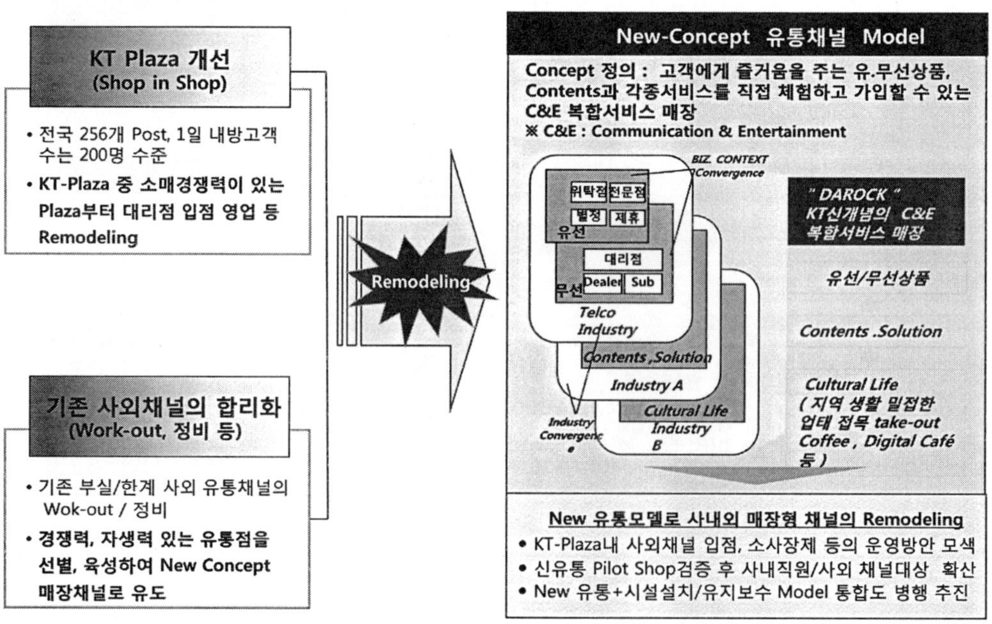

5. **유통채널의 최적화 전략**: KT의 4대 채널의 구조혁신을 통하여 최적화를 추진하고 고객관점에서 유통채널 일원적 운영체계로 전환해야 합니다.

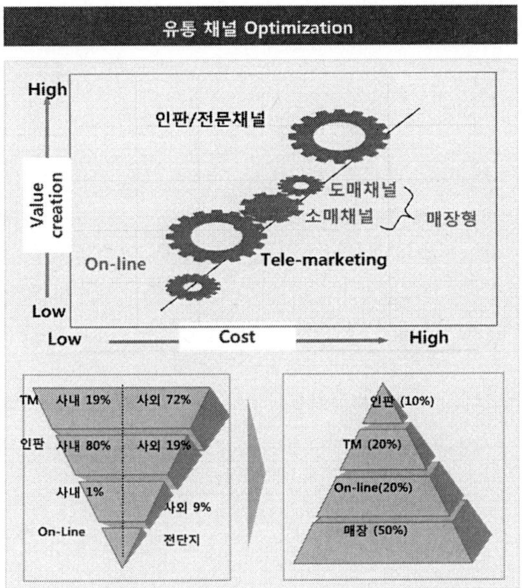

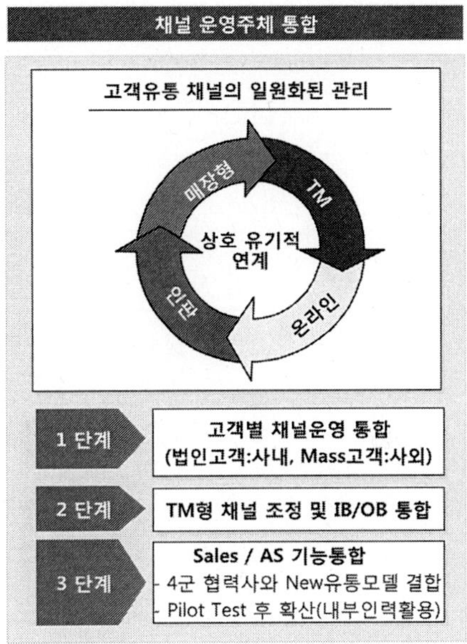

≫ 영업의 새로운 생각

1. 2006년도에 필자가 유무선 컨버전스 유통의 비전을 제시하고 유통혁신을 이끈 시대적 배경은?
2. 시대의 변화에 따라 영업도 변화해야 한다. AI시대에는 유통이 어떻게 혁신되어야 할까?
3. AI시대 혁신된 유통체계에서 영업담당자는 어떤 역할을 해야 할까?

Chapter 5

소매매장의 실전영업

소매매장은 유통 단계의 마지막 고리로서, 다양한 형태의 매장을 통해 최종 소비자에게 상품과 서비스를 판매하는 중요한 역할을 담당하고 있다. 효과적인 소매매장영업을 위해서는 고객 분석, 상품 구색 관리, 판매 촉진 전략 등의 종합적인 접근이 필요하다. 소매매장영업은 매장의 입지 선정, 점포 설계, 인테리어 구축, 상품 구색 등의 요소가 중요하다. 입지 선정 시에는 고객 동선, 경쟁사 현황, 접근성 등을 고려하여 최적의 장소를 선별해야 하며, 점포 설계와 인테리어에서는 효율적인 동선 구축과 고객 친화적인 분위기 연출이 필요하다.

매장의 운영은 재고관리, 고객 서비스, 매출 분석 등의 체계적인 관리가 요구된다. 재고관리를 통해 적정 재고 수준을 유지하고, 고객 서비스 향상을 위한 직원 교육과 고객 응대 등의 서비스를 지속적으로 개선하고 매출 분석을 통해 판매 실적을 모니터링하고 개선해 나가는 것이 중요하다.

1. 소매매장영업 개요

소매매장영업은 기업이 고객을 직접 만나 제품이나 서비스를 판매하는 비즈니스 모델이다. 온라인 쇼핑의 급속한 성장에도 불구하고 오프라인 매장 운영이 중요하다는 인식이 여전히 존재한다. 그리고 오프라인 매장 운영은 기업의 매출 증대와 고객 경험 개선에 중요한 역할을 한다. 소매매장 운영의 장점 중 하나는 고객에게 실감나는 경험을 제공할 수 있다는 점이다. 고객은 구매하기 전에 제품을 만져보고, 입어볼 수도 있다. 이러한 경험을 통해 고객은 구매하고자 하는 제품에 대해 더 많은 정보에 입각한 결정을 내릴 수 있다. 오프라인 매장 운영은 고객이 관심 있는 제품이나 서비스에 대해 질문할 수 있는 기회를 제공함으로써 제품에 대한 이해를 높이고 판매 가능성을 높일 수 있다. 오프라인 매장 운영의 또 다른 장점은 고객에게 개인화된 경험을 제공할 수 있다는 점이다. 고객과 직접 소통함으로써 기업은 고객의 개별적인 요구와 선호도에 맞춰 판매 방식을 조정할 수 있다. 이는 보다 긍정적인 고객 경험으로 이어지고 재구매 가능성을 높일 수 있다.

오프라인 매장 운영은 기업이 고객과 관계를 구축할 수 있는 기회를 제공한다. 우수한 고객 서비스와 긍정적인 쇼핑 경험을 제공함으로써 기업은 재방문 및 다른 사람에게 회사를 추천할 가능성이 높은 충성 고객을 창출할 수 있다. 이는 매출 증가와 시장에서의 평판 향상으로 이어질 수 있다. 온라인 쇼핑이 점점 인기를 얻고 있지만 오프라인 매장 운영은 여전히 기업의 성공에 중요한 역할을 한다. 고객에게 실질적인 경험, 개인화된 서비스, 관계 구축의 기회를 제공함으로써 기업은 매출을 늘리고 전반적인 고객 경험을 개선할 수 있다.

1.1 소매매장영업의 특성

오프라인 매장영업은 기업이 제품이나 서비스를 판매하기 위해 오프라인 매장을 활용하여 고객을 유치하고, 제품이나 서비스를 판매하는 영업 방식이다. 오프라인 매장영업은 여러 가지 특성을 가지고 있다.

첫째, 고객과의 직접적인 소통 및 상담이 가능하다. 고객과의 직접적인 소통 및 상담은 온라인 쇼핑몰과는 달리 고객의 질문에 대해 빠르게 답변하고, 문제 해결에도 빠르게 대응할 수 있다. 고객이 원하는 제품을 직접 보고 만져보며 선택할 수 있기 때문에 더욱 만족도가 높다. 매장 내에서 제품을 직접 체험할 수 있는 공간이 마련되어 있기 때문에, 고객은 제품의 기능과 성능을 직접 확인하고, 더욱 자세한 상담을 받을 수 있다. 또한 오프라인 매장에서는 고객과 직접 대면하여 상호작용이 가능하다. 이를 통해 고객의 요구를 더욱 정확하게 파악할 수 있으며, 고객이 원하는 제품을 더욱 쉽게 찾을 수 있다. 고객과 신뢰관계를 구축하고, 만족도를 높이기 위해 다양한 이벤트나 할인 혜택을 제공할 수 있다. 이를 통해 고객은 더욱 만족스러운 구매 경험을 하고, 지속적인 구매를 유도할 수 있다. 이러한 이유로 오프라인 매장은 고객과의 직접적인 소통과 상담이 가능하며, 고객과의 신뢰관계를 구축하여 지속적인 구매를 유도할 수 있는 매우 중요한 역할을 하고 있다.

둘째, 제품이나 서비스의 경험을 제공할 수 있다. 오프라인 매장에서는 제품이나 서비스를 직접 보고, 만지고, 사용해 볼 수 있기 때문에 고객이 제품이나 서비스의 가치를 직접 경험하고, 구매 결정을 내릴 수 있다. 이는 온라인 쇼핑몰에서는 어려운 부분이다. 오프라인 매장에서는 제품이나 서비스의 더 많은 정보를 제공하고, 고객이 직접 체험할 수 있는 공간을 마련하는 것이 중요하다. 또한 제품이나 서비스의 특징이나 기능, 성능 등을 고객이 직접 체험하면서 만족도를 높일 수 있다. 제품이나 서비스를 이용하면서 발생하는 문제나 불만사항이 있을 경우, 고객은 직접 매장에 방문하여 문제를 해결할 수 있다. 이는 고객의 불만사항을 빠르게 처리하고, 고객 만족도를 높일 수 있는 효과가 있다. 오프라인 매장에서는 고객과 직원 간의 소통과 상호작용이 가능하다. 고객은 제품이나 서비스에 대한 궁금한 점이나 문의사항을 직접 직원에게 물어볼 수 있으며, 직원은 고객의 요구에 빠르게 대응할 수 있다.

셋째, 지역 기반의 마케팅이 가능하다. 오프라인 매장을 운영하면 특정 지역을 기반으로 한 마케팅이 가능하다는 장점이 있다. 지역마다 선호하는 제품이나 라이프스타일이 다르기 때문에, 각 지역의 특성에 맞춘 영업 전략을 세울 수 있다. 경제적 상황이나 문화적 차이 등 다양한 요소로 인해 소비 패턴이 다르므로, 지역마다 다른 이벤트나 프로모션을 진행하여 그 지역의 소비자들을 유치할 수 있다. 또한 오프라인 매장을 운영하면 지역 사회에 대한 기여도를 높일 수 있다는 점도 있다. 매장을 운영하면서 지역 내에서 일자리를 제공하거나, 지역의 문화나 예술 활동에 후원을 하거나, 지역 주민들과 함께하는 다양한 봉사활동을 통해 지역 사회에 더욱 밀접하게 다가갈 수 있다. 이를 통해 매장의 이미지와 브랜드 인식을 높이는 동시에, 지역 사회의 지속가능한 발전에 기여할 수 있기 때문에 매우 의미 있는 일이다.

넷째, 고객의 재구매를 유도하는 것은 매우 중요한 영업 전략 중 하나이다. 특히 오프라인 매장에서 제품이나 서비스를 구매한 고객은 매장을 방문하는 빈도가 높아지기 때문에, 이들을 재구매 고객으로 유도하는 것은 더욱 중요하다. 이는 매장과 고객 사이의 관계를 더욱 깊게 만들고, 그들이 제품이나 서비스에 대한 만족도를 높일 가능성을 높이는 데 도움이 된다. 또한 재구매 고객은 새로운 고객을 유치하는 데에도 큰 역할을 한다. 만약 재구매 고객이 제품이나 서비스에 대해 만족하고 긍정적인 리뷰를 남긴다면, 이는 새로운 고객 유치에 큰 도움이 된다. 왜냐하면 새로운 고객들은 기존 고객의 후기를 참고하기 때문이다. 이는 고객이 더 자주 방문하고, 더 많은 제품이나 서비스를 구매할수록 매출이 증가한다. 따라서 고객의 재구매를 유도하는 것은 모든 비즈니스에 있어 중요한 전략이다. 최근에는 온라인 쇼핑의 활성화로 인해 오프라인 매장영업의 중요성이 다소 감소하는 추세이다. 하지만, 오프라인 매장영업은 여전히 제품이나 서비스의 판매에 있어 중요한 역할을 하고 있다. 기업은 오프라인 매장영업의 중요성을 인식하고, 고객의 니즈를 충족시킬 수 있는 다양한 전략을 개발하여 경쟁력을 강화해야 한다.

1.2 소매매장의 성공요소

소매매장 운영은 단순히 제품을 판매하는 것을 넘어 고객에게 긍정적인 경험을 제공하고 지속적인 이윤을 창출하는 복잡한 사업이다. 성공적인 소매매장 운영은 개인 소매업자와 대기업 모두에게 필수적이며, 경쟁 시장에서 살아남고 번창하는 데 중요한 역할을 한다. 성공적인 오프라인 매장을 운영하기 위해서는 몇 가지 노력이 필요하다.

첫째, 고객 중심의 서비스를 제공하는 것이 가장 중요하다. 매장 직원들은 고객의 요구와 선호에 대해 깊이 이해하고, 그에 맞는 최적의 서비스를 제공해야 한다. 이를 위해서는 교육과 훈련이 필요하다. 매장 직원들은 예의 바르고 세심한 서비스를 제공하도록 교육을 받아야 한다. 이는 고객에게 좋은 인상을 심어주고, 매장의 이미지와 평판을 높일 수 있다. 고객 중심의 서비스는 매장의 이익과 성장을 촉진하는데 중요한 역할을 한다. 만약 매장이 고객의 요구를 충족시키지 못하거나 고객 경험이 나쁘다면, 이는 매장의 이미지와 평판을 손상시킬 수 있다. 따라서 매장 직원들은 항상 고객의 입장에서 생각하며, 고객이 원하는 서비스를 제공해야 한다.

둘째, 경쟁업체와 매장을 차별화하는 것이 필수적이다. 매장의 인테리어와 브랜드 이미지의 차별화는 고객들에게 중요한 역할을 한다. 고객들은 제품뿐만 아니라 매장의 분위기와 느낌에 대해서도 많은 관심을 가지고 있기 때문에, 매장 내부의 레이아웃, 광고물, 포스터 등을 디자인하는 것이 매우 중요하다. 이를 통해 고객들은 브랜드의 이미지와 컨셉을 쉽게 이해하고, 더욱 높은 만족도를 느낄 수 있다. 또한 매장 내부에서 사용되는 음악이나 향기 역시 고객들에게 좋은 인상을 남길 수 있는 중요한 요소이다. 브랜드 이미지에 맞는 음악을 선택하거나, 매장 내부에 특별한 향기를 뿌려주는 것은 고객들이 매장에서 즐거운 시간을 보낼 수 있도록 도와준다. 이를 통해 고객들은 브랜드의 이미지와 가치를 더욱 명확하게 인지할 수 있다. 매장 내부의 인테리어와 브랜드 이미지는 매우 중요한 영업 전략이다. 따라서 고객들은 매장 내부의 인테리어와 브랜드 이미지를 통해 브랜드의 가치를 인지하게 된다.

셋째, 오프라인 매장과 온라인 영업활동을 연결하는 것이다. 오프라인 매장과 온라인 영업활동을 연결하는 것은 현재 매장 운영에 있어서 중요하다. 인터넷과 스마트폰의 보급으로 인해 소비자들은 온라인 쇼핑을 선호하는 추세이다. 이러한 추세를 파악하고 매장 운영에 반영하지 않는다면, 매출 감소와 고객 유치 실패 등의 위험성이 있다.

따라서 강력한 온라인 입지를 구축하는 것은 고객을 매장으로 끌어들이는 데 도움이 된다. 이를 위해 고객에게 제공하는 제품, 프로모션, 이벤트 등 스토어에 대한 정보를 제공하는 매력적인 웹사이트와 소셜미디어 플랫폼을 만들어야 할 것이다. 이를 통해 소비자들은 간편하게 매장 정보를 찾아볼 수 있으며, 매장에서 제공하는 상품 및 이벤트 등에 대한 정보를 얻을 수 있다. 또한 코로나19로 인해 온라인 쇼핑이 급격히 증가했다. 때문에 기업은 고객이 집에서 편하게 제품을 검색하고 구매할 수 있는 온라인 쇼핑 옵션을 제공하는 것이 필수가 되었다. 이를 통해 고객들은 매장을 방문하지 않아도 필요한 제품을 구매할 수 있으며, 건강과 안전을 지키면서 쇼핑을 즐길 수 있다. 매장 운영에 있어서 오프라인과 온라인을 융합하여 고객들에게 최적의 서비스를 제공하여야 할 것이다. 이를 통해 고객들은 매장을 방문하는 것에 대한 불편함을 최소화하면서도 매장에서만 느낄 수 있는 쇼핑 경험을 누릴 수 있다.

2. 소매매장의 개설

소매매장은 기업이 제품이나 서비스를 직접 고객에게 제공할 수 있는 중요한 판매 채널이다. 이러한 매장은 기업의 제품이나 서비스를 더욱 가시적으로 전시하고, 고객과 직접 소통할 수 있는 기회를 제공한다. 소매매장의 개설은 고객의 특성과 제품이나 서비스의 특성, 그리고 고객의 접근성 등 다양한 요소를 고려하여 결정되어야 한다. 예를 들어, 제품이나 서비스가 어떤 고객층에게 맞는지, 어떤 지역에서 수요가 높은지, 그리고 어떤 시기에 수요가 높은지 등을 고려해야 한다. 또한 소매매장을 개설할 때는 많은 준비가 필요하다. 예를 들어, 적절한 매장 위치를 선택하고, 매장 내부 디자인을 세련되게 구성하며, 제품이나 서비스를 전시하는 방법 등을 고려해야 한다. 이러한 준비과정은 매장이 고객에게 더욱 쾌적하고 만족스러운 환경을 제공할 수 있도록 지원한다.

2.1 소매매장 입지 선정

매장 입지는 소매 사업의 성공에 매우 중요한 요소이다. 적절한 입지를 선택하면 고객 접근성을 높이고 매출을 증대시키며 브랜드 인지도를 향상시킬 수 있다. 반대로, 잘못된 입지를 선택하면 고객 유입 감소, 매출 감소, 심지어 사업 실패로 이어질 수 있다. 유동인구가 많은 곳에 위치한 매장은 고객의 접근성이 높아 구매 전환율이 높다. 예를 들어, 쇼핑몰이나 번화가에 위치한 의류 매장은 유동인구가 많아 구매 전환율이 높다. 접근성이 좋은 곳에 위치한 매장은 타 경쟁업체와의 경쟁에서 우위를 점한다. 예를 들어, 지하철역 근처에 위치한 편의점은 타 편의점보다 접근성이 좋기 때문에 경쟁에서 우위를 점할 수 있다. 따라서 오프라인 매장영업을 성공적으로 수행하기 위해서는 매장 입지를 신중하게 결정하는 것이 중요하다. 고객의 특성과 제품이나 서비스의 특성을 고려하여 적합한 입지를 선정해야 한다. 매장 입지를 선정하기 위해 상권을 분석하는 과정에는 가시성, 접근성, 유동인구, 판매 가능성 등의 다양한 요소를 철저히 평가하는 작업을 해야 한다.

(1) 목표시장 및 상권 분석

소매매장 선정 시 상권 분석의 중요성은 매우 크다. 상권 분석은 매장의 성공 여부를 결정하는 핵심 요소이기 때문이다. 상권 분석을 통해 고객의 특성, 경쟁업체 현황, 유동인구, 접근성 등 다양한 요소를 파악할 수 있다. 이를 토대로 해당 지역에 가장 적합한 매장 유형, 상품구성, 마케팅 전략 등을 수립할 수 있다. 예를 들어, 젊은층이 많은 상권에는 트렌디한 제품을, 가족단위 고객이 많은 상권에는 실용적이고 다양한 제품을 구비할 수 있다. 또한 매장 입지 선정 시에도 상권 분석이 중요하다. 유동인구가 많고 접근성이 좋은 곳에 매장을 개설하면 고객 유치에 유리할 것이다. 반대로 경쟁이 치열한 지역은 피하는 것이 좋다. 이처럼 상권 분석은 매장의 장기적인 성공을 위해 필수적인 과정이라고 할 수 있다. 충분한 시간과 노력을 들여 상권을 면밀히 조사하고 분석해야 한다.

① 목표시장 정의 : 비즈니스를 시작할 때, 목표시장을 정하는 것은 매우 중요한 단계이다. 이것은 비즈니스를 성공적으로 운영하고 발전시키기 위해 필수적인 과정이다. 여기에는 연령, 성별, 소득 수준, 라이프스타일, 선호도, 쇼핑 습관 등 잠재고객의 인구통계학적 특성을 파악하는 것이다. 예를 들어, 만약 제품이 청소년을 위한 것이라면, 목표시장은 10대와 20대 초반의 청소년일 것이다. 이들 고객층은 특정한 라이프스타일을 가지고 있고, 다른 연령층과는 다른 선호도와 쇼핑 습관을 가지고 있다. 이것을 파악함으로써, 이들 고객이 자주 방문할 가능성이 높은 상권을 결정할 수 있다.

기업들은 잠재고객의 인구통계학적 특성, 라이프스타일 등을 분석하여 고객의 요구와 선호도를 파악할 필요가 있다. 이를 통해 기업은 고객의 요구와 선호도에 맞게 제품과 서비스를 맞춤화할 수 있다. 예를 들어, 어떤 제품을 판매하려는 기업이 있다면, 해당 제품을 선호하는 고객층의 연령, 성별, 소득 수준, 거주지역 등을 파악하여 해당 고객층에게 가장 맞는 제품을 제공할 수 있다. 또한 고객의 쇼핑 습관과 라이프스타일을 파악하여 적절한 영업 전략을 수립해야 한다. 예를 들어, 인터넷 쇼핑몰을 운영하는 기업이 있다면, 해당 고객층이 가장 많이 이용하는 온라인 쇼핑몰 플랫폼을 파악하여 해당 플랫폼에 광고를 게재하거나, 이를 활용한 프로모션을 진행함으로써 목표시장에 효과적으로 도달할 수 있다.

이와 더불어 고객의 선호도에 맞춰 제품과 서비스를 맞춤화함으로써 기업은 고객 만족도를 높일 수 있다. 만족한 고객은 기업의 제품과 서비스를 재구매하거나 추천함으로써 기업의 매출과 이익을 증가시킬 수 있다.

② 상권 분석 수행: 목표시장을 둘러싼 다양한 상권에 대한 데이터를 수집, 분석하는 것이다. 여기에는 상업지구, 쇼핑몰, 도심, 인근 센터 및 기타 소매 허브에 대한 조사가 포함된다. 인구 밀도, 가구 소득, 고용률, 경쟁, 지역 편의시설, 교통 인프라 및 전반적인 경제 상황에 대한 데이터를 수집하는 것은 시장을 정확하게 평가하는 것이다. 시장의 현재 상태를 이해하고 미래의 변화를 예측하기 위해서는 시장 동향과 산업 발전을 조사하는 것이 중요하다. 여기에는 소비자 트렌드, 기술 발전, 규제 변화, 경쟁사 전략 분석이 포함된다. 지역상권의 잠재적 입지를 평가할 때는 보행자 및 방문객의 통행 패턴과 사이트의 가시성을 고려해야 한다.

잠재적 상업 지역의 유동인구를 측정하는 효과적인 방법 중 하나는 보행자 및 방문자 트래픽을 분석하거나 피크 트래픽 시간을 관찰하는 것이다. 특히 타깃 인구 통계가 있는 지역에서 유동인구가 많은 위치를 선택하여야 한다. 유동인구를 평가하는 것 외에도 잠재적 사이트의 가시성을 평가하는 것도 필수적이다. 이는 주요 도로, 대중교통 허브, 주차장 및 인근 비즈니스와 같은 주요 위치를 파악하여 수행할 수 있다. 눈에 잘 띄는 위치는 더 많은 고객을 유치하고 브랜드 인지도를 높여 궁극적으로 더 높은 수익으로 이어질 수 있다.

잠재적인 상업용 부지 평가는 일률적인 프로세스가 아니라는 점에 유의해야 한다. 각 위치에는 신중한 고려가 필요한 고유한 특성과 과제가 있다. 예를 들어, 눈에 잘 띄는 위치는 너무 시끄럽거나 혼잡하여 고객 경험에 부정적인 영향을 미칠 수 있다. 반면에 눈에 잘 띄지 않는 위치는 임대료가 저렴할 수 있으므로 신규 비즈니스가 자리를 잡는 데 유리할 수 있다. 상업용 입지를

〈그림 5-1〉 상권정보 분석(예시)

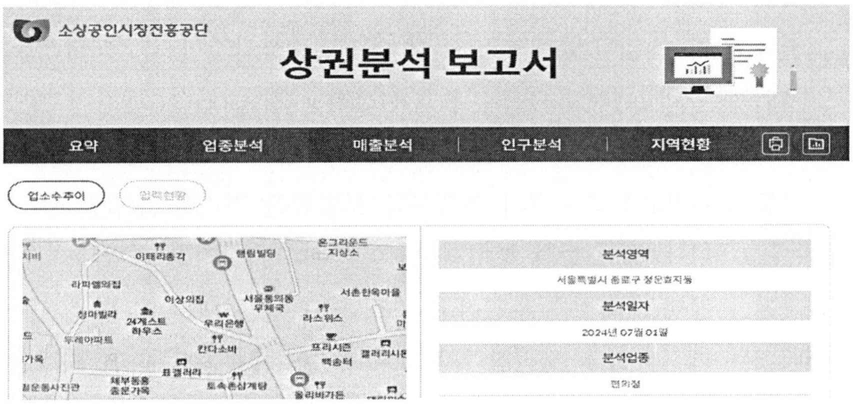

출처 : https://sg.sbiz.or.kr

선택할 때는 소상공인진흥공단의 상권정보시스템 활용하여 〈그림 5-1〉과 같이 보행자 및 방문자 트래픽의 흐름, 위치의 고유한 특성 등 다양한 요소를 종합적으로 분석할 수 있다. 이 과정에서 전략적이고 사려 깊은 접근 방식을 취함으로써 비즈니스는 성공 가능성을 높이고 해당 업계에서 눈에 띄고 번창하는 사업장으로 입지를 선정할 수 있다.

③ 경쟁 분석 : 소매업체의 성공적인 입지 선정을 위해서는 경쟁 분석이 매우 중요하다. 이는 해당 지역에 현재 존재하는 경쟁업체들의 전반적인 현황을 파악하는 것을 의미한다. 구체적으로는 경쟁업체들의 강점과 약점, 그리고 시장에서의 포지셔닝을 면밀히 검토해야 한다. 이러한 분석을 통해 얻을 수 있는 핵심 인사이트는 바로 해당 시장의 경쟁환경에 대한 깊이 있는 이해이다. 이를 바탕으로 소매업체는 자사만의 차별화된 전략을 수립할 수 있다. 예를 들어, 경쟁업체들이 강점을 보이는 영역을 피하고 상대적으로 소홀히 다뤄진 고객층이나 제품 포트폴리오에 주력할 수 있다.

또한 경쟁사와 차별화된 고객 경험을 제공함으로써 충성도 높은 고객을 확보할 수 있다. 이를 위해 소매업체는 경쟁업체들의 가격 전략, 마케팅 활동, 고객 서비스 수준 등을 종합적으로 분석해야 한다. 이를 통해 해당 지역 시장의 경쟁 구도를 정확히 파악할 수 있다. 뿐만 아니라, 소비자들의 구매 행동과 선호도, 신규 진입 가능성 등 다양한 요인들도 고려해야 한다. 이렇게 수집된 정보를 바탕으로 소매업체는 자사의 차별화 전략을 구체화할 수 있다. 결국 입지 선정에 있어서 경쟁 분석은 필수불가결한 과정이다. 이를 통해 소매업체는 시장에서의 경쟁우위를 선점하고 지속가능한 성장의 기반을 마련할 수 있다. 나아가 소매업체는 입지 선정 외에도 상품 구성, 가격 전략, 마케팅 활동 등 다양한 측면에서 경쟁사와 차별화된 전략을 수립할 수 있게 된다.

그러나 경쟁이 항상 부정적인 것은 아니라는 점을 명심해야 한다. 오히려 건전한 경쟁은 혁신을 촉진하고 비즈니스가 앞서 나가기 위해 지속적으로 서비스를 개선하도록 장려할 수 있다. 경쟁업체를 연구하면 시장에서 무엇이 효과가 있고 무엇이 효과가 없는지 더 잘 이해할 수 있으며, 이러한 지식을 바탕으로 자신의 전략과 전술을 개선할 수 있다. 동시에 비즈니스에서 경쟁력을 유지하고 성장하는 것은 중요하다. 이를 위해서는 다양한 요소들이 고려되어야 한다. 우선, 제품이나 서비스의 차별화가 필요하다. 기존 제품이나 서비스와 구별되는 독특한 요소를 추가하여 고객들의 관심을 끌어야 한다. 탁월한 고객 서비스를 제공하여 고객들이 만족할 수 있도록 해야 한다. 고객 서비스가 탁월하다면, 고객들은 제품이나 서비스를 구매할 때 해당 비즈니스를 선호할 가능성이 높아진다. 고객 경험을 향상시키기 위해 첨단 기술을 활용하는 것도 중요하다. 최신 기술을 활용하여 제품이나 서비스를 개선하고, 고객들이 더욱 편리하게 이용할 수 있도록 해야 한다. 이를 통해 고객들의 만족도를 높이고, 비즈니스의 경쟁력을 강화할 수 있다.

(2) 매장현장실사 및 매장입지 결정

매장현장실사 및 매장입지 결정은 새로운 매장을 개설하거나 기존 매장을 확장할 때 중요한 과정이다. 이를 통해 실제 매장 환경을 면밀히 살펴보고 최적의 입지를 선정할 수 있다. 현장실사 과정에서는 매장 주변 인구 밀도, 유동인구, 교통 접근성, 주차 공간 등 다양한 요소를 면밀히 검토해야 한다. 또한 경쟁사 매장의 위치와 고객층, 시장 포화도 등도 함께 분석한다. 이를 통해 해당 지역의 잠재고객 수와 매출 전망을 예측할 수 있다. 입지결정 시에는 이러한 현장 조사 결과와 더불어 점포 운영 비용, 인허가 사항, 인프라 구축 여건 등을 종합적으로 고려해야 한다. 특히 매장의 접근성과 시각적 노출도가 높은 곳을 선호하지만, 상권 특성과 고객 니즈에 부합하는 입지를 선정하는 것이 중요하다.

① 접근성과 주차 가능 여부: 잠재적인 스토어 위치를 선택할 때 접근성과 주차 가능 여부는 고려해야 할 두 가지 중요한 요소이다. 먼저, 접근성은 고객들이 쉽게 스토어에 접근할 수 있는 정도를 말한다. 이는 자동차, 대중교통, 자전거 또는 도보로 쉽게 접근할 수 있는 위치를 선택하는 것으로 평가된다. 만약 스토어가 차로 이동하는 고객들에게만 접근이 용이한 위치에 있다면, 대중교통을 이용하는 고객들은 스토어에 방문하기가 어려울 것이다. 도보로 접근하기 어렵다면, 자전거 또는 대중교통을 이용하는 고객들도 불편을 느낄 것이다. 주요 교통 노선과 허브에서 가깝고 접근이 편리한 위치를 선택하는 것이 중요하다. 접근성과 함께 고객의 주차 가능 여부와 편의성도 고려해야 한다.

고객들은 자신들의 차량을 주차할 수 있는 충분한 공간이 있는지, 그리고 이를 이용하기 위한 편의성이 있는지를 고려한다. 이는 고객들이 비즈니스를 이용하려는 목적에 대한 중요한 부분이며, 이를 제공하지 못하면 고객들은 불편을 느끼게 된다. 비즈니스 운영자들은 고객들의 요구를 충족시키기 위해 충분한 주차 공간을 제공하는 것이 필수적이다. 이를 위해서는 구내나 인근에 충분한 주차장이나 차고지가 있는지 확인해야 한다. 이를 통해 고객들이 차량을 주차할 수 있는 공간을 제공함으로써 비즈니스에 대한 긍정적인 인상을 남길 수 있다. 고객들이 주차 가능한 공간을 제공하는 것은 고객들이 비즈니스에 대한 신뢰와 충성도를 갖게 되는 데도 도움이 된다. 이는 고객들이 비즈니스가 자신들의 요구를 충족시키는 것에 관심이 있고, 이를 위해 사려 깊고 배려하는 모습을 보여준다는 인식을 갖게 된다. 이와 더불어 이용자들이 주차 후 건물까지 이동하는 경로도 중요하다. 건물과 주차장 사이의 경로가 편리하고 안전하다면, 이용자들은 만족할 것이다. 이러한 편의성을 고려하여 설계한 주차장은 고객들의 만족도를 높이는 데 큰 역할을 할 것이다. 이는 곧 더 많은 고객을 끌어들이고, 이용자들을 유지하는 데도 큰 도움이 될 것이다.

② 임대 조건과 관련 비용: 임대 조건, 임대료, 임대 기간, 매장 위치와 관련된 잠재적인 추가 비용 등이 고려해야 할 주요 요소이다. 시간을 들여 예산, 현금

흐름 예상, 장기 성장 계획에 맞는 유리한 임대 조건을 신중하게 조사하고 협상하면 비즈니스 성공을 위한 발판을 마련할 수 있다. 공간을 임대할 때 고려해야 할 가장 중요한 요소 중 하나는 임대료이다. 임대료는 공간을 사용하기 위해 매월 또는 매년 지불하는 금액이다. 임대 기간 동안 임대료를 감당할 수 있는지 확인하기 위해 예산과 현금흐름 예측을 계산하는 것이 중요하다. 또한 임대인과 임대료에 유연성이 있는지, 특히 더 긴 임대 기간을 약정할 수 있는지 임대인과 협상하는 것도 고려해야 한다.

임대 건물을 선택할 때는 임대 관련 유틸리티, 관리비, 세금 등 위치와 관련된 추가 비용을 고려해야 한다. 이러한 추가 비용은 전반적인 비용 편익 분석을 수행할 때 고려해야 하는 중요한 요소 중 하나이다. 이는 비즈니스에 적합한 임대 건물을 선택하기 위해 반드시 고려해야 할 사항이다. 예를 들어, 임대 관련 유틸리티 비용이 높은 건물을 선택하게 되면, 전체적인 비용이 더 많이 들어가게 되어 비즈니스 활동에 부담이 될 수 있다. 따라서 비즈니스를 위한 공간 임대를 고려할 때는 임대 조건과 관련 비용을 신중하게 검토하고, 유리한 임대 조건을 협상하고, 각 잠재적 위치에 대한 전반적인 비용 편익 분석을 평가하는 것이 중요하다. 이러한 단계를 수행함으로써 비즈니스의 성공을 위한 기반을 마련하고 회사의 미래를 위한 건전한 재정적 결정을 내릴 수 있다.

③ 매장 장소 현지실사 : 새로운 매장이나 비즈니스의 개점을 고려하고 있다면 결정을 내리기 전에 후보지를 직접 방문하는 것이 중요하다. 직접 위치를 방문하면 주변 지역, 주변 상권, 건물 상태, 간판 등 전반적인 분위기를 평가할 수 있다. 이를 통해 해당 위치가 비즈니스에 적합한지 여부를 더 잘 파악할 수 있다. 위치의 물리적 측면을 평가하는 것 외에도 잠재고객으로부터 피드백을 수집하는 것도 중요하다. 잠재고객을 대상으로 설문조사나 포커스 그룹을 실시하면 해당 위치에 대한 선호도와 인식에 대한 귀중한 인사이트를 얻을 수 있다. 이러한 피드백은 비즈니스에 성공할 가능성이 가장 높은 위치에 대해 정보에 입각한 결정을 내리는 데 도움이 될 수 있다.

잠재적 입지를 방문할 때는 타깃 고객과 개점하려는 비즈니스 유형을 염두에 두어야 한다. 예를 들어, 가족 친화적인 레스토랑을 오픈하려는 경우 접근성이 좋고 주차 공간이 넉넉한 위치를 선택하는 것이 좋다. 반면에 부티크 의류 매장을 여는 경우에는 유동인구가 많은 트렌디한 쇼핑 지구에 있는 위치를 선택하는 것이 좋다. 시간을 내어 여러 위치를 평가하고 피드백을 수집하면 장기적으로 성공 가능성을 높일 수 있는 정보에 입각한 결정을 내릴 수 있다.

④ 전문가와 상담 : 리테일 비즈니스를 위한 완벽한 위치를 찾으려면 해당 분야의 전문가에게 조언을 구할 필요성이 있다. 부동산 중개인, 상업용 부동산 중개인, 소매 컨설턴트, 지역 비즈니스 협회는 시장 지식과 적합한 소매 공간을 찾는 데 유용한 통찰력을 얻을 수 있는 훌륭한 자원이다. 이러한 전문가와 상담하면 잠재적 매장 위치의 타당성을 평가하고 적절한 소매 공간을 선택하는 데 도움을 받을 수 있다. 또한 임대 계약 협상과 자금 조달의 복잡한 과정을 탐색하는 데 귀중한 지원을 제공할 수 있다.

부동산 전문가의 조언을 구하는 것 외에도 건축 또는 디자인 전문가의 자문도 중요하다. 이러한 전문가들은 리테일 공간이 시각적으로 매력적일 뿐만 아니라 기능적이고 긍정적인 고객 경험에 도움이 되도록 레이아웃, 디자인, 리노베이션에 대한 권장 사항을 제공할 수 있다. 해당 분야 전문가의 전문 지식과 가이드를 활용하면 리테일 비즈니스에 완벽한 위치를 찾을 수 있는 확률을 높일 수 있다. 신중한 계획과 적절한 지원을 통해 고객을 유치하고 비즈니스 성장을 촉진하여 번창하는 리테일 공간을 만들 수 있다.

⑤ 정보 바탕 결정 : 상권에 대한 분석과 평가를 바탕으로 비즈니스 목표, 타깃 시장, 예산 제약 조건에 맞는 최적의 위치를 선택하는 것이 중요하다. 올바른 위치를 선택하는 것은 비즈니스 성공, 성장 잠재력, 수익성에 장기적인 영향을 미칠 수 있으므로 관련된 모든 요소를 신중하게 고려해 결정하여야 한다. 전반적으로 최적의 매장 위치를 선택하려면 보행자 통행량과 가시성부터 경쟁 및 접근성에 이르기까지 다양한 요소를 신중하게 고려해야 한다. 이러한 요소를 고려하고 상권에 대한 철저한 분석을 수행함으로써 비즈니스는 성공 가능성과 수익성을 극대화할 수 있다. 궁극적으로 비즈니스에 적합한 위치를 선택하려면 이러한 모든 요소와 그 이상을 신중하게 고려해야 한다. 시간을 들여 철저한 분석과 평가를 수행함으로써 비즈니스 목표, 목표시장, 예산 제

약에 가장 적합한 위치를 선택하고 장기적인 성공과 수익성을 위한 비즈니스를 준비할 수 있다.

2.2 소매매장 개설

소매매장 입지 선정 후에는 오프라인 매장을 개설하는 프로세스가 중요하다. 이를 위해서는 여러 단계가 필요하다. 먼저 건물 임대 계약을 체결해야 한다. 이는 매장 위치, 임대 기간, 임대료 등을 협상하고 결정하는 과정이다. 임대 계약에 따라 인테리어 디자인을 계획하고 시공해야 한다. 매장의 분위기와 고객 경험을 고려하여 인테리어 디자인을 세부적으로 계획해야 한다. 이러한 프로세스에서는 신속하고 정확한 의사결정과 실행이 필요하다. 따라서 전문가들과의 협력과 철저한 계획 수립이 필요하다. 예를 들어, 인테리어 디자인을 위해서는 전문적인 디자이너나 건축가와 협력해야 한다. 스토어를 개설할 때 선택할 수 있는 방법은 다양하다.

한 가지 옵션은 매장을 직접 운영하는 것으로, 매장을 임대하고 직원을 고용하여 관리하는 방식이다. 이 방식을 사용하면 매장 운영을 완벽하게 제어할 수 있으며, 특히 실무적인 비즈니스 운영 방식을 유지하려는 기업가에게 매력적으로 다가올 수 있다.

또 다른 옵션은 매장을 프랜차이즈로 운영하는 것이다. 여기에는 기존 브랜드와 파트너십을 맺고 일련의 지침과 절차를 따라 다른 프랜차이즈 지점과 일관된 방식으로 매장을 운영하는 것이다. 이 접근 방식은 인지도가 높은 브랜드 이름을 가진 검증된 비즈니스 모델을 찾고 있거나 가맹본부의 지원과 안내를 원하는 사람들에게 유리할 수 있다.

또한 합작 투자로 매장을 운영하는 옵션이 있다. 이 방식은 다른 비즈니스 소유자와 파트너 관계를 맺어 매장 운영의 책임과 비용을 분담하는 것이다. 이 방식은 모든 재정적 부담을 스스로 짊어지지 않고 사업을 확장하려는 사람들에게 유용할 수 있다. 스토어 개설 시 어떤 접근 방식을 선택할지는 창업자의 목표, 재정적 자원, 경험 수준 등 다양한 요인에 따라 달라진다. 그러나 어떤 방법을 선택하든 신중한 계획과 세심한 주의가 비즈니스의 성공을 보장하는 데 중요하다. 오프라인 소매점을 개설하려면 원활하고 성공적인 출시를 위해 해결해야 할 몇 가지 절차와 세부

사항이 필요하다.

(1) 매장 디자인 및 레이아웃 설정

소매점의 인테리어 디자인은 브랜드의 정체성을 반영하고 타깃 시장의 관심을 끌 수 있는 시각적으로 매력적인 분위기를 조성하는 데 있어 매우 중요한 요소이다. 색상, 바닥재, 벽 장식, 간판, 디스플레이를 신중하게 선택함으로써 고객의 관심을 끌고 구매를 유도하는 일관되고 몰입감 있는 쇼핑 환경을 조성할 수 있다. 성공적인 스토어 디자인과 설정을 위해서는 타깃 고객의 요구와 선호도, 비즈니스의 전반적인 목표와 목적을 고려하는 것이 중요하다.

매력적이고 기능적인 리테일 공간을 만드는 데 시간과 리소스를 투자하면 전반적인 고객 경험을 개선하고 매출과 수익을 높일 수 있다. 소매점을 디자인할 때는 공간, 동선, 제품 진열 측면에서 레이아웃을 최적화해야 한다. 여기에는 통로 폭, 선반 높이, 계산대, 탈의실, 고객 좌석 공간과 같은 요소를 고려해야 한다.

매장 레이아웃을 신중하게 계획하면 매력적이면서도 기능적인 쇼핑 환경을 조성할 수 있다. 스토어 레이아웃 외에도 스토어에 필요한 장비와 소모품도 구매하거나 임대해야 한다. 여기에는 진열대, 간판, POS(Point-of-Sale) 시스템, 금전 등록기, 보안 카메라, 조명, 가구 등의 품목이 포함된다. 모든 고정 설비가 안전하게 설치되어 있고 안전 규정을 준수하는지 확인하여야 한다. 매장의 레이아웃과 디자인은 브랜드 정체성과 가치의 물리적 구현체 역할을 한다. 상품 디스플레이의 전략적 배치, 흐름과 내비게이션을 최적화하기 위한 통로 배치, 브랜드 메시지와 정체성을 강화하기 위한 사이니지와 브랜딩 요소의 사용 등이 고려되어야 한다.

(2) 인테리어와 시설 공사

매장 인테리어와 시설 공사는 매장 내부의 인테리어는 고객들에게 매우 큰 영향을 미치며, 매장 분위기와 고객들의 만족도를 결정하는 중요한 요소이다. 따라서 매장 인테리어는 신중하게 계획되어야 하며, 브랜드 이미지와도 밀접한 관련이 있어 브랜드 컨셉에 맞게 디자인되어야 한다. 매장 인테리어를 계획할 때는 숙련된 디자이너 팀이 고객과 협력하여 고객의 특정 요구사항과 선호도를 충족하는 맞춤형 인테리어 디자인 계획을 수립한다. 이 과정에서는 매장의 크기, 색상, 조명, 가구 및 소품 등 모든 세부 사항을 고려하여 인테리어 디자인을 구상한다.

또한 매장 인테리어는 매장 운영을 위한 기능적인 측면도 고려되어야 한다. 매장 내부 레이아웃은 공간 활용을 최적화하여 고객들이 물건을 찾기 쉽게 만들어야 한다. 매장 내부 시설은 고객들의 편의를 고려하여 설치되어야 한다. 예를 들어, 화장실과 물품 보관시설 공사는 매장의 기능성과 안전성을 보장하기 위해 필요한 작업이다. 매장 내부의 전기, 수도, 가스 등의 시설물이 원활하게 작동하도록 유지보수가 필요하며, 필요한 경우에는 시설물을 개선하거나 새롭게 설치해야 하며 화재 예방 및 대비를 위한 시설물도 적절히 설치되어야 한다. 매장 인테리어와 시설 공사는 매장 운영의 핵심 요소이기 때문에, 전문적인 업체를 통해 신중하고 철저한 계획과 실행이 필요하다. 이를 통해 고객들에게 편안하고 안전한 매장을 제공할 수 있으며, 매장 운영의 성공에 큰 도움이 된다. 매장 인테리어의 전 과정을 책임지며, 콘셉트 개발부터 최종 설치까지 모든 세부 사항을 철저히 관리한다. 매장 인테리어는 단순한 공간 조성이 아닌, 고객의 일상에서 즐길 수 있는 새로운 경험을 제공하는 비즈니스의 중요한 요소 중 하나이다. 고객의 요구와 비전을 듣고, 그것을 올바르게 해석하여 고유한 스타일과 디자인을 구현한다. 매장 내부 레이아웃과 가구 배치, 조명 등의 세부 사항까지도 꼼꼼히 고려하여 최상의 결과물을 제공한다. 고객이 매장에 들어올 때부터, 즉시 그들이 회사의 브랜드와 제품에 대해 긍정적인 인상을 받을 수 있도록 하는 것이다.

인테리어 디자인 외에도 매장이 원활하게 운영되는 데 필요한 도구와 장비를 완벽하게 갖출 수 있도록 시설 시공 서비스도 제공한다. 여기에는 POS 시스템, 결제 처리 시스템, 진열대, 조명 및 성공적인 비즈니스 운영에 필요한 기타 필수 시설의 설치가 포함된다.

(3) 상품 조달 및 재고관리

제품 조달과 재고관리는 모든 비즈니스에 있어 중요한 측면이다. 안정적인 상품 공급을 보장하기 위해서는 신뢰할 수 있는 공급처를 파악하고 그들과 탄탄한 관계를 구축하는 것이 필수적이다. 이를 위해서는 공급처와의 소통이 중요하다. 상호간의 원활한 소통을 통해 유리한 조건, 경쟁력 있는 가격, 결제 조건 등을 협상할 수 있다. 특히, 제품 조달과 재고관리는 제품 생산과 판매 계획에 큰 영향을 미친다. 재고관리가 미흡하면 생산 계획에 영향을 미쳐 제품 생산이 지연되거나 고객에게 제품을 공급하지 못할 수 있다. 공급처와의 관계가 불안정하면 상품 공급이 단절될 가능성이 크므로 공급처와의 관계를 유지하고 발전시키는 것이 중요하다.

또한 고객의 수요를 충족하기 위해 재고를 적정 수준으로 유지하는 것도 중요하다. 시장 동향, 고객 선호도, 수요 예측을 바탕으로 기업은 충분한 재고를 주문하고 이를 즉시 사용할 수 있도록 해야 한다. 효과적인 재고관리 시스템은 재고 수준을 추적하고, 판매 실적을 모니터링하고, 보충 전략을 최적화하는 데 필수적이다. 재고관리에는 상품의 이동 추적, 창고 공간 관리, 낭비 최소화 등 여러 가지 요소가 포함된다. 매출 손실이나 비용 증가로 이어질 수 있는 과잉 재고 또는 품절을 방지하려면 재고 수준을 정확하게 기록하는 것이 필수적이다. 효율적인 재고관리 관행을 구현함으로써 기업은 비용을 절감하고 효율성을 높이며 고객 만족도를 향상시킬 수 있다. 원활한 공급망을 보장하기 위해 기업은 공급업체 및 고객과의 효과적인 커뮤니케이션 채널도 구축해야 한다. 여기에는 생산 일정, 배송 시간 및 상품의 적시 배송에 영향을 미칠 수 있는 기타 관련 요인에 대한 정보를 공유해야 한다. 공급업체 및 고객과 긴밀히 협력함으로써 기업은 공급망 가시성과 대응력을 개선하여 시장에서 경쟁력을 유지할 수 있다.

(4) 홍보 및 광고 개발하기

소매점을 홍보하고 고객을 유치하기 위한 종합적인 마케팅 커뮤니케이션 전략을 개발해야 한다. 소셜미디어, 이메일 마케팅, 지역 광고, 영향력 있는 파트너십, 이벤트 및 프로모션과 같은 온라인 및 오프라인 마케팅 전략을 활용한다.

소셜미디어 마케팅은 Facebook, Instagram 등과 같은 소셜미디어 플랫폼을 사용하여 브랜드 인지도를 높이고 고객과 소통하며 제품을 홍보한다. 매력적인 콘텐츠를 공유하고, 타깃팅 광고를 실행하고, 특별 프로모션을 제공하여 스토어로 트래픽을 유도할 수 있다.

이메일 마케팅은 고객 이메일 목록을 구축하고 신제품, 특별 행사 및 프로모션에 대한 업데이트가 포함된 정기 뉴스레터를 보낼 수 있다. 이메일을 개인화하여 고객이 가치 있다고 느끼게 하고 스토어 방문 가능성을 높일 수 있다.

지역 광고는 지역 신문, 잡지, 라디오 방송국에 광고를 게재하여 해당 지역의 잠재고객에게 다가갈 수 있다. 스토어 방문 시 광고를 언급하는 고객에게 특별 할인이나 프로모션을 제공한다.

영향력 있는 파트너십은 영향력 있는 블로거, 소셜미디어 인사, 지역 비즈니스와 협력하여 스토어 및 제품을 홍보할 수 있다. 팔로워에게 스토어를 홍보하는 대가로 독점 거래 또는 제품을 제공하는 것이 필요하다.

이벤트 및 프로모션은 특별 이벤트 및 프로모션을 계획하여 고객을 스토어로 유도한다. 할인, 경품 및 엔터테인먼트를 제공하여 흥미를 유발하고 사람들이 스토어를 방문하도록 유도하고 흥미진진한 그랜드 오프닝 이벤트를 계획하여 스토어 오픈에 대한 기대와 관심을 불러일으킬 수 있다. 특별 프로모션, 할인, 경품, 엔터테인먼트 등을 제공하여 고객을 끌어들이고 스토어 방문을 유도하고 지역 미디어와 인플루언서를 초대하여 이벤트를 취재하고 스토어를 홍보할 수 있다.

(5) 채용 및 교육

소매점에서 직원을 적절하게 채용하는 것은 매우 중요하다. 그 이유는 직원들이 제대로 채용되지 않으면 비즈니스 운영에 영향을 미치기 때문이다. 소매점은 항상 재능 있고 열정적인 인재들을 채용할 수 있도록 노력해야 한다. 이를 위해서는 적절한 채용 과정과 대상을 설정해야 한다. 또한 소매점에서는 판매 직원, 계산원, 매장 매니저 등 적절한 인원을 채용하여 각자의 역할을 훌륭히 수행할 수 있도록 종합적인 교육을 제공하는 것이 필수적이다. 이러한 교육을 통해 직원들은 자신의 역량을 향상시키고 비즈니스 운영에 더욱 적극적으로 참여할 수 있다. 새로운 직원을 채용할 때에는 그들이 회사의 가치관과 문화를 이해하고, 그에 따라 일하는 데 있어서 적극적으로 참여할 수 있도록 지도해야 한다. 이러한 교육과 지도는 직원들이 성장하고 발전할 수 있는 계기가 될 것이다.

적절한 인재를 채용하고 교육하여 그들의 역량을 강화하고, 함께 성장하는 비즈니스를 만들어 나가야 할 것이다. 이를 통해 소매점은 비즈니스 운영에 있어서 지속적인 성장과 발전을 이룰 수 있을 것이다. 초기 교육 프로그램 외에도 직원들에게 지속적인 교육 및 개발 기회를 제공한다. 여기에는 새로운 제품과 서비스에 대한 정기적인 교육 세션뿐만 아니라 직원들이 기술과 지식을 향상시킬 수 있는 업계 컨퍼런스 및 워크숍에 참석할 수 있는 기회도 포함된다.

(6) 개장일 운영

소프트 오프닝 또는 소프트 런칭을 실시하여 공식 오픈일 전에 운영을 테스트하고, 직원을 교육하고, 문제점을 파악한다. 이 기회에 초기 고객으로부터 피드백을 수집하고 필요한 사항을 조정한다. 소프트 오픈 기간에는 POS, 재고관리, 고객 서비스 등 모든 시스템의 성능을 모니터링하는 것이 중요하다. 또한 모든 직원이 발생할 수 있는 모든 문제를 처리할 수 있도록 적절한 교육을 받고 준비되어 있는지 확인해야 한다. 이는 초기 고객에게 긍정적인 경험을 제공하고 그랜드 오픈을 위한 강력한 기반을 구축하는 데 도움이 될 것이다.

그랜드 오프닝은 그랜드 오프닝 이벤트를 개최하여 공식적으로 스토어를 오픈하고 고객을 맞이한다. 오픈 당일 고객에게 긍정적인 경험을 제공하기 위해 모든 시스템이 작동하는지, 직원이 준비되어 있는지, 재고가 비축되어 있는지, 프로모션이 준비되어 있는지 확인해야 한다. 그랜드 오픈 기간에는 고객에게 좋은 첫인상을 남기는 것이 중요하다. 이는 특별 할인 및 프로모션을 제공하고, 우수한 고객 서비스를 제공하며, 환영하는 분위기를 조성함으로써 달성할 수 있다. 원활하고 성공적인 그랜드 오프닝을 위해 예상치 못한 문제가 발생할 수 있으므로 이에 대비해야 한다. 오픈 당일에 긍정적인 경험을 제공함으로써 향후 매장 성공의 분위기를 조성할 수 있다. 이러한 단계를 따르고 세부 사항에 주의를 기울이면 오프라인 소매점을 효과적으로 계획, 출시 및 운영하여 고객을 유치하고 판매를 촉진하며 장기적인 성공을 달성할 수 있다.

영업실전 사례 5-1

일주일간 2만 명 찾기도···MZ세대 '필수픽' 등극한 팝업스토어

지난해 'MZ성지' 더현대 서울서만 250여개 열려
지난달에는 성수동에 31개로 활발한 입점 이어져
유통업계, 주 고객층인 2030 공략 초점 맞춘 기획 선봬

엔데믹 전환과 MZ세대의 경험소비 트렌드가 맞물려 팝업스토어를 선보이는 기업이 적지 않다. 최근 유통업계는 기업·상품 홍보 수단으로 팝업스토어를 택하고 있다. 실제로 지난해 더현대 서울에서 열린 팝업스토어가 250여개였고, 지난달 성수동에서만 31개의 팝업스토어가 진행된 것으로 나타났다.

이 같은 팝업스토어의 증가 이유는 MZ세대의 적극적인 호응 때문이다. 대학내일 산하 미디어 캐릿이 진행한 설문조사에 따르면 Z세대 97.2%가 팝업스토어 방문 경험이 있는 것으로 확인됐다. 또 81.6%는 "팝업스토어 방문 후 해당 브랜드의 이미지가 긍정적으로 변했다"고 답했다.

최근 팝업스토어의 성공 사례로는 카카오스타일이 운영하는 커머스 플랫폼 지그재그가 꼽히고 있다. 지난달 25일 첫 팝업스토어를 선보인 지그재그는 오픈 후 일주일만에 약 2만 명이 방문했다. 카카오스타일 관계자는 "하루 평균 2,500명 이상, 금・토・일요일과 대체공휴일인 월요일까지는 하루 최대 4,000명 이상이 찾아 대기줄까지 서는 상황이 연출됐다"고 말했다. 특히 현장에서는 '파피용' 인형 키링과 '아에이오우' 파우치 등 팝업스토어 협업 굿즈가 오픈런 행렬이 나올 정도로 인기를 끌었다.

또 카카오스타일은 온・오프라인 연계 쇼핑이 가능한 점 역시 긍정적인 반응을 이끌어 낸 이유로 분석했다. 카카오스타일은 지그재그 앱 내 결제 서비스 '제트'를 팝업스토어에서 이용 시 할인 혜택과 당일 저녁에 상품을 받을 수 있는 배송 서비스를 제공했다. 또 다른 'MZ성지'인 성수동에서 팝업스토어를 선보이는 기업 역시 적지 않다.

하이라이트브랜즈가 전개하는 패션 브랜드 코닥어패럴도 지난달 말 성수동에 팝업스토어 '코닥 코너샵'을 마련했다. 포토존 콘셉트로 공개된 코닥어패럴의 팝업스토어는 1966년 코닥의 광고 슬로건 'What's Life Without Pictures?'을 기반으로 해 필름 브랜드로 시작한 코닥의 정체성을 전달한다. 또 코닥 코너샵에서는 현장 대기 접수를 통해 프라이빗 포토존에서 무료 사진 촬영과 인화 서비스를 제공해 브랜드의 정체성을 경험을 통해 방문객에게 제시한다.

롯데웰푸드의 나뚜루는 성수동에 팝업스토어 '시크릿가든'을 지난 1일 오픈했다. 시크릿가든은 나뚜루 브랜드를 주제로 일상 속에서 미식과 휴식을 제공하는 프리미엄 아이스 디저트 콘셉트 스토어다. 해당 팝업스토어는 2개의 층으로 구성돼 층마다 각기 다른 프로그램을 제공한다. 나뚜루 브랜드의 전반적인 경험을 할 수 있는 '나뚜루 존'과 아이스 디저트 바 공간인 '퍼블릭 바'는 1층에, 나뚜루 브랜드에서 영감을 받은 미디어 아트와 파인다이닝 공간인 '아트 테이블'은 2층에 배치됐다.

특히 나뚜루 존은 브랜드의 굿즈를 구매할 수도 있고 현장 이벤트도 참여 가능해 복합적인 브랜드 경험을 전달한다. 한편 팝업스토어의 주 방문객 중 하나인 대학생을 고려한 팝업스토어도 있다. 농심은 지난달부터 오는 14일까지 서울 내 대학 10곳을 돌며 시험기간을 앞둔 대학생 응원에 나섰다. 농심의 캠퍼스 팝업스토어는 새우깡과 오징어집 등 농심의 대표 제품을 시식할 수 있으며, 신라면 큰사발면을 배경으로 인증샷을 찍을 수 있는 포토존을 설치했다. 또 농심의 슬로건인 '인생을 맛있게'에서 따온 '인생이 맛있어지는 주문서' 이벤트를 구성하며 브랜드 홍보에도 신경썼다.

이 같은 유통업계 내 팝업스토어 열풍은 앞으로도 지속될 전망이다. 한 유통업계 관계자는 "엔데믹 전환과 함께 이색적인 경험을 추구하는 MZ세대의 경험소비 트렌드가 맞물려 팝업스토어가 많은 주목을 받고 있다"며 "기업 입장에서도 소비자에게 기업의 이미지를 각인시킬 수 있어 향후 지속적으로 팝업스토어를 통한 마케팅이 이어질 것"이라고 말했다.

[출처] 한겨레신문, 2024.1.28.

≫ **영업의 새로운 생각**

1. MZ세대에게 팝업스토어가 주목받고 있는 이유는?
2. 팝업스토어의 성공요인이 무엇인가?
3. 팝업스토어는 일시적 유행인가 아니면 트렌드가 될 것인가?

3. 소매매장의 운영관리

소매매장 운영관리는 복잡하고 다양한 요소들을 고려해야 하는 과정이라고 할 수 있다. 우선적으로 고객의 니즈를 정확히 파악하고 이를 반영하여 만족스러운 서비스를 제공하기 위한 비전과 목표 설정이 가장 중요하다. 이를 위해서는 고객 분석, 시장 조사, 경쟁사 분석 등 다각도의 조사와 노력이 필요하다. 특히 고객의 욕구가 계속해서 변화하기 때문에, 이에 부합하는 차별화된 상품과 서비스를 제공하는 것이 중요하다. 단순히 고객의 기존 니즈에 부합하는 상품을 제공하는 것만으로는 부족하며, 트렌드를 파악하고 고객의 잠재적인 욕구까지 예측하여 선제적으로 대응해야 한다. 이를 통해 고객들의 기대와 만족도를 지속적으로 높일 수 있다. 단순히 주어진 요구사항을 충족시키는 것에서 벗어나, 고객들이 예상하지 못했던 새로운 경험과 가치를 제공함으로써 고객 만족을 극대화할 수 있다.

이를 위해서는 매장 운영 관리 전반에 걸친 체계적이고 세부적인 전략 수립이 필요하다. 뿐만 아니라 체계적인 운영 관리와 직원 역량 강화도 중요한 요소이다. 효율적이고 체계적인 매장 운영을 위해서는 재고관리, 매출 관리, 고객 서비스 관리 등 다양한 분야에서의 노력이 필요하다. 또한 직원들의 전문성과 고객 대응 능력을 높이기 위한 교육과 훈련이 뒷받침되어야 한다. 이와 더불어 시장 환경 변화에 신속히 대응할 수 있는 능력도 필수적이다. 변화하는 유행과 고객의 트렌드를 지속적으로 파악하고, 이에 발맞춰 전략을 수립하고 실행하는 것이 중요하다. 이러한 노력을 통해 소매매장은 경쟁력을 높이고 지속적인 성장과 발전을 이룰 수 있을 것이다. 결과적으로 소매매장 운영관리는 고객 중심의 서비스 제공, 체계적인 운영 관리, 직원 역량 강화, 변화 대응력 등 다양한 요소를 균형 있게 고려하며 통합적으로 접근해야 하는 복잡한 과정이라고 할 수 있다. 이를 통해 소매매장은 지속적인 성장과 발전을 이루고, 시장에서의 경쟁력을 확보할 수 있을 것이다.

3.1 명확한 비전과 목표 설정

매장 소매 영업에서 명확한 목표 설정은 필수적인 요소이다. 매장 운영의 방향성을 제시하고 장기적인 발전을 위해서는 매우 중요하다. 우선, 매장의 비전과 미션을 명확히 정립해야 한다. 매장이 지향하는 바와 고객에게 제공하고자 하는 가치를 구체적으로 정의해야 한다. 이를 바탕으로 연간 매출 목표, 신규 고객 유치 목표, 고객 만족도 목표 등 구체적인 수치 목표를 수립해야 한다. 또한 단기, 중기, 장기 목표를 체계적으로 수립하고 정기적으로 모니터링해야 한다. 환경 변화에 따라 유연하게 목표를 조정하고 실행 계획을 수정해 나가는 것이 중요하다. 매장 운영에 있어 모든 의사결정과 활동은 명확한 목표에 기반해야 한다. 목표 달성을 위한 전략과 실행 과제를 체계적으로 수립하고, 직원들의 동기부여와 성과 관리에도 활용해야 한다. 이처럼 매장 소매 영업에서 목표 설정은 매우 중요한 부분이며, 이를 통해 매장 운영의 방향성을 명확히 제시하고 지속가능한 성장을 이룰 수 있다.

(1) 비전 수립

매장 비전 수립은 중요한 과정이며, 이는 매장의 장기적인 목표와 방향성을 제시하는 핵심 요소이기 때문이다. 비전 수립 시 중요한 점은 현재 매장의 강점과 특성을 면밀히 분석하고, 고객의 요구사항과 시장 동향을 깊이 있게 파악하는 것이다. 이를 위해서는 먼저 고객의 니즈와 선호도를 설문조사나 인터뷰 등을 통해 심층적으로 파악해야 한다. 고객이 어떤 경험과 가치를 원하는지, 어떤 제품과 서비스를 선호하는지 등을 세부적으로 분석해야 한다. 또한 동종 업계의 유사 매장이나 성공 사례를 벤치마킹하여 고객 선호도 및 시장 동향을 면밀히 파악해야 한다.

이와 함께 매장의 고유한 강점과 역량을 면밀히 검토해야 한다. 예를 들어, 기존에 축적된 노하우, 우수한 직원 역량, 차별화된 상품 구성 등을 면밀히 분석하여 매장만의 차별점을 명확히 해야 한다. 이를 바탕으로 매장이 고객에게 제공할 수 있는 독특한 가치와 경험을 구체적으로 정의해야 한다. 이러한 종합적인 분석과 전략적 고민을 거쳐 매장의 장기적인 비전을 수립해야 한다. 예를 들어, 친환경적이고 지속 가능한 이미지 구축을 목표로 한다면, 친환경 제품 및 서비스 제공, 친환경 매장 운영 등의 전략을 수립할 수 있다. 이를 위해 매장 내에 태양 전지판을 설치하여 재생 에너지를 활용하고, 재활용 소재로 만든 집기와 용품을 사용하며, 환경부하를 최소화하는 폐기물 관리 시스템을 도입할 수 있다.

또한 고객들에게 친환경적인 라이프스타일을 제안하는 교육 프로그램을 운영하는 등 다각도로 접근할 수 있다. 한편 차별화된 고객 경험 제공을 목표로 한다면 혁신적인 매장 디자인, 맞춤형 서비스 등을 고려할 수 있다. 매장 내부에 가상현실 체험 공간을 마련하거나 직원들의 전문성을 높여 고객 맞춤형 컨설팅 서비스를 제공하는 것이 그 예가 될 수 있다. 또한 정기적인 고객 설문조사와 피드백을 통해 고객의 요구사항을 지속적으로 반영하고, 이를 바탕으로 혁신적인 서비스를 개발할 수 있다. 이와 같이 매장의 장기적인 비전과 목표에 따라 다양한 전략을 고려해볼 수 있다. 이처럼 매장 비전 수립 시에는 다각적인 분석과 깊이 있는 전략적 사고가 필요하다. 이를 통해 매장만의 차별화된 비전을 수립하고, 고객에게 강력한 인상을 남길 수 있을 것이다.

(2) 목표 설정

소매매장영업의 비전 달성을 위해서는 보다 체계적이고 단계적인 접근이 필요하다. 이를 위해서는 우선 소매매장의 현재 상황을 면밀히 파악하고 문제점을 진단해야 한다. 단순히 매출 증대만을 목표로 하는 것이 아니라, 고객 만족도 향상, 운영 효율성 제고, 직원 역량 강화 등 다각도의 측면에서 접근해야 한다. 이를 토대로 중장기적인 비전과 전략을 수립하고, 단계별 실행 계획을 수립해야 한다. 예를 들어, 1단계에서는 기존 고객 유치와 매출 증대에 초점을 맞추고, 2단계에서는 신규 고객 유치와 매장 운영 효율화에 집중하는 식이다. 각 단계마다 구체적인 목표와 실행 과제를 설정하고, 이를 체계적으로 관리해 나가는 것이 중요하다. 또한 이 과정에서 직원 교육 및 동기부여, 마케팅 전략 수립, 재무 관리 등 다양한 분야에서 전문성을 확보하는 것도 필수적이다. 소매매장영업의 비전을 달성하기 위해서는 단순히 매출 증대만이 아니라 종합적인 역량 강화가 필요한 것이다.

① 실현가능한 목표 설정 : 소매매장의 경영목표는 다양한 방면에서 실현될 수 있다. 매출 증대, 고객 만족도 향상, 신규 고객 유치, 브랜드 인지도 제고 등이 대표적인 목표이다. 이러한 목표를 수립하기 위해서는 체계적인 시장조사와 고객 분석이 선행되어야 한다. 시장조사를 통해 현재 시장의 동향과 경쟁사의 전략을 파악해야 한다. 이를 통해 자사의 강점과 약점, 기회와 위협 요인을 도출할 수 있다. 예를 들어, 시장조사를 통해 경쟁사의 가격 책정, 프로모션, 제품 구색 등의 전략을 파악하여 자사의 경쟁력을 제고할 수 있다. 또한 소비자 트렌드 분석을 통해 새로운 수요를 발굴할 수 있다.

고객 분석을 통해서는 고객의 구매 패턴, 선호도, 니즈 등을 면밀히 조사해야 한다. 이를 통해 고객 맞춤형 상품 구성, 서비스 개선, 효과적인 마케팅 전략 수립이 가능하다. 예를 들어, 고객 데이터 분석을 통해 특정 고객 세그먼트의 구매 습관을 파악하고, 이에 맞는 할인 쿠폰이나 개인화된 추천 서비스를 제공할 수 있다. 이러한 시장조사와 고객 분석을 바탕으로 매장의 구체적인 목표를 수립해야 한다. 단순히 매출 증대만을 목표로 삼는 것이 아니라, 고객 만족도 향상, 브랜드 이미지 제고 등 다양한 목표를 균형 있게 설정해야 한다.

소매점은 매출 증대, 수익 극대화, 손실 최소화와 같은 구체적인 재무 목표를 설정해야 한다. 이를 통해 스토어는 자신의 성장을 추적하고 필요한 조치를 취할 수 있다. 예를 들어, 매출 증대 목표를 달성하기 위해서는 가격 전략을 조정하거나 새로운 수익원을 발굴하는 등의 방법을 사용할 수 있다. 또한 수익 극대화를 위해 비용 절감을 시도할 수도 있다. 이를 위해서는 비용 구성요소를 분석하고 효율적인 비용 관리가 필요하다. 손실 최소화를 위해서는 재고관리나 인건비 등을 고려해 불필요한 비용을 줄여야 한다. 따라서 소매점은 구체적인 재무 목표를 설정하고 이를 달성하기 위한 전략을 세우는 것이 중요하다. 이를 통해 스토어는 성장과 발전을 이룰 수 있을 것이다.

② 실행계획 : 다음으로 수립된 목표를 달성하기 위한 실행 계획을 세워야 한다. 매출 증대를 위한 마케팅 전략, 고객 만족도 향상을 위한 서비스 개선 방안, 신규 고객 유치를 위한 프로모션 계획, 브랜드 인지도 제고를 위한 브랜딩 전략 등 각 부문별 세부 전략과 실행 과제를 체계적으로 수립해야 한다. 또한 각 과제의 실행 주체, 일정, 예산 등을 구체적으로 명시하여 전사적인 실행

체계를 갖추어야 한다. 이를 바탕으로 소매매장영업의 비전 달성을 위한 로드맵을 구축할 수 있다. 지속적인 모니터링과 피드백을 통해 목표 달성 여부를 점검하고, 필요 시 전략을 수정 및 보완하여 끊임없이 발전할 수 있다. 이러한 체계적인 접근을 통해 소매매장영업의 비전을 효과적으로 실현할 수 있을 것이다.

특히, 소매매장의 특성상 고객과의 직접적인 접점이 중요하므로 고객 중심의 목표 수립과 서비스 개선이 필수적이다. 또한 급변하는 시장 환경에 대응하기 위해 지속적인 모니터링과 피드백 체계를 구축하는 것이 중요하다. 이를 통해 소매매장영업의 경쟁력을 강화하고 지속가능한 성장을 이루어갈 수 있을 것이다. 결국, 소매매장영업의 지속가능한 성장을 위해서는 전략적이고 체계적인 접근이 필요하다. 구체적인 목표 설정과 더불어 각 부문별 실행계획을 면밀히 수립하고, 지속적인 성과 관리와 데이터 분석을 통해 경쟁력을 강화해나가는 것이 중요할 것이다. 소매점에서는 목표 고객층을 정의하고 그들의 요구와 선호도를 이해하는 것이 매우 중요하다. 이를 통해 스토어는 고객의 요구에 맞게 제품을 맞춤화하고, 고객 만족도를 높이고 충성도 높은 고객을 확보할 수 있다. 온라인 쇼핑 시장이 커지면서 소매점들은 더욱더 경쟁력을 갖추기 위해 고객의 요구와 선호도를 파악하는 것이 중요해졌다. 예를 들어, 어떤 소매점은 자신들의 목표 고객층이 20대 여성이라는 것을 정의하고, 그들이 선호하는 색상, 디자인, 스타일 등을 파악하여 그에 맞게 제품을 선정한다. 이를 통해 고객은 자신들의 취향에 맞는 제품을 쉽게 찾을 수 있고, 소매점은 고객 만족도를 높여 충성도 높은 고객을 유치할 수 있다.

목표 고객층을 파악하고 그들의 요구와 선호도를 이해하는 것은 제품 개발에도 큰 영향을 미친다. 소매점은 목표 고객층이 선호하는 제품의 특징을 파악하여, 그에 맞는 제품을 개발하고 출시함으로써 고객의 만족도를 높일 수 있다. 목표 고객을 파악하는 것 외에도 리테일 스토어의 경쟁우위를 파악하는 것도 중요하다. 즉, 경쟁업체와 차별화되는 요소를 파악하고 이러한 강점을 활용하여 경쟁우위를 확보해야 한다. 독특한 제품, 탁월한 고객 서비스, 편리한 위치 등 소매점은 경쟁이 치열한 시장에서 돋보일 수 있는 장점을 활용해야 한다.

3.2 매장 운영관리

매장 운영에서 효율성은 그 무엇보다도 중요하다. 고객들이 빠르고 정확한 서비스를 받을 수 있도록 매장 내 모든 과정들은 철저하게 관리되어야 한다. 예를 들어, 제품의 재고를 체크하고 관리하며, 손님들의 주문에 빠르게 대응하고, 매장 내 청결을 유지하는 것 등이 매우 중요하다. 이러한 효율적인 운영은 매출과 직결되기 때문에, 매장의 성장과 발전에 매우 중요한 역할을 한다. 고객들은 불만족한 서비스를 받을 경우 매장을 떠나고 다른 곳으로 이동하는 경우가 많으므로, 효율적인 운영은 고객들의 만족도를 높이는 데에도 큰 역할을 한다. 매장 운영자들은 항상 효율성을 고려하여 매장을 운영해야 한다.

(1) 머천다이징

머천다이징(merchandising)은 모든 소매 비즈니스의 중요한 측면이며, 성공적인 제품 판매에 필수적인 몇 가지 주요 활동을 포함한다. 머천다이징의 주요 활동 중 하나는 소비자의 니즈와 선호도를 분석하여 판매 가능성이 높은 제품 아이디어를 도출하는 제품 기획이다. 이는 머천다이징 프로세스에서 중요한 단계로, 나머지 활동의 토대가 되기 때문이다. 머천다이징의 또 다른 중요한 활동은 구매이다. 상품이 선정되면 머천다이저는 공급업체와 협상하여 경쟁력 있는 가격으로 상품을 구매해야 한다. 여기에는 비용, 품질, 가용성 등의 요소를 신중하게 고려해야 한다.

가격도 머천다이징의 중요한 측면이다. 머천다이저는 제품 원가, 경쟁사, 시장 상황 등 다양한 요소를 고려하여 경쟁력 있고 수익성 있는 가격을 책정해야 한다. 잘 계획된 가격 전략은 매출을 늘리고 수익을 높이는 데 도움이 될 수 있다. 머천다이징은 효과적인 제품 진열과 연관성이 깊다. 머천다이저는 고객의 시선을 사로잡을 수 있는 매력적이고 눈길을 사로잡는 방식으로 제품을 진열해야 한다. 이는 창의적인 시각적 디스플레이, 전략적인 제품 배치, 효과적인 사이니지를 통해 달성할 수 있다. 이처럼 머천다이징은 모든 리테일 비즈니스의 성공에 매우 중요한 복잡하고 다면적인 활동이다. 머천다이징과 관련된 다양한 활동을 신중하게 계획, 실행 및 모니터링함으로써 소매업체는 매출을 늘리고 수익을 증대하며 충성도 높은 고객층을 구축할 수 있다.

(2) 상품 진열

상품 진열은 매장 내에서 상품을 효과적으로 배치하여 고객들이 쉽게 찾고 구매할 수 있도록 하는 과정을 말한다. 상품 진열 관리는 매출을 증대시키고 고객 만족도를 높이는 데 중요한 역할을 한다. 상품 그룹화는 비슷한 종류나 용도의 상품들을 함께 그룹화하여 진열하는 것이 중요하다. 이는 고객들이 원하는 제품을 쉽게 찾을 수 있도록 도와준다. 예를 들어, 옷가게에서는 티셔츠, 바지, 셔츠 등을 각각의 구역에 나누어 진열할 수 있다. 매장 내에서 시선이 잘 띄는 곳에 인기 상품이나 특별 할인 상품을 배치하여 고객들의 관심을 끌어야 한다. 주로 매장 입구나 특별한 전시대에 해당하는 위치에 배치하는 것이 효과적이다. 또한 눈높이에 있는 곳에 인기 상품이나 신제품을 배치하여 고객들이 쉽게 찾을 수 있도록 하며 상품의 크기와 형태에 따라 적절한 진열 공간을 할당하여 균형 있게 배치하는 것이 중요하다. 계절이나 특정 이벤트에 맞춰 상품 진열을 변경하여 고객들의 관심을 유도할 수 있다. 예를 들어, 겨울 시즌에는 겨울용 의류나 액세서리를 중심으로 진열하여 고객들의 니즈에 부응할 수 있다.

시간이 지나면서 고객의 성향이나 구매 패턴이 변화하므로, 상품 진열도 이에 맞게 변화해야 한다. 정기적으로 상품을 재배치하고, 인기 상품은 더욱 눈에 띄게 배치하여 고객들의 관심을 끌어야 한다. 불필요한 상품이나 품절된 상품은 빠르게 교체해야 한다. 이는 고객들에게 신뢰를 줄 뿐 아니라, 매장의 이미지를 유지하는 데에도 중요하다. 상품의 유통 기간도 고려하여 신선한 상품으로 교체해야 한다. 매장 내 상품 진열은 단순히 상품을 보여주는 것 이상의 의미를 지니고 있다. 고객들의 구매 패턴을 파악하고, 상황에 맞게 상품을 배치하는 것은 매장 운영의 핵심이다. 따라서 매장 운영자들은 상품 진열에 대해 꾸준한 관심과 노력을 기울여야 한다.

(3) 매장 홍보 및 판매 촉진

매장 홍보와 판매 촉진은 기업이 성공적으로 제품과 서비스를 알리고 소비자의 관심과 구매를 이끌어내는 데 있어 매우 중요한 영업활동이다. 이를 통해 기업은 시장점유율을 높이고 매출 증대를 달성할 수 있다. 또한 다양한 매장 홍보 전략을 활용할 수 있다. 우선 온·오프라인 광고를 통해 제품과 매장에 대한 정보를 효과적으로 전달할 수 있다. SNS 마케팅, 이벤트 개최, 판촉물 배포 등의 방법으로 고객과의 소통을 강화하고 브랜드 이미지를 제고할 수 있다. 특히 SNS를 활용한 마케팅은 젊은 층을 타깃으로 한 효과적인 홍보 전략이 될 수 있다. 판매 촉진 전략으로는 가격 할인, 사은품 제공, 포인트 적립 등 다양한 프로모션을 운영할 수 있다. 이를 통해 소비자의 구매 욕구를 자극하고 매출 향상을 도모할 수 있다. 또한 직원 교육을 통해 고객 응대 서비스를 개선하여 고객 만족도를 높이는 것도 중요하다. 만족스러운 구매 경험은 재구매와 구전효과로 이어져 매장의 장기적인 성장에 도움이 될 수 있다.

특히 최근에는 O2O(Online to Offline) 전략이 주목받고 있다. 온라인 채널을 통해 제품을 홍보하고 고객 데이터를 수집한 후, 이를 기반으로 오프라인 매장에서 개인화된 서비스와 프로모션을 제공하는 방식이다. 이를 통해 온라인과 오프라인의 장점을 결합한 효과적인 매장 운영이 가능하다. 이처럼 체계적이고 창의적인 매장 홍보와 판매 촉진 활동은 기업이 치열한 시장 경쟁에서 차별화된 경쟁력을 확보하고 지속가능한 성장을 이루는 데 필수적인 요소이다. 기업은 시장 상황과 고객 니즈에 맞는 최적의 마케팅 전략을 수립하고 지속적으로 개선해나가야 할 것이다.

(4) 재고관리

매장 운영에 있어서 재고관리는 중요한 요소 중 하나이다. 재고가 부족하거나 과다하게 쌓이면 매장 운영에 큰 지장을 초래할 수 있다. 따라서 효율적인 재고관리 시스템을 구축하는 것이 필수적이다. 재고관리 시스템을 구축하기 위해서는 먼저 재고 수준을 추적하는 전산 시스템을 구현해야 한다. 이를 통해 언제든지 재고 수준을 파악할 수 있으며, 이에 따라 재고를 관리할 수 있다. 재주문 지점을 설정하여 재고가 일정 수준 이하로 떨어지면 자동으로 재주문이 이루어지도록 하여 재고 부족을 방지할 수 있다. 정기적인 재고 수준 점검과 조정도 필수적이다. 이를 통해 재고 수준을 항상 최적화할 수 있으며, 과다한 재고를 줄이고 필요한 재고를 추가로 구매할 수 있다. 이를 통해 재고 비용을 최소화하면서도 매장 운영을 원활하게 할 수 있다. 따라서 매장 운영에 있어서 효율적인 재고관리 시스템을 구축하는 것이 매우 중요하며, 이를 위해서는 재고 수준을 추적하는 전산 시스템 구현, 재주문 지점 설정, 정기적인 재고 수준 감사 및 조정 등이 필요하다.

매장 운영에서 제품 관리는 중요한 요소 중 하나이다. 스토어 소유자와 관리자는 매출과 수익을 극대화하기 위해 다양한 전략적 제품 관리 방법을 적용해야 한다.

이를 위해서는 시장 조사를 통해 최적의 가격 전략을 결정하고, 판매 동향을 모니터링하여 가격 및 프로모션을 조정해야 한다. 또한 제품의 질과 안전성 역시 제품 관리에서 중요한 부분이다. 제품의 품질과 안전성이 떨어지면 소비자들의 신뢰를 잃을 수 있으며, 이는 매장의 이미지에 영향을 미칠 수 있다. 따라서 매장 소유자와 관리자는 제품의 품질과 안전성을 적극적으로 관리하고, 이를 위해 적절한 검수 및 테스트를 수행해야 한다. 제품의 유통 경로 역시 제품 관리에서 중요한 역할을 한다. 매장에서 판매하는 제품은 제조사에서 유통 업체를 거쳐 매장으로 운송된다. 이에 따라 매장 소유자와 관리자는 유통 업체와의 협력을 강화하고, 제품의 유통 경로를 적극적으로 관리해야 한다.

(5) 고객 서비스 관리

고객 서비스 관리는 매장 운영에 있어 중요하다. 고객에게 친절하고 자신감 있는 태도로 응대하는 것은 고객의 쇼핑 경험을 크게 향상시킬 수 있다. 이를 위해 직원들의 고객 서비스 기술 향상을 위한 교육 프로그램을 마련하는 것이 필요하다. 또한 정기적인 고객 피드백 수집을 통해 고객의 요구사항을 파악하고, 이를 바탕으로 서비스를 개선해 나가는 것이 중요하다.

고객 충성도 향상을 위해서는 다양한 보상 프로그램을 운영하는 것이 좋다. 예를 들어, 일정 금액 이상 구매 고객에게 포인트를 제공하거나, 정기적인 구매 고객에게 할인 혜택을 제공하는 등의 방식으로 고객의 재구매 의도를 높일 수 있다. 이는 고객과의 유대감을 강화하고, 매장에 대한 애착도를 높일 수 있는 효과적인 방법이다. 나아가 고객에 대한 깊은 이해와 세심한 관심을 가지는 것이 성공적인 고객 서비스 관리의 핵심이라고 할 수 있다. 고객의 니즈와 기호를 파악하고, 이를 반영한 맞춤형 서비스를 제공하는 것이 중요하다. 이를 통해 고객의 만족도를 높이고, 매장의 매출 및 브랜드 이미지 향상으로 이어질 수 있을 것이다.

또한 고객 서비스 관리에는 다양한 기술적 지원이 동반되어야 한다. 예를 들어, 고객 데이터베이스 구축, 고객관계관리 시스템 도입 등을 통해 고객 정보를 체계적으로 관리하고, 신속하고 효율적인 고객 응대가 가능하도록 지원해야 한다. 이를 통해 고객 서비스의 질적 향상을 도모할 수 있을 것이다.

3.3 매장영업 지원관리

소매매장영업은 기업이나 조직에서 매우 중요한 역할을 담당하고 있다. 효과적인 소매매장영업 지원관리를 통해 기업은 고객과의 긍정적인 관계를 구축하고, 매출 증대와 이윤 확보를 달성할 수 있다. 소매매장영업 지원관리의 핵심 요소는 매장환경관리, 직원관리, 재무관리 등이다. 이들 요소들은 상호 유기적으로 연결되어 있으며, 이들 요소를 체계적으로 관리하는 것이 매장 운영의 성공을 위한 핵심 전략이라고 할 수 있다.

(1) 매장환경 관리

매장은 항상 청결하고 쾌적해야 한다. 정기적인 청소와 정돈은 고객들에게 좋은 인상을 심어줄 뿐 아니라 직원들의 작업 효율성도 향상시킨다. 매장환경 관리는 매일 청결하고 쾌적한 상태를 유지하는 것을 의미한다. 이는 고객들에게 좋은 첫인상을 심어주고, 직원들의 작업 환경을 개선하여 전반적인 매장 운영 효율성을 향상시킨다. 청소는 매일 매장을 열기 전과 닫은 후에 신경을 써야 한다. 이때에는 바닥, 진열대, 유리 창문, 화장실 등을 청소하고 먼지나 얼룩 등을 제거해야 한다. 일주일에 한 번씩은 더 철저한 청소를 실시하여 미세한 먼지나 오염물질을 제거해야 한다. 제품이나 상품이 잘 정돈되어 있는 매장은 고객들에게 좋은 인상을 준다. 상품 진열대를 정리하고 제품을 잘 정돈하여 공간을 활용하고 시각적으로도 깔끔하게 유지해야 한다. 고객들이 쉽게 접근할 수 있는 위치에 인기 상품을 배치하여 구매 유도를 할 수 있다.

또한 매장 내부공간은 고객들의 편의를 위해 효율적으로 활용되어야 한다. 특히, 통로는 충분한 공간을 확보하여 고객들이 원활하게 이동할 수 있도록 해야 한다. 매장 내부에 특별한 이벤트나 프로모션을 위한 공간을 마련하여 고객들의 참여도를 높이는 것도 중요하다. 이를 위해서는 매장 내부공간을 계획적으로 구성하고, 적절한 배치를 실시해야 한다. 매장 내부에서는 소음이나 냄새 등 고객들이 불쾌하게 느낄 수 있는 요소를 최소화해야 한다. 이를 위해서는 시설물의 유지보수가 중요하다. 매장 내부 시설물은 항상 최적의 상태를 유지해야 하며, 문제가 발생할 경우 신속하게 대응하여 수리해야 한다. 이를 통해 고객들의 불편을 최소화하고 매장 운영에 장애가 없도록 해야 한다. 고객들의 편의를 위해 매장 내부공간에 다양한 시설을 제공할 수 있다. 예를 들어, 휴게 공간이나 무료 무선망 서비스를 제공하여 고객들이 편리하게 쇼핑을 즐길 수 있도록 해야 한다.

(2) 직원관리

직원관리는 매장 내 직원들의 전반적인 역량 향상을 위해 필수적인 요소이다. 이를 통해 고객 서비스의 질을 향상시킬 수 있다. 우선, 체계적인 교육 프로그램을 통해 직원들의 전문성을 높일 수 있다. 이를 통해 고객의 요구사항을 정확히 파악하고, 효과적으로 대응할 수 있다. 적절한 동기부여 전략을 수립하여 직원들의 업무 몰입도와 성과를 높일 수 있다. 뿐만 아니라, 고객 응대 스킬 향상을 위한 지속적인 교육과 피드백 제공도 중요하다. 고객과의 상호작용 과정에서 직원들이 공감과 경청의 자세를 가지고 친절하게 응대할 수 있도록 지원해야 한다. 이를 통해 직원들은 고객과의 소통 능력을 향상시킬 수 있으며, 고객의 만족도와 신뢰도를 높일 수 있다.

또한 직원들의 복지와 동기부여에도 힘써야 한다. 근무 환경의 개선, 적절한 보상체계 마련, 그리고 개인의 경력 개발을 위한 기회 제공 등을 통해 직원들의 만족도와 충성도를 높일 수 있다. 이는 결과적으로 직원들의 업무 능력 향상과 고객 만족도 제고로 이어진다. 보상과 인정은 보너스와 승진부터 감사 쪽지나 등을 두드리는 간단한 감사의 표시까지 다양한 형태로 이루어질 수 있다. 개인의 동기 부여와 보상 외에도 직원 간의 팀워크와 협동심을 키우는 것도 중요하다. 직원들이 서로 잘 협력하고 서로를 지원할 때 목표를 달성하고 매장의 성공에 기여할 가능성이 높아진다. 이와 같은 체계적인 직원관리를 통해 직원들의 역량이 강화되고, 고객 만족도가 향상될 것이다. 나아가 기업의 브랜드 이미지와 경쟁력 제고에도 기여할 수 있을 것이다.

(3) 재무관리

매장의 재무관리는 매장 운영에 있어 매우 중요한 부분이다. 효과적인 재무관리를 통해 매장의 수익성과 재무 건전성을 확보할 수 있다. 매장의 재무관리에는 다음과 같은 주요 항목들이 포함된다.

첫째, 매출 관리이다. 매장의 매출 추이를 꾸준히 모니터링하고 분석하여 매출 증대 방안을 수립해야 한다. 이를 위해 고객 구매 패턴 분석, 상품 가격 및 구성 최적화, 효과적인 마케팅 전략 수립 등이 필요하다.

둘째, 비용 관리이다. 인건비, 재료비, 임차료, 광고비 등 매장의 다양한 비용 항목을 면밀히 관리하여 불필요한 지출을 최소화해야 한다. 또한 공급업체와의 협상을 통해 원가를 절감하고, 에너지 절감 등 각종 효율화 방안을 모색해야 한다.

셋째, 재고관리이다. 적정 수준의 재고를 유지하여 자금 운용의 효율성을 높이는 것이 중요하다. 상품의 회전율을 분석하고, 수요 예측을 통해 재고 수준을 최적화해야 한다. 또한 재고관리 시스템을 활용하여 재고 현황을 실시간으로 파악하고 관리할 수 있다.

넷째, 자금 관리이다. 매장의 현금흐름을 면밀히 관리하고, 필요 자금을 적시에 조달하며, 여유 자금은 효율적으로 운용해야 한다. 이를 통해 재무 건전성을 확보하고 투자 여력을 확보할 수 있다.

마지막으로, 재무 보고 및 분석이다. 정기적으로 재무 지표를 분석하여 매장의 재무 상태와 경영 성과를 파악해야 한다. 이를 바탕으로 향후 전략 수립 및 의사결정에 활용할 수 있다. 이처럼 체계적인 재무관리를 통해 매장의 수익성과 재무 건전성을 확보하고, 지속가능한 성장을 도모할 수 있다.

영업실전 사례 5-2

하나라도 특별해야 산다…요즘 오프라인 매장 승부수는 '특화'

온라인몰이 대세라고? 새해 유통업계는 다시 오프라인 매장으로 승부수를 던지고 있다. 중심에 선 것은 한 가지에만 집중하는 '특화매장'. 하나의 상품군을 집대성한 특화 매장으로, 소비자에게 다양하고 독특한 공간 경험을 제공하고 '가성비'가 아닌 '시성비'(시간 대비 쇼핑 만족도)를 끌어올리겠다는 전략이다.

선두에는 대형마트가 있다. 롯데마트는 은평점을 새롭게 단장하며 식료품의 비중이 90%에 달하는 특화매장인 '그랑 그로서리'로 꾸몄다. 비식품 매대 비중이 40~50%인 다른 매장과는 확연히 다르다. 롯데마트 관계자는 "매일매일의 먹거리 고민을 해결해주는 새로운 유형의 그로서리 전문마켓"이라고 설명했다.

매장 입구부터 44m에 이르는 공간은 '롱 델리 로드'라고 이름 짓고 즉석조리식과 간편식을 집중적으로 배치했다. 미국식 중화요리 즉석조리식품을 뷔페처럼 담아갈 수 있는 '요리하다 키친', 마트식 오마카세를 내세운 '요리하다 스시', 캠핑족을 겨냥한 '요리하다 그릴' 등이다.

가공식품도 차별화했다. 라면 특화존, 커피 특화존을 만들었고, 각국 식재료와 조미료를 진열한 글로벌 상품존도 마련했다. 소비자 식습관 다양화에 맞춰 비건 제품, 글루텐 프리 제품 등의 상품군도 늘렸다.

이러한 전략은 효과를 거두고 있다. 롯데마트에 따르면, 지난달 28일 오픈 이후 이달 23일까지 매장 방문 고객 수는 전년 같은 기간에 견줘 약 15%가 늘었고, 매출 역시 20%가량 늘었다. 특히 '롱델리 로드'에서 판매한 델리 상품군의 경우, 전년에 견줘 약 60% 이상 신장했다. 수산・축산물 역시 25%의 매출 신장세를 보이고 있다. 롯데마트 관계자는 "그랑 그로서리 은평점은 가장 먼저 신상품을 선보이고 고객 반응을 확인해 이를 전 점포로 확대하는 '안테나숍'의 역할도 하고 있다"며 "은평점의 '요리하다 스시'에서 인기를 끈 고등어 초절임 회는 25일부터 70개 점으로 확대 운영하고 있다"고 말했다.

롯데마트는 그랑 그로서리 외에도 매장 내 특화존도 운영 중이다. 비건 식품 전문인 '제로미트존'과 유명 맛집・셰프와 협업한 외식 메뉴를 모은 '고메스트리트존' 등이다. 가성비 와인부터 프리미엄 와인까지 모두 취급하는 보틀벙커도 특화매장 중 하나다.

홈플러스는 식품 전문 점포 '메가푸드 마켓' 안에 특화매장을 운영하고 있다. 서울 도봉구 방학점에 처음 문을 연 '라면 박물관'은 수입라면 70여종을 포함해 360여종을 판매한다. 현재 11개 메가푸드 마켓에서 운영되고 있는데, 특화매장 설치 전에 견줘 라면 매출이 약 90% 이상 증가하는 등 효과를 내고 있다.

홈플러스는 이 밖에도 위스키 380여종을 구비한 '위스키 라이브러리'와 음료와 술을 섞어 마시는 트렌드를 반영한 '믹솔로지존', 천연 간식・선식 등의 건강한 먹거리에 집중한 '베터 초이스' 등 특화매장을 차례로 선보이고 있다. 위스키 라이브러리는 지난 한 해 매출이 전년에 견줘 평균 65% 증가했고, 믹솔로지존과 베터 초이스 역시 각각 145%, 50%의 성장세를 보였다.

편의점도 특화매장에 공을 들이고 있다. 편의점 씨유(CU)는 지난달 21일 리테일 테크 기업 '컬리'와 손잡고 '씨유 컬리 특화 편의점'(타워팰리스점)을 오픈했다. 컬리가 현재 운영하는 양질의 다양한 식품군 수요를 기존 온라인에서 오프라인으로 옮겨 오겠다는 전략이다.

컬리 특화 편의점 매장 전면에 위치한 '컬리존'에서는 정육, 수산물, 계란, 채소 등 신선식품을 비롯해 간편식, 냉동식품까지 컬리의 자체 브랜드(PB) 상품 110여종을 판매한다. 씨유 관계자는 "기존 편의점은 주로 가공식품을 판매하는 채널이었지만, 편의점 장보기 수요가 증가함에 따라 이커머스 컬리의 식품 라인업을 도입해 새로운 수요를 창출하겠다는 복안"이라고 설명했다. 컬리 역시 접근성이 좋은 편의점과 협업해 고객 접점을 늘리고 브랜드 홍보에도 긍정적인 효과를 얻고 있다.

씨유가 한겨레에 제공한 자료를 보면, 컬리 특화매장은 가족의 식사를 주로 책임지는 40대를 사로잡았다. 40대가 전체 매출의 31.8%를 차지한다. 다음으로는 30대 29.9%, 20대 21.2%, 50대 10.3% 등의 비중을 보였다.

씨유 컬리 특화 편의점에서 식재료 매출이 차지하는 비중은 전체의 10% 수준으로, 일반 점포(2%

내외) 대비 월등히 높다. 절대적인 매출을 비교해도 일반 점포 대비 식재료 매출이 30배 이상 높은 수준이다.

씨유는 앞서 지난해 12월엔 홍대 근처에 230여종의 라면을 총망라한 특화 편의점(홍대상상점)도 열었다. 이 매장은 외국인 관광객들까지 몰리는 화제의 장소다. 개점 이후 라면 매출의 62%가 외국인에게서 나왔다. 라면 수출 1조원 시대에 제대로 된 특화 매장 아이디어가 먹힌 셈이다. 씨유 집계를 보면, 매장 개점 한 달 동안 판매된 라면은 총 1만5천여 개로, 하루 평균 500개씩 팔렸다. 일반 점포 판매량의 10배 이상이다.

유통업계 한 관계자는 "이전의 오프라인 경쟁력 강화가 점포 수 확대에 집중됐다면, 최근에는 차별화된 콘텐츠 경쟁이 벌어지고 있다"며 "다양하고 독특한 경험을 제공하는 전문화된 특화매장이 온라인보다 쇼핑에 더 편리하다는 인식을 심어주고 있어 앞으로도 특화매장은 더 늘어날 것으로 본다"고 전망했다.

[출처] 한겨레신문, 2024.1.28.

≫ 영업의 새로운 생각

1. 개인고객들의 온라인 유통채널 이용증가에 대응한 소매매장의 매출전략은 무엇인가?
2. 소매매장은 온라인구매 스토어픽업(BOPIS : buy-online-pickup-in-store) 또는 온라인구매 스토어발송(BOSS : buy-online-ship-to-store)방식 등의 어떤 혁신을 하고 있는가?
3. 소매매장의 비용을 획기적으로 절감할 수 있는 전략적 대안은 무엇인가?

Chapter 6

방문판매의 실전영업

기업이 고객을 직접 찾아가 상품을 소개하고 판매하는 활동인 방문영업은 다양한 장점을 가지고 있다. 이를 통해 기업은 고객과의 유대감을 형성할 수 있고, 고객의 요구사항을 깊이 있게 이해할 수 있다. 또한 직접적인 설명과 시연으로 제품에 대한 고객의 이해도를 높일 수 있다.

방문영업은 체계적인 관리를 통하여 효과적인 방문영업활동을 해야 한다. 먼저 잠재고객을 선정하고 그들의 성향과 구매 가능성을 사전에 파악해야 한다. 이를 바탕으로 효과적인 상품 소개와 제안을 할 수 있다. 또한 고객과의 대화를 통해 그들의 구체적인 요구사항을 파악하고, 이에 맞는 맞춤형 솔루션을 제시해야 하며 그 후 고객관계관리를 지속적으로 해야 한다.

이를 위하여 영업담당자의 역량 강화를 위한 지속적인 교육과 훈련도 필요하며 체계적인 고객 데이터베이스 구축과 관리를 통해 고객 정보를 효과적으로 활용해야 한다. 이와 더불어 영업목표과 성과 관리, 보상체계 등 전반적인 영업 관리도 중요하다.

1. 방문판매영업 개요

방문판매는 수 세기 동안 존재해 왔으며 시간이 지남에 따라 진화해 왔다. 과거에는 영업담당자가 직접 문을 두드리며 고객을 설득하여 제품이나 서비스를 판매했다. 하지만 기술이 발전하고 인터넷이 사용되면서 방문판매는 더욱 정교해졌다. 오늘날 영업담당자는 소셜미디어 마케팅, 이메일 캠페인, 텔레마케팅 등 다양한 도구와 기법을 사용하여 고객을 유치한다. 방문판매 기법은 보험, 자동차 및 통신 업계에서 가장 일반적으로 사용된다. 보험업계에서는 영업담당자가 고객을 방문하여 다양한 보험정책의 혜택을 설명하고 보험 가입을 설득한다. 자동차 업계에서는 영업담당자가 잠재고객에게 제품과 서비스를 소개하고 요구 사항에 따라 맞춤형 솔루션을 제공한다. 통신업계에서는 영업담당자가 고객을 방문하여 휴대폰 요금제와 인터넷 서비스를 판매한다.

오늘날 다양한 산업 분야에서 여전히 널리 사용되고 있는 전통적인 판매 기법인 방문판매는 장단점이 있지만, 기업이 고객과 장기적인 관계를 구축하는 데 도움이 되는 효과적인 판매 방법이다. 주요 장점 중 하나는 영업담당자가 고객과 직접 소통하고 고객의 요구 사항을 파악할 수 있다는 점이다. 이를 통해 맞춤형 솔루션을 제공하고 고객과 장기적인 관계를 구축할 수 있다. 그러나 이 방법의 주요 단점 중 하나는 시간과 비용이 많이 든다는 것이다. 영업담당자는 출장 및 고객 방문에 많은 시간을 할애해야 하므로 생산성이 저하될 수 있다.

1.1 방문판매의 특징과 적합상품

방문판매는 다른 형태의 유통채널과는 차별화된 특징을 가지고 있다. 직접 대면하여 고객의 반응을 즉각적으로 확인할 수 있다는 점이다. 이를 통해 고객의 요구사항을 보다 깊이 있게 파악할 수 있으며, 맞춤형 판매전략을 수립할 수 있다. 그리고 개인적인 관계 형성이 중요하다. 방문판매원과 고객 간의 신뢰와 유대감이 형성되면 지속적인 거래관계 유지가 가능하다. 시간과 장소의 제약을 받지 않는다. 고객의 가정이나 직장을 직접 방문하여 상품을 선보일 수 있어 접근성이 높다. 이러한 방문판매의 특징을 고려할 때, 적합한 상품으로는 개인화된 서비스와 제품 설명이 필요한 품목들이 적합할 것이다. 화장품, 건강식품, 주방용품 등의 생활용품은 직접 사용해보고 전문가의 설명을 들을 수 있는 방문판매 채널에 적합하다. 또한 신제품이나 고가의 내구재 등도 방문판매를 통해 고객에게 효과적으로 소개될 수 있다. 이처럼 방문판매는 고객 밀착형 마케팅에 유리하며, 이를 통해 고객의 니즈를 깊이 있게 파악하고 만족도를 제고할 수 있다.

(1) 방문판매의 특징과 장점

고객과 직접 소통하면 고객의 요구사항을 파악하고 질문에 즉각적인 답변을 제공할 수 있다. 이는 신뢰를 구축하고 장기적인 고객관계를 구축하는 데 도움이 된다. 직접 커뮤니케이션을 통해 데이터를 수집하고 즉각적인 영업을 촉진할 수 있는 특징이 있다.

방문판매는 제품이나 서비스의 성격에 따라 효과적일 수도 있고, 다른 판매 방식보다 더 많은 시간과 노력을 요구할 수도 있다. 그러나 고객과의 개인적인 연결을 통해 신뢰를 구축하고 맞춤화된 제안을 제공할 수 있는 장점이 있다. 방문판매를 통해 잠재고객과 직접 대면할 수 있다. 이러한 개인적인 접촉을 통해 영업담당자는 친밀감을 형성하고 고객의 요구를 파악하며 맞춤형 추천을 제공할 수 있다. 실시간으로 대화에 참여하고 문제를 해결할 수 있는 능력은 고객 경험을 향상시키고 판매 기회를 높인다.

〈표 6-1〉 방문판매의 특징

구분	세부내용
개인화된 접근	판매자는 고객을 개별적으로 방문하여 제품이나 서비스를 설명하고 고객의 요구사항을 파악하며, 이를 통해 고객에게 맞춤형 제안 제공.
상호작용과 신뢰 구축	직접적인 대면 상호작용을 통해 고객과의 신뢰를 구축할 수 있는 기회를 제공하며 판매자는 고객과의 대화를 통해 고객의 우려사항이나 질문에 대답하고, 제품이나 서비스의 가치 설명.
제품 및 서비스 시연	제품이나 서비스를 실제로 시연하고 사용법을 설명하는 것이 가능하며, 이를 통해 고객은 제품이나 서비스의 실제 성능과 장점을 직접 확인.
개인적인 추천	판매자는 고객과의 대화를 통해 고객의 요구사항에 맞는 제품이나 서비스를 추천할 수 있으며, 이를 통해 고객은 필요한 솔루션 선택.
판매 기회의 증대	판매자가 직접 고객을 찾아가는 방식이므로 판매 기회가 증대될 수 있으며, 고객이 직접적인 제안을 받게 되므로 구매의사결정 용이.

방문판매에서 영업담당자는 고객으로부터 즉각적인 피드백을 받는다. 그들은 고객의 반응을 측정하고, 반대 의견을 이해하며, 그에 따라 영업 방식을 조정할 수 있다. 이 실시간 피드백 루프는 영업담당자가 자신의 의견을 구체화하고, 반대 의견을 극복하고, 판매 방식을 개선하는 데 도움이 된다. 판매담당자는 제품을 시연하거나 고객에게 직접 샘플을 제공할 수 있는 기회를 제공한다. 이러한 직접 체험을 통해 고객은 제품을 직접 보고 만지고 경험하여 제품의 이점에 대한 자신감과 이해도를 높일 수 있다.

또한 영업담당자가 독특한 기능을 선보이거나 고객이 가질 수 있는 모든 의문이나 질문을 해결할 수 있다. 판매담당자는 고객과 직접적으로 관계를 맺음으로써 신뢰를 구축하고 문제를 해결하며 즉각적인 해결책을 제공할 수 있다. 이러한 개인적인 관계는 상호 작용이 더 비인격적이거나 간접적일 수 있는 다른 판매 방법에 비해 고객이 구매할 가능성을 높인다.

영업담당자가 고객과의 관계를 구축할 수 있는 기회를 제공한다. 영업담당자는 대면 대화를 통해 고객의 선호도를 파악하고 신뢰를 구축하며 장기적인 관계를 구축할 수 있다. 이러한 관계 구축 측면은 반복적인 판매, 고객 충성도 및 잠재적인 추천으로 이어질 수 있다. 방문판매를 통해 판매담당자는 가치 있는 시장 통찰력을 수집할 수 있다. 그들은 고객의 요구, 선호도 및 구매 습관을 이해하고 직접적으로 고객과 상호 작용할 수 있다. 이 정보는 제품 제공을 개선하고 특정 고객 부문을 대상으로 하며 정보에 입각한 비즈니스 결정을 내리는 데 사용될 수 있다.

(2) 방문판매 적합 상품

제품이나 업종에 대한 방문판매의 적합성을 결정할 때 고려해야 할 몇 가지 요소가 있다. 첫째, 타깃 시장과 그들의 구매 습관을 평가하는 것이 중요하다. 온라인이나 소매 채널을 통해 제품을 주로 구매하는 경우에는 방문판매가 가장 효과적인 방법이 아닐 수 있다. 그러나 타깃 시장이 나이가 많거나 기술에 익숙하지 않은 경우에는 방문판매가 여전히 실행 가능한 옵션일 수 있다. 또 다른 고려 사항은 판매되는 제품이나 서비스의 복잡성이다. 제품의 가치를 완전히 이해하기 위해 많은 설명이나 시연이 필요한 경우 방문판매가 다른 판매 방법보다 더 효과적일 수 있다. 영업담당자가 잠재고객에게 개인화된 대화형 경험을 제공할 수 있기 때문이다. 제품 또는 서비스의 비용도 고려해야 한다. 방문판매는 일반적으로 영업담당자의 출장, 교육 및 수수료와 관련된 비용을 충당하기 위해 더 높은 수익 마진이 필요하다. 따라서 가격대가 높은 제품이나 서비스에서만 가능할 수 있다. 업계와 회사의 평판을 고려해야 한다. 방문판매는 일부 업계에서 부정적인 평판을 받고 있으며, 잠재고객은 예고 없이 방문하는 영업담당자를 경계할 수 있다. 이러한 경우에는 다른 판매 방법이 고객과의 신뢰 구축에 더 효과적일 수 있다. 제품이나 업종에 대한 방문판매의 적합성은 목표시장, 제품의 복잡성, 비용, 평판 등 여러 요인에 따라 달라진다. 이러한 요소를 철저히 분석하면 방문판매가 특정 제품이나 산업에 적합한 접근 방식인지 여부를 결정하는 데 도움이 될 수 있다.

① 제품 복잡성 : 개인적인 시연이나 설명이 필요한 제품은 방문판매가 더 효과적일 수 있다. 제품이 복잡하거나 그 이점을 이해하기 위해 실제 경험이 필요한 경우 방문판매가 적절한 방법이 될 수 있다. 예를 들어, 자동차와 같이 복잡한 기능을 가진 제품이나 화장품과 같이 실제 사용 경험이 필요한 제품들은 손쉽게 이해할 수 있는 방법이 필요하다. 이러한 경우, 방문 영업담당자가 상품을 직접 보여주고 설명해줌으로써 고객들이 더욱 쉽게 이해할 수 있다. 하지만 제품이 간단하고 다른 방법으로 쉽게 이해할 수 있는 경우, 방문판매는 필요하지 않을 수 있다. 이러한 경우에는 온라인 설명이나 소매 디스플레이와 같은 다른 방법으로 제품을 소개하면 된다. 이렇게 하면 고객들이 집에서 제품을 쉽게 검토하고 비교할 수 있다. 또한 방문판매는 일부 고객들에게는 불편할 수 있다. 일정한 시간에 방문 영업담당자가 찾아와 상품을 소개하면 고객들은 그 시간을 맞춰야 한다. 이에 반해, 온라인 상점에서는 고객들이 원하는 시간에 제품을 검토하고 주문할 수 있다. 온라인 설명이나 소매 디스플레이와 같이 제품이 간단하고 다른 방법으로 쉽게 이해되는 경우 방문판매가 필요하지 않을 수 있다.

② 타깃 시장 : 타깃 시장을 파악하는 것은 방문판매의 성공을 결정하는 데 매우 중요한 역할을 한다. 이를 위해서는 인구 통계, 지리적 위치, 문화적 선호 등의 다양한 요소들을 고려해야 한다.

먼저, 인구 통계적인 측면을 고려해야 한다. 타깃 시장의 연령대, 성별, 소득 수준 등을 파악하여 어떤 제품이나 서비스가 필요한지를 파악할 수 있다. 또한 타깃 시장의 인구 통계적 특징을 고려하여 마케팅 전략을 세울 수 있다.

두 번째로, 지리적 위치를 고려해야 한다. 타깃 시장이 위치한 지역의 교통 체계, 인프라, 경제 상황 등을 파악하여 그에 맞는 방문판매전략을 수립할 수 있다. 지리적 위치를 고려하여 제품이나 서비스의 가격, 판매 방식 등을 조정할 수 있다.

세 번째로, 문화적 선호를 고려해야 한다. 타깃 시장의 문화적 특성을 파악하여 그에 맞는 제품이나 서비스를 제공할 수 있다. 문화적 선호를 고려하여 제품이나 서비스의 디자인, 포장, 광고 등을 조정할 수 있다. 이처럼, 타깃 시장의 다양한 요소들을 고려하여 방문판매전략을 세우는 것이 중요하다. 이를 통해 타깃 시장의 니즈를 파악하고 그에 맞는 제품이나 서비스를 제공하여 성공적인 방문판매를 이끌어낼 수 있다. 예를 들어, 고객이 직접적인 상호작용에 더 쉽게 노출되는 인구 밀도가 높은 지역에서는 방문판매가 더 효과적일 수 있다. 방문판매가 고객의 선호도와 일치하는지 평가하기 위해서는 타깃 시장의 선호도와 구매 습관을 이해하는 것이 중요하다.

③ 고객 접근성: 방문판매는 고객과 직접적으로 대면할 수 있는 판매 방식으로, 잠재고객에게 직접적인 접근을 요구한다. 이 방식은 대개 가정이나 사무실을 방문하여 제품이나 서비스를 소개하고, 판매를 시도한다. 이러한 방식은 고객과의 실제 대면이 이루어지기 때문에 매우 효과적일 수 있다. 하지만, 방문판매를 실시하려면 대상 고객이 쉽게 접근할 수 있는지 여부를 고려해야 한다. 예를 들어, 접근성이 제한된 아파트 단지와 같은 경우는 방문판매의 실현 가능성에 영향을 미칠 수 있다. 권유 규정이 엄격한 지역에서는 방문판매를 실시하기 어렵다는 점도 염두에 두어야 한다. 따라서 방문판매를 성공적으로 실시하기 위해서는 잠재고객에 대한 접근성이 매우 중요하다. 이를 위해, 사전 조사를 통해 대상 고객의 거주지나 근무지 등을 파악하고, 그들이 언제 자유 시간을 가지는지 등을 고려하여 방문 일정을 조정하는 것이 필요하다. 또한 방문판매를 실시할 때는 고객의 요구 사항을 충분히 파악하고, 친절하고 성의 있는 태도로 대처하는 것이 중요하다.

④ 경쟁환경: 해당 산업의 경쟁환경을 분석하는 것은 매우 중요한 일이다. 경쟁

업체가 이미 방문판매를 효과적으로 사용하고 있다면, 해당 방법이 이 산업에서 적합하다는 것을 나타낼 수 있다. 이는 이 업계에서 유효한 판매전략으로 인정받는 것이다. 하지만 경쟁업체가 성공적인 대체 판매 방법을 사용하고 있다면, 해당 방법도 고려할 가치가 있다. 이것은 이 업계에서 새로운 판매전략을 시도하고자 하는 기업에게 큰 도움이 될 것이다. 경쟁업체가 어떻게 고객과 관계를 맺고 있는지 이해하는 것은 이 산업에서 가장 효과적인 판매전략에 대한 통찰력을 제공할 수 있다. 이러한 경쟁업체들의 판매전략을 분석하면서 자신의 제품이나 서비스를 개선하고 발전시키는 것도 중요하다. 경쟁업체들이 제공하는 제품이나 서비스가 어떤 점에서 우수한지, 어떤 부분에서 개선이 필요한지를 파악하고 이를 참고하여 자신의 제품이나 서비스를 향상시키는 것이 필요하다.

⑤ 비용 및 ROI : 방문판매의 비용 효율성과 잠재적 투자수익률(ROI)을 평가해야 한다. 방문판매는 판매팀 고용 및 교육, 출장 비용, 마케팅 자료 등의 비용이 소요되며, 각 상호 작용에 소요되는 시간도 고려해야 할 것이다. 이를 위해서는 잠재적 판매 규모, 수익 마진, 고객 수명 가치 등을 평가하여 방문판매가 다른 판매 방법과 비교하여 긍정적인 ROI를 창출할 수 있는지 여부를 판단해야 한다. 방문판매를 통해 고객과의 관계를 형성하고 유지할 수 있는지, 제품이나 서비스의 장단점을 효과적으로 전달할 수 있는지 등을 고려하여 판매전략을 세워야 한다. 또한 방문판매는 고객에 따라 성공적일 수도 실패할 수도 있다. 따라서 판매팀은 고객의 요구와 선호를 파악하여 맞춤형 제품이나 서비스를 제공하고, 고객의 의견을 수렴하여 서비스의 개선과 발전에 노력해야 한다.

⑥ 법적, 윤리적 고려사항 : 방문판매를 수행하는 동안 법적, 윤리적인 고려사항을 고려해야 한다. 일부 지역에서는 방문 권유에 대한 규제나 제한이 있을 수 있으며, 이를 준수해야 한다. 윤리적인 판매 관행을 준수해야 한다. 고객들의 신뢰를 쌓기 위해서는 정직하고 투명한 방식으로 상품이나 서비스를 제공해야 하며 이를 위해 가격, 상품 설명, 약관 등을 명확하게 제공하고, 고객들의 의견을 존중하며, 잘못된 정보나 과장광고를 하지 않도록 노력해야 한다. 또한 방문판매의 적절성을 결정할 때는 브랜드의 평판과 고객 인식에 미칠 수 있는 잠재적 영향을 고려해야 한다. 만약 브랜드가 이미 고객들에게 나쁜 이

미지를 가지고 있다면, 방문판매를 통해 이를 개선하는 것은 어려울 수 있다. 따라서 방문판매를 수행하기 전에는 브랜드 평판을 분석하고, 고객들이 어떤 인식을 가지고 있는지 파악해야 한다.

이와 함께 고객들의 개인정보 보호에 대한 책임도 중요하다. 방문판매를 수행하는 동안 고객들의 개인정보를 수집하게 된다면, 이를 보호하기 위한 적절한 조치를 취해야 한다. 이를 위해서는 관련 법규를 잘 이해하고 준수해야 한다.

영업실전 사례 6-1

'온라인 방판'에 눈 돌리는 기업들…쪼그라들던 3조 시장 살아날까

후원방문판매업자가 사이버몰을 통해 소비자에게 비대면 영업을 할 수 있도록 지난달 법이 바뀌면서 3조원에 이르는 방문판매 시장이 들썩이고 있다. 아모레퍼시픽 · 리만코리아 등 일부 후원방문판매 기업들도 발 빠르게 움직이고 있다.

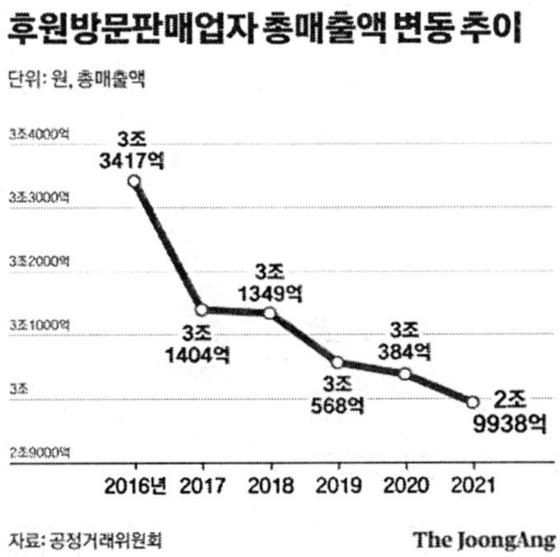

등록 영업담당자 85만 명, 2조 9,938억 원 시장

24일 관련 업계에 따르면 지난달 21일자로 공포된 방문판매 등에 관한 법률에 따라 후원방문판매업자가 본사가 개설 · 운영하는 사이버몰에서 소비자에게 판매하는 게 가능해졌다.

후원방문판매란 영업담당자 가입이 3단계 이상으로 운영되는 다단계판매와 달리, 영업담당자 자신과 그 직하위 영업담당자의 실적에만 후원수당이 지급되는 '후원수당 1단계 지급 방식'을 가진 판매형태다. 주요 상품은 화장품, 건강기능식품, 일반 생활 용품, 상조 상품 등이다.

법 개정안은 제안 이유로 "코로나19 확산 시기 후원방문영업담당자들이 비대면 영업을 하지 못해 심각한 매출 감소에 직면했다"며 "방문 이외에 전자거래에 의한 판매를 할 수 있도록 해 비대면 거래 확산에 따른 변화를 수용하고자 한다"고 밝혔다.

공정거래위원회에 따르면 후원방문판매업자의 매출액 합계는 2조 9,938억 원(2021년도 기준)으로 전년(3조 384억 원) 대비 1.5% 감소하는 등 2016년 이후 감소세다. 등록 영업담당자 수는 85만 명이나 1인당 후원수당 평균지급액은 134만 원 정도로 전년보다 42.7% 줄었다.

방문영업담당자용 커머스몰…MZ 방판에 기회?

법 개정 후 일부 기업은 새로운 시도에 나섰다. 아모레퍼시픽은 뉴커머스(옛 방문판매) 채널의 카운슬러(방문영업담당자)들도 온라인 판매가 가능하도록 이달 중 커머스몰을 열 계획이다. 설화수・헤라・바이탈뷰티 등을 판매하며 고객은 비대면 방식으로 구매가 가능하다. 2040세대를 겨냥해 새로운 회원 체계 기반 디지털 사업 모델도 내놓을 계획이다. 아모레퍼시픽 측은 "MZ세대 카운슬러 유입이 증가하면서 기존 오프라인 영업 뿐 아니라 SNS를 활용해 온라인 상에서 고객 피부 고민을 파악해 맞춤 샘플을 제공하는 등 사업 전환을 시도하고 있다"고 밝혔다. 2만2,000여 명에 이르는 이 회사 카운셀러는 중장년층 여성이 많으나 최근 20・30대가 느는 추세다. 지난 2월 기준 전체 카운셀러 중 20・30대는 4%였으나 최근 6개월 새 새로 유입된 카운셀러 중 20・30대는 16% 정도로 크게 늘었다.

역시 2만2,000여 명의 방문영업담당자를 보유한 LG생활건강은 아직 구체적인 방향을 내놓지 않았다. LG생활건강 관계자는 "앞으로 어떻게 할지 논의중"이라고 말했다.

25만 명 공식몰 방문, 43% 구매

등록 영업담당자 수가 59만 명(2021년 기준)인 화장품업체 리만코리아는 지난 4일 일찌감치 공식몰을 열었다. 대리점장이 온라인 판매를 할 수 있도록 대리점별 고유 링크를 제공해 고객들이 구매 시 해당 링크를 입력하게 했다. 그 결과 보름 여 만인 지난 20일까지 공식몰 방문자 수는 약 25만 명으로, 가입자 중 43%가 제품을 구매했다.

한 대리점장 이모(34)씨는 "이전에는 물건을 쉽게 사기 위해 영업담당자로 등록하는 경우가 많았고, 매출이 어느 정도 이상이어야 매니저가 될 수 있으니 본인이 사재기를 하는 경우도 있었다"며 "공식몰이 생기면서 간편 가입이 가능해져 소비자가 영업담당자로 등록하는 일이 줄고 온라인 공동 구매 사기도 사라질 것 같다"고 말했다.

실제 이 회사 후원방문판매 매출액이 7154억 원(2021년 기준)에 이르는 데 대해 "사재기를 조장하는 판촉 시스템 때문"이란 비판이 제기돼왔다. 소비를 목적으로 하는 회원도 영업담당자로 등록하는 경우가 많았고, 실제 후원수당을 받은 43만 명의 1인당 평균지급액도 40만 원에 불과했다. LG생활건강(790만 원), 아모레퍼시픽(760만 원)에 비해 소액이다.

"다단계처럼 못하게 관리 감독, 법 처벌 강화해야"

다단계처럼 접근하는 영업담당자도 있다는 지적이다. 지난해 12월 리만코리아 방문영업담당자가 됐

다가 사기를 당했다는 김모(41)씨는 중앙일보와의 통화에서 "말이 후원방문판매지 4~5단계씩 다단계처럼 운영하는 사람도 있다"며 "물건을 제때 받으려면 미리 돈을 줘야 한다는 중간판매자에게 속아 8,000만 원을 떼였다"고 피해를 호소했다. 그는 "본사 관리 감독이 잘 안 된다"며 "법 처벌을 강화해야 한다"고 촉구했다.

리만코리아 관계자는 "일부 영업본부에서 부적절한 방식으로 영업을 해 올 상반기 소비자 회원과 사업자 회원을 분리하는 시스템을 준비하고 있다"며 "제도적으로 대리점의 과다 재고 매입을 방지하기 위해 구매 한도를 매월 100만 원으로 제한하고 있다"고 밝혔다.

이와 관련 공정위는 지난 17일 "후원방문판매업자 본사가 개설 · 운영하는 사이버몰에서 소비자를 대상으로 판매하는 경우 다단계판매와 유사한 수준의 의무를 부과한다"며 "확대되는 전자거래 방식에는 최종 소비자 판매 비중에 따른 예외 없이 후원수당 지급 비율 상한(38%), 개별 재화 가격 상한(160만 원), 소비자피해보상보험계약등 체결 의무를 적용한다"고 밝혔다.

이은희 인하대 소비자학과 교수는 "오프라인보다 온라인의 경우 소비자 접근성이 높아지는 만큼 소비자가 쉽게 피해를 당하거나 사기를 당할 가능성도 크다"며 "소비자 피해를 예방하도록 규제를 전체적으로 점검해야 한다"고 말했다.

[출처] 중앙일보, 2023.4.24.

≫ 영업의 새로운 생각

1. 다단계 영업과 후원방문판매영업의 차이는 무엇인가?
2. 후원방문판매영업의 적합한 상품은 어떤 것이 있는가?
3. 방문판매가 온라인과 결합하여 어떻게 진화하고 있는가?

1.2 성공적인 방문판매

방문판매는 개인적인 접촉을 통해 고객과 직접 대면하여 제품을 소개하고 판매하는 대표적인 직접 마케팅 방식 중 하나이다. 이를 성공적으로 수행하기 위해서는 다음과 같은 실무적인 요소들을 고려해야 한다.

(1) 방문고객의 사전조사 및 이해

방문 고객에 대한 사전 조사와 이해는 중요한 부분이다. 고객에 대한 이해 없이는 효과적인 판매와 서비스를 제공할 수 없기 때문이다. 방문하기 전에 고객의 특성, 구매 패턴, 관심사 등을 면밀히 파악하는 것이 중요하다. 고객의 연령, 성별, 직업, 선호도 등의 인구통계학적 정보를 수집하고, 과거 구매 이력과 선호 제품군을 분석할 필요가 있다. 또한 고객이 평소 관심을 가지는 분야와 최근 관심사 등을 조사하여 그에 맞는 제품을 선별할 수 있어야 한다. 이를 통해 고객의 니즈와 요구사항을 보다 깊이 있게 이해할 수 있게 된다. 그리고 이러한 정보를 바탕으로 고객에게 최적화된 제품을 제안하고 효과적인 판매와 서비스를 제공할 수 있게 된다. 이는 고객 만족도 향상으로 이어지며, 장기적으로 고객과의 신뢰관계 구축에도 도움이 될 것이다. 고객에 대한 깊이 있는 이해를 바탕으로 그들의 구체적인 요구사항과 선호도를 파악하면, 고객에게 맞춤형 솔루션을 제시할 수 있다. 이를 통해 고객의 만족도를 높이고 신뢰를 쌓을 수 있다. 성공적인 방문판매를 위해서는 철저한 준비와 끊임없는 노력이 필요하다. 먼저, 목표 고객군을 명확히 설정하고 그들의 요구사항과 구매 패턴을 면밀히 분석해야 한다. 이를 바탕으로 고객의 니즈에 정확히 부합하는 제품과 서비스를 개발하고 제공해야 한다.

또한 영업담당자들에 대한 체계적인 교육과 훈련이 필수적이다. 제품 및 서비스에 대한 깊이 있는 이해를 바탕으로 고객의 요구사항을 정확히 파악하고, 효과적인 설득과 커뮤니케이션 기술을 통해 고객 만족도를 높여야 한다. 뿐만 아니라 고객의 의견을 경청하고 피드백을 적극 수용하여 지속적으로 서비스를 개선해나가는 노력이 중요하다. 더불어 영업담당자의 전문성과 역량 강화를 위해 체계적인 경력 개발 프로그램을 운영하고, 동기부여와 보상체계를 마련해야 한다. 이를 통해 고객에게 차별화된 가치와 최상의 서비스를 제공할 수 있을 것이다.

(2) 방문고객과의 신뢰관계 형성

방문판매에서 고객과의 신뢰관계 형성은 중요하다. 긍정적이고 신뢰적인 관계를 만들기 위해서는 고객의 말에 귀 기울이고 공감하는 자세가 필요하다. 단순히 제품의 장점만을 강조하는 것이 아니라, 제품의 장단점을 솔직하게 공개하여 고객의 신뢰를 얻어야 한다. 이를 통해 고객과의 지속적인 관계 유지가 가능해진다. 특히 고객과의 신뢰를 쌓고 장기적인 관계를 구축하는 것은 방문판매에서 중요한 요소이다. 이를 위해서는 고객의 니즈와 관심사를 깊이 있게 이해하고, 고객의 상황을 세심하게 파악하여 고객 중심적인 서비스를 제공하는 것이 필요하다. 예를 들어, 고객의 가족 상황, 취미활동, 관심사 등을 파악하여 고객에게 더욱 맞춤화된 솔루션을 제안하고 고객 경험을 향상시킬 수 있다.

또한 고객과의 지속적인 커뮤니케이션을 통해 고객의 관심사와 요구사항을 파악하고, 고객의 만족도를 높일 수 있는 방안을 모색해야 한다. 정기적인 방문이나 전화 통화, SNS 활용 등을 통해 고객과 긍정적이고 신뢰하는 관계를 유지해 나가는 것이 성공의 핵심 열쇠가 될 것이다. 이와 더불어 방문판매에 성공하기 위해서는 잘 훈련되고 동기부여가 된 영업팀의 보유가 필수적이다. 영업팀은 판매하는 제품이나 서비스를 깊이 있게 이해하고 있어야 하며, 고객에게 제품의 장점을 효과적으로 전달할 수 있어야 한다. 이를 통해 고객의 신뢰를 얻고 장기적인 관계를 구축할 수 있을 것이다.

(3) 고객반응의 피드백

고객반응의 피드백을 효과적으로 활용하는 것은 기업의 성공을 위해 중요하다. 기업은 고객의 반응과 구매 결정 과정을 면밀히 관찰하고 분석하여 고객의 욕구와 행동 패턴을 깊이 있게 이해할 필요가 있다. 이를 통해 고객의 니즈를 정확히 파악하고 이에 부합하는 맞춤형 판매전략을 수립할 수 있다. 뿐만 아니라, 기업은 고객의 피드백에 귀 기울이고 이를 적극적으로 경청하는 것이 매우 중요하다. 고객의 의견과 제안을 면밀히 검토하여 현재의 제품이나 서비스를 지속적으로 개선하고 혁신할 수 있는 방안을 모색해야 한다. 이러한 노력을 통해 고객 만족도를 높이고, 고객과의 신뢰관계를 강화할 수 있다. 더 나아가 기업은 고객 피드백을 체계적으로 수집하고 데이터베이스화하여 심층적으로 분석할 필요가 있다. 이를 통해 고객의 다양한 니즈와 불만 사항을 종합적으로 파악하고, 이를 바탕으로 미래의 제품 개발과 마케팅 전략에 효과적으로 반영할 수 있다.

이와 같이 고객 반응의 피드백을 적극적으로 활용하는 것은 기업이 고객 중심적 경영을 실천하고 지속가능한 성장을 이루는 데 필수적인 요소이다. 기업은 고객과의 원활한 소통과 피드백 수집을 통해 고객의 니즈를 깊이 있게 이해하고, 이를 바탕으로 고객 맞춤형 제품과 서비스를 제공함으로써 고객 만족도를 지속적으로 향상시킬 수 있다. 이는 기업의 경쟁력 강화와 장기적인 성장에 필수적인 요소라고 할 수 있다.

(4) 지속적 고객관리

지속적인 고객관리는 방문판매 후에도 중요하다. 고객과의 관계를 지속적으로 관리하면 고객 충성도를 높일 수 있으며, 이는 추가 구매로 이어질 수 있다. 구체적으로, 주기적인 연락을 통해 고객과 지속적인 소통을 할 수 있다. 이를 통해 고객의 요구사항을 파악하고 이에 맞는 서비스를 제공할 수 있다. 또한 고객의 생일, 기념일 등 특별한 날에 선물이나 감사 인사를 보내는 등 특별 행사 초청을 통해 고객과의 유대감을 높일 수 있다. 뿐만 아니라 사후 서비스 제공도 중요하다. 제품 사용 중 발생한 문제를 신속하게 해결해 주고, 제품 사용법 안내 등 다양한 사후 서비스를 제공함으로써 고객 만족도를 높일 수 있다. 이는 고객과의 지속적인 관계 유지에 중요한 역할을 한다. 또한 고객과의 유의미한 상호작용을 통해 고객의 니즈와 선호도를 더 깊이 이해할 수 있다. 이를 토대로 고객에게 보다 개인화된 서비스와 제품을 제공할 수 있다. 이는 고객과의 신뢰를 쌓고 장기적인 관계를 유지하는 데 도움이 될 것이다. 나아가 고객의 의견과 피드백을 적극적으로 수렴하여 제품과 서비스를 지속적으로 개선할 수 있다. 이를 통해 고객의 만족도를 높이고 더 나은 고객 경험을 제공할 수 있다.

이러한 지속적인 고객관리 노력은 결과적으로 고객 충성도 향상과 추가 구매로 이어질 수 있다. 기업은 고객과의 장기적인 관계 형성에 힘써야 하며, 이를 통해 지속가능한 성장을 이룰 수 있을 것이다. 이와 같이 방문판매 실무에는 고객에 대한 이해, 신뢰관계 형성, 고객 반응 분석, 지속적인 관리 등 다양한 요소가 복합적으로 작용하게 된다. 이러한 요소들을 체계적으로 관리하고 실행할 때 성공적인 방문판매 활동을 수행할 수 있다.

2. 방문판매영업 프로세스

방문판매 프로세스는 기업이 고객과의 신뢰를 구축하고 제품 및 서비스에 대한 이해를 증진할 수 있는 중요한 방법 중 하나이다. 이러한 방식은 고객과 직접적으로 대화하며 고객의 요구와 니즈를 파악하고 맞춤형 솔루션을 제공할 수 있는 차별화된 장점을 가지고 있다. 이를 통해 기업은 고객의 신뢰를 얻게 되며 고객은 자신에게 맞는 제품과 서비스를 받게 된다. 또한 방문판매는 판매 성과를 향상시키고 추가적인 기회 발굴에도 큰 도움을 준다. 기업은 고객의 요구와 니즈를 파악하고 이에 맞는 제품과 서비스를 제공함으로써 고객의 만족도를 높일 수 있으며, 이는 장기적인 관점에서 기업의 성장에도 긍정적인 영향을 미친다. 방문판매는 고객관계관리에도 큰 역할을 한다. 고객과 직접적으로 대화하며 고객의 의견과 피드백을 수집함으로써 기업은 고객과의 관계를 더욱 강화할 수 있다. 이를 통해 기업은 고객의 요구와 니즈를 더욱 정확하게 파악하고 이를 바탕으로 제품과 서비스를 개선할 수 있으며, 이는 장기적인 관점에서 기업의 성장을 뒷받침한다.

2.1 방문준비 및 접근단계

방문판매의 준비 단계에서는 사전에 충분한 준비가 이루어져야 한다. 먼저 방문할 고객에 대한 정보를 수집하고 분석해야 한다. 고객의 구매 행동, 선호도, 관심사 등을 파악하여 개인화된 접근 전략을 수립할 필요가 있다. 이와 함께 제품 정보, 가격, 프로모션 등 판매에 필요한 세부적인 사항들을 철저히 준비해야 한다. 방문접근단계에서는 고객과의 첫 대면 상황에서 신뢰를 형성하는 것이 중요하다. 고객의 환경과 분위기를 잘 관찰하여 적절한 언어와 태도로 접근해야 한다. 고객의 관심사에 귀 기울이고 공감하는 자세로 대화를 이어나가면서 점진적으로 제품 소개와 구매 제안으로 이어나가는 것이 효과적이다. 이 과정에서 고객의 반응을 지속적으로 관찰하고 피드백을 수용하여 유연하게 대응해 나가는 것이 중요하다.

(1) 방문준비

준비 단계는 성공적인 영업 프로세스의 핵심 요소이다. 원하는 결과를 얻으려면 판매 목표를 달성하는 데 필요한 구체적인 단계와 전략을 설명하는 체계적인 계획을 세우는 것이 필수적이다.

① 목표 설정 : 준비 단계의 첫 번째 단계는 명확하고 구체적인 판매 목표를 설정하는 것이다. 이러한 목표는 전체 비즈니스 목표와 일치해야 하며, 측정 가

능하고 달성 가능하며 현실적이어야 한다. 이러한 목표를 설정하는 것은 모든 영업팀의 성공을 위해 매우 중요하다. 이러한 목표가 설정되면 영업팀은 목표를 달성하기 위해 필요한 단계를 설명하는 계획을 수립해야 한다. 이 계획은 팀에서 사용할 수 있는 리소스, 대상 고객, 경쟁환경을 고려하여 신중하게 수립해야 한다. 영업팀은 영업 목표를 설정하고 계획을 개발하는 것 외에도 제품이나 서비스에 대해 깊이 이해하는 것도 중요하다. 이러한 지식은 잠재고객과 효과적으로 소통하고 궁극적으로 거래를 성사시키는 데 필수적이다. 또한 영업팀은 영업 과정에서 발생할 수 있는 잠재적인 장애물과 문제를 파악하는 것이 중요하다. 여기에는 고객이 가질 수 있는 일반적인 반대를 이해하고 이를 극복하기 위한 전략을 개발하는 것도 포함된다. 마지막으로, 준비 단계에서는 영업성과를 추적하고 분석하는 프로세스를 설정해야 한다. 이를 통해 팀은 목표를 향한 진행 상황을 모니터링하고 개선이 필요한 영역을 파악하며 데이터에 기반한 의사결정을 내려 영업활동을 최적화할 수 있다. 준비 단계는 명확한 목표 설정, 종합적인 계획 개발, 제품 지식 습득, 잠재적인 문제 파악, 영업성과 추적 및 분석 프로세스 구현을 포함하는 영업 프로세스의 중요한 단계이다. 이러한 단계를 수행함으로써 영업팀은 성공 가능성을 높이고 궁극적으로 비즈니스의 수익을 창출할 수 있다.

② 고객 정보 수집 : 제품이나 서비스를 효과적으로 판매하려면 타깃 고객을 파악하는 것이 필수적이다. 잠재고객 또는 기존 고객에 대한 정보를 수집하고 분석하는 것이 중요하다. 이 정보에는 인구통계학적 데이터, 선호도, 구매 행동 및 영업담당자가 고객의 요구에 맞게 접근 방식을 조정하는 데 도움이 되는 기타 관련 요소가 포함될 수 있다. 시장과 목표 고객 그룹에 대한 철저한 이해가 필요하다. 구체적인 목표 고객 그룹을 설정하여 제공되는 제품이나 서비스를 구매할 가능성이 가장 높은 고객에게 시간과 노력을 집중할 수 있도록 하는 것이 중요하다.

목표 고객 그룹이 정해지면 다음 단계는 잠재고객 목록을 작성하는 것이다. 이 목록에는 타깃 고객 그룹에 속하고 제공되는 제품이나 서비스에 관심을 가질 가능성이 있는 모든 개인이 포함되어야 한다. 잠재고객 목록이 작성된 후에는 이 목록을 분석하여 방문 가능성이 가장 높고 구매 가능성이 높은 고객을 파악하는 것이 중요하다. 여기에는 고객의 위치, 이전 구매 행동, 제공 중인 제품이나 서비스에 대한 관심도 등의 요소를 고려해야 한다. 전반적으로 방문판매 프로세스에는 고객 확보 및 선택에 대한 전략적 접근 방식이 필요하다. 목표 고객 그룹을 설정하고 잠재고객 목록을 작성하고 구매 가능성이 가장 높은 고객을 신중하게 선택함으로써 영업담당자는 시간과 노력을 극대화하고 성공 확률을 높일 수 있다.

③ 제품/서비스 이해 : 성공적인 영업을 위해서는 판매 중인 제품이나 서비스에 대한 깊은 이해가 필수적이다. 여기에는 제품이나 서비스의 기능, 혜택, 장점에 대한 이해뿐만 아니라 고객의 요구를 해결하고 고객의 불만을 해결하는 방법도 포함된다. 영업담당자는 잠재고객에게 효과적으로 홍보하기 위해 판매하는 제품이나 서비스에 대한 철저한 지식을 갖추고 있어야 한다. 영업담당자는 제품 지식 외에도 시장과 트렌드에 대한 이해도도 높아야 하며 경쟁사와 제품이나 서비스를 차별화할 수 있는 고유한 판매 포인트를 파악하는 것이 중요하다. 시장 트렌드와 경쟁에 대한 최신 정보를 파악함으로써 잠재고객의 공감을 이끌어낼 수 있는 맞춤형 홍보를 할 수 있다.

또한 성공적인 영업을 위해서는 효과적인 커뮤니케이션 기술이 필수적이다. 영업담당자는 고객의 요구와 우려 사항을 적극적으로 경청하고, 이를 해결할 수 있는 명확하고 간결한 정보로 응답할 수 있어야 한다. 잠재고객과 친밀감을 형성하여 궁극적으로 성공적인 판매로 이어질 수 있는 신뢰와 믿음을 구축할 수 있어야 한다. 결국, 성공적인 영업을 위해서는 제품 지식, 시장 인지도, 강력한 커뮤니케이션 기술이 결합되어야 한다. 영업담당자는 이러한 특성을 갖추고 이를 효과적으로 활용함으로써 제품이나 서비스를 효과적으로 홍보하고 고객과 지속적인 관계를 구축할 수 있다.

④ 영업 스크립트 준비 : 영업담당자가 고객과 효과적으로 소통하려면 영업 스크립트를 준비하는 것이 필수적이다. 영업 스크립트는 영업담당자가 원하는 결과를 이끌어내는 방식으로 고객과의 대화를 구성하는 데 도움이 되는 중요한 도구이다. 영업 스크립트는 영업담당자가 대화를 이끌고 목표를 달성하는 데 사용할 수 있는 미리 작성된 답변과 질문으로 구성되어 있다. 잘 준비된 영업 스크립트는 영업담당자가 집중력을 유지하고 고객과 친밀감을 쌓으며 고객의

〈표 6-2〉 영업 전 준비사항

구분	세부내용
제품 샘플	• 제품이나 서비스의 실제 샘플은 고객에게 가시적인 경험 제공과 흥미 유발
브로슈어와 홍보물	• 제품이나 서비스에 대한 상세한 정보 제공: 주요 특징, 이점, 가격 및 모든 특별 행사나 프로모션 등 • 제품이나 서비스에 따라 할인 쿠폰, 특별 할인 또는 무료 체험 행사와 같은 홍보물
주문 양식 또는 계약서	• 주문 양식 또는 계약서는 고객의 정보, 제품 세부 정보, 가격 및 지불 방법 등 포함
명함	• 영업담당자의 이름, 전화번호, 이메일 주소, 그리고 회사 정보를 포함한 연락처 정보 제공
모바일 기기 또는 태블릿	• 제품 시연을 보여주고, 추가 정보에 액세스하고, 전자 결제를 처리하거나 고객 정보를 디지털로 캡처
신분증 및 자격 증명	• 자신의 합법성을 확립하고 잠재고객과의 신뢰를 구축하는 신분증 및 자격 증명 소지

우려 사항을 효과적으로 해결하는 데 도움이 될 수 있다. 영업 스크립트를 작성하려면 대상 고객과 판매할 제품 또는 서비스에 대한 신중한 고려가 필요하다. 영업담당자는 고객의 요구와 선호도를 이해하고 그에 따라 스크립트를 맞춤화해야 한다. 즉, 고객의 공감을 불러일으키고 고객의 고충을 해결할 수 있는 관련성 있고 설득력 있는 정보를 포함해야 한다. 또한 영업 스크립트는 시장, 고객 선호도, 판매 중인 제품 또는 서비스의 변화를 반영하기 위해 정기적으로 검토하고 업데이트해야 하며 고객의 반응에 따라 즉흥적으로 조정할 수 있을 만큼 유연해야 하며 한다. 이를 통해 스크립트의 관련성을 유지하고 원하는 결과를 달성하는 데 효과적일 수 있다. 영업담당자는 예상치 못한 질문이나 우려 사항을 해결하고 대화의 흐름을 원활하게 유지하기 위해 필요에 따라 스크립트를 수정할 수 있어야 한다. 방문판매 프로세스를 시작하기 전에 영업담당자가 잠재고객과 효과적으로 소통하기 위해 준비해야 할 사항은 〈표 6-2〉와 같다.

판매하는 제품이나 서비스의 성격에 따라 필요한 구체적인 사항이 다를 수 있다. 방문판매 과정에서 영업담당자들은 긍정적이고 전문적인 인상을 주기 위해 준비를 잘 하고 필요한 모든 재료를 사전에 준비해야 한다. 준비 단계는 명확한 목표 설정, 고객 정보 수집, 판매할 제품 또는 서비스 이해, 판매 스크립트 준비 등이 포함되며 영업담당자는 시간을 들여 적절히 준비함으로써 성공 가능성을 높이고 판매 목표를 달성할 수 있다.

(2) 방문접근 단계

방문판매 과정에서 판매자가 직접 고객의 거주지나 사업장을 방문하는 것이 중요한 단계이다. 이 단계에서 판매자는 고객을 직접 만나 제품이나 서비스에 대해 설명하고, 고객의 니즈를 파악하며, 구매에 대한 의사결정을 돕는다. 고객 방문 시 판매자의 친절한 태도와 전문성은 고객의 신뢰를 얻는 데 큰 역할을 한다. 또한 고객의 반응을 실시간으로 확인할 수 있어 맞춤형 판매전략을 수립할 수 있다. 이렇듯 방문판매에서 고객 방문 단계는 실제 구매로 이어지는 핵심적인 과정이라고 할 수 있다.

① 첫인상 및 고객니즈 파악 : 비즈니스에서 좋은 첫인상을 남기는 것은 매우 중요하다. 첫인상은 나머지 상호 작용의 분위기를 결정하고 결과에 큰 영향을 미칠 수 있다. 긍정적이고 친근한 첫인상을 남기려면 훌륭한 커뮤니케이션 기술, 따뜻한 태도, 상대방에 대한 진심 어린 관심을 갖는 것이 중요하다. 좋은 첫인상을 남겼다면 다음 단계는 고객의 니즈를 이해하는 것이다. 이는 효과적인 커뮤니케이션과 적극적인 경청을 통해 달성할 수 있다. 고객과 대화에 참여하고 개방형 질문을 함으로써 고객의 요구와 선호도에 대한 인사이트를 얻을 수 있다. 고객의 구체적인 요청이나 우려 사항을 메모하면서 고객의 말을 주의 깊게 경청하는 것이 중요하다. 고객의 요구 사항을 이해하면 고객의 기대에 더 잘 부합하도록 접근 방식과 권장 사항을 맞춤화할 수 있다. 이는 고객 경험을 개선할 뿐만 아니라 재구매와 긍정적인 추천의 가능성도 높인다. 고객의 요구 사항을 이해하는 것 외에도 상호작용 전반에 걸쳐 탁월한 고객 서비스를 제공하는 것이 중요하다. 여기에는 신속하고 지식이 풍부하며 도움을 주는 것은 물론 약속한 사항을 끝까지 이행하는 것이 포함된다. 기대치를 뛰어넘는 서비스를 제공함으로써 고객에게 지속적인 인상을 남기고 강

력한 관계를 구축할 수 있다.

② 제품/서비스 등의 솔루션 소개 : 고객의 요구에 부응하기 위해 다양한 제품과 서비스 등의 솔루션을 소개한다. 제품이나 서비스를 소개할 때는 고유한 기능, 혜택, 장점을 강조하는 것이 중요하다. 고객이 익숙하지 않을 수 있는 전문 용어나 기술 용어는 피하고 다음과 같이 명확하고 간결한 방식으로 설명해야 한다.

당사의 제품은 고객의 특정 요구 사항을 충족하도록 설계되었으며, 안정적이고 효율적인 최고 품질의 제품을 제공하는 데 큰 자부심을 가지고 있다. 당사의 서비스는 고객에게 최상의 경험을 제공하도록 설계되었으며, 당사의 전문가 팀은 고객이 받은 서비스에 만족할 수 있도록 최선을 다하고 있다. 각 고객마다 고유한 요구사항이 있다는 것을 잘 알고 있으며, 고객과 긴밀히 협력하여 고객의 요구에 가장 적합한 솔루션을 제공하기 위해 노력하고 있다. 예를 들어, 당사 제품의 주요 장점 중 하나는 다용도성이다. 당사의 제품은 산업용에서 상업용에 이르기까지 다양한 용도로 사용할 수 있으며, 다양한 맞춤형 옵션을 제공하여 고객이 자신의 필요에 가장 적합한 제품을 얻을 수 있도록 지원한다. 내구성과 신뢰성이 뛰어나도록 설계되어 고객이 성능에 대한 확신을 가질 수 있다. 제품 외에도 전체 제품 수명 주기 동안 고객을 지원하도록 설계된 다양한 서비스를 제공한다. 초기 상담과 설계부터 설치 및 지속적인 유지보수에 이르기까지 전문가 팀이 고객이 투자를 최대한 활용하는 데 필요한 지원을 제공한다.

고객에게 다가갈 때 염두에 두어야 할 몇 가지 핵심 단계가 있다. 무엇보다도 첫 만남에서 긍정적이고 자신감 있는 태도로 접근하는 것이 중요하다. 이렇게 하면 대화의 분위기를 조성하고 고객이 더 편안하게 느낄 수 있다. 고객과 친밀감을 형성했다면 이제 소통을 시작할 차례이다. 즉, 고객의 말을 적극적으로 경청하고 고객의 요구를 더 잘 이해하기 위해 사려 깊은 질문을 해야 한다. 여기서 목표는 가능한 한 많은 정보를 수집하여 고객의 구체적인 요구와 선호도에 맞게 프레젠테이션을 조정해야 한다.

2.2 협상 및 계약단계

방문판매에서 협상 및 계약단계는 중요한 부분이다. 이 단계에서 판매자와 소비자는 상품에 대한 자세한 내용을 논의하고 구매 조건을 협의하게 된다. 먼저 판매자는 소비자에게 상품의 특성, 가격, 배송 및 환불 정책 등을 자세히 설명한다. 소비자는 이를 바탕으로 상품에 대한 정확한 정보를 얻게 되고, 구매의사결정을 내리게 된다. 이후 양측은 구매 수량, 결제 방식, 배송 일정 등 구체적인 계약 사항을 협의하게 된다. 소비자의 요구사항을 최대한 반영하여 합의점을 찾아내는 것이 중요하다.

(1) 협상단계

협상의 첫 번째 단계는 고객의 의견을 경청하고 고객의 관점을 존중하는 것이다. 이는 성공적인 협상을 위해 필수적인 상호 존중과 이해의 토대를 구축하는 데 도움이 되므로 매우 중요하다. 고객의 관점을 인정하고 공통점을 찾기 위해 노력함으로써 강력한 관계를 구축하고 협상을 위한 긍정적인 분위기를 조성할 수 있다. 고객의 질문에 명확하고 정확한 답변을 제공하는 것 외에도 고객의 반응을 관찰하고 대응하는 것도 중요하다. 고객이 제품이나 서비스에 어떻게 반응하는지에 주의를 기울이면 고객의 요구와 선호도에 대한 귀중한 인사이트를 얻을 수 있다. 이 정보는 제품이나 서비스를 개선하거나 고객의 요구를 더 잘 충족시키기 위해 마케팅 및 판매 활동을 맞춤화하는 데 사용할 수 있다. 다음 단계는 고객과 영업담당자가 모두 이익을 얻을 수 있는 윈윈 상황을 만들기 위해 노력하는 것이다. 이를 위해서는 창의력, 유연성, 타협할 줄 아는 자세가 필요하다. 다양한 옵션을 탐색하고 양측의 요구를 모두 충족할 수 있는 방법을 찾으면 관련된 모든 사람이 만족할 수 있는 솔루션을 만들 수 있다.

상생(win-win) 상황을 만드는 데 있어 가장 중요한 요소 중 하나는 고객의 요구와 욕구를 이해하는 것이다. 이를 위해서는 적극적인 경청과 고객의 입장에서 생각하려는 의지가 필요하다. 고객의 관점을 이해하면 고객의 요구를 충족하는 동시에 영업담당자에게도 도움이 되는 솔루션을 찾기가 더 쉬워진다. 또 다른 중요한 요소는 틀에 박힌 사고에서 벗어나 색다른 솔루션을 고려하는 능력이다. 때로는 직관에 반하는 것처럼 보이는 솔루션이 실제로는 서로 윈윈할 수 있는 가장 효과적인 방법일 수 있다. 이를 위해서는 위험을 감수하고 새로운 접근 방식을 시도하려는 의지가 필요하다. 영업담당자는 고객의 요구와 관심사에 대한 헌신을 보여줌으로써 고객의 신뢰와 충성도를 얻을 수 있다. 이는 결국 반복적인 비즈니스와 긍정적인 입소문 추천으로 이어져 비즈니스 성장과 수익성 향상에 도움이 될 수 있다. 상호 상생 상황을 만들기 위해 노력함으로써 신뢰할 수 있는 조언자이자 문제 해결사로서 명성을 쌓아 업계 리더로서 비즈니스를 구축하는 데 도움을 줄 수 있다. 가격 협상은 모든 비즈니스 거래에서 매우 중요한 부분이다. 품질이나 가치를 훼손하지 않으면서도 양측 모두에게 공정하고 합리적인 가격을 찾는 것이 중요하다. 상호 수용 가능한 가격을 찾기 위해 함께 노력함으로써 고객과 장기적인 관계를 구축하고 비즈니스에 대한 긍정적인 평판을 만들 수 있다. 성공적인 협상을 위해서는 신중하고 사려 깊은 접근이 필요하다. 고객의 의견을 존중하고, 서로 윈윈할 수 있도록 노력하며, 공정하게 가격을 협상함으로써 관련된 모든 사람에게 긍정적인 결과를 만들 수 있다. 이러한 기술을 통해 고객과 강력한 관계를 구축하고 비즈니스에서 장기적인 성공을 거둘 수 있다.

(2) 계약 체결 단계

계약을 체결할 때는 관련된 모든 당사자가 이용약관을 명확히 이해하는 것이 중요하다. 이는 계약의 세부 사항을 서면 계약서에 명시함으로써 달성할 수 있다. 계약서에는 각 당사자의 책임, 계약 기간, 지불 조건 및 기타 관련 정보와 같은 세부 사항이 포함되어야 한다. 계약조건이 확정되면 모든 당사자가 계약서에 서명해야 한다. 이는 계약의 법적 문서화 역할을 하며 향후 발생할 수 있는 잠재적인 오해나 분쟁을 예방할 수 있다.

계약 체결에 있어서 첫 번째 단계는 계약에 관련된 당사자를 식별하는 것이다. 여기에는 구매자와 판매자 또는 서비스 제공업체와 고객이 포함된다. 당사자가 확인되면 다음 단계는 계약조건을 협상하는 것이다. 여기에는 작업 범위, 일정, 지불 조건 및 기타 관련 세부 사항에 대한 논의가 포함된다. 계약조건이 합의되면 다음 단계는 계약서 초안을 작성하는 것이다. 여기에는 합의된 모든 이용 약관을 서면으로 작성하고 계약 문서를 작성하는 것이 포함된다. 계약 문서는 명확하고 간결해야 하며 필요한 모든 세부 사항을 포함해야 한다. 계약 문서가 준비되면 양 당사자가 이를 꼼꼼히 검토할 차례이다. 이를 통해 양 당사자가 계약의 약관을 숙지하고 이에 동의하는지 확인한다. 양 당사자가 계약서를 검토하고 승인하면 다음 단계는 계약서에 서명하는 것이다. 계약서 서명은 계약 체결 절차의 마지막 단계이다. 여기에는 양 당사자가 계약 문서에 서명을 하여 계약조건에 동의함을 표시하는 것이 포함된다. 계약서에 서명하면 법적 구속력이 발생하며 양 당사자는 계약의 각 부분을 이행해야 할 의무가 있다.

2.3 고객 A/S 및 관계관리

방문판매계약 체결 후에는 지속적으로 고객과의 관계를 유지하는 것이 중요하다. 이를 위해서는 정기적으로 고객을 방문하여 제품 사용 만족도를 확인하고, 필요한 경우 추가적인 제품 구매 또는 서비스를 제공하는 등 고객의 요구사항을 파악하여 대응하는 것이 필요하다. 고객지원과 관계 유지를 위해서는 고객 A/S 관리, 고객응대 교육, 고객관계관리 등 다각적인 노력이 필요할 것이다. 이를 통해 고객과의 신뢰와 유대감을 형성하고 지속적인 거래 관계를 유지할 수 있을 것이다.

(1) 고객 A/S 관리

고객 A/S 관리는 기업이 고객과의 긍정적이고 신뢰로운 관계를 구축하고, 나아가 장기적인 고객 만족도 향상을 위해 중요하다. 단순히 제품이나 서비스를 판매하는 것을 넘어서, 고객의 다양한 요구사항과 불편사항을 지속적으로 경청하고 신속하게 대응하는 것이 필요하다. 고객 A/S 관리에는 여러 가지 세부적인 활동이 포함된다. 먼저 정기적인 고객 방문 및 전화 상담을 통해 고객의 만족도와 불편사항을 파악해야 한다. 고객이 제기한 문제에 대해서는 신속하게 대응하여 해결책을 제시하고, 필요한 경우 추가적인 조치를 취해야 한다.

① 사전 예방적 관리 : 고객이 구매한 제품이나 서비스의 사용 과정을 지속적으로 관찰하고 분석하여 잠재적인 문제를 미리 파악하고 해결하는 것을 의미한다. 이를 위해 정기적인 점검과 관리가 필요하다. 예를 들어, 자동차 제조업체의

경우 고객들이 구매한 차량의 주행 정보, 점검 기록, A/S 내역 등을 종합적으로 모니터링한다. 이를 통해 특정 부품의 고장 가능성이나 차량 모델별 문제점 등을 사전에 파악할 수 있다. 그리고 이러한 정보를 바탕으로 정기점검 주기를 조정하거나 리콜 캠페인을 실시하는 등 능동적으로 대응할 수 있다. 이처럼 사전 예방적 관리는 고객의 문제 발생을 최소화하고 만족도를 높일 수 있다. 또한 기업 입장에서도 사후 처리에 드는 비용을 절감할 수 있어 윈-윈 전략이 될 수 있다. 따라서 기업은 고객 데이터 분석 역량을 강화하고 체계적인 모니터링 시스템을 갖추는 것이 중요하다.

② 고객 의견 수렴 및 반영 : 기업은 고객의 진정한 니즈와 요구사항을 파악할 수 있으며, 이를 기반으로 더 나은 제품과 서비스를 제공할 수 있다. 특히 복잡한 제품이나 솔루션의 경우, 고객의 의견을 적극적으로 수렴하여 의사결정에 반영하는 것이 중요하다. 고객과의 긍정적인 소통을 통해 프로젝트 방향을 함께 수립하고, 잠재적인 문제를 사전에 해결할 수 있다. 또한 고객 의견 수렴 및 반영 프로세스를 체계화하고 지속적으로 개선해 나가는 노력이 필요하다. 단순히 고객의 피드백을 수집하는 것에 그치지 않고, 이를 적극적으로 수용하고 분석하여 서비스와 프로세스를 개선해 나가야 한다. 이를 통해 고객 만족도를 지속적으로 향상시킬 수 있다. 더 나아가 고객과의 긍정적인 상호작용과 피드백 반영을 통해 고객들이 기업에 대한 신뢰를 갖게 되면, 이는 기업의 브랜드 가치 향상과 고객 충성도 제고로 이어질 수 있다. 따라서 고객 의견 수렴 및 반영은 기업이 고객의 진정한 니즈를 파악하고, 고객 만족도를 높이며, 장기적인 관점에서 고객과의 신뢰관계를 구축하는 데 있어 핵심적인 요소라고 할 수 있다.

(2) 고객의 교육훈련

고객 교육훈련의 중요성은 점점 더 증가하고 있다. 복잡해지는 제품과 솔루션을 효과적으로 사용하기 위해서는 단순히 제품을 판매하는 것만으로는 부족하다. 고객이 구매한 제품이나 서비스를 충분히 이해하고 활용할 수 있도록 지속적인 교육과 지원이 필수적이다. 이를 통해 고객은 제품 및 서비스에 대한 이해도를 높일 수 있고, 실제 사용 시 겪을 수 있는 어려움을 최소화할 수 있다. 더 나아가 고객 교육훈련은 고객 만족도와 충성도 향상에도 기여할 수 있다. 만족스러운 사용 경험을 제공함으로써 고객은 해당 기업이나 브랜드에 대한 신뢰도를 높일 수 있게 된다. 특히 최근 들어 제품과 솔루션의 복잡성이 점점 높아지고 있어, 이에 대한 효과적인 고객 교육이 더욱 중요해지고 있다. 단순한 매뉴얼 배포를 넘어서, 대면 교육, 온라인 등 다양한 교육 방식을 활용하여 고객의 이해도와 활용도를 높이는 것이 필요하다. 이를 통해 기업은 고객 만족도를 극대화하고, 장기적으로 고객과의 신뢰관계를 구축할 수 있을 것이다. 특히 기술이 빠르게 발전하는 시대에 고객 교육은 기업의 경쟁력을 높이는 데 있어 중요한 요소가 될 것으로 보인다. 따라서 기업은 고객 교육에 대한 투자와 관심을 지속적으로 늘려나가야 할 것이다.

(3) 고객관계관리

방문판매 업체에서 고객과의 관계관리는 사업 성공을 위한 핵심 요소라고 할 수 있다. 고객과의 긍정적이고 지속가능한 관계를 만들어나가기 위해서는 다각적인 노력이 필요하다. 정기적인 커뮤니케이션을 통해 고객의 소리에 귀 기울이는 것이 중요하다. 고객의 요구사항과 피드백을 꾸준히 수집하고 분석하여 신속하게 대응함으로써 고객의 만족도를 제고할 수 있다. 특히 고객의 불만사항을 신속하게 해결하고, 제공된 서비스에 대한 고객의 만족 여부를 확인하는 것이 핵심적이다. 이를 통해 고객과의 신뢰관계를 구축하고 유지할 수 있다. 또한 개인화된 서비스와 혜택 제공은 고객 만족도 향상에 큰 도움이 된다. 고객의 구매 패턴과 성향을 심층적으로 분석하여 고객 개인의 니즈에 최적화된 상품과 서비스를 제공하는 것이 중요하다. 이를 통해 고객의 충성도를 높이고 지속적인 거래 관계를 유지할 수 있다. 더불어 체계적인 고객정보관리 시스템(CRM)을 구축하는 것도 필수적이다. 고객 데이터베이스를 체계적으로 관리하여 고객과의 상호작용 이력을 추적하고, 이를 토대로 고객 맞춤형 마케팅 전략을 수립할 수 있다. 이를 통해 고객과의 관계를 한층 강화하고 지속가능한 비즈니스 모델을 구축할 수 있다.

이처럼 방문판매 기업은 고객과의 긍정적인 관계 형성과 관리에 주력함으로써 장기적인 성장과 발전을 도모할 수 있다. 고객 만족도 제고와 신뢰 구축은 방문판매 사업의 핵심 경쟁력이라고 할 수 있으며, 이를 위한 기업의 지속적인 노력이 필요할 것이다.

3. 방문판매영업 관리

방문판매는 고객과의 직접적인 상호작용을 통해 이루어지기 때문에, 영업관리자의 역량이 매우 중요하다. 영업관리자는 영업담당자들의 실적 관리, 고객 관리, 마케팅 전략 수립 등 다양한 역할을 수행해야 한다. 실적 관리의 경우, 영업 직원들의 실적을 주기적으로 모니터링하고 분석하여 목표 달성을 위한 활동을 지원해야 한다. 또한 고객 관리 측면에서는 고객의 요구사항을 파악하고 이를 바탕으로 맞춤형 서비스를 제공해야 한다. 나아가 마케팅 전략 수립을 통해 새로운 고객을 유치하고, 기존 고객과의 관계를 강화할 수 있는 방안을 모색해야 한다.

이와 같이 방문판매영업 관리는 다양한 역할과 책임을 수행하며, 기업의 지속가능한 성장을 위해 필수적인 부분이라고 할 수 있다. 따라서 기업은 우수한 영업 관리 인력을 확보하고, 체계적인 영업 관리 시스템을 구축할 필요가 있다. 방문판매영업 관리의 주요 업무는 영업담당자 관리, 영업 프로세스 관리, 영업활동지원, 영업성과관리 등이다.

3.1 영업담당자 관리

기업은 우수한 영업 인재를 확보하고 관리하는 것이 중요하다. 영업 인재는 기업의 성과에 직접적인 영향을 미치므로, 이들을 효과적으로 채용하고 육성하는 것이 핵심이다.

(1) 우수한 영업인력 채용

기업의 영업 경쟁력은 우수한 영업 인재에 의해 크게 좌우된다. 영업팀은 기업과 고객을 연결하는 핵심 부서이기 때문에, 전문성과 고객지향성을 갖춘 우수한 인력을 확보하는 것이 중요하다. 이를 통해 기업은 고객의 요구사항을 효과적으로 파악하고, 최적의 솔루션을 제공할 수 있다. 또한 영업팀의 역량 강화는 기업의 매출 증대와 시장점유율 확대로 이어져, 장기적인 기업 성장의 밑거름이 된다. 기업은 우수한 영업 인재를 확보하기 위해 다각도의 노력을 기울여야 한다. 온라인 구인 플랫폼과 학교와의 협력을 통해 폭넓은 지원자 풀을 확보해야 한다. 이와 함께 경쟁력 있는 보상체계와 복리후생 정책을 마련하여 우수 인재들을 유치할 수 있어야 한다. 예를 들어, 기본 급여 외에도 성과급, 인센티브, 교육 지원 등 다양한 혜택을 제공함으로써 동기부여와 직무 만족도를 높일 수 있다.

채용 과정에서는 지원자들의 능력을 면밀히 검증하는 것이 중요하다. 구조화된 면접과 다양한 상황 면접을 통해 전문성, 고객지향성, 의사소통 능력 등의 핵심 역량을 평가해야 한다. 실제 업무 수행에 필요한 실무 능력을 테스트하는 등 지원자들의 종합적인 역량을 면밀히 검토해야 한다. 이러한 엄격한 선발 프로세스를 통해 기업은 입사 후에도 우수한 성과를 낼 수 있는 인재를 확보할 수 있다. 이와 같은 노력을 통해 기업은 우수한 영업인력을 확보할 수 있게 된다. 이는 곧 기업의 영업 경쟁력 향상으로 이어지며, 나아가 기업의 지속가능한 성장을 도모할 수 있다. 또한 우수 인재들에게 성장의 기회와 비전을 제공함으로써, 장기적으로 기업에 대한 충성도와 소속감을 높일 수 있다. 결과적으로 기업은 우수 영업인력 확보를 통해 시장 지배력을 강화하고, 고객 만족도를 높여 나갈 수 있다.

(2) 영업인력의 교육 및 코칭

기업의 영업성과 향상을 위해서는 영업인력에 대한 체계적이고 지속적인 역량 강화 활동이 필수적이다. 이를 위해서는 다음과 같은 전략적 접근이 필요하다.

첫째, 신입사원과 경력사원을 대상으로 차별화된 교육 프로그램을 운영해야 한다. 신입사원에게는 기본적인 오리엔테이션과 함께 제품, 서비스, 영업 프로세스 등에 대한 체계적인 교육을 실시하여 업무 역량을 빨리 갖출 수 있도록 지원해야 한다. 경력사원의 경우에는 고객 관리, 협상 기술, 영업 전략 등 실무 역량 향상을 위한 교육을 정기적으로 제공하여 영업성과를 높일 수 있도록 해야 한다.

둘째, 우수사례 공유와 멘토링 프로그램을 통해 선배 직원들의 노하우를 후배 직원들에게 전수할 수 있는 기회를 제공해야 한다. 이를 통해 영업인력 간 경험 공유와 협력을 활성화하여 전체적인 영업 역량 향상으로 이어질 수 있다.

셋째, 우수 영업담당자에 대한 적절한 보상과 승진 기회를 제공하여 이직을 방지하고 장기적으로 기여할 수 있도록 유도해야 한다. 이를 통해 영업인력의 동기부여와 생산성 향상을 도모할 수 있다.

이러한 체계적인 교육, 코칭, 동기부여 등 다각적인 인재 육성 전략을 통해 영업

인력의 전문성과 생산성을 지속적으로 향상시켜 나가는 것이 중요할 것이다. 이를 통해 기업은 영업 조직의 경쟁력을 강화하고 지속가능한 성장을 도모할 수 있을 것이다.

(3) 영업인력의 성과평가

기업은 우수한 영업 인재 확보와 체계적인 교육, 효과적인 성과 관리로 영업 역량을 강화해야 한다. 개인별 목표 설정과 다양한 평가 지표를 활용한 정기적인 성과 평가를 통해 영업담당자의 동기와 역량을 높일 수 있다. 특히, 연간 목표 설정 시 매출 목표뿐만 아니라 고객 만족도, 신규 고객 유치, 고객 유지율 등 다양한 지표를 고려하여 균형 잡힌 평가 체계를 구축해야 한다. 또한 실적뿐 아니라 고객 관리와 조직 기여도 등을 종합적으로 평가하여 우수 인재에 대한 보상 제도를 마련해야 한다. 연봉 인상, 성과급 지급, 승진 기회 제공 등 다양한 보상 방안을 고려하여 우수 영업담당자들이 지속적으로 동기부여 될 수 있도록 해야 한다. 더불어 우수 사례를 공유하고 벤치마킹할 수 있는 기회를 제공함으로써 모든 영업담당자들의 역량 향상을 도모해야 한다. 이와 더불어, 근태 관리와 윤리 강령 수립으로 건강한 조직 문화를 만들어 나가는 것이 중요하다. 개인의 업무 생산성과 함께 업무 만족도, 팀워크, 회사에 대한 신뢰도 등을 고려하여 종합적인 근태 관리체계를 수립해야 한다. 또한 부패 행위 근절, 고객 정보 보호, 이해 상충 방지 등 윤리 강령을 수립하고 이를 엄격히 준수하도록 해야 한다. 이를 통해 기업은 지속가능한 성장과 발전을 이룰 수 있을 것이다.

3.2 영업 프로세스 관리

영업담당자의 체계적인 영업 프로세스 관리는 기업의 성과 향상을 위해 매우 중요한 요소이다. 다음과 같은 방법을 통해 영업 프로세스를 더욱 체계화하고 효율화할 수 있다.

(1) 방문 영업 일정 및 경로 계획 수립

영업담당자의 효율적인 시간 활용을 위해 체계적인 방문 일정과 경로 계획이 중요하다. 이를 통해 고객 방문 시간을 최적화할 수 있다. 예를 들어, 동일한 지역에 있는 고객들을 연속적으로 방문하거나, 거리가 가까운 고객들을 묶어서 일정을 정하면 불필요한 이동 시간을 줄일 수 있다. 또한 지리적 인접성을 고려한 경로 계획으로 이동 거리를 최소화하면 연료비와 차량 운행 비용을 절감할 수 있다. 이를 위해서는 고객 위치 정보와 지도 데이터를 활용하여 최적의 경로를 산출하는 것이 도움이 된다. 최적화된 경로를 통해 이동 거리를 줄이면 탄소 배출량도 감소시킬 수 있어 환경친화적인 효과도 있다.

체계적인 방문 일정과 경로 관리는 영업담당자의 생산성 향상에도 큰 도움이 된다. 이를 통해 더 많은 고객을 효과적으로 방문할 수 있으며, 시간을 효율적으로 활용할 수 있다. 결과적으로 영업 실적 향상으로 이어질 수 있다. 이와 더불어, 방문 일정 및 경로 계획을 위한 기술적 지원도 중요하다. 위치 기반 서비스와 최적화 알고리즘을 활용하면 최적의 방문 경로를 제시할 수 있다. 영업담당자의 효율적인 시간 관리는 고객 만족도 향상과 매출 증대로 이어진다. 이를 위해서는 체계적인 방문 계획 수립, 첨단 기술 활용, 그리고 지속적인 개선 노력이 필요하다. 이를 통해 영업담당자는 보다 효과적으로 고객을 관리하고 영업성과를 높일 수 있을 것이다.

(2) 방문판매의 영업 경로 최적화

효율적인 영업 경로 설계는 방문판매 기업에게 중요한 과제이다. 이를 통해 영업담당자의 이동 시간과 비용을 크게 줄일 수 있기 때문이다.

첫째, 잠재고객의 지리적 분포를 면밀히 분석하는 것이 중요하다. 이를 통해 고객들이 어느 지역에 집중되어 있는지, 어떤 지역에 더 많은 영업 자원을 투입해야 하는지를 파악할 수 있다. 예를 들어, 특정 도시나 지역에 고객이 밀집되어 있다면 해당 지역을 중심으로 영업 경로를 설계하는 것이 효율적일 것이다. 이러한 지리적 분석은 최적의 영업 경로 설계를 위한 기초 자료로 활용된다.

둘째, 다양한 최적화 알고리즘을 활용하여 경로를 설계해야 한다. TSP(Traveling Salesman Problem) 알고리즘은 대표적인 예로, 이를 통해 방문해야 할 고객들을 가장 효율적으로 연결할 수 있는 경로를 찾아낼 수 있다. 이러한 최적화 작업을 통해 영업담당자의 이동 거리와 시간, 연료 비용 등을 크게 절감할 수 있다.

마지막으로, 설계된 영업 경로에 대한 시뮬레이션을 수행하고 개선 방안을 모색해야 한다. 실제 상황에서 발생할 수 있는 예상치 못한 변수들, 예를 들어 교통 상황, 고객의 요구 변경, 긴급 상황 발생 등을 고려하여 경로를 검토하고 수정해야 한다. 이를 통해 보다 안정적이고 신뢰성 있는 영업 경로를 구축할 수 있다.

방문판매 기업은 이와 같은 체계적인 영업 경로 최적화 프로세스를 통해 고객 방문의 효율성을 높이고, 결과적으로 영업성과 향상에 기여할 수 있다. 이는 곧 기업의 경쟁력 제고로 이어질 것이며, 궁극적으로는 고객 만족도 향상으로 이어질 수 있다.

(3) 고객 데이터베이스 관리 및 활용

고객 데이터베이스 관리 및 활용은 기업에 있어 중요한 요소 중 하나이다. 체계적인 고객정보관리와 분석은 기업이 고객 중심의 경영을 실현하는 데 핵심적인 역할을 한다.

우선 고객 정보, 구매 패턴, 불만사항 등을 꼼꼼히 기록하고 관리하는 것이 필요하다. 이를 통해 고객의 요구사항과 선호도를 파악할 수 있다. 또한 고객 서비스 개선을 위한 피드백 자료로 활용할 수 있다. 이렇게 수집된 데이터를 분석하면, 고객 특성에 맞는 맞춤형 마케팅 전략을 수립할 수 있다. 예를 들어, 구매 패턴 분석을 통해 개인화된 제품 추천 서비스를 제공하거나, 불만사항 분석을 통해 고객 불편을 해소하는 방안을 마련할 수 있다. 나아가 고객 데이터베이스에 대한 예측 분석을 수행하면, 잠재고객 발굴 및 신규 시장 개척에도 활용할 수 있다. 예를 들어, 고객의 구매 가능성, 이탈 가능성 등을 분석하여 효과적인 영업 전략을 수립할 수 있다. 이처럼 체계적인 고객 데이터베이스 관리와 활용은 기업이 고객 중심의 경영을 실현하고, 경쟁력을 강화하는 데 핵심적인 역할을 한다. 기업은 지속적인 데이터 수집과 분석을 통해 고객 니즈를 파악하고, 이를 바탕으로 혁신적인 서비스와 제품을 개발해 나갈 수 있다.

(4) 영업활동 기록 및 분석

효과적인 영업활동을 위해서는 고객과의 모든 접촉 내역, 제품 상담 내용, 가격 협상 과정 등을 상세히 기록하고 체계적으로 관리하는 것이 중요하다. 이렇게 축적된 데이터를 정기적으로 분석하면 고객의 니즈와 행동패턴을 파악할 수 있어, 이를 기반으로 영업 전략을 수립하고 프로세스를 개선할 수 있다. 특히 분기별 또는 연간 단위로 영업 실적 분석, 고객 유형별 관리 현황 파악, 신규 고객 개발 추이 확인 등의 작업을 통해 보다 체계적인 영업 관리가 가능하다. 이를 통해 성공적인 영업 전략을 수립하고 실행할 수 있게 된다. 예를 들어, 최우수 고객에게는 특별 우대 혜택을 제공하고, 신규 고객 개발이 더딘 지역에 집중적인 마케팅을 펼치는 등의 영업 전략을 수립할 수 있다. 더 나아가 최근 AI 기술의 발달로 인해 영업활동 기록, 고객 정보, 매출 데이터 등을 자동으로 수집하고 분석하는 시스템을 구축할 수 있게 되었다. 이를 통해 영업 현장의 업무 부담을 크게 줄일 수 있으며, 데이터 기반의 의사결정으로 보다 신속하고 정확한 판단이 가능해진다. 또한 고객 세분화, 맞춤형 마케팅, 효율적인 리소스 배분 등이 가능해져 영업 프로세스 전반의 혁신을 기대할 수 있다. 이처럼 영업활동에 대한 체계적인 기록과 데이터 분석은 고객 이해도를 높이고, 효과적인 영업 전략 수립을 가능하게 하며, 나아가 디지털 기술을 활용한 영업 프로세스 혁신으로 이어질 수 있다. 이를 통해 기업은 보다 경쟁력 있는 영업 역량을 갖출 수 있게 될 것이다.

(5) 영업 프로세스 모니터링 및 개선

영업 프로세스를 지속적으로 모니터링하고, 다양한 채널을 통해 피드백을 수집하여 프로세스를 개선한다. 이를 통해 영업담당자의 업무 효율성을 높이고, 고객 만족도를 향상시킬 수 있다. 특히 정기적인 프로세스 리뷰와 데이터 분석을 통해 문제점을 면밀히 파악하고 개선 방안을 마련할 수 있다. 고객 불만 사항 분석, 영업담당자 인터뷰, 영업 실적 데이터 검토 등을 통해 프로세스의 비효율성이나 불편사항을 종합적으로 분석할 수 있다. 이를 바탕으로 프로세스 재설계, 업무 자동화, 영업 지원 시스템 도입 등 다양한 개선 활동을 수행할 수 있다. 또한 프로세스 개선 과정에서 영업담당자의 의견을 적극 경청하고 반영하여 실효성 있는 개선이 이루어지도록 해야 한다. 영업 현장의 목소리에 귀 기울이고 현장의 요구사항을 면밀히 파악함으로써 실제로 업무 효율성을 높일 수 있는 맞춤형 개선 방안을 마련할 수 있다. 이를 통해 영업담당자들의 능동적인 참여와 협력을 이끌어낼 수 있으며, 나아가 조직 전반의 영업 역량 향상으로 이어질 수 있다.

아울러 프로세스 개선 실행 후에도 지속적인 모니터링과 성과 평가를 통해 개선

효과를 점검하고, 필요 시 추가적인 조치를 취할 수 있다. 이렇게 지속적인 프로세스 혁신 노력을 기울여야만 고객 만족과 영업 경쟁력 강화라는 목표를 달성할 수 있을 것이다. 이와 같은 노력을 통해 영업담당자는 체계적이고 효과적인 영업활동을 수행할 수 있다. 이는 곧 기업의 영업성과 향상으로 이어질 뿐만 아니라, 고객 만족도 제고와 지속가능한 성장을 이루는 데에도 기여할 것이다.

3.3 영업지원과 성과관리

기업이 성장하기 위해서는 다양한 영업지원활동이 필수적이다. 영업지원활동의 핵심은 영업조직의 역량을 강화하고 영업 프로세스를 체계화하여 영업성과를 극대화하는 것이다.

(1) 영업지원활동

영업지원활동은 기업의 영업팀이 고객과의 접점에서 보다 효과적이고 체계적으로 업무를 수행할 수 있도록 다양한 방면에서 지원하는 필수적인 활동이다. 이는 영업팀의 핵심 업무에 집중할 수 있도록 돕고, 전체적인 영업 프로세스를 체계적으로 관리할 수 있게 한다.

구체적으로 살펴보면, 고객정보 관리와 데이터베이스 구축, 영업 자료 준비 및 마케팅 자료 제작, 견적서와 계약서 작성 지원, 배송 및 A/S 관리, 영업성과 분석 등의 다양한 업무가 포함된다. 이를 통해 영업팀은 실제 영업활동에 집중할 수 있게 되며, 보다 효율적인 영업활동을 수행할 수 있다. 더불어 영업지원활동은 영업 교육 지원이나 마케팅 자료 제작과 같이 간접적으로 영업활동을 지원하는 업무도 포함한다. 이는 영업팀의 전문성과 업무 효율성을 높이는 데 기여하여, 결과적으로 영업성과 향상으로 이어질 수 있다. 특히 최근 들어 기업의 경쟁이 더욱 치열해지면서, 영업지원활동의 중요성이 더욱 부각되고 있다. 이는 기업의 핵심 경쟁력인 영업 역량을 강화하는 데 있어 필수적인 요소이기 때문이다. 따라서 기업들은 보다 체계적이고 전문화된 영업지원활동을 통해 영업팀의 업무 효율성을 높이고, 나아가 기업의 영업 경쟁력 향상을 도모해야 할 것이다.

또한 영업지원활동의 중요성은 단순히 영업팀의 업무 부담을 줄이는 것 이상의 의미를 가지고 있다. 이는 고객과의 원활한 소통과 관계 관리에 있어 핵심적인 역할을 한다. 체계적인 고객정보 관리를 통해 기업은 고객의 요구사항을 사전에 파악하고, 이에 맞춘 맞춤형 서비스를 제공할 수 있다. 이는 고객 만족도 향상뿐만 아니라, 장기적인 고객관계 구축에도 기여한다. 고객과의 긍정적인 관계 형성은 기업의 이미지 제고와 신뢰도 구축에 도움이 되어, 결과적으로 기업 성장에 긍정적인 영향을 미치게 된다. 더 나아가 영업지원활동은 기업 내부의 다른 부서와의 협업 강화에도 도움이 된다. 마케팅, 배송, A/S 등 각 부서와의 긴밀한 협조를 통해 영업 프로세스 전반을 체계화하고, 시너지 효과를 창출할 수 있다. 이는 기업 전체의 운영 효율성 향상으로 이어져, 결과적으로 기업의 전반적인 경쟁력 강화에 기여할 수 있다. 따라서 기업들은 영업지원활동의 전략적이고 전문적인 수행의 필요성을 인식해야 한다. 이를 통해 영업팀의 역량을 극대화하고, 기업 전체의 경쟁력 제고를 도모할 수 있을 것이다. 나아가 기업은 영업지원활동에 대한 투자와 혁신적인 방안 모색을 통해, 시장 선도 기업으로 자리매김할 수 있을 것이다.

(2) 영업성과관리

체계적인 성과관리체계를 구축하여 영업담당자의 실적과 목표를 체계적으로 관리할 수 있다. 이를 통해 채널별 성과 분석을 수행하고, 이를 기반으로 전략적인 의사결정을 지원할 수 있다. 예를 들어, 각 영업채널별 매출, 신규 고객 확보율, 고객유지율 등의 지표를 정기적으로 모니터링하고 분석할 수 있다. 이를 통해 채널별 강점과 약점을 파악하고, 더 효과적인 영업 전략을 수립할 수 있다. 또한 경쟁사 및 시장 동향에 대한 분석도 이루어져야 한다. 이를 통해 보다 정확한 시장 상황을 파악하고, 이에 적합한 전략을 수립할 수 있다. 이에 더하여 수립된 영업 전략을 지속적으로 모니터링하고 개선해 나가는 것이 중요하다. 체계적인 목표 관리 시스템을 통해 영업 목표를 설정하고, 주기적인 실적 점검과 피드백을 제공하여 영업담당자의 성과를 지속적으로 개선해 나갈 수 있다. 이는 영업담당자들이 명확한 목표와 실행 계획을 수립하고, 정기적인 모니터링과 코칭을 받음으로써 자신의 강점과 약점을 파악하고 지속적으로 개선해 나갈 수 있도록 돕는다.

또한 우수 사례 공유와 성과 공유 보상 제도 등을 통해 영업담당자의 동기부여를 높일 수 있다. 이를 통해 우수한 성과를 낸 영업담당자들의 모범적인 활동 사례를 공유하고, 이들에 대한 적절한 보상을 제공함으로써 다른 영업담당자들의 성과 향상을 유도할 수 있다. 이는 궁극적으로 전체 영업팀의 역량 강화로 이어질 것이다. 이를 위해서는 다양한 성과지표를 설정하고, 이를 체계적으로 관리하며, 데이터 분석을 통해 성과 향상을 위한 인사이트를 도출할 수 있다. 성과 관리를 위한 주요 지표로는 매출액, 수주 건수, 고객 만족도, 신규 고객 창출 등이 있으며, 이를 종합적으로 분석하여 강점과 약점을 파악하고 개선 방향을 모색할 수 있다. 나아가 이러한 데이터 기반의 분석 결과를 토대로 영업 전략과 계획을 수립할 수 있다.

또한 영업담당자에 대한 적절한 교육 및 훈련 프로그램을 운영하여 역량을 강화할 수 있다. 이를 통해 영업담당자들의 제품 및 서비스에 대한 이해도를 높이고, 고객 응대 스킬, 협상 기술, 데이터 분석 능력 등 필요한 역량을 지속적으로 향상시킬 수 있다. 이는 영업담당자의 업무 만족도와 생산성을 높이는 데 기여할 것이다. 나아가 이러한 성과관리체계를 통해 도출된 분석 결과는 전사적인 마케팅 및 판매전략 수립에 활용될 수 있다. 영업 현장에서 수집된 데이터와 성과 분석 결과를 바탕으로 고객 니즈와 시장 동향을 파악하고, 이를 토대로 더욱 효과적인 마케팅 전략과 영업 전략을 수립할 수 있다. 이를 통해 기업 전체의 매출 및 이익 증대, 고객 만족도 제고 등의 효과를 거둘 수 있을 것이다.

영업실전 사례 6-2

화장품 방문판매 영업소장의 일상

공무원 시험을 준비하다 포기하고 취업 전선에 뛰어들었다. 금융권과 화학 분야, 화장품 회사에 합격했는데 아는 형으로부터 화장품 시장이 앞으로 전망이 좋다는 말을 들었고, 또 지금 회사에 다니는 선배로부터 회사의 분위기가 자유롭고 담당자들에게 권한 위임이 많이 되어 있다는 이야기를 들어 화장품 회사를 선택하게 되었다.

영업 직군으로 지원한 이유는 많은 TO가 있어서 다른 직군보다는 합격하기 쉬울 것 같아서였고, 또 기본적으로 영업을 배워야 회사 생활이 수월할 것 같다는 생각이 있었기 때문이다. 그렇게 화장품 방문판매 영업소의 영업소장이 되었다. 영업소에는 나와 같은 대졸공채 출신 소장 1명과 통상 화장품 관련 학과를 졸업한 전임직 2명과 서무 1명이 직원으로 있고 나머지는 개인사업자인 화장품 방문판매를 담당하는 카운셀러 약 50분이 함께 근무한다. 영업소장은 직접 영업이나 화장품 판매를 하지는 않고 영업소의 월 전략을 수립하고 카운셀러들의 영업활동을 촉진하는 역할을 하며 영업소의 수많은 의사결정을 한다. 이 과정에서 개별 카운셀러들과 면담을 통해 영업적으로 힘든 점을 해결해 주고 그분들에 판촉을 지원해 준다. 카운셀러들은 통상 지인영업을 통해 고가 브랜드의 화장품과 건강기능식품, 홍삼제품 같은 것을 판매한다. 고객을 발굴하는 경로는 천차만별인데 통상 가족영업으로 시작해서 친구들, 동네주민, 남편 지인, 동호회, 학부모회 등으로 영업을 확장하며 안정기에 도달하면 기존의 지인으로부터 새로운 고객들을 소개 받아 영업을 확장한다. 정말 열심히 하는 분들은 로드 개척이라고 해서 사람들이 많이 모이는 장소에 파라솔을 펴고 판촉물을 나눠 주면서 개척활동을 하기도 하는데 사실 큰 수확은 없다. 그래서 통상 지인을 통해 소개받는 방법을 선호하며 이러한 방법이 판매로 이어질 수 있는 기회들이 많다.

영업소장도 카운셀러들이 고객 외연을 확장하도록 다양한 영업 전략을 구사한다. 여러 가지 방법으로 월 1~3명의 완전히 새로운 신규 고객을 개척하도록 카운셀러를 독려한다. 주로 독려하는 방법으로 새로운 고객을 개척할 경우에 판촉을 시상하는 포지티브 전략과 개척을 하지 않으면 다른 시상에서 제외하는 네거티브 전략을 사용한다. 또한 카운셀러들이 새로운 고객과 만날 수 있는 고객접점을 만들어 주려고 많이 노력했는데, 예를 들어 홈파티를 가면 지원을 해 준다든지, 영업소에서 고객 초청 행사를 열어 극장을 대관해서 영화를 보면서 새로운 고객을 데리고 올 수 있게 한다든지 기존 고객의 직장으로 초청을 받아서 고객의 동료들을 만날 수 있게 지원하는 방식이다.

경쟁 구도는 다양하다. 경쟁 화장품 업체의 방문판매도 존재하고 거의 모든 방판 조직이 화장품 및 건강기능식품을 판매하기 때문에 암웨이나 허벌라이프 같은 네트워크 판매조직도 경쟁사가 될 수 있다. 백화점이나 로드숍 화장품 매장, 온라인 쇼핑몰, TV홈쇼핑 등도 엄연한 경쟁자이다. 이러한 복잡다단한 경쟁 구도 속에서도 성장하기 위해서 영업소장은 크게 두 가지 방법을 사용하여 성장을 위한 노력을 경주한다. 카운셀러들의 수를 늘리는 방법인 양적 성장과 기존 카운셀러들이 판매실적을 높이는 질적 성장이 그것이다.

통상 영업소장은 두 가지 전략을 같이 취하는데 카운셀러의 수를 늘리는 방법은 증모(보험에서의 증원)라고 불리는 새로운 신입 카운셀러를 모집하는 방법이다. 하지만 이것은 근본적으로 쉽지가 않다. 그 이유는 한 사람의 인생의 업을 추천한다는 측면 때문이다. "방문판매를 하면 빚진다", "주위의 사람들이 떨어져 나간다" 등의 많은 오해들 때문에, 특히 영업을 한다는 두려움 때문에 쉽게 증모를 할 수가 없다. 하지만 내 경험상 양적 성장을 통해서만 제대로 된 성장이 가능하다. 증모를 잘하는 사람들은 주로 긍정적인 말을 한다. 부정적으로 말을 하면 부정적인 모습이 부각되기 때문에 새로운 사람이 그 업을 선택하기 어렵다. 그리고 기존 카운셀러들의 판매실적을 높이는 질적성장 방법은 활동력을 높여야 가능한데 주로 새로운 개척활동을 통한 신규 고객 유입으로 성사된다. 방문판매는 지속적이고 꾸준하게 소비되는 소비재들과 판매모델을 가지고 있기 때문에 지속적이고 꾸준한 매출이 나온다. 가끔 대량주문이 들어오기도 하지만 큰 비중을 차지하지는 않는다. 다만 방판의 특성상 카운셀러의 활동력과 큰 상관관계가 있어 카운셀러가 아프다든지 가정사가 있다든지 하면 활동력이 떨어지기 때문에 매출액이 줄어든다. 계절적으로는 더워서 화장품을 안 쓰는 여름보다 겨울이 매출이 높고 어버이날, 스승의 날이 있는 5월과 설날 추석이 있는 달의 매출액이 높은 편이다.

영업소장은 주로 오전 8시까지 출근을 한다. 카운셀러들이 9시부터 출근을 하기 때문에 8시에 출근해서 그날의 전달사항과 영업실적을 체크한다. 9시부터는 카운셀러들이 출근하기 때문에 인사를 하고 9시 30분까지 전날 이슈가 있었던 카운셀러들과 면담하면서 분위기를 정리한다. 9시 40분부터는 전체 카운셀러를 대상으로 교육을 하는데 주요 내용은 동기부여, 신제품 설명, 프로모션 설명, 새로운 영업제도 설명 등이다. 교육은 통상 10시 20분 정도에 끝나는데 이후 문의사항에 대한 개별 면담을 진행한다. 통상 11시 30분이면 카운셀러들이 모두 영업을 하러 나가는데 낮 12시 정도에 점심을 먹고 1시에 복귀한다. 오후 1시부터 6시까지는 회사 내부의 행정적인 업무를 하거나 영업소장들끼리 전략을 교환하는 시간을 갖는다.

영업소장은 직접 영업을 하지 않고 영업관리자이기 때문에 영업실적에 따른 인센티브가 큰 차이는 없다. 1년에 네 번 받는 인센티브의 최소와 최대 차이가 한 200만 원 정도다. 다만 회사 내부적인 평가, 승진의 기회, 해외시상 등이 차이가 있다. 실적 및 제품에 대한 프로모션 시상이 있기 때문에 실적만 좋으면 1년에 한 번 정도 해외시상을 나갈 기회가 있다. 화장품 영업소장은 실적에 대한 부담이 다른 영업 경로보다 수월한 편이다. 보험, 자동차, 제약 영업에 비해서는 실적 격차가 크지 않기 때문에 큰 스트레스가 없다. 그리고 시간활용이 자유롭고 여유롭다. 카운셀러들은 생계형보다는 여가형인 분들이 많다. 이 때문에 절박하게 영업하는 경우가 많지 않고 노느니 나온다는 심정으로 나오는 분들이 좀 있는 편이다. 때문에 영업실적으로 크게 성장하는 경우가 드물다. 다만 집에서 쉬느니 나와서 사람들도 만나고 좀 편하게 하고 싶다는 분들에게는 만족도가 높다. 수입은 생계형 기준 최소 월 100만 원에서 최대 몇 천만 원까지 차이가 크다. 정상적으로 영업을 한다는 전제하에 마진율 30%를 고려하면 평균 소득은 월 200만 원 정도다.

나는 세상의 모든 일은 영업 · 정치 · 행정이라는 세 가지 속성으로 이루어졌다고 생각한다. 어떠한 조직이든 간에 조직 내의 정치는 필수불가결하기 때문에 말할 것 없고 나머지는 영업과 행정이다. 영업은 사람의 마음을 얻는 것이고 행정은 그 외 모든 문서 작업과 관련한 업무다. 행정은 기술적인 것이기 때문에 언제든 마음먹고 배울 수가 있다. 하지만 영업은 학교에서는 배우기 어렵기 때문에 사회생활의 첫발을 내디딜 때 영업을 경험해본다는 것은 엄청난 도움이 될 것이라고 생각한다.

[출처] 매일경제, 2019.4.17.

≫ 영업의 새로운 생각

1. 방문판매 시 영업담당자가 첫 고객미팅 시 무엇으로 어떻게 시작해야 할까?
2. 방문판매영업에서 영업담당자의 성과에 가장 크게 영향을 미치는 것은 무엇인가?
3. 영업관리자가 판매실적이 부진한 영업담당자의 판매성과를 향상시키는 방법은 무엇인가?

Chapter 7

디지털채널의 실전영업

오늘날 영업활동의 초점은 온라인 영역으로 옮겨가고 있다. 영업담당자들은 다양한 디지털채널을 활용하여 고객과 상호작용해야 한다. 실시간 데이터 분석을 통해 고객의 요구사항을 깊이 이해하고, 이에 맞는 적절한 제품과 서비스를 제공하여야 한다.

디지털채널의 고객구매 프로세스는 오프라인과 크게 다르다. 고객들은 정보 검색, 상품 비교, 리뷰 확인 등의 행동을 온라인에서 주로 하며, 특히 모바일 기기를 통한 즉각적인 구매가 가능해졌다. 이에 따라 고객 맞춤형 추천 서비스에 대한 요구사항도 증가하고 있다. 이러한 디지털 환경에 효과적으로 대응하기 위해서는 디지털채널 간 데이터 통합 및 분석을 통한 지속적인 최적화, 고객 경험 개선, 데이터 기반 의사결정, 성과 측정과 개선이 필요하다.

1. 디지털채널영업의 이해

디지털채널영업은 기업이 디지털 플랫폼을 활용하여 제품이나 서비스를 판매하고 고객과의 관계를 구축하는 활동이다. 이는 온라인 채널을 통해 제품 또는 서비스를 홍보하고 판매하는 것을 의미한다. 디지털채널영업은 기업에게 많은 이점을 제공한다. 가장 큰 장점은 온라인 공간에서 제품이나 서비스를 전 세계적으로 홍보하고 판매할 수 있다는 것이다. 이는 지역 제한이 없으며, 더 많은 고객에게 접근할 수 있는 기회를 제공한다. 또한 온라인 채널을 통해 제품 또는 서비스에 대한 정보를 신속하게 공유하고, 고객과의 상호작용을 증진시킬 수 있다. 디지털채널영업은 다양한 방법으로 이루어질 수 있다. 예를 들어, 기업은 자사 웹사이트를 통해 제품 또는 서비스를 직접 판매할 수 있다. 전자상거래 플랫폼이나 온라인 마켓플레이스를 활용하여 제품을 판매할 수도 있다. 소셜미디어를 통해 소비자와의 상호작용을 증진시키고 제품에 대한 관심을 유발할 수도 있다.

1.1 디지털영업의 고려사항

디지털채널영업은 기업의 경쟁력을 향상시키는 중요한 전략이다. 디지털 시대에는 온라인 채널이 매우 중요한 역할을 하고 있으며, 고객들은 편리함과 접근성을 중요시하기 때문에 기업은 이에 대응하기 위해 디지털채널을 적극적으로 활용해야 한다. 이를 통해 기업은 새로운 고객을 유치하고 매출을 증가시킬 수 있으며, 경쟁력을 강화할 수 있다. 하지만 디지털채널영업에는 몇 가지 고려해야 할 사항이 있다.

첫째, 온라인 시장은 매우 경쟁적이므로 기업은 품질과 가격을 경쟁력 있게 유지해야 한다. 온라인 시장에서 경쟁이 치열해지는 이유는 대부분의 소비자들이 인터넷을 통해 쇼핑을 하기 때문이다. 이에 따라 기업들은 더욱더 경쟁력 있는 제품과 서비스를 제공해야 한다. 그 중에서도 가장 중요한 것은 제품의 품질과 가격이다. 소비자들은 품질이 좋으면서도 가격이 저렴한 제품을 찾기 때문에 기업들은 이를 고려하여 경쟁력 있는 가격을 유지해야 한다. 다양한 할인 이벤트나 프로모션 등을 통해 소비자들에게 더욱더 매력적인 가격을 제시할 수 있다. 하지만, 경쟁력 있는 가격만으로는 소비자들의 마음을 움직일 수 없다. 제품의 품질도 매우 중요하다. 소비자들은 제품의 품질이 좋으면서도 가격이 적절하다면 더욱더 많은 제품을 구매하게 된다. 따라서 기업들은 제품의 품질을 유지하고 개선하는 데에 최선을 다해야 한다. 또한 온라인 시장에서는 소비자들의 리뷰와 평가가 매우 중요하다. 제품의 품질과 가격이 좋더라도 소비자들의 리뷰가 좋지 않으면 많은 소비자들이 해당 제품을 구매하지 않을 수 있다. 따라서 기업들은 소비자들의 의견을 수용하고, 제품의 개선점을 파악하여 더욱더 만족스러운 제품을 제공해야 한다.

둘째, 온라인 홍보와 마케팅은 기업의 비즈니스 전략에 맞추어 전략적으로 계획되어야 한다. 이를 위해서는 소비자들의 관심을 끌 수 있는 창의적인 방법이 필요하다. 예를 들어, 소셜미디어를 활용한 캠페인, 유튜브나 인스타그램을 활용한 영상 마케팅, 블로그나 포스트를 활용한 콘텐츠 마케팅 등이 있다. 이러한 방법들은 소비자들이 인터넷에서 많은 시간을 보내는 지금, 기업이 소비자들에게 직접적으로 접근하고 브랜드 인지도를 높일 수 있는 좋은 방법이다. 온라인 마케팅을 통해 측정 가능한 성과를 얻을 수 있기 때문에, 기업은 효율적인 마케팅 전략 수립을 위해 온라인 데이터 분석을 활용할 필요가 있다. 이러한 과정에서 기업은 소비자들의 니즈를 파악하고, 그에 맞는 제품과 서비스를 제공함으로써 더욱 효과적인 마케팅 전략을 수립할 수 있다. 따라서 온라인 홍보와 마케팅은 기업의 성장과 생존에 있어서 중요한 역할을 담당하고 있으며, 전략적인 계획과 창의적인 아이디어가 필수적이다.

셋째, 온라인 고객과의 상호작용은 이제 매우 중요한 역할을 하고 있다. 온라인 쇼핑이 더욱 편리해지면서, 많은 고객들이 온라인으로 구매를 하는 경향이 높아졌다. 이에 따라, 온라인 고객과의 상호작용은 더욱 신속하고 친절해야 한다. 고객이 제품을 주문하거나 문의를 하면, 최대한 빠르고 친절하게 대응해야 한다. 또한 고객의 의견과 요구사항에 빠르게 대응하는 것도 중요하다. 고객들이 불만을 가지면, 이를 해결하는 것이 매우 중요하며, 이를 통해 더욱 높은 고객 만족도를 얻을 수 있다. 더불어, 고객의 의견을 수집하고 분석하여 제품 또는 서비스의 개선을 할 수도 있다. 따라서 온라인 고객과의 상호작용은 더욱 중요해지고 있으며, 신속하고 친절한 대응을 통해 고객 만족도를 높일 수 있다. 디지털채널 판매는 기업에 여러 가지 이점을 제공한다. 여기에 몇 가지 주요 이점이 있다.

(1) 글로벌 도달

디지털채널을 활용한 기업의 판매는 기존의 지리적 한계를 극복할 수 있는 새로운 기회를 제공한다. 이를 통해 기업은 전 세계 고객들에게 보다 손쉽게 접근할 수 있게 된다.

과거에는 기업이 특정 지역에 국한되어 영업활동을 펼칠 수밖에 없었다. 하지만 디지털채널 판매를 통해 기업은 국경의 제약 없이 글로벌 시장으로 진출할 수 있게 되었다. 온라인 쇼핑몰이나 웹사이트를 통해 전 세계 고객들에게 제품과 서비스를 제공할 수 있는 것이다. 이는 기업에게 새로운 성장 동력을 제공한다. 기존의 국내 고객층에서 벗어나 해외 고객층까지 확대할 수 있기 때문이다. 더 많은 잠재고객에게 다가갈 수 있게 되면서 기업의 매출과 수익 창출이 증대될 수 있다. 특히 코로나 19 팬데믹 이후 전 세계적으로 온라인 구매 행태가 크게 증가했다. 이러한 변화는 기업들로 하여금 디지털채널을 통한 판매를 더욱 적극적으로 모색하게 만들고 있다. 고객들은 온라인 플랫폼을 통해 보다 편리하고 안전하게 제품과 서비스를 구매할 수 있게 되었기 때문이다. 이처럼 디지털채널을 활용한 판매는 기업이 글로벌 시장에 진출하고 성장할 수 있는 핵심 수단이 되고 있다. 기업은 이를 적극적으로 활용하여 새로운 도약의 기회를 만들어나갈 필요가 있다. 특히 포스트 코로나 시대에는 디지털채널 판매가 더욱 중요한 역할을 할 것으로 예상된다.

(2) 비용 효율성

디지털채널 판매는 오프라인 매장 운영에 비해 **비용 효율성**이 높은 것으로 알려져 있다. 이는 물리적인 공간이 필요하지 않기 때문에 발생하는 임대료, 유틸리티, 재고관리 등의 간접비용을 절감할 수 있기 때문이다. 디지털채널 판매의 비용 효율성을 더욱 자세히 설명하면 다음과 같다.

첫째, 물리적 소매 공간이 필요하지 않기 때문에 임대료, 유틸리티, 재고관리 등의 간접비용을 절감할 수 있다. 이는 초기 투자비용을 크게 낮출 수 있다. 예를 들어, 오프라인 매장을 운영하는 경우 매장 공간 임대료와 유지관리 비용이 상당한 반면, 온라인 매장은 이러한 비용 없이도 판매 활동을 할 수 있다.

둘째, 시간과 거리의 제약이 없기 때문에 더 많은 고객에게 제품을 소개하고 판매할 수 있다. 오프라인 매장은 매장 운영 시간과 지리적 위치에 따른 한계가 있지만, 온라인 매장은 24시간 365일 언제 어디서나 접근이 가능하다. 이를 통해 잠재고객 수를 대폭 늘릴 수 있다.

셋째, 이러한 비용 절감과 판매 확대로 인해 더 높은 수익 마진을 달성할 수 있다. 이는 기업의 전반적인 경쟁력을 향상시킬 수 있다. 수익 증대와 비용 절감을 통해 기업은 가격 경쟁력, 투자 능력, 연구개발 역량 등을 강화할 수 있게 된다.

넷째, 디지털채널은 다양한 기술적 요소를 활용해 고객 경험을 향상시킬 수 있다. 예를 들어, AI 기반 추천 시스템, 가상 체험 기능, 실시간 고객 지원 등을 통해 고객 만족도를 높일 수 있다. 이는 고객의 재방문과 충성도 제고로 이어져 지속가능한 성장을 지원할 수 있다.

이처럼 디지털채널 판매는 비용 절감, 판매 확대, 수익성 향상, 고객 경험 개선 등 다양한 측면에서 기업에 큰 이점을 제공한다. 따라서 기업들은 디지털 전환을 적극적으로 추진하여 경쟁력을 높이고 장기적인 성장을 이룰 수 있을 것이다.

(3) 연중무휴 24시간 이용 가능

온라인 플랫폼의 큰 장점 중 하나는 연중무휴 24시간 내내 이용할 수 있다는 점이다. 이는 기업이 상시로 제품이나 서비스를 판매할 수 있게 해준다. 오프라인 상점이나 사무실은 운영 시간에 제약이 있지만, 온라인 플랫폼을 통해서는 이러한 시간적 제약에서 벗어날 수 있다. 기업은 언제든 고객들에게 제품을 선보이고 구매 기회를 제공할 수 있게 된다. 이러한 연중무휴 서비스는 고객들에게도 매우 편리한 쇼핑 경험을 선사한다. 고객들은 원하는 시간에 제한 없이 구매를 진행할 수 있다. 새벽이나 주말, 공휴일에도 마음껏 쇼핑을 즐길 수 있게 된 것이다. 이러한 유연성과 접근성 향상은 기업과 고객 모두에게 큰 장점이 된다. 기업은 더 많은 판매 기회를 확보할 수 있고, 고객은 쇼핑의 편의성을 누릴 수 있게 된다. 특히 현대 사회에서 고객들의 라이프스타일이 더욱 다양해지고 유동적인 만큼, 온라인 플랫폼의 연중무휴 서비스는 기업과 고객 간의 연결고리를 공고히 하는 데 크게 기여하고 있다. 이를 통해 기업은 고객에게 언제나 다가갈 수 있게 되었고, 고객 또한 원하는 시간에 편리하게 구매를 할 수 있게 되었다.

(4) 타깃 마케팅

디지털채널을 통해 기업은 고객 데이터를 수집하고 분석하여 타깃 마케팅 캠페인을 만들 수 있다. 이를 통해 기업은 고객의 개인적인 선호도와 행동 패턴을 심층적으로 파악할 수 있게 되었다. 이러한 풍부한 고객 정보를 바탕으로 기업은 개인화된 마케팅 메시지와 제품/서비스 제안을 만들어낼 수 있다.

이렇게 고객 맞춤형 타깃 마케팅을 제공하면 고객 만족도가 크게 향상된다. 고객들은 자신의 필요와 취향에 딱 맞는 제안을 받게 되므로, 기업에 대한 신뢰와 충성도가 높아지게 된다. 이는 결국 높은 전환율과 고객 유지율로 이어져 기업의 수익 증대로 이어진다.

뿐만 아니라, 타깃 마케팅은 마케팅 예산의 효율적인 활용을 가능하게 한다. 불특정 다수를 대상으로 하는 일괄적인 마케팅 방식에 비해, 타깃 마케팅은 고객의 니즈와 특성에 맞춰 정교하게 설계된 캠페인을 펼칠 수 있다. 이를 통해 기업은 한정된 마케팅 자원을 보다 효과적으로 투입할 수 있게 된다. 이처럼 디지털 기술을 활용한 타깃 마케팅은 기업과 고객 모두에게 큰 혜택을 가져다준다. 기업은 정확한 데이터에 기반한 고객 맞춤형 마케팅을 펼칠 수 있고, 고객들은 자신의 필요와 선호에 부합하는 제안을 받게 된다. 이를 통해 상호 만족도가 높아지고, 기업의 수익성과 경쟁력도 크게 향상될 수 있다.

(5) 강화된 고객 참여

기업과 고객 간의 긍정적인 관계 형성을 위해서는 고객과의 실시간 소통이 중요하다. 기업은 소셜미디어, 이메일, 채팅 등 다양한 디지털채널을 통해 고객의 질문에 즉각적으로 답변하고, 고객의 불만사항을 신속히 해결함으로써 고객 중심적 서비스를 실현할 수 있다. 또한 고객의 의견과 요구사항을 실시간으로 파악하여 맞춤형 솔루션을 제공할 수 있다.

이러한 긍정적인 고객관계 형성은 고객 충성도와 브랜드 이미지 제고로 이어진다. 고객이 기업과 더욱 긴밀하게 연결되면서 고객 만족도가 높아지고, 이는 기업의 성장으로 이어지는 선순환 구조가 만들어진다. 고객 참여가 강화될수록 기업은 고객의 니즈와 의견을 더 잘 이해할 수 있게 되며, 이를 바탕으로 제품과 서비스를 지속적으로 개선할 수 있다. 결과적으로 기업의 입지가 강화되고 매출이 증가하게 된다. 디지털채널을 통해 제공되는 다양한 콘텐츠와 이벤트는 고객들의 브랜드에 대한 관심과 애착을 높이는 데 크게 기여한다. 재미있고 유익한 콘텐츠를 접하고 기업이 주최하는 이벤트에 참여하면서 고객들은 기업과 더욱 유대감을 느끼게 된다. 이를 통해 새로운 고객층을 유치하는 데에도 큰 도움이 되어, 기업의 마케팅 전략에도 긍정적인 영향을 미친다. 기업은 고객과의 긍정적인 관계 형성과 활발한 소통을 통해 고객의 요구사항과 의견을 지속적으로 수렴할 수 있다. 이를 바탕으로 기업은 제품과 서비스를 지속적으로 개선하고 혁신할 수 있다. 고객 만족도가 높아지면서 기업의 경쟁력이 강화되고, 결과적으로 매출 증대와 시장점유율 확대로 이어지다. 이처럼 기업과 고객 간의 긴밀한 관계 형성은 기업 혁신의 핵심 동력이 될 수 있다.

(6) 데이터 분석

디지털채널을 통한 판매는 방대한 양의 데이터를 생성한다. 이를 통해 기업은 고객 행동, 시장 동향, 판매 성과 등에 대한 심도 있는 분석이 가능해진다. 이러한 데이터 분석은 기업이 현재 시장에서 경쟁력을 유지하고 강화하는 데 매우 중요한 역할을 한다. 데이터 분석을 통해 기업은 마케팅 전략을 최적화하고 제품 및 서비스를 더욱 효과적으로 판매할 수 있다. 예를 들어, 고객의 구매 패턴, 선호도, 반응 등을 분석하여 타깃 고객을 세분화하고, 개인화된 마케팅 전략을 수립할 수 있다. 또한 제품 및 서비스에 대한 고객 피드백을 분석하여 지속적인 개선 사항을 도출하고 실행할 수 있다. 뿐만 아니라, 데이터 분석은 기업의 의사결정 프로세스를 데이터 중심으로 전환시킨다. 이를 통해 보다 객관적이고 합리적인 의사결정이 가능해지며, 이는 기업의 경쟁력 강화와 효과적인 비즈니스 전략 수립에 큰 도움이 된다.

이러한 데이터 기반 의사결정은 기업의 전반적인 효율성과 생산성 향상에도 기여한다. 따라서 기업은 데이터 분석 역량 강화를 위해 관련 전문 인력을 확보하고, 체계적인 데이터 분석 체계를 구축해야 한다. 이를 통해 디지털채널뿐만 아니라 다른 판매 채널에서도 데이터 분석의 힘을 발휘할 수 있을 것이다. 결국 데이터 분석은 기업이 지속적으로 경쟁력을 유지하고 발전해 나가는 데 필수불가결한 요소라고 할 수 있다.

(7) 확장성

디지털채널은 확장성을 제공하여 기업이 수요 증가에 따라 운영을 쉽게 확장할 수 있도록 한다. 제품 제공을 늘리거나, 새로운 시장 부문을 추가하거나, 더 많은 고객층에 도달하든, 디지털채널은 필요에 따라 확장하거나 축소할 수 있는 유연성을 제공한다. 더불어, 디지털채널은 온라인 쇼핑의 증가와 함께 더욱 중요한 역할을 하고 있다. 기업은 이러한 디지털채널을 통해 더 많은 고객층에 도달할 수 있다. 이러한 채널을 활용하여 기업의 제품과 브랜드 이미지를 홍보하고 마케팅 효과를 극대화할 수 있다.

디지털채널은 또한 고객들에게 더욱 편리한 구매 경험을 제공한다. 온라인으로 제품을 주문하면 집에서 편안하게 받아볼 수 있고, 온라인에서 제공되는 다양한 정보를 통해 구매 결정을 내릴 수 있다. 이러한 이점들은 디지털채널이 고객의 만족도를 높이고, 재구매율을 높이는 데 큰 역할을 한다. 디지털채널 판매는 기업이 기술과 인터넷을 활용하여 더 많은 청중에게 접근하고 운영을 능률화하며 의미 있는 고객 경험을 창출할 수 있도록 해야 한다. 이를 위해 다양한 디지털채널을 이용하여 고객과 상호작용하고, 제품 또는 서비스를 홍보하며, 구매를 유도하는 전략을 수립하고 실행한다.

1.2 디지털채널의 유형

현대 사회에서 다양한 디지털영업채널이 등장하면서, 기업들은 고객과의 소통과 브랜드 구축, 신규 고객 확보를 위해 이러한 채널들을 적극적으로 활용하고 있다. 각각의 디지털채널은 고유한 특성과 장점을 지니고 있다. 온라인 플랫폼은 고객의 관심사와 요구를 면밀히 파악할 수 있어 개인화된 제품 및 서비스를 제공할 수 있다. 모바일 앱은 실시간 상호작용이 가능해 고객과의 긴밀한 관계 형성에 효과적이다. SNS는 대중적인 영향력을 활용해 브랜드 이미지 확산에 유용하다. 이러한 디지털채널을 통해 기업은 고객의 니즈를 깊이 있게 이해하고, 이에 맞춰 차별화된 솔루션을 선보일 수 있다. 또한 고객과의 상호작용을 강화하여 브랜드에 대한 긍정적인 인식을 형성할 수 있다. 이는 기존 고객의 충성도 제고는 물론, 신규 고객 유치로 이어져 지속가능한 성장을 이룰 수 있다.

더 나아가 디지털채널은 과거 전통적인 영업 방식과 비교해 훨씬 다양한 소통 방식을 제공한다. 기업은 이러한 채널들의 특성을 파악하고, 고객의 요구에 맞춰 효과적으로 활용함으로써 보다 강력한 브랜드 파워와 경쟁력을 확보할 수 있다.

(1) 웹/앱사이트

웹사이트와 앱사이트는 기업이 온라인상에서 고객과 소통하고 상호작용할 수 있는 주요 채널이라고 볼 수 있다. 각각의 장단점을 잘 활용하여 고객에게 최적화된 온라인 경험을 제공하는 것이 중요하다.

① 웹사이트 : 기업이 자사의 제품 및 서비스 정보를 제공하고 고객과의 상호작용을 촉진하는 주요 온라인 채널이다. 웹사이트를 통해 기업은 고객에게 다양한 콘텐츠를 제공하고 브랜드 이미지를 구축할 수 있다. 특히 온라인 구매 기능과 고객 리뷰 기능은 고객의 구매 결정을 돕는 데 도움이 된다. 웹사이트의 장점은 정보 제공이 용이하고 콘텐츠 제작이 자유롭다는 것이다. 또한 고객과의 상호작용을 통해 고객 데이터를 수집하고 마케팅 전략을 수립할 수 있다. 이를 통해 기업은 고객 니즈를 더 잘 이해하고 고객 만족도를 높일 수 있다. 그러나 웹사이트 구축 및 유지 관리에는 비용이 발생하며, 경쟁이 치열해짐에 따라 검색 엔진 최적화(SEO) 노력이 필요해지고 있다. SEO를 통해 기업은 더 많은 잠재고객에게 노출될 수 있지만, 이를 위해서는 체계적인 키워드 분석과 콘텐츠 최적화 등의 전략이 요구된다. 따라서 기업은 웹사이트 운영에 있어 정보 제공, 고객 상호작용, 브랜드 구축 등의 장점과 비용, 경쟁, SEO 등의 단점을 균형 있게 고려해야 한다. 이를 통해 기업은 고객과의 긍정적인 관계를 구축하고 시장에서의 경쟁력을 높일 수 있을 것이다.

② 앱사이트 : 앱사이트는 스마트폰과 태블릿 기기에 최적화된 모바일 앱 형태의 웹사이트이다. 이를 통해 사용자들은 보다 개인화된 경험을 제공받을 수 있으며, 실시간 소통이 가능하다.

앱사이트의 장점은 첫째, 접근성이 높아 사용자들이 편리하게 접근할 수 있다. 둘째, 고객 참여를 유도하기 쉬워 기업과 고객 간의 상호작용이 활발할 수 있다. 셋째, 푸시 알림 등의 기능을 통해 더욱 적극적인 소통이 가능하다.

하지만 앱사이트에도 몇 가지 단점이 있다. 우선 앱 개발 및 유지 관리에 비용이 발생할 수 있다. 또한 다양한 기기와의 호환성을 고려해야 하며, 앱 스토어 내에서의 경쟁이 점점 더 심화되고 있다. 따라서 기업들은 앱사이트의 장단점을 면밀히 검토하고, 최적의 사용자 경험을 제공할 수 있는 방안을 모색해야 할 것이다. 이를 통해 고객과의 긍정적인 관계를 형성하고, 시장에서의 경쟁우위를 확보할 수 있을 것이다.

(2) 소셜미디어

소셜미디어는 기업에게 있어 고객과의 실시간 소통 채널로 매우 중요한 역할을 한다. 페이스북, 인스타그램, 트위터 등 다양한 소셜미디어 플랫폼을 통해 브랜드 홍보와 고객 참여를 유도할 수 있다. 이를 통해 브랜드 인지도를 높이고, 고객과의 소통 및 관계 구축, 바이럴 마케팅 효과를 기대할 수 있다. 소셜미디어의 가장 큰 장점은 저렴한 비용으로 다양한 고객층에 도달할 수 있다는 것이다. 이는 기업에게 큰 기회를 제공한다. 특히 지역적 한계를 극복하고 전국 및 해외 고객까지 효과적으로 겨냥할 수 있다는 점이 매력적이다. 또한 실시간 소통 및 피드백 수렴이 용이하다는 점도 장점이 된다. 고객의 반응을 즉시 파악하고 대응할 수 있어 신속한 의사결정이 가능하다.

하지만 동시에 단점도 있는데, 특정 연령층에 편중된 선호 채널이 존재하며, 부정적인 의견에 대한 관리가 어려울 수 있다. 게다가 소셜미디어 시장의 경쟁이 심화되면서 차별화된 전략이 필요해지고 있다. 타깃 고객층의 선호도와 특성을 면밀히 분석하여 최적의 채널을 선택하는 것이 중요하다. 또한 빠르게 확산될 수 있는 부정적 여론에 대한 대응 전략도 필수적이다. 따라서 기업은 소셜미디어를 효과적으로 활용하기 위해서는 타깃 고객층에 맞는 적절한 채널 선택, 실시간 모니터링 및 신속한 대응, 그리고 지속적인 콘텐츠 개발과 고객 참여 유도가 필요할 것이다. 경쟁이 심화되는 환경에서 차별화된 전략을 통해 브랜드의 입지를 공고히 하는 것이 중요할 것으로 보인다. 특히 기업은 소셜미디어 마케팅의 장단점을 균형 있게 고려하여 전략을 수립해야 할 것이다.

(3) e-커머스 플랫폼

e-커머스 플랫폼은 오늘날 전자상거래 시장에서 핵심적인 역할을 하고 있다. 이러한 플랫폼은 온라인상에서 마치 가상의 쇼핑몰과 같은 기능을 수행하여, 소비자들이 언제 어디서나 편리하게 상품과 서비스를 구매할 수 있게 해준다. 예를 들어, 쿠팡, 아마존, 이베이, 네이버 스토어 등이 대표적인 e-커머스 플랫폼들이다.

e-커머스 플랫폼의 주요 장점으로는 24시간 연중무휴 운영, 물리적 매장 방문 없이 편리한 쇼핑 경험 제공, 고객 데이터 분석을 통한 맞춤형 마케팅 전략 수립 등을 들 수 있다. 이를 통해 기업들은 지리적 제한 없이 더 많은 고객을 확보할 수 있으며, 소비자 입장에서도 다양한 선택권과 편리성을 누릴 수 있다. 또한 실시간 온라인 리뷰 등을 통해 구매 전 상품 정보를 쉽게 얻을 수 있어 구매 결정에 도움을 받을 수 있다.

그러나 e-커머스 플랫폼을 운영하기 위해서는 초기 투자비용이 높고, 치열한 온라인 경쟁 속에서 지속적인 고객 관리가 필요하다. 특히 소비자들이 실제 상품을 직접 보고 만질 수 없다는 점이 e-커머스의 큰 약점이 될 수 있다. 또한 배송 지연이나 반품 처리 등의 물류 관련 이슈도 고객 경험에 큰 영향을 미칠 수 있다. 따라서 e-커머스 플랫폼의 성공을 위해서는 안정적인 물류 및 결제 인프라 구축, 차별화된 고객 경험 제공, 데이터 기반의 효과적인 마케팅 전략 수립 등이 필수적이다. 예를 들어, 가상 체험 기술, 빠른 배송, 편리한 반품 서비스 등을 통해 고객 만족도를 높이고 장기적인 경쟁력을 확보할 수 있다. 더 나아가, e-커머스 플랫폼은 기존의 오프라인 소매 시장에도 많은 변화를 가져오고 있다. 온라인과 오프라인의 융합을 통해 새로운 비즈니스 모델이 등장하고 있으며, 이는 소비자와 기업 모두에게 혁신적인 경험을 제공하고 있다. 예를 들어, 오프라인 매장에서 온라인 주문과 배송을 제공하거나, 온라인과 오프라인을 연계한 옴니채널 서비스 등이 대표적이다.

(4) 온라인 커뮤니티

온라인 커뮤니티는 단순한 소통의 공간을 넘어서 기업과 소비자 간의 상호작용을 활성화시키는 중요한 역할을 한다. 네이버 카페, 다음 카페 등은 고객들이 해당 브랜드나 제품에 대한 의견을 자유롭게 교류할 수 있는 플랫폼을 제공한다. 이를 통해 기업은 고객의 니즈와 선호도를 파악할 수 있으며, 고객 맞춤형 서비스와 마케팅 전략을 수립할 수 있다. 더 나아가, 온라인 커뮤니티는 브랜드에 대한 애착심과 충성도를 높이는 데 기여한다. 온라인 커뮤니티에서는 브랜드 애호가들이 자발적으로 콘텐츠를 생산하고 공유하면서 브랜드 인지도와 충성도를 높이는 효과를 얻을 수 있다. 이는 전통적인 일방향적 마케팅 방식을 넘어, 쌍방향 소통을 통한 브랜드-고객 간 유대감 형성에 기여한다.

이처럼 온라인 커뮤니티는 기업과 고객 간의 상호 이해와 신뢰를 높이는 중요한 역할을 한다. 기업은 온라인 커뮤니티를 단순한 홍보 채널이 아닌, 고객과의 지속적인 관계 구축을 위한 전략적 플랫폼으로 활용할 필요가 있다. 이를 통해 기업은 고객 충성도를 제고하고, 브랜드의 긍정적 이미지 구축에 기여할 수 있을 것이다.

또한 온라인 커뮤니티는 기업에게 실시간 고객 피드백을 제공하는 창구로서의 역할을 한다. 고객들이 실시간으로 제품이나 서비스에 대한 의견을 공유하고, 기업은 이를 신속하게 파악하여 개선 및 대응 방안을 마련할 수 있다. 이는 기업과 고객 간의 긍정적인 상호작용을 촉진하여 고객 만족도를 높이는 데 기여할 것이다.

(5) 유료 광고 채널

유료 광고 채널은 마케팅 목표 달성을 위한 강력한 수단이다. 다양한 타깃팅 옵션을 활용하면 관심사, 위치, 행동 패턴 등 세부적인 기준으로 잠재고객을 선별할 수 있다. 이를 통해 해당 고객에게 더욱 맞춤화된 메시지와 콘텐츠를 전달할 수 있다. 특히, 대표적인 유료 광고 플랫폼인 Google 광고와 Facebook 광고는 각각 검색광고와 소셜미디어 광고 영역에서 강점을 가지고 있다. Google 광고는 사용자의 검색 의도를 기반으로 관련성 높은 제품이나 서비스를 노출하여 클릭률과 전환율을 높일 수 있다. 반면, Facebook 광고는 사용자의 관심사와 행동 데이터를 활용해 타깃팅할 수 있어, 브랜드 인지도 제고와 더불어 직접적인 매출 증대 효과를 기대할 수 있다.

최근에는 YouTube, Instagram, TikTok 등 다양한 소셜미디어 플랫폼에서도 유료광고 옵션이 확대되고 있다. 이러한 플랫폼들은 사용자의 구매 행동, 관심사, 인구통계학적 데이터 등을 활용하여 보다 정교한 타깃팅이 가능하다. 따라서 다양한 플랫폼에서 효과적인 광고 전략을 수립하면 잠재고객에게 더욱 효과적으로 접근할 수 있다.

이처럼 유료 광고 채널은 다양한 타깃팅 기능과 측정 가능한 성과지표를 통해 마케팅 활동의 효율성을 높일 수 있다. 광고 플랫폼별 특성을 이해하고, 목표와 예산에 맞는 최적의 전략을 수립한다면 유의미한 매출 증대 효과를 거둘 수 있을 것이다. 이와 함께 창의적이고 흥미로운 광고 콘텐츠 제작에도 힘써야 할 것이다. 이처럼 디지털영업채널은 기업의 특성과 목표에 따라 다양한 채널을 조합하여 활용할 수 있으며, 각 채널의 고유한 역할과 특성을 이해하는 것이 중요하다.

1.3 디지털채널영업의 목표와 성공요인

디지털채널을 통한 영업활동의 목표와 성공요인은 매우 중요하다. 효과적인 디지털영업을 위해서는 명확한 목표 설정과 함께 다양한 성공요인들을 고려해야 한다. 목표 설정 시에는 디지털채널의 특성을 고려하여 고객 확보, 매출 증대, 브랜드 인지도 제고 등 구체적인 목표를 세워야 한다. 또한 고객 데이터 분석을 통해 타깃 고객을 정의하고, 고객여정 분석을 통해 효과적인 마케팅 전략을 수립해야 한다. 성공요인으로는 이용자 경험 개선, 다양한 디지털채널 활용, 데이터 기반 의사결정, 지속적인 최적화 등을 들 수 있다. 이를 통해 고객의 니즈를 정확히 파악하고 효과적으로 대응할 수 있다. 결국 디지털채널영업의 목표와 성공요인을 체계적으로 관리하는 것이 중요하다. 이를 통해 디지털영업의 효율성과 성과를 극대화할 수 있을 것이다.

(1) 디지털채널의 영업목표

디지털채널영업 전략에서 목표 설정은 전략의 성공을 위한 필수적인 요소이다. 명확하고 측정 가능한 목표를 설정함으로써 기업은 전략의 방향을 제시하고, 성과를 측정하고, 영업담당자들에게 동기를 부여하고, 의사결정을 개선하며, 책임 소재를 명확화할 수 있다. 이를 위해서는 고객의 요구사항과 선호도, 브랜드 이미지, 제품의 특징과 가격, 경쟁사의 동향 등 많은 요소들을 고려해야 한다. 또한 매출액과 수익성을 고려하여 목표를 설정할 수도 있다. 이러한 과정에서는 정확한 데이터와 분석이 필요하며, 팀원들과의 협력과 의견 공유가 필수적이다. 이를 통해 명확하고 실행 가능한 영업목표를 설정하고, 이를 달성하기 위한 전략과 계획을 세울 수 있다.

① 고객 확보 : 디지털영업의 목표는 고객 확보에 있다. 이를 위해서는 데이터 분석을 통해 고객의 니즈를 깊이 있게 이해하고, 이에 맞춰 차별화된 서비스와 제품을 제공하는 것이 중요하다. 고객 확보에 있어 디지털채널의 중요성은 날로 증가하고 있다. 디지털 시대를 맞이하여 고객들은 온라인을 통해 제품 및 서비스 정보를 찾고 구매 결정을 내리는 경우가 많아졌기 때문이다. 따라서 기업은 웹사이트, 소셜미디어, 이메일, 모바일 앱 등 다양한 디지털채널을 통해 고객 유치와 관리에 힘써야 한다. 디지털채널을 효과적으로 활용하면 고객의 구매 행동과 선호도를 심도 있게 파악할 수 있다. 이를 토대로 고객의 니즈에 부합하는 맞춤형 영업 전략을 수립할 수 있다. 또한 기업과 고객 간의 쌍방향 소통이 원활해짐에 따라 고객의 의견을 신속하게 반영하여 제품과 서비스를 지속적으로 개선할 수 있게 된다.

디지털영업 전략의 효과는 고객 만족도 향상으로 이어진다. 이는 곧 기업의 장기적인 성장과 경쟁력 강화로 이어지게 된다. 따라서 기업들은 디지털채널을 적극적으로 활용하여 새로운 고객을 지속적으로 유치하고, 기존 고객과의 관계를 더욱 돈독히 함으로써 지속가능한 성장을 이루어나가야 한다. 특히 포스트 코로나 시대에는 온라인 채널을 통한 비대면 서비스가 더욱 중요해질 것으로 예상된다. 이에 따라 기업들은 디지털 전환을 가속화하고 온라인 고객 경험 향상에 힘써야 할 것이다. 또한 빅데이터와 인공지능 기술을 활용하여 고객의 니즈를 정교하게 분석하고 예측하는 등 디지털 마케팅의 고도화를 추진해야 한다. 이를 통해 기업은 경쟁우위를 확보하고 지속가능한 성장을 이룰 수 있을 것이다.

② 브랜드를 통한 고객관계 구축 : 디지털 세상에서의 브랜드 구축은 매우 중요한 과제이다. 단순히 브랜드 인지도와 선호도를 높이는 것을 넘어서, 고객들과의 지속적이고 의미 있는 관계를 형성하는 것이 핵심적이다. 고객들은 단순히 제품이나 서비스를 구매하는 것을 넘어서, 브랜드와 소통하고자 한다. 이를 위해서는 고객 중심의 디지털 경험을 제공하는 것이 필요하다. 고객의 니즈와 선호도를 깊이 있게 이해하고, 이를 바탕으로 고객과의 긍정적인 상호작용을 만들어내야 한다.

또한 바이럴 마케팅, 소셜미디어 관리, 콘텐츠 마케팅 등 다양한 디지털 마케팅 전략을 통해 브랜드의 인지도와 호감도를 지속적으로 상승시켜야 한다. 이를 통해 고객과의 신뢰를 쌓고, 장기적인 고객 충성도를 확보할 수 있다. 디지털영업에서 성공하기 위해서는 단순히 브랜드 인지도와 선호도를 높이는 것에서 벗어나, 고객 경험 향상과 고객과의 긍정적인 관계 형성에 집중해야 한다. 브랜드가 고객과 효과적으로 소통하고 인지도를 높이기 위해서는 다양한 디지털채널을 활용하는 것이 필수적이다. 우선 소셜미디어는 브랜드의 가치와 메시지를 직접적으로 전달할 수 있는 강력한 도구이다. 페이스북, 인스타그램, 트위터 등의 플랫폼을 통해 고객과 실시간으로 소통하고 상호작용할 수 있다. 브랜드는 이를 활용해 고객의 관심을 끌어내고 충성도를 높일 수 있다. 또한 콘텐츠 마케팅은 브랜드 인지도 향상에 큰 도움이 된다. 블로그, 동영상, 인포그래픽 등 다양한 형태의 콘텐츠를 제작하여 브랜드의 전문성과 가치를 전달할 수 있다. 고객들은 이를 통해 브랜드에 대한 정보와 통찰력을 얻을 수 있다.

검색 엔진 최적화 또한 중요한 전략이다. 고객들이 브랜드를 찾을 때 검색 엔진에서 상위에 노출되는 것은 매우 중요하다. 이를 위해서는 키워드 분석, 콘텐츠 최적화, 링크 구축 등 다양한 기술적 방법을 활용해야 한다. 이처럼 디지털 마케팅은 브랜드 인지도 향상을 위한 필수적인 수단이 되고 있다. 소셜미디어, 콘텐츠 마케팅, 검색 엔진 최적화 등 다양한 전략을 통해 브랜드는 고객과의 상호작용을 강화하고, 그들의 관심과 호감을 이끌어낼 수 있다. 이러한 디지털 마케팅 활동은 브랜드 가치를 높이고 장기적인 성장을 이루는 데 핵심적인 역할을 할 것이다.

③ 판매 촉진을 통한 매출증대 : 디지털채널을 통한 제품 및 서비스 판매 촉진은 중요한 마케팅 전략이 되고 있다. 오늘날 소비자들은 온라인과 모바일 환경에서 정보를 검색하고 구매 결정을 내리기 때문에, 효과적인 디지털 마케팅이 필수적이다. 특히 개인화된 마케팅 커뮤니케이션을 제공하는 것이 매우 중요한데, 이를 통해 소비자 개개인의 관심사와 구매 패턴에 맞춘 맞춤형 정보를 전달할 수 있기 때문이다. 소비자들은 자신의 필요와 선호에 부합하는 제품이나 서비스를 찾기 위해 다양한 정보를 수집하고 이를 바탕으로 구매 결정을 내린다. 개인화된 마케팅은 이러한 구매의사결정 과정에서 소비자들

에게 적절한 정보를 제공함으로써 구매를 촉진할 수 있다. 예를 들어, 고객의 과거 구매 이력, 관심사, 검색 기록 등을 분석하여 개인화된 맞춤형 제품 추천, 할인 혜택 등을 제공하는 것이다. 이를 통해 소비자들의 관심을 끌어 궁극적으로 구매로 이어질 수 있게 한다.

또한 간편한 구매 과정을 제공하는 것은 중요한 판매 촉진 전략이다. 고객들이 디지털채널을 통해 제품이나 서비스를 쉽고 빠르게 구매할 수 있도록 만들면, 그들의 구매 결정을 크게 높일 수 있다. 예를 들어, 모바일 앱이나 웹사이트에서 장바구니 기능, 간편 결제 시스템, 실시간 배송 추적 등을 제공하면 고객들의 구매 전환율을 높일 수 있다. 기업은 고객들의 구매 행동 데이터를 분석하여 개인화된 추천 서비스와 맞춤형 프로모션을 제공함으로써 구매 전환율을 높일 수 있다. 이를 위해서는 디지털 마케팅 전문가들이 고객 데이터를 면밀히 분석하고 이를 바탕으로 효과적인 판매 촉진 전략을 수립해야 한다. 이처럼 편리한 구매 경험을 제공하고 고객 맞춤형 마케팅을 펼치는 것은 기업의 매출 증대에 큰 영향을 미치는 핵심적인 판매 촉진 전략이 된다.

(2) 디지털채널영업의 성공요인

디지털채널을 통한 영업 성공을 위한 요인들을 파악하는 것은 중요하다. 디지털 환경에서의 영업은 전통적인 오프라인 영업과는 다른 특성과 요구사항이 있기 때문에, 이를 잘 이해하고 대응하는 것이 필수적이다. 디지털채널의 장점과 단점, 고객의 구매 행동 패턴, 효과적인 디지털 마케팅 전략 등을 종합적으로 분석하여 성공요인을 도출하고 이를 실행에 옮기는 것이 중요하다. 이를 통해 기업은 디지털채널에서의 영업 효율을 높이고, 고객과의 긍정적인 관계를 형성할 수 있을 것이다. 디지털채널영업의 성공요인 파악은 기업의 경쟁력 향상에 크게 기여할 수 있을 것으로 기대된다.

① 지속적인 최적화 : 디지털채널을 통한 영업 성공을 위해서는 지속적인 최적화 작업이 매우 중요하다. 단순히 디지털채널을 구축하는 것에서 그치지 않고, 고객의 반응과 데이터를 바탕으로 끊임없이 개선해 나가는 것이 핵심이다. 먼저, 웹사이트, 모바일 앱, 소셜미디어 등 다양한 디지털채널에서 고객 경험

을 지속적으로 모니터링하고 분석해야 한다. 고객의 동선, 클릭 패턴, 전환율 등을 면밀히 파악하여 사용자 친화적인 인터페이스와 콘텐츠를 제공할 수 있도록 개선해 나가야 한다. 또한 온라인 마케팅 활동에 대한 데이터 분석을 통해 효과적인 광고 전략, 타깃팅, 콘텐츠 전략 등을 수립할 필요가 있다. 고객의 관심사와 행동 패턴을 이해하고 이에 맞춘 맞춤형 마케팅 활동을 전개함으로써 더욱 높은 전환율과 매출 증대를 기대할 수 있다. 이와 더불어 고객의 소리에 귀 기울이고 피드백을 적극적으로 반영하는 것도 중요하다. 고객의 의견과 불만사항을 수렴하여 지속적으로 제품 및 서비스를 개선함으로써 고객 만족도를 향상시킬 수 있다. 이처럼 디지털채널의 지속적인 모니터링, 데이터 분석, 피드백 반영 등을 통해 최적의 고객 경험을 제공함으로써 디지털 영업의 성공을 이룰 수 있다.

② 고객 경험 개선 : 현대 기업의 핵심적인 전략 중 하나이다. 오늘날 고객들은 편리성과 편의성을 매우 중요하게 여기기 때문에, 기업들은 이에 부응하기 위해 다각도의 노력을 기울이고 있다. 구체적으로, 온라인 쇼핑몰이나 모바일 앱에서 고객이 제품을 더 쉽고 빠르게 검색하고 구매할 수 있도록 이용자 친화적인 인터페이스를 제공해야 한다. 또한 고객의 검색 기록, 구매 이력 등을 분석하여 개인화된 추천 서비스를 제공함으로써, 고객이 자신에게 가장 적합한 제품을 발견할 수 있도록 도와주는 것이 중요하다. 나아가 고객 경험 개선을 위해서는 온라인 채널 개선뿐만 아니라 오프라인 상의 고객 경험까지 고려해야 한다. 매장 내에 디지털 기술을 도입하여 고객의 편의성을 높이고, 직원 교육을 통해 고객 응대 서비스를 향상시키는 등 다양한 노력이 필요하다.

또한 고객 피드백을 적극적으로 수렴하여 지속적으로 경험을 개선해 나가는 것도 중요한 과정이다. 이처럼 기업은 고객 중심적 관점에서 다양한 채널과 터치포인트에서의 고객 경험을 개선함으로써, 고객 만족도와 충성도를 높일 수 있다. 이는 기업의 경쟁력 강화와 지속가능한 성장을 위한 필수 요소라고 할 수 있다. 더 나아가, 기업은 고객 경험 개선을 통해 장기적인 관점에서 고객과의 신뢰관계를 구축할 수 있다. 단순히 일회성 거래를 넘어, 고객의 니즈와 요구사항을 지속적으로 파악하고 이에 부응하는 경험을 제공함으로써 고객과의 유대감을 강화할 수 있다.

또 다른 한편으로는 고객 경험을 개선하는 핵심은 고객들에게 매력적이고 가치 있는 콘텐츠를 제공하는 것이다. 단순히 정보를 전달하는 수준을 넘어, 고객들의 마음을 사로잡는 콘텐츠를 만들어내는 게 중요하다. 비즈니스 관점에서 보면, 이렇게 흥미롭고 의미 있는 콘텐츠를 통해 고객들의 관심을 끌고 더욱 만족스러운 경험을 제공할 수 있다. 고객들이 진정으로 공감할 수 있는 콘텐츠를 만들어내면, 고객과의 유대감이 형성되고 브랜드에 대한 호감도도 높일 수 있다. 결국, 고객 경험 향상을 위해서는 고객 중심적인 관점에서 매력적인 콘텐츠 전략을 수립하고 실행해나가는 것이 핵심이라고 볼 수 있다. 이를 통해 고객들에게 차별화된 경험을 제공하고, 나아가 브랜드 가치를 높일 수 있을 것이다. 이를 통해 기업은 고객의 충성도를 높이고, 장기적인 관점에서 경쟁우위를 확보할 수 있을 것이다.

또한 디지털채널을 통한 고객과의 소통 강화는 단순히 고객의 의견과 문의를 수렴하는 것뿐만 아니라, 고객과의 실시간 대화와 상호작용을 촉진하는 것이 중요하다. 채팅 서비스나 고객센터의 운영을 통해 고객들은 제품이나 서비스에 대한 피드백을 즉각적으로 전달할 수 있고, 기업은 이를 신속하게 파악하여 고객 만족도를 높일 수 있다. 단순히 고객의 문의와 불만사항을 처리하는 것을 넘어, 고객의 니즈와 요구사항을 깊이 있게 분석하여 제품 및 서비스 개선에 반영하는 것도 필요하다. 이를 통해 고객이 실제로 원하는 바를 충족시킬 수 있고, 더 나아가 선제적으로 고객의 잠재적인 요구사항까지 파악하여 고객 만족도를 한층 높일 수 있다. 나아가 고객과의 지속적인 소통을 통해 고객 이해도를 높이고, 고객 개인화 전략을 수립하는 것도 중요하다. 고객의 특성과 구매 행동 패턴을 면밀히 분석하여 맞춤형 서비스와 프로모션을 제공함으로써, 고객의 재구매율과 충성도를 높일 수 있다. 이처럼 디지털채널을 통한 고객과의 적극적인 소통과 고객 경험 개선 노력은 기업이 고객으로부터 신뢰와 호감을 얻어, 장기적인 성장과 발전을 이루는 데 필수적인 요소라고 할 수 있다.

③ 데이터 활용 및 분석 : 데이터 활용 및 분석은 현대 기업에 있어 중요한 요소이다. 다양한 디지털채널에서 발생하는 데이터를 수집하고 분석하는 것은 기업의 비즈니스 전략과 마케팅 활동을 개선하는 데 핵심적인 역할을 한다. 데

이터 분석을 통해 기업은 고객의 행동 패턴, 마케팅 효과, 판매 성과 등을 심도 있게 파악할 수 있다. 이를 토대로 전략을 조정하고 개선할 수 있다. 예를 들어, 고객의 구매 패턴 분석을 통해 인기 있는 상품과 그렇지 않은 상품을 파악할 수 있다. 이를 바탕으로 제품 제조 및 판매전략, 그리고 마케팅 활동을 보다 효율적으로 수행할 수 있다.

데이터 분석은 기업의 강점과 약점을 파악하여 경쟁력을 높일 수 있는 핵심 수단이 된다. 특히 디지털채널에서는 방대한 양의 데이터가 발생하므로, 이를 체계적으로 수집하고 분석하는 역량이 중요하다. 이러한 분석된 데이터를 활용하여 기업은 자사의 비즈니스 모델, 타깃 시장, 제품 및 서비스의 특성에 따라 다양한 디지털채널영업 전략을 수립할 수 있다. 이러한 전략을 지속적으로 모니터링하고 개선해 나가는 것이 필요하다. 데이터 분석을 통해 기업은 고객 이해도를 높이고, 더 효과적인 마케팅 및 판매 활동을 펼칠 수 있다.

2. 디지털채널 구매자의 행동 이해

디지털채널을 통한 구매 행동에 대한 이해는 기업들에게 중요하다. 오늘날 온라인과 모바일 등 다양한 디지털채널을 통해 제품과 서비스를 구매하는 소비자들이 늘어나고 있기 때문이다. 이러한 구매자들의 행동 패턴, 구매 동기, 선호도 등을 분석하여 이해하는 것은 기업들이 효과적인 마케팅 전략을 수립하고 고객 만족도를 높일 수 있는 핵심 요소가 된다. 특히 디지털채널에서는 온라인 검색, 리뷰, SNS 활동 등 구매의사결정 과정에서 발생하는 방대한 데이터를 수집하고 분석할 수 있다. 이를 통해 기업들은 고객의 구매 여정과 행동을 보다 면밀히 이해할 수 있다.

또한 개인화된 추천 서비스, 맞춤형 프로모션 등 고객 경험을 향상시킬 수 있는 다양한 전략을 수립할 수 있다. 더 나아가 디지털채널에서의 구매자 행동 이해는 기업의 장기적인 성장과 경쟁력 확보에도 중요한 역할을 한다. 빠르게 변화하는 시장 환경 속에서 고객의 니즈와 선호를 정확히 파악하고, 이에 신속하게 대응할 수 있기 때문이다. 이를 통해 기업은 고객과의 긍정적인 관계를 유지하고, 궁극적으로 지속 가능한 성장을 이룰 수 있다. 따라서 디지털채널에서의 구매자 행동에 대한 심도 있는 이해와 분석은 기업의 핵심 역량이 되고 있으며, 이는 기업의 장기적인 발전을 위해 반드시 필요한 요소라고 할 수 있다.

2.1 디지털채널 구매자의 행동

디지털채널에서 성공적인 마케팅을 위해서는 고객의 행동 패턴을 파악하고, 이에 맞는 전략을 수립해야 한다. 현재는 인터넷이나 모바일 기기를 통해 상품이나 서비스를 구매하는 것이 일상적인 일이 되었기 때문에, 디지털 마케팅이 기업의 성장에 큰 역할을 하게 되었다. 그러나 단순히 디지털채널을 통해 상품이나 서비스를 제공하는 것만으로는 충분하지 않다. 고객들은 자신들이 필요로 하는 제품이나 서비스를 찾기 위해 인터넷에서 검색을 하거나, 소셜미디어를 통해 정보를 수집하며, 이에 대한 평가나 후기를 확인한다. 이러한 고객들의 행동 패턴을 파악하여, 그들이 가장 많이 찾는 채널이나 키워드를 찾아내고, 이를 활용하여 최적의 마케팅 전략을 수립해야 한다. 또한 고객들의 관심사나 선호도를 파악하여, 그들에게 맞는 맞춤형 영업을 제공하는 것도 중요하다. 이러한 노력을 통해, 고객들의 만족도를 높이고, 기업의 매출을 증가시키는 것이 가능해진다.

(1) 디지털채널에서의 구매자 행동 특성

디지털채널을 통한 쇼핑은 전통적인 오프라인 쇼핑과는 많은 차이점이 있다. 구매자들은 디지털채널에서 정보를 습득하고, 제품을 탐색하며, 실시간으로 비교 및 구매 결정을 내리게 된다. 이러한 디지털 구매 과정에서 나타나는 주요한 행동 특성은 다음과 같다.

첫째, 구매자들은 온라인상에서 제품 및 서비스에 대한 정보를 능동적으로 찾아보고, 이를 바탕으로 구매 여부를 결정한다. 기존의 오프라인 쇼핑과 달리, 디지털채널에서는 손쉽게 다양한 정보를 얻을 수 있기 때문에 구매 전 충분한 탐색 과정을 거치게 된다.

둘째, 구매자들은 온라인상에서 유사한 제품들을 실시간으로 비교하며 최적의

〈표 7-1〉 디지털채널에서의 구매자 행동 특성

구분	세부내용
정보 탐색 및 비교	온라인 검색, 리뷰, 블로그 등을 통해 다양한 정보를 탐색하고 비교
즉각적인 만족 추구	빠르고 편리한 구매 경험을 원하며, 즉각적인 만족 추구
사회적 증명 추구	다른 고객들의 리뷰 및 평점을 참고하여 구매 결정을 내리는 경향
다양한 결제 방식 선호	다양한 결제 방식(신용카드, 무통장 입금, 모바일 결제 등)을 선호
모바일 기기 활용 증가	스마트폰 및 태블릿 등 모바일 기기를 통해 구매하는 비중이 증가
개인 맞춤형 경험 선호	개인 맞춤형 상품 추천, 맞춤형 할인 등 개인 맞춤형 경험을 선호

선택을 하고자 한다. 가격, 기능, 리뷰 등 다양한 요소를 종합적으로 고려하여 합리적인 구매 결정을 내리게 된다.

셋째, 구매 과정에서 구매자들은 모바일 기기와 데스크톱을 넘나들며 끊임없이 정보를 탐색하고 비교한다. 이러한 멀티 디바이스 사용은 구매 행동의 유동성을 높이며, 구매 결정 과정을 복잡하게 만든다.

넷째, 디지털 구매자들은 온라인 구매 후 제품 사용 경험 및 리뷰를 적극적으로 공유한다. 이는 다른 잠재 구매자들에게 영향을 미치며, 기업 입장에서는 고객 관리와 피드백 수집에 새로운 기회가 된다. 이처럼 디지털채널에서의 구매자 행동 특성은 전통적인 쇼핑 행태와 크게 다르며, 기업들은 이를 이해하고 대응하는 것이 중요해졌다. 따라서 디지털영업에서는 고객의 행동 패턴을 이해하고, 그에 맞는 전략을 수립하는 것이 매우 중요하다.

(2) 디지털채널의 구매자 유형

디지털채널을 구매하는 고객들은 매우 다양한 유형을 가지고 있다. 일부 고객은 인터넷을 통해 쇼핑을 즐기는 **디지털 네이티브**이며, 다른 고객은 전통적인 브릭 앤 모터(Brick and Mortar) 상점에서 쇼핑하는 것을 선호하는 **디지털 이민자**이다. 또한 어떤 고객들은 디지털채널에서 상품을 검색하고 비교한 뒤 오프라인 매장에서 구매하는 **브라우저**이다. 이러한 다양한 구매자 유형을 이해하고 고객 경험을 개선하는 것이 중요하다. 디지털채널은 기업에게 많은 장점을 제공하지만, 고객이 만족하지 않는다면 그 이점은 크게 감소한다.

첫 번째 유형의 구매자인 **정보 중심 구매자**는 현대 사회에서 많이 나타나는 유형 중 하나이다. 이러한 구매자들은 제품이나 서비스에 대한 정보를 최대한 많이 수집하고, 그 정보를 분석하여 구매 결정을 내리는 데 많은 시간을 투자한다. 이들은 꼼꼼하고 분석적이며, 자신들이 내린 결정이 최선인지 확신하기 위해 가능한 모든 정보를 수집하고 분석한다. 이러한 정보 중심 구매자들은 인터넷과 같은 디지털 매체를 통해 제품이나 서비스에 대한 정보를 수집한다. 그리고 다양한 온라인 쇼핑몰을 비교 분석하여 가장 합리적인 가격으로 제품을 구매한다. 이들은 주로 제품의 성능, 기능, 디자인, 브랜드 이미지 등을 중요시하며, 이러한 요소를 고려하여 구매를 결정한다.

하지만 정보 중심 구매자들은 제품이나 서비스에 대한 정보가 부족하거나 제공되는 정보가 부적절한 경우 구매를 하지 않는 경우가 많다. 따라서 기업들은 이러한 구매자들의 요구에 부합하는 정보를 제공하고, 정보의 질을 높이기 위한 노력을 기울여야 한다. 또한 정보 중심 구매자들은 구매 전략을 세우는 것에 능숙하다. 그들은 구매 전략을 통해 필요한 제품이나 서비스를 최대한 합리적인 가격으로 구매하며, 이를 통해 비용을 절감하고 이익을 극대화한다.

두 번째 유형의 구매자인 **가격 중심 구매자**는 소비자 중에서 가장 많은 비중을 차지하는 구매자이다. 이들은 제품이나 서비스의 가격이 가장 중요한 기준이며, 가장 저렴한 것을 찾는 것이 목적이다. 이들은 브랜드 인지도나 충성도와 같은 요소에는 크게 관심이 없다. 그들은 오직 가격만을 따져서 제품이나 서비스를 선택한다.

가격 중심 구매자들은 가격이 저렴하다면 제품이나 서비스의 품질에 대한 기준을 크게 중시하지 않다. 즉, 가격이 저렴하다면 품질이 떨어져도 구매를 하려는 경향이 있다. 이들은 저렴한 가격을 위해서는 어느 정도의 품질 희생을 감수할 수 있다. 그러나 최근에는 가격 중심 구매자들도 제품이나 서비스의 품질에 대한 관심이 높아지고 있다. 브랜드 인지도나 충성도와 같은 기준도 중요하게 생각하는 경우가 많아졌다. 이는 경쟁이 치열해지면서 제품이나 서비스의 품질이 개선되고, 소비자의 요구도 높아지기 때문이다.

따라서 기업들은 가격 중심 구매자를 위한 제품이나 서비스를 출시할 때에도 품질을 크게 중시해야 한다. 또한 브랜드 인지도나 충성도를 높이기 위한 마케팅 전략도 반드시 필요하다. 이를 통해 가격 중심 구매자들도 제품이나 서비스의 품질과 브

랜드 가치를 높이는 것이 가능하다

세 번째 유형의 구매자는 **편의성 중심 구매자**이다. 이 유형의 구매자들은 현재 시대의 빠른 속도와 바쁜 일상에 적응하고 있다. 그들은 시간이 매우 소중하며, 가장 빠르게 구매할 수 있는 방법을 찾고 있다. 따라서 이들은 온라인 구매를 선호하며, 오프라인으로 쇼핑을 하기 위해 많은 시간을 할애하지 않는다.

또한 이 유형의 구매자들은 번거로움 없는 쇼핑 경험을 원한다. 이들은 검색과 결제 과정을 간편하게 처리할 수 있는 쇼핑몰을 선호한다. 이러한 이유로, 이들은 온라인 쇼핑몰에서 제공하는 다양한 기능들을 매우 환영한다. 예를 들어, 이들은 검색 필터링, 비교 기능, 추천 기능 등을 매우 유용하게 사용하며, 이러한 기능들이 쇼핑 경험을 더욱 원활하게 만들어 준다.

또한 이들은 편의성을 위해 프리미엄 금액을 지불할 의향이 있다. 이들은 높은 품질의 제품과 서비스를 제공하는 쇼핑몰을 선호하며, 이러한 쇼핑몰에서는 일반적인 쇼핑몰보다 높은 가격을 지불해야 한다. 그러나 이들은 이러한 프리미엄 가격을 기꺼이 지불하며, 좋은 제품과 서비스를 얻기 위해 노력한다.

네 번째 유형인 **사회적 증명 중심 구매자**는 현재 시대에서 중요한 역할을 한다. 이들은 제품이나 서비스를 구매하기 전에 다른 사람들의 경험과 평가를 참고하며, 이를 통해 자신만의 현명한 구매 결정을 내린다. 이러한 구매자들은 고객 리뷰와 평가를 신뢰하며, 잘 알려진 브랜드의 제품이나 서비스를 선호한다. 이는 다른 사람들이 이미 사용해 본 제품이나 서비스에 대해 신뢰하기 때문이다.

또한 사회적 증명 중심 구매자들은 자신의 선택이 옳다는 확신을 얻고자 한다. 이를 위해 다양한 정보를 수집하고 비교 분석하는 등의 노력을 기울인다. 이는 현대인들이 정보에 민감하게 반응하는 추세와도 부합하는 것으로, 이들의 구매 습관은 더욱 중요한 역할을 할 것으로 예상된다.

따라서 기업들은 이러한 사회적 증명 중심 구매자들의 요구에 부합하는 제품이나 서비스를 출시하고, 이를 통해 더욱 많은 고객들을 유치할 수 있을 것이다. 고객 리뷰와 평가를 근거로 한 마케팅 전략을 구사함으로써 이들의 신뢰를 얻을 수 있을 것이다. 이러한 노력을 통해 기업들은 사회적 증명 중심 구매자들의 소비 패턴을 파악하고, 이를 기반으로 한 비즈니스 모델을 구축할 수 있을 것이다.

다섯 번째 유형의 **충동구매자**는 상품을 구매하기 전에 심사숙고하지 않고, 감정적인 결정을 내리는 경향이 있다. 이들은 구매에 대한 구체적인 이유를 항상 가지고 있지 않을 수 있기 때문에, 광고나 갑작스러운 인상을 받은 경우 쉽게 흔들릴 수 있다. 이러한 유형의 구매자는 보통 즉각적인 만족감을 추구하며, 물건을 구매한 후에는 자신의 결정에 대해 후회할 수도 있다. 충동구매자는 자신이 원하는 상품을 구매하기 위해 현금을 지출하는 것보다, 신용카드나 할부로 구매하는 경우가 많다. 이는 즉각적인 만족감을 느끼기 위함이며, 나중에 지불할 빚에 대한 걱정은 나중에 생각하겠다는 마인드로 대처하는 경우가 많다. 또한 충동구매자는 자신이 원하지 않던 상품을 구매하는 경우가 많다. 이는 유행에 민감하거나, 다른 사람들과 똑같은 것을 가지고 싶어 하는 욕구에서 비롯될 수 있다. 이러한 행동은 결국 불필요한 지출을 유발할 수 있으며, 재물을 관리하는데 어려움을 겪을 수도 있다. 따라서 충동구매자는 자신의 소비 습관을 분석하고, 자신이 원하는 것이 무엇인지를 심사숙고하는 습관을 기르는 것이 중요하다. 또한 자신의 재물을 관리하는데 있어서 실용적인 방법을 찾아 신중하게 소비 결정을 내리는 것이 필요하다.

마지막으로 여섯 번째 유형은 **충성도 높은 구매자**이다. 이 유형의 구매자는 특정 브랜드나 제품에 대한 충성도가 높은 편이며, 브랜드에 대한 강한 애착을 가지고 있다. 그렇기 때문에 가격이나 편의성과는 별개로 계속해서 해당 브랜드나 제품을 구매하게 된다. 충성도 높은 구매자들은 브랜드나 제품에 대한 신뢰도가 높아서, 다른 제품이나 브랜드를 선택할 때에는 많은 고민을 하게 된다.

또한 이들은 해당 브랜드나 제품에 대한 정보를 꾸준히 수집하고, 새로운 제품 출시 소식에도 민감하게 반응한다. 이러한 충성도 높은 구매자들은 브랜드나 제품에 대한 강한 애착 때문에, 프리미엄 가격을 기꺼이 지불할 의향이 있다. 그렇기 때문에 브랜드 측면에서는 이들의 충성도를 유지하고 높이기 위해 다양한 마케팅 전략을 활용한다. 예를 들어, 프리미엄 가격대의 제품을 출시하거나, 브랜드 이미지를 강화하는 광고를 전개하는 등의 전략을 활용한다. 따라서 충성도 높은 구매자들은 브랜드나 제품의 장기적인 성장을 위해서도 중요한 소비자층으로, 브랜드 측면에서는 이들을 만족시키는 다양한 제품과 서비스를 제공해야 한다.

2.2 디지털채널 구매자의 의사결정과정

인터넷과 모바일 기술의 비약적인 발달은 소비자의 구매 행동 양식을 크게 변화시켰다. 디지털 시대를 살아가는 소비자들은 온라인 채널을 통해 제품 및 서비스에 대한 다양한 정보를 손쉽게 탐색하고 비교할 수 있게 되었다. 이에 따라 소비자들은 편리하고 효율적인 구매의사결정 과정을 거치게 되었다. 이러한 변화에 발맞춰 기업들은 디지털 소비자의 구매의사결정 과정을 면밀히 분석하고 이해해야 한다. 단순히 제품 정보를 제공하는 것을 넘어 소비자의 니즈와 선호도를 파악하여 차별화된 마케팅 전략을 수립해야 한다. 예를 들어, 빅데이터 분석을 통해 개인화된 상품 추천 서비스를 제공하거나, 소셜미디어와 같은 온라인 채널을 적극 활용하여 소비자와의 상호작용을 강화할 수 있다. 이와 같은 디지털 마케팅 전략을 통해 기업은 변화하는 소비자 행동 패턴에 신속하게 대응하고, 고객 경험을 향상시켜 경쟁력을 확보할 수 있을 것이다. 더불어 이러한 노력은 기업과 소비자 간의 유의미한 관계 형성에도 기여할 것으로 기대된다.

(1) 구매 전 단계

구매의사결정과정에서 구매 전 단계는 디지털 시대의 소비자들이 매우 중요한 역할을 한다. 이 단계에서 소비자들은 먼저 자신의 필요와 욕구를 깊이 있게 인식하게 된다. 그 다음으로 소비자들은 인터넷, 모바일 앱, 브랜드 웹사이트 등 다양한 디지털채널을 통해 관심 제품에 대한 정보를 탐색하게 된다. 이렇게 수집한 정보를 바탕으로 마지막으로 소비자들은 자신에게 가장 적합한 대안을 신중하게 평가하게 된다. 구매 결정을 앞두고 최종적으로 어떤 제품을 선택할지 고민하게 되는 것이다.

① 인식 단계 : 소비자는 일상생활에서 발생하는 다양한 문제나 욕구를 느끼게 된다. 예를 들어, 건강관리를 위해 운동용품이 필요하다고 생각하거나, 신제품 출시로 새로운 스마트폰이 필요하다고 느끼는 것이다. 이처럼 소비자의 필요성 인식은 개인의 내적 요소와 외적 요소의 복합적인 작용에 따라 발생한다. 소비자의 내적 요소로는 개인의 기본적인 욕구, 동기, 가치관 등이 있다. 예를 들어, 자신의 건강과 외모관리에 대한 관심이 높은 소비자라면 운동

용품이나 화장품 등을 구매하고자 하는 내적 동기가 강해질 것이다. 한편, 외적 요소로는 사회적 트렌드, 문화적 규범, 광고 및 마케팅 활동 등이 있다. 예를 들어, 최신 기술이 탑재된 스마트폰이 출시되면 소비자는 제품의 새로운 기능과 디자인에 관심을 가지게 되어 구매 욕구가 생기게 된다. 이처럼 소비자는 자신의 내적 요구와 외부 환경의 영향을 동시에 고려하여 특정한 필요를 인식하게 된다. 예를 들어, 최근 건강에 대한 관심이 높아지면서 다양한 헬스 관련 제품들이 출시되고 있는데, 이에 따라 소비자들은 자신의 건강관리 요구와 함께 이러한 외부 환경의 변화를 동시에 인식하게 된다.

② 정보 검색 : 인식 단계에서 소비자는 자신의 필요를 인식하고 대략적인 선택 범위를 설정하기 위해 정보를 탐색하기 시작한다. 관심 있는 제품이나 서비스에 대한 자세한 정보를 찾기 시작한다. 이 정보 탐색 과정은 매우 철저한 경우가 많으며 온라인 리뷰, 개인 추천, 마케팅 자료 등 다양한 출처가 포함될 수 있다. 정보 검색 단계에서 소비자는 관심 있는 제품이나 서비스를 조사하는 데 상당한 시간을 투자한다. 이는 정보에 입각한 결정을 내리고 자신의 필요와 기대에 부합하는 제품에 돈을 투자하고 싶기 때문이다. 소비자는 다양한 출처를 활용하여 제품에 대한 정보를 수집한다. 소비자의 정보탐색경로는 〈표 7-2〉와 같으며 제품 설명, 리뷰, 비교 사이트 등 온라인 또는 오프라인에 있을 수 있다.

〈표 7-2〉 소비자의 정보탐색 경로

구분	세부내용
제품 설명 페이지	온라인 쇼핑몰, 제조사 웹사이트 등에서 제품의 상세한 설명, 사양, 기능, 사용 방법 등 확인
제품 비교 사이트	다나와 등 제품 비교 사이트에서 여러 제품의 기능, 성능, 가격 등 비교
리뷰 사이트	네이버 리뷰, 다음 리뷰 등 리뷰 사이트에서 다른 이용자들의 실제 경험과 평가 확인
유튜브	유튜브 검색을 통해 제품 사용 영상, 리뷰영상, 전문가 리뷰 등을 시청
블로그 및 온라인 매거진	블로그 및 온라인 매거진에서 제품 리뷰, 비교 분석, 사용팁 등
온라인 커뮤니티 및 포럼	온라인 커뮤니티나 포럼에서 이용자들의 의견과 정보 공유, 질문
고객센터	제조사 고객센터에 문의하여 제품에 대한 정보나 구매 관련 문의

이러한 소스를 탐색함으로써 소비자는 제품의 특징, 장단점, 가격대 등에 대해 알 수 있다. 이러한 정보는 다양한 제품을 비교하고 예산과 선호도에 따라 결정을 내리는 데 도움이 된다.

또한 소비자는 제품을 조사할 때 브랜드 평판과 고객 서비스도 고려한다. 브랜드 평판은 소비자의 의사결정 과정에서 중요한 역할을 한다. 소비자들은 시장에서 긍정적인 평판을 얻고 있는 브랜드의 제품을 선택하는 경향이 있다. 이러한 브랜드가 더 신뢰할 수 있고 고품질의 제품을 제공한다고 믿기 때문이다. 소비자는 브랜드가 제공하는 고객 서비스도 고려한다. 소비자들은 우수한 고객 서비스를 제공하고, 신속한 지원팀이 있으며, 문제나 우려 사항에 대해 적시에 해결책을 제공하는 브랜드를 찾는다. 이 단계에서 소비자는 조사를 바탕으로 특정 브랜드나 회사에 대한 선호도를 개발하기 시작할 수도 있다. 결정을 내릴 때 가격, 품질, 평판과 같은 요소를 고려할 수 있으며, 정보에 입각한 선택을 위해 추가 정보를 찾을 수도 있다. 정보 검색 단계는 소비자의 의사결정 과정에서 중요한 역할을 한다. 이 단계에서 소비자는 제품이나 서비스에 대한 심층적인 정보를 얻고 이를 비교, 평가하여 최종 선택을 내린다. 따라서 기업은 소비자의 정보 검색 과정을 효과적으로 지원해야 한다.

첫째, 기업은 소비자가 자사 제품이나 서비스에 쉽게 접근하고 이용할 수 있도록 해야 한다. 이는 강력한 온라인 입지를 확보하고, 기업 웹사이트에 제품이나 서비스에 대한 자세한 정보를 제공하며, 소비자가 검색 엔진을 통해 제품이나 서비스를 쉽게 찾을 수 있도록 함으로써 달성할 수 있다.

둘째, 기업은 제품이나 서비스에 대한 명확하고 간결한 정보를 제공해야 한다. 여기에는 제품 또는 서비스의 기능, 혜택 및 가격에 대한 정확한 최신 정보 제공이 포함된다. 또한 기업은 고객 리뷰와 추천글을 제공하여 소비자와의 신뢰와 믿음을 구축해야 한다.

셋째, 기업은 소셜미디어 및 기타 온라인 플랫폼을 통해 소비자와 소통해야 한다. 이를 통해 기업은 제품이나 서비스에 대한 추가 정보를 제공하고, 질문에 답변하고, 소비자의 우려 사항을 해결할 수 있다. 또한 소비자와의 소통은 소비자와의 강력한 관계를 구축하는 데 도움이 되며, 이는 반복적인 비즈니스와 긍정적인 입소문 추천으로 이어질 수 있다.

마지막으로, 기업은 소비자 행동과 피드백을 모니터링하고 분석하여 제품이나 서비스를 지속적으로 개선해야 한다. 여기에는 검색 트렌드 추적, 고객 리뷰 분석, 설문조사 및 기타 방법을 통한 피드백 수집이 포함된다. 소비자 행동과 선호도를 이해함으로써 기업은 타깃 고객의 요구를 더 잘 충족하도록 제품이나 서비스를 맞춤화할 수 있다.

오늘날의 경쟁이 치열한 시장에서 기업이 성공하기 위해서는 소비자의 정보 검색 프로세스를 지원하는 것이 필수적이다. 정보에 쉽게 접근하고, 명확하고 간결한 제품 정보를 제공하고, 소비자와 소통하고, 제품이나 서비스를 지속적으로 개선함으로써 기업은 충성도 높은 고객을 유치하고 유지하며 수익을 높일 수 있다.

③ 평가 단계 : 구매 과정의 평가 단계에서 소비자는 수집한 정보를 바탕으로 다양한 제품이나 서비스를 비교하고 평가한다. 이 단계는 소비자가 자신의 필요와 예산에 따라 정보에 입각한 결정을 내릴 수 있도록 하기 때문에 매우 중요하다. 제품을 비교하기 위해 소비자는 리뷰를 읽거나 친구나 가족에게 추천을 요청하거나 비교 웹사이트를 이용할 수 있다. 제품 기능, 가격, 품질, 브랜드 평판 등의 요소를 고려할 수 있다. 디지털구매자의 구매평가요소는 〈표 7-3〉과 같다.

평가 단계의 목표는 소비자가 자신의 필요와 예산에 가장 적합한 제품이나 서비스를 선택하는 것이다. 여기에는 다양한 기능 간의 균형을 찾거나 제

〈표 7-3〉 구매평가요소

구분	세부내용
핵심 니즈 충족 여부	제품이나 서비스가 자신의 핵심 니즈를 충족하는지 여부를 우선적으로 평가
기능 및 성능 비교	제품의 주요 기능, 성능, 사용 편의성 등을 비교 평가
가격 대비 가치	제품이나 서비스의 가격을 고려하여 가치 대비 매력적인지 평가
브랜드 평판 및 고객 서비스	브랜드 평판, 고객 서비스 정책, A/S 정보 등을 고려하여 신뢰할 수 있는 브랜드인지 평가
감성적 요소	디자인, 색상, 이미지 등 제품이나 서비스가 불러일으키는 감성적 요소도 평가
기타 고려 사항	배송 및 반품 정책, 보증 및 A/S 정책, 지속가능성, 윤리적 소비 등 기타 고려 사항들을 종합적으로 평가

품 또는 서비스의 장기적인 비용을 고려하는 것이 포함될 수 있다. 구매하기 전에 시간을 들여 제품과 서비스를 평가하여 올바른 결정을 내릴 수 있도록 하는 것이 중요하다. 정보 검색 단계를 통해 수집한 다양한 정보들을 바탕으로 소비자는 자신에게 가장 적합한 제품이나 서비스를 선택하기 위해 기준들을 종합적으로 평가하고 비교한다.

평가 단계는 소비자의 의사결정 과정에서 매우 중요한 단계이며, 기업은 이 과정을 효과적으로 지원하기 위해 다양한 전략을 사용해야 한다. 가장 중요한 방법 중 하나는 제품이나 서비스에 대한 정확한 정보를 제공하는 것이다. 여기에는 제품의 특징, 장점, 시장의 유사 제품과 비교한 세부 정보가 포함된다. 이를 통해 기업은 소비자가 다른 제품이나 서비스보다 자사 제품이나 서비스를 선택할 가능성을 높일 수 있다. 또 다른 효과적인 전략은 평가판 또는 체험 기간을 제공하는 것이다. 이를 통해 소비자는 구매를 결정하기 전에 제품이나 서비스를 테스트할 수 있다. 체험 기간을 제공하면 소비자의 의구심이나 우려를 해소하고 제품이나 서비스에 대한 신뢰도를 높일 수 있다. 이는 소비자가 혜택을 먼저 경험하지 않고 투자를 주저할 수 있는 더 비싸거나 복잡한 제품이거나 서비스의 경우 특히 중요하다.

사회적 증거는 기업이 소비자 평가에 영향을 미치기 위해 사용할 수 있는 또 다른 강력한 전략이다. 사회적 증거는 사람들이 다른 사람들이 어떤 일을 하는 것을 보면 그 일을 할 가능성이 더 높다는 생각을 한다. 기업은 만족한 고객의 긍정적인 리뷰, 추천을 보여줌으로써 이를 활용할 수 있다. 이를 통해 잠재고객과의 신뢰와 믿음을 쌓고 제품이나 서비스에 대한 신뢰도를 높일 수 있다.

마지막으로 가격도 평가 단계에서 중요한 요소이다. 기업은 고객을 유치하고 유지하기 위해 제품이나 서비스의 가격을 경쟁력 있게 책정해야 한다. 이는 생산 비용, 시장 수요, 경쟁업체의 유사 제품 가격 등의 요소를 고려해야 한다는 의미이다. 경쟁력 있는 가격을 제시함으로써 기업은 제품이나 서비스의 인지 가치를 높이고 소비자에게 더 매력적으로 다가갈 수 있다. 평가 단계는 소비자의 의사결정 과정에서 중요한 단계이며, 기업은 이 과정을 효과적으로 지원하기 위해 다양한 전략을 사용해야 한다. 정확한 정보 제공, 체험 기간 제공, 사회적 증거 활용, 경쟁력 있는 가격 책정 등을 통해 기업은 소비자가 다른 제품이나 서비스보다 자사 제품이나 서비스를 선택할 가능성을 높일 수 있다.

(2) 구매 단계

구매 단계는 소비자의 여정에서 중요한 부분이다. 이 단계에서는 소비자가 최종적으로 선택한 제품이나 서비스를 실제로 구매하게 된다. 디지털채널을 통한 구매는 편리성과 효율성을 높일 수 있다. 간편 결제 기능은 구매 프로세스를 단순화하여 소비자의 구매 결정을 돕는다. 신용카드 정보나 배송 주소 등을 미리 등록해두면 빠르고 간편하게 결제를 진행할 수 있다. 또한 배송 추적 기능은 소비자가 주문한 상품의 배송 상황을 실시간으로 확인할 수 있게 해줌으로써 구매에 대한 신뢰감을 높일 수 있다. 이 외에도 다양한 부가 기능들이 구매 단계에서 중요한 역할을 한다. 예를 들어, 모바일 결제, 현금 결제, 분할 결제 등의 옵션을 제공하거나 구매 후 반품 및 교환, A/S 등의 서비스를 함께 제공하는 것도 소비자의 구매 경험을 개선할 수 있다. 이처럼 구매 단계에서의 편의성과 신뢰성 향상은 소비자의 긍정적인 경험을 이끌어내고, 이는 지속적인 구매로 이어질 수 있다.

또한 구매 단계에서의 마케팅 전략도 중요한 역할을 한다. 제품 정보를 충분히 제공하고, 고객에게 맞춤화된 추천 기능을 활용하여 구매 결정을 돕는 것이 필요하다. 고객 리뷰 및 평가 정보를 제공하여 신뢰성을 높이고, 실시간 대화 상담 등의 서비스를 통해 고객과의 소통을 강화할 수 있다. 이러한 노력들은 소비자의 구매 경험을 향상시켜 재구매율과 고객 충성도를 높일 수 있다. 더 나아가 구매 단계의 경험은 소비자의 전체 브랜드 경험에 큰 영향을 미친다. 따라서 기업은 구매 단계에서 소비자의 니즈와 불편사항을 면밀히 파악하고, 이를 토대로 구매 프로세스를 개선해 나가는 것이 중요하다. 이를 통해 소비자에게 차별화된 구매 경험을 제공하고, 장기적으로 브랜드 인지도와 충성도를 높일 수 있을 것이다. 기업은 고객에게 원활하고 만족스러운 경험을 〈표 7-4〉와 같이 제공해야 할 것이다. 온라인 쇼핑부터 오프라인 매장 및 구매 후 서비스에 이르기까지 구매 단계의 모든 측면을 신중하게 고려하고 최적화하여 고객 만족도와 충성도를 극대화해야 한다.

구매 단계는 의심할 여지없이 구매 프로세스에서 가장 중요한 단계 중 하나이다.

〈표 7-4〉 안전하고 편리한 구매 환경 조성

구분	세부내용
다양한 결제 방식	신용카드, 계좌이체, 모바일 결제 등 다양한 결제 방식을 제공하여 소비자가 편리하게 결제할 수 있도록 해야 함
안전한 결제 시스템 구축	SSL 인증, OTP 인증 등 안전한 결제 시스템을 구축하여 소비자의 개인정보 및 금전 정보를 안전하게 보호
간편구매 기능 제공	로그인 자동 저장, 배송 주소 자동 입력 등 간편구매 기능을 제공하여 소비자의 구매 과정의 간편화
모바일 최적화	모바일 기기를 통해 온라인 쇼핑을 하는 경우가 많아지고 있기 때문에 모바일 웹사이트 및 앱을 최적화하여 이용의 편리성
고객 지원 제공	구매 과정에서 발생하는 문제나 문의사항에 대해 신속하고 정확하게 고객 지원

이 단계에서는 실제 거래가 이루어지고 구매자가 제품이나 서비스를 구매하기로 최종 결정을 내린다. 이 단계에서 판매자의 마케팅 노력이 절정에 달하며, 마케팅 전략을 얼마나 잘 실행했는지에 따라 판매의 성공 여부가 결정된다. 구매 단계에서 구매자는 가격, 품질, 편의성, 가용성 등 다양한 요소를 기준으로 제품이나 서비스를 평가한다. 구매자는 제품의 특징과 장점을 평가하고, 시장의 다른 유사 제품과 비교하며, 제품이 자신의 필요와 요구 사항을 충족하는지 여부를 결정한다. 구매자는 구매 결정 시 판매자의 평판, 고객 서비스 및 판매 후 지원도 고려할 수 있다. 판매자는 구매 단계와 구매자의 결정에 영향을 미치는 요소를 이해하는 것이 중요하다. 이를 통해 구매자의 요구 사항을 충족하고 성공적인 판매를 보장하기 위해 마케팅 활동을 맞춤화할 수 있다. 여기에는 경쟁력 있는 가격 제시, 고품질 제품 제공, 편의성 및 접근성 개선, 고객 서비스 강화 등이 포함될 수 있다. 궁극적으로 구매 단계는 구매자와 판매자가 만나는 단계로, 양측이 각자의 역할을 얼마나 잘 수행했는지에 따라 거래의 성공 여부가 결정된다.

영업실전 사례 7-1

코로나19, 국내 소비자 행동 바뀌어 … 온라인 채널이 주요 구매 채널로 성장

글로벌 통합 정보 분석 기업 닐슨코리아는 신종 코로나바이러스 감염증(코로나 19)이 국내 소비자에 미친 영향을 분석한 '뉴 노멀 샤퍼 분석'을 발표하며 코로나19가 국내 소비자 행동에 큰 파급 효과를 가져왔다고 밝혔다.

온라인 채널이 주요 구매 채널로 성장… 온라인 채널 이용자 31%가 신규 유입

코로나19 감염 확산과 완화가 작은 규모로 반복되고 있는 국내에서는 온라인 채널이 주요 구매 채널로 성장했다. 닐슨 조사에 따르면 코로나19 유행 전 슈퍼마켓과 온라인 채널을 주요 구매 채널로 꼽은 응답이 각각 29%로 가장 높았고 대형마트(7%)와 편의점(5%)을 꼽은 응답이 그 뒤를 이었다.

반면, 코로나19 이후에는 온라인 채널을 주요 구매 채널로 꼽은 응답이 38%를 기록하며 가장 높게 나타났고 슈퍼마켓(25%), 편의점(11%), 대형마트(7%)를 꼽은 응답이 그 뒤를 이었다. 특히 편의점과 온라인 채널의 주요 구매 채널로서의 증가율은 모두 5%를 웃돌았다.

과거와 비교해 온라인 채널 이용자 31%가 코로나19 이후 온라인으로 신규 유입됐다. 그러나 쇼핑 시 온라인 채널만 이용하는 경우는 7%에 불과했고 약 92%가 온·오프라인 채널을 모두 이용한다고 응답했다. 특히 채널과 무관하게 프로모션에 따른 신규 유입 비중이 2019년과 비교해 36%에서 55%로 증가한 것으로 조사돼 온·오프라인 채널에서 프로모션이 핵심 신규 유입 요인인 것으로 나타났다.

온라인 쇼핑 경험 만족도 높게 나타나… 온·오프라인 채널에서의 쇼핑 인식과 목적 변화

코로나19 이후 증가한 온라인 쇼핑 경험에 대한 만족도도 높은 것으로 나타났다. 약 70%가 온라인 쇼핑 경험에 대해 만족한다고 응답해 오프라인 쇼핑 경험 만족도(59%)보다 높은 수준을 기록했다.

닐슨 조사에 따르면 쇼핑 인식에도 여러 변화가 있었다. 코로나19 이전과 비교해 온라인 채널 상품 구색이 증가했다는 인식이 35%를 기록했으며 과거와 비교해 프로모션에 영향을 받거나 즉시 소비 혹은 필요에 따라 구매하는 상황도 많아졌다.

온·오프라인 채널과 상관없이 74%가 앞으로의 필요에 대비해서 미리 구입하기보다 해당 시점의 필요에 따라 구매한다고 응답했으며 특히 코로나19 이후 온라인 채널을 정기적 쇼핑 채널로 이용한다는 응답이 오프라인 채널보다 많았다.

식품, 건강 및 미용·위생 등 다양한 영역에 걸친 라이프스타일 변화로 이어져

식품 카테고리에서 코로나19로 판매량이 증가한 품목 상위 5개는 포장김치(24%), 냉면(20%), 즉석 죽(16%), 카레(16%), 레토르트 식품(14%)과 같이 간단한 조리 뒤 바로 먹을 수 있는 RTE(Ready to Eat) 제품으로 나타났다.

코로나19는 식품 외에도 다양한 영역에 걸친 라이프스타일 변화를 가져왔다. 먼저 코로나19로 미용 습관이나 관리 행태에 변화가 생기며 건강 및 미용 카테고리 내 살균&손 세정제 판매액은 성장률이 가파르게 올라(+305%)갔지만, 헤어 왁스(-31%), 헤어 트리트먼트(-27%), 전동 칫솔(-22%), 핸드&보디로션/크림/오일(-20%), 칫솔(-14%)과 같은 품목은 판매액이 떨어졌다.

직접 실천하는 위생에 대한 관심도 높아진 가운데 코로나19로 위생 카테고리 내 판매액이 늘어난 품목 상위 5개는 다목적 클리너(18%), 키친타월(13%), 두루마리 휴지(7%), 주방용 세제(6%), 변기 세정제(2%) 순으로 나타났다.

[출처] MoneyS, 2020.7.19.

≫ 영업의 새로운 생각

1. 소비자들이 오프라인채널에서 디지털온라인 채널을 보다 많이 활용하는 이유는?
2. AI 등 신기술이 적용된다면 디지털채널은 어떤 모습으로 진화할까?
3. 디지털채널에서의 미래소비자들의 구매행태는 어떻게 진화될 것인가?

(3) 구매 후 단계

제품 구매 과정의 중요한 하나는 제품의 배송 및 수령이다. 소비자가 제품을 주문하면 판매자는 제품이 적시에 효율적으로 소비자의 문 앞까지 배송되도록 하는 것이 판매자의 책임이다.

① 구매상품의 확인 : 구매제품이 배달되면 소비자는 상품의 포장 상태와 외관을 면밀히 살펴본다. 포장이 손상되었거나 제품에 결함이 있는지, 구매 시 광고된 사양과 일치하는지 주의 깊게 확인한다. 이어서 제품의 기능과 성능이 정상적으로 작동하는지 꼼꼼히 점검한다. 전원을 켜보고, 주요 기능이 제대로 작동하는지, 소음이나 진동은 없는지 등을 꼼꼼히 확인한다. 이를 통해 구매한 제품이 원하던 품질과 성능 기준을 충족하는지 철저히 검사한다. 만약 제품의 상태가 마음에 들지 않는다면 즉시 교환이나 환불을 요청할 수 있다. 소비자는 구매 계약에 따른 권리를 행사하여 만족스러운 결과를 얻을 수 있다.

이와 같은 디지털채널 구매 후 확인 과정은 소비자가 제품을 안심하고 사용할 수 있도록 하는 매우 중요한 절차이다. 이를 통해 소비자는 구매한 제품의 품질과 안전을 확인하고, 문제가 발생할 경우 적절한 조치를 취할 수 있다. 이는 소비자 권리 보호와 더불어 온라인 거래의 신뢰도를 높이는 데 기여한다.

〈표 7-5〉 제품경험 평가

구분	세부내용
제품 기능 및 성능	제품의 기능이 자신의 니즈를 충족하는지, 기대했던 성능을 발휘하는지 평가
사용 편의성	제품이 사용하기 쉽고 편리한지, 불편한 점이 없는지 평가
디자인 및 외관	제품의 디자인이 마음에 드는지, 외관이 매력적인지 평가
고객 서비스	제품 구매 후 발생하는 문제나 문의사항에 대한 고객 서비스의 질을 평가
가격 대비 가치	제품의 가격이 제품의 품질과 성능에 비해 적절한지 평가
기타 경험	제품 사용 과정에서 발생하는 기타 경험들을 평가함

② 제품의 사용 : 제품의 사용 단계는 소비자가 제품을 실제로 사용하면서 그 제품에 대한 평가와 경험을 하는 중요한 단계이다. 이 단계에서 소비자는 제품이 자신의 요구와 기대에 부합하는지를 확인하게 된다. 만약 소비자가 제품에 대해 긍정적인 경험을 하게 된다면, 이는 제품에 대한 만족도 향상으로 이어질 것이다. 반면 부정적인 경험을 하게 된다면 소비자의 불만족으로 이어질 수 있다. 소비자는 구매한 제품이나 서비스를 실제로 사용하고 그 과정에서 다양한 경험을 한다. 이러한 경험은 제품에 대한 만족도, 브랜드에 대한 인식, 재구매 의향 등에 영향을 미친다. 소비자들은 〈표 7-5〉와 같은 요소들을 중심으로 제품 경험을 평가한다.

제품을 경험한 후 만족한 소비자는 리뷰 사이트, 소셜미디어, 블로그 등 다양한 채널을 통해 피드백을 공유하는 경우가 많다. 이러한 채널은 소비자가 자신의 의견을 표현하고 다른 사람들과 경험을 공유할 수 있는 플랫폼을 제공한다. 긍정적인 리뷰는 다른 소비자의 구매 결정에 큰 영향을 미치고 브랜드 이미지 개선에 도움이 될 수 있다. 반대로 부정적인 리뷰는 브랜드 이미지를 손상시키고 잠재적으로 매출 감소로 이어질 수 있다.

오늘날의 디지털 시대에는 소비자 피드백의 힘이 그 어느 때보다 중요해졌다. e-커머스가 부상하면서 소비자들은 전 세계의 방대한 제품을 접할 수 있게 되었다. 따라서 구매 결정을 내릴 때 다른 사람의 의견에 크게 의존한다. 실제로 연구에 따르면 대다수의 소비자가 개인적인 추천만큼이나 온라인 리뷰를 신뢰하는 것으로 나타났다. 또한 소비자 피드백의 영향력은 개인의 구매 결정에 그치지 않는다. 브랜드는 소비자 피드백을 활용하여 제품과 서비스를 지속적으로 개선하며 소비자의 의견을 경청함으로써 개선이 필요한 부분을 파악하고 고객의 요구를 충족하기 위해 필요한 변경을 할 수 있다. 소비자 행동과 관련하여 반복 구매와 추천은 비즈니스의 성공에 큰 영향을 미칠 수 있는 두 가지 중요한 요소이다. 제품이나 서비스에 대해 만족스러운 경험을 한 소비자는 향후 해당 제품을 다시 구매하거나 다른 사람에게 추천할 가능성이 높다. 이는 기업에게 장기적인 고객 충성도를 확보하고 판매 수익을 높일 수 있는 소중한 기회를 제공할 수 있다.

디지털 시대의 입소문이나 추천이 그 어느 때보다 중요해졌다. 소셜미디어 플랫폼의 등장으로 소비자들은 자신의 경험과 의견을 더 많은 사람들과 쉽게 공유할 수 있게 되었다. 따라서 부정적인 피드백은 빠르게 확산되어 평판을 손상시킬 수 있으므로 기업은 긍정적인 고객 경험을 제공하는 데 우선순위를 두어야 한다. 반복 구매 행동 또한 비즈니스의 중요한 수익원이 될 수 있다. 소비자가 제품이나 서비스를 다시 구매하면 추가 수익이 창출될 뿐만 아니라 브랜드 충성도 구축에도 도움이 된다. 이는 더 높은 평생 고객가치와 미래 성장을 위한 더 강력한 기반이 될 수 있다. 반면에 불만족스러운 고객은 비즈니스에 부정적인 영향을 미칠 수 있다. 재구매를 하지 않을 뿐만 아니라 부정적인 경험을 다른 사람들과 공유할 가능성도 높다. 이는 매출 감소와 평판 하락으로 이어질 수 있다. 소비자와 브랜드 간의 강력한 관계를 구축하고 유지하는 데 있어 구매 후 단계의 중요성은 아무리 강조해도 지나치지 않다. 이 단계에서 브랜드는 소비자에게 만족스러운 경험을 제공함으로써 충성도를 높이고 장기적인 고객관계를 구축할 수 있는 기회를 갖게 된다. 긍정적인 구매 후 경험을 보장하는 가장 효과적인 방법 중 하나는 탁월한 고객 서비스이다. 브랜드가 고객의 문제나 우려 사항을 해결하기 위해 최선을 다하는 것은 브랜드가 고객을 소중히 여긴다는 것을 보여줄 뿐만 아니라 신뢰와 충성도를 구축하는 데도 도움이 된다.

이처럼 제품 사용 단계는 소비자와 판매자 모두에게 중요한 의미를 가지고 있다. 소비자의 긍정적인 경험 제공과 리뷰 활용은 고객 만족도 향상과 지속적인 제품 개선에 핵심적인 역할을 하게 될 것이다.

③ 고객서비스 관리 : 고객서비스 관리는 기업이 제품 판매 이후에 고객을 지속적으로 관리하는 중요한 과정이다. 소비자가 구매한 제품에 문제가 발생하면 판매자가 제공하는 애프터서비스(A/S)를 통해 손쉽게 해결할 수 있다. A/S는 제품 보증기간 내에 발생한 고장이나 결함에 대해 무상으로 수리해주거나, 교환 및 환불 등의 서비스를 제공한다. 이를 통해 소비자는 안심하고 제품을 사용할 수 있고, 판매자는 고객 만족도를 높여 제품 및 기업 이미지를 제고할 수 있다. 특히 A/S 담당 직원의 전문성과 친절성, A/S 센터의 접근성 등이 중요한데, 이를 위해서는 판매자의 지속적인 투자와 관심이 필요하다. 예를 들어, A/S 직원 교육 및 보상체계 마련, A/S 센터의 전국적 확대 등을 통해 고객 편의성을 높일 수 있다. 이러한 노력을 통해 기업은 고객 만족도를 향상시킬 수 있고, 이는 결국 기업의 경쟁력 제고로 이어지게 된다. 즉, 고객서비스 관리는 기업이 장기적인 관점에서 고객과의 관계를 강화하고 기업 이미지를 제고하는 데 필수적인 요소라고 할 수 있다.

영업실전 사례 7-2

온라인 쇼핑 이용후기 '실제 구매에 큰 영향' 미쳐

온라인 상권의 활성화 및 코로나19로 인해 비대면 거래가 활발해지고 있는 가운데 소비자의 선택에 있어 이용후기가 크게 영향을 미치고 있는 것으로 나타났다. 다른 이용자들의 반응과 경험이 소비자 선택에 중요한 역할을 함에 따라 이용후기의 영향력이 증가하면서 인한 문제점도 늘어나고 있는데 이용후기를 조작 및 소비자가 올린 이용후기를 삭제하는 등 소비자피해도 발생하고 있다.

한국소비자연맹은 온라인쇼핑 이용후기에 대한 소비자 이용행태와 실태파악을 위해 지난해 12월 20일~22일 최근 3개월 내 온라인쇼핑 경험이 있는 만 20세 이상의 남녀 소비자 500명을 대상으로 온라인 설문조사를 실시했다.

소비자 이용후기 확인율 97.2%, 신뢰도 70.2%

조사결과 소비자의 대부분에 해당하는 97.2%가 구매 전 이용후기를 확인한다고 답했다. 이용후기를 확인하는 이유에 대해서는 중복으로 조사를 실시한 결과 '구매 후 불만족을 줄이기 위해'가 82.3%로 가장 높게 나타났으며 '다른 사람의 평가가 궁금해서'가 78.0%, '가능한 많은 정보를 얻기 위해서'가 70.4%, '객관적인 정보를 얻기 위해서'가 64.8% 순으로 나타났다. 하지만 이용후기를 신뢰한다는 비율은 70.2%로 낮게 조사되었다.

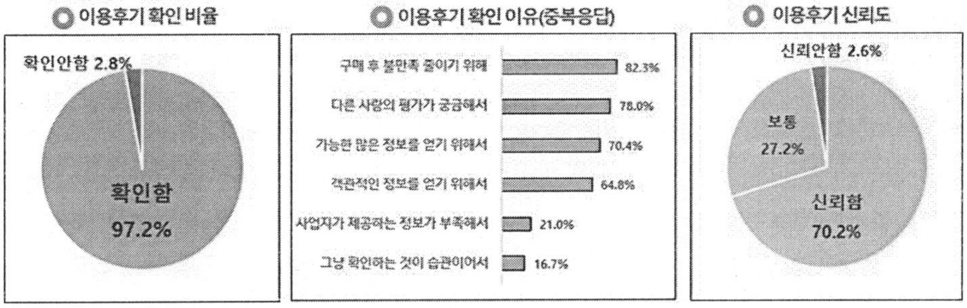

소비자 선택에 이용후기 영향 커

이용후기 누적수가 구매선택에 영향을 미친다고 응답한 소비자는 82.4%로 높게 나타났다. 이용후기가 없거나 부정적일 경우 대체로 구매하지 않는다는 소비자도 각각 72.4%, 96.7%로 높게 나타났다. 특히 부정적 이용후기가 소비자의 구매결정에 더 많은 영향을 미치는 것으로 조사되었다.

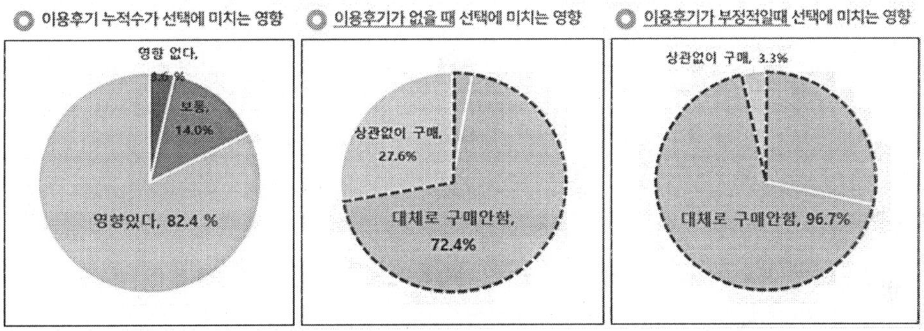

'실제 구매 후 작성' 중 '대가성' 이용후기 많아

소비자가 신뢰하는 이용후기 유형 조사(중복응답)에 대한 질문에 '실제 구매 후 작성된 이용후기'라는 답변이 83.2%로 가장 많았다. 이어 '구체적인 이용후기'가 77.2%, '다른 소비자들의 긍정평가를 받은 이용후기'가 44.2% 순으로 나타났다. 반면 실제 소비자들의 이용후기 작성 유형은 '대가성 이용후기'가 55.6%로 나타났고 '구매 후 만족'이 29.1%, '구매 후 불만족'이 13.8% 순이었다.

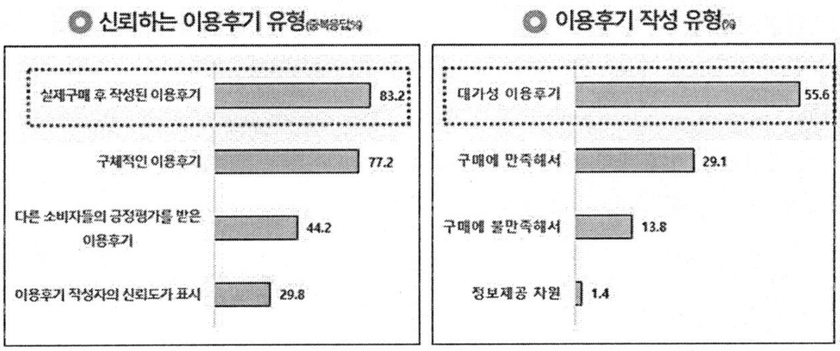

소비자는 '실제 구매'한 소비자가 작성한 정보성 있는 이용후기를 원하지만 실제로는 구매를 하더라도 일부 상품이나 적립금 등 '경제적인 대가'를 받고 작성하는 이용후기 비율이 높았다.

'신뢰할 수 있는 이용후기' 소비자 니즈 증가

이용후기와 관련해 신뢰할 수 있는 이용후기에 대한 소비자의 요구가 증가하고 있다. 소비자들이 바라는 개선점(중복응답)에 대한 답으로 '실제 구매한 소비자만 이용후기를 작성할 수 있게 하는 제한장치'가 75.6%를 차지했다. 이어 '대가를 받고 작성한 이용후기임을 알아볼 수 있는 표시항목'이 74%, '정확하고 신뢰할 수 있는 이용후기 작성을 위한 소비자용 기준 마련'이 59% 순으로 나타났다.

◎ 이용후기 관련 바라는 개선사항 (중복응답)

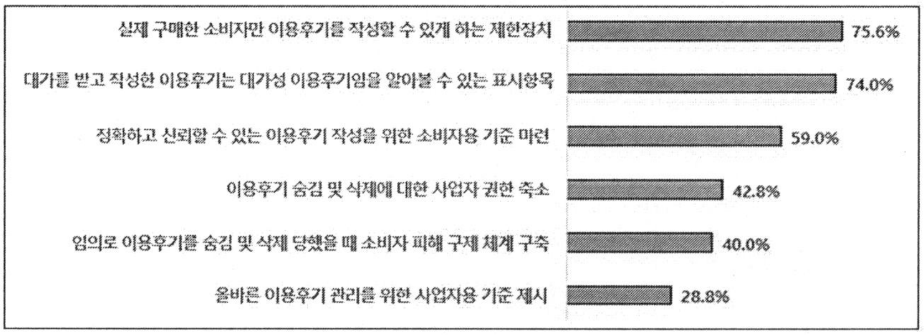

플랫폼·사업자 책임강화·소비자 의식개선 시급

온라인 쇼핑에서 이용후기는 중요한 정보로 여겨지며 작성과 활용도 활발하게 진행되고 있지만 그 영향력에 비해 신뢰도는 낮다. 이에 따라 소비자의 신뢰를 높이기 위한 개선책 마련이 시급하다.

플랫폼은 실제 구매자들이 이용후기를 작성하도록 하고 대가성 등에 대해서는 소비자가 사전적으로 알고 판단할 수 있도록 시스템을 개선해야 한다. 또한 사업자들이 임의로 이용후기를 삭제하거나 조작하지 못하도록 하는 안전장치를 마련해 이용후기에 대한 신뢰성을 높여야 한다.

소비자들 또한 작성한 이용후기가 다른 소비자에게 미치는 영향이 크다는 점을 인식하고 그에 따른 책임을 가져야 한다. 한국소비자연맹은 객관적 사실을 바탕으로 한 정보가 될 수 있도록 이용후기 작성에 대한 소비자대상 가이드 마련 및 교육이 진행되어야 한다고 지적했다.

한국소비자연맹 관계자는 "향후 이용후기 신뢰환경 구축을 위한 대가성 이용후기에 대한 표시도입과 이용후기 신뢰성 확보를 위한 플랫폼의 책임강화를 마련할 것을 관계기관인 공정거래위원회에 요청할 예정"이라면서 "바람직한 이용후기 문화 조성을 위해서는 무엇보다 소비자의 역할이 중요한 만큼 이용후기와 관련한 정보를 소비자에게 제공하고 신뢰할 수 있는 이용후기 작성을 위한 소비자 교육 및 홍보 활동을 진행할 예정이다"라고 밝혔다.

[출처] 소비자경제, 2020.2.1.

≫ **영업의 새로운 생각**

1. 제품을 구매한 후 후기를 적극적으로 남기는가?
2. 소비자가 구매한 제품에 대한 평가 등의 이용후기 정보는 왜 중요한가?
3. 제품의 불만이나 부정적인 이용후기에 대해 영업담당자는 어떻게 대처해야 하나?

3. 디지털채널영업 관리

현대 사회는 디지털 기술 발전으로 인해 빠르게 변화하고 있으며, 이는 영업 환경에도 큰 영향을 미치고 있다. 과거에는 오프라인 채널을 중심으로 이루어졌던 영업활동이 이제는 온라인 디지털채널을 통해 이루어지는 비중이 높아지고 있으며, 고객 또한 디지털채널을 통해 다양한 정보를 얻고 구매 결정을 내리는 경우가 크게 늘어났다. 따라서 기업의 성공적인 성장을 위해서는 디지털영업 환경을 이해하고 이에 적응하는 것이 매우 중요하다. 기업들은 인터넷, 모바일 기기, 소셜미디어 등의 디지털채널을 통해 고객과 지속적으로 소통하고 고객의 니즈와 선호도를 실시간으로 파악할 수 있고, 고객에게 더욱 효과적이고 맞춤화된 서비스를 제공할 수 있다.

또한 기업은 웹사이트, 모바일 앱, 온라인 플랫폼 등의 디지털채널을 활용하여 제품과 서비스를 홍보하고 판매할 수 있다. 이는 기존의 오프라인 영업 방식보다 비용 효율적이며, 고객 접근성도 크게 향상시킬 수 있다. 특히 소셜미디어를 통한 브랜드 홍보와 고객관계관리는 기업이 고객과 긴밀히 소통하고 브랜드 이미지를 제고할 수 있는 중요한 수단이 되고 있다. 따라서 기업은 디지털 기술의 활용을 통해 고객 서비스의 질을 높이고, 영업활동의 효율성을 제고하며, 경쟁력을 강화할 수 있다. 이를 위해 기업은 지속적으로 디지털 기술에 투자하고, 디지털영업 환경을 혁신해 나가야 할 것이다.

3.1 디지털영업 환경의 구축

현대 기업들은 디지털 기술의 발전과 함께 변화하는 영업 환경에 빠르게 적응하고 있다. 기존의 대면 영업방식에서 벗어나 온라인과 모바일을 통한 비대면 영업활동에 주목하고 있다. 이를 위해 기업들은 데이터 분석과 고객 관리, 자동화된 영업 프로세스 등 디지털영업 환경을 구축하는 데 많은 투자를 하고 있다. 특히 고객과의 접점이 온라인으로 확대됨에 따라 기업들은 웹사이트와 모바일 앱을 통한 영업채널을 강화하고 있다. 고객의 구매 패턴과 행동 데이터를 분석하여 맞춤형 서비스와 제품을 제공하는 한편, 챗봇이나 AI 기반의 영업 지원 시스템을 도입하여 고객 응대와 업무 효율성을 높이고 있다.

또한 영업 관리 시스템의 디지털화를 통해 영업인력의 생산성 향상과 영업 프로세스의 최적화를 추구하고 있다. 이를 통해 기업은 시간과 공간의 제약을 넘어 고객과의 지속적인 상호작용을 유지하며, 보다 효과적이고 효율적인 영업활동을 펼칠 수 있게 되었다.

오늘날의 디지털 비즈니스 환경에서는 판매 및 마케팅 활동을 강화할 수 있는 다양한 도구와 플랫폼이 있다. 고객정보관리, 마케팅자동화, 영업 자동화, 고객관계관리와 같은 기능을 제공하는 **고객관계관리**(CRM)도 그러한 도구 중 하나이다. CRM을 통해 기업은 고객과의 상호 작용을 관리하고 적합한 고객을 대상으로 판매 및 마케팅 활동을 진행할 수 있다.

(1) 디지털영업채널 구축

기업들은 디지털영업채널의 구축을 통해 고객과의 긴밀한 관계 구축에 힘쓰고 있다. 웹사이트, 모바일 앱, 소셜미디어 등의 다양한 디지털채널을 통해 실시간으로 고객의 반응과 요구사항을 파악할 수 있다. 이를 통해 기업은 고객과의 소통을 활성화하고 고객에 대한 이해를 높일 수 있게 되었다.

① 적합한 채널 선택 : 디지털채널 선택은 디지털 마케팅 성공의 핵심 요소 중 하나이다. 타깃 고객층의 디지털 미디어 사용 행태를 면밀히 분석하고 이해하는 것이 매우 중요하다. 예를 들어, 젊은층의 경우 주로 인스타그램이나 틱톡

과 같은 소셜미디어 플랫폼을 애용하는 경향이 있다. 이들은 재미있고 참여도가 높은 콘텐츠를 선호하며, 트렌디한 브랜드와 제품에 관심이 많다. 반면 중장년층은 페이스북, 네이버, 카카오톡 등 더 익숙한 플랫폼을 주로 사용한다. 이들은 정보 검색과 커뮤니케이션에 중점을 두며, 실용성과 편의성을 중요하게 여긴다. 따라서 기업은 타깃 고객의 디지털 미디어 이용 행태를 면밀히 분석하고, 고객의 니즈와 선호도에 맞는 최적의 디지털채널을 선택해야 한다. 이를 통해 효과적인 **디지털 마케팅** 전략을 수립하고, 고객과의 긍정적인 관계를 구축할 수 있을 것이다.

다양한 채널을 활용하는 것은 매우 중요한 마케팅 전략이다. 단순히 웹사이트만 운영하는 것에서 벗어나 소셜미디어, 온라인 커뮤니티, 블로그, 동영상 플랫폼 등 다양한 디지털채널을 함께 활용해야 한다. 이를 통해 고객과의 접점을 보다 폭넓게 확보할 수 있고, 각 채널의 특성에 맞는 맞춤형 콘텐츠를 제공함으로써 고객과 더욱 효과적으로 소통할 수 있다. 예를 들어, 웹사이트에서는 제품 상세 정보와 구매 기능을 제공하고, 인스타그램에서는 브랜드 스토리와 이미지 콘텐츠를 공유하며, 유튜브에서는 제품 사용법 및 사용 후기 영상을 게재할 수 있다. 또한 온라인 커뮤니티에서는 고객의 의견을 수렴하고, 블로그를 통해 전문적인 콘텐츠를 제공함으로써 고객과의 신뢰를 쌓을 수 있다.

이처럼 다양한 채널을 효과적으로 활용하면 고객 접점을 늘리고, 맞춤형 정보를 제공할 수 있어 결과적으로 고객과의 관계를 강화할 수 있다. 따라서 기업은 **채널 다각화**를 통해 고객과의 소통을 더욱 활성화하고, 이를 통해 브랜드 인지도와 충성도를 높일 수 있을 것이다. 특히 최근에는 메타버스, 웹3.0 등 새로운 디지털 환경이 등장하면서, 기업이 고객과 소통할 수 있는 채널이 더욱 다양해지고 있다. 따라서 기업은 이러한 최신 트렌드를 파악하고 선제적으로 대응하여, 고객과의 끊임없는 상호작용을 이어나가는 것이 중요하다.

② 콘텐츠와 메시지 : 각 채널의 특성을 고려해 최적화된 콘텐츠와 메시지를 전달해야 한다. 예를 들어, 짧고 임팩트 있는 동영상은 TikTok에 적합하고, 긴 형식의 블로그 콘텐츠는 웹사이트나 네이버 포스트에 어울린다. 이처럼 타깃 고객의 온라인 활동 행태와 각 채널의 특성을 종합적으로 고려하여 마케팅 전

략을 수립해야 한다. 철저한 시장 조사와 데이터 분석을 통해 타깃 고객의 특성과 행동 패턴을 파악하고, 이를 토대로 맞춤형 콘텐츠를 기획하는 것이 중요하다.

제품 및 서비스에 대한 정보를 제공하는 것 외에도, 고객의 구매의사결정에 영향을 미칠 수 있는 다양한 유형의 콘텐츠를 활용할 필요가 있다. 예를 들어, 고객 리뷰, 사용 후기, 제품 사용 팁, 관련 트렌드 정보 등을 통해 고객의 관심을 끌고 신뢰를 형성할 수 있다. 또한 텍스트, 이미지, 영상 등 다양한 콘텐츠 형식을 적절히 활용하여 고객의 관심을 사로잡고 효과적으로 메시지를 전달할 수 있다. 예를 들어, 이미지와 영상을 활용하면 제품의 특성과 사용 방법을 직관적으로 전달할 수 있고, 텍스트를 활용하면 보다 자세한 정보와 설명을 제공할 수 있다. 이처럼 타깃 고객의 니즈와 선호도에 기반한 맞춤형 콘텐츠 전략을 수립하고, 다양한 콘텐츠 형식을 유기적으로 활용하는 것이 매력적인 콘텐츠 제작의 핵심 요소라고 할 수 있다.

(2) 마케팅자동화(Marketing Automation)

마케팅자동화(MA)는 마케팅 프로세스를 간소화하고 고객 참여를 개선하는 데 사용할 수 있는 또 다른 강력한 도구이다. MA는 이메일 마케팅, 소셜미디어 마케팅, 웹사이트 분석과 같은 기능을 제공한다. 비즈니스는 MA를 통해 타깃 고객과 공감대를 형성하고 전환을 유도하는 타깃팅 캠페인을 만들 수 있다. 마케팅자동화 시스템은 기업이 다양한 마케팅 캠페인을 더욱 효과적으로 수행할 수 있도록 도와준다. 이 시스템은 수동 및 반복적인 작업을 대신 처리하여 시간을 절약해 주기 때문에, 마케터들은 더 많은 리소스를 전략, 콘텐츠, 창의적인 문제 해결 방식 등에 할애할 수 있다.

오늘날의 옴니채널 디지털 마케팅 캠페인이 수반하는 복잡성을 고려할 때, 이를 수동으로 처리하는 것은 거의 불가능에 가깝다. 이러한 마케팅자동화는 더욱 효과적인 캠페인을 시장에 내놓을 수 있게 해주며, 복잡한 업무를 자동화함으로써 성가시고 귀찮은 일상적인 업무도 없애준다. 더불어, 마케팅자동화 시스템은 캠페인 생성, 배포 최적화 및 전체적으로 간소화된 캠페인 관리를 위한 캠페인 통합관리 도구를 제공한다. 이를 통해 마케터들은 캠페인을 보다 효율적으로 실행할 수 있으며,

이를 통해 시간과 비용을 절약할 수 있다. 잠재고객을 구축, 필터링, 세분화하고 타깃 목록을 업데이트하기 위해 CRM 데이터와 타 소스로부터의 데이터를 함께 활용하는 세분화 및 타깃팅 도구를 제공한다. 이를 통해 마케터들은 보다 정확하고 효과적인 마케팅 전략을 수립하고 실행할 수 있게 된다.

(3) 판매자동화(Sale Force Automation)

디지털 시대에는 영업활동도 디지털적인 방법으로 이루어지고 있다. 이를 위해 사용되는 도구 중 하나가 판매자동화(SFA)이다. SFA는 영업활동을 자동화하여 리드 추적, 기회 관리, 보고 등의 작업을 효율적으로 처리할 수 있도록 지원한다. 이를 통해 영업팀은 더욱 집중하여 거래 성사와 수익 창출에 더욱 효과적으로 기여할 수 있다. 영업 자동화는 다양한 기능을 제공한다. 예를 들어, 거래 추적 기능은 영업팀이 거래를 추적하고 관리할 수 있도록 돕는다. 이를 통해 영업팀은 고객이나 거래와 관련된 정보를 빠르게 확인하고 대처할 수 있다.

또한 기회 관리 기능은 영업팀이 잠재적인 고객을 추적하고 관리할 수 있도록 돕는다. 이를 통해 영업팀은 고객의 니즈를 파악하고 적극적으로 접근할 수 있다. 영업팀이 고객 데이터를 분석하고 이를 기반으로 전략을 세우는 데 필요한 다양한 분석 기능을 제공한다. 이러한 SFA 솔루션은 영업팀이 고객들의 니즈와 요구사항을 파악하고, 이에 맞춰 제품 또는 서비스를 개발하고 제공하는 데 매우 효율적이다. SFA를 활용함으로써, 영업팀은 기업의 고객 만족도를 높일 수 있다. 고객들은 자신들의 요구사항이 정확히 파악되어 제품이나 서비스가 제공될 때, 만족도가 높아지는 경향이 있다. 영업팀은 SFA를 활용하여 고객들의 니즈를 파악하고, 이를 기반으로 제품이나 서비스를 제공함으로써 고객 만족도를 높일 수 있다. 뿐만 아니라, SFA를 활용하면 영업팀과 다른 부서 간의 커뮤니케이션을 개선할 수 있다. 예를 들어, SFA를 통해 영업팀이 고객 데이터를 분석하고, 이를 다른 부서와 공유하면, 다른 부서에서도 고객들의 요구사항을 파악할 수 있으며, 이를 기반으로 제품이나 서비스를 개발할 수 있다.

(4) 고객관계관리(Customer Relationship Management)

고객관계관리(CRM)는 기업이 고객들과의 관계를 유지하고 발전시키기 위해 꼭 필요한 시스템 중 하나이다. 이 도구를 통해 기업은 고객들과의 상호 작용을 추적하고 관리할 수 있으며, 이를 통해 고객들의 선호도와 행동에 대한 귀중한 인사이트를 얻을 수 있다. 이러한 정보를 토대로 기업은 고객들에게 맞춤형 서비스를 제공하고, 그들의 만족도를 높일 수 있다. CRM은 고객들과의 관계를 단순히 유지하는 것에 그치지 않는다. 이를 통해 기업은 고객들과의 관계를 발전시키고, 신규 고객을 유치하며, 잠재적인 문제를 해결할 수 있다. 고객들에게 보다 개인화된 서비스를 제공하기 위한 중요한 기반 시스템으로 고객들은 자신들의 요구와 선호도에 맞춘 맞춤형 서비스를 받기를 원하며, CRM을 통해 기업은 이러한 요구에 부합하는 서비스를 제공할 수 있다.

또한 CRM은 기업이 고객들과의 관계관리를 통해 기업은 고객들과의 상호작용을 추적하고, 그들에게 필요한 정보를 제공하며, 그들의 요구사항을 충족시키는 서비스를 제공할 수 있다. 이는 고객들에게 기업의 신뢰를 쌓고, 그들이 기업과의 관계를 유지하고 발전시키는 데 도움이 된다. 이러한 정보를 활용하여 제품을 맞춤화하고 보다 개인화된 경험을 제공함으로써, 기업은 고객과의 관계를 강화하고 브랜드 로열티를 증진할 수 있다. CRM을 통하여 고객의 요구 사항을 빠르게 파악하고 대처하고 고객 만족도를 높일 수 있으며 더 나아가, CRM는 마케팅 활동에도 활용된다. 기업은 CRM을 통해 고객의 구매 이력, 선호도, 관심사 등을 파악하여 타깃 마케팅을 진행할 수 있다. 이를 통해 기업은 효과적인 마케팅 전략을 수립하고, 고객의 니즈를 충족시키는 제품 및 서비스를 제공할 수 있다.

(5) 인공지능(AI) 활용한 영업혁신

인공지능(AI)은 영업 분야에 혁신을 가져오는 강력한 도구가 되고 있다. 이전에는 불가능했던 방식으로 고객 데이터를 분석하고, 개인화된 경험을 제공하고, 영업 프로세스를 자동화하는 데 사용되고 있다. AI는 기업의 영업성과를 향상시키는 데 도움이 되는 다양한 이점을 제공하므로 영업 도구로서 AI의 중요성은 아무리 강조해도 지나치지 않다.

영업 분야에서 AI가 제공하는 주요 이점 중 하나는 바로 효율성 향상이다. 반복적인 작업을 자동화하고 잠재고객을 식별하며 리드를 관리함으로써 영업담당자의 효율성을 크게 향상시킬 수 있다. 이를 통해 고객과의 관계 구축 및 거래 성사 등 더 중요한 업무에 집중할 수 있다. 영업 분야에서 AI의 또 다른 중요한 이점은 생산성 향상이다. 데이터를 분석하고, 시장 동향을 파악하고, 개인화된 영업 전략을 개발함으로써 AI는 영업담당자가 보다 생산적으로 일할 수 있도록 도와준다. 또한 영업담당자가 더 많은 제품과 서비스를 판매하는 데 집중할 수 있기 때문에 매출 증가로 이어질 수 있다. AI는 또한 기업의 고객 만족도 향상에도 도움이 될 수 있다. AI는 개인화된 상품 및 서비스 추천을 제공하고, 고객 문의에 신속하게 응답하며, 전반적인 고객 경험을 향상시킴으로써 고객 만족도를 높일 수 있다. 이는 반복적인 비즈니스와 긍정적인 입소문 광고로 이어져 궁극적으로 매출 증대로 이어질 수 있다. 이러한 이점 외에도 AI는 판매 수익 증대에도 기여할 수 있다. 효과적인 판매전략을 개발하고, 고객 참여를 장려하며, 전환율을 개선함으로써 AI는 비즈니스의 판매 성과를 향상시키는 데 도움을 줄 수 있다.

또한 AI를 활용하는 기업은 경쟁사와 차별화하여 업계 리더로서의 입지를 유지할 수 있으므로 시장에서 경쟁우위를 확보하는 데 도움이 될 수 있다. AI는 효율성, 생산성, 고객 만족도 및 매출을 향상시킴으로써 기업이 영업성과를 개선하고 시장에서 경쟁우위를 확보하는 데 도움을 줄 수 있다. 따라서 기업이 경쟁에서 앞서 나가기 위해서는 AI를 수용하고 그 이점을 활용하는 것이 필수적이다. 인공 지능의 활용은 기업의 제품 및 서비스 운영과 마케팅 방식에 혁신을 가져오고 있다. AI는 잠재고객을 식별하고 개인화된 마케팅 캠페인을 통해 타깃팅하는 데 사용할 수 있다. AI는 웹사이트 방문, 소셜미디어 활동, 구매 패턴을 분석하여 잠재고객을 식별하고 맞춤형 마케팅 메시지로 타깃팅할 수 있다.

또한 AI를 사용하여 리드를 관리하고 참여 수준, 구매 행동, 인구통계학적 특성에 따라 우선순위를 지정할 수 있다. 이를 통해 영업팀은 가장 유망한 리드에 노력을 집중하고 전환율을 향상시킬 수 있다. 또한 AI는 고객 데이터를 기반으로 개인화된 상품과 서비스를 추천하고 맞춤형 마케팅 메시지를 전달할 수 있다. 이를 통해 기업은 고객의 참여를 유도하고 판매를 촉진하는 개인화된 마케팅 전략을 수립할 수 있다. 또한 AI는 문의에 대한 자동 응답을 제공하고 자주 묻는 질문에 답변하는 챗봇을 운영하여 고객 서비스를 자동화할 수 있다. 이를 통해 시간을 절약할 뿐만 아니라 고객의 요구에 빠르고 효율적인 솔루션을 제공함으로써 고객 경험을 향상시킬 수 있다.

AI는 과거 판매 데이터를 분석하고 미래 트렌드를 예측하는 데 사용되어 기업이 효과적인 판매전략을 개발하고 미래 수익을 예측할 수 있도록 지원한다. 이러한 기능을 통해 기업은 경쟁에서 앞서 나가고 끊임없이 변화하는 시장에서 지속적으로 성장하고 성공할 수 있다. 운영을 더욱 간소화하고 생산성을 극대화하기 위해 기업은 고객관계관리(CRM), 영업인력 자동화(SFA) 도구, 마케팅자동화(MA) 플랫폼, AI 활용한 영업혁신 등 다양한 **영업 자동화 도구**의 활용도 고려해야 한다. 이러한 도구를 사용하면 다양한 업무를 자동화하여 영업혁신 등 전략적인 이니셔티브에 집중할 수 있는 시간과 리소스를 확보할 수 있다. 영업담당자들이 디지털영업 환경에서 성공하는 데 필요한 기술과 지식을 갖추도록 하기 위해 기업은 지속적인 교육 및 개발 프로그램에 투자해야 한다. 디지털영업 환경은 끊임없이 진화하고 있으며, 기업은 새로운 기술과 트렌드가 등장함에 따라 이에 적응하고 발전할 준비가 되어 있어야 한다는 점을 인식하는 것이 중요하다. 지속적인 개선과 변화 관리 문화를 발전시킴으로써 기업은 빠르게 변화하는 오늘날의 디지털 환경에서 앞서 나가고 경쟁력을 유지할 수 있다.

3.2 디지털영업 역량개발

비즈니스 환경이 디지털화되면서 기업들은 점점 더 디지털 플랫폼에 의존하게 되었다. 고객과의 소통, 제품 및 서비스 판매, 마케팅 활동 등 기업 활동의 많은 부분이 온라인상에서 이루어지고 있다. 따라서 이러한 디지털채널을 효과적으로 활용할 수 있는 디지털영업 역량 강화가 기업에게 매우 중요해졌다. 디지털영업 역량에는 온라인 고객 관리, 디지털영업 전략 수립, 데이터 분석을 통한 의사결정 능력 등이 포함된다. 이를 통해 기업은 고객의 온라인 행동 패턴을 이해하고, 고객에게 더욱 맞춤화된 제품과 서비스를 제공할 수 있다. 또한 온라인 채널에서의 고객 경험을 극대화하여 매출 증대와 브랜드 가치 향상 등의 성과를 거둘 수 있다. 따라서 기업들은 디지털 플랫폼 기반의 비즈니스 환경에 발맞추어 디지털영업 역량개발에 전략적인 투자와 지속적인 노력을 기울여야 할 것이다. 이를 통해 경쟁우위를 확보하고 미래 성장을 이끌어 나갈 수 있을 것이다. 이를 위해 디지털영업 역량을 강화하기 위해 집중해야 할 네 가지 핵심 영역이 있다.

(1) 디지털영업의 이해

오늘날의 비즈니스 환경에서는 디지털영업에 대한 확실한 이해가 중요하다. 여기에는 소셜미디어, 이메일 마케팅, 검색 엔진 최적화, 클릭당 지불 광고 등과 같은 다양한 채널이 포함된다. 이러한 채널을 효과적으로 활용하여 타깃 고객에게 도달하고 리드를 판매로 전환하는 방법을 아는 것은 디지털 시대에 성공하고자 하는 모든 기업에게 필수적이다.

디지털영업의 핵심 요소 중 하나는 소셜미디어이다. 전 세계 수십억 명의 이용자를 보유한 Facebook, Twitter, Instagram과 같은 소셜미디어 플랫폼은 기업이 고객과 소통하고 브랜드 인지도를 높일 수 있는 특별한 기회를 제공한다. 매력적인 콘텐츠를 만들고, 고객 문의에 신속하게 응답하고, 타깃 광고를 활용함으로써 기업은 소셜미디어를 효과적으로 활용하여 도달 범위를 넓히고 판매를 촉진할 수 있다. 디지털영업의 또 다른 중요한 측면은 이메일 마케팅이다. 소셜미디어 시대에 이메일 마케팅은 구식처럼 보일 수 있지만, 여전히 고객에게 직접 다가갈 수 있는 가장 효과적인 방법 중 하나이다. 고객에게 가치를 제공하는 타깃팅된 이메일 캠페인을 생성함으로써 비즈니스는 장기적으로 관계를 구축하고 판매를 촉진할 수 있다. 검색 엔진 최적화도 디지털영업의 중요한 부분이다. 웹사이트와 콘텐츠를 Google과 같은 검색 엔진에 최적화함으로써 기업은 온라인에서 가시성을 높이고 더 많은 트래픽을 사이트로 유도할 수 있다. 이는 결과적으로 더 많은 리드와 판매로 이어질 수 있다. 클릭당 지불(PPC) 광고는 온라인에서 타깃 고객에게 도달할 수 있는 또 다른 효과적인 방법이다. 타깃 키워드에 입찰하고 해당 키워드를 검색하는 이용자에게 광고를 표시함으로써 비즈니스는 양질의 리드를 유치하고 전환을 유도할 수 있다. 오늘날의 디지털 시대에 성공하고자 하는 모든 비즈니스는 디지털영업에 대한 깊은 이해가 필수적이다. 소셜미디어, 이메일 마케팅, SEO, PPC 광고 등 다양한 채널을 활용함으로써 기업은 타깃 고객에게 도달하고 브랜드 인지도를 높이며 장기적으로 판매를 촉진할 수 있다.

(2) 데이터 기반의 의사결정

오늘날의 비즈니스 환경에서는 데이터 분석의 중요성이 점점 더 커지고 있다. 데이터 분석을 통해 기업은 고객 행동을 이해하고 정보를 바탕으로 현명한 의사결정을 내릴 수 있다. 데이터 분석 전문가는 데이터를 수집, 분석, 해석하여 가장 효과적인 마케팅 전략을 결정하고 영업 프로세스를 최적화하는 일을 담당한다. 데이터 분석의 주요 이점 중 하나는 기업이 고객의 선호도, 습관, 니즈에 대한 인사이트를 얻을 수 있다는 것이다. 이러한 요소를 이해함으로써 기업은 고객의 특정 요구에 맞게 제품과 서비스를 맞춤화할 수 있다. 이는 결국 고객 만족도, 충성도 및 고객 유지율 향상으로 이어질 수 있다. 데이터 분석은 고객 인사이트 외에도 기업이 비즈니스 운영의 패턴과 트렌드를 파악하는 데 도움이 될 수 있다. 기업은 판매, 재고, 생산과 관련된 데이터를 분석하여 비효율적인 부분과 개선이 필요한 부분을 파악할 수 있다. 이는 비용 절감, 생산성 향상, 경쟁력 강화로 이어질 수 있다.

또한 데이터 분석은 정보에 입각한 의사결정을 내리는 데 필수적이다. 데이터를 분석함으로써 기업은 기회와 잠재적 위험을 파악하고, 가정이나 추측이 아닌 사실에 근거한 의사결정을 내릴 수 있다. 이를 통해 기업은 비용이 많이 드는 실수를 피하고 리소스를 보다 효과적으로 활용할 수 있다. 데이터 분석은 모든 규모와 업종의 비즈니스에 중요한 도구가 되었다. 이를 통해 기업은 고객을 이해하고, 운영을 개선하며, 정보에 입각한 의사결정을 내림으로써 경쟁우위를 확보할 수 있다. 따라서 오늘날의 데이터 중심 비즈니스 환경에서 앞서 나가기 위해서는 데이터 분석 전문 지식과 기술에 투자하는 것이 필수적이다.

(3) 커뮤니케이션 기술

디지털영업의 영역에서 커뮤니케이션 기술은 고객과 개인적인 차원에서 소통할 수 있도록 해주기 때문에 중요하다. 이는 고객과의 신뢰를 구축하고 친밀감을 형성하는 것은 장기적인 관계를 유지하고 고객 충성도를 높이는 데 필수적이다. 오늘날과 같이 빠르게 변화하는 디지털 세상에서는 모든 화면 뒤에는 고유한 필요와 욕구를 가진 사람이 있다는 사실을 잊기 쉽다. 효과적인 커뮤니케이션은 영업담당자가 이러한 격차를 해소하고 고객과 의미 있는 관계를 구축하는 데 도움이 된다. 신뢰를 구축하고 관계를 형성하는 것 외에도 커뮤니케이션 기술은 명확하고 설득력 있는 세일즈 프레젠테이션을 전달하는 데 필수적이다. 디지털영업에서는 이메일, 채팅, 소셜미디어, 전화 등 고객이 회사와 소통할 수 있는 채널이 여러 가지인 경우가 많다. 성공을 위해서는 특정 채널과 대상에 맞게 메시지를 맞춤화할 수 있어야 한다.

숙련된 디지털영업담당자는 고객의 공감을 불러일으키고 행동을 취하도록 유도하는 메시지를 작성하는 방법을 알고 있다. 디지털영업에서 커뮤니케이션의 또 다른 중요한 측면은 적극적으로 경청하는 능력이다. 고객의 요구, 우려 사항 및 피드백을 경청하는 것은 고객의 관점을 이해하고 고객의 요구에 맞는 솔루션을 제공하기 위한 핵심 요소이다. 능동적 경청에 능숙한 영업 전문가는 고객과 더 나은 관계를 형성하고 신뢰를 쌓을 수 있어 더 성공적인 영업성과를 거둘 수 있다.

오늘날의 디지털 시대에는 기술을 효과적으로 활용할 수 있는 능력이 필수적이다. 특히 프로세스를 간소화하고 전반적인 고객 경험을 향상시키기 위해 다양한 디지털 도구와 플랫폼에 익숙해야 하는 비즈니스 세계에서는 더욱 그렇다.

3.3 디지털채널영업활동

디지털채널영업은 온라인 플랫폼과 도구를 활용하여 제품 및 서비스를 홍보하고 판매하는 영업 방식이다. 웹사이트, 소셜미디어, 모바일 앱, 이메일, 온라인 광고 등 다양한 디지털채널을 통해 잠재고객과 소통하고, 리드를 창출하며, 고객을 관리하고, 매출을 증대시키는 것이다.

(1) 웹사이트 영업활동

웹사이트 영업은 현대 영업 및 광고의 중요한 측면이다. 온라인에서 강력한 입지를 구축하고 잠재고객을 유치하려면 몇 가지 주요 전략에 집중하는 것이 중요하다. 웹사이트 비즈니스의 첫 번째 단계 중 하나는 검색 엔진에 최적화된 강력한 웹사이트를 구축하는 것이다. 여기에는 탐색하기 쉽고 미적으로 보기 좋으며 이용자 친화적인 웹사이트를 구축하는 것이 포함된다. 웹사이트의 가시성을 높이고 더 많은 방문자를 유치하기 위해 최신 기술과 전략을 사용하여 웹사이트가 검색 엔진에 최적화되어 있는지 확인하는 것도 중요하다. 웹사이트 영업에서 또 다른 중요한 전략은 콘텐츠이다. 여기에는 웹사이트 방문자를 유치하고 유지하기 위해 고안된 고품질의 매력적인 콘텐츠를 만드는 것이 포함된다. 콘텐츠 마케팅은 블로그 게시물, 기사, 동영상, 인포그래픽 등 다양한 형태로 이루어질 수 있다. 핵심은 타깃 고객에게 관련성 있고 유익하며 가치 있는 콘텐츠를 만들고 소셜미디어, 이메일 마케팅 및 기타 온라인 플랫폼과 같은 다양한 채널을 통해 홍보하는 것이다.

검색 엔진 최적화는 웹사이트 영업에서 또 다른 중요한 전략이다. 여기에는 웹사이트와 웹사이트의 콘텐츠를 최적화하여 검색 엔진 결과 페이지에서 순위를 높이는 것이 포함된다. 검색 엔진 최적화에는 키워드 조사, 페이지 최적화, 링크 구축 등과 같은 다양한 기술이 포함된다. 검색 엔진 결과 페이지에서 웹사이트의 순위를 개선함으로써 기업은 가시성을 높이고 더 많은 유기적 트래픽을 웹사이트로 유도할 수 있다. 웹사이트 영업에는 웹사이트 방문자를 분석하고 전환율을 개선하는 작업도 포함된다. 여기에는 트래픽 소스, 이탈률, 전환율과 같은 웹사이트 분석을 추적하여 개선이 필요한 영역을 파악해야 한다. 그런 다음 비즈니스는 웹사이트 사용성을 개선하고, 클릭 유도 문안을 최적화하고, 전반적인 이용자 경험을 개선하여 전환율을 높이고 더 많은 판매를 유도하는 전략을 구현할 수 있다. 웹사이트 영업은 강력한 온라인 입지를 구축하고 최적화하기 위한 종합적인 접근 방식이 필요한 다각적인 프로세스이다. 웹사이트 최적화, 콘텐츠 마케팅, 검색 엔진 최적화, 전환율 최적화와 같은 전략에 집중함으로써 기업은 더 많은 방문자를 유치하고 더 많은 리드를 창출하여 궁극적으로 수익을 높일 수 있다.

영업실전 사례 7-3

식품업계, 자사몰 키워 e-커머스에 맞선다

트래픽(방문자 수)과 배송만 따지면 식품업체의 자사몰이 e-커머스에 견주기 어렵지만, 유통 과정을 축소해 가격 경쟁력을 높이고 회원 혜택을 강화해 충성고객을 만들겠다는 전략이다.

12일 오리온은 '닥터유' 브랜드 상품을 한데 모은 자사몰 '닥터유몰'을 연다고 밝혔다. 닥터유몰에서는 제주용암수, 면역수와 단백질바 등 25종의 닥터유 제품을 판매한다. 기존에는 제주용암수를 판매하는 앱만 운영했는데 이번 닥터유몰 오픈에 맞춰 하나로 통합해 구매하기 편리해졌다. 신규 고객을 충성 고객으로 굳히기 위한 멤버십 혜택에도 공을 들였다. 닥터유 제주용암수를 정기배송하는 고객에게 닥터유몰 내 제품 구매금액의 최대 10%까지 포인트로 적립한다. 정기배송은 1주부터 12주까지 설정한 주기에 맞춰 상품이 배송되는 서비스다. 고객은 알아서 배송받을 수 있어 편리하고 기업은 장기 이용 고객을 확보할 수 있어 서로 이익이다.

동원F&B도 최근 건강기능식품 자사몰 '웰프'를 개설했다. 동원F&B는 그동안 운영한 자사몰 '동원몰'의 성공에 자신감을 얻어 건강기능식품으로 다각화에 나섰다. 2007년 선보인 동원몰은 지난해 말

기준 연매출 340억 원을 돌파했다. 자사 제품 외에 다양한 기업의 상품을 구매할 수 있어 종합식품몰로 자리잡은 효과다. 새로 선보인 웰프에서는 동원F&B의 모든 건강기능식품을 판매한다.

식품기업이 앞다퉈 자사몰을 개설, 운영을 확대하는 데는 e-커머스에 대항할 새로운 경쟁력을 확보할 수 있는데다 경쟁사의 성공 사례에 자극을 받은 측면이 크다.

hy의 프레딧이 대표적이다. 프레딧은 2020년 선보인 hy의 자사몰로 1년 만에 회원수 100만 명을 돌파했다. 올해 상반기 기준 회원은 158만 명에 달한다. 프레딧 회원은 연간 3만5,000원의 회비를 내야 하는데도 단기간에 빠른 속도로 늘었다. 회원의 증가에는 회원 혜택과 무료배송이 큰 역할을 했다. 프레딧 멤버십 회원에게는 매월 20% 할인쿠폰(4장), 적립금 4만 원, 연 2회 선물 등 혜택이 제공된다. 회원이 늘면서 매출이 급증하자 취급하는 상품도 확대했다. 프레딧 개설 초기 취급하던 상품은 400개에서 올 상반기에는 1,200개로 3배 늘었다. 취급하는 상품이 늘면 고객 구매도 증가하고 이는 매출 증대로 연결되는 선순환 구조를 만든다.

자사몰에서만 판매하는 독점 상품의 인기에도 한몫을 했다. 자체 개발 화장품 원료 '피부유산균 7714'를 주원료로 만든 화장품 'NK7714'은 프레딧에서만 판매한다. 출시 한 달 만에 1만5,000개가 팔리며 자사몰의 힘을 입증했다. 지난달에는 노르웨이 오메가3 시장의 3분의 1을 차지하는 '러스 오메가3'도 프레딧몰 단독 상품으로 출시했다.

CJ제일제당 자사몰 'CJ 더마켓'도 성공사례로 꼽힌다. 2019년 선보인 CJ 더마켓은 지난해 2,400억 원의 거래액을 기록했다. 자사몰에서만 제공하는 할인 혜택과 특별 상품 등이 소비자를 끌어모은 결과다. 누적 회원은 300만 명에 달한다. 멤버십 회원은 상시 10% 할인 혜택을 받는다. 주문 즉시 새로 담근 비비고 김치도 CJ 더마켓에서만 이용할 수 있다.

국내 식품업계 최초로 유튜브 쇼핑 채널에 입점한 CJ제일제당은 라이브커머스로 햇반, 냉동식품, 국·탕 상품을 선보이고 CJ 더마켓에서 구매하도록 연계한다. 유튜브 첫 방송에서 소개한 햇반은 온라인 최저가보다도 절반가량 저렴하게 선보이며 화제를 모았다. 업계 관계자는 "e-커머스와 비교하면 자사몰은 방문자 수가 적지만, 자사 상품만 구매하려고 찾아온 고객이기 때문에 이용빈도, 구매액이 유의미하고 수수료도 절감할 수 있어 이득"이라며 "단독 상품, 할인과 적립 혜택을 키워 고객 유입을 확대하는 것이 관건"이라고 말했다.

[출처] 대한경제, 2023.7.12.

≫ 영업의 새로운 생각

1. 유통산업에서 전문 e-커머스 플랫폼의 활용보다는 왜 자사 e-커머스를 구축하는가?
2. 자사 e-커머스 몰 운영이 성공할 수 있겠는가?
3. 미래 제조기업이 자사 제품의 유통 및 영업 전략을 어떻게 해야 하는가?

(2) 모바일영업활동

현재 시대에는 모바일 앱 판매가 기업에 있어서 중요한 역할을 하고 있다. 고객과 원활한 소통을 위해서는 잘 개발되고 이용자 친화적인 모바일 앱을 보유하는 것이 필수적이다. 이를 위해서는 모바일 앱 개발 및 배포를 통해 달성할 수 있다. 타깃 고객의 요구를 충족하고 다양한 모바일 디바이스와 호환되는 모바일 앱을 개발하는 것이 매우 중요하다.

또한 모바일 앱은 기업의 브랜드 이미지를 대변하는 중요한 요소 중 하나이다. 따라서 모바일 앱을 개발할 때는 디자인과 이용자 경험을 고려하여야 하며, 최신 기술을 활용하여 보다 효율적인 모바일 앱을 개발하는 것이 바람직하다. 또한 모바일 앱은 기업의 수익을 증가시키는 도구로 사용될 수 있으며, 이를 위해서는 효과적인 마케팅 전략과 광고 전략이 필요하다. 이러한 요소들을 고려하여 모바일 앱을 개발하고 판매하는 것이 기업에 있어서 매우 중요한 요소 중 하나이다. 푸시 알림과 인앱 메시징은 모바일 앱에서 이용자 참여도와 유지율을 높이기 위한 중요한 전략이다. 이 두 가지 기능은 모바일 앱 개발자들에게 매우 유용한 도구이다. 푸시 알림은 이용자가 모바일 앱을 사용하지 않을 때에도 실시간으로 업데이트와 알림을 제공할 수 있다. 이를 통해 이용자들은 모바일 앱에서 일어나는 이벤트나 업데이트를 놓치지 않을 수 있다. 알림을 통해 이용자들은 모바일 앱과 상호작용할 수 있다. 이러한 기능들은 이용자들에게 모바일 앱을 더욱 유용하게 만들어 준다. 인앱 메시징은 개인화된 콘텐츠와 프로모션을 전달하는 데 사용된다. 이를 통해 이용자들은 자신에게 맞는 콘텐츠를 보다 쉽게 찾을 수 있다. 또한 개인화된 프로모션을 통해 이용자들은 모바일 앱에서 보다 많은 혜택을 누릴 수 있다. 이러한 전략들은 모바일 앱에서 이용자들에게 보다 개인화된 대화형 경험을 제공하는 데 큰 도움이 된다. 모바일 앱은 우리의 일상생활에서 필수불가결한 요소가 되어가고 있기 때문에 모바일 앱을 사용하는 이용자들의 행동과 선호도를 이해하는 것은 중요하다. 이를 통해 앱의 개선 방법과 이용자 참여 전략을 수립할 수 있기 때문이다. 모바일 앱 분석을 통해 이용자들의 행동을 추적할 수 있는데, 이를 통해 이용자가 어떤 기능을 가장 많이 사용하는지, 어떤 부분에서 가장 많은 시간을 보내는지 등의 정보를 얻을 수 있다. 이러한 정보를 바탕으로 앱의 개선 방법을 찾을 수 있고, 이용자들이 더욱 만족할 수 있는 앱을 만들 수 있다.

또한 모바일 앱 분석을 통해 이용자들의 선호도를 파악할 수 있다. 이를 통해 이용자들이 원하는 기능이나 디자인을 반영한 앱을 만들 수 있고, 이용자들의 참여를 높일 수 있다. 하지만, 모바일 앱 분석을 통해 얻은 정보를 그대로 활용하는 것은 충분하지 않다. 이를 바탕으로 효과적인 이용자 참여 전략을 수립하고, 이용자들이 앱을 더욱 많이 사용하도록 장려하는 것이 중요하다. 이를 위해선 이용자들의 요구사항을 충족시키는 기능을 추가하거나, 이용자들과 소통할 수 있는 채널을 마련하는 등의 노력이 필요하다.

(3) 소셜미디어 영업활동

소셜미디어는 현재 기업들이 고객과 소통하고 브랜드를 홍보하는 데 필수적인 도구로 자리 잡았다. 이러한 이유로, 기업들은 소셜미디어 플랫폼을 효과적으로 활용하기 위해 탄탄한 소셜미디어 전략을 수립해야 한다. 소셜미디어 영업의 핵심 요소 중 하나는 사용 가능한 주요 플랫폼과 그 사용 방법을 이해하는 것이다. 인기 있는 플랫폼으로는 Facebook, Instagram, Twitter, LinkedIn 등이 있으며, 각 플랫폼마다 고유한 특징과 대상 고객층이 존재하기 때문에 적절한 콘텐츠를 맞춤화하는 것이 중요하다.

또한 소셜미디어를 활용한 영업 전략은 기업의 브랜드 인식을 높이는 것뿐만 아니라, 고객과의 상호작용을 증진시키고 직접적인 피드백을 받을 수 있는 기회를 제공한다. 이를 통해 기업은 고객들의 요구에 대한 신속한 대응과 더 나은 서비스 제공을 위한 개선 방안을 도출할 수 있다. 소셜미디어를 통해 기업의 새로운 제품이나 이벤트를 홍보할 수 있으며, 이는 기존 고객들뿐만 아니라 더 많은 잠재고객들에게 노출시킬 수 있다. 플랫폼에 대한 이해와 더불어 기업은 종합적인 콘텐츠 전략을 수립해야 한다. 여기에는 타깃 오디언스의 공감을 이끌어내고 회사의 브랜드 메시지에 부합하는 매력적인 콘텐츠를 만드는 것이 포함된다. 소셜미디어 커뮤니케이션은 양방향 커뮤니케이션이므로 팔로워와 적극적으로 소통하고 댓글과 메시지에 응답하는 것이 중요하다.

소셜미디어 마케팅의 또 다른 중요한 측면은 유료 광고 옵션을 활용하는 것이다. 소셜미디어 플랫폼은 스폰서 게시물과 유료 광고를 포함한 다양한 광고 옵션을 제공한다. 이러한 광고는 특정 오디언스를 타깃팅할 수 있으며 브랜드 인지도를 높이고 판매를 촉진하는 데 도움이 될 수 있다. 소셜미디어 활동의 성공 여부를 측정하는 것이 중요하다. 여기에는 참여율, 도달 범위 및 전환과 같은 메트릭을 추적하고 이 데이터를 사용하여 투자수익률(ROI)을 계산하는 것이 포함된다. 소셜미디어 영업활동의 효과를 분석함으로써 기업은 정보에 입각한 의사결정을 내리고 지속적으로 전략을 개선할 수 있다.

(4) 온라인 광고 영업활동

Google 광고는 비즈니스가 Google의 검색 엔진 결과 페이지(SERP)에 광고를 만들고 게재할 수 있는 인기 있는 광고 플랫폼이다. 반면에 Facebook 광고는 비즈니스가 Facebook과 Instagram 및 Messenger와 같은 제휴 플랫폼에 광고를 게재할 수 있도록 지원한다. 이 두 플랫폼은 광범위한 도달 범위와 특정 오디언스를 타깃팅할 수 있는 기능으로 인해 모든 규모의 비즈니스에서 널리 사용되고 있다. 타깃팅 전략은 온라인 광고의 필수적인 부분이기도 하다. 이러한 전략은 기업이 적절한 메시지를 적시에 적절한 사람들에게 도달할 수 있도록 도와준다. 일반적인 타깃팅 전략에는 인구통계학적 타깃팅, 지리적 타깃팅, 관심사 타깃팅, 행동 타깃팅 등이 있다. 이러한 전략을 통해 기업은 특정 오디언스에 맞게 광고를 맞춤화할 수 있으므로 리드를 고객으로 전환할 확률이 높아진다.

고품질의 매력적인 광고를 만드는 것도 온라인 광고의 성공을 위해 매우 중요하다. 비즈니스는 시각적으로 매력적이고 유익하며 타깃 오디언스와 관련성이 높은 광고를 만들어야 한다. 비즈니스는 광고가 사용 중인 광고 플랫폼의 광고 정책을 준수하는지 확인해야 한다. 광고 예산 및 입찰 전략 관리는 온라인 광고의 또 다른 중요한 측면이다. 비즈니스는 광고에 지출할 수 있는 금액을 결정하고 그에 따라 예산을 할당해야 한다. 광고 입찰 전략에는 클릭, 노출 또는 전환에 대해 비즈니스가 지불할 의향이 있는 금액을 결정하는 것이 포함된다. 이를 통해 비즈니스는 광고 캠페인을 최대한 활용하고 투자수익률(ROI)을 극대화할 수 있다.

광고 캠페인의 효과를 분석하고 최적화하는 것은 온라인 광고의 성공을 위해 매우 중요하다. 비즈니스는 광고 성과를 모니터링하고 결과를 개선하기 위해 필요한 조정을 수행해야 한다. 여기에는 클릭 수, 노출 수, 전환 수, 전환당 비용과 같은 지표를 추적하는 것이 포함된다. 온라인 광고는 복잡하고 역동적인 분야이므로 기업은 최신 트렌드와 전략에 대한 최신 정보를 파악해야 한다. 올바른 플랫폼, 타깃팅 전략, 광고 제작 기법, 예산 관리 및 최적화 기술을 활용함으로써 기업은 광고 목표를 달성하고 성공을 이끌어낼 수 있다.

(5) 이메일 영업활동

이메일 영업은 기업이 타깃 고객에게 다가가 제품이나 서비스를 홍보할 수 있는 강력한 도구이다. 이메일 영업을 효과적으로 활용하려면 몇 가지 주요 단계를 수행해야 한다.

첫째, 이메일 목록을 작성하고 관리하는 것이 중요하다. 여기에는 잠재고객으로부터 이메일 주소를 수집하고 목록이 최신 상태로 유지되고 관련성이 있는지 확인하는 관리가 포함된다. 이는 웹사이트 가입, 소셜미디어 캠페인, 매장 내 프로모션 등 다양한 수단을 통해 이루어질 수 있다.

이메일 목록이 작성되면 다음 단계는 수신자의 관심과 참여를 유도할 수 있는 이메일 캠페인을 디자인하고 작성하는 것이다. 여기에는 시각적으로 매력적인 이메일을 만들고, 매력적인 제목을 작성하고, 대상 고객의 공감을 불러일으킬 수 있는 관련 콘텐츠를 포함하는 것이 포함될 수 있다. 이메일 영업 캠페인의 효과를 높이는 한 가지 방법은 자동화를 활용하는 것이다. 이메일 자동화 도구를 사용하면 웹사이트에서의 고객 행동이나 특정 날짜/시간과 같은 특정 트리거에 따라 이메일을 예약하고 보낼 수 있다. 이를 통해 시간과 노력을 절약하는 동시에 가장 적절한 순간에 이메일을 전송할 수 있다. 이메일 영업 캠페인의 결과를 분석하고 투자수익률(ROI)을 측정하는 것이 중요하다. 여기에는 오픈율, 클릭률, 전환율과 같은 지표를 추적하여 캠페인의 효과를 파악하는 것이 포함된다. 이 데이터는 향후 캠페인을 개선하고 전반적인 이메일 마케팅 전략을 개선하는 데 사용할 수 있다.

(6) TV 홈쇼핑 영업활동

TV 홈쇼핑은 텔레비전 방송을 통해 제품을 홍보하고 판매하는 마케팅 및 판매 전략이다. 이 접근 방식을 사용하면 TV 화면을 통해 잠재 구매자에게 제품을 소개하고 전화나 인터넷을 통해 주문할 수 있다. TV 홈쇼핑은 제품의 고유한 특징과 장점을 시청자에게 직접 설명하여 구매를 유도할 수 있는 플랫폼 역할을 한다. 최근 몇 년 동안 TV 홈쇼핑은 소비자에게 제공하는 편리함 때문에 점점 더 인기를 얻고 있다. 시청자는 TV 채널을 시청하기만 하면 집에서 편안하게 다양한 제품을 검색하고 구매할 수 있다. 특히 오프라인 매장에 갈 시간이나 에너지가 없는 사람들에게 쇼핑의 접근성과 시간 효율성이 높아졌다.

TV 홈쇼핑은 기존의 오프라인 매장에서는 찾아볼 수 없는 제품을 소개하는 효과적인 방법임이 입증되었다. 건강 보조 식품, 독특한 주방 기기, 미용 제품 등 특수 품목은 TV 홈쇼핑 채널에서 찾을 수 있는 제품의 일부에 불과하다. 이는 소규모 비즈니스가 더 많은 고객에게 제품을 마케팅할 수 있는 특별한 기회를 제공한다. TV 홈쇼핑 채널은 다른 곳에서는 볼 수 없는 독점 거래와 프로모션을 제공하는 경우가 많다. TV 홈쇼핑은 편리함, 접근성, 독점 할인 혜택으로 집에서 편안하게 다양한 제품을 구매하고자 하는 소비자들에게 인기 있는 선택지가 되었다. TV 홈쇼핑은 다음과 같은 특징을 갖고 있다.

① 상품 소개와 설명 : TV 홈쇼핑은 상품의 특징과 장점을 자세히 설명할 수 있는 환경을 제공한다. 상품을 홍보하는 동안 상세한 설명과 시연을 통해 시청자들에게 상품의 가치를 전달할 수 있다. 이는 상품에 대한 이해도를 높이고 구매 동기를 유발하는 데 도움이 된다.

② 시청자 상호작용 : TV 홈쇼핑은 시청자와의 상호작용을 통해 구매를 유도한다. 시청자들은 전화나 인터넷을 통해 주문을 하거나 질문을 할 수 있다. 상품에 대한 궁금한 점이나 추가 정보를 요청할 수 있어 신뢰감을 형성하는 데 도움이 된다.

③ 다양한 상품 라인업 : TV 홈쇼핑은 다양한 상품을 제공한다. 의류, 가전제품, 주방용품, 화장품 등 다양한 카테고리의 상품을 소개하며, 다양한 브랜드와 협력하여 다양한 선택지를 제공한다.

④ 할인과 혜택 : TV 홈쇼핑은 제품을 할인가로 구매할 수 있는 기회를 제공한다. 특별한 할인 이벤트나 추가 혜택을 통해 시청자들에게 구매 유인을 제공한다. 이는 시청자들이 TV 홈쇼핑을 통해 구매하는 장점 중 하나이다.

⑤ 방송 시간과 노출도 : TV 홈쇼핑은 텔레비전을 통해 방송되는 시간에 따라 상품의 노출도를 조절할 수 있다. 인기 있는 프로그램이나 특정 시간대에 방송

되는 상품은 많은 시청자들에게 노출되어 구매 유도에 효과적이다.

상품을 구매할 의사가 있는 시청자들에게 상품을 직접 소개하고 구매를 유도하는 효과적인 판매 방식인 홈쇼핑은 상품의 특징과 장점을 자세히 설명하고, 할인과 혜택을 제공함으로써 시청자들의 구매욕구를 자극한다. TV 홈쇼핑을 통해 제품을 판매하고자 하는 기업은 몇 가지 단계를 거쳐야 한다. 첫 번째 단계는 시장 트렌드를 분석하고 인기 있거나 시장에 새로 출시된 제품을 선택하는 것이다. 여기에는 잠재적 제품의 특징과 기능을 분석하고 소비자에게 어필할 수 있는 강점을 파악하는 것이 포함된다. 다음으로 제품을 소개하고 판매하기 위한 계획을 수립해야 한다. 여기에는 TV 홈쇼핑 채널을 통해 제품을 어떻게 시연하고 판매할지 결정하는 것이 포함된다. 이 계획에는 매력적인 발표자를 고용하고, 눈길을 사로잡는 동영상을 제작하고, 소비자의 감성에 호소하여 관심을 끌 수 있는 방법이 포함될 수 있다. 계획이 수립되면 TV 홈쇼핑 채널에서 선보일 제품을 촬영하고 녹화해야 한다. 여기에는 제품의 특징과 기능을 보여주는 영상을 제작하고, 발표자가 제품을 소개하고 판매하는 모습을 녹화하는 것도 포함된다. 프레젠테이션을 더욱 돋보이게 하고 소비자에게 더 매력적으로 보이도록 그래픽과 음악도 제작한다. 그런 다음 TV 홈쇼핑 채널을 통해 프레젠테이션을 방송하고 판매할 제품을 실시간으로 제공한다. 방송 중 고객은 전화 또는 인터넷 채널을 통해 주문하고 질문할 수 있다. 주문이 접수되면 이를 처리하고 배송을 준비해야 하며 여기에는 주문 및 배송에 대한 고객 문의를 처리하고 제품을 포장하여 고객에게 배송하는 작업이 포함된다.

전체 프로세스는 제품을 효과적으로 진열 및 판매하고 고객이 구매에 만족할 수 있도록 신중한 계획과 실행이 필요하다. 홈쇼핑 판매 업체가 모바일 애플리케이션을 개발하여 소비자들의 편의성과 만족도를 높일 수 있으며, 더욱 많은 고객을 유치하고 경쟁력을 강화할 수 있다.

영업실전 사례 7-4

“2030은 TV 안봐”…홈쇼핑社, 모바일로 반전 노린다

부진의 늪에 빠진 홈쇼핑업계가 주력 플랫폼을 TV에서 모바일로 옮기는 ‘탈(脫)TV’ 전략으로 반전을 모색하고 있다. TV 의존도를 낮추는 동시에 MZ세대(밀레니얼+Z세대)로 소비층을 넓혀 돌파구를 마련하는 게 핵심이다. TV 시청인구가 매년 줄어드는데도 송출수수료는 계속 늘어나는 구조적 한계를 극복하려면 새로운 수익원 발굴이 시급하다는 판단도 작용했다.

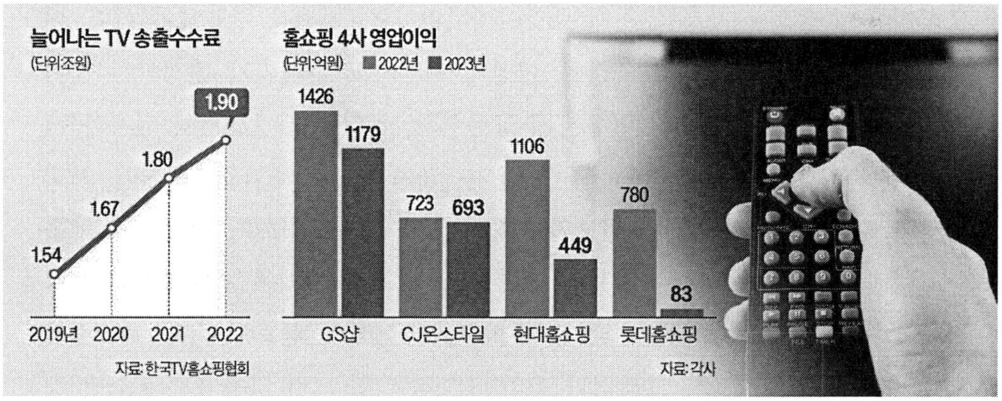

5일 금융감독원에 따르면 GS샵 · CJ온스타일 · 현대홈쇼핑 · 롯데홈쇼핑 등 홈쇼핑 4사의 지난해 영업이익은 2,404억 원으로 전년 대비 40.4% 감소했다. 지난해 영업정지 처분을 받은 롯데홈쇼핑은 영업이익이 전년 대비 89.4% 급감했다. 2022년 송출수수료 협상 지연으로 2년치 송출수수료 부담이 한 번에 반영된 현대홈쇼핑의 영업이익도 반토막 났다. 그나마 선방한 GS샵(-17.3%)과 CJ온스타일(-4.1%)도 영업이익이 줄었다.

TV 시청자 수 감소가 최대 위기 요인이다. 방송통신위원회에 따르면 지난해 주 5일 이상 TV 수상기를 이용한 비율은 71.4%로 전년 대비 4.1%포인트 줄었다. 특히 20대(41.4% → 29.8%)와 30대(67.8% → 55.2%) 등 젊은 층의 감소폭이 컸다. 여기에 경기 침체로 소비 심리까지 위축되면서 홈쇼핑 주 이용층인 5060세대의 소비도 감소했다. 그런데도 케이블 · 위성 · 인터넷TV(IPTV) 등 유료방송사업자에 내야 하는 송출수수료는 증가하고 있다. 한국TV홈쇼핑협회에 따르면 2022년 홈쇼핑 송출수수료는 총 1조 9,065억 원이었다. 지난해엔 2조원을 넘겼을 것으로 추정된다.

홈쇼핑업계의 첫 번째 반전 카드는 라이브커머스다. TV 홈쇼핑 생방송을 모바일 앱에서 동시에 트는가 하면, 모바일 전용 생방송도 늘리고 있다. GS샵은 업계 최초로 라이브커머스 영상을 1분 내외로 확 줄인 ‘숏폼’ 콘텐츠를 선보이기도 했다. 라이브커머스 확대 영향으로 홈쇼핑업계 전체 매출에서 TV 방송이 차지하는 비중은 2019년 56.5%에서 2022년 49.4%로 하락했다.

최근 가장 눈에 띄는 트렌드는 유튜브와의 협업이다. CJ온스타일은 지난해 10월 국내 첫 유튜브 라이브커머스 전용 채널인 '핫딜 셋 넷 오픈런'을 열었다. 작년 12월 로봇청소기 판매 방송에선 한 시간 만에 12억 원의 매출을 기록하기도 했다. 현대홈쇼핑은 자사 유튜브 채널에서 직접 제작한 예능 프로그램을 올려 2030세대를 끌어들이고 있다. 자사 앱에서 라이브커머스를 강화하는 것만으로는 홈쇼핑 앱을 깔지 않는 젊은 소비층을 공략하는 데 한계가 있다고 판단했다.

탈TV 전략의 성패는 라이브커머스의 질에 달렸다는 분석이 나온다. 실제 대형 제조업체는 TV 홈쇼핑 판매를 결정할 때 모바일 라이브커머스와의 연계 여부에 주목하는 추세다. 업계 관계자는 "단순 모바일 판매만 강화한다는 건 쿠팡·알리 등 e-커머스와 경쟁해야 한다는 이야기"라며 "결국엔 홈쇼핑의 강점인 방송 콘텐츠를 모바일에서 얼마나 창의적으로 구현해 수익성을 높일 수 있느냐에 따라 성패가 갈릴 것"이라고 말했다.

[출처] 한국경제신문, 2024.3.5.

≫ 영업의 새로운 생각

1. TV 홈쇼핑 시장이 어떻게 변화하고 있는가?
2. TV 홈쇼핑이 모바일 라이브커머스로의 확장에 성공할까?

(7) 온라인 이벤트활동

온라인 이벤트는 오늘날의 디지털 시대에 비즈니스의 필수적인 부분이 되었다. 온라인 이벤트는 고객과 소통하고 공동체 의식을 형성할 수 있는 환상적인 방법임이 입증되었다. 이러한 이벤트는 웨비나, 가상 컨퍼런스, 온라인 워크숍, 라이브 스트리밍 등 다양한 형태로 제공된다. 온라인 이벤트의 가장 큰 장점 중 하나는 접근성이라는 점이다. 고객은 집, 사무실 또는 이동 중에도 편안하게 이벤트에 참여할 수 있다. 이러한 접근성은 지리적 장벽을 제거하여 더 많은 청중에게 다가갈 수 있게 해준다. 온라인 이벤트는 참가자가 자신에게 가장 적합한 시간에 참여할 수 있기 때문에 유연성이 뛰어나다.

온라인 이벤트의 또 다른 장점은 **비용 효율성**이라는 점이다. 물리적인 장소가 필요한 기존 이벤트와 달리 온라인 이벤트는 최소한의 비용으로 개최할 수 있다. 따라서 기업은 예산을 초과하지 않고도 더 자주 이벤트를 개최하고 더 많은 청중에게 다가갈 수 있다. 또한 온라인 이벤트는 비즈니스에 고객의 선호도와 관심사에 대한 귀중한 인사이트를 제공한다. 대화형 세션과 피드백 양식을 통해 기업은 고객이 좋아하는 것과 싫어하는 것에 대한 데이터를 수집할 수 있다. 이러한 인사이트를 통해 기업은 고객의 요구를 더 잘 충족시킬 수 있도록 제품이나 서비스를 맞춤화할 수 있으며 온라인 이벤트를 활용하는 몇 가지 방법이 있다.

① 웨비나(웹 세미나) : 웨비나는 온라인에서 실시간으로 진행되는 세미나이다. 제품 데모, 특강, 토론 등 다양한 주제로 웨비나를 개최하여 고객들과 실시간으로 대화하고 질문에 답변할 수 있다. 웨비나를 통해 고객들에게 제품이나 서비스에 대한 정보를 제공하고, 신제품 출시, 할인 이벤트 등을 알리는 등의 목적으로 활용할 수 있다.

② 온라인 컨퍼런스 : 온라인 컨퍼런스는 전문가들이 모여 토론과 발표를 하는 온라인 행사이다. 고객들에게 유용한 정보와 인사이트를 제공하고, 상호작용을 통해 질문에 답변하고 의견을 나눌 수 있다. 온라인 컨퍼런스는 산업 동향, 업계 지식, 전문가의 조언 등을 고객들에게 전달하는 데에 효과적이다.

③ 라이브 스트리밍 : 라이브 스트리밍은 실시간으로 온라인 행사나 콘텐츠를 전달하는 방법이다. 제품 출시 이벤트, Q&A 세션, 특별 공연 등을 라이브로 스트리밍하여 고객들에게 제공할 수 있다. 라이브 스트리밍을 통해 고객들은 실시간으로 참여하고 질문하며, 댓글이나 채팅을 통해 상호작용할 수 있다.

④ 온라인 경품 이벤트 : 온라인 경품 이벤트는 고객들이 참여하고 경품을 제공하는 방식으로 상호작용한다. 예를 들어, 소셜미디어를 통해 공유하거나 콘텐츠를 작성하는 등의 조건을 충족하면 경품을 받을 수 있는 이벤트를 개최할 수 있다. 이를 통해 고객들은 참여하고 상호작용하며, 브랜드와의 관계를 형성할 수 있다.

⑤ 온라인 퀴즈나 게임 : 온라인 퀴즈나 게임을 활용하여 고객들과 상호작용할 수 있다. 제품 관련 퀴즈나 퍼즐을 제공하고, 참여자들에게 상품이나 할인 혜택을 제공하여 상호작용을 유도할 수 있다. 온라인 이벤트를 활용하여 고객들과 상호작용하면서 브랜드 인지도를 높이고, 신제품 출시나 프로모션을 홍보하며, 고객들의 피드백과 의견을 수집하여 비즈니스를 발전시킬 수 있다.

3.4 디지털채널 성과분석

디지털채널 판매의 성공 여부를 평가할 때는 다양한 분석 지표를 활용하는 것이 중요하다. 이를 통해 디지털채널의 성과를 종합적으로 파악하고 개선 또는 최적화할 수 있는 영역을 강조할 수 있다. 고려해야 할 중요한 지표 중 하나는 웹사이트 방문자 중 구매로 이어지는 비율을 측정하는 전환율이다. 이 지표는 판매를 촉진하고 수익을 창출하는 데 있어 디지털채널의 효과를 판단하는 데 도움이 될 수 있다. 또 다른 중요한 지표는 디지털채널을 통해 신규 고객을 확보하는 데 드는 비용을 측정하는 고객 확보 비용이다.

이러한 지표 외에도 고객 만족도와 참여도를 고려하는 것도 중요하다. 이는 시간이 지나도 계속 구매하는 고객의 비율을 측정하는 고객 유지율과 브랜드와의 전체 관계에서 고객이 구매한 총 가치를 측정하는 고객생애가치와 같은 지표를 통해 측정할 수 있다.

궁극적으로 디지털채널 판매의 성공 여부는 이러한 지표와 고객 및 이해관계자의 정성적 피드백을 결합하여 평가할 수 있다. 이러한 지표를 정기적으로 분석하고 데이터에 기반한 의사결정을 내림으로써 브랜드는 디지털채널을 최적화하고 디지털 시장에서 지속적인 성공을 거둘 수 있다. 〈표 7-6〉은 고려해야 할 몇 가지 주요 지표이다.

이러한 주요 지표 외에도 디지털채널 판매의 성공 여부를 평가할 때 고려해야

〈표 7-6〉 디지털채널 성과지표

구분	세부내용
수익	디지털채널 판매를 통해 발생한 총 수입
전환율	웹사이트 방문자 또는 소셜미디어 팔로워 중 구매로 이어진 비율
고객 확보	디지털채널을 통해 확보한 신규 고객 수
평균 주문 금액	구매 건당 평균 지출 금액
고객 유지율	계속 구매하는 기존 고객의 비율
웹사이트 트래픽	웹사이트 방문자 수, 페이지 조회 수, 평균 방문 시간 등이 포함
소셜미디어 참여	좋아요, 댓글, 공유, 리트윗 및 기타 소셜미디어 활동의 수
고객 만족도	설문조사, 리뷰 및 기타 피드백 메커니즘을 통해 측정하여 고객의 만족도 평가

할 다른 요소도 있다. 예를 들어, 마케팅 캠페인의 효과, 고객 서비스의 품질, 디지털채널의 전반적인 이용자 경험 등을 고려하는 것이 중요하다. 종합적인 평가 접근방식을 취함으로써 기업은 디지털채널 판매전략을 최적화하기 위해 무엇이 잘 작동하고 어떤 부분을 개선할 수 있는지 더 잘 이해할 수 있다. 이러한 지표를 분석함으로써 기업은 디지털 판매 성과를 더 잘 이해하고 개선이 필요한 영역을 파악할 수 있다. 예를 들어, 전환율이 낮다면 웹사이트나 소셜미디어 페이지의 이용자 경험을 개선해야 한다. 마찬가지로 고객 유지율이 낮다면 고객 서비스나 로열티 프로그램을 개선하는 데 집중해야 한다. 이러한 지표는 기업이 데이터 기반의 의사결정을 내리고 디지털채널 판매 성과를 개선하는 데 도움이 될 수 있다. 이러한 지표를 통해 기업은 보다 효과적인 판매전략을 수립하고 온라인 시장에서 더 높은 수준의 성공을 달성할 수 있다.

(1) 디지털채널 성과분석 도구

디지털 마케팅에서는 성과분석이 매우 중요하다. 이를 위해 다양한 도구들이 활용되는데, 그 중에서도 가장 대표적인 것은 **웹 분석 도구**이다. Google Analytics, Adobe Analytics, Naver Analytics와 같은 다양한 웹 분석 도구는 웹사이트의 성과를 측정하고 분석하는 데 있어서 귀중한 정보를 제공한다. 이러한 도구들은 이용자의 행동 및 관심사를 추적하고, 웹사이트의 방문자 수, 유입 경로, 이탈률, 구매 및 컨버전 등의 다양한 지표를 측정할 수 있다. 이를 통해 웹사이트의 성과를 정량적으로 평가하고, 이용자 경험을 개선하는 데 도움이 된다.

또한 이러한 도구들을 활용하여 마케팅 전략을 수립하고, 효과적인 광고 캠페인을 구성할 수도 있다. 이러한 이유로, 현대의 디지털 마케팅에서는 웹 분석 도구의 활용이 필수적이다. 소셜미디어는 현재 기업이나 개인의 온라인 활동에서 중요한 역할을 하고 있다. 이에 따라 소셜미디어 채널별 성과분석이 필요해졌다. 팔로워 수, 참여율, 인지도 등을 분석하여 효과적인 마케팅 전략을 세울 수 있다. 소셜미디어 캠페인의 효과 분석도 중요한 역할을 한다. 캠페인별 도달 범위, 참여, 전환 등을 분석하여 캠페인의 성과를 파악하고, 이를 바탕으로 더 나은 캠페인을 기획할 수 있다. 소셜미디어 캠페인을 통해 얻은 데이터를 분석하여 고객의 선호도나 행동 패턴을 파악하고, 이를 활용하여 영업 전략을 구성할 수도 있다.

경쟁사의 소셜미디어 활동 분석도 매우 중요하게 다뤄지고 있다. 경쟁사의 소셜미디어 활동을 분석하면 경쟁사의 고객층이 누구인지, 어떤 우위를 가지고 있는지 등을 파악할 수 있다. 이를 통해 자사의 제품이나 서비스를 어떻게 개선할지, 어떤 새로운 고객층을 타깃팅할지 결정할 수 있다. 다양한 소셜미디어 플랫폼에서의 성과 측정 및 분석을 도와주며, 효율적인 마케팅 전략 수립에 큰 도움을 준다.

소셜미디어를 활용한 마케팅에 있어서 성과 분석은 필수적인 요소이며, 이를 위해 다양한 도구들을 활용하는 것이 좋다. 검색 엔진 마케팅 분석 도구는 온라인 비즈니스에서 필수적인 요소이다. 이 도구를 사용하면 웹사이트의 검색 엔진 순위를 분석하고, 키워드별 순위와 유기적 트래픽 등을 파악할 수 있다. 또한 검색 광고 캠페인 효과를 분석하여 클릭률, 전환율, ROI 등을 파악할 수 있다. 이를 통해 온라인 광고 효과를 높이는 방법을 찾을 수 있다. 경쟁사 분석을 통해 경쟁사의 검색 엔진 마케팅 활동 분석을 할 수 있다. 이를 통해 경쟁사의 강점과 약점을 파악하여 자신의 비즈니스를 더욱 개선할 수 있다. 성과 분석은 광고 효과를 파악하고 향후 전략을 수립하는 데 큰 도움이 된다. 이러한 다양한 도구들을 적극적으로 활용하여 디지털 마케팅의 성과를 분석하고 개선해 나가는 것이 중요하다.

(2) 디지털채널 성과분석 결과 활용

분석 결과의 활용은 디지털채널 판매전략을 개선하고 투자 효율성을 높이는 데 매우 중요하다. 분석 결과를 활용하는 방법에는 여러 가지가 있다. 첫째, 분석 결과를 통해 성과가 좋았던 채널과 전략에 투자를 집중하는 것이 필수적이다. 둘째, 비효율적인 채널과 전략은 개선하거나 중단해야 한다. 또한 고객여정을 분석하고 이를 개선하는 것도 분석 결과를 활용하는 중요한 방법이다. 고객이 디지털채널을 통해 구매 결정을 내리는 경로를 이해함으로써 고객 경험을 향상시키기 위한 전략을 개발할 수 있다.

분석 결과를 활용하는 또 다른 방법은 개인화된 마케팅을 제공하는 것이다. 기업은 고객 데이터를 활용하여 고객에게 개인화된 광고, 콘텐츠, 제안을 제공할 수 있다. 이 전략은 고객 참여도와 충성도를 높이고 궁극적으로 매출을 향상시키는 데 성공적인 것으로 입증되었다. 분석 결과를 활용하는 것은 효과적인 디지털채널 판매전략을 개발하고 투자 효율성을 높이는 데 매우 중요하다. 효율적인 채널과 전략에 집중하고, 고객 경험을 개선하고, 개인화된 마케팅을 제공하고, A/B 테스트를 수행함으로써 비즈니스는 전략을 최적화하고 더 나은 판매 성과를 달성할 수 있다. 이용자 행동데이터를 분석하면 웹 사이트 또는 앱의 이용자 경험을 개선하는 데 여러 가지 방법으로 도움이 될 수 있는 귀중한 통찰력을 제공할 수 있다.

① 이용자 문제지점 식별 : 이용자 행동 데이터를 분석함으로써 이용자가 어려움을 겪고 있거나 장애물에 직면하고 있는 영역을 식별할 수 있다. 예를 들어, 어떤 페이지가 높은 바운스율을 갖는지 또는 이용자가 변환 깔때기에서 어디로 떨어지는지 볼 수 있다. 이 정보는 혼란스러운 탐색, 느린 로딩 시간 또는 불분명한 호출 대 액션과 같은 이용자 여정의 문제 지점을 식별하고 해결하는 데 도움이 될 수 있다.

② 웹사이트 또는 앱 탐색 최적화 : 이용자 행동 데이터는 이용자가 웹사이트 또는 앱을 통해 이동하는 경로와 방문하는 페이지를 포함하여 이용자가 어떻게 탐색하는지 보여줄 수 있다. 이 데이터는 모든 탐색 문제 또는 이용자가 갇혀 있는 영역을 식별하는 데 도움이 될 수 있다. 탐색 흐름을 최적화함으로써 이용자가 찾고 있는 것을 더 쉽게 찾고, 전반적인 이용자 경험을 개선하고, 바운스 속도를 줄일 수 있다.

③ 콘텐츠 관련성 향상 : 이용자 행동 데이터는 이용자에게 가장 매력적인 페이지 또는 콘텐츠를 나타낼 수 있다. 페이지 또는 스크롤 깊이의 시간과 같은 메트릭을 분석하여 어떤 콘텐츠가 이용자에게 반향을 일으키는지 결정할 수 있다. 이 정보는 이용자의 요구와 관심사에 맞는 더 관련성 있고 가치 있는 콘텐츠를 만드는 데 도움이 되며 궁극적으로 웹사이트 또는 앱에서 이용자의 경험을 향상시킬 수 있다.

④ 이용자 경험 개인화 : 이용자 행동 데이터는 이용자 개인의 선호도와 패턴에 대한 통찰력을 제공할 수 있다. 이전 상호 작용, 검색 행동 또는 선호도와 같은 데이터를 분석하여 맞춤형 추천, 개인화된 콘텐츠 또는 타깃 광고를 제공하여 이용자 경험을 개인화할 수 있다. 이러한 개인화는 이용자의 만족과 참여를 향상시켜 전반적인 경험을 향상시킬 수 있다.

⑤ 디자인 변경을 테스트하고 반복한다. 디자인 변경이나 업데이트가 이용자 경

험에 미치는 영향을 평가하기 위해 이용자 행동 데이터를 사용할 수 있다. 디자인 변경을 실행하기 전과 실행한 후에 A/B 테스트를 수행하거나 이용자 행동을 분석하여 변경의 효과를 평가하고 어떤 디자인 요소나 기능을 우선시해야 하는지 데이터 기반으로 결정할 수 있다.

이용자 행동 데이터를 분석하면 이용자가 웹사이트나 앱과 어떻게 상호 작용하는지에 대한 통찰력을 얻고 개선해야 할 부분을 식별하며 이용자 경험을 향상시키기 위해 데이터 기반 결정을 내릴 수 있다. 이용자 행동을 이해하고 문제를 해결함으로써 청중의 요구와 기대에 맞는 보다 직관적이고 매력적이며 이용자 친화적인 경험을 만들 수 있다. 이용자 행동 데이터를 기반으로 이용자 경험을 개인화하면 다음과 같은 몇 가지 이점이 있다.

① 향상된 이용자 만족도 : 개인화를 사용하면 이용자 경험을 각 이용자의 개인적인 선호와 필요에 맞게 조정할 수 있다. 개인화된 콘텐츠, 추천 또는 기능을 제공함으로써 이용자에게 더 관련성이 높고 매력적인 경험을 제공할 수 있다. 이는 이용자 만족도를 높이고 웹사이트 또는 앱에 의해 이해되고 가치가 부여되는 느낌을 만들 수 있다.

② 향상된 참여 및 유지 : 이용자가 웹사이트 또는 앱이 자신의 선호도를 이해하고 개인화된 추천 또는 콘텐츠를 제공한다고 느낄 때, 그들은 플랫폼에 참여하고 더 많은 시간을 탐색하는 데 사용할 가능성이 더 높다. 개인화는 이용자 참여를 증가시키고, 바운스 속도를 줄이며, 이용자 유지를 향상시키는 데 도움을 줄 수 있다. 이용자는 지속적으로 개인화된 경험을 제공하는 웹사이트 또는 앱으로 돌아갈 가능성이 더 높다.

③ 전환율 증가 : 개인화는 전환율에 큰 영향을 미칠 수 있다. 이용자 행동 데이터를 기반으로 개인화된 제품 추천, 제안 또는 프로모션을 제공하여 이용자가 원하는 행동을 하거나 구매할 가능성을 높일 수 있다. 개인화된 경험은 관련성과 긴급성을 만들어 전환율을 높이고 비즈니스 성장을 촉진할 수 있다.

④ 타깃 마케팅 및 광고 : 개인화를 사용하면 특정 이용자 세그먼트의 행동 및 선호도에 따라 타깃 마케팅 및 광고 메시지를 전달할 수 있다. 이용자 행동 데이터를 활용하여 개별 이용자의 공감을 불러일으키는 개인화된 캠페인을 만

들 수 있어 마케팅 활동의 효율성을 높일 수 있다. 이는 클릭률을 높이고 캠페인 성과를 높이며 투자수익률을 높일 수 있다.

⑤ 향상된 고객 충성도와 옹호 : 개인화된 경험은 이용자와의 충성심과 연결감을 촉진할 수 있다. 이용자가 웹사이트나 앱이 그들의 선호도를 이해하고 충족시킨다고 느낄 때, 그들은 충성 고객이 되고 브랜드를 옹호한다. 만족한 이용자들의 입소문 추천과 긍정적인 리뷰는 사업 성장과 브랜드 평판에 기여할 수 있다.

⑥ 데이터 기반 의사결정 : 이용자 행동 데이터에 기반한 개인화를 통해 콘텐츠, 특징 및 디자인에 대한 데이터 기반 의사결정을 내릴 수 있다. 이용자 행동 패턴을 분석하여 이용자 선호도에 대한 통찰력을 얻고 트렌드를 파악하며 이용자 경험을 개선하는 방법에 대한 정보에 입각한 의사결정을 내릴 수 있다. 이는 추측을 줄이고 이용자 만족도와 비즈니스 목표에 긍정적인 영향을 미칠 가능성이 높은 우선순위를 지정하는 데 도움이 된다.

Chapter 8

옴니채널의 실전영업

옴니채널은 다양한 채널을 통해 고객에게 일관된 경험을 제공하는 영업 전략이다. 이 전략에는 온라인, 오프라인, 모바일 채널을 통해 고객과 소통하고 모든 채널에서 동일한 정보와 서비스를 제공하는 것이다. 옴니채널영업은 고객 경험을 개선하고 고객 만족도를 높이며 매출 증대에 기여하는 것을 목표로 한다.

오늘날의 디지털 시대에 고객은 비즈니스와 상호 작용할 때 원활한 경험을 기대하고 있다. 고객은 정보를 반복하거나 처음부터 다시 시작할 필요 없이 채널 간에 전환할 수 있기를 원한다.

옴니채널영업을 성공적으로 구현하기 위해서는 채널 간 데이터 통합, 고객 행동 분석, 운영 프로세스 최적화 등이 필요하고 내부 조직의 협업 체계 구축, 직원 교육, 기술 인프라 구축 등 다방면의 노력이 요구된다. 옴니채널영업을 통해 기업은 모든 접점에서 원활하고 일관된 경험을 제공할 수 있으며, 이를 통해 고객과의 신뢰와 충성도를 구축할 수 있다.

1. 옴니채널영업 개요

옴니채널(omni-channel)은 다양한 채널에서 고객에게 원활하고 통합된 쇼핑 경험을 제공하는 것을 목표로 하는 마케팅 및 판매전략이다. 고객이 쇼핑 여정 중 언제든지 온라인과 오프라인 채널을 전환하면서도 동일한 상품, 서비스 및 정보에 액세스할 수 있도록 하는 것이다. 최근 옴니채널 판매의 개념이 점점 더 중요해지고 있다. 옴니채널 판매란 온라인, 오프라인, 모바일 등 다양한 채널을 통합하여 고객에게 일관되고 원활한 경험을 제공하는 판매전략을 말한다. 고객은 가장 편리한 채널을 선택하여 제품이나 서비스를 구매할 수 있고, 채널 간 이동도 원활하게 할 수 있다. 옴니채널 판매의 핵심 요소 중 하나는 채널통합이다. 여기에는 다양한 채널을 단일 시스템으로 통합하여 고객 정보, 제품 정보, 주문 정보 등을 공유하는 것이 포함된다. 이러한 통합을 통해 기업은 모든 채널에서 개인화되고 일관된 경험을 제공할 수 있다.

옴니채널 전략에서는 고객 정보와 구매 이력이 단일 시스템에서 관리되므로 보다 개인화되고 효율적인 서비스를 제공할 수 있다. 모든 채널에 동일한 프로모션과 할인 혜택이 적용되어 고객이 어느 채널에서 쇼핑하든 동일한 가치와 경험을 누릴 수 있다. 또한 옴니채널 시스템은 고객의 구매 패턴을 분석하여 맞춤형 상품 추천 및 마케팅 캠페인을 제공할 수 있기 때문에 보다 개인화된 마케팅 접근이 가능하며 온라인과 오프라인 매장에서 제품 주문, 결제, 배송, 반품이 원활하게 이루어질 수 있다.

1.1 옴니채널영업의 특성

옴니채널 판매는 원활하고 통합된 쇼핑 경험을 제공함으로써 향상된 성과와 고객 만족도로 이어질 수 있다. 여러 판매 채널을 활용함으로써 기업은 더 많은 고객에게 다가가고, 구매 프로세스의 마찰을 줄이고, 전체 판매 및 수익을 늘릴 수 있다. 옴니채널 판매는 온라인과 오프라인의 여러 판매 채널을 통합하여 고객에게 모든 접점에서 원활하고 일관된 쇼핑 경험을 제공하는 소매 전략을 의미한다. 옴니채널 접근 방식에서 고객은 실제 매장, 웹사이트, 모바일 앱, 소셜미디어 플랫폼, 콜센터 등 다양한 채널을 통해 브랜드와 상호 작용할 수 있다. 옴니채널 판매의 주요 특징은 이러한 채널을 통합하여 고객이 일관된 브랜드 경험을 유지하면서 채널 간에 원활하게 이동할 수 있도록 하는 것이다.

(1) 통합된 고객 경험

옴니채널영업은 모든 채널이 원활하게 작동하는 통합된 고객 경험을 창출하는 데 우선순위를 두어야 한다. 이는 모든 접점에서 브랜딩, 메시징, 제품 제공, 가격 책정 및 프로모션의 일관성을 보장하는 것을 의미한다. 고객이 온라인, 매장 또는 모바일을 통해 브랜드와 상호 작용하는 경우 통합되고 응집력 있는 경험을 받아야 한다. 고객 경험을 최우선으로 여기는 현대의 비즈니스 환경에서는 옴니채널영업이 중요한 역할을 하고 있다. 이를 위해서는 모든 채널이 원활하게 작동하며, 고객이 상호 작용하는 모든 접점에서 일관성 있는 브랜딩, 메시징, 제품 제공, 가격 책정 및 프로모션을 보장해야 한다.

특히, 고객이 온라인, 매장 또는 모바일을 통해 상호 작용하는 경우, 통합되고 응집력 있는 경험을 받아야 한다. 이러한 통합된 고객 경험을 창출하기 위해서는 다양한 전략과 기술적인 도구들이 사용된다. 예를 들어, 고객이 온라인에서 상품을 검색하고 선택한 후 매장에서 바로 구매할 수 있는 클릭 앤 컬렉트(Click and Collect Order) 서비스나, 온라인에서 주문한 상품을 매장에서 수령할 수 있는 온라인주문, 매장픽업(Buy Online Pick Up Store, BOPUS) 서비스 등이 있다. 이러한 서비스는 고객이 더욱 편리하게 상호 작용할 수 있도록 도와주며, 브랜드와의 관계를 강화할 수 있는 기회를 제공한다.

또한 옴니채널영업에서는 고객의 데이터를 활용하여 개인화된 마케팅 전략을 수립하는 것이 중요하다. 고객의 검색 이력, 구매 이력, 관심사 등을 분석하여 고객에게 맞춤형 제품 추천이나 할인 쿠폰 등을 제공함으로써, 고객의 만족도를 높일 수 있다.

(2) 다중 채널 존재

기업이 옴니채널 판매 접근 방식을 성공적으로 구현하기 위해서는 다중 채널을 효과적으로 구축해야 한다. 이를 위해서는 대상 고객의 선호도를 파악하여 각각의 채널에 맞게 입지를 구축해야 한다. 이러한 다중 채널에는 실제 소매점, 전자상거래 웹사이트, 모바일 앱, 소셜미디어 플랫폼, 마켓플레이스 및 고객 서비스 채널 등이 포함될 수 있다.

실제 소매점은 고객이 제품을 직접 만져보고 구매 결정을 내리는 데 필요한 요소들을 제공한다. 전자상거래 웹사이트와 모바일 앱은 온라인으로 제품을 구매하고 배송받을 수 있는 편리한 방식을 제공한다. 소셜미디어 플랫폼은 고객과의 소통을 통해 제품에 대한 정보를 전달하고 마케팅 효과를 극대화할 수 있는 방법이다. 마켓플레이스는 다양한 제품을 한 곳에서 구매할 수 있는 편리한 방식을 제공한다. 고객 서비스 채널은 고객이 제품에 대한 문의나 불만사항을 해결할 수 있는 곳이다. 각 채널에서 고객의 요구사항을 충족시키기 위해서는 해당 채널의 특징과 특성을 고려하여 최적화해야 한다. 예를 들어, 모바일 앱을 사용하는 고객은 스마트폰의 작은 화면에서도 쉽게 이용할 수 있는 사용자 접촉부분(UI)/사용자 경험(UX)을 요구한다. 따라서 모바일 앱에서는 간결하고 직관적인 디자인과 함께 터치 기반의 인터페이스가 필요하다. 소셜미디어를 사용하는 고객은 시각적으로 매력적인 콘텐츠와 쉽게 접근할 수 있는 방법을 선호한다. 이를 위해서는 적절한 이미지와 동영상, 그리고 쉽게 공유할 수 있는 기능이 필요하다. 고객이 사용하는 디바이스와 플랫폼에 맞춰서 콘텐츠를 최적화하는 것도 중요하다. 이러한 방법으로 채널을 최적화하면 고객이 더욱 만족할 수 있고, 비즈니스 성과도 높일 수 있다.

(3) 원활한 고객여정

옴니채널 판매는 고객에게 최적의 쇼핑 경험을 제공하기 위해 다양한 채널을 활용하는 전략이다. 이를 위해서는 고객의 쇼핑 여정을 원활하게 이어나갈 수 있도록 각 채널 간의 연결과 정보 공유가 필요하다. 고객은 온라인에서 제품을 검색하고 실제 매장에서 제품을 직접 확인하거나 체험할 수 있다. 이후 모바일 앱이나 웹사이트를 통해 구매를 완료할 수 있다.

이렇게 옴니채널 판매를 활용하면 고객은 편리하게 제품을 선택하고 구매할 수 있으며, 이에 따라 기업은 고객 만족도를 높일 수 있다. 옴니채널 판매를 통해 기업은 고객의 쇼핑 정보를 수집하고 분석함으로써 고객의 취향과 선호도를 파악할 수 있다. 이를 토대로 기업은 고객에게 맞춤형 마케팅을 제공할 수 있으며, 이는 고객과의 유대감을 높이고 장기적인 고객 유치에 기여한다. 옴니채널 판매는 기업에게 고객의 쇼핑 정보를 수집하는 기회를 제공한다. 이는 고객이 온라인, 오프라인 등 다양한 채널을 통해 상품을 구매할 수 있기 때문이다. 이러한 고객 정보를 분석하면 기업은 고객의 취향과 선호도를 정확히 파악할 수 있다. 이를 토대로 기업은 고객에게 맞춤형 마케팅을 제공할 수 있으며, 이는 고객과의 유대감을 높이고 장기적인 고객 유치에 기여한다.

또한 옴니채널 판매는 기업의 비즈니스 모델을 혁신적으로 바꿀 수 있는 기회를 제공한다. 고객은 온라인에서 상품을 검색하고, 오프라인에서 직접 상품을 확인하고 구매할 수 있다. 이를 통해 기업은 고객의 구매 경로를 파악하고 이를 최적화하여 더욱 효율적인 판매 방식을 도입할 수 있다. 옴니채널영업을 통해 고객은 자신이 편리한 방식으로 상품을 구매할 수 있기 때문에 만족도가 높아지고, 이는 장기적인 고객 유치와 이탈 방지에 큰 도움이 된다. 옴니채널 판매를 활용하면 기업은 채널 간 경쟁에서 이점을 가져갈 수 있다. 각 채널에서 고객이 제공하는 정보를 통합하고, 이를 기반으로 적극적인 고객 서비스를 제공할 수 있기 때문이다.

(4) 데이터 통합 및 분석

데이터 통합 및 분석은 현대적인 판매전략에서 중요한 역할을 한다. 모든 수단을 활용하여 고객에게 최상의 서비스를 제공하기 위해서는 기업은 고객의 행동, 선호도, 구매 패턴에 대한 이해가 필수적이다. 그러나 이러한 정보를 얻기 위해서는 온라인과 오프라인 소스의 데이터를 통합해야 한다. 온라인과 오프라인 판매 채널의 데이터를 통합함으로써 기업은 고객에 대한 통합된 보기를 생성할 수 있다. 이는 고객들이 어디서든 쇼핑을 하더라도 동일한 경험을 제공할 수 있게 해 준다. 고객들이 어떤 제품을 선호하는지, 어떤 쇼핑 습관을 가지고 있는지 등의 정보를 파악함으로써 개인화된 서비스를 제공할 수 있다.

데이터 통합 및 분석을 통해 기업은 고객의 니즈와 요구에 더욱 민감해질 수 있다. 이는 곧 고객 만족도를 높이고, 재구매율을 높이는 데에 큰 도움이 되며 이를 통해 경쟁업체들과 차별화된 서비스를 제공할 수 있게 된다. 따라서 데이터 통합 및 분석은 현대적인 판매전략에서 필수적인 요소이며, 기업은 이를 효과적으로 활용하여 고객 만족도를 높이고, 경쟁업체들과의 차별화된 서비스를 제공해야 한다.

(5) 유연한 이행 옵션

옴니채널 판매는 고객의 선호도와 편의성을 충족시키기 위해서 다양한 이행 옵션을 제공해야 한다. 이러한 이행 옵션들은 온라인 구매, 매장 픽업, 매장 밖 픽업, 당일 배송, 매장 배송 등이 있다. 이러한 다양한 이행 옵션들은 고객들이 원하는 방식으로 제품을 구매할 수 있도록 하여 편의성과 유연성을 제공한다. 온라인 구매는 인터넷을 통해 제품을 주문하고 집에서 편하게 받을 수 있는 방식이다. 매장 픽업은 고객이 인터넷을 통해 주문한 제품을 매장에서 직접 받아갈 수 있는 방식이다. 매장 밖 픽업은 매장 외부에서 고객이 주문한 제품을 받을 수 있는 방식으로, 대부분의 경우 고객이 직접 찾아가서 제품을 수령한다. 당일 배송은 고객이 주문한 제품을 당일 안에 받을 수 있는 방식이다. 매장 배송은 고객이 주문한 제품을 매장에서 직접 배송해주는 방식이다.

이러한 다양한 이행 옵션들을 제공함으로써 기업은 고객의 요구와 선호도를 충족시킬 수 있으며 고객들은 자신이 원하는 방식으로 제품을 구매할 수 있기 때문에 만족도가 높아질 것이다. 이는 기업에게 긍정적인 평가와 고객 유치에 큰 도움이 될 것이다.

(6) 고객 참여 및 지원

고객 참여 및 지원은 현대적인 비즈니스에서 중요한 요소 중 하나이다. 옴니채널영업을 수행하는 기업들은 고객 참여와 지원을 우선시하여야 한다. 이는 모든 채널에서 고객과 상호작용하며, 고객의 요구에 빠르게 대응하는 것을 의미한다. 이러한 채널은 실시간 채팅, 이메일, 전화, 소셜미디어 등 다양한 것이 있다. 고객이 쇼핑을 하면서 어떠한 문제가 생기더라도 기업은 지원을 제공할 수 있도록 준비되어야 한다. 이는 고객이 쇼핑하는 과정에서 발생할 수 있는 모든 문제에 대해 대응할 수 있어야 함을 의미한다. 기업은 고객이 언제 어디서나 문의를 할 수 있도록 지원해야 하며, 모든 채널에서 일관된 지원을 제공해야 한다. 고객 지원은 기업의 이미지와 평판에 큰 영향을 미치기도 한다. 만약 기업이 고객의 문의에 적극적으로 대응하지 않는다면, 고객은 실망하고 불만족스러워할 것이다. 이러한 경우 고객은 경쟁기업으로 이동할 가능성이 높아진다. 따라서 기업은 고객 참여와 지원을 우선시하여 고객의 만족도를 높이고, 이를 통해 기업의 성장을 이루어야 한다.

(7) 지속적인 최적화

옴니채널 판매는 고객들이 다양한 채널을 통해 제품을 구매할 수 있도록 하는 전략이다. 이러한 전략을 성공적으로 실행하려면 지속적인 최적화와 개선이 필요하다. 기업은 고객 피드백, 판매 데이터, 채널 성과를 정기적으로 모니터링하고 분석하여 옴니채널 판매전략을 개선하고 최적화해야 한다. 이를 통해 기업은 고객 요구사항과 시장 동향에 빠르게 대응하고, 민첩성을 유지할 수 있다. 옴니채널 판매는 장기적인 성공을 위한 중요한 전략이다. 기업은 지속적인 최적화와 개선을 통해 옴니채널 판매전략을 강화하고, 고객들에게 더 나은 구매 경험을 제공하여 장기적인 성공을 이끌어야 한다.

이처럼 옴니채널 판매는 여러 판매 채널을 통합하여 고객에게 원활하고 일관된 쇼핑 경험을 제공하는 고객 중심 소매전략이다. 통합, 일관성, 데이터 기반 통찰력, 유연성, 고객 참여 및 지속적인 최적화를 우선시함으로써 기업은 옴니채널 접근 방식을 효과적으로 구현하고 진화하는 고객의 요구와 선호도를 충족할 수 있다. 최근에는 온라인과 오프라인을 결합한 옴니채널영업이 증가하고 있다. 옴니채널영업은 고객이 원하는 경로를 통해 제품이나 서비스를 구매할 수 있도록 하는 방식으로, 고객의 편의성을 높이고 성과를 향상시킬 수 있다.

옴니채널 판매는 고객 만족도 향상, 판매 효율성 및 매출 성장 등 여러 가지 이점을 비즈니스에 제공한다. 첫째, 고객이 가장 편리한 채널을 선택할 수 있어 고객 만족도를 높일 수 있다. 디지털 기술의 등장으로 고객은 모바일 기기, 데스크톱 컴퓨터, 오프라인 매장 등 여러 채널을 통해 제품이나 서비스를 구매할 수 있기를 기대한다. 옴니채널 전략을 통해 기업은 모든 채널에 걸쳐 원활한 통합을 제공함으로써 변화하는 고객의 요구와 선호도를 충족할 수 있다. 고객이 어디에 있든 고객에게 다가갈 수 있다는 것이다. 여러 채널을 통해 고객과 소통함으로써 기업은 적절한 시간과 장소에서 고객에게 다가갈 수 있는 기회를 늘릴 수 있다. 이는 브랜드 인지도를 높이고 고객 참여를 유도하는 데 도움이 될 수 있다.

둘째, 옴니채널 판매 방식을 구현하면 기업은 비용을 절감하고 생산성을 높일 수 있다. 영업 프로세스를 간소화하고 다양한 채널을 통합함으로써 기업은 시간과 비용을 절약하는 동시에 영업 데이터의 정확성을 향상시킬 수 있다. 이를 통해 기업은 의사결정을 개선하고 데이터에 기반한 의사결정을 내릴 수 있어 더 나은 영업성과를 달성할 수 있다.

마지막으로, 옴니채널 판매는 기업의 고객 기반 확대와 매출 증대에 도움이 될 수 있다. 모든 채널에서 고객에게 원활한 경험을 제공함으로써 기업은 신규 고객을 유치하고 기존 고객을 유지할 수 있다. 모든 채널에서 고객과의 상호 작용을 추적함으로써 기업은 고객의 선호도, 행동 및 요구 사항에 대한 귀중한 인사이트를 얻을 수 있다. 이 정보는 마케팅 메시지를 개인화하고 전반적인 고객 경험을 개선하는 데 사용할 수 있다. 또한 옴니채널 접근 방식은 기업이 새로운 판매 기회를 파악하고 고객에게 제품이나 서비스를 교차 판매하거나 상향 판매하여 매출과 수익성을 높일 수 있도록 도와준다. 기업이 옴니채널 판매전략을 구현하면 고객 만족도 향상, 비용 절감, 생산성 향상, 고객 기반 및 매출 확대 등 다양한 이점을 얻을 수 있다.

그러나 옴니채널 판매와 관련된 몇 가지 문제가 있다. 첫째, 통합 시스템을 구축하고 유지 관리하는 데 상당한 비용이 발생할 수 있다. 온라인, 모바일, 오프라인 매장 등 다양한 채널을 통합해야 하므로 기술적으로 복잡하고 지속적인 유지 관리가 필요하기 때문이다. 둘째, 고객 데이터 관리는 특히 데이터 보안 및 분석 측면에서 까다로울 수 있다. 관련 데이터의 양과 복잡성을 고려할 때, 기업은 잠재적인 사이버 위협으로부터 고객 정보를 보호하기 위해 필요한 데이터 보안 프로토콜을 갖추고 있는지 확인해야 한다. 또한 옴니채널 판매전략을 구현하려면 조직 내에서 상당한 문화적 변화가 필요하다. 옴니채널 전략을 지원하기 위해 오프라인 매장이나 콜센터와 같은 전통적인 판매 채널을 재구성하거나 용도를 변경해야 할 수도 있기 때문이다. 새로운 시스템을 관리하기 위해 직원을 교육해야 할 수 있으며, 이는 시간과 리소스를 많이 소모할 수 있다. 따라서 조직은 옴니채널 판매 모델로 성공적으로 전환할 수 있도록 직원에게 기꺼이 투자하고 필요한 교육과 지원을 제공해야 한다. 옴니채널 판매는 고객 참여도 및 충성도 향상 등 비즈니스에 많은 이점을 제공하지만, 이와 관련된 몇 가지 과제도 있다는 점을 인식하는 것이 중요하다. 기업은 옴니채널 판매 모델로 원활하게 전환하기 위해 필요한 인프라, 데이터 보안 및 직원 교육에 기꺼이 투자해야 한다. 그렇게 함으로써 이러한 접근 방식의 많은 이점을 활용하고 급변하는 오늘날의 비즈니스 환경에서 경쟁우위를 유지할 수 있다.

1.2 옴니채널 전략

옴니채널영업 전략은 기업이 고객과의 상호작용을 다양한 채널을 통해 체계적으로 관리하는 것을 의미한다. 이는 단순히 여러 채널을 병렬적으로 활용하는 것이 아니라, 고객의 구매 여정 전반에 걸쳐 각 채널을 유기적으로 연결하고 통합하여 고객 경험을 향상시키는 것을 목표로 한다. 옴니채널 전략의 궁극적인 목표는 고객이 브랜드와 상호 작용하는 방식에 관계없이 편리하고 개인화된 쇼핑 경험을 제공하는 것이다. 다양한 채널에서 원활하고 일관된 경험을 제공함으로써 브랜드는 고객과 더욱 강력한 관계를 구축하고 구매 전환율과 충성도를 높일 수 있다.

옴니채널 접근 방식의 주요 이점 중 하나는 고객이 있는 곳에서 고객을 만날 수 있다는 점이다. 옴니채널 전략은 고객이 오프라인 매장, 온라인, 모바일 디바이스 등 원하는 채널을 통해 필요한 제품과 서비스에 액세스할 수 있도록 지원한다. 이는 고객 만족도 향상에 도움이 될 뿐만 아니라 재구매 및 추천 가능성도 높인다. 옴니채널 전략의 핵심은 고객 중심성에 있다. 기업은 고객의 관심사와 니즈를 면밀히 파악하고, 이를 바탕으로 오프라인 매장, 웹사이트, 모바일 앱, 소셜미디어 등 다양한 접점에서 일관되고 매력적인 경험을 제공해야 한다. 이를 통해 고객과의 신뢰와 유대감을 형성하고, 궁극적으로는 구매 전환율과 고객생애가치 향상으로 이어질 수 있다. 옴니채널영업 전략을 성공적으로 실행하기 위해서는 채널 간 데이터와 정보의 유기적 연계, 고객 개인화 서비스, 직원 역량 강화 등 다양한 요소들이 종합적으로 고려되어야 한다. 또한 지속적인 모니터링과 분석을 통해 고객 행동 패턴을 파악하고, 이를 바탕으로 전략을 지속적으로 개선해 나가는 것이 중요하다.

(1) 채널 기반 옴니채널영업 전략

오늘날 소매업계는 급격한 변화와 혁신을 겪고 있다. 특히 온라인과 오프라인 채널의 융합은 가장 두드러진 특징 중 하나이다. 많은 기업들이 이 두 가지 채널을 유기적으로 연계하여 고객에게 더욱 편리하고 통합된 구매 경험을 제공하고자 노력하고 있다.

대표적인 사례로 BOPIS(Buy Online, Pick-up In Store) 서비스를 들 수 있다. 고객들은 온라인에서 원하는 제품을 주문한 뒤 가까운 오프라인 매장에서 직접 수령할 수 있다. 이는 배송 시간 단축과 고객 편의성 향상을 가져오며, 매장 방문을 유도하여 추가 구매로까지 이어질 수 있다.

또한 ROPO(Research Online, Purchase Offline) 방식도 활용되고 있다. 이 경우 고객들은 온라인에서 제품을 탐색하고 비교한 뒤, 오프라인 매장을 방문하여 실제 제품을 체험하고 구매를 결정할 수 있다. 이를 통해 고객은 온라인과 오프라인의 장점을 모두 활용할 수 있다. 예를 들어, 의류 소매업체는 모바일 앱을 사용하여 고객에게 개인화된 제안 및 프로모션을 전송하는 동시에 온라인 또는 오프라인 매장에서 쇼핑할 수 있는 옵션을 제공할 수 있다.

이처럼 기업들은 채널 간 경계를 허물고 고객 경험을 최적화하기 위해 다양한 노력을 기울이고 있다. 이는 단순히 고객 만족도 향상에 그치지 않고, 매출 증대로까지 이어질 수 있는 중요한 전략이 되고 있다. 특히 코로나19 팬데믹 이후 비대면 구매에 대한 수요가 급증하면서, 이러한 옴니채널 전략의 중요성은 더욱 부각되고 있다. 소비자들은 안전하고 편리한 쇼핑 경험을 원하게 되었고, 기업들은 이에 부응하기 위해 온라인과 오프라인의 경계를 허물고 있다. 향후에는 증강현실(AR), 가상현실(VR) 등 첨단 기술을 활용하여 온라인과 오프라인의 경계를 더욱 좁히고, 고객 경험을 혁신적으로 개선할 수 있을 것으로 기대된다. 이를 통해 소매업체들은 시장에서의 경쟁력을 강화하고 지속적으로 성장할 수 있을 것이다. 또한 개인화된 맞춤 서비스, 데이터 분석을 통한 고객 이해도 제고, 지속가능한 공급망 구축 등 다양한 분야에서 혁신이 이루어지고 있다. 이는 소매업계에 새로운 전환점이 될 것으로 예상되며, 앞으로 더욱 발전할 것으로 기대된다.

(2) 고객여정 기반 옴니채널 전략

오늘날 고객들은 구매 결정을 위해 다양한 채널을 활용하며, 이를 효과적으로 활용하기 위해서는 고객여정에 대한 깊이 있는 이해가 필요하다. **고객여정 기반 옴니채널영업 전략**은 이러한 고객 행동 변화에 대응하기 위한 전략이다. 이 전략은 고객의 구매 여정을 세부적으로 분석하여, 각 단계에 최적화된 채널 전략을 수립한다. 먼저 인식 단계에서는 온라인 채널을 활용하여 제품이나 서비스에 대한 정보를 제공하고 고객의 관심을 유도한다. 이를 통해 고객들은 새로운 제품이나 서비스를 처음 접하게 되며, 이후 구매로 이어질 수 있다. 고려 단계에서는 제품 상세 정보, 실제 이용자 리뷰, 전문가 의견 등 다양한 정보를 제공하여 고객들이 구매 결정을 내릴 수 있도록 지원한다. 이를 통해 고객들은 합리적이고 정보에 기반한 선택을 할 수 있게 된다. 구매 단계에서는 편리한 결제 및 배송 서비스를 제공하여 고객 경험을 개선한다. 결제와 배송이 신속하고 편리하다면 고객 만족도가 크게 높아질 것이다. 마지막으로 구매 후 단계에서는 A/S 지원, 고객 상담, 추가 구매 기회 제공 등을 통해 고객 만족도를 높이고 지속적인 관계를 구축한다. 이를 통해 기업은 고객과의 장기적인 관계를 유지할 수 있으며, 추후 재구매나 추천으로 이어질 수 있다.

이처럼 고객여정 전반에 걸쳐 최적화된 채널 전략을 수립하고 실행함으로써, 기업은 고객의 니즈와 기대를 효과적으로 충족시킬 수 있다. 이는 결과적으로 고객 만족도 향상, 브랜드 충성도 제고, 그리고 지속가능한 성장으로 이어질 것이다.

이와 같이 고객여정 기반 옴니채널영업 전략은 고객의 구매 행동을 종합적으로 이해하고 각 단계에 최적화된 채널 전략을 수립하여 고객 경험을 개선하는 것이 핵심이다. 이를 통해 기업은 고객과의 관계를 강화하고 지속적인 성장을 이룰 수 있다.

(3) 고객 세분화 기반 옴니채널 전략

오늘날 기업들은 고객 중심적인 접근 방식을 취하고 있으며, 이를 위해 고객들을 효과적으로 세분화하고 각 고객 세분화 집단에 맞는 맞춤형 마케팅 전략을 수립하는 것이 중요하다.

먼저, 기업은 고객의 인구통계학적 특성, 구매 행동, 선호도, 생애 가치 등을 종합적으로 분석하여 고객을 세분화한다. 이를 통해 고객의 다양한 니즈와 특성을 보다 깊이 있게 파악할 수 있다. 고객 세분화 과정에서는 고객 데이터 수집과 분석이 핵심적인 역할을 한다. 기업은 온라인과 오프라인에서 다양한 채널을 통해 고객 데이터를 수집하고, 이를 체계적으로 정리하고 분석하여 세분화 기준을 설정한다. 예를 들어, 연령, 성별, 지역, 구매 금액, 구매 빈도, 선호 제품 등 다양한 기준을 활용하여 고객을 세분화할 수 있다. 그 다음으로는 각 세분화된 고객 집단별로 최적화된 옴니채널영업 전략을 수립한다. 즉, 온라인, 오프라인, 모바일 등 다양한 채널을 통해 고객에게 일관되고 통합적인 경험을 제공하는 것이다. 이를 통해 고객 만족도를 높이고 장기적인 고객관계를 구축할 수 있다.

옴니채널 전략에는 각 채널의 특성을 이해하고 고객의 채널 선호도를 파악하는 것이 중요하다. 또한 채널 간 데이터와 정보를 공유하여 고객에게 일관된 경험을 제공하는 것이 필요하다. 데이터 분석 측면에서도, 기업은 고객 구매 패턴, 선호 브랜드, 채널 활용도 등 다양한 고객 데이터를 수집하고 분석하여 보다 심도 있는 고객 이해와 통찰을 얻을 수 있다. 이렇게 확보된 데이터 기반의 고객 정보는 효과적인 세분화와 맞춤형 마케팅 전략 수립의 핵심 자원이 된다. 기업은 이를 활용하여 각 고객 세분화 집단의 니즈와 행동 패턴을 깊이 있게 파악하고, 이에 맞는 개별화된 제품, 서비스, 프로모션 등을 제공할 수 있다.

이처럼 고객 세분화와 옴니채널 전략, 데이터 분석이 유기적으로 연결되어 고객 중심적인 영업 전략을 수립할 수 있다. 이를 통해 기업은 고객의 다양한 요구사항을 충족시키고, 고객 만족도와 충성도를 높이며, 장기적인 관점에서 지속가능한 성장을 이룰 수 있다. 옴니채널 전략은 쇼핑 경험의 마찰을 줄이는 데 도움이 될 수 있다. 예를 들어, 고객이 온라인에서 제품을 구매하려고 할 때 웹사이트 탐색이 어렵거나 결제 프로세스가 혼란스러운 등의 장애물에 직면할 수 있다. 매장 픽업이나 모바일 주문과 같은 다양한 구매 채널을 제공함으로써 브랜드는 이러한 장벽을 제거하고 고객이 보다 쉽게 거래를 완료할 수 있도록 지원할 수 있다.

옴니채널 전략은 오늘날의 시장에서 경쟁력을 유지하고자 하는 브랜드에게 필수적이다. 여러 채널에서 원활하고 개인화된 쇼핑 경험을 제공함으로써 브랜드는 고객과 더욱 강력한 관계를 구축하고 충성도와 유지율을 높이며 궁극적으로 성장과 수익성을 높일 수 있다. 운영 방식 측면에서 옴니채널 전략은 다양한 채널과 시스템 간의 높은 수준의 조정과 통합을 필요로 한다. 여기에는 고객 데이터 및 분석을 사용하여 쇼핑 경험을 개인화하고 챗봇 및 가상 비서와 같은 기술을 구현하여 연중무휴 고객 지원을 제공하는 것이 수반된다. 원활한 옴니채널 경험을 제공하기 위해 리테일러는 오프라인 매장, e-커머스 웹사이트, 모바일 앱, 소셜미디어 플랫폼을 포함한 모든 채널이 통합되고 연결되어 있는지 확인해야 한다. 즉, 고객이 쇼핑 여정을 중단하지 않고 채널과 디바이스 간에 쉽게 전환할 수 있어야 한다. 예를 들어, 고객이 Instagram에서 제품을 발견하고 리테일러의 웹사이트에서 제품을 조사한 다음 매장에서 구매할 수 있다.

또한 고객 데이터와 분석의 활용은 개인화된 쇼핑 경험을 제공하는 데 매우 중요하다. 리테일러는 고객 선호도, 구매 내역 및 행동에 대한 데이터를 활용하여 맞춤형 제품 및 프로모션을 제공할 수 있다. 예를 들어, 러닝화를 자주 구매하는 고객에게는 신상품 추천이나 관련 제품 프로모션을 개인화하여 제공할 수 있다. 옴니채널 전략의 또 다른 핵심 요소는 챗봇과 가상 비서와 같은 기술을 통해 연중무휴 24시간 고객 지원을 제공하는 것이다. 이러한 도구를 통해 고객은 사람이 직접 대면하지 않고도 언제든지 지원을 받고 문제를 해결할 수 있다. 챗봇은 고객이 웹사이트를 탐색하고 자주 묻는 질문에 답하고 주문을 처리하는 데 도움을 줄 수 있으며, 가상 비서는 개인화된 추천과 조언을 제공할 수 있다. 기업의 옴니채널 전략은 리테일러가 경쟁력을 유지하고 진화하는 고객의 요구를 충족하는 데 필수적이다. 다양한 채널과 시스템을 통합하고 쇼핑 경험을 개인화하며 연중무휴 고객 지원을 제공함으로써 리테일러는 고객을 위한 원활하고 편리한 쇼핑 여정을 만들 수 있다.

2. 옴니채널 구축

오늘날의 소비자들은 정보를 수집하고 구매할 수 있는 수많은 채널에 접근할 수 있다. 온라인, 오프라인, 모바일 등 소비자들은 원하는 정보와 서비스를 얻기 위해 여러 채널을 자유롭게 이용할 수 있다. 이로 인해 소비자는 어떤 채널을 사용하든 필요한 정보와 서비스에 쉽게 액세스할 수 있기를 기대하는 추세가 생겼다. 이러한 소비자의 요구를 충족하기 위해 기업은 모든 채널에서 일관된 경험을 제공하는 옴니채널 전략을 구현해야 한다. 즉, 소비자는 온라인 쇼핑을 하든 오프라인 매장에서 쇼핑을 하든 동일한 수준의 서비스를 받고 정보에 액세스할 수 있어야 한다. 기업은 모든 채널에서 고객에게 원활한 경험을 제공할 수 있도록 직원들이 적절한 교육을 받도록 해야 한다. 성공적인 옴니채널 전략을 구현하려면 기업은 먼저 고객의 요구와 선호도를 이해해야 하며 모든 채널에서 일관된 경험을 제공하기 위해 필요한 기술과 인프라를 갖추고 있어야 한다. 이를 위해서는 시간과 리소스 측면에서 상당한 투자가 필요하다.

2.1 옴니채널 구축의 고려사항

옴니채널은 일관되고 원활한 경험을 제공하기 위해 모든 고객 접점을 통합하는 판매 및 마케팅 전략이다. 이 전략은 온라인과 오프라인 채널을 결합하여 고객이 사용하는 채널에 관계없이 동일한 브랜드 경험을 할 수 있도록 해야 한다. 옴니채널 구현은 단순히 여러 채널을 사용하는 것이 아니다. 성공적인 옴니채널 개설은 고객 데이터를 통합하고, 모든 채널에서 일관된 메시지를 전달하며, 고객여정을 우선적으로 지원하는 데 중점을 두어야 한다.

옴니채널을 효과적으로 구현하려면 기업은 고객에 대한 깊은 이해가 있어야 한다. 여기에는 모든 채널에서 고객의 행동, 선호도, 구매 습관에 대한 데이터를 수집하는 것이 포함된다. 이러한 데이터를 통합함으로써 기업은 고객을 360도로 파악하고 고객의 요구와 기대에 부합하는 개인화된 경험을 제공할 수 있다. 일관된 메시징 또한 효과적인 옴니채널 구축의 핵심이다. 고객이 모든 채널에서 동일한 메시지를 수신하도록 함으로써 기업은 신뢰를 구축하고 브랜드를 강화할 수 있다. 이러한 메시지는 각 채널에 맞게 맞춤화되어야 하지만 어조와 메시지의 일관성도 유지되어야 한다. 기업은 고객여정에 대한 지원을 우선시해야 한다. 이는 고객 서비스 및 지원을 포함한 모든 접점에서 원활한 경험을 제공하는 것을 의미한다. 고객여정에 대한 지원을 우선시함으로써 기업은 충성도를 높이고 고객과 장기적인 관계를 구축할 수 있다.

(1) 채널통합

채널통합은 고객 경험 향상을 위한 핵심적인 요소이다. 고객들은 다양한 채널을 통해 기업과 상호작용하며, 각 채널에서 일관된 브랜드 경험을 요구하고 있다. 기업은 이에 부응하기 위해 웹사이트, 모바일 앱, SNS, 오프라인 매장 등 고객 접점 채널을 하나의 통합 플랫폼으로 연결하고 연동해야 한다. 이를 통해 고객들은 채널 간 경계 없이 자유롭게 오가며 개인화된 서비스를 경험할 수 있다. 예를 들어, 고객이 온라인에서 제품을 검색하고 장바구니에 담아 놓다가 오프라인 매장을 방문하면, 매장 직원이 해당 제품 정보와 주문 내역을 확인할 수 있다. 또한 고객은 온라인에서 주문한 제품을 매장에서 직접 수령하거나, 매장에서 구매한 제품을 온라인으로 배송받는 등 다양한 채널 연계 서비스를 이용할 수 있다. 채널통합은 고객에게 편리하고 개인화된 경험을 제공할 뿐만 아니라, 기업에게도 많은 혜택을 가져다준다. 기업은 고객 데이터를 통합 관리하여 고객에 대한 이해도를 높이고, 이를 바탕으로 더욱 효과적인 맞춤형 마케팅 활동을 펼칠 수 있다. 이는 곧 고객 충성도 제고, 매출 증대 등의 긍정적인 성과로 이어질 것이다.

따라서 채널통합은 고객과 기업 모두에게 상생(win-win) 전략이 될 수 있으며, 기업은 이를 통해 새로운 성장 기회를 모색할 수 있다. 다만 이를 성공적으로 구현하기 위해서는 전략적 접근과 체계적인 실행이 필요할 것이다.

(2) 고객 인식 통합

고객 인식 통합은 기업이 각 고객을 개별적으로 파악하고, 모든 접점에서 일관된 고객 정보를 활용하여 맞춤형 고객 경험을 제공하는 것을 의미한다. 이를 통해 고객은 온라인, 오프라인, 모바일 등 다양한 채널을 이용하더라도 고객 개인에 특화된 일관된 서비스를 경험할 수 있다. 고객 인식 통합의 핵심 목적은 고객에게 개인화되고 연속성 있는 경험을 제공하는 것이다. 기업은 고객의 구매 이력, 선호도, 행동 패턴 등 다양한 정보를 통합적으로 관리하여, 고객 개인에 최적화된 상품 및 서비스를 제공할 수 있다. 이를 통해 고객 만족도와 충성도를 향상시킬 수 있다. 현재 고객 관리에 있어서 고객 인식 통합은 매우 중요한 요소이다. 이를 실현하기 위해서는 다음과 같은 여러 가지 노력이 필요하다.

첫째, 실시간 고객 데이터 수집 및 분석 기술이 핵심이다. 온라인과 오프라인에서 발생하는 고객 데이터를 통합적으로 수집하고, 이를 심층적으로 분석하여 고객의 전체적인 행동 패턴과 선호도를 이해해야 한다. 이를 위해서는 첨단 데이터 플랫폼과 고객행동 분석솔루션의 도입이 필수적이다.

둘째, 고객여정 전반에 걸쳐 고객 정보를 연결하고 통합하는 노력이 요구된다. 고객이 기업과 접점을 갖는 모든 채널과 터치포인트에서 발생하는 데이터를 종합적으로 분석하여, 고객의 전체 구매 여정을 이해하고 맞춤형 서비스를 제공해야 한다. 이를 통해 고객 만족도를 높이고 충성도를 강화할 수 있다.

셋째, 기업의 조직, 프로세스, 기술이 유기적으로 연계되어야 한다. 부서 간 협업과 정보 공유가 원활히 이루어져야 하며, 전사적인 차원에서 고객지향적 사고와 문화가 정착되어야 한다. 이를 위해서는 전략적 의사결정권자의 리더십과 전 직원의 적극적인 참여가 필요하다.

결국 고객 인식 통합을 실현하기 위해서는 데이터 기반의 첨단 기술 활용, 고객 중심의 프로세스 혁신, 그리고 기업 문화의 변화가 종합적으로 이루어져야 한다. 이를 통해 기업은 고객의 니즈와 행동을 보다 정확히 파악하고, 차별화된 고객 경험을 제공할 수 있을 것이다.

(3) 개인화

옴니채널 전략의 성공을 위해서는 개인화가 매우 중요한 핵심 요소로 자리잡고 있다. 고객에 대한 심도 있는 데이터 분석을 통해 고객의 행동 패턴, 선호도, 구매 이력 등을 면밀히 파악하는 것이 필수적이다. 이를 바탕으로 고객 개개인의 니즈와 특성에 최적화된 제품, 콘텐츠, 서비스를 제공할 수 있다. 예를 들어, 개인화된 추천 시스템을 통해 고객의 관심사와 구매 이력에 기반한 맞춤형 제품 제안이 가능하다. 또한 채널별 고객 선호도 분석을 통해 일관된 경험을 제공할 수 있다. 나아가 구매 단계별 고객 니즈를 파악하여 적절한 시기에 최적화된 프로모션을 선보일 수 있다.

이러한 개인화 전략은 고객과의 긍정적인 관계 형성에 기여하며, 고객의 만족도와 충성도를 높일 수 있다. 결과적으로 기업은 고객 중심의 옴니채널 경험을 제공함으로써 지속가능한 성장을 이루어낼 수 있다. 나아가 개인화 전략은 단순히 제품과 서비스 제공에 그치지 않고, 고객여정 전반에 걸쳐 맞춤화된 경험을 제공하는 것이 핵심이다. 예를 들어, 고객의 구매 행동을 분석하여 최적의 타이밍에 개인화된 프로모션을 제공하거나, 고객의 니즈와 취향에 맞는 콘텐츠를 제안하는 등 다양한 방식으로 개인화를 실현할 수 있다.

이처럼 개인화는 옴니채널 전략의 핵심 요소로, 기업이 고객 중심의 경험을 제공하고 지속가능한 성장을 달성하는 데 있어 필수적인 전략이 되고 있다. 기업은 이를 위해 지속적인 데이터 분석과 혁신적인 기술 투자를 통해 고객의 니즈와 선호도를 면밀히 파악하고, 이를 바탕으로 개인화된 경험을 제공해야 할 것이다.

(4) 조직 간 협업

기업이 성공적인 옴니채널 구축은 부서 간 긴밀한 협업이 필수적이다. 마케팅,

영업, 고객 서비스 등 관련 부서들은 정보와 데이터를 원활히 공유하고, 업무 프로세스를 연계해야 한다. 이를 통해 고객 경험의 일관성과 효율성을 높일 수 있다. 예를 들어, 마케팅 부서는 고객 세그먼트, 선호 채널, 구매 패턴 등의 데이터를 제공하고, 영업 부서는 고객 요구사항과 구매 과정을 공유한다. 고객 서비스 부서는 고객 불만 사항과 문의를 전달한다. 이를 토대로 다양한 채널에서 고객의 니즈를 충족시킬 수 있는 통합적인 옴니채널 전략을 수립할 수 있다.

부서 간 긴밀한 협업과 정보 공유를 통해 고객 경험을 개선하고, 전사적 차원에서 일관된 브랜드 및 고객 관리체계를 구축할 수 있다. 이를 바탕으로 기업은 시장 변화에 신속히 대응하고, 고객 만족도를 제고할 수 있는 경쟁력을 확보할 수 있다. 나아가 이러한 협업 체계는 기업 내부의 업무 효율성을 높이고, 부서 간 시너지 효과를 창출할 수 있다. 또한 고객 데이터를 통합적으로 관리하여 맞춤형 서비스를 제공할 수 있으며, 이는 고객 충성도 향상으로 이어질 수 있다. 결국 부서 간 협력은 기업의 전반적인 경쟁력 강화에 기여할 것이다.

2.2 옴니채널의 성공적 구축

오늘날 소비자들의 구매 행태가 크게 변화하면서, 기업들은 다양한 채널을 통합적으로 운영하는 옴니채널 전략을 적극적으로 도입하고 있다. 과거에는 주로 오프라인 매장에서 제품을 구매했지만, 온라인 쇼핑의 확산으로 소비자들은 웹사이트, 모바일 앱, 소셜미디어 등 다양한 경로를 통해 제품과 정보를 탐색하고 구매하게 되었다. 이에 따라 기업들은 오프라인 매장, 온라인 쇼핑몰, 모바일 앱 등 고객이 접할 수 있는 모든 채널을 유기적으로 연계하여 통합적인 쇼핑 경험을 제공함으로써 고객 만족도를 높이고 있다. 옴니채널 전략의 성공적인 구축은 고객 데이터 통합, 채널 간 재고 및 주문 관리, 마케팅 활동 통합 등 다양한 영역에서의 노력이 필요하다. 기업이 옴니채널 전략을 효과적으로 실행한다면, 고객의 편의성 제고, 매출 증대, 브랜드 인지도 향상 등의 긍정적인 성과를 거둘 수 있다. 또한 빠르게 변화하는 소비자 트렌드에 민첩하게 대응할 수 있게 되어 기업의 장기적인 경쟁력 확보에도 기여할 것으로 기대된다.

(1) 옴니채널 구축 전략수립

옴니채널 구축을 성공적으로 수립하기 위해서는 철저한 계획 수립 과정을 거쳐야 한다. 이 과정에는 구체적인 목표 설정, 고객 행동 및 선호도 분석, 경쟁사의 옴니채널 전략 조사, 원하는 전략을 지원하는 기술 플랫폼 선택 등이 포함된다. 효과적인 옴니채널 구축을 수립하기 위한 첫 번째 단계는 명확한 목표를 설정하는 것이다. 이러한 목표에는 매출 증대, 고객 만족도 향상, 브랜드 인지도 제고 등이 포함될 수 있다. 이러한 목표가 설정되면 다음 단계는 타깃 고객에 대한 철저한 분석을 수행하는 것이다. 타깃 고객의 특성, 행동, 선호 채널을 이해함으로써 기업은 옴니채널 접근 방식을 맞춤화하여 고객의 요구를 더 잘 충족시킬 수 있다. 타깃 고객을 분석하는 것 외에도 경쟁사의 옴니채널 전략을 조사하는 것도 중요하다. 업계의 다른 기업들이 무엇을 하고 있는지 이해함으로써 기업은 차별화할 수 있는 영역을 파악하고 경쟁우위를 확보할 수 있다.

옴니채널 전략의 성공을 위해서는 올바른 기술 플랫폼을 선택하는 것이 중요하다. 선택한 플랫폼은 원하는 전략을 지원할 수 있어야 하며, 사용하기 쉽고 기존 시스템과 통합이 용이해야 한다. 올바른 기술 플랫폼을 신중하게 선택함으로써 기업은 옴니채널 구축이 잘 지원되고 효과적으로 실행될 수 있도록 보장할 수 있다. 효과적인 옴니채널 전략을 수립하려면 신중한 계획과 분석이 필요하다. 명확한 목표를 설정하고, 타깃 고객과 경쟁업체를 분석하고, 적합한 기술 플랫폼을 선택함으로써 기업은 고객의 요구를 충족하고 성장과 성공을 이끄는 전략을 수립할 수 있다.

(2) 채널통합

채널통합은 다양한 커뮤니케이션 채널을 한데 모아 고객에게 원활한 경험을 제공하고 전반적인 비즈니스 효율성을 향상시키는 프로세스이다. 오늘날의 디지털 시대에는 웹사이트, 모바일 애플리케이션, 소셜미디어, 이메일 마케팅과 같은 온라인 채널이 고객 참여와 판매 촉진에 있어 점점 더 중요해지고 있다. 따라서 일관된 브랜드 메시지와 이용자 경험을 보장하려면 이러한 채널을 통합하는 것이 중요하다. 그러나 오프라인 매장이나 고객 서비스 센터와 같은 오프라인 채널을 전체 전략에 통합하는 것도 그에 못지않게 중요하다. 이러한 채널은 대면 상호작용을 선호하거나 온라인에서 해결할 수 없는 문제가 있는 고객에게 소중한 접점을 제공한다. 이러한 채널을 통합함으로써 기업은 고객에게 총체적인 경험을 제공하고 전반적인 고객 만족도를 향상시킬 수 있다.

또한 데이터 통합은 채널통합의 핵심 요소이다. 고객 데이터를 단일 데이터베이스로 중앙집중화함으로써 기업은 고객에 대한 360도 뷰를 확보하고 모든 채널에서 고객과의 상호 작용을 개인화할 수 있다. 이를 통해 고객 경험을 개선할 뿐만 아니라 데이터에 기반한 의사결정을 내리고 마케팅 전략을 최적화할 수 있다. 온라인과 오프라인 채널을 통합하고 고객 데이터를 통합함으로써 기업은 고객에게 원활한 경험을 제공하고 전반적인 효율성과 수익성을 개선할 수 있다.

(3) 고객여정 관리

고객여정 관리는 성공적인 비즈니스의 필수 요소이다. 여기에는 고객의 여정을 매핑하여 고객이 다양한 채널에서 브랜드와 상호 작용하는 방식을 이해하는 것이 포함된다. 이 프로세스를 통해 기업은 고객여정의 각 단계에서 고객에게 개인화된 경험을 제공하여 고객 만족도와 충성도를 높일 수 있다. 고객여정을 효과적으로 관리하기 위한 첫 번째 단계는 고객과 브랜드의 상호작용을 파악하는 것이다. 여기에는 소셜미디어, 이메일, 웹사이트, 매장, 모바일 등 고객이 브랜드와 상호 작용하는 채널과 접점을 파악하는 것이 포함된다. 고객여정이 매핑되면 다음 단계는 각 단계에서 맞춤형 경험을 제공하는 것이다. 여기에는 고객의 요구와 선호도에 맞게 고객 경험을 맞춤화하고, 관련 콘텐츠와 혜택을 제공하며, 한 접점에서 다른 접점으로 원활하게 전환할 수 있도록 하는 것이 포함된다. 고객 경험을 지속적으로 개선하려면 고객 피드백을 수집하고 통합하는 것이 중요하다. 이러한 피드백은 설문조사, 소셜미디어, 고객 지원팀과의 상호작용 등 다양한 채널을 통해 얻을 수 있다. 기업은 고객의 피드백을 경청하고 이에 따라 조치를 취함으로써 개선이 필요한 부분을 파악하고 고객여정을 개선하는 데 필요한 변화를 일으킬 수 있다. 고객여정을 매핑하고, 개인화된 경험을 제공하고, 고객 피드백을 통합함으로써 기업은 고객 만족도와 충성도를 높이고 궁극적으로 매출을 증대시킬 수 있다.

(4) 기술 및 인프라 구축

고객 경험을 향상시키고 마케팅 효과를 극대화하기 위해서는 다양한 온라인 및 오프라인 채널을 통합하고 고객 데이터를 체계적으로 수집, 관리, 분석할 수 있는 기술적 인프라를 구축하는 것이 중요하다. 이를 위해서는 최신 디지털 기술을 적극 활용해야 한다. 고객관계관리(CRM) 시스템을 통해 고객의 구매 이력, 선호도, 반응 등을 종합적으로 파악할 수 있다. 마케팅 자동화 솔루션을 활용하면 타깃 고객에게 맞춤형 콘텐츠와 프로모션을 자동으로 전달할 수 있다. 빅데이터 분석 기술을 적용하면 고객 행동 패턴을 심층적으로 이해하고 예측 분석을 할 수 있어 더욱 효과적인 마케팅 전략을 수립할 수 있다.

또한 고객 데이터를 통합적으로 관리하면 개인화된 서비스와 경험을 제공할 수 있다. 고객에게 맞춤화된 콘텐츠와 프로모션을 제공함으로써 고객 만족도를 높이고 충성도를 강화할 수 있다. 이처럼 기술적 인프라 구축은 고객 중심의 서비스를 제공하고 영업 효과를 극대화하는 데 필수적이다. 기업은 디지털 기술에 대한 지속적인 투자와 데이터 활용 역량 강화를 통해 변화하는 고객 요구에 능동적으로 대응해 나가야 할 것이다.

특히 포스트 코로나 시대에는 온라인 채널의 활용이 더욱 중요해지고 있으므로, 이에 발맞춰 디지털 혁신에 힘써야 한다. 데이터 기반의 고객 중심 전략을 수립하고 이를 실현할 수 있는 기술적 인프라를 구축하는 것이 기업 생존과 성장을 위한 핵심 과제라고 할 수 있다.

(5) 직원 교육 및 훈련

직원들에게 옴니채널 전략을 성공적으로 실행하는 데 필요한 지식과 기술을 제공하는 것이 중요하다. 따라서 기업은 직원들에게 포괄적인 옴니채널 개념 및 전략 교육 프로그램을 제공해야 한다. 이 프로그램은 직원들이 옴니채널 개념을 이해하고 효과적인 옴니채널 전략을 실행할 수 있는 도구를 갖추도록 하는 것을 목표로 한다. 옴니채널 교육 외에도 고객과 효과적으로 소통하기 위한 다양한 채널 활용에 대한 교육도 제공한다. 이 교육에는 소셜미디어, 이메일, 전화, 채팅 사용법이 포함되어 있어 직원들이 각 채널을 최대한 활용하는 방법을 이해할 수 있도록 한다. 직원들의 고객 서비스 능력을 더욱 향상시키기 위해 고객 중심 마인드 함양에 중점을 두어야 한다. 교육 프로그램에서는 모든 상호작용에서 고객의 요구와 선호도를 고려하는 것이 중요하다는 점을 강조한다. 이러한 접근 방식은 직원들이 최고 수준의 서비스를 제공하고 탁월한 고객 경험을 제공할 수 있도록 보장한다. 직원들에게 필요한 기술과 지식을 제공함으로써 모든 채널에서 탁월한 고객 경험을 제공할 수 있는 역량을 갖추도록 지원할 수 있다.

3. 옴니채널의 운영관리

옴니채널 운영관리는 기업이 고객과의 접점을 다양한 채널로 유기적으로 연결하여 일관된 고객 경험을 제공하는 것을 의미한다. 이는 단순히 온라인과 오프라인 채널을 병렬적으로 운영하는 것이 아니라, 채널 간 유기적 연계를 통해 고객에게 차별화된 경험을 선사하는 것을 목적으로 한다. 효과적인 옴니채널 운영을 위해서는 각 채널의 특성을 이해하고, 이를 효과적으로 활용할 수 있는 전략이 필요하다.

온라인 채널에서는 웹사이트, 모바일 앱, 소셜미디어 등을 통해 고객과의 상호작용을 강화하고, 편리한 구매 경험을 제공해야 한다. 오프라인 채널에서는 매장, 콜센터, 카탈로그 등을 활용하여 고객관계를 구축하고, 제품과 서비스에 대한 직접적인 체험 기회를 제공할 수 있다.

이러한 다양한 채널을 유기적으로 연계하여 고객의 구매 여정 전반에 걸쳐 일관된 경험을 제공해야 한다. 온라인에서 제품을 검색하고 비교한 고객이 오프라인 매장에 방문하여 직접 제품을 체험한 후, 온라인으로 주문을 완료하는 경험을 제공할 수 있다. 이를 통해 고객은 채널 간 경계를 느끼지 않고, 기업은 고객에 대한 이해도를 높일 수 있다. 옴니채널 운영관리의 핵심은 고객의 편의성과 만족도를 높이는 것이다. 이를 위해 기업은 고객 데이터 분석, 채널 간 연계 기술 도입, 임직원 역량 강화 등 다각도의 노력이 필요하다. 또한 지속적인 모니터링과 개선을 통해 고객 니즈에 민첩하게 대응할 수 있어야 한다.

3.1 프로세스 및 표준운영절차

모든 채널에서 일관된 프로세스와 표준운영절차(Standard Operating Procedure, SOP)를 수립하는 것은 모든 비즈니스의 성공을 위해 중요하다. 이를 통해 기업은 고객에게 일관된 경험을 제공하는 동시에 운영 효율성을 높일 수 있다. 따라서 이러한 프로세스와 SOP를 정기적으로 검토하고 개선하는 것이 필수적이다.

(1) 표준화된 프로세스

옴니채널 환경에서 표준화된 프로세스의 중요성은 더욱 부각되고 있다. 고객은 온라인, 오프라인, 모바일 등 다양한 채널을 통해 기업과 상호작용하는데, 이러한 채널 간의 경계가 허물어지면서 일관된 고객 경험 제공이 핵심적인 과제로 대두되고 있다. 표준화된 프로세스를 통해 기업은 고객의 요구사항을 일관되게 충족시킬 수 있다. 예를 들어, 온라인 주문 시 배송 정보 입력 절차를 오프라인 매장에서도 동일하게 적용하면 고객이 익숙한 방식으로 서비스를 이용할 수 있다. 표준화된 프로세스는 고객 경험의 일관성을 보장함으로써 고객 신뢰와 충성도 구축에 도움이 된다. 고객은 일관된 서비스를 경험하면서 기업에 대한 신뢰를 형성하게 되고, 이를 바탕으로 반복적인 구매와 긍정적인 구전효과를 창출하게 된다.

또한 표준화된 프로세스는 오류와 실수의 가능성을 낮추어 기업의 비용 절감과 브랜드 이미지 보호에 기여한다. 일관된 업무 수행을 통해 고객 불만 사항 감소, 법적/규제 요구사항 준수, 효율적인 리소스 관리 등이 가능해지며, 이는 결국 기업의 전반적인 운영 효율성 향상으로 이어진다. 이처럼 옴니채널 환경에서 표준화된 프로세스는 고객 경험 제고, 기업 운영 효율화, 브랜드 가치 제고 등 다양한 측면에서 중요한 역할을 하고 있다. 기업은 표준화된 프로세스를 통해 고객 중심의 옴니채널 전략을 수립하고, 지속가능한 경쟁력을 확보해 나가야 할 것이다.

(2) 표준운영절차(Standard Operating Procedure, SOP)

옴니채널 전략을 성공적으로 운영하기 위해서는 체계적이고 표준화된 운영 절차가 중요하다. 옴니채널 표준운영절차(SOP)는 기업이 온라인과 오프라인에서 통일된 고객 경험을 제공하는 데 핵심적인 역할을 한다. SOP를 통해 기업은 각 채널에서 상황에 맞는 적절한 대응을 할 수 있도록 직원들을 체계적으로 교육할 수 있다. 직원들은 SOP에 따라 자신의 역할과 책임을 명확히 인지하고 일관된 서비스를 제공할 수 있다. 이는 고객 만족도 향상과 업무 오류 감소로 이어져 전반적인 업무 효율성 제고에 도움이 된다.

또한 SOP는 채널 간 데이터와 정보를 통합 관리할 수 있는 기반을 마련한다. 이를 통해 각 채널의 운영 현황을 종합적으로 모니터링하고 분석할 수 있어, 지속적인 프로세스 개선과 최적화가 가능해진다. 결과적으로 기업은 보다 일관되고 효과적인 옴니채널 전략을 수립할 수 있게 된다. 이처럼 옴니채널 SOP는 기업이 일관된 고객 경험을 제공하고, 채널 간 데이터와 정보를 통합 관리하여 지속적인 개선과 최적화를 가능하게 한다. 이를 통해 기업은 비즈니스 전반의 효율성을 높이고, 고객 만족도를 향상시킬 수 있다.

특히 최근 코로나19 팬데믹 이후 온라인 채널의 중요성이 더욱 강조되면서, 옴니채널 SOP의 역할은 더욱 중요해지고 있다. 기업은 이를 통해 온라인과 오프라인을 아우르는 통합적인 고객 경험을 제공하고, 고객 행동 변화에 신속하게 대응할 수 있게 된다.

옴니채널영업 모델을 성공적으로 운영하기 위해서는 정기적인 프로세스 점검과 개선이 필수적이다. 급변하는 비즈니스 환경에 발맞추기 위해서는 기업이 운영 프로세스와 표준 절차(SOP)를 끊임없이 재검토하고 최적화해 나가야 한다. 프로세스 검토 과정에서 기업은 운영상의 문제점과 비효율적인 부분을 파악할 수 있다. 실제 고객 데이터와 피드백을 바탕으로 프로세스를 개선하고, 최신 기술 트렌드를 반영할 수 있다. 이를 통해 내부 역량과 자원을 더욱 효과적으로 활용하여 전반적인 운영 효율성을 제고할 수 있다. 지속적인 프로세스 개선은 장기적으로 기업의 경쟁력과 생산성 향상으로 이어질 수 있다. 고객 경험을 개선하고, 비용을 절감하며, 민첩성과 대응력을 향상시킬 수 있다. 이렇게 변화하는 시장 환경에 유연하고 효과적으로 대응할 수 있게 됨으로써 기업은 지속가능한 성장을 이루어낼 수 있다. 기업은 프로세스 개선 과정에서 새로운 기술 도입을 고려해볼 수 있다. 예를 들어, AI와 자동화 기술을 활용하여 반복적이고 시간 소모적인 업무를 효율화하거나, 데이터 분석 기술을 통해 고객 행동 패턴을 심층적으로 이해하고 예측할 수 있다. 이와 같은 기술 투자와 혁신은 기업이 지속가능한 경쟁우위를 확보하는 데 도움이 될 것이다. 또한 프로세스 개선 과정에서 직원 교육과 역량 강화에 힘써야 한다. 직원들이 새로운 프로세스와 기술을 효과적으로 활용할 수 있도록 지원하고, 변화에 능동적으로 대응할 수 있는 조직 문화를 구축해 나가는 것이 중요하다. 이를 통해 기업은 조직 전반의 생산성과 혁신 역량을 높일 수 있을 것이다.

3.2 옴니채널의 성공적인 운영

옴니채널 전략의 성공을 위해서는 고객 데이터 통합, 채널 간 일관성 확보, 고객 여정 전반에 걸친 최적화된 경험 제공 등 다각도의 노력이 필요하다. 이를 통해 고객에게 차별화된 가치를 제공하여 장기적인 성장을 이룰 수 있다.

(1) 데이터 통합

기업이 성공적으로 운영되기 위해서는 다양한 채널에서 고객과 소통하는 것이 중요하다. 온라인몰, 모바일 앱, 실물 매장 등 고객들과 상호작용할 수 있는 다양한 접점을 확보하고, 이를 효과적으로 운영하는 것이 필수적이다. 이에 각 채널에서 발생하는 고객 데이터를 통합적으로 관리하여야 한다. 고객의 구매 패턴, 선호도, 반응 등의 데이터를 하나의 통합 시스템에서 관리함으로써, 기업은 고객에 대한 360도 조망(view)을 확보할 수 있다. 이를 통해 고객의 니즈를 보다 정확하게 파악하고, 개인화된 서비스와 맞춤형 마케팅 전략을 수립할 수 있다.

또한 채널 간 데이터 공유와 분석을 통해 효과적인 옴니채널 전략을 수립할 수 있다. 고객은 기업과 다양한 채널을 통해 상호작용하며, 이 과정에서 발생하는 데이터를 종합적으로 활용하면 고객 경험을 향상시키고 기업의 경쟁력을 높일 수 있다. 예를 들어, 고객이 온라인몰에서 관심 제품을 보고 실물 매장을 방문하여 구매할 경우, 이 과정에서 발생하는 데이터를 연계하여 분석하면 고객여정 및 구매 행동을 보다 면밀히 이해할 수 있다. 이를 토대로 개별 고객의 특성에 맞는 맞춤형 마케팅 및 서비스를 제공할 수 있다. 이처럼 기업이 다양한 채널에서 발생하는 고객 데이터를 효과적으로 통합 관리하고 활용하는 것은 고객 경험 향상과 기업 경쟁력 제고를 위해 중요한 과제라고 할 수 있다.

이와 더불어 기업은 고객 데이터를 바탕으로 보다 적극적인 영업 전략을 수립할 수 있다. 고객의 구매 이력과 선호도 분석을 통해 개인화된 프로모션을 제공하거나, 고객의 반응과 피드백을 실시간으로 모니터링하여 신속하게 대응할 수 있다. 또한 고객의 이용 패턴과 행동 데이터를 활용하여 새로운 상품 및 서비스를 개발하는 등 고객 중심의 혁신을 이뤄낼 수 있다.

이와 같이 기업이 다양한 고객 데이터를 체계적으로 관리하고 활용하는 것은 고객 만족도 제고, 경쟁력 강화, 지속가능한 성장을 위한 핵심 요소라고 할 수 있다. 기업은 이러한 데이터 기반 전략을 통해 고객과의 유의미한 관계를 구축하고, 혁신적인 제품과 서비스를 제공함으로써 시장에서의 우위를 확보할 수 있을 것이다.

(2) 고객여정 지원

고객여정에 대한 포괄적인 지원을 제공하는 것이 중요하다. 즉, 고객이 필요한 정보에 쉽게 액세스하고, 문제가 발생했을 때 신속한 지원을 받으며, 전체 구매 과정에서 긍정적인 경험을 할 수 있도록 보장해야 한다. 고객 만족을 우선시함으로써 기업은 고객과 장기적인 관계를 구축하고 재구매 및 추천 가능성을 높일 수 있다. 전반적으로 성공적인 옴니채널 운영을 위해서는 고객 데이터 통합, 일관된 메시징, 고객여정에 대한 종합적인 지원을 우선시하는 총체적인 접근 방식이 필요하다. 이러한 운영전략을 구현함으로써 기업은 고객 경험을 개선하고 장기적인 성공을 위한 강력한 기반을 구축할 수 있다.

다양한 채널을 효과적으로 운영 및 관리하기 위해 온라인과 오프라인 채널을 모두 고려한 다각적인 접근 방식을 채택하여야 한다. 웹사이트, 모바일 앱, 소셜미디어 플랫폼, 이메일 마케팅 캠페인을 포함한 온라인 채널의 경우 최신 도구와 기술을 활용하여 고객에게 최상의 경험을 제공해야 한다. 여기에는 속도와 사용성을 위한 웹사이트 최적화부터 잠재고객의 공감을 이끌어내는 매력적인 소셜미디어 게시물 작성, 고객의 요구와 관심사에 직접적으로 부합하는 타깃 이메일 캠페인 제작에 이르기까지 모든 것이 포함된다. 마찬가지로 오프라인 매장, 고객 서비스 센터, 전화 마케팅 활동을 포함한 오프라인 채널의 경우 고객에게 원활하고 즐거운 경험을 제공하는 것을 우선시해야 한다. 여기에는 매장에서 맞춤형 추천과 지원을 제공하고, 전화나 이메일을 통해 고객 문의에 신속하고 유용한 답변을 제공하며, 고객 서비스 프로세스를 간소화하여 발생할 수 있는 모든 문제를 신속하고 효율적으로 해결할 수 있도록 하는 것이 포함될 수 있다. 모든 채널에서 고객에게 일관된 브랜드 경험을 제공하기 위해 동일한 디자인 요소, 메시지, 어조를 활용하여 고객이 신뢰할 수 있는 일관되고 인지할 수 있는 브랜드 아이덴티티를 구축해야 한다.

(3) 성과 측정관리

옴니채널 운영의 영향을 효과적으로 측정하려면 진행 상황을 추적하는 데 사용할 수 있는 핵심성과지표(KPI)를 설정하는 것이 중요하다. 이러한 KPI에는 매출 증가, 고객 만족도 향상, 브랜드 인지도 향상과 같은 지표가 포함될 수 있다. 이러한 벤치마크를 설정함으로써 기업은 옴니채널 전략의 영향을 더 잘 이해하고 향후 개선 사항에 대해 정보에 입각한 결정을 내릴 수 있다. 옴니채널 운영과 관련된 데이터를 수집하고 분석하기 위해서는 전문적인 도구와 기술이 필요할 수 있다. 여기에는 데이터 분석 소프트웨어, 고객관계관리(CRM) 플랫폼 또는 기타 전문 기술이 포함될 수 있다. 이러한 도구를 활용하여 기업은 고객 행동을 더 깊이 이해하고, 개선이 필요한 부분을 파악하며, 옴니채널 전략을 최적화하여 최대의 효과를 얻을 수 있다. 궁극적으로 데이터 분석을 통해 얻은 인사이트를 활용하여 시간이 지남에 따라 옴니채널 전략을 세분화하고 개선해야 한다. 여기에는 마케팅 캠페인을 조정하거나, 여러 채널에서 고객 경험을 최적화하거나, 새로운 기술을 활용하여 효율성과 효과를 개선하는 것이 포함될 수 있다. 옴니채널 전략을 지속적으로 모니터링하고 개선함으로써 기업은 경쟁에서 앞서 나가고 고객과 더욱 강력한 관계를 구축하며 장기적으로 지속가능한 성장을 추진할 수 있다.

3.3 고객 서비스 및 지원

모든 채널에서 일관된 고객 서비스를 제공할 수 있는 시스템을 구축하고 운영해야 한다. 고객의 문의에 신속하고 정확하게 응답하고 문제를 해결하는 것이 중요하며 고객 불만 사항을 최대한 세심하고 전문적으로 처리하여 고객 만족도를 높이기 위해 노력해야 한다. 고객과의 상호작용을 실시간으로 추적하고 모니터링할 수 있는 시스템을 통해 데이터에 액세스하여 고객의 요구와 선호도를 더 잘 이해할 수 있다. 고객의 요구를 예측하고 문제가 발생하기 전에 선제적으로 해결책을 제시하도록 해야 한다.

또한 설문조사 등을 통해 정기적으로 고객의 피드백을 수집하여 서비스를 지속적으로 개선해야 할 것이다. 탁월한 고객 서비스를 제공할 뿐만 아니라 고객에 대한 지속적인 지원도 제공한다. 구매 후 발생할 수 있는 기술적인 문제나 기타 우려 사항에 대해 해결해 주고 고객과 오래 지속되는 관계를 구축하는 것을 중요하게 생각하며 고객의 성공을 위한 신뢰할 수 있는 파트너가 되기 위해 노력해야 한다. 옴니채널 고객 서비스란 다양한 디바이스와 접점으로 구성된 원활한 통합 네트워크를 통해 고객에게 지원과 조언을 제공하는 것을 말한다. 강력한 옴니채널 고객 서비스를 제공하는 기업은 커뮤니케이션 채널에 관계없이 고객에게 일관되게 우수한 경험을 제공할 수 있다. 디지털채널과 새로운 커뮤니케이션 기술의 성장에 힘입어 기업은 고객 지원에 옴니채널 접근 방식을 채택할 수 있다. 이 과정에서 기업은 콜센터, 웹 채팅, SMS, 메시징, 이메일, 소셜미디어 등 다양한 채널을 통한 상호작용을 관리할 수 있다. 예를 들어, 트위터에서 시작된 고객 지원 대화는 문자 메시지로 원활하게 전환된 후 전화 통화로 끝날 수 있다. 이러한 모든 상호 작용은 연결된 환경에서 이루어지므로 고객은 각 채널과의 상호 작용을 중단하고 문제를 반복해서 설명할 필요가 없다. 오늘날 고객은 효율적인 매장 내 상호 작용, 채널 전반의 원활한 경험, 주문 및 픽업 가능 여부에 대한 빠른 알림 서비스를 기대한다. 우수한 고객 경험을 제공하는 것은 고품질 고객 서비스의 핵심 요소이다. 옴니채널 고객 서비스를 우선시하는 기업은 경쟁우위를 확보하고 경쟁사와 차별화할 수 있다. 다양한 채널에서 원활하고 통합된 경험을 제공함으로써 기업은 고객의 요구와 기대에 부합하는 개인화되고 편리한 경험을 고객에게 제공할 수 있다.

오늘날의 디지털 시대에 기업은 변화하는 고객의 요구와 선호도에 적응해야 한다. 기업이 고객 서비스를 향상하고 매출 성장을 개선하기 위해 취할 수 있는 한 가지 접근 방식은 옴니채널 접근 방식을 채택하는 것이다. 옴니채널 전략은 온라인과 오프라인 채널을 포함한 모든 채널에서 원활하고 통합된 고객 경험을 창출하여 고객에게 일관되고 개인화된 경험을 제공하는 것을 포함한다. 옴니채널 접근 방식을 채택함으로써 기업은 고객의 우선순위를 정하고 영업 프로세스를 혁신하여 전반적인 프로세스를 보다 원활하게 만들 수 있다. 고객은 더 많은 옵션과 셀프 서비스 구매 옵션을 이용할 수 있어 브랜드에 대한 만족도를 높일 수 있고 투명하고 연결된 디지털 환경을 제공함으로써 구매 장벽을 없애고 매출 성장률을 높일 수 있다.

고객 서비스 측면에서 고객은 모든 접점에서 일관된 브랜드 경험을 기대할 수 있다. 옴니채널 접근 방식은 고객 서비스 측면에서 비즈니스에 추가적인 이점을 제공할 수 있다.

오늘날 고객 서비스는 단순히 구매 과정의 모든 단계에서 고객을 응대하는 것 이상의 의미를 갖는다. 여기에는 고객의 니즈를 예측하는 것도 포함되며 기업은 커넥티드 디바이스와 구매자 데이터를 활용하여 고객의 요구를 충족하는 서비스를 개발할 수 있다. 고객의 니즈를 이해하고 만족시키면 고객 유지율이 향상될 뿐만 아니라 커넥티드 제품을 통해 새로운 가치를 창출할 수 있다.

고객의 요구를 충족하기 위해 기업은 필요한 변화에 적응해야 한다. 옴니채널 고객 서비스 전략을 구현함으로써 기업은 고객 경험을 개선하고 고객 충성도와 유지율을 높이며 궁극적으로 비즈니스 성장을 촉진할 수 있다. 옴니채널 고객 서비스를 개선하기 위해서는 교육과 고객 인식에 있어 고객 중심적인 접근 방식으로 전환해야 한다. 옴니채널 고객 서비스를 향상시키기 위한 전략에는 전체 고객여정 지원, 원활한 옴니채널 경험 제공 등 다양한 전술이 포함될 수 있다. 전체 고객여정을 지원한다는 것은 고객 확보 및 참여, 재고 및 주문 관리, 그리고 고객 서비스 이외의 기타 요소를 포함한 고객의 전체 라이프사이클을 고려하는 것을 의미한다. 전체 고객여정을 지원하는 기업은 비용을 절감하고 운영 효율성을 달성하며 고객과의 관계를 강화할 수 있다.

영업실전 사례 8-1

온·오프라인을 넘나드는 '옴니채널', 이제 선택 아닌 필수

4차 산업혁명이 시작되면서 정보통신기술(ICT)을 중심으로 한 디지털 전환의 시대가 도래했다. 디지털 전환이란 기존 전통적인 산업 구조에 정보통신기술을 접목하여 디지털의 구조로 변환하는 과정을 일컫는다. 디지털 전환은 단순한 기술 혁신과 달리 기업 경영 전반에서 광범위하게 이루어지며 비즈니스 모델을 변화시킨다는 특징을 가진다. 최근에는 유통, 물류 산업에서 디지털 전환으로의 개발을 추진하는 추세이다.

유통 업계에서 대두된 것이 바로 옴니채널(omni-channel)이다. '옴니채널(omni-channel)'이란 라틴어로 '모든 것'을 뜻하는 '옴니(omni-)'와 제품의 유통경로를 의미하는 '채널(channel)'의 합성어로 소비자가 온라인, 오프라인, 모바일 등 다양한 경로를 넘나들며 상품을 검색하고 구매할 수 있도록 한 서비스를 뜻한다.

과거 단일 채널로 오프라인 점포만을 운영했던 '싱글채널(single-channel)'이 온·오프라인의 다양한 채널을 독립적으로 운영하는 '멀티채널(multi-channel)'로 발전했고, 이제는 다양한 채널을 융합하여 유기적으로 운영하는 '옴니채널(omni-channel)'로 발전한 것이다.

국내 기업들은 혁신적인 미래 사업에 대비하기 위하여 옴니채널 전략을 도입하고 있다. 가장 대표적인 예시가 CJ 올리브영이다. 올리브영은 2018년 말 O2O(Online to Offline) 서비스인 '오늘 드림'을 론칭했다. 오늘 드림은 소비자가 온라인 몰에서 제품을 주문하면, 주소지와 가까운 매장에서 소비자에게 3시간 이내에 즉시 배종해주는 서비스이다. 지난해 서울 지역의 온라인 주문 가운데 오늘 드림 서비스가 38%의 비중을 차지할 정도로 급격한 성장을 보였다.

올리브영은 지난해 연결기준 매출액이 전년보다 13% 증가한 2조 1,192억 원, 영업이익은 38% 증가한 1,378억 원을 기록했다고 밝혔다. 또한 전체 실적에서 온라인 매출이 차지하는 비중이 2020년 17%에서 지난해 23%까지 증가했다. 전체 매출의 4분의 1이 온라인에서 발생했다는 말이다. 옴니채널의 도입으로 올리브영은 명실상부 H&B 시장의 선두주자로 자리매김하게 되었다. 4차 산업 혁명 시대를 맞이한 지금, 옴니채널을 비롯한 다양한 디지털 전환의 도입이야말로 성공 여부를 구분 짓는 척도이다. 디지털 전환은 정보통신기술 활용에 고객 중심의 사고방식을 적용하는 것이 핵심이다. 즉, 고객을 직접 만나는 현장 부서와 디지털 추진을 위한 IT 부서의 간의 협업이 이루어져야 가능한 것이다. 이를 참고하여 디지털 전환에 대비하기 위한 발 빠른 준비가 필요하다.

[출처] 사례뉴스, 2022.6.22.

≫ 영업의 새로운 생각

1. 개인고객이 옴니채널을 통한 구매에서 얻는 편익은 무엇인가?
2. 쇼루밍(Showrooming)과 옴니채널의 차이는 무엇인가?
3. AI 기술이 옴니채널에 적용될 경우 어떤 변화가 있을까?

PART

3

법인고객가치영업 전략과 실전방법

Chapter 9

법인고객가치영업의 이해

법인고객가치영업은 단순한 제품 및 서비스 판매를 넘어선 새로운 가치를 제공하는 영업 방식이다. 이는 고객의 요구사항과 니즈를 깊이 있게 파악하여, 고객에게 실질적인 가치를 제공하는 것을 목표로 한다. 이를 통해 고객과의 긍정적이고 장기적인 관계를 구축하는 데 중점을 두고 있다.

급변하는 경쟁환경 속에서 기업이 지속가능한 성장을 이루기 위해서는 법인고객의 니즈와 구매 프로세스에 대한 깊이 있는 이해가 필수적이다. 기업은 고객의 특성과 요구사항을 세밀하게 분석하여 맞춤형 서비스와 컨설팅을 제공함으로써 고객의 신뢰와 충성도를 높이고 있다. 이를 통해 기업은 고객과의 강력한 파트너십을 구축하고, 지속가능한 수익 창출의 기반을 마련할 수 있다.

1. 법인고객가치영업의 개요

오늘날 법인고객들은 기업고객, 정부 및 공공기관 등의 고객으로 통념적으로 B2B(Business to Business)라고 알려져 있다. 이들은 단순히 저렴한 제품이나 서비스를 선택하는 것을 넘어, 자신의 니즈와 가치관에 부합하는 제품이나 서비스를 찾게 된다. 이는 경쟁이 심화되고 기술이 발달하면서 고객들이 더욱 까다로워진 결과라고 할 수 있다. 법인고객가치영업은 단순히 제품이나 서비스를 판매하는 것이 아니라, 기업고객에게 가치를 제공하는 데 초점을 맞춘 영업전략이다. 이는 고객의 사업목표, 과제, 니즈를 파악하고, 이에 맞는 맞춤형 솔루션을 제시하며, 지속적인 관계를 구축하는 것을 목표로 한다. 치열한 시장 경쟁 속에서 기업들은 자사만의 차별화된 가치를 제공해야만 생존할 수 있게 되었다. 단순히 저렴한 가격만으로는 경쟁우위를 확보할 수 없기 때문이다. 따라서 기업들은 법인고객의 요구사항을 깊이 있게 파악하고, 이를 만족시킬 수 있는 맞춤형 솔루션을 제공해야 한다.

1.1 법인고객가치영업의 특성

B2B 산업시장에서 사업을 하는 기업들은 다른 사업체에 매매, 대여 또는 공급할 제품이나 서비스 생산에 사용하기 위해 재화와 서비스를 구입한다. 심지어 소비자 제품의 최종 생산자들조차도 그들의 상품을 우선 다른 사업자(도소매 또는 유통업체)에게 팔아야 한다. 그런 이유로 거의 모든 회사가 B2B 시장에 연관되어 있어, B2B 거래규모는 B2C 거래규모를 훨씬 능가한다. 법인고객가치영업은 소비자를 대상으로 하는 B2C 영업과는 다른 특징을 나타내고 있다.

B2B 영업은 거래규모, 의사결정과정, 고객의 전문성 등 여러 측면에서 차별성을 가지고 있다. B2B 거래는 일반적으로 B2C 거래보다 규모가 크고 복잡하며 대규모 설비나 장비, 원자재 등을 구매하는 경우가 많기 때문에 의사결정과정도 상대적으로 복잡하다. 구매의사결정에는 여러 부서나 의사결정권자들이 관여하게 되며, 이들의 요구사항과 선호도를 모두 고려해야 한다. 따라서 B2B 영업 성공을 위해서는 이러한 특성을 이해하고 전략적으로 대응하는 것이 중요하다.

(1) 맞춤형 솔루션 제공

기업은 각자 고유한 요구사항과 목표를 가지고 있기 때문에, 법인고객가치영업 분야에서는 이러한 기업의 특성을 정확히 파악하고 이에 맞는 **맞춤형 솔루션**을 제공하는 것이 매우 중요하다. 고객의 니즈를 깊이 있게 이해하고, 이를 충족시킬 수 있는 최적의 제품과 서비스를 제공하는 것이 핵심이다.

맞춤형 솔루션은 고객의 구체적인 비즈니스 환경과 요구사항을 면밀히 분석하여 설계되어야 한다. 이를 통해 고객의 업무 프로세스와 운영체계에 완벽하게 부합하는 솔루션을 제공할 수 있다. 이는 고객과의 긴밀한 협력 관계구축으로 이어지며, 나아가 고객 만족도와 충성도 향상, 그리고 경쟁사와 차별화된 가치제공으로 이어질 수 있다.

이와 같은 맞춤형 솔루션 제공은 단순히 제품이나 서비스의 제공에 그치는 것이 아니라, 고객이 직면한 비즈니스 과제를 해결하고 새로운 성장 기회를 창출하는 것까지 확장될 수 있다. 따라서 기업은 고객의 요구사항을 깊이 있게 파악하고, 이를 바탕으로 차별화된 맞춤형 솔루션을 제공함으로써 고객과의 장기적이고 강력한 파트너십을 구축해 나가야 한다.

기업과 같은 조직구매자를 대상으로 하는 B2B에서는 가치 창조와 가치 제안은 해당 기업의 맞춤 형태로 이루어진다. B2B 시장에서는 기업고객의 개별적인 요구사항을 충족시키는 것이 중요하다. B2C 시장과 달리 B2B 시장에서는 고객의 수가 상대적으로 적지만, 각 고객의 구매규모가 크기 때문에 고객 맞춤형 가치창출과 제안이 필수적이다.

B2B 공급업체들의 시각은 매우 다양하다. 첫째, 자사의 제품이나 서비스가 가진 모든 장점을 설명하려고 한다. 하지만 이러한 장점이 경쟁사 대비 어떤 차별점이 되는지, 그리고 고객기업에게 어떤 구체적인 이익이 되는지에 대해서는 충분히 고려하지 않는 경우가 많다.

둘째, 자사의 제품이나 서비스가 경쟁사 대비 우수한 장점만을 강조하는 경우가 있다. 물론 이러한 차별점이 고객 기업의 니즈를 충족시킬 수 있지만, 때로는 고객에게 부정적인 영향을 줄 수도 있다. 예를 들어, 고객이 원하는 기능이나 가격대와 맞지 않는다면 오히려 역효과를 불러일으킬 수 있다.

셋째, 자사의 제품이나 서비스를 통해 고객기업이 얻을 수 있는 구체적인 가치를 설명하는 경우도 있다. 이는 고객의 입장에서 제안의 혜택을 이해시키는 데 효과적일 수 있다. 예를 들어, 비용 절감, 업무 효율성 향상, 고객 만족도 제고 등의 가치를 상세히 전달하면 고객의 구매동기를 높일 수 있다.

이처럼 B2B 공급업체들은 각자의 방식으로 고객사에 자사의 제품이나 서비스를 설득하고자 하지만, 고객의 입장에서 실질적으로 어떤 도움이 되는지에 대한 고민이 부족한 경우가 많다. 따라서 고객의 니즈를 깊이 이해하고, 이를 해결할 수 있는 구체적인 가치 제안을 제시하는 것이 B2B 영업의 핵심이라고 할 수 있다.

(2) 장기적인 관계 중심 접근

법인고객가치영업은 장기적이고 안정적인 비즈니스 관계를 구축하는 것이 핵심이다. 기업 간 거래는 복잡하고 다양한 요소가 관여하기 때문에, 강력한 비즈니스 파트너십과 상호 신뢰가 필수적이다. 이를 위해서는 제품과 서비스의 품질을 철저히 관리하고, 고객의 문제를 신속하게 해결할 수 있는 능력이 요구된다. 고객 만족도를 지속적으로 높여 나가는 것도 중요하다. 이러한 노력을 통해 기업은 고객과의 장기적이고 안정적인 관계를 구축할 수 있다.

법인고객가치영업을 성공적으로 수행하기 위해서는 전문지식, 뛰어난 영업기술, 그리고 고객 중심의 자질과 역량을 갖춘 우수한 영업담당자가 필요하다. 이들은 고객의 니즈를 깊이 이해하고, 창의적이고 유연한 방식으로 해결책을 제시할 수 있어야 한다. 지속적인 학습과 전문성 강화를 통해 고객과의 신뢰를 쌓고, 장기적인 협력관계를 유지할 수 있어야 한다. 특히 법인고객과의 관계는 단순한 일회성 거래를 넘어 장기적인 파트너십으로 발전할 수 있다. 이를 위해서는 고객의 니즈와 요구사항을 깊이 있게 파악하고, 지속적인 소통과 상호작용을 통해 신뢰를 쌓아 나가는 관계 중심적인 영업 접근법이 필요하다.

관계 중심 영업은 고객과의 장기적인 신뢰관계 형성에 중점을 두며, 단순히 제품이나 서비스를 판매하는 것을 넘어 고객의 문제를 함께 해결해 나가는 파트너로서의 역할을 수행한다. 이를 통해 기업 간 협력을 강화하고, 고객의 충성도와 만족도를 높일 수 있다. 지속적인 상호작용과 정보공유를 통해 시장변화에 빠르게 대응할 수 있는 유기적인 관계를 구축할 수 있다.

또한 관계 중심 접근은 크게 자문적 관계와 파트너십 관계로 구분할 수 있으며,

자문적 관계는 단순히 상품이나 서비스를 판매하는 것을 넘어 고객이 가지고 있는 문제를 해결하거나, 고객이 미처 생각하지 못한 새로운 가치를 제공하는 관계를 의미한다. 즉, 솔루션 영업, 가치 제안 영업 등으로 불리고 있다. 기업 간 자문적 관계는 영업담당자 한 사람의 개인적 역량으로는 부족하기 때문에 회사차원에서 영업팀을 구성하여 팀단위로 고객을 관리하는 것이 바람직하다. 자문적 관계는 고객의 상황이 보다 복잡하고 어려울수록 그 가치가 더욱 선명하게 드러날 수 있어, 소비재 분야보다는 산업재 분야에서 더 많은 성과를 낼 수 있다.

파트너십 관계는 자문적 관계와 같이 장기적인 관점에서 고객의 문제를 해결하고 가치를 창출하는 관계를 의미한다. 자문적 관계보다 한층 진보된 관계라고 할 수 있다. 파트너십 관계가 형성되는 것은 대규모의 고객사가 다수의 공급업체를 줄임으로써, 내부 인력과 업무시간을 단축할 수 있으며, 반대로 공급업체는 안정적인 매출을 유지할 수 있는 장점이 있지만, 공급업체는 기존보다 높은 수준의 고객사 요구에 부응하기 위해 자사의 모든 역량을 동원하여 대응함으로써 고객사와 공급업체 간 파트너십 관계가 형성될 수 있다.

(3) 구매의사결정과정의 복잡성과 장기간 소요

법인고객의 경우, 개인고객에 비해 의사결정 과정이 훨씬 복잡하고 체계적으로 이루어진다. 법인고객의 구매의사결정은 일반적으로 여러 단계를 거치게 된다. 먼저 구매 필요성을 파악하고, 관련 정보를 수집 및 분석한다. 이후 여러 공급업체를 평가하고 비교한 뒤, 최종적으로 공급업체를 선정하게 된다. 이 모든 과정에는 구매부서, 관리부서, 최고경영진 등 여러 이해관계자가 참여하게 되며, 이들 간의 협의와 조율이 필요하다.

첫째, 법인고객의 경우 구매의사결정을 위해 여러 부서와 의사결정권자들의 검토와 승인 과정을 거치게 된다. 이 과정에서 정보수집, 대안평가, 구매조건 협의 등의 단계를 거치게 되므로 개인고객에 비해 구매 프로세스가 길어질 수밖에 없다. 이는 법인고객의 구매가 보다 신중하고 체계적으로 이루어져야 하기 때문이다.

둘째, 법인고객의 구매는 일반적으로 더 큰 규모와 금액을 수반하기 때문에, 구매의사결정권자들이 보다 면밀한 검토와 분석을 거치게 된다. 이에 따라 제품 선정, 공급업체 선정, 계약조건 협상 등에 걸리는 시간이 개인고객에 비해 훨씬 길어질 수 있다. 법인고객의 구매 프로세스는 더 많은 관심사와 위험요인을 고려해야 하기 때문에 이런 특징을 보이게 된다.

셋째, 법인고객은 구매가 자신들의 사업에 어떤 영향을 줄지를 면밀히 검토하게 된다. 구매의사결정 과정에서 구매목적, 구매예산, 사용계획, 운영 및 유지보수 등 다양한 요소를 세부적으로 고려하게 된다. 이는 법인고객의 구매결정이 개인고객에 비해 더 복잡하고 체계적으로 이루어짐을 보여준다. 이처럼 법인고객의 구매의사결정 과정은 개인고객과는 매우 다른 양상을 보인다. 법인고객은 더 복잡하고 체계적인 의사결정 프로세스를 거치게 되어, 구매결정까지 장기간이 소요되는 특징이 있다. 이는 법인고객의 구매가 보다 신중하고 전략적으로 이루어져야 하기 때문이다.

이러한 특징들은 〈표 9-1〉과 같이, 법인고객영업(B2B)이 일반 개인고객영업(B2C)보다 전문적이고 복잡한 성격을 가지며, 기업 간 신뢰를 바탕으로 장기적인 협력이 필수적인 분야임을 나타낸다.

〈표 9-1〉 개인고객영업과 법인고객영업의 비교

구분	개인고객영업(B2C)	법인고객영업(B2B)
대상	기업과 소비자 간 거래	기업과 기업 간 거래
고객의 수	다수의 구매자	소수의 구매자
고객의 수요패턴	단기적인 가격변동에 영향을 받는 탄력적 구조	단기적인 가격변동에 영향을 받지 않는 비탄력적 구조
상품에 대한 지식	일반적으로 낮은 상품지식	상품지식 수준이 높다
거래 규모	거래 금액이 작다	거래 금액이 크다
거래 기간	단기적	장기적
거래 조건	단순함	복잡함
의사결정	고객 본인 또는 가족(감정적)	다수의 의사결정자(논리적)
관계 구축	고객 만족	신뢰와 협력
유통경로	유통망이 매우 복잡, 다양함	B2C에 비해 상대적으로 단순하고 SCM의 루트가 명확함
가격	표준화된 가격, 할인가격	거래관계 및 협상으로 결정 원가중심의 가격구조로 형성 기술혁신에 따른 가격구조변화
대표 업종	보험설계사, 자동차영업, 소매	IT, 제약, 정유, 도매

자료 : Robert R Reeder, Edward G. Brierty and H. Reeder(1991), *Industrial Marketing*.

〈그림 9-1〉 B2B 구매자의 정보원천

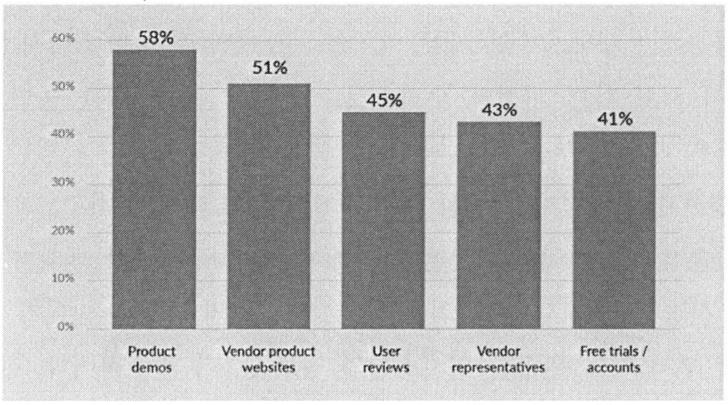

자료: Andy Hoar(2015), Death of B2B Salesman, vision report, Forrester.

이와 같이 법인고객의 구매의사결정 프로세스가 과거에 비해 복잡해지고 더 많은 시간이 소요되는 이유는, 기술발달과 정보 접근성 증가, 그리고 기업 규모와 의사결정 참여자 증가 등 다양한 요인에 기인한다고 볼 수 있다. 이러한 변화는 법인고객의 구매행태에 영향을 미치고 있다.

Forrester(2015) 보고서에 의하면, 신규 B2B 구매자가 구매결정을 내릴 때 주로 〈그림 9-1〉과 같이 5가지 자원에 의존한다고 한다. 제품 데모(Product Demo) 58%, 공급업체 제품 웹사이트(Vendeor Product Website) 51%, 사용자 후기(User Review) 45%, 공급업체 담당자(Vendor Reps.) 43%, 무료 체험판 또는 샘플(Free Trial/Accounts) 41%로 나타났다. 또한 Forrester(2022)는 2027년까지 미국 B2B 전자상거래가 3조 달러에 도달하고, 미국 전체 B2B 매출의 24%를 차지할 것으로 예상하였다. 2021년 말 기준 B2B 전자상거래는 1조 7천억 달러에 달해 미국 전체 B2B 매출의 16%를 차지했으며, 향후 5년간 B2B 전자상거래의 연평균 성장률(CAGR)을 10.7%로 예상하였다.

(4) 다양한 의사결정자와 소통

B2B 거래 환경에서는 단순히 개인이나 부서 단위의 의사결정이 아닌, 조직 전체 차원에서 구매결정이 이루어진다. 공급업체와의 효과적인 의사소통을 위해서는 구

매 프로세스에 관여하는 다양한 이해관계자들을 파악하고 그들의 요구사항을 이해하는 것이 중요하다.

구매결정에는 구매, 기술, 재무, 마케팅 등 여러 부서가 관여하며, 각 부서는 구매과정에서 서로 다른 관점과 우선순위를 가지고 있다. 예를 들면, 자동차 부품을 계약할 경우, 자동차 부품 계약 과정에는 다양한 책임자들과 긴밀한 소통이 매우 중요하다. 생산관리 책임자는 생산 능력과 일정을 고려해야 하고, 기술관리 책임자는 부품의 기술적 사양과 품질기준을 확인해야 한다. 구매관리 책임자는 구매 예산 및 공급업체 선정 등을 담당하며, 최종적으로 경영진의 승인을 받아야 한다. 이러한 과정에서 각 부서 간의 원활한 의사소통과 정보공유가 필수적이다. 이를 통해 부품의 품질, 생산성, 비용 등 다양한 요소를 종합적으로 고려할 수 있으며, 최종적으로 성공적인 부품 공급 계약을 체결할 수 있다.

또한 구매 프로세스의 구매시기, 구매이유, 공급업체 선정, 구매절차 등 각 단계에 대한 이해가 필요하다. 공급업체가 왜 특정 제품이 선택되었는지, 어떤 요인들이 고려되었는지 등을 파악하면, 향후 제품 및 서비스 개선을 위한 효과적인 전략을 수립할 수 있다.

B2B(기업 간 거래) 시장에서는 단순한 일회성 거래를 넘어서 장기적이고 지속가능한 협력관계를 구축하는 것이 중요하다. 이를 위해서는 구매의사결정에 관여하는 다양한 직책의 관계자들과 깊이 있는 소통이 필요하다. 공급업체는 이러한 깊이 있는 소통을 통해 고객사의 실제 니즈를 보다 정확히 파악할 수 있으며 단순히 표면적인 요구사항을 파악하는 것을 넘어서, 고객사의 내부 운영 프로세스, 전략적 목표, 업계 동향 등을 종합적으로 이해할 수 있게 된다.

이를 바탕으로 공급업체는 고객사의 상황에 특화된 차별화된 솔루션과 가치를 제공할 수 있게 되며 단순한 제품 공급을 넘어서 고객사의 비즈니스 성과 향상에 기여할 수 있는 전략적 파트너십을 구축할 수 있다. 이처럼 B2B 거래에서는 일회성 거래를 넘어서 장기적이고 협력적인 관계형성이 필수적이며 공급업체는 고객과의 깊이 있는 소통을 통해 차별화된 가치를 제공함으로써 지속가능한 비즈니스 성과를 창출할 수 있다.

(5) 계약과 협상의 중요성

법인고객영업의 경우, 기업 간 거래는 일반적으로 규모가 크고 장기적인 계약이 이루어지는 특성이 있다. 가격 협상과 계약조건 등에 대한 능숙한 협상능력이 중요하다. 새로운 제품이나 서비스를 구매할 때, 기업은 이전에 경험해보지 못한 새로운 요구사항에 직면하게 된다. 이럴 경우 제품과 서비스에 대한 경험 부족으로 인해 구매에 따른 불확실성과 위험도가 높아지게 되며 이 경우 원활한 협상능력이 필수적이다. 따라서 법인고객을 대상으로 영업을 하는 담당자들은 단순히 제품 및 서비스를 소개하는 것뿐만 아니라, 고객의 요구사항을 정확히 파악하고 이를 반영한 계약서를 작성할 수 있어야 한다. 영업담당자들은 상대방의 입장을 이해하고 서로의 이해관계를 균형 있게 반영할 수 있는 협상기술을 갖추어야 하며, 계약서 작성 시에는 관련 법규와 규정을 숙지하고, 계약의 내용과 조건을 명확히 명시하여 향후 발생할 수 있는 분쟁을 예방해야 한다.

새로운 구매결정의 경우에는 많은 비용과 위험이 수반되기 때문에, 이러한 구매결정에는 일반적으로 여러 사람들이 관여하게 된다. 구매결정에 참여하는 사람들이 많아질수록 의사결정 과정도 길어지게 된다. 기업 간 신뢰관계가 충분히 구축되지 않은 경우, 최종 계약단계에서 계약이 무산되는 경우가 자주 발생한다. 계약 체결 이후 문제가 발생되면 귀책사유와 관련된 법정소송까지 이어질 수 있다.

이처럼 기업 간 구매 계약은 복잡한 의사결정 과정과 다양한 위험요인들이 존재하기 때문에, 상호신뢰를 바탕으로 한 긍정적인 거래관계 형성이 매우 중요하다. 구매 당사자들 간의 충분한 소통과 협력은 계약 체결 단계부터 이후 이행 과정까지 원활한 진행을 가능하게 한다.

(6) 전문성과 기술적 지식 요구

법인고객가치영업은 단순한 제품 판매를 넘어 고객의 비즈니스 전반에 대한 깊이 있는 이해를 바탕으로 맞춤형 솔루션을 제공해야 하는 전문적인 업무이다. 고객의 산업 특성, 기업규모, 경영전략, 조직문화 등을 면밀히 파악하고 분석해야 하며 이를 통해 고객이 겪고 있는 다양한 경영상의 과제와 니즈를 정확히 파악할 수 있다.

단순히 제품의 기능과 가격만을 제시하는 것이 아니라, 고객의 문제를 해결할 수 있는 종합적인 솔루션을 제안해야 한다. 이를 위해서는 재무, 회계, 법률, 마케팅, IT

등 다방면의 전문지식이 필요하다. 또한 데이터 분석을 통해 고객의 잠재적인 수요까지 발굴하고, 창의적인 문제해결 능력으로 고객 만족을 극대화할 수 있어야 한다.

더불어 고객과의 긍정적이고 신뢰 있는 관계형성을 위해 탁월한 의사소통 능력도 갖추어야 한다. 단순히 제품을 판매하는 것이 아니라 고객의 장기적인 성공을 위한 전략적 파트너로서의 역할을 수행해야 하기 때문이다. 이처럼 법인고객가치영업은 단순한 거래를 넘어 고객의 비즈니스 성장을 견인하는 복합적이고 전문적인 업무라고 할 수 있다. 이러한 전문성과 기술적 역량을 갖춘 영업담당자만이 고객의 숨겨진 요구를 발견하고 실질적인 가치를 제공할 수 있다.

B2B 영업은 다른 기업에게 고급기술력을 활용한 다양한 산업재(기계, 설비 등)와 맞춤형 프로그램 및 솔루션, IT 인프라구축 등 전문성을 요구하는 경우가 많다. 예를 들어, 제약산업에서의 영업은 병원의 의사를 대상으로 이루어지기 때문에 질병에 대한 이해, 약물의 작용기전, 효과, 부작용, 임상자료 등 의학적·약학적 전문지식이 필요하다.

이처럼 B2B 영업은 고객의 전문적인 요구사항에 대응할 수 있어야 한다. 예를 들어, 반도체 영업담당자는 반도체 제조공정, 메모리 기술, 프로세서 설계 등에 대한 깊이 있는 지식을 갖추고 있어야 한다. 이를 통해 고객의 요구사항을 정확히 파악하고, 적절한 솔루션을 제안할 수 있다. 또한 기술동향을 예의주시하여 고객에게 최신 기술정보를 제공하는 것도 중요한 역할이다.

1.2 법인고객영업의 업무 영역

법인고객영업은 기업이나 법인고객을 대상으로 제품이나 서비스를 판매하고 관리하는 영업 분야이다. 일반적으로 법인고객영업은 크게 영업목표와 전략수립, 신규고객개발, 기존고객을 통한 영업이 주 업무이며, 이는 영업목표 달성을 통한 매출창출과 더불어 영업의 토대라고 할 수 있다. 따라서 전략적 영업목표를 수립하고 실행하는 것이 매우 중요한 업무라고 할 수 있다.

(1) 영업목표 달성을 위한 전략수립

영업 전략은 설정된 영업목표를 어떻게 달성할 것인가를 의미한다. 영업 전략 수립을 위해서는 첫째, 누구를 대상으로 판매할 것인가를 설정하는 것으로, 기존고객 대상인지, 신규고객 대상인지를 구체적으로 설정해야 한다. 또한 영업 전략은 마케팅전략과 일관성을 유지하는 한편, 마케팅전략을 보다 구체화시키는 역할을 수행한다. 둘째, 영업 전략에서는 어떻게 판매하여야 할 것인가를 설정해야 한다. 어떠한 판매과정을 활용할 것인가를 의미한다. 영업 전략에 있어서 판매 과정은 매우 중요한 요소이다. 이는 단순한 거래뿐만 아니라 고객과의 관계형성에도 큰 영향을 미친다.

특히 B2B 영업에서는 단순한 거래관계보다는 지속적인 자문관계 또는 파트너십 관계구축이 더욱 중요하다. 이를 위해서는 기존 고객과의 관계유지 및 강화가 필요하다. 고객의 문제점을 파악하고 해결책을 제시함으로써 고객에게 새로운 가치를 창출해 줄 수 있다. 또한 사후 서비스 활동을 강화하여 고객과의 긍정적인 관계를 지속적으로 유지할 수 있다. 이러한 노력을 통해 단순한 일회성 거래에서 벗어나 장기적인 파트너십을 구축할 수 있다. 고객과의 신뢰를 바탕으로 한 지속적인 관계형성은 B2B 영업에서 매우 중요한 성공 요인이 될 것이다. 또한 고객의 니즈를 정확히 파악하고 이에 맞춘 차별화된 솔루션을 제공하는 것도 중요하다. 이를 통해 고객의 만족도를 제고하고 재구매와 추천을 이끌어낼 수 있다. 나아가 이러한 노력은 브랜드 이미지 제고와 시장점유율 향상으로 이어질 수 있다. 셋째, 경쟁사 정보파악 및 방어 전략을 설정해야 한다. 경쟁사는 어떻게 활동하고 있는지? 어떠한 전략을 사용하고 있는지? 상황에 맞는 전략을 수립하는 것이 중요하다.

B2B 영업은 일반적인 B2C(기업 대 소비자) 영업과는 다른 특성을 가지고 있다. B2B 고객의 수는 상대적으로 적지만 개별 고객의 규모와 가치가 크기 때문에, 경쟁사의 움직임을 면밀히 파악하는 것이 매우 중요하다. 경쟁사의 새로운 제품 출시, 프로모션 활동, 가격 정책 변화 등의 정보를 신속히 수집하고 분석해야 한다. 이를 토대로 상황에 맞는 대응 전략을 수립해야 한다. 예를 들어, 경쟁사의 공격적인 마케팅에 대해서는 차별화된 제품 개발이나 고객 맞춤형 서비스를 통해 방어할 수 있다.

(2) 신규 법인고객 개발 및 유치

새로운 기업고객을 찾고 개발하는 활동으로 법인고객 시장조사, 마케팅전략 수립, 판촉활동, 판매 네트워킹 등을 포함한다. 기업의 지속적인 성장을 위해서는 신규고객을 개발하는 것이 매우 중요하다. 법인고객 확보가 주업부인 보험사, 은행, 카드사, 투자증권사의 법인고객영업과 제조업체, 유통업체, 공공기관 등을 대상으로 장비나 시스템을 공급하는 회사의 영업 등도 모두 신규고객의 확보가 주업무가 된다. 신규고객의 확보가 꾸준히 이루어지기 위해서는 영업과정의 각 단계에 일정 수의 고객들이 존재하여야 한다. 이제 막 영업활동을 시작하는 잠재고객도 있어야 하고, 니즈 파악 단계에 있는 고객도 있어야 하며, 판매의 종결이 임박한 고객도 있어야 한다.

이와 같이 영업현장에서 영업활동이 균형적으로 이루어지고 있는가를 시각적으로 표현한 것을 **영업 깔때기**(Sales Funnel)라고 한다. 〈그림 9-2〉와 같이 영업담당자의 고객대상 영업활동 과정을 시각적으로 표현하였다.

영업 깔때기에서의 고객은 잠재고객, 선별고객, 가능고객, 최상가능고객, 신규고객으로 구분될 수 있다. 잠재고객은 선별의 과정을 거쳐 선별고객이 되고, 상당수의 잠재고객은 이 과정에서 제외된다. 특히 B2B 측면에서 이 과정을 중요하게 생각하고 확인할 필요가 있다. 영업대상을 선정하는 과정이기 때문이다. 즉, 고객 세분화와 표적화(targeting) 과정이기 때문이다. 가능고객은 선별고객을 거쳐 신규고객이 될 수 있는 가능성이 높은 고객을 의미하고, 최상가능고객은 계약이 곧 임박하거나 진행중인 고객을 의미한다. 이와 같이 신규고객을 확보하기 위해 많은 시간과 노력이 필요함을 암시하기도 하며, 영업담당자의 영업활동이 균형 있게 이루어지고 있

〈그림 9-2〉 영업 깔때기

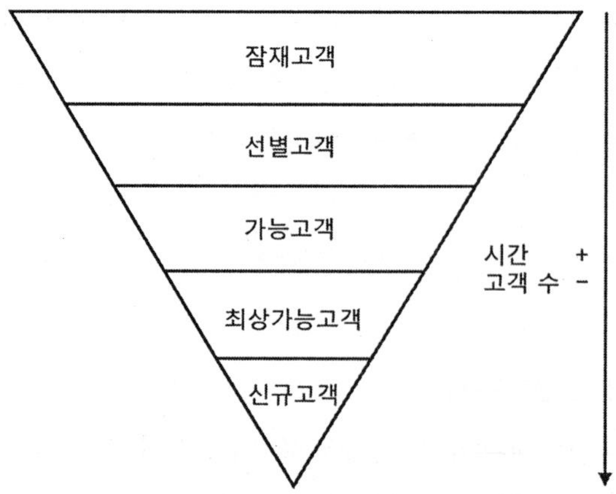

는가를 알 수 있는 도구로도 활용될 수 있다.

① 잠재고객 : 잠재고객은 자사의 제품이나 서비스를 구매하지 않는 사람이나 기업 중에서 향후 자사의 고객이 될 수 있는 잠재력을 가지고 있는 집단 또는 기업을 의미하며, 잠재고객 확보는 구매 가능성이 있는 고객 리스트를 확보하는 것을 의미한다. 이를 리드 창출(lead generation)이라고 한다. 잠재고객을 확보하기 위해서는 우선 어떤 고객이 목표 고객인가를 알고 있어야 한다. 특히 법인고객영업에서는 잠재고객기업의 특성과 문화를 파악하는 것이 중요하다. 기업의 히스토리, 사명, 대표이사의 성향, 기업문화, 생산규모, 매출규모, 주력제품, 내부역량, 자본금 등 기본적인 정보파악이 우선이다. 기업정보는 홈페이지 또는 대부분 공개된 정보이기 때문에 비교적 용이하게 수집할 수 있으며, B2C와 같이 개인정보 보호와 같은 법률적인 문제가 거의 발생하지 않는다. 또한 잠재고객 확보는 전시회나 세미나 등을 통해 확보하거나 필요시 인터넷 관련 사이트에 광고를 통해 수집할 수 있다.

② 선별고객 : 선별고객은 확보된 잠재고객을 선별하는 과정이다. B2B 영업에서는 잠재고객 기업 중 실제 구매가능한 기업을 선별하는 것이 중요하다. 첫째, 자사의 제품이나 서비스에 관심을 갖고 있는가? 여부를 확인해야 한다. 잠재고객이 현재 거래하고 있는 제품이 무엇이고, 어느 기업인지? 거래규모는 어느 정도인지? 쉽게 알 수 있는 부분은 아니지만 가능하면 면담과 미팅을 통해 직접 확인해 보는 것이 제일 바람직하다. 둘째, 잠재고객기업의 신용정보 확인이 필요하다. 지불능력과 예산능력이 확보가 되었는지 파악하는 것이 법인영업에 효율적이다. 예를 들면, 선별고객이 구매의사가 있을 경우, 기업신용상태가 나쁘거나 구매에 필요한 예산이 확보가 안 되는 경우가 발생될 수 있기 때문이다. 셋째, 자사의 제품과 서비스에 대해 니즈가 있다고 하더라도 구매결정 권한 여부를 파악하여야 한다. 예를 들면, 사업부 자체 구매결정 권한이 없고 본사 또는 구매센터 차원의 구매가 이루어질 경우, 잠재기업 선별 과정에서 사용자로 구별하고 구매결정 권한이 있는 본사나 구매센터를 소개받는 것이 필요하다. 넷째, 잠재고객의 구매특성 파악이 중요하다. 수시로 공급업체를 변경하거나 수시로 가격인하를 요청하는 단기적 구매형태인지 확인

이 필요하다. 상대적으로 거래규모가 크거나 잠재력이 큰 경우, 선별고객에서 제외하지 않고 가능고객으로 분류하여 지속적으로 모니터링 하는 것이 바람직하다.

③ 가능고객 니즈 파악 : 영업 깔때기와 같이 잠재고객을 선별하는 과정을 영업현장에서는 스크리닝(screening)이라고 한다. 신규고객을 창출하기 위해서는 이와 같은 과정을 통해 이루어지며, B2B의 경우 신규고객 창출과정은 상당히 어렵고 긴 시간이 필요하다. 선별고객, 즉 선별과정을 통해 가능고객과 최상가능고객 단계를 거쳐 신규고객이 창출된다. 영업담당자는 이러한 과정을 인지하고 구체적으로 어떠한 단계에 있는 고객을 가능고객과 최상가능고객으로 정의할 것인가는 제품의 특성, 고객의 특성, 영업활동의 특성을 고려하여 개념정의를 가지고 있어야 한다. 여기서 주의할 점은 실제 잠재력이 큰 기업(경쟁품 거래규모가 크거나 구매력이 큰 경우)을 선별고객에서 제외하는 불상사가 없어야 한다. 가급적 가능고객으로 분류하여 장기적인 측면에서 수시로 기회를 포착하는 것이 중요하다. 가능고객으로의 분류는 영업담당자 측면에서는 지속적 관리 고객으로 정의할 필요가 있다. 가능고객의 니즈를 파악하여 신규고객을 창출하는 것이 가장 핵심적인 활동이기 때문이다. 즉, 정기적인 방문계획과 전략을 실행하여야 하며, 영업담당자는 가능고객 기업을 대상으로 영업활동을 통해 자사의 제안이 고객의 문제를 어떻게 해결해 줄 수 있는지? 어떤 가치를 제안할 수 있는지? 설득력 있게 설명할 수 있어야 한다.

④ 신규고객 창출 및 사후관리 : B2B 영업은 영업 깔때기의 과정을 통하여 잠재고객에서 신규고객 창출까지의 긴 시간과 영업담당자의 노력이 필요하다. 잠재고객을 발굴하고 이들을 신규고객으로 전환시키는 것은 많은 시간과 노력이 필요한 작업이다. 영업담당자는 잠재고객을 체계적으로 발굴하고 관리하여 이들과의 신뢰관계를 구축해 나가야 한다. 신규고객 창출은 매우 어려운 과제이지만 그것이 성공하더라도 이들을 지속적으로 관리하고 안정적인 거래관계를 유지하는 것 또한 중요하다. 신규고객이 기존고객으로 전환되는 과정에서 영업담당자는 고객의 요구사항을 깊이 있게 파악하고, 적극적으로 대응해 나가야 한다.

이처럼 B2B 영업은 잠재고객 발굴부터 신규고객 창출, 그리고 기존고객

관리에 이르는 전 과정에 걸쳐 많은 노력과 전문성이 요구된다. 영업담당자는 이 모든 과정을 체계적으로 관리하고 최적화해 나가야 성공적인 영업성과를 거둘 수 있다. 또한 B2B 계약을 통해 새로운 고객을 확보한 경우, 단순히 계약을 체결하는 것으로 끝나서는 안 된다. 고객과의 지속적인 관계유지와 관리가 매우 중요하다. 우선 계약내용이 충실히 이행되고 있는지 면밀히 확인해야 한다. 제품이나 서비스의 품질, 배송, 대금 결제 등 주요 사항들이 차질 없이 진행되고 있는지 점검해야 한다. 특히 설치나 교육 등 추가적인 지원이 필요한 경우라면, 고객의 입장에서 만족스러운 서비스를 제공하기 위해 노력해야 한다. 이뿐만 아니라 신규고객이 향후 기존고객으로 자리잡을 수 있도록 지속적으로 관계를 강화해 나가는 것이 중요하다. 정기적인 의견 교환, 맞춤형 프로모션 제공 등 다양한 방식으로 고객과의 유대감을 높여 나가야 한다.

이처럼 B2B 영업에서는 단순히 계약 체결에 그치는 것이 아니라, 사후관리와 지속적인 관계 관리가 매우 중요한 과제이다. 이를 통해 신규고객을 성공적으로 유치하고 장기적인 성장 기반을 마련할 수 있다.

(3) 기존 법인고객 관리 및 유지

B2B 시장에서 기업은 새로운 고객 유치를 위해 노력하기도 하지만 이보다는 기존고객 유지에 더 중점을 두는 경향이 있고, 이를 위해 기존고객과의 장기적인 관계 형성을 위한 활동을 전개하는 것이 일반적이다. 이러한 경우 더 좋은 성과를 내고 있는 것으로 밝혀진 바 있다.[1] 이는 기존 법인고객과의 관계를 유지하고 관리하는 활동으로 서비스 제공, 문제 해결, 고객 만족도 조사 등이 포함되며, 기존 법인고객과의 관계유지와 강화를 통해 지속적인 매출증대와 경쟁업체 방어에 노력을 기울여야 한다. 사실 영업현장에서는 신규고객 확보보다는 기존고객 관리가 좀 더 수월하다. 기존 우수 고객처를 담당하기 위해 지점 또는 담당자들의 시기와 암투도 종종 발생하기도 한다. 즉, 기존고객 대상의 영업은 신규고객 대상의 영업에 비해 판매

---

1) Kalwani, M. U. & Narayandas, N.(1995), Long-term Manufacturer-Supplier Relationshups : Do They Pay Off for Supplier Firms?, *Journal of Marketing*, 59(1), pp.1-16.

촉진, 프레젠테이션, 고객 방문 등의 영업활동이 덜 요구되기 때문에 판매비용이 덜 소요되고, 수익성이 더 높게 나타난다. 기존고객에 대한 관리활동은 유지를 위한 활동과 활성화를 위한 활동으로 구분될 수 있다.

① 기존고객 유지활동 : 기존고객의 유지는 쉽게 말하면 기존고객의 이탈을 방지하는 것이다. 앞에서 언급하였듯이 신규고객 창출의 경우, 투자와 시간이 많이 소요되기 때문에 신규고객을 기존고객으로 지속적으로 유지 및 활성화 시키는 것이 B2B 영업에 있어서는 보다 효율적이라고 말할 수 있다. 즉, 기존고객 유지활동은 기존고객의 유지기간 또는 존속기간을 늘려주는 것이 중요하다. 그 이유는 첫째, 기존고객의 이탈률을 5% 줄이면 회사의 이윤은 35~95%까지 증가한다. 둘째, 평균적으로 회사의 매출의 65% 이상이 기존고객을 통해 이루어진다. 셋째, 신규고객 창출을 통한 매출에 비해 기존고객의 유지 및 활성화를 통한 판매는 비용이 적게 들고 수익성이 높아진다. 신규고객을 획득하는 데 소요되는 비용은 기존고객에게 서비스하는 비용의 5배에 달한다. 넷째, 기존 B2B 시장이 포화되고 경쟁이 심화되고 있기 때문이다.

〈영업실전 사례 9-1〉과 같이 병원 개업 후 신규고객을 창출하기 위해 광고홍보, 마케팅 비용이 많이 집행되었고, 실제로 초기 신규고객 창출이 많았다. 그러나 개업 4년 후 누적된 고객(환자)을 대상으로 고객 방문 비중과 비용을 분석한 결과, 광고홍보 비용 대비 신규고객 창출과 이익률이 더 이상 증가되지 않는 것을 알 수 있었고, 기존고객 중 방문비중이 많은 고객이 사용금액이 큰 것을 확인할 수 있었다. 이에 광고홍보 비용은 기존고객 관리 프로그램과 이벤트에 활용하는 방향으로 마케팅전략을 수정하였다.

이와 같이 기존고객 유지기간이 증가함에 따라 고객의 비용지출이 많아지고, 신규고객 창출에 소요되는 비용을 절감할 수 있었다.

② 기존고객 활성화 활동 : 기존고객 활성화 활동은 쉽게 말하면 기존고객의 볼륨을 키우는 것이다. 즉, 기존고객의 매출을 증가시키는 촉진활동을 의미한다. 관계측면으로는 지속적인 동반자 또는 파트너 관계로 이끄는 활동이라고 할 수 있다. 이러한 활성화 활동에는 교차판매, 상향판매, 고객참여 유도 등이 포함된다.

교차판매(cross selling)는 이미 판매한 제품이나 서비스와 관련이 있는 제품이나 서비스를 추가적으로 판매하는 것을 의미하며, 이를 통해 고객과의 관계를 양적으로 확대시켜 주는 역할을 수행한다. 즉, B2B 영업에서 기존고객의 볼륨을 키우는 방법이라고 말 할 수 있다. 기존 제품의 볼륨뿐만 아니라 관련 제품이나 서비스를 추가적으로 볼륨을 키우는 방법으로 기업의 효율성과 이익률이 높다고 할 수 있다. 또한 기존고객과의 연결고리가 더욱 강화되기 때문에 고객의 이탈률 감소와 유지기간을 증가시킬 수 있는 장점이 있다. B2B 영업측면에서 교차판매는 지속적인 파트너십 관계구축과 향후 전략적 제휴까지의 연결고리의 시작이라고 말할 수 있다.

상향판매(up selling)는 이미 판매한 제품이나 서비스에 비해 가격이나 품질 등의 측면에서 높은 수준에 있는 제품이나 서비스를 판매하는 것을 의미한다. 교차판매는 기존고객의 볼륨을 키우는 방법이라면 상향판매는 기존고객의 질(quality)을 심화하는 활동이라고 할 수 있다. 이는 제품이나 서비스의 가격이 높아질수록 고객은 그 제품이나 서비스를 보다 중요하게 생각하게 되고, 그 제품을 공급한 회사나 영업담당자와의 관계를 보다 중시하는 경향이 있기 때문이다. 상향판매를 위한 효과적인 방법은 고객으로 하여금 보다 상위단계의 제품이나 서비스를 직접경험해 보게 하는 고객참여 방법이 있다. 예를 들면, 기존 고객을 대상으로 호텔 객실 업그레이드 또는 항공기 좌석 업그레이드를 제공하는 것으로 직접경험의 기회를 제공함으로써, 고객 만족도를 높일 수 있으며, 상향판매에도 영향을 미칠 수 있기 때문이다.

영업실전 사례 9-1

"기존 고객(환자)의 재방문 횟수가 증가할수록 평균시술비용이 증가"

서울 강남에 위치한 미용성형병원의 사례이다. 해당 병원은 20~30대 젊은 여성을 대상으로 중저가 필러와 보톡스 시술을 위주로 포지셔닝 된 전문 의료미용 병원이며, 신규고객창출을 위해 매월 2억 이상 마케팅 비용과 별도의 Call 센터를 운영하고 있는 상황이었다.

병원 마케팅팀은 병원 개원 후 4년 동안 누적된 환자를 대상으로 아래와 같이 고객 방문과 비용을 분석하였다.

〈그림 1〉 고객 방문 및 비용 분석

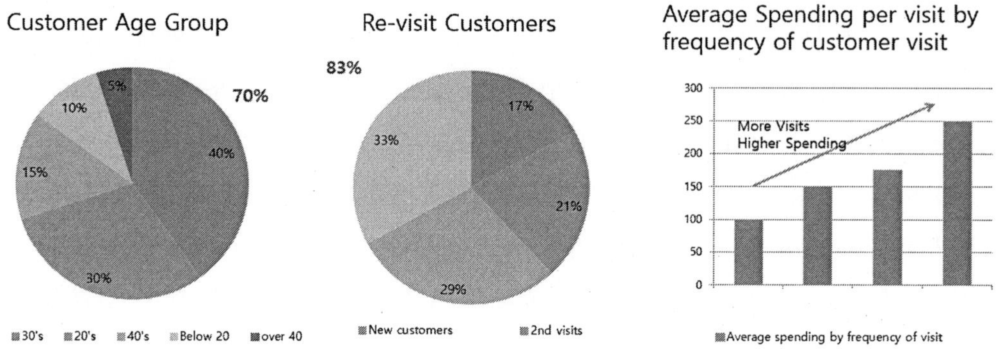

〈분석 결과〉

- 병원 고객은 20대가 30%, 30대가 40%, 40대가 15%, 20대 미만이 10%로 주 고객은 20~30대 70%로 나타났다.
- 병원 재방문 고객은 신규방문이 17%, 2번 방문 21%, 3번 방문 29%, 4번 이상 33%로 나타났으며, 83%가 2번 이상 재방문 고객으로 분석되었다.
- 방문횟수별 비용을 분석 결과, 4번 이상 방문한 고객의 평균 시술비용은 평균 25만 원으로 높다는 것을 알 수 있었다.

즉, 병원의 이익은 신규고객보다는 자주 방문하는 기존고객임을 알 수 있었으며, 신규고객 창출을 위한 과도한 광고비를 효율적으로 관리할 수 있었으며, 신규고객 창출을 위한 Call 센터 업무를 신규 50%, 기존고객 50%로 전환하여 재방문을 위한 마케팅 이벤트와 서비스를 강화하였다.

≫ 영업의 새로운 생각

1. B2B 영업에서 영업목표를 수립하기 위해 기존고객을 활성화할 것인지? 신규고객을 확보할 것인지? 어디에 비중을 두어야 하는가?
2. B2B 영업목표와 전략을 수립하기 위해 필요한 사전작업은 무엇인가?
3. B2B 영업에서 기존고객 관리 활성화가 필요한 이유는 무엇인가?

1.3 법인고객 영업담당자의 역량

법인고객 영업담당자는 기업고객을 대상으로 한 영업활동을 수행하는 핵심 인력이다. 이들의 역량은 단순히 제품이나 서비스를 판매하는 데 그치지 않고, 고객의 니즈를 정확히 파악하고 이를 토대로 최적의 솔루션을 제안할 수 있는 능력을 포함한다. 특히 법인고객의 경우 개인고객과 달리 의사결정 과정이 복잡하고 까다로운 경우가 많다. 법인고객 영업담당자는 고객사의 조직 구조, 의사결정 프로세스, 구매 행태 등을 깊이 있게 이해하고 고객가치를 제안할 수 있어야 한다. 이를 위해 고객의 요구사항을 정확히 파악하고, 적절한 제안서 작성 및 설득력 있는 프레젠테이션 능력을 갖추어야 한다.

또한 법인고객 영업담당자는 장기적인 관점에서 고객과의 신뢰관계를 구축하고, 지속적으로 고객의 변화하는 니즈에 대응할 수 있어야 한다. 이를 통해 단순한 일회성 거래를 넘어 장기적인 비즈니스 파트너십을 확립할 수 있다. 따라서 법인고객 영업담당자의 역량은 기업의 매출과 수익 창출에 직접적인 영향을 미치는 핵심 요소라고 할 수 있다. 기업은 이들의 전문성 향상을 위한 지속적인 교육과 투자가 필요하며, 영업담당자 역시 끊임없는 자기계발에 힘을 기울일 필요가 있다.

법인영업담당자는 회사를 대표하기 때문에 비즈니스적 사고, 마케팅 컨셉, 그리고 산업 지식 및 전문지식 등의 역량을 갖추어야 한다. B2B 영업에서 영업담당자에게 요구되는 역할과 업무를 반영하여 구성된 역량모델은 사고, 업무, 관계라는 세 가지 요인의 역량을 설명하고 있다.

법인고객영업에서 성공하기 위해서는 사고, 업무, 관계라는 세 가지 요소의 역량을 균형 있게 키우는 것이 중요하다. 이 세 가지 요소는 〈표 9-2〉와 같이 서로 밀접하게 연결되어 있으며, 하나의 요소가 발달하면 다른 요소에도 긍정적인 영향을 미친다. 지속적인 노력과 학습을 통해 이 세 가지 역량을 키워 나가는 것이 법인고객 영업에서 성공하는 필수 조건이다.

(1) 사고(Thinking)

법인영업에 있어서 사고는 비즈니스 마인드, 감성적 사고, 문제해결적 사고의 세 가지 요소가 상호 보완적이며, 함께 작용할 때 기업의 지속적인 성장과 혁신을 이끌

〈표 9-2〉 법인고객영업의 역량요소

구분	역량	세부내용
업무	목표지향성	업무의 궁극적인 목적과 성과를 명확히 정의하고 이를 달성하기 위해 노력하는 것
	판매기술	제품이나 서비스에 대한 풍부한 지식과 영업 기술을 보유하여 고객을 설득하고 효과적으로 판매하는 데 필요한 능력
	산업 및 제품지식	개인이나 조직이 정보를 효과적으로 수집하고 분석하여 영업 전략과 의사결정에 활용할 수 있는 능력
사고	비즈니스 마인드	전략적 사고(Strategic Thinking), 기업가정신(Entrepreneurship), 리더십(Leadership)
	감성적 사고	고객의 감정과 욕구를 깊이 이해하고 공감
	문제해결적 사고	고객의 입장에서 생각해보고, 그들이 직면한 문제를 해결할 수 있는 다양한 아이디어와 혁신적인 솔루션을 제시하는 능력
관계	커뮤니케이션 능력	효과적인 커뮤니케이션 능력은 단순히 말을 잘하는 것만이 아니라 상대방의 입장에서 생각하고, 감정과 요구사항을 이해하며, 적절한 언어와 태도로 반응할 수 있는 능력
	협상능력	비즈니스 영역에서의 계약체결로 거래를 성사시키기 위하여 의견의 일치를 볼 때까지 견해를 나누고, 거래하고, 논의하여 합의에 이르게 하는 능력
	팀워크와 협업	영업담당자가 고객의 문제해결을 위하여 부서 간 협업을 적극적으로 이끌어나가는 자세가 필요하며 다른 부서 직원들과의 소통과 협력을 강화하여 긍정적인 태도로 문제해결을 주도해야 하는 능력 필요

어낼 수 있다. 영업담당자는 이러한 사고 역량을 체계적으로 육성하고 활용함으로써 영업의 성과를 극대화할 수 있다.

① 비즈니스 마인드 : 단순히 영업 현장에서만 필요한 것이 아니라 일상생활 전반에서 발휘될 수 있는 사고방식과 태도이다. 이는 전략적 사고, 기업가 정신, 리더십 등 다양한 요소를 포함하고 있으며, 이를 통해 개인과 조직 전체의 성과와 경쟁력을 높일 수 있다.

비즈니스 마인드를 가진 사람들은 일상생활에서 발생하는 문제를 유연하고 효과적으로 분석할 수 있다. 그들은 문제의 핵심 원인을 파악하고 창의적이면서도 실용적인 해결책을 모색한다. 이러한 문제해결 능력은 개인의 삶 전반에서 유용하게 활용될 수 있다.

또한 이들은 새로운 기회를 적극적으로 발견하고 포착하려 노력한다. 그들은 기존의 방식에서 탈피하여 혁신적이고 도전적인 아이디어를 제시하며, 이를 실현하기 위해 끊임없이 노력한다. 이러한 도전 정신과 실행력은 사업가뿐만 아니라 모든 현대인에게 필요한 핵심역량이 되고 있다. 예를 들어, 개인의 경력 개발이나 창업, 사회공헌활동 등에서 이러한 비즈니스 마인드가 큰 도움이 될 수 있다.

더 나아가 비즈니스 리더십으로 비즈니스 마인드를 갖춘 구성원들이 모여 시너지를 발휘하도록 하면, 조직 전체의 경쟁력과 성과를 크게 향상시킬 수 있다.

② 감성적 사고 : 감성적 사고는 법인영업담당자에게 중요한 역량이다. 이는 단순히 논리적이고 합리적인 사고만으로는 고객의 니즈를 정확히 파악하기 어렵기 때문이다. 법인영업담당자는 고객의 감정과 욕구를 깊이 이해하고 공감할 수 있어야 한다. 고객의 입장에서 생각하고 그들의 걱정과 불안을 해소시켜 줄 수 있어야 한다. 이를 통해 고객과의 신뢰관계를 형성하고 장기적인 비즈니스 성과를 이끌어낼 수 있다. 또한 감성적 사고는 창의적이고 혁신적인 솔루션을 제시하는 데에도 도움이 된다. 단순한 제품 판매를 넘어 고객의 문제를 깊이 있게 파악하고 맞춤형 해결책을 제시할 수 있다. 이러한 능력은 법인영업담당자에게 필수적인 역량이라고 할 수 있다.

고객에 대한 깊이 있는 이해와 공감은 고객과의 신뢰관계를 형성하는 데 중요한 요소이다. 단순히 고객의 요구사항만을 파악하는 것으로는 부족하다. 실제로 고객이 겪는 어려움과 걱정, 그리고 그들의 숨겨진 기대사항까지 세심하게 파악해야 한다. 고객의 입장에서 생각해보고, 그들의 입장에 공감하는 것이 중요하다. 이를 통해 고객의 니즈와 요구사항을 정확히 파악할 수 있으며, 이에 맞춰 최선의 서비스를 제공할 수 있다.

③ 고객관점의 문제해결적 사고 : 기업의 지속가능한 성장과 발전을 위해 매우 중요한 역량이다. 이는 단순히 고객의 요구사항을 수동적으로 수용하는 것을 넘어서, 고객의 입장에서 깊이 있게 공감하고 고민하며 창의적이고 혁신적인 해결책을 모색하는 것을 의미한다.

기업이 고객관점의 문제해결적 사고를 갖추게 되면, 고객의 숨겨진 니즈와 불편사항을 면밀히 파악할 수 있다. 이를 통해 고객의 만족도를 높이고 새로운 가치를 창출할 수 있는 혁신적인 서비스와 제품을 개발할 수 있다. 또한 지속적인 고객 커뮤니케이션을 통해 고객과의 상호 신뢰와 유대감을 형성하여 장기적인 관계를 구축할 수 있다.

나아가 고객관점의 문제해결적 사고는 기업의 내부 역량 강화에도 도움이 된다. 고객의 관점에서 생각하고 문제를 해결하는 과정에서 구성원들의 공감능력과 창의성, 문제 분석 및 해결 능력이 향상될 수 있다. 이는 기업 전반의 경쟁력 제고로 이어질 수 있다.

(2) 업무(Work)

업무는 기업의 가치 창출을 실현하기 위한 구체적인 영업활동을 의미한다. 이러한 영업활동을 통해 기업은 고객의 니즈를 파악하고, 이에 맞는 솔루션을 제공함으로써 고객 만족도를 높이고 기업의 수익성 향상으로 이어진다. 또한 이러한 활동은 기업의 브랜드 인지도를 높이고 장기적인 고객관계를 구축하는 데 기여한다. 결과적으로 업무는 기업의 지속가능한 성장을 위한 핵심 활동이라고 볼 수 있다.

① 목표지향성 : 업무를 수행할 때 목표지향성을 갖는 것은 매우 중요하다. 목표지향성이란 업무의 궁극적인 목적과 성과를 명확히 정의하고 이를 달성하기 위해 노력하는 것을 의미한다. 이를 통해 업무의 방향성을 확실히 할 수 있으며, 자신의 역량을 효과적으로 활용할 수 있으며 업무 수행 과정에서 발생할 수 있는 문제나 어려움에 대해 대응하기 쉬워진다.

목표지향적인 업무 수행은 개인의 성과 향상뿐만 아니라 조직의 성과 향상에도 기여할 수 있다. 개인과 조직의 목표가 일치되면 상호 협력하여 목표를 달성할 수 있기 때문이다. 따라서 업무를 수행할 때는 항상 목표지향성을 가지고, 그 목표를 달성하기 위해 최선을 다해야 한다. 이를 통해 업무의 효율성과 생산성을 높일 수 있을 것이다.

목표지향성은 법인영업에서 성공을 위한 필수적인 요소이다. 명확하고 달성 가능한 목표를 설정하고 이를 달성하기 위해 노력하는 것은 개인의 성과 향상뿐만 아니라 조직 전체의 성장에도 중요한 역할을 한다.

② 판매기술(selling skill) : 법인고객영업은 제품이나 서비스에 대한 풍부한 지식과 영업 기술을 보유하여 고객을 설득하고 효과적으로 판매하는 데 필요한 능력이 필요하다.

앞에서 언급한 비즈니스 마인드, 마케팅 컨셉, 산업 및 제품지식 등 모두 중요한 역량이며, 이러한 모든 것들을 효율적으로 활용하는 것이 판매기술이라고 할 수 있다. 개인고객이든 법인고객이든 다양한 사람을 만나고 행동하기 위해서는 본인의 자신감과 고객을 대하는 태도가 매우 중요하다. 특히 고객을 대하는 태도에 따라서 영업성과의 차이는 현저하게 나타난다. 고객을 처음 만날 때의 첫인상이 매우 중요한데, 이는 고객과의 신뢰관계 형성에 큰 영향을 미치기 때문이다. 영업사원은 사전 미팅 약속부터 첫 만남 또는 미팅이 이루어질 때 세심한 준비를 해야 한다.

③ 정보분석 및 산업지식 : 정보 수집 및 분석 능력은 개인이나 조직이 정보를 효과적으로 수집하고 분석하여 영업 전략과 의사결정에 활용할 수 있는 능력을 의미한다. 이는 다양한 상황에서 필요한 정보를 식별하고 수집하며, 그 정보를 정확하게 분석하고 활용하는 것이 중요하다.

법인영업 분야에서 데이터(data)는 다양한 분야로부터 생성된다. 고객 데이터, 시장 분석 데이터, 경쟁사 정보, 제품 및 서비스 관련 데이터 등이 이에 해당한다. 이러한 데이터는 기업이 고객의 니즈를 정확히 파악하고, 시장 동향을 예측하며, 경쟁력 있는 전략을 수립하는 데 활용될 수 있다.

데이터 분석 및 활용 역량이 강화됨에 따라, 기업들은 보다 정교한 의사결정을 내릴 수 있다. 이를 통해 더욱 효과적이고 효율적인 영업활동을 펼칠 수 있다. 결과적으로 데이터는 기업의 경쟁력 제고와 지속가능한 성장을 위한 핵심적인 자원이 되고 있다.

(3) 관계(Relationship)

관계 역량은 고객과의 신뢰와 상호 이해를 바탕으로 한 장기적인 관계를 구축하고 유지할 수 있는 능력을 의미한다. 이는 법인영업에서 중요한 핵심 경쟁력이다. 관계 역량을 강화하면, 고객의 요구사항을 깊이 있게 파악하고 고객 맞춤형 솔루션을 제공할 수 있다. 고객사와의 긍정적인 협력 관계를 형성하여 신뢰를 쌓을 수 있으며 이를 통해 경쟁사와 차별화된 가치를 제공하여 고객의 높은 충성도와 지속적인 거래를 이끌어낼 수 있다.

① 커뮤니케이션 스킬(communication skill) : 탁월한 의사소통 능력은 현대 사회에서 매우 중요한 역량이 되고 있다. 이는 단순히 제품이나 서비스에 대한 정보를 전달하는 것을 넘어서, 상대방과의 관계를 효과적으로 유지하고 발전시키는 데 큰 도움을 준다.

효과적인 커뮤니케이션 능력은 단순히 말을 잘하는 것만이 아니다. 상대방의 입장에서 생각하고, 감정과 요구사항을 이해하며, 적절한 언어와 태도로 반응할 수 있는 능력이 필요하다. 이를 통해 상대방과의 신뢰와 유대감을 형성할 수 있다.

특히 영업 분야에서는 이러한 의사소통 능력이 매우 중요하다. 고객의 니즈를 정확히 파악하고, 제품의 장점을 효과적으로 전달할 수 있어야 한다. 동시에 고객과의 긍정적인 관계를 만들어 나가는 것도 중요하다. 이는 단순한 판매 실적을 넘어서 장기적인 고객관계 유지로 이어질 수 있다. 이처럼 의사소통 능력은 대인관계와 직업 생활 전반에 걸쳐 매우 필요한 역량이 되고 있다. 이를 통해 상호 이해와 협력을 증진시키고, 더 나은 결과를 만들어 낼 수 있다. 〈표 9-3〉과 같은 의사소통 방법으로 고객과의 대화에서 상대방의 말을 잘 듣고 이해하며, 자신의 생각을 명확한 메시지로 전달할 수 있다면 고객과의 신뢰관계 형성에 유리할 것이며 고객의 요구사항을 정확히 파악하고 이에 맞는 최선의 솔루션을 제안할 수 있게 된다.

뿐만 아니라 개인적인 대인관계에도 도움이 된다. 상대방의 감정과 입장을 이해하고 공감하는 능력은 가족, 친구, 동료들과의 관계에서도 매우 중요하다. 원활한 의사소통을 통해 상호 이해와 신뢰를 쌓을 수 있으며, 이는 개인의 삶의 질을 높이는 데 기여할 것이다.

② 협상능력(negotiation skill) : 협상(negotiation)이란 '타결의사를 가진 2인 또는 그 이상의 당사자 간에 양방향 의사소통을 통하여 상호 만족할 만한 수준으로의 합의에 이르는 과정'이라 정의할 수 있다.[2)] 특히 영업현장에서 협상은 주요 영업활동 중 하나이므로, 상황에 따라 유연하게 대응하고 상호 이익을

〈표 9-3〉 효과적인 의사소통 방법

내용	표현내용
쉬운 단어로 명확한 메시지 전달하기	쉽고 간결한 문장을 사용
자연스러운 신체언어(Body Language) 사용하기	손짓, 표정, 눈빛 등
고객의 이야기 경청하기	적극적인 듣기, 집중과 질문
미팅 회의록 및 메모 작성	고객의 요청, 요구사항 기록
적절한 피드백과 칭찬	긍정적 분위기 조성

창출할 수 있는 능력이 필요하다. 커뮤니케이션 스킬은 원활한 대인관계 구축의 목적이 강한 반면, 협상능력은 비즈니스 영역에서의 거래 및 계약이 목적임으로 의견의 일치를 볼 때까지 견해를 나누고, 거래하고, 논의하여 합의에 이르게 하는 것이다. 성공적인 협상을 위해서는 협상의 힘(Power), 정보(Information), 시간(Time)의 3요소가 중요하다.

협상의 힘(Power)은 특정상황에서 사람이나 사건에 영향을 가할 수 있는 능력을 말하며, 객관적이 아니라 주관적인 경향이 강하다. 예를 들면, C 자동차 회사에 부품을 납품할 경우, A 회사는 품질과 A/S 부분에서 경쟁력이 있으며, B 회사는 품질이 나쁘지만 가격이 싸다. 이러한 상황에서 A 회사는 협상에 있어 경쟁의 힘을 활용하면 좋은 가격 조건으로 계약을 체결할 수 있다. 반대로 A, B 회사 모두 동일한 조건이라면 경쟁의 힘보다는 다른 협상의 힘을 사용하여야 한다. 예를 들면, A 회사는 지속적으로 10년간 큰 문제점이 없었다면 그동안의 신뢰와 도덕성의 힘으로 재계약 성공 가능성을 높일 수 있다.

정보(Information)는 현실에 대한 평가와 의사결정에 영향을 주는 사실을 말하며, 협상자에 대한 정보, 상대방 기업과 조직에 관한 정보, 이번 협상 내용에 관한 정보 등이 협상에 유리한 고지를 점령할 수 있다. 정보가 협상의 힘에서 매우 중요한 요소로 작용할 수 있다.

시간(Time)은 협상의 종료시점이 언제인지가 중요하다. 상대방의 마감시간을 알고 협상에 임하면 50%는 이기는 협상이 될 수 있다. 대부분의 큰 거

2) 곽노성(1999), 국제협상론, 경문사.

래(Big Deal)는 마감시간(Deadline) 직전에 이루어지는 경우가 많다. 예를 들면, 2012년 KBO 한화 류현진 선수가 MLB 진출 포스팅 입찰 팀이 LA 다저스로 확정되어 협상이 진행될 때, 계약조건에 대한 이견으로 계약마감 5분 전까지도 성공 여부를 장담할 수 없었지만 30초를 남기고 극적으로 협상이 타결되었다.

③ 팀워크와 협업: 법인고객 영업담당자의 핵심 역할은 외부 고객들의 다양한 요구사항과 문제점들을 해결하는 것이다. 이를 위해서는 내부 팀 구성원들과의 긴밀한 협력과 부서 간 원활한 협업이 중요하다. 하지만 현실적으로 부서 간 협업이 잘 이루어지지 않는 경우가 많다.

고객들은 빠른 대응과 신속한 문제 해결을 요구하기 때문에, 법인고객 영업담당자는 이에 즉각적으로 대응해야 한다. 따라서 영업담당자 본인이 부서 간 협업을 적극적으로 이끌어나가는 자세가 필요하다. 다른 부서 직원들과의 소통과 협력을 강화하여 긍정적인 태도로 문제 해결을 주도해야 한다.

영업담당자는 정기적인 미팅을 통해 다른 부서 직원들과 고객 요구사항을 공유하고, 효과적인 협력 방안을 함께 모색할 수 있다. 회사차원에서도 부서 간 칸막이를 없애고 유기적인 네트워크를 구축하여, 신속하게 문제를 해결할 수 있는 체계를 마련해야 한다. 이처럼 법인고객 영업담당자는 단순히 외부 고객만이 아닌 내부 구성원들과의 긍정적인 협력관계를 구축하는 데에도 힘써야 한다.

2. 법인고객의 이해

법인고객은 기업의 제품이나 서비스를 구매하여 자체 사업 운영에 활용하거나, 고객에게 판매하는 목적으로 구매하는 조직을 의미한다. 이 고객은 일반적으로 의사결정 과정이 복잡하고, 여러 부서와 관계자들의 의견을 고려해야 한다. 영업담당자는 법인고객의 의사결정 구조와 프로세스를 이해하고, 각 부서와 관계자들의 관심사와 우려사항을 파악해야 한다. 이를 통해 고객의 니즈를 정확히 파악하고, 이에 부합하는 맞춤형 솔루션을 제공할 수 있다.

기업이 법인고객을 이해하고 효과적으로 분류하는 것은 중요한 과정이다. 이를 통해 기업은 영업 전략 수립, 마케팅 활동, 고객 관리 등의 측면에서 큰 도움을 받을 수 있다. 기업은 자사의 고유한 특성과 목표를 면밀히 분석하여 그에 맞는 기준을 마련해야 한다.

2.1 법인고객의 특성

법인고객은 기업, 정부기관, 공공기관 등 다양한 형태로 존재하며, 각각의 특성과 요구사항이나 구매목적이 다르다. 이에 따라 효율적인 영업활동을 위해서는 법인고객의 특성을 면밀히 파악하고 이에 맞는 차별화된 영업 전략을 수립해야 한다.

(1) 조직의 특성과 규모에 따른 특성

① 기업 규모에 따른 특성 : 기업고객의 경우 규모 등에 따라 세분화할 수 있으며 그에 따른 각각 다른 특성을 가지고 있다. 대기업은 안정적인 재무구조와 높은 구매력을 가지고 있어 법인영업에 유리한 조건을 갖추고 있다. 대기업의 신용도와 자금력은 거래처 확보와 대규모 구매계약 체결에 큰 도움이 된다. 이들은 브랜드 인지도와 시장지배력이 강해 고객들의 신뢰를 얻기가 상대적으로 쉽다. 하지만 대기업의 의사결정 과정은 복잡하고 까다롭다는 단점이 있다. 수많은 부서와 의사결정권자들이 관여하기 때문에 신속하고 유연한 대응이 어려울 수 있으며 관료주의적 조직문화로 인해 의사결정이 지연되거나 비효율적일 수 있다. 따라서 대기업은 재무적 안정성과 구매력 등의 장점을 활용하되, 의사결정 과정의 복잡성을 극복하기 위한 노력이 필요하다. 이를 위해 유연한 의사결정 체계와 신속한 대응 능력을 갖추는 것이 중요할 것이다.

반면 중소기업은 의사결정 구조가 상대적으로 단순하고 유연하기 때문에 법인영업 측면에서 의사결정이 신속한 편이다. 대기업에 비해 의사결정 계층이 적어 의사결정 과정이 효율적이다. 이는 중소기업이 급변하는 시장 상황에 신속하게 대응할 수 있는 장점으로 작용한다.

그러나 중소기업의 재무적 안정성은 상대적으로 낮은 편이다. 대기업에 비해 자본 규모가 작고 자금 조달 능력이 제한적이기 때문이다. 또한 시장 변동성에 대한 대응력이 상대적으로 낮아 재무적 위험에 더 취약할 수 있다. 이는 중소기업이 예기치 못한 경제 상황 변화나 불황에 쉽게 영향을 받을 수 있음을 의미한다. 이처럼 중소기업은 신속한 의사결정을 내리는 데 강점이 있지만, 재무적 안정성 확보에는 어려움이 있다. 법인영업 측면에서는 중소기업의 재무적 위험 등의 약점에 대한 위험관리가 요구된다.

② 기업의 산업별 특성 : 법인영업에서 산업별 법인고객 분류는 매우 중요한 역할을 한다. 이를 통해 기업은 고객의 특성과 니즈를 보다 심도 있게 이해할 수 있다. 산업별 특성을 자세히 파악하면 기업은 더욱 효과적인 맞춤형 영업 전략을 수립할 수 있다. 예를 들어, 제조업 고객의 경우 공정 자동화와 생산성 향상에 관심이 높기 때문에 이에 초점을 맞춘 솔루션을 제안할 수 있다. 반면 IT 서비스 고객은 원격 협업과 클라우드 기술에 대한 수요가 큰 만큼, 이를 활용한 협업 도구를 제안할 수 있다. 나아가 각 산업의 특성에 맞는 맞춤형 영업 메시지와 채널을 활용하면 고객의 니즈를 보다 효과적으로 파악하고 대응할 수 있다.

산업별 법인고객 분류는 기업이 고객을 깊이 있게 이해하고, 이를 바탕으로 차별화된 영업 전략을 수립하는 데 필수적인 요소라고 할 수 있다. 이를 통해 기업은 고객의 특성과 니즈를 보다 정확하게 파악할 수 있으며, 이에 맞춰 맞춤형 솔루션과 서비스를 제공할 수 있게 된다.

③ 정부 및 공공기관 고객의 특성 : 정부 및 공공기관 고객의 경우, 공공조달 입찰 및 계약 프로세스에 대한 이해가 필수적이다. 이들 기관은 투명성과 공정성을 가장 중요하게 여기기 때문에, 관련 법규와 제도에 대한 전문적인 지식을 갖추어야 한다. 공공조달 입찰 프로세스는 매우 복잡하고 까다로운 편이다. 입찰 공고부터 시작해 서류 준비, 평가 기준 확인, 계약 체결에 이르는 전 과정에서 세부적인 사항을 철저히 숙지해야 한다. 특히 최근 강화된 청렴성 요건과 정보 공개 의무 등의 새로운 규정들을 잘 파악하고 이를 반드시 준수해야 한다.

공공기관들은 투명성과 공정성을 높이기 위해 입찰 프로세스를 지속적으로 개선하고 있다. 입찰 참여 업체들은 이러한 변화에 발 빠르게 대응해야 한다. 서류 작성 시 요구사항을 빠짐없이 확인하고, 평가 기준에 부합하는 내용을 작성해야 한다. 또한 계약 체결 과정에서도 계약서의 세부 조항들을 면밀히 검토하여 자사에 유리한 방향으로 협상을 진행해야 한다.

공공기관은 계약 이행 과정에서 발생할 수 있는 다양한 이슈들을 면밀히 검토하고 사전에 대응 방안을 마련해야 한다. 예를 들어, 계약 변경과 관련해서는 계약 변경의 타당성과 필요성을 면밀히 검토해야 하며 지체상금의 경우에는 계약 기간 내에 과업을 완수하지 못한 경우 적정한 수준의 지체상금을 부과할 수 있도록 사전에 기준을 마련해야 한다. 하자보수 문제의 경우에도 하자의 범위와 보수 기간, 비용 등을 명확히 정의해야 한다. 이를 통해 공공기관은 계약 이행 과정에서 발생할 수 있는 다양한 분쟁을 사전에 예방할 수 있다.

따라서 정부 및 공공기관 고객들은 공공조달 관련 전문성을 지속적으로 쌓아나가야 한다. 이는 입찰 및 계약 과정에서 발생할 수 있는 다양한 리스크를 효과적으로 관리하고, 안정적인 사업 수행을 보장하기 위해 매우 중요하다. 공공조달 전문성 향상을 위해서는 관련 법규, 제도, 절차 등에 대한 깊이 있는 이해가 필요하다

(2) 구매전문조직(구매센터)에 의한 구매

법인고객의 구매 목적은 다양하게 나타나는데, 일반적으로 직접 사용, 생산 부품 조달, 서비스 과정에 투입, 그리고 재판매로 구분할 수 있다. 대부분의 기업에서는 구매의 주요 목적이 직접 사용이다. 제조업체의 경우, 생산에 필요한 원료와 부품의 조달이 주된 목적이 된다. 반면 서비스 기업은 서비스 과정에 투입할 제품이나 서비스를 구매하는 것이 주 목적이 된다.

해외영업이나 유통 기업의 경우, 기존 제품을 구입하여 해외 바이어나 도매/소매 유통 채널을 통해 재판매하는 경우가 많다. 이러한 다양한 구매 목적에 맞추어 기업들은 전문적인 구매 조직을 운영하며, 법인고객에게 필요한 제품과 서비스를 체계적으로 관리하고 있다.

법인고객의 구매 행태는 기업의 업종과 규모, 해외 진출 여부 등에 따라 다양하게 나타난다. 따라서 기업은 각자의 특성에 맞는 구매 전략을 수립하고, 체계적인

구매 관리체계를 마련하는 것이 중요하다. 이를 통해 기업은 고객의 니즈에 효과적으로 대응하고, 경쟁력을 높일 수 있을 것이다.

구매센터(buying center)는 기업이나 조직에서 제품이나 서비스를 구매하는 결정을 내리는 모든 조직구성원을 의미하며, 기업의 특성과 상황에 따라 조직차원의 구매가 이루어진다. 즉, 구매 결정에 관여하는 다양한 직업군과 역할을 포함한다. 따라서 구매센터는 특정한 부서를 의미하는 한정적이고, 구체적인 개념이 아니라, 구매과정에 참여하는 모든 사람들을 통합해서 지칭하는 개방적이고, 추상적인 개념이라고 할 수 있다.

① 구매센터의 규모 : 구매조직 또는 센터에 포함되는 구성원의 규모는 여러 가지 요인에 의해 달라질 수 있다. 첫째, 조직특성 관련요인에 따라 구성될 수 있다. 조직의 규모가 크거나 의사결정 권한이 분산되어 있을수록 구매센터의 규모는 커진다. 둘째, 구매상황 요인에 따라서 달라질 수 있다. 구매의 규모가 클수록, 제품이 기술적으로 복잡할수록, 구매경험이 없을수록, 시간적 압박이 심할수록 구매센터의 규모는 커진다.

② 구매센터의 구성원 : 구매센터와 각 구성원들은 각자의 역할에 따라 행동하는데, 일반적으로 발의자, 사용자, 영향력행사자, 의사결정자, 승인자, 구매자, 정보통제자로 구분될 수 있다. 조직의 구성원은 반드시 하나의 역할만을 수행하는 것은 아니며, 두 가지 이상의 역할을 동시에 수행할 수도 있다. 예를 들면, 사용자가 발의자와 영향력행사자가 동시에 될 수도 있으며, 영향력행사자는 의사결정자와 승인자도 동시에 될 수 있다. 또한 구매담당자는 구매과정을 전체적으로 조율하고 조정하는 역할뿐만 아니라, 정보통제자도 동시에 수행할 수 있다. 구매센터의 구성원과 역할은 〈그림 9-3〉과 같다.

발의자(Initiators)는 일반적으로 무엇인가에 대한 필요성이 있다는 것을 감지하고, 제품구매를 요청하는 사람들이다. 조직구매의 구매과정은 발의자의 제안으로부터 시작된다. 발의자는 조직구성원이라면 누구나 할 수 있으며, 일선 담당직원이나 최고 경영자일 가능성이 높다. 또한 구매결정에 있어 사용자의 영향력은 활동 분야 및 기업 문화에 따라 달라진다. 보통의 경우, 사용자가 고위직일수록 구매 영향력이 크다고 할 수 있다.

〈그림 9-3〉 구매센터 구성원과 역할

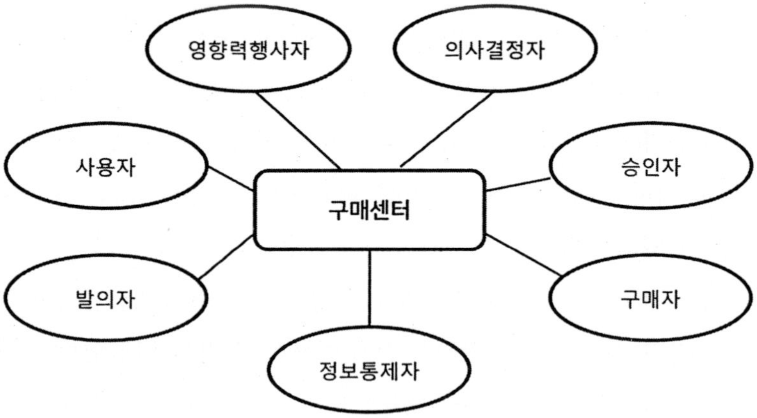

자료 : Philip Kotler and Waldemar Pfoertsch(2006), *B2B Brand Management*.

사용자(User)는 최종적으로 구매된 제품이나 서비스를 사용하는 사람들이다. 그러므로 구매과정에 영향을 미칠 수 있다. 즉, 구매결정과정에 있어 사용자의 영향력은 활동 분야 및 기업문화에 따라 달라진다. 보통의 경우 사용자가 상위의 적격자일수록, 그들의 의견에 더욱 무게가 실리게 된다. 또한 이들은 구매하려는 제품이나 서비스가 자신의 업무수행에 어떠한 영향을 미칠 것인지 잘 알고 있기 때문에 어떤 제품이나 서비스가 구매되어야 한다는 매우 실무적인 주장을 펼칠 수 있다. 그러나 전체적으로 회사 차원의 어떤 영향을 미치는지는 관심을 두지 않는 경향이 있다. 이러한 것들이 사용자의 활동 분야와 기업문화에 따라 달라진다는 것을 설명하고 있다.

영향력행사자(Influencers)는 구매의사결정을 주도해 가는 사람으로 제품이나 서비스에 대한 구체적인 사항을 정의하거나 정보를 제공함으로써 구매의사결정 과정 및 절차를 진행한다. 대부분 연구소 또는 기술관련 부서에 근무하는 직원이 이 역할을 담당하며, 때로는 회사차원의 대규모 구매나 사업확장에 필요한 설비, 시공의 경우 최고경영진의 의사가 공급업체 선정에 결정적인 영향을 미칠 가능성이 크다.

의사결정자(Decider)는 구매에 대해 최종결정하는 사람으로, 의사결정과정에서 중요한 키맨(key man)으로 불린다. 이들은 회사 전체의 경영을 담당하고 있거나 특정사업부문을 책임지고 있는 임원일 가능성이 높으며, 기업의 문화에 따라 다르지만, 일반적으로 사용자 또는 해당 부서장이 결정을 한다. 작은 기업인 경우, 사장이 최종구매 승인자이면서 의사결정자인 경우도 많다.

승인자(Approvers)는 최종 결정이 구체적인 구매 행동으로 나타나기 전에 승인하거나 거부할 권한을 가진 사람으로 우선적으로는 구매팀장, 최종적으로는 기업의 대표가 승인한다.

구매자(Buyers)는 공급업체를 선정하고 구매조건을 결정하는 공식적인 권한을 가진 사람으로 일반적으로 구매부서 직원이 담당한다. 이들은 공급업체를 대상으로 가격이나 배송, 결재 등의 조건에 대해 협상하고, 최종적으로 계약을 체결하는 업무를 수행한다. 때로는 구매과정의 초기보다는 마무리 단계에 보다 많은 업무를 수행하기도 한다. 이들의 권한은 반복적으로 단순 재구매 상황에서는 매우 광범위한 권한을 위임 받지만, 신규 구매 상황에서는 의사결정자, 승인자 또는 영향력행사자 등의 지시에 따라 협상하거나 계약의 업무를 진행하는 것이 일반적이다.

정보통제자(Gatekeepers)는 구매센터 구성원에게 들어가는 정보를 통제할 수 있는 사람(구매담당자, 구매 유관부서, 접수직원, 비서 등) 모두를 말한다. 이들은 자신에게 들어온 정보를 구매센터의 다른 구성원들에게 전달할 것인지의 여부와 전달하려면 어떤 정보를 전달할 것인지를 통제함으로써 구매과정에 영향을 미친다.

이와 같이 법인고객의 구매의사결정 프로세스는 팀 기반의 결정, 장기 계획, 많은 이해 관계자와의 협의 등이 특징이다. 이러한 복잡성을 이해하고 적절한 전략을 수립하는 것이 법인고객영업에서 성공을 이루는 데 중요하다.

2.2 법인고객의 구매유형

일반적인 법인고객의 구매의사결정 프로세스는 1967년 Robinson, Faris 및 Wind[3]가 개발한 BUYGRID 모델은 조직 구매 행동에 대한 최초이자 가장 영향력 있는 모델 중 하나이다. 그들의 저서 "산업 구매 및 창의적 마케팅"에서 Faris(1967)의 세 가지 구매 상황 유형을 "산업 구매 프로세스"의 8단계 모델과 결합하여 "BUYGRID 프레임워크"를 만들었다.[4] B2B 구매자의 구매유형은 세 가지 차원에서 <표 9-4>와 같이 구매상황을 정의하였다.

(1) 신규 구매

신규 구매는 구매조직에 상당한 어려움을 야기하지만, 중요한 기회가 될 수 있다. 이러한 구매 상황에서 구매담당자들은 관련 제품이나 서비스에 대한 정보가 부족하기 때문에, 다양한 정보 출처를 활용하여 상세한 정보를 얻는 데 많은 시간과 노력을 투입해야 한다.

구매 대안을 폭넓게 탐색하고 종합적으로 평가하는 과정은 매우 복잡하고 까다로워, 구매의사결정 자체가 쉽지 않다. 하지만 이런 노력을 통해 구매조직은 새로운 기회를 발굴할 수 있으며, 경쟁력을 높일 수 있는 계기가 될 수 있다.

신규 구매는 단기적으로 구매 조직에 어려움을 줄 수 있지만, 장기적으로는 새로운 기회를 제공하고 경쟁력을 강화할 수 있는 중요한 계기가 될 수 있다. 기존 업

<표 9-4> B2B 구매 유형(Buygrid)

구매 유형	새로운 문제점	필요한 정보	새로운 대안
신규 구매 (New Buy)	높음 (High)	최대 (Maximal)	광범위함 (Extensive)
수정 재구매 (Modified Rebuy)	평균 (Average)	평균 (Average)	제한됨 (Limited)
단순 재구매 (Straight Rebuy)	낮음 (Low)	최소 (Minimal)	없음 (None)

---

3) Robinson, P. J., Faris C. W./Wind, Y. (1967), *Industrial buying and creative marketing*, Boston.

4) Philippe Malaval(2001), *Strategy and Management of Industrial Brands : Business to Business Products and Service*, pp.18-21.

체와의 거래 관계를 유지하면서도 신규 공급업체를 찾아 다양한 옵션을 확보하는 것이 중요하다. 이를 통해 가격 및 품질 경쟁력을 높이고, 공급 안정성을 확보할 수 있다.

또한 새로운 공급업체와의 협력을 통해 혁신적인 기술 및 아이디어를 도입할 수 있으며, 이는 제품 개발과 프로세스 혁신으로 이어질 수 있다. 이러한 노력은 단기적인 어려움에도 불구하고 장기적으로 기업의 경쟁력 향상에 기여할 수 있다. 따라서 구매담당자들은 단기적인 관점에서의 어려움을 극복하고, 장기적인 관점에서 새로운 기회를 발굴하기 위해 지속적인 노력과 전략적 접근이 필요하다. 이를 통해 기업은 시장 변화에 능동적으로 대응하고, 지속가능한 성장을 이루어 나갈 수 있을 것이다.

(2) 수정된 재구매

수정 재구매 상황에서는 기존 제품이나 서비스에 대한 만족도가 낮아지거나 새로운 수요가 발생하면서 교체의 필요성이 생길 수 있다. 이런 경우 구매 결정에 참여하는 사람들은 과거의 구매 경험을 토대로 기존 제품이나 서비스의 장단점을 잘 알고 있기 때문에, 새로운 대안들을 면밀히 검토하게 된다. 예를 들어, 기업이 더 낮은 가격, 향상된 품질 또는 빠른 배송 서비스를 제공하는 새로운 공급업체로 변경하고자 할 때 이러한 상황이 발생할 수 있다. 또한 기술의 발전으로 새로운 제품이 출시되거나, 기존에 구매한 제품/서비스에 대한 새로운 요구사항이 생겨날 때에도 수정 재구매가 필요할 수 있다.

이와 같이 수정 재구매 상황에서는 과거 경험을 토대로 다양한 대안들을 신중히 평가하게 되며, 최종적으로는 기존 제품/서비스와 새로운 대안들을 종합적으로 비교하여 가장 적합한 선택을 하게 된다. 이 과정에서 기업은 고객의 니즈를 면밀히 파악하고 효과적인 영업 전략을 수립해야 할 것이다.

수정된 재구매 프로세스는 새로운 작업 상황을 처리하는 것보다 시간과 노력이 덜 필요할 수 있다. 기존에 구매 프로세스에 참여했던 사람들은 이미 구매 요구사항과 소수의 잠재적인 공급업체에 대한 정보를 가지고 있기 때문이다. 새로운 대안을 고려할 필요가 제한적인 경우가 많다.

이러한 상황에서는 단순히 기존의 승인된 공급업체 목록에 새로운 공급업체를 추가하거나 교체하는 방식으로 프로세스가 수정되는 경우가 많다. 이는 구매담당자들이 이미 신뢰하고 있는 공급업체와의 관계를 유지할 수 있기 때문에 새로운 공급업체를 발굴하고 검증하는 과정을 거치지 않아도 된다는 장점이 있다.

하지만 이러한 접근 방식은 새로운 기회를 포착하지 못하거나 구매 프로세스의 혁신을 저해할 수 있다는 단점도 있다. 따라서 기업은 수정된 재구매 프로세스와 새로운 작업 상황에 대한 적절한 균형을 찾아야 할 것이다.

(3) 단순 재구매

법인고객의 단순 재구매 상황은 기업 내부에서 정기적으로 필요한 일반적인 구매 활동을 의미한다. 이런 경우에는 기존에 거래하던 공급업체로부터 제품이나 서비스를 간단히 재주문하는 것이 일반적이다. 새로운 대안을 고려할 필요가 없는 이유는 이미 해당 공급업체와 오랜 기간 거래해 왔기 때문에 신뢰가 구축되어 있고, 제품이나 서비스의 품질과 배송, 가격 등에 대한 정보가 축적되어 있기 때문이다.

구매 조직 입장에서는 단순히 부족한 재고를 반복적으로 주문하면 되므로 새로운 공급업체를 탐색하거나 복잡한 구매의사결정 과정을 거칠 필요가 없다. 이전에 쌓인 구매 경험과 정보만으로도 신속하고 효율적인 구매가 가능하다. 이런 반복적인 재구매 활동은 구매 프로세스를 단순화하고 비용을 절감할 수 있도록 해 준다.

이러한 단순 재구매 상황은 기업 내부에서 필요한 소모성 자재나 운영 자재 등의 구매에서 많이 나타난다. 대표적으로 MRO(Maintenance, Repair and Operation) 구매가 이에 해당된다. MRO 구매는 기업의 일상적인 유지보수, 수리, 운영에 필요한 자재들을 지속적으로 구매하는 것을 말한다.

이 단순 재구매 상황에서는 기존의 공급업체와 계속해서 거래를 유지할 수 있기 때문에, 구매 조직 입장에서는 신속하고 안정적으로 자재를 공급받을 수 있다. 이는 구매 프로세스를 간소화하고 비용을 절감할 수 있는 효과적인 방법이다.

그러나 장기적인 관점에서 볼 때, 이러한 반복적인 구매 행태는 공급업체의 독점적 지위를 강화시킬 수 있다. 이는 구매 가격 상승, 품질 저하, 서비스 수준 하락 등의 문제를 야기할 수 있다. 따라서 정기적인 공급업체 평가와 새로운 대안 탐색이 필요하다.

이를 위해 구매 조직은 시장 동향을 지속적으로 모니터링하고, 새로운 공급업체를 발굴하며, 경쟁 입찰 등을 통해 구매 조건을 재협상할 필요가 있다. 또한 공급업체와의 긍정적인 관계 유지를 위해 상호 이해와 협력을 바탕으로 한 파트너십을 구축하는 것도 중요하다. 이와 같은 노력을 통해 구매 조직은 단기적인 안정성과 장기적인 경쟁력을 동시에 확보할 수 있다. 이는 기업의 전반적인 구매 성과 향상으로 이어질 것이다.

3. 법인고객의 구매 행동

법인고객의 구매의사결정 과정은 개인 고객과 달리 조직적인 목표, 다양한 이해관계자, 복잡한 의사결정 프로세스 등의 특징을 가지고 있다. 일반적으로 구매 전 단계, 구매 단계, 구매 후 단계로 나누어 살펴볼 수 있다. 구매유형과 상황에 따라 구매 행동 8단계는 〈그림 9-4〉와 같다.

3.1 구매 전 단계

(1) 문제인식 및 니즈 파악

기업의 구매 절차는 조직 내부의 다양한 필요성에 의해 시작된다. 이러한 니즈는 경영 환경의 변화나 기술 혁신, 공급망 관리의 효율성 향상, 비용 절감 등 다양한 요인에서 비롯된다.

내부적으로는 고객 만족도 향상, 생산성 제고, 수익성 개선 등의 목표를 달성하기 위한 것이 구매의 주된 동기가 된다. 외부적으로는 시장 경쟁 심화, 고객의 까다로워진 요구사항, 공급업체 관리의 필요성 등이 구매 결정의 계기가 된다.

이처럼 기업의 구매 결정은 내부와 외부의 다양한 요인들이 복합적으로 작용하여 이루어진다. 구매부서는 이러한 요인들을 균형 있게 고려하여 최적의 구매의사결정을 내리게 된다.

구체적으로 내부적 요인은 기업이 일상적인 상태를 유지하기 어려운 사안의 발생으로 인한 계기로 특정제품의 재고가 감소하거나, 기계의 노후화, 판매에 의한 생산량의 증가 등을 들 수 있다. 이러한 내부적 요인들은 기업으로 하여금 구매 필요

〈그림 9-4〉 구매 행동 8단계

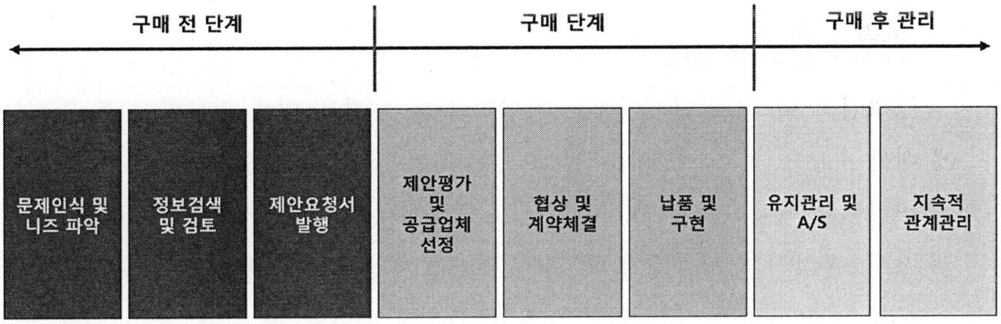

성을 인식하게 하고, 필요한 원료, 부품, 설비, 소모품 등을 구매하게 만든다.

더 나아가, 기업은 현재보다 높은 수준의 목표를 설정하고 이를 달성하기 위해 노력하는 것이 일반적인 논리이다. 이를 위해 기업은 향후 미래를 위한 투자나 시설 확보, 신제품 개발, 사업 다각화 등의 활동을 수행하게 된다. 이러한 활동들은 결국 원료, 부품, 장비 등의 구매를 필요로 한다고 볼 수 있다.

B2B(기업 간 거래) 영업담당자들은 외부적인 요인을 활용하여 고객의 구매 필요성을 이끌어내기도 한다. 먼저 고객이 구매 필요성을 전혀 느끼지 못하고 있더라도, 자사 제품이나 서비스의 장점과 혜택을 자세히 설명함으로써 고객이 구매 욕구를 갖도록 한다.

법인고객의 구매 필요성 인지는 단순히 내부적 요인들뿐만 아니라 외부적 요인들도 큰 영향을 미친다. 예를 들어, 경쟁사의 신제품 출시나 새로운 트렌드의 등장은 시장 변화를 야기하고, 이는 법인고객에게 새로운 구매 필요성을 인식하게 만든다. 또한 정부의 정책 변화, 예를 들어 환경 규제 강화나 세제 혜택 변경 등도 법인고객의 구매의사결정에 영향을 줄 수 있다.

뿐만 아니라 고객의 선호도 변화 또한 중요한 요인이 된다. 법인고객의 경우 최종 소비자인 일반 고객의 니즈 변화에 민감하게 반응하게 되므로, 이러한 변화도 구매 필요성 인지에 큰 영향을 미치게 된다.

이처럼 법인고객의 구매 필요성 인지는 다양한 내외부 요인들이 복합적으로 작용하여 형성되는 과정이라고 볼 수 있다. 따라서 기업은 이러한 요인들을 면밀히 파악하고 대응해 나가는 것이 중요하다.

(2) 정보검색 및 검토

정보검색 및 검토 단계에서는 기업이 문제 해결을 위해 필요한 제품 및 서비스에 대한 정보를 체계적으로 수집하고 분석하는 것이 매우 중요하다. 이를 위해 다양한 방법론을 활용하게 된다.

우선, 온라인 리서치를 통해 관련 업계의 최신 동향, 제품 및 서비스의 특징과 장단점, 고객 리뷰 등 광범위한 정보를 빠르게 수집할 수 있다. 또한 업계 보고서 및 시장 조사 자료 분석을 통해 거시적인 관점에서 시장의 규모와 성장 가능성, 경쟁사들의 동향 등을 파악할 수 있다. 더불어 실제 경쟁사들의 제품과 서비스를 직접 비교해보는 작업도 중요하다. 이를 통해 고객의 니즈를 보다 면밀히 이해하고, 차별화된 솔루션을 도출할 수 있다. 경우에 따라서는 실제 제품을 직접 시험해보는 프로젝트를 진행하기도 한다.

이처럼 다양한 정보 수집 및 검토 활동을 통해 기업은 고객 요구사항을 깊이 있게 이해하고, 경쟁 제품 대비 자사의 경쟁력 있는 솔루션을 개발할 수 있게 된다. 이는 곧 성공적인 문제 해결로 이어질 수 있다.

특히 고객의 새로운 니즈에 대한 정보를 정확하게 파악하는 것이 중요하다. 이를 통해 필요로 하는 제품 및 서비스의 예상 수량과 소요 일정에 대한 종합적인 계획을 수립할 수 있다. 그리고 이에 적합한 공급업체를 심도 있게 탐색하고 평가하는 과정이 필요하다.

또한 제품 및 서비스에 대한 상세한 분석은 소비자에게 중요하다. 구매 결정을 내릴 때 다양한 요소를 면밀히 검토하는 것이 필요하다. 제품의 기능과 성능, 기술적인 사양을 꼼꼼히 살펴보고 이를 통해 해당 제품이 사용자의 요구 사항을 얼마나 잘 충족시킬 수 있는지 판단해야 한다. 이와 더불어 제품의 가격과 구매 조건, 할인 정책 등을 비교 분석하여 가장 경제적인 선택을 할 수 있도록 한다. A/S 지원 정책과 보증 기간 등도 중요한 고려 사항이 된다. 제품에 문제가 발생했을 때 얼마나 효율적으로 A/S를 받을 수 있는지는 구매 결정에 큰 영향을 미친다.

기존에 거래해 왔던 공급업체를 이용하는 단순 재구매의 경우, 익숙한 거래 절차로 인해 구매 과정이 간단하고 효율적으로 진행될 수 있다. 그러나 새로운 제품이나 서비스를 구매하는 신규 구매의 경우에는 품질, 가격, 납기, 사후관리 등 다양한 요소에서 위험성이 상대적으로 높아진다.

따라서 신규 구매 시에는 공급업체에 대한 더욱 광범위하고 심도 있는 탐색과 평가가 필수적이다. 구매담당자는 공급업체의 기술력, 재무 상태, 거래 실적, 고객 평판 등을 면밀히 조사하여 최적의 공급업체를 선정해야 한다. 또한 시범 주문이나 현장 실사 등을 통해 실제 거래 가능성을 타진해볼 필요가 있다.

(3) 제안요청서 발행

기업은 새로운 제품이나 서비스를 찾을 때 다양한 방법을 활용한다. RFP(Request for Proposal)와 RFI(Request for Information)는 그 대표적인 방법이다.

RFP는 기업이 특정 요구사항을 가지고 있을 때 사용하는 도구이다. 구체적인 사양, 기능, 가격, 평가 기준 등을 명시하여 벤더들에게 제안서 제출을 요청한다. 이를 통해 기업은 벤더들의 역량과 경험을 면밀히 평가할 수 있다. 벤더들은 기업의 요구사항을 충족시킬 수 있는 최선의 솔루션을 제안하게 된다.

한편 RFI는 제품 및 서비스에 대한 일반적인 정보를 수집하는 데 사용된다. 기업은 RFI를 통해 시장에서 이용 가능한 옵션들을 파악하고 자사의 요구사항을 더 잘 이해할 수 있다. 이를 바탕으로 향후 RFP 발행 시 보다 정확한 사양을 제시할 수 있다.

RFP와 RFI는 각각 다른 목적을 가지고 있지만, 둘 다 기업이 최적의 솔루션을 찾는 데 도움이 된다. 기업은 자사의 필요에 따라 적절한 방법을 선택하여 벤더 선정 과정을 진행할 수 있다.

기업이 자체적으로 요구사항과 제품 또는 서비스에 대한 명세서를 작성하는 과정은 매우 중요하다. 이 명세서에는 단순한 기술적 사양뿐만 아니라 다양한 상업적인 조건들이 포함된다. 예를 들어, 지불 조건에는 대금 결제 방식, 할인율, 결제 기한 등이 명시되며, 유지보수 조건에는 제품 수리, 부품 교체, 정기 점검 등의 사항이 포함된다. 또한 판매 이후 서비스 조건에는 AS 센터 운영, 불량품 교환, 사용자 교육 등이 명시된다.

이렇게 작성된 명세서는 추후 벤더들에게 제시되어 제안서 작성의 기준이 된다. 벤더들은 이 명세서를 토대로 자사의 제품 및 서비스가 고객의 요구사항을 충족할 수 있는지 검토하고, 가격과 납기, 품질 보증 등의 조건을 제안하게 된다.

이처럼 기업은 RFP/RFI 발행, 명세서 작성, 제안요청서 작성 등의 단계를 거쳐 최적의 제품 및 서비스 공급업체를 선정하게 된다. 이 과정에서 각 단계의 세부 내용과 절차들이 구매 결정에 중요한 역할을 하게 된다.

3.2 구매 단계

(1) 제안 평가 및 공급업체 선정

구매 프로세스의 이 단계에서는 공급업체 선정을 위한 종합적이고 체계적인 평가가 이루어진다. 기업은 공급업체들이 제출한 제안서와 입찰서를 면밀히 검토하여, 기술적, 경제적, 비즈니스적 측면에서 각 업체의 역량과 자격을 종합적으로 분석한다.

제품 및 서비스 구매의사결정은 복잡한 과정이다. 단순히 제품 자체의 특성만이 아니라 공급업체의 전반적인 역량에 대한 심도 있는 평가가 이루어진다. 우선 제품/서비스의 기능, 성능, 가격 등의 요소를 면밀히 검토하여 구매 요구사항을 충족시킬 수 있는지 확인한다. 이와 더불어 A/S 정책, 배송 및 납기 관리, 품질관리 등 사후 서비스에 대한 평가도 진행된다. 한편 공급업체의 역량 또한 종합적으로 평가한다. 재무건전성, 기술 수준, 생산 능력, 인력 관리, 혁신 역량 등 다양한 기준을 통해 공급업체의 지속가능성과 안정성을 검토하며 업체의 과거 실적, 명성, 고객 만족도 등도 함께 평가한다.

이와 같은 다각적인 평가를 통해 기업은 자사의 요구사항을 가장 잘 충족시킬 수 있는 최적의 공급업체를 선정할 수 있게 된다. 이는 구매의사결정의 위험을 최소화하고 안정적인 공급망을 확보하는 데 도움이 된다.

이 단계에서의 철저한 공급업체 평가는 향후 원활한 구매 및 안정적인 공급망 관리를 위한 필수적인 절차라고 할 수 있다. 기업은 이 단계에서 내린 결정이 향후 구매 프로세스 전반에 중요한 영향을 미치게 될 것임을 인지하고, 객관적이고 엄격한 평가를 수행해야 한다. 특히 중요한 구매의 경우에는 구매센터의 다양한 구성원들이 참여하여 공급업체에서 제안서에 대한 발표를 듣고 종합적으로 평가하게 된다. 이러한 구매의사결정 프로세스에는 구매담당자, 재무담당자, 기술 전문가, 사용자 대표 등 다양한 이해관계자들이 포함된다. 구성원들은 자신의 전문성과 관점에 따라 제안서를 면밀히 검토하고 분석한다. 예를 들어, 구매담당자는 가격, 납품 일정, 결제 조건 등을 확인하고, 재무담당자는 제안서의 재무적 타당성을 평가한다. 또한 기술 전문가는 제안된 제품이나 서비스의 기술적 사양과 품질을 검토하며, 사용자 대표는 실제 사용성과 편의성 등을 점검한다.

이러한 종합적인 평가 과정을 통해 구매센터는 공급업체의 제안서를 다양한 관점에서 면밀히 검토하고 최종적인 구매의사결정을 내리게 된다. 이는 중요한 구매 결정에 있어 보다 신중하고 객관적인 의사결정을 가능하게 한다. 평가 과정에서는 기업의 요구사항과 명세서에 부합하는 적절한 공급업체를 선별하는 것이 핵심이다. 이를 위해 명확한 내부 기준을 마련하고, 심도 있게 검토하여 최종적으로 최적의 공급업체를 선정하게 된다.

(2) 협상 및 계약 체결

협상 및 계약 체결 단계에서는 선정된 벤더와 다양한 요소들을 협상하고 계약서를 작성하는 것이 중요하다.

먼저, 구매자와 공급업체는 계약서 작성을 위해 중요한 요소들을 집중적으로 협상한다. 가격이 특히 중요한데, 구매자는 자신의 예산 내에서 최저 가격을 원하지만, 공급업체는 충분한 이윤을 확보하고자 한다. 이를 위해 양측은 적절한 가격 타협점을 찾아야 한다. 계약조건 역시 꼼꼼히 검토되어야 한다. 배송 일정, 결제 방식, 반품/교환 정책 등 세부적인 사항들이 구매자와 공급업체의 이해관계에 따라 조율된다. 특히 A/S 내용은 제품의 품질과 직결되므로 양측 모두 만족할 수 있는 수준으로 합의해야 한다.

이처럼 계약서 작성 과정에는 구매자와 공급업체의 이해관계가 상충되는 부분이 많다. 따라서 상호 신뢰를 바탕으로 충분한 소통과 타협이 필요하다. 양측이 모두 만족할 수 있는 선에서 합의점을 찾아가는 협상 과정이 중요하다.

계약서는 사업 관계에서 매우 중요한 문서이다. 따라서 전문가의 도움을 받아 세심하게 검토하는 것이 필요하다. 계약서에는 양 당사자의 권리와 의무, 지적 재산권, 분쟁 해결 절차 등이 상세히 명시되어야 한다. 이를 통해 향후 발생할 수 있는 분쟁을 사전에 예방하고 원활한 협력 관계를 유지할 수 있다.

계약서 검토 시 특히 주의를 기울여야 할 부분은 각 당사자의 권리와 의무가 명확히 정의되어 있는지 확인해야 한다. 예를 들어, 납품 일정, 대금 지급 조건, 하자 보증 기간 등이 명시되어 있어야 하고 지적 재산권 보호와 관련한 조항도 꼼꼼히 살펴봐야 한다. 만약 분쟁이 발생할 경우를 대비해 중재 및 소송 절차 등 해결 방안도 계약서에 포함되어 있어야 한다.

계약서 검토 과정에서 발견된 문제점은 즉시 협의하여 수정하는 것이 중요하다. 이를 통해 향후 발생할 수 있는 분쟁 요인을 사전에 제거할 수 있다. 또한 계약서 내용에 대한 양 당사자의 충분한 이해와 동의가 이루어져야 한다. 이는 원활한 사업 수행을 위한 필수적인 요소이다.

또한 계약 체결 과정에서 구매자는 여러 공급업체 간의 경쟁을 유도할 수 있다. 이를 위해 우선 협상대상자 선정 등의 절차를 거친다. 이를 통해 구매자는 보다 나은 품질과 가격의 제품이나 서비스를 확보할 수 있다.

최종적으로는 사전에 정해진 공정한 기준에 따라 적합한 공급업체를 선정하게 된다. 이 과정에서 구매자와 공급업체 간의 상호 이해와 타협이 필요하다. 계약 체결 단계는 단순히 거래 조건을 정하는 것 이상의 의미를 갖는다. 법적 보호와 공정한 경쟁을 보장하는 것이 중요하기 때문이다. 이를 통해 공정한 거래 관행을 확립하고, 당사자들의 권익을 보호할 수 있다.

(3) 납품 및 구현

제품이나 서비스를 납품하기 위해서는 먼저 구체적이고 체계적인 계획을 수립해야 한다. 이를 통해 납품 과정에서 발생할 수 있는 문제들을 미리 예방하고 효율적으로 대응할 수 있다. 새로운 시스템을 도입할 때는 직원들에게 충분한 교육을 제공해야 한다. 단순히 시스템의 사용법만 알려주는 것이 아니라 시스템의 다양한 기능과 활용 방법에 대해서도 자세히 설명해야 한다. 이를 통해 직원들이 새로운 시스템을 편리하고 효율적으로 사용할 수 있게 된다.

더 나아가 시스템 도입 후에도 지속적으로 직원들의 반응을 모니터링하고 추가 교육을 실시해야 한다. 이를 통해 직원들의 숙련도를 높이고, 시스템의 전반적인 활용도를 향상시킬 수 있다. 결과적으로 새로운 시스템의 도입이 성공적으로 이루어지고, 업무 생산성 향상으로 이어질 수 있다.

또한 정기적인 모니터링과 피드백 수집은 사용자 요구사항을 파악하는 데 중요하다. 이를 통해 개발팀은 사용자의 실제 경험과 니즈를 이해할 수 있으며, 이를 바탕으로 시스템을 지속적으로 개선할 수 있다. 예를 들어, 정기적인 설문조사나 사용성 테스트를 실시하여 사용자들이 겪는 어려움과 불편사항을 파악할 수 있다. 실시간 피드백 채널을 마련하여 사용자들이 즉시 의견을 전달할 수 있게 하는 것도 좋다. 이렇게 수집된 정보를 면밀히 분석하고 우선순위를 정해 시스템 개선에 반영하면 사용자 만족도를 지속적으로 높일 수 있다.

아울러 전문 서비스 엔지니어를 배치하여 사용자들의 문의와 요청 사항을 신속하게 처리하고, 정기적인 교육 및 기술 지원을 제공함으로써 사용자들의 시스템 활용도를 높일 수 있다. 이를 통해 사용자 경험을 지속적으로 개선하고, 시스템의 안정적인 운영을 보장할 수 있다.

3.3 구매 후 관리

(1) 성과 평가 및 품질관리

지속적인 제품/서비스 성과 관리와 모니터링은 매우 중요하다. 정기적으로 목표 달성도를 평가하고, 다양한 핵심성과지표(KPI)를 활용하여 성과를 지속적으로 측정하고 분석한다. 이를 통해 문제점을 신속하게 발견하고 개선해 나갈 수 있다.

정기적으로 사용자 만족도 조사를 실시하여 고객의 의견을 수렴하고, 개선이 필요한 부분을 파악한다. 고객의 피드백을 체계적으로 분석하여 제품/서비스의 기능, 편의성, 사용성 등을 개선함으로써 사용자 만족도를 향상시킬 수 있다.

이와 같은 노력을 통해 제품/서비스가 지속적으로 개선되고, 고객의 요구사항을 능동적으로 반영할 수 있다. 나아가 고객 만족도 제고와 기업의 경쟁력 강화로 이어질 것이다.

체계적인 품질관리 시스템을 구축하여 제품 및 서비스의 안전성, 신뢰성, 내구성 등을 지속적으로 관리하고 있다. 이를 위해 엄격한 품질 검사 절차를 거치며, 불량품 발생 시 원인을 분석하고 개선 방안을 마련하는 품질 개선 활동을 펼치고 있다. 원자재 입고부터 생산, 출하 단계까지 각 공정에서 발생할 수 있는 품질 문제를 사전에 예방하고 관리하여 최종적으로 고객에게 안전하고 우수한 제품 및 서비스를 제공할 수 있도록 하고 있다.

이처럼 체계적인 품질관리 시스템을 통해 제품/서비스의 품질 수준을 높이고, 고객 만족도 향상과 더불어 기업의 브랜드 이미지 제고에도 큰 기여를 하고 있다. 나아가 이러한 노력은 지속적인 혁신과 경쟁력 강화로 이어져, 국내외 시장에서 기업의 입지를 공고히 다져나가는 데 도움이 되고 있다.

사용자 데이터 분석, 제품 테스트, 품질 감사 등 다양한 방법을 통해 제품이나 서비스의 문제점을 지속적으로 찾아내고 개선해 나가는 노력이 필요하다. 이러한 과정을 통해 고객의 불만 사항을 파악하고 이를 해결함으로써 고객 만족도와 신뢰도를 높일 수 있다.

이와 같은 노력은 단순히 제품이나 서비스의 기술적 완성도를 높이는 데 그치지 않고, 고객 중심의 관점에서 사용자 경험을 개선하는 데 초점을 맞추게 된다. 이를 통해 궁극적으로 고객 만족과 기업의 경쟁력 향상이라는 목표를 달성할 수 있다.

(2) 유지 관리 및 A/S

제품이나 서비스의 성능을 최적의 상태로 유지하기 위해서는 정기적인 점검 및 관리가 필수적이다. 제품/서비스에 문제가 발생하면 신속하게 원인을 파악하고 대응할 수 있어야 한다.

A/S 지원의 경우, 사용자의 문의나 불편 사항을 신속하고 효율적으로 처리하여 고객 만족도를 높일 수 있다. 전문적인 기술 지원과 함께 편리한 A/S 절차를 마련하면 사용자들의 불편함을 최소화할 수 있다. 정기적인 예방점검, 신속한 문제 대응, 효율적인 A/S 지원 등을 통해 제품 및 서비스의 지속적인 품질 향상과 사용자 만족도 제고가 가능하다. 이를 통해 고객과의 신뢰관계를 공고히 구축할 수 있을 것이다.

사용자 교육을 지속적으로 제공하여 제품/서비스의 올바른 사용법과 활용 능력을 높인다. 이를 통해 고객 만족도를 향상시킬 수 있으며, 사용자 피드백을 적극적으로 수집하여 개선 사항을 반영함으로써 지속적인 제품/서비스 발전을 도모할 수 있다.

또한 사용자 커뮤니티를 활성화하여 사용자 간 경험과 노하우를 공유할 수 있는 장을 마련하고, 이를 통해 사용자들의 자발적인 문제 해결 능력을 높일 수 있다. 이를 통해 사용자의 만족도 향상은 물론, 제품/서비스에 대한 충성도 제고로 이어질 수 있다.

구매 후에도 지속적인 고객 관리를 통해 보다 견고한 관계를 구축할 수 있다. 구체적으로, 정기적인 고객 만족도 조사와 피드백 수렴을 통해 고객의 니즈와 요구사항을 세부적으로 파악할 수 있다. 이를 바탕으로 고객 개개인의 특성과 선호도에 맞춘 맞춤형 사후관리 서비스를 제공함으로써 고객의 만족도와 신뢰를 높일 수 있다.

(3) 지속적 관계 관리

구매 계약이 체결된 이후에도 구매자와 공급업체 간의 지속적인 관리와 협력이 매우 중요하다. 정기적인 회의와 소통을 통해 원활한 파트너십을 유지하고 개선해 나가는 것이 필요하다. 단순히 계약서상의 내용만을 확인하는 것이 아니라, 구매 제품이나 서비스의 품질, 납기, 비용 등 다양한 측면에서 상호 피드백을 주고받아야 한다.

더 나아가 정기적인 현장 방문과 실사를 통해 공급업체의 생산 및 품질관리 역량을 점검하고, 개선이 필요한 부분을 파악하여 협력하여 해결책을 모색해야 한다. 또한 공급업체의 경영 현황과 재무 정보를 면밀히 모니터링하여 리스크를 사전에 파악하고 대응할 수 있어야 한다. 이를 통해 구매자와 공급업체 간의 신뢰관계를 구축하고, 문제 발생 시 신속하게 대응할 수 있다. 공급업체의 기술 동향이나 새로운 솔루션 등을 파악하여 차후 구매 계획에 반영할 수 있다. 공급업체의 생산 능력과 품질관리체계를 정기적으로 모니터링하여 안정적인 물품 공급을 보장받을 수 있다. 이를 통해 구매자는 생산 계획 수립과 재고관리에 활용할 수 있는 정보를 확보하고, 공급업체와의 긴밀한 협력관계를 바탕으로 시장 변화에 능동적으로 대응할 수 있게 된다.

영업실전 사례 9-2

“미안하지만, 비즈니스를 정(情)으로 하십니까”

2000년 초 의약분업 전 종합병원 항생제 단가협상 과정에 있었던 사례를 설명하고자 한다.

제약산업에서 종합병원 항생제 처방 규모와 비중은 매우 크다고 할 수 있다. 그만큼 경쟁도 치열한 제품이다. 병원 측면에서는 어떤 제품을 사용하든 병원에 이익이 되는 것이 중요하였고, 제약사 입장에서는 매출뿐만 아니라 상징성(대학병원에서 사용되고 있다) 때문에 총력을 다할 수밖에 없었다. 특히, 해당 대학병원은 타 병원과 다르게 자회사 도매업체를 통한 입찰 방식을 채택하고 있어 경쟁이 더욱 치열할 수밖에 없었다. 병원은 슈퍼 "갑"이라고 할 수 있다.

오리지널 다국적 제약사와 국내 제약사와의 입찰 전쟁이라고 표현할 수 있다. 다국적 제약사 입장에서는 글로벌 약가 유지를 위해 입찰단가 자체가 국내 제약사보다 높을 수밖에 없는 단점을 보완하기 위해 오리지널리티(Originality)와 의사들(실제 사용자)이 선호하고 추천하는 장점을 최대화하여 단독입찰을 이끌어 내는 것이 중요한 사항이었다. 이런 상황을 잘 인지하고 있었던 영업담당자는 Key Dr.s에게 단독입찰이 필요한 사유와 의견을 받아 약제부에 제출하였고, 약제부도 입찰 성분을 종합하여 도매업체에 전달한 상황이었다.

그러나 입찰을 담당하는 도매업체에서는 항생제 단독입찰은 불가하니 기존 성분별 입찰에 참여하라는 통보를 받게 되었다. 아마도 병원재단에서 지침이 내려온 것으로 추측되었다. 해당 영업담당자는 3년 동안 구매담당 책임자와 좋은 관계를 맺고 있었기 때문에 더욱 충격적이었다. 이에 무슨 이유인지 확인하러 갔지만 돌아온 대답은 딱 한마디였다.

"미안하지만, 비즈니스를 정(情)으로 하십니까?"

결국, 병원 재단은 경제적 이익이 되는 제품을 선택하는 방향으로 정책이 결정되었고, 어부지리로 국내 제약사들 간 최저 단가 입찰이 되는 상황이 되었다.

영업담당자의 정신적 충격은 매우 컸다. 병원 입찰보다 사람에 대한 실망이 더욱 컸기 때문이다. 3년 동안 구매담당자와 관계구축을 형성하였고, 그 누구보다도 열심히 공을 들였기 때문이다. 이처럼 비즈니스 세계의 냉정함을 보여준 사례라고 할 수 있다.

▪ **시사점** : B2B 구매과정은 매우 복잡하고 길다. 그러므로 여러 변수가 많이 발생할 수도 있다. 본 사례는 비즈니스의 비정함도 있지만, 실제 사용자의 의견이 반영되지 않고 의사결정권자에 의해 구매가 결정되었던 사례이다. 결론적으로, 기업의 숨겨진 욕구(Interest) 사항을 정확히 파악하는 것이 중요함을 인지할 수 있었다(본문 협상의 준비 : BATNA 참조).

≫ 영업의 새로운 생각

1. B2B 구매과정은 B2C에 비해 많은 시간이 소요된다. 그 이유는 무엇인가?
2. B2B 구매센터의 구성원은 누구이며, 어떤 역할을 하고 있는가?
3. 상기 사례와 같이 구매센터의 구성원 중 구매의사결정에 가장 큰 영향을 미치는 것은 누구인가?

Chapter 10

법인고객가치영업의 실전전략

법인고객의 니즈와 요구사항을 심도 깊게 파악하는 것이 중요하다. 이를 위해서는 고객의 비즈니스 환경과 운영 방식, 핵심 이슈 등을 면밀히 분석하여 고객가치를 향상시킬 수 있는 요소를 도출해야 한다. 기존 서비스와 솔루션에 대한 활용도와 만족도를 파악하고, 개선이 필요한 부분을 집중적으로 진단해야 한다.

이러한 진단결과를 토대로 법인고객영업 목표와 성과지표를 설정하고, 이에 맞는 영업 전략을 수립해야 한다. 고객의 요구사항과 구현 가능한 서비스/솔루션을 꼼꼼히 검토하여, 실질적으로 도움이 될 수 있는 고객 맞춤형 솔루션 전략을 수립해야 한다.

더불어 법인고객의 고유한 특성과 요구사항을 반영하여 고객의 제공가치를 정의하고 차별화된 솔루션을 설계하여 고객의 비즈니스 프로세스와 원활히 통합될 수 있는 완성도 높은 솔루션을 제안해야 한다.

이 제안은 고객맞춤형 솔루션으로 투자 대비 실질적인 효과를 보여주어야 하며 적절한 가격 모델과 유지보수/지원 계획을 포함하여 종합적인 제안을 수립함으로써 고객가치를 극대화할 수 있다.

1. 법인고객가치영업의 진단

법인고객가치영업 진단은 고객가치 창출, 영업 효율성 제고, 고객 만족도 증대가 목표이며 기업의 영업활동, 특히 법인고객을 대상으로 하는 영업활동의 효과성을 체계적으로 평가하고 개선하는 데 도움을 주는 프로세스이다. 이는 기업이 고객에게 제공하는 가치를 파악하고, 이를 극대화할 수 있는 영업 전략을 수립하는 데 핵심적인 역할을 한다. 법인고객가치영업 진단을 통해 기업의 핵심 영업활동을 체계적으로 분석하고 개선하여, 고객에게 차별화된 가치를 제공하고 영업성과를 극대화하는 데 기여할 수 있다.

1.1 법인고객의 영업 전략 진단

법인고객영업 전략 진단은 기업의 장기적인 성장과 지속가능성을 위해 중요한 프로세스이다. 이를 통해 기업은 자신의 경쟁력과 시장 지위를 정확히 파악할 수 있다. 우선, 타깃 고객을 면밀히 분석하여 니즈와 요구사항을 깊이 있게 이해해야 한다. 이를 바탕으로 고객에게 차별화된 가치를 제공할 수 있는 솔루션을 개발해야 한다. 경쟁사의 강점과 약점을 면밀히 분석하여 자사의 경쟁우위를 확보할 수 있는 전략을 수립해야 한다. 나아가 이러한 진단 결과를 토대로 시장 변화에 신속하게 대응할 수 있는 유연한 영업 전략을 수립해야 한다.

(1) 법인고객의 타깃 고객층 선정 및 분석의 적정성

법인영업에서 타깃 고객층을 정확하게 선정하고 분석하는 것은 중요하다. 이는 한정된 자원을 효율적으로 활용하여 최대의 성과를 거두기 위해서이다. 우선, 법인고객의 특성, 니즈, 구매 행동 등을 면밀히 분석할 필요가 있다. 산업군, 규모, 지역, 구매 패턴 등 다양한 관점에서 고객을 세분화하고 각 세그먼트별 특성을 파악해야 한다. 이를 통해 가장 매력적이고 잠재력 있는 타깃 고객층을 선별할 수 있다.

또한 선정된 타깃 고객에 대한 깊이 있는 이해가 필요하다. 이들의 의사결정 프로세스, 구매 기준, 선호도 등을 면밀히 분석하여 효과적인 영업 전략을 수립해야 한다. 나아가 경쟁사의 동향을 파악하고 차별화된 가치 제안을 개발하는 것도 중요하다.

이처럼 법인영업에서 타깃 고객층 선정 및 분석은 성공적인 영업활동을 위한 필수적인 과정이다. 체계적이고 심층적인 고객 분석을 통해 한정된 자원을 최적으로 배분하고 효율적인 영업활동을 펼칠 수 있다.

【핵심질문】

- 어떤 법인고객에게 집중해야 할까?
- 타깃 법인고객층의 특징은 무엇이며, 그들의 니즈와 문제점은 무엇인가?
- 타깃 법인고객층의 구매 결정 과정은 어떻게 진행되나?
- 타깃 법인고객층을 얼마나 정확하게 파악하고 있나?
- 타깃 법인고객층을 효과적으로 공략하기 위한 전략은 무엇인가?

단순히 어떤 고객에게 집중해야 할지 결정하는 것뿐만 아니라, 보다 심도 있는 고객 분석이 필요하다. 고객 타깃팅과 세분화를 위해서는 고객의 특성을 면밀히 파악해야 한다. 먼저, 타깃 법인고객층의 산업군, 규모, 지리적 분포, 구매 이력, 구매 행태 등을 세부적으로 조사해야 하고 이를 통해 단순히 고객의 요구사항과 문제점을 파악하는 것을 넘어, 고객의 의사결정 프로세스와 주요 영향 요인을 이해할 수 있다.

더 나아가 타깃 고객층에 대한 정성적, 정량적 분석을 통해 고객을 세분화하고 그들의 특성을 보다 정확히 파악해야 한다. 이를 바탕으로 고객별 니즈와 제품/서비스에 대한 선호도를 파악할 수 있다. 이를 통해 고객의 세부적인 구매 패턴과 행태를 이해하고, 이를 기반으로 한 차별화된 영업 전략을 수립할 수 있다.

(2) 정부의 산업정책 등 거시환경 변화의 대응력

정부의 산업정책 등 거시적 환경 변화에 대한 기업의 대응력은 중요하다. 기업은 급변하는 정치, 경제, 사회, 기술환경 속에서 생존하고 성장해야 하기 때문이다. 특히 정부의 정책적 변화는 기업 운영에 큰 영향을 미치므로, 이에 대한 신속하고 효과적인 대응이 필요하다.

예를 들어, 정부가 특정 산업에 세금 혜택을 제공하면 해당 기업들은 이를 활용하여 가격 경쟁력을 높이거나, 연구개발에 투자하여 기술 경쟁력을 강화할 수 있다. 반면에 정부가 특정 산업에 대한 규제를 강화하면 기업은 새로운 사업모델을 마련해야 한다. 예를 들어, 친환경 기술 개발, 공정 혁신, 제품 차별화 등의 전략을 통해 규제 강화에 대응해야 한다.

따라서 기업은 정부의 정책동향을 면밀히 모니터링하고, 다양한 시나리오 분석을 통해 선제적으로 대응책을 마련해야 한다. 또한 정부와의 소통 채널을 확보하여 기업의 입장을 효과적으로 전달하고, 정책 결정 과정에 참여함으로써 기업에 유리한 방향으로 정책이 수립되도록 해야 한다.

이처럼 기업의 장기적인 성장과 경쟁력 확보를 위해서는 거시 환경 변화에 대한 깊이 있는 이해와 신속한 대응 능력이 필수적이다. 특히 정부의 정책이 기업에 미치는 영향력이 크기 때문에, 정부와의 긍정적인 관계 구축과 효과적인 소통 전략이 중요하다고 할 수 있다.

【핵심질문】

- 변화하는 환경을 파악하고 분석할 수 있는 능력이 있는가?
- 변화에 대한 위협과 기회를 신속하게 식별할 수 있는가?
- 변화에 대응하기 위한 전략을 수립하고 실행할 수 있는가?
- 변화에 대한 조직 내 의사소통과 협업을 효과적으로 이끌 수 있는가?
- 변화에 대한 리스크를 관리하고 대비할 수 있는가?

빠르게 변화하는 환경에 효과적으로 대응하는 능력은 기업의 생존과 성장을 위해 매우 중요하다. 이를 위해서는 다음과 같은 다양한 역량이 필요하다.

첫째, 변화 감지 및 분석 능력이다. 기업은 산업, 정부 정책, 기술, 소비자 동향 등 다양한 측면에서 환경 변화를 지속적으로 모니터링하고 분석해야 한다. 거시경제 지표, 산업 동향, 경쟁사 동향 등을 면밀히 파악하여 변화의 방향과 강도를 정확히 예측할 수 있어야 한다. 이를 위해 데이터 분석 역량과 통찰력 있는 전략적 사고가 필요하다.

둘째, 신속한 대응 역량이다. 기업은 변화에 따른 위협과 기회를 신속하게 파악하고 분석해야 한다. 그리고 변화에 효과적으로 대응하기 위한 전략을 신속하게 수립하고 실행에 옮겨야 한다. 또한 시장 상황의 변화에 맞춰 전략을 지속적으로 수정 및 보완할 수 있어야 한다. 이를 위해서는 민첩성과 유연성이 필요하며, 의사결정 프로세스의 효율성을 높일 수 있어야 한다.

셋째, 조직 내 변화 관리 능력이다. 기업은 변화에 대한 구성원들의 이해와 공감대를 형성해야 한다. 효과적인 내부 의사소통과 협업 체계를 구축하여 변화에 능동적으로 대응할 수 있도록 해야 한다. 또한 변화에 따른 조직 구조, 업무 프로세스, 조직문화 등의 혁신을 이끌어낼 수 있어야 한다. 이를 위해서는 변화 관리 역량과 리더십이 필요하다.

넷째, 리스크 관리 역량이다. 기업은 변화에 따른 다양한 리스크를 사전에 식별하고 체계적으로 관리해야 한다. 리스크 대응 시나리오를 사전에 준비하고, 신속한 의사결정 체계를 마련할 수 있어야 한다. 또한 변화 관리를 위한 자금, 인력, 기술 등의 자원을 적시에 확보할 수 있어야 한다. 이를 통해 변화에 따른 불확실성을 효과적으로 관리할 수 있다.

이와 같은 종합적인 역량을 갖추고 지속적으로 강화해 나가는 것이 기업이 급변하는 환경 변화에 효과적으로 대응하고 경쟁우위를 확보하는 데 필수적이다. 이를 통해 기업은 새로운 기회를 창출하고 지속가능한 성장을 이룰 수 있을 것이다.

(3) 법인고객의 가치 제안 및 차별화 전략의 명확성

기업이 법인고객에게 제공하는 가치 제안이 명확하고 설득력 있게 전달되는 것이 중요하다. 고객에게 어떤 혜택을 주며, 경쟁사와 어떻게 차별화되는지를 분명하게 보여줘야 한다. 이는 고객의 구매의사결정에 큰 영향을 미치게 되고 고객은 기업이 제안하는 가치와 차별화된 전략을 잘 이해하고 공감할 때 구매로 이어지기 때문이다.

따라서 기업은 고객에게 제공하는 가치와 차별화 전략을 면밀히 검토해야 한다. 고객의 니즈와 기대에 부합하는지, 경쟁사와 비교해 얼마나 차별화되고 경쟁력 있는지를 진단해야 한다. 이를 통해 고객에게 더욱 매력적인 제안을 할 수 있게 된다.

【핵심질문】

- 우리 기업은 고객에게 어떤 가치를 제공하는가?
- 경쟁사 대비 어떤 차별화된 가치를 제공하는가?
- 고객은 우리 기업의 가치 제안을 매력적으로 생각하는가?
- 가치 제안을 효과적으로 전달하고 있는가?

기업이 법인고객에게 제공할 수 있는 가치와 차별화된 전략을 마련하는 것은 중요하다. 먼저, 법인고객의 구체적인 니즈와 요구사항을 면밀히 파악해야 한다. 이를 위해 정기적인 고객 인터뷰, 설문조사, 데이터 분석 등을 실시하여 고객의 현재 어려움과 미래 발전 방향을 파악해야 한다. 특히 고객의 핵심 비즈니스 목표, 운영 과제, 리스크 요인 등을 세부적으로 분석하여 이에 부합하는 구체적인 해결책을 제시해야 한다.

다음으로, 경쟁사의 제안과 고객 니즈를 바탕으로 핵심 가치를 제안해야 한다. 이는 기업이 고객에게 제공하는 핵심적인 가치를 명확히 정의하는 것을 의미한다. 이 가치 제안은 경쟁사들의 제품이나 서비스와 뚜렷하게 구분되는 독특한 혜택을 제시해야 한다. 단순히 저렴한 가격, 우수한 품질, 다양한 기능 등의 단일 측면에서의 경쟁력 확보를 넘어서, 고객의 다양한 니즈와 요구사항을 총체적으로 충족시킬 수 있는 맞춤형 솔루션을 제공해야 한다.

더 나아가 기업은 고객과의 지속적인 의사소통을 통해 고객들의 정보를 수집하고 분석해야 한다. 이를 통해 고객의 요구사항과 선호도를 깊이 있게 이해하고, 이를 바탕으로 핵심 가치 제안을 지속적으로 개선해나가는 것이 중요하다. 이렇게 고객의 니즈를 충족시키고 고객과의 신뢰관계를 강화함으로써, 기업의 경쟁력을 높일 수 있다. 이와 같은 핵심 가치 제안을 통해 기업은 고객에게 차별화된 가치를 제공하고, 고객의 만족도와 충성도를 높일 수 있으며 시장에서의 경쟁우위를 확보함으로써 지속가능한 성장을 이룰 수 있을 것이다.

이를 위해 기술 혁신, 전문성, 고객 맞춤화, 원스톱 솔루션 제공뿐만 아니라 신속한 대응력, 차별화된 사후관리, 고객 신뢰 제고 등 다양한 측면에서 경쟁력을 확보해야 한다. 또한 이러한 차별화 요소를 바탕으로 고객에게 제공할 수 있는 실질적인 가치를 구체화하고, 이를 효과적으로 전달할 수 있는 영업 전략을 수립해야 한다.

마지막으로, 고객과의 지속적인 소통과 협력을 통해 가치 제안의 적절성과 전달 방식을 개선해나가야 한다. 단순히 일회성 피드백이 아닌 정기적인 고객 리뷰 과정을 거쳐 우리의 가치 제안이 고객에게 얼마나 매력적으로 여겨지고 있는지, 그리고 고객의 추가적인 요구사항은 무엇인지를 지속적으로 파악해야 한다. 이를 바탕으로 우리의 솔루션과 서비스를 지속적으로 개선하고, 고객과의 상호 신뢰와 협력 관계를 강화해나가야 할 것이다.

(4) 경쟁우위 확보 방안의 타당성

법인고객의 경쟁우위 확보 방안의 타당성에 대해 보다 자세히 살펴볼 필요가 있다. 이를 위해서는 다음과 같은 측면을 고려해 볼 수 있다.

첫째, 법인고객의 독특한 요구사항을 정확히 파악하고 이에 맞는 차별화된 서비스를 제공해야 한다. 법인고객은 일반 고객과는 다른 특성을 가지고 있기 때문에, 이들의 니즈를 깊이 있게 분석하여 맞춤형 솔루션을 제시해야 경쟁력을 확보할 수 있다.

둘째, 법인고객의 유형과 특성에 따른 세분화 전략을 수립해야 한다. 법인고객은 개인적, 문화적, 사회적 배경에 따라 다양한 특성을 보이므로, 이를 면밀히 파악하여 각 세분 시장에 적합한 전략을 수립해야 한다.

셋째, 법인고객의 니즈 변화에 신속히 대응할 수 있는 민첩성이 필요하다. 글로벌화와 디지털화가 가속화되면서 법인고객의 요구사항도 빠르게 변화하고 있기 때문에, 이에 발맞춰 신속하게 대응할 수 있는 조직 역량이 중요하다.

넷째, 법인고객에 대한 지속적인 관심과 투자가 필요하다. 법인고객을 확보하고 유지하기 위해서는 장기적인 관점에서 인력, 자금, 기술 등 다양한 자원을 투입해야 한다.

이러한 방안들이 종합적으로 고려될 때, 법인고객의 경쟁우위 확보가 보다 효과적으로 달성될 수 있을 것이다.

【핵심질문】

- 경쟁사 대비 어떤 경쟁우위를 가지고 있나?
- 경쟁우위를 지속적으로 유지할 수 있는가?
- 경쟁우위가 실제로 영업성과 향상으로 이어질 수 있나?

사업체가 경쟁에서 앞서기 위해서는 경쟁사와 차별화된 강점이 무엇인지 파악하고, 이를 지속적으로 유지할 수 있어야 한다. 이를 위해서는 시장 트렌드를 지속적으로 모니터링하고, 고객의 니즈와 선호도를 깊이 있게 이해해야 한다. 또한 내부역량을 강화하여 차별화된 제품이나 서비스를 개발하는 것이 중요하다. 실제로 이러한 차별화된 경쟁력이 매출 및 수익 증가로 이어질 수 있는지 확인해봐야 한다. 단순히 경쟁사와 비교했을 때 강점이 있다고 해서 실제 매출로 이어지는 것은 아니다. 시장의 반응을 면밀히 관찰하고, 고객의 구매 행동을 이해하여 효과적인 영업전략을 수립해야 한다.

경쟁사와 비교해서 어떤 장점을 보유하고 있는지 명확히 이해하고 있어야 한다. 이를 위해서는 경쟁사의 제품, 서비스, 가격, 유통 채널 등을 면밀히 분석해야 한다. 자사의 강점과 약점을 정확히 파악하여 경쟁사와의 차별성을 명확히 인지하고 있어야 한다.

이러한 요소들을 균형 있게 고려하여 경쟁우위를 확보하고 실제 영업성과로 연결되도록 해야 한다. 지속적인 모니터링과 개선 활동을 통해 시장 지배력을 강화하고, 고객과의 신뢰관계를 더욱 공고히 해나가는 것이 중요하다.

영업실전 사례 10-1

"비만 치료제 시장 성공과 실패, 그리고 영업 전략 변경"

2000년 초 비만치료제 "올리스타트"가 국내에 런칭되면서 "비만도 병"이라는 캠페인과 병원의 비만크리닉 개설 증가 등, 비만 시장이 증폭되는 시기였다. 초기 마케팅 전략은 새로운 시장을 개발하고 비만과 관련된 소비자 인식과 제품 브랜드 홍보를 위한 DTC(Direct to Consumer) 마케팅, 그리고 영업인력을 비만 컨설턴트 수준으로 교육하고 현장에 투입하였기 때문이다. 모든 것이 전략대로 실행되었고 초기 엄청난 결과를 나타내게 되었다. 발매 1년 만에 100억 이상 매출을 달성하였기 때문이다. 초기 비만 치료제 시장에서 선점효과로 발매 3년차까지는 승승장구였다. 그러나 경쟁품 "시부트라민" 식욕억제제가 런칭되면서, 올리스타트가 대체되기 시작하였다. 시부트라민도 파격적으로 다국적사와 국내회사와의 코-프로모션(Co-Pomotion) 전략을 실행하여 생각보다 빠르게 점유율을 확대해 나갔다. 회사에서의 전략은 두 제품다 다국적 제약사 제품이고 글로벌 브랜드 제품이라 서로 경쟁품 대응 전략을 활용하였다. 보완제 개념이 아닌 완전 대체재 개념으로의 접근이였다. 올리스타트는 장기적으로 안전하고 효과적이다. 시부트라민은 치료효과를 강조하면서 올리스타트 부작용과 불편함에 대응하였다.

그러나 시장에서 제일 큰 경쟁자는 단기 비만치료제로 적응증을 추가하고 가격이 싼 식욕억제제 펜디메트라진이었다. 강력한 식욕억제제로 부작용도 상당히 심한 약이였다. 그러나 시장에서 가장 많이 처방되는 제품은 올리스타트, 시부트라민이 아니라 펜디메트라진이었다. 결론적으로 초기 시장을 점유했던 올리스타트는 식욕억제제로 대체되었다. 시장점유율은 지속적으로 하락하고 있었으며, 회사에서는 오직 시부트라민과의 경쟁전략만 사용하였다. 즉, 글로벌 마케팅전략과 같이 진행되었다. 점유율과 매출은 점진적으로 하락하고 있었고, 영업인력도 구조조정 대상으로 분류된다는 기류가 회사 내에 돌기 시작하였다. 전체적으로 어떤 돌파구가 필요한 시점이었다. 이에 영업적으로 우수한 실적을 내고 있는 직원들의 경험과 사례를 바탕으로 비공식적 영업 전략을 재수립하기로 하였다.

1. 우선적으로 비만 크리닉을 환자수 위주로 A, B, C로 재구분하였고,
2. 병원별 처방 패턴(Protocol)을 조사하여 분류하였다.
   주 처방 제품 : 올리스타트(1번), 시부트라민(2번), 펜디메트라진(3번)으로 구분
3. 전략 변경 사항

- 기존 경쟁품 시부트라민 → 시부트라민과 펜디메트라진
- 올리스타트 단독요법 → 식욕억제제(펜디메트라진) + 올리스타트 병용요법으로 변경
- 병용요법도 상황(경제성, 부작용)에 따라 하루 3번에서 → 1번 또는 2번 변경

이와 관련된 내용은 타 병원 사례, 임상자료 근거 등 설득력 있는 자료들로 재구성하여 영업지점 내 지점장 주관으로 교육하고 타깃(Target)별 접근방법을 교육하고 현장으로 투입하였다.

시장의 반응은 나쁘지 않았다. 오히려 반기는 의사들도 많아지기 시작했다. 병원에 오는 비만환자의 현실은 빠른 시간에 체중이 감소해야 하고, 식이요법, 운동요법과 같이하는 교과서적인 치료보다는 약만 먹으면 살이 빠지는 것에 대한 니즈가 더 강했기 때문이다. 또한 약값에 대한 경제적인 측면도 없진 않았다. 이처럼 시장에서의 현실과 상황은 기존 마케팅 전략이 통하지 않았다는 것이 입증되었다.

다행히, 매출과 점유율은 20% 미만에서 30% 이상으로 회복되었고, 매출도 오히려 안정적으로 변화되었다. 기존 약국에서 박스 단위 판매에서 1T-2T로 소분되어 처방되고 환자수가 증가되면서 거래처별, 지역별 매출도 매우 안정적이고 예측 가능하게 되었다.

본 사례의 시사점은 글로벌 마케팅 전략을 동일하게 구사하는 것도 중요하지만 지역적으로 현지 시장변화에 따라 내부적으로 전략을 변경하는 것도 중요하다. 시장의 목소리는 영업담당자들이 잘 알고 있으며, 유능한 담당자는 마케팅 전략과 정책도 잘 활용하지만 시장의 변화에 스스로 돌파구를 찾고 해결책을 알고 있다는 것이다.

≫ 영업의 새로운 생각

1. 시장의 변화에서 새로운 경쟁자에 대한 대응전략이 무엇인가?
2. 효과적인 경쟁사 대응전략에 필요한 자료는 무엇인가?
3. 글로벌 전략과 현지화 전략의 차이는 무엇인가?

1.2 법인고객의 영업 프로세스 진단

기업이 지속적으로 성장하고 경쟁력을 유지하기 위해서는 영업 프로세스의 효율성과 생산성이 중요하다. 법인고객을 대상으로 하는 기업의 경우, 영업활동의 프로세스를 면밀히 진단하고 개선할 필요가 있다. 이를 통해 고객 니즈를 정확히 파악하고, 신속하고 효과적인 대응이 가능해진다.

특히 복잡한 의사결정 구조와 까다로운 구매 프로세스를 가진 법인고객의 경우, 영업 프로세스의 체계적인 관리가 필요하다. 영업팀의 업무 방식, 영업 정보 관리, 고객 데이터 활용, 영업활동 성과 측정 등 다양한 요소를 종합적으로 진단하여 개선할 수 있다. 이를 통해 영업 효율성을 높이고, 법인고객과의 장기적인 관계 구축이 가능해진다. 결과적으로 기업의 매출 증대와 수익성 향상으로 이어질 수 있다. 따라서 법인고객의 영업 프로세스 진단은 기업의 지속가능한 성장을 위해 필수적인 과정이라고 할 수 있다.

(1) 리드 발굴 및 관리 프로세스의 효율성

기업이 지속적인 성장과 이익 창출을 위해서는 새로운 법인고객을 지속적으로 발굴하고 관리하는 것이 중요하고 이를 위해서는 체계적인 프로세스가 필요하다.

먼저, 잠재적인 법인고객을 찾아내기 위해 다양한 채널을 활용하여 리드를 발굴해야 한다. 업종별 협회나 전시회, 온라인 광고 등 다양한 방식으로 새로운 고객을 지속적으로 발굴해야 한다. 발굴된 리드에 대해서는 체계적인 관리 프로세스가 필요하고 고객의 특성과 니즈를 파악하고, 단계별 영업활동을 수행하며, 지속적인 관리와 모니터링을 통해 성과를 높여나가야 한다.

【핵심질문】

- 잠재고객을 어떻게 발굴하고 있나?
- 발굴된 리드를 효과적으로 관리하고 있나?
- 리드를 고객으로 전환하는 비율은 얼마나 되나?
- 리드 발굴 및 관리 프로세스에 문제점이 무엇인가?

이렇게 발굴되고 관리되는 리드 중 실제 고객으로 전환되는 비율도 분석해볼 필요가 있다. 이는 리드 발굴 및 관리 프로세스의 효과성을 가늠할 수 있는 중요한 지표가 된다. 리드 전환율이 낮다면 어떤 문제점이 있는지 분석해야 한다.

나아가 리드 발굴, 관리, 고객 전환 각 단계에서 구체적으로 개선이 필요한 부분이 무엇인지 자세히 진단해볼 필요가 있다. 예를 들어, 잠재고객 발굴 방식이 효과적이지 않거나, 리드 관리 시스템이 체계적이지 않은 경우 등이다. 이를 통해 프로세스 전반의 효율성을 높일 수 있는 방안을 모색할 수 있을 것이다.

이처럼 법인 잠재고객 발굴과 관리 작업은 기업이 지속적으로 관심을 가지고 개선해 나가야 할 중요한 과제이다.

(2) 판매 단계별 프로세스의 명확성 및 체계성

판매 단계별 프로세스의 명확성 및 체계성은 기업의 효율적인 운영에 중요하다.

각 단계에서의 업무 분담, 역할 및 책임이 명확히 정의되어야 하며, 이를 통해 신속하고 일관된 의사결정이 가능해진다. 예를 들어, 영업 단계에서는 고객 발굴, 제품 소개, 계약 체결 등의 프로세스가 체계화되어야 한다. 이를 통해 영업사원들이 일관된 방식으로 고객을 접근하고, 신속한 의사결정이 가능하다. 또한 수주, 배송, 대금 결제 등의 후속 단계에서도 명확한 프로세스가 수립되어야 한다.

이와 같이 판매 프로세스 전반에 걸쳐 각 단계별로 명확한 기준과 절차가 마련되면, 업무의 효율성이 제고되고 고객 만족도 향상으로 이어질 수 있다. 더불어 데이터 관리 및 분석, 문제 해결 등에도 용이해져 기업의 경쟁력 강화에 기여할 것이다.

【핵심질문】

- 판매 단계별 프로세스가 명확하게 정의되어 있나?
- 각 단계별로 수행해야 할 활동이 명확하게 제시되어 있나?
- 판매 단계별 프로세스가 체계적으로 관리되고 있나?
- 판매 단계별 프로세스에 문제점이 있나?

기업의 법인고객 판매 프로세스를 체계적이고 효율적으로 관리하는 것은 중요한 과제이다. 이를 위해서는 다음과 같은 세부적인 점검과 개선 활동이 필요하다.

첫째, 법인고객 판매 프로세스의 각 단계별 업무 절차와 역할을 명확하게 정의해야 한다. 고객 응대, 제품 소개, 주문 접수, 배송, 대금 결제 등의 과정이 체계적으로 수립되어 있어야 한다. 이를 통해 업무의 효율성과 일관성을 확보할 수 있다.

둘째, 각 단계별 수행 활동에 대한 구체적인 지침을 마련해야 한다. 단순히 프로세스를 정의하는 것만으로는 부족하며, 실제 현장에서 어떻게 업무를 진행해야 하는지에 대한 매뉴얼이 필요하다. 이를 통해 업무 담당자들의 업무 수행 능력을 향상시킬 수 있다.

셋째, 법인고객 판매 프로세스를 체계적으로 관리해야 한다. 각 단계의 성과와 문제점을 지속적으로 모니터링하고, 필요시 프로세스를 개선하는 등의 관리체계를 갖추어야 한다. 이를 통해 프로세스의 지속적인 혁신과 개선이 이루어질 수 있다.

마지막으로, 법인고객 판매 프로세스에서 발생할 수 있는 문제점을 파악하고 개선해야 한다. 특정 단계에서 병목 현상이 발생하거나 고객 불만이 접수되는 등의 이슈를 면밀히 분석하여 해결책을 모색해야 한다. 이를 통해 프로세스의 전반적인 효율성과 고객 만족도를 높일 수 있다.

이와 같은 체계적인 관리와 개선 활동을 통해 기업은 법인고객 판매 프로세스를 더욱 효과적으로 운영할 수 있다. 이는 궁극적으로 기업의 경쟁력 향상과 수익 증대로 이어질 것이다.

(3) 고객관계관리 시스템의 활용도

법인고객관계관리 시스템은 법인고객과의 관계를 효과적으로 관리할 수 있다. 우선, 법인고객 정보를 체계적으로 관리할 수 있다. 고객의 계약 내역, 구매 이력, 요구사항 등을 데이터베이스에 저장하고 관리할 수 있어 고객 니즈를 깊이 있게 파악할 수 있다. 이를 바탕으로 맞춤형 서비스와 제품을 제공할 수 있다. 또한 법인고객과의 상호작용 기록을 관리할 수 있다. 전화, 이메일, 방문 등 다양한 채널에서의 의사소통 내역을 수집하여 고객과의 관계를 종합적으로 관리할 수 있다. 이를 통해 고객 응대 프로세스를 개선하고 고객 만족도를 높일 수 있다.

더불어 법인고객 분석 기능을 활용하면 고객 세분화, 구매 패턴 분석, 예측 분석 등을 수행할 수 있다. 이를 통해 영업 전략을 수립하고 영업활동을 효과적으로 전개할 수 있다.

【핵심질문】

- 고객관계관리 시스템을 활용하고 있나?
- 고객 정보를 효과적으로 관리하고 있나?
- 고객과의 관계를 관리하고 발전시키는 데 도움이 되나?
- 고객관계관리 시스템 활용에 문제점이 있나?

법인고객관계관리 시스템을 도입하는 것은 중요한 첫 걸음이지만, 그 자체만으로는 모든 문제를 해결할 수 없다. 이 시스템을 효과적으로 활용하기 위해서는 지속적인 관리와 개선 노력이 필요하다. 우선 시스템의 사용 편의성을 점검해야 한다. 직원들이 쉽게 사용할 수 있고 필요한 정보를 빠르게 찾을 수 있도록 인터페이스와 기능을 개선해 나가야 한다. 또한 데이터 관리의 효율성도 중요하다. 고객 정보와 상담 이력 등을 체계적으로 관리하여 활용도를 높여야 한다.

법인고객관계관리 시스템은 기업의 법인고객 관리 역량을 강화하고, 궁극적으로 매출 증대와 수익성 향상으로 이어질 수 있다. 기업은 이 시스템을 적극적으로 활용하여 법인고객과의 관계를 공고히 해나가야 할 것이다.

1.3 영업역량 진단

법인고객의 영업역량 진단은 기업이 지속적으로 성장하고 발전하기 위해 중요한 과정이다. 이를 통해 기업은 자신의 강점과 약점을 파악하고, 이를 바탕으로 효과적인 영업 전략을 수립할 수 있다.

영업역량 진단은 단순히 매출이나 이익 등의 재무적 지표를 확인하는 것을 넘어서, 고객 관리, 제품 및 서비스 경쟁력, 영업 프로세스, 영업인력의 전문성 등 다양한 영역을 종합적으로 평가한다. 이를 통해 기업은 자신의 영업활동 전반에 걸친 문제점을 파악하고, 이를 개선할 수 있는 구체적인 실행 계획을 수립할 수 있다.

(1) 영업담당자의 역량 및 교육 수준

영업담당자의 역할과 중요성이 더욱 강조되고 있다. 법인고객을 대상으로 한 영업활동에는 다양한 역량이 필요하다. 먼저, 해당 산업과 제품/서비스에 대한 전문성이 매우 중요하다. 영업담당자는 시장 동향과 기술 변화, 경쟁사 분석 등을 지속적으로 파악하여 고객의 요구에 효과적으로 대응할 수 있어야 한다. 이를 통해 고객의 구체적인 니즈를 정확히 파악하고, 최적의 솔루션을 제시할 수 있다.

뛰어난 의사소통 능력과 설득력, 협상력도 필수적이다. 영업담당자는 고객과의 상담 및 제안 과정에서 자신의 전문성과 진정성을 효과적으로 전달할 수 있어야 한다. 또한 고객의 요구사항을 세심하게 경청하고, 맞춤형 대응책을 제시할 수 있는 문제 해결 능력이 필요하다. 영업담당자의 역량과 전문성은 기업의 성공을 좌우하는 핵심 요소이다.

【핵심질문】

- 영업담당자는 법인고객영업에 필요한 역량을 갖추고 있나?
- 영업담당자는 충분한 교육 및 훈련을 받았나?
- 영업담당자는 업계 지식과 제품/서비스에 대한 이해도가 높나?
- 영업담당자는 의사소통 능력, 설득력, 협상 능력 등이 뛰어나나?
- 영업담당자는 고객 니즈를 파악하고 해결책을 제시할 수 있는 능력이 있나?

이러한 역량을 갖추기 위해서는 체계적인 교육과 지속적인 훈련이 중요하다. 신입 영업담당자의 경우 제품 기술, 판매 기법, 고객 응대 등 다양한 분야에서 집중적인 교육을 받아야 한다. 경력 영업담당자 역시 정기적인 보수 교육을 통해 최신 트렌드와 고객 니즈의 변화에 발맞춰 나갈 수 있어야 한다. 이처럼 영업담당자의 역량과 교육 수준 진단은 기업의 영업성과와 고객 만족도에 직접적인 영향을 미치는 핵심 요소이다. 영업담당자에 대한 체계적인 육성과 관리가 기업 경쟁력 강화의 핵심 전략이 된다.

(2) 법인고객 니즈 파악 및 이해 능력

기업고객의 요구사항과 관심사를 정확히 파악하고 이해하는 것은 기업 간 거래에서 매우 중요하다. 영업담당자들은 고객의 사업환경, 운영 프로세스, 의사결정 프로세스, 구매 행태 등을 깊이 있게 파악하여야 한다. 이를 통해 고객의 숨겨진 요구사항을 발견하고, 고객에게 실질적으로 도움이 되는 맞춤형 솔루션을 제안할 수 있다. 또한 영업담당자들은 고객과의 긍정적인 관계를 형성하고, 신뢰를 쌓아야 한다. 이를 위해 고객의 입장에서 생각하고, 공감하는 자세가 필요하다. 고객의 어려움을 깊이 있게 이해하고, 고객이 진정으로 필요로 하는 것이 무엇인지 파악해야 한다.

이처럼 법인고객의 니즈를 정확히 파악하고 이해하는 것은 기업 간 거래에서 매우 중요한 역량이다. 이를 통해 고객에게 실질적인 가치를 제공하고, 장기적인 비즈니스 관계를 구축할 수 있다.

【핵심질문】

- 법인고객 영업담당자는 고객의 니즈를 정확하게 파악할 수 있나?
- 법인고객 영업담당자는 고객의 니즈를 충족하는 해결책을 제시할 수 있나?
- 법인고객 영업담당자는 고객의 의사결정 과정을 이해하고 있나?
- 법인고객 영업담당자는 고객과의 관계를 구축하고 유지할 수 있나?

법인고객 영업담당자는 고객의 니즈를 정확하게 파악하기 위해서는 고객 기업의 비즈니스 모델, 산업 환경, 주요 목표 및 전략 등을 심도 있게 이해하고 있어야 한다. 단순히 고객의 요구사항을 듣는 것뿐만 아니라 고객이 겪고 있는 문제점과 당면 과제, 미래 전략 등을 종합적으로 파악하고 분석할 수 있어야 한다.

이를 바탕으로 고객의 핵심 니즈를 정확히 파악하고, 이에 부합하는 최적의 해결책을 제시할 수 있어야 한다. 단순히 자사의 제품이나 서비스만을 소개하는 것이 아니라, 고객의 비즈니스 성과 향상과 경쟁력 강화에 실질적으로 기여할 수 있는 맞춤형 솔루션을 제안할 수 있어야 한다.

또한 법인고객의 의사결정 과정은 복잡하고 다양한 이해관계자들의 의견이 반영되는 경우가 많다. 따라서 고객 기업 내부의 의사결정 메커니즘을 깊이 있게 이해하고, 주요 의사결정권자와의 긍정적인 관계를 구축하여 신뢰를 얻는 것이 중요하다. 이를 통해 고객의 의견을 효과적으로 경청하고, 고객과의 상호작용을 강화할 수 있다.

이러한 고객 니즈 파악, 해결책 제시, 의사결정 과정 이해, 고객관계 구축 등의 역량을 두루 갖춘 법인고객 영업담당자는 고객에게 높은 만족도와 신뢰도를 제공할 수 있을 것이다.

(3) 법인고객의 의사결정권자 접근 능력

법인고객의 경우, 실제로 구매의사결정을 내리는 주요 인사들에게 효과적으로 접근하는 것이 중요하다. 이들은 일반적으로 회사의 최고경영진이나 구매부서의 담당자들이다. 이들에게 접근하여 제품이나 서비스의 장점을 직접 설명하고 설득하는 것이 중요한데, 이를 위해서는 고객사의 조직 구조와 의사결정 프로세스에 대한 깊이 있는 이해가 필요하다.

또한 이들 의사결정권자와의 긍정적인 관계 형성을 통해 신뢰를 구축하는 것도 중요하다. 정기적인 미팅, 현장 방문, 맞춤형 제안서 제공 등 다양한 방법으로 접촉면을 넓혀 나가면서 의사결정권자들의 니즈를 파악하고 이를 충족시킬 수 있는 솔루션을 제시해야 한다.

【핵심질문】

- 영업담당자는 법인고객의 의사결정권자에게 접근할 수 있나?
- 영업담당자는 의사결정권자와 효과적인 관계를 구축할 수 있나?
- 영업담당자는 의사결정권자를 설득하고 영업 기회를 성사시킬 수 있나?

이처럼 법인고객의 의사결정권자에 대한 영업담당자의 접근성, 관계 구축, 설득 능력은 성공적인 영업활동을 위한 필수 요소라고 볼 수 있다. 이러한 능력을 갖춘 영업담당자만이 법인고객과의 장기적이고 안정적인 협력관계를 구축할 수 있다.

영업실전 사례 10-2

"나의 닉네임은 랜딩맨"

1996년 다국적 제약회사에 입사해 종합병원 영업을 담당했다. 입사 후 1달은 제품교육 및 제약영업에 필요한 약물학, 생리학, 해부학, 병리학 등을 교육받고 테스트를 걸쳐 BU2 사업부에 발령받았다. 내가 맡은 지역은 경기 수원과 서울 일부 2차 의료기관(Semi Hospital : 세미 병원)을 담당하게 되었고, BU2 사업부 제품은 항우울제, 골다공증 보조치료제, 진통제, 마취제, 파킨슨 치료제, 피부과 여드름과 건선 치료제였다. 모두 전문의약품으로 회사에서의 영업 방침은 Scientific Approaching 접근 방식이었으며, 매월 목표금액을 달성해야 하는 부담이 있었다. 첫 분기 목표금액은 3천만 원, 월 1천만 원이였다. 그러나 행당 거래처의 전 분기 판매금액은 월 평균 600만 원 정도였으며, 첫 달 달성금액은 540만 원

54%, 분기마감은 80%로 전체 사업부 평균 101%에는 턱없이 부족한 매출이었다. 사업부 꼴지를 한 것이다. 신입사원이라 그럴 수 있다고 했지만 입사동기 14명 중에서도 내가 꼴지를 면하지는 못했다. 이에 자존심도 상하고, 목표금액에 대한 불만도 있었지만 그런 부정적인 생각보다는 목표달성을 위한 나만의 전략을 세우기로 결심했다.

1. 시장 분석

거래처 판매금액을 병원별, 제품별로 과거 1년부터 현재까지 분석하였다. 분석결과, 목표금액 1천만 원을 달성하기 위해서는 병원마다 판매할 수 있는 제품수가 너무 부족하였다. 즉, 내가 담당한 병원에 제품이 랜딩 되어있지 않은 것이 제일 큰 문제였다. 또한 기존 몇 개 안 되는 제품으로 목표달성을 한다는 것은 병원 규모가 작아 불가능하다고 판단하였다.

2. 영업전략 수립

매출에 연연하지 않고 분기별 병원별 제품 랜딩계획을 세우고, 병원별 Key Dr.s를 집중 공략했다. 매월 하나둘씩 제품이 랜딩되면서 판매할 수 있는 제품 수가 증가하였고, 매출은 자연스럽게 급상승하게 되었다. 또한 불규칙했던 발주수량을 처음부터 매월 정기적인 발주 형태로 유도하여 매월 꾸준한 매출이 나올 수 있도록 병원 발주 담당 약제부와 구매과에 관계를 구축하였다.

3. 결과

매월 목표금액 달성뿐만 아니라, 랜딩제품수가 탁월하여 연말 평가에서 가산점을 받아 입사동기 중 유일하게 우수사원에게 수여되는 인센티브 트립(Incentive Trip)을 갈 수 있게 되었다. 신입사원이 입사 1년차에 인센티브 트립은 내가 처음이었고, 그 후 나는 선배들로부터 랜딩맨(입사 10개월, 7개 병원 23개 제품 랜딩)이라는 닉네임을 얻게 되었다.

본 사례의 시사점은 목표달성을 위해 영업적 분석을 통한 전략을 수립하고 실행한 것으로 영업담당자의 목표지향적 사고와 적극성이 필요함을 알 수 있었다.

≫ 영업의 새로운 생각

1. 영업담당자가 개인목표를 달성하기 위해 어떠한 역량이 필요한가?
2. 영업담당자가 목표달성을 위한 방법은 무엇인가?
3. 영업담당자가 목표달성을 위해 기존고객 활성화와 신규고객 창출 중 어디에 비중을 두어야 하는가?

1.4 성과 관리 진단

법인영업의 성과 관리 진단은 기업의 영업활동을 체계적으로 점검하고 분석하여 영업성과를 종합적으로 측정하고 평가하는 과정이다. 이를 통해 기업은 영업 전략과 활동의 효과성을 확인할 수 있으며, 문제점을 파악하여 개선방안을 수립할 수 있다.

(1) 목표 설정 및 달성도 평가의 명확성

법인영업활동의 성과를 체계적으로 측정하고 평가하기 위해서는 명확한 목표 수립이 필수적이다. 목표는 구체적이고 정량적으로 설정되어야 하며, 영업담당자들이 이해하기 쉽고 달성 가능한 수준이어야 한다.

이를 위해서는 먼저 법인영업활동의 핵심성과지표(KPI)를 명확히 정의해야 한다. 매출액, 신규 고객 수, 주요 거래처 관리 지표 등 영업활동의 핵심 성과를 반영할 수 있는 지표들을 선정하고, 각 지표별로 구체적인 목표치를 설정해야 한다.

또한 이러한 목표 지표들은 부서 및 개인 단위로 세분화하여 각 영업담당자들이 자신의 역할과 책임을 명확히 인식할 수 있도록 해야 한다. 이를 통해 영업팀은 목표 달성을 위해 보다 집중할 수 있으며, 실제 달성도를 정확히 파악할 수 있다.

더불어 달성도 평가 기준을 사전에 투명하게 공개하여 공정성을 확보해야 한다. 이는 영업담당자들의 동기 부여와 신뢰 형성에 기여할 것이다. 이러한 명확한 목표 설정과 평가 체계는 법인영업 조직의 성과 향상을 위한 기반이 될 것이다. 나아가 영업팀 간 협조와 정보 공유를 강화하고, 우수 사례를 공유하는 등 조직 전반의 영업 역량 강화 노력이 병행된다면 더욱 효과적일 것이다.

【핵심질문】

- 기업은 적정한 목표를 설정하고 있나?
- 목표는 영업 전략 및 회사 전략과 일관되게 설정되어 있나?
- 영업담당자는 개인 및 팀 목표를 명확하게 이해하고 있나?
- 목표 달성도는 정기적으로 평가되고 있나?
- 목표 달성도 평가는 객관적이고 공정하게 이루어지고 있나?

기업은 목표 설정의 중요성을 잘 인지하고 있어야 한다. 이를 통해 명확하고 구체적인 목표를 수립할 수 있다. 예를 들어, “1년 내 신규 법인고객 50개사 유치”와 같이 측정 가능한 수치 목표를 설정할 수 있다. 또한 이러한 목표가 기업의 전략적 방향성과 부합하도록 수립되어야 한다. 이를 통해 전체 조직이 통일된 비전 아래에서 협력하여 목표를 달성할 수 있다.

영업담당자들은 개인 및 팀 목표를 명확히 인지하고 있어야 한다. 이를 통해 각자의 역할과 책임을 이해하고, 효과적으로 업무를 수행할 수 있다. 정기적인 목표 달성도 평가를 통해 진척 상황을 면밀히 모니터링해야 한다. 평가 결과를 바탕으로 개선이 필요한 부분을 파악하고, 이에 대한 보완 조치를 신속히 취할 수 있다.

(2) 법인영업의 주요 성과지표 설정 및 관리

법인영업의 **핵심성과지표**(Key Performance Indicator, KPI) 설정 및 관리는 중요한 절차이다. 기업의 성과와 목표 달성을 위해서는 적절한 KPI 설정이 필수적이기 때문이다. KPI 설정 시에는 기업의 전략과 비전, 그리고 영업 부문의 세부적인 목표를 고려해야 한다. 매출액, 신규 고객 유치 수, 고객 만족도, 수익성 지표 등 다양한 지표를 활용할 수 있다. 이 때 지표들 간의 균형과 연계성을 고려하여 설정하는 것이 중요하다.

또한 설정된 KPI에 대한 지속적인 모니터링과 관리가 필요하다. 실제 성과와 목표를 비교하고, 발생한 격차에 대해 분석하여 대응 방안을 마련해야 한다. 이를 통해 영업활동의 효율성을 높이고 기업 전체의 경쟁력 강화로 이어질 수 있다.

KPI 관리에 있어서는 데이터 관리와 분석 역량이 중요하다. 영업 현장에서 발생하는 다양한 데이터를 체계적으로 수집하고, 이를 기반으로 심층적인 분석을 진행해야 한다. 이를 통해 영업활동의 문제점을 파악하고, 개선 방안을 도출할 수 있다.

【핵심질문】

- 기업은 영업성과를 평가하기 위한 주요 성과지표(KPI)를 설정하고 있나?
- KPI는 영업 전략 및 회사 전략과 일관되게 설정되어 있나?
- KPI는 정기적으로 모니터링되고 분석되고 있나?
- KPI를 기반으로 성과 개선 방안이 마련되고 있나?

법인영업의 주요 성과지표(KPI) 설정 및 관리는 기업이 영업활동의 성과를 효과적으로 측정하고 관리하는 데 핵심적인 역할을 한다. KPI는 기업의 전략적 목표 달성을 위해 가장 중요한 영향을 미치는 지표로 구성되므로, 구체적이고 측정 가능하며 달성 가능하고 관련성이 높으며 시간 제약이 있도록 설정되어야 한다. KPI 설정 시 기업의 전반적인 전략과 영업 전략이 긴밀히 연계되도록 하는 것이 중요하다. 이를 통해 영업활동이 기업의 전략적 목표 달성에 효과적으로 기여할 수 있다.

(3) 법인영업의 성과 향상을 위한 인센티브 시스템

법인영업에서 목표 달성과 성과 개선을 위해서는 효과적인 인센티브 시스템이 필수적이다. 이를 통해 영업 직원들의 동기부여와 사기 진작을 이끌어낼 수 있으며, 더 높은 실적 달성이 가능해진다. 인센티브 시스템은 다양한 평가 지표를 바탕으로 설계할 수 있다. 매출액, 수익성, 고객 만족도 등의 요소를 종합적으로 고려하여 성과에 따른 보상을 제공할 수 있다. 금전적 보상뿐만 아니라 승진, 교육 기회, 표창 등 다양한 형태의 인센티브를 활용할 수 있다. 특히 팀 단위의 목표 달성에 대한 보상도 고려해야 한다. 이를 통해 협업과 팀워크를 강화하여 법인영업 전체의 시너지 효과를 높일 수 있다. 팀원들 간의 상호 협력이 증진되고, 공동의 목표 달성을 위한 노력이 활성화될 것이다.

인센티브 시스템의 성공을 위해서는 공정성과 투명성이 매우 중요하다. 평가 기준과 보상 수준이 명확히 제시되어야 하며, 모든 직원들이 공정한 기회를 가질 수 있어야 한다. 이를 통해 직원들의 신뢰와 만족도를 높일 수 있다. 또한 직원들이 인센티브 제도에 대한 이해와 동의를 바탕으로 시스템에 적극적으로 참여할 수 있게 된다.

【핵심질문】

- 기업은 영업성과 향상을 위한 인센티브 시스템을 운영하고 있나?
- 인센티브 시스템은 목표와 일관되게 설계되어 있나?
- 인센티브 시스템은 영업담당자의 의욕을 높이고 있나?
- 인센티브 시스템은 공정하고 투명하게 운영되고 있나?
- 인센티브 시스템의 효과성을 평가하고 개선하는 시스템이 마련되어 있나?

먼저, 인센티브 시스템은 목표와 일관되게 설계되어야 한다. 이를 통해 영업담당자들이 명확한 목표를 설정하고, 이를 달성하기 위해 노력할 수 있다. 또한 인센티브 시스템은 공정하고 투명하게 운영되어야 한다. 영업 실적에 따른 보상이 공정하게 이루어지고, 그 과정이 투명하게 공개되어야 영업담당자들의 신뢰와 만족도를 높일 수 있다. 더불어 인센티브 시스템의 효과성을 주기적으로 평가하고, 필요에 따라 개선해 나가는 것이 중요하다. 이를 통해 시스템의 지속적인 발전을 도모할 수 있다. 마지막으로 기업은 인센티브 시스템이 영업담당자의 의욕을 높이는지 확인해야 한다. 이를 위해 정기적인 설문조사나 면담을 통해 피드백을 수집하고, 이를 시스템 개선에 반영해야 한다.

1.5 영업 전략 진단 결과 활용

법인고객의 영업 전략 진단 결과를 잘 활용하여 회사의 영업성과를 높일 수 있는 방향으로 개선 및 혁신을 추진할 수 있다.

(1) 법인영업 전략 고도화

기업은 치열한 시장 경쟁에 대응하기 위해 현재 법인영업 전략의 장단점을 면밀히 분석해야 한다. 이를 통해 시장 환경 변화와 고객 요구사항의 변화에 신속히 대응할 수 있도록 전략을 지속적으로 개선해야 한다.

특히 경쟁사와 차별화된 독특한 가치 제안을 개발하는 것이 중요하다. 고객의 니즈와 선호도를 세밀하게 분석하여 타깃 고객을 세분화하고, 이에 맞춘 보다 전략적이고 경쟁력 있는 영업 전략을 수립해야 한다. 이를 통해 경쟁사와 차별화된 제품 및 서비스를 제공함으로써 고객에게 보다 큰 가치를 전달할 수 있다.

전략 실행을 위해서는 구체적인 실행 계획과 핵심성과지표를 설정하고, 이를 체계적으로 관리해야 한다. 전략 실행 현황을 지속적으로 모니터링하고 분석하여 필요에 따라 수정 및 보완해 나가는 것이 중요하다. 이를 통해 고객 만족도를 높이고 시장점유율 확대 및 매출 증대 등의 성과를 달성할 수 있을 것이다.

법인영업 전략의 고도화는 기업이 치열한 시장 경쟁에서 지속가능한 성장을 이루기 위한 필수적인 과정이다. 기업은 이러한 노력을 통해 고객에게 보다 차별화된 가치를 제공하고, 시장 선도 기업으로 성장할 수 있을 것으로 기대된다.

(2) 법인영업 프로세스 혁신

기업의 영업 프로세스를 혁신하는 것은 중요한 과제이다. 현재의 영업 프로세스를 면밀히 분석하여 비효율적인 부분을 파악하고, 이를 개선하기 위한 다각도의 노력이 필요하다. 우선, 고객 관리, 영업 제안, 계약 체결, 서비스 제공 등 각 단계별로 발생하는 문제점을 세밀히 검토해야 한다. 예를 들어, 고객 관리 단계에서는 고객 정보의 체계적인 관리와 활용이 부족할 수 있으며, 영업 제안 단계에서는 제안서 작성과 전달 과정이 비효율적일 수 있다. 또한 계약 체결 단계에서는 수작업으로 인한 오류와 지연이 발생할 수 있고, 서비스 제공 단계에서는 고객 요구사항과의 정보 단절로 인한 문제가 발생할 수 있다.

이러한 문제점을 해결하기 위해서는 데이터 분석 솔루션, AI 기반 고객관계관리 시스템, 자동화된 계약 체결 프로세스 등 다양한 디지털 기술을 도입해야 한다. 이를 통해 프로세스 전반을 디지털화하고 자동화함으로써 의사결정의 정확성과 속도를 높이고, 영업담당자의 업무 효율성을 향상시킬 수 있다. 뿐만 아니라 프로세스 혁신 과정에서 영업담당자의 의견을 충분히 반영하고, 변화에 대한 교육과 지원을 제공하는 것이 중요하다. 이를 통해 실제 업무 현장에서 새로운 시스템과 프로세스가 효과적으로 활용될 수 있도록 해야 한다.

(3) 법인영업 인력 역량 강화

진단 결과를 토대로 영업담당자의 역량 격차를 파악하고 이에 맞춘 맞춤형 교육 프로그램을 설계해야 한다. 먼저 현재 영업담당자들의 역량 수준을 면밀히 진단하고 분석해야 한다. 개인별 강점과 약점, 그리고 역량 격차를 파악하는 것이 중요하다. 이를 토대로 영업인력의 역량 향상을 위한 **맞춤형 교육 프로그램**을 설계해야 한다. 단순히 일반적인 교육이 아닌, 개인의 필요와 수준에 맞춘 세부적인 교육 내용과 방법이 필요하다. 영업 스킬 향상, 제품/서비스에 대한 깊이 있는 지식 제공, 고객의 니즈와 행동 패턴 이해 등 다양한 측면에서의 역량 제고가 이루어져야 한다.

아울러 우수 영업인력에 대한 적절한 보상과 인센티브 제도를 마련함으로써 동기부여를 강화해야 한다. 단순히 성과 달성에만 초점을 맞추는 것이 아니라, 역량 향상과 고객 만족도 제고 등 다양한 평가 기준을 마련하여 격려해야 한다.

마지막으로 영업팀 내에서의 협업과 경험 공유 문화를 활성화시켜야 한다. 선배 직원의 노하우를 신입 직원에게 전수하고, 팀 차원에서 우수 사례를 공유하는 등의 노력이 필요하다. 이를 통해 개인뿐만 아니라 팀 전체의 역량 향상으로 이어질 수 있다.

(4) 성과관리체계 고도화

기존의 성과관리체계에는 여러 가지 문제점이 있어 이를 개선해 나가야 한다. 우선 영업 목표 설정 시 매출이나 이익 달성에만 초점을 맞추기보다는 실현 가능성과 도전성을 균형 있게 고려해야 한다. 매출이나 이익 목표 외에도 고객 만족도, 브랜드 인지도 등 정성적 지표를 함께 관리해야 한다. 이를 통해 단기적인 실적 달성뿐만 아니라 장기적인 고객가치 창출과 브랜드 강화를 도모할 수 있다.

또한 성과 평가 및 피드백 프로세스를 보다 체계화할 필요가 있다. 단순한 실적 평가를 넘어서 개인의 역량개발과 성장을 위한 피드백을 제공해야 한다. 정기적인 피드백 세션을 통해 직원 개개인의 강점과 약점을 파악하고, 이를 토대로 맞춤형 교육 및 코칭을 실시함으로써 지속적인 성과 향상을 이루어낼 수 있다.

나아가 성과관리체계를 회사 전반에 걸쳐 일관되게 적용하고, 관리자와 직원 간의 긍정적인 성과 대화 문화를 조성해야 한다. 이를 통해 성과 관리가 단순한 평가 수단이 아닌 개인과 조직의 지속적인 성장을 위한 핵심적인 프로세스로 자리잡을 수 있다. 즉, 성과관리체계를 보다 체계화하고 성과 기반 문화를 조성함으로써 조직과 개인의 장기적인 발전을 도모할 수 있다.

영업 전략 진단 결과를 적극적으로 활용하여 기업의 경쟁력을 강화해 나가는 것이 중요하다. 진단 결과를 통해 드러난 문제점을 개선하고, 우수한 영업 역량을 더욱 발전시킬 수 있는 구체적인 실행 방안을 마련해야 한다.

2. 법인고객영업의 목표 및 영업 전략

법인고객을 대상으로 하는 기업에게 있어서 명확한 영업목표와 효과적인 영업 전략은 영업진단 결과를 활용한다. 효과적인 영업목표와 전략을 수립하기 위해서는 먼저 법인고객의 니즈와 특성을 심층적으로 이해해야 한다. 법인고객의 사업 영역 및 모델, 규모, 조직 구조, 의사결정 프로세스 등을 면밀히 파악하여 그에 맞는 맞춤형 접근이 필요하다. 또한 경쟁사의 동향과 시장 트렌드를 지속적으로 모니터링하여 차별화된 솔루션을 제공해야 한다.

2.1 법인고객영업 목표 설정

법인고객영업 목표 설정은 기업의 성공에 중요한 역할을 한다. 체계적이고 전략적인 목표 설정은 기업의 한정된 자원을 효율적으로 활용하고, 시장에서의 경쟁력을 높일 수 있게 해준다.

효과적인 영업목표 설정을 위해서는 먼저 기업의 현재 상황과 장단점, 시장 환경 등을 면밀히 분석해야 한다. 이를 바탕으로 가능한 구체적이고 실현 가능한 목표를 수립해야 한다. 단순히 매출이나 수익 증가만을 목표로 하는 것이 아니라, 고객확보, 신규 사업 진출, 시장점유율 확대 등 다양한 측면에서의 목표를 병행 설정하는 것이 중요하다.

또한 목표 달성을 위한 세부 실행계획과 책임 및 권한, 자원배분 등을 명확히 수립한다. 정기적인 모니터링과 성과 평가, 그리고 필요에 따른 전략 수정도 필수적이다. 이를 통해 기업은 시장 변화에 신속히 대응하고, 지속적인 성장을 도모할 수 있다.

(1) 판매 예측

목표 설정을 위해서는 우선적으로 판매 예측(sales forecasting)이 필요하다. 판매 예측은 과거 경영 환경 분석을 기반으로 미래 일정 기간 동안의 매출액과 판매량을 예측하는 작업이다. 이를 위해서는 시장 규모, 판매 가격, 시장 전망, 제품 점유율, 경쟁사 동향 등 다양한 요인을 종합적으로 분석해야 한다.

이러한 판매 예측은 기업 전체 차원에서 이루어질 수도 있고, 사업부 단위 또는

〈표 10-1〉 판매 예측 유형

구분		영업/마케팅전략 수준 구분	
		최선의 전략	현실적인 전략
적용범위	산업 차원	시장잠재력 예측	시장수요 예측
	기업 차원	판매잠재력 예측	판매 예측

개별 제품 단위로 진행될 수도 있다. 기업 전체 차원의 판매 예측은 회사의 모든 제품군을 대상으로 하며, 사업부 단위 또는 개별 제품 단위의 판매 예측은 특정 사업부나 개별 제품에 초점을 맞출 수 있다.

판매 예측 결과는 향후 재고관리, 생산 계획, 마케팅 전략 등 기업의 주요 의사결정에 활용된다. 따라서 정확한 판매 예측은 기업의 성공을 위해 매우 중요한 선행작업이 된다. 기업은 다양한 분석 기법과 데이터를 활용하여 최대한 정확한 판매 예측을 수행해야 할 것이다. 판매 예측은 〈표 10-1〉과 같이 2가지 기준에 의해 4가지 유형으로 구분될 수 있다.

시장잠재력(market potential)은 특정 지역과 기간 내에서 특정 산업 전체의 제품이나 서비스에 대한 최대 가능한 판매량 또는 매출액을 나타내는 개념이다. 이는 해당 산업의 성장 가능성과 시장 규모를 가늠하는 지표로 활용될 수 있다.

시장잠재력을 정확히 파악하기 위해서는 다양한 요인들을 고려해야 한다. 먼저 해당 지역의 인구 규모, 구매력, 소비 패턴 등 인구통계학적 특성을 분석해야 한다. 또한 경쟁사의 시장점유율, 신규 진입장벽, 기술 변화 등 산업 환경 요인도 중요하게 작용한다. 나아가 정부 정책, 인프라 구축 수준, 소비자 트렌드 변화 등 거시경제적 요인들도 시장잠재력에 영향을 미친다. 따라서 기업은 이러한 다양한 요인들을 종합적으로 고려하여 시장잠재력을 분석하고, 이를 바탕으로 효과적인 영업 전략을 수립해야 한다.

판매잠재력(sales potential)은 기업이 특정 시장에서 제품이나 서비스를 판매할 수 있는 최대 가능성을 의미한다. 이는 해당 시장의 전체 수요 규모(시장잠재력)와 기업이 점유할 수 있는 최대 점유율의 곱으로 나타낼 수 있다. 예를 들어, 어떤 지역의 전체 스마트폰 수요가 100만 대(시장잠재력)이고, 해당 기업의 최대 점유율이 30%라면, 해당 지역에서의 판매잠재력은 100만 대 × 30% = 30만 대가 된다.

이와 달리 판매 예측(sales forecast)은 기업이 실제 시장에서 달성할 것으로 예상되는 판매 실적을 의미한다. 이는 판매잠재력과는 다른 개념이다. 판매잠재력은 시장에서 발생할 수 있는 최대 판매 가능량을 나타내는 것이라면, 판매 예측은 실제로 기업이 달성할 것으로 예상되는 더 현실적인 수치를 의미한다.

판매 예측이 판매잠재력보다 낮은 수준일 수 있는 이유는 여러 가지 요인들이 작용하기 때문이다. 우선 기업의 생산 능력이나 영업역량 등이 충분하지 않아 실제 판매로 이어지지 못할 수 있다. 또한 경쟁사의 동향이나 경제 상황, 소비자 수요 변화 등 외부 환경적 요인들도 실제 판매 실적에 영향을 미칠 수 있다.

따라서 기업은 이러한 다양한 요인들을 종합적으로 고려하여 보다 현실적인 판매 예측을 수립해야 한다. 이를 통해 적절한 생산 계획을 수립하고, 효과적인 마케팅 전략을 수립할 수 있을 것이다. 또한 예상치 못한 상황 변화에 대한 대응 방안도 마련할 수 있게 된다. 판매잠재력과 판매 예측은 구분되어야 하며, 기업은 이 두 개념을 혼동하지 않고 명확하게 구분하여 활용해야 한다. 이를 통해 기업은 시장 기회와 자사의 실제 역량을 보다 정확하게 파악하고, 효과적인 판매전략을 수립할 수 있다.

시장수요(market demand)는 일정한 기간 동안 일정한 지역에서 특정 산업 전체의 영업 및 마케팅 활동에서 실현되는 특정 제품이나 서비스의 판매액이나 판매수량으로 정의될 수 있다. 이는 시장의 실제 구매력을 반영하는 중요한 지표라고 할 수 있다. 시장수요는 해당 제품이나 서비스에 대한 잠재적인 수요와는 다른 개념이다. 잠재수요는 시장에 존재하는 총 수요 규모를 의미하지만, 실제 구매로 이어지지 않은 부분도 포함하고 있다. 반면 시장수요는 실제 구매가 이루어진 부분만을 나타내므로, 현실적인 상황을 더욱 잘 반영한다고 볼 수 있다. 예를 들면, 우리나라의 진공청소기의 시장잠재력과 판매잠재력은 다음과 같이 산출될 수 있다.

시장잠재력 = 대한민국 가구수(잠재구매자의 규모) × 진공청소기의 평균 보유수량(잠재 구매량) × 연간교체 비율 × 평균 단가
= 20,000,000(통계청 자료) × 1.5(소비자협회 자료) × 25%(소비자협회 또는 보도자료) × 150,000원(경쟁품 평균 단가) = 약 1조 1,250억 원

판매잠재력 = 시장잠재력 × 해당 회사의 최대 점유율
= 1조 1,250억 × 30% = 3,375억 원

영업실전 사례 10-3

시장규모 및 잠재력 측정 사례

최근 한국 바이오의약품협회 자료에 의하면, 2022년 바이오의약품 시장규모는 약 4,777억 달러이며, 연평균 11.5%로 성장하고 있다. 그러나 2008년 바이오시밀러 개발초기에는 글로벌 시장규모를 예측하고 해외 바이어 또는 파트너 개발을 위한 해외영업 마케팅자료를 만들기가 막막했다. 누구도 해보지 않은 사업이고 처음 시도하는 사업이라 관련 자료를 만드는 것이 고된 시간이었다. 제품과 생산에 관련된 제품은 준비가 잘 진행되고 있었지만 해외 국가별 시장규모를 측정하기에는 자료가 전무한 상황이었다. 이에 나름대로 국가별 시장규모를 측정하기 위한 구성요소와 서식을 만들었다.

㉈ 유방암 Her2 바이오시밀러 국가별 시장규모

시장잠재력 = 국가별 인구수 X 유방암 발병률(유방암학회 자료) X Her2 발현율(해외 문헌 및 유방암학회 자료) X 1년간 치료용량 및 수량 X 수출단가

판매잠재력 = 시장잠재력 X 병원 침투력(병원에서 진단받는 비율 : 학회자료, 기사자료)

일본의 시장잠재력 = 1억 2천 X 25% X 25% X 52 X 1,000달러 = 1,200억 달러

일본의 판매잠재력 = 시장잠재력 1,200억 달러 X 30%(병원 침투력) = 360억 달러

세계 최초 바이오시밀러 제품이라 기업별 시장점유율은 큰 의미가 없었다. 이와 같은 자료를 통하여 해외 파트너와 미팅 시 국가별 시장규모를 설명하는 자료로 활용하여 좋은 반응을 보인 것을 확인할 수 있었다.

≫ 영업의 새로운 생각

1. B2B 영업에서 시장 분석을 위해 사용되는 자료는 무엇인가?
2. B2B 영업에서 시장규모와 잠재력을 측정하기 위한 방법은 무엇인가?
3. B2B 영업에서 시장규모와 잠재력 차이는 무엇인가?

(2) 영업목표 설정

영업목표의 설정은 여러 요소들을 고려하여 이루어지는 중요한 프로세스이다. 회사의 경영목표, 판매 예측, 시장 상황 등 다양한 요인들을 종합적으로 검토해야 한다. 많은 기업들은 이를 위해 상향식(bottom-up)과 하향식(top-down) 접근법을 결합하는 방식을 활용하고 있다. 상향식은 현장의 영업팀들이 실제 시장 상황을 반영하여 제안하는 목표치를, 하향식은 경영진이 회사의 전략적 방향성을 고려하여 설

정한 목표치를 함께 고려하는 것이다.

이러한 방식을 통해 영업목표를 수립하면 현실성 있는 목표를 설정할 수 있다. 현장의 의견을 반영함으로써 실행 가능성을 높이고, 경영진의 전략적 방향성과도 부합할 수 있기 때문이다. 이는 궁극적으로 회사의 성과 향상으로 이어질 것이다.

① 영업목표 설정방식은 기업의 성장과 성공을 위한 핵심적인 요소이다. 이를 효과적으로 달성하기 위해서는 하향식(Top-down) 및 상향식(Bottom-up)을 결합한 접근이 필요하다.

하향식(Top-down) 방식은 경영진의 전략적 목표에 따라 세부 목표를 수립하는 것이다. 이를 통해 조직 전체의 방향성을 일관되게 유지할 수 있다. 예를 들어, 전사적인 매출 목표를 설정하고 이를 각 사업부, 팀, 개인별로 세분화하는 것이 이에 해당한다. 이 방식은 조직 전체의 일관된 비전과 방향성을 제시할 수 있지만, 현장의 실무적 상황을 충분히 반영하지 못할 수 있다.

상향식(Bottom-up) 방식은 현장 실무자들의 경험과 정보를 바탕으로 판매 목표를 설정하는 것이다. 이를 통해 실현 가능성 높은 목표를 수립할 수 있다. 예를 들어, 각 영업사원이 자신의 영업 실적과 시장 상황을 고려하여 개인별 목표를 제안하고, 이를 종합하여 조직 차원의 목표를 수립하는 것이 이에 해당한다. 이 방식은 현장의 실질적인 상황을 반영할 수 있지만, 전사적인 방향성을 고려하지 못하는 단점이 있다.

이처럼 Top-down과 Bottom-up 방식을 결합하면 경영진의 전략적 방향과 현장의 실무적 경험이 균형을 이루게 된다. 이를 통해 보다 현실적이고 달성 가능한 영업목표를 설정할 수 있다. 또한 조직 구성원 모두가 목표 달성에 주도적으로 참여할 수 있어 실행력 향상과 더불어 조직 구성원의 동기 부여와 몰입도 향상에도 도움이 될 수 있다.

이와 같은 Top-down과 Bottom-up 방식의 결합은 영업목표 설정 외에도 다양한 경영 활동에 적용될 수 있다. 예를 들어, 신제품 개발, 조직 구조 설계, 성과 관리 등 다양한 영역에서 Top-down과 Bottom-up 접근방식의 융합을 통해 보다 효과적인 의사결정과 실행이 가능할 것이다. 이를 통해 기업은 빠르게 변화하는 환경 속에서 지속적인 성장과 경쟁력 확보를 달성할 수 있을 것이다.

② 구체적인 목표 설정: 매출 목표는 기업의 재무적 성과를 나타내는 매출액 목표를 구체적으로 수치화하여 설정하며 매출 목표 달성을 통해 기대되는 수익성, 즉 영업이익률이나 순이익률 등의 수치를 구체적으로 설정한다. 이는 기업의 경영 효율성과 수익창출 능력을 나타내는 지표가 된다. 이를 통해 기업 전체의 재무 건전성과 성장성을 측정할 수 있다. 고객 확보 목표는 새로운 고객을 확보하는 목표와 기존 고객을 지속적으로 유지하는 목표를 세운다. 고객 만족도 향상, 구매 빈도 증대, 신규 고객 유치 등 다양한 방면에서 구체적인 성과 목표를 설정한다. 시장점유율 목표는 기업이 속한 시장에서 달성하고자 하는 목표시장점유율을 설정한다. 이를 통해 경쟁업체와의 상대적 위치를 파악하고, 시장 지배력 확대를 위한 전략을 수립할 수 있다.

(3) 목표 전달 및 관리

① 영업팀과의 소통: 영업팀과 목표를 명확히 공유하고 토론하여 현장의 의견을 수렴한다. 이를 통해 목표에 대한 이해도를 높이고, 영업팀의 현실적인 의견을 반영할 수 있다. 영업팀이 목표를 잘 이해하고 실천할 수 있도록 다양한 커뮤니케이션 채널(정기 미팅, 온라인 게시판, 상호 피드백 등)을 적극 활용한다. 또한 영업팀의 목표 달성 의지를 높이기 위해 성과에 따른 금전적 보상(인센티브, 포상 등)은 물론, 표창장 수여 등의 비금전적 보상 프로그램을 운영한다. 영업팀 개인의 역량 강화와 목표 달성을 위한 교육 프로그램(영업기술, 제품 교육 등)과 워크숍을 제공하며 이를 통해 팀원들의 전문성과 자신감을 키워나갈 수 있다. 팀 활동(팀 워크숍, 회식 등)을 통해 영업팀의 사기 진작과 소속감 고취를 도모한다. 이는 팀워크와 협력 정신 향상에 도움이 된다.

② 목표 달성을 위한 자원 확보: 영업목표 달성을 위해 필요한 다양한 자원을 충분히 확보하는 것이 중요하다. 첫째, 숙련된 영업인력을 확보하여 영업팀의 역량을 강화한다. 이를 위해 적절한 보상 및 교육 체계를 마련하여 우수한 인재를 유치하고 역량을 향상시켜야 한다. 둘째, 효과적인 영업활동을 위한 다양한 자원을 확보한다. 브랜드 인지도 제고, 온·오프라인 광고, 고객관리 시

스템 등의 마케팅 툴과 예산을 충분히 확보하여 고객 접점을 강화해야 한다. 셋째, 영업활동을 지원할 수 있는 정보 기술 인프라를 구축한다. 영업 관리 시스템, 고객 데이터베이스, 모바일 솔루션 등의 디지털 기술을 활용하여 영업 프로세스를 효율화하고 의사결정을 지원해야 한다.

이와 같이 다양한 리소스를 확보하여 영업팀이 목표 달성에 전념할 수 있는 최적의 환경을 조성함으로써, 지속가능한 영업성과 향상을 이루어낼 수 있다.

③ 목표 유연성 및 조정 : 정기적인 중간 점검을 통해 시장 환경 변화에 빠르게 대응할 수 있다. 목표와 전략을 유연하게 수정하고 개선함으로써 끊임없이 변화하는 시장 상황에 발맞출 수 있다. 목표 달성에 방해가 되는 요인들을 면밀히 파악하고, 이를 해결하기 위한 대책을 마련한다. 이를 통해 목표 달성의 가능성을 높이고, 실질적인 성과 창출로 이어질 수 있다. 영업팀과 중간 평가 결과를 공유하고 의견을 수렴하는 과정에서 팀원들의 참여와 협력을 이끌어 낼 수 있다. 이를 통해 전사적인 노력으로 목표 달성을 위한 방안을 보완하고 발전시킬 수 있다. 이처럼 정기적인 점검, 유연한 대응, 문제 해결, 그리고 구성원 간의 소통과 협력을 통해 회사의 목표를 효과적으로 달성할 수 있다. 이러한 과정은 끊임없이 변화하는 시장 환경에 발맞추어 지속적인 성장과 발전을 이루는 데 중요한 역할을 한다.

또한 시장 환경 변화에 유연하게 대응하고 혁신적인 해결책을 모색하는 과정에서 창의성과 문제 해결 능력이 향상되어, 조직의 리더십과 혁신 역량 또한 강화될 수 있다. 이는 궁극적으로 회사가 지속가능한 성장을 이어 나가는 데 필수적인 역량이 될 것이다.

2.2 고객관계 수준 및 산업별 솔루션 전략

고객관계 수준별 전략 및 산업별 솔루션 전략은 기업이 고객과의 관계를 효과적으로 관리하고, 각 산업군에 맞는 맞춤형 솔루션을 제공하기 위한 핵심 전략이다. 기업은 고객과의 관계 수준에 따라 단순 거래 관계에서부터 장기적인 협력 관계까지 다양한 전략을 수립해야 한다. 신규고객과의 관계 형성을 위해서는 영업활동과 고객 유치 전략이 필요하고, 기존고객과의 관계 강화를 위해서는 고객 맞춤형 서비스와 제품 개발, 고객 만족도 관리 등의 전략이 필요하다.

또한 각 산업군의 특성과 요구사항을 면밀히 분석하여 그에 맞는 전문적이고 차별화된 솔루션을 개발하고 제공해야 한다. 예를 들어, 제조업에는 생산 및 공정 관리 솔루션을, 금융업에는 보안과 규제 관리 솔루션을, 의료 분야에는 환자 관리와 데이터 분석 솔루션 등을 제공할 수 있다.

(1) 고객관계 수준별 전략

고객과의 관계 수준에 따라 차별화된 전략을 수립하는 것이 중요한데, 이는 고객의 니즈와 행동을 정확히 이해하고 효과적으로 대응하기 위함이다. 초기 고객 단계에서는 고객 유치와 관심 유발에 초점을 맞춰야 한다. 신규고객을 확보하고 이들의 관심을 높일 수 있는 다양한 영업활동을 전개해야 한다. 이를 통해 고객과의 첫 접점을 만들고 지속적인 관계로 발전시켜 나가는 것이 중요하다.

충성도가 높은 고객 단계에서는 고객 유지와 관계 강화에 주력해야 한다. 고객의 니즈를 면밀히 분석하고 차별화된 서비스와 혜택을 제공함으로써 고객과의 유대감을 높이고 재구매를 유도해야 한다. 이를 통해 장기적인 관점에서 고객가치를 극대화할 수 있다.

마지막으로 고객 단계에 따른 전략적 접근은 기업의 지속가능한 성장을 위한 필수 요소라고 할 수 있다. 기업은 고객관계 수준을 면밀히 파악하고, 이에 맞는 차별화된 전략을 수립하여 실행함으로써 고객과의 강력한 유대관계를 구축해 나가야 할 것이다.

① 신규고객 확보전략 : 신규고객 확보는 기업의 지속가능한 성장을 위해 중요한 요소이다. 이를 위해서는 체계적이고 다각적인 접근이 필요하다. 고객을 발굴하기 위해서는 시장 조사와 분석을 통해 잠재고객을 파악하고, 목표고객을 선정해야 한다. 이를 통해 고객의 니즈와 특성을 이해하고, 이에 맞는 제품 및 서비스를 개발할 수 있다.

발굴된 고객과 긍정적인 관계를 구축해 나가는 것이 중요하다. 고객과의 지속적인 소통과 피드백 수렴, 맞춤형 영업활동 등을 통해 신뢰와 호감을 형성할 수 있다. 이를 통해 고객 충성도를 높이고, 장기적인 관계 유지가 가능하다.

② 기존고객 유지전략 : 기존고객 유지전략은 매우 중요한 비즈니스 전략이다. 단순히 고객을 유지하는 것을 넘어서 고객과의 관계를 지속적으로 강화하는 것이 핵심이다. 이를 위해서는 고객의 니즈와 선호도를 지속적으로 파악하고 분석해야 하며 고객의 구매 패턴, 선호하는 제품이나 서비스, 불만사항 등을 면밀히 살펴봐야 한다. 이를 바탕으로 고객에게 맞춤형 서비스와 혜택을 제공해야 한다. 맞춤화된 영업활동, 특별 할인 및 이벤트, 우대 서비스 등을 통해 고객과의 유대감을 높이고 고객 만족도를 향상시킬 수 있다.

나아가 기존고객의 추가적인 구매를 이끌어내는 것도 중요하다. 크로스셀링이나 업셀링 등의 전략을 통해 기존고객의 평균 구매액을 높일 수 있다. 이를 통해 고객당 매출 증대와 함께 기업의 전체 수익 향상으로 이어질 수 있다. 결국 기존 고객 유지와 관계 강화는 장기적인 관점에서 기업의 지속가능성과 성장을 위해 필수적인 전략이라고 할 수 있다.

③ 전략적 파트너십 구축 : 고객 기업과의 전략적 파트너십을 구축하여 상호 이익을 창출하는 데 집중한다. 기업은 고객 기업과의 전략적 파트너십을 통해 장기적이고 안정적인 관계를 구축할 수 있다. 이를 통해 양측은 업무 및 기술 노하우를 공유하고, 상호 신뢰를 바탕으로 새로운 기회를 발굴할 수 있다. 전략적 파트너십은 단순한 거래 관계를 넘어서 긍정적인 시너지 효과를 창출하여 양측의 경쟁력을 높일 수 있다.

또한 전략적 파트너십은 고객의 니즈를 더 깊이 이해하고 대응할 수 있게 해준다. 이를 통해 고객에게 맞춤형 솔루션을 제공하고, 고객의 장기적인 성공을 돕는 것이 가능해진다. 이러한 노력은 고객과의 신뢰를 더욱 강화하고 지속가능한 관계 구축으로 이어질 수 있다. 기업은 전략적 파트너십을 통해 고객과의 상호 이익을 극대화하고, 장기적인 성과를 창출할 수 있다. 이는 기업의 지속가능한 성장과 경쟁우위 확보에 기여할 것이다.

(2) 산업별 솔루션 전략

오늘날 기업들은 급변하는 시장 환경과 고객 요구사항에 효과적으로 대응하기 위해 산업 특성을 고려한 맞춤형 솔루션 개발의 중요성을 인식하고 있다. 각 산업별로 직면하는 고유한 과제와 니즈가 다르기 때문에, 일괄적인 솔루션으로는 고객의 다양한 요구를 충족시키기 어렵다. 따라서 기업은 산업 분석과 고객 이해를 바탕으로 세부적인 솔루션 전략을 수립해야 한다. 산업별 솔루션 전략은 기업의 경쟁력 강화와 지속가능한 성장을 위한 핵심 요소이다. 먼저 고객 니즈에 부합하는 차별화된 제품과 서비스를 제공함으로써 높은 고객 만족도를 달성할 수 있다. 또한 산업 내 특화된 전문성과 노하우를 바탕으로 시장 선도 기업으로 자리매김할 수 있다. 더불어 빠르게 변화하는 산업 환경에 신속하게 대응하고 선제적으로 대처할 수 있는 전략적 역량을 갖출 수 있다.

따라서 기업은 산업별 특성과 고객 니즈를 면밀히 분석하고, 이를 반영한 맞춤형 솔루션 개발에 힘써야 할 것이다. 이를 통해 기업은 지속적인 경쟁우위를 확보하고 고객가치를 극대화할 수 있을 것이다.

① 특정 산업에 대한 심층적인 이해 : 기업은 해당 산업의 가치사슬, 주요 과제, 트렌드 등을 깊이 있게 파악하고 분석해야 한다. 이를 통해 기업은 시장 환경의 변화를 선제적으로 포착하고, 경쟁우위를 확보할 수 있다. 기업은 다양한 방식으로 이 정보를 수집하고 연구할 수 있다. 예를 들어, 해당 산업 전문가를 영입하여 내부 역량을 강화하거나, 시장조사 및 컨설팅 업체를 활용하여 객관적이고 심도 있는 분석 결과를 얻을 수 있다. 또한 산업 관련 회의, 세미나, 전시회 등에 참여하여 최신 정보와 트렌드를 파악하는 것도 좋은 방법이다. 이러한 산업 분석 활동을 통해 기업은 시장 변화에 보다 민첩하게 대응할 수 있으며, 새로운 사업 기회를 발굴하고 경쟁우위를 확보할 수 있다. 따라서 기업은 지속적으로 산업에 대한 심층적인 이해를 높이기 위해 노력해야 한다.

② 맞춤형 솔루션 개발 : 기업은 산업별 특성과 니즈를 면밀히 분석하여 그에 최적화된 솔루션을 개발해야 한다. 단순히 범용적인 솔루션을 제공하는 것이 아니라, 고객사의 업종, 규모, 현안 등을 깊이 있게 파악하고 그에 맞는 차별화된 서비스와 기술을 제공해야 한다. 예를 들어, 제조업 고객사라면 생산 효

율성 향상, 품질관리, 공정 자동화 등의 니즈가 있을 것이다. 반면 금융업 고객사의 경우 보안 강화, 업무 프로세스 효율화, 고객 경험 개선 등의 요구사항이 있을 것이다. 이처럼 고객사의 업종별 특성을 깊이 있게 분석하고 이해한 후, 이에 특화된 맞춤형 솔루션을 제공해야 한다.

이를 통해 고객사의 핵심 문제를 보다 효과적으로 해결하고 니즈를 정확하게 충족시켜 고객 만족도를 크게 향상시킬 수 있다. 단순한 범용 솔루션이 아닌 고객 맞춤형 서비스 제공이 경쟁우위를 확보하는 핵심 요인이 될 것이다.

③ 산업 전문가 양성 : 기업은 특정 산업 분야에 대한 깊이 있는 지식과 경험을 갖춘 전문 인력을 체계적으로 양성해야 한다. 이들은 해당 산업의 역사와 구조, 주요 이슈와 트렌드, 기술 동향 등에 대한 이해도가 높아 고객사의 요구사항을 정확히 파악하고 최적의 솔루션을 제안할 수 있다.

이를 위해 기업은 다양한 교육 프로그램을 운영하여 전문가들에게 지속적인 학습 기회를 제공해야 한다. 실무 경험 축적을 위한 멘토링, 업계 선도 기업 견학, 국내외 세미나 참가 등 다각도의 경력 개발 기회를 마련함으로써 전문성과 경쟁력을 강화해 나가야 한다.

또한 기업은 우수 인재를 발굴하고 장기적으로 육성하는 인재 관리 정책을 수립해야 한다. 전문가들에게 적정한 보상과 성과 평가, 승진 기회를 제공하여 동기를 부여하고, 이를 통해 해당 분야의 권위와 영향력을 확보해 나가야 할 것이다.

이처럼 기업은 산업별 솔루션 전략을 통해 특정 분야에 대한 깊이 있는 이해를 바탕으로, 고객사의 니즈에 맞는 차별화된 솔루션을 개발하고 제공함으로써 경쟁력을 높일 수 있다.

영업실전 사례 10-4

틈새시장 + 시장개발전략 사례 "Rainbow Nutrition Therapy"

저자가 2012년 국내 제약회사 마케팅 이사로 재직 시, 틈새시장과 시장개발전략을 결합한 마케팅 전략 성공사례를 설명하고자 한다.

1. H사의 초기 상황

- **제품구성** : H 제약사는 기초주사제와 비타민 주사제를 만드는 회사로 다양한 제품을 구성하고 있는 것이 장점이었다.
- **판매 및 유통방식** : 단순히 로컬 클리닉에서 주문을 받는 것이 대부분이었고, 영업사원들도 작은 매출로 신규거래처를 확보하기에는 좋았지만, 제품의 낮은 가격과 재주문 회전율이 높지 않아 목표달성을 위한 실적 비중은 미흡했다. 또한 매월 판매수금을 해야 하는 부담이 있어 2~3년차 이상의 영업사원들에게는 크게 관심이 없고, 도매를 통한 판매 비중이 많은 상황이었다.
- **경쟁사** : 경쟁사 G사는 별도의 사업부를 조직하여 영업사원의 전문성을 강화하고 로컬 클리닉 시장 점유율을 높이고 있던 상황이었다.
- **영업 문제점 및 해결방안** : 단순히 영업사원들에게 Push 하는 것만이 능사가 아니었고, 뭔가 돌파구가 필요했다. 우선 판매분석을 통해 주문이 많은 거래처를 분석하고 어떤 용도와 환자에게 처방되고 있는지, 그리고 어떻게 활성화할 것인지 마케팅 플랜을 지시하였다.

2. 시장상황 및 문제점

1차 마케팅 플랜 : 기존 우수거래처 실태를 영업사원들에게 교육하여 신규거래처를 확보하는 것과 경쟁사 대비 제품 할인 정책을 시행하였다. 임시방편적인 계획이고, 영업사원들도 관심이 있을 것 같지 않았다. 다른 해결책과 전략이 필요했다. 이에 담당 PM(Product Manager)와 함께 IVNT 정맥영양주사 Key Opinion Leader인 의사에게 활성화 방안에 대해 자문을 요청하고 방법을 찾기로 하였다.

문제점

- 현재 고용량 Vit C 주사요법은 항암 말기 환자를 대상으로 한 구제요법으로 일반 로컬 클리닉 환자수와 시장규모는 매우 작아 시장확대가 어렵다.
- 경쟁사 G사의 제품과 마케팅 능력이 더 좋다.
- 전체적으로 IVNT Protocol이 명확하게 정리된 것이 없다. 병원마다 각기 다르다.
- 이외 여러 가지 문제점들이 있다는 것을 인지하였다.

기회점

- IVNT(Intravenous Nutrient Therapy : 정맥영양주사) 개념을 재확립하고 의사교육이 필요하다는 것을 인지하였다.

- 말기 암환자뿐만 아니라 질병예방, 질병치료의 보조요법, 건강증진을 위한 고객층을 Target (Type 2, 질환은 없는데 몸이 피곤하거나 피로감을 많이 느끼는 환자)으로 하였다. 또한 스트레스가 많은 직장인, 수험생, 운동선수, 해외출장, 그리고 감기예방 및 만성통증을 위한 환자 층 확대가 가능함을 인지하였다.
- IVNT가 가장 많이 활성화된 일본 시장이 있음을 확인하였다.

이에 제품/시장 매트릭스를 활용하여, 기존제품/신시장 시장개발전략과 틈새시장을 융합한 전략이 필요함을 인지하고 활성화 방안에 대한 마케팅 플랜을 재수립하기로 했다.

시장조사를 위해 IVNT로 유명한 일본 병원을 알아보았고, 때마침 우리와 관계가 좋았던 일본 바이어가 있어, 쉽게 해당병원을 섭외할 수 있었다.

1차 시장조사는 나와 담당 PM 1명이 같이 출발했다. 도쿄에 있는 IVNT 전문 클리닉 3개처를 방문하여 직접 IVNT 주사도 맞고, 병원환경, 병원마케팅, 홍보방법, IVNT 약물 Protocol 및 Procedure 등을 벤치마킹할 수 있었다. 뜻밖에 많은 수확이 있었다. 전략방향이 명확하게 정리되었기 때문이다. 출장 후 바로 나의 의견과 PM의 의견을 정리하여 마케팅플랜을 작성하기 시작하였고, 어느 정도 초안이 80% 정도 정리가 되었다.

20% 정리가 안 된 부분은

1. IVNT를 명확히 정립하고 Protocol을 셋팅(Setting)하기 위해서는 Key Dr.s가 필요했다.
2. 시장개발을 위한 마케팅 컨셉과 제품 Pipe-line 구축이 필요했다.

이에 2차 일본 출장을 계획하고 Key Dr.s와 함께 2차 시장조사를 갔다. 2차 출장의 목적은 명확했다. Key Dr.s을 통한 IVNT 약물 Protocol setting이었다.

Vit B를 바탕으로, 적응증별 Protocol을 벤치마킹하였고, 이것을 자사가 생산하고 있는 제품들과 매칭하였고, 없는 제품들은 신제품 개발 또는 일본제품을 수입하기로 하였다.

2차 출장 후 더욱 바빠지게 되었다. 일본제품은 수입 절차가 너무 길고 국내 임상이 필요함을 인지하였고, 국내개발도 역시 마찬가지였다. 그러나 다행히도 일본의 Vit B 혼합제품 3개 성분이 자사 개별제품으로 생산하고 있었다. IVNT 정맥주사는 수액에 혼합해서 투여하기 때문에 3개 제품 용량은 큰 문제가 없었다. 기초주사제라 가격도 큰 문제가 없었다. 결론적으로, Key Dr.s와 연구소 의견을 참고하여, 자사제품으로 IVNT 제품 Pipe-line을 구축할 수 있었고, 여기에 마케팅 컨셉과 이미지를 포장하였다.

3. 마케팅 플랜 작성

“RAINBOW Nutrition Therapy” Recovery(회복, 빨간색), Anti-aging(항노화, 주황색), Immune (면역증가, 노랑색), Neurological(신경질환, 혈액순환, 초록색), Body Diet(비만, 파란색), Optimizer (감기예방, 남색), Whitening(피부미백, 보라색)으로 개인 맞춤형 영양주사 컨셉으로 이미지를 구성하였고, 병원별 환자 상담차트, 홍보물, 판촉물, 그리고 간호사, 상담사 교육 등으로 병원에서 환자창출이 가능한 것들을 패키지화하고 병원별 컨설팅 영업전략을 시행하였다. 병원 수익창출의 win-win 전략을 구축하였다.

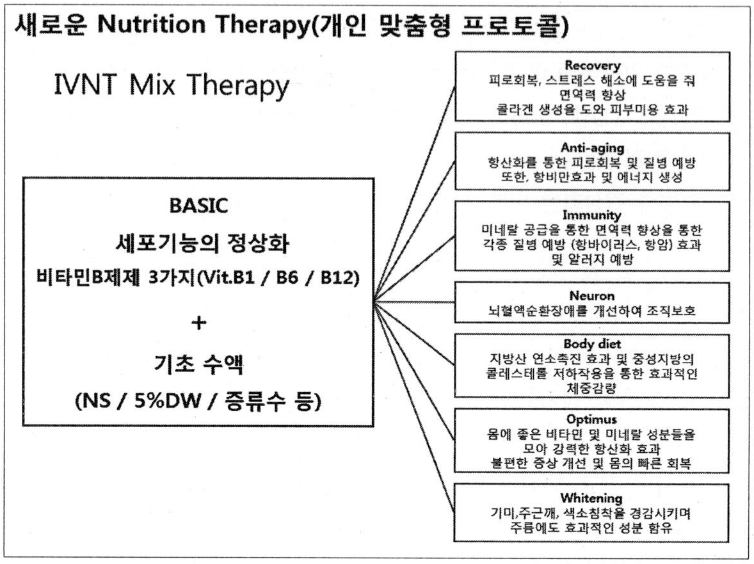

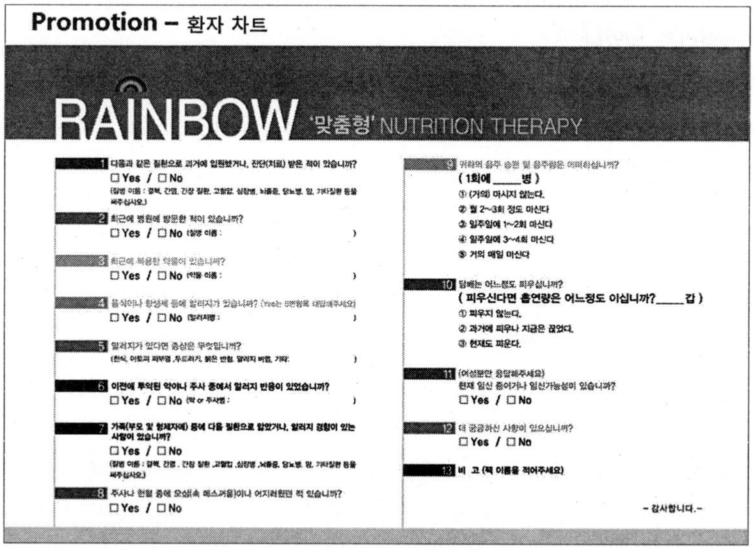

제품도 패키지 묶음판매(레인보우 셋팅 시 필요한 최소 구매단위 약물 개수가 약 12가지 이상, 최소판매금액 120만원)를 통한 구매를 유도하여 영업사원의 매출비중과 회사이익에도 기여할 수 있었다. 이외에도 부가적으로 병원 IVNT실 인테리어(베드가 아닌 편한 1인용 안마의자 또는 쇼파, 5인치 TV 등) 필요시 외부업체와 연계하는 서비스를 지원하였다. 또한, Key Dr.s를 활용하여 매번 개원가 학회에 IVNT 강의를 개설하였고, 지역적 소규모 학술모임도 지원하였다. 담당자 교육은 당연한 것이었고, 담당자들의 사기와 관심도 상당히 높아졌다. 병원 의사들의 방문요청이 쇄도를 했기 때문이다.

Promotion – 개인 맞춤형 **RAINBOW MENU**

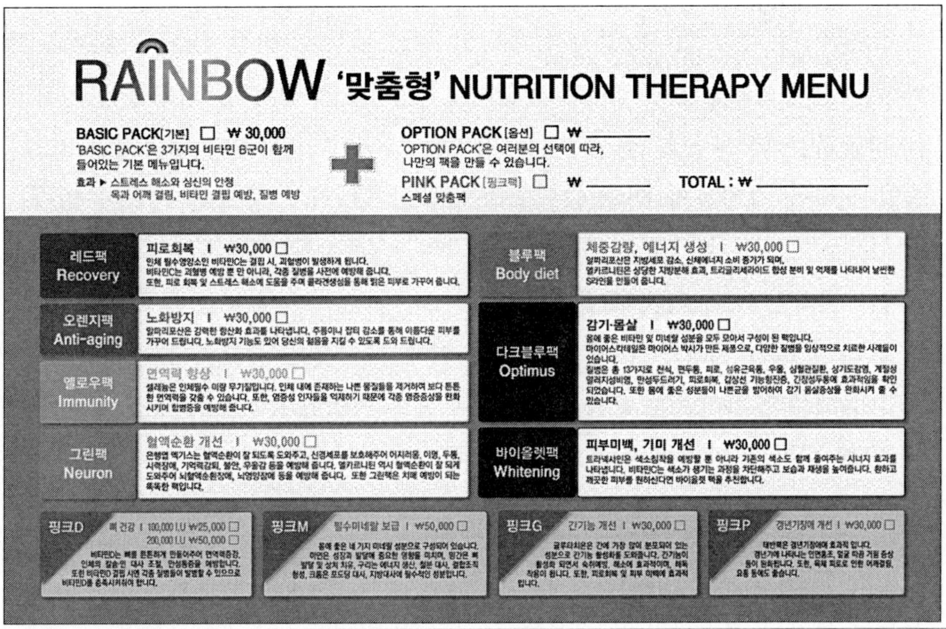

결과론적으로 3개월 만에 신규 거래처 수가 500개, 판매금액 5억의 매출성장을 이끌 수 있었으며, 영업직원의 단순 재구매 판매활동이 병원 컨설팅 접근방식으로 전환되었고, 이론과 과학적인 접근방식, 마케팅적 접근방식, 신시장 개발과 시장점유율 확대, 경쟁사 방어 그리고 회사-영업사원-병원(의사)-환자에게 모두 이익과 가치가 있었던 성공사례라고 할 수 있다. 본 사례를 통한 시사점은 시장 분석과 전략경영, 분석틀 활용, 마케팅 전략, 영업전략, 직원교육, 보상(인센티브) 등 모두 일관성 있게 실행한 것이 가장 큰 시사점이라고 할 수 있다.

≫ 영업의 새로운 생각

1. B2B 영업에서 단순 거래적 관계와 관계적 관계의 차이는 무엇인가?
2. B2B 영업에서 영업 기회와 가치창출의 의미는 무엇인가?
3. B2B 영업에서 가치영업이 무엇이며, 어떠한 노력을 해야 하는가?

2.3 B2B 온라인 영업 전략

B2B(기업 대 기업) 영업에서 온라인 채널 활용은 점점 더 중요해지고 있다. 온라인은 잠재고객을 효과적으로 발굴하고, 관계를 구축하며, 리드를 육성하고, 매출을 창출하는 데 도움을 줄 수 있는 강력한 도구이다. 하지만 성공적인 B2B 온라인 영업 전략을 수립하기 위해서는 고려해야 할 몇 가지 중요한 사항이 있다.

(1) 온라인 B2B 타깃 고객 이해

온라인 B2B 시장에서 타깃 고객을 이해하는 것은 중요하다. 이를 통해 기업은 자사의 제품과 서비스를 효과적으로 홍보하고 영업할 수 있다. 타깃 고객에 대한 깊이 있는 이해는 기업이 이들의 요구사항과 구매 행동 패턴을 파악하는 데 도움이 되며, 이를 바탕으로 맞춤형 솔루션을 제공할 수 있다.

특히 B2B 시장은 개별 고객의 특성이 매우 다양하기 때문에, 타깃 고객에 대한 면밀한 분석이 필수적이다. 기업은 고객의 산업, 규모, 구매의사결정 프로세스 등을 면밀히 파악하고, 이를 바탕으로 효과적인 마케팅 전략을 수립해야 한다.

또한 온라인 채널을 통해 고객과 소통하는 경우, 고객의 온라인 행동 데이터를 분석하여 타깃 고객의 니즈와 선호도를 파악하는 것이 중요하다. 이를 통해 기업은 고객 경험을 개선하고 매출 향상으로 이어질 수 있는 전략을 수립할 수 있다. 따라서 온라인 B2B 기업은 타깃 고객에 대한 깊이 있는 이해를 바탕으로 효과적인 영업 전략을 수립하고, 고객과의 긍정적인 관계를 구축해 나가야 할 것이다.

① 산업 및 규모 : 타깃 고객의 산업 및 규모를 정확히 파악하는 것은 중요하다. 산업에 따라 고객의 구매 행태, 선호하는 마케팅 채널, 가격대 등이 다르기 때문이다. 예를 들어, B2B 기업의 경우 직접 영업활동과 맞춤형 솔루션 제공이 중요하지만, B2C 기업의 경우 브랜드 인지도 향상과 온라인 채널 구축이 더욱 중요할 수 있다.

고객의 산업과 규모를 정확히 분석한 뒤, 이에 맞는 온라인 마케팅 전략을 수립해야 한다. 기업 규모에 따라 예산, 운영 역량이 달라지기 때문에 이를 고려해 적절한 채널과 마케팅 믹스를 구성해야 한다. 예를 들어, 중소기업은 소셜미디어나 온라인 광고에 주력하는 것이 적합할 수 있지만, 대기업은 종합적인 온라인 마케팅 플랫폼을 구축할 필요가 있다. 이처럼 타깃 고객의 산업과 규모에 대한 깊이 있는 이해가 선행되어야 효과적인 온라인 마케팅 전략을 수립할 수 있다. 고객의 특성을 면밀히 파악하고 이에 맞는 차별화된 마케팅 접근법을 개발하는 것이 중요하다. 이를 통해 한정된 자원을 효율적으로 활용하고, 고객의 니즈를 보다 정확하게 충족시킬 수 있을 것이다.

② 구매 결정 프로세스 : B2B 구매 결정 프로세스는 일반적으로 복잡하고 여러 단계로 이루어진다. 이는 구매의사결정에 여러 이해관계자가 관여하고, 각 단계마다 다양한 정보와 검토가 필요하기 때문이다. 따라서 기업은 이러한 구매 결정 프로세스를 면밀히 이해하고, 온라인 전략을 통해 각 단계에서 잠재 고객에게 필요한 정보와 리소스를 효과적으로 제공해야 한다. 예를 들어, 구매 프로세스의 초기 단계에서는 고객의 니즈와 요구를 파악하고, 이에 부합하는 제품 및 서비스 정보를 제공할 수 있다. 이를 위해 기업은 고객의 구매동기, 예산, 사용 목적 등에 대한 심층적인 이해가 필요하다. 또한 경쟁사의 제품과 서비스에 대한 벤치마킹을 통해 자사의 차별화된 강점을 부각시킬 수 있다.

중간 단계에서는 제품 비교, 견적 요청, 계약 협상 등을 지원할 수 있는 온라인 도구와 리소스를 갖추어야 한다. 이를 통해 구매의사결정 프로세스를 보다 효율적으로 관리할 수 있다. 또한 구매담당자와의 실시간 채팅 기능이나 온라인 문의 서비스 등을 제공하여 신속하고 원활한 소통 채널을 확보할 수 있다.

구매 완료 후에는 고객 지원, 사용 후기, 추가 구매 안내 등의 정보를 제공하여 지속적인 관계 유지에 힘써야 한다. 이를 통해 고객 만족도를 높이고, 고객생애가치(CLV)를 극대화할 수 있다. 나아가 기존 고객의 추천을 통한 새로운 고객 유치나, 추가 구매 유도 등의 마케팅 활동을 전개할 수 있다.

이처럼 전 구매 여정에 걸쳐 고객의 니즈를 충족시킬 수 있는 온라인 전략을 수립하는 것이 B2B 기업의 핵심 과제라고 볼 수 있다. 이를 통해 기업은 고객과의 신뢰를 쌓고, 장기적인 비즈니스 관계를 유지할 수 있을 것이다.

③ 온라인 활동 : 온라인 활동에 대한 이해는 성공적인 영업 전략을 수립하는 데

중요하다. 타깃 고객의 온라인 이용 행태를 면밀히 분석해야 한다. 고객들이 주로 어떤 온라인 채널(웹사이트, 소셜미디어, 모바일 앱 등)을 이용하는지 파악해야 한다. 이를 통해 효과적인 채널 전략을 수립할 수 있다.

온라인에서 고객들이 어떤 방식으로 정보를 탐색하고 소비하는지 살펴봐야 한다. 예를 들어, 특정 키워드로 검색하여 정보를 찾는지, 아니면 소셜미디어에서 추천 콘텐츠를 보며 정보를 습득하는지 등을 분석해야 한다. 이를 통해 고객여정을 이해하고, 그에 맞는 맞춤형 콘텐츠와 메시지를 제공할 수 있으며 효과적인 광고 및 프로모션 전략을 수립할 수 있다.

(2) 적절한 온라인 채널 선택

법인고객영업에서 온라인 채널 선택은 중요하다. 최근 기업들은 온라인을 통해 다양한 서비스와 제품을 손쉽게 제공받기를 원하고 있기 때문이다. 적절한 온라인 채널을 선택하는 것은 고객의 요구사항을 효과적으로 파악하고, 효율적으로 대응할 수 있게 해준다.

온라인 채널에는 기업 홈페이지, 모바일 앱, 소셜미디어, 온라인 마켓플레이스 등 다양한 옵션이 있다. 이러한 채널들은 각각 장단점이 있으므로, 법인고객의 특성과 선호도를 고려하여 가장 효과적인 채널을 선택해야 한다. 예를 들어, 기업 홈페이지는 브랜드 이미지 강화에 효과적이지만, 고객과의 실시간 상호작용에는 한계가 있다. 반면 소셜미디어는 신속한 소통이 가능하지만, 전문성 있는 정보 전달에는 어려움이 있다. 따라서 법인고객영업에 있어 온라인 채널 선택은 매우 중요한 전략적 결정이 되며, 이를 통해 고객과의 유기적인 관계 구축과 더불어 높은 영업성과를 달성할 수 있다.

① 회사 웹사이트 : 회사 웹사이트는 기업의 온라인상 얼굴이라고 할 수 있다. 이는 고객들이 기업을 처음 접하는 창구이자 기업이 자신의 제품과 서비스, 그리고 회사 정보를 알리는 가장 중요한 창구가 된다. 웹사이트에는 기업의 주력 제품과 서비스에 대한 상세한 정보가 제공되어 고객들이 쉽게 이해하고 구매할 수 있다. 또한 기업의 주요 고객 사례와 성공 스토리를 통해 고객들의 신뢰를 얻을 수 있다. 뿐만 아니라 웹사이트에는 해당 산업 트렌드와 최신 뉴

스 등 고객들에게 도움이 될 만한 정보들도 게재되어 있다. 이를 통해 기업은 고객과의 활발한 소통과 상호작용을 이어나갈 수 있다. 따라서 회사 웹사이트는 단순한 온라인 홍보 수단이 아닌, 기업의 핵심적인 마케팅 플랫폼이자 고객과의 소통 채널로 작용하고 있다고 할 수 있다.

② 소셜미디어 : 소셜미디어는 기업이 고객과의 소통을 강화하고 브랜드 이미지를 구축하는 데 있어 중요한 채널이 되고 있다. LinkedIn, Twitter, Facebook 등의 소셜미디어 플랫폼은 기업이 잠재고객과 직접적으로 소통할 수 있는 기회를 제공한다.

기업은 소셜미디어를 통해 고객의 관심사와 요구사항을 파악할 수 있으며, 이를 바탕으로 고객 맞춤형 영업 전략을 수립할 수 있다. 또한 소셜미디어에서의 활발한 활동은 기업의 브랜드 인지도를 높이는 데 도움이 된다. 고객들은 기업의 소셜미디어 채널을 통해 보다 친근하고 신뢰감 있는 브랜드 이미지를 형성하게 된다. 더불어 소셜미디어는 잠재고객을 발굴하고 리드를 생성하는데 효과적이다. 기업은 소셜미디어에서 고객과의 상호작용을 통해 고객의 관심사와 구매 의도를 파악할 수 있으며, 이를 토대로 마케팅 활동을 보다 효율적으로 진행할 수 있다.

③ 콘텐츠 마케팅 : 콘텐츠 마케팅은 기업이 제품과 서비스에 대한 직접적인 홍보 대신 고객에게 유용하고 정보적인 콘텐츠를 제공하여 관심을 유도하고 신뢰를 쌓는 영업 전략이다. 이는 고객의 관심사, 니즈, 문제점 등에 초점을 맞춰 다양한 형태의 콘텐츠를 제공함으로써 실현된다.

이를 통해 고객들은 기업에 대한 긍정적인 이미지를 갖게 되며, 자연스럽게 구매 욕구를 가지게 된다. 또한 콘텐츠 마케팅은 검색 엔진 최적화와 연계되어 기업의 콘텐츠가 고객의 정보 검색 시 상위에 노출되도록 함으로써 더 많은 잠재고객을 확보할 수 있다.

특히 전문적이고 유익한 콘텐츠를 제공함으로써 기업은 고객과의 신뢰관계를 구축할 수 있다. 이는 장기적인 고객 확보와 매출 증대로 이어질 수 있다. 기업은 고객의 니즈를 충족시키는 동시에 자사의 브랜드 인지도와 신뢰도를 높일 수 있는 효과적인 영업 전략으로 콘텐츠 마케팅을 활용할 수 있다.

최근 디지털 환경에서 고객들의 구매 행동이 변화함에 따라 기업들은 제품 및 서비스에 대한 직접적인 광고보다는 고객에게 실질적인 도움을 줄 수 있는 콘텐츠 제공에 더 주력하고 있다. 이를 통해 고객과의 장기적인 관계 구축과 함께 기업의 성장을 도모할 수 있다.

④ 검색 엔진 최적화 : 검색 엔진 최적화(Search Engine Optimization, SEO)는 웹사이트와 콘텐츠를 검색 엔진의 복잡한 알고리즘에 맞게 최적화하여 높은 순위를 얻는 것을 목표로 하는 전략이다. 이를 통해 웹사이트를 검색 결과 상위에 노출시켜 잠재고객의 관심을 끌고 트래픽을 늘릴 수 있다. 효과적인 SEO를 위해서는 웹사이트의 구조와 콘텐츠를 면밀히 검토하고 지속적으로 개선해 나가는 것이 중요하다. 키워드 연구를 통해 사용자의 검색 패턴을 파악하고, 메타 태그 최적화로 검색 엔진의 이해도를 높여야 한다. 또한 모바일 환경에 최적화된 웹사이트 구축, 콘텐츠의 질적 향상 등 다양한 기술적 요소를 종합적으로 고려해야 한다.

웹사이트 외부에서도 SEO 성과를 높일 수 있는 방법이 있다. 다른 웹사이트로부터의 외부 링크 확보, 소셜미디어를 통한 브랜드 인지도 제고 등의 노력이 필요하다. 이를 통해 검색 엔진이 웹사이트의 신뢰도와 중요성을 높게 평가하도록 만들 수 있다.

SEO는 단기적인 성과보다는 지속적인 노력을 필요로 한다. 검색 엔진 알고리즘이 끊임없이 변화하는 만큼, 웹사이트 관리자들은 최신 트렌드를 파악하고 이에 발맞춰 지속적으로 웹사이트를 개선해 나가야 한다. 이러한 노력을 통해 웹사이트의 검색 순위를 향상시키고 잠재고객을 지속적으로 유치할 수 있다.

⑤ 산업별 온라인 커뮤니티 : 산업별 온라인 커뮤니티는 기업에게 매우 유용한 마케팅 채널이 될 수 있다. 관련 산업에 종사하는 전문가와 잠재고객들이 활발하게 활동하는 온라인 공간에 참여함으로써, 기업은 고객의 니즈와 트렌드를 보다 심도 있게 파악할 수 있다. 예를 들어, IT 업계 종사자들이 모여 있는 온라인 커뮤니티에 참여한다면, 최신 기술 동향과 고객 선호도에 대한 생생한 정보를 얻을 수 있다. 이를 바탕으로 새로운 제품 및 서비스 개발에 반영할 수 있다. 또한 온라인 커뮤니티에서 활발한 활동을 통해 기업의 브랜드 인지도를 높이고, 전문성을 어필할 수 있다. 이는 잠재고객과의 신뢰관계 구축

에도 도움이 될 것이다.

따라서 기업은 자사의 주요 타깃 고객이 활동하는 온라인 커뮤니티에 적극적으로 참여하여 고객과의 소통을 강화하고, 이를 통해 마케팅 및 제품 개발 전략에 활용할 필요가 있다.

⑥ 웨비나 및 온라인 이벤트 : 웨비나(Web과 Seminar의 합성어) 및 온라인 이벤트를 활용한 마케팅 전략은 점점 더 중요해지고 있다. 이러한 온라인 채널을 통해 기업은 다양한 이점을 얻을 수 있다.

첫째, 웨비나 및 온라인 이벤트를 통해 지리적 제약 없이 고객과 소통할 수 있다. 오프라인 행사에 참여하기 어려운 고객들도 온라인에서 손쉽게 참여할 수 있다. 이를 통해 기업은 더 많은 잠재고객에게 접근할 수 있다.

둘째, 온라인 이벤트는 비용 효율적이다. 오프라인 행사에 비해 행사장 대여, 운영 인력 투입 등의 비용을 절감할 수 있다. 이 예산을 다른 마케팅 활동에 투자할 수 있다.

셋째, 웨비나 및 온라인 이벤트는 고객과의 상호작용을 촉진한다. 참여자들은 실시간으로 질문을 하고 피드백을 제공할 수 있다. 이를 통해 기업은 고객의 니즈를 더 잘 이해하고 제품/서비스 개선에 활용할 수 있다.

넷째, 온라인 이벤트는 데이터 수집에 유리하다. 참여자 정보, 시청 시간, 반응 등을 분석하여 마케팅 전략 수립에 활용할 수 있다.

이처럼 웨비나 및 온라인 이벤트는 기업에게 다양한 기회를 제공한다. 고객과의 접점을 확대하고 비용 효율성을 높이는 동시에 고객 이해도를 높일 수 있다. 앞으로 이러한 온라인 마케팅 채널의 활용은 지속적으로 증가할 것으로 예상된다.

(3) 효과적인 온라인 영업 전략

법인고객영업에 있어서 효과적인 온라인 영업 전략의 중요성과 필요성은 점점 더 증대되고 있다. 전통적인 방식의 대면 영업활동에 많은 시간과 비용이 들었던 것에 비해, 온라인 채널을 활용한 영업은 보다 효율적이고 효과적인 접근이 가능하다. 고객과의 지속적인 접점 유지, 실시간 상호작용, 맞춤형 정보 제공 등이 가능해져 고객 만족도를 높일 수 있다.

특히 코로나19 팬데믹 이후 비대면 방식의 필요성이 더욱 커짐에 따라, 온라인 채널을 통한 영업활동은 필수불가결한 요소가 되었다. 기업들은 효과적인 온라인 영업 전략을 수립하고 있으며, 이를 통해 고객 확보와 유지, 그리고 매출 증대 효과를 거두고 있다.

기업들은 온라인 플랫폼, 소셜미디어, 웹사이트 등을 활용하여 고객과의 효과적인 소통과 상호작용을 강화해야 할 것이다. 이를 통해 고객 니즈에 신속하게 대응하고, 경쟁력 있는 제품과 서비스를 제공할 수 있을 것이다.

① 가치 제안의 명확한 전달 : 법인영업에서 타깃 고객의 니즈와 요구사항을 정확히 파악하여 고객이 실제로 원하는 바가 무엇인지, 어떤 문제를 해결하고 싶어 하는지 철저히 이해해야 한다. 이를 바탕으로 고객의 요구사항을 충족시킬 수 있는 제품이나 시비스의 핵심 가치를 명확히 전달해야 힌다. 이떤 혜택을 제공하고 어떤 가치를 창출할 수 있는지를 구체적으로 설명해야 한다. 법인고객이 직접 느낄 수 있는 실질적인 이점과 혜택을 강조해야 한다. 단순히 제품이나 서비스의 기능만 설명하는 것이 아니라, 고객의 입장에서 어떤 부분에서 도움이 되고 가치를 창출할 수 있는지를 중점적으로 부각시켜야 한다.

또한 회사의 전문성, 신뢰성, 차별성 등을 적극적으로 알려야 한다. 고객이 믿고 맡길 수 있는 기업이라는 점을 강조함으로써 고객의 구매 결정에 긍정적인 영향을 미칠 수 있다. 이를 통해 고객과의 신뢰관계를 구축할 수 있다. 이러한 포괄적이고 구체적인 접근을 통해 법인영업에서 성공적인 가치 제안을 전달할 수 있다.

② 매력적인 콘텐츠 제작 : 매력적인 콘텐츠를 제작하기 위해서는 철저한 고객 이해가 핵심이다. 고객의 특성, 관심사, 니즈 등을 면밀히 분석하기 위해 리서치 방법을 활용할 수 있다. 고객 설문조사, 심층 인터뷰, 웹사이트 분석 등을 통해 고객이 원하는 정보와 선호하는 콘텐츠 형식을 파악해야 한다.

이를 바탕으로 고객에게 실질적인 혜택과 흥미를 제공할 수 있는 유익한 콘텐츠를 제작해야 한다. 텍스트, 이미지, 동영상, 인포그래픽 등 다양한 형태의 콘텐츠를 균형 있게 활용하여 고객의 시각적 관심을 끌어올 수 있다. 또한 전문적이고 창의적인 제작 과정을 통해 콘텐츠의 질적 수준을 높여야 한다.

이를 통해 고객의 주목을 효과적으로 확보할 수 있다.

더 나아가 고객의 반응과 관심사 변화를 지속적으로 모니터링하여 콘텐츠를 정기적으로 업데이트해야 한다. 이를 통해 고객과의 지속적인 관심과 상호작용을 유도하고, 고객에게 차별화되고 가치 있는 경험을 제공할 수 있다. 이러한 노력은 고객과의 신뢰 구축과 장기적인 관계 형성으로 이어질 수 있다. 이처럼 매력적인 콘텐츠 제작을 위해서는 고객에 대한 깊이 있는 이해와 다양한 분석 기법, 지속적인 관리와 업데이트가 필요하다. 이를 통해 고객의 관심과 호응을 이끌어낼 수 있으며, 나아가 고객과의 긍정적인 관계를 형성할 수 있다.

③ 법인고객과의 적극적인 소통 : 법인고객과의 적극적인 소통은 기업이 성공하는 데 매우 중요한 요소이다. 다양한 온라인 채널을 활용하여 잠재고객과 긍정적이고 지속적인 관계를 형성할 필요가 있다.

우선, 소셜미디어, 온라인 커뮤니티, 이메일 등 다양한 온라인 플랫폼을 통해 고객들과 활발히 소통해야 한다. 이를 통해 고객들의 관심사와 요구사항을 파악할 수 있다. 단순히 일방적인 정보 전달이 아닌, 고객들과의 쌍방향 커뮤니케이션을 중요시해야 한다.

또한 고객의 의견, 질문, 피드백 등에 대해 신속하고 전문적이며 친절한 답변을 제공함으로써 고객과의 신뢰관계를 구축해야 한다. 이는 고객과의 유대감을 형성하고 고객 만족도를 높일 수 있는 핵심 요소이다.

나아가 고객의 니즈에 기반한 맞춤형 콘텐츠와 이벤트를 제공하여 고객들의 관심과 참여를 이끌어내야 한다. 이를 통해 고객 충성도를 향상시킬 수 있다. 정기적인 고객 만족도 조사를 실시하여 지속적으로 고객의 의견을 경청하고, 이를 바탕으로 서비스 품질 향상에 힘써야 한다. 또한 체계적인 고객관리 시스템 구축과 전담 직원 배치 등의 노력을 통해 고객과의 긍정적 관계 형성에 힘써야 할 것이다. 이처럼 법인고객과의 적극적이고 지속적인 소통은 기업의 성공을 위한 필수적인 요소라고 할 수 있다.

④ 리드 육성 : 잠재고객의 구매 단계와 관심사를 세부적으로 파악하는 것이 중요하다. 이를 위해 데이터 분석을 통해 고객의 행동 패턴, 관심사, 구매의사 결정 과정 등을 심층적으로 이해해야 한다. 이를 토대로 각 단계별 구체적인

마케팅 활동을 계획할 수 있다. 고객의 구매 단계와 관심사에 부합하는 다양한 유형의 콘텐츠를 제공해야 한다. 단순한 제품 정보 전달을 넘어 고객의 문제 해결, 관심사 충족, 구매 결정 지원 등을 위한 전략적인 콘텐츠 마케팅이 필요하다. 웹페이지, 이메일, 소셜미디어, 온라인 광고 등 다양한 채널을 활용해 고객에게 지속적으로 접근해야 한다.

리드와의 지속적이고 개인화된 관계 관리가 중요하다. 단순한 일회성 접촉이 아닌 장기적인 관계 구축을 위해 고객의 반응 및 행동 데이터를 활용하여 개인화된 커뮤니케이션을 해야 한다. 이를 통해 고객과의 신뢰를 쌓고 구매 전환율을 높일 수 있다.

리드 관리 자동화 기술을 활용하면 효과적인 리드 육성이 가능하다. 고객 데이터 분석, 개인화된 콘텐츠 제공, 지속적인 고객관계관리 등의 업무를 자동화함으로써 보다 효율적이고 체계적인 리드 육성이 가능하다. 리드 육성 성과를 지속적으로 모니터링하고 분석하여 개선점을 찾아야 한다. 고객 반응, 구매 전환율, 고객생애가치 등 다양한 지표를 활용하여 리드 육성 전략의 효과성을 측정하고 개선해 나가야 한다. 이와 같은 체계적이고 세부적인 리드 육성 전략을 통해 잠재고객을 효과적으로 리드로 전환하고, 나아가 장기적인 고객관계를 구축할 수 있을 것이다.

⑤ 데이터 분석 활용 : 데이터 분석은 기업에게 매우 중요한 역할을 한다. 데이터 분석을 통해 기업은 법인고객의 행동패턴, 선호도, 구매 전환율 등을 심층적으로 파악할 수 있다. 이러한 데이터 기반 인사이트를 활용하면 온라인 마케팅 전략을 보다 효과적으로 수립할 수 있다. 예를 들어, 데이터 분석을 통해 타깃 고객층을 세분화하고, 개인화된 맞춤형 콘텐츠를 제공할 수 있다. 또한 구매 유도 요소를 최적화하여 고객의 구매 전환율을 높일 수 있다.

나아가 지속적인 데이터 분석과 모니터링을 통해 온라인 마케팅 활동의 성과를 분석하고 개선해 나갈 수 있다. 이를 통해 마케팅 활동의 효율성을 높이고 투자 효과를 극대화할 수 있다. 더불어 시장 변화와 법인고객 니즈 변화에 신속하게 대응할 수 있는 민첩성도 확보할 수 있다. 결국 체계적이고 지속적인 데이터 활용은 고객 중심의 마케팅 전략 수립과 실행에 핵심적인 요소라고 할 수 있다.

이처럼 데이터 분석은 기업의 온라인 마케팅 성공을 위해 필수적인 역량이 되고 있다. 데이터 분석 기반의 고객 중심 마케팅 전략은 기업이 경쟁우위를 확보하고 지속가능한 성장을 이루는 데 핵심적인 역할을 할 것으로 기대된다.

(4) 온라인 판매 채널 활용

법인고객영업에 있어서 온라인 판매 채널 활용은 중요한 전략이 되고 있다. 이를 통해 기업은 시간과 공간의 제약을 뛰어넘어 더 많은 잠재고객에게 접근할 수 있게 된다.

온라인 채널을 활용하면 실시간 데이터 분석을 통해 고객의 구매 패턴, 선호도, 반응 등을 빠르게 파악할 수 있다. 이러한 정보를 바탕으로 맞춤형 마케팅 전략을 수립하고, 효과적인 영업활동을 펼칠 수 있다. 또한 온라인 채널은 대면 영업에 비해 비용 효율성이 높다. 오프라인 매장이나 영업사원 파견 등의 비용을 절감할 수 있어 경영 효율성 제고에도 도움이 된다.

이처럼 온라인 판매 채널의 활용은 법인고객영업에 있어 필수적인 요소가 되고 있다. 기업은 이를 통해 새로운 성장 기회를 모색하고, 고객 만족도를 높일 수 있을 것이다.

① e-커머스 플랫폼 : 기업고객을 대상으로 한 영업에서 기업은 두 가지 방식으로 접근할 수 있다. 첫째, 자체적으로 e-커머스 플랫폼을 구축하여 제품을 판매할 수 있다. 이를 통해 기업은 자사만의 브랜드 이미지와 차별화된 고객 경험을 제공할 수 있다. 또한 플랫폼 수수료 없이 수익을 올릴 수 있어 비용 절감의 효과를 누릴 수 있다. 하지만 플랫폼 구축과 운영에 많은 초기 투자와 인력이 필요하다는 단점이 있다. 둘째, 기업은 이미 잘 알려진 Amazon이나 Alibaba와 같은 주요 e-커머스 플랫폼을 활용하여 제품을 판매할 수 있다. 이 경우 기업은 플랫폼의 막대한 고객 기반과 편리한 결제 및 배송 서비스를 활용할 수 있다. 또한 별도의 플랫폼 구축 없이 빠르게 온라인 판매를 시작할 수 있다는 장점이 있다. 다만 플랫폼 수수료를 지불해야 한다는 단점이 있다.

따라서 기업은 자사의 역량과 목표에 맞는 e-커머스 전략을 수립해야 한다. 자체 플랫폼 구축과 외부 플랫폼 활용을 적절히 활용하여 효과적인 온라인 판매전략을 수립하는 것이 중요하다. 이를 통해 기업은 고객과의 긍정적인 경험을 제공하고, 수익 창출의 기회를 극대화할 수 있을 것이다.

② 온라인 견적 및 결제 시스템: 온라인 견적 및 결제 시스템은 기업의 영업 프로세스를 혁신적으로 변화시킬 수 있는 핵심 요소이다. 이 시스템을 통해 잠재고객은 언제 어디서나 쉽고 편리하게 제품 및 서비스에 대한 견적을 요청할 수 있다. 요청된 견적은 실시간으로 전달되어 신속하게 처리될 수 있다.

또한 온라인 결제 기능을 통해 고객은 즉시 주문을 완료할 수 있다. 결제 프로세스는 직관적이고 사용자 친화적으로 설계되어 있어 고객의 편의성을 높일 수 있다. 이를 통해 기업은 영업담당자의 시간과 노력을 절감할 수 있으며, 고객 응대 속도를 높일 수 있다.

더불어 이 시스템은 고객의 주문 및 결제 내역을 체계적으로 관리할 수 있어 고객관계관리에도 큰 도움이 된다. 과거 데이터를 기반으로 고객 성향을 분석하고, 맞춤형 마케팅 전략을 수립할 수 있다. 이를 통해 기업은 고객 만족도를 높이고, 장기적인 고객관계를 구축할 수 있다.

(5) 법인고객 서비스 최적화

기업고객을 위한 서비스 최적화는 중요한 부분이다. 기업고객의 다양한 요구사항을 명확히 파악하고 이에 맞춰 서비스를 개선해 나가는 것이 필요하다. 이를 위해서는 정기적인 고객 피드백 수집, 데이터 분석을 통한 고객 행동 패턴 파악, 그리고 맞춤형 서비스 제공 등의 노력이 필요하다.

또한 기업고객과의 유기적인 소통 채널을 마련하여 고객의 의견을 실시간으로 반영할 수 있는 체계를 구축해야 한다. 단순히 상품과 서비스 제공에 그치지 않고, 고객의 비즈니스 성과 향상에 기여할 수 있는 컨설팅 및 솔루션 제안 등 종합적인 지원 방안을 마련해야 한다. 이를 통해 법인고객의 만족도를 높이고 장기적인 고객관계를 구축할 수 있을 것이다. 또한 이는 기업의 수익성 향상과 지속가능한 성장에도 기여할 수 있을 것으로 기대된다.

① 온라인 법인고객 지원: 온라인 법인고객 지원은 기업에 있어 매우 중요한 부분이다. 웹사이트 자주 묻는 질문(Frequently Asked Questions, FAQ), 채팅봇,

이메일 등 다양한 온라인 채널을 통해 잠재고객과 기존 고객에게 효과적인 지원을 제공하는 것이 핵심이다.

FAQ 페이지를 체계적으로 구축하면 법인고객들이 자주 묻는 질문과 답변을 한눈에 볼 수 있어 편리하다. 질문과 답변을 잘 정리하고 분류하여 고객들이 쉽게 필요한 정보를 찾을 수 있도록 해야 한다. 실시간 채팅봇 서비스를 운영하면 고객들에게 즉각적인 피드백과 문의 해결이 가능하다. 그뿐만 아니라 채팅봇을 통해 고객의 요구사항을 실시간으로 파악할 수 있어 고객 니즈 분석에도 유용하다.

이메일을 통한 문의 대응도 신속하고 친절하게 이뤄져야 한다. 이메일 상담을 통해 해결되지 않은 사항은 필요에 따라 유선 상담으로 이어질 수 있도록 체계적인 시스템을 갖추는 것이 좋다. 유선 상담을 통해 보다 심도 있는 대화와 문제 해결이 가능하기 때문이다.

이처럼 다양한 온라인 채널을 활용하여 법인고객들의 요구사항을 효과적으로 파악하고 신속하게 대응함으로써, 기업과 고객 간의 긍정적인 관계를 구축할 수 있다. 이를 통해 고객 만족도를 높이고 지속적인 비즈니스 성장을 도모할 수 있을 것이다. 또한 온라인 고객 지원 체계를 잘 갖추면 비용 절감 효과도 기대할 수 있다.

② 셀프 서비스 포털 : 셀프 서비스 포털은 고객의 편의성과 효율성을 높이는 중요한 기능을 수행한다. 이를 통해 고객은 시간과 노력을 절약할 수 있으며, 보다 능동적으로 필요한 업무를 처리할 수 있다.

포털의 사용자 친화적인 인터페이스와 직관적인 메뉴 구조는 고객 경험을 향상시킨다. 고객은 포털 내에서 원스톱으로 다양한 기능을 수행할 수 있어 업무 처리 시간을 크게 단축할 수 있다. 이러한 셀프 서비스 기능은 고객 만족도 향상에도 기여한다. 고객이 보다 편리하고 효율적으로 업무를 처리할 수 있게 되면서 기업에 대한 신뢰도와 충성도가 높아질 것으로 기대된다. 더불어 기업 입장에서도 운영 효율성 제고의 효과를 누릴 수 있다. 고객 서비스에 투입되는 인력과 비용이 절감되며, 이를 통해 전반적인 업무 프로세스 개선과 경쟁력 강화로 이어질 수 있다.

이처럼 셀프 서비스 포털은 고객과 기업 모두에게 긍정적인 영향을 미치는 중요한 디지털채널로 자리잡고 있다. 앞으로도 지속적인 기능 고도화와 사용자 경험 개선을 통해 고객 중심의 서비스를 제공해 나갈 것으로 기대된다.

③ 고객 커뮤니티 : 고객들이 서로 소통하고 정보를 공유하며, 회사와 소통할 수 있는 온라인 커뮤니티를 운영한다. 이를 통해 고객들은 제품 및 서비스에 대한 의견을 자유롭게 교환하고, 궁금증을 해결할 수 있다. 또한 회사는 고객들의 니즈와 피드백을 실시간으로 파악할 수 있어 더욱 나은 고객 경험을 제공하기 위해 노력할 수 있다.

나아가 고객 커뮤니티는 고객들 간의 유대감을 형성하고, 회사와 고객 간의 신뢰관계를 구축하는 데 기여한다. 이는 기업과 고객이 서로 이해하고 존중하는 관계를 발전시키는 데 도움이 된다. 고객 커뮤니티에서 고객들은 자신들의 목소리를 내고, 기업에 대한 제안과 요구사항을 전달할 수 있다. 이에 따라 기업은 고객의 니즈를 더 잘 파악하고, 이를 바탕으로 제품과 서비스를 개선할 수 있다. 뿐만 아니라, 고객 커뮤니티는 고객 간 상호작용을 활성화하여 고객 충성도와 재구매율 향상에도 기여한다. 고객들이 서로 공감하고 도와가며 형성하는 유대감은 기업에 대한 긍정적인 인식과 애착으로 이어질 수 있다. 이처럼 고객 커뮤니티는 기업과 고객 간의 장기적인 관계 형성에 핵심적인 역할을 한다.

④ 고객 피드백 수렴 및 활용 : 고객 피드백 수렴 및 활용은 기업이 고객 중심의 혁신을 이루고 장기적인 경쟁력을 확보하는 데 중요하다. 기업은 다양한 채널을 통해 지속적으로 고객의 의견을 수집하고 분석해야 한다.

먼저, 고객 설문조사, 온라인 리뷰, SNS 등 다양한 방식으로 고객의 요구사항, 만족도, 불편사항 등을 수집해야 한다. 이를 통해 전반적인 고객 니즈를 파악할 수 있다.

수집된 고객 피드백은 체계적인 데이터 분석을 거쳐야 한다. 이를 바탕으로 제품 기능 개선, 서비스 품질 향상, 불편사항 해소 등 구체적인 개선 방안을 마련해야 한다. 또한 고객 피드백 수렴 및 활용 현황, 개선 조치 내역 등을 정기적으로 모니터링하고, 고객에게 피드백을 제공해야 하며 이를 통해 고객의 참여와 신뢰를 높일 수 있다.

나아가 고객 데이터를 활용하여 맞춤형 서비스를 제공하는 등 고객 경험 향상을 위한 노력을 지속해야 한다. 이러한 노력을 통해 기업은 고객 중심의 혁신을 이루고 장기적인 경쟁력을 확보할 수 있다. 고객 피드백 수렴 및 활용은 기업이 지속가능한 성장을 위해 필수적인 과정이라고 할 수 있다. 체계적이고 지속적인 노력을 통해 기업은 고객 만족도와 충성도를 높이고, 혁신적인 제품과 서비스를 제공할 수 있을 것이다.

(6) 성과 측정 및 지속적 개선

기업의 지속가능한 성장을 위해서는 법인고객의 온라인 영업성과를 체계적으로 관리하는 것이 중요하다. 정기적인 성과 측정과 분석은 효과적인 마케팅 및 영업 전략을 수립하는 데 필수적이다. 이를 통해 기업은 현재 전략의 강점과 약점을 파악하고, 시장 동향에 맞춰 지속적으로 개선해 나갈 수 있다.

특히 디지털 전환이 가속화되면서 온라인 영업성과관리의 중요성은 더욱 커지고 있다. 단순한 매출 및 영업 실적 분석을 넘어, 고객 행동 분석, 마케팅 채널 효율성 측정 등 다양한 지표를 통합적으로 관리할 필요가 있다. 이를 위해 AI와 빅데이터 분석 기술을 활용한 체계적인 성과 관리 시스템을 구축하는 것이 중요하다.

이러한 노력을 통해 기업은 경쟁사와의 벤치마킹을 수행하고, 고객의 니즈와 시장 변화에 신속하게 대응할 수 있다. 또한 온라인 영업채널의 효율성을 지속적으로 개선함으로써 기업의 경쟁력을 강화하고, 장기적인 성장을 도모할 수 있을 것이다.

① 핵심성과지표(key performance Index, KPI) 설정 : 법인고객의 온라인 영업 전략의 목표 달성 여부를 정확히 측정하기 위해서는 적절한 핵심성과지표(KPI)를 설정하는 것이 중요하다. KPI는 웹사이트 방문 트래픽, 리드 생성 수, 리드 전환율, 매출 등 온라인 마케팅 및 영업활동의 성과를 측정할 수 있는 지표들로 구성될 수 있다. 예를 들어, 웹사이트 방문 트래픽은 온라인 채널에 대한 잠재고객의 관심도를 나타내며, 이는 온라인 브랜드 인지도와 관심도를 측정할 수 있는 지표이다. 리드 생성 수는 마케팅 활동의 성과를 보여준다. 즉, 마케팅 캠페인이나 콘텐츠 제공 등의 활동을 통해 발생한 잠재고객의 수를 의미한다. 리드 전환율은 이러한 잠재고객이 실제 고객으로 전환되는 비율을 나타내어, 영업팀의 활동 성과를 보여준다. 마지막으로 매출은 온라인

영업 전략의 최종적인 성과를 보여준다. 즉, 이러한 일련의 활동들이 실제 매출로 이어졌는지를 보여준다.

이러한 KPI들을 체계적으로 설정하고 관리하면 온라인 영업 전략의 효과성을 지속적으로 모니터링하고 개선할 수 있다. 또한 각 KPI 간의 상호 관련성을 분석하여 온라인 영업 프로세스 전반을 최적화할 수 있다. 예를 들어, 웹사이트 방문 트래픽과 리드 생성 수의 관계를 분석하여 마케팅 캠페인의 효과를 측정하고, 리드 전환율과 매출의 관계를 분석하여 영업팀의 활동 성과를 평가할 수 있다. 이를 통해 각 단계별 문제점을 파악하고 개선할 수 있으며, 궁극적으로 온라인 영업 전략의 성과를 향상시킬 수 있다.

② 데이터 분석 도구 활용 : 온라인 영업활동의 성과를 종합적으로 측정하고 분석할 수 있는 다양한 데이터 분석 도구들이 활용되고 있다. 웹 분석 도구를 통해 웹사이트 방문자의 행동 패턴, 클릭 흐름, 전환율 등을 확인할 수 있다. CRM 시스템에서는 고객 정보, 상호작용 내역, 매출 데이터 등을 통합적으로 관리하고 분석할 수 있다. 또한 마케팅 자동화 플랫폼은 고객 데이터를 체계적으로 수집하고 관리하여, 고객 세분화, 타깃팅, 개인화 마케팅 등 다양한 활용이 가능하다.

기업들은 다양한 데이터 분석 도구를 활용하여 온라인 사업 운영을 더욱 효과적으로 관리할 수 있다. 이러한 도구들을 통해 고객들의 행동 패턴을 심층적으로 분석하고, 매출 실적과 투자 대비 수익률(ROI)을 정확하게 파악할 수 있다. 이를 바탕으로 기업은 보다 타깃팅된 온라인 영업 전략을 수립할 수 있다. 특히 마케팅 자동화 플랫폼은 다양한 기능을 통해 마케팅 활동의 효과성을 지속적으로 모니터링하고 개선할 수 있다. A/B 테스팅 기능을 통해 마케팅 메시지, 랜딩페이지, 호출 문구 등의 효과를 비교 분석할 수 있으며, 리타깃팅(retargeting) 기능을 활용하여 잠재고객들을 효과적으로 유도할 수 있다. 또한 마케팅 캠페인 데이터를 종합적으로 분석하여 향후 마케팅 전략 수립에 활용할 수 있다.

이처럼 데이터 분석 도구를 적극적으로 활용하면 온라인 영업활동의 성과를 체계적으로 관리하고 개선할 수 있다. 기업은 이를 통해 더욱 정확한 의사결정을 내리고, 효율적인 영업 전략을 수립할 수 있게 된다.

3. 법인고객가치 설계 및 제안 전략

법인고객가치영업은 단순히 제품이나 서비스를 판매하는 것을 넘어, 고객 기업의 가치 창출에 기여할 수 있는 맞춤형 솔루션을 개발하여 제공함으로써 지속가능한 관계를 구축하고 차별화된 경쟁력을 확보하는 것을 목표로 한다. 이를 위해서는 고객 기업의 니즈와 문제점을 깊이 있게 파악하고, 이를 해결할 수 있는 혁신적이고 창의적인 솔루션을 발굴해야 한다. 단순히 기존의 제품이나 서비스를 판매하는 것이 아니라, 고객 기업의 성장과 발전을 위한 맞춤형 전략을 수립하고 실행에 옮겨야 한다.

또한 고객 기업과의 지속가능한 신뢰관계 구축을 위해서는 고객의 니즈를 깊이 있게 이해하고, 고객과의 적극적인 소통과 협력을 통해 새로운 가치를 창출해 나가는 것이 중요하다. 이를 통해 고객 기업의 경쟁력 향상에 기여하고, 궁극적으로는 자사의 지속가능한 성장을 도모할 수 있을 것이다.

3.1 법인고객의 제공가치

법인고객에게 가치를 제공하는 것은 단순한 제품 및 서비스 판매를 넘어선 개념이다. 이는 고객의 전략적 목표 달성과 업무 효율성 향상을 위한 협력적 관계를 의미한다. 성공적인 영업을 위해서는 법인고객의 니즈와 가치 창출 방안을 깊이 있게 이해하고, 이를 실질적인 솔루션으로 제공하는 것이 핵심이다.

법인고객은 자신의 경영 전략과 사업 목표를 달성하기 위해 공급업체와 긴밀한 협력 관계를 요구한다. 따라서 공급업체는 고객의 사업 환경과 당면 과제를 면밀히 분석하고, 이에 부합하는 맞춤형 제품 및 서비스를 개발해야 한다. 나아가 지속적인 고객 니즈 파악과 피드백 수렴을 통해 고객의 경영 목표 달성에 기여할 수 있는 전략적 파트너십을 구축해야 한다.

이러한 관점에서 볼 때, 법인고객에게 가치를 제공하는 것은 단순한 거래를 넘어 고객의 장기적인 성공을 위한 전략적 협력관계를 의미한다. 영업담당자는 고객의 핵심 니즈를 정확히 파악하고, 이를 토대로 고객가치 창출에 초점을 맞춘 솔루션을 제안함으로써 성공적인 거래 관계를 구축할 수 있다.

(1) 수익성 가치

기업의 경영 성과를 향상시키는 가치로 기업의 다양한 측면에서 발견될 수 있다. 첫째, 기업의 생산성 향상을 통해 더 많은 수익을 창출할 수 있다. 효율적인 생산 및 공정 관리, 그리고 기술 혁신은 기업의 생산성을 높여 경영 성과 향상으로 이어질 수 있다. 둘째, 고객 만족도 제고를 통한 매출 증대도 중요한 경영적 가치이다. 고객의 니즈를 정확히 파악하고, 이를 바탕으로 차별화된 제품과 서비스를 제공하면 고객 충성도 향상으로 이어질 수 있다. 셋째, 비용 절감을 통한 수익성 개선도 경영적 가치에 해당한다. 기업은 다양한 혁신 활동을 통해 원가를 절감하고, 이를 통해 더 많은 이윤을 확보할 수 있다. 이처럼 경영적 가치는 기업의 재무적 성과와 경쟁력 향상을 목표로 하는 다양한 활동에서 발견될 수 있다. 이처럼 매출 증대, 수익성 향상, 시장점유율 확대, 비용 절감 등을 포함한다.

① 비용 절감 방안 : 다양한 비용 절감 방안을 고객 기업에 제시함으로써 경영 효율성을 높일 수 있다. 먼저 새로운 기술 도입을 통해 인력 및 자원 투입을 최소화할 수 있다. 예를 들어, 자동화 솔루션이나 AI 기반의 업무 프로세스 혁신을 제안할 수 있다. 이를 통해 기업은 생산성과 수익성을 향상시킬 수 있다. 또한 기존 업무 프로세스를 면밀히 분석하여 불필요한 단계를 제거하고, 데이터 관리와 의사결정 과정을 자동화하는 방법을 제시할 수 있다. 이렇게 전반적인 운영 효율성을 높임으로써 기업은 비용 절감 효과를 거둘 수 있다. 더불어 클라우드 컴퓨팅, 빅데이터 분석 등 첨단 IT 기술을 도입하면 IT 인프라 구축 및 유지보수 비용을 크게 절감할 수 있다. 이러한 기술 도입은 장기적으로 기업의 경쟁력 제고에 기여할 것이다.

이처럼 영업팀은 다양한 비용 절감 방안을 고객 기업에 제안함으로써 기업 경영의 효율성과 수익성을 향상시킬 수 있다. 이를 통해 고객과의 신뢰관계를 구축하고, 지속적인 비즈니스 성장을 이끌어낼 수 있다.

② 수익 증대 : 기업의 수익 증대를 위해서는 다양한 방안을 고려해야 한다. 우선 새로운 시장 진출을 통해 고객 기업의 시장 영역을 확대할 수 있다. 이를 위해 잠재고객 발굴, 신규 시장 개척, 글로벌 진출 등의 전략을 수립할 수 있다.

또한 기존 제품 및 서비스의 차별화를 통해 경쟁력을 강화할 수 있다. 고객의 니즈에 맞는 혁신적인 솔루션 개발, 기술 혁신, 맞춤형 서비스 제공 등의 방안을 모색할 수 있다. 이를 통해 고객의 만족도를 높이고, 결과적으로 매출과 이익 증대로 이어질 수 있다.

더 나아가 고객 데이터 분석, 마케팅 전략 수립, 영업 프로세스 개선 등 다양한 방면에서 고객 기업을 지원할 수 있다. 이를 통해 고객의 경영 효율성 제고, 비용 절감, 리스크 관리 등에 기여할 수 있다.

결국 고객 기업의 성장과 수익 증대를 위해서는 다각적인 노력과 혁신적인 방안이 필요하다. 법인영업담당자는 고객의 니즈를 깊이 이해하고, 창의적인 솔루션을 제시함으로써 고객 기업의 경쟁력 강화와 지속가능한 성장을 지원해야 할 것이다. 예를 들어, 생산 자동화 시스템을 도입하면 생산 공정의 효율성이 향상되어 생산 비용을 절감할 수 있다. 또한 균일한 제품 품질관리를 통해 불량률을 낮출 수 있어 생산성이 증가한다. 이는 결과적으로 제품 가격 경쟁력 향상으로 이어져 매출 증대와 수익성 향상에 기여할 수 있다.

나아가 자동화 시스템을 통해 인력 투입을 줄일 수 있어 인건비 절감 효과도 기대할 수 있다. 이러한 비용 절감 효과는 제품 가격 인하로 이어져 시장점유율 확대에도 도움이 될 수 있다. 또한 자동화 시스템의 도입은 생산 속도와 정확성 향상에 기여하여 고객 만족도 제고로 이어질 수 있다. 이렇듯 생산 자동화는 다양한 경영적 가치를 창출하여 기업의 전반적인 경쟁력을 높이는 데 도움이 될 수 있다. 한편, 생산 자동화 도입에는 초기 투자비용이 수반되므로 기업은 투자 대비 효과를 면밀히 검토해야 한다. 적절한 자동화 시스템을 도입하고 운영 방식을 최적화한다면 기업은 장기적으로 큰 경영적 성과를 거둘 수 있다.

(2) 운영적 가치

운영적 가치를 창출하는 것은 기업의 전반적인 업무 운영 측면에서 효율성, 생산성, 품질 향상 등을 도모하는 것을 의미한다. 이를 통해 기업은 다양한 리스크에도 효과적으로 대응할 수 있다.

① 업무운영의 효율성 : 고객 기업의 생산성과 의사결정 속도를 높이기 위해 데이

터 분석 기반의 의사결정 지원, 프로세스 자동화, 업무 협업 도구 도입 등을 제안할 수 있다. 예를 들어, 데이터 분석 기반의 의사결정 지원을 통해 고객 기업은 보다 신속하고 정확한 의사결정을 내릴 수 있다. 프로세스 자동화를 통해서는 반복적인 업무를 효율화하여 인력 및 시간 절감 효과를 거둘 수 있다. 또한 업무 협업 도구 도입으로 부서 간 소통과 협업이 활성화되어 생산성이 향상될 것이다.

뿐만 아니라 차별화된 서비스와 솔루션을 제공하여 고객 기업의 경쟁력을 강화할 수 있다. 경쟁사 대비 우수한 기술력, 품질, 가격 경쟁력을 갖춘 제안으로 고객 기업이 시장에서 선도적 지위를 확보할 수 있도록 지원한다. 이를 위해 법인영업담당자는 고객 기업의 니즈를 깊이 있게 파악하고, 이를 충족시킬 수 있는 혁신적이고 실질적인 솔루션을 개발해야 한다. 또한 지속적인 고객 관리와 피드백 수렴을 통해 고객 만족도를 향상시키고, 고객과의 장기적인 협력 관계를 구축해야 한다.

고객관계관리(CRM) 시스템을 도입하면 고객 정보를 체계적으로 관리할 수 있어 고객 서비스의 질을 향상시킬 수 있다. 영업 프로세스를 개선하여 매출 향상으로 이어질 수 있다. 이처럼 CRM 시스템 도입은 단순히 고객 서비스 개선뿐만 아니라 기업의 전반적인 운영 효율화에 기여할 수 있다.

같은 맥락에서 생산관리 시스템 구축을 통해 생산 공정의 병목현상을 해소하거나, 공급망 관리(SCM) 시스템을 통해 재고관리 및 물류 효율성을 높일 수 있다. 이를 통해 제품 생산과 공급 프로세스의 최적화를 이루어 기업의 전반적인 운영 성과를 향상시킬 수 있다. 이처럼 다양한 IT 솔루션의 도입은 기업의 운영 측면에서 실질적인 가치를 창출할 수 있다. 단순히 고객 서비스 개선뿐만 아니라 생산성 향상 등 기업의 전반적인 경영 효율성을 높일 수 있다.

② 사업위험 감소 : 법인영업에서는 고객 기업의 사업 위험을 효과적으로 감소시킬 수 있는 방안을 제시해야 한다. 이를 위해 다양한 솔루션을 제안할 수 있다. 먼저, 보안 강화 솔루션을 제공하여 고객 기업의 정보 자산과 핵심 데이터를 안전하게 보호할 수 있다. 이를 통해 사이버 공격이나 내부자 위협으로부터 발생할 수 있는 중요한 정보 유출 및 시스템 마비 리스크를 크게 낮출 수 있다.

또한 재해복구 솔루션을 제안하여 자연재해, 화재, 정전 등 돌발적인 사고로 인한 피해를 최소화할 수 있다. 신속한 백업과 신뢰할 수 있는 재해복구 시스템을 지원함으로써 고객 기업의 핵심 업무와 운영의 연속성을 보장할 수 있다.

마지막으로 컴플라이언스 지원 솔루션을 제공하여 고객 기업이 각종 법규와 규제를 준수하도록 돕는다. 이를 통해 벌금 납부, 영업 중단 등의 법적 리스크를 방지할 수 있다.

이처럼 법인영업은 고객 기업의 다양한 사업 위험을 감소시킬 수 있는 포괄적인 솔루션을 제안하여 고객의 신뢰와 만족도를 높일 수 있다.

(3) 혁신적 가치

혁신적 가치는 기업의 지속가능한 성장을 위한 핵심 요소이다. 단순히 새로운 기술, 시장, 사업 모델을 개발하는 것에 그치지 않고, 기업 전반의 혁신적 사고와 실행을 필요로 한다. 이는 기업의 전략, 문화, 프로세스 등 전방위적인 혁신을 의미한다. 혁신은 기업이 급변하는 시장 환경에 효과적으로 대응하고 경쟁우위를 확보할 수 있게 한다. 끊임없는 혁신을 통해 고객의 니즈를 정확히 파악하고, 차별화된 가치를 창출할 수 있다. 또한 내부적으로는 업무 효율성 향상, 비용 절감 등의 효과를 거둘 수 있다.

그러나 혁신은 쉽지 않은 과제이다. 기존 사업 관행에 안주하려는 조직 관성을 극복하고, 실패에 대한 두려움을 극복해야 한다. 경영진의 강력한 리더십과 전 구성원의 적극적인 참여가 필요하다. 또한 혁신 과정에서 발생하는 불확실성과 위험을 관리할 수 있는 체계적인 접근이 요구된다.

따라서 기업은 혁신에 대한 강력한 의지와 함께 실행력을 갖추어야 한다. 이를 통해 새로운 기회를 선점하고, 지속가능한 성장을 이루어 나갈 수 있을 것이다. 기업은 고객 니즈와 시장 변화에 신속히 대응하고, 이에 적합한 솔루션을 제시할 수 있어야 한다. 이를 위해서는 연구개발 투자, 조직문화 혁신, 리더십 개발 등 다방면의 노력이 요구된다. 특히 최근 기업들은 데이터 분석과 인공지능 등의 기술을 활용하여 고객 맞춤형 서비스를 제공하는 등 새로운 혁신 방향을 모색하고 있다.

혁신적 가치는 기업의 경쟁력을 높이고, 새로운 시장을 개척하며, 고객 만족도를 향상시키는 등 기업 성장의 핵심동력이 된다. 이를 통해 기업은 지속가능한 경영성과를 창출할 수 있게 된다. 특히 코로나19 팬데믹 이후 비대면 서비스, 온라인 플랫폼 등 혁신적인 비즈니스 모델이 더욱 주목받고 있다. 예를 들어, 기존의 IT 인프라 관리에 많은 시간과 노력이 소요되었다면, 클라우드 컴퓨팅 솔루션을 도입하면 이러한 부담을 크게 줄일 수 있다. 클라우드 서비스는 필요한 만큼의 컴퓨팅 파워와 저장 공간을 유연하게 제공하므로, 기업은 새로운 서비스와 기능을 빠르게 개발하고 출시할 수 있게 된다.

이를 통해 기업은 기존의 틀을 벗어나 새로운 비즈니스 모델을 시도해볼 수 있다. 예를 들어, 온라인 구독 서비스, 플랫폼 비즈니스 등 다양한 형태의 혁신적인 사업 기회를 모색할 수 있다. 클라우드 기반의 빅데이터 분석과 AI 기술을 활용하면, 고객의 구매 패턴, 선호도, 행동 등을 심층적으로 분석하여 개인화된 맞춤형 서비스를 제공할 수 있다.

이처럼 클라우드 컴퓨팅은 기업의 경쟁력을 높이고 새로운 성장 기회를 제공한다. 단순히 IT 인프라 관리를 간소화하는 것을 넘어, 기업 전반의 혁신을 이끌어낼 수 있는 핵심 기술이라고 할 수 있다.

이처럼 혁신적 가치는 기업이 변화하는 시장 환경에 빠르게 적응하고 새로운 성장 동력을 확보할 수 있도록 돕는다. 기업은 이러한 혁신적 가치를 실현함으로써 장기적인 경쟁력과 지속가능성을 확보할 수 있다.

3.2 법인고객가치 설계 전략

법인고객을 대상으로 하는 영업활동을 효과적으로 설계하는 것은 중요한 과제이다. 이는 기업의 성장과 수익 창출에 직접적인 영향을 미치기 때문이다. 법인고객의 특성과 요구사항을 면밀히 파악하고, 이에 맞는 맞춤형 솔루션을 제공하는 것이 핵심이다.

법인고객은 개인고객과 달리 복잡한 의사결정 구조와 까다로운 구매 프로세스를 가지고 있다. 따라서 영업팀은 법인고객의 의사결정권자와 영향력 있는 구성원들을 파악하고, 그들의 요구사항을 깊이 있게 이해해야 한다. 이를 바탕으로 법인고객의 당면 과제와 니즈를 정확히 진단하고, 이에 최적화된 제품 및 서비스 솔루션을 제안할 수 있어야 한다.

또한 법인고객은 장기적인 관계 구축을 중요하게 여기므로, 영업팀은 지속적인 고객 관리와 소통을 통해 신뢰를 쌓아나가야 한다. 이를 통해 법인고객의 충성도를 높이고, 안정적인 매출 기반을 확보할 수 있다. 이와 같은 노력으로 법인고객영업 활동을 효과적으로 설계한다면, 기업의 성장과 경쟁력 강화에 크게 기여할 수 있을 것이다.

(1) 주요 문제점(Pain Point) 해결

법인고객가치영업을 설계할 때는 우선 고객사의 특성을 면밀히 분석하는 것이 중요하다. 이를 위해 고객사의 규모, 사업 분야, 비즈니스 모델, 조직 구조, 핵심 사업 프로세스 등을 깊이 있게 파악해야 한다. 이를 통해 고객사가 직면한 구체적인 문제점과 요구사항을 정확히 이해할 수 있다. 예를 들어, 고객사가 중소기업이라면 규모가 작고 인력이 부족하여 업무 효율성 향상이 가장 큰 이슈일 수 있다. 반면 대기업의 경우 복잡한 조직 구조로 인한 의사결정 지연 등이 문제가 될 수 있다.

또한 고객사의 산업 특성에 따라 법규 준수, 안전 관리, 공급망 최적화 등 각기 다른 핵심 문제에 직면할 수 있다. 이러한 세부적인 고객 이해를 바탕으로 고객사의 고유한 니즈와 이슈를 파악하고, 이에 맞는 맞춤형 솔루션을 제안할 수 있다.

이처럼 고객사의 내부 운영 현황과 당면 과제를 면밀히 분석하여 깊이 있게 이해하는 것이 법인고객 대상 가치 영업의 핵심이 된다. 이를 통해 고객에게 실질적인 도움이 되는 최적의 솔루션을 제안할 수 있으며, 고객과의 신뢰와 유대감을 강화할 수 있다.

이어서 영업담당자는 고객사의 상황과 니즈를 면밀히 분석하고 이해해야 한다. 단순히 제품이나 서비스를 제안하는 것이 아니라, 고객사의 경영 목표 달성을 위해 필요한 맞춤형 솔루션을 개발해야 한다. 이를 위해서는 내부 부서 간 긴밀한 협업이 필수적이다. 영업, 기술, 컨설팅 등 각 부서의 전문가들이 함께 고객사의 니즈를 정확히 파악하고 분석해야 한다.

법인고객의 니즈를 단순히 제품 구매 요구로만 치부하는 것은 큰 과오가 될 수 있다. 법인고객들은 자신의 경영 및 사업 목표 달성과 업무 효율성 향상을 위해 전략적 협력자를 찾고 있다. 따라서 영업 성공을 위해서는 고객의 니즈를 3단계로 심도 있게 파악하는 것이 중요하다. 첫째, 경영 전략에 부합하는 니즈를 이해해야 한다. 둘째, 실제 업무 수행 과정에서의 필요사항을 파악해야 한다. 셋째, 제품 및 서비스에 대한 구체적인 요구사항을 분석해야 한다.

이를 바탕으로 각 단계별 니즈를 충족할 수 있는 맞춤형 솔루션을 제시함으로써, 법인고객과의 전략적 협력관계를 구축할 수 있다. 이는 영업 성공을 위한 핵심적인 요인이 될 것이다.

① 경영 니즈 : 조직의 비전, 목표, 전략은 기업의 장기적인 방향성과 성장 방향을 제시한다. 이는 조직의 핵심 가치와 미래상을 나타내며, 구성원들이 공동의 목표를 향해 나아가도록 이끈다. 목표 달성을 위한 주요 과제는 비전과 목표를 실현하기 위한 구체적인 실행 계획과 전략이다. 이를 통해 조직은 핵심 이슈와 과제를 파악하고, 우선순위를 정하며, 효율적인 자원 배분을 할 수 있다. 이러한 경영 니즈 단계를 체계적으로 정의하고 실행하는 것은 기업의 지속가능한 발전을 위한 필수적인 과정이다. 기업은 이를 토대로 미래 환경 변화에 능동적으로 대응하고, 차별화된 경쟁력을 확보할 수 있다.

② 업무 니즈 : 경영목표를 달성하기 위한 구체적인 업무 수행의 효율성을 높여야 한다. 업무 수행에 필요한 자원을 사전에 파악하고 효율적으로 배분함으로써 업무 지연이나 차질을 방지할 수 있다. 업무 흐름을 면밀히 분석하여 중복되거나 불필요한 단계를 제거하고, 최적화된 프로세스를 구축해야 한다. 업무 자동화, 데이터 관리 시스템 도입 등을 통해 업무 처리 속도와 정확성을 높일 수 있다. 반복적인 업무를 자동화하거나 데이터를 체계적으로 관리함으로써 생산성과 효율성을 높일 수 있다. 업무 수행 중 발생하는 지연, 오류, 불만족 등의 문제점을 꾸준히 모니터링하고 분석해 문제 발생 시 즉각적으로 파악하고 원인을 분석하여 개선 방안을 마련할 수 있다. 문제의 근본 원인을 파악하여 체계적이고 효과적인 해결책을 마련해야 한다. 단순히 증상을 해결하는 것이 아니라 근본 원인을 파악하여 근본적인 문제 해결 방안을 마련해야 한다. 이를 통해 업무 프로세스를 지속적으로 개선하고 최적화할 수 있으며, 더 나은 성과를 창출할 수 있을 것이다.

③ 상품/서비스 니즈 : 이 단계에서는 고객의 구체적인 요구사항을 파악하고, 이

를 충족시킬 수 있는 해결책을 제시하는 것이 중요하다. 먼저, 고객이 달성하고자 하는 목표와 업무 효율성 향상을 위해 필요한 상품/서비스의 핵심 기능과 특징을 명확히 파악해야 한다. 이를 통해 고객의 니즈를 정확히 이해하고, 그에 맞는 구체적인 솔루션을 제시할 수 있다. 다음으로, 경쟁 제품/서비스와 차별화된 가치를 도출해야 한다. 이는 고객에게 제공할 수 있는 고유의 혜택과 장점을 의미한다. 예를 들어, 비용 절감, 시간 단축, 편의성 향상 등 고객에게 실질적인 가치를 제공할 수 있는 차별점을 강조해야 한다. 마지막으로, 고객의 투자 대비 기대 수익률을 산출해야 한다. 이를 통해 고객에게 제품/서비스 도입에 따른 투자 효과를 구체적으로 제시할 수 있다. 이는 고객의 구매결정에 중요한 요인이 될 것이다.

이와 같이 상품/서비스 니즈 단계에서는 고객의 목표와 니즈를 정확히 파악하고, 이에 부합하는 차별화된 솔루션을 제시하며, 고객의 투자 대비 기대 수익률을 구체적으로 제시하는 것이 중요하다.

이러한 니즈들을 토대로 고객사의 요구사항을 충족할 수 있는 최적의 통합 솔루션을 설계해야 한다. 이 과정에서 다양한 대안을 검토하고, 장단점을 면밀히 분석하여 가장 효과적이고 실용적인 솔루션을 제안해야 한다.

또한 기술적인 측면에서도 고객사의 시스템, 인프라, 운영 환경 등을 깊이 있게 파악하여 기존 시스템과의 호환성, 확장성, 안정성 등을 고려해야 한다. 이를 통해 고객사에게 실질적인 도움과 가치를 제공할 수 있는 최적의 통합 솔루션을 제시할 수 있다.

고객사의 니즈에 충실한 솔루션을 설계하기 위해서는 영업, 기술, 컨설팅 등 부서 간 긴밀한 협업이 필수적이며, 이를 통해 고객사의 경영 목표 달성을 실질적으로 지원할 수 있다. 이러한, 노력을 통해 고객사와의 신뢰관계를 구축하고, 고객 만족도를 높일 수 있다. 나아가 이는 기업의 매출 증대로 이어질 수 있다. 특히 기존 고객과의 장기적인 관계 유지를 통해 지속적인 매출 확보가 가능하게 된다.

(2) 종합컨설팅 서비스 제공

법인고객가치영업은 단순한 제품 및 서비스 판매를 넘어서, 고객사의 경영 과제를 심도 있게 파악하고 해결책을 제시하는 포괄적인 접근이 필요하다. 이를 위해서는 고객사의 핵심 비즈니스 니즈와 당면 과제를 깊이 있게 이해하고, 이를 해결할 수 있는 맞춤형 솔루션을 종합적으로 제시할 수 있는 역량이 필요하다.

나아가 고객사와의 긍정적인 관계 형성과 신뢰 구축을 토대로, 기업 간 협력을 통한 상호 발전의 기회를 모색하는 전략적 사고와 행동이 요구된다. 이를 통해 단순한 제품 및 서비스 판매를 넘어 고객사의 경영 성과 향상과 지속가능한 발전에 기여할 수 있다.

이러한 포괄적이고 전략적인 접근은 법인고객가치영업의 핵심 역량으로, 고객사의 장기적인 가치 창출과 상호 발전을 이끌어낼 수 있는 차별화된 경쟁력이 될 것이다.

보다 구체적으로 살펴보면, 법인고객의 가치를 극대화하기 위해서는 고객사의 경영 환경과 목표를 면밀히 분석하고, 이를 바탕으로 당사의 전문성과 기술적 역량을 면밀히 파악해야 한다. 이를 통해 고객사의 니즈에 정확하게 부합하는 맞춤형 솔루션을 제시할 수 있다.

이렇게 고객의 현황과 당사의 역량을 균형 있게 고려하여 최적화된 솔루션을 제안함으로써, 고객사의 경영 효율성과 생산성 향상은 물론 시장에서의 경쟁력 강화에도 기여할 수 있다. 나아가 이러한 지속적인 노력을 통해 고객과의 장기적인 신뢰관계를 구축하고, 상호 이익증대(win-win)할 수 있는 성과를 창출할 수 있을 것이다. 이처럼 고객의 요구사항을 깊이 있게 파악하고, 이를 기반으로 최적의 솔루션을 제공하는 것이 법인고객의 가치를 극대화하는 핵심 요소라고 할 수 있다. 나아가 고객사와의 긴밀한 파트너십 형성을 통해 새로운 사업 기회를 발굴하고, 상호 이익증대할 수 있는 비즈니스 모델을 개발할 수 있다. 이는 기업 간 협력과 동반성장의 기회를 모색하는 것으로, 단순한 제품 및 서비스 판매를 넘어서는 통합적인 접근이 필요하다.

이러한 법인고객가치영업 설계를 위해서는 고객에 대한 깊이 있는 이해를 바탕으로, 전략적 사고와 종합적인 솔루션 제시 역량이 필수적이다. 고객사의 경영 과제를 파악하고, 이에 적합한 솔루션을 제안함으로써 고객과의 장기적인 파트너십을 구축할 수 있다.

(3) 가치영업조직의 역량 강화

가치영업조직의 역량 강화는 법인고객 대응을 위해 필수적이다. 법인고객은 일반 개인고객에 비해 더 복잡하고 다양한 니즈를 가지고 있기 때문에, 이들의 요구사항을 정확히 파악하고 효과적으로 대응하기 위해서는 영업인력의 전문성 제고가 매우 중요하다.

이를 위해서는 체계적인 교육과 훈련이 필요하며 단순한 제품 소개와 판매 기술 교육을 넘어, 법인고객의 비즈니스 환경에 대한 이해, 재무 및 회계 지식, 협상 기술 등 다방면의 역량개발이 이루어져야 한다. 또한 고객의 니즈를 깊이 있게 파악하고, 그에 최적화된 차별화된 솔루션을 제안할 수 있는 능력을 키워나가는 것이 중요하다. 이러한 역량 강화 노력은 단발성으로 그치는 것이 아니라, 지속적이고 체계적으로 이루어져야 한다. 시장 환경 변화와 고객의 요구사항 변화에 발맞춰 영업인력의 역량을 계속해서 업그레이드해 나가는 것이 필요하다. 이를 통해 법인고객과의 신뢰관계를 구축하고, 장기적인 관점에서 안정적인 매출 확보와 성장을 달성할 수 있을 것이다.

특히 법인고객의 다양한 니즈와 요구사항을 깊이 있게 이해하고 분석할 수 있는 능력이 중요하다. 이를 통해 고객의 구체적인 문제와 요구사항을 정확히 파악할 수 있다. 고객의 상황과 특성에 맞춰 최적화된 솔루션을 제안할 수 있어야 한다. 단순히 일반적인 서비스를 제공하는 것이 아니라, 고객의 니즈를 깊이 있게 파악하고 이를 반영한 맞춤형 솔루션을 신속하고 효과적으로 제시할 수 있어야 한다.

이러한 능력은 고객과의 긍정적인 관계 구축과 신뢰 형성에 도움이 된다. 고객은 자신의 요구사항을 충분히 이해하고 있다고 느낄 수 있으며, 이를 바탕으로 장기적인 협력관계를 유지할 수 있다. 또한 고객의 만족도가 높아짐에 따라 기업의 이미지와 경쟁력도 제고될 수 있다. 따라서 법인고객을 깊이 있게 이해하고 이들의 요구사항을 신속하고 효과적으로 해결할 수 있는 능력은 기업의 성공을 위한 핵심 요소라고 할 수 있다.

3.3 법인고객가치 제안 전략

법인고객에게 가치창출과 제안은 기업의 성장과 수익성에 중요한 역할을 한다. 기업이 지속가능한 성장을 이루기 위해서는 경쟁우위를 확보하는 것이 필수적이다. 이를 위해서는 고객의 니즈를 깊이 있게 분석하고 이해하는 것이 중요하다.

고객의 핵심 요구사항, 선호도, 구매 행동 패턴 등을 면밀히 파악하여 이에 최적화된 제품과 서비스를 제공해야 한다. 단순히 고객의 현재 요구사항만을 반영하는 것이 아니라, 미래 트렌드와 잠재적인 니즈까지 고려하여 선도적인 솔루션을 개발해야 한다.

이를 통해 고객에게 실질적인 가치를 제공함으로써 기업은 고객과의 강력한 유대관계를 구축할 수 있다. 고객은 기업을 더욱 신뢰하게 되고, 기업은 고객과의 장기적인 협력관계를 바탕으로 시장에서의 차별화된 경쟁력을 확보할 수 있게 된다.

(1) 고객 맞춤형 솔루션 제공

고객의 구체적인 상황과 요구사항을 면밀히 파악하는 것은 고객 중심적인 서비스를 제공하기 위해 매우 중요하다. 고객과의 심도 있는 면담과 정보 수집을 통해 고객의 특성, 비즈니스 환경, 당면한 과제들을 깊이 있게 이해할 수 있다. 이를 토대로 고객의 니즈를 정확히 파악하고, 이에 완벽히 부합하는 맞춤형 솔루션을 설계할 수 있다.

고객의 요구사항을 충족시키는 것뿐만 아니라, 그 이상의 가치를 제공하는 것이 중요하다. 고객의 잠재적인 요구까지 예측하여, 고객이 생각하지 못했던 혁신적인 해결책을 제시함으로써 고객을 만족시키고 감동을 줄 수 있다. 이를 위해서는 고객의 비즈니스와 산업에 대한 깊이 있는 이해가 필수적이다. 또한 고객의 상황을 종합적으로 분석하여 장기적인 관점에서 최적의 솔루션을 제공하는 것이 필요하다. 단기적인 문제 해결뿐만 아니라, 고객의 미래 비전과 성장 전략을 고려하여 지속가능한 해결책을 마련해야 한다. 각 고객마다 처해 있는 상황과 직면한 문제, 요구사항이 모두 다르기 때문에 표준화된 솔루션으로는 고객의 다양한 니즈를 충족시킬 수 없다. 고객의 산업, 규모, 문제점 등을 깊이 있게 분석하여 최적의 솔루션을 제시하는 것이 필요하며 단순히 일반화된 솔루션을 제공하는 것이 아니라, 각 고객의 독특한 상황과 요구사항을 고려하여 고객 맞춤형 접근법을 취해야 한다. 이를 위해서는 고객의 특성과 요구사항을 심층적으로 파악하고 분석해야 한다. 단순히 표준화된 접근법을 적용하는 것이 아니라, 각 고객의 상황에 맞는 최적의 솔루션을 제안해야 한다. 이를 통해 고객에게 가장 효과적이고 효율적인 서비스를 제공할 수 있다. 솔루션 도입 시 발생할 수 있는 문제점을 사전에 면밀히 파악하고 효과적인 대응 방안을 마련하여야 한다. 솔루션 도입 과정에서는 예상치 못한 다양한 장애 요인이나 리스크가 발생할 수 있기 때문이다. 따라서 솔루션 도입 전에 이러한 가능성들을 면밀히 분석하고, 세부적인 대응책을 수립하여 고객에게 제안해야 한다.

이를 통해 고객은 솔루션 도입을 안심하고 추진할 수 있으며, 실제 운영 과정에서도 발생할 수 있는 문제를 사전에 예방하고 신속하게 대응할 수 있다. 또한 솔루션 공급업체 입장에서도 고객의 신뢰를 얻고 원활한 도입 및 운영을 지원함으로써 고객 만족도와 브랜드 이미지를 높일 수 있다.

나아가 솔루션 도입 후에도 지속적인 모니터링과 관리를 통해 고객의 만족도를 높이고 필요에 따른 추가 지원을 제공한다. 이는 고객과의 긍정적인 상호작용을 유지하고 그들의 요구사항을 지속적으로 파악하여 대응하는 것을 의미한다. 정기적인 정보 수집과 개선 활동은 고객 만족을 지속적으로 향상시키는 데 중요한 역할을 한다. 또한 고객의 문의사항이나 불편사항에 대한 신속하고 효과적인 대응은 고객과의 신뢰관계 구축에 핵심적이다. 이를 통해 고객은 솔루션 제공 업체가 그들의 요구사항을 이해하고 지속적으로 개선하려 노력한다는 것을 인식하게 된다. 이는 장기적인 관점에서 고객과의 신뢰를 쌓아 지속적인 비즈니스 관계를 유지할 수 있게 해준다. 나아가 이러한 노력은 고객의 충성도와 재구매 의도를 높이는 데에도 기여할 것이다.

(2) 명확하고 가치 있는 투자수익률 제시

솔루션 도입에 따른 구체적인 수익 창출 수치와 데이터를 제공하여 고객에게 투자 대비 실질적인 효과를 보여주어야 한다. 이를 통해 고객의 신뢰를 얻을 수 있다. 솔루션 도입에 따른 효과를 정량적으로 분석하고 계량화하여 고객에게 제시하는 것은 매우 중요하다. 이를 통해 솔루션의 가치와 효과를 명확히 보여줄 수 있다. 특히, 투자수익률(ROI) 산출은 고객의 의사결정을 돕는 데 핵심적인 역할을 한다. 구체적인 데이터와 분석 결과를 제시함으로써 고객이 솔루션의 가치와 필요성을 신뢰할 수 있게 된다. 이는 고객의 구매 결정을 도와 솔루션의 성공적인 도입을 지원하는 데 도움이 된다. 더 나아가, 솔루션 도입으로 인한 다양한 효과를 면밀히 분석할 필요가 있다. 비용 절감, 생산성 향상, 매출 증대 등의 효과를 종합적으로 평가하고, 이를 고객에게 상세히 설명할 수 있어야 한다. 이를 통해 고객이 솔루션의 전체적인 가치를 이해하고 도입을 결심할 수 있도록 지원해야 한다.

또한 솔루션 도입 후 발생할 수 있는 다양한 파급효과도 고려해야 한다. 업무 프로세스 개선, 고객 만족도 향상, 경쟁력 강화 등 간접적인 효과까지 분석하여 고객에게 제시함으로써 솔루션의 가치를 더욱 효과적으로 전달할 수 있다. 이처럼, 솔루션의 도입 효과를 다각도로 분석하고 이를 고객에게 체계적으로 제공하는 것은 솔루션 판매 및 도입 성공에 매우 중요한 역할을 한다. 이를 통해 고객의 신뢰를 얻고 장기적인 파트너십을 구축할 수 있을 것이다. 즉, 솔루션의 구체적인 효과와 정량적인 분석 결과를 제공하여 고객의 신뢰와 구매 결정을 이끌어내는 것이 핵심이다. 이는 솔루션 도입의 성공을 위한 중요한 요소라고 볼 수 있다.

(3) 전문성 기반의 컨설팅 및 지원 서비스

기업이 단순한 제품 및 서비스 판매에서 벗어나 고객의 전반적인 문제 해결을 위한 종합적인 컨설팅 서비스를 제공해야 한다. 이를 위해서는 고객의 다양한 요구사항과 특성을 면밀히 파악하고, 이를 바탕으로 맞춤형 솔루션을 제시해야 한다. 예를 들어, 전문가들이 직접 고객의 상황을 진단하고 최적의 해결책을 설계하며, 실제 구현과 운영 지원 등의 서비스를 원스톱으로 제공한다.

또한 고객의 지속적인 성장과 발전을 위해 사후관리 및 기술 지원 서비스를 강화하고 이를 통해 고객 만족도 제고와 재구매 유도를 통해 장기적인 관계를 구축해 나가야 한다. 나아가 고객의 니즈에 부합하는 혁신적인 솔루션을 지속적으로 개발하여 제공함으로써, 고객의 경쟁력 향상과 시장 선도에 기여할 수 있다. 이를 통해 고객과 함께 성장하는 상생의 파트너십을 이어 나갈 수 있다. 특히 최근에는 고객의 요구사항이 더욱 다양화되고 복잡해지면서, 이를 해결하기 위한 전문적이고 종합적인 컨설팅 서비스의 필요성이 증대되고 있다. 이에 따라 기업들은 고객의 문제를 깊이 있게 파악하고, 이에 맞춘 맞춤형 솔루션을 제공하고자 노력해야 한다. 또한 고객과의 지속적인 관계 유지와 혁신적인 솔루션 개발을 통해 고객과의 상생 발전을 추구할 필요성이 있다.

(4) 장기적인 파트너십 구축

단순한 일회성 거래를 넘어서, 고객과의 긍정적이고 협력적인 관계를 지속적으로 구축하는 것이 중요하다. 고객과의 신뢰관계를 바탕으로 장기적인 비즈니스 성장을 도모할 수 있다. 고객의 성공이 곧 자사의 성공이라는 철학 아래, 고객과 함께 동반 성장하기 위해 지속적으로 노력한다. 고객에 대한 깊은 이해와 신뢰를 바탕으로, 상호 이익을 창출하는 윈-윈 전략을 추구한다. 이를 통해 고객과의 긍정적이고 생산적인 관계를 구축할 수 있다.

급변하는 시장 환경과 고객의 니즈 변화에 신속하고 효과적으로 대응하기 위해, 제품과 서비스의 지속적인 업그레이드와 혁신을 통해 고객의 요구사항을 실시간으로 충족시킬 수 있다. 이를 통해 고객과의 신뢰를 더욱 공고히 하고, 긴밀한 관계를 유지할 수 있다. 고객과의 장기적인 파트너십을 구축하기 위해서는 고객의 요구사항과 니즈를 깊이 있게 이해하고, 이를 바탕으로 상호 이익을 창출하는 윈-윈 전략을 지속적으로 추구해야 한다. 또한 급변하는 시장 환경에 발 빠르게 대응하기 위해 끊임없는 혁신과 제품/서비스 개선에 힘써야 한다.

나아가 고객과의 긍정적인 관계 구축을 위해서는 고객의 의견을 적극적으로 청취하고, 이를 바탕으로 고객 중심의 서비스를 제공하는 노력이 필요하다. 고객과의 정기적인 소통과 협력을 통해 상호 이해도를 높이고, 장기적인 관점에서 상호 발전을 도모할 수 있다.

Chapter_ 11

법인고객가치영업의 실전 프로세스

법인고객의 영업 기회는 시장 동향 분석과 경쟁사 동향 파악 등을 통하여 지속적으로 새로운 잠재고객을 발굴하는 것이다. 시장 조사와 네트워킹을 통해 고객의 구체적인 니즈와 요구사항을 깊이 있게 파악한 뒤, 이를 토대로 고객별 맞춤형 솔루션을 개발하고 고객군별 특성과 구매패턴을 심도 있게 분석하여 가장 유망한 타깃 고객을 선정하고, 이에 최적화된 영업 전략과 차별화된 제안서를 마련한다.

이렇게 준비된 제안을 바탕으로 잠재고객을 직접 방문하여 상담을 진행하여 고객의 요구사항을 신속히 파악하고, 이에 가장 적합한 솔루션을 추천한다. 고객과의 협상을 거쳐 계약 체결에 이르게 되며, 이후에도 지속적인 고객관리를 통해 고객의 의견을 반영하여 솔루션을 지속적으로 개선해 나가야 한다.

이 모든 법인고객의 영업활동, 즉 영업 기회 발굴, 제안, 협상, 계약 체결 등의 활동들을 체계적으로 관리하는 영업 파이프라인 관리를 통해 영업활동의 효율성과 효과성을 더욱 높일 수 있다.

1. 법인고객영업 기회 및 전략 개발

기업은 현재 시장의 동향과 고객 수요를 파악하여 새로운 영업 기회를 발견할 수 있다. 법인고객에 대한 시장 분석은 기업이 현재 시장 상황을 정확히 이해하고 고객 니즈를 파악하는 데 도움을 준다. 특정 산업군의 전반적인 성장세와 고객들의 구매 패턴, 선호도 등을 분석하면 향후 잠재적인 수요를 예측할 수 있다. 경쟁사의 전략과 마케팅 활동을 면밀히 조사하여 자사의 경쟁력을 높일 수 있는 방안을 모색할 수 있다.

더 나아가 이러한 시장 분석을 바탕으로 기업은 새로운 제품 개발, 영업 전략 수립, 영업활동 강화 등 다양한 분야에서 대응책을 마련할 수 있다.

1.1 법인고객 시장 분석

산업 전반의 트렌드와 경쟁 동향을 파악하는 것은 기업이 미래를 예측하고 시장 변화에 효과적으로 대응할 수 있게 해준다. 빠르게 변화하는 산업 환경 속에서 최신 트렌드와 경쟁사의 움직임을 꾸준히 모니터링하고 분석하는 것은 기업의 경쟁력 확보에 필수적이다. 특히 기술 발전, 소비자 선호도 변화, 정부 정책 등 다양한 요인들이 산업 전반에 영향을 미치므로, 이러한 요인들을 면밀히 파악하여 기업 전략에 반영하는 것이 중요하다. 또한 경쟁사의 신제품 출시, 가격 변동, 마케팅 전략 등을 분석하여 신속하게 대응할 수 있어야 한다.

(1) 시장 규모 및 성장률

법인고객 시장은 기업 경영활동과 투자가 활발하게 이루어지는 유망한 시장이다. 특히 정부의 기업 지원 정책, 기술 혁신에 따른 신규 서비스 및 제품 출시, 경기 호황으로 인한 기업 성장 등 다양한 요인들이 이 시장의 규모와 성장률에 긍정적인 영향을 미치고 있다.

이러한 법인고객 시장의 성장 잠재력을 고려할 때, 기업들은 이 시장을 면밀히 분석하고 주요 산업 분야와 시장 규모를 파악할 필요가 있다. 또한 정부 정책, 기술 동향, 거시경제 상황 등을 종합적으로 고려하여 향후 성장 가능성이 높은 세부 시장을 발굴하는 것이 중요하다. 이를 통해 기업은 효과적인 사업 기회를 포착하고 지속가능한 성장을 이뤄낼 수 있다. 특히 법인고객 시장은 기업 간 경쟁이 치열하므로, 신속하고 정확한 시장 분석을 바탕으로 차별화된 서비스와 제품을 제공하는 것이 성공의 핵심 요인이 될 것이다.

아울러 기업은 법인고객 시장에서 발생할 수 있는 다양한 리스크와 도전과제에 대해서도 면밀히 검토하고 대응책을 마련해야 한다. 예를 들어, 급변하는 기술환경, 정부 정책 변화, 경쟁사의 움직임 등에 유연하게 대처할 수 있는 전략을 수립해야 한다.

종합적으로 볼 때, 법인고객 시장은 기업에게 많은 기회를 제공하지만 동시에 다양한 도전과제도 야기한다. 따라서 기업은 시장 상황을 면밀히 분석하고 효과적인 사업 전략을 수립함으로써 이 유망한 시장에서 지속가능한 성장을 이루어 나가야 할 것이다.

(2) 주요 산업 및 고객

법인고객 시장은 다양한 산업군으로 구성되어 있기 때문에, 각 산업별로 고객의 특성, 니즈, 구매 행동 등을 깊이 있게 이해하여야 한다. 이를 위해서는 산업별 시장 규모, 성장률, 주요 고객 특성 등을 면밀히 분석할 필요가 있다. 잠재고객에 대한 니즈와 심도 있는 이해가 필요하다. 고객 니즈를 파악하는 것은 기업이 성공적으로 운영되기 위한 핵심적인 과정이다. 고객의 요구사항과 선호도를 정확히 파악하는 것은 기업이 제품 및 서비스를 개발하고 영업 전략을 수립하는 데 있어 중요하다. 기업은 다양한 방법을 통해 고객 니즈를 파악할 수 있다.

B2B 영업에서 **고객사의 니즈**는 상품 니즈, 업무 니즈, 경영 니즈의 세 가지 차원으로 구분할 수 있다. **상품 니즈**는 고객사가 필요로 하는 구체적인 제품이나 서비스의 사양에 대한 요구사항을 의미한다. 예를 들어, 성능, 기능, 품질 등과 같은 제품 자체의 특성에 대한 니즈가 이에 해당된다. **업무 니즈**는 고객사가 구매한 제품이나 서비스를 통해 수행하고자 하는 업무 프로세스와 관련된 요구사항을 말한다. 예를 들어, 제품의 배송, 설치, 유지보수 등 제품이나 서비스를 실제 업무에 활용하는 방식에 대한 니즈가 이에 해당된다. **경영 니즈**는 고객사 기업의 전략적 목표와 관련된 요구사항을 의미한다. 예를 들어, 비용 절감, 생산성 향상, 리스크 관리 등 고객

사의 경영상 목표를 달성하는 데 도움이 되는 제품이나 서비스에 대한 니즈가 이에 해당된다.

이처럼 B2B 고객의 니즈는 제품 자체에 대한 요구사항부터 업무상 필요성, 그리고 더 나아가 기업의 경영전략에 이르는 다양한 차원으로 구분할 수 있다. B2B 기업은 이러한 다양한 고객니즈를 깊이 있게 이해하고 충족시킬 수 있는 제품과 서비스를 제공해야 경쟁력을 확보할 수 있다. 상품 니즈는 가장 표면적이고 구체적인 니즈로, 고객의 직접적인 요구사항을 반영한다. 이러한 상품 니즈를 충족시키기 위해 기업은 업무 니즈를 파악하게 된다. 업무 니즈는 상대적으로 더 포괄적이고 심층적인 니즈로, 효율적인 업무 수행을 위한 필요사항들을 의미한다.

이처럼 상품 니즈와 업무 니즈는 서로 연결되어 있으며, 상품 니즈를 해결하기 위한 방법론이 업무 니즈라고 할 수 있다. 나아가 이러한 업무 니즈는 기업의 전반적인 경영전략과 목표를 달성하기 위한 수단이 된다. 즉, 업무 니즈는 경영 니즈의 하위 개념으로 볼 수 있다.

이와 같이 세 가지 니즈는 상호 의존적인 계층구조를 이루고 있다. 상품 니즈는 업무 니즈를 위한 수단이 되고, 업무 니즈는 경영 니즈를 실현하기 위한 수단이 된다. 반대로 경영 니즈는 업무 니즈의 최종 목적이 되며, 업무 니즈는 상품 니즈의 궁극적인 목적이 된다. 이러한 관계 속에서 기업은 각 니즈 간의 균형을 잡고, 효율적으로 관리해나가는 것이 중요하다. 고객의 니즈를 충족시키면서도 기업의 전략적 목표를 달성할 수 있도록, 세 가지 니즈 간의 관계를 깊이 있게 이해하고 체계적으로 관리해야 한다.

산업별로 고객들의 니즈와 구매 행동이 매우 다르기 때문에, 각 산업의 특성을 깊이 있게 이해하고 이에 맞는 차별화된 영업 전략을 수립해야 한다. 단순히 일괄적인 접근이 아닌, 산업별 고객 맞춤형 전략이 필요한 것이다. 또한 기술 발전, 정부 정책, 경제 상황 등 다양한 외부 요인으로 인해 고객의 니즈와 구매 행동이 지속적으로 변화하고 있다는 점에 주목해야 한다. 따라서 지속적인 시장 조사와 고객 분석을 통해 변화하는 트렌드를 면밀히 파악하고, 이에 신속하게 대응할 수 있는 역량을 갖추는 것이 중요하다. 이를 통해 고객 만족도를 높이고, 장기적인 관점에서 기업의 경쟁력을 강화할 수 있을 것이다.

(3) 경쟁환경

법인고객 시장은 매우 경쟁이 치열한 환경이다. 주요 경쟁사들은 가격, 품질, 서비스 등 다양한 측면에서 치열한 경쟁을 펼치고 있다. 경쟁이 심화되면서 기업들은 고객 유치와 유지를 위해 끊임없이 노력해야 하는 상황이다. 고객들은 더 나은 가치를 제공하는 업체를 찾기 위해 많은 옵션을 고려하고 있으며, 이에 따라 기업들은 치열한 경쟁 속에서 자사의 차별성을 부각시키기 위해 노력하고 있다.

따라서 기업은 경쟁사들의 제품 및 서비스 수준, 시장점유율, 마케팅 전략 등을 면밀히 분석할 필요가 있다. 이를 통해 자사의 강점과 약점을 정확히 파악하고, 경쟁우위를 확보할 수 있는 방안을 모색해야 한다. 예를 들어, 독창적인 제품 기능, 차별화된 서비스 품질, 고객 맞춤형 솔루션 제공 등을 통해 경쟁사와 차별화된 가치를 제공함으로써 고객의 선호도를 높일 수 있다.

이와 더불어 가격 경쟁력 강화, 신속한 대응력 확보, 마케팅 활동 강화 등 다각적인 노력을 기울여야 한다. 특히 시장 변화에 신속히 대응할 수 있는 민첩성과 함께 지속적인 혁신을 통해 경쟁사와의 격차를 벌리는 것이 중요하다.

이처럼 치열한 경쟁환경 속에서 기업이 지속적으로 성장하기 위해서는 경쟁사 동향 파악과 함께 자사만의 차별화된 강점을 발굴하고, 이를 적극적으로 활용하는 전략을 수립하는 것이 매우 중요하다고 할 수 있다.

(4) 법적 규제 및 규정

법인고객 시장은 다양한 법적 규제와 규정의 영향을 많이 받는다. 이러한 규제와 규정은 기업의 운영과 의사결정에 큰 영향을 미치므로, 관련 법규를 정확히 파악하고 준수하는 전략을 수립해야 한다. 예를 들어, ESG(환경, 사회, 지배구조) 관련 법적 규제와 정책은 기업의 제품 생산, 공급망 관리, 에너지 사용, 폐기물 처리 등 전 과정에 영향을 미친다. 따라서 기업은 ESG 규제를 면밀히 모니터링하고, 이에 맞춰 생산 공정을 개선하며, 공급업체 선별 기준을 강화하는 등의 대응 방안을 마련해야 한다.

또한 금융, 보건, 통신 등의 산업 분야는 국민의 경제적 안전과 개인정보 보호와 밀접한 관련이 있기 때문에, 정부는 이러한 분야에 엄격한 규제와 법규를 적용하고 있다. 이는 기업의 자발적인 준법의식을 높이고, 소비자의 권리를 보호하기 위한 목적이다.

특히 금융기관의 경우, 자금 세탁 방지와 개인정보 보호법 준수가 매우 중요하다. 이는 금융시스템의 투명성과 신뢰성을 높이고, 고객 정보 유출로 인한 피해를 예방하기 위함이다. 만약 이러한 법규를 위반할 경우, 기업은 천문학적인 벌금 납부는 물론, 형사고발 및 영업정지 처분 등의 강력한 제재를 받게 된다.

따라서 기업은 관련 법규를 철저히 숙지하고 이를 준수하는 것이 필수적이다. 또한 정부는 지속적으로 규제를 강화하고 감독을 강화하여 기업의 준법의식을 높이고, 소비자의 권리를 보호하고자 노력하고 있다. 이를 통해 해당 산업 분야에서 안전하고 투명한 거래 환경이 조성될 수 있을 것이다.

법인고객 시장에 진출하는 기업은 사업 분야별 관련 법규를 면밀히 조사하고, 내부 준법 통제 시스템을 구축하여 법적 리스크를 최소화해야 한다. 또한 정부 정책 동향을 지속적으로 파악하여 선제적으로 대응함으로써, 안정적이고 지속가능한 사업 기반을 마련할 수 있을 것이다.

(5) 사회경제적 환경

기업고객 시장은 다양한 사회경제적 요인들에 큰 영향을 받는다. 거시경제 상황, 경기침체나 호황 등이 기업고객들의 구매력과 구매 패턴에 큰 영향을 미친다. 경기 변동에 따라 기업고객들은 투자와 지출 계획을 조정하게 되며, 이는 곧바로 제품 및 서비스 구매 행태에 반영된다. 또한 인구 고령화나 세대 교체와 같은 인구 구조 변화도 기업고객의 수요와 선호도에 변화를 초래할 수 있다. 예를 들어, 고령화가 진행될수록 실버 세대를 겨냥한 제품과 서비스에 대한 수요가 늘어나고, 새로운 세대의 등장은 혁신적이고 기술집약적인 솔루션에 대한 요구로 이어질 수 있다.

더불어 라이프스타일과 소비 트렌드의 변화도 기업고객의 니즈 변화로 이어진다. 최근 ESG(환경, 사회, 지배구조) 경영이나 친환경 제품에 대한 관심 증가 등은 기업고객들의 구매 기준과 의사결정 과정에 큰 영향을 줄 수 있다. 이는 기업고객들이 단순한 가격과 품질 외에도 기업의 사회적 책임과 지속가능성을 중요한 구매 요인으로 여기게 되었음을 의미한다.

따라서 기업은 이러한 거시적 사회경제환경 변화를 면밀히 분석하고, 산업체 고객들의 구체적인 니즈 변화에 대한 대응 전략을 수립해야 한다. 이를 통해 변화하는 환경 속에서 기업고객의 요구사항을 효과적으로 충족시키고, 지속적으로 경쟁력을 확보할 수 있을 것이다. 기업은 단순히 제품 및 서비스 공급에만 그치지 않고, 고객의 경영 환경과 가치관 변화에 민감하게 대응할 필요가 있다.

1.2 타깃 고객 선정 및 영업 기회 발굴

법인고객을 대상으로 한 영업활동에서 타깃 고객 선정의 중요성은 강조되고 있다. 시장 분석과 고객 니즈 분석을 통해 잠재고객을 면밀히 파악하고, 이들의 특성과 요구사항을 상세히 이해해야 한다. 이는 자사의 제품이나 서비스가 타깃 고객의 필요를 가장 잘 충족시킬 수 있는지 확인하는 데 필수적이다.

(1) 타깃 고객의 선정

기업들은 날로 치열해지는 경쟁환경 속에서 안정적인 성장을 위해 법인고객 관리에 주목하고 있다. 잠재고객을 철저히 분석하고 선별하는 것은 영업팀의 핵심 과제가 되고 있다. 기업은 고객사의 업종, 규모, 재무 상태, 구매 이력 등 다양한 요소를 종합적으로 검토해야 한다. 이를 통해 실제 구매 가능성이 높은 고객을 정확히 파악할 수 있다.

선별된 유망 고객에게 집중적인 마케팅과 영업활동을 펼치면 효율성을 극대화할 수 있다. 영업팀은 고객사의 니즈를 면밀히 분석하고, 맞춤형 솔루션을 제안하는 등 고객 만족도 제고에 힘써야 한다. 또한 지속적인 관계 관리를 통해 장기적인 협력관계를 구축해나가야 한다. 이처럼 법인고객 선정 및 관리 전략은 기업의 안정적인 성장과 수익 창출에 필수적인 요소라 할 수 있다. 기업은 이 분야에 대한 투자와 역량 강화를 지속적으로 추진해나가야 할 것이다. 특히 고객의 특성과 니즈를 반영한 맞춤형 솔루션 제안, 지속적인 관리와 서비스 제공 등을 통해 고객과의 유대감을 강화해 나가는 것이 중요하다. 이는 우수한 영업 실적과 고객 만족도 향상으로 이어질 것이다. 더불어 타깃 고객 선정 과정에서 축적된 고객 정보와 데이터는 향후 영업 전략 수립에도 핵심적인 자산이 된다. 세분화된 고객 분석을 바탕으로 보다 차별화되고 효과적인 마케팅 캠페인을 전개할 수 있다. 이를 통해 기업은 고객의 니즈를 더욱 정확하게 포착하고 대응할 수 있게 된다.

이처럼 타깃 고객 선정의 정확성은 영업활동의 효율성을 극대화할 뿐만 아니라, 기업의 전반적인 경쟁력 강화로 이어질 수 있다. 고객 데이터를 효과적으로 활용하고, 고객과의 유대관계를 돈독히 하는 것이 기업 성장의 핵심 요소라고 할 수 있다. 이를 위해 기업은 지속적인 고객 분석과 관리 노력을 기울여야 할 것이다.

(2) 영업 기회 발굴

법인고객 대상 영업 기회 발굴은 기업 성장을 위해 매우 중요한 핵심 활동이다. 영업담당자들은 고객에 대한 깊이 있는 이해와 통찰력을 바탕으로, 고객의 핵심적인 니즈와 요구사항을 정확히 파악해야 한다. 이를 통해 고객의 실질적인 문제를 해결할 수 있는 차별화된 솔루션을 제안할 수 있다.

영업 기회 발굴을 위해서는 시장 트렌드 분석, 경쟁사 동향 파악, 고객 특성 및 구매 행동 분석 등 다양한 정보 수집 및 분석 작업이 필수적이다. 이러한 정보를 바탕으로 고객의 잠재적인 니즈를 발견하고, 이에 부합하는 새로운 제품이나 서비스 기회를 발굴할 수 있다. 발굴된 영업 기회를 성공적으로 실현하기 위해서는 고객과의 긍정적인 관계 구축, 신뢰 형성, 고객 수요 창출 등 다각도의 노력이 필요하다. 영업담당자는 고객과의 꾸준한 커뮤니케이션을 통해 고객의 요구사항을 깊이 있게 이해하고, 이를 바탕으로 고객의 문제를 해결할 수 있는 최적의 솔루션을 제시해야 한다.

나아가 영업담당자들은 솔루션 개발, 프로세스 최적화, 가격 정책 수립 등 고객의 요구사항을 충족시킬 수 있는 다양한 역량을 갖추어야 한다. 이를 통해 고객과의 장기적인 파트너십을 구축하고, 지속적인 성과 향상을 이루어낼 수 있다. 이는 곧 기업의 성장과 경쟁력 강화로 이어질 것이다.

특히 최근 들어 기업고객들의 요구사항이 더욱 다양해지고 복잡해지는 상황에서, 영업담당자들의 전략적 사고와 고객 관리 능력이 더욱 중요해지고 있다. 고객의 요구사항을 정확히 파악하고, 이를 바탕으로 새로운 솔루션을 개발하여 제안하는 것이 핵심 과제라고 할 수 있다. 또한 고객과의 긍정적인 관계 형성과 신뢰 구축을 통해 장기적인 협력관계를 구축하는 것 역시 매우 중요하다.

이를 위해 영업담당자들은 고객 니즈 분석, 솔루션 기획, 가격 책정, 프로세스 설계 등 다양한 분야에서 폭넓은 전문성을 갖춰야 한다. 뿐만 아니라 고객과의 커뮤니케이션 능력, 문제 해결 능력, 협상 기술 등 다양한 역량을 함양하여 고객의 요구사항을 효과적으로 충족시킬 수 있어야 한다. 이를 통해 기업은 장기적으로 성장할 수 있는 기반을 마련할 수 있을 것이다.

1.3 맞춤형 영업 전략 개발

법인고객은 개인고객과는 달리 그 규모, 영업분야, 구매행태 등이 매우 다양하기 때문에 이들의 특성을 정확히 파악하고 그에 맞는 솔루션을 제공하는 것이 중요하다. 단순히 일반적인 영업 전략을 적용하면 고객의 기대에 부응하지 못해 만족도가 낮아질 수 있다.

(1) 맞춤형 가치 제안 개발

맞춤형 가치 제안 개발은 기업이 고객의 니즈를 깊이 있게 분석하고, 이를 기반으로 고객에게 실질적인 혜택을 제공할 수 있는 차별화된 제품이나 서비스를 개발하는 것을 의미한다. 이를 위해서는 먼저 고객의 구체적인 요구사항과 문제점을 면밀히 파악해야 한다. 고객의 니즈를 깊이 있게 분석하여 이해하고, 이를 바탕으로 고객의 문제를 효과적으로 해결할 수 있는 솔루션을 설계해야 한다.

또한 경쟁사와의 차별성을 명확히 하여 고객에게 차별화된 가치를 제공해야 한다. 이를 통해 고객의 선호도와 구매 욕구를 높일 수 있다. 뿐만 아니라 지속적으로 고객 피드백을 수집하고 반영하여 가치 제안을 지속적으로 개선해 나가는 노력이 필요하다. 고객의 변화하는 요구사항을 파악하고, 이를 신속하게 반영하여 고객에게 최적화된 솔루션을 제공해야 한다. 이러한 맞춤형 가치 제안 개발 전략을 통해 기업은 고객의 니즈를 정확히 파악하고, 이를 바탕으로 차별화된 솔루션을 제공함으로써 고객과의 신뢰와 충성도를 높일 수 있다. 이는 기업의 시장 경쟁력 강화와 장기적인 성장에 기여할 것이다.

(2) 맞춤형 마케팅 메시지 개발

기업고객을 대상으로 하는 마케팅에서는 단순히 제품 정보만을 전달하는 것이 아닌, 고객의 구체적인 요구사항과 관심사를 깊이 있게 파악하고 이를 효과적으로 반영하는 것이 중요하다. 이를 위해서는 고객 세분화와 페르소나 분석과 같은 심층적인 마케팅 기법을 활용하여 타깃 고객의 특성을 면밀히 이해해야 한다.

또한 고객의 상황과 요구사항을 면밀히 파악하고, 그에 맞는 최적의 솔루션을 제안하는 것이 필수적이다. 이를 통해 고객과의 긍정적인 상호작용을 이끌어낼 수 있다. 특히 고객의 입장에서 생각하고 공감하는 마케팅 메시지를 구축하는 것이 중요하다. 단순한 판매 촉진이 아닌, 고객 중심의 가치 제안을 통해 고객과의 신뢰와 유대감을 형성할 수 있다. 이는 장기적으로 지속가능한 고객관계를 구축하는 데 도움이 될 수 있다. 또한 이러한 맞춤형 마케팅 전략은 고객 만족도와 충성도를 높이는 데에도 효과적일 것이다.

(3) 효과적인 영업채널 활용

효과적인 영업채널 활용은 법인고객의 성공적인 확보를 위한 매우 중요한 요소이다. 먼저, 법인고객의 성향과 구매 행태를 면밀히 분석하여 온라인, 오프라인, 소셜미디어 등 다양한 영업채널을 전략적으로 활용해야 한다. 온라인 채널은 편의성과 즉시성이 강점이며, 빅데이터 분석을 통해 고객의 관심사와 구매 패턴을 파악할 수 있다. 이를 토대로 타깃팅된 마케팅 활동을 펼칠 수 있다. 예를 들어, 웹사이트와 모바일 앱을 통해 고객에게 실시간 정보와 제품을 제공하고, 온라인 광고와 SNS 마케팅으로 브랜드 인지도를 높일 수 있다. 또한 고객의 온라인 행동 데이터를 활용하여 개인화된 상품 추천과 맞춤형 서비스를 제공함으로써, 고객 만족도와 구매율을 높일 수 있다.

오프라인 채널은 대면 상담과 컨설팅을 통해 고객의 니즈를 깊이 있게 이해할 수 있는 장점이 있다. 특히 대규모 법인고객의 경우, 전담 영업팀을 구성하여 고객과의 긴밀한 관계를 유지하고 맞춤형 솔루션을 제공할 수 있다. 이를 통해 고객과의 신뢰를 구축하고, 장기적인 협력 관계를 이어나갈 수 있다.

소셜미디어 채널은 브랜드 이미지 제고와 고객과의 양방향 소통이 가능하다는 점에서 활용도가 높아지고 있다. 기업은 SNS를 통해 고객과의 대화를 나누고, 제품과 서비스에 대한 고객 피드백을 실시간으로 수집할 수 있다. 이를 바탕으로 고객 니즈에 신속하게 대응하고, 고객 만족도를 향상시킬 수 있다.

더불어 온·오프라인 채널을 유기적으로 연계하여 고객 경험의 일관성을 유지하는 것도 매우 중요하다. 예를 들어, 온라인에서 상담을 받은 법인고객이 오프라인 채널에서 동일한 서비스를 제공받을 수 있도록 하는 등의 방식으로 채널 간 연계성을 높일 수 있다. 이를 통해 고객의 편의성과 만족도를 높일 수 있으며, 지속적인 관계 구축으로 이어질 수 있다.

(4) 법인고객 구매 여정 기반 영업 프로세스 설계

법인고객의 구매 여정에 대한 이해와 분석은 기업의 성공을 위해 중요한 요소이다. 기업은 이를 통해 고객의 구체적인 요구사항을 파악하고, 각 단계별로 효과적인 대응 전략을 수립할 수 있다. 고객 인지 단계에서는 잠재고객을 발굴하고 브랜드 인지도를 향상시키기 위한 다양한 마케팅 활동이 필요하다. 이를 위해 기업은 타깃 고객 분석, 맞춤형 콘텐츠 제작, 온·오프라인 채널 활용 등의 방안을 고려할 수 있다. 관심 유발 단계에서는 고객의 요구사항을 면밀히 파악하고, 이에 부합하는 제품 및 서비스를 제안하는 것이 중요하다. 기업은 고객 피드백 청취, 맞춤형 솔루션 개발, 제안 프레젠테이션 강화 등의 방법으로 고객의 관심을 끌어낼 수 있다. 구매 결정 단계에서는 거래 프로세스의 신속성과 효율성을 높이는 것과 동시에 고객 만족도 제고를 위한 노력이 필요하다. 기업은 구매 편의성 향상, 신속한 견적 제공, 맞춤형 계약 체결 등을 통해 고객의 구매 결정을 지원할 수 있다. 구매 후 단계에서는 지속적인 고객 관리와 사후 서비스 제공을 통해 장기적인 관계 구축을 도모해야 한다. 기업은 정기적인 고객 접촉, 문제 해결 지원, 사용성 향상 등의 활동을 통해 고객 만족도와 충성도를 높일 수 있다.

이와 같이 고객여정 전반에 걸쳐 체계적인 프로세스를 설계하고 실행하는 것은 법인고객영업활동의 성과를 극대화하는 데 핵심적인 역할을 할 것이다. 기업은 이를 통해 고객과의 긍정적인 관계를 구축하고, 지속가능한 성장을 이루어 나갈 수 있다. 이와 같이 고객의 특성과 구매 여정을 면밀히 분석하여 맞춤형 영업 전략을 수립함으로써, 영업 기회를 실현시키고 고객 만족도를 지속적으로 제고할 수 있다.

영업실전 사례 11-1

대기업 퇴사 후…'영업의 신'인 줄 알았던 내가 무너진 순간

대기업에서 탁월한 영업 스킬로 다양한 경험을 한 수많은 영업대표들이 스타트업 등 소규모 기업으로 이동해서 자신의 역량을 제대로 발휘하지 못하는 경우가 비일비재하다. 산업 전 분야에서 B2B(기업간거래) 영업 절차와 방식은 큰 맥락에서는 유사하지만, 그 산업의 특성과 제품의 생애주기상 위치에 따라 차이가 존재하기 때문이다. 필자 역시 20년간 대기업과 스타트업 현장을 뛰며 겪었던 애로점들이 있다.

대기업과 스타트업의 영업 체계를 비교해보면 해결책을 찾을 수 있다. 논해보려는 업종은 정보기술(IT) 분야 B2B 영업이다. 대기업과 스타트업 영업활동엔 가장 주의해야 할 3가지 차이점이 있다. 영업의 시작점인 영업 기회 획득, 영업 핵심성과지표(KPI) 달성을 위한 핵심 고객 표적화 그리고 매출 실현을 위한 클로징 기술 등이다. 대기업의 제품은 시장 성숙기를, 스타트업은 새로운 분야에 시장진입기를 전제로 기술한다. 제대로 된 B2B 영업을 꿈꾸는 후배들을 위해 기록을 남긴다.

"내부영업에서 답을 찾는 대기업 세일즈"

대형 IT기업에서 영업 기회 획득의 핵심은 대체로 내부영업이다. 제품 수명주기는 성숙기에 도달해 있기 때문에, 이미 다양한 인바운드 · 파이프라인과 채널을 통해서 수많은 영업 기회가 기업 내부로 유입되고 있다. 본인의 영업성과를 올리기 위해서는 우선 다양한 채널에서 유입되는 잠재고객을 본인에게 도달하게 만드는 체계 수립이 성공적인 영업의 시작점이다.

대다수 기업은 횡적으로는 지역이나 산업별로, 종적으로는 인바운드 · 프로모션 · 영업 · 컨설팅 · 개발 · 고객관리(CS) 단계에서 유입되는 영업 기회를 각 영업센터 · 대표별로 배분하는 내부 규정이 있다. 하지만 이 규정들 안에는 수많은 회색 영역들이 존재한다. 체계를 명확히 이해하면 수많은 기회를 직 · 간접적으로 본인이 얻거나, 규정 내 할당 받은 영업대표들과 공유하며 누구보다 많은 영업 기회를 얻을 수 있다.

신규 · 업셀링(상향 판매) · 크로스셀링(연결 판매) 등의 영업 기회는 다른 영업대표들과의 정보 교류로 쉽게 얻을 수 있다. 개인적인 친분뿐만 아니라 실적배분 기준을 상대방에게 유리하게 한다면, 해당 영업대표가 100% 실적을 커버하지 못하는 영역에 대한 수행 기회가 본인에게 주어져 높은 성과로 만들 수 있다. 또한 각 영업대표들에게 나의 명확한 브랜드를 각인시켜야 한다. 예를 들면, 특정 제품에서는 최고의 PT 능력 및 설득 능력을 보유했거나, 특정 금융 · 공공 고객군에 경험이 특화되어 각 영업대표들이 나와 정보를 교류할 경우 영업 진행 · 클로징 확률이 높아진다는 믿음을 심어주는 것이 중요하다. 즉, 본인과 일하면 목표에 달성할 수 있다는 것을 하나의 브랜드로 만들어 각 영업대표들에게 인지시켜야 한다.

"스타트업 영업 시작은 고객사 내 조력자 확보"

반대로 스타트업에서는 획득되는 영업 기회들이 대기업에 비해 현저히 부족하다. 스타트업 제품은 대부분 새로운 카테고리이며, 브랜드 인지도 또한 전무하기 때문이다. 이러한 상황에선 외부에서 신규 고객 유치를 하는 직접 영업에 주력해야 한다. 단, 영업대표 혼자서 새로운 고객을 개척하기는 상대적으로 확률이 낮기 때문에 스타트업 기업 내 가용자원, 특히 C레벨의 인맥 등을 활용해서 우리 제품의 잠재고객군의 조력자를 찾는 데 집중해야 한다. 많은 영업 기회가 아니라 신뢰도 높은 레퍼런스를 만들어서 향후 성장을 위한 'Key Account(핵심 고객)' 내부 조력자를 찾는 게 B2B 영업의 시작점이다.

스타트업의 제품을 고객사에서 도입하는 과정에서 수많은 도전에 부딪히게 된다. 유관부서의 반대, 구매부서의 ROI(투자수익률) 타진, 현업의 새로운 제품 사용에 따른 번거로움 등의 난관을 외부 영업으로 해결할 수 있는 가능성은 아주 희박하기 때문이다. 고객사에서 확보한 조력자들은 내부 주요 목표 및 트렌드, 핵심 영향력이 있는 주요 인물, 예산정보, 주요 실행계획 등을 정확히 파악할 수 있다. 이러한 정보들을 활용해 단계마다 고객사의 문제점에 대한 솔루션을 제공해야만 비로소 영업 기회가 구체화 단계로 넘어갈 수 있다. 이러한 조력자를 만들기 위해서는 조력자의 관심사, 개인적인 친밀도, 고객사의 단기 및 중기 목표 파악 등 관계 형성이 필요하다. 오랜 시간이 걸리지만, 이만큼 영업 성공률이 높은 방법은 없는 듯하다. 조력자를 통해 업계 내부 사정을 깊이 이해하고, 레퍼런스 계약 수주뿐 아니라 레퍼런스를 기반으로 영업 영역 확장과 더불어 그 영역에 속하는 업종 고객군을 섭렵할 수 있게 된다.

지루하지만 확실한 지름길이다. 하지만 많은 영업대표들이 이 영업 방식을 시도하다 지쳐 포기한다. 대기업에서 진행하던 방식인 많은 영업 기회를 접하면서 '히트율 게임'을 하는 방식으로 회귀하게 된다. 이런 방식은 곧, 업계 내 깊은 속사정을 파악하지 못하고 성숙기 시장과 동일한 형태의 영업으로 결국 좋은 성과를 내지 못하게 된다.

"명확한 영업의 '도달 목표' 수립하라"

두 번째, 영업 KPI 달성을 위한 고객 표적화 방법 차이다. 대기업에서는 수년간의 실적분석에서 비롯된 영업이익 위주의 KPI가 목표가 할당되고, 그 목표 달성에 집중하면 된다. 영업이익을 높이기 위한 1순위 표적화 대상은 표준화를 통해 단기 영업이익 기여도가 높은 고객군이다. 그 다음이 커스트마이제이션(개별 고객에 맞춘 제품 제공) 요구가 많더라도, 향후 그 내용이 기능 개선 포인트로 활용돼 더 많은 영업 기회를 창출할 수 있는 고객들이다. 물론 그 고객이 업계 인지도가 높아서 레퍼런스 효과까지 있다면 아주 좋은 기회이다. 마지막으로는 영업을 진행하지 않는 게 더 영업이익에 도움이 되는 고객군이다. 이러한 고객군은 대부분 버리려고 하지만 매출실적 압박에 수주하는 경우가 많은 게 실제 영업대표들 현실이다.

스타트업에서는 당장 주어진 매출 위주의 영업 KPI 실적보다는, 사업 초기 레퍼런스로 활용도가 높은 고객을 유치하는 영업성과가 무엇보다 중요하다. 이와 관련된 C레벨의 이해도가 없다면 설득을 해서라도 영업 KPI를 재설정해야 한다. 해당 레퍼런스 영업이 향후 1~2년 후에 사업 확장에 어떻게 기여되는지에 대한 로드맵으로 전사 설득의 과정이 필요하다. 하지만 많은 영업대표들이 매출 KPI 내에서 '지인 찬스'를 활용한 단기 실적에 집중하다가, 실제 중장기 영업 기반도 다지지 못한 상황에서 아웃되는 경우가 많다.

훌륭한 레퍼런스 고객이 반드시 업계 선도기업일 필요는 없다. 선도기업이면 좋겠지만, 대부분 1위 기업은 수많은 영업대표들의 수많은 제안에 노출된다. 영업 성사로 끌고 가기가 어려운 경우가 많다. 우연히 해당 고객사의 키맨과 특별한 관계가 있지 않은 경우에는 그렇다. 성장성이 높은 3~5위 업체들도 좋은 레퍼런스가 될 수 있다. 이들을 대상으로 성공 케이스를 만든다면, 그 영업 노하우로 1위 또는 2위 업체를 대상으로 영업을 성공시킬 수 있다. 이마저 어렵다면, 다크호스 전략도 좋다. 업계 인지도는 아직 미약한 후발 주자가 새로운 사업전략으로 시장을 확장하는 데 본 제품의 기여도가 높다면, 이 또한 좋은 성공 사례로 자리 잡을 수 있다.

"대기업 클로징 경험에 미련 갖지 마라"

클로징 기술은 대기업, 스타트업 모두 유사하다. 하지만 클로징 속도 차이를 인정하고 대응해야 한다. 대기업의 제품은 인지도, 구매명분 등이 이미 고객사 내부에 합의가 이루어진 상황이다. 도입 금액이 큰 규모이기에 구매절차가 길지만, 대부분 예측 가능한 클로징 시점이 있다. 이 과정에서 영업 성공률을 높이기 다양한 기술이 필요할 뿐이다. 경쟁사 대비 가격 전략과 도입 후 안정성과 신뢰 제고가 클로징에 핵심 기술이 된다.

스타트업 제품은 도입 의사 결정 과정에 수많은 변수가 존재한다. 95% 이상으로 진행되던 영업 건이 취소, 연기하는 경우도 빈번하다. 아무리 좋은 조력자가 내부에 있다 해도 수많은 난관을 헤쳐 나가는데 변수가 너무 많다. 이 과정에서 영업대표는 "내가 스타트업에 왜 왔을까?"라는 '사점(Death Point)'이 다시 오기 시작한다. 9부 능선을 넘었는데, 클로징 단계에서 영업 속어로 '뿌러지는' 건들이 속출한다. 이전 대기업에서의 성공률, 클로징 절차, 속도, 가격 협상력 등이 기준점이 되어, 점점 더 지치는 단계이다. 그러나 더 빨리 지치는 이유는, 대기업에서 진행했던 판매 절차와 속도에 대한 미련 때문이란 걸 깨달아야 한다. 이때 본인 스스로 "업종, 기업, 부서별 차이는 있으나, 항상 우리 회사의 혁신적인 기술은 산업 내 반드시 흡수되어 활용될 것이다"라는 믿음이 필요하다. 트렌드에 부합하는 제품과 기술이라면 더욱 그렇다. 때때로 자괴감을 극복하지 못할 때면, 내가 "눈덩이를 굴리고 있다"라고 생각하며 끈기로 이겨내는 방법밖에 없다. 나중에 기하급수적으로 커지는 결과물을 상상하면서 말이다.

스타트업에서의 B2B 영업대표는 영업활동 이전에, 우리 회사의 사업 단계, 장단기 목표, 자원현황, 시장상황 등 사업 본질에 대한 이해가 선행되어야 한다. 이 과정이 생략된 영업대표는 과거에 진행된 성공적인 영업사례의 허상을 좇는 부진한 영업대표가 될 뿐이다. 대기업 영업환경에서 뛰어난 실적을 위해 달리던 단거리 경주와 다르다. 스타트업에서 목표는 있으나 길이 정해지지 않고, 시간도 다른 산행과 같다. 하지만 포기하지 않으면, 실패는 없다.

[출처] 한국경제, 2023.12.6.

≫ **영업의 새로운 생각**

1. B2B 스타트업 기업이나 신생기업에게 필요한 시장진입 전략이 무엇인가?
2. B2B 영업에서 목표달성을 위한 영업 전략은 무엇이며, 어떠한 전략을 실행해야 하는가?
3. B2B 영업활동 이전에 선행되어야 하는 것이 무엇인가?

2. 법인고객가치영업의 실전활동

기업이 법인고객영업활동에 대한 중요성을 인식하여야 한다. 치열한 시장 경쟁 속에서 기업의 성장과 경쟁력 강화를 위해서는 시장 환경 변화와 고객의 니즈를 면밀히 분석하고, 이에 기반한 전략적이고 체계적인 접근 방식이 필요하다. 시장 분석을 통해 타깃 고객을 선정하고 이들에게 효과적으로 다가갈 수 있는 영업 기회를 발굴하는 것은 매우 중요한 과정이다. 그 다음 단계는 이러한 기회를 실제로 실현하기 위한 고객가치 제안을 제시하는 것이다.

고객가치 제안이란 고객의 요구사항과 니즈를 정확히 파악하여 이를 충족시킬 수 있는 제품 및 서비스를 제안하는 것을 의미한다. 이때 고객의 입장에서 생각하며 그들이 진정으로 원하는 것이 무엇인지 깊이 있게 고민해야 한다. 단순히 제품의 기능과 성능만을 강조하는 것이 아니라, 고객의 문제를 해결하고 가치를 창출할 수 있는 솔루션을 종합적으로 고려해야 한다. 경쟁사와의 차별성, 가격 대비 효용성, 사용편의성 등 다양한 요소를 균형 있게 고려하여 고객에게 실질적인 혜택을 제공할 수 있는 제안을 해야 한다.

이를 통해 고객의 관심과 호응을 이끌어내고, 구매로 이어질 수 있도록 해야 한다. 고객가치 제안은 단순히 제품을 판매하는 것을 넘어서 고객의 요구사항을 충족시키고 지속적인 관계를 유지하기 위한 핵심적인 수단이라고 할 수 있다.

2.1 법인고객의 방문 및 상담

개인고객영업이나 법인고객영업 모두 우선적으로 고객을 파악하는 것이 중요하다. 특히 신규 법인고객과의 첫 방문이나 미팅일 경우, 사전 법인고객 회사 정보와 만나는 사람이 누구인지, 어떤 사람들이 미팅에 참석하는지 등 성공적인 비즈니스를 달성하기 위한 정보 수집과 실제 방문을 통한 소통과 관찰이 중요하다. 특히, 인간관계이든 비즈니스 관계이든 첫인상이 미치는 효과는 매우 중요하다. 고객 측면에서 영업사원을 보는 첫인상과 영업사원 측면에서 고객을 보는 것은 매우 다르다. 그러므로 영업전문가는 이 두 가지 측면에서 고객에게 좋은 첫인상을 심어줘야 하며, 반대로 고객을 파악하는 데 노력을 기울여야 한다.

(1) 고객 측면의 영업담당자 첫인상

법인영업과 같은 면대면 방식에서 첫인상은 영업의 시작이다. 고객이 영업담당자를 처음 보고 느끼는 첫인상이 향후 판매와 관계지속에 있어 매우 중요한 역할을 한다. 영업담당자를 잘 모르기 때문에 첫인상이 매우 중요하다고 말할 수 있다. 예를 들면, 첫인상이 안 좋을수록 고객은 영업담당자에게 부담을 느끼게 되고, 다른 경쟁사 업체를 찾게 된다. 또한 이러한 첫인상을 개선하기 위해서는 오랜 시간이 경과되고 힘들 것이다. 첫인상은 처음 보고 느끼는 이미지이다. 사람은 0.3초라는 짧은 시간에도 호감과 비호감으로 첫인상을 판단할 수 있을 정도로 첫인상에 민감하고 3초 정도면 그 사람의 첫인상이 결정된다고 한다. 이런 의미에서 영업현장에서의 고객과의 첫만남의 첫인상은 성공과 실패의 출발점이라고 할 수 있다. 영업담당자는 항상 단정한 몸가짐, 바른 표정, 바른 자세, 밝은 목소리, 부드러운 말투가 중요하다고 말할 수 있다. 즉, 고객과의 의사소통의 중요함을 의미하며 고객과의 의사소통과 관련된 연구는 다음과 같다.

첫째, 〈그림 11-1〉과 같이 메러비안(Albert Mehrabian)의 「침묵의 메시지(*Silent Message*)」[1]에서 제안한 **첫인상 법칙**은, 즉 전체적인 호감도를 결정하는 요소들로 시각 이미지와 청각 이미지가 중요시되는 것으로 나타났다. 그는 두 번의 실험을 했

---

1) Albert Mehrabian(1980), *Silent Messages : Implicit Communication of Emotions and Attitudes*.

〈그림 11-1〉 메러비안(Albert Mehrabian) 법칙

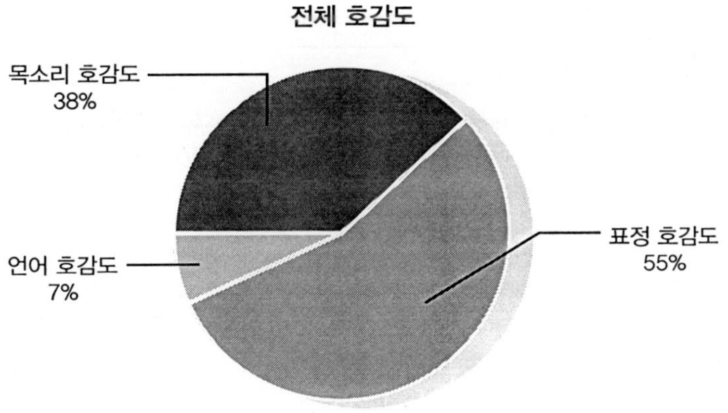

다. 첫 번째 실험에서는, 말을 하는 사람이 어떤 메시지를 상대편에게 전하려 할 때 말의 의미와 목소리 톤, 즉 음색이 얼마나 중요한지에 대해 조사했다. 그랬더니 말 자체의 의미보다 음색이 훨씬 중요하다는 결과가 나왔다. 예를 들면, 가라앉은 목소리로 상대편을 반기는 인사말을 했다면 상대편은 이 사람이 진정으로 자신을 반기는 것이 아니라는 것을 직감할 수 있었다. 두 번째 실험에서는 음색과 얼굴 표정 같은 비언어적 요소의 중요성을 조사했다. 그랬더니 음색과 표정의 중요성이 2 : 3이라는 결과를 얻었다. 예를 들면, 당신과 나 사이에는 특별한 문제가 없다고 상대편이 말하면서 서로 눈을 맞추는 것을 기피하거나 얼굴에 불안감이 보인다면 상대편의 진심은 나와의 관계에 문제가 있다는 것을 보여준다는 것이다. 그래서 이 세 가지를 종합해 보니 사람 간의 의사소통에서 언어적 요소의 중요성은 7%에 불과하고, 청각적 요소는 38%, 시각적 요소는 55%를 차지하는 것으로 나왔다. 이렇게 나온 7 : 38 : 55 비율을 '**메러비안 법칙**'이라고 부른다. 영업현장에서도 메러비안 법칙을 종종 실감한다. 공급업체와의 미팅 중 제품에 대한 프레젠테이션에서 발표자가 말투가 떨리거나 자신감이 없게 들리거나, 행동이 부자연스럽고 질문 내용에 대해 이해를 잘 못하는 경우 신뢰도가 떨어지게 된다. 또한 고객사와의 미팅에서는 호칭에 있어서도 주의하여야 한다. 상대방의 직급, 직위를 잘 모르고 대할 경우, 낭패를 보는 경우도 많이 발생한다.

둘째, 2005년 하버드 비즈니스 스쿨에서 같이 일하고 싶은 사람에 대한 호감도

〈그림 11-2〉 호감도와 능력

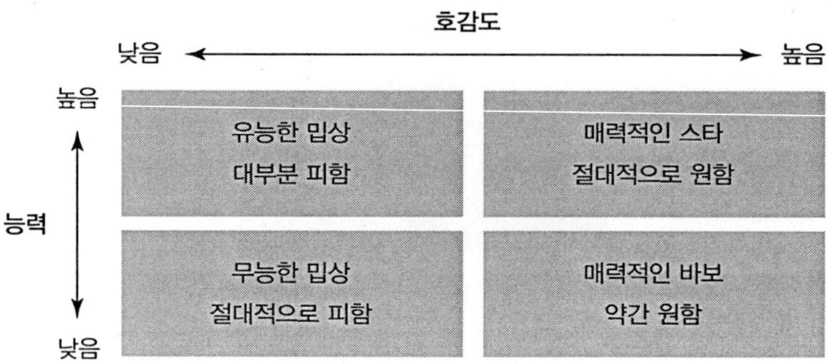

조사 내용이다. 면대면 영업활동에서 고객사 또는 영업담당자의 호감도와 능력에 따라 〈그림 11-2〉와 같이 네 가지 유형으로 구분할 수 있다.

호감도도 높고 능력도 높은 경우, 매력적인 스타로 절대적으로 같이 일하고 싶으며, 호감도는 높지만 능력이 낮은 경우, 매력적인 바보로 같이 일하고 싶은 사람으로 나타났으며, 호감도가 낮고 능력이 높은 경우, 유능한 밉상으로 같이 일하고 싶은 사람으로 대부분 기피하였고, 호감도가 낮고 능력도 낮은 경우는 모두 절대적으로 기피하는 것으로 나타났다. 그러나 조사 결과, 특이하게도 능력이 낮지만 호감도가 좋은 매력적인 바보가 같이 일하고 싶은 사람으로 선택되었지만, 전체적으로 호감도가 높은 사람이 능력의 차이보다 더 중요한 요소임을 알 수 있다. 호감도(favorability)는 상품이나 서비스를 이용하는 이용자가 계속적으로 반응하는 우호적 혹은 비우호적인 소비자의 경향을 뜻하며, 소비자의 긍정적 성향이 증가함으로 인해 특정 상품과 서비스에 의존하려는 심리적 성향으로, 많은 연구를 통해, 상품과 서비스를 통해 경험한 지식이 호감도에 영향을 주는 것으로 나타났다. 또한 호감도는 소비자들이 더욱 편리하게 제품과 서비스 환경에 접근할 수 있는 상황 속에서 사용자의 목적성에 기반한 이용자 편리성과 긍정적인 경험과 태도가 형성되어 반복 활용 경향이 있으며, 제품과 서비스에 대한 정보(가격, 판매 촉진 등)의 올바른 제공 수단이 소비자들에게 긍정적인 경험을 가지게 하는 것으로 나타났다.

고객이 바라보는 호감도와 반대로, 영업담당자도 상대방 고객 파악이 중요하다. 고객의 목소리 크기와 억양, 말의 빠르기, 제스처, 사용하는 어휘와 메시지, 표정, 외모 등을 활용하여 고객을 파악하여야 한다. 비즈니스 측면에서는 고객의 성향을 파악하는 것이 비즈니스 성공의 첫걸음이기 때문이다. 영업담당자에게 고객의 대한 호감도보다는 어떤 성향과 특성, 그리고 어떤 니즈가 있는가를 파악하는 것이 더욱 중요하다. 또한 영업담당자 측면에서, 영업활동을 통해서 여러 성격 유형을 만나게 될 것이다. 고객의 성격을 알면 보다 효과적인 프레젠테이션을 보장하고 관계형성 가능성을 높이는 데 도움이 될 것이다.

(2) 고객 방문 우선순위 및 일정 설정

영업담당자는 담당 지역 내 잠재고객을 면밀히 검토하고 고객의 특성, 매출순위, 거래 규모, 성장 가능성 등을 종합적으로 고려하여 방문 우선순위를 설정해야 한다. 이를 통해 영업효율성과 생산성을 높일 수 있다. 특히 기존 거래처와 신규 거래처에 대한 접근 방식을 구분하여, 기존 거래처에는 관계 유지 및 강화에 초점을 맞추고 신규 거래처에는 적극적인 영업활동을 펼쳐야 한다.

또한 방문 일정 계획 시 고객과의 사전 협의가 필요하다. 방문 목적이 영업활동인지 관계 유지인지에 따라 판매방문(sales call)과 비판매방문(non-sales call)으로 구분하여 접근할 수 있다. 방문 전 명확한 목적 설정과 일정 협의를 통해 고객의 반응과 협력을 이끌어낼 수 있다.

이러한 고객 방문 우선순위 설정과 일정 계획은 영업담당자의 핵심 역할이라고 할 수 있다. 지속적인 계획 수립과 실행을 통해 효율적인 영업활동을 전개할 수 있다. 효율적인 방문계획과 실행을 위해서는 다음과 같은 사항과 프로세스를 고려하여야 한다.

① 방문 빈도(call frequency)는 영업담당자가 고객을 방문하는 빈도를 의미한다. 이는 주 단위나 월 단위로 측정할 수 있다. 예를 들어, 고객의 잠재력에 따라 A, B, C 고객으로 구분할 수 있다. A 고객의 경우 주 1회 이상 방문하고, B 고객은 주 0.5회, C 고객은 월 1회 방문하는 것이 일반적이다.

이렇게 고객의 잠재력을 고려하여 방문 빈도를 결정하는 이유는, 영업적으로 잠재력이 큰 고객일수록 더 자주 방문하는 것이 중요하기 때문이다. 이를 통해 고객과의 관계를 더욱 공고히 하고, 고객의 요구사항을 빠르게 파악할 수 있다. 또한 고객의 니즈에 맞는 맞춤형 서비스를 제공함으로써 고객 만족도를 높일 수 있다.

고객의 잠재력을 정확히 파악하고, 이에 따른 적절한 방문 빈도를 설정하는 것은 영업활동의 핵심이라고 할 수 있다. 이를 통해 영업담당자는 고객과의 유대감을 높이고, 더 나은 영업성과를 달성할 수 있다.

② **방문 내용**(call quality)은 단순히 잠재력이 큰 고객이라고 무조건 많이 방문하는 것이 중요하지는 않다. 고객 방문의 목적과 내용이 매우 중요하다. 단순히 많이 방문하는 것보다는 고객의 요구사항을 잘 파악하고 이를 충족시킬 수 있는 방문이 필요하다. 많은 영업담당자들이 고객과의 유대관계 강화에만 집중하여 정작 자사의 제품과 서비스에 대해 충분히 설명하지 않는 경우가 있다. 이는 고객의 니즈를 제대로 파악하지 못하고 있다는 것을 의미한다. 따라서 판매방문과 비판매방문의 구분이 중요하며 영업방문의 경우 고객에게 제품 및 서비스에 대한 정보를 전달하는 것이 핵심이고, 비영업방문의 경우에는 고객과의 관계 강화 등이 주된 목적이 될 것이다.

이를 위해서는 고객에 대한 사전 정보 수집과 방문 목적 설정이 필요하다. 이를 통해 고객의 요구사항을 정확히 파악하고, 이에 부합하는 제품 및 서비스를 제안할 수 있다.

또한 방문 횟수도 중요하지만, 고객의 반응과 만족도를 고려하여 적절한 수준의 방문 횟수를 유지해야 한다. 방문이 지나치게 많으면 오히려 고객에게 부담이 될 수 있다.

③ **방문 결과**(call result)는 고객 방문 결과를 점검하는 것은 의미한다. 고객의 반응과 요구사항을 면밀히 파악하여 다음 방문을 계획해야 한다. 목적 없이 무작위로 방문하면 뚜렷한 결과를 얻기 어려울 것이다.

반면에, 고객의 니즈를 파악하고 이에 맞는 솔루션을 제공하기 위한 목적으로 방문한다면 좋은 결과를 거둘 수 있다. 고객의 구체적인 요구사항을 이해하고 이를 해결할 수 있는 적절한 대안을 제시한다면, 고객 만족도가 높아지고 장기적인 관계 구축에도 도움이 될 것이다.

따라서 방문계획 수립 시 고객의 특성과 니즈를 면밀히 분석하고, 이를 토대로 방문 목적을 명확히 설정해야 한다. 이를 통해 고객과의 긍정적인 상

〈그림 11-3〉 방문계획 프로세스

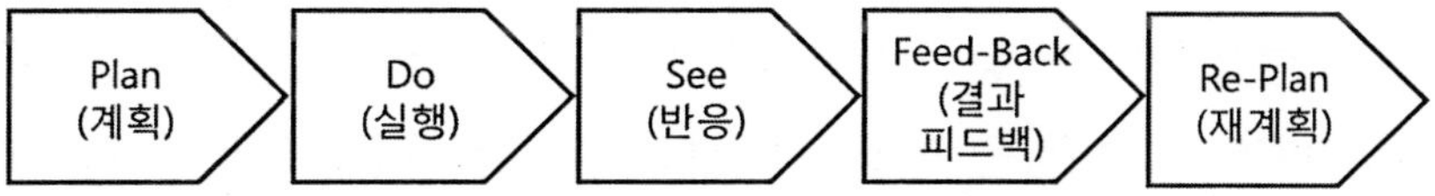

호작용을 이끌어내고, 궁극적으로는 고객 만족도 제고와 기업의 업무 효율성 향상으로 이어질 수 있을 것이다.

상기 사항을 바탕으로 〈그림 11-3〉과 같이 고객 상황에 따라 어떤 목적으로 방문을 할 것인지 계획을 세우고, 고객 방문 시 고객의 반응과 결과를 바탕으로 재방문 계획을 수립하는 것이 방문계획의 프로세스이다.

방문계획 프로세스의 첫 단계는 방문계획이다. 고객사와 방문약속이 결정된 후 방문을 목적으로 하는 사전 준비단계로, 방문 전 준비사항과 방문 시 준비사항으로 구분할 수 있다. 또한 신규고객일 경우와 기존고객의 경우 방문목적이 다르기 때문에, 방문 전 준비사항도 다를 것이다. 신규고객은 자사 소개자료와 전체시장 상황 그리고 제품과 서비스에 대한 정보 등을 준비해야 하고, 기존고객의 경우에는 고객사의 요구사항에 대해 준비하거나 새로운 비즈니스를 제안할 내용을 준비해야 할 것이다. 그러므로 영업담당자는 고객의 특성과 상황에 적합한 방문 전 준비사항을 점검하고 준비해야 할 것이다. 또한 고객사와 사전방문 약속도 점검할 필요가 있다. 상황에 따라 고객사 내부문제로 미팅일정이 연기되거나 지연될 수도 있기 때문이다. 방문 시 준비사항은 고객사 방문목적을 다시 확인하고, 전달할 내용을 구체화하고 명확하게 되었는지, 추가적으로 필요한 사항이 있는지, 방문 시 고객의 예상질문, 첫인사 준비, 미팅 방식 등 방문 시 한번 더 점검하고 상기하는 것이 바람직하다. 또한 일반적인 비즈니스 상식에 맞는 복장 상태를 점검하고, 상대방에게 너무 눈에 띄는 복장이나 노출은 삼가야 한다. 예를 들면, 더운 여름이라고 할지라도 반바지 복장, 상의노출, 샌들 등은 비즈니스 예의가 아니다.

둘째, 방문실행 단계이다. 방문 전 준비사항을 잘 점검한 후 고객사 방문 시, 즉 방문실행은 신규고객일 경우에는 첫인사와 명함 전달, 그리고 방문목적을 명확히 설명한다. 이때 고객과의 첫만남, 첫인상에 주의가 필요하므로 메리디안 법칙의 첫인상과 초두효과를 잘 인지해야 한다. 또한 전체적인 고객사의 분위기와 직원들의 행동, 근무형태, 친절함 등 가능한 한 자세히 모니터링하는 것도 필요하다. 그리고 본격적인 비즈니스 미팅을 진행한다. 사전 준비된 미팅방식에 따라 PPT 또는 간단한 브로슈어, 카탈로그 등으로 제품에 대한 장점과 차별화 포인트를 명확히 전달하는 것이 중요하다.

셋째, 상대방의 반응을 잘 지켜보면서 의사진행을 하는 것이 필요하다. 자사 제품과 서비스에 대한 관심 여부를 반응을 통해 확인할 수밖에 없기 때문이다. 또한 고객사에서 관심표명 시 니즈를 체크하고 제품의 차별점과 고객사가 구매 시 얻을 수 있는 가치 제안에 초점을 맞추는 것이 중요하다.

넷째, 기존고객을 방문할 경우에는 고객사의 제품 사용에 대한 피드백을 점검하고 추가적인 고객사의 비즈니스 니즈 파악과 관계구축에 집중해야 한다. 또한 신규고객을 재방문할 경우에도 반드시 방문목적을 설명하고 1차 방문 시 요청사항이나 문제점 등을 해결할 솔루션을 준비해서 방문하는 것이 바람직하다.

전체적으로 고객사 방문 시, 영업담당자에게 제일 중요한 역할은 자사 제품과 서비스의 핵심메시지(key message) 전달임을 인지하고 실행하여야 한다. 핵심메시지 전달의 중요성은 첫째, 일반적으로 사람들은 보고, 듣고, 읽고, 말하기를 최소 6번 반복해야만 약 70%를 기억할 수 있다. 둘째, 동일한 광고를 같은 시간대에 5번 이상 시청해야만 그 제품을 인지할 수 있다. 셋째, 고객에게 핵심메시지를 전달 후 매출이 증가한다. 넷째, 자료는 부족하지 않게 전달해야 하며, 고객사에서 핵심메시지를 인지하고 있는지 확인해 보는 것이 중요하다. 미팅 시 질문을 통해 확인해 보는 것이 중요하다.

방문과정에서 고객의 질문과 반론(objection)이 있을 수 있으며, 방문계획 과정에서는 **프로빙**(probing) 과정이라고도 한다. 질문에 대해서는 정확한 내용을 설명하면 문제가 없지만 반론에 대한 답변은 사전에 미리 준비하거나 숙지하고 있어야 한다. 반론에 대한 처리를 잘하지 못하면 신규고객 창출기회와 기존고객에게 신뢰를 상실할 수 있기 때문이다. 즉, 반론에 대한 답변은 잘 경청하고 적절하게 대응하여야 한다. 이것을 **오브젝션 핸들링**(objection handling)이라고 한다.

반론 또는 이의제기(objection)는 고객이 자사의 제품과 서비스에 관심이 있다는 하나의 신호이며, 협상의 다음 단계로 이끌어 갈 수 있는 기회이기도 하다. 일반적으로 반론의 종류는 첫째, 제품과 서비스에 대해 가질 수 있는 실질적인 의문으로 예를 들면, 가격, 기능, 사용방법에 관련된 내용이다. 둘째, 감정적 반론이 있을 수 있다. 예를 들면, 변화의 두려움, 영업담당자에 대한 불신 또는 제품의 기대효과에 대한 회의가 있다. 셋째, 고객이 현재 사용하고 있는 제품 또는 경쟁사 제품과 비교하는 경우에 반론이 있을 수 있다. 이와 같은 반론에 대한 대응방법(objection handling)은 다음과 같다.

첫째, 예측과 경청이 필요하다. 즉, 고객으로부터 어떤 이의제기나 반론이 나올지 미리 예측하고 준비를 하는 것이 바람직하다. 미팅을 여러 번 하고 고객과 만나다 보면 공통적으로 자주 제기되는 오브젝션이 나오는데, 이를 잘 정리해서 미리 숙지해두는 것이 중요하다. 또한 프레젠테이션 중 고객의 반론을 잘 경청하고 공감의 하는 태도와 반응을 보이는 것도 중요하다.

둘째, 반론에 대해 공감하라. 고객이 반론을 제기할 때 일단 끝까지 잘 경청하고 즉답을 하지 않는 것이 중요하다. 너무 빨리 대응하면 오히려 고객이 방어적인 자세를 취할 수 있기 때문이다. 고객의 반론을 듣고 고객의 상황에 충분히 공감해 주는 것이 매우 중요하다.

셋째, 반론에 대해 질문하라. 고객의 반론을 잘 경청하고 고객의 관점에서 관심을 보이며, 질문을 통하여 반론의 근거나 원인을 파악하는 것이 필요하다. 예를 들면, 가격이 부담이라고 한다면 역으로 "다른 제품을 알아볼 때 대략적으로 생각하는 예산은 어느 정도인가요?"라고 역으로 물어볼 수 있다. 고객의 입을 통하여 직접 확인하는 것이 바람직하다.

넷째, 반론에 대한 답변 및 확인이 필요하다. 위의 과정을 통해서 이해한 바를 얘기하고 이에 대한 답변을 하도록 노력해야 한다. 알고 있는 답변도 서둘러 말하지 말고 고객의 반론을 잘 경청하고 인정하고 질문을 통해 원인을 파악한 후 답변을 하는 것이 매우 중요하다. 대답의 내용은 고객의 반론을 인정하면서 긍정적인 관점에서 답변을 하는 것이 좋다. 예를 들면, 가격이 비싸다고 한다면 이를 비용 대비 효율성과 가성비가 좋다. 또는 부가적으로 얻을 수 있는 가치를 부각하여 대응하거나 다른 대안을 제시하거나 또는 과학적 또는 사회적 증거를 사용하여 제품의 가치와 효과를 입증하는 방법으로 대응하는 것이 바람직하다.

다섯째, 위의 4단계를 거치면서 고객의 반응을 확인하는 것이 중요하다. 반론에 대한 답변 또는 대안에 대해 충분히 이해를 했는지 고객의 반응을 확인하는 것이 중요하다. 예를 들면, "충분한 답변이 되었을까요?" 또는 "추가 질문이 있으신가요?" 등 고객의 반응을 확인하는 것이 필요하다.

이러한 고객의 반론과 반응을 통한 방문종결(closing)은 고객사의 구매약속을 함축 또는 유도하는 영업담당자의 행동으로서, 고객으로 하여금 그것에 대한 승낙 또는 거절을 표시하도록 유도하는 행위를 말한다. 예를 들면, 경쟁업체 제품에 비해 가성비가 떨어진다라는 반론에 "저희가 최근에 경제성 평가를 한 자료가 있습니다. 그 자료를 가지고 다시 방문해서 설명을 드려도 되겠습니까? 아니면 더 추가적인 자료가 필요하신가요?"라는 질문을 통해 추후 약속을 유도하고, 제품에 대한 관심을 유도하는 것을 말한다.

법인고객영업에서의 고객사 방문은 이러한 과정을 거치면서 자연스럽게 제품과 서비스에 대한 관심과 반응, 그리고 재방문 일정에 대한 협의를 끝으로 방문을 종결한다. 그 다음 전체적인 방문결과와 고객사 피드백을 확인하고 재방문 계획을 수립하게 된다.

2.2 법인고객가치 제안

기업이 성장하는 데 있어 법인고객을 위한 가치 제안(value proposition) 및 프레젠테이션은 중요한 부분을 차지한다. 이는 단순히 잠재고객과의 신뢰관계 구축에서 그치는 것이 아니라, 실제 솔루션 도입으로 이어지며 나아가 매출 증대로까지 연결되는 필수적인 과정이라고 할 수 있다.

기업은 법인고객의 니즈와 요구사항을 깊이 있게 이해하고, 이를 토대로 차별화된 솔루션을 제안해야 한다. 단순한 제품 소개가 아닌, 고객의 문제를 해결할 수 있는 맞춤형 서비스와 가치를 제시해야 한다. 이를 통해 고객과의 신뢰를 쌓고, 장기적인 파트너십을 구축할 수 있다.

(1) 법인고객가치 제안

고객의 비즈니스와 당면 과제에 대한 깊이 있는 분석은 고객가치 제안을 위한 핵심 과정이다. 이를 위해서는 다양한 정보 수집 방법을 활용하여 고객의 업종, 규모, 현안은 물론 실질적인 문제와 요구사항을 면밀히 파악해야 한다. 경쟁 차별화된 가치 제안 제시를 위해 제품 및 서비스의 핵심기능과 특징을 고객의 관점에서 명확하게 제시해야 한다. 예를 들어, 고객이 원하는 편의성, 성능, 비용 절감 등의 니즈를 구체적으로 충족시킬 수 있는 방안을 상세히 설명해야 하며 경쟁사의 제품 및 서비스와 비교하여 자사가 제공하는 차별화된 가치를 명확히 제시해야 한다. 이를 통해 고객에게 자사 제품/서비스의 독특한 장점과 고유의 혜택을 효과적으로 전달할 수 있다. 예를 들어, 경쟁 대비 뛰어난 성능, 혁신적인 기능, 차별화된 사용 경험 등을 구체적으로 설명할 수 있다. 기업은 제품 및 서비스의 효과와 성과를 뒷받침할 수 있는 명확한 데이터와 사례를 제시해야 고객들이 제안된 가치를 신뢰할 수 있게 된다. 또한 제품 테스트 결과, 고객 만족도, 비용 절감 효과 등을 구체적인 수치와 근거를 들어 설명함으로써 실제 고객 사례를 통해 제안된 가치가 실제로 구현되고 있음을 입증할 수 있다.

A사의 클라우드 기반 ERP 솔루션 가치 제안 사례를 살펴보면 먼저, 운영 비용 절감 측면에서 큰 효과를 볼 수 있다. 기존 ERP 시스템에 비해 최대 30%까지 비용을 줄일 수 있는데, 이는 초기 구축 비용과 IT 인프라 관리 비용을 절감할 수 있기 때문이다. 데이터 센터 운영, 하드웨어 및 소프트웨어 라이센스 구매 등의 부담이 크게 감소하여 전반적인 IT 운영 비용을 낮출 수 있다. 또한 자동화된 업무 프로세스를 통해 생산성을 크게 높일 수 있다. 반복적이고 시간 소모적인 작업들을 자동화하여 직원들이 보다 전략적이고 창의적인 업무에 집중할 수 있게 해준다. 이를 통해 전체적인 업무 효율성이 최대 20%까지 향상될 수 있다. 클라우드 기반 ERP 솔루션의 또 다른 장점은 우수한 확장성이다. 기업의 규모와 요구사항이 변화해도 신속하게 대응할 수 있다. 추가 IT 인프라 투자 없이도 사용자 수와 데이터 용량을 손쉽게 늘릴 수 있어, 기업 성장에 유연하게 대응할 수 있다. 마지막으로 강화된 보안 기능을 주목할 필요가 있다. 클라우드 서비스 제공업체의 첨단 보안 기술을 활용하여 고객 데이터를 안전하게 보호할 수 있다. 데이터 암호화, 엄격한 접근 제어, 재해 복구 체계 등을 통해 기업의 중요 정보를 안전하게 관리할 수 있다. 이와 같이 A사의 클라우드 기반 ERP 솔루션은 운영 효율성 제고, 생산성 향상, 확장성 확보, 보안 강화 등 다양한 측면에서 기업에게 혁신적인 가치를 제공한다. 이는 기업이 디지털 전환

을 효과적으로 추진하고 경쟁력을 높이는 데 큰 도움이 될 것이다. 이와 같이 기업은 고객 니즈 충족, 경쟁 차별화, 구체적 데이터 제시 등을 통해 고객에게 차별화된 가치 제안을 제시함으로써 경쟁력을 강화할 수 있다. 이는 고객 중심적인 마케팅 전략의 핵심 요소라고 할 수 있다.

법인고객을 위한 **영업 제안서**는 고객의 니즈를 정확히 파악하고 이를 전문적이고 체계적인 방식으로 다루어야 한다. 단순히 제품이나 서비스의 기능과 가격만을 나열하는 것이 아니라, 고객의 입장에서 그들이 겪고 있는 문제점과 당면 과제를 깊이 있게 분석하고 이에 최적화된 솔루션을 제시해야 한다. 제안서에는 고객의 비즈니스 환경, 산업 동향, 경쟁사 동향 등에 대한 심도 있는 조사 결과를 포함시켜 고객의 신뢰를 확보해야 한다. 또한 자사의 제품이나 서비스가 어떻게 고객의 문제를 해결하고 그들의 목표 달성에 기여할 수 있는지를 구체적으로 설명해야 한다.

아울러 제안서에는 프로젝트 수행 방안, 인력 투입 계획, 예산 산출 내역 등 실행 가능성과 타당성을 입증할 수 있는 정보들이 포함되어야 한다. 이를 통해 고객은

〈표 11-1〉 영업 제안서 구성

항목	내용항목
회사소개 및 목적	• 회사 로고 및 이름 • 제안서 제목 및 목적 설명
고객의 요구사항 및 문제점	• 고객이 직면한 문제점 • 고객의 요구사항의 명확한 이해 • 고객이 직면한 도전과 기회에 대한 인식
제안 내용	• 제품 및 서비스 • 제품과 서비스를 통해 고객이 얻는 이익과 가치 • 고객의 문제 해결과 솔루션 • 솔루션이 고객에게 주는 핵심가치(가치 제안) • 성공한 사례연구 및 참조 • 리스크 대응방안
가격 및 조건 (서비스 지원 포함)	• 제품 및 서비스에 대한 세부 내용 • 결제 조건 • 기간 • 부대조건(추가 지원 또는 A/S 등)
제안서의 일정 및 실행 계획	• 제안에 관한 일정 및 향후 계획 • 추가 질문 또는 논의 • 담당자 연락처

제안 내용의 실현 가능성과 기대 효과를 정확히 판단할 수 있다.

제안서 작성 시에는 〈표 11-1〉과 같은 구조와 항목을 참고하되, 고객의 니즈와 상황에 최적화된 내용으로 구성하는 것이 중요하다. 이를 통해 고객의 신뢰를 얻고 비즈니스 협력 관계를 구축할 수 있다.

특히 법인고객의 경우 투자와 장기적인 협력이 필요하므로, 고객에 대한 이해도를 더욱 높여야 한다. 단순히 일회성 판매에 그치지 않고 지속적인 지원과 협력을 통해 고객의 성장과 발전을 함께 이뤄나가는 관계를 구축해야 한다. 고객의 최종 사용자, 의사결정권자, 실무 담당자 등 다양한 관계자와의 면밀한 인터뷰를 통해 고객의 내재된 니즈와 요구사항을 심도 있게 파악해야 한다. 이렇게 수집된 정보를 바탕으로 고객의 문제를 해결할 수 있는 차별화된 솔루션을 제안해야 한다. 단순한 제품 및 서비스 소개에 그치지 않고, 고객의 당면 과제를 해결하고 미래 성장을 지원할 수 있는 맞춤형 전략을 수립해야 한다. 이처럼 고객에 대한 깊이 있는 이해와 종합적인 분석, 그리고 고객 중심적 사고를 바탕으로 한 솔루션 제안은 고객가치 창출의 필수 요소이다. 이를 통해 고객의 신뢰를 얻고 장기적인 협력 관계를 구축할 수 있다.

(2) 프레젠테이션

프레젠테이션 과정에서 고객의 관심을 끌고 이해를 높일 수 있는 효과적인 커뮤니케이션 기술이 필요하다. 단순히 제품과 서비스를 소개하는 데 그치지 않고, 고객의 관점에서 제안의 가치와 효과를 설득력 있게 전달해야 한다. 이를 통해 고객이 제안을 수용하고 솔루션 도입으로 이어지게 할 수 있다.

프레젠테이션 단계에서는 고객의 관심사와 의사결정 요인을 깊이 있게 이해하고, 이를 고려한 논리적이고 설득력 있는 내용을 구성해야 한다. 단순히 제품 소개에 그치지 않고, 고객이 직면한 과제를 해결하고 실질적인 혜택을 얻을 수 있음을 명확히 제시해야 한다. 이를 위해 시각적 효과와 입체적인 설명을 통해 고객의 이해도를 높이고, 가격 정책과 구매 프로세스를 안내함으로써 구매 전환으로 이어질 수 있도록 해야 한다.

나아가 기업은 고객 중심적 관점에서 차별화된 가치를 제시하고, 이를 효과적으로 전달할 수 있는 프레젠테이션 전략을 수립해야 한다. 이를 통해 잠재고객과의 신뢰관계를 구축하고, 고객의 솔루션 도입과 매출 증대를 달성할 수 있다. 이는 기업의 지속가능한 성장을 위한 필수적인 과정이라고 할 수 있다.

첫째, 솔루션을 성공적으로 도입한 기업고객들의 사례와 효과를 적극적으로 활용해야 한다. 실제 고객들의 성공사례를 공유함으로써 솔루션의 효과성과 효율성에 대한 신뢰감을 높일 수 있다. 고객 간 입소문 효과를 통해 솔루션의 브랜드 가치와 인지도를 제고할 수 있다.

둘째, 솔루션 도입에 따른 투자수익률(ROI)을 상세히 분석하고 이를 체계적으로 계산하여 제시해야 한다. 이를 통해 고객들은 솔루션 도입의 실질적인 경제적 효과를 쉽게 파악할 수 있다. 또한 투자 대비 구체적인 수익 창출 효과를 보여줌으로써 고객의 구매 결정에 긍정적인 영향을 미칠 수 있다.

셋째, 고객 맞춤형 솔루션 컨설팅 서비스를 제공하는 것도 효과적일 수 있다. 고객의 요구사항을 면밀히 파악하고, 이에 최적화된 솔루션을 제안함으로써 고객의 특정 문제점을 해결할 수 있는 방안을 제시할 수 있다. 이를 통해 고객의 구매의사결정 과정에서 긍정적인 영향을 미칠 수 있다.

이처럼 다각적인 노력을 통해 솔루션의 가치와 성과를 구체적이고 객관적으로 제시하고, 실제 고객들의 긍정적인 경험담을 활용하면 기업고객들의 구매 결정에 효과적으로 영향을 미칠 수 있다. 이를 통해 고객의 관심과 구매 의도를 높이고, 장기적인 고객관계 구축으로 이어질 수 있다.

2.3 법인영업의 협상

협상과 계약 체결은 비즈니스 현장에서 중요한 과정이다. 많은 사람들은 협상이 국제외교나 기업 간 분쟁해결 등 특별한 상황에만 일어나는 것으로 생각하지만, 사실 우리가 일상생활에서 끊임없이 협상을 하고 있다. 쇼핑을 하면서 흥정을 하거나, 상사와 연봉 협상을 하는 등 우리가 원하는 바를 얻어내기 위한 모든 과정이 협상이라고 할 수 있다. 특히 B2B 영업현장에서는 고객사와의 협상이 핵심적인 역할을 한다. 영업담당자들은 큰 고객이든 작은 고객이든, 소량 구매이든 대량 구매이든 끊임없이 협상을 해야 한다. 협상 실력이 뛰어난 전문가들은 일상생활의 80%가 협상으로 이루어진다고 말할 정도이다.

협상(negotiation)이란 단순히 두 당사자 간의 거래나 흥정과는 구분되는 의미를 갖는다. 협상은 보다 복합적이고 다차원적인 의사소통 과정이라고 할 수 있다. 협상은 기업, 정부, 국제기구 등 다양한 사회 주체들 간의 상호작용을 통해 발생하며, 단일 쟁점이 아닌 다수의 의제들에 대한 합의점을 찾아나가는 과정이다. 협상의 목적은 단순히 거래나 교환을 넘어서 상호 이해와 만족을 증진시키는 것이다. 협상 당사자들은 자신의 이해관계를 고려하면서도 상대방의 입장을 이해하고 존중하는 태도로 접근해야 한다. 이를 통해 윈-윈(win-win) 해결책을 도출할 수 있다.

협상은 일상생활 속에서도 빈번하게 발생한다. 직장 내 조직 관리, 기업 간 거래, 개인 간 분쟁 해결 등 다양한 사회적 상호작용 속에서 협상이 이루어진다. 특히 기업 간 거래(B2B) 현장에서는 이해관계의 상충이 자주 발생하므로, 영업담당자들은 협상 능력을 갖추는 것이 매우 중요하다.

협상 과정에서는 당사자들 간의 원활한 의사소통과 상호 이해의 증진이 필수적이다. 이를 위해서는 상대방의 입장을 경청하고 공감하는 자세가 요구된다. 또한 창의적인 대안 개발과 유연한 태도로 접근하는 것도 중요하다. 이를 통해 당사자들이 모두 만족할 수 있는 합의점을 찾아나갈 수 있다.

결국 협상은 단순한 거래 행위가 아닌, 서로의 이해관계를 조율하고 상생의 해결책을 모색하는 복합적인 과정이라고 할 수 있다. 협상 능력의 향상은 개인과 조직, 나아가 사회 전체의 발전에도 기여할 수 있을 것이다.

(1) 협상의 3요소

성공적인 협상을 위해서는 협상의 힘(Power), 정보(Information), 시간(Time)의 3요소가 중요하다. **협상의 힘**(Power)은 매우 중요한 요소이다. 협상 상대방에 대한 주도권과 영향력을 의미하는데, 이는 단순히 객관적인 자원이나 능력이 아니라 상황에 따른 주관적인 지각에 의해 결정된다. 예를 들어, 품질과 서비스 면에서 우위를 점하고 있는 A 회사는 협상에서 경쟁의 힘을 발휘할 수 있지만, 가격 면에서 우위를 점하고 있는 B 회사라면 협상의 힘이 달라질 수 있다. 또한 A 회사가 10년간 성실히 거래해왔다면 신뢰와 도덕성의 힘으로도 협상에 유리할 수 있다.

정보(Information)는 협상의 성패를 좌우할 수 있는 핵심 요소이다. 협상자 개인, 협상 상대방 기업, 협상 내용 등에 관한 정보를 충분히 확보하는 것이 중요하다. 이를 통해 최선의 협상 전략을 세울 수 있고, 유리한 고지를 점유할 수 있기 때문이다.

정보의 수집과 활용이 협상력 제고에 필수적이다.

마지막으로 시간(Time)도 매우 중요한 협상 요소이다. 협상의 마감시점이 언제인지 파악하는 것이 핵심이다. 상대방의 마감시한을 잘 알고 있다면 보다 유리한 협상 전략을 구사할 수 있다. 실제로 큰 거래의 경우 마감시한 직전에 타결되는 경우가 많다. 예를 들어, 류현진 선수의 MLB 진출 계약도 마감 직전에 극적으로 타결되었다.

이처럼 협상의 3요소인 힘, 정보, 시간은 상호 유기적으로 작용하며, 성공적인 협상을 위해서는 이 세 가지 요소를 종합적으로 고려하고 적절히 활용하는 것이 중요하다.

(2) 협상의 과정

법인고객 대상 협상 및 계약 체결은 상호 이해와 이익을 균형 있게 달성하기 위한 전략적 프로세스라고 할 수 있다. 협상은 양측이 서로의 요구사항과 입장을 충분히 이해하고 토의하면서 최종적인 합의에 이르는 과정이다. 이 과정에서 양측은 각자의 핵심 요구사항을 밝히고, 상호 양보와 타협을 거치며, 상대방의 입장을 이해하고자 노력한다.

이렇게 협상을 통해 양측이 만족할 만한 합의안을 마련하면, 그 다음 단계가 계약 체결이 된다. 계약 체결은 협상 과정에서 합의된 내용을 문서로 정리하고 양측이

〈그림 11-4〉 협상 과정

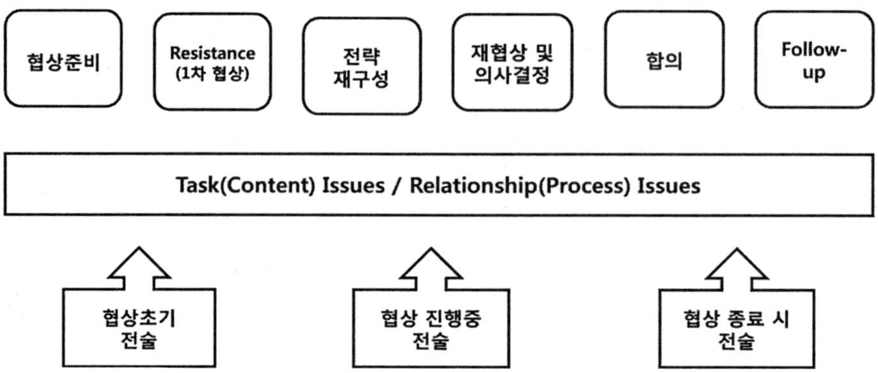

자료 : Herb Cohen(1982), *You can negotiate Anything*,

서명하여 최종 합의를 확정하는 절차이다. 일반적으로 협상에서 계약 체결까지의 과정은 〈그림 11-4〉와 같다.

성공적인 협상을 위해서는 협상 전에는 충분한 정보 수집과 분석 등의 협상준비를 해야 한다. 상대방의 비즈니스 모델, 요구사항, 제품 또는 서비스에 대한 이해를 높이기 위해 세밀한 조사가 필요하다. 특히 협상은 그 자체가 목적이 아니고 수단이기 때문에 협상 이외의 다른 수단이 협상에 의한 해결방법과 경쟁적으로 사용될 가능성이 있다. 그러므로 협상 대상자 또는 기업의 요구(position)와 욕구(interest)를 정확히 파악하는 것이 중요하다.

예를 들면, 빙산의 윗부분은 요구사항이고, 빙산의 바다 밑부분은 욕구라고 볼 수 있다. 즉, 협상에서 상대의 숨겨진 욕구를 파악하고 자극함으로써 상대방의 본래 욕구를 희석하거나 **창조적 대안**(BATNA : Best Alternative to a Negotiated Agreement)을 제시하여 양쪽 모두 만족시키는 협의점을 도출하여야 한다.

창조적 대안 BATNA[2)]는 1981년 미국 하버드대학의 피셔와 유리(Fisher and Ury) 교수에 의해 창안된 개념으로, 협상에 의한 합의가 불가능할 경우, 다른 대안을 취할 수 있는 최선의 대안을 의미한다. 즉, 현재 진행중인 협상이 실패하는 경우, 당사자가 선택할 수 있는 최선의 대안을 의미하는 것이다. 예를 들면, 시장 진입로의 A 과일가게가 사과 4개에 만 원이라면, 진입로 안쪽의 B 과일가게는 5개 만 원이 BATNA가 될 수 있다.

이러한 관점에서 현재의 협상이 BATNA보다 못한 가치만 준다면 더 이상 협상 진행이 어렵게 된다. 물론 당사자는 BATNA보다 못한 대안을 받아들여서는 안 된다. 이때 자신의 BATNA를 정확히 알고 있지 못한다면 어떤 제안을 수용할 것인지 결정하기가 쉽지 않다. 피셔와 유리(Fisher and Ury) 교수는 “BATNA는 지나치게 불리한 합의안을 수용하거나 또는 수용하는 것이 이익이 되는 합의안을 잘못 거절하는 경우로부터 자신을 지켜주는 유일한 기준”이라고 강조하였다. 훌륭한 BATNA를 갖고 있는 경우 협상의 힘이 증대된다는 것이다. 협상에 앞서 당사자들은 자신의 BATNA를 개발하는 노력을 기울여야 한다는 의미이다.

---

2) Fisher and Ury(1981), *Getting to Yes : Negotiation Agreement Without Giving In*, Boston : Houghton Mifflin.

2.4 법인영업의 계약 체결(Contract)

법인영업에서 계약은 매우 중요한 부분을 차지한다. 계약은 복수의 당사자들이 서로 다른 의사를 표현하여 합치된 법률행위로, 채권 발생을 목적으로 한다. 영미법에서는 계약을 약속으로 정의하며, 대륙법에서는 합의로 정의한다. 그러나 핵심은 단순한 약속이나 합의만으로는 계약이 성립되지 않는다는 것이다. 계약은 법적 구속력이 있는 약속을 의미한다. 즉, 법인영업에서의 계약은 기업들이 서로 합의한 규정과 조건에 따라 발생하는 법적 효력을 가진 합의라고 할 수 있다.

계약 체결 과정에서는 여러 고려사항들이 있다. 먼저, 계약 당사자들의 의사 표시가 명확하고 일치해야 한다. 계약 내용에는 거래 대상, 가격, 수량, 대금 지급 방식 등이 구체적으로 명시되어야 한다. 또한 계약 체결 시 각 당사자의 권리와 의무가 균형을 이루어야 한다.

계약 체결 후에는 계약 내용을 충실히 이행해야 한다. 계약 위반 시에는 손해배상 등의 법적 책임을 지게 된다. 따라서 법인영업에서 계약 체결 및 이행은 매우 신중하게 다루어져야 한다.

(1) 법인영업 계약의 유형

법인영업은 개인 고객 영업과 달리 복잡한 특징을 가지고 있다. 법인고객은 규모가 크고 다양한 요구사항을 가지고 있어 전문적인 지식과 기술이 필요하다. 이로 인해 1건의 계약만으로도 큰 매출을 기대할 수 있지만, 계약 성사가 쉽지 않다. 법인고객의 의사결정 과정이 복잡하고 다양한 이해관계자의 의견을 수렴해야 하기 때문이다. 또한 법인고객이 다양한 산업분야에 속해 있어 해당 분야의 전문지식이 필요하다.

법인영업에서 계약은 곧 매출이 되므로, 계약서 작성이 매우 중요하다. 법인고객에게 자사의 제품과 서비스를 소개하고 긍정적인 거래를 이루기 위해 견적서를 주고받으며 협상을 진행한다. 협상이 종료되면 협의된 내용을 기준으로 계약서를 작성하여 법인고객에게 전달된다. 이때 서로의 계약조건을 명확히 이해하고 투명하게 소통하는 것이 중요하다.

법인영업 계약에는 다양한 유형이 있다. 판매계약은 특정 상품이나 서비스의 판

〈표 11-2〉 OEM vs. ODM vs. OBM 비교

구분	OEM	ODM	OBM
정의	제조업체는 생산만 담당하는 주문자 상표부착 생산방식	제조사가 제품개발과 생산 모두 담당하는 방식	제조사가 브랜드 기획, 개발 및 생산, 마케팅 모두 담당
사례	NIKE, 애플 등	한국콜마(화장품, 의약품), 코스맥스 등	

매조건과 가격을 정하는 계약으로서, 계약지역, 배송조건, 지불조건, 손해배상 조건, 계약 종료 조건, 클레임처리 등 전반적인 내용을 포함한다. 이외에도 대리점 및 유통계약, 위수탁공급계약 등 다양한 유형의 법인영업 계약이 존재한다.

지역적 범위 등을 다루는 공급계약은 독점적이거나 비독점적일 수 있으며, 이에 따라 계약의 권한과 범위가 달라질 수 있다. 이러한 공급계약에는 다양한 유형이 있다. 먼저, 주문자 상표부착 생산방식(Original Equipment Manufacturing, OEM)은 주문자의 상표를 부착하여 생산하는 계약 방식이고 제조자 개발 생산방식(Original Development Manufacturing, ODM)은 제조업체가 제품 개발을 담당하는 계약 방식이며, 제조자 브랜드개발 생산방식(Original Brand Manufacturing, OBM)은 제조업체가 자신의 브랜드로 제품을 생산하는 계약 방식이다.

이와 같이 다양한 유형의 공급계약이 존재하며, 각 계약 방식에 따라 상호 역할과 권한, 책임 범위가 달라질 수 있다. 따라서 기업들은 자신의 필요와 역량에 맞는 적절한 공급계약 방식을 선택하고 관리해야 한다.

(2) 법인영업 계약내용

법인영업 계약서는 두 개 이상의 기업 간에 체결되는 중요한 문서이다. 이 계약서에는 거래 당사자들의 권리와 의무, 거래 조건 및 기타 중요한 사항들이 자세히 명시되어 있어야 한다. 이를 통해 계약 당사자들 간의 상호 신뢰를 바탕으로 안정적이고 지속가능한 거래 관계를 구축할 수 있다.

일반적인 B2B 계약서의 주요 구성 요소로는 계약 당사자 정보, 계약 목적 및 범위, 계약 기간, 가격 및 결제 조건, 배송 및 납품 조건, 지식재산권 및 기밀유지, 계약 해지 및 종료 조건, 분쟁 해결 절차 등이 있다. 이러한 요소들은 계약 당사자 간의 권리와 의무를 명확히 정의함으로써 향후 발생할 수 있는 분쟁을 예방하고 효율

〈표 11-3〉 B2B 계약 구성요소

구성요소	내용
서문	• 계약 당사자들에 대한 정보(회사명, 주소, 대표자 이름 등) • 계약체결일
목적	• 계약의 목적 및 배경 • 계약이 다루는 제품 및 서비스에 대한 정보
용어 정의	• 계약서에 사용되는 주요 용어 정의
계약내용	• 제품 또는 서비스의 제공 : 공급할 제품 또는 서비스의 상세내용(규격, 패키지, 포장, 수량 등) • 대금 및 지불조건 : 가격, 지불일정 및 방법, 세금관련 사항 등 • 납품조건 : 배송방법, 인도시기 및 장소, 인도조건 등
계약기간	• 계약 시작일과 계약기간 • 계약 갱신 조건 및 절차
양 당사자의 의무	• 공급자의 의무 : 제품의 품질 보증 및 서비스 제공 조건 등 • 구매자의 의무 : 대금지불 및 수령 조건 등
비밀유지	• 비밀 정보의 정의 및 보호 방법 • 비밀 정보의 공개 범위와 예외사항
지적재산권	• 계약 수행 중 발생하는 지적재산권의 소유권 및 사용권한
위험부담 및 보험	• 위험의 이전 시점(예 : 배송 시 또는 인도 시) • 필요한 보험 종류와 범위
보증 및 보증의 배제	• 제품 및 서비스에 대한 보증 내용 • 책임의 제한 사항
손해배상	• 귀책사유에 따른 손해에 대한 배상 책임
계약해지	• 계약해지 사유와 조건 및 절차 • 해지 시 당사자의 권리와 의무
분쟁해결	• 분쟁 발생시 해결 절차(예, 협상, 중재, 법원 소송 등) • 준거법 및 관할 법원
기타 조항	• 불가항력, 계약의 양도 금지 • 수정 및 보완절차, 완전 합의 조항 등
서명	• 각 기업의 대표자 서명 및 회사 직인

적인 거래 관리를 가능하게 한다.

특히 최근에는 기업 간 협력이 더욱 중요해지면서 기술 이전, 공동 개발, 제휴 등과 관련된 계약 조항들도 점차 늘어나는 추세이다. 이에 따라 법인영업 계약서의 내용 또한 점점 더 복잡해지고 있으며, 전문가의 검토와 컨설팅이 필요한 경우가 많아지고 있다.

법인영업의 일반적인 B2B 계약서의 주요 구성 요소는 〈표 11-3〉과 같다. 법인 간 영업 계약서는 거래를 규정하는 매우 중요한 문서이다. 계약서에는 다양한 구성 요소가 포함되며, 그 내용은 계약의 성격과 당사자의 구체적인 요구사항에 따라 달라질 수 있다. 때문에 전문성 있는 법률 전문가의 도움을 받아 계약서를 작성하는 것이 좋다.

B2B(기업 간) 계약서는 거래 당사자들의 권리와 의무를 명확히 규정함으로써 거래의 안정성을 보장한다. 또한 분쟁 발생 시 해결책을 제시하여 원활한 거래 진행을 돕는다. 이를 통해 계약 당사자 간의 신뢰를 구축하고 불필요한 갈등을 방지할 수 있다.

특히 계약서에는 거래와 관련된 모든 조건들이 구체적으로 명시되어야 한다. 이는 향후 발생할 수 있는 분쟁을 예방하고 비즈니스 파트너 간의 이해관계를 보호하는 데 중요한 역할을 한다. 따라서 계약서 작성 시 계약 내용을 세부적이고 명확하게 규정하는 것이 필수적이다.

2.5 고객관계관리

기업과 고객 간의 긍정적이고 돈독한 관계 유지는 기업의 지속가능한 성장을 위한 필수적인 요소이다. 이는 고객과의 장기적인 비즈니스 파트너십을 통해 안정적인 매출과 수익을 확보할 수 있기 때문이다.

이를 위해서는 계약 체결 이후에도 지속적인 관심과 노력이 필요하다. 정기적인 고객 방문과 소통을 통해 고객의 요구사항과 만족도를 면밀히 파악하고, 이에 맞추어 맞춤형 서비스와 솔루션을 제공해야 한다. 또한 고객의 피드백을 경청하고 신속하게 대응함으로써 고객과의 신뢰를 쌓아나가야 한다.

(1) 고객과의 요구사항 수용과 지속적인 소통

정기적인 고객 방문, 성과 점검, 피드백 수렴 등을 통해 고객의 다양한 요구사항과 불만사항을 파악하고 이를 적극적으로 해결해 나가는 것이 중요하다. 단순히 고객의 요구사항을 파악하는 것에 그치지 않고, 고객의 새로운 니즈를 발굴하여 이를 충족시킬 수 있는 추가적인 서비스와 솔루션을 제공함으로써 고객의 만족도를 한층 더 높일 수 있다.

예를 들어, 정기적인 고객 방문을 통해 고객들의 불편사항이나 개선요구사항을 직접 청취하고, 해당 내용을 신속히 개선에 반영할 수 있다. 또한 고객들의 새로운 니즈를 발굴하여 이를 충족할 수 있는 맞춤형 서비스와 솔루션을 개발함으로써, 고객의 만족도와 충성도를 높일 수 있다. 뿐만 아니라, 고객 만족도 조사는 기업이 고객들의 솔직한 의견을 수집하고 분석하여 서비스 개선을 위한 중요한 자료로 활용할 수 있는 핵심 방법이다. 기업은 이러한 고객 피드백을 정기적으로 수집하고 면밀히 검토하여 고객의 니즈와 불만사항을 파악할 수 있다.

이를 통해 기업은 고객 중심의 서비스 개선 계획을 수립하고 실행할 수 있다. 고객 만족도 조사에서 나온 다양한 의견과 제안들을 면밀히 분석하여 실질적인 서비스 개선으로 연결시켜 나가야 한다. 이렇게 고객의 니즈에 기반한 차별화된 서비스를 제공함으로써 고객과의 신뢰관계를 더욱 공고히 할 수 있다.

또한 정기적인 고객 만족도 조사를 통해 서비스 품질에 대한 고객 만족도의 변화 추이를 지속적으로 모니터링할 수 있다. 이를 통해 고객의 만족도가 지속적으로 향상되고 있는지, 아니면 개선이 필요한 부분이 있는지를 파악할 수 있다. 이러한 데이터를 토대로 기업은 보다 효과적인 서비스 개선 전략을 수립하고 실행할 수 있다. 이처럼 고객 중심적인 고객관계관리 노력은 기업의 장기적인 성장과 고객 만족 제고에 매우 중요한 역할을 한다. 이를 통해 기업은 고객과의 긍정적인 관계를 구축할 수 있으며, 고객의 요구사항을 더욱 효과적으로 파악하고 이에 부합하는 맞춤형 서비스를 제공할 수 있다.

특히 경쟁이 치열한 현대 시장 환경에서 **고객 중심적 접근법**은 기업의 차별화된 경쟁력을 창출하는 데 결정적인 역할을 한다. 고객과의 긴밀한 소통과 상호 이해를 바탕으로 기업은 고객의 니즈와 선호도를 깊이 있게 파악할 수 있으며, 이를 통해 고객에게 더욱 가치 있는 경험을 제공할 수 있다.

(2) 장기적인 고객관계 구축

고객과의 장기적인 관계 구축은 기업 성장을 위해 중요한 요소이다. 단순히 일회성 거래가 아닌 지속적인 파트너십을 형성하는 것이 핵심이다. 이는 고객과의 상호 신뢰와 이해를 바탕으로 하며, 기업의 장기적인 발전을 위해서는 필수불가결한 요소라고 할 수 있다.

이를 위해서는 고객의 비즈니스 니즈와 특성을 깊이 있게 이해하고, 고객의 입장에서 생각하며 솔루션을 제공해야 한다. 단순히 제품과 서비스를 판매하는 것에서 나아가 고객의 성장과 발전을 돕는 컨설팅 및 지원 활동을 강화해야 한다. 이를 통해 고객의 만족도와 충성도를 높일 수 있으며, 기업의 브랜드 가치와 수익성 향상에도 기여할 수 있다.

또한 정기적인 커뮤니케이션과 피드백 채널을 마련하여 고객과의 신뢰를 쌓아갈 필요가 있다. 이를 통해 고객의 니즈를 실시간으로 파악하고, 맞춤형 서비스를 제공할 수 있다.

장기적인 관점에서 고객과의 유대감을 강화하고, 고객의 성공을 함께 이뤄나가는 것이 기업의 지속가능한 성장을 위해 필수적이다. 이를 통해 고객 만족도 제고는 물론 기업의 브랜드 가치 향상, 수익성 증대 등의 효과를 거둘 수 있을 것이다.

현대 기업에서는 고객과의 관계 구축이 점점 더 중요해지고 있다. 고객과의 진정한 파트너십을 형성하는 것은 단순한 거래 관계를 넘어선다. 이를 위해서는 장기적인 관점에서 서로의 이해관계를 고려하고 균형을 잡는 것이 필요하다. 고객과의 신뢰관계를 구축하기 위해서는 투명성과 정직성이 중요하다. 기업은 고객의 요구사항을 귀담아 듣고, 이를 반영하여 고객 맞춤형 솔루션을 제공해야 한다. 또한 약속한 바를 반드시 지켜 고객의 기대에 부응해야 한다. 이를 통해 고객은 기업을 믿고 의지할 수 있게 된다.

고객과의 신뢰관계 구축은 기업의 지속가능한 성장을 위한 토대가 된다. 고객 만족도가 높아지면 기업에 대한 충성도 또한 높아지고, 이는 장기적인 관점에서 기업의 수익성 향상으로 이어진다. 또한 긍정적인 구전효과를 통해 새로운 고객을 유치할 수 있게 된다.

영업실전 사례 11-2

"B2B 거래형성 및 거래단절 요인"

B2B 시장에서 프로젝트 수주의 성공 및 실패사례를 보면 거래관계가 형성되지 못하는 경우는 공급사와 거래처의 기술지원, 가격, 적격성 등에 대한 시각 차이와 문제해결에 적절한 솔루션 제공 능력의 차이가 주원인인 것으로 나타났다. 우선 통상적으로 거래처는 낮은 가격을 요구하기도 하고 독특한 기술을 요구하기도 하는데 공급사가 이를 정확히 인식하지 못하는 경우 결국 계약으로 발전되지 못하였다. 반면에 수주 성공의 사례를 보면 대부분 고객이 요구하는 기술을 제공할 수 있는 능력을 갖추고 있거나 이를 위한 시스템을 구축해 준 경우였으며, 적합 인력을 보유하고 있거나 추가로 채용하여 거래처 요구사항을 해결해준 경우도 있었다. 공급사가 고객이 요구하는 정확한 제품을 보유하지 못했더라도 기술적 우위를 바탕으로 그 제품을 개발하여 공급해 줄 수도 있다는 것이다.

그러나 수주 실패의 경우 제안서 상에서는 가능성을 비추지만 상당한 기간이 소요되어도 해당 기술을 제공하지 못하거나 전문 인력을 확보하지 못한 경우였다. 또 다른 수주 실패 원인으로 가격 및 기술관련 솔루션 제공에 대한 시각 차이를 꼽을 수 있다. 생산 라인의 자동화 비율과 관련하여 실제로 많은 공급사들이 토탈 솔루션을 제공한다고 하지만 핵심 제품들을 타사로부터 OEM을 공급받아 기술 서비스만 제공한다면 이 또한 제품과 기술을 함께 제공하는 경쟁사보다 가격 경쟁력에서 뒤처질 수밖에 없다. 게다가 최근 들어 기술의 빠른 보급과 정보통신 발달로 인하여 제품 간 차별점을 찾기 어려워지고 거래처는 기술보다는 가격을 중시하는 경향도 있는데 이는 프로젝트가 정해진 예산 범위 내에서 진행되어야 하기 때문이다. 이러한 사례들은 공급사의 경우 기술요소와 가격은 선택의 문제가 아니라 공동의 선결요소로 인식할 필요가 있음을 보여준다. 즉, 공급사는 거래 초기 거래처와 접촉이 시도될 때 요구되는 기술 수준과 가격을 정확히 파악하여 두 가지를 모두 충족시킬 수 있는가를 정확히 판단할 필요가 있다. 마지막으로 공급사는 거래처가 인식하는 기술이나 서비스의 불확실성 및 전환비용을 정확히 파악하지 못하고 적기에 적절한 솔루션을 제시하지 못해 계약에 실패한 경우도 있었다. 산업재의 경우 상담 및 조정이 진행되면서 다양한 문제점들을 논의하게 되는데 이 단계에서는 새로운 공급사로 인한 불확실성 및 전환비용이 거래진행의 관건이 된다.

성공사례의 경우 공급사가 회사 차원에서 거래처에게 기술의 안정성과 기술지원의 지속성을 제공해 주고 단계별로 발생하는 문제점에 대한 즉각적인 해결책을 제시하는 적극성을 보여주었다. 그러나 이 단계에서 실패하는 경우 이러한 거래처의 불안함을 다른 요인(제한된 해결책 제시 또는 다른 프로모션 제공 등)으로 해결하고자 노력했고 최종적으로 계약에 이르지 못했다. 이러한 실패사례들은 거래처가 인식하는 불확실성이나 전환비용이 공급사가 인식하는 것보다 더 클 가능성이 높음을 보여주고 있다.

[출처] 유창조, 민병천, 류주연(2016), 솔루션 지향성과 기술지원 지속성이 거래관계형성에 미치는 영향에 관한 연구, 광고학연구, 27(8), pp.33-58.

≫ 영업의 새로운 생각

1. 상기 사례와 같이, B2B 영업에서 거래단절의 이유는 무엇인가?

2. B2B 영업에서 고객이탈 또는 거래단절을 예방하는 방법은 무엇인가?

3. B2B 영업에서 고객의 문제해결 솔루션을 제안하기 위한 영업담당자의 역량은 무엇인가?

(3) 영업 프로세스의 개선

법인고객가치영업 프로세스는 기업의 B2B 영업활동에서 매우 중요한 역할을 한다. 이 프로세스는 고객 중심적인 접근법을 통해 고객의 요구사항을 세밀하게 파악하고, 이를 바탕으로 고객의 특성과 니즈에 맞춘 맞춤형 솔루션을 제공한다. 특히 이 프로세스는 고객과의 지속가능한 관계 구축에 초점을 맞추고 있다. 단순히 일회성 거래에 그치는 것이 아니라, 고객과의 긍정적이고 신뢰적인 관계를 형성하여 장기적인 협력을 이루어낼 수 있다. 이를 통해 기업은 고객의 충성도를 높이고, 지속적인 매출 향상과 시장점유율 확대를 달성할 수 있다.

따라서 영업 프로세스의 평가 결과를 바탕으로 영업 프로세스를 개선하고, 지속적으로 발전시켜야 한다. 영업 프로세스의 각 단계를 면밀하게 검토하여 개선점을 도출하는 것은 매우 중요하다. 특히 영업 프로세스의 효율성, 효과성, 일관성 등을 분석하여 문제점을 파악하고 개선 방향을 모색해야 한다. 예를 들어, 고객 상담 과정에서 발생하는 불편사항을 개선하거나, 제품 정보 제공 시 일관성을 높일 수 있는 방안을 마련할 수 있다. 이렇게 수집한 데이터와 분석 결과를 바탕으로 기존 영업 프로세스를 체계적으로 개선해 나가는 것이 중요하다. 단순한 일회성 개선이 아니라 지속적으로 프로세스를 관리하고 발전시켜 나가야 한다. 이를 통해 보다 효율적이고 고객지향적인 영업활동을 펼칠 수 있을 것이다.

3. 법인고객영업 파이프라인의 실전관리

영업 조직에서는 고객과의 지속적인 접촉과 원활한 커뮤니케이션이 필수적이다. 이를 위해 영업 파이프라인 관리가 중요한데, 이를 통해 영업활동의 전체적인 흐름을 파악하고 문제점을 신속히 발견할 수 있다.

특히 영업 파이프라인 관리 시스템은 잠재고객 발굴부터 계약 체결, 그리고 사후관리까지의 과정을 체계적으로 관리할 수 있게 해준다. 각 단계별 진척 상황을 실시간으로 모니터링하고, 지연 또는 병목 현상이 발생하는 부분을 빠르게 파악할 수 있다. 이를 바탕으로 영업팀은 문제점을 신속히 파악하고, 개선 방안을 도출할 수 있다. 예를 들어, 특정 단계에서 고객 응대 지연이 발생한다면, 인력 배치나 업무 프로세스 등을 조정하여 문제를 해결할 수 있다.

이처럼 영업 파이프라인 관리는 영업활동의 효율성을 높이고 목표 달성 가능성을 극대화하는 데 도움을 준다. 영업 조직의 체계적인 관리와 지속적인 개선으로 고객 만족도를 향상시키고, 궁극적으로는 매출 증대와 수익성 향상으로 이어질 수 있다.

3.1 영업 파이프라인의 개요

영업 파이프라인은 기업 성장의 핵심적인 요소이다. 이는 잠재고객 발굴부터 실제 거래 성사에 이르기까지의 모든 영업활동 단계를 체계적으로 관리하는 시스템을 의미한다. 마치 깔때기 모양의 파이프라인을 통해 체계적인 프로세스가 이루어지는데, 이를 통해 기업은 효율적이고 생산적인 영업활동을 수행할 수 있다.

(1) 영업 파이프라인의 정의

기업의 영업 파이프라인은 잠재고객을 발견하고 이들과의 관계를 구축하여 최종적으로 거래로 이끄는 체계적인 과정이다. 이는 마치 공장에서 원자재를 가공하여 최종 제품을 생산하는 과정과 유사하다고 볼 수 있다.

영업 파이프라인의 각 단계에서는 잠재고객의 관심을 끌고, 그들의 요구사항을 파악하며, 제품 또는 서비스의 장점을 효과적으로 전달하여 고객의 신뢰를 얻는 것이 중요하다. 이를 위해서는 체계적인 데이터 관리와 분석, 고객 맞춤형 마케팅 전략, 그리고 영업사원의 전문성과 고객 응대 능력 등이 필요하다.

영업 파이프라인의 각 단계를 효과적으로 관리하고 최적화함으로써, 기업은 잠재고객을 실제 구매로 연결시킬 수 있다. 이는 곧 매출 증대와 수익 창출로 이어져, 기업의 지속가능한 성장을 이루는 데 기여할 것이다. 따라서 기업은 영업 파이프라인 전략에 많은 관심과 투자를 기울여야 할 것이다.

(2) 영업 파이프라인의 중요성

영업 파이프라인은 잠재고객 발굴부터 사후관리까지 단계적으로 이루어지는 중요한 과정이다. 각 단계를 체계적으로 관리하고 데이터 분석을 통해 최적화하는 것이 영업성과를 높이는 데 중요하다.

잠재고객 발굴 단계에서는 마케팅 활동을 통해 관심 고객을 찾아내고, 이들과의 접촉을 통해 관심과 신뢰를 얻어야 한다. 고객 상담 단계에서는 고객의 니즈를 정확히 파악하고, 이에 맞는 최적의 솔루션을 제안해야 한다. 계약 체결 단계에서는 고객과의 협상을 통해 계약을 성공적으로 이끌어 내는 것이 관건이다. 이때 고객의 요구사항을 충족시키면서도 회사의 이익을 보호할 수 있는 균형점을 찾아야 한다.

마지막으로 사후관리 단계에서는 고객과의 지속적인 소통과 관리를 통해 고객 만족도를 높이고, 추가 구매와 추천으로 이어질 수 있도록 해야 한다. 이를 통해 영업성과 향상과 함께 장기적인 고객관계 구축이 가능해진다.

이처럼 영업 파이프라인의 각 단계에서 세부적인 관리와 데이터 분석을 통해 영업 프로세스를 최적화하는 것이 중요하다. 이를 통해 보다 효율적이고 생산적인 영업활동을 펼칠 수 있다.

영업 파이프라인은 기업의 수익 창출을 위한 핵심적인 요소이다. 이는 체계적인 영업 프로세스를 통해 잠재고객을 효과적으로 발굴하고 관리할 수 있기 때문이다. 이를 통해 고객 확보와 매출 증대에 큰 기여를 할 수 있다. 특히 영업 파이프라인의 각 단계별 성과를 꼼꼼히 측정하고 개선하는 것이 중요하다. 이를 통해 영업활동의 효율성과 생산성을 높일 수 있다. 잠재고객을 주기적으로 파악하고 관리하는 것은 물론, 고객과의 지속적인 관계 유지를 통해 반복적인 거래와 추가 매출을 이끌어낼 수 있다.

(3) 영업 파이프라인의 특징과 효과

영업 파이프라인을 통해 기업은 영업성과를 효과적으로 관리할 수 있다. 잠재고객들의 구매 단계별로 체계화된 접근 방식을 활용하여 영업활동의 효율성을 높일 수 있다. 이는 곧 매출 증대와 수익성 향상으로 이어질 수 있다.

① 법인고객영업 파이프라인의 특징: 단계별 관리, 체계적인 시스템, 측정 및 분석, 그리고 고객 중심 접근이라고 할 수 있다. 먼저, 단계별 관리의 경우, 잠재고객을 발굴하는 단계부터 거래를 완료하는 단계까지 명확한 단계로 구분하여 관리한다. 이를 통해 각 단계별로 필요한 활동과 도구를 체계적으로 정의하고 효율적인 영업 프로세스를 수립할 수 있다. 예를 들면, 잠재고객 발굴 단계에서는 타깃 시장 분석, 고객 프로파일링, 리드 생성 활동 등을 체계적으로 진행한다. 그리고 고객 접촉 단계에서는 고객 니즈 파악, 제품 소개 및 제안, 고객 상담 등의 활동을 실시한다. 이어서 고객 평가 및 제안 단계에서는 고객의 의사결정 프로세스를 이해하고, 적절한 가격 및 조건을 제안한다. 마지막으로 거래 완료 단계에서는 계약 체결, 주문 처리, 고객 만족도 조사 등의 활동을 수행한다.

이처럼 단계별 관리를 통해 영업활동의 흐름을 체계적으로 관리하고, 각 단계에 필요한 역량과 자원을 효과적으로 배분할 수 있다. 이를 통해 고객 확보와 유지에 필요한 다양한 노력을 보다 효율적으로 수행할 수 있게 된다.

영업 프로세스의 표준화와 체계화는 기업의 영업활동을 보다 효율적이고 체계적으로 관리하는 데 중요한 역할을 한다.

첫째, 영업 파이프라인 관리를 통해 영업활동의 각 단계가 표준화되고 체계화된다. 이는 영업인력들이 일관된 방식으로 영업활동을 수행할 수 있게 해줌으로써 업무 효율성을 높일 수 있다. 또한 영업 단계별로 축적된 데이터를 통해 각 단계의 문제점을 파악하고 개선할 수 있다.

둘째, 영업활동의 일관성과 효과성이 제고됨에 따라 영업인력 간 협업 및 지식 공유가 더욱 용이해진다. 표준화된 프로세스를 바탕으로 영업인력들이 서로의 경험과 노하우를 공유할 수 있게 되며, 이를 통해 팀 차원의 시너지 효과를 창출할 수 있다.

셋째, 영업 실적 관리와 분석이 체계화되면서 경영진의 의사결정 지원이 강화된다. 영업 관련 데이터를 체계적으로 수집하고 분석함으로써 영업성과에 대한 정확한 이해와 인사이트를 얻을 수 있다. 이를 바탕으로 보다 효과적인 전략 수립과 자원 배분이 가능해진다.

② 영업 파이프라인 관리의 효과 : 체계적인 영업 파이프라인 관리를 통해 기업은 여러 가지로 큰 이점을 얻을 수 있다. 첫째, 영업 프로세스의 병목 현상을 파악하고 개선할 수 있다. 과거 데이터 분석을 통해 비효율적인 부분을 찾아내고 이를 개선함으로써, 영업활동의 효율성을 지속적으로 높일 수 있다. 이를 통해 시간과 자원을 절감하고 생산성을 향상시킬 수 있다.

둘째, 영업인력의 생산성이 크게 향상된다. 체계화된 영업 프로세스와 파이프라인 관리를 통해 영업활동의 효율성이 높아지면, 영업인력들은 업무 수행 과정에서 시간과 노력을 절감할 수 있게 된다. 또한 보다 구조화된 프로세스에 집중함으로써 영업활동의 일관성과 전문성이 향상되어 성과 창출 능력이 높아진다.

셋째, 고객 만족도 제고와 신규 거래 창출 기회가 증가한다. 파이프라인 내 데이터를 활용하여 개별 고객의 니즈에 맞는 맞춤형 솔루션을 제공할 수 있게 되면서, 고객 만족도가 향상되고 신규 거래 창출로 이어질 가능성이 높아진다.

이처럼 체계적인 영업 파이프라인 관리는 기업의 전반적인 영업활동 효율성과 생산성을 크게 높여줄 수 있다. 이를 통해 기업은 시장 경쟁력을 강화하고 지속가능한 성장을 이룰 수 있게 된다. 또한 영업인력들도 보다 체계화된 프로세스 속에서 자신감과 성취감을 얻을 수 있다.

3.2 영업 파이프라인과 영업 프로세스

영업 파이프라인과 영업 프로세스는 기업의 영업활동에 있어 핵심적인 요소라고 할 수 있다. **영업 파이프라인**은 잠재고객을 유치하고 계약으로 연결시키는 일련의 단계를 의미하며, **영업 프로세스**는 이러한 단계를 체계적으로 관리하고 실행하는 방법론이라고 볼 수 있다.

이 두 가지 요소는 상호보완적인 관계를 가지고 있다. 영업 파이프라인을 통해 잠재고객의 구매단계를 파악할 수 있고, 영업 프로세스를 통해 각 단계별 활동을 체계화하여 효율적으로 관리할 수 있다. 즉, 영업 파이프라인은 영업활동의 청사진을 제공하고, 영업 프로세스는 그 청사진을 실제로 실행하는 데 도움을 준다고 할 수 있다.

따라서 기업은 영업 파이프라인과 영업 프로세스를 효과적으로 결합하여 활용함으로써, 전반적인 영업활동을 보다 체계적이고 전략적으로 관리할 수 있다. 이를 통해 잠재고객 확보, 계약 체결, 매출 증대 등의 성과를 달성할 수 있을 것이다.

(1) 영업 파이프라인

영업 파이프라인의 각 단계는 중요하다. 먼저 잠재고객을 선별하고, 이들의 니즈와 요구사항을 정확히 파악한다. 이를 바탕으로 제품 또는 서비스에 대한 제안을 하고, 고객과의 긍정적인 관계를 형성하여 거래를 체결한다. 마지막으로 고객 관리를 통해 지속적인 관계를 유지하고, 추가적인 거래 기회를 발굴할 수 있다. 이러한 영업 파이프라인의 활용은 기업의 영업활동을 체계화하고, 고객과의 상호작용을 최적화하여 매출 증대와 영업성과 향상에 크게 기여한다. 특히 영업담당자들은 이를 통해 고객의 니즈를 정확히 파악하고, 적절한 솔루션을 제시할 수 있어 고객 만족도를 높일 수 있다. 또한 체계적인 데이터 관리를 통해 영업 프로세스를 지속적으로 개선하고, 더 나은 의사결정을 내릴 수 있다.

따라서 기업은 영업 파이프라인을 전략적으로 활용하여 지속가능한 성장을 이루어나가야 한다. 이를 통해 고객과의 신뢰관계를 구축하고, 시장 변화에 신속하게 대응할 수 있으며, 기업의 경쟁력을 한층 더 강화할 수 있다.

(2) 영업 프로세스

반면에 영업 프로세스는 보다 포괄적이고 복합적인 개념이다. 이는 영업활동의 전 과정을 체계적으로 설계하고 실행하는 방법론을 의미한다. 이 과정에는 잠재고객 발굴, 고객 접촉, 거래 성사, 그리고 거래 이후의 고객 관리까지 포함된다.

영업 프로세스에는 마케팅 전략, 고객 관리 전략, 영업 사원 교육 등 다양한 요소들이 포함된다. 단순히 파이프라인 관리에 그치지 않고, 영업 조직 전체의 효율성

〈표 11-4〉 영업 프로세스와 영업 파이프라인의 차이점

구분	영업 프로세스	영업 파이프라인
목적	영업 조직 전체의 효율성과 일관성을 높여 지속가능한 성장 달성	파이프라인의 효율성을 높여 영업성과를 극대화
관점	체계적 설계 및 실행에 중점	단계별 관리에 중점
범위	잠재고객 발굴부터 거래 성사 후 고객 관리까지의 전체 영업활동을 포괄	잠재고객부터 거래 성사까지의 영업활동 단계에 집중
핵심지표	고객 만족도, 영업 사원 생산성, 매출 성장률 등	파이프라인 단계별 전환율, 기회 성사율 등

을 높이는 데에 초점을 맞추고 있다. 예를 들어, 잠재고객을 발굴하고 접촉하는 단계에서는 시장 조사, 타깃팅, 그리고 고객 세분화 등의 마케팅 전략이 필요하다. 거래 성사 후에는 고객관계관리, 사후 서비스, 그리고 고객 피드백 수집 등의 전략이 중요하다. 영업 사원의 전문성 제고를 위한 체계적인 교육 프로그램도 영업 프로세스에 포함된다.

이와 같이 영업 프로세스는 단순한 거래 체계를 넘어서 고객 중심의 통합적인 접근방식을 취하며, 이를 통해 영업 조직 전체의 효율성과 성과를 극대화하는 것을 목표로 한다.

이처럼 영업 프로세스와 영업 파이프라인은 〈표 11-4〉와 같이 차이가 있다.

3.3 영업 파이프라인의 단계별 실행

영업 파이프라인은 고객 확보부터 계약 체결에 이르는 일련의 과정을 체계적으로 관리하는 것을 의미한다. 이 과정을 효과적으로 관리하기 위해서는 각 단계별로 세부적인 전략과 실행 계획이 필요하다.

(1) 잠재고객의 발굴

법인고객 관리에 있어 잠재고객 발굴(lead generation)은 중요한 부분이다. 이를 통해 잠재적인 고객을 파악하고, 그들의 필요와 요구사항을 이해할 수 있다. 이는 향후 영업활동의 방향성을 설정하는 데에 도움이 될 뿐만 아니라, 실질적인 거래로

이어질 가능성이 크다.

가망 고객 발굴 과정에서는 다양한 영업채널을 활용하여 잠재고객을 발굴하고, 그들의 관심사와 구매 의사를 파악해야 한다. 이를 위해 웹사이트, SNS, 이메일 마케팅, 업종 관련 행사 참여 등 다양한 방법을 활용할 수 있다. 또한 기존 고객의 소개나 추천을 통해서도 새로운 가망 고객을 발굴할 수 있다.

이렇게 발굴된 가망 고객에 대해서는 지속적인 관심과 관리가 필요하다. 그들의 요구사항을 면밀히 파악하고, 맞춤형 솔루션을 제안하는 등의 노력을 통해 실제 거래로 이어질 수 있도록 해야 한다. 이러한 가망 고객 관리 활동은 단순한 영업 기회 발굴에 그치지 않고, 장기적인 관점에서의 고객관계 구축으로 이어질 수 있다.

또한 법인고객의 타깃팅은 산업별 특성이나 인구통계학적 특성, 구매 패턴, 관심사 등을 면밀히 분석하여 핵심 타깃 고객을 선정해야 한다. 이를 위해서는 데이터와 시장 조사를 통해 다양한 정보를 수집해야 한다. 예를 들어, 산업군별 주요 기업 정보, 기업의 규모와 업종, 의사결정권자의 특성, 전년도 구매 실적, 최근 관심사 등을 파악할 수 있다. 이를 기반으로 타깃 고객의 니즈와 요구사항을 구체적으로 정의할 수 있다. 뿐만 아니라 고객의 구매 행동을 세부적으로 분석하여 구매의사결정 프로세스와 영향 요인을 이해할 필요가 있다. 이를 통해 고객 세분화와 타깃팅을 보다 정교하게 수행할 수 있다. 또한 경쟁사 분석을 통해 차별화된 고객 접근 전략을 수립할 수 있다.

마지막으로 지속적인 모니터링과 피드백을 통해 타깃팅 전략을 보완하고 개선해 나가는 것이 중요하다. 시장 환경 변화와 고객 니즈의 변화에 유연하게 대응하여 성공적인 영업활동을 전개할 수 있다.

(2) 리드 선정 및 평가

리드 선정 및 평가 과정은 영업활동의 핵심 단계이다. 잠재고객 중에서 실제 영업 대상을 선별하는 것은 매우 중요한데, 이를 통해 한정된 자원을 효율적으로 활용할 수 있다. 기업은 잠재고객들의 정보를 면밀히 분석하여 구매 가능성, 구매력, 시장 영향력 등 다양한 기준에 따라 리드를 선별한다. 이때 고객의 산업, 규모, 구매 패턴, 과거 거래 내역 등을 종합적으로 고려하여 가장 잠재력 있는 리드를 선정하게 된다.

〈표 11-5〉 리드 선정 및 평가 점검사항

구분	세부 점검내용
타깃 고객 기준	• 마케팅 활동의 핵심 대상이 되는 타깃 고객을 사전에 명확하게 정의했는지 확인 • 제품 또는 서비스에 대한 잠재적인 구매 의향과 구매 능력이 있는 고객인지 검토 • 타깃 고객의 인구통계학적 특성, 관심사, 구매 행동 등을 면밀히 파악했는지 점검
참여수준	• 웹사이트 방문, 콘텐츠 다운로드, 이메일 구독 등 리드의 능동적인 참여 활동을 면밀히 분석 • 참여 수준이 높을수록 구매 가능성이 높은 우수 리드로 판단 • 지속적인 참여 활동을 통해 리드의 관심도와 구매 의향을 지속적으로 모니터링
데이터 품질	• 리드의 연락처 정보, 회사 정보, 산업 정보 등이 최신 상태이고 정확한지 확인 • 데이터의 오류나 누락이 없어 효과적인 마케팅 활동에 활용할 수 있는지 점검 • 데이터 품질관리를 통해 리드 정보의 신뢰성
구매의도	• 리드가 과거에 제품 또는 서비스에 대한 구매 의사를 표현한 적이 있는지 확인 • 리드의 예산 범위와 구매 시기가 적절한지 검토하여 영업활동에 도움이 되는지 판단 • 구매의도가 높은 리드를 우선적으로 관리하고 지속적으로 관심을 유도

선별된 리드에 대해서는 추가적인 평가 과정을 거치게 된다. 각 리드의 구매 의향, 시급성, 수익성 등을 세부적으로 분석하여 우선순위를 결정한다. 이를 통해 한정된 영업 자원을 가장 효과적으로 투입할 수 있는 리드를 선별하게 된다.

또한 지속적인 모니터링을 통해 리드의 상황 변화와 반응을 면밀히 파악하는 것은 매우 중요하다. 이를 통해 고객의 니즈와 관심사를 실시간으로 파악할 수 있으며, 이는 영업활동의 방향성을 수립하고 의사결정을 내리는 데 핵심적인 정보가 된다.

또한 신규 요구사항이나 기회 요인을 신속히 포착하여 영업활동에 즉시 반영할 수 있다는 점은 매우 큰 장점이다. 고객의 니즈가 빠르게 변화하는 시장 환경에서 이러한 민첩성은 경쟁력 확보에 필수적이다.

이처럼 체계화된 리드 관리 프로세스는 단순히 고객 정보를 관리하는 것을 넘어서, 영업활동 전반에 걸쳐 데이터 기반의 의사결정을 가능하게 한다. 결과적으로 이는 영업성과 제고로 이어지며, 기업의 전반적인 경쟁력 향상에도 기여하게 된다.

(3) 영업 기회 평가

영업 기회 평가는 각 영업 기회의 잠재 가치, 성공 가능성, 경쟁우위력 등을 종합적으로 분석하여 평가하는 중요한 과정이다. 이를 통해 기업은 가장 유망한 영업

〈표 11-6〉 영업 기회 평가 점검사항

구분	세부 점검내용
잠재적 가치평가	• 영업 기회의 잠재적인 매출 규모를 면밀히 분석 • 해당 기회가 회사의 전략과 부합하는지, 장기적으로 지속가능한 성장을 이끌어낼 수 있는지 검토 • 고객의 니즈와 시장 수요를 정확히 파악하여 실제 매출로 연결될 수 있는 가능성 평가
성공 가능성 분석	• 영업 기회 성사를 위한 내부 역량 및 자원 투입 수준을 면밀히 검토 • 외부 환경 변화에 따른 기회 포착 및 대응 능력을 면밀히 점검 • 관련 법규, 정책, 그리고 경쟁사의 동향 등 다양한 변수를 고려하여 성공 가능성을 면밀히 분석
경쟁우위력 분석	• 경쟁사 대비 자사의 차별화된 강점과 경쟁력을 면밀히 분석 • 고객에게 제공할 수 있는 독특한 가치와 혜택을 명확히 파악하고, 이를 효과적으로 전달할 수 있는 방안 모색 • 지속적인 혁신과 차별화를 통해 경쟁사와 차별화된 경쟁우위를 확보할 수 있는 방안 마련

기회를 선별할 수 있다.

먼저, 잠재 가치 평가 단계에서는 각 영업 기회의 수익성, 시장 규모, 성장 가능성 등을 면밀히 검토한다. 수익성 분석에서는 예상되는 매출액과 영업이익을 면밀히 살펴야 한다. 시장 규모 분석에서는 해당 제품이나 서비스가 공략할 수 있는 잠재적인 고객층의 크기와 범위를 파악한다. 성장 가능성 분석에서는 시장 트렌드, 기술 변화, 경쟁 구도 등 외부 환경 변화에 따른 성장 가능성을 면밀히 검토한다.

성공 가능성 분석 단계에서는 해당 기회를 실현하기 위한 내부 역량과 외부 환경 요인을 종합적으로 고려한다. 내부 역량 분석에서는 필요한 인력, 기술, 재무 능력 등을 점검하고, 외부 환경 요인 분석에서는 규제, 정책, 사회적 수용성 등을 검토한다. 이를 통해 해당 기회를 실현할 수 있는 총체적인 역량을 면밀히 파악한다.

경쟁우위력 분석에서는 경쟁사의 동향을 종합적으로 파악하고, 해당 기회에서 경쟁우위를 확보할 수 있는 방안을 모색한다. 예를 들어, 가격, 품질, 고객 경험, 기술력 등의 측면에서 차별화 전략을 수립할 수 있다.

이렇게 영업 기회를 다각도로 평가한 후에는 우선순위를 정하게 된다. 이는 제한된 인력, 자금, 시간 등의 자원을 가장 효과적으로 활용하기 위함이다. 자원이 한정된 상황에서 우선순위가 높은 기회에 역량을 집중함으로써 기업의 성과 향상을 도모할 수 있다.

(4) 영업활동 진행관리

법인고객과의 영업활동은 매우 중요하며, 체계적이고 효과적인 관리가 필수적이다. 영업담당자들은 각 고객사별로 영업 기회를 면밀히 발굴하고, 고객의 니즈를 깊이있게 파악해야 한다. 이를 통해 고객의 요구사항을 정확히 이해하고, 이에 맞는 최적의 솔루션을 제안할 수 있다. 이를 위해서는 제안서 작성, 가격 협상, 계약 체결 등 영업활동의 각 단계별로 업무 프로세스를 명확히 정의하고, 체계적으로 관리해야 한다. 특히 영업담당자들은 고객과의 지속적인 대화와 정기적인 미팅을 통해 고객의 요구사항과 만족도를 면밀히 파악하고, 이를 토대로 맞춤형 솔루션을 제공해야 한다.

영업담당자들은 정기적으로 영업 파이프라인의 진행 상황을 점검하고, 필요한 경우 신속하게 적절한 조치를 취해야 한다. 이를 통해 고객과의 긍정적인 관계를 유지하고, 잠재고객을 발굴하는 등 지속적이고 안정적인 영업활동을 수행할 수 있다.

나아가 영업활동에 대한 체계적인 데이터 관리와 분석을 통해 영업 프로세스의 효율성을 지속적으로 개선할 수 있다. 이를 통해 고객 만족도를 높이고, 더 나은 서

〈표 11-7〉 영업진행의 점검사항

구분	세부 점검내용
잠재고객 발굴 및 접촉	• 시장조사를 통해 새로운 잠재고객을 지속적으로 발굴하고 있는지 확인 • 고객접촉 채널(전화, 이메일, 방문 등)을 통해 잠재고객과 효과적으로 커뮤니케이션하고 있는지 점검
제안서 작성 및 제안 활동	• 잠재고객의 니즈와 요구사항을 면밀히 분석하여 고객 맞춤형 제안서를 작성하고 있는지 확인 • 제안 프레젠테이션, 실무 미팅 등 제안 활동을 체계적으로 진행하고 있는지 체크
계약 체결 및 수주 관리	• 계약 체결 과정에서 발생하는 고객 요구사항 변경, 계약조건 협상 등을 효과적으로 관리하고 있는지 점검 • 수주 후 프로젝트 진행 상황을 지속적으로 모니터링하고 고객 만족도를 관리하는지 확인
사후관리 및 추가 영업 기회 발굴	• 프로젝트 종료 후에도 고객과의 관계를 지속적으로 관리하고 있는지 점검 • 고객의 추가 니즈를 파악하여 새로운 영업 기회를 발굴하고 있는지 확인

비스를 제공할 수 있을 것이다. 이와 같은 포괄적인 점검을 통해 법인고객의 영업 파이프라인을 체계적으로 관리할 수 있으며 이를 통해 기업고객과의 관계를 강화하고, 영업활동의 효율성을 높일 수 있다.

(5) 성과분석 및 지속적 개선

법인고객영업 파이프라인의 성과분석 및 지속적 개선은 기업의 중요한 과제이다. 기업의 영업 파이프라인 관리는 매출 예측과 성과 분석을 통해 핵심적인 의사결정을 내리는 데 필수적이다. 이를 위해서는 파이프라인의 문제점을 면밀히 분석하고 개선 방안을 수립해야 한다.

영업 파이프라인 관리는 팀 단위 또는 개인 단위로 정기적으로 수행해야 한다. 정기적인 파이프라인 점검 회의를 통해 그동안의 영업활동을 면밀히 분석하고, 개선할 점을 찾아낼 수 있다. 파이프라인 점검 회의에서는 다음과 같은 중요한 질문들에 대한 답변을 찾아낼 수 있다.

① 영업 기회의 점검 : 영업 기회를 효과적으로 활용하기 위해서는 체계적인 관리와 점검이 필요하다. 먼저 현재 관리되고 있는 영업 기회들을 전반적으로 파악해야 한다. 고객별, 제품별, 지역별 등 다양한 기준으로 영업 기회를 분류하고 관리하는 것이 중요하다.

그 다음으로는 각 영업 기회의 진행 상황을 면밀히 점검해야 한다. 어떤 단계에서 지연되고 있는지, 어떤 추가적인 조치가 필요한지 파악해야 한다. 예를 들어, 계약 체결이 지연되고 있다면 고객과의 추가 미팅이나 제안서 보완 작업 등이 필요할 수 있다. 또한 기존에 관리되지 않았던 잠재적인 영업 기회들을 발굴하고 관리체계에 포함시키는 것도 중요하다. 영업팀과 마케팅팀의 긴밀한 협업을 통해 새로운 영업 기회를 지속적으로 발굴하고, 이를 체계적으로 관리하여 실제 매출 증대로 연결되도록 해야 한다.

영업 파이프라인은 기업의 핵심적인 영업 관리 시스템이다. 대규모 기업의 경우, 고객관계관리(CRM) 시스템을 통해 이를 체계적으로 운영할 수 있다. 반면 중소기업의 경우, 〈표 11-8〉과 같은 간단한 양식을 활용해 영업 프로세스를 관리할 수 있다.

〈표 11-8〉 영업 파이프라인 관리(양식 예시)

프로젝트 번호	프로젝트명	규모	수주 가능성	예상 계약 종료	다음 스텝
P 001	AI 시스템 개발	10,000,000,000	30%	20×9.10.08.	PT 제안 설명

〈표 11-8〉은 영업 파이프라인 관리를 위한 양식의 예시이다. 이 양식에는 프로젝트 번호, 프로젝트명, 규모, 수주 가능성, 예상 계약 종료일, 다음 단계 등의 정보를 기록할 수 있다. 예를 들어, P 001 프로젝트는 AI 시스템 개발 사업으로, 규모가 100억 원이며 수주 가능성은 30%이다. 예상 계약 종료일은 20×9년 10월 8일이며, 다음 단계는 PT 제안 설명이다. 이와 같이 체계적인 파이프라인 관리를 통해 영업활동을 효율적으로 추진할 수 있다.

중소기업의 경우 CRM 시스템을 구축하기 어려울 수 있지만, 이와 같은 간단한 양식을 활용하면 영업 프로세스를 체계적으로 관리할 수 있다. 이를 통해 영업 기회를 효과적으로 관리하고, 영업성과를 높일 수 있다. 이렇게 영업 기회에 대한 전반적인 관리와 점검, 그리고 새로운 기회 발굴 등의 노력을 통해 기업은 영업 실적 향상과 지속적인 성장을 이룰 수 있다.

② 거래 미성사 이유: 거래 미성사의 주요 원인으로는 고객의 니즈와 당사의 제안이 제대로 부합하지 않는 경우를 들 수 있다. 고객이 원하는 제품이나 서비스의 가격, 품질, 기능 등이 당사의 제안과 차이가 있어 고객의 기대에 미치지 못했을 수 있다. 경쟁사의 더 낮은 가격이나 혁신적인 기술, 차별화된 서비스 등으로 고객의 선택을 받았을 가능성도 있다.

이러한 원인을 면밀히 분석하여 향후 유사한 상황에서 대응책을 마련해야 한다. 고객의 니즈를 보다 정확히 파악하고, 경쟁사의 전략을 면밀히 모니터링하여 자사의 제안을 보완하고 개선해 나가는 것이 필요하다. 계약 체결을 위한 협상 전략도 강화하여 고객과의 소통을 더욱 긍정적으로 이끌어나가야 한다.

거래 미성사의 원인을 체계적으로 분석하고 개선 방안을 마련하는 것은 장기적인 관점에서 고객 만족도 제고와 매출 증대로 이어질 수 있을 것이다.

③ 영업 기회 누락 : 회사가 놓치고 있는 중요한 영업 기회가 있는지 면밀히 점검하고 영업팀은 정기적으로 영업 파이프라인을 꼼꼼히 검토하고 분석해야 한다. 각 영업 기회의 진척 상황, 중요도, 성공 가능성 등을 세부적으로 평가해야 하고 이를 통해 가장 유망하고 우선순위가 높은 거래 기회를 정확히 파악할 수 있다.

영업관리자는 팀원들과 긴밀히 협력하여 전략적으로 자원을 배분해야 한다. 최고의 기회에 역량을 집중할 수 있도록 자원을 효율적으로 배치해야 한다. 이렇게 함으로써 회사가 놓칠 수 있는 중요한 영업 기회를 최소화하고, 핵심 기회에 집중하여 성과를 극대화할 수 있다.

또한 영업팀은 영업 프로세스 전반을 면밀히 점검하여 효율성을 높일 필요가 있다. 예를 들어, 영업활동 관리, 고객정보관리, 영업 자동화 등 다양한 방면에서 개선 기회를 찾아야 한다. 이를 통해 영업팀의 생산성과 경쟁력을 향상시킬 수 있다. 결과적으로 회사는 핵심 영업 기회에 집중하고, 영업 프로세스를 최적화함으로써 매출 증대와 시장 선점을 실현할 수 있다. 이는 곧 회사의 지속가능한 성장으로 이어질 것이다.

④ 영업활동의 모니터링 : 매출 목표 달성을 위해 현재 진행 중인 영업활동이 제대로 이루어지고 있는지 점검해야 한다. 부진 요인을 파악하고 신속한 보완 조치를 취해야 한다.

정기적인 파이프라인 점검 회의와 영업활동의 모니터링은 중요한 과정이다. 정기적으로 영업 사원들의 활동을 면밀히 검토하고, 고객들의 반응을 면밀히 관찰하는 것이 핵심이다. 이를 통해 부진 요인을 정확히 파악하고, 시기적절한 대응 전략을 수립할 수 있다. 예를 들어, 영업 전략을 수정하거나, 가격 정책을 조정하여 고객 서비스를 개선할 수 있으며 주기적인 실적 분석과 데이터 기반의 의사결정으로 보다 효과적이고 효율적인 영업활동 관리를 할 수 있다.

이러한 모니터링 활동을 통해 지속적으로 매출 목표 달성을 위한 노력을 기울일 수 있다. 특히, 영업담당자들의 업무 성과를 주기적으로 평가하고 피드백을 제공하는 것도 중요하다. 이를 통해 영업담당자들의 동기를 부여하고, 더욱 적극적으로 목표 달성을 위해 노력할 수 있다.

나아가 영업활동 데이터를 체계적으로 관리하고 분석하는 것도 중요하다. 이를 통해 고객 니즈를 보다 정확히 파악하고, 효과적인 영업 전략을 수립할 수 있다. 또한 경쟁사의 동향을 면밀히 모니터링하고, 이를 바탕으로 자사의 경쟁력을 강화할 수 있다.

Chapter 12

법인고객영업지원의 실전관리

법인고객영업지역 관리는 법인고객의 지리적 분포와 특성을 면밀히 분석하여 지역별 거점에 전담 영업담당자를 배치하여 해당 지역의 법인고객들과 긴밀한 관계를 유지하는 것이다. 이를 통해 지역 시장의 변화와 법인고객의 요구사항을 지속적으로 모니터링하고, 이에 영업지역의 고객상황에 맞추어 영업 전략을 신속하게 조정하고 신규제안 등 다각적인 대응을 할 수 있다. 법인영업지원관리 측면에서는 잠재고객 발굴을 위한 시장 조사와 타깃 마케팅을 실시하여 고객별 니즈를 면밀히 파악하며 계약 체결을 위한 다양한 지원 서비스를 제공하여야 한다. 계약 체결 이후에도 고객 만족도 조사, 사후관리, A/S 지원 등을 통해 고객과의 지속적인 관계를 지원해야 한다.

법인영업성과관리 부문에서는 고객별 매출, 이익, 성장률 등 다양한 성과지표를 체계적으로 관리하고 분석하여 영업 전략의 효과성을 검토하고, 개선 방안을 도출하여 피드백하여야 한다. 차기 영업계획 수립 시에는 이러한 분석 결과를 반영하여 보다 효과적인 전략을 수립할 수 있도록 조치해야 한다.

1. 법인고객영업지역 관리

법인고객영업지역 관리(Territory management)는 단순한 판매 활동을 넘어서는 전략적이고 체계적인 접근이라고 할 수 있다. 이는 특정 지리적 또는 인구통계학적 영역을 영업담당자나 팀에게 할당하여 고객관계를 체계적으로 관리하고 개발하는 것을 의미한다. 이를 통해 영업지역에 대한 종합적인 분석과 계획을 수립할 수 있다. 각 영역의 고객 특성, 시장 규모, 경쟁 현황 등을 면밀히 파악하여 전략적 접근을 모색한다. 이를 바탕으로 고객 세분화, 타깃 선정, 제품 및 서비스 차별화 등 지역 맞춤형 영업 전략을 수립할 수 있다.

또한 영업 조직과 인력을 효율적으로 배치하고, 영업활동을 체계적으로 관리 및 통제할 수 있다. 이를 통해 각 지역의 특성에 맞는 영업활동을 전개하고, 고객과의 긍정적 관계를 구축할 수 있다. 궁극적으로 이러한 접근은 판매 효율성과 효과를 높여 법인고객영업의 성과를 극대화하는 데 기여할 것이다.

1.1 영업지역관리의 개요

기업에서 영업지역관리는 매우 중요한 과정으로 단순히 지리적인 개념을 넘어서 고객 중심적인 접근이 필요하다. 특정 지역 내에 존재하는 고객들을 한 명의 영업담당자가 관리하는 것을 의미하며 이를 통해 기업은 영업 자원을 효율적으로 배분하고, 고객 관리의 연속성을 유지할 수 있다.

기업은 전체 고객을 지역별로 세분화하여, 한 영업담당자가 적정 규모의 고객을 관리할 수 있도록 설계해야 하며 이를 통해 영업담당자는 특정 지역 고객들의 니즈와 특성을 깊이 있게 이해할 수 있게 된다. 예를 들어, 서울 지역의 법인고객을 담당하는 영업팀은 해당 지역의 특성을 잘 이해하고 있어 효과적으로 고객을 관리할 수 있다. 또한 팀 내에서 고객사, 산업군, 매출 규모 등에 따라 고객을 세분화하여 전략적으로 접근할 수 있다. 이를 통해 고객과의 관계를 강화하고 매출 증대를 이끌어낼 수 있다.

효과적인 지역관리는 기업의 영업 전략 수립과 실행에 매우 중요한 역할을 한다. 기업은 영업 자원을 최적화하고, 고객과의 밀접한 관계를 유지함으로써 전반적인 영업목표를 달성할 수 있다. 따라서 기업은 끊임없이 지역관리 전략을 개선하고, 변화하는 시장 환경에 효과적으로 대응해야 할 것이다.

영업담당자는 대부분 일정한 자기가 맡은 지역을 중심으로 영업활동을 전개한다. 지리적 영업조직 구조를 가지고 있는 경우는 물론이고, 제품, 고객, 기능, 유통구조 등을 근간으로 하는 영업조직이 구축되어 있는 경우에도 지리적 요소와 혼합된 조직구조를 가지는 경우가 일반적이기 때문에 영업담당자는 거의 대부분 일정 구역을 중심으로 활동한다. 물론 지역적 한계를 갖지 않거나 혹은 지역적 구분을 필요로 하지 않는 경우도 있다. 예를 들면, 비대면, 즉 온라인 플랫폼이나 온라인 쇼핑과 같이 인터넷을 주력 영업채널로 활용되는 업종이나 산업의 경우, 매체 자체가 공간적 제한을 갖지 않기 때문에 이를 활용하는 영업담당자도 지역적 한계를 갖지 않고 영업활동을 전개할 수 있다. 실제 영업현장에서는 지리적 개념을 기반으로 잠재고객 수를 병합하는 경우가 많으며, 고객 수가 상대적으로 적은 B2B 법인고객영업에서도 지역적 분할이 큰 의미를 갖지 않는다. 다만 지역적 분할보다는 영업담당자가 관리할 수 있는 기존고객 수를 기반으로 지역적 분할을 도입할 뿐이다. 예를 들면, 일반적으로 제약영업의 영업조직은 로컬사업부와 종합병원사업부로 나누어진다. 로컬사업부는 지역 병원, 의원이 영업 대상이며, 종합병원사업부는 2차, 3차 진료병원, 즉 종합병원이 영업 대상이다. 상대적으로 병원, 의원이 많은 로컬사업부는 지역별 병원, 의원 수를 참고하여 편리하게 행정구역 단위로 지역을 세분화하여 1명의 영업담당자가 지역관리를 하게 되며, 이 지역에서도 영업담당자가 판매하는 제품에 따라 동일한 지역에 제품별 영업담당자가 영업활동을 할 수 있다.

또한 종합병원 담당자는 병원 수가 많지 않기 때문에 지역적 한계보다는 거래처 수, 즉 병원 규모나 병원 수를 참고하여 선택적으로 병원을 지정하여 관리하게 된다. 쉽게 말하면, 종합병원 강북 담당자, 종합병원 강남 담당자, 강서, 강동 등으로 구분하여 영업활동을 할 수 있게 한다. 이 또한 동일 지역 제품별 여러 명의 담당자가 영업활동을 할 수 있다. 이러한 지역관리 개념은 단순히 지역을 나누는 것이 아니라 기업과 시장의 상황에 맞게 업무의 효율성과 영업성과를 극대화하기 위한 포괄적인 **영업조직관리**라고 할 수 있다. 즉, 소규모의 영업인력으로도 고객을 세분화하고 지역할당과 연계하여 효율성을 극대화하는 것이 지역관리의 진정한 의미이다. 그러므로 각 기업의 영업 총 책임자들은 효율적인 지역관리를 위한 Territory 개념을 정확히 이해하고 실행하는 것이 중요한 업무능력으로 평가할 수 있다. 이러한 지역관리 개념을 정확히 이해하는 관리자는 어떤 제품이나 서비스를 판매하더라도 전체적인 시장을 파악하고 상황에 맞는 영업조직을 구축하고 효율적인 영업활동을 전개할 수 있다.

지역관리는 단순 지역적 관리 개념을 뛰어넘어 영업담당자는 자신이 맡은 지역에서 회사를 대표하는 담당자로서 영업활동을 전개하여야 하며, 그 지역에 회사의 자원(예산 및 경비, 인적, 마케팅 활동 등)을 총 동원하여 영업성과를 이루어내야 한다. 법인고객의 영업지역 설정은 다원적 목적에서 중요한 전략적 의사결정이다. 이는 시장 진출, 자원 효율화, 고객 서비스, 경쟁력 강화와 밀접하게 연관되어 있다.

(1) 시장 진출 측면

적절한 영업지역 선정은 기업이 새로운 시장에 효과적으로 진입하고 점유율을 확대할 수 있는 기회를 제공한다. 특정 지역의 고객 수요와 경쟁 상황을 면밀히 분석하여 최적의 영업 전략을 수립할 수 있다. 이를 통해 기업은 해당 지역에서 차별화된 제품과 서비스를 제공하여 고객의 니즈를 충족시킬 수 있다. 또한 경쟁사들과의 차별화를 통해 시장에서의 입지를 굳건히 할 수 있다.

영업지역 선정 시에는 다양한 요인들을 고려해야 한다. 먼저 인구 밀집도, 평균 소득 수준, 소비 성향 등 지역의 고객 특성을 파악해야 한다. 이를 바탕으로 해당 지역의 잠재적 고객 수요를 예측할 수 있다. 또한 경쟁사의 영업망, 가격 전략, 마케팅 활동 등을 분석하여 자사의 차별화 전략을 수립해야 한다. 이와 더불어 물류 인프라, 접근성, 임대료 등 운영 여건에 대한 면밀한 검토가 필요하다.

지역 분석 결과를 토대로 기업은 진출 지역을 선정하고, 그에 맞는 마케팅 전략을 수립할 수 있다. 예를 들어, 고객 분석을 통해 특정 지역에서 수요가 높은 제품을 집중 공급하거나, 경쟁사 대비 차별화된 가격 전략을 펼칠 수 있다. 또한 지역 특성을 고려한 맞춤형 서비스를 제공하여 고객 만족도를 높일 수 있다. 이를 통해 기업은 시장에서의 입지를 강화하고 지속적인 성장을 달성할 수 있을 것이다.

(2) 자원 효율화 측면

영업지역 설정은 기업의 자원 효율화 측면에서 매우 중요한 전략이 될 수 있다.

첫째, 특정 지역에 인력, 물류, 마케팅 등 경영 자원을 집중 투입함으로써 비용을 절감하고 수익을 극대화할 수 있다. 예를 들어, 지역 특성에 맞는 영업인력을 배치하여 해당 지역 고객들의 니즈를 보다 효과적으로 충족시킬 수 있다. 또한 물류 네트워크를 최적화하여 배송 시간과 비용을 절감할 수 있다.

둘째, 영업지역 설정을 통해 영업 자원의 효율적 활용이 가능하다. 특정 지역에 집중적인 브랜드 홍보와 광고 활동을 펼칠 경우, 보다 효과적인 고객 접촉과 인지도 제고가 가능하다. 이를 통해 지역 내 브랜드 충성도를 높일 수 있으며, 지속적인 고객관계관리로 이어질 수 있다.

셋째, 영업지역 설정은 기업의 의사결정 프로세스에도 긍정적인 영향을 미칠 수 있다. 지역별 고객 데이터 분석을 통해 보다 정확한 시장 전망과 수요 예측이 가능하며, 이는 전략적 의사결정에 활용될 수 있다. 또한 지역 특성에 맞는 차별화된 제품 및 서비스 개발이 가능해져 경쟁력 제고에도 기여할 수 있다.

(3) 고객 서비스 측면

지역별 고객의 니즈와 선호도를 면밀히 분석하여 이를 기반으로 한 맞춤형 영업 전략을 수립하는 것이 중요하다. 이를 통해 해당 지역의 고객들의 만족도를 높일 수 있으며, 장기적인 고객관계 구축이 가능해진다. 예를 들어, 지역별로 차별화된 제품과 서비스를 제공함으로써 고객의 특성을 잘 반영할 수 있다. 또한 지역 밀착형 영업활동을 통해 고객과의 유대감을 형성하고, 이를 바탕으로 고객과의 신뢰를 구축할 수 있다. 이는 곧 기업의 브랜드 이미지 향상과 새로운 고객 확보로 이어질 것이다. 더 나아가 지역별 고객 데이터 분석을 통해 고객의 구매 패턴, 선호도 변화 등을 세밀하게 파악하고, 이를 토대로 한 차별화된 마케팅 전략을 수립할 필요가 있다. 이를 통해 고객의 니즈를 보다 정확하게 포착하고, 지속적으로 고객 만족도를 높일 수 있을 것이다.

또한 지역사회와의 긴밀한 협력을 통해 지역 밀착형 사회공헌 활동을 펼치면, 기업에 대한 고객의 신뢰도와 애착심을 높일 수 있다. 이는 장기적인 관점에서 고객과의 유대감을 강화하고, 기업 이미지 제고에도 도움이 될 것이다.

결국 지역 특성을 고려한 고객 중심의 서비스 전략은 기업의 지속가능한 성장에 필수적인 요소라고 할 수 있다. 이를 통해 기업은 고객과의 돈독한 관계를 유지할 수 있으며, 나아가 시장 내에서의 경쟁력 강화에도 기여할 수 있을 것이다.

(4) 경쟁력 강화 측면

차별화된 영업 전략을 통해 경쟁사와 구별되는 서비스를 제공할 수 있다. 이는 장기적으로 기업의 시장 지위를 공고히 하고 지속가능한 성장을 도모할 수 있다. 예를 들어, 고객 맞춤형 솔루션 제공, 신속한 사후관리, 차별화된 고객 경험 등을 통해 경쟁사와 차별화된 가치를 창출할 수 있다.

또한 법인고객의 영업지역 설정은 기업의 전략적 목표 달성을 위한 핵심 요소라고 할 수 있다. 영업지역을 효과적으로 관리하고 개척함으로써 기업은 타 경쟁사보다 선점효과를 누리고, 시너지 효과를 창출할 수 있다. 이를 통해 시장점유율 확대, 매출 증대, 수익성 향상 등의 성과를 거둘 수 있다.

따라서 전략적인 영업지역 관리는 기업의 경쟁력 강화와 지속가능한 성장을 위한 필수불가결한 요소라고 할 수 있다. 기업은 이러한 노력을 통해 시장에서의 우위를 점하고, 장기적인 발전을 도모할 수 있을 것이다.

1.2 법인고객의 영업지역 설정

기업이 영업지역을 설정하는 것은 전략적으로 중요한 부분이라고 할 수 있다. 이는 기업의 성공에 큰 영향을 미칠 수 있기 때문이다. 영업지역을 설정할 때에는 여러 가지 요소들을 신중하게 고려해야 한다. 먼저 시장규모 및 다양성을 면밀히 분석해야 한다. 지역별로 고객들의 니즈와 선호도가 다를 수 있기 때문에, 이를 정확히 파악하는 것이 중요하다.

또한 기업이 가진 제한된 자원, 즉 인력, 예산, 시설 등을 효과적으로 활용할 수 있는 영업지역을 선택해야 하며 경쟁환경도 고려해야 하는데, 치열한 경쟁이 있는 지역보다는 상대적으로 여유가 있는 지역을 선택하는 것도 좋은 전략이 될 수 있다. 고객의 특성과 기업의 역량 또한 영업지역 설정에 중요한 요소이다. 기업이 강점을 가지고 있는 분야와 고객들의 니즈가 잘 부합하는 지역을 선택하면, 보다 효과적인 영업활동을 펼칠 수 있다.

이처럼 다양한 요인들을 면밀히 검토하고 분석하여 최적의 영업지역을 설정하는 것이 기업의 성공을 위해 중요한 과정이라고 할 수 있다. 효과적으로 설정된 영업지역은 기업에게 다양한 이점을 제공하고, 성공적인 영업을 달성하는 데 중요한 기반이 된다.

(1) 영업지역 설정 시 고려사항

기업고객의 영업지역 결정 시에는 여러 요소들을 종합적으로 신중히 검토해야 한다. 지역별 수요, 경쟁사 현황, 인프라 여건 등 다양한 요인들을 균형 있게 고려하여 최적의 영업지역을 설정해야 한다. 이를 통해 기업은 효과적인 시장 진출과 안정적인 성장을 도모할 수 있다.

① 시장 규모 분석 : 법인고객 영업지역 설정기준에서는 시장 규모 분석이 중요하다. 타깃 고객 산업의 지역별 시장 규모, 성장 잠재력, 수요 동향 등을 면밀히 살펴봐야 한다. 예를 들어, 특정 지역의 시장 규모가 크고 성장 가능성이 높다면 해당 지역을 우선적인 영업 대상 지역으로 선정할 수 있다. 이를 통해 단기적으로 높은 매출을 달성할 수 있는 기회를 확보할 수 있다.

또한 지역별 수요 변화 추이와 트렌드를 분석해야 한다. 이를 통해 향후 시장 환경 변화에 선제적으로 대응할 수 있는 지역을 선택할 수 있다. 예를 들어, 특정 지역의 수요가 점점 늘어나고 있다면 해당 지역에 더 많은 자원을 투입하는 것이 좋다.

② 경쟁 상황 파악 : 경쟁사의 진출 상황을 면밀히 분석하는 것은 중요하다. 경쟁사의 점유율, 브랜드 인지도, 가격 전략 등을 종합적으로 고려하여 자사의 경쟁력을 극대화할 수 있는 지역을 선정해야 한다. 예를 들어, 특정 지역에서 경쟁사의 점유율이 낮고 브랜드 인지도가 상대적으로 낮다면 해당 지역에 집중 투자하여 시장 선점의 기회를 모색할 수 있다. 이를 통해 우리 회사의 브랜드 이미지를 확고히 구축하고 고객을 선점할 수 있다.

또한 경쟁사의 가격 전략을 면밀히 분석하여 자사만의 차별화된 가격 정책을 수립함으로써 고객 확보에 유리한 입지를 확보할 수 있다. 예를 들어, 경쟁사의 가격이 상대적으로 높은 경우 우리 회사의 합리적이고 저렴한 가격 정책을 통해 고객들에게 더 큰 혜택을 제공할 수 있다. 이를 통해 경쟁사와 차별화된 고객 서비스를 제공함으로써 고객 만족도를 높이고 시장점유율을 확대할 수 있다.

③ 기업 역량: 법인고객 영업지역 설정기준에서 '기업 역량'은 중요한 요소이다. 기업은 자사가 보유하고 있는 다양한 자원을 면밀히 점검해야 한다. 인력, 자금, 기술, 노하우 등 기업이 활용할 수 있는 자원을 종합적으로 파악하고 분석해야 한다. 이를 통해 기업은 자사의 강점과 약점을 정확히 진단할 수 있다. 예를 들어, 특정 기술력이나 생산 능력이 뛰어나다면 이를 잘 활용할 수 있는 지역을 선정할 수 있다. 반면 자금 조달 능력이 부족하다면 투자를 최소화할 수 있는 지역을 선택하는 것이 유리할 것이다.

이렇게 기업이 보유한 자원과 역량을 면밀히 분석한 후, 그에 맞는 적절한 영업지역을 선정해야 한다. 이를 통해 기업은 효과적으로 자원을 운용할 수 있고, 영업성과를 극대화할 수 있을 것이다.

④ 정부 정책: 정부 정책은 사업 운영에 매우 중요한 요인이다. 정부는 세금 혜택, 규제, 인센티브 등 다양한 정책 수단을 통해 기업의 투자와 성장을 촉진하고자 한다. 따라서 기업은 이러한 정부 정책이 자신의 사업에 어떤 영향을 미치는지 면밀히 분석해야 한다. 예를 들어, 정부가 특정 지역에 세금 감면 혜택을 제공한다면 이는 해당 지역에 투자하는 기업에게 유리한 요인이 될 것이다. 반면, 강력한 환경 규제가 시행되는 지역에서는 기업의 생산 활동에 제약이 따를 수 있다. 이처럼 기업은 정부의 정책적 지원과 규제 정도를 종합적으로 고려하여 최적의 투자 지역을 선택해야 한다.

더불어 정부가 특정 지역에 산업단지를 조성하거나 도로, 항만 등 사회 인프라를 구축한다면, 이는 해당 지역의 기업 활동에 필요한 물리적 환경을 조성해 줌으로써 기업 유치에 긍정적인 영향을 미칠 것이다. 따라서 기업은 정부의 이러한 지역 개발 계획도 면밀히 파악하여 사업 전략에 반영해야 한다.

(2) 영업지역 설정과정

효과적인 영업활동을 위해서는 영업지역을 체계적으로 설정하는 것이 중요하다. 단순히 지역을 무작위로 나누어서는 안 되며, 회사의 제품 및 서비스 특성, 기존 고객 분포, 시장 성장 가능성, 경쟁사 동향 등을 종합적으로 고려하여 지역을 세분화하고 적절히 배분해야 한다.

지역 할당이 완료되면 각 지역별로 전담 영업담당자가 지정하여야 한다. 영업담당자는 해당 지역을 중심으로 영업활동을 전개하게 되므로, 지역 특성에 맞는 정확한 목표 설정이 필요하다. 지역 설계는 단순히 영업담당자의 업무 수행 효율성에만 국한되지 않고, 그들의 만족도, 성과, 동기부여, 경력 관리 등 전반적인 요소에 영향을 미친다.

특히 지역별 특성을 면밀히 분석하고, 영업담당자의 업무 환경과 동기부여 방안을 종합적으로 고려해야 한다. 이러한 노력을 통해 영업 조직의 경쟁력을 높이고 지속가능한 성장을 달성할 수 있을 것이다.

지역 나누기(territory mapping)는 기업이 판매 및 서비스 제공 영역을 체계적으로 설정하는 핵심 과정이다. 이를 통해 기업은 고객의 실제 위치와 인구통계학적 특성, 그리고 전체 시장의 상황을 면밀히 파악할 수 있다. 이런 정보를 바탕으로 기업은 자사의 강점을 극대화할 수 있는 영역을 선정하고, 그에 맞는 차별화된 영업 전략을 수립할 수 있다.

지리적 요소에 따른 지역 구분은 다양한 수준에서 이루어질 수 있다. 먼저 국가 단위에서 광역자치단체나 기초자치단체로 나눌 수 있다. 예를 들어, 서울시는 강북과 강남으로 구분되며, 전국 단위에서는 수도권, 충청권, 호남권, 영남권, 강원권의 5대 광역경제권으로 나누기도 한다. 이러한 지역 구분은 단순히 행정구역뿐만 아니라 문화, 경제, 산업 등 다양한 특성을 반영한다. 예를 들어, 수도권은 정치, 경제, 문화의 중심지이며, 영남권은 제조업 및 기술 산업이 발달한 지역이다. 이처럼 지역 구분을 통해 지역 간 특성을 이해하고 효과적인 영업 전략 수립이 가능하다.

실제로 영업현장에서 산업별, 직종별 다소 차이가 있겠지만 일반적으로 지역설계에 있어서 우선적으로 선택하는 변수는 영업 대상 고객 수, 즉 기존 거래처 수를 기반으로 영업담당자가 수행가능한 업무량과 지역에서 요구하는 업무량을 선정하고, 이차적으로 시장잠재력과 점유율 등을 참고하여 지역설계를 진행한다. 예를 들면, 다국적 제약사의 로컬사업부 지역설계는 우선적으로 타깃 고객 수(병원 수)를 기준으로 1일 방문 거래처 수 8개처 이상으로 설정하고, 토탈 거래처 수는 150개 이상으로 설정한다(1일 8개처 × 18 또는 20일, 1달 평균 근무일 = 144~160). 이를 기반으로 지역별 고객 수(잠재고객 포함)를 기반으로 지역을 먼저 세분화하고, 그 다음 이동거리가 멀지 않도록 범위를 설정한다. 시장잠재력과 점유율은 목표 설정 시 참고하여 조정하는 과정으로 진행한다. 이때 지역설정의 통제 단위는 일반적으로 행정기구단위를 기반으로 설정한다. 서울의 경우는 구 단위, 기초자치단체는 시 단위 기준으로 통제단위를 설정한다.

(3) 영업지역단위 목표 설정

지역관리(territory management)에서의 영업담당자별 목표는 기업이나 사업부 수준의 목표가 아니라, 개인별로 할당된 구체적인 성과 목표라고 할 수 있다. 이러한 할당(quota)은 일정 기간 동안 영업 단위가 달성해야 하는 성과 목표를 의미한다.

할당의 단위는 일반적으로 개별 영업담당자가 되지만, 경우에 따라 영업팀 단위나 영업 구역/지점 단위가 될 수도 있다. 회사에서는 먼저 각 영업 지점에 대한 목표를 정한 뒤, 그 지점 내 영업지역별 목표를 세우고, 이를 토대로 다시 영업팀과 개별 영업담당자에게 할당을 부여하는 방식으로 진행하게 된다. 이렇게 세부적인 개인별 할당 목표를 설정하는 이유는 영업 현장에서의 실질적인 성과 향상을 도모하기 위함이다. 개인별 목표 관리를 통해 영업담당자들의 동기부여와 책임감을 높이고, 실제 영업활동에서의 성과 창출로 이어질 수 있도록 하는 것이 지역관리 전략의 핵심이다.

또한 이러한 개인별 목표 설정은 회사 전체의 매출 및 수익 목표 달성을 위한 기반이 되기도 한다. 지점별, 팀별, 개인별로 세분화된 목표 관리를 통해 전사적인 성과 향상을 도모할 수 있는 것이다. 이처럼 지역관리에서의 개인별 목표 관리는 영업 조직 운영의 핵심 전략이라고 할 수 있다.

할당변수는 기업의 전략적 목표를 달성하기 위해 사용되는 주요 지표들을 의미한다. 이러한 할당변수는 기업이 처한 상황과 목표에 따라 유동적으로 적용될 수 있다. 예를 들어, 시장점유율 확대나 매출 극대화를 목표로 하는 기업의 경우 판매액이나 판매 수량과 같은 변수가 중요한 할당변수가 된다. 이를 통해 영업팀의 실적을 관리하고 목표 달성을 독려할 수 있다.

반면 수익성 향상이 주된 목표라면 총마진, 순수익, 지출 관리 등의 변수가 더 중요해질 수 있다. 이 경우 단순한 매출 확대보다는 수익성 높은 제품 판매나 비용 절감에 초점을 맞출 수 있다. 특히 B2C나 B2B 영업조직에서는 전통적으로 판매금액과 달성률이 주요 할당변수로 사용된다. 회사 전체의 연간 판매 목표가 수립되면 이를 사업부, 지점, 팀, 개인 단위로 세분화하여 목표를 할당하는 방식이다. 이를 통해 각 구성원의 역할과 책임을 명확히 하고 실적 관리를 할 수 있다. 이처럼 할당변수는 기업이 처한 상황과 전략적 목표에 따라 유동적으로 활용될 수 있는 중요한 관리 도구라고 할 수 있다.

1.3 영업지역의 조정

영업지역 조정은 기존의 영업지역 설계를 변경하는 것을 의미한다. 얼마나 많은 조정이 필요할지는 발생한 문제의 중요성에 따라 달라질 수 있다. 지역 조정의 필요성을 발생시킬 수 있는 사안들로는 회사 전략의 변화, 시장 환경의 변화, 그리고 기존 구역 설계의 문제점 등을 들 수 있다.

그러나 전반적으로 볼 때, 잘 설계된 지역 관리체계가 갖춰진 경우에는 회사 전략상의 전반적인 변화 없이도 단순한 영업인력의 재배치나 감축 등으로 간단한 지역 조정이 가능할 경우가 대부분이다. 이는 기존 지역 관리체계가 유연성을 가지고 있어 시장 변화에 신속히 대응할 수 있음을 의미한다.

지역 조정은 단순히 지역 경계를 변경하는 것뿐만 아니라 영업인력과 자원의 효율적인 재배치를 통해 이루어질 수도 있다. 이를 통해 회사는 시장 변화에 맞춰 영업활동을 최적화할 수 있게 된다. 따라서 지역 관리의 유연성과 효율성이 중요한 요소가 된다.

(1) 회사의 전략

회사의 경영전략이나 마케팅전략 등에 의해서도 지역 조정의 필요성이 발생할 수 있다. 예를 들어, 회사가 새로운 사업 분야로 진출하거나 기존 사업을 재편하는 등 전략적 변화를 꾀할 때 영업 조직의 구조와 규모를 조정해야 할 필요가 생긴다. 또한 신제품 출시, 다른 기업과의 제휴를 통한 코마케팅이나 코프로모션 활동, 기업 인수합병 등의 경우에도 영업지역과 영업 조직의 재배치가 요구된다.

① 영업조직의 규모 및 구조의 변화 : 법인고객을 대상으로 한 영업활동은 기업의

조직 구조와 전략에 따라 끊임없이 변화하는 특징이 있다. 사업 규모가 확대되면 고객의 지리적 분포가 세분화되어 새로운 영업담당자가 배치되고, 반대로 사업이 축소되면 기존 영업지역이 통폐합되거나 재조정된다.

이처럼 영업조직의 구조 변화는 전체적인 영업지역의 재설계를 동반한다. 예를 들어, 지역 조직 구조에서 제품 전문성 강화를 위해 사업부 체계로 변경하는 경우 영업담당자의 책임 지역이 확대되거나 축소될 수 있다. 이러한 제품과 사업부 단위의 변화에 따라 전사적인 영업지역 설계가 유기적으로 재조정된다. 이는 기업이 빠르게 변화하는 시장 환경에 효과적으로 대응하기 위한 노력의 일환이다. 기업은 고객 관리와 시장 대응력을 높이기 위해 전략적 목표와 조직 구조에 맞춰 영업 조직과 지역 설계를 유연하게 운영한다. 이를 통해 기업은 시장 변화에 신속히 적응하고 경쟁력을 강화할 수 있다.

② 신제품 출시 : 신제품 출시에 따른 영업 조직의 변화와 대응은 여러 가지 요인들에 따라 달라질 수 있다. 먼저, 신제품과 기존 제품 간의 연관성에 따라 지역 조정의 필요성이 달라질 수 있다. 만약 신제품이 기존 제품과 밀접한 연관성이 있다면 큰 지역 조정 없이도 가능하지만, 연관성이 낮은 경우에는 지역 조정이 필요할 수 있다. 이에 따라 영업담당자가 판매해야 할 제품 수가 늘어나 업무 부담이 증가할 수 있다.

또한 회사의 마케팅 전략에 따라 대응 방식이 달라질 수 있다. 신제품을 주력 상품으로 집중 판매하고자 한다면 별도의 사업부를 조직하거나 기존 영업담당자에게 인센티브를 제공하는 등의 방식을 취할 수 있다. 반면, 기존 제품과의 균형을 중요하게 여긴다면 지역 조정이나 인력 투입 등의 대응이 필요하다.

③ 코마케팅(co-marketing)과 코프로모션(co-promotion) : 코마케팅과 코프로모션은 기업 간 협력을 통한 마케팅 전략으로, 점점 더 주목받고 있다. 이러한 전략은 기업들이 시너지 효과를 창출하고 시장에서의 경쟁력을 높일 수 있다는 장점이 있다.

먼저, **코마케팅(co-marketing)**은 서로 다른 두 회사가 동일한 제품을 공동으로 개발하거나 공동 마케팅 전략을 수립하여 각자의 브랜드로 판매하는 방식이다. 이를 통해 개별 기업이 보유한 기술, 자원, 네트워크 등을 활용할 수 있어 제품 개발 및 마케팅 비용을 절감할 수 있다. 또한 서로 다른 고객층에 접근할 수 있어 시장 확대에도 도움이 된다. 예를 들어, 스포츠용품 제조업체와 패션 브랜드가 협력하여 기능성 스포츠웨어를 공동 개발하고, 각자의 브랜드로 판매하는 경우를 들 수 있다.

한편, **코프로모션**(co-promotion)은 동일한 제품, 동일한 브랜드를 서로 다른 회사가 공동으로 판매하는 방식이다. 주로 다국적 제약 기업이 현지 로컬 기업과 협력하여 해외시장에 진출할 때 활용된다. 이 경우 두 회사가 공동으로 영업활동을 펼치게 되므로 담당 영업사원의 구분이나 지역 조정이 필요할 수 있다. 예를 들어, 글로벌 제약 기업과 현지 유통 기업이 협력하여 새로운 의약품을 공동으로 판매하는 경우를 들 수 있다.

④ 인수와 합병 : 기업의 인수와 합병을 통해 두 개의 회사가 합쳐지면 두 회사의 소속되어 있던 영업조직도 통합이 되어야 한다. 일반적으로 인수 및 합병 과정에서 두 회사의 영업조직이 하나로 합쳐져야 하므로, 조직 규모와 구조의 변화가 불가피하다. 이 과정에서 지역 조정 또한 필수적이다. 두 회사의 영업지역이 중복되거나 상이할 경우, 효율적인 통합을 위해 지역 재배치가 필요하다. 이는 고객 기반, 영업망 등을 고려하여 새로운 지역 체계를 구축해야 한다.

그러나 이러한 급격한 변화는 구성원들의 불안감과 저항을 불러일으킬 수 있다. 따라서 회사는 장기적인 관점에서 점진적이고 안정적인 통합 과정을 설계해야 한다. 구성원들의 우려를 경청하고 충분한 의사소통을 통해 변화에 대한 이해와 공감을 이끌어내는 것이 중요하다. 또한 인사, 보상, 조직문화 등 다양한 방면에서의 통합 전략도 병행되어야 한다. 이를 통해 구성원들의 불안감을 해소하고 변화에 유연하게 대응할 수 있도록 지원해야 한다. 결과적으로 인수합병 과정에서의 영업조직 통합은 매우 복잡하므로, 회사의 세심한 배려와 장기적인 관점에서의 접근이 필요할 것이다.

(2) 영업지역 조정의 난관

지역 조정은 영업담당자의 이해관계와 밀접하게 연관되어 있고, 한번 셋팅되면 상당 기간 동안 지속되기 때문에 지역 조정으로 불이익을 보거나 생활이 불편해질 수 있다고 판단하는 영업담당자들의 저항을 불러올 수 있다. 또한 회사의 입장에서도 지역 조정은 많은 시간과 비용이 소요되는 어려운 업무일 뿐만 아니라 기존고객과의 유대관계가 악화될 수 있는 우려도 있다. 이러한 이유로 인해 지역 조정에는 많은 어려움이 수반된다. 지역 조정의 안착이 이루어지기 힘든 이유로 다음과 같은 요인들이 지적될 수 있다.

첫째, 영업담당자의 생활에 대한 부정적인 영향이다. 즉, 지역 조정으로 영업담당자의 거주지를 옮겨야 하거나 이동거리가 멀어지는 경우가 발생할 수 있다. 아마도 일상생활의 어려움을 감당하여야 하는 불안함과 불편이 있을 수 있다. 또한 새로운 환경에 적응하기 위해서 또 많은 노력을 해야 하는 것도 부담이 될 수 있다. 이러한 이유로 영업담당자는 지역 조정에 저항할 수 있으며, 이로 인해 영업조직의 생산성 향상 목적으로 계획되어 있던 지역 조정이 제대로 정착되지 않거나, 혹은 정착되는 데 많은 시간이 소요되어 상당기간 동안 회사의 매출실적에 부정적인 영향을 미칠 수 있다.

둘째, 영업사원의 수입(인센티브)에 대한 부정적인 영향을 들 수 있다. 지역 조정은 영업담당자의 수입에도 직접적인 영향을 미칠 수 있는 중요 사안이기 때문에 이를 실행하는 과정에서 영업담당자의 강한 저항에 부딪힐 수 있다. 회사마다 다르겠지만 일반적으로 급여체계가 불안정한 기업의 영업담당자일수록 경제적, 심리적 불안이 더 클 수도 있다. 또한 기존 고객과의 유대관계를 지속하지 못하는 것은 영업실적과도 바로 직결되는 부분이고, 이런 부분이 또 자신의 급여하고 연동되기 때문에 더욱더 지역 조정에 대한 저항이 심할 수 있다. 심지어 회사를 이직하여 다른 회사로 이동하는 경우도 종종 발생한다. 이러한 이유로 회사의 매출에 악영향을 우려하여 원래 계획했던 지역 조정을 꺼리게 될 수 있다. 대기업보다는 중소기업에서 이러한 경우가 많이 발생한다.

셋째, 기존 고객과의 관계 악화 가능성이 있다. 회사가 지역 조정을 꺼리는 또 하나의 이유는 지역 조정으로 인한 영업담당자의 교체가 기존 고객과의 관계에 좋지 않은 영향을 미칠 수 있다는 우려 때문이다. 특히 고객에 대한 심도 있는 지식과 고객과의 유대관계가 밀접할수록, 이러한 경향은 더 심하게 나타날 수 있다. 또한 지역 조정으로 인해 기존 유능한 영업담당자가 아닌 새로운 담당자로 변경되면, 고객 입장에서는 기존에 누렸던 혜택이 사라져버린 셈이 되기 때문에 이번 기회에 공급업체를 변경하는 하나의 좋은 대안이 될 수 있다고 판단할 수 있다. 이런 시기에 경쟁사 활동이 활발해지기도 한다. 즉, 공급업체를 변경하는 데 지불했던 전환비용이 대폭 낮아진 셈이 되기 때문에 영업담당자의 교체는 고객들의 이탈로 이어질 수 있다.

넷째, 지역 조정 작업의 복잡성이 지역 조정이 어려운 이유 중 하나이다. 사실 현장에서 영업관리자 또는 사업부 책임자에게 지역 재조정은 매우 힘들고 복잡한 업무이다. 즉, 회사가 영업담당자나 고객들의 불평을 통해 현재의 지역설계에 문제점을 알고 있다고 하더라도 이를 개선할 수 있는 방안을 찾기 어렵기 때문에, 기존의 지역설계를 그대로 사용하는 경향이 있다. 지역설계는 별도의 소프트웨어나 프로그램이 전무하고 공신력 있는 시장잠재력, 시장점유율 등 참고자료도 그리 많지 않기 때문이다. 이외에 고려할 사항이 영업담당자 거주지와 지역 교통망 등 합리적으로 지역을 설계할 자료가 많지 않고 복잡하기 때문이다.

끝으로, 현실적으로 영업현장에서 지역 조정이 어려운 이유는 앞서 언급한 네 가지 이외에도 많은 것이 사실이다. 그러나 이러한 문제점을 해결하기 위해서는 영업 중간관리자와 사업본부장, 마케팅 부서 등은 지역관리 전문가수준의 역량이 필요하고, 영업 중간관리자인 팀장 또는 지점장들은 영업담당자와 수시로 면담하고 수시로 동행방문을 통해 담당자를 격려하고, 지원하며 모니터링하는 것이 지역관리 책임자로서 역할이라고 할 수 있다.

영업실전 사례 12-1

지역관리(Territory management)

지역관리(Territory Management)의 사전적 의미는 영역, 분야, 영토로 영업적 측면에서는 영업 담당지역을 의미한다. 영업 현장에서도 단순한 의미로, 작게는 영업사원들의 지역 또는 거래처 나누기, 영업지점 담당지역, 크게는 사업부별, 지역별, 국가별 등으로 구분하여 관리하는 개념이라고 할 수 있다. 또한 필자가 생각하는 지역관리는 "회사를 대표하는 영업 담당자가 담당지역 또는 거래처(잠재거래처 포함)에서 회사의 자원과 역량, 그리고 개인 역량을 활용하여 효율적으로 이익과 가치를 창출하는 것이라고 정의하고 싶다. 실제 영업현장에서 Territory(지역관리) 개념을 포괄적으로 생각하고 적용하는 것이 중요하다. 본 사례는 2003년 다국적 제약사 대구지점장으로 발령받아 실행했던 Territory Management 사례이다.

대구지점 초기 상황

대구지점 : 대구, 경북지역 담당(종합병원, 로컬클리닉, 중소 세미병원)

담당 품목 : 비만치료제 X000

영업담당자 : 5명

Territory Management

1. **조직구성** : 영업담당자 3명으로 2명 추가 선발 및 채용
2. **지역설정** : 5명의 영업지역 나누기 : 효율성, 접근성, 이동거리, 거래처 수 등을 참고하여 지역 나누기
3. **목표 설정** : 새로 지정한 지역의 과거 매출자료와 인구수, 병원 수 등을 참고하여 목표설정(제일 중요한 부분으로 향후 실적평가와 인센티브가 연결됨으로 합리적이고 논리적으로 수립하여야 하며, 직원과의 의사소통과 협의가 중요하다)
4. **역할과 책임** : 영업담당자의 역할과 책임을 분명히 함(Role and Responsibility, job Description)
   - 목표달성 및 시장점유율 증가
   - 신규 거래처 개발 및 기존 거래처 증대 관리
   - 정보 수집 및 보고(경쟁품, 병원상황, 시장상황 등)
   - 거래처(병원) 방문 계획 및 보고(Call Management, Daily Report)
   - 효율적이고 투명한(Transparency) 경비 집행
   - 개인역량개발 등
5. **고객 세분화**(Target Segmentation and Dr.s Grade) 설정
   - 주 고객(Main Target) : 비만클리닉, 내과, 가정의학과

- 고객(Dr,s) Grading : A, B, C(기준설정 : 월 처방 또는 매출 + 환자 수 + 잠재력)

6. **고객 방문 관리**(Call Management, 면대면 방문을 의미함)
   - 1일 8개처 방문(Sales Call 기준 : Must 8 Call/Daily)
   - 영업방문(Sales Call)과 비영업방문(Non-Sales Call) 구분
     고객 방문 시, 고객에게 Key Message를 전달했는가의 유 · 무에 따라 구분
   - 주간, 월간 단위로 방문 계획 및 실행(Call Management System)
     방문빈도(Call Frequency), 방문내용(Call Quality), 방문결과(Call Report)
7. **투명하고 효율적인 경비 관리**(Budget Management) : 회사 SOP 규정
   경비 집행 계획 및 거래지역 내, 시간, 필요시 사진 첨부
8. **결론** : 대구지점 인원충원과 효율적인 영업효과를 위해 Territory Management를 계획하고 실행하여 영업담당자의 효율성과 생산성을 극대화할 수 있는 계기가 되었으며, 신규거래처 확대와 기존거래처 매출 증가에 도움이 되어 영업담당자의 목표달성뿐만 아니라 지점 목표까지 모두 달성할 수 있었다.

상기 내용은 실제 사용한 기본적인 Territory 관리 내용이다. 이와 같이 Territory Management는 단순 지역관리가 아니라, 포괄적인 개념으로 영업 조직구성, 영업담당자 역할과 책임, 평가와 보상 등의 인적관리, 그리고 영업효율을 높이기 위한 방문계획(Call Management)과 경비(Budget)관리가 중요하다. 영업관리자는 관리직원과 지역, 영업담당자는 자기 지역관리 등 모두에게 적용하여 실행할 수 있는 것이 Territory Management라고 할 수 있다.

≫ 영업의 새로운 생각

1. B2B 영업에서 지역관리란 무엇인가?
2. B2B 영업에서 지역관리는 왜 필요하고 중요한가?
3. B2B 영업에서 지역관리 영업담당자의 역할은 무엇인가?

1.4 핵심고객관리(Key Account Management : KAM)

효율적인 지역관리를 위해서는 회사에 기여도가 높은 고객과의 지속적인 관계유지와 이탈방지가 중요하다. 즉, 지역관리에서 가장 중요한 영업활동이 핵심고객관리라고 할 수 있다. 핵심고객관리(KAM)는 '자사의 매출에 대한 기여도가 매우 크거나 구매 잠재력이 큰 고객'이라고 정의할 수 있으며, 산업별, 업종별 차이에 따라 통상적으로 전략고객관리(Strategic Account Management, SAM)라고도 한다.

핵심고객관리(KAM)는 기업이 중요 고객관리에 중점을 두고 그 관계를 전략적으로 관리하는 비즈니스 전략으로 사용되고 있다. 특정 고객들이 기업의 수익과 성장에 큰 영향을 미치는 경우에 주로 적용되며, 장기적인 파트너십을 구축하여 상호이익을 극대화하는 것을 목표로 한다. B2B 시장은 20%의 주요 고객이 80%의 매출 창출에 기여하는 파레토 법칙(Pareto Principle)이 적용되는 경우가 많고, 소수의 강력한 고객이 기업의 매출과 수익에 큰 영향을 미치는 경우가 대부분이다.[1] 또한 글로벌 기업들이 구매를 집중화됨에 따라 이들의 구매 파워가 커져서 핵심 고객에 대한 차별적 관리는 공급 기업의 핵심적 과제가 되고 있다.[2]

파레토 법칙의 가장 일반적인 형태는 80/20 규칙으로, 전체 결과 중 20%의 원인이 80%의 결과를 생성한다는 것을 의미한다. 예를 들어, 20%의 고객이 전체 매출의 80%를 차지하거나, 20%의 노력이 전체 업무의 80%를 수행한다는 식으로 적용될 수 있다.

그러므로 핵심고객관리(KAM)는 B2B 비즈니스에서 특히 중요하며, 대규모 거래와 파트너십이 높은 가치를 지닌 상황에서 더욱 효과적으로 적용되고 있다. 한편 성공적인 핵심고객관리(KAM)는 고객 기업의 전략, 조직 구조, 문화 등 오랜 기간 동안 지속되며 잘 변화하지 않는 요소 및 시장 환경의 특성들에 대한 고려가 필수적이다.[3] 제품 및 서비스의 특징, 기업의 조직구조, 경영환경의 특수성을 고려하여 고

---

1) Sheth, J. N. & Parvatiyar, A.(2002), "Evolving Relationship Marketing into a Discipline," *Journal of Relationship Marketing*, 1(2), pp.3-16.

2) Gosselin, D. P. & Bauwen, G. A.(2006), "Strategic Account Management : Customer Value Creation through Customer Alignment," *Journal of Business & Industrial Marketing*, 21(6), pp.376-385.

3) Boles, J., Johnson, W. & Gardner, A.(1999), "The Selection and Organization of National

객 기업별로 맞춤화(customized)된 접근방법을 선택하는 것이 효과적이다.[4] 각 기업마다 SAM 선정 기준과 관리방식은 차이가 있지만 일반적으로 매출액이나 수익성, 매출비중 등의 성과지표를 활용하고 있으며, 장기적인 측면에서 현재 거래관계는 없지만 향후 중요 고객으로 잠재력이나 가치가 있는 경우에도 중요 고객으로 분류하여 접근하는 방법을 사용하고 있다.

(1) 핵심고객관리의 중요성

법인영업 부문에 있어서 전략고객의 매출규모와 기여도는 상당히 큰 비중을 차지하고 있으며, 핵심고객관리의 필요성과 중요성이 커지는 이유를 다음과 같이 정리할 수 있다.

첫째, 고객사가 공급업체를 줄이려는 경향이 증가하고 있다. 이러한 경향이 증가하고 있는 이유는 고객사들이 시장에서 경쟁력을 확보하기 위해서 시장의 변화에 신속하게 대응할 수 있어야 되는데, 이를 위해서 자사를 위해 전심전력을 다해 일해 줄 수 있는 공급업체를 집중적으로 양성할 필요가 있기 때문이다. 즉, 공급처 확보가 중요 관점이다.

둘째, 고객사들이 점차 중앙집권화 된 구매의사결정을 하는 추세이다. 글로벌 기업과 같이 지역적으로 넓게 분포되어 있는 기업의 경우, 각 지역의 지점에서 구매의사결정을 하는 것이 아니라, 본부에서 구매의사결정을 하고 이 결정에 따라 구매가 이루어진 제품을 각 지점에서 사용하는 방식을 택하는 경향이 점차 커지고 있다. 이러한 추세에 대응하기 위해서는 지역의 구분을 뛰어넘어서 영업자원을 사용할 수 있어야 하고, 영업 이외 부서의 자원도 동원할 수 있는 체계의 구축이 필요하다. 핵심고객관리가 바로 이러한 역할을 수행한다. 예를 들면, 글로벌 다국적 기업의 경우, 비즈니스 출장이 상당히 많다. 임직원들이 출장 시 호텔 결정과 비용은 일괄적으로 본사에서 수행하는 시스템이 잘 구축되어 있다. 출장계획서 결재와 함께 본사에서

Accounts : A North American Perspectives," *Journal of Business & Industrial Marketing*, 14(4), pp.264-282.

4) 김병구 · 김재진(2014), "How can MNCs overcome Liability of Foreignness? Localization and Experience as a Moderator of the Relationship between LOF and Performance," 국제 경영리뷰, 18(4), pp.101-125.

지정한 호텔로 예약이 되어지고, 비용은 본사에서 일괄 처리하여, 임직원들이 업무 효율을 높이기 위해 불필요한 시간을 줄여준다. 또한 구매센터에서 일괄처리함으로써 구매파워가 커지고 그만큼 공급업체에 대한 혜택을 받을 수 있는 장점이 있기 때문이다.

셋째, 대형 유통업체의 채널파워가 커지면서, 제조업체가 대형 유통업체를 본격적으로 관리해야 하는 필요성이 인식이 증가하였다. 예를 들면, 생활용품 제조업체나 식품업체의 경우, 핵심고객은 대형마트, 기업형 슈퍼마켓, 백화점, 편의점 등과 같은 대형 유통업체들이다. 과거에는 제조업체에서 유통을 지배하는 구조였지만 최근에는 유통업체가 대형화되고, 온라인 쇼핑몰과 플랫폼 기업들이 활성화됨으로써, 제조업체가 대형 유통업체를 전략고객으로 관리하여야 하는 환경이 조성되었다.

넷째, 핵심고객은 규모가 큰 구매를 통해 회사에 많은 이득을 주는 고객으로 그 구매과정이 다른 고객의 구매과정과 판매과정에 비해 매우 복잡하다. 전략고객 입장에서는 구매규모가 큰 만큼 그 중요성도 크기 때문에 보다 신중한 의사결정을 위해 구매에 참여하는 사람들이 많아진다. 이와 같이 핵심고객관리가 효율적으로 이루어지기 위해서는 고객사가 공급업체와의 장기적인 협력관계에 대한 의지를 가지고 있는 것이 중요하다. 핵심고객은 단순히 가격조건이 좋고 품질이 우수한 제품을 공급받는 데서 만족하는 것이 아니라 자사가 가지고 있는 문제를 공급업체와의 협력을 통해 해결해 나가고, 이러한 과정을 통해서 상호 신뢰적인 관계를 구축하는 것이 중요하다.

(2) 핵심고객관리 방안

법인영업에서의 핵심고객관리의 중요성은 항상 쟁점이 되고 있다. 회사마다 그 중요성은 인식하고 있지만, 관리방안에 있어 어떠한 조직을 활용하여 관리할 것인가에 대한 다양한 시각이 있을 수 있다. 다음은 핵심고객관리를 위한 다양한 조직에 대해 알아보고자 한다.

첫째, 기존 영업조직의 활용 방안이다. 큰 조직변경 없이 전략고객을 관리할 수 있지만 집중적으로 전략고객을 관리하기에는 한계가 있다. 단기적으로는 비용 절감 효과가 있지만 장기적으로 전략고객을 관리하는 관점에서는 관리가 소홀해질 수 있는 단점이 있다.

둘째, 영업담당 최고경영진 활용 방안이다. 회사의 영업을 담당하는 최고경영진으로 하여금 핵심고객을 담당하도록 하는 방법을 채택하는 것을 의미한다. 이 방법은 기업의 규모가 작고 별도의 전략고객담당 영업조직을 구축할 여우가 없거나 전략고객의 매출비중이 커서 회사에서 집중적인 관리를 할 필요가 있을 때 활용된다. 장점은 빠른 의사결정을 할 수 있지만 반면에 최고경영진이 전략고객의 관리에 많은 시간을 투자함에 있어 전체 영업조직에 대한 관리가 소홀해질 수 있는 단점이 있다.

셋째, 별도 영업조직 또는 사업부를 구성하는 방안이다. 핵심고객을 위한 별도의 영업조직을 구성하는 방법이다. 이외에도 부분통합적으로 영업팀을 구성하는 방안도 고려할 수 있다. 여기서 중요한 것은 핵심고객의 관리가 그만큼 중요한 부분이기 때문에 영업조직에도 영향을 미친다는 것이다.

2. 법인고객영업지원 관리

법인고객영업지원 활동은 중요한 기업 활동이다. 이는 영업담당자가 잠재고객을 발굴하고, 고객과의 관계를 구축하며, 최종적으로 거래를 성사시키는 일련의 과정을 지원해 주기 때문이다.

효과적인 영업지원 활동은 영업담당자의 생산성을 높이고, 기업의 매출 증대로 이어질 수 있으며 고객 만족도 향상에도 크게 기여한다. 고객의 요구사항을 정확히 파악하고 이를 충족시키기 위해서는 체계적인 영업 지원 활동이 필수적이다.

법인고객영업지원 활동은 크게 영업 전 단계, 영업 단계, 영업 후 단계로 구분할 수 있다. 영업 전 단계에서는 잠재고객 발굴과 고객 정보 수집이 이루어지며, 영업 단계에서는 고객과의 접촉과 제안서 작성 등의 준비활동을 지원한다. 영업 후 단계에서는 고객 관리와 사후 서비스 제공 등이 이루어진다.

각 단계에서의 체계적이고 전략적인 접근이 필요하며, 영업담당자와 지원 부서 간의 긴밀한 협조가 뒷받침되어야 한다. 이를 통해 고객의 니즈를 정확히 파악하고 만족시킬 수 있으며, 궁극적으로 기업의 장기적인 성장과 발전으로 이어질 것이다.

2.1 영업 전 단계

법인고객영업 전 단계는 성공적인 영업을 위한 필수적인 기반이 된다. 이 단계에서는 철저한 사전 영업준비가 이루어져야 한다. 타깃 고객을 심층적으로 분석하여 그들의 니즈와 문제점(pain point)을 깊이 있게 파악해야 한다. 이를 토대로 고객 맞춤형 영업 전략을 수립할 수 있다.

(1) 시장 분석 및 잠재고객 발굴

법인고객에 대한 시장 분석과 잠재고객 발굴은 기업의 성장을 위한 핵심적인 요소이다. 이를 통해 기업은 자사의 제품과 서비스에 대한 시장의 수요를 정확히 파악할 수 있으며, 새로운 고객 니즈를 발견하여 이에 맞는 솔루션을 제공할 수 있다.

우선 시장 분석 단계에서는 기업이 자사 제품의 경쟁력을 높이기 위해 다양한 작업들이 이루어진다. 우선 경쟁사들의 동향을 면밀히 파악하여 자사 제품의 강점과 약점을 분석한다. 이를 통해 시장에서 차별화된 전략을 수립할 수 있다.

또한 타깃 고객층의 특성과 니즈를 세밀하게 조사한다. 고객의 구매 행동, 선호도, 가격 민감도 등을 심층적으로 분석하여 고객 맞춤형 제품과 서비스를 개발할 수 있다. 이와 함께 산업 전반의 동향과 트렌드를 파악하여 장기적인 시장 성장 가능성을 예측해야 한다. 이를 위해서는 다양한 데이터와 정보를 체계적으로 수집하고 분석하는 프로세스가 필요하다. 시장 조사 결과를 토대로 정량적인 시장 규모와 성장성을 추정하고, 이를 바탕으로 잠재적인 사업 기회와 리스크를 면밀히 검토해야 한다. 이러한 과정을 통해 기업은 시장 환경 변화에 능동적으로 대응하고 지속가능한 경쟁력을 확보할 수 있다.

잠재고객 발굴 단계에서는 보다 체계적인 접근이 필요하다. 기존 고객 데이터베이스를 면밀히 분석하여 구매 패턴, 선호도, 인구통계학적 특성 등을 면밀히 파악해야 하며 이를 통해 유사한 특성을 가진 새로운 고객군을 발견할 수 있다.

(2) CRM 시스템 구축 및 관리

효과적인 법인고객관계관리를 위해서는 **고객관계관리**(Customer Relationship Management, CRM) 시스템의 구축이 필수적이다. CRM 시스템은 법인고객의 기본 정보부터 과거 상호작용 내역, 현재 영업 단계에 이르는 다양한 고객 데이터를 체계적으로 저장하여 관리한다. 이를 통해 영업팀은 고객 정보와 영업활동 전반을 한 곳에서 통합적으로 관리할 수 있게 된다. 예를 들어, 과거 상담 내역과 고객의 요구사항을 확인하여 맞춤형 솔루션을 제안할 수 있고, 현재 영업 단계를 파악하여 적시에 필요한 후속 조치를 취할 수 있다.

또한 CRM 시스템은 고객 데이터의 체계적인 관리를 통해 고객 세분화와 타깃팅을 가능하게 한다. 이를 통해 고객의 니즈에 더욱 부합하는 마케팅 활동을 전개할 수 있다. 이러한 데이터 기반의 고객 관리는 법인고객과의 신뢰관계 강화와 지속적인 거래 관계 유지에 큰 도움을 줄 것이다.

영업팀 전원이 CRM 시스템을 적극적으로 활용하도록 해야 하며 이를 통해 고객 정보와 영업활동에 대한 최신 데이터를 지속적으로 CRM 시스템에 업데이트할 수 있다. 이렇게 최신 데이터를 확보함으로써 영업팀은 항상 정확한 고객 정보에 기반하여 영업활동을 펼칠 수 있다. CRM 시스템에 축적된 방대한 고객 데이터를 심층 분석하여 고객의 니즈와 행동 패턴을 깊이 있게 파악하며 이를 토대로 고객 세분화와 고객 맞춤형 영업 전략을 수립할 수 있다. 이와 같이 CRM 시스템을 활용하여 고객 정보와 영업활동을 체계적으로 관리하고, 고객 데이터 분석을 통해 영업 전략을 고도화함으로써 영업 효율성과 고객 만족도를 크게 향상시킬 수 있다. 이는 곧 기업의 매출 증대와 수익성 향상으로 이어질 것이다.

(3) 영업 자료 및 온라인 콘텐츠 제작

영업 자료 및 온라인 콘텐츠 제작은 기업의 핵심 가치를 고객에게 효과적으로 전달하는 매우 중요한 영업지원 활동이다. 이를 통해 기업은 제품과 서비스의 차별화된 특징, 고객 니즈 충족 기능, 경쟁 제품 대비 우위점 등을 구체적으로 설명함으로써 고객의 관심을 끌고 구매 결정을 이끌어낼 수 있다.

특히 고객의 특성과 구매 단계에 맞추어 다양한 영업 자료를 체계적으로 제공하는 것이 중요하다. 예를 들어, 제품 소개 브로슈어, 상세 견적서, 사용 후기 등의 자료를 고객 경험 향상을 위해 단계별로 준비할 수 있다.

마찬가지로 마케팅 자료 개발 시에도 타깃 고객의 관심사와 구매 여정을 고려해야 한다. 정보성, 흥미성, 참여성 있는 콘텐츠를 웹사이트, 소셜미디어, 온라인 광고 등 다양한 채널을 통해 제공함으로써 고객 참여와 전환율을 높일 수 있다.

이 과정에서 영업 자료와 마케팅 콘텐츠에 대한 지속적인 모니터링과 분석이 필수적이다. 고객 반응 분석을 통해 디자인, 콘텐츠, 채널 전략 등을 지속적으로 개선함으로써 고객 경험을 향상시키고 마케팅 성과를 극대화할 수 있다. 특히 데이터 분석 도구를 활용하여 고객 행동 패턴과 선호도를 면밀히 파악하고, 이를 바탕으로 보다 효과적인 영업 및 마케팅 전략을 수립하는 것이 중요할 것이다.

(4) 영업 캠페인 기획 및 실행

법인고객영업 캠페인 기획 및 실행은 중요한 과정이다. 이를 통해 기업은 법인고객의 관심과 참여를 이끌어낼 수 있고, 고객 니즈에 맞는 맞춤형 서비스를 제공할 수 있다.

먼저, 법인고객의 요구사항과 선호도를 면밀히 분석하는 것이 중요하다. 이를 위해 고객과의 인터뷰, 설문조사, 시장 조사 등 다양한 방법을 활용할 수 있다. 이를 통해 고객의 구체적인 니즈와 가치 기준을 파악할 수 있다.

다음으로, 온라인과 오프라인 채널을 유기적으로 활용하여 법인고객과의 접점을 극대화해야 한다. 웹사이트, 이메일, 소셜미디어, 세미나, 전시회 등 다양한 채널을 통해 고객과 지속적으로 소통하고 상호작용할 수 있다. 이를 통해 고객 경험을 향상시키고 신뢰관계를 구축할 수 있다.

캠페인 실행 후에는 철저한 모니터링과 분석이 필요하다. 캠페인의 성과지표를 면밀히 추적하고 고객 반응을 분석해야 한다. 이를 토대로 개선점을 찾아 캠페인을 지속적으로 보완하고 발전시켜 나가야 한다. 또한 데이터 분석을 통해 고객 세분화, 마케팅 메시지 및 채널 최적화 등 체계적인 계획을 수립할 수 있다.

궁극적으로 법인고객영업 캠페인은 고객의 니즈를 깊이 있게 이해하고, 통합적인 채널 전략을 수립하며, 지속적인 모니터링과 개선을 통해 고객과의 신뢰관계를 구축하는 데 목적이 있다. 이를 통해 기업은 장기적인 비즈니스 관계를 유지하고 지속가능한 성장을 달성할 수 있다.

(5) 영업담당자 교육

영업담당자 교육의 중요성은 점점 더 강조되고 있다. 이에 따라 기업들은 다양한 방식으로 영업담당자 교육을 강화하고 있다. 우선, 제품과 서비스에 대한 깊이 있는 이해를 높이기 위한 교육이 진행되어야 한다. 이를 통해 영업담당자들은 고객의 요구사항을 보다 정확히 파악하고, 고객에게 최적의 솔루션을 제안할 수 있게 된다. 특히 최근 고객의 니즈가 점점 다양해지고 복잡해지고 있는 상황에서 이러한 교육은 매우 중요하다. 뿐만 아니라, 영업 현장에 바로 적용할 수 있는 실무 기술 교육도 병행되고 있다. 고객 상담, 제안서 작성, 협상 기술 등 실전에서 필요한 역량을 키우기 위한 과정이 마련되어 있다. 이를 통해 영업담당자들은 고객과의 대화에서 보다 전문적이고 효과적으로 대응할 수 있게 된다.

한편, 교육 성과에 대한 정기적인 평가와 피드백 수렴이 이루어져야 한다. 교육 프로그램의 효과성과 실효성을 지속적으로 모니터링하여, 교육 내용과 방식을 개선해 나가야 한다. 이는 영업담당자들의 실질적인 역량 향상을 위한 노력의 일환으로 볼 수 있다.

이처럼 기업들은 영업담당자 교육을 통해 제품 및 서비스에 대한 전문성을 높이고, 실무 능력을 향상시키는 한편, 지속적인 피드백과 개선을 통해 교육의 효과성을 높이고자 하고 있다. 이는 결국 고객에게 보다 전문적이고 효과적인 서비스를 제공하기 위한 노력의 일환이라고 할 수 있겠다.

2.2 영업 단계

법인고객영업 단계는 기업고객을 확보하는 핵심적인 과정이다. 이 단계에서 영업담당자는 잠재고객과의 관계를 구축하여 신뢰를 쌓아야 한다. 그리고 이를 바탕으로 실제 계약 체결을 통해 거래를 성사시키는 데 집중하게 된다.

이 단계는 전체 영업 프로세스에서 가장 중요한 부분 중 하나이다. 법인고객영업이 성공적으로 이루어져야 기업이 안정적인 수익을 창출할 수 있기 때문이다. 따라서 영업담당자는 잠재고객 발굴 접촉, 관계 구축, 거래 성사 등의 세부 활동을 철저히 수행해야 한다.

법인고객영업 단계는 기업의 전략적 방향성과 밀접하게 연관되어 있다. 영업담당자는 기업의 비전과 목표를 충분히 숙지하고, 이를 바탕으로 고객 니즈를 정확히 파악하여 대응해야 한다. 이 단계에서 영업담당자는 전략적이고 체계적인 접근을 통해 다양한 역량을 발휘해야 한다.

(1) 견적 작성 및 제안 지원단계

견적 작성 및 제안 발송 단계에서는 잠재고객의 니즈와 예산을 면밀히 분석하여 최적의 솔루션을 제안하고, 이를 구체적인 견적서와 제안서로 작성하여 발송하는 업무를 지원해야 한다. 이 단계에서 고객의 요구 사항을 반영하고, 경쟁사와의 차별성을 강조하는 것이 중요하다.

이 단계에서는 먼저 잠재고객의 요구사항과 예산 수준을 면밀히 파악해야 한다. 고객이 원하는 기능과 성능, 그리고 예산 범위를 정확히 파악해야 최적의 솔루션을 제안할 수 있다. 단순히 제품의 사양만을 나열하는 것이 아니라, 고객의 문제를 해결할 수 있는 종합적인 솔루션을 제안해야 한다.

또한 이 단계에서는 경쟁사의 제안과 비교하여 자사의 솔루션이 어떤 차별화된 가치를 제공할 수 있는지 강조해야 한다. 가격, 기능, 사용성, 서비스 등 다양한 관점에서 경쟁사와의 비교우위를 부각시키는 것이 중요하다. 이를 통해 고객에게 자사의 솔루션이 최선의 선택이라는 점을 설득할 수 있다.

견적서와 제안서 작성 시에는 고객의 요구사항을 구체적으로 반영하고, 솔루션의 효과와 가치를 명확히 전달해야 한다. 단순한 제품 정보 나열이 아니라, 고객의 문제를 해결할 수 있는 종합적인 솔루션을 제시해야 한다. 이를 통해 고객의 신뢰를 얻고, 향후 계약 체결의 기반을 마련할 수 있다.

(2) 협상지원단계

이 단계에서는 영업담당자의 협상력을 높이기 위한 다양한 지원이 이루어진다. 우선 영업담당자에게 잠재고객에 대한 상세한 정보를 제공하여 협상의 기반을 마련한다. 이를 통해 영업담당자는 고객의 구매 패턴, 예산, 선호도 등을 면밀히 분석하고 이를 바탕으로 최적의 협상 전략을 수립할 수 있다.

또한 영업담당자를 대상으로 협상 기술 교육, 대응 매뉴얼 제공, 협상 시뮬레이션 등의 지원 프로그램을 운영한다. 이를 통해 영업담당자는 고객의 요구 사항을 정확히 파악하고 대응할 수 있는 능력을 배양하게 된다. 나아가 회사의 이익을 극대화할 수 있는 협상 결과를 도출해낼 수 있게 된다.

한편 이러한 지원 프로그램은 지속적으로 운영되어야 한다. 고객 니즈와 시장 환경의 변화에 따라 영업담당자의 협상 역량도 지속적으로 강화되어야 하기 때문이다. 따라서 협상 지원 단계에서는 영업담당자에 대한 체계적이고 장기적인 지원 체계를 갖추는 것이 중요하다. 이를 통해 영업담당자의 협상력이 향상되고, 고객 만족과 회사 이익의 균형을 달성할 수 있다. 이는 기업의 지속적인 성장과 발전을 위한 필수적인 요소라고 할 수 있다.

(3) 계약 체결 지원단계

계약 체결 지원단계는 계약 체결 과정의 핵심적인 부분으로, 계약 문서의 작성부터 서명 절차에 이르기까지 체계적이고 면밀한 관리가 필요한 단계이다. 이 단계에서는 고객의 요구사항을 정확히 반영하고, 법적 검토를 통해 잠재적인 리스크를 미리 파악하여 최소화할 수 있도록 해야 한다.

특히 계약서 내용에 대해 고객과의 충분한 논의와 합의 과정을 거치는 것이 매우 중요하다. 이를 통해 고객의 입장을 충분히 고려하고, 계약서에 반영된 내용이 실제 사업 수행 과정에서 문제가 되지 않도록 할 수 있다. 또한 계약 체결 지원단계에서는 계약 의무사항, 지적재산권, 비밀유지, 분쟁해결 절차 등 다양한 법적 사항들을 검토하고 협상하여 계약서에 반영하는 것이 중요하다. 이를 통해 향후 계약 이행 과정에서 발생할 수 있는 분쟁을 사전에 예방하고, 계약 당사자 간의 권리와 의무를 명확히 할 수 있다.

계약 체결 지원단계에서의 이러한 체계적이고 면밀한 관리는 안전하고 효과적인 계약 체결을 위해 필수적이다. 이를 통해 계약 관계의 안정성과 신뢰성을 확보할 수 있으며, 나아가 장기적인 협력관계 구축에도 기여할 수 있을 것이다. 서명 절차에서는 계약 당사자들의 권한과 서명 권한을 확인하고, 서명 과정을 체계적으로 관리하여 법적 효력이 확보되도록 해야 한다.

2.3 영업 후 단계

영업 후 단계는 계약 체결 이후에도 고객과의 관계를 지속적으로 유지하고 관리하는 매우 중요한 단계이다. 이 단계에서는 고객의 만족도를 높이고, 추가적인 구매를 유도하며, 고객과의 신뢰관계를 강화하는 것이 핵심 목표이다.

(1) A/S 및 기술 지원

법인고객을 위해 다양한 문의사항과 A/S 요청을 신속하고 효과적으로 처리하고 있다. 전문 기술 인력이 고객의 제품 사용법 안내와 문제 해결을 체계적으로 지원한다. 정기적인 교육과 점검을 통해 고객의 기술적 이해도를 높이고, 만족도 향상을 위해 노력하고 있다.

고객의 편의성과 신속성을 최우선으로 하여, 전문 상담사와 엔지니어들이 신속하고 정확하게 고객의 문의사항을 처리하고 있다. 제품 사용 및 관리에 대한 맞춤형 지원을 제공하여, 고객이 제품을 원활하게 활용할 수 있도록 적극적으로 돕고 있다. 또한 주기적인 교육과 정기점검을 실시하여, 고객의 기술적 이해도를 높이고 지속적인 만족도 향상을 위해 노력하고 있다.

더 나아가, 고객 만족을 위한 고객 중심의 A/S 체계를 갖추고 있어야 한다. 전문 상담사와 엔지니어들은 신속하고 정확한 문제 해결을 위해 끊임없이 노력하고 있으며, 정기적인 교육과 점검을 통해 서비스 품질 향상을 도모하고 있다. 이를 통해 고객이 제품을 안심하고 사용할 수 있는 환경을 조성하고, 고객 만족도 제고를 위한 지속적인 노력을 기울이고 있다.

(2) 고객 만족도 조사

고객 만족도 조사는 기업에게 중요한 과정이다. 이를 통해 기업은 고객의 요구사항과 불만사항, 만족 수준 등을 체계적으로 파악할 수 있다. 정기적으로 실시되는 만족도 조사를 통해 기업은 고객의 의견을 지속적으로 수집하고 분석할 수 있다.

조사 결과 분석을 통해 기업은 고객의 불만사항과 개선 요구사항을 파악할 수 있다. 이를 바탕으로 제품 및 서비스 개선을 위한 실행 계획을 수립할 수 있다. 특히 고객의 피드백을 적극적으로 반영하여 지속적인 고객 만족도 향상을 도모하는 것이 중요하다.

기업은 조사 결과를 신속히 분석하고 개선 대책을 마련해야 한다. 또한 고객과의 지속적인 소통을 통해 고객의 요구사항 변화를 파악하고 이에 효과적으로 대응할 수 있어야 한다. 이를 통해 고객의 신뢰와 만족도를 높일 수 있다.

(3) 고객 교육

고객 교육은 제품 및 서비스 활용도를 높이기 위해 중요한 부분이다. 이에 따라 회사는 다양한 채널과 방법을 통해 체계적이고 종합적인 교육 프로그램을 제공하고 있다.

먼저, 온라인 채널을 통해 고객들이 언제 어디서나 편리하게 제품과 서비스의 주요 기능 및 사용 방법을 학습할 수 있도록 동영상 자료를 제공하고 있다. 이를 통해 고객들은 스스로 필요한 내용을 쉽게 찾아볼 수 있다. 또한 1 : 1 맞춤형 교육 프로그램을 운영하여 개별 고객의 요구사항을 반영하고 있다. 고객이 실제 서비스를 이용하면서 겪는 어려움이나 문제점을 해결할 수 있도록 전문 상담사가 직접 지원하고 있다. 더불어 정기적인 교육 세미나를 개최하여 최신 기능 업데이트, 활용 노하우, 문제 해결 방법 등을 심도 있게 다루고 있다. 세미나에 참여한 고객들은 서로의 경험을 공유하며 제품 및 서비스에 대한 이해도를 높일 수 있다.

이처럼 온라인, 오프라인 등 다양한 채널을 통해 체계적이고 종합적인 교육 프로그램을 제공함으로써, 고객의 편의성과 만족도를 높이고자 노력해야 한다. 특히 고객의 실질적인 니즈를 파악하고 이를 반영한 교육 서비스를 제공함으로써 고객과의 긍정적인 관계를 형성하고 있다.

3. 법인고객영업성과 관리

법인고객대상 **영업성과 관리**(performance management)는 영업담당자의 성과를 체계적으로 평가하고 관리하는 일련의 과정을 의미하다. 이는 단순히 영업성과를 측정하는 것에 그치지 않고, 영업담당자에게 지속적인 지도와 피드백을 제공하며, 이를 제도화하거나 시스템화하는 것까지 포함한다.

성과관리 프로세스는 영업목표 설정, 계획 수립, 실행, 분석, 평가, 피드백 및 개선의 순환구조로 이루어진다. 기업은 이러한 순환과정을 통해 성과관리에 대한 노하우를 축적할 수 있으며, 이는 기업의 경쟁력 강화에 기여하게 된다. 지속적인 성과관리 과정을 통해 기업은 학습조직으로 성장하게 되고, 영업담당자 개인의 생산성 향상으로 이어져 경쟁력 있는 조직으로 발전할 수 있다.

3.1 영업성과 관리 중요성

법인영업에서 성과관리는 중요하다. 영업담당자의 경우 현장에서 혼자 업무를 수행하기 때문에 상사나 동료로부터의 피드백을 받기 어려운 경우가 많다. 이에 따라 본인의 영업활동에 대한 방향성과 가이드라인이 필요한데, 성과관리는 이러한 역할을 수행한다.

이처럼 성과관리는 영업담당자에게 방향성을 제시하고, 영업관리자에게 효과적인 모니터링 도구를 제공하는 등 다양한 역할을 수행한다. 따라서 법인영업 분야에서 성과관리는 필수불가결한 요소라고 할 수 있다.

(1) 영업관리자 측면 성과관리

법인고객 영업관리자 측면에서 성과관리의 역할은 중요하다. 첫째, 객관적이고 합리적인 성과평가를 통해 영업담당자들의 인센티브, 승진, 인정, 동기부여 및 보상체계를 효율적으로 활용할 수 있다. 이를 통해 개인의 역량 향상과 함께 조직 전체의 생산성 제고에 기여할 수 있다.

둘째, 성과에 대한 원인 분석을 바탕으로 부진한 실적을 보이는 영업담당자들에 대한 맞춤형 교육 및 코칭 방향을 설정할 수 있다. 또한 우수한 실적을 달성한 영업담당자의 우수 사례를 전사적으로 공유함으로써 전체 영업 조직의 역량 향상에 이바지할 수 있다.

셋째, 성과관리는 단순히 결과만을 평가하는 것이 아니라 영업관리 활동 전반에 걸친 방향성을 제시할 수 있다. 보상 및 동기부여뿐만 아니라 교육훈련, 리더십 등 다양한 측면에서 영업담당자들을 지원할 수 있다.

마지막으로 영업담당자와 고객사 간의 관계 증진 측면에서도 성과관리의 역할이 중요하다. 문제 상황 발생 시 적절한 지원과 해결 방안을 제시함으로써 고객 만족도 향상에 기여할 수 있으며, 담당 지역 내 핵심 고객 관리 활동도 병행해야 할 것이다.

(2) 영업담당자 측면 성과관리

영업담당자의 성과관리는 중요한 부분이며, 이를 위해서는 지속적인 노력과 관심이 필요하다. 우선, 영업담당자는 자신의 성과를 수시로 모니터링하고 분석해야 한다. 이를 통해 자신의 강점과 약점을 파악할 수 있으며, 어떤 부분에 집중해야 하는지 알 수 있다. 일일, 주간, 월간 단위로 매출 현황을 분석하고, 거래처, 지역, 신규고객, 기존고객 등 다양한 관점에서 성과를 살펴볼 필요가 있다.

또한 영업담당자는 회사가 기대하는 바와 자신의 영업활동 방향이 일치하는지 명확히 파악해야 한다. 이를 위해 상사와의 정기적인 미팅을 통해 의견을 교환하고, 성과 목표와 달성 전략을 수립해야 한다. 이를 통해 자신의 역할과 책임을 명확히 인지하고, 효율적으로 업무를 수행할 수 있다. 더불어 영업 노하우를 지속적으로 축적하는 것도 중요하다. 고객 접근 방식, 상품 및 서비스 소개, 고객 니즈 파악 등 다양한 영업 기술을 연마하여 전문성을 향상시킬 필요가 있다. 이를 통해 영업성과를 예측하고 관리할 수 있는 역량을 기를 수 있다.

결국 영업담당자의 성과관리는 자신의 관심과 노력에 달려 있다. 회사와 고객의 요구사항을 이해하고, 자신의 강점과 약점을 파악하며, 지속적인 자기개발을 통해 역량을 키워나가는 것이 중요하다. 이를 통해 영업담당자는 자신만의 차별화된 경쟁력을 확보할 수 있을 것이다.

3.2 법인영업성과 관리 과정

법인고객의 성과관리체계는 조직의 성공을 위한 필수적인 요소라고 할 수 있다. 효과적인 성과관리체계를 구축하고 운영하는 것은 여러 가지 측면에서 조직에 많은 혜택을 가져준다.

우선, 성과관리체계를 통해 조직의 목표 달성을 보다 체계적으로 추진할 수 있다. 구성원 개인의 목표와 조직 전체의 목표를 연계하여 일관성 있게 관리할 수 있기 때문이다. 이를 통해 조직의 전략적 방향성을 명확히 하고, 구성원들의 성과를 효과적으로 관리할 수 있다.

이 체계는 개별 영업담당자와 영업팀의 성과를 체계적으로 측정하고 평가한다. 이를 통해 각 영업인력의 활동 수준과 목표 달성도를 파악할 수 있다. 나아가 이러한 성과관리는 영업활동의 전반적인 효율성을 높이는 데 기여한다. 개별 영업사원과 팀의 성과 데이터를 분석하면, 보다 효과적인 영업 전략과 방법을 도출할 수 있다. 이를 통해 기업은 전체적인 매출 증대를 달성할 수 있다.

또한 성과관리를 통해 고객의 니즈와 요구사항을 더욱 면밀히 파악할 수 있고, 이를 바탕으로 고객 서비스를 개선할 수 있다. 결과적으로 고객 만족도 제고에 기여할 수 있다. 이와 같은 순환적인 성과관리 과정을 통해 법인영업 부문의 체계적이고 효과적인 성과관리가 가능할 것이다.

(1) 목표 및 KPI 설정

영업목표 설정은 기업의 성공을 위해 매우 중요한 요소이다. 전통적으로 매출액, 판매량, 이익률 등의 정량적 지표를 사용해왔지만, 최근 구독 기반 비즈니스 모델의 확산으로 반복 수익(recurring revenue)도 중요한 지표로 활용되고 있다.

반복 수익은 특정 기간 동안 지속적으로 발생하는 고객 수익을 의미한다. 연간 반복 수익(Annual Recurring Revenue, ARR)과 월간 반복 수익(Monthly Recurring Revenue, MRR)이 대표적인 지표이다. 이러한 반복 수익 지표는 디지털 기술을 통해 보다 효과적으로 관리할 수 있으며, 낮은 비용으로 고객을 유치할 수 있고 안정적인 수익 예측이 가능하다는 장점이 있다.

영업목표 설정은 Top-down 방식으로 이루어지는데, 회사 전체 목표에서 시작하여 사업부, 팀, 개인 단위로 구체화된다. 개인 영업사원은 소속된 사업부나 팀 관리자와 협의하여 본인의 목표를 설정해야 한다. 이를 통해 회사 전체 목표와 개인 목표의 연계성을 높일 수 있다.

목표 설정 과정에서는 과거 실적, 시장 상황, 경쟁환경 등 다양한 요인을 종합적으로 고려해야 한다. 또한 정기적인 모니터링과 피드백을 통해 목표의 적절성을 검토하고 필요에 따라 조정해 나가는 것이 중요하다.

영업목표는 연간 단위로 설정되며, 보통 월 단위로 세부적으로 배분된다. 이 경우 일반적으로는 균등하게 1/12씩 배분되기도 하지만, 대부분 전반기에 45%, 하반기에 55%로 차등 배분하는 경우가 많다. 이는 전반기에 비해 하반기의 매출이 더 많은 경우가 많기 때문이다. 그런데 제품의 특성에 따라 이러한 목표 배분을 달리하는 것이 더 합리적일 수 있다. 예를 들어, 계절적 요인의 영향을 많이 받는 제품의 경우 계절에 따른 매출 편차가 크므로, 이를 고려하여 월별 목표를 차등 배분하는 것이 더 효과적일 수 있다. 또한 신제품의 경우 출시 초기에는 마케팅 및 홍보 활동에 더 많은 노력이 투입되므로, 이 시기에는 목표 비중을 더 높게 설정하고 이후에는 점차 낮추는 것도 고려해 볼 만하다.

영업목표를 달성하기 위해서는 이를 뒷받침할 수 있는 **핵심성과지표**(Key Performance Index, KPI)를 선정해야 한다. KPI는 영업목표 달성 정도를 정량적으로 평가할 수 있는 지표이다. KPI를 정기적으로 측정하고 분석하면 영업성과를 모니터링할 수 있다. 이를 통해 영업목표 달성 수준을 파악할 뿐만 아니라, 목표 달성에 어려움이 있는 문제 영역을 파악할 수 있다. 이를 바탕으로 문제 해결을 위한 대응 방안을 수립할 수 있다.

특히 영업 부서의 성과지표는 영업활동에 대한 전반적인 성과를 이해하고 개선하는 데 중요한 요소임으로, 이를 통해 영업팀은 효율성을 높이고 목표 달성에 기여할 수 있다. 〈표 12-1〉은 일반적으로 법인영업 부서의 많이 사용하고 있는 핵심성과지표이다.

〈표 12-1〉 영업담당 KPI 지표(예시)

KPI	정의	측정방법	비고
매출목표 달성률	연간 매출목표에 대한 달성률	매출실적/매출목표 X 100	월, 분기, 반기, 연간 평가
매출성장률	전년 대비 매출신장률	연간 매출실적/전년매출실적 X 100	분기, 연간
신규 고객 수 및 매출액	신규 거래 고객 매출액 및 거래처 수	당해 연도 신규 고객 매출실적 및 거래처 수	분기, 연간
신제품 목표 달성률	신제품에 대한 매출에 대한 달성률	신규 제품 3개월 매출실적 X 100	인센티브
중요고객 매출성장률(KMA)	중요 고객 분기별 매출성장률	(분기매출액-전분기매출액)/전분기 매출액 X 100	분기
구매주기	기존고객의 반복구매 기간	(고객별 마지막 구매일 - 첫 구매일)/주문건수	연간

(2) 성과 측정 및 평가

법인고객의 성과 측정 및 평가는 기업의 지속가능한 성장을 위해 매우 중요한 프로세스이다. 이를 통해 조직 구성원들의 역량과 업무 성과를 객관적으로 파악하고, 개선할 점을 도출할 수 있기 때문이다. 성과 평가 프로세스를 효과적으로 운영하기 위해서는 다음과 같은 사항을 고려해야 한다.

첫째, 사업 목표와 연계된 구체적인 성과지표(KPI)를 설정해야 한다. 이는 조직 전체와 개인의 성과를 체계적으로 측정하고 관리할 수 있게 해준다. KPI를 통해 조직의 핵심 가치와 방향성을 명확히 정의하고, 이를 토대로 각 부서와 개인의 세부 목표를 수립할 수 있다. 이렇게 정의된 KPI는 단순히 책상 위에 적어놓는 것으로 그치지 않고, 실제로 지속적으로 모니터링되어야 한다. 매월, 매분기 단위로 KPI 달성 실적을 면밀히 점검하여 현재 상황을 객관적으로 파악하고, 강점과 약점을 분석해야 한다. 이를 통해 향후 개선 방향과 실행 전략을 체계적으로 수립할 수 있게 된다.

둘째, 정량적 평가와 더불어 정성적 평가도 병행해야 한다. 단순히 수치 달성만으로는 직원의 역량을 제대로 평가할 수 없다. 업무 수행 태도, 동료와의 협업 능력, 문제 해결 역량 등 다양한 측면에서 종합적으로 평가해야 한다. 이를 위해서는 단순한 연말 평가가 아닌 상시 피드백 체계를 구축할 필요가 있다. 정기적인 상호 피드백 및 코칭을 통해 개인의 장단점을 객관적으로 파악하고, 개선이 필요한 부분을 함께 찾아 지속적인 성장을 지원해야 한다. 단순한 수치 관리에 그치지 않고 구성원 개개인의 역량 향상을 위한 실질적인 지원이 필요한 것이다. 이러한 노력을 통해 조직 구성원들은 자신의 강점과 약점을 명확히 인지하고, 개인의 전문성과 역량을 지속적으로 제고할 수 있게 될 것이다. 결과적으로 조직 전체의 경쟁력 향상으로 이어질 수 있을 것이다.

셋째, 평가 결과에 대한 투명한 공개와 피드백이 이루어져야 한다. 구성원들이 평가 기준과 절차를 명확히 이해하고, 평가 결과에 대한 합리적인 피드백을 받을 수 있어야 한다. 이를 통해 구성원들의 동기부여와 함께 자기계발의 기회를 제공할 수 있다. 이는 조직의 성과 향상을 위해 중요한 요소이다. 평가 결과에 대한 투명한 공개와 피드백은 구성원들의 신뢰를 높이고, 공정성을 증진시킨다. 또한 구성원들은 자신의 강점과 약점을 객관적으로 파악할 수 있게 되어 이를 바탕으로 적절한 자기계발 계획을 수립할 수 있다.

(3) 피드백과 개선

성과 평가 결과를 면밀히 검토하여 개인과 팀의 강점과 약점을 면밀히 분석한다. 이를 바탕으로 개별적이고 구체적인 피드백을 제공하여 업무 능력 향상을 위한 맞춤형 방향을 제시한다. 특히 영업 프로세스와 활동 전반에 걸친 문제점을 심도 있게 파악하고, 이를 체계적으로 개선하기 위한 실행 방안을 체계적으로 마련한다. 필요에 따라 개인 또는 팀 단위로 집중적인 코칭을 진행하여 실무에 바로 적용할 수 있는 실질적인 역량 강화를 지원한다. 이를 통해 담당 영업인력의 전문성과 실행력을 제고하고, 나아가 조직 전체의 영업 경쟁력과 목표 달성률을 획기적으로 높일 수 있도록 한다.

또한 정기적이고 지속적인 모니터링을 통해 변화하는 시장 환경과 고객 요구에 신속하게 대응할 수 있는 체계를 마련한다. 이를 통해 영업 전략과 방법론을 지속적으로 업데이트하고 혁신함으로써, 경쟁사 대비 차별화된 경쟁력을 확보할 수 있도록 한다.

영업성과는 단순한 수치가 아니라 영업담당자들에게 자신의 역량과 업무 성취도를 보여주는 매우 중요한 지표이다. 영업담당자들은 자신의 영업 실적을 통해 꾸준한 노력과 실력을 증명할 수 있고, 이를 통해 승진이나 보상, 인정 등의 기회를 얻게 된다. 따라서 영업성과에 대한 평가와 관리는 영업 조직에서 핵심적인 부분이라고 할 수 있다.

이에 영업관리자의 역할이 중요해진다. 첫째, 영업관리자는 목표 달성에 실패한 직원들에 대한 면밀한 분석을 수행해야 한다. 왜 목표 달성에 실패했는지, 업무 능력이 부족한지, 고객 방문이나 관리 부족인지, 경쟁사 제품에 밀리는지 등 다양한 요인을 파악해야 한다. 그리고 이를 토대로 구체적인 해결책을 제시해야 한다. 단순히 실패에 그치는 것이 아니라 직원들의 역량을 강화하여 향후 성과 향상으로 이어질 수 있도록 지원해야 한다.

둘째, 영업관리자는 탁월한 성과를 거둔 우수 직원들의 사례를 분석하고 전사적으로 공유해야 한다. 영업 조직 내에서는 개인의 성공 요인에 대해 잘 공유하지 않는 경향이 있는데, 이를 극복하고 성공의 핵심 요인들을 명확히 파악하여 다른 직원들도 배울 수 있도록 해야 한다. 이를 통해 전사적인 영업 역량 향상과 생산성 제고를 도모할 수 있다.

이와 같이 영업관리자는 개별 직원들의 성과와 역량을 면밀히 파악하고, 이를 기반으로 직원들을 적절히 지원하고 관리할 수 있어야 한다. 이를 통해 영업 조직 전체의 성과 향상을 이뤄낼 수 있다.

한편, 영업담당자의 역할도 중요하다. 영업 실적이 목표에 달성되지 않더라도, 그 원인을 분석하고 개선방안을 모색하는 것이 필수적이다. 이때 긍정적인 마인드가 큰 도움이 된다. 실패에 대한 두려움을 극복하고, 끊임없이 도전하는 자세를 갖추어야 한다.

3.3 법인영업 보상 및 인센티브

개인과 팀의 목표 달성에 대한 보상과 인센티브는 중요하다. 회사는 직원들의 노력과 성과에 대해 적절한 보상을 제공해야 한다. 특히 법인영업 분야에서 영업담당자들의 보상은 회사 이윤 실현을 위한 핵심적인 요소이다.

영업 전략은 시장 및 회사 상황 변화에 따라 지속적으로 변화하므로, 보상 수준과 방법도 유동적으로 조정되어야 한다. 예를 들어, 경기 침체로 영업실적이 감소하면, 기본급을 높이고 성과급 비중을 낮추는 방식으로 보상체계를 조정할 수 있다. 반대로 호황기에는 성과급 비중을 늘려 직원들의 동기부여를 높일 수 있다. 따라서 회사는 지속적인 모니터링과 연구를 통해 최적의 보상 수준과 방법을 찾아내야 한다. 이를 통해 직원들의 동기부여와 기업 목표 달성을 동시에 이룰 수 있다. 또한 우수인재 확보와 유지에도 도움이 될 것이다.

특히 보상체계를 결정할 때는 기업의 재무 상황, 시장 환경, 직원들의 니즈와 성과 등을 종합적으로 고려해야 한다. 보상체계를 정기적으로 점검하고, 필요에 따라 신축적으로 조정할 수 있는 유연성을 갖추는 것이 중요하다. 이처럼 기업은 보상과 인센티브 제도를 통해 직원들의 헌신과 업무 성과를 높일 수 있다. 이는 곧 기업 전체의 경쟁력과 성과 향상으로 이어질 것이다.

회사는 직원들의 노력과 성과에 대한 적절한 대가로 재정적 및 비재정적 혜택을 제공해야 한다.

재무적 보상(financial compensation)에는 임금, 보너스, 수당 등의 금전적 보상과 연금, 보험, 의료 혜택 등의 간접적 보상이 포함되며 이러한 재정적 보상은 직원들의 생활 안정과 경제적 안정을 도모하여 업무 몰입도를 높일 수 있다. 한편, **비재무적 보상**(non-financial compensation)에는 승진, 표창, 교육 기회 제공, 자율성 부여 등이 포함된다. 이러한 비재정적 보상은 직원들의 성취감과 자부심 향상, 역량개발을 통해 장기적으로 업무 효율성과 생산성 향상으로 이어질 수 있다. 따라서 회사는 직원들의 다양한 요구와 특성을 고려하여, 재무적 보상과 비재무적 보상을 적절히 조합하고 균형을 맞추는 것이 중요하다. 이를 통해 직원들의 업무 동기와 생산성을 향상시키고, 나아가 회사의 경쟁력 강화에 기여할 수 있을 것이다.

(1) 회사 관점

법인영업에서 합리적인 보상방법을 설계할 때 가장 중요한 것은 회사 전략과의 일관성을 확보하는 것이다. 영업담당자에 대한 보상체계는 회사가 설정한 전략적 목표를 달성할 수 있도록 연계되어야 한다. 성과평가 지표와 보상수준을 결정할 때 회사의 핵심 전략목표가 잘 반영되도록 해야 한다. 예를 들어, 시장점유율 확대나 신규고객 확보와 같은 목표가 영업성과 평가와 보상에 적절히 연계되어야 한다.

또한 보상방법은 영업담당자의 동기부여 측면에서도 효과적이어야 한다. 영업사원들이 자신의 영업목표를 달성하기 위해 최선을 다하도록 유도할 수 있어야 한다. 모든 사람을 만족시킬 수 있는 단일한 보상방식은 현실적으로 어렵기 때문에, 성과에 따른 차등 보상이 필요하다. 다만 합리적인 목표 설정이 선행되어야 하는데, 영업사원들이 도전해 볼 만한 수준의 목표가 되어야 동기 유발이 잘 이루어질 수 있다.

마지막으로 보상과 성과 간의 연계성이 매우 중요하다. 높은 성과를 달성한 영업사원에게 그에 걸맞은 더 많은 보상이 제공되어야 한다. 이를 통해 우수한 실적을 내는 영업담당자들의 사기 진작과 지속적인 동기부여가 가능해진다.

이처럼 회사 전략과의 부합성, 영업사원의 동기부여, 성과와의 연관성 등 세 가지 핵심 요소를 고려하여 법인영업의 합리적인 보상체계를 수립하는 것이 중요하다. 실제 법인영업 현장에서는 영업성과에 따른 차등 지급 방식이 일반적으로 활용되고 있다. 이러한 방식은 영업담당자들에게 동기부여가 될 수 있지만, 부정적인 측면도 존재한다. 예를 들어, 매출 달성률에 따른 인센티브 구조가 지나치게 높은 상한선을 갖고 있다면, 영업담당자들은 정상적인 매출 증대보다는 부적절한 방법을 동원하여 목표 달성에만 주력할 수 있다. 이는 단기적으로는 매출 실적 증가로 이어질 수 있지만, 장기적으로는 기업에 부정적인 영향을 끼칠 수 있다. 이러한 문제를 해결하기 위해서는 영업 인센티브 체계를 보다 균형 잡힌 방식으로 설계할 필요가 있다.

회사 입장에서는 효율적인 업무 성과 관리와 안정적인 매출 구조, 생산성 향상을 위해 보상체계를 설계해야 한다. 이를 위해서는 회사 전체 목표, 사업부 목표, 그리고 영업목표를 합리적으로 설정하고 이와 연계된 보상 방식을 도입해야 한다.

보상체계가 잘 마련되면 현재의 우수 인력을 유지할 수 있을 뿐만 아니라, 외부에서도 우수한 인재를 유치할 수 있다. 이는 장기적으로 회사의 경쟁력을 높이는 데 큰 도움이 될 것이다.

(2) 영업담당자 관점

영업담당자에게 합리적인 보상체계를 설계하는 것은 중요하다. 첫째, 기본적인 생활을 유지할 수 있는 안정적인 보상이 제공되어야 한다. 이는 회사와 영업담당자 간에 늘 논란의 여지가 있는 부분이다. 영업담당자들의 경우 고객 확보와 매출 달성을 위해 고군분투하며, 이에 걸맞은 적절한 보상을 요구하게 마련이다. 하지만 회사 입장에서는 인건비 부담을 고려해야 하므로 이를 균형 있게 맞추기가 쉽지 않다. 대기업이나 다국적 기업의 경우 이 문제를 비교적 합리적으로 해결하고 있는데, 기본급 수준과 성과 인센티브를 적절히 조화시키는 것이 핵심이다. 이들 기업들은 일정 수준의 기본급을 보장하면서도, 실적에 따른 성과급이나 보너스를 지급함으로써 영업담당자들의 동기부여를 강화하고 있다. 또한 장기 근속자에 대한 복지 혜택이나 승진 기회 제공 등을 통해 직원 만족도와 충성도를 높이는 전략을 병행하고 있다.

둘째, 보상체계는 단순하고 명확해야 한다. 복잡한 구조와 불명확한 기준은 영업담당자들의 혼란을 가중시켜 오히려 동기부여를 떨어뜨릴 수 있다. 예를 들어, 달성률에 따른 인센티브가 직관적이고 투명하게 제시되어야 한다. 목표 달성률과 그에 따른 보상 금액이 명확히 제시되면, 영업담당자들은 자신의 노력과 성과가 어떻게 평가되고 보상되는지를 쉽게 파악할 수 있다. 이를 통해 실제 업무 현장에서 긍정적인 동기부여 효과를 거둘 수 있을 것이다. 또한 보상체계는 조직의 전략적 목표와 연계되어야 한다. 단순히 단기적인 실적 향상만을 목표로 하는 것이 아니라, 장기적인 관점에서 고객 만족, 브랜드 가치 제고 등 다양한 성과지표를 고려해야 한다. 이를 통해 영업담당자들이 단기 실적에 몰두하는 것이 아니라 조직의 전략적 방향성을 이해하고 이를 실현하는 데 기여할 수 있도록 해야 한다.

셋째, 공정성이 보장되어야 한다. 영업 조직 내에서 공정한 보상체계를 갖추는 것이 중요하다. 동일한 성과를 낸 직원들에게 동일한 보상이 지급되어야 하며, 직급이나 연차 등에 따른 차별은 지양되어야 한다. 이를 통해 영업담당자들의 동기부여와 사기 증진을 도모할 수 있다. 특히 성과 평가 및 보상체계에 공정성이 결여되면 직원들의 불만과 갈등이 초래될 수 있다. 공정성이 결여된 보상체계는 직원들의 노력과 성과를 제대로 인정하지 않는다는 인식을 심어줄 수 있으며, 이는 결과적으로 조직의 생산성과 경쟁력을 떨어뜨리는 요인이 될 수 있다.

마지막으로, 영업담당자 개인의 선호와 능력에 따라 보상 방식을 선택할 수 있는 유연성이 보장되어야 한다. 이는 개인의 상황과 특성을 고려한 보상체계를 만들어 직원들의 만족도와 동기부여를 높일 수 있기 때문이다. 예를 들어, 신입사원의 경우 안정적인 고정급 중심의 보상 방식을 선호할 수 있지만, 경력자나 고성과자는 성과급 중심의 보상을 더 희망할 것이다. 이처럼 개인의 성향과 영업 역량에 따라 다양한 보상 옵션을 제공하면, 직원들의 요구사항을 더 잘 반영할 수 있다.

(3) 팀영업과 보상

법인영업은 고객사와의 장기적인 관계 구축을 중요하게 여기는 특징이 있다. 개별 영업담당자보다는 팀 단위로 영업활동이 이루어지는 경우가 많다. 이는 해외영업에서도 흔히 볼 수 있는 추세이다. 영업팀에 대한 보상체계는 주로 급여 중심으로 이루어진다. 특히 전략고객 관리와 같이 장기적인 관계 증진이 중요한 경우, 또는 영업 주기가 길어 단기 매출 실적으로 평가하기 어려운 경우에는 과정지표나 고객만족도 등 다양한 지표를 활용하여 급여 수준을 결정하게 된다.

한편, 팀 단위 인센티브를 적용할 때에는 두 가지 주요 사안이 고려되어야 한다. 첫째, 어떤 형태의 인센티브를 적용할 것인지, 둘째, 팀 단위로 지급된 인센티브를 각 구성원들에게 어떻게 분배할 것인가이다. 무임승차 문제를 방지하기 위해서는 팀 단위 목표 달성 여부에 따라 보너스를 지급하는 방식이 가장 효과적이다. 이 경우 팀 목표를 달성하지 못하면 팀 구성원 모두가 보너스를 받지 못하게 되므로, 자연스럽게 각자의 역할을 충실히 이행하게 된다.

팀 보너스를 개인에게 배분할 때에는 두 가지 방식을 고려할 수 있다. 첫째, 팀원들에게 균일하게 배분하는 방식이 있고, 둘째, 각자의 성과나 기여도에 따라 차등 배분하는 방식이 있다. 후자의 경우 합리적인 평가 지표를 활용하여 공정하게 평가해야 하며, 그렇지 않으면 팀원 간 불신이 생겨 팀 사기가 저하될 수 있다. 이처럼 법인영업과 해외영업에서는 팀 단위 영업과 보상체계가 점점 더 중요해지고 있다. 이를 효과적으로 운영하기 위해서는 장기적인 관계 관리, 공정한 성과 평가, 그리고 무임승차 방지 등 다양한 요소들을 균형 있게 고려해야 할 것이다.

팀 영업조직에서는 개인의 역량보다는 팀워크와 협력이 더 중요하다. 개인의 성과만으로는 고객의 다양한 요구사항을 충족하기 어렵기 때문에, 팀원들이 서로 협조하여 시너지를 내는 것이 필요하다. 팀 단위로 평가와 보상이 이루어지므로, 개인의 업적보다는 팀의 전체적인 성과를 높이는 것이 더 중요하다. 팀원들 간의 정보 공유와 의견 교환을 통해 업무 효율을 높이고, 고객 만족도를 향상시킬 수 있다.

영업실전 사례 12-2

"글로벌 다국적 기업 B2B 영업팀의 종합평가시스템"

글로벌 다국적 기업들의 특징은 일반적으로 근무형태, 급여, 인센티브, 복지 등 국내기업과는 다르게 업무중심 위주로 잘 구축되어 있다. 특히, 영업부의 평가시스템은 매출(성과지표) 비중이 큰 국내기업보다는 성과평가와 역량평가를 통합하여 평가하고 있다.

글로벌 A사 B2B 영업팀 평가시스템 사례

개인평가 = 성과평가(목표달성률 100% 이상) 80% + 역량평가 10% + 근무태도 10% = 100%
인센티브(개인 + 팀 + 회사) = 분기별 평가와 연간 평가
개인 분기목표 달성률 100%(개인) and 팀 목표달성률 100% 이상 달성 시, + ∂∂(팀)
개인 연간목표 달성률 100%(개인) and 회사 전체목표 100% 이상 달성 시, + ∂∂∂(회사)

종합적으로 개인평가는 영업성과와 역량평가, 그리고 근무태도를 종합적으로 평가하여 향후 회사 발전에 기여할 수 있는 인재로 육성하기 위한 목적으로 인사평가 시 적용되는 시스템이다. 또한 영업업무이므로, 타부서와는 다르게 인센티브 시스템이 잘 구축되어 있다. 개인 인센티브 외에 팀, 회사 인센티브가 추가로 구성되어 있어 개인목표 달성과 팀 또는 부서, 회사 모두 100% 이상 달성 시 인센티브는 규모는 상상 이상이다.

샘플 : 인센티브 평가 양식

Incentive Calculation by Product _ Team (Period : 1Q 2024)

Div	Team	Product	Name	Position	Status	T-%	Target	Actual	%	Team Incentive	Individual Incentive	Incentive Total
B2B	1팀	All	김**	사원	Y	40	40	42	105	1	1	2
		All	박**	주임	Y	60	60	68	113	1	1.5	2.5
	Team Total					100	100	110	110			

(Unit : Mio Won), Employment Status : Y : Employed, N : Resigned.

≫ 영업의 새로운 생각

1. B2B 영업조직에서 성과관리와 평가시스템은 중요하다. 그 이유는 무엇인가?
2. B2B 영업에서 성과지표로 활용되고 있는 KPI는 무엇인가?
3. B2B 영업성과에 대한 보상과 인센티브는 무엇이며, 성과와 보상의 연관성은 무엇을 의미하는가?

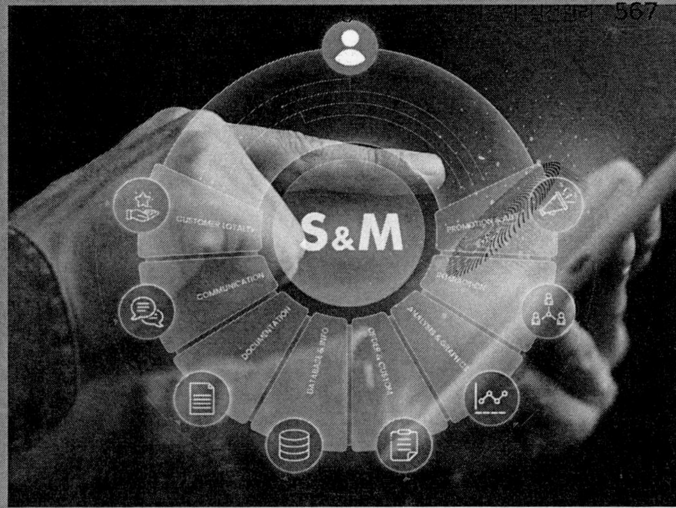

PART

4

해외고객가치영업 전략과 실전방법

Chapter_ 13

해외영업과 시장의 이해

해외영업은 매력적인 기회이자 동시에 다양한 도전과제를 동반한다. 언어, 문화, 규제, 유통 채널의 차이로 인해 많은 어려움이 발생할 수 있지만, 새로운 시장 개척과 성장의 기회를 얻을 수 있다는 점에서 매력적이다.

성공적인 해외영업을 위해서는 해당 국가와 시장에 대한 철저한 이해와 준비가 필수적이다. 우선, 시장 조사를 통해 거시적인 시장 동향과 경쟁사, 유통 채널, 마케팅 전략 등의 미시적인 요소들을 면밀히 분석해야 한다. 이를 통해 현지 고객의 니즈와 선호도를 파악하고, 이에 맞는 제품과 서비스를 개발해야 한다.

동시에 현지 규제와 유통 시스템에 대한 깊이 있는 이해가 필요하다. 이를 위해서는 현지 파트너십 구축이 도움이 될 수 있으며 현지 파트너와의 협력을 통해 규제 및 유통 시스템에 대한 정보를 얻고, 이를 효과적으로 활용할 수 있다.

또한 지속적인 시장 모니터링과 혁신을 통해 변화하는 시장 환경에 능동적으로 대응해야 한다. 이를 위해 현지 고객의 니즈와 선호도 변화, 경쟁사의 움직임, 새로운 규제 및 정책 등을 지속적으로 파악하고, 이에 맞춰 제품 및 서비스를 끊임없이 개선해야 한다.

1. 해외영업의 이해

해외영업(international business)은 국경을 넘어 다양한 국가와의 비즈니스를 수행하는 활동을 의미한다. 기업이 국제 시장에서 제품 또는 서비스를 판매하고 수익을 창출하려는 것이 목적이다. 이는 기존 국내 시장과는 다른 도전과 기회를 제공하며, 성공적인 해외영업은 국제적인 성장과 확장을 이끌어낼 수 있다.

국가직무능력 표준(National Competency Standard, NCS)에 의하면, 해외영업은 회사의 제품, 상품, 서비스를 해외 고객에게 판매하기 위하여 해외시장을 조사, 상품분석, 해외 마케팅 전략을 수립하고, 잠재고객을 발굴하여 거래를 제안, 협상하고, 계약을 체결하는 것을 주요 업무로 하며, 고객과의 계약 이행, 클레임 처리 및 고객관리를 포함한다. 이와 같이 해외영업은 기업이 글로벌 시장에서 경쟁력을 유지하고 성장하기 위해 필수적인 역할을 한다.

1.1 해외영업의 중요성

해외영업은 기업이 국내 시장에서 수익을 창출하는 것 이상의 가능성을 제공한다. 해외시장에서 제품과 서비스를 홍보하고 판매함으로써 국내 시장보다 더 많은 수익을 창출하고 새로운 고객층을 확보할 수 있다. 해외영업은 기업의 성장과 발전에 있어서 중요한 역할을 한다.

(1) 새로운 시장 개척

해외영업은 기업에게 매우 중요한 기회를 제공한다. 기업이 국내 시장에서는 얻을 수 없는 새로운 시장을 개척할 수 있게 되어 성장할 수 있으며 다양한 고객층에게 접근할 수 있는 길을 열어주어 기업의 비즈니스 영향력을 확대할 수 있다. 이러한 해외영업은 기업의 성공 여부를 크게 좌우할 수 있으므로, 기업은 국내 시장 뿐만 아니라 해외시장에서도 경쟁력을 유지하고 발전해나가는 것이 매우 중요하다. 기업은 해외시장에서의 경쟁력을 강화하기 위해 다양한 전략과 비즈니스 모델을 고민하고 적용해야 한다. 이를 위해 국제적인 비즈니스 경험과 전문성을 갖춘 인재를 채용하고, 현지 시장에 대한 깊은 이해와 조사를 통해 적정한 진출 전략을 수립해야 한다. 결국, 해외영업은 기업의 성장과 발전에 있어서 매우 중요한 역할을 하므로, 이를 잘 이해하고 대처하는 것이 기업의 경쟁력 확보에 큰 도움이 된다.

또한 해외시장에서의 경험을 쌓는 것은 기업의 경쟁력을 향상시키는 데에도 큰 도움이 된다. 해외시장에서는 다양한 문화와 규제, 법률 등의 도전적인 요소가 존재하기 때문에, 이를 극복하고 성공적인 비즈니스를 이루는 것은 큰 성취감을 주며, 기업의 역량을 키울 수 있다. 해외시장에서의 성공은 국내 시장에서의 이미지와 브랜드 가치를 높일 수 있다. 따라서 기업은 해외시장 개척을 통해 새로운 성장 동력을 확보하고, 글로벌 경쟁에서 우위를 점할 수 있는 기회를 잡아야 한다.

(2) 수익 다각화

기업의 수익을 다각화하고 안정성을 높이기 위해서는 국제 시장에서 다양한 활동을 전개하는 것이 중요하다. 국내 시장에서는 경쟁이 치열하고 변동성이 높기 때문에, 국제 시장에서의 다양한 활동을 통해 안정적인 수익을 얻을 수 있다. 예를 들어, 수출 활동을 전개하면 국제 시장에서의 수익을 얻을 수 있고, 해외 진출을 통해 다양한 시장에서의 수익을 확보할 수 있다. 또한 국제 시장에서의 다양한 활동은 기업의 안정성을 높일 수 있다. 국내 시장에서는 새로운 시장 진출이나 제품 출시가 어렵고, 경쟁이 치열하기 때문에, 국제 시장에서의 다양한 활동을 통해 안정성을 높일 수 있다. 예를 들어, 다양한 시장에서의 수익을 얻을 수 있으므로, 국내 시장에서의 변동성에 덜 영향을 받게 된다. 이를 통해 기업은 안정적인 경영을 유지할 수 있고, 장기적인 성장을 이룰 수 있다.

따라서 기업은 국제 시장에서의 다양한 활동을 통해 수익 다각화와 안정성 확보를 진행해야 한다. 이를 위해, 국제 시장에서의 경쟁 상황과 시장 트렌드를 파악하고, 적극적으로 활동해야 한다. 이렇게 함으로써, 기업은 안정적인 성장과 글로벌 기업으로서의 입지를 높일 수 있다.

(3) 글로벌 경쟁력 강화

해외영업은 기업이 글로벌 경쟁에서 높은 경쟁력을 확보하는데 중요한 역할을 한다. 이는 기업이 다양한 지역에서 경험과 노하우를 쌓아 국제 시장에서의 경쟁에서 우위를 가질 수 있게 해주기 때문이다. 해외영업을 통해 기업은 새로운 시장과 고객을 발견하고, 현재의 비즈니스 모델을 보완하고 발전시키는 데 큰 도움을 준다.

또한 해외영업은 기업이 새로운 비즈니스 파트너를 만나고, 협력을 강화하는 데도 중요하다. 이는 기업이 새로운 기술과 지식을 얻고, 협력사와의 관계를 통해 새로운 비즈니스 기회를 발굴할 수 있기 때문이다. 따라서 해외영업은 기업이 글로벌 시장에서 성공적인 경쟁을 위해 꼭 필요한 전략 중 하나이며, 이를 효과적으로 수행하는 것은 기업의 미래 성장과 발전에 큰 영향을 미친다.

(4) 글로벌 브랜드 강화

제품과 서비스의 품질이 높을수록 기업은 글로벌 시장에서 경쟁력을 갖추며, 국내 시장에서도 높은 평가를 받을 수 있다. 이는 기업의 브랜드 가치를 높이는 데도 도움이 된다. 글로벌 브랜드 강화를 위해서는 기업이 지속적인 연구개발과 혁신을 추구해야 한다. 새로운 기술을 도입하거나 기존 제품을 개선함으로써 고객들에게 더 나은 제품과 서비스를 제공할 수 있다. 이는 기업의 경쟁력을 높이고 브랜드 가치를 높이는 데 큰 역할을 한다.

기업은 제품 및 서비스의 특징과 장점을 강조하는 광고와 마케팅 전략을 구사함으로써 브랜드 인식을 높일 수 있다. 이는 고객들에게 브랜드의 가치와 이미지를 전달함으로써 글로벌 시장에서 더 큰 인지도와 인기를 얻을 수 있다. 따라서 기업은 글로벌 시장에서의 문화적 다양성을 이해하고 적극적으로 수용해야 한다. 이는 기업의 제품 및 서비스가 다양한 문화권에서도 수요를 받을 수 있도록 하며, 글로벌 시장에서의 인지도를 높이는 데도 중요한 역할을 한다.

(5) 비즈니스 네트워킹 강화

글로벌 시장은 기업에게 매우 중요한 기회와 경쟁력을 제공한다. 이러한 기회를 활용하기 위해서는 국내 기업들이 해외시장에서의 비즈니스 네트워크 구축을 강화해야 한다. 이를 위해서는 다양한 방법을 활용할 수 있다. 예를 들어, 국제 전시회에 참가하거나, 해외 고객과의 미팅을 통해 새로운 비즈니스 기회를 찾을 수 있다. 또한 해외 지사를 설립하거나, 협력 파트너와의 유대관계를 강화하여 글로벌 비즈니스 네트워크를 구축할 수 있다. 글로벌 경제환경에서 성공적인 비즈니스를 위해서는 해외 지사 설립 또는 협력 파트너와의 유대관계 강화가 필수적이다. 해외 지사를 설립함으로써 현지 시장 조사 및 고객과의 교류가 원활해지며, 빠른 대응과 소통이 가능해진다. 또한 협력 파트너와의 강력한 유대관계를 유지함으로써 글로벌 시장에서의 경쟁력을 강화할 수 있다. 이를 통해 글로벌 비즈니스 네트워크를 구축함으로써 기업의 성장과 안정적인 발전을 이룰 수 있다. 그러므로 해외 진출을 고려하는 기업들은 지속적인 해외 네트워크 구축에 주력해야 한다. 이러한 비즈니스 네트워크 구축을 통해 기업들은 새로운 고객을 발굴하고, 협력 파트너와의 유대관계를 강화하며, 다양한 제품과 서비스를 제공할 수 있다. 이는 기업의 성장과 발전에 큰 도움이 된다.

(6) 효과적인 비용 구조

기업이 생산 또는 제품을 해외에서 공급함으로써 비용을 효율적으로 관리할 수 있는 이유는 다양하다. 첫째, 해외에서 생산하면 낮은 인건비와 재료비로 제품을 생산할 수 있어 경쟁력을 유지하면서도 수익성을 높일 수 있다. 둘째, 해외에서 원자재를 구매하면 국내 시장보다 더 저렴한 가격으로 원자재를 구매할 수 있어 제품 가격을 낮출 수 있다. 이는 소비자들에게 더 매력적인 가격을 제공함으로써 시장에서 경쟁우위를 유지할 수 있는 장점이 있다.

해외 생산은 기업의 생산 비용, 노동 비용, 자재 비용 등을 최적화하여 경제적 이점을 얻을 수 있다. 예를 들어, 일부 국가에서는 정부 지원을 받아 생산을 할 경우 추가적인 혜택을 제공하는 경우가 있으며, 이를 통해 더 많은 이익을 얻을 수 있다. 또한 해외 생산을 통해 기업은 더 많은 시장을 공략할 수 있으며, 이를 통해 매출 증대와 함께 더 많은 경제적 이익을 얻을 수 있다.

하지만, 해외 생산과 원자재 구매는 일정한 위험도를 동반한다. 예를 들어, 해외 생산 시 발생하는 운송비, 관세, 환율 등의 추가 비용이 발생할 수 있으며, 이러한 위험을 줄이기 위해서는 철저한 계획과 전략이 필요하다. 또한 일부 국가에서는 환경 문제, 인권 문제 등의 사회적 문제가 존재할 수 있으므로 이러한 문제를 고려하여 적절한 조치를 취해야 한다.

1.2 해외영업의 특징

해외시장은 매우 복잡하며 다양한 특성을 가지고 있다. 각각의 시장은 지리적, 문화적, 경제적 배경 등에 따라 크게 다르며, 이에 따른 시장 트렌드와 소비자들의 취향도 다양하다. 해외시장에서 성공하려면 그 시장의 특성과 규제를 잘 이해하고, 해당 시장에 맞는 제품과 서비스를 제공해야 한다.

첫째, 이질성이 있다. 해외시장은 문화, 언어, 경제, 정치, 법률, 규제 등이 국내 시장과는 다른 특성을 가지고 있다. 이러한 이질성은 문화, 언어, 경제, 정치, 법률, 규제 등에서 나타난다. 이로 인해 해외시장에 진출하기 위해서는 해당 지역의 문화와 언어를 이해하고, 경제와 정치적인 상황을 파악해야 한다. 문화적인 이질성은 진입하는 국가나 지역에 따라 다양하다. 예를 들어, 일본에서는 손님에게 대접하는 방법이 매우 중요한 문화적 요소이다. 이에 따라 한국 기업이 일본 시장에 진출할 때, 일본의 문화적 특성을 고려하여 기업의 서비스나 제품을 개선하는 작업이 필요하다. 언어적 이질성도 중요한 문제이다. 서로 다른 언어를 사용하는 비즈니스를 진행할 때, 번역이나 통역 서비스를 제공하여 의사소통의 원활함을 유지할 필요성도 있으나 해외영업담당자는 해당 시장의 언어를 능통해야 한다. 경제적인 이질성은 당연한 문제이다. 각 국가나 지역은 자체적인 경제적 상황과 시장 구조를 가지고 있다. 이러한 이유로 인해, 기업은 해당 국가나 지역의 경제적 상황을 파악하여 적절한 영업 전략을 수립해야 한다. 정치적인 이질성도 중요한 문제이다. 각 국가나 지역은 자체적인 정치적인 상황과 법률, 규제 등을 가지고 있다.

둘째, 해외시장은 불확실성이 높다. 이는 변동성이 크고, 예상치 못한 상황이 발생할 가능성이 높기 때문이다. 예를 들어, 외국 환율 변동이나 정치적 불안정성 등의 요인으로 인해 시장 상황이 급격하게 변할 수 있다. 이러한 불확실성으로 인해 해외시장 진출 시 위험성이 높아지게 된다. 기업들은 해외 진출 전에 충분한 조사와 분석을 통해 현지 시장 상황을 파악하고, 위험 요인을 최소화할 수 있는 전략을 수립해야 한다. 또한 현지 법규와 문화 등의 요소를 고려하여 적극적인 대처가 필요하다. 그렇게 함으로써 기업들은 해외시장에서 안정적인 성장을 이룰 수 있을 것이다.

셋째, 해외시장은 높은 위험을 가지고 있다. 해외시장에서 높은 위험을 경험하는 것은 불가피하다. 우선, 신용위험은 해외 거래 시 발생할 수 있는 가장 큰 위험 중

하나이다. 해외 거래를 할 때, 상대방이 신용도가 낮아지면 거래가 불가능해질 수 있다. 따라서 신용도를 충분히 파악하고 대비책을 마련해야 한다. 정치적 위험도 고려해야 한다. 외교 관계의 변화, 국가 간 갈등, 테러리즘 등 다양한 정치적 위험이 존재한다. 이러한 위험에 대비하기 위해서는 해당 국가의 정치 상황을 충분히 파악하고 대비책을 마련해야 한다. 또한 자연재해도 예측할 수 없는 위험 요소이다. 해외에서 자연재해가 발생하면, 생산 과정이 중단되거나 제품의 품질에 영향을 미칠 수 있다. 이를 대비하기 위해서는 해당 지역에서 예상되는 자연재해를 파악하고 대비책을 마련해야 한다. 이러한 다양한 위험에 대비하기 위해서는 충분한 대비책을 마련해야 한다. 대비책은 각 위험 상황에 따라 다르게 마련되어야 하며, 상황 변화에 따라 적극적으로 대처해야 한다.

넷째, 해외시장 진출을 위해서는 높은 수준의 역량이 요구된다. 외국어 능력, 문화적 이해력, 글로벌 마인드, 문제 해결 능력, 협상 능력, 리더십 등의 역량이 필요하다. 이러한 역량 중 가장 중요한 것은 외국어 능력이다. 해외시장에서는 다양한 언어로 의사소통해야 하기 때문에 영어뿐만 아니라 다른 언어도 숙지할 필요가 있다. 또한 문화적 이해력도 매우 중요하다. 각 나라마다 다른 문화와 관습이 있기 때문에 이를 이해하고 적응하는 능력이 필요하다. 이를 통해 상대방과의 유대감을 형성하고, 비즈니스 관계를 더욱 강화할 수 있다. 글로벌 마인드와 문제 해결 능력도 해외시장에서 성공하기 위해 필수적인 역량이다. 해외시장에서는 다양한 문제와 상황이 발생하기 때문에 이를 해결하기 위한 능력이 필요하다. 글로벌 마인드를 갖춘 사람은 다양한 문화와 관습을 이해하고 존중하는 태도를 갖추어 상대방과의 관계를 원활하게 유지할 수 있다. 협상 능력과 리더십은 해외시장에서 성공하기 위한 능력 중 가장 중요한 것이다. 협상 능력을 갖춘 사람은 다양한 상황에서 유연하게 대처할 수 있으며, 상대방과의 협력을 이끌어내는 능력을 갖추고 있다. 리더십을 갖춘 사람은 팀을 이끌어 성과를 내는 능력을 갖추고 있으며, 해외시장에서도 팀을 이끌어 성과를 내는 능력이 필요하다.

따라서 해외시장 진출을 고려할 때에는 이러한 특성들을 충분히 고려하고 대비책을 마련해야 한다. 역량을 향상시키기 위해서는 꾸준한 노력과 교육이 필요하며, 이를 통해 글로벌 시장에서 경쟁력 있는 기업을 만들어 나가야 한다.

1.3 해외영업담당자의 필요 역량

해외영업담당자는 국내에서는 경험할 수 없는 다양한 문제와 상황에 직면하게 된다. 이들은 현지의 경쟁사나 고객의 요구사항을 파악하고, 이를 바탕으로 제품이나 서비스를 개선하거나 새로운 제품을 제공해야 한다. 언어, 문화, 인적 자원 등 다양한 측면에서 국내에서 일하는 것과는 매우 다른 환경에서 일하게 된다. 따라서 이들은 높은 커뮤니케이션 능력과 문제해결 능력 등의 역량이 요구된다.

최근 영업담당자의 역량은 기본적으로 비즈니스 마인드와 마케팅 컨셉을 바탕으로 산업의 전문지식과 제품지식, 그리고 의사소통, 협상, 판매기술 등 많은 역량이 필요하다. 법인고객 영업담당자 역량에서 논의하였듯이 다양한 시장과 다양한 고객을 대상을 상대로 영업하기 때문에 의외로 많은 역량이 필요하다. 특히 해외영업에 있어서는 추가적으로 아래와 같은 전문적인 역량이 필요하다.

(1) 커뮤니케이션 능력

해외영업 실무자는 다양한 국가와 지역에서 고객과 협력 업체와 소통하며 비즈니스를 진행하므로, 외국어 등 커뮤니케이션 능력은 매우 중요한 역량이다. 특히 국제 비즈니스에서는 영어가 공용언어로 사용되기 때문에, 영어 능력은 필수적이다. 영어를 유창하게 구사할 수 있으면, 대화와 협상에서 자신감을 가질 수 있으며, 비즈니스 파트너와의 관계를 원활하게 유지할 수 있다.

또한 목표 국가나 지역의 언어를 능숙하게 구사하는 것이 중요하다. 언어는 문화와 밀접한 관련이 있기 때문에, 상대방의 언어를 구사하는 것은 상대방과의 관계를 개선하고, 상호 이해를 촉진하는 데 큰 도움이 된다. 예를 들어, 중국이나 베트남을 대상으로 하는 경우, 중국어나 베트남어를 구사할 수 있다면, 현지인과의 교류를 원활히 할 수 있고, 더 나은 비즈니스 결과를 얻을 수 있다.

외국어 능력은 그냥 언어를 구사하는 것 이상의 의미를 가진다. 외국어를 구사하는 것은 상대방의 문화와 가치관을 이해하고 존중하는 것을 의미하기도 한다. 이는 상대방과의 관계를 더욱 깊게 유지할 수 있게 해주며, 글로벌 비즈니스에서 성공을 이루는 데 큰 역할을 한다.

(2) 해외시장 조사 및 분석 능력

오늘날 기업의 경쟁력을 높이기 위해서는 국내 시장뿐만 아니라 글로벌 시장 동향을 파악하고 분석하는 능력이 매우 중요하다. 전 세계적으로 빠르게 변화하는 시장 환경 속에서 새로운 제품, 기술, 경쟁사 등의 동향을 파악하고 분석하는 역량은 기업의 발전과 미래 전략 수립에 핵심적인 역할을 한다.

이를 위해 기업은 해외시장 조사를 통해 글로벌 소비자의 니즈와 선호도, 산업 트렌드, 경쟁사 동향 등을 면밀히 파악해야 한다. 이를 바탕으로 기업은 자사의 제품과 서비스를 글로벌 시장에 효과적으로 출시하고 적절한 위치 선점을 할 수 있으며, 빠르게 변화하는 시장 환경에 선제적으로 대응할 수 있는 전략을 수립할 수 있다. 또한 해외시장 분석을 통해 기업은 미래 시장의 성장 가능성과 잠재력을 예측할 수 있다. 이는 장기적인 관점에서 기업의 사업 방향성을 수립하는 데 도움이 될 것이다. 글로벌 시장에 대한 깊이 있는 이해와 분석 역량은 기업이 치열한 국제 경쟁 속에서 살아남고 성장하는 데 필수적이다. 따라서 오늘날 해외시장 조사 및 분석 능력은 현대 기업 경영에 있어서 핵심적인 역량으로 평가받고 있다. 기업은 이러한 역량을 갖추기 위해 지속적으로 투자하고 전문성을 높여나가야 할 것이다.

(3) 문화 이해와 적응력

국제 비즈니스 환경에서 문화 이해와 적응력은 매우 중요한 요소이다. 문화적 차이에 대한 이해와 존중은 필수적이다. 각 국가마다 고유한 가치관, 전통, 행동 양식이 존재하므로, 이를 깊이 있게 파악하고 존중하는 태도가 중요하다. 예를 들어, 아시아 국가에서는 상대방에 대한 공손함과 겸손함이 중요시되지만, 유럽이나 북미 국가에서는 더 직설적이고 개인주의적인 태도가 일반적이다. 이러한 차이를 이해하지 못하면 원활한 의사소통과 신뢰관계 형성에 어려움을 겪을 수 있다. 따라서 상대국의 문화와 전통에 대한 깊이 있는 학습과 이해가 필수적이다.

또한 국제 비즈니스 환경에서는 끊임없이 변화하는 상황에 신속하고 유연하게 적응할 수 있는 능력이 요구된다. 비즈니스 환경은 예측할 수 없는 변수가 많기 때문에, 새로운 도전과 기회에 능동적으로 대처할 수 있는 자질이 중요하다. 예를 들어, 협력 업체의 의사결정 프로세스나 고객의 선호도가 변화할 경우, 이에 맞춰 신속하게 전략을 조정할 수 있어야 한다. 이처럼 문화적 차이에 대한 이해와 더불어 변화하는 상황에 유연하게 적응할 수 있는 능력은 국제 비즈니스 성공의 핵심 요소라고 할 수 있다.

나아가 이러한 문화 이해와 적응력을 바탕으로 상대방과의 신뢰관계를 구축하는 것도 중요하다. 장기적인 비즈니스 협력을 위해서는 상호 존중과 이해를 바탕으로 한 좋은 관계 형성이 필수적이다. 단순한 거래를 넘어 상호 신뢰와 존중의 관계를 구축하기 위해서는 지속적인 노력이 필요하다. 이를 통해 더 안정적이고 효과적인 국제 비즈니스 협력을 이루어 나갈 수 있을 것이다.

(4) 국제 거래 및 통관 지식

국제 거래 및 통관 지식은 현대 기업이 글로벌 시장에서 성공하기 위해 필수적인 역량이다. 각 국가마다 고유한 관세 체계와 통관 절차를 가지고 있기 때문에, 이에 대한 깊이 있는 이해가 없다면 국제 거래 시 다양한 어려움에 직면할 수 있다. 예를 들어, 수입국의 까다로운 통관 규정으로 인해 통관 지연이나 추가 비용 발생 등의 문제가 생길 수 있다.

이러한 관세와 통관 절차에 대한 이해는 기업의 국제 물류 관리에 있어서도 매우 중요한 요소이다. 수출입 화물의 통관 과정을 효율적으로 관리하지 못하면 배송 지연, 운송비 증가 등의 문제가 발생할 수 있다. 따라서 기업은 각 국가의 통관 절차와 관련 규정을 면밀히 파악하고, 이를 바탕으로 최적의 국제 물류 체계를 구축해야 한다.

또한 국제 무역 규정에 대한 이해도 필수적이다. 국가 간 무역을 원활하게 하기 위해 마련된 이러한 규정을 위반할 경우, 통관 거부, 벌금 부과 등의 법적 제재를 받을 수 있다. 특히 최근 들어 각국 정부의 보호무역주의 강화로 인해 이러한 국제 무역 규정들이 점점 더 엄격해지고 있는 추세이다. 따라서 기업은 관련 규정을 면밀히 파악하고 이를 준수해야 한다.

이처럼 국제 거래와 통관, 무역 규정에 대한 종합적인 지식과 이해력은 기업이 글로벌 시장에서 성공적으로 활동하기 위한 핵심 역량으로 간주되고 있다. 이를 바탕으로 기업은 효율적인 국제 경영 전략을 수립할 수 있게 된다. 더 나아가 이러한 역량은 기업의 글로벌 경쟁력 제고에도 기여할 것이다.

뿐만 아니라, 국제물류와 운송시스템에 대한 지식도 필요하다. 국제물류는 국가

간 물품의 이동을 관리하는 분야로, 이를 잘 이해하고 관리해야 국제 거래를 성공적으로 진행할 수 있다. 또한 운송시스템에 대한 지식도 필요하다. 국제 거래에서 물품의 이동은 항공, 해상 등 다양한 운송수단을 이용한다. 이에 따라 각 운송수단의 특성과 이용 방법에 대한 이해가 필요하다. 따라서 국제 거래 및 통관 지식, 국제물류, 운송시스템에 대한 지식을 잘 습득하고 이를 활용하는 능력은 현대 비즈니스에서 매우 중요한 경쟁력 요소이다.

2. 해외시장의 이해

해외시장 이해는 성공적인 해외 진출을 위한 필수 조건이다. 해외시장은 국내시장과는 매우 다른 특성을 가지고 있기 때문에, 이를 이해하고 적절한 전략을 수립하는 것이 중요하다. 현지의 비즈니스 관행이나 법률 등도 이해해야 하며, 이를 고려하지 않으면 예상치 못한 문제가 발생할 수 있다.

해외시장 진출은 기업의 성장과 발전을 위한 중요한 전략이지만, 성공적인 해외 진출을 위해서는 해외시장에 대한 심층적인 이해가 필수적이다. 해외시장의 특성, 문화, 규제, 경쟁환경 등을 파악하지 못하면 예상치 못한 어려움에 직면할 수 있으며, 기대했던 성과를 달성하지 못할 수 있다.

2.1 해외시장의 특징

해외시장을 이해하기 위해서는 여러 가지 요소들을 고려해야 한다. 그 중에서도 가장 먼저 고려해야 할 것은 해외시장의 특징이다. 해외시장의 특징을 파악하면서 어떤 제품이나 서비스가 그 나라에서 선호되는지, 어떤 문화적인 요소들이 영향을 미치는지 등을 파악할 수 있다.

(1) 해외시장의 다양성

해외시장은 매우 다양하다. 국가마다 문화, 언어, 법률, 관습, 소비자 성향, 구매력 등이 모두 다르기 때문에 동일한 제품이라도 각 시장에서 다른 반응을 보일 수 있다. 예를 들어, 같은 자동차 모델이라도 미국에서는 엔진이 큰 것을, 유럽에서는 연비가 좋은 것을 선호할 수 있다. 한국 소비자들은 브랜드 이미지와 디자인을 중요하게 여기는 반면, 일본 소비자들은 기능성과 내구성을 더 중시할 수 있다. 이처럼 국가별로 선호하는 제품 특성이나 구매 행동이 다르기 때문에, 기업들은 각 시장의 특성을 면밀히 분석하고 현지화 전략을 수립해야 한다. 단순히 동일한 제품을 전 세계에 공급하는 것이 아니라, 지역 시장에 맞춰 제품 및 마케팅을 차별화해야 소비자들의 니즈를 충족시킬 수 있다.

이러한 다양성으로 인해 해외시장 진출 시 기업은 각 시장의 특성을 면밀히 분석하고 이해해야 한다. 시장조사를 통해 현지 문화와 소비자 행동 패턴을 파악하고, 이를 반영한 제품 개발과 영업 전략을 수립해야 한다. 또한 현지 법규와 통관 절차 등에 대한 이해도 필수적이다. 이를 위해서는 현지 인력을 적극적으로 활용하여 현지화 역량을 강화하는 것이 중요하다. 현지 직원을 영업, 마케팅, 고객 서비스 등 다양한 분야에 배치하여 소비자와의 긴밀한 소통을 도모할 수 있다. 이를 통해 기업은 시장의 다양성에 유연하게 대응할 수 있게 된다. 해외시장 진출 기업은 각 국가의 고유한 특성을 깊이 있게 이해하고, 이를 반영한 현지화 전략을 수립해야 하며 이러한 노력을 통해 기업은 다양한 해외시장에서 지속적으로 성장할 수 있을 것이다.

(2) 해외시장의 불확실성

해외시장은 불확실성이 높다. 해외시장의 불확실성은 기업들에게 많은 도전과 위험을 초래한다. 이는 다양한 경제적, 정치적, 사회적 요인들이 복합적으로 작용하여 시장 상황 변화를 정확히 예측하기 어렵기 때문이다.

국제 정세 변화에 따른 무역장벽 증가, 환율 변동, 현지 정부 정책 변화 등은 기업의 해외 진출 계획을 수정해야 하는 상황을 만들어낼 수 있다. 예를 들어, 최근 미-중 무역 분쟁으로 인해 해당 지역에 진출한 기업들은 관세 인상과 공급망 교란 등의 어려움을 겪고 있다. 또한 유로화 약세로 인한 수출 기업의 가격 경쟁력 하락, 신흥국 정부의 보호무역 정책 강화 등도 기업들의 해외 사업 운영에 큰 영향을 미치고 있다.

뿐만 아니라 현지 문화와 소비자 수요의 차이, 경쟁환경 변화 등도 해외시장 진출 기업에게 큰 도전과제가 된다. 특히 선호도가 높은 제품과 브랜드, 유통 채널, 마케팅 전략 등이 국가마다 다르기 때문에, 기업들은 현지화 역량을 강화해야 한다. 예를 들어, 중국 시장에 진출한 외국 기업들은 현지 소셜미디어와 모바일 결제 등을 적극 활용하고 있다. 따라서 해외시장 진출 기업들은 이러한 다양한 불확실성 요인들을 면밀히 분석하고, 신속하게 대응할 수 있는 유연성과 전략적 대응 능력을 갖추어야 한다. 이를 통해 해외시장에서 지속가능한 성장을 이룰 수 있을 것이다.

이러한 불확실성으로 인해 해외시장 진출을 고려하는 기업들은 철저한 시장 조사와 위험 관리 전략을 수립해야 한다. 현지 파트너와의 협력을 통해 현지 시장에 대한 이해를 높이고, 다양한 시나리오 분석을 통해 잠재적인 위험 요인을 사전에 파악할 필요성이 있다. 유연한 대응책을 마련하여 급변하는 시장 상황에 효과적으로 대처할 수 있어야 한다. 이러한 노력은 기업의 해외시장 성공을 위한 필수적인 요소라고 할 수 있다. 해외시장 진출에는 많은 기회와 함께 큰 위험이 존재하지만, 철저한 준비와 적극적인 대응을 통해 이러한 불확실성을 극복할 수 있다.

(3) 해외시장의 경쟁심화

해외시장에서의 경쟁은 그 어느 때보다 치열해지고 있다. 글로벌 대기업들은 자금력, 브랜드 인지도, 연구개발 투자 등의 강점을 토대로 기술 혁신을 거듭하며 시장을 주도하고 있다. 이들은 전 세계에 걸친 생산 거점과 판매망을 구축하여 공급망을 강화함으로써 시장 지배력을 더욱 공고히 하고 있다.

한편, 중국, 인도 등 신흥국 기업들의 부상으로 경쟁 구도가 빠르게 변화하고 있다. 이들 기업은 풍부한 인력과 낮은 생산 비용을 바탕으로 가격 경쟁력을 확보하고 있다. 특히 자국 시장에서의 성공 경험을 토대로 끊임없는 기술 혁신과 품질 향상을 이루어내며, 글로벌 시장에서도 빠르게 입지를 넓혀가고 있다.

이들 신흥국 기업들은 단순히 가격 경쟁력에만 의존하는 것이 아니라, 적극적인 R&D 투자와 첨단 기술 개발을 통해 제품의 기술 수준과 품질을 높이고 있다. 또한 현지 시장에 대한 깊이 있는 이해와 이를 바탕으로 한 차별화된 제품 전략을 구사함으로써, 기존 선진국 기업들과의 경쟁에서도 우위를 점하고 있다.

이러한 신흥국 기업들의 도전은 글로벌 시장 구도를 근본적으로 변화시키고 있다. 선진국 기업들 역시 이들의 추격에 대응하기 위해 더욱 혁신적인 제품과 서비스를 개발하고, 신흥시장 공략을 강화하는 등 다각도로 노력을 기울이고 있다. 이에 따라 앞으로 더욱 치열한 글로벌 경쟁이 펼쳐질 것으로 전망된다.

이처럼 기술력과 자금력을 앞세운 글로벌 대기업과 빠른 성장세의 신흥국 기업 간의 경쟁이 치열해짐에 따라, 기업들은 제품 혁신, 가격 경쟁력 확보, 글로벌 공급망 강화 등 다양한 전략을 수립할 필요가 있다. 특히 빠르게 변화하는 시장 환경 속에서 기업들의 전략적 선택과 실행력이 더욱 중요해지고 있다.

이러한 치열한 경쟁 구도 속에서, 기업들은 자사만의 차별화된 경쟁력을 확보하기 위해 지속적으로 노력해야 할 것이다. 단순히 기술과 자본력으로는 더 이상 시장을 주도할 수 없게 되었기 때문에 오히려 빠르게 변화하는 소비자 요구에 신속하게 대응하고, 차별화된 제품과 서비스를 제공하는 것이 중요해지고 있다.

또한 기업들은 글로벌 공급망 관리와 제조 역량 강화를 통해 생산의 유연성과 효율성을 높이는 한편, 전략적 제휴와 인수합병 등을 통해 시너지 효과를 창출하는 노력도 기울일 필요가 있다. 이러한 다각적인 노력을 통해 기업들은 치열한 해외시장 경쟁에서 우위를 확보하고자 노력하고 있다.

(4) 해외시장의 복잡성

해외시장은 복잡성이 높다. 해외시장은 다국적 환경으로 구성되어 있어 다양한 문화와 언어, 법률, 규제 등의 차이로 인해 높은 복잡성을 가지고 있다. 각 국가마다 수출에 필요한 절차, 관세, 세금 등이 서로 다르기 때문에 이에 대한 전문적인 지식과 경험이 필수적이다. 이러한 복잡성은 기업들이 해외시장에 진출할 때 많은 어려움을 겪게 만든다. 언어와 문화적 차이로 인한 의사소통 문제, 복잡한 통관 절차와 관세 규제 등은 기업들에게 부담으로 작용한다.

또한 현지 법규와 정부 정책의 변화에 신속하게 대응하지 못하면 큰 손실을 입을 수 있다. 그러나 이러한 복잡성과 어려움을 극복할 수 있는 기업들은 글로벌 시장에서 경쟁우위를 가질 수 있다. 이러한 기업들은 현지화된 제품 및 서비스를 제공하며, 고객의 문화적, 언어적, 지리적 특성을 고려하여 영업 전략을 전개한다. 이는 해당 국가의 고객과의 신뢰를 구축하고, 그들의 요구를 충족시키는 데 중요하다. 기업들은 현지 인재를 고용하고, 현지 사업자들과 협력하여 현지 시장의 동향을 파악하고 대응한다. 이러한 전략적인 접근 방식은 기업의 글로벌 성장과 성공에 매우 중요하다. 따라서 기업들은 해당 국가의 문화와 비즈니스 관행을 학습하고 존중하며,

현지화된 전략을 구성하여 글로벌 시장에서 경쟁우위를 유지할 필요가 있다. 해외 시장에 진출하기 전에 충분한 조사와 분석을 통해 해당 시장의 특성을 파악하고 그에 맞는 전략을 세워야 하며 현지의 파트너를 구하는 것도 중요한 요소 중 하나이다. 현지 파트너를 통해 언어, 문화, 법률, 세금 등의 다양한 문제를 해결할 수 있으며, 시장 진입에 필요한 정보와 노하우를 얻을 수 있다.

2.2 주요 해외시장 현황

세계 주요 해외시장은 북미 시장, 유럽 시장, 아시아 시장, 남미 시장, 중동 시장, 아프리카 시장으로 구성된다. 각 시장은 각기 다른 특성을 가지고 있다.

(1) 북미 시장

북미 시장은 미국과 캐나다를 중심으로 구성되어 있다. 이 지역은 고소득 국가들이 많아서 소비력이 높다. 높은 수준의 제품과 서비스를 제공할 수 있는 기업들은 북미 시장에서 큰 성공을 거둘 수 있다.

또한 북미 시장에서는 새로운 기술과 제품에 대한 수요가 매우 높다. 이는 혁신적인 제품이 출시되는 경우가 많다는 것을 의미한다. 기업들은 지속적인 연구개발과 혁신적인 제품 개발에 많은 노력을 기울여야 한다.

북미 시장에서는 또한 환경 문제에 대한 관심도 높다. 따라서 친환경 제품이나 서비스에 대한 수요도 높아지고 있다. 이에 따라 기업들은 친환경 제품을 개발하거나, 환경 보호에 기여하는 활동을 진행함으로써 시장에서의 경쟁우위를 유지할 수 있다.

마지막으로 북미 시장에서는 인터넷 쇼핑몰이 지난 몇 년간 큰 성장을 이루고 있다. 이는 인터넷과 모바일 기술의 발전으로 인해 소비자들이 온라인에서 제품을 구매하는 비중이 높아진 것을 의미한다. 이로 인해 기업들은 온라인 마케팅 및 온라인 쇼핑몰 운영 능력을 강화해야 한다. 온라인 쇼핑몰이 성장하는 이유는 다양하다. 첫째, 인터넷을 통해 제품 정보를 더 쉽게 얻을 수 있다는 점이다. 소비자들은 제품의 특징, 가격, 리뷰 등을 온라인에서 쉽게 찾을 수 있기 때문에 더 많은 제품을 비교하고 선택할 수 있다. 둘째, 온라인 쇼핑몰은 24시간 온라인에서 제품을 판매하기 때문에 소비자들은 언제든지 원하는 시간에 쇼핑을 할 수 있다. 셋째, 온라인 쇼핑몰은 오프라인 매장보다 더 많은 제품을 보유하고 있기 때문에 더 다양한 선택지를 제공한다. 이러한 이유로 인해, 기업들은 온라인 마케팅 및 온라인 쇼핑몰 운영 능력을 강화해야 한다. 소비자들이 제품을 더 쉽게 찾을 수 있도록 웹사이트 검색 최적화, 소셜미디어 마케팅, 이메일 마케팅 등 다양한 방법으로 이루어진다.

(2) 유럽 시장

다양한 문화와 언어를 가진 다양한 국가들로 이루어져 있다. 이에 따라, 각 국가마다 다른 소비 선호도가 존재한다. 예를 들어, 이탈리아에서는 커피와 와인이 인기 있지만, 영국에서는 차가 더 선호된다. 유럽 각 국가들은 지역적 특성에 따라 다른 식품과 음식을 즐기기도 한다. 예를 들어, 스페인에서는 타파스와 파에야가 유명하지만, 프랑스에서는 크로와상과 치즈가 유명하다.

또한 유럽연합이 형성되어 있어서 교역이 활발하고, 공동 시장으로서의 특성을 가지고 있다. 이는 유럽 시장에서 다양한 제품을 구매할 수 있는 기회를 제공하며, 국제적인 경쟁력을 키울 수 있는 환경을 제공한다. 유럽 각 국가들은 이를 활용하여 다양한 제품을 생산하고 수출하며, 이는 유럽 시장의 경제성장에 큰 기여를 한다.

그러나 유럽 시장에서는 언어와 문화 차이 때문에 비즈니스를 진행하는 데 어려움이 따르기도 한다. 이를 해결하기 위해서는 다양한 언어를 구사하는 인재를 고용하거나, 현지 업체와의 협력을 강화하는 등의 노력이 필요하다. 또한 각 국가의 법률과 규제에 대한 이해도가 필요하며, 이를 준수하는 것이 중요하다.

유럽 시장에서 비즈니스를 진행하는 것은 언어와 문화 차이 때문에 어려울 수 있다. 예를 들어, 독일에서 비즈니스를 하기 위해서는 독일어를 구사하는 것이 필수적이다. 독일에서는 비즈니스를 진행하는 방식이 한국과는 다를 수 있다. 이러한 문제를 해결하기 위해서는 다양한 언어를 구사하는 인재를 고용하거나, 현지 업체와의 협력을 강화하는 등의 노력이 필요하다. 각 국가의 법률과 규제에 대한 이해도가 필요하다. 예를 들어, EU의 일반 데이터 보호 규정인 일반정보보호 규정(General Data Protection Regulation, GDPR)을 준수해야 한다. GDPR은 개인정보 보호를 강화하고, 데이터 처리에 대한 명확한 규칙을 제공한다. GDPR을 준수하지 않으면 벌금이 부과될 수 있다.

또한 유럽 시장에서는 비즈니스 관행이 다르기 때문에, 현지 업체와의 협력이 중요하다. 현지 업체와의 협력을 통해, 비즈니스 관행에 대한 이해도를 높이고, 문화 차이를 극복할 수 있다. 현지 업체와의 협력을 통해, 제품이나 서비스를 현지 시장에 맞게 수정하거나, 영업 전략을 조정할 수 있다.

(3) 아시아 시장

세계에서 가장 큰 시장 중 하나이다. 이 지역은 인구가 많고, 다양한 문화와 언어를 가진 지역으로, 각 국가마다 다른 소비 선호도와 문화적 특성이 존재한다. 예를 들어, 일본은 고가의 제품을 선호하고, 중국은 저가의 제품을 선호한다. 이러한 소비 선호도는 제품 개발 및 마케팅 전략에 영향을 미치며, 기업들은 이를 고려하여 제품을 출시한다.

아시아 시장은 개발도상국과 선진국이 공존하는 매우 다양하고 역동적인 지역이다. 이러한 환경 속에서 기업들은 더욱 치열한 경쟁에 직면하게 된다. 예를 들어, 한국은 반도체와 자동차 산업에서 세계적인 경쟁력을 보유하고 있으며, 중국은 제조업 분야에서 급속한 성장을 이루어왔다. 특히 최근 들어 아시아 시장은 디지털 혁신의 중심지로 부상하고 있다. 인터넷과 스마트폰 보급이 늘어나면서 소비 패턴이 오프라인에서 온라인으로 빠르게 전환되고 있다. 이에 따라 기업들은 새로운 디지털 기반 비즈니스 모델을 모색하고 있다. 온라인 플랫폼, 모바일 앱, 전자상거래 등 다양한 디지털채널을 통해 고객과 소통하고 있으며, 데이터 분석을 통한 맞춤형 서비스 제공으로 경쟁우위를 확보하고자 노력하고 있다.

이처럼 아시아 시장은 선진국과 개발도상국의 공존, 치열한 기업 간 경쟁, 그리고 급격한 디지털 혁신이라는 복합적인 특징을 보이고 있다. 이러한 역동성 속에서 아시아 기업들은 새로운 기회를 발굴하고 혁신을 거듭해 나가고 있다. 아시아 시장은 더욱 성장 가능성이 있는 지역으로, 기업들은 이러한 가능성을 놓치지 않고 적극적으로 진출하고 있다. 그러나 각 국가마다 다른 문화와 법규제, 경쟁 상황 등에 대한 이해와 대처가 필요하며, 이를 고려한 전략 수립이 필요하다.

(4) 남미 시장

남미 시장은 매우 다양한 경제적 및 문화적 특성을 가진 매력적인 지역이다. 각 국가마다 자국의 강점 산업과 주력 수출품목이 다르게 발달하면서 서로 다른 경쟁 구도를 형성하고 있다. 브라질의 경우, 세계 최대의 커피와 설탕 생산국으로 잘 알려져 있다. 또한 철광석과 석유 등의 풍부한 광물 자원을 보유하고 있어 이를 주요 수출품으로 활용하고 있다. 콜롬비아는 고품질 커피와 함께 다양한 광물 자원 및 꽃 등을 수출하는 국가이다. 아르헨티나는 육류와 대두 등 농산물 수출로 두각을 나타내고 있다. 이처럼 각국의 자원 및 산업 구조의 차이로 인해 상호 보완적인 무역 관계를 형성하고 있다.

남미 시장은 최근 들어 지역 경제 통합체인 메르코수르(Mercosur)가 활성화되면서 큰 변화를 겪고 있다. 메르코수르는 브라질, 아르헨티나, 우루과이, 파라과이 등 주요 남미 국가들이 참여하고 있는데, 이들 국가는 서로 경쟁하며 자국 상품의 가격 경쟁력에 힘쓰고 있다. 이에 따라 남미 지역 소비자들은 다양한 상품을 저렴한 가격에 구매할 수 있게 되었다. 과거에는 개별 국가 시장 내에서만 유통되던 상품들이 이제는 국경을 넘나들며 남미 전역으로 퍼져나가고 있다. 이로 인해 소비자들의 선택권이 크게 늘어난 것이 특징이라 할 수 있다. 또한 국가 간 관세 장벽 완화와 물류 인프라 구축 등 메르코수르의 경제 통합 정책도 역내 교역 확대에 크게 기여하고 있다. 이에 따라 향후 남미 지역 시장은 더욱 통합되고 활성화될 것으로 전망된다.

이처럼 남미 시장은 풍부한 자원, 활발한 역내 교역, 치열한 국가 간 경쟁 등의 특징을 지닌 매력적인 지역이다. 각국의 고유한 강점 산업과 다양한 수출품목은 이 지역 경제의 핵심 동력이 되고 있으며, 이를 통해 소비자들에게 보다 다양하고 저렴한 선택지를 제공하고 있다.

(5) 중동 시장

중동 지역은 다양한 산업 분야에서 유망한 기회를 제공하고 있다. 특히 에너지, 건설, IT, 소비재 산업 등이 주목할 만한 성장세를 보이고 있다. 먼저, 에너지 분야에서는 전통적인 석유와 가스 산업뿐만 아니라, 태양광 및 풍력 발전 등 신재생에너지 산업의 발전이 두드러지고 있다. 이는 중동 지역의 풍부한 에너지 자원과 정부 차원의 신재생에너지 육성 정책에 힘입은 바가 크다.

건설 분야에서도 중동 지역은 활황을 누리고 있다. 인프라 구축과 도시화 프로젝트가 지속적으로 진행되면서 건설 산업과 관련 기자재 및 서비스 업체들에게 다양한 기회가 열리고 있다. 특히 사우디아라비아, UAE, 카타르 등 산유국 중심으로 대규모 인프라 투자가 이루어지고 있다.

IT 분야에서도 중동 시장은 주목할 만한 성장세를 보이고 있다. 인공지능, 빅데이터, 클라우드 컴퓨팅 등 첨단 기술이 활발하게 도입되고 있으며, 이를 개발하고 제공하는 기업들이 새로운 기회를 모색하고 있다. 정부 차원의 디지털 혁신 정책도 IT 산업 발전을 견인하고 있다.

또한 소비재 시장도 중동 지역의 중요한 산업 분야 중 하나이다. 특히 음식, 음료, 의류, 화장품 등의 분야에서 높은 수요가 예상되고 있으며, 이 분야에서 한국 기업들의 활약이 두드러지고 있다.

이처럼 중동 시장은 에너지, 건설, IT, 소비재 등 다양한 영역에서 지속적으로 성장할 것으로 전망되며, 이는 한국 기업들에게도 많은 기회를 제공할 것으로 기대된다. 다만 문화적 차이와 정치·경제적 불확실성 등의 리스크 요인도 고려해야 할 것이다.

(6) 아프리카 시장

아프리카 대륙은 다양한 국가와 지역으로 이루어져 있어서 각각의 시장이 다른 특성을 보인다. 일부 지역에서는 광물 자원 산업이 발달하고 있으며, 이를 바탕으로 한 산업들이 큰 비중을 차지하고 있다. 예를 들어, 남아프리카에서는 금, 다이아몬드, 플래티넘 등의 광물 자원이 풍부하게 존재하여 광업이 큰 역할을 한다. 이에 따라 광업 관련 서비스 및 장비 제조업체들이 큰 기회를 찾을 수 있다.

일부 지역에서는 인프라 건설이 매우 활발하게 이루어지고 있다. 대표적으로 동부 아프리카 지역에서는 전력, 수도, 도로 등의 인프라 개발이 필요한 상황이며, 이에 따라 건설 기자재 및 건설 서비스 업체들이 큰 기회를 찾을 수 있다. 아프리카 대륙 전체에서는 인구 증가율이 높아지고 있어서 소비재 시장이 크게 성장하고 있다. 특히, 도시화가 진행되면서 생활용품, 음식, 의류 등의 소비재 시장이 점점 커지고 있다. 이에 따라 소비재 업체들도 아프리카 시장에서 큰 기회를 찾을 수 있다. 아프리카 대륙은 다양한 문제들을 해결하기 위해 해외 기업들의 진출을 환영하고 있다. 예를 들어, 교육, 보건, 에너지 등의 분야에서는 해외 기업들의 기술과 자금이 필요하기 때문이다.

3. 해외시장 진출의 성공요인

해외시장 진출은 기업의 성장과 발전을 위해 중요한 전략이 될 수 있지만, 성공적인 진출은 쉽지 않다. 많은 기업들이 해외시장 진출을 시도하지만, 다양한 어려움과 문제로 인해 실패하기도 한다. 해외시장 진출의 성공과 실패에는 여러 요인이 영향을 미치지만, 특히 해외시장 진출전략과 이에 따른 마케팅 및 영업 전략의 실행이 성공을 좌우하는 요인이라 할 수 있다.

3.1 전략적 요인

해외시장 진출은 단순히 시장 기회를 포착하는 것만으로는 가능하지 않다. 성공적인 진출을 위해서는 철저한 사전 준비와 체계적인 전략 수립이 필수적이다.

(1) 해외진출시장의 전략적 선택

해외사업의 성공은 진출할 시장의 선택에 크게 좌우된다. 기업이 해외시장에 성공적으로 진출하기 위해서는 철저한 시장 조사와 분석이 선행되어야 한다. 기업은 진출하고자 하는 해외시장에 대한 세부적인 정보를 수집하고 분석해야 한다. 이를 통해 해당 시장의 경쟁환경, 소비자 동향, 문화적 특성 등을 면밀히 파악해야 한다.

이 과정에서 특히 주목해야 할 것은 세분화된 소비자 분석이다. 기업은 진출하고자 하는 시장의 인구통계학적 특성, 구매 패턴, 선호도, 니즈 등을 면밀히 조사해야 한다. 이를 통해 타깃 고객을 명확히 정의하고, 그들의 요구사항을 정확히 파악할 수 있다. 또한 경쟁 기업의 전략과 시장점유율 등을 분석하여 자사의 경쟁력을 높일 수 있는 방안을 모색해야 한다.

동시에 기업 내부의 자원과 역량에 대한 면밀한 진단도 이루어져야 한다. 기업이 보유한 기술, 자금, 인력, 브랜드 파워 등의 강점과 약점을 면밀히 분석하여 해외시장 진출에 활용할 수 있는 자원을 확인해야 한다. 이를 바탕으로 기업은 자사의 강점을 잘 발휘할 수 있는 최적의 해외시장을 전략적으로 선택해야 한다.

이처럼 해외시장 진출을 위해서는 외부 환경 분석과 내부 역량 진단이 필수적이다. 기업은 이를 통해 자사에 가장 적합한 해외시장을 선정하고, 이 시장에서 성공할 수 있는 구체적인 진출 전략을 수립해야 한다. 이러한 체계적인 준비 과정이 뒷받침되어야만 기업이 해외 사업에서 성공을 거둘 수 있을 것이다.

특히 해외시장 진출 시에는 현지화 전략이 매우 중요하다. 단순히 국내에서 성공한 제품이나 서비스를 그대로 해외에 적용하기보다는 현지 문화와 소비자 특성을 면밀히 고려하여 맞춤형 제품 및 영업 전략을 수립해야 한다. 이를 통해 현지 소비자의 니즈를 정확히 충족시킬 수 있으며, 경쟁우위를 확보할 수 있다. 또한 현지 파트너십 구축, 유통채널 확보, 법규 및 규제 대응 등 다양한 현지화 노력이 필요하다.

(2) 현지 시장에 맞는 전략 개발

현지 시장에 맞는 전략을 수립해야 한다. 기업이 해외시장에 진출할 때는 국내에서 성공한 전략을 그대로 적용하는 것은 위험할 수 있다. 왜냐하면 각 국가마다 소비자의 니즈와 문화적 배경이 다르기 때문이다. 따라서 기업은 반드시 현지 시장의 특성을 면밀히 분석하고 이를 전략에 반영해야 한다. 예를 들어, 맥도날드는 국가별로 메뉴를 현지 맛에 맞게 변형하여 성공적으로 진출할 수 있었다. 한국에서는 불고기 버거와 같은 토속적인 메뉴를 선보였고, 중국에서는 전통 문화를 반영한 광고로 현지 소비자들의 호응을 얻었다. 이처럼 현지 소비자의 니즈와 문화적 특성을 깊이 있게 이해하고 이를 전략에 반영하는 것이 매우 중요하다.

해외시장 진출 시 이러한 노력은 단순히 현지화에 그치지 않는다. 기업은 현지 소비자들의 욕구를 충족시킬 수 있는 차별화된 제품과 서비스를 개발해야 한다. 현지 매체를 활용한 맞춤형 마케팅 전략을 수립하는 것도 필수적이다. 이러한 노력을 통해 기업은 현지 시장에서의 경쟁력을 강화하고 지속가능한 성장을 이룰 수 있다.

결국, 해외시장 진출 기업은 철저한 현지 시장 조사와 분석을 바탕으로 차별화된 전략을 수립해야 하며, 이를 통해 현지 소비자들의 니즈와 문화를 충분히 반영할 수 있어야 한다. 이러한 접근법은 기업이 해외시장에서 지속적으로 성공하기 위한 필수 요건이라고 볼 수 있다.

(3) 장기적 관점의 투자

해외시장 진출은 기업에게 매우 중요한 전략이다. 하지만 이는 단기간에 성과를 얻기 어려운 일이다. 해외시장으로 진출하는 기업들은 성장과 발전을 위해 꾸준한 노력과 투자가 필요하다. 해외시장에서 성공하기 위해서는 단순히 단기적인 이익을 추구하는 것보다는 시장에 대한 깊이 있는 이해와 전략적인 투자가 더욱 중요하다.

해외시장은 국내 시장과는 매우 다른 문화적, 경제적, 정치적 환경을 가지고 있다. 따라서 기업들은 이러한 차이점들을 면밀히 파악하고, 장기적인 관점에서 대응 방안을 모색해야 한다. 단순히 단기적인 실적에 연연하지 않고, 시장의 특성을 이해하고 적응하는 데 충분한 시간과 노력을 투자해야 한다.

해외시장 진출 시 가장 중요한 것은 지역의 문화와 관습, 법규, 소비자 성향 등 다양한 요소들을 깊이 있게 이해하고 이를 바탕으로 현지에 최적화된 마케팅 전략과 제품 개발, 생산 및 공급망 관리 등의 체계를 구축해야 한다. 또한 정부와의 협력, 현지 기업과의 네트워킹 등 다양한 지원 체계를 마련하는 것도 중요하다. 이처럼 해외시장 진출은 단기적인 성과에 집착하지 않고, 장기적인 관점에서 접근하는 것이 핵심이다. 기업들은 인내심을 갖고 시장 환경에 충분히 적응하고 대응할 수 있는 역량을 키워나가야 할 것이다.

이를 통해 해외고객의 요구에 부응하고 경쟁력 있는 제품과 서비스를 제공할 수 있을 것이다. 또한 글로벌 시장에서 경쟁하는 기업들과의 경쟁력을 강화하기 위해서는 기술력과 인재력을 지속적으로 강화하고, 혁신적인 아이디어를 발굴해야 한다. 이러한 노력이 기업의 성장과 발전에 큰 역할을 할 것이다.

(4) 글로벌 경영능력

기업이 해외시장에서 성공하기 위해서는 높은 수준의 글로벌 경영 능력이 필수적이다. 글로벌 경영 능력이란 다양한 문화와 환경을 깊이 있게 이해하고, 이에 효과적으로 적응할 수 있는 능력을 말한다.

해외시장은 언어, 문화, 관습, 법률 등 다양한 차이가 존재하기 때문에, 기업은 이러한 차이점들을 철저히 파악하고 이에 효과적으로 대응할 수 있어야 한다. 예를 들어, 외국어 소통의 어려움으로 인한 의사소통 문제, 문화적 차이로 인한 오해와 갈등, 현지 법규에 대한 이해 부족 등의 문제가 발생할 수 있다. 따라서 기업은 이러한 문화적, 제도적 차이를 깊이 있게 학습하고, 사업 운영 방식을 유연하게 변화시킬 수 있어야 한다. 뿐만 아니라 글로벌 경영 능력에는 문화적 다양성을 존중하고 이해하려는 자세도 포함된다. 단순히 현지 환경에 적응하는 것을 넘어, 다양성을 인정하고 이를 기업문화에 반영하여 글로벌 시너지를 창출할 수 있어야 한다. 이를 위해서는 직원들의 다양성 존중 교육, 현지 인재 채용 및 육성, 해외 거점의 자율성 제고 등 종합적인 노력이 필요하다.

성공적인 글로벌 경영을 위해서는 단순한 현지화가 아닌, 문화적 다양성을 깊이 있게 이해하고 존중하며 이를 기업의 강점으로 활용할 수 있는 글로벌 경영 역량이 핵심이라고 할 수 있다. 이는 단순히 현지 시장의 요구에 맞춰 제품이나 서비스를 조정하는 것을 넘어, 글로벌 기업 전체의 경영 활동과 의사결정 과정에서 문화적 다양성을 반영하고 활용할 수 있는 능력을 의미한다. 예를 들어, 기업은 해외 지사의 현지 직원들과 긴밀히 협력하여 그들의 문화적 배경과 선호도를 이해하고, 이를 바탕으로 제품 개발, 마케팅, 고객 서비스 등 다양한 경영 활동을 수행할 수 있다. 또한 본사와 해외 지사 간의 원활한 의사소통과 상호 존중의 기업 문화를 조성함으로써, 글로벌 차원에서 보다 효과적이고 창의적인 의사결정을 내릴 수 있을 것이다.

이를 통해 기업은 해외시장 진출에 있어 보다 효과적이고 지속가능한 성과를 달성할 수 있을 것이다. 문화적 다양성을 활용한 혁신적인 경영 전략과 실행력을 바탕으로, 글로벌 기업은 현지 고객의 니즈를 보다 정확히 파악하고 이에 효과적으로 대응할 수 있게 될 것이다. 이는 결과적으로 글로벌 경쟁력 강화와 지속가능한 성장으로 이어질 것이다.

3.2 마케팅 및 판매 요인

해외시장 진출의 성공은 마케팅과 판매에 달려 있다. 해외시장의 문화, 소비자 성향, 경쟁환경 등 다양한 특성을 심도 있게 이해하고, 이를 토대로 차별화된 전략을 수립하여 적극 실행해야 한다.

(1) 경쟁력 있는 제품 및 서비스 개발

해외시장에서 성공하기 위해서는 경쟁력 있는 제품 및 서비스를 개발하는 것이 중요하다. 이를 위해서는 해외시장에서 제품이 성공적으로 판매되기 위해서는 해당 시장의 특성과 소비자들의 선호도에 대한 분석을 해야 한다. 이를 토대로 제품을 개발하고, 이에 맞게 서비스를 제공해야 한다. 이를 통해 고객들의 신뢰를 얻을 수 있으며, 시장에서의 경쟁력을 확보할 수 있다. 해외시장에서는 다양한 제품이 경쟁하고 있기 때문에, 우수한 품질을 유지해야만 고객들의 만족도를 높일 수 있다. 경쟁력 있는 가격을 유지하면서도, 제품의 품질을 유지하고 개선해 나가야 한다. 이를 통해 고객들의 선택을 유도할 수 있다. 해외시장에서는 변화가 빠르게 일어나기 때문에, 제품과 서비스를 지속적으로 개선해 나가지 않으면 경쟁에서 밀릴 수 있다. 따라서 고객들의 피드백을 수집하고, 이를 바탕으로 제품과 서비스를 개선해 나가는 것이 중요하다. 이를 통해 해외시장에서의 성공을 이룰 수 있다.

또한 경쟁력 있는 제품 및 서비스를 개발하기 위해서는 연구개발(R&D)에 투자하는 것이 필수적이다. 새로운 기술을 도입하거나 기존 제품의 기능을 개선하여 고객들의 요구에 부합하는 제품을 만들어내는 것이 경쟁력 확보의 핵심이다.

제품 및 서비스의 디자인도 중요하다. 소비자들은 제품의 기능뿐만 아니라 디자인도 중요하게 생각하기 때문에, 디자인 전문가와 함께 제품 디자인을 고민하는 것이 좋다. 제품의 품질과 가격뿐만 아니라 서비스의 질도 중요하다. 해외시장에서는 고객 만족도가 매우 중요하며, 고객들의 요구에 신속하고 정확하게 대응하는 서비스를 제공하여야 한다.

(2) 효과적인 마케팅 및 홍보

효과적인 마케팅 및 홍보 전략을 수립하여 시행해야 한다. 해외시장에서 제품이나 서비스를 성공적으로 판매하기 위해서는 그것을 소비자들에게 알리고 홍보하는 전략이 필수적이다. 이를 위해서는 그 시장의 특성과 소비자들의 선호도를 고려하여 효과적인 전략을 수립해야 한다. 가령, 어떤 제품이나 서비스가 해외시장에서 인기가 많은 경우에는 그것을 강조하여 마케팅 및 홍보를 해야 한다. 그 제품이나 서비스의 특징이나 장점을 강조하는 것도 중요하다. 그 제품이나 서비스를 사용하는 소비자들의 이야기나 후기를 적극적으로 수집하여 홍보에 활용하는 것도 좋은 전략이다. 또한 해외시장에서 성공적인 마케팅 및 홍보를 위해서는 현지 소비자들의 문화와 언어를 깊이 이해하고, 그들의 라이프스타일에 맞는 제품 또는 서비스를 제공해야 한다.

해외시장에서 성공적인 마케팅 및 홍보를 위해서는 현지의 문화와 언어를 잘 이해하고 활용할 수 있어야 한다. 현지 문화와 언어에 대한 이해도가 높을수록 소비자들과 더욱 가까워져서 제품이나 서비스를 더욱 효과적으로 홍보할 수 있다. 예를 들어, 중국 시장에서는 대부분의 소비자들이 온라인 쇼핑을 선호하므로, 온라인 마케팅 전략을 구체적으로 수립하고, 중국어를 잘 다룰 수 있는 인력을 확보하는 것이 중요하다. 일본 시장에서는 고객들이 제품의 세부 사항에 대한 정보를 매우 세심하게 검토하므로, 제품 설명서를 정확하고 상세하게 작성하는 것이 필수적이다.

(3) 현지화 전략

해외시장에서 성공을 거두기 위해서는 여러 가지 요인들이 필요하다. 그 중에서도 **현지화**는 매우 중요한 역할을 한다. 현지화는 제품, 서비스, 마케팅, 홍보 등 모든 측면에서 현지 시장의 특성에 맞게 적극적으로 대응하는 것을 의미한다.

제품 현지화는 기업이 제품을 현지 시장에 맞게 변화시켜 적용하는 것을 의미한다. 이는 제품의 크기, 형태, 기능, 디자인 등을 현지 시장의 선호도에 맞게 수정하여 적용하는 것이다. 제품 현지화를 통해 기업은 현지 시장에서 경쟁력을 갖추고, 제품의 인지도를 높이고 판매량을 늘릴 수 있다. 기업은 제품 개발 시 현지 시장의 선호도를 파악하고, 이를 반영하여 제품을 개발해야 한다. 현지 시장의 선호도를 파악하는 방법은 다양하다. 예를 들어, 현지 시장 조사를 통해 제품의 크기, 형태, 기능, 디자인 등을 파악할 수 있다. 현지 시장에서 유행하는 제품들을 분석하여 제품 개발에 반영할 수도 있다. 제품 현지화를 통해 기업은 제품의 경쟁력을 높일 수 있다. 현지 시장에 맞게 제품을 개발하면 기업은 현지 시장에서 경쟁력을 갖추게 된다. 이를 통해 기업은 제품의 인지도를 높이고, 판매량을 늘릴 수 있다. 하지만 제품 현지화는 단순히 제품의 크기, 형태, 기능, 디자인 등을 변경하는 것만이 아니다. 기업은 현지 시장의 문화, 생활 습관, 사용자의 취향 등을 고려하여 제품을 개발해야 한다.

서비스 현지화는 기업이 다양한 시장에서 제공하는 서비스를 현지 시장에서 필요로 하는 서비스로 변화시키는 것을 의미한다. 이는 현지 시장의 문화, 언어, 관습 등을 이해하고 파악하여 제공하는 것이 중요하다. 이를 통해 기업은 고객 만족도를 높이고, 재구매율을 높일 수 있다. 기업은 서비스 현지화를 통해 각 지역의 고객에게 맞춤형 서비스를 제공할 수 있으며, 이는 고객의 만족도를 높이고, 경쟁업체들과 경쟁할 수 있는 기반이 된다. 현지 시장의 문화와 관습을 잘 파악하여, 이를 바탕으로 서비스를 제공함으로써 고객들이 더욱 쉽게 접근할 수 있게 된다.

마케팅 현지화는 글로벌 기업이 지역 시장에서 성공을 거둘 수 있도록 중요한 역할을 한다. 이는 그 지역의 문화, 언어, 소비 트렌드 등을 이해하고 이를 반영하여 마케팅 전략을 수립하는 것을 의미한다. 마케팅 현지화를 위해서는 먼저 현지 시장의 특성을 파악해야 한다. 이를 위해 시장 조사와 경쟁사 분석을 수행하여 그 지역의 소비자들이 원하는 것, 경쟁사들의 전략, 그리고 마케팅 채널 등을 파악할 수 있다. 그리고 이를 바탕으로 적절한 마케팅 전략을 수립해야 한다. 이는 그 지역의 소비자들이 선호하는 채널과 방식을 고려하여 적절한 홍보 및 광고 전략을 수립하는 것이다. 또한 그 지역의 문화와 언어에 적합한 마케팅 캠페인을 기획해야 한다. 마케팅 현지화를 통해 기업은 브랜드 인지도를 높일 수 있으며, 시장점유율을 늘릴 수 있다.

홍보 현지화는 해외시장에서 제품 또는 서비스를 성공적으로 판매하기 위한 중요한 전략 중 하나이다. 이는 국내 기업들이 불확실한 글로벌 경제환경에서 경쟁력을 확보하고 확장할 수 있는 방법 중 하나이다. 그러나 이를 위해서는 현지 시장의 문화와 소비자 취향을 이해하고 이에 맞게 적절한 전략을 수립하는 것이 필수적이다. 현지 시장에서의 효과적인 홍보를 위해서는 현지 시장의 특성을 파악하는 것이 중요하다. 마케팅 채널, 언론 매체, 이벤트 등을 철저히 파악해야 하며, 이를 통해 현지 시장에서의 경쟁사들의 활동과 소비자들의 반응을 지속적으로 모니터링하여 대응전략을 마련해야 한다. 또한 현지 시장에서의 홍보 전략은 기업의 글로벌 마케팅 전략의 핵심 요소이며, 성공적으로 실행될 경우 글로벌 시장에서의 경쟁력을 크게 향상시킬 수 있다. 이를 위해서는 현지 시장에서의 브랜드 이미지를 강화하고 고객들의 신뢰를 얻는 것이 중요하다. 더불어, 현지 시장에서의 홍보 전략은 기업의 지속가능한 성장을 위한 필수적인 요소이다. 이는 기업이 현지 시장에서의 성공을 통해 글로벌 시장에서도 성공할 수 있게 되며, 이를 통해 비즈니스의 지속가능성을 높일 수 있다.

영업실전 사례 13-1

경동나비엔, 현지화 전략 성공하며 해외수출에 '날개'

경동나비엔이 국내를 넘어 해외시장에서 괄목할 만한 성과를 보이며 미래 성장동력을 공고히 다져 나가고 있다. 경동나비엔은 지난달 26일 경영실적을 잠정 집계한 결과 영업이익이 1,062억 원으로 전년 대비 77.7% 증가했으며, 매출액은 1조 2,044억 원으로 3.7% 늘었다고 공시했다. 영업이익이 대폭 증가한 것은 고환율과 물류비 개선 때문이다.

경동나비엔 관계자는 "지난해 높은 환율로 인해 기저효과가 작용했으며, 여기에 물류비가 안정화되면서 영업이익이 상승한 효과를 보게 된 것"이라고 말했다. 이전년도에는 중국의 리오프닝(경제활동 재개) 이후 평소보다 물류비가 높게 형성됐으나 지난해부터 안정화되기 시작했다고 관계자는 덧붙였다.

경동나비엔은 일찌감치 글로벌 시장에서 외연을 넓히고자 노력해왔으며, 그 결과 2017년 처음으로 전체 매출 가운데 해외 매출 비중이 50%를 넘기 시작했다. 6년 연속으로 국내보다 해외시장 매출 성적이 더 좋다. 지난 2022년 기준 경동나비엔은 1조 1,608억 원으로 최대 매출을 기록했는데 이 가운데 66.6%에 해당하는 7,732억 원을 해외에서 벌어들였다. 해외 매출 중 55% 정도는 북미에서 거둔 매출(6,495억 원)이었다. 특히 2022년 무역의 날에는 업계 전체 가스보일러 및 온수기 수출의 88%를 차지하는 독보적 성과를 기반으로 업계 최초로 5억불 수출의 탑을 수상하는 영예도 안았다.

경동나비엔은 해외시장에서 성공할 수 있었던 요인은 '현지화 전략'에 있다고 밝혔다. 현재 경동나비엔은 미국, 영국, 우즈베키스탄을 비롯한 47개국에 보일러와 온수기 등을 현지 맞춤형으로 제품을 생산해 수출하고 있다.

수출지역 가운데 중앙아시아는 7,500만 명이 넘는 인구가 있으며, 증가율 또한 높아 성장 잠재력이 큰 지역이다. 하지만 현재 보일러의 유통과 설치, 서비스 시스템이 체계적이지 않고 낙후됐으며, 도시가스 공급 또한 불안정한 상황이다. 이에 경동나비엔이 글로벌 시장에서의 성공 노하우를 바탕으로 현지 맞춤형 제품을 공급해 고객 만족을 실현할 계획이다. 이를 위해 경동나비엔은 지난해 우즈베키스탄 법인 설립을 시작으로 중앙아시아 시장 공략에 나섰다. 카자흐스탄 보일러 시장 1위를 차지하고 있는 경동나비엔은 적극적인 현지 마케팅을 통해 점유율을 더욱 높여갈 예정이다. 또한 러시아어와 우즈벡어, 영어 등 다양한 언어가 혼용되는 상황을 반영한 서비스와 기술지원 계획을 수립해 현지 설치업자와 고객의 만족도를 높일 계획이다.

아울러 지난해 6월 멕시코법인 개소식을 시작으로 중남미 시장 진출 행보를 시작했다. 멕시코는 현재 연간 70만 대 이상의 일반형 온수기 판매가 이뤄지고 있을 정도로 지속적인 성장세를 보이고 있으며, 유럽 글로벌 업체들이 이를 주목하고 현지 기업을 인수하는 방법으로 시장에 뛰어들고 있다. 그러나 저가 제품 위주라 기술력과 품질에 대한 고객들의 기준이 더욱 높아지고 있기에 이를 기반으로 시장 영향력을 확대할 예정이다.

경동나비엔은 멕시코 시장에서도 안정성과 차별화된 기술력의 다양한 프리미엄 제품을 선보였다. 탁월한 효율과 온수 품질을 기반으로 북미 콘덴싱온수기 시장의 표준으로 자리매김한 'NPE' 제품을 비롯해 합리적인 가격으로 쾌적한 온수 사용이 가능한 일반 온수기 'NPN', 'NHW' 제품을 선보이며 라인업을 확대했다.

경동나비엔 관계자는 "올해에도 친환경 · 고효율 기술력을 기반으로 국내를 넘어 해외시장 판로 확대에도 적극 나설 계획"이라고 말했다.

[출처] 에너지플랫폼뉴스, 2024.2.15.

≫ 영업의 새로운 생각

1. 해외 진출전략 중 현지화 전략이란 무엇인가?
2. 현지화 전략이 필요한 이유는 무엇인가?
3. 상기 사례에서 경동나비엔의 핵심성공 요인은 무엇인가?

(4) 해외영업의 전략적 실행

해외시장에서 경쟁력을 유지하고 확장하기 위해서는 철저한 영업계획과 실행이 필요하다. 이를 위해 기업은 시장 조사와 경쟁 분석 등의 전략적 접근 방식을 사용하여 자사 제품이나 서비스를 효과적으로 마케팅하고 판매해야 한다. 또한 현지화와 다양한 문화적 요소를 고려하여 제품이나 서비스를 맞춤화하는 것도 중요하다. 이러한 전략적 실행이 성공적으로 이루어질 때, 기업은 해외시장에서 성장과 수익을 창출할 수 있게 된다.

해외영업을 하기 위해서는 단순히 제품을 수출하는 것만으로는 충분하지 않다. 해외시장에서 제품 또는 서비스를 판매하려면 해당 시장의 특성과 소비자들의 선호도를 깊이 파악해야 한다. 이를 위해서는 현지 언어와 문화, 법률, 경제 등의 요소를 철저히 분석하고, 이를 바탕으로 제품 또는 서비스의 적합성을 판단해야 한다. 제품 또는 서비스의 특징과 경쟁력을 분석하여 해당 시장에서의 수요와 경쟁환경을 파악해야 하며 이를 토대로 적절한 유통 채널과 영업 방식을 선택하고, 영업 전략을 수립해야 한다.

그리고 제품 또는 서비스를 현지화하여 소비자들의 선호도에 맞게 개선하고, 현지 문화와 관습에 맞게 조정해야 한다. 이를 통해 제품 또는 서비스의 품질을 높이고, 고객 만족도를 높일 수 있다. 해외시장에서의 성공을 위해서는 지속적인 관리와 개선이 필요하며 시장 변화에 대응하고, 고객 의견을 수렴하여 제품 또는 서비스를 개선하는 것이 중요하다.

이러한 프로세스를 통해 해외시장에서의 성공적인 영업을 이룰 수 있으며, 국내 시장에서만 한정되지 않고, 글로벌 시장에서 경쟁력 있는 기업으로 성장할 수 있다.

그러나 어떤 영업방식을 선택하더라도, 해외영업을 성공시키기 위해서는 지속적인 현지 시장 조사와 고객과의 소통, 그리고 유연한 대처 능력이 필요하다. 이를 위해서는 교육과 제도적 지원을 통한 인력 양성, 현지 법규 및 관세 등의 정보 수집, 그리고 다양한 협력체계를 구축하는 것이 중요하다.

3.3 해외영업조직화 및 강력한 파트너십 구축

해외영업 성공을 위해서는 철저한 시장 조사, 현지 시장에 맞는 전략 수립, 경쟁력 있는 제품 및 서비스 개발, 효과적인 마케팅 및 홍보 전략 등 다양한 요소가 중요하지만, 그중에서도 해외영업조직화와 강력한 파트너십 구축은 특히 중요한 역할을 한다. 파트너십은 해외시장 진출의 모든 문제를 해결해주는 것은 아니며, 기업 스스로 해외시장에 대한 이해와 전문성을 갖춘 해외영업조직화 노력도 중요하다. 해외영업조직화를 철저히 계획하고 실행해야 한다. 해외영업을 담당할 전문 인력을 확보하는 것은 매우 중요하며, 이들에게 충분한 교육과 훈련을 제공하여 전문성을 강화해야 한다. 기업은 해외지역 시장별 전문가를 육성하여 해당 지역의 시장 동향과 특성을 파악하고 이를 바탕으로 적절한 전략을 수립해야 한다. 이렇게 구축한 해외영업조직은 기업의 해외진출을 성공적으로 이끌어낼 수 있는 핵심적인 역할을 한다. 조직 내에서는 다양한 역할이 수행되어야 하는데, 대표적으로는 마케팅, 영업, 서비스 등이 있다. 이들은 각각의 전문성을 바탕으로 지역별 시장 분석, 고객 유치, 제품 홍보 등을 수행하며, 해외시장에서의 경쟁우위를 확보할 수 있도록 노력해야 한다.

또한 기업은 해외시장의 특성과 동향을 파악하는 것이 매우 중요하다. 이를 위해 기업은 현지인들을 고용하여 해당 지역의 문화와 언어, 비즈니스 관행 등을 충분히 이해하고 이에 대한 대처 능력을 강화해야 한다. 이를 통해 기업은 해외시장에서의 성공을 이룰 수 있을 것이다.

하지만, 해외시장에서의 성공은 쉽지 않다. 현지 시장의 변화에 민첩하게 대처하고, 지속적인 혁신과 발전을 추구해야 한다. 적극적인 리더십과 협업적인 조직문화를 갖춘 기업은 해외시장에서 더욱 높은 성과를 이룰 수 있으며, 글로벌 경쟁에서 우위를 점할 수 있다.

해외 파트너십 구축은 해외시장 진출 성공을 위한 효과적인 전략이 될 수 있지만, 신중하게 파트너를 선정하고 계약을 체결하며 지속적인 의사소통과 성과 관리를 통해 파트너십을 유지하고 강화해야 한다. 파트너십은 해외시장 진출의 모든 문제를 해결해주는 것은 아니며, 기업 스스로 해외시장에 대한 이해와 전문성을 갖춘 조직화 노력도 중요하다. 이러한 파트너십은 현지 시장에 대한 이해도를 높이고, 제품 또는 서비스를 현지 시장에 맞게 개발하고 판매하는 데 필수적이다. 현지 파트너는 현지 비즈니스 문화와 상황에 대한 이해도가 높아서, 비즈니스 관행이나 법률적인 문제에 대한 조언을 제공할 수 있다.

파트너십을 통해 현지 시장의 특징과 요구사항을 파악하고, 이에 따른 제품 또는 서비스를 제공하는 것은 고객 만족도를 높이는 데 중요한 역할을 한다. 현지 파트너와의 협력은 글로벌 시장에서의 입지를 확립하고, 현지 시장에서의 경쟁력을 높여주며, 글로벌 시장에서의 성과를 크게 향상시킬 수 있다.

또한 파트너십을 통해 현지 시장에서의 경쟁사들의 동향과 시장점유율 등의 정보를 얻을 수 있다. 이를 통해 제품 또는 서비스의 개선 및 마케팅 전략을 수립하여 성공적인 진출을 이룰 수 있다. 현지 기업이나 유통업체와의 파트너십은 현지 시장에 대한 신뢰도를 높여주는 역할도 한다. 현지 기업 또는 유통업체와 함께하는 경험을 통해 고객들은 해당 기업이나 브랜드에 대한 신뢰도를 높이게 되고, 이는 브랜드 이미지를 발전시키는 데 큰 도움이 된다.

Chapter 14

해외고객가치영업의 실전전략

시장 진출을 위해서는 먼저 거시적인 환경 분석을 통해 타깃 국가 및 지역의 진출 가능성과 성장 잠재력을 면밀히 검토해야 한다. 이를 위해 정치, 경제, 사회, 기술 등 다양한 측면에서의 동향을 파악하고 분석하여 시장의 기회와 위험 요인을 체계적으로 이해할 수 있다.

이러한 시장 분석과 고객 니즈를 파악하고 자사의 자원과 역량을 바탕으로 직접 현지 법인 설립, M&A, 전략적 제휴 등의 다양한 시장 진출 방식 중 가장 효과적인 방법을 선택해야 한다. 이후 선택한 전략에 맞추어 현지 언어, 문화, 법규, 관세, 유통 관행 등 환경에 맞는 맞춤형 대응 전략을 수립해야 한다.

잠재해외고객에게 가치 제안, 차별화된 고객 경험, 관계관리 등의 고객가치영업 전략을 통하여 영업 기회를 적극 발굴해야 한다. 또한 온라인 채널을 활용하면 제품 및 서비스 홍보와 판매에 효율성을 높일 수 있으며, 현지화 전략을 통해 현지 소비자의 니즈를 보다 정확하게 파악하고 이에 부합하는 마케팅과 판매 활동을 전개할 수 있다. 이를 통해 고객에게 차별화된 가치를 제시하고 고객 충성도를 높일 수 있다.

1. 해외시장 조사 및 분석

해외시장 조사는 기업이 국경을 넘어서 국제적인 시장에 진입하기 위해 필수적인 과정이다. 이는 선택된 해외시장에서 성공적인 비즈니스 성과를 거두기 위한 의사결정을 위한 과정으로, 시장상황을 자세히 살펴보고 분석하는 것이 중요하다. 비즈니스를 성공적으로 수행하기 위해서는, 먼저 해당 시장에 대한 이해가 필요하다. 해외시장 조사는 이러한 이해를 돕기 위한 과정으로서, 제품이나 서비스를 해외로 수출하기 위해서는 먼저 목표하는 시장부터 찾아야 한다. 이는 해당 국가나 지역의 시장 특성, 정치, 경제, 문화, 법률적 환경, 소비자 행동, 경쟁환경 등을 종합적으로 분석함으로써 파악할 수 있다.

1.1 해외시장 조사의 방법

글로벌 시장에서 경쟁력을 유지하고 확보하기 위해서는 다른 기업들과의 차별화된 전략을 수립하고, 그에 따른 판매전략을 구체적으로 계획해야 한다. 이를 위해서는 해외시장에 대한 체계적이고 심층적인 조사가 필수적이다.

(1) 간접조사

해외시장 조사를 수행할 때에는 다양한 방법과 도구를 활용할 수 있다. 한국의 기업이 해외시장에 진출하기 위해서는 그 시장의 정보를 미리 알아야 한다. 이를 위해 사용되는 방법 중 하나가 **간접조사** 방법이다. 간접조사 방법은 외국 대사관, 영사관, 공관 등을 통하여 해당 시장의 정보를 얻을 수 있다. 이러한 곳들은 그 나라의 경제적인 현황, 산업 분야, 법률 등에 대한 정보를 제공한다. 한국무역협회, KOTRA 등을 통한 해외시장 조사도 가능하다. 이들은 국내 기업들에게 해외시장 진출을 돕기 위해 다양한 정보를 제공하고 있다. 예를 들어, KOTRA는 해외시장의 수출입 실적, 관세, 수출입 신고 절차 등의 정보를 제공한다. 간접조사 방법을 통해 얻은 정보를 기반으로 한국의 기업들은 해외시장에 대한 이해도를 높이고, 적극적인 진출 전략을 세울 수 있다. 이러한 노력들이 해외시장에서의 경쟁력을 높이고, 그 나라의 경제 발전에도 기여할 수 있다. 예를 들어, 인터넷 검색, 시장 보고서, 산업 분석 보고서, 경쟁사 분석 보고서 등을 활용하여 해외시장의 특성과 동향을 파악할 수 있다. 또한 현지 시장 조사나 여행을 통해 현지의 문화와 비즈니스 관행을 이해하고, 그에 따른 전략을 세울 수 있다.

가장 일반적인 해외시장 조사 방법 중 하나는 인터넷을 이용한 온라인 조사방법이다. 가장 일반적인 조사 방법 중 하나는 인터넷을 이용한 온라인 조사 방법이다. 이 방법은 비교적 저렴하고 빠르며, 대상 국가의 소비자들의 구매 패턴과 행동에 대한 정보를 수집할 수 있다. 또한 이 방법은 전 세계적으로 사용되는 플랫폼을 이용하기 때문에 국내 기업이 해외시장을 조사하는 것에도 매우 유용하다.

(2) 온라인 조사

온라인 조사 방법은 이메일, 웹사이트, 소셜미디어 등을 통해 대상 국가의 소비자들과 직접적으로 소통할 수 있는 장점을 가지고 있다. 이를 통해 기업은 대상 국가의 소비자들의 관심사와 욕구를 파악하고, 이를 바탕으로 제품 및 서비스를 개발할 수 있다. 또한 온라인 조사 방법은 대상 국가의 경제 상황, 정치적 상황, 문화적 특성 등을 파악할 수 있는 유용한 정보를 제공한다. 하지만, 온라인 조사 방법에는 약점도 존재한다. 예를 들어, 인터넷을 이용한 조사는 대상 국가의 인터넷 환경에 따라 제한될 수 있다. 최근 글로벌 비즈니스의 변화는 통신 기술의 발달과 모바일 보급 확산으로 인터넷, 소셜 네트워크 서비스(SNS), 구글 등을 통한 정보 수집으로 시장 조사가 쉽게 이루어질 수 있게 되었다. 이제는 기업들이 각국의 시장 상황을 파악하고, 다양한 산업 트렌드를 파악하고, 경쟁사의 움직임을 예측하는 데 있어서 인터넷과 SNS가 매우 중요한 역할을 하고 있다.

특히, 인터넷을 이용한 시장 조사는 비용도 적게 들고, 빠르게 결과를 얻을 수 있어 많은 기업들이 활용하고 있다. 예를 들어, 구글에서는 검색어를 분석하여 특정 제품이나 서비스에 대한 관심도를 측정하고, 소셜 네트워크 서비스에서는 사용자들이 남긴 리뷰나 평가를 수집하여 제품 및 서비스 개선에 활용하고 있다. 또한 해당 국가의 정부 기관이나 국제기구에서 발표한 보고서와 통계를 참고하여 시장 조사를 하기도 한다. 이러한 보고서와 통계는 해당 국가의 경제 상황, 산업 트렌드, 인구통계 등을 포함하고 있어 기업들이 전략을 수립하는 데 있어서 매우 중요한 정보가 된다.

그러나 인터넷이나 보고서를 통한 시장 조사에도 한계가 있다. 인터넷을 이용한 조사는 인터넷 사용자들을 대상으로 하기 때문에 일부 고객층의 의견을 놓치기 쉽다. 온라인 조사는 대상 국가의 실제적인 현장 상황을 파악할 수 없기 때문에, 현지 조사가 필요한 경우도 있다. 따라서 기업은 온라인 조사 방법을 효율적으로 활용하면서도, 현지 조사와 결합하여 보다 정확하고 신뢰성 있는 정보를 수집해야 한다.

(3) 해외 전문기관 위탁조사

해외 전문조사기관에 위탁하여 조사하는 **위탁조사** 방법도 있다. 이 방법은 전문적인 지식과 경험을 가진 전문가들이 조사를 수행하므로 보다 정확하고 신뢰성 높은 결과물을 얻을 수 있다. 기업이나 단체에서 직접 조사를 수행하기에는 여러 가지 제약이 따른다. 예를 들어, 조사 대상이 되는 집단이나 사건에 대한 직접적인 접근이 어렵거나 조사에 대한 노하우와 경험이 부족한 경우가 있다. 이러한 경우에는 해외 전문조사기관에 위탁하여 조사하는 위탁조사 방법이 유용하게 쓰일 수 있다. 위탁조사 방법은 전문적인 지식과 경험을 가진 전문가들이 조사를 수행하므로 보다 정확하고 신뢰성 높은 결과물을 얻을 수 있다. 또한 조사 대상에 대한 직접적인 접근이 어려운 경우에도 전문가들의 네트워크를 통해 보다 철저한 조사가 가능하다. 이러한 이유로 해외 전문조사기관에 위탁하여 조사하는 위탁조사 방법은 국내 기업이나 단체에서도 많이 활용되고 있다.

그러나 이 방법은 비용이 매우 높을 수 있으며, 조사 결과를 받기까지 시간이 걸릴 수 있다는 단점이 있다. 특히, 해외 전문조사기관을 이용하는 경우에는 언어, 문화, 법률 등의 차이로 인해 조사 과정에서 어려움이 생길 수 있다. 따라서 이러한 단점들을 고려하여 적절하게 위탁조사 방법을 선택하는 것이 중요하다.

(4) 직접조사

현지 직원이나 사무소 직원을 이용한 **직접조사** 방법도 있다. 현지 직원이나 사무소 직원을 이용한 직접조사 방법은 국제시장에서 경쟁력을 유지하기 위해 중요한 방법 중 하나이다. 이 방법은 대상 국가에 직접적으로 출장하여 현지의 소비자들과 시장 동향을 직접 파악하는 것이다. 이러한 방법은 대상 국가의 문화와 언어를 이해하고 적응하는 능력이 필요하다. 또한 이 방법은 더 많은 정보를 얻을 수 있어 보다 정확한 결과를 도출할 수 있다는 장점이 있다.

그러나 이 방법은 비용이 매우 높기 때문에, 소규모나 중소기업은 이 방법을 사용하기 어렵다. 또한 현지 언어나 문화를 잘 이해하지 못할 경우 정보 수집에 어려움을 겪을 수 있다는 단점도 있다. 이러한 문제점을 극복하기 위해서는 현지 직원을 고용하기 전에 충분한 교육과 훈련을 받도록 하여 문화적 차이와 언어적 장벽을 극복할 수 있도록 한다.

1.2 해외시장 조사의 내용

해외시장 조사는 기업이 자사 제품의 시장성 및 판매 가능성을 파악하기 위한 중요한 과정이다. 이를 위해서는 먼저 목표시장을 선정하고 해당 시장의 특성과 잠재적인 고객들의 요구사항을 분석해야 한다. 이를 통해 기업은 자사 제품이 해당 시장에서 수요가 있는지, 경쟁업체들과 어떤 차별화된 전략을 수립해야 하는지 등을 파악할 수 있다.

또한 해외시장 조사를 통해 기업은 자사 제품을 가장 합리적인 가격으로 판매하면서도 유통비용을 최소화할 수 있는 방법을 찾아내야 한다. 이를 위해서는 해당 시장의 경쟁업체들과 비교 분석을 실시하고, 현지 판매 대리점 및 유통 채널을 파악하여 최적의 거래 조건을 협상할 필요가 있다. 해외시장 조사를 통해 기업은 자사 제품에 대한 고객들의 평가와 피드백을 파악할 수 있다. 이를 통해 제품의 개선 사항을 발견하고, 고객들의 요구에 부합하는 새로운 제품 개발 아이디어를 도출할 수 있다.

따라서 해외시장 조사는 기업의 글로벌 마케팅 전략 수립에 매우 중요한 역할을 한다. 기업은 이를 통해 자사 제품의 시장성과 경쟁력을 향상시키고, 글로벌 시장에서 성공적인 판매를 이룰 수 있다.

(1) 진출시장의 환경 분석

해외시장 조사는 여러 가지 요소들을 고려해야 한다. 그 중에서도 특히 목표시장의 환경 분석은 다른 부분에 비해 더 중요하다고 볼 수 있다. 이는 해당 시장에서 성공적인 사업을 수행하기 위해서는 필수적인 과정이기 때문이다.

이를 위해 해외진출시장의 정치적, 경제적, 사회적(문화적) 환경 분석과 무역에 관한 국가별 제도 분석이 필요하다.

① 정치 및 경제 환경 : 정치적인 안정성은 시장 진출을 성공적으로 계획하기 위해서 반드시 고려되어야 하는 요소 중 하나이다. 따라서 현재 진행 중인 정치적인 사안과 정치적인 안정성 등을 철저하게 파악하는 것이 필수적이다.

경제적인 요소는 시장 진출을 결정하는 중요한 요소 중 하나이다. 시장 진출을 결정하는 데 있어 현재 경제 상황과 경쟁업체들의 동향, 시장 선호도 등을 파악하는 것은 필수적이다. 이러한 요소들을 분석하여 기업이 해외시장에서 성공적인 비즈니스를 이끌어낼 수 있도록 전략을 수립할 수 있다. 경제 상황은 시장 진출에 있어서 매우 중요한 역할을 한다. 해외시장의 경제 상황이 안정적이고 성장 가능성이 높은 경우에는 기업이 성공적으로 진출할 수 있기 때문이다.

② 해외시장 환경 : 해외 진출을 위해서는 시장 환경을 분석하는 것이 매우 중요하다. 무역에 관한 국가별 제도 분석은 수출입금지 및 규제제도, 외환관리, 관세율, 특허, 항만시설, 상거래 관례, 지역별 수출입 규모, 품목별 수출입 규모 등을 고려하여 시장 진출을 계획하는 것이다. 이를 통해 시장의 무역적인 측면을 파악하여야 한다. 먼저 수출입금지 및 규제제도를 분석해야 한다. 각 국가마다 수출입을 금지하는 품목이나 규제가 있는 품목이 다르다. 이에 대한 이해를 바탕으로 수출입 계획을 세울 수 있다.

외환관리도 중요한 요소이다. 국가별로 환율이나 외환거래에 대한 규제가 다르기 때문에 이를 고려하여 수출입 계획을 세워야 한다. 또한 관세율도 중요한 요소이다. 각 국가의 관세율이 다르기 때문에 수출입 계획을 세우기 전에 이를 파악해야 한다.

특허나 항만시설도 시장 진출 계획에 있어서 중요한 요소이다. 특허권이나 항만시설의 상태는 시장 진출을 결정하는 데 큰 영향을 미친다. 또한 상거래 관례나 지역별 수출입 규모, 품목별 수출입 규모 등도 고려해야 한다. 이를 통해 시장의 특성을 파악하고 수출입 계획을 세울 수 있다.

③ 사회·문화 환경 : 사회 문제와 문화적인 차이도 시장 진출을 고려할 때 반드시 고려되어야 하는 요소 중 하나이다. 문화적인 차이는 제품이나 서비스의

수요와 선호도에 영향을 미치기 때문에, 이를 파악하여 제품이나 서비스를 맞춤화하는 것이 중요하다. 또한 사회 문제 역시 시장 진출을 고려할 때 고려해야 하는 요소 중 하나이다. 이는 해당 국가의 법률, 제도, 인권 문제 등을 고려하여 시장 진출 계획을 수립하는 것이 중요하다는 뜻이다.

사회적 · 문화적 환경분석은 시장 진출을 계획하는 데 있어서 필수적인 요소이다. 이는 인구, 종교, 교통, 언어, 교육수준, 법률제도 등을 고려하여 시장 진출 전략을 수립하고 추진하는 것을 의미한다. 먼저, 인구를 파악하는 것은 그 지역 시장의 대상 고객층을 파악하는 데에 중요하다. 종교나 문화적인 요인 또한 고려해야 한다. 이는 제품이나 서비스에 대한 수용성을 결정하는 요소 중 하나이다. 교통이나 언어 역시 시장 진출 전략 수립에 있어서 중요한 요소이다. 이를 고려하지 않으면 제품이나 서비스의 홍보 전략 수립에 어려움을 겪을 수 있다.

또한 교육수준과 법률제도 역시 시장 진출 전략 수립에 있어서 고려해야 한다. 교육수준이 높은 지역에서는 상품이나 서비스의 품질과 기술적인 측면에 대한 요구도 높을 가능성이 크다. 법률제도 역시 시장 진출 전략을 수립하는 데 있어서 중요한 요소이다. 해당 지역의 법률제도를 파악하지 않으면 제품이나 서비스의 출시나 판매에 어려움을 겪을 수 있다.

(2) 소비자 조사

대상 시장의 환경 분석은 기업이 진출하고자 하는 시장의 특징과 경쟁사의 동향 등을 파악하는 과정이다. 이를 통해 기업은 자신의 제품이나 서비스를 어떻게 적극적으로 홍보하고 판매할지에 대한 방향성을 설정할 수 있다. 그리고 이후에는 소비자 분석이 수반된다. 이 과정에서는 진출 시장의 소비자들의 구매성향과 소비문화, 소득 수준 등을 파악하여 기업이 마케팅 전략을 세울 때 참고할 수 있도록 한다.

특히, 진출 시장의 소비자의 구매성향은 수출을 위한 마케팅 전략에 많은 영향을 미치게 된다. 예를 들어, 일부 국가에서는 가격 경쟁력이 중요한 요소이지만, 다른 국가에서는 브랜드 이미지와 품질이 더 중요한 요소일 수 있다. 이러한 차이를 고려하지 않고 마케팅 전략을 구상하면 실패할 가능성이 높다.

해외진출시장 조사는 기업이 국내에서 출시한 제품이나 서비스를 해외시장에서 판매하기 위해 수행하는 조사 작업이다. 이 조사는 소비자의 구매성향, 소득별 소비 현상, 구매 능력 등을 파악하여 해당 시장에서 제품이나 서비스가 성공적으로 판매될 수 있는 전략을 수립하는 데 중요한 역할을 한다.

또한 이 조사는 특정 브랜드에 대한 선호도, 취향 등을 파악해 해당 시장에서 브랜드 이미지를 구축하고 브랜드 인식을 높이기 위해서도 수행된다. 이를 위해 다양한 방법으로 조사가 이루어지는데, 대표적으로는 시장조사, 경쟁사 분석, 소비자 설문조사, 인터뷰 및 관찰 등이 있다.

하지만, 해외진출시장 조사는 시장의 특성과 문화, 법규제 등 다양한 요인들을 고려해야 하기 때문에 수행하기에 매우 복잡하고 어려운 작업이다. 그러나 이를 성공적으로 수행한다면 기업은 성장과 발전을 이루는 데 큰 도움이 될 것이다.

(3) 상품 조사

해외진출시장에서 상품을 판매하려면, 해당 상품의 국산품 수요 현황부터 파악해야 한다. 이를 위해 상품조사를 실시하는데, 이는 해당 상품의 경쟁상품, 유사상품, 대체상품의 정도를 파악하는 것도 포함된다. 특히, 해당 상품의 가격 경쟁력을 조사하는 것은 매우 중요하다. 가격 경쟁력이 높다면, 해당 상품이 현지 시장에서 더 많은 소비자들에게 인기를 끌 수 있기 때문이다.

또한 해당 상품이 판매될 국가에서는 법률 저촉 사항이 있는지도 조사해야 한다. 이는 현지 국가의 법률에 맞지 않는 상품이라면, 판매 자체가 불가능하기 때문이다. 따라서 해당 상품이 판매될 국가의 법률을 충분히 파악하는 것이 필수적이다.

해당 상품이 판매될 국가의 문화와 생활환경을 파악하는 것도 중요하다. 예를 들어, 한국에서는 미세먼지가 심한 날씨에 공기청정기가 인기가 많지만, 다른 국가에서는 공기청정기보다는 에어컨이 인기가 많을 수 있다. 이처럼, 각 국가의 문화와 생활환경을 파악하여 해당 상품을 어떻게 영업할지 결정하는 것도 중요한 요소이다.

(4) 판매경로의 조사

해외진출시장에서 제품 판매를 위해서는 유통 경로의 적절성을 조사하는 것이 중요하다. 이는 제품 판매 이후에도 소비자들이 만족할 수 있는 사후 서비스를 제공할 수 있는 유통 경로를 선택하는 것을 의미한다. 특히 전자제품의 경우, 사후 서비스는 제품의 품질과 함께 소비자들이 인식하는 또 다른 품질이기 때문에 해외시장에서의 사후 서비스 수행 여부는 제품의 판매에 직접적인 영향을 미치게 된다.

따라서 제품을 해외시장에서 판매하기 위해서는 사후 서비스를 충분히 고려해야 한다. 제품을 판매하는 유통 경로를 선택할 때는 그 지역의 문화와 생활 습관, 소비자들의 요구사항 등을 고려하여야 하며, 이를 바탕으로 효율적인 사후 서비스를 제공할 수 있는 유통 경로를 선택해야 한다. 또한 해외시장에서의 경쟁력을 높이기 위해서는 제품의 품질과 함께 사후 서비스의 질도 높여야 한다. 이를 통해 소비자들은 제품을 구매한 후에도 만족할 수 있는 서비스를 제공받을 수 있으며, 이는 제품의 이미지와 브랜드 가치를 높이는 데 큰 역할을 한다. 따라서 제품 판매를 위해서는 유통 경로와 사후 서비스를 충분히 고려하여야 한다.

(5) 판매 조사

해외진출시장에서 성공적인 판매를 위해서는 엄밀한 판매 조사가 필수적이다. 판매 조사란, 당해 물품의 수출과 관련된 운송, 보관, 하역, 포장 등의 선택 방법을 조사하는 것으로, 판매 촉진 정책(광고, 전시, 견본 등)의 방법을 조사하는 것도 포함된다. 이를 통해 해외시장에서의 경쟁력을 확보하고, 수출상품에 대한 이해도를 높일 수 있다.

판매 조사는 다양한 방법으로 수행될 수 있다. 예를 들어, 현지의 시장조사를 통해 수출상품의 수요와 경쟁적 가격대를 파악하고, 이를 바탕으로 제품의 가격과 품질을 적절히 조절할 수 있다. 또한 수출상품의 운송에 필요한 물류시스템과 관련된 정보를 수집하고, 이를 바탕으로 최적의 운송방법과 비용을 산출할 수도 있다.

또한 판매 촉진 정책의 방법을 조사하는 것도 중요하다. 광고, 전시, 견본 등의 방법을 분석하여, 성공적인 판매 전략을 수립할 수 있다. 특히, 현지의 문화와 관습을 고려한 적극적인 판매 전략을 수립하는 것이 해외시장에서의 성공을 이루는 데 중요한 역할을 한다.

(6) 시장 조사 항목

해외진출시장에서 조사해야 할 항목은 무궁무진하다. 이전에 언급한 시장 조사 항목들 외에도 다양한 기타 항목이 존재한다.

첫째, **품질적응성**이다. 이는 상품이 해당 목표시장에서 적응성이 있는지를 검토하는 것이다. 즉, 상품의 기본적인 사용능률과 편리성이 해당 시장에서 요구되는 수준에 맞는지를 파악하는 것이다. 또한 해당 시장에서 요구하는 품질 기준을 충족시키는지도 확인해야 한다. 이는 제품을 판매할 때, 현지의 법규와 규제를 준수해야 하기 때문이다.

또한 시장 조사를 할 때에는 경쟁업체의 제품을 분석해야 한다. 경쟁업체의 제품이 어떤 특징을 가지고 있는지, 어떤 가격대를 형성하고 있는지 등을 파악하여 자사 제품의 경쟁력을 높일 수 있는 전략을 세우는 것이 중요하다. 현지의 문화와 관습 등을 고려하여 제품 디자인을 수정할 필요가 있을 수 있다. 현지 문화에 맞는 디자인으로 제품을 출시함으로써, 소비자들의 관심을 끌고 제품 인지도를 높일 수 있다. 시장 조사를 통해 현지의 유행을 파악하고 이를 반영할 수 있는 제품을 개발하는 것도 중요하다. 유행이 바뀌는 속도가 빠른 현대사회에서는 소비자들의 관심을 끌 수 있는 제품을 출시하는 것이 성공적인 해외진출의 핵심이다.

둘째, **가격적응성**이다. 이는 상품의 가격이 국제적으로 경쟁력이 있는지를 파악하는 것이며, 이를 위해서는 해외시장의 가격 흐름과 경쟁업체의 가격 수준을 살펴보아야 한다. 해상운임과 보험료 등의 추가 비용을 고려하여 적정한 가격을 책정할 수 있는지도 검토해야 한다. 가격적응성은 상품의 가격이 시장의 수요와 공급에 맞추어 조정되는 능력을 의미한다. 이는 시장 상황에 따라 가격을 조정하고 경쟁업체의 가격에 대응할 수 있는 능력을 갖추어야 한다는 것을 의미한다. 따라서 가격적응성을 고려하지 않고 가격을 책정하면, 경쟁업체와 비교하여 가격이 너무 높거나 낮아 시장에서 경쟁력을 잃을 수 있다.

또한 해외시장에서의 가격 책정에는 해상운임과 보험료 등의 추가 비용을 고려해야 한다. 이는 상품을 해외시장으로 수출할 때 발생하는 운송 비용과 보험 비용을 의미한다. 이러한 추가 비용을 고려하지 않고 가격을 책정하면, 예상한 이익보다 손실이 발생할 수 있다. 따라서 해외시장에서의 가격 책정은 추가 비용을 고려하여 적정한 가격을 책정하는 것이 중요하다.

셋째, **납기의 적응성**이다. 해외진출시장에서 성공하기 위해서는 다양한 조사가 필요하다. 적절한 시기에 상품을 납품할 수 있는지, 그리고 재고량을 조절할 수 있는지 검토해야 한다. 이를 위해서는 진출 시장의 특성과 현지의 비즈니스 문화를 파악하는 것이 중요하다. 예를 들어, 일부 국가에서는 납기 일정이 느슨하게 관리되는 경우가 있다. 따라서 이러한 경우에는 출하 일정을 미리 예측하여 상품을 늦게 납품하는 것이 더욱 효율적일 수 있다.

또한 재고량을 조절하기 위해서는 현지의 수요 예측 능력을 파악해야 한다. 제품이 인기 있는 시즌이나 이벤트 기간에는 수요가 급증할 수 있으므로, 미리 충분한 재고를 확보하는 것이 중요하다. 반면에, 일반적으로 수요가 낮은 시기에는 불필요한 재고를 줄이기 위해 적절한 조치를 취할 필요가 있다.

넷째, **결제방식의 적당성**이다. 해외진출시장에서 성공하기 위해서는 다양한 조사항목들이 필요하다. 결제방식은 해당 시장의 관습이나 경쟁자들이 사용하는 결제방식 등을 고려하여 가장 적합한 것을 선택해야 한다.

해외진출시장에서는 지역화된 결제방식을 적용하는 것이 중요하다. 예를 들어, 일본 시장에서는 현금 결제가 여전히 주류를 이루고 있기 때문에, 신용카드 결제만을 제공하는 것은 소비자들의 불편함을 초래할 수 있다. 따라서 현지 소비자들의 결제 습관을 파악하고, 그에 맞는 결제방식을 제공하는 것이 필요하다.

또한 해외진출시장에서는 보안적인 측면에서도 결제방식을 신중하게 선택해야 한다. 어떤 결제방식이던 간에, 소비자들의 개인정보를 보호할 수 있는 시스템을 갖추어야 하며, 이를 통해 고객들의 신뢰를 얻을 수 있다.

따라서 해외진출시장에서는 결제방식을 선택할 때, 지역화된 결제방식, 보안적인 측면, 소비자들의 편의성 등을 고려하여 최적의 결제방식을 선택해야 한다. 이를 통해, 성공적인 해외진출을 이룰 수 있을 것이다.

마지막으로, **수급방식의 적응성**이다. 해외 진출시장에서는 시장 조사 항목 중에 수급방식의 적응성이 매우 중요하다. 이는 최종 소비자까지의 수급 경로를 검토하고 분석하여 목표시장에 적합한 수급 방식을 선택해야 한다는 것을 의미한다. 수급방식은 제품의 유통과 판매에 있어서 매우 중요한 역할을 하는데, 예를 들어 직접 수출하는 방식과 대리점을 통해 수출하는 방식 등이 있다. 이러한 수급 방식을 선택할 때는 해당 시장의 특성과 요구사항, 그리고 현재 경쟁사들이 적용하고 있는 방식 등을 고려하여 결정해야 한다. 또한 수급 방식을 선택할 때에는 관세, 세금, 운송비 등의 추가적인 비용도 고려해야 하며, 이러한 비용들을 최소화할 수 있는 방법을 찾아내는 것이 중요하다. 따라서 해외 진출시장에서는 수급 방식의 적응성을 고려하여 적절한 방식을 선택하고, 이를 통해 비용을 최소화하고 성공적인 진출을 이루어 내는 것이 매우 중요하다.

2. 해외시장 진출전략

한 기업이 해외시장에 진출하는 방법은 다양하다. 일반적으로는 수출에 의한 진출, 계약에 의한 진출, 투자방식에 의한 진출 등이 있다. 수출에 의한 진출은 기업이 생산한 제품을 외국 시장으로 판매하는 것이다. 계약에 의한 진출은 기업이 외국 고객과 계약을 맺어 제품을 공급하는 것이다. 투자방식에 의한 진출은 기업이 외국에 직접 투자하거나 협력사를 통해 제품을 생산하고 판매하는 것이다. 이러한 방식들을 이용하여 기업은 해외시장에서 성공적으로 사업을 확장할 수 있다.

2.1 수출에 의한 진출

수출(export)은 국내에서 생산된 제품을 해외시장에 판매하는 것으로 기업들이 해외시장에서 수익을 창출하고 국내 경제 발전에 기여할 수 있도록 하는 중요한 활동이다. 초기 해외 진출전략으로는 간접수출과 직접수출로 구분할 수 있다.

간접수출(indirect export)은 제품이나 서비스를 생산하는 기업이 중개상인, 무역상사, 수출대행업자, 중간 유통업체, 수출조합 또는 국내 거주 외국 바이어 등을 통하여 수출하는 것을 의미한다. 간접수출은 해외시장으로 진출하는 기업에게 많은 장점을 제공한다. 먼저, 해외시장으로 진출하는데 필요한 비용이 많이 절감된다. 직접적으로 해외시장에 진출하는 경우에는 다양한 비용이 발생한다. 예를 들면, 해외시장에 직접적으로 출장을 가거나, 현지에서 제품을 판매하기 위해 공간 대여비용, 인건비용 등이 발생한다. 그러나 간접수출을 통해 판매를 함으로써 이러한 비용을 줄일 수 있다.

또한 간접수출은 중개업체를 통해 현지 시장의 특성과 문화를 활용할 수 있는 기회를 제공한다. 중개업체는 현지 시장의 특성과 소비자의 선호도를 파악하고, 이를 기반으로 제품을 판매하기 때문이다. 간접수출은 클레임과 환율변동, 그리고 정치적 위험 리스크를 분산할 수 있는 기회를 제공한다. 해외시장으로 직접적으로 진출하는 경우, 이러한 위험을 분산하기가 어렵다. 그러나 간접수출을 통해 다양한 시장에 제품을 판매함으로써, 이러한 위험을 분산할 수 있다.

그러나 간접수출의 단점은 여러 가지가 있다. 먼저, 간접수출은 판매에 대한 통제권을 상실할 수 있다는 점이다. 현지 대리점이나 중개업체가 제품을 판매하는 과정에서 가격이나 마케팅 전략 등을 자유롭게 결정할 수 있기 때문이다. 제품 판매기획 및 마케팅 기회를 상실할 수도 있다. 수출중개업체가 다른 제품들과 함께 판매할 경우, 기업의 제품이 눈에 띄지 않을 수 있다.

둘째, 해외시장 기반구축이 어려울 수 있다는 점이다. 간접수출을 통해 수출을 진행하면서 현지 수출중개업체가 이미 자신들만의 고객층과 네트워크를 구축해놓았기 때문에, 기업 자체로 해외시장을 개척하기 위한 노력이 더욱 필요할 수 있다.

셋째, 해외시장과의 격리 가능성이 있다는 점이다. 현지 대리점이나 중개업체가 매우 강력한 입지를 가지고 있는 경우, 기업 자체가 직접 수출을 시도하거나 다른 수출 방식을 시도해도 성과를 달성하기 어려울 수 있다.

반면에, **직접수출**(direct export)은 기업이 제품이나 서비스를 직접 생산하고, 현지 시장의 유통업체나 대리점과 판매계약을 맺거나, 자사의 현지지사나 법인을 설립하여 수출과 관련된 업무를 수행하는 방식이다. 이러한 방식은 기업이 제품이나 서비스를 직접 판매하므로, 수출에 따른 수익금이 높아질 수 있다는 장점이 있다. 기업이 직접 현지 시장의 상황을 파악하고 대응할 수 있으므로, 수출에 대한 위험성을 최소화할 수 있다는 장점도 있다. 하지만, 이 방식은 기업이 직접 수출과 관련된 업무를 처리해야 하므로, 수출에 필요한 인력과 자금 등을 확보해야 한다는 단점도 있다. 또한 현지 시장에 대한 이해와 경험, 그리고 수출에 필요한 인프라와 자금 등 많은 자원이 필요하다. 따라서 기업이 직접수출 방식을 선택할 때는 이러한 장단점을 고려하여 적절한 전략을 수립해야 한다.

그러나 최근에는 기업들이 직접수출 방식을 선택하는 경우가 증가하고 있다. 이는 기술력이나 품질 등의 우수성으로 인해 직접적인 수출이 필요한 경우가 많아지면서 발생하는 추세이다. 또한 인터넷 등 디지털 기술의 발전으로 인해 해외시장에 직접 접근하는 것이 용이해졌기 때문이다.

2.2 투자에 의한 진출

해외시장 진출은 기업이 국내시장에서 성장한 후 새로운 시장을 찾기 위해 시도하는 것으로, 이를 위해 투자(investment)를 할 수 있다. 투자에는 직접적인 투자와 간접적인 투자가 있다.

해외직접투자(Foreign Direct Investment, FDI)는 기업이 국내에서 운영하는 사업을 해외에 직접 참여하여 운영하거나, 외국에서 새로운 사업을 시작하기 위해 자본을 투자하는 것을 말한다. 이러한 해외직접투자는 국내 기업 및 국가에 많은 이점을 제공한다. 첫째로, 해외직접투자는 국내 기업이 해외시장에서 경쟁력을 확보할 수 있는 기회를 제공한다. 둘째로, 해외직접투자는 국내 기업이 기존 국내 시장에서 얻을 수 없는 다양한 경험과 기술을 습득할 수 있는 기회를 제공한다. 셋째로, 해외직접투자는 국내 기업이 해외시장에서 수익을 창출하여 국내 경제 성장에 기여할 수 있는 기회를 제공한다.

해외직접투자는 기업의 자국 경제성장에도 긍정적인 영향을 미칠 수 있다. 예를 들어, 기업이 해외에서 성공적인 사업을 운영하면 이익을 국내로 회수하게 되어 국내 기업의 자본 축적과 경제성장에 도움이 된다. 또한 해외직접투자는 고용 창출에도 긍정적인 영향을 미칠 수 있다. 기업이 해외에서 사업을 운영하면 현지에서 일자리를 창출하고, 이는 국내 노동시장에도 긍정적인 영향을 미치게 된다.

이러한 해외투자는 단독투자와 합작투자로 구분된다. **단독투자**(sole venture)는 투자자가 자신의 자본으로 외국 법인에 직접 투자하는 것을 말한다. 이 경우 투자자는 자신이 외국 법인에 대한 모든 투자결정을 내리고, 투자한 자금에 대한 모든 위험을 감수해야 한다. 투자자가 통제권을 장악할 수 있어 매우 매력적인 방식이다. 그러나 이 방식은 단점도 있다. 투자자는 모든 비용과 리스크를 담당해야 하기 때문에 부담이 크다. 투자자가 경험이 부족하거나 잘못된 판단으로 투자를 한 경우에는 큰 손실을 볼 수도 있다. 단독투자를 할 때는 신중하게 검토하고, 충분한 조사와 분석을 통해 적절한 결정을 내리는 것이 중요하다.

반면 **합작투자**(joint venture)는 투자자가 외국 기업과 함께 투자하는 것을 말한다. 이 경우 투자자는 투자한 자금에 대한 위험을 외국 기업과 공유한다. 이러한 합작투자는 두 개 이상의 기업이 협력하여 사업을 진행하는 것으로, 이를 통해 대부분의 리스크를 분담함으로써 안정적인 사업 운영이 가능하다는 장점이 있어서 비용을 절감하고 성공적인 사업을 이끌어낼 수 있다.

하지만, 합작투자는 협력 관계에서 발생할 수 있는 갈등과 책임소재, 세금문제 등의 문제점도 존재한다. 현지 파트너와의 의사소통이 원활하지 않으면서 갈등이 발생할 수 있고, 이로 인해 사업 운영에 어려움을 겪을 수 있다. 또한 각 파트너의 역할과 책임을 명확하게 분담하지 않으면, 문제가 발생했을 때 책임을 지는 것도 어려울 수 있다.

세금 문제도 중요한 문제점 중 하나이다. 각 국가마다 세법이 다르기 때문에, 합작투자를 진행할 때는 각 국가의 세법을 충분히 이해하고 준수해야 한다.

2.3 계약에 의한 진출

계약(contract)에 의한 진출 방식은 기업이 해외시장에 진출하는 방식 중 하나로, 수출방식과 해외직접투자 방식의 중간적인 성격을 갖고 있다. 이 방식은 기업이 해외시장에 진출하는 데 있어서 경제적인 부담을 최소화할 수 있는 장점이 있다. 그 중 대표적인 계약에 의한 진출 방식으로는 라이센싱(licensing), 프랜차이징(franchising), 계약생산(Contract Manufacturing Organization, CMO, OEM, ODM), 관리계약(management contract), 플랜트공급계약(plant supply contract) 등이 있다.

(1) 라이센싱(licensing)

기업이 자사의 기술, 상표, 특허 등을 해외 기업에게 사용 권한을 부여하는 방식이다. 이 방식은 기술이나 상표 등의 라이센싱을 받은 기업이 자사의 제품을 생산 및 판매할 수 있게 되어, 기업의 제품 확산과 해외시장 점유에 큰 도움이 된다. 무형의 자산(지적재산권, 상표, 특허, 저작권, 디자인, 기술, 마케팅 등)을 가지고 있는 기업이 타 기업에게 대가를 받고 그 무형자산을 사용할 수 있도록 상업적 권리를 부여하는 계약이다. 라이센서(licensor)는 무형의 자산을 보유하고 있는 기업을 말하며, 라이센시(licensee)는 이 권리를 위임 또는 대여 받는 자를 말한다. 계약에 따라 라이센서는 라이센시로부터 계약기간 동안 무형의 자산을 제공하는 대가로 로열티(Royalty)를 받을 수 있다. 반대로 라이센시는 라이센서로부터 계약제품에 대한 독점성과 배타성이 보장되며 독점적 이익을 얻을 수 있다. 예를 들면, 1990년대 두통약 사리돈은 다국적제약사 로슈의 제품이며, 국내에서는 종근당에서 판매하였다. 통상적으로 해외영업의 대부분은 라이센싱 계약으로 진행된다.

라이센싱의 장점은 최소 자원투입과 위험부담 감소로 해외시장에 진출할 수 있다. 현지의 정치적, 지역적 위험노출 정도가 낮고, 단기간 해외시장 확대에 유리한 방식이다. 반면에 단점은 기업이 보유하고 있는 핵심자산의 노출위기를 초래할 수 있다. 또한 현지 시장에 대한 소극적 진출로 지속적인 현지 시장 정보와 문제점 발생 시 신속한 대응방안이 어렵다.

영업실전 사례 14-1

스타벅스 라이센싱 사례

스타벅스는 주로 북미지역에서 비즈니스를 수행하고 있으며, 1996년 처음으로 일본의 도쿄에 진출한 이후 2022년 10월말 기준으로 약 83개 국가, 35,711여 개의 매장을 운영하고 있다. 스타벅스는 크게 직접 운영하는 직영매장과 라이센싱 매장으로 구분할 수 있으며, 사업보고서에 따르면, 직영 매장은 51% vs. 라이센싱 매장은 49%로 나타났으며, 라이센싱 매장은 17,458개이고 북미를 제회하고는 한국이 1,750개로 가장 많은 것으로 나타났다.

스타벅스는 1999년 한국에 처음 신세계와 합작투자(50:50)로 진출하였고, 이대점을 시작으로 2022년 10월 기준 1,750개의 매장을 운영 중이다. 2021년 7월 계약 만료 시점에서 미국 본사 지분을 각각 17.5%를 이마트가, 32.5%를 싱가폴투자청이 인수하게 되어, 합작투자에서 완전 라이센싱으로 전환되었다. 즉, 지분을 전부 매각한 것으로 현재는 완전 라이센싱 체계로 운영되고 있다.

미국 스타벅스 본사는 코로나19로 지속적으로 직영매장을 유지하기에는 부담스러웠는데, 마침 이마트 측이 제시한 지분 인수 제안은 무려 콜옵션까지 포함되어서 미국 본사에서 상당히 유리했다고 판단하였고, 스타벅스 본사는 한국은 이마트가 운영하는 것이 좋다고 판단해 지분을 넘긴 것으로 분석되고 있다.

스타벅스가 일부 국가에서 시장점유율 확보에 어려움이 있고 베트남의 경우 시장진입은 성공적이었지만 로컬 기업에 밀려 2017년 4월 철수한 것에 비하면 한국시장은 매우 성공적인 사례로 인식되고 있다.

참고로, 한국 스타벅스 매출은 2022년 약 2조 5,939억 원이며, 스타벅스 글로벌 매출 41.9조원의 약 6,2%로 비중이 높다(글로벌 다국적 제약사의 경우, 한국은 약 1~2% 미만).

[출처] 스타벅스 홈페이지 Annual Report.

≫ 영업의 새로운 생각

1. 해외영업에서 라이센싱이란 무엇인가?
2. 해외영업에서 라이센싱을 위한 파트너 선정조건에 필요한 요소는 무엇인가?
3. 해외영업에서 직영매장과 라이센싱 매장을 동시에 운영하는 이유는 무엇인가?

(2) 프랜차이징(franchising)

기업이 자사의 브랜드 이미지와 노하우를 해외 기업에게 제공하고, 이를 바탕으로 해외 기업이 자사의 브랜드로 제품을 판매하는 방식이다. 이를 통해 해외 기업은 자사의 브랜드로 제품을 판매하며, 기업의 브랜드 이미지를 해외시장에 확산시키는데 큰 도움이 된다. 기업의 해외시장 진출 속도를 높일 수 있으며, 현지 시장에 대한 이해도를 높일 수 있어 비즈니스 성공에 큰 역할을 한다. 이러한 이유로 많은 기업들이 프랜차이징을 선택하고 있으며, 전 세계적으로 많은 프랜차이즈 브랜드들이 성공적으로 운영되고 있다.

라이센싱과 프랜차이징은 모두 기업들이 제품 또는 서비스를 다른 기업들에게 제공하는 방법 중 하나이다. 그러나 라이센싱은 대부분의 경우 제품 생산과 마케팅과 관련되어 있으며, 프랜차이징은 서비스 비즈니스와 관련되어 있다는 차이점이 있다.

두 가지 유형의 장점은 거의 비슷하다. 라이센싱을 선택하면 제품의 생산 및 판매를 대행하는 기업에 라이센스료를 지불함으로써 제품의 판매 및 수익을 증가시킬 수 있다. 또한 제조 및 판매에 대한 책임을 완전히 피할 수 있다는 이점도 있다. 반면, 프랜차이징은 특히 서비스 산업에서 인기가 높다. 맥도날드와 KFC 같은 프랜차이즈 기업은 브랜드의 일관성과 품질 표준을 유지하기 위해 매우 엄격한 품질관리 시스템을 가지고 있다. 이는 브랜드의 이미지와 명성을 유지하면서 고객 만족도를 높이기 위한 중요한 요소 중 하나이다.

프랜차이징은 일반적으로 초기 비용이 높은 대신, 브랜드 이미지와 관리 시스템, 제품 품질관리 등의 기술적 지원을 받을 수 있다는 이점이 있다. 따라서 프랜차이징 모델은 창업자들이 자신의 비즈니스를 성공적으로 운영하기 위한 지원을 받을 수 있는 좋은 방법 중 하나이다.

(3) 계약생산

국내 기업이 자사의 제품 생산을 해외 기업에게 위탁하는 방식이다. 이는 국내 기업이 자사의 제품을 생산할 수 있는 생산 역량이 부족하거나, 해외시장에서 보다 저렴한 생산비용을 확보할 수 있는 경우에 많이 사용된다. 계약생산을 통해 국내 기업은 해외 기업의 생산시설과 기술력을 활용하여 더 효율적인 생산을 할 수 있다. 또한 계약생산의 경우 국내 기업은 해외시장에 진출할 수 있는 기회를 얻을 수 있으며, 해외 기업과의 파트너십을 형성하여 글로벌 시장에서의 경쟁력을 키울 수 있다. 따라서 계약생산은 국내 기업의 해외 진출과 글로벌 경쟁력 강화에 매우 유용한 방식이다.

(4) 관리계약

해외시장에 진출하고자 하는 기업에게 매우 유용한 방법 중 하나이다. 이는 기업이 자본과 기술을 공유하지 않고도 성공적인 해외진출을 이룰 수 있는 방법이다. 관리계약을 통해 기업은 해외에서 운영되는 기업의 경영권을 갖게 되어 기업의 경영 전략과 운영 방식을 전적으로 관리할 수 있다. 이는 기업이 자체적으로 해외진출을 시도할 때 발생할 수 있는 많은 위험 요소들을 회피할 수 있다는 것을 의미한다. 또한 이러한 방식은 기업의 경제적인 부담을 줄일 수 있기 때문에 매우 유용하다. 따라서 관리계약은 기업이 해외시장에서 성공적인 비즈니스를 이루는 데 있어서 매우 중요한 역할을 수행한다.

(5) 플랜트공급계약

플랜트공급계약은 해외에서 새로운 공장을 건설하거나 기존 공장을 업그레이드 하는 경우에 많이 사용되는 방식이다. 이러한 계약 방식은 수주한 기업이 공장의 설계, 기자재, 기술적 지원 등을 제공하고, 공장 건설과 운영을 수주받은 해외 기업이 담당하는 방식이다. 이렇게 함으로써 수주한 기업은 고객의 요구사항에 맞추어 공장을 설계하고 지원해주어 효율적인 생산을 할 수 있게 해준다. 또한 해외 기업은 현지의 시장 및 규제에 대한 이해도가 높기 때문에 공장 건설 및 운영에 있어서 많은 혜택을 누릴 수 있다. 이러한 계약 방식은 양측 모두에게 이익이 되는 것으로 알려져 있으며, 해외에서의 사업 확장에 있어서 매우 유용하게 사용될 수 있다. 더불어서, 이러한 계약 방식은 기업 간의 협력 관계를 증진시키는 데에도 큰 역할을 한다. 따라서 이러한 계약 방식은 현대 기업들이 글로벌 시장에서 경쟁력을 유지하기 위해 필수적으로 적용해야 할 방식 중 하나이다.

따라서 해외시장 진출 방식은 기업의 상황과 목표에 따라 유연하게 선택해야 한다. 수출은 비교적 안전하고 저비용으로 진출하고 싶은 기업에게 적합하며, 투자는 높은 수익률을 기대하는 기업에게 적합하고, 계약은 현지 파트너의 전문성을 활용하고 싶은 기업에게 적합하다.

3. 해외고객가치영업 전략

오늘날 글로벌 경쟁 시대에서 해외시장 진출은 기업 성장의 필수조건이다. 하지만 해외시장에서 성공하기 위해서는 단순히 제품이나 서비스를 판매하는 것을 넘어, 현지 고객에게 가치를 제공하고 긍정적인 경험을 선사하는 전략이 필요하다. 이러한 목표를 달성하는 데 가장 효과적인 전략이 바로 해외 고객가치영업 전략이다.

해외고객가치영업 전략은 해외 고객의 니즈를 파악하고, 이에 맞는 가치 제안을 수립하며, 맞춤형 마케팅 및 판매전략을 통해 고객과의 지속적인 관계를 구축하는 데 초점을 맞춘다.

3.1 해외개인고객의 가치영업전략

해외개인고객시장은 빠르게 성장하고 있으며, 이는 기업들에게 새로운 기회를 제공한다. 이 시장에서 성공하기 위해서는 고객의 니즈를 이해하고 맞춤형 가치 제안을 제공하는 것이 중요하다. 해외개인고객의 가치영업전략은 이러한 목표를 달성하는 데 도움이 되는 효과적인 방법이다.

(1) 고객 이해

해외개인고객의 이해가 가치 제안영업의 시작이다. 해외개인고객가치영업은 매우 중요한 전략적인 영업방법이다. 해외개인고객가치영업은 해외시장에서 개인고객을 대상으로 하는 영업 전략이다. 이를 위해서는 먼저 해당 시장의 인구통계, 라이프스타일, 구매 패턴, 가치관 등을 파악하는 것이 매우 중요하다.

인구통계를 파악함으로써 어떤 연령층, 성별, 국적 등의 고객들이 해당 시장에서 주로 활동하는지 파악할 수 있다. 이를 토대로 그들의 라이프스타일과 구매 패턴을 파악하여 제품이나 서비스를 개발하고 마케팅 및 판매 전략을 수립할 수 있다. 해당 시장에서의 고객가치를 파악하여 제품이나 서비스를 제공함으로써 고객들의 만족도를 높일 수 있다. 이를 위해서는 다양한 방법을 사용할 수 있다. 시장 조사를 통해 고객의 구매 패턴과 경쟁사의 동향을 파악하는 것이 매우 중요하다. 이를 통해 고객의 선호도와 요구사항을 파악하고, 그에 맞게 제품과 서비스를 개발하여 제공할 수 있다. 또한 경쟁사의 동향을 파악하여 시장의 변화에 대응하고, 새로운 시장 기회를 찾아내어 기업의 경쟁력을 강화할 수 있다.

(2) 고객가치 제안

해외시장에서 개인고객을 대상으로 가치 제안은 중요하다. 고객에게 제공되는 가치는 제품이나 서비스의 품질, 가격, 디자인, 브랜드 이미지 등을 모두 포함한다. 제품의 품질은 해외시장에서 성공적인 영업의 기본적 요건이다. 고객들은 제품의 성능이나 내구성에 대해 높은 기대를 가지고 있으며, 만족스러운 제품을 제공한다면 고객들의 신뢰와 로열티를 얻을 수 있다.

해외개인고객가치영업에 있어서 제품의 가격은 해당 제품의 성능과 품질에 따라 결정된다. 이는 국내 시장에만 해당하는 것이 아니라 해외시장에서도 마찬가지이다. 치열한 해외시장에서는 적절한 가격을 책정하는 것이 매우 중요하다. 그러나 과도한 가격은 고객들에게 불만을 불러일으키고, 제품의 인지도와 신뢰도를 떨어뜨릴 수 있으므로 적정한 가격을 책정하는 것이 중요하다. 너무 낮은 가격은 제품의 가치를 저하시킬 수 있다. 해외시장에서는 저렴한 제품이 많이 존재하고, 이를 통해 경쟁을 이길 수 있는 경우도 있으나 제품의 가치가 저하된다면 장기적으로는 이미지 훼손이 될 수 있다.

따라서 해외개인고객가치영업에서는 적절한 가격 책정과 제품의 가치 유지가 중요하다. 이를 통해 고객들의 신뢰와 만족도를 높이고, 장기적인 비즈니스 성장을 이룰 수 있다. 해외시장에서는 다양한 문화와 취향이 존재하기 때문에, 고객들이 호감을 가지고 구매를 결정할 수 있는 디자인을 선택하는 것이 매우 중요하다. 제품의 기능성과 디자인적인 요소를 조화롭게 결합하여 제품의 완성도를 높여야 한다. 제품 디자인이 고객들에게 호감을 줄수록 브랜드 이미지가 향상되기 때문이다. 이는 브랜드의 인지도와 인지도에 따른 선호도도 높아지는 것을 의미한다. 만약 제품의 디자인이 사용자 친화적이고 시각적으로 매력적이라면, 고객들은 제품을 사용하는 데에 더욱 만족할 것이다. 이는 제품의 평판을 높이고, 브랜드의 이미지를 개선하는 데에 큰 도움이 된다.

해외개인고객은 다양한 선택지를 가지고 있기 때문에, 가격, 디자인 등 경쟁력 있는 가치 제안을 제공해야 한다. 특히 제품의 감성적 가치와 혜택을 강조할 필요가 있다.

(3) 마케팅 및 영업 현지화 전략

해외개인고객을 대상으로 하는 맞춤형 마케팅 및 판매전략을 수립하는 것은 매우 중요하다. 해외시장에서 성공적인 영업을 위해서는 현지 시장 환경과 소비자 특성을 고려한 마케팅 및 영업 전략의 현지화가 필수적이다.

① 마케팅 현지화 전략 : 기업이 해외시장에 진출할 때는 단순히 자국의 제품이나 서비스를 그대로 전달하는 것이 아니라, 현지 고객의 문화, 언어, 선호도 등을 고려한 현지화 전략이 필요하다. 이를 통해 해당 시장의 특성에 맞는 마케팅 활동을 펼칠 수 있다. 현지화 전략의 핵심은 고객 중심적 접근이다. 현지 시장에 대한 심도 있는 이해를 바탕으로 고객의 니즈와 선호도를 파악하고, 이를 반영한 제품, 가격, 유통, 프로모션 전략을 수립해야 한다. 예를 들어, 제품 디자인이나 포장, 브랜드 네이밍, 광고 메시지 등을 현지화하여 고객 친화적으로 만들 수 있다.

또한 현지 파트너십을 강화하는 것도 중요하다. 현지 기업, 유통채널, 마케팅 에이전시 등과의 협력을 통해 현지 시장에 대한 이해도를 높이고, 효과적인 마케팅 활동을 펼칠 수 있다. 이를 통해 현지 고객과의 접점을 확대하고, 신뢰를 쌓을 수 있다.

결국 해외시장 진출 시 현지화 전략은 필수적이며, 이를 통해 기업은 고객 중심의 마케팅을 펼칠 수 있게 된다. 이는 곧 해당 시장에서의 경쟁력 강화로 이어질 것이다.

첫째, 현지 소비자의 니즈와 선호도를 반영하여 제품 또는 서비스를 개선하는 것이다. 이는 제품 또는 서비스가 현지 시장에서 경쟁력을 유지하기 위한 핵심적인 요소이다. 제품 또는 서비스를 개선함으로써 소비자들은 더 많은 만족감을 느끼며, 제품이나 서비스의 품질이 향상된다.

둘째, 라벨링 및 포장을 변경하는 것이다. 현지 언어와 법규에 맞춰 라벨링 및 포장을 변경함으로써, 제품이나 서비스가 현지 시장에서 더욱더 수용되고, 소비자들의 신뢰를 얻을 수 있다. 또한 현지 시장에서 사용되는 언어와 문화에 대한 이해도 향상되며, 소비자들과 더욱 가까워질 수 있다.

셋째, 현지 시장에서 유효한 영업 전략을 채택하는 것이다. 제품 또는 서비스를 홍보하고, 소비자들의 관심을 끌기 위해서는 현지 시장에서 유효한 영업 전략이 필요하다. 이를 통해 제품이나 서비스를 더욱더 많은 소비자들에게 알리고, 브랜드 인식도를 높일 수 있다. 이를 위해 현지 언어와 문화적 특성을 면밀히 분석하여 그에 맞는 메시지와 콘텐츠를 개발하는 것이 중요하다. 단순히 번역하는 것이 아니라 현지 고객의 니즈와 선호도를 고려하여 맞춤형으로 제작해야 한다. 예를 들어, 특정 국가의 문화적 가치관이나 풍습, 소비 행태 등을 면밀히 파악하고 이를 반영한 메시지와 콘텐츠를 개발해야 한다. 이미지, 색상, 레이아웃 등의 디자인 요소부터 언어의 어투와 표현 방식까지 현지화하여 고객에게 친근하고 매력적으로 다가갈 수 있도록 해야 한다.

또한 지속적인 모니터링과 피드백을 통해 고객의 반응을 파악하고 개선점을 찾아 콘텐츠를 지속적으로 업데이트하는 것도 중요하다. 이를 통해 고객과의 신뢰를 쌓고 장기적인 관계를 유지할 수 있을 것이다.

현지 시장에서 효과적으로 제품을 홍보하고 판매하기 위해서는 현지에서 인기 있는 온라인 및 오프라인 채널과 플랫폼을 선정하는 것이 매우 중요하다. 온라인의 경우, 현지 소비자들이 자주 이용하는 소셜미디어, 전자상거래 플랫폼, 블로그 등을 파악하고 이를 통해 제품을 효과적으로 노출시켜야 한다. 오프라인에서는 현지 소매점, 백화점, 전문 매장 등 소비자들이 많이 찾는 채널을 선별하여 제품을 입점시키고 프로모션 활동을 펼치는 것이 필요하다.

현지 소비자의 구매 성향, 선호도, 트렌드 등을 면밀히 분석하여 이에 맞는 마케팅 전략을 수립해야 한다. 이를 통해 제품의 노출도를 높이고 소비자와의 효과적인 커뮤니케이션을 이끌어낼 수 있다. 결국 현지 시장에 최적화된 채널과 플랫폼을 선정하는 것이 브랜드 인지도 제고와 매출 증대에 핵심적인 역할을 할 것이다. 현지 고객에게 친근하고 매력적인 브랜드 이미지를 구축하는 것은 매우 중요하다. 이를 위해서는 현지 문화와 소비자 성향에 대한 깊이 있는 이해가 필요하다. 단순히 본사의 브랜드 이미지를 그대로 적용하는 것이 아니라, 현지 고객의 취향과 선호도에 맞춰 브랜드 메시지와 디자인을 현지화해야 한다. 예를 들어, 현지 고객의 가치관, 라이프스타일, 구매 행동 등을 면밀히 분석하여 이를 반영한 브랜드 스토리텔링을 개발할 수 있다. 현지 언어와 문화적 맥락을 고려한 광고 메시지와 마케팅 채널을 활용하여 현지 고객과의 유대감을 형성할 수 있다. 이를 통해 브랜드에 대한 신뢰와 호감도를 높일 수 있으며, 결과적으로 매출 증대와 시장점유율 확대로 이어질 수 있다.

② 영업 현지화 전략 : 영업 현지화 전략은 해외시장 진출 시 매우 중요한 요소이다. 단순히 본사의 영업 방식을 그대로 적용하는 것은 바람직하지 않다. 현지 시장의 문화, 소비자 행동, 경쟁환경 등을 깊이 있게 이해하고 분석해야 한다. 이를 바탕으로 현지 시장에 특화된 맞춤형 영업 전략을 수립해야 한다. 예를 들어, 현지 언어와 문화를 반영한 마케팅 활동, 현지 유통 채널과의 협력, 현지 소비자의 니즈를 충족시킬 수 있는 제품 개발 등이 필요하다.

또한 현지 법규와 규제, 정부 정책 등을 면밀히 파악하고 이에 부합하는 영업활동을 전개해야 한다. 이를 통해 현지 시장에서의 신뢰와 호감을 얻을 수 있으며, 장기적인 성장과 발전을 도모할 수 있다. 따라서 해외시장 진출 시 현지화 전략은 필수불가결한 요소라고 할 수 있다. 현지 시장의 특성을 깊이 있게 이해하고 이를 영업활동에 적극적으로 반영하는 노력이 필요하다.

우선 현지 구매 관행, 의사결정 프로세스, 영업 문화 등을 면밀히 분석해야 한다. 이를 통해 현지 고객의 요구사항과 선호도를 파악할 수 있다. 그리고 이를 바탕으로 적절한 영업 방식을 선택해야 한다. 예를 들어, 현지 영업

인력을 채용하여 현지 언어와 문화에 익숙한 인력을 확보하는 것이 필요하며 현지 유력 기업이나 유통망과의 파트너십을 구축하여 시너지 효과를 창출할 수 있다. 현지화 전략은 단순히 제품이나 서비스를 현지 시장에 맞게 조정하는 것뿐만 아니라, 고객 서비스 체계 전반을 현지 고객들의 니즈와 선호도에 맞추는 것이 중요하다. 이를 위해서는 현지 고객들의 문화, 언어, 습관 등을 깊이 있게 이해하고 분석해야 한다. 예를 들어, 현지 고객들이 선호하는 소통 방식이나 서비스 품질 기준을 파악하여 이에 맞는 직원 교육, 상담 프로세스, 사후관리 등을 구축해야 한다. 현지 언어로 된 고객 지원 채널을 마련하고, 고객 불만 처리 시스템을 현지 문화에 맞게 설계하는 등 고객 중심의 서비스 체계를 구축해야 한다.

이와 같은 노력을 통해 현지 고객들의 특성을 깊이 있게 이해하고 이를 반영한 서비스를 제공함으로써, 고객 만족도와 충성도를 크게 높일 수 있다. 이는 결국 현지 시장에서의 경쟁력 강화로 이어질 것이다. 이처럼 현지 시장의 특성을 깊이 있게 이해하고 이를 반영한 영업 전략을 수립하는 것이 해외 시장 진출의 핵심 열쇠라고 할 수 있다. 이를 통해 현지 고객의 니즈를 정확히 충족시키고 경쟁력을 확보할 수 있을 것이다.

KT&G의 글로벌 영업 전략을 살펴보면 영업 전략은 크게 두 가지 축으로 구성된다. 첫째, 기존 핵심 시장의 확대이고, 둘째, 신규 시장의 개척과 육성이다. 기존 핵심 시장 확대 전략의 경우, 중동, 중앙아시아, CIS 국가 등이 주요 대상이다. KT&G는 이 지역에서 장기적인 파트너십을 구축하여 상호 윈-윈(win-win) 전략을 실현하고자 한다. 단순히 핵심 시장에만 집중하는 것이 아니라, 잠재 시장에서의 광고와 판촉 활동을 강화하고 유통망을 확대하는 마케팅 4P 전략을 적극적으로 실행하여 해당 권역에서의 선도적 지위를 공고히 하고자 한다.

한편 신규 시장 개척 및 육성 전략의 경우, 미국, 중국, 동남아시아 등 핵심 시장에서의 유통망 확대와 함께 유럽, 아프리카, 중남미 등 새로운 진입 시장을 발굴하고 육성하는 것이 주요 목표이다. 또한 해외 담배 제조 및 유통 업체들과의 전략적 제휴를 통해 KT&G의 시장 확대를 도모하고자 한다. 이처럼 KT&G는 기존 주력 시장의 공고화와 신규 시장 개척을 병행하는 투트랙

(two-track) 전략을 통해 글로벌 사업 영역을 지속적으로 확대해 나가고 있다.

(4) 현지 밀착형 영업

해외개인고객가치영업을 위해서는 현지 밀착형 영업활동을 전개하여야 한다. 첫째, 현지 시장에 대한 깊이 있는 이해와 넓은 인적 네트워크를 보유한 현지 파트너와의 협력이 중요하다. 현지 파트너는 시장 진입 및 고객 확보에 큰 도움을 줄 수 있으며, 문화적 차이를 극복하고 현지 소비자의 니즈를 파악하는 데 핵심적인 역할을 할 수 있다. 또한 현지 파트너와의 긴밀한 협력을 통해 신속하고 효율적인 의사결정이 가능해진다.

둘째, 법률 및 규제 준수이다. 해당 국가의 개인정보 보호법, 소비자 보호법 등 관련 법률과 규제를 철저히 준수해야 한다. 이는 기업의 사회적 책임과 신뢰도 제고를 위해 필수적이다. 특히 개인정보 보호와 관련된 법적 요구사항을 철저히 이행해야 한다. 고객 데이터 수집, 저장, 활용 등 전 과정에서 개인정보 보호 원칙을 준수해야 하며, 관련 기준을 엄격히 준수해야 한다. 이를 위해 전문 법률 자문을 받아 법적 리스크를 사전에 파악하고 대응 방안을 마련하는 것이 중요하다. 또한 소비자 보호법에 따른 제품 및 서비스 관련 의무사항, 광고 규제, 반품/환불 정책 등을 명확히 숙지하고 이를 준수해야 한다. 이를 통해 고객의 권리를 보호하고 기업의 신뢰도를 높일 수 있다.

셋째, 현지 문화에 대한 깊이 있는 이해와 존중은 성공적인 영업의 핵심 요소이다. 현지 소비자의 가치관, 행동 양식, 선호도 등을 면밀히 분석하는 것이 중요하다. 이를 통해 현지 소비자의 니즈와 기대에 부합하는 영업 전략을 수립할 수 있다. 예를 들어, 특정 국가의 소비자들은 전통적인 방식을 선호하거나 가족 중심적인 성향이 강할 수 있다. 이러한 문화적 특성을 이해하고 이를 반영한 제품 및 서비스를 제공한다면, 현지 소비자들에게 보다 매력적으로 다가갈 수 있을 것이다. 현지 언어와 의사소통 방식에 대한 이해도 필수적이다. 현지 언어로 소통하고 문화적 맥락을 이해하는 것은 소비자와의 신뢰관계 형성에 도움이 된다. 이를 통해 현지 시장에서 보다 효과적으로 고객가치를 창출할 수 있다. 개인고객가치영업에서 문화적 이해와 존중을 통해 현지 소비자의 니즈와 기대에 부합하는 차별화된 영업 전략을 수립할 수 있으며, 장기적으로 지속가능한 고객관계를 구축할 수 있을 것이다.

넷째, 고객 경험을 향상시키고 매출 증대를 위해서는 다양한 결제 옵션을 제공하는 것이 중요하다. 단순히 신용카드 결제만을 제공하는 것은 한계가 있다. 고객들의 선호도와 지불 습관을 고려하여 모바일 결제, 전자지갑, 계좌이체 등 다양한 결제 수단을 마련해야 한다. 이를 통해 고객들은 자신에게 익숙하고 편리한 결제 방식을 선택할 수 있게 된다. 결과적으로 결제 전환율이 높아지고 고객 만족도가 향상될 것이다. 다양한 결제 옵션을 제공함으로써 고객층을 확대하고 새로운 매출 기회를 창출할 수 있다.

나아가 결제 인프라를 지속적으로 업그레이드하고 고객 데이터를 분석하여 결제 프로세스를 최적화하는 것도 중요하다. 이를 통해 고객 경험을 개선하고 비즈니스 성과를 높일 수 있다. 이와 같은 추가적인 고려 사항들을 종합적으로 검토하고 실행에 옮긴다면, 해외개인고객가치영업의 성공 가능성을 크게 높일 수 있을 것이다.

삼성전자의 B2C(기업 대 소비자) 영업 전략의 경우, 매우 체계적이고 종합적이다. 먼저, 담당 지역과 국가의 시장 수요 및 당사와 경쟁사의 판매 데이터를 면밀히 분석하여 이를 바탕으로 단기부터 중장기에 걸친 판매전략을 수립하게 된다. 이 판매전략에는 제품, 유통, 가격, 프로모션, 마케팅 등 다양한 요소가 포함된다. 예를 들어, 신제품 출시 시기와 물량, 유통채널 확대, 가격 책정, 할인 행사 등이 종합적으로 고려된다. 이렇게 수립된 전략은 신속하게 실행에 옮겨진다. 더불어 삼성전자는 시장의 새로운 성장 가능성을 발굴하는 데 힘쓰고 있다. 이를 통해 사업부의 새로운 성장 동력을 찾아내고, 해당 제품의 판매 극대화를 위해 노력하고 있다. 이러한 노력은 삼성전자가 B2C 시장에서 지속적으로 성과를 창출할 수 있게 해준다. 결과적으로 삼성전자의 B2C 영업 전략은 데이터 분석을 기반으로 한 체계적인 판매전략 수립과 신속한 실행, 그리고 새로운 성장 기회 발굴이라는 3대 핵심 요소로 구성되어 있다. 이를 통해 삼성전자는 B2C 시장에서 지속적인 성과를 거두고 있다.

(5) 고객 경험 및 관계 관리

해외개인고객과의 지속적인 관계 유지는 매우 중요한 부분이다. 이를 위해 고객관계관리(CRM) 시스템을 적극 활용해야 한다. CRM 시스템을 통해 고객 정보를 체계적으로 관리하고, 고객과의 다양한 접점에서 발생하는 데이터를 수집할 수 있다. 이를 바탕으로 고객의 행동 패턴, 선호도, 불만사항 등을 분석할 수 있다. 고객 데이터 분석을 통해 고객의 니즈를 정확히 파악하고, 이에 맞춘 맞춤형 서비스와 솔루션을 제공할 수 있다.

또한 정기적인 고객 피드백 수집 및 분석이 필요하다. 고객과의 지속적인 소통을 통해 고객의 의견과 요구사항을 파악하고, 이를 제품 및 서비스 개선에 반영해야 한다. 이를 통해 고객 만족도를 높이고, 장기적인 관계를 구축할 수 있다.

이처럼 CRM 시스템 활용과 고객 피드백 관리는 해외개인고객과의 관계 강화를 위한 핵심 요소라고 할 수 있다. 체계적이고 지속적인 고객관계관리를 통해 고객의 니즈를 정확히 충족시키고, 고객과의 신뢰를 쌓아나가는 것이 중요하다.

해외개인고객가치영업 부서에서는 고객 만족도 향상을 위해 다양한 노력을 기울여야 할 것이다. 우선 우수한 고객 서비스를 제공하기 위해 전문적인 교육을 받은 직원들이 고객의 요구사항을 신속하게 파악하고 맞춤형 솔루션을 제안한다. A/S 체계를 강화하여 고객의 불편사항을 신속하게 처리하고 지속적인 관리를 통해 고객 만족도를 높여야 한다. 더불어 정기적인 고객 만족도 조사를 실시하여 고객의 의견을 경청하고, 이를 바탕으로 서비스 품질 향상을 위한 개선 방안을 모색하고, 고객 니즈에 부합하는 새로운 상품 및 서비스를 지속적으로 개발하여 고객에게 차별화된 경험을 제공하고자 노력해 나가야 한다.

3.2 해외 법인고객의 가치영업 전략

해외 법인고객을 대상으로 한 가치영업 전략은 중요하다. 이는 단순히 제품이나 서비스를 판매하는 것을 넘어서 고객의 니즈를 깊이 있게 파악하고, 이를 충족시킬 수 있는 맞춤형 솔루션을 제공하는 것을 의미한다. 우선, 해당 시장과 고객에 대한 심도 있는 이해가 필요하다. 지역별 문화, 규제, 산업 특성 등을 면밀히 분석하여 고객의 구체적인 요구사항을 파악해야 한다. 이를 바탕으로 고객의 가치사슬 전반에 걸친 문제점을 발견하고, 이를 해결할 수 있는 차별화된 제품 및 서비스를 개발해야 한다.

또한 고객과의 긴밀한 협력관계 구축이 중요하다. 정기적인 면담, 현장 방문, 고객 피드백 수집 등을 통해 지속적으로 고객의 니즈를 모니터링하고, 이를 바탕으로 솔루션을 지속적으로 업그레이드해 나가야 한다. 나아가 고객의 성공을 위해 컨설팅, 교육, 기술 지원 등 다양한 부가서비스를 제공함으로써 고객과의 신뢰관계를 구축해야 한다.

이와 같은 고객 중심적인 접근을 통해 해외 법인고객의 가치를 극대화할 수 있으며, 이는 장기적인 관점에서 기업의 성장과 수익성 향상으로 이어질 것이다. 해외 법인고객가치영업 전략은 이러한 목표를 달성하는 데 도움을 줄 수 있는 효과적인 도구이다.

(1) 고객 니즈 진단

우선적으로 해외잠재고객 기업의 사업 특성, 과제, 투자 결정 프로세스 등을 면밀히 파악하는 것이 핵심이다. 이를 통해 고객의 요구사항과 당면과제를 깊이 있게 이해할 수 있다. 고객 기업의 전략적 목표, 산업 환경, 경쟁 상황, 기술 수준 등 다양한 요인을 종합적으로 분석하여 고객의 니즈와 문제점을 정확하게 파악하는 것이 중요하다. 또한 고객사의 의사결정권자와의 심층 인터뷰를 통해 내부 상황과 현안을 직접 청취하고 상호 신뢰를 쌓는 것도 필요하다. 이를 바탕으로 고객사의 요구에 부합하는 맞춤형 솔루션을 제안할 수 있다.

고객 니즈 진단 과정에서는 고객사의 현재 상황과 미래 방향성을 면밀히 분석하여 고객의 잠재적인 니즈까지 파악해야 한다. 단순히 현재의 요구사항만을 파악하는 것이 아니라, 고객사의 장기적인 비전과 전략을 이해하고 이에 부합하는 솔루션을 제시할 수 있어야 한다. 이를 통해 일회성 거래가 아닌 지속적인 협력관계를 구축할 수 있다.

특히 해외 법인고객을 대상으로 한 영업활동에는 특별한 고려사항들이 있다. 우선, 문화적 차이와 언어적 장벽이 존재하기 때문에 이를 극복하기 위한 노력이 필요하다. 현지 시장에 대한 심도 있는 조사와 고객과의 인터뷰를 통해 고객의 니즈와 요구사항을 면밀히 파악해야 한다.

또한 해외 법인고객의 의사결정권자와 긍정적이고 신뢰할 수 있는 관계를 구축하는 것이 매우 중요하다. 이를 위해서는 정기적인 면담과 커뮤니케이션을 통해 고객의 요구사항을 지속적으로 확인하고, 고객의 입장에서 생각하며 그들의 문화와 관습을 존중하는 태도가 필요하다. 나아가 현지 파트너십을 활용하여 고객의 니즈에 보다 효과적으로 대응할 수 있는 방안을 모색해볼 수 있다. 현지 파트너와의 긴밀한 협력을 통해 고객의 문화와 언어, 비즈니스 관행 등을 보다 깊이 이해할 수 있으며, 이를 바탕으로 맞춤형 솔루션을 제공할 수 있을 것이다.

이처럼 해외 법인고객을 대상으로 한 영업활동에는 다양한 고려사항들이 존재하므로, 이를 체계적으로 관리하고 대응하는 것이 중요하다. 단순히 제품이나 서비스를 판매하는 것을 넘어서, 고객의 문화와 비즈니스 환경을 깊이 이해하고 고객과의 신뢰를 쌓는 것이 성공적인 해외영업의 핵심이라고 할 수 있다.

이러한 고객 니즈 진단 과정을 통해 고객의 핵심 요구사항을 정확히 파악하고, 이에 맞는 최적의 솔루션을 제안할 수 있다. 이는 고객과의 신뢰관계 구축과 장기적인 협력 관계 유지로 이어질 수 있다.

(2) 맞춤형 솔루션 제시

고객 기업의 특정 니즈를 해결하는 맞춤형 솔루션을 제시해야 한다. 고객 기업의 특정 니즈를 깊이 있게 분석하여 이에 최적화된 솔루션을 제안한다. 이를 위해 고객과의 긴밀한 소통을 통해 고객의 요구사항과 현안 문제를 면밀히 파악하고, 다양한 사례 분석과 벤치마킹을 통해 고객에게 가장 효과적이고 차별화된 솔루션을 제시한다. 또한 솔루션 도입 및 운영 과정에서 고객과의 지속적인 피드백을 바탕으로 솔루션을 지속적으로 개선하고 고객의 만족도를 높여나간다. 고객 맞춤형 서비스는 단순한 솔루션 제공을 넘어서, 고객의 비즈니스 환경과 요구사항에 대한 깊이 있는 이해를 바탕으로 한다. 이를 위해 공급업체는 고객사의 조직 구조, 업무 프로세스, 기술환경 등을 면밀히 분석한다. 또한 고객 담당자들과 긴밀한 협업을 통해 고객의 구체적인 요구사항을 파악하고, 이를 충족시킬 수 있는 최적화된 서비스를 설계하고 제공한다. 고객 맞춤형 서비스는 일회성 솔루션 제공이 아닌, 지속적인 고객여정 관리를 통해 이루어진다. 공급업체는 고객의 비즈니스 변화와 요구 사항의 변화를 지속적으로 모니터링하고, 이에 맞춰 서비스를 업그레이드하고 개선한다. 이를 통해 고객은 자신의 비즈니스 목표 달성을 위한 최적의 솔루션을 지속적으로 제공받을 수 있다.

고객 맞춤형 서비스는 공급업체와 고객 간의 긍정적이고 신뢰 기반의 관계 형성을 필요로 한다. 공급업체는 고객의 비즈니스와 요구사항에 대한 깊이 있는 이해를 바탕으로 고객의 입장에서 생각하고 행동해야 한다. 이를 통해 고객은 공급업체가 자신의 비즈니스 성공을 진심으로 원한다는 것을 느낄 수 있으며, 이는 장기적인 협력 관계 구축으로 이어질 수 있다.

(3) 비즈니스 가치 입증

제품 또는 서비스가 고객 기업에 제공하는 명확한 비즈니스 가치를 입증해야 한다. 단순히 제품의 기능이나 서비스의 내용을 나열하는 것만으로는 부족하다. 고객 기업이 실제로 얻을 수 있는 구체적인 이익과 효과를 명확히 제시해야 한다. 예를 들어, 고객 기업의 생산성과 효율성이 얼마나 향상될 수 있는지, 비용 절감 효과는 어느 정도인지, 또는 고객 만족도와 충성도가 어떻게 향상될 수 있는지 등을 구체적으로 설명해야 한다. 이를 통해 고객 기업이 제품이나 서비스를 도입하면 실질적으로 어떤 혜택을 누릴 수 있는지 이해할 수 있게 해야 한다.

또한 시장 조사나 유사 사례 분석을 통해 입증된 데이터와 통계 자료를 제시함으로써 주장의 신뢰성을 높일 수 있다. 이는 고객 기업의 구매 결정에 결정적인 영향을 미칠 것이다. 즉, 제품이나 서비스의 기능적 특성뿐만 아니라 그것이 고객 기업의 성과와 경쟁력 향상에 어떤 기여를 할 수 있는지를 명확히 보여줘야 한다. 고객 기업의 비즈니스 목표, 당면 과제, 운영 환경 등을 면밀히 파악하고, 제품 또는 서비스가 어떻게 이를 해결하고 개선할 수 있는지를 구체적인 데이터와 사례를 통해 입증해야 한다.

단순한 주장이나 추상적인 설명이 아닌, 고객 기업의 실질적인 비용 절감, 생산성 향상, 매출 증대 등의 효과를 명확히 제시해야 한다. 이를 뒷받침할 수 있는 ROI(투자수익률) 분석 등의 정량적인 데이터를 제공하는 것도 중요하다.

이와 같이 고객 기업이 제품이나 서비스를 도입하기로 결정할 때, 판매자는 철저한 사전 준비와 체계적인 가치 제안을 통해 고객에게 구체적인 비즈니스 가치를 입증할 수 있어야 한다. 이를 통해 고객은 제품이나 서비스를 도입함으로써 얻을 수 있는 실질적인 이점과 혜택을 명확히 이해할 수 있게 된다. 예를 들어, 새로운 ERP 시스템을 판매할 때 판매자는 해당 시스템이 고객 기업의 업무 효율성을 어떻게 증대시킬 수 있는지, 비용 절감 효과는 어느 정도인지, 생산성 향상을 통해 얻을 수 있는 수익 증대 효과 등을 구체적으로 제시할 수 있다. 이를 통해 고객 기업은 해당 시스템 도입의 필요성과 가치를 명확히 인식하게 되어 구매 결정을 내리게 된다.

(4) 장기적인 관계 구축

신뢰와 파트너십을 기반으로 장기적인 관계를 구축해야 할 것이다. 장기적인 관계 구축은 해외 법인고객영업 전략에서 매우 중요한 부분이다. 신뢰와 파트너십을 기반으로 한 장기적인 관계 형성은 고객과의 유대감을 높이고, 안정적이고 지속가능한 비즈니스 협력관계를 만들어 낼 수 있다.

이를 위해서는 고객의 니즈와 요구사항을 깊이 있게 이해하고, 이를 충족시킬 수 있는 맞춤형 솔루션을 제공해야 한다. 또한 정기적인 커뮤니케이션을 통해 고객과의 신뢰를 쌓고, 긍정적인 관계를 유지해 나가는 것이 중요하다.

나아가 해외 법인고객과의 협업을 통해 새로운 시장 개척 및 사업 기회를 발굴하는 등 상호 윈-윈 할 수 있는 전략을 수립해야 한다. 이를 통해 고객과의 장기적인 관계를 구축하고, 지속가능한 성장을 이루어나갈 수 있을 것이다. 이를 위해서는 단순한 일회성 거래가 아닌, 고객의 니즈와 요구사항을 깊이 있게 파악하고 이를 충족시키기 위한 노력을 기울여야 한다.

또한 고객과의 파트너십을 강화하기 위해서는 고객의 사업 전략과 목표에 대한 이해도를 높이는 것이 중요하다. 이를 위해 고객과의 긴밀한 소통과 협력을 통해 고객의 니즈와 요구사항을 면밀히 파악해야 한다. 또한 고객의 사업 환경, 산업 트렌드, 경쟁 상황 등을 깊이 있게 분석하여 고객이 직면한 과제와 도전과제를 이해하는 것이 필요하다.

이를 바탕으로 고객과 공동으로 상호 윈-윈 할 수 있는 비즈니스 모델을 개발해 나가야 한다. 이를 통해 고객의 사업 목표 달성을 지원하면서도 자사의 수익성과 성장성을 확보할 수 있는 방안을 모색해야 한다. 이러한 협력적 접근방식은 장기적이고 안정적인 협력관계를 구축하여 지속가능한 성장을 이룰 수 있게 해줄 것이다.

더 나아가 고객과의 긴밀한 유대관계를 바탕으로 고객의 새로운 니즈와 기회를 선제적으로 파악하고, 이에 맞춰 혁신적인 솔루션과 서비스를 제공함으로써 고객의 경쟁력 향상에 기여할 수 있을 것이다. 이를 통해 고객과의 상호 신뢰와 존중에 기반한 전략적 파트너십을 심화할 수 있을 것이다.

삼성전자의 B2B 영업 전략의 경우, 광범위하고 전략적으로 진행되고 있다. 다양한 산업 분야에서 고객의 니즈와 특성을 깊이 있게 이해하고 있으며, 이를 바탕으로 고객에게 최적화된 제품과 솔루션을 제안하여 부가가치를 창출하고 있다. B2B 비즈니스의 전 과정에 깊이 관여하면서 시장 및 고객 발굴, 수주 계약, 제품 및 서비스 공급 등 전 단계를 주도적으로 추진하고 있다. 이를 통해 고객의 니즈를 정확히 파악하고 있으며, 더 나아가 새로운 시장과 비즈니스 모델을 적극적으로 발굴하고 있다. 특히 금융, 교육, 리테일 등 다양한 분야에서 구축한 깊이 있는 산업 전문성과 풍부한 경험을 바탕으로, 고객의 문제점(pain point)을 명확히 진단하고 이에 최적화된 솔루션을 제공하고 있다. 이를 통해 고객의 경쟁력 제고와 새로운 부가가치 창출에 기여하고 있다. 또한 삼성전자는 B2B 사업 부문에서 기술 혁신과 고객 친화적 마인드를 바탕으로 지속적인 성장을 이루어 나가고 있다. 이를 통해 기업과 고객이 함께 성장할 수 있는 상생의 비즈니스 생태계를 구축하고 있다.

3.3 해외고객 온라인영업 전략

해외시장 진출은 기업의 성장을 위한 중요한 기회이지만, 동시에 많은 어려움을 동반한다. 해외 온라인 영업은 비용 대비 효과적인 해외시장 진출 전략이며, 다양한 온라인 채널을 활용하여 잠재고객에게 효과적으로 도달하고 참여를 유도할 수 있다. 하지만 성공적인 해외 온라인 영업을 위해서는 현지 시장 특성을 이해하고 적절한 전략을 수립하는 것이 중요하다.

(1) 해외시장 조사 및 분석

해외 진출을 목표로 하는 국가 및 시장을 선정한다. 이때 경제 규모, 경제 성장률, 인터넷 보급률, 문화적 특성 등 다양한 요인을 고려해야 한다. 예를 들어, 경제 규모가 큰 국가이면서 빠른 경제 성장과 높은 인터넷 보급률을 보이는 시장을 선정할 수 있다. 또한 문화적 차이가 크지 않아 진출이 용이한 국가도 고려대상이 될 수 있다.

자세한 해외 고객 분석은 성공적인 영업 전략 수립을 위해 매우 중요하다. 먼저 목표시장의 인구통계학적 특성을 면밀히 파악해야 한다. 연령, 성별, 소득수준, 직업 등에 따른 구매 성향과 선호도를 분석해야 한다.

또한 이들의 구매 습관과 행동을 깊이 있게 연구할 필요가 있다. 제품 카테고리별 구매 빈도, 구매 시 고려 요인, 선호하는 구매 채널, 평균 지출 규모 등을 자세히 살펴봐야 한다. 이를 통해 고객의 니즈와 가치관을 더욱 잘 이해할 수 있다.

나아가 문화적 배경과 라이프스타일에 대한 분석도 중요하다. 해당 국가의 역사, 전통, 가치관 등이 구매 행동에 어떤 영향을 미치는지 파악해야 한다. 이를 바탕으로 타깃 고객의 특성에 맞춘 차별화된 온라인 영업 전략을 수립할 수 있다.

또한 해외시장에서 경쟁하는 주요 기업들을 분석하고, 그들의 강점과 약점을 파악한다. 이를 통해 경쟁사의 제품 라인업, 가격 전략, 마케팅 활동, 브랜드 인지도 등을 종합적으로 파악할 수 있다. 이러한 정보는 자사의 경쟁력을 높이고 효과적인 시장 진출 전략을 수립하는 데 활용될 수 있다.

(2) 해외 온라인 채널 선정

해외 온라인 채널 선정은 온라인 사업 진출에 있어 매우 중요한 전략이다. 각 채널은 고유의 특성과 장단점을 가지고 있어, 기업의 목표와 제품 특성에 맞는 최적의 조합을 선택하는 것이 필요하다.

① 검색 엔진 최적화(SEO) : 웹사이트의 검색 엔진 최적화를 통해 해외 주요 검색 엔진(구글, 네이버 등)에서 높은 순위를 얻을 수 있다. 이를 통해 잠재고객들이 해당 웹사이트를 더 쉽게 찾아갈 수 있게 된다. 키워드 연구, 웹사이트 구조 개선, 콘텐츠 최적화 등의 작업이 필요하다.

② 페이퍼클릭 광고(PPC) : 구글 애드워즈, 페이스북 광고 등의 플랫폼을 활용하여 타깃 고객층에게 직접적으로 광고를 노출시킬 수 있다. 관심사, 지역, 행동 패턴 등을 분석하여 최적의 타깃팅을 할 수 있으며, 광고 효과를 실시간으로 측정하고 분석할 수 있다.

③ 소셜미디어 마케팅 : 페이스북, 인스타그램, 트위터 등 해외 주요 소셜미디어 플랫폼을 활용하여 브랜드 인지도를 높이고 고객들과 활발한 소통을 할 수 있다. 다양한 형식의 콘텐츠(게시글, 이미지, 동영상 등)를 제작하여 정기적으로 업로드하고, 고객들의 반응을 분석하여 마케팅 전략에 반영할 수 있다.

④ 마켓플레이스 진출 : 아마존, 알리바바, eBay 등 해외 주요 온라인 마켓플레이스에 입점하여 제품을 판매할 수 있다. 이를 통해 해외 고객들에게 손쉽게 접근할 수 있으며, 마켓플레이스의 기존 인지도와 신뢰도를 활용할 수 있다. 각

마켓플레이스의 규정과 수수료 등을 잘 파악하여 효과적으로 활용해야 한다.

⑤ 콘텐츠 마케팅 : 기업 블로그, 인포그래픽, 제품 소개 영상 등 다양한 형태의 콘텐츠를 제작하여 고객들에게 유용한 정보를 제공한다. 이를 통해 고객들의 관심과 신뢰를 얻을 수 있으며, 자연스럽게 제품 및 브랜드에 대한 노출 효과를 얻을 수 있다.

⑥ 제휴(affiliate) 마케팅 : 해외의 유명 제휴기업들과 협력하여 제품을 홍보하고 판매를 유도할 수 있다. 제휴기업들의 팬 베이스와 신뢰도를 활용하여 효과적으로 제품을 알릴 수 있다.

⑦ 인플루언서 마케팅 : 해외의 영향력 있는 인플루언서들과 협력하여 제품을 홍보하고 브랜드 인지도를 높일 수 있다. 인플루언서의 팬층과 이미지를 활용하여 브랜드의 이미지 향상과 판매 증대 효과를 얻을 수 있다.

이처럼 해외 온라인 진출을 위해서는 다양한 채널 활용 방안을 종합적으로 검토하고, 각 채널의 특성과 장단점을 면밀히 분석하여 기업의 목표와 제품 특성에 맞는 최적의 방식을 선택해야 한다. 이를 통해 해외시장에서 효과적으로 고객을 유치하고 매출을 증대시킬 수 있다.

(3) 웹사이트 및 온라인 플랫폼 구축 운영

오늘날 대부분의 기업들이 해외시장 진출을 위해 온라인 채널을 적극적으로 활용하고 있다. 이는 전통적인 오프라인 판매 채널보다 온라인이 더 효과적이고 비용효율적이기 때문이다. 온라인을 통해 지리적 장벽을 뛰어넘어 전 세계 고객에게 쉽게 접근할 수 있으며, 더 많은 데이터를 수집하여 고객의 니즈와 선호도를 더 잘 파악할 수 있다.

따라서 경쟁우위를 확보하기 위해서는 단순히 온라인 채널을 구축하는 것에 그치지 않고, 해당 국가와 문화에 최적화된 차별화된 웹사이트 및 온라인 플랫폼을 구축해야 한다. 이를 위해서는 철저한 시장 조사와 고객 분석을 바탕으로 현지화된 콘텐츠와 서비스, 결제 시스템, 배송 방식 등을 제공해야 한다. 또한 지속적인 모니터링과 개선 활동을 통해 고객 만족도를 높이고 충성도를 강화해나가는 것이 중요하다. 이와 같은 노력을 통해 기업들은 해외시장에서 경쟁력 있는 입지를 구축할 수 있으며, 장기적으로 안정적인 성장과 수익을 달성할 수 있을 것이다.

① 현지 언어 웹사이트 : 목표시장의 모국어로 웹사이트를 구축하는 것은 매우 중요하다. 이를 통해 현지 사용자들이 쉽고 편리하게 웹사이트에 접근할 수 있다. 단순히 언어만 현지화하는 것이 아니라, 현지 문화와 사용 관습을 깊이 있게 반영하여 사용자 경험을 향상시킬 수 있다. 예를 들어, 현지 사용자의 선호도와 행동 패턴을 면밀히 분석하여 레이아웃, 색상, 콘텐츠 구성 등을 현지화할 수 있다. 또한 결제 시스템, 배송 옵션, 고객 서비스 등을 현지 시장에 맞게 개선함으로써 사용자의 신뢰와 만족도를 높일 수 있다. 나아가 현지 파트너십을 구축하여 마케팅, 광고, 프로모션 등의 활동을 현지 상황에 맞게 전개할 수 있다. 이를 통해 브랜드 인지도를 높이고 고객 확보의 기반을 마련할 수 있다.

결과적으로 현지 언어 웹사이트 구축은 단순한 언어 변환을 넘어서 현지화 전략의 핵심 요소라고 할 수 있다. 이를 통해 목표시장에서 차별화된 사용자 경험을 제공하고 성공적인 현지화를 달성할 수 있다.

② 모바일 최적화 : 모바일 기기의 보급이 늘어남에 따라 웹사이트 접속 시 모바일 환경에서의 사용자 경험이 매우 중요해졌다. 모바일 최적화는 이제 웹사이트 운영에 필수적인 요소가 되었다고 볼 수 있다. 반응형 웹 디자인을 적용하면 데스크톱, 태블릿, 스마트폰 등 다양한 기기에서 최적화된 화면 구성이 가능하다. 이를 통해 사용자는 디바이스에 상관없이 항상 깔끔하고 사용하기 편리한 화면을 볼 수 있다.

또한 모바일 UI/UX 최적화를 통해 터치 조작에 최적화된 인터페이스와 사용자 경험을 제공할 수 있다. 예를 들어, 버튼 크기 및 레이아웃 조정, 스크롤 동작 최적화 등으로 모바일 사용자들이 보다 편리하게 웹사이트를 탐색하고 이용할 수 있도록 설계할 수 있다. 이처럼 모바일 최적화는 오늘날 웹사이트 운영에 있어서 필수불가결한 요소가 되었다. 사용자가 어디서든 쉽고 편리하게 웹사이트를 이용할 수 있도록 지속적인 관심과 투자가 필요한 부분이라고 할 수 있다.

③ 안전한 결제 시스템 : 해외 고객들이 신뢰할 수 있는 안전한 결제 시스템을 구

축하는 것이 매우 중요하다. 이를 위해 다양한 기술적 솔루션들을 활용할 수 있다. 먼저, 전자 결제 게이트웨이 시스템을 구축하여 고객들의 신용카드 정보 및 결제 데이터를 안전하게 처리할 수 있다. 이를 통해 해킹이나 데이터 유출 등의 위험을 최소화할 수 있다. 또한 암호화 기술을 적용하여 고객 정보를 안전하게 보호할 수 있다. 강력한 암호화 알고리즘을 사용하고 개인정보 및 결제 정보에 대한 접근을 엄격히 통제함으로써 고객의 프라이버시를 보장할 수 있다. 마지막으로 사기 방지 시스템을 구축하여 불법적인 결제 시도를 실시간으로 탐지하고 차단할 수 있다. 이를 통해 고객들의 피해를 예방할 수 있으며, 결과적으로 안전한 결제 환경을 조성할 수 있다. 이처럼 다양한 기술적 보안 조치를 통해 해외 고객들이 안심하고 결제할 수 있는 환경을 만들어 나가는 것이 매우 중요하다.

④ 고객 서비스 : 현지화된 고객 서비스는 기업의 성공을 위한 필수적인 요소이다. 현지 언어로 고객 문의에 신속하고 친절하게 답변하는 것은 고객과의 원활한 의사소통을 가능하게 하고, 고객들의 불편과 문제를 효과적으로 해결할 수 있게 해준다. 또한 신속하고 전문적인 A/S 처리를 통해 고객 만족도를 높일 수 있다. 이를 통해 고객들은 기업에 대한 신뢰와 호감을 가지게 되고, 브랜드 이미지 향상과 고객 충성도 제고로 이어질 수 있다. 특히 현지화된 고객 서비스는 해외시장 진출 시 현지 고객들의 니즈를 정확히 파악하고 이에 맞춘 서비스를 제공할 수 있게 해주어, 새로운 시장 개척과 시장점유율 확대에 도움을 줄 수 있다.

이와 같이 체계적인 웹사이트 및 온라인 플랫폼 구축과 운영은 해외시장 진출을 위한 핵심 요소라고 할 수 있다. 현지 고객들의 니즈와 선호도를 깊이 있게 이해하고, 이를 반영한 온라인 채널 구축이 필요하다.

삼성전자의 온라인 해외영업 전략의 경우에는 E-Commerce에 대한 깊이 있는 이해를 바탕으로 전략을 수립하고 자사의 온라인 플랫폼인 Samsung.com을 통해 직접적인 온라인 판매 채널을 운영하고 있다. 동시에 Amazon과 같은 순수 온라인 플레이어(pure player)와 Best Buy와 같은 온라인 소매점(Retailer.com)과의 협력을 통해 다양한 온라인 판매 채널을 확보하고 있다. 이를 통해 삼성전자는 전 세계 고객들에게 편리하고 효율적인 온라인 쇼핑 경험을 제공하고 있다. 특히 지역과 국가별 고객 특성을 반영한 맞춤형 영업활동을 전개하여 각 시장에서의 경쟁력을 높이고 있다. 삼성전자는 앞으로도 E-Commerce에 대한 깊이 있는 이해와 혁신적인 온라인 판매전략을 바탕으로 글로벌 시장에서의 지속적인 성장을 이어나갈 것으로 전망되고 있다.

영업실전 사례 14-2

해외진출 첫 단추, 시장 분석과 전략이 완벽해야 한다

글로벌 밸류체인(GVC)이 재편되면서 해외 진출 예정 기업들의 상당수가 해외진출 전략을 수정하고 있다. 진출 지역에 다변화를 모색하거나 관리방식 비대면화가 그렇다. 대한상공회의소가 수출기업 300개사(해외투자기업 포함)를 대상으로 실시한 조사에 따르면, 수출기업의 58.3%는 '코로나 이후를 대비해 해외진출 전략에 다변화를 모색하고 있다'고 답했다. 우선 고려 중인 진출 전략으로는 '지역 다변화(54.9%)', '관리방식 비대면화(42.9%)', '마케팅 방식 다변화(32.6%)', '품목 다변화(29.1%)'의 순으로 응답했다.

◇ 비즈니스 모델에 맞춘 레퍼런스 확보하라

해외진출에 앞서 한 가지 물음을 스타트업은 본인에게 던져야 한다. 바로 "해외를 대상으로 무엇을 하고 싶은가"다. 해외진출 방식은 크게 재화 수출, 기술 협력, 해외투자 유치, 해외투자 진출로 나뉜다. 그리고 비즈니스 아이템은 재화, 비즈니스 모델, 기술로 나뉜다. 이에 맞춰 해외진출 목적을 다르게 가져야 한다.

만일 비즈니스 아이템이 기술이라면 해외 바이어가 반드시 필요하지 않다. 대신 기술실증 선례를 만들어야 한다. 비즈니스 모델은 해외투자 진출이 성공 확률을 높인다. 재화와 같은 소비재의 경우 현지의 펀딩크라우드를 활용하는 게 좋다. 해외 바이어가 이를 보고 접선을 하는 일이 종종 있기 때문이다.

또는 CES 등 다양한 해외 박람회 및 전시회를 통해 제품 및 브랜드 인지도를 제고하는 방법이다. 많은 국내 스타트업은 CES를 통해 제품의 우수성을 인정받아 해외진출의 물꼬를 틀었다. 맨땅에 헤딩하는 격으로 스타트업이 해외 바이어나 유통사를 찾기 어려운 건 사실이다. 그러니 비즈니스 모델에 맞게 레퍼런스를 축적하는 게 해외진출의 첫 번째 단계다.

◇ 얕은 현지 시장 분석으로는 진출하지 않는 게 낫다

해외진출을 결심했다면, 해외시장 선정 및 진출 시기도 고려해야 한다. 이는 다음과 같은 표를 통해 확인할 수 있다.

기업은 투자가능자원의 규모와 해외사업이 얼마나 중요한지 면밀하게 파악하고 있어야 하며, 이 외에도 경영자의 확고한 의지가 중요하다. 리더의 의지는 조직원을 행동하게 한다. 현지 시장에 대한 정확한 이해도 반드시 수반되어야 한다. 이미 비즈니스 모델이 레드오션인 현지 시장에 진출하는 것만큼 어리석은 일은 없기 때문인데, 그럼에도 불구하고 차별화된 강점이 있다면 진출 대상으로 고려해볼 수 있다.

기업의 자원, 산업의 특성까지 모두 파악한 후 스타트업의 비즈니스 모델에 가장 알맞은 목표시장을 선정하고 시기를 결정하며 경쟁 전략을 수립해야 한다. 목표시장을 선정할 때는 규제적 위험, 무역 장벽, 통화 위험, 문화적 차이, 제도적 규범 이 다섯 가지를 필수로 고려해야 한다. 이를 세밀하게 살펴보겠다. 규제적 위험의 경우, 현지 정부의 외국기업에 대한 차별적 정책이 없는지 확인해봐야 한다. 투자지분 제한, 투자자본 회수 및 과실 송금의 제한, 나아가 파견 직원의 입국 금지 등과 같은 다양한 형태로 나타나기 때문이다. 관세 및 비관세 장벽, 현지 부품 사용률에 대한 규제 및 진입 방법의 규제인 무역 장벽도 조심해야 한다. 최근처럼 환율 변동의 폭이 큰 상황에서 통화 위험도 스타트업에 어느 정도 리스크를 가져다주는지 인지하고 있어야 한다. 현지문화에 대한 이해도도 높아야 한다. 수많은 글로벌 기업이 낮은 현지문화 이해도로 인해 실패한 사례가 적지 않다. 현지의 개인문화, 기업문화, 산업문화 및 사회문화 등 전반적인 이해와 검토가 필요하다. 또한 사회적 관습과 도덕에 영향을 끼치는 사회적 규범, 공적인 권력에 의해 개인 및 기업 행위를 제재하는 제도적 규범에 세밀하게 접근해야 한다. 특히 제도적 규범은 법률의 형태로 나타나기에 법률적 환경에 대한 철저한 분석이 필요하다.

◇ 리더와 조직구성원 간의 네트워크도 중요

기업 간 경쟁 구도도 파악해야 한다. 특히 독점 또는 과점 형태가 현지 시장에서 나타나는 경우, 이는 시장진입의 장벽으로 작용한다. 이를 돌파하기 위해서는 비즈니스 모델이 독점적으로 우위에 있는 차별성을 지녀야 하며, 모방 가능성은 없는지 확인하고 그에 따라 비즈니스 모델의 희소성을 갖춰야 한다.

당연한 이야기지만 수입금지, 수입물량의 규제, 높은 관세 및 특정 산업에 대한 투자 규제가 없는지도 확인해야 한다. 이는 시장 선점에서 매우 불리하게 작용하기 때문이다. 앞서 비즈니스 모델의 희소성을 언급했는데, 대체재가 있는지도 찾아봐야 한다. 경쟁 구도에 악영향을 미칠 가능성이 매우 높기 때문이다. 일반적으로 대체재는 가격이 낮기 때문에 아무리 희소하고 모방 가능성이 없는 비즈니스 모델이라도 가격 경쟁력 부분에서 밀릴 수 있다.

가치, 희소성, 모방 가능성, 그리고 '조직'도 해외진출에 중요한 요소다. 조직의 네트워크가 강력할수록 비즈니스 모델 역시 보다 빠르게 시장 진입을 이룰 수 있다. 해외진출을 앞둔 글로벌 기업이나 스타트업이 인재 영입에 열을 올리는 이유다. 하지만 인재 한 명에게 모든 것을 기대하면 안 된다. 그 인재와 더불어 조직 구성원이 시너지 효과를 낼 수 있는지를 염두에 두어야 한다.

◇ 우리 기업은 어떤 전략으로 해외진출을 해야 하는가

해외진출을 위한 전략 구성도 중요하다. 진출 전략은 특정 시장용 전략, 수평형 전략, 수직형 전략으로 나뉜다.

특정 시장용 전략은 시장마다 다른 플랫폼을 활용해 해외진출을 하는 방법으로, 한 분야에 특화된 시장을 대상으로 한다. 그러나 시장마다 너무 많은 플랫폼과 낮은 제조기술, 높은 제조원가, 그리고 낮은 이익구조가 단점이다. 여기에는 원가 경쟁력을 확보하는 게 최우선 해결책이다.

수형평 전략은 말 그대로 수평 방향으로 시장을 확대하는 전략이다. 동일한 가격 시장으로 확대하며 주요 시장으로부터 시작해 그 영역을 넓혀간다. 비즈니스 모델이 표준화되어 있다면 승산이 있으나 시장마다 구매자와 문화가 다르므로 이를 유의해야 한다.

수직형 전략은 수직 방향으로 시장을 확대하며, 고가 제품의 기능을 제거해 저가 제품으로 출시하거나, 반대로 저가 제품에 기능을 추가해 고가 제품으로 출시하는 경우다. 신규 제품 개발비용이 저렴하다는 장점이 있지만, 고가 제품으로 저가 시장 공략이 어렵다는 한계점이 있다. 이에 저가 제품으로 시작해 고가 제품으로 올라가는 상승 단계의 수직 전략을 수립해야 한다.

이 외에도 교두보 전략, 침투 전략, 집중 전략, 틈새 전략이 있다. 교두보 전략은 국가 단위의 시장 점유율을 높이는 데 집중하는 전략으로, 지리적 출시 전략을 사용해 주요 도시에서 비즈니스 모델을 론칭해 교두보를 확보한 뒤 그 아래 규모의 도시로 서서히 사업 영역을 넓혀 간다. 침투 전략은 기존 제품으로 기존 시장에서 매출액을 높이기 위한 것으로, 제품의 가격을 내리거나 제품의 광고 및 판촉 활동을 진행해 소매상의 점포 수를 늘리는 등 다양한 마케팅을 펼친다. 이를 통해 기존 고객의 제품 사용률 밑 사용량, 사용 빈도를 늘려 판매를 촉진시키는 전략이다. 집중 전략은 선정된 지역 시장에서 높은 점유율을 기록하는 데 목표를 두며, 틈새 전략은 '전문화'로 정의할 수 있다. 특정한 고객과 제품 및 서비스, 마케팅믹스 조합 중 스타트업 역량에 가장 맞는 부문에 특화해 집중하는데, 고객, 제품, 품질 및 가격, 유통 경로로 나눌 수 있다.

진출 시장을 선정하고 전략을 수립했다면, 이제는 해외진출 루트를 살펴봐야 할 때다. 간혹 '우연'의 힘을 빌려 해외로 진출하려는 기업인들이 있다. 하지만 이 역시 단순 '우연'이 아니다. 그간의 해외시장 성찰과 비즈니스 모델의 경쟁력(가치, 희소성, 가격 등)이라는 발판을 마련해뒀기에 가능한 일이다. 언제나 해외진출 가능성을 염두에 두고 철저하게 시장을 분석해야 한다.

[출처] K글로벌타임스, 2022.12.30.

≫ 영업의 새로운 생각

1. 해외진출을 위한 시장조사의 중요성은 무엇인가?

2. 해외시장 진입장벽은 무엇이며, 진입장벽을 돌파하기 위한 방법은 무엇인가?

3. 한국기업들이 해외수출과 진출에 많이 사용하는 전략은 무엇인가?

Chapter 15

해외고객가치영업의 실전활동

해외고객가치영업활동의 첫 단계는 잠재고객을 발굴하고 이해하는 것이다. 이를 위해서는 면밀한 시장조사와 분석이 필요하다. 먼저 타깃 시장의 특성, 니즈, 구매행태 등을 파악해야 한다. 문화, 선호도 등을 이해하고 고객의 요구사항을 정확히 파악하여 맞춤형 솔루션을 제안해야 한다. 이 제안서에는 회사 소개, 주요 제품 및 서비스 등의 솔루션 정보, 가격 정책, 납품 및 배송 방식 등이 상세히 기술되어야 한다.

제안서가 수용되면 해외 바이어와의 협상과 계약 체결 단계로 나아가게 된다. 이 단계에서는 제품의 구체적인 사양, 가격, 배송 일정, 결제 방식 등 거래에 필요한 모든 세부사항들이 계약서에 명시되어야 한다.

계약 체결이 완료되면 실제 수출을 위한 통관 절차를 진행해야 한다. 통관 시에는 수출입 신고, 관세 납부, 원산지 증명서 발급 등의 절차를 거쳐야 한다. 특히 통관 시 세관의 엄격한 검사를 대비하여 모든 서류를 철저히 준비해야 한다.

1. 해외 바이어 발굴 및 선정

해외시장에서 제품이나 서비스를 판매하고자 하는 기업들은, 해외 바이어 발굴 및 선정이 중요한 전략적 과정 중 하나이다. 이를 위해서는 먼저, 목표시장에서 제품이나 서비스를 구매할 가능성이 높은 해외 바이어를 발굴해야 한다. 이를 위해 기업들은 지역별 시장 조사를 진행하고, 해당 지역에서 수요가 높은 제품이나 서비스를 제공하는 해외 바이어를 찾아내려 노력한다. 발굴한 해외 바이어들을 선정하기 위해서는, 그들의 규모, 재무 상태, 구매력, 신용 등을 평가해야 한다. 이를 위해서는 기업들은 해당 해외 바이어의 경영 정보, 재무 정보, 거래 내역 등을 수집하고 분석해야 한다. 또한 해외 바이어의 신용도를 확인하기 위해서는 금융 기관과의 협력이 필요하며, 이를 위해서는 국제 거래에 대한 법적 규정과 관련된 이해도 필요하다.

1.1 해외 바이어 발굴

해외시장을 선정한 후 그 시장의 누구와 거래할 것인가? 즉, 거래선 또는 바이어를 발굴하여야 한다. 바이어 발굴 방법은 온라인(인터넷) 채널을 통한 발굴, 무역기관 또는 공공기관을 통한 발굴, 직접출장을 통한 발굴 등이 있다.

(1) 온라인채널 활용

해외 바이어를 발굴하는 데 있어서 온라인 채널 활용은 매우 중요하다. 구글, 네이버 등의 검색 포털 사이트를 이용하여 검색 엔진 최적화를 실시하고, 아마존, 옥션, 이베이 등의 B2B 사이트를 활용하여 제품을 직접 판매하거나 거래 파트너를 찾을 수 있다. 또한 EC21, Alibaba 등의 전문 거래알선 사이트를 이용하여 해외 바이어와의 거래를 알선하고, SNS, Facebook 등을 통해 제품 홍보 및 마케팅을 진행할 수 있다. 뿐만 아니라, 자체적인 홈페이지나 블로그를 구축하여 온라인 채널을 적극적으로 활용하는 것이 매우 효율적이다. 이를 통해 해외 바이어를 더욱 효과적으로 발굴할 수 있으며, 제품의 브랜드 가치를 높일 수 있다. 기업들은 온라인 채널 활용을 적극적으로 고려해야 한다.

(2) 무역기관 또는 공공기관 활용

해외 바이어 발굴은 국내 기업들에게 매우 중요한 일이다. 이를 위해 국내 기관들은 다양한 방법을 제공하고 있다. 무역기관이나 공공기관을 활용하여 해외 바이어를 발굴하는 것이 그 중 하나이다. 국내기관으로는 무역협회, KOTRA, 중소기업진흥공단, 대한상공회의소 등을 통해 소개받는 방법이 있다. 이러한 기관들은 국내 기업들의 수출을 적극적으로 지원하고 있으며, 해외 바이어 발굴에도 적극적으로 참여하고 있다.

또한 해외지사가 있는 다른 기업과 업무제휴를 통한 방법도 유용하다. 해외지사가 있는 기업들은 현지 시장에 대한 정보를 가지고 있으며, 이를 토대로 해외 바이어를 발굴할 수 있다. 업무제휴를 통해 다른 기업들과의 네트워킹을 확대할 수 있으며, 이를 통해 해외 바이어 발굴에도 도움을 받을 수 있다.

이처럼 국내 기관들은 다양한 방법을 제공하여 해외 바이어 발굴을 적극적으로 지원하고 있다. 국내 기업들은 이러한 기관들을 적극적으로 활용하여 해외 바이어 발굴에 노력해야 한다. 이를 통해 국내 기업들은 해외시장에서의 경쟁력을 높일 수 있으며, 국내 경제 발전에도 기여할 수 있다.

(3) 직접출장을 통한 거래처 발굴

해외에 직접 출장을 가거나, 전시회, 무역박람회 등에 참가하여 거래처를 발굴하는 것이 제일 중요하다. 이를 위해 가장 효과적인 방법은 직접적인 출장을 통해 현지의 상황을 파악하고 거래처를 발굴하는 것이다. 이러한 출장을 통해 전시회나 무역박람회에 참가하여 현지의 비즈니스 환경을 파악할 수 있다. 예를 들어, 국제 의료기기 박람회(MEDICA : 독일 뒤셀도르프), 헬스케어 전시회(Arab Health : UAE 두바이), 국제제약원료전시회(International API Trade Fair), 국제무역박람회(EXPO), 중국무역박람회(CANTON Fair : 중국 광저우) 등은 현지 비즈니스를 파악하기 위해 가장 유용한 전시회와 무역박람회이다. 박람회와 전시회는 해외 바이어와 접촉하기 위한 좋은 기회이다. 해외에서 열리는 박람회와 전시회에 참가하여 제품을 전시하고, 현지 바이어들과 소통하면서 비즈니스 네트워크를 확장할 수 있다.

그러나 해외 거래처 발굴 시에는 현지의 문화와 관습을 잘 이해하고 적절한 방식으로 접근해야 한다. 이를 위해 현지의 언어나 문화를 공부하고 현지인과의 관계

〈그림 15-1〉 해외영업 프로모션 과정

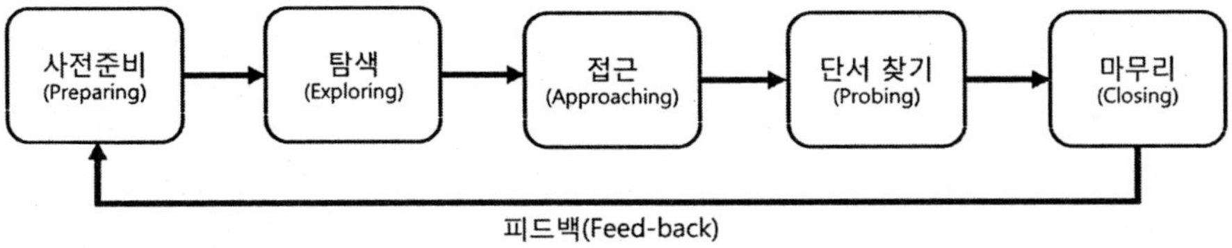

를 쌓는 것이 중요하다. 또한 현지 비즈니스에 대한 지식과 경험이 필요하며 이러한 준비가 충분히 되어 있다면, 해외 거래처 발굴은 성공적인 비즈니스를 이루는 데 큰 도움이 될 것이다.

이러한 다양한 방법들을 통해 해외 바이어와 접촉하고, 비즈니스 기회를 찾는 것이 중요하다. 해외시장에서 성공하려면, 현지 시장에 대한 이해와 네트워크 구축이 필수적이다. 해외시장 조사와 박람회, 전시회, 온라인 탐색 등 다양한 방법을 통해 해외 바이어와 접촉이 되면 〈그림 15-1〉과 같은 방법과 과정으로 접근하여야 한다.

① 사전준비(Preparing) : 해외 바이어와 접촉하기 위해서는 사전 준비가 필요하다. 기본적으로 회사 소개자료, 제품설명자료, 제안서, 명함, 예상질문 및 답변, 시장정보, 경쟁제품 정보 등을 준비하여야 한다. 가급적 문서는 PPT, 언어는 영어, 필요시 해당국 언어로 작성하는 것이 좋다. 1차적으로 PPT 구성은 회사소개자료, 시장 분석 및 제품소개 자료, 담당자 연락처로 구성하는 것이 바람직하다.

② 탐색(Exploring) : 해외영업 특성상 대부분 1차 접촉은 이메일과 전화통화이며, 가급적 유선으로 통화 후 자료를 송부하는 것이 바람직하다. 또한 상대방의 질문사항이 있을 경우, 신속한 답변을 해 주는 것이 중요하다. 최근에는 e-mail보다 SNS(텔레그램, 위챗, 카카오톡, 라인, 페이스북 등)로 질문사항이나 연락을 하는 경우도 많이 발생하므로 해외영업담당자는 SNS 운영에 능숙하여야 한다. 어느 정도 사전단계에서 접촉이 있었다면 다음 단계로 화상미팅이나 직접미팅 일정을 제안하는 것이 바람직하다. 대부분 탐색 단계에서 자료 검토만 하다 끝나는 경우가 빈번하기 때문이다. 특히, 해외 바이어 직급

이나 권한이 낮은 경우, 다음 단계로 넘어가기가 어렵다. 그러므로 탐색단계에서 상대방 직무와 권한 여부를 확인하는 것이 바람직하다.

③ 접근(Approaching) : 최선의 접근방법은 직접 방문 미팅이지만 화상미팅도 중요한 단계이니 미팅 준비를 잘 해야 한다. 사전 미팅 내용을 공유하는 것이 효율적인 미팅결과를 도출하기 쉽다. 미팅 진행 시, 참석자 소개와 미팅 목적을 명확히 해야 하며, 제품의 장점, 단점, 가치와 이익, 그리고 바이어의 니즈를 발견하는 것이 중요하다. 미팅 진행시간은 가급적 1시간 이내로 준비하는 것이 중요하다. 상대방이 시계를 자주 보거나, 핸드폰을 자주 보거나, 불필요한 대화를 길게 할 때는 관심과 흥미가 잃은 것으로 미팅을 빨리 마무리하는 것이 바람직하다.

④ 단서 찾기(Probing) : 프로빙은 구매약속을 함축 또는 유도하는 영업담당자의 행동으로 바이어로 하여금 그것에 대한 승낙 또는 거절을 표시하도록 유도하는 행위이다. 예를 들면, "샘플을 사용해 보시겠습니까?" "구체적인 가격을 제안해도 되겠습니까?" 하고, 상대방의 답변을 유도하는 행동을 말하며, 긍정적인 단서는 상대방이 제품의 사용방법과 가격 등에 대해 질문하는 경우, 제품에 대한 추가적인 자료를 요청하는 경우, 제품을 통한 이익에 대해 구체적으로 이야기하는 경우, 샘플 사용에 관심이 있을 경우를 말한다.

⑤ 마무리(Closing) : 미팅만큼 마무리과정도 중요하다. 전체적인 미팅 회의록을 작성하여 서로 공유하는 것이 원칙이며, 고객에 대한 감사표시와 차후 미팅 또는 일정을 약속하는 것이 중요하다. 특히 미팅에서 협의가 되었던 내용들을 구체적으로 요청하고 향후 일정을 진행하는 것을 약속하고 마무리하는 것이 중요하다.

⑥ 피드백(Feed-back) : 미팅 목적달성 여부를 확인하고 새롭게 얻은 정보를 분석하는 것이 중요하다. 또한 미팅 시 부족했던 부분과 질문사항에 대해 정확한 답변을 했는지, 추가적으로 필요했던 것과 부족했던 것이 무엇인지 분석하고 자기점검과 향후 계획을 준비하는 것이 필요하다.

1.2 해외 바이어와의 관계 구축

해외 바이어와의 효과적인 관계 구축은 해외영업 성공에 있어 핵심적인 부분이다. 다음은 해외 바이어와의 관계 구축을 위한 몇 가지 전략과 방법을 설명하고자 한다. 우선, 고객에 대한 정보를 수집하는 방법과 해당 정보를 사용하는 방법에 있어 신중하고 세심해야 한다. 시기적절하지 않거나 부적절한 질문은 조심하여야 한다. 일부 정보는 단순히 관찰을 통해 수집하거나 필요한 경우 주변인 또는 소개자에게 문의하여 수집할 수 있다. 일부 고객의 경우 더 많은 개인정보를 수집하는 것이 적절하지 않을 수 있으며 재량에 따라 결정하는 것이 좋다.

(1) 일단 해외 바이어에 관한 정보를 얻으면 그것을 활용하라(Once you've got it, Use it)

정보는 사용되지 않으면 가치가 없다. 판매를 하기 위해 프로필에서 생성한 정보를 어떻게 사용할 수 있나요? 해외영업이라고 하지만 사람들은 개인이며 특히 상대방에 의해 개인으로 대우받는 것을 좋아한다. 모든 잠재고객이 "특별하다"고 느끼게 만드는 것이 중요하다. 영업담당자의 바이어 프로필은 이를 수행하는 데 큰 도움이 될 수 있다. 모든 프로파일링 도구를 사용하여 바이어에 대한 풍부한 정보와 통찰력을 얻을 수 있어야 한다. 어려운 부분은 정보를 어떻게 사용할지 결정하는 것이다. 각 관계를 "특별"하게 만들려는 노력은 성실하고 시의적절해야 한다. 궁극적으로 정보를 언제, 어떻게 사용할 것인지에 대한 판단은 담당자 스스로 해야 한다.

관계 구축의 첫 번째 단계는 고객에게 접근하는 것이다. 누군가와 시간을 보내지 않고는 관계를 구축할 수 없으며, 해외영업에서는 바쁜 바이어와 함께 액세스(Access : 접근)가 그 자체로 중요한 작업이다. 정기적으로 고객의 관심을 끌 수 있는 방법을 만들어야 한다. 이러한 행위는 고객에게 부가가치로 인식되어야 한다. 접촉기간보다 빈도가 더 중요하다. 영업담당자는 다른 제품과 경쟁할 뿐 아니라 바이어의 시간에 관심을 두고 경쟁하여야 한다. 따라서 제품뿐만 아니라 자신도 경쟁업체와 차별화하는 것이 중요하다. 이러한 경쟁에는 해외 바이어의 여가시간뿐만 아니라 다른 회사, 제품, 영업담당자도 포함되며, 문제해결을 위한 전략적 접근 방식이 필요하다. 이는 해외 바이어에게 자신의 가치를 어필할 수 있는 주요 방법 중 하나이며, 영업담당자의 독특한 관점, 정보 및 지원은 해외 바이어에게 큰 도움이 될 수 있다.

(2) 문제 해결사 역할을 하라(Be a problem solver)

문제 해결사는 제품보다는 상황에 중점을 두어야 한다. 각 개별 바이어에게 전문적으로, 그리고 개인적으로 중요한 것이 무엇인지 이해하고 적절한 경우 솔루션을 제공해야 한다. 솔루션이 항상 회사제품을 의미할 필요는 없다. 이는 정보를 제공하거나 다른 고객이 직면한 유사한 상황과 이를 해결한 방법을 제시하는 것을 의미한다.

(3) 제품과 연계하라(Put "Them" Into the product)

문제 정화기 또는 청소기(Problem Clarifier)라는 용어는 영업담당자의 역할을 더 정확하게 설명할 수 있다. 바이어를 돕기 위한 방법으로 제품을 사용하는 방법을 설명하고, 어떻게 도움이 되는지, 어떤 가치가 있는지 설명할 필요가 있다. 특히, 바이어의 구매 동기를 충족하는 데 어떻게 도움이 되는지 설명하는 것이 필요하다. 제품 자체는 그것을 구매하는 바이어의 이미지보다 덜 중요하다.

(4) 바이어와 공감하라(Empathy : Key to solving the right problem)

공감이란 올바른 문제를 해결하는 열쇠이다. 영업담당자는 바이어와 관련된 올바른 문제, 즉 개별 바이어에게 중요한 문제를 해결하기 위해 노력하고 지원해야 한다. 이는 매우 다양하며 전문적이거나 개인적이거나 둘 다일 수 있다. 특히 개인적인 사항(취미, 가족관계 등)은 도움을 줄 수 있던 없던 바이어 프로필에 추가하거나 기억하는 것이 좋다. 그러한 정보를 활용하여 바이어와 공감대를 형성하는 것이 관계형성에 도움을 되기 때문이다. 바이어에게 진정으로 가치 있는 것은 바로 관심이다. 바이어가 직면하고 있는 실제 문제에 민감해야 하며, 그들의 상황에 대한 공감이 필요하다. 바이어 관점에서 문제를 이해하고, 그와 함께 문제를 해결한다는 뜻이다. 문제 해결사는 질문을 하고 정보를 수집하여 "자신의 이야기를 전한다". 또한 한 번의 영업 통화로 문제가 "해결"되는 경우는 거의 없다. 오히려 통화 또는 미팅을 통해 문제를 식별하고 나중에 추가 정보, 통찰력 및 제안을 가지고 다시 통화하는 경우가 많다. 응답이 완전할수록 더 많은 가치를 추가할 수 있다. 이는 고객과 지속적으로 접촉해야 하는 또 다른 이유, 즉 관계를 구축할 수 있는 기회를 제공하기 때문이다. 결론적으로 "문제"는 진정한 "기회"라 할 수 있다.

(5) 신뢰를 구축하라(Earning Trust)

영업은 모두가 서비스를 판매한다. 실제로 제품을 판매하는 것이 아니라 제품이 하는 일을 판매하는 것이다. 바이어는 제품을 사용해 보기 전에는 제품이 영업담당자가 말한 대로 작동할 것이라고 확신하지 않는다. 본질적으로 그들이 구매하는 "제품"은 실제로 제품에 신뢰가 포함된 것이다. 제품은 멋지게 포장된 병이나 박스에서 나올 수 있지만 신뢰는 단 한 곳에서만 나온다. 바로 영업담당자의 역할이다. 영업담당자가 어떤 판매를 하든, 실제로 두 가지 제품, 즉 제품과 자신을 판매하고 있는 것이다. 바이어가 당신의 제품을 구매할 때 실제로는 제품뿐만 아니라 담당자 신뢰 두 가지를 구매하는 것이다.

(6) 계획된 약속(Planned Promises)을 하라

신뢰는 시간이 지남에 따라 구축될 수 있다. 바이어는 당신이 몇 가지 작은 약속으로 신뢰를 입증할 때까지 당신의 큰 약속(제품에 첨부된 약속)을 신뢰하지 않을 것이다. 단지 "나를 믿으세요"라고 말하는 것만으로는 사람들이 당신을 믿게 만들 수는 없다. 약속을 하고 지키는 것은 건전한 관계를 구축하는 훌륭한 방법이다. 아무리 작은 것이라도 약속 없이 판매 전화를 끊지 말고 그 약속을 지키는 것이 중요하다. 바이어는 당신이 약속을 지키는 사람, 신뢰할 수 있는 사람이라는 것을 알게 될 것이며, 약속을 하면 반듯이 피드백을 전달해 주어야 한다. 종종 영업과 관계없는 일일지라도 약속한 후에는 반드시 피드백을 전달해 주어야 한다.

'계획된 약속'을 할 때는 항상 지킬 수 있는 약속을 하도록 주의해야 한다. 약속이 아무리 작더라도 약속을 어기는 것보다 더 빨리 신뢰를 파괴하는 것은 없다. "약속은 준수하고 초과 제공한다"는 비즈니스 습관에 가장 좋은 지침이다. 또한 자신의 에너지, 통찰력, 정보(간단히 말하면 강점)를 관계에 투입하는 것 외에도 바이어에게 무언가를 요청해야 한다. 처음에는 단순히 약속을 지킬 수 있는 기회와 같은 작은 것을 요청하고, 신뢰가 구축되면 나중에 더 큰 것을 요청하는 것이 필요하다. 예를 들면, 어느 정도 계약이나 구매의 단계에 이를 때, 구매를 요청하는 것이 아니라 프로세스 다음 단계를 명확하게 묻거나 답변을 유도하는 것이 필요하다. "오늘 제안드린 내용 검토해 주시고 다음 미팅에는 오퍼시트(Offer Sheet) 작성해 주시기 바랍니다." 성공적인 영업 통화나 미팅은 판매를 요청하는 것이 아니라 프로세스의 "다음 단계"를 묻거나 유도하는 것이다.

(7) 바이어에 대한 태도와 의도(Attitude and Intent)가 중요하다

바이어와의 관계에 대한 당신의 태도와 의도는 신뢰를 구축하는 데 큰 도움이 된다. 사람들은 당신의 유일한 의도가 제품을 더 많이 판매하는 것인지 즉시 알아차릴 수 있다. 당신이 관심을 갖는 것이 또 다른 판매를 하는 것이라면 관계나 판매가 성장하지 못할 것이다. 의도는 말로 설명하는 것이 아니라 입증되어야 한다. 단지 무언가를 팔기 위한 관계에 있는 것이 아니라는 것을 입증하는 한 가지 방법은 메모장과 펜만 가지고 영업 전화나 미팅에 참여하는 것이다. 이는 단순히 제품을 판매하는 것이 아니라 경청하고 문제 해결자가 되는 것이 목표임을 보여준다. 좋은 관계는 영업담당자의 "함께 승리하는" 태도를 바탕으로 구축된다. 비즈니스의 성공은 바이어와 영업담당자 모두 승리할 때만 발생한다. 바이어가 이익을 얻도록 돕는 것은 결국 영업담당자의 승리로 이어질 수 있다. 또한 당사자 중 한 쪽이 윈-윈(win-win) 태도로 상황에 접근하지 않으면 두 당사자 모두 패하게 된다는 것을 인지하여야 한다. 결론적으로 바이어와의 관계에서 승리-승리 의도로 시작하는 것은 당신에게 달려 있으며, 바이어가 먼저 승리할 때 신뢰는 굳건해진다.

영업실전 사례 15-1

해외 바이어 발굴 사례

필자가 국내 바이오 상장기업 재직 시 해외 바이어 발굴에 관한 사례를 소개하고자 한다.

세계적으로 바이오시밀러 개발을 선포하고 해외시장 개척을 위한 전략으로 국가별 라이센싱을 목적으로 해외 바이어 발굴을 했던 사례이다. 초기 바이오시밀러에 대한 개념과 제품 개발에 대한 인식은 대부분 전무한 상태였다. 초기부터 해외시장을 대상으로 본글로벌 전략을 세웠고, 제품 개발 시간과 각 국가별 임상 및 허가에 대한 진입장벽으로 얼리스테이지(Early Stage) 국가별 제품별 라이센싱 전략을 수립할 수밖에 없었다.

초기 바이오시밀러 제품 개발 파이프라인(Pipe-line)은 유방암치료제, 류마티지 관절염, 비호치킨 림포종 치료제, 항체의약품 3가지였다. 세 제품 모두 글로벌 시장규모는 각각 10조 이상인 제품들이었다. 그러나 고가제품으로 시장잠재력은 모두 큰 시장의 제품이었다. 물론, 이러한 이유가 바이오시밀러의 필요성이 대두된 것도 사실이다. 회사는 제약시장에 진입한 것이 처음이었고, 제품 개발 및 임상 모두 처음이었다. 제품도 없는 개발 중인 제품에 대한 라이센싱이니 현실적으로 불가능한 미션이었다. 이런 불가능한 미션을 수행하기 위한 바이어 발굴 전략은 모든 방법을 활용하는 것뿐이었다.

바이어 발굴 방법으로는

1. KOTRA를 통한 국가별 바이어소개 프로그램을 활용하였다.
2. 각 국가별 제약 회사 규모 Top 10을 탐색하였다(searching).
3. 국내 제약 기업 중 해외사업부 또는 해외진출을 한 기업을 탐색하였다.
4. 지인을 통해 타 산업군에 해외지사가 있는 기업 또는 관심있는 기업을 탐색하였다.

이외에 모든 채널을 동원하여 바이어 풀 확보에 전력투구했던 기억이 난다. 바이어 풀 확보가 되면 1차적으로 회사 소개자료, 바이오시밀러 개념과 시장상황(시장규모, 환자수 등) 2차적으로 바이오시밀러 가이드라인, 제품개발 진행상황, 임상 진행 상황 등의 자료, 그리고 관심이 있는 업체들에게는 제안서를 준비하였다.

바이어 발굴 과정에서 가장 큰 문제점은 관심 바이어 찾기와 접촉이 매우 어려웠다. 위에 언급한 KOTRA 해외 바이어 발굴 프로그램을 통해 바이어와 연락하는 방법, Top 10 기업들 홈페이지를 통한 연락, 지인 및 인맥을 통한 소개 등 다양한 방법을 활용하여 Contact Person을 찾는 것이 제일 어려웠고 힘든 과정이었다. 약 5개월 정도 시간이 소요됐고, 최소 10번 이상의 e-mail과 전화미팅 과정을 통해 현지 미팅을 유도하였다. 신뢰가 부족한 바이어들은 회사 방문을 유도하였다. 바이오 항체의약품 생산시설에 대해서는 경쟁우위가 있었기 때문에 오히려 방문을 유도하는 것이 효율적이었다.

해외 바이어 발굴에 있어서 소위 "맨땅에 박치기" 했던 시절이라고 생각된다. 모든 것이 처음 시도하는 초기 단계였기 때문에 바이어 풀 확보가 매우 힘들었던 상황이었다. 결론적으로는 이러한 과정을 통해 전체적으로 MOU 체결까지 대략 10개월 이상 소요되었고, 최종 계약까지의 과정은 또 다른 시작이었다.

≫ 영업의 새로운 생각

1. 해외영업에서 해외 바이어 발굴은 어려운 업무이며, 다양한 방법을 사용하고 있다. 새로운 방법이 있다면 무엇인가?
2. 해외영업에서 바이어와 계약을 추진하기 위해서는 신뢰가 구축되어야 한다. 신뢰구축을 위해 어떠한 노력을 해야 하는가?
3. 해외영업에서 가치 제안서 구성에 필요한 요소는 무엇인가?

2. 해외영업 제안서 작성 및 제안

제안서 작성 및 제출은 해외 바이어와의 계약 체결을 위해 가장 중요한 단계 중 하나이다. 이 과정에서는 먼저 선택된 바이어의 요구사항과 우리 제품 또는 서비스의 장점을 분석하고, 이를 기반으로 제안서를 작성한다.

2.1 제안서 작성 시 고려사항

해외영업 제안서는 해외 바이어에게 제품 또는 서비스를 소개하고 판매계약을 체결하기 위한 중요한 문서이다. 따라서 제안서 작성 방식은 해외 바이어의 이해도를 높이고, 구매 의사를 유도하는 데 중요한 역할을 한다. 성공적인 해외영업 제안서 작성을 위해 다음과 같은 방식을 고려해야 한다.

(1) 해외 바이어 중심의 작성

해외영업 제안서를 작성할 때 고려해야 할 사항은 많다. 그 중에서도 가장 중요한 것은 해외 바이어 중심의 작성이다. 즉, 해외 바이어의 입장에서 생각하고 그들이 원하는 정보를 중심으로 제안서를 작성해야 한다. 이를 위해서는 해외 바이어의 니즈와 문제점을 파악하고 이를 해결할 수 있는 제품 또는 서비스임을 강조해야 한다. 제품 또는 서비스의 기능보다는 해외 바이어에게 어떤 이익을 제공할 수 있는지를 명확하게 제시해야 하며 제품 또는 서비스의 특징과 장점을 구체적으로 설명하고, 그것이 해외 바이어의 비즈니스에 어떤 도움을 줄 수 있는지를 분명하게 언급해야 한다.

제안서에서는 제품 또는 서비스의 가격과 배송 일정 등에 대한 정보도 포함되어야 한다. 해외 바이어들은 자신들의 비즈니스를 위해서는 합리적인 가격과 빠른 배송을 원한다. 따라서 이러한 정보를 명확하게 제시하는 것이 중요하다.

또한 제안서에서는 회사의 경쟁력에 대한 정보도 포함되어야 한다. 해외시장에서 경쟁이 치열하기 때문에, 회사의 경쟁력이 높을수록 더욱 유리한 입찰을 할 수 있다. 이를 위해서는 회사의 기술력, 인프라, 인력 등에 대한 정보를 명확하게 제시해야 한다. 이와 함께 해외 바이어와의 협력 방안에 대한 정보도 포함되어야 하며 해외 바이어와의 협력은 단순한 거래 이상의 의미가 있다.

(2) 명확하고 간결한 작성

해외영업 제안서 작성 시 중요한 점 중 하나는 명확하고 간결한 작성이다. 이는 제안서를 작성하는 사람뿐만 아니라, 제안서를 받게 될 해외 바이어들이 이해하기 쉽도록 하는 것이 중요하다는 것을 의미한다. 복잡한 용어나 문장보다는 간결하고 명료한 문장을 사용함으로써, 해외 바이어들이 제안서에서 주요 내용을 쉽게 파악할 수 있도록 해야 한다.

제안서 작성 시 시각 자료를 활용하여 내용을 보충하면 더욱 좋다. 해외 바이어들은 언어적으로 이해하기 어려운 경우가 많기 때문에, 시각 자료를 통해 보다 쉽게 내용을 전달할 수 있다. 그리고 핵심 내용을 요약하여 빠르게 이해할 수 있도록 구성하는 것이 좋다. 해외 바이어들은 시간이 많이 없기 때문에, 제안서의 내용을 빠르게 파악할 수 있도록 하는 것이 중요하다.

또한 제안서 작성 시 현재의 시대적 흐름과 해외 바이어들의 관심사를 파악하여 작성하는 것이 중요하다. 현재는 환경보호, 지속가능성 등과 같은 문제들이 해외 바이어들의 큰 관심사이며, 이를 제안서에 반영함으로써 제안서의 가치를 높일 수 있다.

이처럼 명확하고 간결한 제안서 작성은 해외영업에서 성공적인 결과를 얻기 위해 꼭 필요한 요소 중 하나이다. 제안서 작성 시, 해외 바이어들의 입장에서 내용을 생각해보며 작성하는 것이 좋다.

(3) 정확하고 최신 정보 사용

해외영업 제안서를 작성할 때 가장 중요한 점 중 하나는 정확하고 최신 정보를 사용하는 것이다. 제품 또는 서비스, 시장 정보, 법규 등 모든 정보가 정확하고 최신임을 확인해야 한다. 이는 해외 바이어의 신뢰를 유지하는 데 매우 중요하다. 오류나 부정확한 정보는 해외 바이어들에게 혼란을 줄 수 있으며, 신뢰를 떨어뜨릴 수 있다.

해외영업 제안서를 작성할 때는 최신 시장 트렌드와 해외 바이어의 니즈를 반영하여 작성하는 것이 좋다. 이를 통해, 제안서가 해외 바이어들의 요구에 부합하는 것으로 인식될 수 있으며, 이는 해외시장에서 경쟁력을 유지하는 데 매우 중요하다. 따라서 가능한 한 정확하고 최신의 정보를 수집하고 분석하여 제안서를 작성하는 것이 필수적이다.

또한 제안서 작성 과정에서는 여러 전문가들의 의견을 수렴하고, 다양한 자료를 참고하는 것이 좋다. 이를 통해, 제안서의 내용이 전문적이고 타당하다는 인식을 얻을 수 있다. 다양한 자료와 전문가들의 의견을 수집하는 것은 제안서 작성 과정에서 놓치기 쉬운 정보나 관점을 파악하는 데도 도움이 된다.

(4) 전문적인 디자인 및 레이아웃

해외영업 제안서를 작성하는 것은 회사의 비즈니스 성과를 높이기 위해 매우 중요한 일이다. 제안서를 작성할 때는 전문적인 디자인과 레이아웃을 구성하는 것이 필수적이다. 이는 제안서를 받는 이들에게 첫인상을 좋게 만들어줄 뿐만 아니라, 회사의 전문성을 어필하는 데 큰 역할을 한다.

제안서의 디자인은 제안서를 받는 이들에게 회사의 이미지를 전달하는 중요한 수단이다. 따라서 회사의 로고나 브랜드 이미지를 일관되게 적용하여 제안서의 디자인을 완성해야 한다. 또한 시각 자료, 그래프, 표 등을 적극적으로 활용하여 제안서의 이해도를 높여야 한다. 이를 통해 제안서를 받는 이들이 회사의 제안을 쉽게 이해하고 수용할 수 있도록 도와줄 수 있다. 뿐만 아니라, 제안서의 디자인과 레이아웃은 제안서의 가독성을 높여주며, 이는 제안서를 받는 이들이 제안서를 더욱 쉽게 읽고 이해할 수 있도록 도와준다. 전문적인 디자인과 레이아웃을 구성하는 것은 제안서를 작성할 때 꼭 지켜야 할 요소 중 하나이다. 제안서의 디자인과 레이아웃을 구성할 때는 간결하고 명확한 문장을 사용하여 제안서를 작성하는 것이 좋다. 왜냐하면 제안서를 받는 이들이 제안서를 더 쉽게 이해하고, 회사의 제안에 대한 이해도를 높일 수 있기 때문이다.

제안서 작성 시에는 문장의 길이와 단어 선택도 중요하다. 단어 선택은 제안서의 내용을 명확하게 전달하기 위해 중요하며, 문장의 길이는 제안서를 받는 이들이 제안서 내용을 파악하는 데에 큰 영향을 미친다.

제안서 작성 시에는 오타나 맞춤법 오류를 피해야 한다. 이는 제안서 작성자의 전문성을 보여주는 중요한 요소 중 하나이다. 따라서 제안서 작성 후에는 꼼꼼하게 검토하는 것이 필요하다.

(5) 문화적 차이 고려

해외영업을 하면서 제안서 작성은 꼭 문화적 차이를 고려해야 한다. 해외 바이어들은 다양한 문화적 배경과 관습을 가지고 있기 때문에 제안서를 작성할 때 이러한 점을 고려하지 않으면 오해가 생길 수 있다. 예를 들어, 한국어로 작성된 제안서를 영어로 번역할 때, 문화적 차이 때문에 원래 의도와는 달리 의미가 완전히 달라질 수 있다. 이러한 문제는 제안서를 작성할 때 발생할 수 있으므로, 언어, 표현, 디자인 등에서 문화적 차이를 고려해야 한다.

그리고 해외영업 제안서 작성은 해외 바이어의 문화와 관습에 대한 이해도가 필요하다. 이러한 이해도는 제안서 작성 과정에서 매우 중요한 역할을 한다. 바이어의 문화적 배경에 대한 이해는 제안서 작성 과정에서 중요한 요소 중 하나이다. 이는 제안서의 구성부터 내용까지 모두 영향을 미치는 요소이다. 바이어의 문화적 배경에 대한 이해가 부족할 경우 제안서가 바이어와의 커뮤니케이션에 어려움을 불러일으키거나 바이어의 관심을 끌지 못할 수도 있다. 제안서 작성 시 바이어의 문화적 배경과 관습의 고려할 경우에는 바이어와의 원활한 커뮤니케이션과 더 나은 비즈니스 기회를 얻을 수 있다. 이러한 노력이 없으면, 해외영업에 실패할 수밖에 없다.

(6) 현지 언어 사용

해외영업을 진행하다 보면, 현지 언어를 사용하는 것이 매우 중요하다. 해외 바이어들과의 소통에서 언어적인 장벽이 있을 경우, 비즈니스에 지장을 줄 수 있기 때문이다. 가능하다면, 해외 바이어의 모국어로 제안서를 작성하는 것이 좋다. 왜냐하면 현지 언어를 사용하면 더욱 친근하고 전문적인 이미지를 전달할 수 있기 때문이다. 현지 언어를 사용하면 해외 바이어들과 더욱 가까워질 수 있으며 해당 국가의 비즈니스 문화와 관습을 더욱 잘 이해하고 존중하는 모습을 보여줄 수 있다. 이는 해외 바이어들과의 비즈니스 관계를 더욱 강화시키는 데 큰 도움이 된다.

또한 현지 언어를 사용하면 전문적인 이미지를 보여줄 수 있다. 언어는 문화와 밀접하게 연관되어 있기 때문에, 해당 국가의 언어를 사용하는 것은 그 나라의 비즈니스 상황에 대한 지식과 이해도를 보여주는 것이다.

하지만, 현지 언어를 사용하는 것이 항상 가능하지는 않다. 현지 언어를 사용하지 못할 경우에는 영어나 다른 언어를 사용할 수 있다. 이 경우에는 해당 언어를 능숙하게 사용할 수 있는 번역가나 컨설턴트와 같은 전문가의 도움이 필요할 수 있다.

(7) 맞춤형 제안서 작성

해외영업 제안서 작성은 중요한 작업이다. 이를 위해서는 해외 바이어의 특성을 잘 파악하고, 그에 맞춰 **맞춤형 제안서**를 작성해야 한다. 모든 해외 바이어가 동일한 제안서를 받는 것은 효과적이지 않다. 각 해외 바이어의 니즈, 문제점, 구매 결정 프로세스 등을 고려하여 맞춤형 제안서를 작성하는 것이 필요하다. 맞춤형 제안서를 작성함으로써 해외 바이어에게 더욱 큰 관심과 호감을 얻을 수 있다. 이는 해외영업 전략의 핵심적인 부분이다. 제안서 작성 시에는 해외 바이어의 언어, 문화, 시간대 등을 고려하는 것이 중요하다. 이를 통해 해외 바이어와의 원활한 의사소통이 가능해지며, 상호간에 신뢰도가 높아질 수 있다.

또한 제안서 작성 시에는 제품 또는 서비스의 특징과 장점을 명확하게 전달하는 것이 필요하다. 해외 바이어는 제품 또는 서비스의 성능, 가격, 품질, 배송 등에 대한 정보를 상세하게 알고 싶어 한다. 이러한 정보를 명확하게 전달할 수 있도록 제안서 작성 시에는 구체적인 내용을 담는 것이 좋다.

제안서 작성 후에는 반드시 검토를 거쳐야 한다. 오타나 문법 오류 등이 있을 경우, 해외 바이어는 제안서를 신뢰하지 못할 수 있다. 따라서 꼼꼼하게 검토하여 문제가 없도록 만들어야 한다.

(8) 지속적인 소통

해외영업 제안서 작성 시 가장 중요한 것은 지속적인 소통이다. 제안서는 단순히 제품 또는 서비스를 소개하는 문서가 아니라, 해외 바이어와의 소통 도구이기 때문이다. 제안서를 보낸 후에도 해외 바이어와 지속적으로 소통하며, 질문에 답변하고 추가 정보를 제공해야 한다. 이는 해외 바이어와의 신뢰관계를 구축하고, 판매계약 체결 가능성을 높이는 데 매우 중요하다. 이를 위해서는 영어와 같은 해외 언어 능력뿐만 아니라, 문화적 차이를 이해하고 존중하는 태도도 필요하다. 해외 바이어와의 소통에서는 언어적인 오해나 문화적인 충돌이 발생할 수 있기 때문이다. 제품 또는 서비스의 특징뿐만 아니라, 해외 바이어가 가진 문제점을 파악하고 그에 대한 해결책을 제시하는 것이 좋다. 이를 통해 해외 바이어의 신뢰를 얻을 수 있으며, 판매계약 체결에 이어 장기적인 협력 관계를 유지할 수 있다.

2.2 해외영업 제안서의 내용

해외영업 제안서는 해외 바이어에게 제품 또는 서비스를 소개하고 계약을 체결하기 위한 중요한 도구이다. 따라서 제안서에는 해외 바이어가 제안 내용을 이해하고 판단하는 데 필요한 모든 정보를 명확하고 간결하게 포함해야 한다.

(1) 제안서 개요

해외영업을 진행하는 기업에서는 해외 바이어들에게 제안서를 작성하여 제출하는 것이 일상적이다. 제안서 작성은 기업의 해외영업성과에 큰 역할을 한다. 그래서 제안서를 작성할 때는 제안서의 개요를 먼저 작성해야 한다.

제안서 개요는 제안서의 주요 내용을 명확하게 정리하는 과정이다. 이 과정에서는 제안서 제목, 제출 날짜, 제안자 정보, 제안 대상 정보 등을 기재한다. 제안서 제목은 제안서의 주제를 명확하게 나타내야 한다. 제출 날짜는 제안서를 작성하고 제출한 날짜를 기재하여 제안서의 유효기간을 설정한다. 제안자 정보는 제안하는 기업의 명칭, 주소, 연락처 등을 기재한다. 제안 대상 정보는 제안서를 제출하는 해외 바이어의 명칭, 주소, 연락처 등을 기재한다.

이처럼 제안서 개요를 작성함으로써 제안서 작성에 필요한 기초 정보를 파악할 수 있다. 또한 제안서를 작성하는 동안 제안서 개요를 참고하여 제안서의 내용을 명확하게 작성할 수 있다. 따라서 제안서 개요 작성은 제안서 작성의 첫 단계로서 중요한 역할을 한다.

(2) 회사 소개

해외영업 제안서 작성에 있어서 회사 소개는 중요한 부분이다. 회사 소개란 기업의 역사, 규모, 주요 사업 분야, 주요 제품 또는 서비스 등을 소개하는 것을 의미한다. 이를 통해 고객들은 회사의 역량과 경쟁력을 파악할 수 있다.

해외시장 진출 경험 및 실적을 소개하는 것도 중요하다. 해외시장에서 성공적으로 진출한 경험과 성과는 고객들에게 회사의 글로벌 경쟁력을 입증하는 데 큰 역할을 한다.

또한 기업의 강점과 차별점을 강조하는 것도 중요하다. 기업의 강점이란 고객들에게 제공하는 가치 중에서 특히 뛰어난 부분을 의미한다. 이를 통해 고객들은 다른 기업들과 비교하여 회사의 차별점을 파악할 수 있다. 회사의 강점과 차별점을 잘 강조함으로써 고객들에게 더 큰 인상을 남길 수 있다.

(3) 제품 또는 서비스 소개

해외영업 제안서 작성 시 제품 또는 서비스를 소개하는 부분은 매우 중요하다. 이는 제품 또는 서비스가 어떤 것인지 바이어들이 잘 이해할 수 있도록 돕기 때문이다. 이 부분에서는 제품 또는 서비스의 주요 특징과 기능을 자세하게 설명하는 것이 필요하다. 이를 통해 바이어들은 제품 또는 서비스의 성능, 기능, 사용 용도 등을 파악할 수 있다.

또한 제품 또는 서비스의 핵심 가치와 고객에게 제공하는 이점을 명확하게 제시하는 것이 중요하다. 이는 바이어들이 제품 또는 서비스를 선택할 때, 그들이 얻게 될 이점을 더욱 확실하게 인지할 수 있도록 돕기 때문이다. 예를 들어, 제품이 경제적이고 효율적이며, 고객이 사용하기 쉽다는 것을 강조할 수 있다. 혹은 제품이 환경친화적이고, 안전하며, 높은 품질을 유지할 수 있다는 것을 강조할 수 있다.

해외 바이어의 요구 사항을 충족시키는 방법을 구체적으로 제시하는 것이 필요하다. 이는 바이어들이 제품 또는 서비스를 선택할 때, 그들의 요구 사항을 충족시킬 수 있는 제품 또는 서비스인지를 확인할 수 있도록 돕기 때문이다. 예를 들어, 제품이 특정 규격과 인증을 획득했거나, 특정 필요에 따라 맞춤형 제품을 제공할 수 있다는 것을 강조할 수 있다.

(4) 가격 및 조건

해외영업을 진행할 때, 제품 또는 서비스의 가격은 매우 중요한 요소 중 하나이다. 제안서 작성 시에는 가격 및 조건을 명확하게 제시해야 하며 가격 산정 기준도 함께 제시해야 한다. 이는 고객이 제품 또는 서비스의 가격이 어떻게 결정되었는지 이해할 수 있도록 해준다.

뿐만 아니라, 납품 조건, 결제 조건, A/S 조건 등도 명시해야 한다. 이는 고객과의 계약 시 고려해야 할 사항들이기 때문이다. 이러한 조건들이 명확하게 제시되어야 고객이 이를 검토할 수 있다.

또한 할인 혜택이나 프로모션 등이 있다면 제시해야 한다. 이는 고객이 제품 또는 서비스를 선택할 때 참고할 수 있는 요소 중 하나이다. 이러한 혜택들을 명시함으로써 고객의 선택을 유도할 수 있다.

이처럼 해외영업 제안서 작성 시 가격 및 조건은 매우 중요한 요소 중 하나이며, 이를 명확하게 제시함으로써 고객과의 계약을 원활하게 진행할 수 있다.

(5) 사업 계획 및 전략

해외영업 제안서를 작성하는 것은 중요한 일이다. 이는 해외시장에서 제품 또는 서비스를 성공적으로 판매하기 위해 필요한 계획과 전략을 제시하는 것이다. 이를 위해서는 마케팅 전략, 판매전략, 유통 전략, 물류 전략 등을 구체적으로 제시해야 한다. 이렇게 하면 고객들이 제품 또는 서비스를 더욱 잘 이해하고 구매하게 된다.

또한 해외 바이어와의 협력 방안도 제시해야 한다. 이는 해외시장에서 더욱 성공적으로 제품을 판매하기 위한 중요한 요소이다. 바이어들과의 협력을 통해 더욱 다양한 제품을 제공하고, 더욱 많은 고객들에게 제품을 홍보할 수 있게 된다.

제안서에는 예상되는 성과와 목표도 포함되어야 한다. 이를 통해 제품 또는 서비스를 해외시장에서 성공적으로 판매할 수 있는 기회를 놓치지 않도록 해야 한다.

(6) 실적 및 사례

해외영업 제안서를 작성할 때, 실적 및 사례는 매우 중요한 항목 중 하나이다. 기업이 해외시장에서 제품 또는 서비스를 판매한 경험과 실적을 제시해야 한다. 이를 통해 해외 바이어들이 해당 제품이나 서비스에 대한 신뢰를 가질 수 있게 된다.

또한 성공적인 협력 사례도 제시해야 한다. 이를 통해 기업이 해외시장에서 어떻게 성공을 거둘 수 있는지, 그리고 해외 바이어들과의 협력이 어떤 중요한 역할을 하는지를 보여줄 수 있다.

제품 또는 서비스의 우수성을 입증하는 자료를 제시해야 한다. 이는 기업의 제품이나 서비스가 다른 제품이나 서비스보다 우수함을 증명하는 것으로, 해외 바이어들이 해당 제품이나 서비스를 선택하는 데 있어서 중요한 역할을 한다.

(7) 첨부자료

해외영업 제안서 작성 시 제품 또는 서비스에 대한 상세한 정보를 제공하는 것도 매우 중요하다. 이를 위해 제품 또는 서비스 카탈로그를 첨부하는 것은 필수적이다. 카탈로그를 통해 제품 또는 서비스의 특징과 장점을 자세히 설명할 수 있으며, 이를 통해 고객들은 제품 또는 서비스에 대한 이해도를 높일 수 있다. 제품의 품질과 성능을 입증하기 위해 샘플을 함께 첨부하는 것도 좋은 방법이다. 샘플을 통해 고객들은 제품 또는 서비스의 실제 성능을 직접 확인할 수 있으며, 이는 제품 또는 서비스에 대한 더 높은 신뢰도를 얻을 수 있도록 도와준다.

뿐만 아니라, 제품 또는 서비스에 대한 기술적인 세부 정보와 안전성을 입증하기 위해 기술 자료와 인증서도 함께 첨부하는 것이 좋다. 이를 통해 고객들은 제품 또는 서비스가 안전하고 기술적으로 우수하다는 것을 확인할 수 있다.

제안서 작성 후 계약 체결 과정이 원활하게 이루어지도록 계약서 양식도 함께 첨부하는 것이 좋다. 이를 통해 고객들은 제안서 작성 시 제안한 조건들이 계약서에 반영되어 있음을 확인할 수 있으며, 이는 고객들의 신뢰도를 높일 수 있는 좋은 방법이다.

해외영업 제안서는 해외 바이어에게 좋은 인상을 남기고 계약을 체결하는 데 중요한 역할을 한다. 따라서 제안서 작성 시에는 위의 내용을 모두 포함하고, 명확하고 간결하게 작성하며, 해외 바이어의 입장에서 생각하여 작성하는 것이 중요하다.

3. 해외영업계약 체결 및 통관

기업이 해외시장에 진출하기 위해서는 현지 고객과의 계약 체결이 필수적이다. 계약서에는 제품의 가격, 납품 기한, 배송 조건 등 다양한 내용이 포함되어야 한다. 이러한 계약조건을 잘 협의하고 명시하는 것이 중요하다.

제품 수출을 위해서는 통관 절차도 반드시 거쳐야 한다. 통관 시에는 세관에 수출신고를 하고 관세를 납부해야 한다. 또한 원산지 증명서, 선적 서류 등 필요한 서류를 준비해야 한다. 통관 과정에서 발생할 수 있는 지연이나 문제를 최소화하기 위해 사전에 철저한 준비가 필요하다. 계약 체결과 통관 절차를 차질 없이 진행하면 해외 고객에게 안정적으로 제품을 공급할 수 있다.

3.1 계약의 특징과 계약방식

해외영업계약은 일반적으로 국제물품매매계약(Contract for International Sales of Goods)을 말하며, 영업담당자 입장에서는 수출계약(Export Contract)이 되고, 해외 바이어 입장에서는 수입계약(Import Contract)이 된다. 해외영업계약이란 보통 국제물품매매계약(Contract for International Sales of Goods)을 의미한다. 이는 국내에서 생산된 제품을 해외로 수출하는 것을 포함하며, 이를 위해서는 수출계약이 성립되어야 한다. 반면, 해외에서 국내로 제품을 수입하는 경우에는 수입계약이 성립된다.

해외영업계약에서는 많은 사항들이 포함된다. 예를 들어, 제품의 종류와 수량, 가격, 운송방법, 납기일 등이 그 중 일부이며 해외거래에서는 언어와 문화적 차이가 있기 때문에, 이를 고려하여 계약서 작성이 필요하다.

(1) 해외영업계약의 특징

해외영업계약은 국제적인 범위에서 이루어지는 계약으로, 국제계약의 일반적인 특징을 가지고 있다. 이러한 계약은 계약자의 자유의지에 따라 이루어지며, 해외영업계약은 〈표 15-1〉과 같이 낙성계약, 쌍무계약, 유상계약 및 불요식계약의 특징을 가지고 있다.

낙성계약은 계약서 작성 시 각 계약 당사자가 합의한 내용을 기재하고, 이에 대

〈표 15-1〉 해외영업계약의 특징

구분	내용
해외(국제)계약	해외 이동을 위한 별도의 국제운송계약, 운송보험계약, 대금결제계약(신용장)이 필요하다.
낙성계약	계약이 당사자 간 의사의 합치로 성립되는 것을 의미한다.
쌍무계약	매매계약이 성립되면 양 당사자가 동시에 채무를 부담한다. 매도인은 물품인도의 의무가 있고, 매수인은 대금지급의 의무가 있다.
유상계약	무상계약에 반대되는 개념으로 금전적 대가를 부담한다.
불요식계약	특별한 형식 없이 구두나 행위 또는 서명에 의하여도 의사의 합치만 확인되면 계약이 성립된다는 의미이다.

한 서명을 하는 것을 말하며, **쌍무계약**은 두 계약 당사자 간의 상호 협력과 정보 교류를 목적으로 하는 계약으로, 양 당사자 간의 협력 관계를 강화시키는 데 중점을 둔다. **유상계약**은 물건이나 서비스의 대가로 돈을 지불하는 계약으로, 판매자와 구매자 간의 상호 합의에 따라 이루어진다. **불요식계약**은 계약 당사자 간의 의무와 책임을 명확하게 규정하는 계약으로, 계약 당사자 간의 분쟁을 최소화하기 위한 목적을 가지고 있다.

이와 같이 해외영업계약의 특징은 거래의 특성, 산업, 국가 간의 차이 등에 따라 다를 수 있으며, 거래의 원활한 진행과 관련된 모든 조건을 명확히 규정하여 비즈니스 파트너 간의 신뢰를 구축하고 불필요한 분쟁을 방지하는 것이 중요하다.

또한 해외영업계약에서는 국제적인 법적 문제도 고려해야 한다. 예를 들어, 국제물품매매계약에서는 유연한 계약조건과 규제를 제공하기 때문에, 발생할 수 있는 법적 분쟁을 방지할 수 있다. 따라서 해외영업을 하기 위해서는 국제적인 법적 지식과 경험이 필요하다. 해외거래에서는 신뢰성과 신속성이 매우 중요하기 때문에, 신뢰할 수 있는 파트너를 찾는 것이 중요하다. 이를 위해서는 충분한 조사와 검증이 필요하다.

(2) 해외영업계약의 계약 방식

해외영업을 위한 계약을 체결할 때에는 다양한 계약 방식이 존재한다. 이러한 계약 방식들은 대리점 계약, 판매계약, 기술이전계약, 수출계약 등이 있으며, 각각의 계약 방식에 따라 계약 내용과 법적 책임이 달라진다.

대리점 계약은 해외시장에 대한 정보와 홍보, 판매 대행 등을 수행하는 대리점과의 계약으로, 대리점이 판매 대행을 담당하며, 판매 대행 수수료를 받는 방식이다. 판매계약은 제품이나 서비스의 판매를 목적으로 하는 계약으로, 판매 대금과 납품 기간, 지불 방법 등을 명시한다. 기술이전계약은 기술 협력을 목적으로 하는 계약으로, 기술의 이전과 함께 기술의 유지와 개선에 대한 책임을 명시한다. 수출계약은 제품이나 서비스의 수출을 목적으로 하는 계약으로, 수출 단가와 납품 기간, 지불 방법 등을 명시한다.

더불어 각각의 계약 방식은 지역별로 상이한 법적 규정과 문화적 차이를 고려해야 한다. 또한 계약 체결 시 절차와 조건 등이 규정된 국제 계약 관련 협약에 따라 이행되어야 한다. 따라서 해외영업 시에는 적절한 계약 방식과 이행 방식을 선택하고, 법적 책임과 문화적 차이를 고려하여 계약을 체결해야 한다.

① 판매계약(Sales Agreement, or Master Agreement) : 판매계약은 특정 상품 또는 서비스의 판매조건과 가격을 규정하는 계약이다. 이 계약은 통상적으로 계약지역, 배송조건, 지불조건, 손해배상 조건, 계약 종료 조건, 클레임처리 등 수출입에 관한 전반적인 내용(무역거래일반약정)을 포함하고 있다. 이러한 내용들은 상호간의 합의를 통해 정해지며, 이를 통해 양측 모두의 이익을 극대화할 수 있다. 또한 계약지역에 대한 독점, 비독점을 명확히 정의하는 것이 필요하다. 독점적인 지역을 정의함으로써, 판매자는 해당 지역에서의 경쟁업체의 진입을 막을 수 있다. 반면에 비독점적인 지역을 정의함으로써, 판매자는 경쟁업체와의 협력을 통해 해당 지역에서의 시장점유율을 높일 수 있다.

판매계약은 수출입 거래에서 매우 중요한 역할을 한다. 이를 통해 양측 모두가 상호 이익을 극대화할 수 있으며, 수출입 거래의 안정성을 높일 수 있다. 따라서 판매자와 구매자 모두가 자세히 검토하고 협의한 뒤, 서로 합의한 내용을 규정하는 것이 중요하다.

② 대리점 및 유통계약(Agency and Distribution Agreement) : 대리점 및 유통계약은 상품이나 서비스를 대리하여 판매하거나 유통하는 데 관한 계약을 의미한다. 이 계약은 대리인의 권한, 수수료, 지역적 범위 등을 다루며, 독점적, 비독점적 내용에 따라 그 권한과 범위가 달라질 수 있다. 대리점 및 유통계약

은 상품 또는 서비스를 판매하고자 하는 기업과 해당 지역에서 판매를 담당할 대리인 간의 계약이다. 이 계약에서는 대리인이 어떤 권한을 가지며, 어떤 수수료를 받을지, 어떤 지역에서 판매를 담당할지 등에 대한 내용이 명시된다. 계약 내용은 독점적인 내용일 수도 있고, 비독점적인 내용일 수도 있다.

독점적인 내용은 해당 대리인이 특정 지역에서만 상품 또는 서비스를 판매할 수 있도록 권한을 부여하는 것을 의미한다. 이러한 경우, 대리인은 해당 지역에서 경쟁업체가 없어 더욱 높은 이익을 얻을 수 있다. 반면에 비독점적인 내용은 대리인이 어느 지역에서든 상품 또는 서비스를 판매할 수 있도록 권한을 부여하는 것을 의미한다. 이러한 경우, 대리인은 경쟁업체와 경쟁해야 하기 때문에 수익이 더욱 낮을 수 있다.

③ 기술이전계약(Technology Transfer Agreement) : 기술이전계약은 특정 기술, 특허, 노하우 등을 이전하거나 수용하는 계약으로, 기술 이전의 범위, 로열티, 기밀유지 등이 명시되어야 한다. 이러한 계약은 기술 혁신과 경제 성장에 큰 영향을 미치며, 기술 이전의 효율적인 관리를 위해서는 전문가의 도움이 반드시 필요하다. 또한 기술이전계약의 성격에 따라 법적인 문제가 발생할 수 있으므로, 계약서 작성 시 법률적인 측면을 고려하여야 한다. 이를 통해 기술이전계약이 적절하게 수립되어 기술 혁신과 경제 성장을 촉진할 수 있다.

④ 위·수탁 공급계약 및 기타 : 수탁 공급계약은 주문자 상표부착 생산방식(Original Equipment Manufacturing, OEM), 제조자 개발 생산방식(Original Development Manufacturing, ODM), 제조자 브랜드개발 생산방식(Original Brand Manufacturing, OBM)과 같은 다양한 생산방식을 포함한다.

또한 **보세창고**(Bounded Warehouse Transaction, BWT)는 수입된 제품을 일정 기간 동안 보관하고 세금을 면제받은 후 국내 판매나 수출을 할 수 있는 시스템이다. 이에 반해 반제품(Knock Down, KD; 미조립상태로 수출)은 제품을 미조립상태로 수출하는 것을 의미한다. 이러한 다양한 생산방식과 거래 방식을 이용하여 기업은 비용을 절감하고 제품 생산과 판매를 효율적으로 관리할 수 있다.

3.2 계약 체결

해외영업계약을 체결하는 절차는 일반적으로 몇 가지 단계를 따른다. 해외영업계약을 체결하는 과정은 주로 다음과 같은 절차를 따르며, 일반적으로 거래의 특수성에 따라 변할 수 있다.

(1) 바이어 선정 및 협상

바이어를 선정하고 협상을 시작하는 것은 매우 중요한 단계이다. 이 과정에서는 거래 당사자 간에 비밀유지계약서를 체결하여 상호 간의 신뢰를 구축하는 것이 필요하다. 비밀유지계약서는 거래 과정에서 발생할 수 있는 정보 유출을 방지하고, 양 당사자의 이익을 보호하기 위해 매우 중요한 역할을 한다.

협상 시작 전에는 상품 또는 서비스의 범위, 가격, 납품 일정, 지불 조건 등을 논의하고 합의를 이끌어내는 것이 필요하다. 이를 위해 양 당사자는 자신들의 입장을 명확히 하고, 다양한 대안을 고려하여 상호 협력적인 태도로 협상해야 한다.

또한 바이어를 선정할 때에는 그들의 신뢰도와 안정성, 경쟁력 등을 고려하여야 한다. 이를 위해 바이어의 과거 거래 내역, 신용도, 인증서 등을 확인하고, 다른 공급자들과 비교 분석하여 최종적으로 바이어를 선택해야 한다. 이러한 바이어 선정과 협상 과정을 철저히 거쳐야만 안정적이고 상호 협력적인 거래를 할 수 있으며, 이를 통해 양 당사자 모두에게 이익이 되는 결과를 얻을 수 있다.

(2) 서면협약 및 양해각서(MOU)

서면협약 및 양해각서(Memorandum of Understanding, MOU)는 두 개체 사이에

〈그림 15-2〉 계약 체결 과정

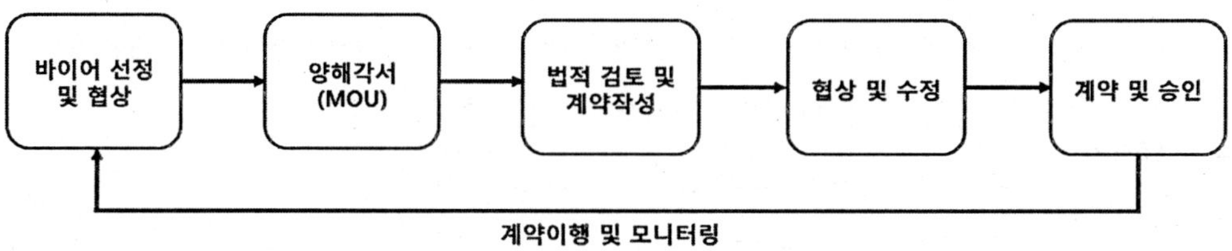

서 협상을 통해 도출된 결과와 양 당사자 간의 이해관계를 명확하게 정리하기 위해 작성되는 문서이다. MOU는 일반적으로 법적 구속력은 없지만, 양 당사자가 서로의 신뢰를 구축하고, 새로운 비즈니스 거래를 추진하기 위한 중요한 도구로 사용된다.

MOU에는 양 당사자의 비즈니스 목적과 협의 내용, 의무조항, 타임라인, 기밀유지, 문제해결 방안 등이 포함된다. MOU를 통해 중요한 거래 조건과 규모, 계약금, 마일스톤, 로열티 등을 명시하는 바인딩 MOU(Binding MOU : 구속력이 있음)를 체결하는 경우도 있다.

서면협약 및 양해각서는 양 당사자 간의 협력 관계를 강화하고, 상호 이익을 증진시키는 데 중요한 역할을 한다. MOU는 양 당사자 간의 의견 차이나 분쟁을 미리 예방하고, 문제가 발생했을 때 빠르게 대처할 수 있는 기반이 된다. 따라서 서면협약 및 양해각서는 비즈니스 거래를 추진하는 데 있어서 필수적인 도구 중 하나이다. 양 당사자 간의 협력 관계를 더욱 강화하기 위해 MOU 작성 시에는 상세하고 명확한 내용을 포함하도록 노력해야 한다.

(3) 법적 검토 및 계약 작성

법률 전문가의 조언을 받아 계약서를 작성한다. 이 단계에서는 법적 문제, 규제 준수 사항 등을 검토하고 명확하게 정의하여야 한다. 계약서 형식은 거래가 성립될 때만 작성하는 개별계약방식(case by case contract)과 통상 동일한 거래상대방과 계속적으로 거래가 이루어지는 경우에 채택하는 포괄계약방법(master contract)이 있다.

무역계약의 내용은 계약자유의 원칙에 따라 그 내용을 계약당사자 간 합의로 정할 수 있다. 당사자 간 합의로 계약서에 명시하는 조건을 명시조건(express terms)이라고 한다. 또한 물품의 인도와 관련된 문제는 거래 관습(trade usage or customs)에 따르게 되며, 이를 묵시조건(implied terms)라고 한다. 이외에 계약이행에 예상되는 문제를 모두 다 명시하기 어렵기 때문에 계약의 공백을 메우기 위한 최후의 기능을 준거법(Governing Law)이라 한다.

계약 체결 시 불가항력이나 중재조항 등은 거의 모든 거래에 공통적인 조항으로 일반협정서를 바탕으로 확정해 두고 가변적 조항은 명시조건으로 합의하는 것이 바람직하다.

① 품질조건 : 일반적으로 무역거래는 명세서에 의한 선물거래이다. 물품의 품질, 성능, 색상, 중량, 부피, 성분 등을 상세하게 명시하여야 하며, 가시적인 방법으로 품질을 확인하는 방법을 약정하는 것이 바람직하다. 계약 내용에는 품질결정방법, 품질결정시기, 품질증명방법 등을 규정하여야 한다.

품질결정방법은 견본매매(sale by sample), 점검매매(sale by inspection), 표준품 판매(sale by standard), 상표매매(sale by trade mark or brand), 명세서매매(sale by specification), 규격매매(sale by grades) 등이 있다.

품질결정시기는 국제 간 거래되는 물품은 장시간 운송시간이 소요됨으로 선적시와 도착 시 품질이 달라질 수 있다. 특히 원재료(농산물, 수산물 등), 화합물 등 외부환경에 의해 변화되는 경우 종종 발생된다. 선적시를 기준으로 하는 선적품질조건(shipped quality terms)과 도착 시(landed quality terms)를 기준으로 하는 양륙품질조건으로 구분할 수 있다.

품질증명방법은 물품이 계약에 일치하는지를 매수인이 확인하는 방법이다. 매수인은 필요한 경우, 매매계약에 검사에 관한 조항을 구체적(시기, 장소, 방법, 비용 등)으로 명시하여야 한다.

② 수량조건 : 수량이란 개수만을 의미하는 것이 아니라, 길이, 부피, 중량, 넓이 등을 포함한다. 계약 체결 시, 수량의 단위, 수량의 결정시기, 과부족 용인조항(석탄, 광물, 모래, 곡물류 등) 등에 주의해야 한다.

③ 가격조건 : 계약 체결 시 협상 과정에서 가장 관심이 많은 부분이 가격조건이다. 특히, 운송비, 보험료, 은행수수료, 행정비용 등의 요소비용도 검토해야 한다. 주의할 점은 최소 단위 가격과 패키지 가격이 혼동하지 않아야 한다. 특히 상대방과의 의사소통에서 이런 부분을 사전에 협의하여 진행하는 것이 좋다. 예를 들면, 패키지 단위 가격으로 할 건지, 최소 단위로 가격으로 협상할 건지, 분명히 명시하는 것이 바람직하다. 통상적으로 통화, 단가, 수량단위, 거래조건(trade term), 비용의 분기점, Incoterms 버전 등을 명기하는 것이 바람직하다. 예를 들면, Price: US$100/set, FOB Incheon Airport, Incoterms 2020로 명기하면 된다. 또한 국제거래에서는 정형거래조건(trade terms)을 사용하고 있다.

④ 포장조건 : 해외 수출에서 포장은 운송 중 물품을 가장 안전하게 보호하여, 인

수자에게 인도하는 것이 가장 중요하다. 운송 환경과 시간, 기후 등에 따라 가장 합리적인 포장을 선택하는 것이 핵심이다. 포장의 종류는 외장, 내장 및 개장으로 구분할 수 있으며, 다른 화물과 식별하기 위하여 화인(cargo mark)을 하게 된다.

계약이행에 관한 조건은 계약서에 명시되어 있으며, 계약 당사자들이 서로 합의한 내용에 따라 이행되어야 한다. 이에 따라 계약서에는 양측의 의무와 책임, 계약의 유효기간, 계약금의 지급일정 등이 명시되어 있다.

① 선적조건 : 선적조건(shipment terms)은 매도인은 물품인도를 위해 운송인과 운송계약을 체결하여, 운송서비스를 이용하여 매수인에게 인도하는 조건을 의미한다. 선적기일 및 선적일의 증명, 선적방법, 불가항력 및 면책, 지연선적, 선적항 및 도착항 등을 약정하는 것이 바람직하다. 특히, 선적과 인도의 개념 차이를 잘 이해하여야 한다. 인도는 위험의 이전과 연계되어 있으므로, 정형거래조건에 의하여 자동적으로 결정되는 반면에, 선적은 물품이 운송되기 위하여 본선적재, 인수 또는 수탁의 의미로 사용되며, 구체적으로 본선적재(loading on board), 발송(dispatch), 수탁(taking in charge), 운송을 위한 인수(accepted for carriage), 우편수령(date of post receipt), 접수일(date of pick-up)까지 모두 포함된 광의의 개념이다.

② 지급조건 : 매매거래의 이행은 매도인의 물품인도와 매수인의 대금지급으로 요약할 수 있다. 대금회수는 매우 중요한 부분으로 매도인은 안전한 지급조건을 선택하기를 바라며, 매수인은 대금지급에 앞서 물품을 수령하기를 원한다. 계약 협상 과정 중에서도 종종 이러한 문제점이 발생되기도 한다. 따라서 당사자 간 신뢰를 구축으로 진행하는 것이 바람직하다. 송금 방식에는 전통적으로 신용장(letter of credit), 추심방식(collection) 및 혼합방식(mixed payment) 등이 있으며, 계약서, 청약서(offer sheet), 주문서(order sheet) 등의 지급조건에 표시된다. 실무적으로는 거래은행과 환거래약정 체결 후 이러한 서류를 근거로 신용장 등을 개설한다. 또한 지급시기에 따라 선지급(payment in advance), 동시지급(concurrent payment), 후지급(deferred payment)로 구분할 수 있으며, 계약 체결 시 〈그림 15-3〉과 같이 지급조건과 위험도를 참고하여

〈그림 15-3〉 지급 조건 vs. 당사자의 위험

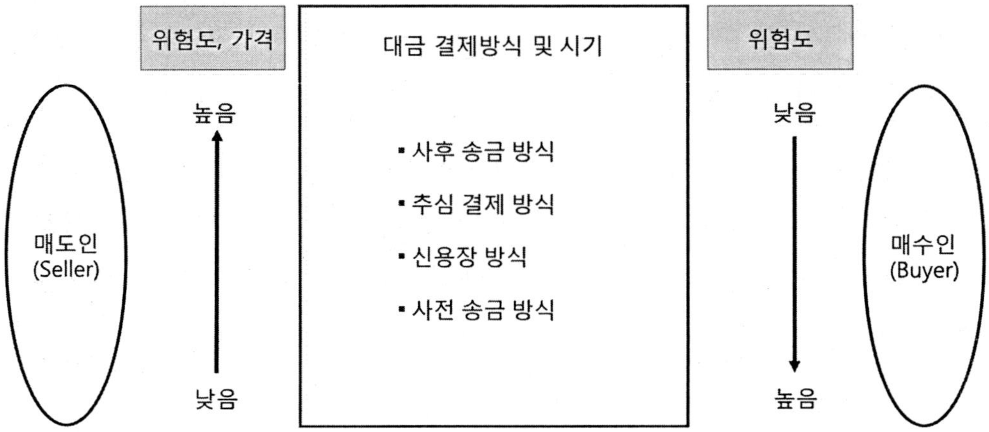

진행하는 것이 바람직하다.

③ 보험조건 : 운송 중인 물품은 예상하지 못한 위험을 만나 손해가 발생할 가능성이 있다. 이러한 위험을 담보하기 위해 적하보험(Cargo Insurance)에 가입해야 한다. 계약 체결 시 보험조건에 포함되어야 할 내용은 보험계약체결자와 보험료 부담자, 사고발생 시 보험을 받게 될 피보험자, 담보위험과 담보기간, 손해보상 범위 등이 있다. 상대방과 계약 체결 시 보험에 관해 별도의 약정을 하지 않는 경우, 즉 명시적 약정이 없는 경우 묵시계약의 성격을 갖는 국제상업회의소(ICC)에서 제정한 국제 무역거래에서 상품의 인도와 관련된 책임과 비용의 분담 기준을 명확하게 규정하는 규칙 Incoterms(International Commercial Terms)에 의해 결정한다.

기타 계약관련 조항에는 클레임 조항, 중재조항, 그리고 정형거래조건이 포함되어 있다. 클레임 조항은 계약이 발생한 후 발생할 수 있는 분쟁을 처리하기 위해 설정된 조항이다. 이 조항은 분쟁 발생 시 어떤 절차를 따를 것인지, 그리고 어떤 조건이 충족되어야 하는지를 명시한다. 중재조항은 분쟁 발생 시 양측이 중재인을 선정하여 해결하도록 하는 조항이다. 이는 법정 절차보다 비용이 적게 들며, 빠르고 효과적인 분쟁 해결 방법이다. 정형거래조건은 계약 내용과 관련된 모든 사항을 명확하게 규정하는 조항이다. 이를 통해 계약 당사자들은 서로의 권리와 의무를 명확히 인지하고, 계약 이행에 대한 책임을 지게 된다. 이러한 조항들은 계약의 유효성과 안정성을 보장하며, 계약 당사자들 간의 신뢰를 높이는 역할을 한다.

① 클레임 조항[1] : 클레임(Claim)은 계약당사자 어느 일방이 일종의 법률상 권리를 주장하는 이의신청 또는 이의제기로서 계약이행과 관련하여 발생하는 제반 분쟁에 대하여 금전적인 배상을 청구하거나 약정물품의 대체 또는 그 밖에 다른 구제조치를 구하는 문서상의 청구나 주장을 의미한다.

무역 클레임은 거래당사자가 무역계약에 따라 그 계약을 이행하면서 그 계약의 일부 또는 전부의 불이행으로 말미암아 발생되는 손해를 상대방에게 청구할 수 있는 권리를 말한다. 예를 들면, 바이어 측면에서 수량부족, 품질불량, 선적지연 등이 있고, 공급자 측면에서 결제지연, 신용장 개설지연 등이 있다. 일반적으로 무역 클레임은 일방이 계약조건을 위반하여 발생하는 경우가 대부분이지만, 경우에 따라서 시장상황이 악화되거나 계약에 의한 의무수량 부담에 따라 매수인이 매도인에게 가격인하 또는 인수거부 등 고의적으로 제기하는 마켓클레임(market claim)도 발생된다. 또한 계약위반(breach of contract)의 유형에는 이행거절(renunciation), 이행불능(frustration), 이행해태(failure of performance), 불완전이행이 있다.

② 중재조항 : 중재는 쌍방의 중재합의로 법률관계를 법원의 소송절차에 의하지 아니하고 공정한 제3자를 중재인으로 선정하여 중재판정부를 구성하고, 그곳에서 결정한 중재판정에 쌍방이 무조건 승복함으로써 클레임을 해결하는 방법이다. 중재는 소송에 비해 비용이 저렴하고 공정하며, 빠른 판정과 회사 기밀보호, 그리고 강제 집행력(국제연합협약)의 장점이 있다.

③ 정형거래조건 : 물품인도와 관련하여 인도장소, 방법, 증빙, 운송 및 보험계약, 수출입통관, 위험 및 비용부담 등에 관한 관습을 그 성격에 따라 부호화(FOB, CIF 등)하여 사용하고 있다. 이러한 부호를 정형거래조건(Trade Terms)이라 한다. 국제상업회의소(International Chamber of Commerce)는 1936년 Inco-

[1] 오원석, 박광서(2021), 무역상무 4판, p.173, 삼영사.

terms(International Commercial Terms)를 제정하였으며, "정형거래조건의 해석에 관한 국제적 통일규칙"이라고 할 수 있다.

정형거래조건은 가격조건, 인도조건, 묵시조건의 세 가지 기능을 포함하고 있으며, 국제간 거래에서 발생될 수 있는 무역분쟁을 예방하고 해석차이로 인한 불확실성을 최소화하여 궁극적으로는 시간과 비용 낭비를 방지하는데 그 목적이 있다. 일반적인 정형거래조건은 〈표 15-2〉와 같다.

(4) 협상 및 수정

법적 문서 작성 후에도, 계약 당사자 간의 협상이 계속될 수 있다는 것은 매우 중요한 점이다. 이는 계약조건이나 합의사항에 대해 양 당사자가 계속적으로 대화하며, 필요한 경우 조정을 하여 합의에 도달하기 위한 노력을 기울여야 함을 의미한다. 특히, 계약 불이행사항, 계약 위반 손배상 사항, 클레임 해결 사항 등과 같은 민감한 부분에서는 원만한 협의가 매우 중요하다. 이러한 부분에서 일어나는 갈등이 해결되지 않으면, 계약 당사자 간의 신뢰도가 저하될 수 있으며, 최악의 경우 소송 등 법적 분쟁으로까지 이어질 수 있다. 따라서 계약 당사자 간의 원활한 협상과 조정은 계약의 성공적인 체결과 이행에 있어서 매우 중요한 역할을 한다. 이를 위해서는 상호 존중과 이해, 그리고 적극적인 소통이 필요하며, 이러한 노력이 계약 당사자 간의 신뢰와 협력을 강화시켜 줄 것이다.

(5) 계약 체결 및 승인

계약을 체결하고 승인하는 과정은 매우 중요하다. 양 당사자는 계약서를 서명하기 전에 주의 깊게 검토해야 한다. 이는 계약서에 명시된 모든 조건을 이해하고 동의할 수 있도록 하는 것이다. 계약서에는 상호 합의된 조건들이 포함되어 있으며, 이들 조건은 이행되어야만 계약이 유효하다.

계약서를 검토하는 과정에서는 모든 조건이 명확하게 이해되었는지 확인해야 한다. 이를 위해서는 계약서의 내용을 주의 깊게 읽고, 필요한 경우에는 전문가의 조언을 구할 수도 있다. 계약서에 명시된 조건들이 모두 이해되고 동의되었다면, 양 당사자는 계약서에 서명하여 체결한다.

계약서에 서명하고 체결하는 것은 매우 중요한 결정이다. 따라서 양 당사자는

〈표 15-2〉 정형거래조건 주요 내용

거래조건	위험이전	비용이전	비고
EXW (EX Works) 공장 인도조건	수출자의 작업장에서 수입자에게 인도	작업장 인도까지 수출자가 비용부담	수출입통관, 승인 수입자 의무 수출자가 편리함
FCA (Free Carrier) 운송인 인도조건	수입자가 지정한 운송인이나 제3자에게 인도	운송인 인도까지 수출자가 비용부담	수출통관 : 수출자 수입통관 : 수입자
CPT (Carriage Paid To) 운송비지급 인도조건	수출자가 직접 지정한 운송인에게 물품을 인도	수입자가 지정한 목적지까지 수출자가 비용부담	수출통관 : 수출자 수입통관 : 수입자
CIP(Carriage and Insurance Paid To) 운송비, 보험료 지급 인도조건	수출자가 직접 지정한 운송인에게 물품을 인도	수입자가 지정한 목적지까지 수출자가 운송비와 보험료 부담	수출통관 : 수출자 수입통관 : 수입자
DAP (Delivered At Place) 도착지 인도조건	지정목적지에 운송수단에 실린 채 양하 준비된 상태로 수입자의 처분 하에 놓이는 때	수입자가 지정한 목적지까지 수출자가 비용부담	수출통관 : 수출자 수입통관 : 수입자
DPU (Delivered at Place Unloaded) 도착지 양하 인도조건	지정목적지에 도착운송수단으로부터 양하된 상태로 수입자의 처분 하에 놓이는 때	수입자가 지정한 목적지까지 수출자가 비용부담	수출통관 : 수출자 수입통관 : 수입자
DDP (Delivered Duty Paid) 관세지급 인도조건	약정된 일자 또는 기간 내에 수입자가 지정된 수입국 내의 목적지에 운송수단에 실린 채 양하 준비된 상태로 수입자의 처분 하에 놓이는 때	수입자가 지정한 목적지까지 수출자가 비용부담 (관세포함)	수출입통관, 승인 수출자 의무 수입자가 편리함
FAS (Free Alongside Ship) 선측 인도조건	물품이 지정선적항에서 수출통관을 완료 후 부두에 혹은 부선으로 본선의 선측에 놓았을 때	선측 인도까지 수출자가 비용부담	수출통관 : 수출자 수입통관 : 수입자
FOB(Free On Board) 본선 인도조건	물품이 지정선적항에서 본선에 적재하였을 때	본선 인도까지 수출자가 비용부담	수출통관 : 수출자 수입통관 : 수입자
CFR(Cost and Freight) 운임포함 인도조건	물품이 지정선적항에서 본선에 적재하였을 때	목적항까지 수출자가 운임 포함 비용부담	수출통관 : 수출자 수입통관 : 수입자
CIF(Cost, Insurance and Freight) 운임, 보험료 포함 인도조건	물품이 지정선적항에서 본선에 적재하였을 때	목적항까지 수출자가 운임, 보험료 비용부담	수출통관 : 수출자 수입통관 : 수입자

서명 전에 모든 조건을 주의 깊게 검토하고, 필요하다면 상호 합의된 조건을 재확인해야 한다. 이를 통해 양 당사자는 계약서에 명시된 조건들을 완전히 이해하고, 계약이 유효하게 체결될 수 있도록 해야 한다.

(6) 계약 이행 및 모니터링

계약이 체결된 후에는 양 당사자가 계약서에 명시된 조건들을 준수하며 계속적으로 이행 여부를 모니터링해야 한다. 이를 위해서는 계약서에 명시된 기간 내에 필요한 서류나 물품이 제때 제공되고 있는지, 그리고 서로가 약속한 일정과 조건들이 지켜지고 있는지를 철저히 검토해야 한다. 하지만 때로는 불가항력적인 상황 변화가 발생할 수도 있다. 이런 경우에는 양 당사자 간에 협의를 통해 계약을 수정할 수 있다. 이때 수정된 계약서는 이전 계약서보다 우선적으로 적용되며, 이행해야 할 새로운 조건들을 명시해야 한다.

또한 계약 이행 중에는 양 당사자 간의 원활한 소통이 중요하다. 만약, 한쪽 당사자가 계약에 명시된 조건을 이행하지 않거나 불량한 서비스를 제공하는 등 계약 이행에 문제가 생긴다면, 상호 협의를 통해 문제를 해결하거나 법적 절차를 통해 적절한 대응을 해야 한다.

이와 같은 계약체결 과정을 따르면 계약이 효과적으로 체결되고 유지될 가능성이 높아진다. 계약 체결은 양 당사자 간 명확하고 상호 협의된 조건에 기반해야 하며, 법적 문제와 규제 준수 사항을 반드시 고려해야 한다.

영업실전 사례 15-2

지노믹트리, 오리온홀딩스와 기술이전 바인딩 MOU 체결…의미는?

지노믹트리는 오리온홀딩스와 대장암 조기진단 기술 이전과 관련한 양해각서(MOU)를 체결했다고 30일 밝혔다.

이번 계약은 구속력이 있는 '바인딩 MOU(Binding MOU)'란 설명이다. 지난 5월 논(non) 바인딩 MOU 이후 5개월 만이다. 지노믹트리는 본계약이 성사되면 계약금, 조건부 수익(마일스톤) 및 향후 매출 발생에 따른 경상기술사용료(로열티)를 받게 된다.

윤치왕 지노믹트리 부사장은 "기술이전 본계약을 오리온홀딩스와 산둥루캉의약의 합작사와 체결할 예정"이라며 "본계약이 이뤄지지 않을 경우 배상책임도 명시돼 있다"고 말했다. 바인딩 MOU의 내용대로 본계약을 체결할 것이고, 이를 중국 국영제약사 산둥루캉의약도 알고 있다는 설명이다. 본계약은 앞으로 8개월 이내에 체결하는 것이 목표다.

오리온홀딩스는 산둥루캉의약과 중국 제약 · 바이오 시장 진출을 위한 합자계약을 체결했다고 지난 23일 밝혔다. 오리온홀딩스와 산둥루캉의약은 각각 65%와 35%를 출자해 산둥루캉하오리요우생물과기개발유한공사(가칭)라는 합작사를 세우기로 했다.

오리온홀딩스는 발병률이 높은 암 및 전염성 질환 등을 조기 발견하는 진단키트를 중점 사업영역으로 선정했다. 초기 바이오 사업역량을 키운 이후 장기적으로 합성의약품, 신약개발 등으로 사업영역을 확대해 나간다는 전략이다.

지노믹트리가 개발한 대장암 조기 진단키트 얼리텍은 작년 4월부터 현재까지 전국 1,100여개 병의원에서 서비스하고 있다. 올 6월 대웅제약과의 공동판매 계약을 맺는 등 판매망을 확장 중이다.

안성환 지노믹트리 대표는 "이번 협약을 통해 오리온홀딩스와 중장기 파트너십을 구축하고, 기술이전 사업을 가시화시키는 등 중국 점유율을 확대하기 위한 노력을 아끼지 않을 것"이라며 "현재 국내 식약처의 허가절차를 진행 중인 폐암 체외진단 제품과 임상시험 중인 방광암 조기진단 제품도 중국 시장에서 후속 제품으로 구축해 나갈 계획"이라고 말했다.

한편 수젠텍의 결핵진단키트도 합작사의 사업 제품으로 채택됐다.

[출처] 한국경제 IT, 과학, 한경 Bio insight, 2020.10.30, 수정 2021.2.24. 기사

≫ 영업의 새로운 생각

1. 해외영업에서 계약 전 단계에 양해각서(MOU)를 체결하는 의미는 무엇인가?
2. 해외영업에서 MOU와 바인딩 MOU의 차이는 무엇인가?
3. 해외영업에서 공급업체와 파트너사가 바인딩 MOU를 체결하는 이유는 무엇인가?

3.3 주문 생산 및 물류 통관

해외 바이어로부터 주문을 받은 후, 제품을 성공적으로 생산하고 공급하는 단계는 해외영업 프로세스에서 가장 중요한 부분 중 하나이다. 이 단계에서 제품 품질, 생산 일정, 원가 관리 등이 제대로 이루어지지 않으면 해외 바이어와의 신뢰를 잃고, 계약 분쟁, 손실 발생 등의 문제로 이어질 수 있다.

(1) 주문 처리 및 생산 확인

주문확인, 제품 생산 및 납품 과정은 매우 중요하다. 주문을 받으면 주문 내역을 확인하고 생산 계획을 세우며, 제품이 생산되면 생산자는 생산 과정을 모니터링하여 품질을 보장하고 모든 기준을 충족시켜야 한다. 그리고 제품이 완성되면 납품을 확인하여 제품이 안전하게 고객에게 도착할 수 있도록 한다. 이 과정에서 문제가 발생하면, 생산자는 즉각적으로 조치를 취하여 문제를 해결한다. 이렇게 주문 처리 및 생산/납품 확인 과정을 철저히 관리함으로써, 생산자는 고객 만족도를 높일 수 있다.

① 주문확인 처리 : 주문 처리 절차는 해외 바이어로부터 받은 주문 내용을 정확하게 확인하고 검토하는 것으로 시작된다. 제품 종류, 수량, 규격, 가격, 납품 조건, 결제 조건 등 모든 내용을 꼼꼼하게 확인하여 오류가 없는지 확인한다. 이 과정에서 오류가 발견되면 해당 사항을 바이어와 재확인하며, 정확한 내용을 확인한 후에 주문을 승인하게 한다.

주문 내용에 오류가 없으면 주문을 승인하고 생산 부서에 생산 지시를 내린다. 이 과정에서 생산 부서에서는 생산 계획을 수립하여 제품의 생산을 진행하게 된다. 생산 과정에서 발생하는 문제나 지연 사항은 즉시 해당 부서에서 확인하여 조치하게 된다.

② 생산확인 처리 : 생산 과정에서 생산 완료와 검품은 매우 중요한 과정이다. 생산 완료 확인 단계에서는 주문된 제품이 모두 생산되었는지 확인하고, 생산 일정을 준수하여 고객에게 정확한 납기일을 제공할 수 있는지 확인한다. 생산 과정에서 발생할 수 있는 문제를 예방하기 위해 생산 과정을 철저히 관리하고, 품질관리를 철저히 하여 최종 검품을 통과한 제품만 출하 준비를 한다.

최종 검품 과정에서는 생산된 제품들에 품질 문제가 없는지 확인한다. 제품의 외관, 기능, 성능 등을 철저히 검사하여 문제가 발견되면 적절한 조치를 취하여 제품의 품질을 보장한다.

포장 및 운송 준비 단계에서는 검품을 통과한 제품을 해외 바이어의 요구사항에 맞게 포장한다. 제품의 종류, 크기, 무게 등을 고려하여 최적의 포장 방법을 선택하고, 제품의 안전한 운송을 위해 적절한 보호 재료를 사용한다. 운송 일정을 고려하여 출하 일정을 조정하고, 필요한 운송 수단을 선정하여 운송 준비를 한다.

(2) 물류 통관 및 사후관리

물류 통관 및 사후관리는 해외영업에서 중요한 역할을 한다. 이는 상품이 수출될 때 발생하는 여러 가지 문제들을 해결하기 위해 필요한 과정이다. 또한 대금결제 상품의 가격이나 운송비 등 다양한 비용이 발생하고, 국가 간 FTA와 원산지증명을 통해 관세혜택이 발생할 수 있다. 이를 정확하게 파악하여 해외 바이어 또는 파트너사와 원활한 거래를 활성화하는 것이 매우 중요하다.

① 물류 통관 : 제품 생산이 완료되면, 이를 해외 바이어에게 운송하기 위한 물류 계획을 수립해야 한다. 이 과정에서는 제품의 종류, 수량, 배송지 등을 고려하여 최적의 물류 계획을 수립해야 한다. 그렇게 함으로써 제품이 안전하게 운송되며 시간과 비용을 절약할 수 있다.

물류 계획 수립에는 다양한 요소들이 포함된다. 첫째, 배송 일정을 고려해야 한다. 제품을 운송하기 위한 출발 일자와 도착 일자를 정확히 계획하면, 바이어에게 정확한 납품일을 알려줄 수 있다. 둘째, 운송 수단과 경로를 결정해야 한다. 제품의 수량과 거리, 물류 비용 등을 고려하여 항공, 해상 등 다양한 운송 수단을 선택할 수 있다. 또한 경유지와 운송 루트를 정확히 계획함으로써 운송 거리와 시간을 줄일 수 있다.

물류 계획에는 운송 보험도 포함된다. 제품이 운송 도중에 손상되거나 분실될 경우를 대비해서 운송 보험에 가입하여야 한다. 이를 통해 제품의 안전한 운송과 바이어의 안심을 동시에 보장할 수 있다.

또한 해외 수출입 관련 절차를 진행해야 한다. 이는 수출입 관세, 수출입 신고서 작성, 인보이스 작성 등의 절차를 포함한다. 이러한 절차를 통해 제품이 원활하게 수출입될 수 있도록 한다. 이와 함께 통관 업무를 처리해야 한다. 통관은 수입 또는 수출 제품에 대한 관세, 세금, 출입국 심사 등의 절차를 의미한다. 이를 위해서는 관세법, 통관법 등의 법률을 따라야 하며, 전문적인 지식과 경험이 필요하다.

② 대금결제 등 사후관리 : 해외 거래에서 대금결제는 해외 바이어로부터 계약 대금을 결제받는 것이다. 이 과정에서 수입자금 관리 및 환전 절차를 진행해야 하며 국제 금융 거래 관련 법규를 준수해야 한다.

또한 사후관리가 필수적이다. 사후관리란 제품이나 서비스를 공급한 후에도 지속적으로 연락하고 관리하는 것을 말한다. 이를 통해 해외 바이어와의 신뢰관계를 유지할 수 있다. 해외 바이어들은 제품이나 서비스를 구매하기 전에 회사의 신뢰성과 안정성을 확인하고자 한다.

사후관리를 통해 고객 만족도를 높일 수 있다. 제품이나 서비스가 문제가 생길 경우, 빠르고 정확한 대처가 필요하다. 이를 통해 고객의 불만을 해소할 수 있다. A/S 서비스를 제공함으로써 고객의 신뢰를 얻을 수 있다.

또한 사후관리를 통해 추가 판매 기회를 모색할 수 있다. 해외 바이어와의 지속적인 소통을 통해 제품이나 서비스에 대한 피드백을 받을 수 있다. 이를 토대로 제품이나 서비스를 개선하고, 새로운 제품이나 서비스를 개발할 수 있다. 이를 통해 해외 바이어들의 추가 구매 기회를 모색할 수 있다.

③ FTA와 원산지규정 : 해외영업에서 바이어와의 계약과 함께 국가 간 제품과 서비스가 자유롭게 이동하여야 한다. 예를 들면, 자사의 제품과 서비스를 해외 바이어와 계약을 체결하였어도 실제로 제품과 서비스가 원활히 이동될 경우에만 거래가 성사된다고 할 수 있다. 즉, 국가 간 무역이 원활해야 한다는 의미이다. 이런 측면에서 해외영업에서 국가 간 FTA(Free Trade Agreement : 자유무역협정) 체결 여부 확인이 필수적이다. FTA는 특정국가 간의 상호무역을 증진하기 위해 제품이나 서비스 이동을 자유화하는 협정으로, 국가와 국가 간의 관세 및 비관세 무역장벽을 완화하거나 철폐하여 무역자유화를 실현하기 위한 양국 간 또는 지역 사이에 체결하는 특혜무역협정이다.

최근에는 다자간 Mega FTA가 체결되어 회원국 간의 관세를 철폐하는 방식으로 무역장벽을 완화하는 경제통합이 이루어지고 있다. TPP(환태평양경제동반자협정), FTAAP(아태자유무역지대), RCEP(역내포괄적경제동반자협정) 등이 대표적인 예라고 할 수 있으며, 이러한 메가 FTA는 회원국 간의 통일된 원산지 기준을 도입하여 원산지증명 절차를 개선하고 기업의 FTA 활용편익을 확대하여 회원국 간의 무역거래를 활성화시키는 데 그 목적이 있다.

물품의 원산지(Country of Origin)는 수출입 물품의 국적을 의미하는 것으로 그 물품이 성장했거나 생산, 제조, 가공된 지역을 의미한다. 또한 원산지규정은 물품의 원산지를 결정하고 특혜 또는 비특혜의 무역조치를 규정하는 각종 기준 및 절차를 정한 것으로 국제법규, 법률, 판례 및 행정결정 등의 다양한 형태로 존재한다. 특혜원산지규정은 지역주의, 자유무역협정(FTA), 일반특혜관세 등 관세혜택을 부여하는 경우에 적용되는 원산지규정을 말하며, 비특혜원산지규정은 특정국가에 대한 수입제한, 반덤핑관세, 상계관세, 수출입물품에 대한 원산지표시, 무역통계작성 등 무역정책상 물품의 원산지를 구별할 필요가 있는 경우에 적용되는 원산지규정으로 WTO 원산지 규정협정이 대표적이다.

이와 같이 국가가 무역을 관리하는 데 있어 수출입 물품에 대한 원산지를 표시해야 하는 이유는 첫째, 물품의 과세가격 결정을 위해 원산지 판정이 요구된다. 일반특혜관세 제도상의 특혜를 받는 개도국이나 지역주의로 인한 역내 국가에 대해서 관세를 차별적으로 적용하기 위해서는 제품에 대한 원산지 판정이 중요하다. 둘째, 덤핑 및 보조금 지원에 대한 판정을 위해서 원산지 판정이 필요하다. 특정 국가나 지역으로부터 수입하는 저가 수입물품에 대한 덤핑관세를 부과하거나 긴급수입제한조치 또는 수입수량을 할당할 때에는 당해 물품의 원산지 기준이 되기 때문에 원산지의 판정은 산업 및 무역정책에 아주 중요한 기능을 담당하게 된다. 셋째, 소비자의 권리보호를 위해 원산지 판정이 필요하다. 글로벌 기업들의 생산활동으로 인하여 2개국 이상에서 생산이 이루어지는 경우가 많아지면서 품질이 떨어지고 임금이 싼 국가의 저가 제품에 대한 수입이 늘어나고, 주문자상표방식(OEM)에 의하여 생산된 수입품이 국산품으로 위장되어 판매되는 경우가 늘고 있다. 따라서 이들 제품들에 원산지를 표시함으로써 구매과정에서 소비자가 피해를 입지 않도록 충분한 정보가 제공되어야 한다. 예를 들면, 농수산물 시장에서 원산지 표기를 의무화한 것이 대표적인 예이다. 넷째, 각국은 자국의 산업보호와 국내기업의 보호를 위해 다양한 무역정책 수단을 사용하고 있다. 국가 간의 통상관계, 무역정책 수립 등과 관련하여 수입물품의 원산지를 판정해야 할 필요가 있다. 예를 들면, 과거 한국의 스크린쿼터제가 자국 영화산업을 보호하기 위한 제도였지만 한미FTA 체결을 통해 폐지되었다. 다섯째, 국민보건과 환경보호를 위해 원산지 구별이 필요하다. 예를 들면, 전염병 또는 병충해가 발생된 지역으로부터 반입되는 물품에 대해서는 검역과 검사를 강화하고, 멸종위기에 처한 동식물 등이 특정지역에서 반입되는 것을 막아주므로 국민보건과 자연환경을 보호할 수 있다.

이와 같이 해외영업에 있어서 국가 간의 FTA와 Mega FTA 원산지증명규정으로 원산지증명을 요청하는 바이어들도 상당히 많아지고 있다. 즉, 바이어 입장에서는 원산지증명에 따라 관세혜택을 받기 때문에 수출하는 기업과 영업담당자는 **원산지증명서**를 제공하고 지원해 주는 것이 매우 바람직하다. 때로는 원산지증명서 지원 가능 여부가 바이어와의 계약성사 여부를 판가름하기도 한다. 저가 가격으로 덤핑하는 공급업체에서는 원산지증명서를 발급받기 어렵기 때문이다. 원산지를 증명하는 방법에는 기관발급제, 자율발급제, 인증발급제가 있다. 기관발급제는 상공회의소와 같은 제3의 기관이 수출자로부터 신청받아 원산지의 적정 여부를 확인한 후 원산지증명서를 발급해주는 방식이다. 기관발급은 바이어가 요청 시 매번 원본을 출력하여 제출하는 번거로움이 있으며, 한 · 인도, 한 · ASEAN, 한 · 싱가포르, 한 · 페루 FTA 등은 기관발급방식을 따른다. 자율발급제는 수출자가 자율적으로 원산지요건의 충족 여부를 확인하고 원산지증명서를 작성하여 수입자 또는 바이어에게 제출하는 방식이다. 한 · 칠레, 한 · EFTA, 한 · EU, 한 · 터키 FTA 등의 경우는 이에 해당한다. 인증발급제는 일정규모 이상의 금액을 빈번하게 수출하는 수출자 중 성실한 기업에 대해 수출국 세관당국의 사후관리를 조건으로 자율적으로 원산지증명서를 발급하도록 허용하되, 그렇지 않은 수출자에 대해서는 권한 있는 당국에 신청하여 원산지증명서를 발급받는 방식을 말한다. 즉, 인증발급제는 원산지증명 능력이 있다고 관세당국이 인증한 수출자에게 원산지 증명서 발급절차 또는 첨부서류 간소화 혜택을 부여하는 제도이다.

이와 같이 해외영업담당자는 국가별 FTA 체결 여부와 원산지증명서를 확인하여 바이어와의 관계를 강화하거나 신뢰를 구축할 수 있도록 활용하는 것이 매우 중요하다. 즉, 자사의 제품과 서비스가 바이어에게 원활히 잘 공급되고, 관세혜택까지 받을 수 있다면 그만큼 바이어와의 신뢰가 구축될 수 있다.

4. 해외영업지원 관리

해외시장에서 성공적인 영업을 하기 위해서는 전략적인 지원체계 구축이 필요하다. 이러한 지원체계는 기업의 해외영업활동을 효율적으로 지원하고 목표 달성에 기여하는 중요한 직무를 수행한다.

해외영업지원 관리는 다양한 역할을 수행한다. 먼저, 기업이 해외시장에서 성공적인 영업을 하기 위해서는 그 지역의 문화, 경제, 정치적인 상황 등을 잘 이해하고 파악할 수 있어야 한다. 이를 위해서는 해외영업지원 관리는 그 지역의 정보를 수집하고 이를 분석하여 기업이 적합한 전략을 수립할 수 있도록 도와준다.

해외영업지원활동은 그 지역의 법률 및 규제사항을 철저하게 파악하고, 기업이 이를 준수할 수 있도록 지원해준다.

4.1 해외영업업무의 지원

해외영업업무의 지원은 기업의 글로벌 경쟁력을 높이는 데 핵심적인 역할을 담당한다. 이 업무는 기업이 해외시장을 개척하고 성공적으로 진출할 수 있도록 다양한 측면에서 지원한다. 이 업무에는 거래계약 체결, 수출입 절차 관리, 통관 및 배송 지원, 고객 관리, 사후 서비스 제공 등 다양한 요소가 포함된다.

(1) 해외 거래계약 체결 지원

해외 거래계약 체결 과정에서 법적 검토와 협상을 지원하여 공정한 거래 관계를 구축한다. 이를 위해 전문 법률 자문과 재무 분석을 제공하여 거래 당사자 간의 이해관계를 균형 있게 조정한다. 또한 계약서 초안 작성부터 최종 협상까지 전 과정에 걸쳐 긴밀한 지원을 제공함으로써 계약 체결이 원활하게 이루어지도록 한다.

먼저 법률 전문가가 계약서의 조항과 내용을 면밀히 검토하여 위험 요소를 사전에 파악하고 대응책을 마련한다. 이를 통해 계약 당사자들의 권리와 의무가 명확히 명시되어 분쟁의 소지를 최소화할 수 있다. 또한 재무 분석을 통해 거래 조건의 타당성과 경제성을 검토하여 계약조건을 보다 유리하게 협상할 수 있도록 지원한다. 나아가 계약 체결 과정에서 발생할 수 있는 문화적, 언어적 차이로 인한 오해와 갈등을 중재하고 원활한 의사소통을 도모한다. 전문 통역 서비스를 제공하여 계약 당사자들이 서로의 입장을 충분히 이해하고 합의점을 찾을 수 있도록 한다. 이를 통해 성공적인 계약 체결은 물론 장기적인 비즈니스 관계 구축에도 기여할 수 있다.

특히 해외 거래의 경우 각국의 다양한 법규와 관행, 그리고 문화적 차이로 인해 더욱 복잡한 상황이 발생할 수 있다. 이러한 환경에서 계약을 체결하고 거래를 성공적으로 수행하기 위해서는 다국적 경험과 전문성을 겸비한 팀의 전방위적인 지원이 필수적이다.

계약서 작성 시에는 세금, 지적재산권, 분쟁 해결 절차 등의 내용을 면밀히 검토하고 협상해야 한다. 이를 통해 향후 발생할 수 있는 법적 분쟁을 사전에 방지할 수 있다. 특히 전문가의 도움을 받아 계약조건을 치밀하게 검토하고 협상하는 과정은 계약의 질을 높이는 데 결정적인 역할을 한다.

해외 거래의 경우 통화, 언어, 시차 등 다양한 요인으로 인해 의사소통과 협상에 어려움이 있을 수 있다. 따라서 전략적 커뮤니케이션 기술과 문화적 이해도를 갖춘 전문가의 역할이 매우 중요하다. 이들은 양측의 입장을 균형 있게 고려하여 윈-윈 해결책을 모색하고, 계약 이행 과정에서도 긍정적인 관계를 유지할 수 있도록 지원한다.

또한 해외 거래에는 환율 변동, 지정학적 리스크 등 다양한 불확실성이 존재한다. 이를 효과적으로 관리하기 위해서는 전략적 의사결정 능력과 함께 리스크 관리 전문성이 필요하다. 전문가 팀은 이러한 리스크를 사전에 파악하고 대응 방안을 마련하여 거래의 안정성을 지원할 수 있다.

(2) 수출입 절차 지원

수출입 업무에는 다양한 절차와 단계가 포함된다. 우선 통관 서류 준비가 필요하다. 수출입 화물에 대한 각종 서류를 빠짐없이 준비하고 정확하게 작성해야 한다. 이를 위해서는 수출입 화물의 종류, 무게, 가치 등을 정확하게 파악하고 관세청에서 요구하는 신고서, 인보이스, 포장명세서 등의 서류를 사전에 작성해야 한다. 또한 통관 과정에서 필요한 각종 인증서나 허가증도 미리 준비해야 한다.

통관 서류 준비 외에도 물류 계약 체결, 화물 운송 준비, 선적 및 통관 일정 조율 등의 절차도 거쳐야 한다. 물류 업체와 계약을 체결하고 화물 운송 방식과 경로를 결정해야 한다. 또한 선적 일정을 수출입 업체와 물류 업체 간에 조율하여 통관 절차가 순조롭게 진행되도록 해야 한다.

이처럼 수출입 업무는 복잡한 절차와 까다로운 서류 작업이 필요하므로, 경험 많은 전문 인력의 지원을 받는 것이 중요하다. 수출입 업무에 정통한 전문가의 조언을 구하면 시간과 비용을 절감하고 효율적으로 업무를 처리할 수 있다.

물류 프로세스의 다음 단계는 운송 수단을 선정하는 것이다. 이때 화물의 성격, 납기, 비용 등 여러 가지 요소를 종합적으로 고려해야 한다. 예를 들어, 시간이 중요한 경우라면 항공 운송을, 대량 화물이라면 해운 운송을 선택할 수 있다. 중간에 경유지가 있다면 이동 시간과 비용을 최소화하도록 경로를 면밀히 계획해야 한다.

운송 스케줄 수립 시에는 실제 운송 과정에서 발생할 수 있는 예기치 못한 지연 요인들을 면밀히 검토해야 한다. 예를 들어, 악천후, 교통 정체, 고객 사정 변경 등이 발생할 경우 이에 신속히 대응할 수 있도록 충분한 여유 시간을 확보하는 것이 중요하다. 이를 통해 화물의 안전한 배송과 고객 만족도를 높일 수 있다.

더불어 운송 과정에서의 비용 절감을 위해 다양한 방안을 강구해볼 필요가 있다. 예를 들어, 대량 운송, 복합 운송, 운송 경로 최적화 등을 통해 물류 비용을 절감할 수 있다. 또한 화주와의 긴밀한 협력을 통해 상호 윈-윈할 수 있는 방안을 모색하는 것도 도움이 될 것이다.

이처럼 수출입 절차를 체계적으로 관리하면 차질 없는 화물 배송이 가능하다. 각 단계의 업무를 빠짐없이 처리하고 효율적으로 조율한다면 고객에게 안정적인 서비스를 제공할 수 있다.

(3) 고객서비스 지원

고객서비스 지원은 해외영업에서 중요한 부분이다. 단순히 주문 처리, 배송 현황 확인, 불만사항 처리에 그치는 것이 아니라, 고객과의 지속적인 소통과 관계 유지가 필요하다. 예를 들어, 고객이 긴급한 주문을 요청하는 경우, 신속하게 주문을 처리하고 배송 상황을 주기적으로 알려줌으로써 고객의 요구사항을 충족시킬 수 있다. 또한 고객의 불만사항이 발생하면 신속한 대응은 물론, 사과와 보상 등 적절한 조치를 취함으로써 고객과의 신뢰관계를 유지할 수 있다. 더 나아가, 고객의 피드백을 적극적으로 수집하고 분석하여 서비스 개선에 반영하는 노력이 필요하다. 이를 통해 고객 만족도를 지속적으로 제고하고, 장기적인 거래 관계를 유지할 수 있다.

고객 중심의 서비스 제공을 통해 고객과의 신뢰를 쌓고, 장기적인 관계를 유지할 수 있다. 이는 해외시장에서의 경쟁력을 높이고, 브랜드 이미지를 제고하는 데 도움이 될 뿐만 아니라, 고객 만족도 향상으로 이어져 지속적인 성장을 이룰 수 있다. 고객의 니즈와 요구사항을 신속하고 적극적으로 해결하며, 고객과의 긍정적인 관계를 유지하는 것이 중요하다. 이를 통해 고객 충성도를 높이고, 기업의 이미지와 평판을 제고할 수 있다. 또한 고객의 피드백을 수집하여 지속적으로 서비스를 개선함으로써 시장 경쟁력을 강화할 수 있다.

(4) 고객 데이터 관리

고객 데이터 관리의 중요성이 더욱 강조되고 있다. 기업들은 고객 데이터를 체계적으로 관리하고 활용하여 고객 맞춤형 서비스를 제공함으로써 고객 만족도를 높이고 있다. 특히 해외시장 진출 시에는 문화적 차이와 언어 장벽으로 인한 어려움이 존재한다. 이를 해결하기 위해서는 현지 직원 채용, 다국어 서비스 제공, 현지 문화에 대한 깊이 있는 이해 등의 노력이 필요하다.

데이터 분석 기술의 발전으로 보다 정교한 고객정보관리가 가능해지고 있다. 기업은 빅데이터 기술을 활용하여 고객의 구매 패턴, 선호도, 불만사항 등을 종합적으로 분석함으로써 차별화된 서비스를 제공할 수 있다. 이를 통해 고객 충성도를 제고하고 매출 증대로 이어질 수 있다. 나아가 기업은 고객과의 지속적인 관계 유지를 위해 노력해야 한다. 고객의 니즈와 선호도를 지속적으로 파악하고 이를 반영한 맞춤형 서비스를 제공해야 한다. 이를 통해 고객 만족도를 향상시키고, 장기적으로 해외시장에서의 성공을 이룰 수 있을 것이다. 또한 기업은 고객 데이터 관리에 있어 보안과 개인정보 보호에 각별한 주의를 기울여야 한다. 고객 데이터의 안전한 관리와 활용은 고객 신뢰 확보를 위한 필수적인 요소이다.

실제 KT&G 글로벌 본부에서 일어나고 있는 해외영업 일과이다. 글로벌 본부의 하루 일과는 크게 3가지로 구성된다. 첫째, 수입상과의 협의이다. 수입상과 정기적으로 커뮤니케이션을 하여 수출 물량 및 유통국가 · 지역 확대, 브랜드 포트폴리오 강화, 그리고 광고 · 판촉 활동 현황을 점검하고 협의한다. 필요한 경우 해당 국가의 소비자, 소매점, 유통업체 인터뷰를 실시하여 수입상의 활동 실적을 철저하게 모니터링한다. 둘째, 실적 모니터링이다. 해외시장은 국내와 달리 현장을 직접 확인하기 어려운 한계가 있다. 따라서 현지 수입상과의 원활한 커뮤니케이션이 가장 중요하다. 수집된 1차, 2차 자료를 분석하여 국가별, 시장별 최적의 운영 방향을 수시로 업데이트한다. 셋째, 브레인스토밍이다. 수입상 협의 내용과 실적 모니터링 결과를 바탕으로 내부 브레인스토밍을 진행한다. 이를 통해 향후 수입상 협의 안건을 설정하고, 해외시장 진출 및 운영 전략을 수립한다.

이처럼 글로벌 본부의 하루 일과는 수입상과의 긴밀한 협력, 해외시장 현황에 대한 철저한 모니터링, 그리고 이를 토대로 한 내부 브레인스토밍으로 요약할 수 있다. 이러한 노력을 통해 해외영업조직은 글로벌 시장에서의 경쟁력을 강화하고 있다.

4.2 해외영업조직 운영관리

해외시장에서 성공적인 영업을 위해서는 현지 시장 특성을 이해하고 적절한 전략을 수립하는 것이 중요하다. 이를 위해서는 현지에 대한 전문성을 갖춘 해외주재원과 현지 영업활동을 수행하는 해외영업조직의 효과적인 구성이 필수적이다.

해외주재원은 기업의 주요 인력으로서 해외 현지 시장에서 회사의 전반적인 사업을 총괄하는 역할을 한다. 이들은 현지 시장 조사, 고객 관리, 영업활동, 현지 법규 준수 등 다양한 업무를 담당하며, 본사와 현지 지사를 연결하는 핵심 역할을 수행한다. 해외영업조직은 해외시장에서 회사의 제품이나 서비스를 판매하기 위해 구성된 전문 조직이다. 이 조직은 해외주재원 외에도 현지 영업 사원, 마케팅 담당자, 기술 지원 인력 등 다양한 구성원으로 이루어진다. 해외영업조직은 현지 시장에 대한 깊이 있는 이해를 바탕으로 효과적인 영업 전략을 수립하고 실행한다. 해외주재원과 긴밀하게 협력하여 회사의 해외 사업 목표 달성을 위해 노력한다.

특히 해외영업조직은 현지 고객의 니즈와 선호도를 정확히 파악하여 이를 반영한 맞춤형 제품 및 서비스를 제공하는 데 주력한다. 또한 현지 유통 채널 구축, 프로모션 활동, 애프터서비스 등 다양한 영업 지원 활동을 통해 고객 만족도 제고와 시장점유율 확대를 도모한다.

이처럼 해외주재원과 해외영업조직은 기업의 해외 사업 성과를 좌우하는 핵심축으로서, 상호 긴밀한 협력을 통해 글로벌 경쟁력 강화에 기여하고 있다. 해외영업조직의 유형은 기업의 규모, 제품/서비스 특성, 거래 관행, 문화적 차이 등 여러 요인에 따라 다양하게 구분될 수 있다.

기업이 해외시장에 진출하기 위해서는 효과적인 해외영업조직의 구축이 필수적이다. 이를 위해서는 다음과 같은 사항들을 고려해야 한다.

첫째, 해외시장의 특성에 맞는 적절한 조직 구조를 설계해야 한다. 현지 문화, 언어, 비즈니스 관행 등을 충분히 이해하고 이를 반영한 조직 체계를 구축해야 한다. 예를 들어, 현지 법인 혹은 지사 설립, 현지 파트너십 구축 등의 방식을 고려할 수 있다.

둘째, 전문성과 경험을 갖춘 인력으로 구성된 해외영업팀을 구성해야 한다. 해당 시장에 대한 이해도가 높고 현지 언어 구사 능력이 뛰어난 인력을 선발하는 것이 중요하다. 또한 지속적인 교육과 훈련을 통해 팀원들의 역량을 강화해야 한다.

셋째, 해외 고객과의 긴밀한 네트워크 구축이 필요하다. 현지 고객의 니즈와 요구사항을 정확히 파악하고, 이를 바탕으로 차별화된 제품 및 서비스를 제공해야 한다. 또한 지속적인 커뮤니케이션과 관계 관리를 통해 고객과의 신뢰를 구축해야 한다.

넷째, 효과적인 의사소통 및 정보 공유 체계를 마련해야 한다. 본사와 해외 조직 간, 그리고 해외 조직 내부에서의 원활한 정보 교환이 이루어질 수 있도록 해야 한다. 이를 통해 신속하고 효율적인 의사결정이 가능해진다.

이와 같은 요소들을 종합적으로 고려하여 해외영업조직을 구축한다면, 기업은 해외시장 진출에 성공할 수 있을 것이다.

(1) 본사 및 해외 지사 영업조직

기업은 해외주재원 양성과 확보에 지속적인 투자와 관심을 기울여야 할 것이다. 이를 통해 기업은 급변하는 글로벌 시장에서 경쟁우위를 선점하고, 지속가능한 성장을 이룩할 수 있을 것이다. 해외영업 경험이 풍부한 인력을 적극적으로 채용하고, 이들을 대상으로 현지 시장 동향, 문화, 법규, 유통 채널 등에 대한 체계적인 교육 프로그램을 운영할 필요가 있다. 이를 통해 해당 시장에 대한 전문성과 민첩성을 갖춘 영업 조직을 구축할 수 있다.

① 본사의 수출 전담조직 : 해외영업조직은 본사 내에 별도의 수출 전담팀을 두어 해외시장 개척, 계약 체결, 물류 관리 등의 업무를 수행하는 방식이다. 이러한 구조를 통해 본사와 해외영업 간의 긴밀한 협력과 정보 공유가 가능해진다. 수출 전담팀은 해외시장 동향 분석, 잠재고객 발굴, 계약 협상 등의 일을 담당한다. 또한 수출품의 통관 및 배송, 대금 결제 등 물류 관리 업무도 수행한다. 이를 통해 해외시장 진출 시 발생할 수 있는 다양한 리스크를 효과적으로 관리할 수 있다.

이처럼 수출 전담팀은 해외영업활동을 보다 체계적이고 전문적으로 수행할 수 있도록 지원한다. 이를 통해 해외시장에서의 경쟁력을 높이고, 수출 증대를 도모할 수 있다. 이는 비교적 규모가 작은 기업에서 많이 활용되는데, 그 이유는 다음과 같다.

첫째, 수출 전담팀을 두면 해외시장 개척, 거래선 발굴, 수출 계약 체결 등의 업무에 전문성을 가질 수 있다. 해당 분야에 깊이 있는 경험과 노하우를 보유한 인력을 배치함으로써, 해외 바이어 발굴, 시장 조사, 수출 계약 협상 등 수출 활동의 전 과정을 체계적이고 효과적으로 수행할 수 있다. 특히 제품 특성, 해외시장 동향, 관련 규제 등에 대한 이해도가 높아 빠른 시장 진출과 안정적인 수출 성과를 달성할 수 있다. 또한 수출 전담팀은 기업 내에서 수출 업무에 전념할 수 있기 때문에, 내부 생산, 물류, 영업 부서와의 긴밀한 협업을 통해 수출 프로세스를 최적화할 수 있다. 이를 통해 수출 과정에서 발생할 수 있는 비효율과 오류를 최소화하고, 신속하고 유연한 대응이 가능하다.

둘째, 수출 관련 업무를 체계적으로 관리할 수 있다. 기업에 전담 수출팀이 구성되어 물류, 통관, 해외 마케팅, 법적 규제 준수, 대금 결제 등 수출 프로세스 전반을 전문적으로 관리하게 된다. 이를 통해 수출 업무의 효율성과 투명성을 크게 높일 수 있다. 수출팀은 각 부문의 전문성을 바탕으로 수출 절차를 면밀히 검토하고 개선점을 끊임없이 발굴한다. 예를 들어, 통관 절차의 신속화, 해외 물류 네트워크 최적화, 신규 판매처 발굴 등을 추진하여 수출 경쟁력을 제고할 수 있다. 또한 수출 관련 법규 준수와 대금 회수 관리를 체계화하여 리스크를 관리한다. 이처럼 전문적이고 종합적인 수출 관리를 통해 기업은 수출 역량을 한층 강화할 수 있게 된다.

셋째, 규모가 작은 기업에서도 수출 역량을 확보할 수 있다. 중소기업의 경우 전문 인력과 자원이 부족한 경우가 많지만, 별도의 수출 전담팀을 운영함으로써 이를 극복할 수 있다. 수출 전담팀은 수출과 관련된 모든 업무를 전문적으로 담당하여, 기업의 다른 부서들이 본연의 업무에 집중할 수 있게 해준다. 또한 수출 전담팀은 해외시장 동향 분석, 수출 절차 및 규제 파악, 바이어 발굴 등 수출과 관련된 다양한 업무를 전문적으로 수행할 수 있다. 이를 통해 기업의 전반적인 인력과 자원을 효과적으로 활용하여 수출 역량을 강화할 수 있다. 특히 중소기업의 경우 이러한 수출 전담팀의 운영을 통해 규모에 상관없이 수출 시장에 진출할 수 있는 기회를 얻을 수 있다.

따라서 본사 내 수출 전담조직을 운영하는 것은 중소기업의 수출 경쟁력 강화를 위한 효과적인 방안으로 활용되고 있다.

② 해외지사/현지 법인 : 진출하고자 하는 국가에 직접 자회사나 지사를 설립함으로써 현지에서 영업, 마케팅, 고객관리 등의 업무를 직접 수행할 수 있다. 이를 통해 현지 시장에 대한 깊이 있는 이해와 신속한 대응이 가능해진다. 예를 들어, 현지 고객의 니즈와 선호도를 실시간으로 파악할 수 있고, 경쟁사의 동향을 모니터링하며, 시장 변화에 신속히 대응할 수 있다. 또한 고객과의 긴밀한 관계를 유지하고 고객 서비스를 향상시킬 수 있다.

하지만 현지 법인 설립, 사무실 임대, 인력 채용 및 교육 등에 초기 투자 비용이 상대적으로 많이 소요된다는 단점이 있다. 특히 진출국의 문화와 제도, 규제 등을 충분히 이해하고 준비해야 하므로 시간과 노력이 더 많이 필요하다. 따라서 진출 전략을 수립할 때는 이러한 장단점을 종합적으로 고려하여 결정해야 할 것이다.

현지에 직접 법인을 설립하는 것은 많은 장점이 있다. 우선, 현지 소비자의 트렌드와 수요를 신속히 파악할 수 있다. 이를 바탕으로 현지 시장의 니즈에 맞춘 차별화된 제품과 서비스를 제공할 수 있다. 또한 현지 시장 상황의 변화에 신속히 대응할 수 있어 경쟁력 제고에 유리하다.

특히 현지 언어와 문화에 대한 이해도가 높은 인력을 고용할 수 있기 때문에, 현지 고객과의 소통과 신뢰 구축이 수월해질 수 있다. 이를 통해 기업이 현지 시장에서 보다 강력한 입지를 구축할 수 있다.

그러나 초기 투자가 많이 필요하다. 법인 설립, 사무실 임차, 인력 채용 등 다양한 초기 비용이 발생하므로 재무적 부담이 큰 편이다. 따라서 충분한 자금력과 현지 시장에 대한 깊이 있는 이해도가 있는 기업에게 적합한 진출 방식이라고 할 수 있다.

이러한 장단점을 고려할 때, 현지 법인 설립은 장기적인 관점에서 기업의 경쟁력을 높일 수 있는 효과적인 진출 방식이 될 수 있다. 다만 기업의 재무 상황과 현지 시장에 대한 지식 수준을 종합적으로 고려하여 결정해야 할 것이다.

(2) 해외 파트너십 구축

해외시장 진출 시 현지 유통업체, 에이전트, 협력사 등과의 긴밀한 파트너십 구축이 중요하다. 현지 네트워크와 정보를 보유한 파트너십을 확보하면 시장 진입과 영업활동에 큰 도움을 받을 수 있다. 현지 업계 동향을 파악하고, 신뢰할 수 있는 파트너사를 발굴하여 장기적인 협력 관계를 구축하는 것이 필요하다.

① 합작투자(joint venture) : 합작투자는 현지 기업과 긴밀한 협력을 통해 새로운 사업 기회를 모색하는 방식이다. 이러한 접근법은 다양한 장점을 제공한다.

첫째, 현지 기업의 깊이 있는 시장 이해도와 네트워크를 활용할 수 있다. 현지 기업은 해당 시장의 고객 성향, 경쟁환경, 유통 채널 등에 대한 풍부한 지식을 보유하고 있다. 이를 활용하면 신규 시장 진출 시 보다 효과적인 전략을 수립할 수 있다.

둘째, 초기 투자비용을 분담할 수 있어 재무적 위험을 줄일 수 있다. 합작투자를 통해 필요한 자금, 인력, 기술 등을 공동으로 조달하면 개별 기업이 감당해야 할 부담이 감소한다. 이는 특히 중소기업이나 신생 기업에게 유리한 요소로 작용할 수 있다.

셋째, 합작투자를 통해 상호 보완적인 역량을 결합할 수 있다. 예를 들어, 현지 기업의 시장 지배력과 글로벌 기업의 기술 혁신을 접목시킨다면 시너지 효과를 기대할 수 있다. 이를 통해 기존 사업을 고도화하고 새로운 성장 동력을 확보할 수 있다.

이처럼 합작투자는 기업이 새로운 시장에 진출하거나 사업을 확장할 때 효과적인 전략이 될 수 있다. 현지 파트너의 역량을 활용하고 위험을 분산하며, 상호 보완적인 강점을 결합할 수 있기 때문이다.

합작투자는 장점이 많지만, 의사결정 과정에서 복잡성이 증가할 수 있다는 단점도 있다. 서로 다른 회사 문화와 경영 철학을 조율해야 하므로 이해관계의 충돌로 인한 갈등이 발생할 수 있다. 예를 들어, 의사결정 권한, 수익 배분, 투자 규모 등에 대한 견해 차이로 인해 파트너 간 갈등이 생길 수 있다.

따라서 성공적인 합작투자를 위해서는 파트너 선정 단계에서부터 세심한 검토가 필요하다. 서로 간의 경영 철학, 기업문화, 비즈니스 목표 등이 잘 맞는지, 그리고 향후 예상되는 쟁점사항들을 충분히 논의하고 합의를 도출해야 한다. 또한 합작계약 체결 시에도 이들 사항들을 명확히 명시하여 향후 발생할 수 있는 분쟁을 최소화해야 한다. 이런 사전 준비와 협의 과정을 거치면 합작투자의 성공 가능성을 높일 수 있다.

② 특약점/대리점 활용 : 현지 유통업체나 대리점을 통해 간접적으로 영업활동을 수행하는 방식은 기업이 신시장에 진출할 때 많이 사용하는 방법 중 하나이다. 이 방식의 장점은 초기 투자비용이 상대적으로 적고, 진출이 빠른 편이라는 것이다. 현지 파트너 기업의 유통망과 고객 기반을 활용할 수 있기 때문에 신시장 진출에 유리하다.

이 방식의 또 다른 장점은 현지 시장에 대한 이해도가 높은 파트너 기업을 통해 시장 정보를 효과적으로 수집할 수 있다는 것이다. 현지 고객의 니즈와 선호도를 파악하기 쉽고, 경쟁사 동향 및 시장 동향을 빠르게 파악할 수 있다. 이를 통해 기업은 현지 시장 상황에 맞춘 마케팅 전략을 수립할 수 있게 된다.

또한 현지 파트너 기업의 브랜드 인지도와 신뢰도를 활용할 수 있어 제품 및 서비스 홍보에 도움이 된다. 현지 파트너 기업이 이미 확보한 고객 기반을 통해 신규 고객 확보도 용이해질 수 있다. 이처럼 간접적인 영업활동 방식은 신시장 진출 시 비용과 시간을 절감하면서도 높은 성과를 거둘 수 있는 효과적인 방법이라고 할 수 있다.

하지만 해외 현지유통업체를 활용하면 브랜드 관리와 고객관리 측면에서 어려움이 있을 수 있다. 직접 영업활동을 하지 않기 때문에 브랜드 이미지 관리와 고객과의 긍정적인 관계 형성에 한계가 발생할 수 있다. 예를 들어, 현지 유통업체가 부적절한 마케팅을 하거나 고객 서비스 수준이 낮다면 브랜드 이미지가 훼손될 수 있고, 고객과의 유대감 및 충성도 확보에 어려움이 생길 수 있다.

따라서 기업은 이러한 단점을 보완하기 위해 파트너 유통업체와의 긴밀한 협력과 관리가 필요하다. 정기적인 미팅을 통해 마케팅 활동과 고객 관리 현황을 점검하고, 필요시 개선을 요구하는 등 적극적인 관리가 중요하다. 또한 현지 법인이나 지사를 설립하여 직접 영업활동을 수행하는 방식으로 전환하는 것도 장기적으로 고려해볼 수 있다. 이를 통해 브랜드와 고객과의 관계를 보다 직접적으로 관리할 수 있을 것이다.

이와 같이 해외영업조직의 유형은 다양하며, 각 기업의 상황과 목표에 따라 적합한 방식을 선택해야 한다. 조직 유형의 선택 시에는 시장 환경, 자원, 위험 등을 종합적으로 고려해야 한다.

4.3 해외영업성과 평가 및 관리

해외영업은 국내 시장보다 경쟁이 훨씬 더 치열하다. 여러 국가와 문화권의 고객들을 상대해야 하기 때문에 다양한 요구사항과 선호도를 이해해야 하며 각 국가의 정치, 경제, 법규 등 외부 환경 요인들의 변동성이 크기 때문에 예측 불가능한 상황들에 대응할 준비가 필요하다.

이러한 복잡한 해외영업 환경에서 성과를 효과적으로 측정하고 관리하는 것은 매우 중요하다. 단순히 매출액이나 이익률 같은 재무 지표만으로는 충분하지 않다. 고객 만족도, 시장점유율, 브랜드 인지도 등 다양한 비재무적 성과지표를 함께 고려해야 한다.

또한 해외영업조직의 역량 강화, 현지화 전략 수립, 위험 관리 등 체계적인 관리 프로세스를 구축해야 한다. 이를 통해 불확실성에 효과적으로 대응하고 지속가능한 성장을 이룰 수 있다.

(1) 영업활동 모니터링 및 분석

해외영업활동에 대한 지속적인 모니터링과 분석은 중요하다. 이를 통해 실제 실행 성과를 객관적으로 파악하고, 목표와의 차이를 정기적으로 확인할 수 있다.

① 해외영업성과평가지표 : 매출실적은 해외영업의 가장 기본적인 성과지표로, 매월 또는 분기별로 목표 대비 실적을 비교한다. 영업활동 실적은 영업사원이 고객 발굴, 제품 소개, 계약 체결 등 수행한 활동의 양과 질을 평가한다. 고객 반응은 고객 만족도, 신규 고객 확보율, 재구매율 등을 통해 파악한다.

먼저 매출실적은 해외영업의 가장 기본적인 성과지표로 활용된다. 기업은 매월 또는 분기별로 매출 목표와 실제 매출 실적을 지속적으로 비교 분석하여 해외영업성과를 평가한다. 이를 통해 기업은 해외영업 전략의 효과성을 파악하고 개선 방향을 도출할 수 있다. 매출 실적 분석은 해외시장 진출 여부, 제품 포트폴리오, 마케팅 활동 등 해외영업 전반에 걸쳐 핵심 의사결정의 기초 자료로 활용된다.

또한 주요 경쟁사와의 매출 실적 비교 분석을 통해 시장 지위와 경쟁력을 파악할 수 있다. 이를 바탕으로 기업은 고객 니즈에 더 부합하는 제품과 서비스를 개발하고, 효과적인 마케팅 전략을 수립하여 해외시장에서의 입지를 강화할 수 있다.

영업담당자의 활동 실적을 확인한다. 고객 방문 횟수, 상담 시간, 제품 제안 건수 등을 통해 영업활동의 효율성을 파악할 수 있다. 이를 통해 영업담당자의 노력과 성과를 객관적으로 평가할 수 있다.

또한 고객 반응에 대한 분석도 중요하다. 제품 및 서비스에 대한 만족도, 불만사항, 재구매 의향 등을 조사하여 고객의 니즈를 정확히 파악하고 이를 토대로 개선 방향을 모색할 수 있다. 고객 만족도가 높을수록 장기적인 성장과 수익 창출로 이어질 가능성이 높아진다.

이 외에도 경쟁사 동향 분석을 통해 시장 변화와 경쟁 상황을 면밀히 파악하고, 이에 적절히 대응할 수 있는 전략을 수립할 수 있다. 이는 기업의 해외시장 경쟁력 강화에 도움이 된다.

② 영업활동의 모니터링 : 해외영업활동에 대한 모니터링은 기업이 지속적으로 관심을 가져야 할 핵심적인 부분이다. 이는 기업이 해외시장에서의 성과와 경쟁 상황을 정확히 파악하고, 이에 대응하는 전략을 수립하는 데 필수적이기 때문이다.

우선, 자사의 해외 유통망에 대한 면밀한 모니터링이 매우 중요하다. 해외 지사, 대리점, 온라인 및 오프라인 유통 채널 등 자사 제품이 실제로 어떻게 판매되고 있는지, 얼마나 효율적이고 적절하게 운영되고 있는지를 꼼꼼히 파악해야 한다. 이를 위해서는 정기적인 현장 실사, 유통 파트너들과의 정기 미팅, 판매 데이터 분석 등의 과정이 필요하다.

이러한 모니터링 활동을 통해 해외 유통망의 문제점을 발견하고 개선 방안을 마련할 수 있다. 예를 들어, 일부 지역의 판매 부진 원인을 파악하거나, 특정 유통 파트너의 비효율적인 운영 방식을 개선할 수 있다. 또한 고객 반응과 선호도를 분석하여 마케팅 전략을 보완하거나, 새로운 유통 채널을 발굴하는 기회로 삼을 수 있다.

지속적인 모니터링과 개선 노력을 통해 자사의 해외 유통망을 보다 견고하고 효율적으로 구축할 수 있다. 이는 결국 해외시장에서의 판매 확대와 수익 증대로 이어질 것이다. 또한 경쟁사들의 동향 분석도 중요하다. 경쟁사들이 해외시장에서 어떤 제품과 전략을 내놓고 있는지, 자사 제품 대비 어떤 강점과 약점을 가지고 있는지를 파악해야 한다. 이를 바탕으로 자사만의 차별화된 경쟁 전략을 수립할 수 있다. 기업은 경쟁사들의 신제품 출시 계획, 마케팅 전략, 가격 변동 등을 파악해야 한다. 이를 바탕으로 자사의 제품 개발, 마케팅, 가격 책정 등 전반적인 전략을 수립하고 개선할 수 있다. 특히 해외

시장에서는 다양한 경쟁사들이 활동하고 있기 때문에, 이들의 동향을 지속적으로 모니터링하는 것이 매우 중요하다.

경쟁사 모니터링을 통해 기업은 자사의 제품 경쟁력을 높일 수 있다. 이를 통해 시장점유율을 확대하고 변화하는 고객 니즈에 신속하게 대응할 수 있다. 또한 경쟁사의 약점을 파악하여 이를 자사의 강점으로 활용할 수 있다.

더 나아가 해외시장의 거시적인 환경 변화, 예를 들어 관련 정책, 경제 동향, 소비자 트렌드 등도 지속적으로 모니터링해야 한다. 이를 통해 새로운 기회와 위협 요인을 사전에 파악하고, 선제적으로 대응할 수 있다.

결과적으로 해외영업활동의 체계적인 모니터링은 기업이 글로벌 시장에서 지속적으로 성장하고 발전하는 데 필수불가결한 요소라고 할 수 있다. 이를 통해 기업은 위기 상황을 사전에 감지하고, 새로운 기회를 선점할 수 있다.

③ 영업성과 분석: 영업성과 분석은 목표 대비 달성도를 평가하고, 문제점이나 개선 필요사항을 도출한다. 목표 달성도 평가를 통해 성과를 객관적으로 측정할 수 있으며, 문제점 분석을 통해 원인을 파악하고 개선 방안을 수립할 수 있다. 이러한 과정을 반복하면서 해외영업활동을 지속적으로 개선해 나갈 수 있다. 구체적으로, 해외영업활동에 대한 분석 결과는 전략 수립, 예산 편성, 인력 배치 등에 활용될 수 있다. 전략 수립 시 해당 시장의 특성, 경쟁환경, 고객 니즈 등을 반영할 수 있고, 예산 편성 시 투자 우선순위를 결정하는 데 도움이 된다.

이러한 분석 결과를 바탕으로 맞춤형 개선 전략을 수립하여 제품과 서비스의 경쟁력을 높일 수 있다. 더불어 새로운 기회와 위협 요인을 모니터링하고 선제적으로 대응함으로써, 시장에서의 입지를 공고히 할 수 있다.

(2) 영업성과 평가 및 보고

해외영업도 국내 영업과 마찬가지로 고객을 발굴하고, 제품을 소개하며, 거래를 성사시키는 등의 기본적인 영업 프로세스를 거치게 된다. 하지만 언어와 문화, 비즈니스 관행의 차이 등으로 인해 국내 영업보다 더 많은 어려움과 도전에 직면하게 된다. 해외영업담당자들은 이러한 장애물을 효과적으로 극복하고 성과를 내는 것이 가장 중요한 과제가 된다.

단순히 영업활동을 수행하는 것보다는 실제 매출 달성, 신규 거래처 확보, 기존 고객과의 관계 강화 등의 결과를 창출해야만 한다. 이런 점에서 해외영업성과는 과정보다는 성과에 초점을 맞추게 되는 특성을 지니고 있다고 볼 수 있다.

① 해외영업성과 평가 : 해외영업성과에 대한 정기적인 보고와 평가는 중요하다. 이를 통해 회사는 해외시장에서의 강점과 약점을 파악하고 개선할 수 있는 기회를 얻게 된다. 예를 들어, 특정 지역에서 높은 판매율을 보이고 있다면 그 지역의 성공요인을 분석하여 다른 지역에 적용할 수 있다. 반면 저조한 실적을 보이는 지역에서는 그 이유를 찾아내 개선 방안을 마련할 수 있다.

정기적인 보고와 평가는 기업이 해외시장 진출 전략을 수정하고 보완하는 데 중요한 역할을 한다. 시장 환경의 변화, 경쟁사의 동향, 고객 니즈의 변화 등에 신속히 대응하기 위해서는 해외영업 현황을 실시간으로 파악하고 분석하는 것이 필수적이다. 이를 통해 기업은 더욱 효과적인 영업활동을 펼치고, 고객 맞춤형 제품을 개발하며, 현지화 전략을 수립할 수 있다. 예를 들어, 정기적인 해외 지사 방문과 이에 따른 현장 보고를 통해 기업은 최신 시장 동향을 파악할 수 있다. 또한 해외영업팀과의 화상 회의와 실시간 데이터 공유를 통해 고객 반응과 현지 경쟁사 움직임을 실시간으로 모니터링할 수 있다. 이를 토대로 기업은 단기적인 마케팅 전략 조정은 물론 중장기적인 제품 개발 및 현지화 계획을 수립할 수 있다.

또한 현지 고객과의 정기적인 인터뷰와 설문조사를 통해 고객 니즈와 선호도 변화를 파악할 수 있다. 이를 바탕으로 기업은 제품과 서비스를 지속적으로 고도화하고, 차별화된 고객 경험을 제공할 수 있다. 나아가 지역별, 세분화된 고객층별 맞춤형 마케팅 전략을 수립할 수 있다. 이와 같이 해외시장 진출 기업은 정기적인 보고와 평가를 통해 급변하는 시장 환경에 민첩하게 대응하고, 고객 중심의 전략을 수립할 수 있다. 이를 통해 기업은 해외시장에서의 경쟁력을 지속적으로 강화할 수 있다.

해외영업 현장에서 실제로 일어나고 있는 일들의 성과를 파악하고, 이를 토대로 보다 실효성 있는 전략을 수립할 수 있다. 현지 영업사원들의 피드백, 고객 반응, 유통경로 상황 등을 면밀히 살펴봄으로써 실제 시장상황을 정확히 이해할 수 있다. 이를 바탕으로 구체적이고 실질적인 개선방안을 도출할 수 있으며, 궁극적으로 해외시장에서의 경쟁력을 높일 수 있게 된다.

② 성과 평가 결과: 성과 평가 결과는 해외영업인력의 역량과 기여도를 객관적으로 측정할 수 있는 중요한 정보이다. 이를 바탕으로 우수 인력에 대한 적절한 보상과 인센티브를 제공하는 것은 중요하다. 이를 통해 해당 인력의 업무에 대한 동기와 사기를 높일 수 있으며, 나아가 전체 해외영업조직의 역량 향상으로 이어질 수 있다.

특히 성과가 우수한 해외영업사원에게는 승진, 급여 인상, 보너스, 교육 기회 제공 등 다양한 보상책을 마련하는 것이 바람직하다. 이는 해당 인력의 업무 성과를 긍정적으로 강화하고, 다른 직원들의 동기를 높여 조직 전체의 역량 향상으로 이어질 수 있다.

또한 해외영업성과 평가 결과를 바탕으로 개인별 역량 강화 계획을 수립하는 것은 매우 중요하다. 이를 통해 각 직원의 강점과 약점을 파악하고, 이에 맞춰 맞춤형 교육 및 멘토링 프로그램을 제공할 수 있다. 예를 들어, 고객관리 능력이 부족한 직원에게는 고객 응대 및 커뮤니케이션 스킬 향상을 위한 교육을, 영업 실적이 저조한 직원에게는 영업 기술 및 전략 개발을 위한 맞춤형 멘토링을 제공할 수 있다.

이를 통해 회사는 우수 인력의 지속적인 역량 향상을 도모할 수 있을 뿐만 아니라 일반 직원들의 역량도 강화될 것이므로, 전반적인 해외영업팀의 경쟁력 제고에 기여할 수 있다. 이러한 체계적인 교육 및 멘토링 지원은 직원들의 사기 및 업무 몰입도를 높여줌으로써 장기적으로 우수 인재 유치와 이직 방지에도 도움이 될 것이다. 결과적으로 성과평가 제도를 통한 체계적인 인력관리와 보상 전략은 해외영업조직의 경쟁력 제고와 목표 달성에 크게 기여할 수 있을 것이다.

(3) 해외영업인력 평가 및 교육

정기적인 성과 평가를 통해 영업인력의 역량과 성과를 객관적으로 측정할 수 있다. 해당 영업인력의 개별적인 평가 결과를 세밀하게 분석하여 각 개인의 강점과 약점을 면밀히 파악해야 한다. 이를 토대로 개인의 특성과 필요에 맞춘 맞춤형 교육 프로그램을 개발하고 제공해야 한다.

예를 들어, A 영업사원의 경우 고객관리 능력은 뛰어나나 제품에 대한 기술적인 이해가 부족한 것으로 나타났다면, 제품 지식 향상을 위한 집중 교육을 실시할 수 있다. 반면 B 영업사원은 제품 전문성은 뛰어나지만 고객 응대 스킬이 다소 부족한 것으로 확인되었다면, 커뮤니케이션 교육 등을 통해 이를 보완할 수 있다.

이처럼 개인별 강약점을 면밀히 파악하고, 이에 근거하여 실질적인 도움이 될 수 있는 맞춤형 교육 프로그램을 개발하여 제공하는 것이 중요할 것이다. 이를 통해 영업인력의 역량 강화와 더불어 전반적인 영업성과 향상으로 이어질 수 있다.

① 해외영업인력의 평가 : 해외영업인력의 성과 평가 시에는 구체적이고 객관적인 지표와 기준을 마련하여 공정성을 확보해야 한다. 매출 목표 달성률은 가장 기본적인 평가 요소가 될 수 있지만, 이를 단독으로 사용하기에는 한계가 있다. 따라서 신규 고객 확보율, 기존 고객 유지율, 고객 만족도 등을 함께 고려해야 한다. 이와 더불어 영업활동 보고서 작성의 충실도, 고객 방문 및 의견 수렴 실적, 제안서 작성 수준 등 다양한 정성적 요소도 종합적으로 평가해야 한다. 영업인력의 전문성과 노력도를 객관적으로 판단하기 위해서는 이러한 다면적인 평가가 필요하다.

또한 성과 평가 결과에 대한 피드백을 정기적으로 제공하여 영업인력들이 자신의 강점과 약점을 파악할 수 있도록 해야 한다. 이를 통해 개인별 역량개발 계획을 수립하고, 지속적인 성장을 도모할 수 있을 것이다. 이러한 공정성과 투명성 있는 평가 제도는 해외영업조직의 경쟁력 향상에 크게 기여할 것이다.

기업의 해외영업조직을 효과적으로 운영하기 위해서는 성과 평가 시스템을 체계적으로 구축하고, 이를 바탕으로 인사 관리에 반영하는 것이 중요하다. 우선, 영업인력들의 성과를 객관적이고 공정하게 평가하기 위해서는 명확한 평가 기준과 절차를 마련해야 한다. 이를 통해 각 영업인력의 실적, 역량, 태도 등을 종합적으로 분석할 수 있다. 그리고 이러한 성과 평가 결과를 토대로 인사 관리 방안을 체계적으로 수립해야 한다. 우수 인력에게는 적절한 보상과 함께 승진 기회를 제공하여 사기를 높이고, 역량개발을 위한 교육 및 훈련 프로그램을 지원함으로써 전반적인 조직의 성과 향상을 도모할 수 있다.

또한 우수 인력에 대한 관리와 함께 잠재력이 있는 인력들을 발굴하고 육성하는 것도 중요하다. 이를 통해 해외영업조직의 인력 풀을 지속적으로 확보하고 역량 있는 인재를 확보할 수 있다.

이처럼 체계적인 성과 관리와 인사 관리체계를 구축하는 것은 해외영업조직의 성과 향상을 위한 핵심 요소라고 할 수 있다. 기업은 이를 통해 우수한 영업인력을 확보하고, 영업성과를 극대화할 수 있다.

② 해외영업인력 교육 : 해외영업인력 교육 프로그램은 다양한 영역을 다룬다. 우선, 해외시장 동향 및 고객 니즈에 대한 심도 있는 이해가 필요하다. 이를 위해 현지 시장조사, 고객 인터뷰, 경쟁사 분석 등의 활동이 포함될 수 있다.

또한 효과적인 영업 기술 및 커뮤니케이션 스킬 향상을 위해 역할극, 피드백 세션, 멘토링 등이 진행될 수 있다. 언어 및 문화적 감수성 제고를 위해서는 외국어 교육, 문화 이해 강의, 해외 파견근무 등이 도움이 될 것이다. 교육은 단발성이 아닌 정기적으로 실시되어야 한다. 시장 변화와 고객 요구에 맞춰 교육 내용을 지속적으로 업데이트하고, 교육 참여자의 피드백을 반영하여 프로그램을 개선해 나가야 한다. 나아가 교육 이후에도 필요에 따라 온·오프라인 상담, 추가 훈련 등의 지원이 제공되어야 한다.

이를 통해 해외영업인력의 전문성과 역량을 지속적으로 강화하여 해외시장 개척 및 매출 증대에 기여할 수 있다. 예를 들어, 정기적인 교육 프로그램을 통해 해외시장 정보와 최신 트렌드를 배울 수 있게 하고, 우수 사례 공유 세션을 마련하여 경험을 교류할 수 있게 할 것이다.

나아가 우수 인재를 유치하고 이들의 장기적인 근속을 도모함으로써 기업의 글로벌 경쟁력을 높일 수 있다. 구체적으로 경쟁력 있는 보상체계와 복리후생 제도를 마련하고, 해외 근무 기회와 승진 경로를 확대하여 우수 인재의 동기를 부여해야 한다. 또한 멘토링 프로그램과 체계적인 경력 개발 지원을 통해 직원들의 성장을 도모하고 조직에 대한 애착심을 높여 나가야 한다. 이를 통해 기업은 글로벌 시장에서 탁월한 성과를 달성할 수 있는 전문성과 경험을 갖춘 인력을 확보할 수 있다.

에필로그

마침내 『고객가치영업 전략과 실전방법』 저서를 완성하며 마지막 펜을 놓습니다. 이 책은 단순한 지식의 집합체가 아닌, 저자들의 영업경험과 학문적 지식을 바탕으로 한국 영업현장의 아픔과 미래를 향한 희망을 담은 이야기입니다.

저자들은 오랜 기간 산업계 현장에서 고객, 유통업체 등과 직접 소통하며 영업 실무를 경험했습니다. 또한 학계에서 영업교육에 참여하며 다양한 학생들과 만났습니다. 그 과정에서 한국 영업현장이 직면한 심각한 문제점을 목격하게 되었습니다. 아직 많은 한국기업들은 경험과 직관에 의존하는 전통적인 영업 방식을 고수하고 있습니다. 이러한 영업 방식은 새로운 시장환경과 고객니즈 변화에 신속하게 대응하기 어려워 비효율적인 결과를 초래합니다. 또한 영업직원들이 체계적인 교육과 훈련 없이 개인의 경험과 노하우에 주로 의존하다 보니, 영업활동의 일관성과 효율성이 떨어지는 문제도 있습니다. 이는 고객 응대의 질적 저하와 불만 증가로 이어질 수 있습니다. 이에 더하여 대학에서 체계적인 영업교육 과정이 운영되지 않고, 기업 내 영업교육 프로그램도 부족합니다. 이는 전문적인 영업인력 양성의 어려움으로 이어집니다. 더 심각한 문제는 한국 영업현장에 맞는 영업교재가 없습니다. 이는 학습자들이 올바른 영업지식을 습득하는 데 장해가 됩니다.

이러한 문제점들을 해결하기 위해 이 책을 쓰기로 결심했습니다. 저자들의 산업경험과 이론적 지식을 바탕으로, 기업들이 고객가치를 창출하고 지속가능한 성장을 이루는 데 도움이 되는 실용적인 영업 전략과 방법을 제시하고자 했습니다.

이 책을 완성하는 과정은 결코 쉽지 않았습니다. 특히, 국내 최초로 개인고객영업, 법인고객영업, 해외고객영업을 종합적으로 다루는 전문서적을 집필하는 것은 큰 부담으로 작용했습니다. 자료 조사, 분석, 구성, 집필 과정에서 수많은 어려움과 고민에 직면했습니다. 때로는 포기하고 싶은 순간도 있었습니다. 하지만, 한국 영업과 교육현장의 발전에 조금이라도 기여해야 한다는 강한 사명감과, 독자들에게 경험과 지식을 공유하고 싶다는 열정으로 좌절을 극복하고 끝까지 책을 완성할 수 있었습니다.

이 책이 한국 영업과 교육현장의 새로운 지평을 여는 지침이 되기를 바랍니다. 저자들은 독자 여러분께서 이 책을 통해 다음과 같은 것들을 얻을 수 있기를 기대합니다.

첫째, 고객가치를 이해하고 이를 창출하는 데 필요한 전략적 사고방식과 방법론을 익힐 수 있습니다. 고객 중심의 전략적 사고와 실행력은 기업의 장기적인 성장과 지속가능성을 확보하는 데 필수적입니다. 고객의 목소리에 귀 기울이고, 이를 기반으로 혁신을 실현할 수 있는 역량을 기를 수 있습니다.

둘째, 영업 실무에 필요한 구체적이고 실용적인 기술을 익힐 수 있습니다. 개인고객, 법인고객, 해외고객 등 다양한 영업 상황에서 활용할 수 있는 실전 노하우를 습득할 수 있습니다. 이를 통해 고객의 니즈를 정확히 파악하고, 효과적으로 제품과 서비스를 제안할 수 있는 실무 능력을 기를 수 있습니다. 또한 다양한 상황에 유연하게 대처할 수 있는 실전기술도 익히게 됩니다.

셋째, 한국 영업현장의 특징과 문제점, 그리고 발전방향에 대한 심층적인 이해를 할 수 있을 것입니다. 이러한 문제점을 해결하고 한국 영업현장의 발전을 도모하기 위해서는 조직문화의 혁신, 영업 프로세스의 혁신, 그리고 영업인력에 대한 지속적인 투자와 관리가 필요할 것으로 보입니다.

본 저자들은 『고객가치영업 전략과 실전방법』이라는 책이 한국 영업교육의 영업의 새로운 생각을 열 수 있는 나침반이 되기를 기대합니다. 이 책을 통해 산업 현장과 학계가 서로 소통하고 협력하며, 영업의 경쟁력을 한 단계 더 높일 수 있기를 바랍니다. 또한 이 책이 영업실무자들에게 실질적인 도움이 되고, 영업교육에 참여하는 학생들에게 미래 사회에 필요한 지식과 역량을 제공할 수 있기를 바랍니다. 이 책을 완성하는 데 도움을 준 모든 분들께 진심으로 감사드립니다. 특히, 본 원고 초안을 검토해 주시고 조언을 해주신 티케이 인터랙티브 유택근 이사님, 주식회사 케이티 이정희 팀장님께 감사의 마음을 전합니다. 또한 저자들의 집필작업을 묵묵히 지지해주신 가족과 친구들에게도 감사드립니다.

2024년 8월

저자 한영도 · 이용형

찾아보기

[ㄴ]

[ㄷ]

[ㄹ]

[ㅁ]

[ㅂ]

[ㅅ]

[ㅇ]

[ㅈ]

[ㅎ]

* * * * * *

저자소개

한영도

현재 상명대학교 글로벌경영학과 교수로 세일즈 매니지먼트를 강의하고 있다. 고려대학교 경영대학원에서 석사학위(마케팅 전공)를 취득하였으며 상명대학교 대학원 경영학 박사학위를 받았다. 주요 연구 논문은 「고객관계기반 교차 및 상향구매 형성과정에 관한 연구」 등 다수 논문과 『ESG경영시대 더 나은 거버넌스』 등 3권의 저서가 있다. 주식회사 케이티의 개인고객영업, 법인고객영업 등 영업부문과 마케팅부문에서 15년간 영업의 실무자 및 책임자 역할을 수행하였다. 상명대학교 교수로 재직하면서 제4이동통신 신규사업자 선정에 따른 영업계획서 작성 프로젝트, 경영컨설팅 등 다수의 연구용역을 수행하였고 학생들과 벤처기업을 창업하여 경영한 바 있으며, 현재 벤처기업들의 경영자문 활동을 하고 있다. 또한 평택항만공사, ㈜케이티알파, 케이티 커머스 사외이사를 역임한 바 있으며, 현재 녹색경제신문의 [한영도의 ESG칼럼]을 맡는 등 산업계의 경영, 마케팅, 영업분야에서 산학협력 활동을 활발히 하고 있다.

이용형

현재 경영 및 마케팅 컨설턴트로 활동하고 있으며, 중앙대학교 교육학 석사와 한국외국어대학교 경영학 석사, 그리고 상명대학교 대학원 경영학 박사학위를 취득하였다. 주식회사 한국로슈에서 종합병원 영업을 담당하였으며, 주식회사 셀트리온에서 해외영업과 마케팅, 주식회사 휴온스에서 마케팅 업무를 총괄하였고, 주식회사 인터림스 코리아 부사장으로 재직하면서 한국과 중국 영업, 마케팅을 총괄하였다. 25년간 국내 및 해외 영업, 마케팅 업무를 담당하였으며, 해외 수출과 진출을 위해 국내 기업들과 다수의 라이센싱 계약과 해외 바이어 발굴, 그리고 중국 현지 공장 설립과 베트남 해외지사 설립 등 경험이 풍부하다. 또한 성지건설 사내이사와 서울리거 사외이사를 역임한 바 있다. 주요 논문으로는 「중국 의료미용 소비자의 소비성향이 제품선택속성과 재이용 의도에 미치는 영향」, 「국내 제약바이오헬스기업의 중국 진출전략 비교연구」 등이 있다.

고객가치영업 전략과 실전방법

인　　쇄　2024년 8월 24일
발　　행　2024년 8월 31일

저　　자　한영도 · 이용형
펴 낸 이　김광범
펴 낸 곳　도서출판 시대가치
출판등록　2017년 3월 23일 제2018-000088호
주　　소　서울특별시 마포구 토정로 222, 422-1호(한국출판콘텐츠센터)
전　　화　02)3152-2620 / 팩스 02)6442-2621
이 메 일　timepub2017@gmail.com
홈페이지　시대가치.com

ISBN 979-11-89607-94-4　93320

가격 35,000원